湘军

（上）

王纪卿◎著

中国文史出版社

图书在版编目（CIP）数据

湘军：上中下 / 王纪卿著 . —北京：中国文史出版社，2022.6

ISBN 978-7-5205-3519-9

Ⅰ.①湘… Ⅱ.①王… Ⅲ.①湘军—史料 Ⅳ.① E295.2

中国版本图书馆 CIP 数据核字（2022）第 061271 号

责任编辑： 张春霞

出版发行： 中国文史出版社

社　　址： 北京市海淀区西八里庄路 69 号院　邮编：100142

电　　话： 010-81136606　81136602　81136603（发行部）

传　　真： 010-81136655

印　　装： 河北省廊坊市海涛印刷有限公司

经　　销： 全国新华书店

开　　本： 710mm×1010mm　1/16

印　　张： 71.75

字　　数： 1145 千字

版　　次： 2023 年 1 月第 1 版

印　　次： 2023 年 1 月第 1 次印刷

定　　价： 198.00 元（全三册）

目　录

1851年
咸丰元年

1

1851年，19世纪下半叶的第一年，清朝人称"咸丰元年"。北京的龙椅上坐着去年即位的年轻皇帝，名叫爱新觉罗·奕詝。这个二十岁的年轻人去年便已登基，却没有亮出自己的年号，直到新年伊始时才决定把他治下的年号称为"咸丰"，而1851年便是咸丰元年。

奕詝是一个命途多舛的皇帝，在他亮出年号的这一年，他的不幸便已显露出明显的征兆。年初，他最大的对手正式发难了。1月11日，广东花县人洪秀全领导的太平军在广西桂平县金田村起事，号称"太平天国"。其政治目标是推翻清朝皇朝。这个事件引发了延续十三年之久的太平天国运动，中国陷入了长期的内战和混乱。

到了年尾，局势已经非常明朗。洪秀全于12月17日自封为"天王"，同时诏封五王，封杨秀清为东王，萧朝贵为西王，冯云山为南王，韦昌辉为北王，石达开为翼王。太平天国政权已经羽翼丰满，大有跟咸丰的宫廷分庭抗礼的势头。

太平天国和已有二百多年历史的清朝相比，是一个崭新的朝代。这个新的朝代搭起了舞台，洪秀全、杨秀清、冯云山、萧朝贵、韦昌辉、石达开等人打算在台上好好地唱一出戏，从落魄士子和山野村夫揭竿造反唱起，一直唱到推翻清朝、统治全国、指点江山。可是造化弄人，他们刚刚开唱，就把江忠源、刘长佑、左宗棠、胡林翼、曾国藩、彭玉麟、罗泽南等一批湖南人引到了台上，来跟他们唱起了同台对打的武戏。这些人组建湘军，跟洪、杨太平军作战，渐渐地在人家搭起的舞台上唱起了主角，后台还有清朝皇帝和宗室贵族监场，台下又有全国士子喝彩，还不断有书生在台上功名的召唤下从台下跳到台上，也入了戏中，这出戏便越唱越精彩，越唱越有意味。清朝皇帝和权贵大臣有时也会给湘军使使绊子，下下套子，害得某个湖南人摔了跟头，丢了脸面，但他们终究要靠湘军唱主角，才能把太平天国最终赶下清末的舞台，所以他们不断给曾、左、彭、胡及其门人加官晋爵，以资鼓气，让他们在三十年里把个中国唱成了湘军的天下。我这本书，就是记述所有重要湘军人物的表演。我要写的人物很多，湖南人之外还有外省人，例如广东人骆秉章和四川人鲍超，他们都入了湘军的军籍。究竟要写多少人，我在写完之前是无法统计的，估计湘军中不会少于一百零八将，但比起水浒里的人物来，究竟是多是少，还是等到故事写完再见分晓吧。

所以，太平天国搭台唱戏的第一年，也是湘军历史的滥觞。从因果来看，金田举旗起事为因，湘军兴起为果。从两者的关系来看，湘军是站在清廷的立场上，为镇压始于金田的武装造反而崛起的军队。湘军兴起之后，立即和太平军成为尖锐对立的互动因素。从此以后，湘军的历史就和太平天国运动的进程密不可分了。中国社会中这两股最强的武装势力推动着咸丰和同治时期一段历史的发展。

太平军是民众自发的组织，而湘军的组建，尤其是在早期，也带有很大的自发性。因此，太平军和湘军的对立，似乎是民众中自发形成的反叛派和维稳派之间的斗争。从观念上看，这是打破社会僵局和维护社会稳定两种利害观的冲突，是洪秀全基督教与中国传统名教之间的冲突。在这种冲突的初期，由于人们尚未了解太平天国领袖的治国理念和行为模式，也无法预见湘军会对中国社会施加怎样的影响，所以这两个阵营中究竟哪一方的作为更有利于百姓的福祉和社会的发展，还是未知之数。因此，湘军的崛起究竟会对中国社会具有怎样的意义，要从湘军的历史过程及其终结后中国社会发生的变化去观察。

洪秀全率领起义队伍与清军作战的前几个月里，湘军这个被时势带动起来的时代产物还处在一片混沌之中。在这样一个动荡不安的年代，许许多多怀有经世之才的湖南人没有找到自己的定位。他们多数是满人皇朝统治之下的怀才不遇的汉人书生，他们的前程将要由太平天国运动的进程来决定。于是出现了一个奇怪的现象，尽管湘军是与太平天国运动对立的社会产物，但大多数湘军人物都是拜洪秀全造反运动所赐，才有一展才华、崭露峥嵘的机会。洪秀全的太平军开创了一个战场，湘军人物才得以在日后驰骋于打击太平军的疆场，做出一番叱咤风云的功业。所以，在洪秀全刚刚揭竿而起的这一年，大多数湘军人物还处在各自人生的狭窄角落里，静静地谛听着命运的脚步声，费力地揣测着：人生的转机将会在何时发生？

这一年，机会最先落在了三十九岁的新宁人江忠源头上。这个生性豪爽不羁的书生正在家乡为父亲丁忧。他在前几年已经有过镇压本地雷再浩造反武装的经验，并因军功而被朝廷擢升为七品知县。但是，在仕途升迁有望之时，因父亲去世，他回家守丧，困居乡间。洪秀全在他家乡南边不远处点燃了战火，他密切关注着前方的战局，没想到建功立业的机会已经来临。由于江忠源声名在外，朝廷派往广西镇压太平军的钦差大臣赛尚阿疏调他前往广西效力。向赛尚阿推荐江忠源的是军机大臣祁俊藻，而向祁俊藻推荐江忠源的则是与魏源等人并称"湖南四杰"的内阁中书左宗植。江忠源接到湖南巡抚骆秉章转达的圣意，面临着"忠孝无法两全"的伦理抉择。他决定戴孝出山，去广西辅佐赛钦差，为此而遭到其道德之师曾国藩在书信中的指责。江忠源来到桂林，与赛尚阿约法三章。他说自己因父孝在身，前来效力，有愧于节操，所以他决定不任职、不带兵、不穿吉服，请钦差大人成全。他第二天便奉命去前线查看地形。他在新墟前线见到了咸丰皇帝从广州调来广西的满洲副都统乌兰泰，两人一见便有好感，于是江忠源留在乌兰泰营中赞画军务。十月初，乌兰泰因兵力缺乏，请江忠源招募家乡新宁的乡勇，江忠源写信回家，叫三弟江忠淑招募新宁勇来广西参战。江忠淑很快就率领五百名新宁勇来到太平军占据的永安州城外，参与对太平军的作战。江家兄弟的部队号为"楚勇"。他们衣着土朴，脚蹬草鞋，个头矮小，颈项干瘦，外表寒酸，官军将领根本看不上眼，但他们一旦投入战斗，便势如破竹，斩杀几百名太平军，令官军将士大开眼界。新宁江氏兄弟此举开创了湖南乡勇出省作战的先例，为后继者指明了一条道路，实为湘军历史之滥觞。

这一年，江忠源的家乡人刘长佑，时年三十三岁，是一名候选的正八品教谕，因去岁父母相继而亡，正在家里为双亲守丧。他是一个很讲孝道的学人，所以当江忠源令三弟江忠淑请他带楚勇前往广西时，他以为父母守丧为理由，拒绝了江忠源给他提供的这个机会。但他的这种道德上的矜持不会维持太久，他很快就会和江忠源携手，率领楚勇取得阻挠太平军北上的一个决定性的胜利。

这一年，二十三岁的四川人鲍超随清军提督向荣手下的川勇营在广西作战，他的勇敢莽撞令该营统将瞿腾龙刮目相看。该军转战于桂平的新墟、双髻山、风门坳等处，当时唯有湘西镇箪兵和潮州勇两军最号精悍，鲍超每战奋臂当先，与镇、潮两军先锋部队争锋斗勇，务出其前，两军兵士皆服其勇敢，敬礼有加。当太平军从黄墟出发攻陷永安州城时，官军进逼，鲍超屡有斩获，以战功得六品顶戴。这个四川人在咸丰元年并非以湘军战士的身份奔杀于广西的战场，但他在未来的岁月里将受到湘军大佬曾国藩和胡林翼等人的赏识擢拔，成为湘军最著名的将领之一。

这一年，刚到不惑之年的湘乡人曾国藩仍在京官的位置上做着圣贤功夫，但他已感到乱世将至，正在思考如何做个乱世中的圣贤。然而，他忽然得知，即位不久的咸丰皇帝为他统治的国土上危机四伏而忧虑，下诏让群臣评议朝政得失。这位二品礼部右侍郎并不甘于圣贤的寂寞，积极响应清廷的号召，在《应诏陈言疏》中议论朝政，指出人才、财政和兵力三大方面存在严重弊端。他提出了革除弊端的办法，强调人才决定一切。他心里感叹清廷官场腐败，庸才充塞。他认定学堂市井之中有许多汉族的经世之才，长期被朝廷忽略。他希望新皇能够起用一批能臣干将，扭转危亡的局面。对他的奏疏，咸丰皇帝批道："剀切明辨，切中事情。"

这一年，未来将代表中国出使外国的近代第一位外交家郭嵩焘还只是一名三十三岁的进士，在家里为已经相继去世的父母居丧。他当时没有想到，不久之后他将极力劝说同乡好友左宗棠出山去辅佐湖南巡抚抗击太平军，又劝说金兰结义的曾国藩出山组建湘军对抗洪秀全，他自己则将斡旋于江忠源、曾国藩和左宗棠这三位湘军大帅以及未来的淮军大帅李鸿章之间。

这一年，与江忠源同岁的益阳人胡林翼已在盗匪丛生的贵州省为官几年，由于捕盗治乱、安抚百姓有功，被咸丰皇帝看中，要调他进京由部引见，于是请咨入京，巡抚乔用迁以广西盗匪猖獗为由，严令胡林翼回到本任。于是他于七月份到黎平县受任知县。黎平与广西交界横亘将近二百里，盗匪纵横，时虞侵轶。胡林翼对衙门的差役和兵营里的正规军看不上眼，亲自训练壮勇百名，仿明朝参将沈希仪、嘉庆时期傅鼐因间雕剿之法，分巡游徼。他在辖地举办保甲团练，收效颇丰。黎平的一千五百多个村寨修建了四百多座碉楼，团丁严格控制着要隘。黎平百姓得以安枕高卧，为黎平近二十年未有之奇。当黎平受到广西太平军的威胁时，胡林翼下令储备谷物以供城防，摆出一副临战的架势。这位黔中干吏既是团练先驱，又是文官中研习军事的另类，所以他注定会在日后的湘军队伍里成为中流砥柱式的大人物。

这一年，号为"湘上农人"、自比当今诸葛亮的湘阴人左宗棠，也是三十九岁，身无一官半职，只是一个举人，空怀一腔热血抱负和一颗骄傲的心，还在等待着建功立业的机会。春天，他居住于湘阴县的柳庄，一个非常适合于隐居的地方。清廷于此年颁发特诏，开孝廉方正特科。郭嵩焘等同县人士推荐左宗棠应举，他推辞未去。他收到死党胡林翼从贵州黎平的来信，信中谈到保甲团练是乱世中应对不安定因素的有效举措。左宗棠回信说，团练必须结合碉堡，才可以抵御强大的造反部队。他得知湘乡人罗泽南在长沙讲授经书，便与湘乡人刘蓉一起在长沙城东的定王台会晤罗泽南及其弟子李续宾、李续宜、王鑫和李杏春。这可以视为他和未来湘乡勇诸领袖的渊源。这些湘乡人当中的年轻人王鑫将会在未来的战争岁月里感谢左宗棠的极力回护，听从他的调遣，一起维护湖南社会的稳定。

这一年，将以湘军水师大帅和"清代包公"扬名天下的彭玉麟，在道光二十九年以军中书办的身份跟随官兵镇压新宁李元发的造反之后，已经回到家乡衡州，受聘于富商杨子春，到耒阳为他经理典号。三十五岁的彭玉麟淡泊名利，志在经商，无意从军，但后来事态急转，他自己的生涯也由不得他自己做主了。他将在太平军进攻耒阳之时说服县令组织民兵把太平军抵御于城外，因而获得知兵敢任的名声。因此曾国藩组建湘军之后，在衡州练兵之时，力召彭玉麟出任湘军水师营官，得遂所愿。

这一年开始的时候，五十九岁的广东老人骆秉章调任湖南巡抚已有半载，这位在道光朝以清廉著称的官员所领导的省份处于与太平军交战的风口浪尖之上，对这位长期从事纪检工作却不谙武事的广东老人是一个严峻的考验。谁也想不到，恂恂儒者骆秉章日后由于聘请了经世之才左宗棠当师爷，居然在这个罕见的乱世之中把湖南巡抚干得风生水起，将这个过去并无多大实力的省份建成了中国当时的第一强省，而他自己则将成为湘军的一名统帅，以及湘军发展壮大中的一个关键人物。

这一年，在湘勇的大本营湘乡，四十五岁的湘乡县中里二十九都湾州人罗泽南，在善化（今长沙县）已故官员贺长龄宅中开馆，教授贺长龄之子。这位未来的"湘军之母"虽身居塾馆，却密切关注着广西太平军的进展和朝廷的应对之策。当时，礼部右侍郎曾国藩应诏言事，有用人、行政、议礼、汰兵等疏，人争传之。罗泽南致书曾国藩，盛称其言之切当，而尤以曾国藩以正本清源为务。曾国藩于四月上了《敬陈主德预防流弊》一疏，正好收到罗泽南的书信，便在复信中写道："阁下一书，乃适与拙疏若合符节。万里神交，有不可解者。"论者以为，由此可见忠君爱国之心不以社会地位的高低而有所不同。罗泽南半生坎坷，尝尽了人生的辛酸苦楚，唯一值得庆幸的事情，就是他的人品得到了公众的嘉许，在上年被官府推举为孝廉方正。此时他根本没有想到，自己身为理学先生，日后还要带兵打仗，并且饮弹而亡。罗泽南今后的动向将决定其诸多弟子的命运，因为他们当中将有很多人跟随罗老师踏上湘军之路。

这一年，湘乡县下里同风五都人王鑫还是个二十六岁的后生，到长沙参加乡试，听说太平军攻下了广西永安州（今蒙山县），湖南戒严，而本省乱民乘势抢掠，湘乡东南界的衡山劫掠尤盛。这位理想主义的尚武青年立刻暗查出团伙首领姓名，辅佐湘乡知县朱孙贻捕治。王鑫得到朱县令的信任和重用，倡行团练保伍之法。他日夕奔走晓谕，躬任劳怨，不计成败利钝，不顾祸福生死，数月事集，县境为清。王鑫可以说是湘乡团练的首倡者，也是研究民兵建设和兵法的理论家，在这个意义上，他是湘勇和湘军的创始人。《湘军志》的作者王闿运曾断言曾国藩之前就有湘军，就是说的这层意思。

这一年，湘乡县上里崇信四十三都岩溪里人李续宾年方三十三岁，曾于道光二十九年（1849）率乡勇参加镇压新宁李元发的造反军，是一个既有热心又有经验的团练人才。他现在听说太平军离湖南越来越近，乡人忧惧，便加紧治团，准备抵御造反军。他撰写《孙子兵法易解》，以《孙子》为主，以

《左传》《国策》《通鉴》证其义，而用通俗的语言撰写，使团长及乡人讲习。他于三月份参加县试，为县令朱孙贻所看中。四月份，李续宾到了省城长沙请用火器，后回乡。十月份，王鑫之兄王勋来看望李续宾，更加讲求练团之事。李续宾说："以正人心为主，以固人心为先。"十二月，他通过捐纳得到从九品官衔。

上面这些青史留名的湘军人物，除了江忠源以外，在1851年这个以太平军起义为标志的特殊年份里，有的在军事上无所作为，有的虽在团练乡民，算是放下笔杆拿起了武器，但也只限于捕贼拿盗。他们散居各处，密切关注受到军事威胁的清王朝将如何阻止毁灭性战火的蔓延。

这一年，五十七岁的湖南隆回人魏源被清廷任命为江苏高邮的知州。这时他已完成洋洋五十卷《海国图志》的编纂，另五十卷正处于编辑的尾声。这部著作总括介绍了世界范围内的历史地理、政治经济、宗教、历法、文化和物产，使中国人探索的眼光从封闭的内陆文明越过蓝色的海洋。魏源探求强国御侮、匡正时弊、振兴国脉的道路，提出以夷攻夷、以夷款夷和师夷之长技以制夷，主张学习西方制造战舰和火械的先进技术，模仿他们的选兵、练兵和养兵之法，改革中国军队。魏源号召"以甲兵止甲兵"，相信中国人能够战胜外国侵略。魏源虽然并未加入湘军建设者的行列，但他以清醒的头脑为湖南的读书人指出了努力的方向。他的言行将会深刻地影响中国和日本的前途。他的思想对塑造即将问世的湘军人物的精神世界产生了一定的影响。

2

1851年，中国社会的冰封正在解冻，而整个世界也处在发生重大变革的时期。

马克思和恩格斯于1848年2月发表的《共产党宣言》已在欧洲传播了三年。尽管中国的读书人对此一无所知，但共产主义的幽灵已在欧洲的上空徘徊。

这一年，英国人达尔文正在创立生物进化论学说。

这一年，俄国全权代表科瓦列夫斯基与中国新任伊犁将军奕山和参赞大臣布彦泰于7月份在伊犁开始谈判。奕山接受了俄方的所有提议。双方于8

月 6 日在《伊犁塔尔巴哈台通商章程》上签字。这是清政府和沙皇俄国签订的第一个不平等条约。

这一年，地球上的新闻业发生了一件大事，世界上最早的通讯社正式在伦敦开业，它的创始人保罗·朱利叶斯·路透把它从德国迁到了英国。

这一年，世界新闻业发生了另一件大事，亨利·贾维斯·雷蒙德和乔治·琼斯创办了《纽约每日时报》，就是 1857 年开始更名的《纽约时报》。

这一年，全世界第一次举行了人类文明的大展示。首届世界博览会在伦敦举行。地点是伦敦的海德公园，展期为 5 月 1 日至 10 月 11 日，展览的主要内容是世界的文化与工业科技，英国借此博览会展现了工业革命后英国技冠群雄、傲视全球的辉煌成果。参观者估计超过了六百二十万人次，展品超过一万三千件。伦敦吸引了上百万游客的来访。展品中影响世界变革的发明包括轨道蒸汽牵引机、高速汽轮船、起重机、厨具用品、铁制品和来自美国的收割机。和人类首届世博会上展示的成果相比，中国作为东方的大国，各方面事业的落后是非常醒目的。

这一年的年底，欧洲发生了一件军政大事，即法国发生的政变。事件发生于 12 月 2 日，发动者为法兰西第二共和国总统路易·拿破仑·波拿巴，即拿破仑三世。这个帝国的复辟者将于六年后的 1857 年伙同英国对中国宣战，挑起第二次鸦片战争。他麾下的法军将于 1860 年 11 月和英军一起进入北京，火烧圆明园，迫使中国的清廷签订《北京条约》。

在东方，这一年有个国家发生了一件看似不起眼的小事，却会改变该国的历史进程，进而对中国的历史产生重大的影响。这一年在日本是孝明天皇嘉永四年，在和中国一样封闭沉闷的日本，德川幕府已经进入盛极而衰的转折期，强霸而封闭的幕府政权隐伏着发生变革的危机。日本人正在睁眼看世界，怀着了解世界的强烈愿望。他们获得了一个极好的机会。日本海关在检查中国入境的商船时，发现了中国湖南邵阳人魏源所著的《海国图志》三卷。日本人如获至宝，将它连印十五版，而它出版后极为畅销，为日本人开启了睁眼看世界的一扇窗口，为日本在近代的迅速进步做出了巨大贡献。然而，此书在 1843 年出版于中国的时候在国内几无反响，印数不过千册，只有包括未来湘军大帅在内的少数几个人为之喝彩。而日本人却将此书当成至宝，1859 年此书价格在日本已达首版的三倍。1862 年日本维新派人士到了上海，惊异地发现，在日本畅销的这部图书，在其发源地中国早已绝版。

以上记述表明，湘军史起步的这个时期，西方国家在地球上迅速崛起，中国社会发展停滞，明显落后于西方社会，中国因而开始受到发达国家的欺侮，更加暴露出官场的腐败、政府的无能，致使民怨沸腾，加上连年的自然灾害和饥荒，中国很多地区的民众生活贫困，于是爆发了反对清朝统治的民众旨在推翻朝廷和地方当局的战争。其中最大的生力军就是洪秀全在广西组建的太平军。

3

在广西乱成一片的时候，登基刚刚一年的咸丰皇帝很希望臣子就国家大事踊跃发表意见。他感觉到曾国藩一直积极向他靠拢，因为曾国藩应诏献计献策，而且言之有物，带了一个好头。咸丰投桃报李，对他颇为器重。尽管他有些话说得比较坦率，咸丰也不见怪，鼓励臣子多进忠言。

曾国藩在4月10日呈上了一本很有趣的折子，名曰《简练军实以裕国用》。咸丰十分高兴。他指望众臣针对广西的军事发表意见，而曾国藩又抢了先机，而且很有点直言不讳的味道。他公然批评朝廷的正规军，把国家当前面临的最大困难概括为两条，第一是财力不足，第二是军队不精。何以见得？广西剿匪战争开始后，朝廷从各处征调军队奔赴前线，竟然没有一支正规军能打胜仗。其他省份官军的战斗力可推而知。然而朝廷能够支出的军饷已捉襟见肘，为了摆脱困境，只有适当裁军，对保留下来的部队痛加训练，既能节约军饷，又能提升军队的战斗力。

曾国藩在咸丰不断向广西增兵的关头提出裁军和大练兵的建议，虽然颇有见地，却如同要求吃不饱肚子的人节食，完全没有可操作性。全国官军的总兵力为五六十万人，广西一省发生战事，朝廷已从七八个省份调兵前往，已到广西和正在赶往广西的作战部队已达两万多人，而周边省份还有几万名驻防军处于戒备状态。这些作战部队和警备部队的兵力统计还不包括补充正规军兵力不足的民兵。咸丰此刻深感兵力不够用，而曾国藩却要求他裁减兵员，岂不是叫他釜底抽薪？如果战争规模进一步扩大，咸丰很可能还要向更多的省份征调兵力。咸丰也希望精兵节饷，但眼下的局势却很可能迫使他不得不下令增募兵员，所以在他看来，曾国藩的建议只是一纸空谈。

不过，咸丰看了他的奏疏，不仅容忍了他批评军队，也原谅了他过激的言论。官军在广西并非没有打过一个胜仗，曾国藩对官军的指责不尽切合实际。但是瑕不掩瑜，咸丰看重他的一片忠心，以及他对军务的关注。咸丰召他进宫陛见，表扬他的看法切中时弊，表示等到广西事定以后再行办理。这几句圣训说得非常委婉，就是要让曾国藩明白：现在朝廷用兵孔亟，现有兵力尚嫌短缺，裁军一事就免提了吧。咸丰还告诉他，他的这份奏疏留中不发，以免动摇军心。

曾国藩再次受到最高统治者的鼓舞，有心加大劝谏皇帝的力度。5月26日，他上奏《敬陈圣德三端预防流弊》一折，借着预敲警钟之名，针对他在年轻皇帝身上看到的缺陷直接提出批评。咸丰孜孜求治，朝廷的臣僚世故太深，都以为皇上只是图一时新鲜，摆个广求直言的门面，其实还是想听歌功颂德的赞美之音。所以，几乎没人敢以逆耳忠言上达天听。曾国藩却不随大流，意图独树一帜。他经过缜密的思考，认为新皇帝面对着一个烂摊子，确有集思广益的诚意，希望朝野之间形成批评与自我批评的风气。

这固然是一个犯颜直谏的有利时机，然而议论朝政、评价军队是一码事，把批评的矛头直接指向皇帝，即便是"敬陈"式的劝谏，也仍然要冒杀头的风险。曾国藩不得不掂量规避风险的把握究竟有几分。他看到了一个对自己有利的证据：广西的军务已到难以收拾的地步，皇上不得不把枢密大臣派往前线去指挥作战。赛尚阿奉旨出行，朝野上下无不震惊，感到了战争局势的严重性。既然皇权都到了摇摇欲坠的地步，难道皇帝还会因为一个臣子提出坦率的忠告而削掉他的脑袋吗？

不可能，绝对不可能。曾国藩想。不管皇上是否叶公好龙，他决定做一条真龙给皇上看看。他拿性命做赌注，要做一回骨鲠之臣，亮出风节，显露威棱。如果皇上不畏真龙，他必定以直言敢谏闻名朝野，而皇上也会对他更加倚重。

曾国藩决心既下，奋笔疾书，写下了这份著名的奏疏，"所陈多切直之语"。他指出新皇的三大缺点，第一是心思琐碎，第二是爱做表面文章，第三是刚愎自用。这些指责是否切合实际并不十分重要。一个二十岁的年轻人，在一个年长二十来岁的臣子眼中，总会显出许多有欠成熟的品质，你可以称之为缺点，也可以说是成长的过程。任何一个爱护后生的长者都可能善意地提出建议，矫正他的偏向。但咸丰不是普通的后生，曾国藩也不是泛泛的长者。这是君臣之间的一场政治游戏，一场挑战和较量，也是一场押注甚大的赌博。

咸丰是一位颇有修养的君主，但他仍然是不可一世的天子。他看完这份奏折的第一反应合乎常情，他勃然大怒，脸色煞白，把折子扔到桌上，不停地来回踱步。

这哪里是劝谏，分明是对新皇权威的挑战，太伤皇帝的自尊心！咸丰忍无可忍，用朱笔在奏折上批道：曾国藩逆言犯上，着即缉拿问斩。

咸丰在盛怒之中召见军机大臣，将朱批折子扔到他们脚下。

祁俊藻一看朱批，知道皇上气昏了头，做出了不明智的决策。他叩头如捣蒜，连声说："主圣臣直，主圣臣直啊。"

季芝昌是曾国藩的会试座师，极力为门生求情："这个曾国藩，是微臣的门生，生性愚憨，恳请皇上宽而宥之。"

军机大臣都是一个口径：曾国藩奉旨直言，此人杀不得。咸丰冷静下来，经过剧烈的思想斗争，没有将这个不知天高地厚的臣子治罪，还"优诏褒答"，把他夸奖了一番。

咸丰当然也要让自己有台阶可下，维护天子的颜面。上谕说：曾国藩此折意在预防流弊，虽然迂腐欠通，意尚可取。朕自即位以来，凡大小臣工章奏，凡对国计民生、用人行政等大事有所补益者，无不立刻采纳施行；即便是阐述理学之道，有益身心的奏疏，朕也会摆在身边，随时浏览。对于不具可操作性的建议，朕有时加以驳回，有时则说明理由。朕广求直言，绝非沽名钓誉，而是身休力行。你所指出的问题，除了有关广西军务的问题朕已查办以外，其余各条都不免偏激，有失公允，或者是以偏概全。念你的初衷是为朝廷建议，朕也不加斥责。至于你说君主一有骄傲自满的念头必然导致喜谀恶直，倒是说中了要害。朕知道自己德行尚薄，时刻反省自身的不足，若是因为臣子说了几句过当的话便不听劝谏，以至于不能集思广益，那就是骄傲自满的萌芽。君主应当自省，臣子也当自勉，互相鞭策，才能治理好国家。

曾国藩犯上售直，咸丰宽容不究，成就一段双赢的佳话。咸丰保持了从谏如流的贤君风范，曾国藩则在满朝文武中赢得了直言敢谏的名声。如果说这件事的赢家还有大小之分，那么曾国藩显然略胜咸丰一筹。此人连皇上的过错都敢评说，皇上也拿他无可奈何，他在官场中的地位岂不是非常特殊了吗？

据说，由于这件事情，咸丰对曾国藩怀恨终身，未能释怀。准确地说是又恨又怕，恼火几分，佩服几分，忌惮几分。

4

俗话说，乱世出英雄。湖南的读书人身处一个世界局势剧烈动荡、各个国家英才辈出的年代。太平军的阵营里，正在涌现大批杰出的军政人才，使腐朽的清廷感到了咄咄逼人的锐利锋芒。

湖南的读书人能不能在这个时代脱颖而出，是他们热衷于思考的问题。由于这样的思考，他们将逐步地崭露头角，形成另一个阵营，来与造反的太平军争锋对抗。这个阵营，就是本书记述的湘军。

说到底，太平天国运动与湘军阵营的对阵，就是两拨人才的对抗。湘军中的著名人物无一不是在这种对抗中崛起。因此，这些人物在清末历史舞台上的表演，谱写了湘军全部的历史。

1851年上半年，湘军还孕育于几个湖南人命运中的偶然性，诞生不久的太平军就已经迈着铿锵的步伐，使全中国为之震动。这支军队越战越勇，越战越强，使清军和清廷感到了恐慌。清廷为了对付这支劲敌，需要广纳人才，尽量把汉人团结在朝廷这一边。所以，太平军不可阻挡的势头客观上为汉人湘军的诞生和兴起提供了条件。

这个历史的条件中，最令清廷无奈的就是清军的战败。腐败的清军绿营部队完全不是洪秀全新兴武装力量的对手。绿营为清廷镇守各地，养尊处优，由来已久，对于清廷，只是聊胜于无，权当摆设。诗人金和有一首《初五日记事》写得非常挖苦，却并非言过其实。他说绿营官兵风雨天不作战，天没亮不作战，天热天冷不作战，月光太大不作战，他们的全部功能就是吃喝醋睡。他们并非不想消灭太平军，只是因为等不来不冷不热昼不出太阳夜不出月亮既不刮风又不下雨的好天气！

昨日黄昏忽传令，谓："不汝诛贷汝命，今夜攻下东北城，城不可下无从生！"三军拜谢呼刀去，又到前回酣睡处。空中乌乌狂风来，沉沉云阴轰轰雷，将谓士曰"雨且至"，士谓将曰"此可避"。回鞭十里夜复晴，急见将军"天未明"，将军已知夜色晦："此非汝罪汝其退。"我闻在楚因天寒，龟手而战难乎难。近来烈日恶作夏，故兵之出必以夜。此后又非进兵时：月明如画贼易知。乃于片刻星云变，可以一战亦不战。吁嗟乎！将军作计必万全，非不灭贼皆由天，安得青天不寒亦不暑、日月不出不风雨！

　　绿营官兵如此贪图安逸，贪生怕死，完全是一群胜则邀功、败不相救的败类。面对太平军如此强大的对手，清廷指望不上八旗和绿营，需要另组一支强大的军队来对抗立志要改朝换代的洪秀全太平军。

　　这支强大的军队，经过后来的历史鉴定，就是湖南人创建的湘军。它是一支由汉人领导的独立作战的军队，虽然清朝统治者对它心存猜忌和狐疑，并且在某种程度上感到了它的威胁，但他们却不无惊讶地发现，只有依靠这支军队，才能打败公然要推翻清朝统治的造反者。

　　当然，清廷对这件事的认识经历了一个痛苦的过程。

　　在太平军攻击金田周边的县份时，清军已经打败了以陈亚贵为首领的广西造反军，腾出了兵力来对付金田的起义者。

　　湖南湘阴人李星沅身负钦差大臣的使命，也已经离开平静的湖南，来到南边山水秀丽的战场。李星沅不是等闲之辈，文韬武略集于一身，不仅有过督抚任上的历练，而且参加过第一次鸦片战争，对付过洋人。道光朝名臣陶澍夸奖他是个"实干家"。咸丰皇帝把他派往广西，自然是看重他的履历。他唯一的也是致命的缺陷，就是身子拖了脑袋的后腿。

　　五十四岁的李星沅拖着病弱之躯"星驰"到广西的日子，正好是太平天国在金田举事的那一天，即 1851 年 1 月 11 日。他感到肩上的担子有千钧之重，寝食难安。他既有冷静的头脑，又有高度的政治敏锐性，大致一摸匪情，就知道桂平县金田村的那些对头不是等闲之辈，老是对下属们说："此贼了不得，眼前诸公不是对手。"

　　李钦差眼前的"诸公"却一点也不觉得自己不是太平军的对手。"诸公"

中列于首位的当数到任不久的广西巡抚周天爵和广西提督向荣。他们率领一万人，会同前任巡抚提督派出的各路清军四千多人，将洪秀全的军队包围在地势险峻的大黄江地区。

七十九岁的山东人周天爵最大的特点就是疾恶如仇，敢于任事。他的履历不比李星沅逊色，也有过督抚任上的历练，也参加过对付洋人的第一次鸦片战争。但他不如李星沅那么冷静和敏锐，居然没有把洪秀全和他手下那批年轻的将领放在眼里。但他无法调动手下文武官员的积极性。这就正应了他那个把贪官与廉官一棍子打死的著名论断：在晚清的官场，"贪与廉皆不能办事"。

五十九岁的四川人向荣是个好运造就的百战老将。他在一个又一个胜仗中养成了刚愎自用的性格。造反派他见得多了，他一生的战功都是从平乱维稳中得来的。这使他的性格有了一个致命的缺陷：只能顺风跑马，不能逆水行舟。胜利是他最好的春药，每逢大捷，他必定意气风发；失败却是他不能沾的巴豆，一打败仗，他的自信就会一泄千丈，他会自暴自弃，趴下装死。他在逆境中的心理承受能力连小孩子都不如，但他在打了胜仗的时候会比小孩子更得意。这次他到广西，挟着不久前在湖南提督任上镇压新宁李元发造反的新胜之威，所以他把眼前的敌人视为"螽贼"，也没把他们放在心上。

敢于任事的周天爵和刚愎自用的向荣都未能在广西战场上取得实质性的胜利。他们意见不合，不肯退让，彼此龃龉。李星沅作为钦差大臣极力调和他们之间的矛盾，却总是无法统一事权。

咸丰为了谨慎起见，不断从各省向广西调拨援兵，并令户部给广西调拨军饷。奉诏救援广西的官军中有一支劲旅，是湘西的一千名镇箪兵。这支以强悍善战而著称的部队于1851年4月6日开赴广西。

在调发大兵的同时，咸丰又犯了满人统治者对汉人官员的疑心病。他担心官军云集广西，没有可靠的人监督，事态有可能失控。他的首席军机大臣祁俊藻擅长用汉人的脑袋思考满人的问题，看出了皇上的顾虑，建议他调派满人将领前往广西掺沙子。咸丰立刻令广州将军穆特恩与两广总督徐广缙把广州卫戍区的满洲副都统乌兰泰迅速派往广西，帮同李星沅等人办理军务。

咸丰的这个决定继承了清朝历代皇帝的衣钵，即让权力分散，使掌权的人互相牵制，大家都不敢背叛皇权。这一招看似老谋深算，实际上却是官军军事失利的根本弊端。山西人祁俊藻绝对是给皇帝出了个馊主意。为什么呢？因为他使得前线将帅彼此斗气，而不能同心同德对付太平军。

乌兰泰是满洲正红旗人，从前在京城火器营干得不错，从一个小小的护军一直升到正三品的营翼长。道光二十七年升为广州副都统，官居二品，只比广西提督向荣低了一个等级。他接到诏命之后，率领五百名官兵前往广西。这个满人将领的参与挫伤了向荣的自尊。向荣觉得自己不被信任，受到了钳制，积极性一落千丈，情绪极不稳定。乌兰泰生性豪爽，为人忠厚，心眼儿并不狭隘，但身为武官，也有不服输的血性。向荣翘尾巴闹情绪的时候，他也不会谦让几分。所以，向荣跟乌兰泰发生龃龉，前线主将失和，致使广西的战局对官军大为不利。

可是，咸丰觉得把乌兰泰掺到前线的军营里还是不够放心，不久又决定将前线的最高统帅换成心腹的旗人大臣。于是，他命令大学士赛尚阿率领都统巴清德和副都统达洪阿所部四千五百人前往广西。咸丰皇帝赏给赛尚阿号称"神锋握胜"的遏必隆刀，以神圣的武器增强这位一品大员的权威。

5月份，赛尚阿接到皇帝的诏命，代替李星沅出任钦差大臣。从大清统治集团的角度来看，咸丰打出赛尚阿这张牌确是明智之举。赛尚阿是蒙古正蓝旗人，对皇室绝无二心。他历任内阁侍读学士、头等侍卫、哈密办事大臣、都统、户部尚书等职，第一次鸦片战争中曾应诏前往天津组织防务，对付洋人，阅历丰富。此年五十六岁，在位极人臣的官员中算得上年富力强。他已在军机上行走十年，此年正月授文华殿大学士，位居臣相，资历颇深，足以服众。

但是任何事物都有正反两面。咸丰向广西增派军队和大员，在某种程度上可以说是为自己种下了苦果。他从各省抽调兵力，另选将领统带，势必造成官兵互不熟悉，难以协调，临阵观望，败不相救。而多名高官同处一地，共办一事，难免事权不一，互不买账，彼此掣肘。即便这能确保高官中不会有人背叛朝廷，却使得前线的战事没有胜算，导致官军在作战中屡屡失利。官军作战不力，赛尚阿还没到任，洪秀全就率部从武宣突破了清军的包围向北挺进，企图攻打象州。

广西的清廷大员频频向清廷告急。清廷希望湖南派兵出境攻打太平军。

当时湖南的巡抚是五十八岁的广东人骆秉章。他身负湖南的守土之责，不想把有限的兵力投入邻省的战场。他在 6 月份上奏说，湖南的驻防军只有四千多人，而永州、宝庆、靖州和郴州与广西毗邻，恐怕有造反者在湖南内应，所以不能再抽调兵力出境。

湖南官府收到了本省天地会接应广西太平军的情报，清廷得到报告后，催促新任提督余万清领兵驻扎在湖南与广西交界之地防守堵截太平军。清廷命令湖广总督程矞采奔赴湖南的边境，也算是一种应急的措施。

这时，清军副都统乌兰泰和向荣率部在象州挫败了太平军，太平军南返武宣。

赛尚阿出京之后，在路上接到周天爵的战报，得知太平军十分厉害，不敢掉以轻心，便向皇帝奏请增调援兵。同时他感到官军缺少优秀的将领，兵力再多也是徒然。他向朝廷伸手要人。他想到了祁俊藻向他推荐的湖南新宁人江忠源，于是上奏清廷，请调江忠源赶赴大营。祁俊藻是怎么得知江忠源是个干才的呢？原来有一些京官向他举荐此人，其中之一就是湘阴人左宗棠的哥哥左宗植。咸丰皇帝批准了赛尚阿的请求。

赛尚阿于 6 月 30 日驰抵长沙，统筹广西作战事宜，接着于 7 月上旬抵达桂林。

钦差大臣一到广西省城桂林，兵力不足的问题就摆在他的面前。他发现绿营兵都是酒囊饭袋，不是太平军的对手。他知道，要对付蒸蒸日上的太平军，广西的清军需要大量补充有生力量。于是，他下令增募潮州勇丁。

江忠源接到赛尚阿的调令，毫不迟疑地踏上了前往广西的征途，走上了博取功名的战场。

前面说过，江忠源的这个举动，就是一部湘军史的发端。

5

江忠源在 7 月 7 日来到了桂林。他本来应该立即向赛尚阿报到，但他心里梗着一桩困惑，必须马上找到答案。于是他先行拜访好友严正基。此人是湖南溆浦人，现在广西右江道任上，素有官声，见识不凡。江忠源要向他请教解惑。

江忠源有什么心结急于解开呢？原来他在新宁为父亲守丧，按照清朝规制，在居丧守孝期间的二十七个月内是不得出仕为官的。对于有心干一番大事的人，这二十七个月既是表现孝道美德的时机，又是一个无法施展拳脚的困局。但是，朝廷的召唤可以使他脱困。当湖南巡抚转来令江忠源前往广西效力的朝廷旨意时，江忠源立刻给赛尚阿复信，答应前往广西效力。不料曾国藩知道广西正在打仗，急需人才，预感到官府会强迫江忠源从军，于是他为江忠源早做打算，写信劝他不要轻易出山，以免有愧于孝道大节。江忠源刚要从新宁出发时，接到了曾国藩的这封来信。他感谢曾国藩一片赤忱、爱人以德，但曾国藩的来信迟了一步，江忠源既已答应了出山，就不能失信于人，何况赛尚阿还是朝廷的钦差大臣，江忠源更不能把自己的承诺当儿戏。但是曾国藩的来信加深了他心中的愧疚，他不知道自己这么做究竟是否违背了人伦。他揣着这份不安，租了一辆马车上路，准备到桂林之后先与严正基商量再决定去留。这就是江忠源造访右江道的缘由。

严正基热情地接待了来自新宁的朋友，听他说明了来意，当即表明了不同于曾国藩的看法，极力劝江忠源出山效力。严正基有些激动，引用了严家前辈官员的事例，说明为国效力是不必拘于小节的。曾国藩所说的大节，在严正基这里成了小节，可见道德准则也和橡皮泥一样是有可塑性的东西。听了这番话，江忠源心里豁然开朗。他听从了严正基的劝告，离开严家，便去钦差行辕报到。不过，他一直将曾国藩视为道德之师，他没有遵从曾国藩的劝诫，不免对曾老师怀有歉意。于是他决定写信给远在京师的曾国藩，诉说自己的苦衷。

江忠源来到钦差行辕，将名帖递进去，赛尚阿立刻召见。江忠源叙礼毕，说道："忠源父孝在身，应中堂大人之召前来效力，已是有愧于德操。忠源请与大人约法三章：不任职，不带兵，不穿吉服。还望大人成全。"

赛尚阿正色说道："你能墨绖从戎，报效朝廷，又能洁身自好，本钦差岂忍拂你一片孝心？你说的三条，自然依了你。"

江忠源揖道："忠源谢过大人，请大人派委差事。"

第二天，赛尚阿交下一项任务，令江忠源前往象州前线察看地形。当时赛尚阿以为太平军还在象州一带，其实他们已经南移。江忠源遵命赶到象州时，太平军已经到了桂平的新墟和紫荆山内。江忠源没有拘泥成命，继续赶路，来到新墟附近，找到军营，参见副都统乌兰泰。

乌兰泰打量着眼前这个湖南人，一眼看出他手臂长得出奇。怎么个长法？手臂垂放时，两手直达膝部，真是少见的异相，想必人也是奇人。又见这人双目炯炯有神，顾盼之间，落落大方，足见心胸坦荡。乌兰泰秉性耿直，也是性情中人，平生自负，营中的将领，没几个看得上眼，但他立刻就对眼前这个中年的小官产生了好感。

江忠源少不得自我介绍一番，乌兰泰得知此人是赛钦差向皇上要来的人才，更加刮目相看。但他的好感更多的是出于直觉。他从见到江忠源的那一刻起，就从对方两眼里读出了军人非常欣赏的气质：豪爽而重义气。

接着，江忠源说明来意："忠源奉中堂大人之命察看象州地形，如今战场转移，忠源也得四处看看，也好回去交差，还望乌帅提供方便。"

乌兰泰道："江兄既是为军务而来，目下并无专职，何不留下参赞戎幕？中堂大人那里由我禀知便可。"

江忠源初到前线便遇见这位满人二品大员，见他对自己礼敬有加，还想把他揽在自己帐下，便有了一见如故之感。既然乌兰泰有意留他，江忠源便痛快地答应了。他主动写信向赛尚阿报告，说他留在乌兰泰营内赞画军务。

夏历六月的天气，广西时有雨水。江忠源发现，乌兰泰冒雨出巡，不打雨伞。江忠源问他为何如此，乌兰泰说："我等将领，应与部属同甘共苦。军士没有雨伞，我也不能打伞。"江忠源很快发现乌兰泰治军有方，善待军士，如同父兄对待子弟。这个二品大员居然从来没有余钱，所得的薪俸全部用来赏赐给有功的军士。江忠源在这个满人将军身上看到了值得敬重的品格，觉得留在乌大人身边是一个正确的选择。

江忠源只是七品文官，受到了二品武官乌兰泰的赏识。乌兰泰对这个读书人"深相倚重"，凡事都要征询他的意见。江忠源也尽心出谋划策，两人合作，屡战皆捷。但是前线的三路官军步调不一，而太平军几位年轻的指挥官巧用妙计，在濒临被官军绞杀殆尽的危急时刻跳出了官军的包围圈，在突围途中大败巴清德和向荣指挥的官军，暂时废掉了他们的武功，然后分路北上，于1851年9月25日占领了永安州城。

江忠源跟随乌兰泰向北追赶，孤军独进，冒着酷暑昼夜兼程，逼近永安州城。虽然他把心思都放在战况上，但曾国藩的劝诫仍然使他难以忘怀。为什么他会如此在乎曾国藩这个理学先生呢？因为湘军史上的这位英雄本来是个浪荡书生，直到遇见了曾国藩，才走上了道德修养之途。

为了介绍湘军的开山鼻祖，这里暂且放下 1851 年的战事，往回穿越若干年，讲一讲江忠源的身世。

湘军史上有三个大人物都是出生在 1812 年，即嘉庆十七年。他们是江忠源、左宗棠和胡林翼。

江忠源出身于书香门第。父亲江上景是秀才，隐居教学，清贫度日。江忠源秉承父志，攻读诗书，少年时即能写一手好文章。虽然他不好八股，爱读对考试无助的实用书籍，却仍然是个正儿八经的读书人，十五岁便考中了秀才。

虽然考上了秀才，却不是满口斯文的那一种，而是一个问题少年。他生就一副好身板，面目也很帅气，性格开朗，喜欢交际，在社会上吃得开，混了不少朋友。由于交游不慎，混到了赌徒堆里，赌瘾深重。可叹他有赌瘾而无赌运，老是输得脱下衣服去质押，得了钱又回到赌场。偶尔赢钱，便去冶游，在欢场里去找红颜知己。那些守法执礼的书生对他侧目而视，不敢与他为伍。江忠源并不在意，由着性子在社会上玩耍，一直混到二十五岁，考中举人，成为新宁一县的学霸，才走上了大运。

江忠源是清朝开国以来新宁县里的第一个举人。他的中举不仅是他本人和江家的大事，也是全县人的莫大荣耀。所以中举之后，就要进京参加会试，争取做新宁清代的第一进士。可是进京赶考这件事把他难倒了。缺的不是勇气，而是盘缠。他以前混迹于社会上，有钱便赌，赢了钱就找小姐，又讲哥们儿义气，忧人之忧，急人所急，手头哪里会有积蓄！遇到正经要花钱的时候，常常过不了门槛。这进京赶考又耽搁不得，没有盘缠空手也得去。父亲江上景送他上路，回家时两眼含泪，担心新宁几百年才出一个的举人饿死在路上。好在江忠源筹到了旅费，不但没饿死，还进了京城。筹钱的办法非偷非抢，最大的可能是借了点本钱，进赌场赢了一把。也可能是以前受惠于他的人在他急需用钱时帮了他。

1838 年，道光十八年，江忠源来到京城。他虽有些许盘缠，仍然是手头拮据，进京时是一副落魄相。偏偏会试落第了，心中落寞惆怅。他在京城旅社的壁上题诗一首：

劳生无计了情缘，踏遍红泥意黯然。万里关河鱼腹纸，五更风雪马头鞭。浪游燕市悲前事，小别章台感隔年。寂寂晓风残月里，选词谁唱柳屯田。

这个落拓的考生，只有在赌场和青楼才能暂时忘却烦恼。怎奈那寄存烦恼的地方都是销金之所，江举人的钱袋很快就空了。

钱袋空了还可以设法装填，最叫他伤心的是京城的秀才都不屑于跟他交往。一名公车，行为不检点，是很大的丑闻，传播必然很快，大家在远处对他指指点点，唯恐避之不及。

好在不是所有人都被世俗之见蒙住了眼，也有一两个人不是人云亦云之辈。湘人在京者，古道热肠的湘潭人欧阳兆熊早就认识江忠源，对他曾有识拔之恩，他一直认为此人今后必有建树。另有一个在京城当御史的湘潭人黎吉云，第一次看见江忠源，便说此人是个勇士，必死于战场。

这个预言在当时看来有些离谱，有几分看相术士故弄玄虚的意味。品头论足是读书人的爱好，说出来的话多半不着边际。1838年天下太平已久，鸦片战争尚未爆发，一般人都在展望可持续发展的和平。江忠源是公车而非武将，又怎么会在不打仗的年代死于战场？

何况死于战场也不是什么好前程，所以在大家眼里，江忠源仍然是个问题人物。此人豪爽直率，落拓不羁，有侠士风骨、捐躯之勇，由此令人联想到沙场猛将，如此而已。除此以外，他的价值无人欣赏，他的前程无人看好。

6

欧阳兆熊和黎吉云都不是等闲之辈，能够预见到江忠源未来的辉煌。还有一个人比这两个人更加出色，他也看好江忠源。此人便是在京做官的湘乡人曾国藩。他比江忠源年长一岁，他对江忠源不仅能够理解和欣赏，而且愿意当这个浪荡书生的老师。

1844年夏天，曾国藩进入了江忠源的生活圈子，好像一个救世主式的人物，使劲拉了江忠源一把。

曾国藩是湖南籍的京官，在京城湖南人的圈子里很有面子，影响很大，接触面较广。他耳边早就有人说三道四：新宁来的那个江某又赌又嫖，千万不要理睬他。

曾国藩和黎吉云交往颇深。很可能是黎吉云的话引起了他对江忠源的注意。这一年江忠源因为打算参加会试而留居京城，跟随郭嵩焘来求见曾国藩，同行者还有新宁人刘长佑。江忠源打量眼前的这位京官，只见他身长约五尺，精神奕奕；体格雄伟，身材匀称；方肩阔胸，头大方正，额头高阔；一对小三角眼有棱有角，眸子榛色，目光平如直线，极为锐利；嘴宽唇薄，表明内在的信心和决断。

江忠源对此人肃然起敬，但他从不谨小慎微，并不拘束，宾主谈话非常活跃。几个湖南的读书人聚在一起，居然没有切磋学问，聊的都是市井琐事，不时开怀大笑。只有渊默的刘长佑话语不多。江忠源毫无掩饰，胸襟坦荡，侠气酣畅。曾国藩跟他竟有相见恨晚的感觉。分别时，目送他出门，回头对郭嵩焘说："平生未见如此人！京师求如此人才不可得。此人他日当办大事，必立功名于天下，然当以节义死。"

郭嵩焘一愣，问道："涤兄如何知道？"

"凡人言行如青天白日毫无文饰者，必成大器。"曾国藩回答。

江忠源的直率，也许正是曾国藩自己所缺乏的品质。人生的各种乐子，对年轻人诱惑最大。面对女人、美食和玩乐，此时的曾国藩心中也是波澜起伏，但他非但不敢放浪形骸，还要在内心做剧烈的挣扎，又到日记中考问自己的品性。他看到江忠源能够心口如一，爱饮嗜赌，垂涎美色，并不藏掖，于是钦佩油然而生，非但能够包容，还向别人推荐。

曾国藩对江忠源的评价与黎吉云的预言异曲同工，把江忠源从世俗的评议中拔高了许多。黎吉云和曾国藩都不是信口开河的人，尽管听者不敢苟同，却在吃惊之余有几分羡慕，不知江忠源为何入了黎大人与曾大人的法眼。

在江忠源会试落第又花完了盘缠的时候，曾国藩曾将他收留于自己的宅邸，劝他回家，并答应为他提供旅费。可是江忠源知道曾国藩并不阔绰，不想为他增添负担，忽然不辞而行，曾国藩发现以后，连忙追赶上去。追到长辛店，见江忠源正在用午膳，曾国藩安慰道："以你的才干，何愁怀才不遇？但有父母在堂，还是回去吧，落第之事，不要放在心上。"

说罢，拿出一百两银子送给他。曾国藩回家后，门客问他去了哪里，曾国藩回答："去追江岷樵,为他饯行。"

门客问道："此人究竟有何长处,值得涤公如此费心?"

曾国藩说："岷樵必以忠节闻名天下,诸君都比不上他,以后诸位就知道了。"

江忠源能够深深打动欧阳兆熊、黎吉云与曾国藩,当然不只是靠着几句言谈。他的侠义行为是大家有目共睹的。他在下第南归时,三次为友人置办灵柩归葬,为常人之所难为。这个新宁人历来视钱财为身外之物,哪怕典当衣物,徒步当车,也要将朋友的灵柩送回家。他的侠骨柔肠,对人的深刻同情和将理学准则付诸实践的笃厚之心,曾国藩都看在眼中。

进京赶考的公车是含辛茹苦的北漂一族,许多人命运不济,为前程而做的赌博,往往是用性命来下注。江忠源的同年生中竟有三人客死京师。

陕西学子邹兴如,祖籍湖南新化,算得上江忠源的老乡。此人温文尔雅,身体羸弱,江忠源对他十分照顾。邹兴如病倒在客栈,咳嗽咯血。穷书生没有仆从,无人照顾。江忠源把被子搬到他的房间和他同住,为他寻医问药,进行特级护理。但江忠源无力回天,几个月后,邹兴如病故。江忠源不忍心于死者在京的落寞,买来棺木收殓尸骨,嘱咐他的族人将遗体送归陕西。

湘乡学子邓鹤龄当过江忠源的老师,因病咯血,奄奄一息。江忠源护送邓老师南归。病人在路途中去世,江忠源又为他买棺木收殓,将灵柩送回湘乡。

江忠源再度进京时,同年生曾如鑪在京师故世,江忠源又将遗体送回死者的故里武冈。

江忠源行程万里,将朋友和老乡的灵柩送回原籍,误了考期,在所不惜。如此的古道热肠,也许是前无古人,后无来者。随着这些事迹的传播,他的急公好义声震京师,不仅在湖南人中传为美谈,外省人士也以结识他为荣幸。瑕不掩瑜,他那些放纵的行为,不但没有损害他的声望,反而令人从中觉出他的豪爽。

江忠源在京师客居八年,赢得的美誉不下于做着圣贤功夫的曾国藩。江曾二人被誉为当时操节最佳的两个湖南人。他们助人为乐,在官员和学者中有口皆碑。传闻说,京城里只要死了人,曾国藩必送挽联,江忠源必会帮忙买棺材。

曾国藩被江忠源的行为感动了。他既居于京官之尊位，又以自我修养见长，就萌发了一个念头，想给江忠源做思想品德的导师，要求他阅读先儒的语录，用以约束言行，狠斗私心一闪念，痛压邪念一抬头。向儒学祖师早请示，晚汇报，努力改造世界观。

江忠源诚恳接受曾国藩的劝诫，开始与郭嵩焘、冯卓怀这些正人君子交往，折节读书。除了端正品行，他还钻研实用科学，仍然不屑于八股章句。

戒赌是一个痛苦的过程。好赌几乎是发自人的天性，阉割本能，要下极大的决心。江忠源每次经过路边的赌摊，或者听到赌场内吆五喝六，都会情不自禁地停下脚步，流连忘返。但他还是忍住了，不再参与进去。偶然到友人家，还没进门，听见里面有打牌的声音，便拖着延滞的脚步，依依不舍地离去。

不过江忠源毕竟是江忠源，不会太跟自己过不去，赌博虽是戒了，小姐还是照找不误。

江忠源后来功勋卓著，荣登高位。欧阳兆熊一直关注此人的经历，对江忠源现象做过研究。他的结论是，放荡不羁的人，不乏建立奇功者，倒是号称理学模范的人物，能建奇功者不多。

民国时期的徐凌霄兄弟用曾国藩作为例子来反驳这种说法，其实只是看到了事物的表面。曾国藩的内心何尝波澜不惊，他胸膛里也有个潘多拉盒子，只是关得比较严实而已。尽管严关死守，不时还会有小妖魔逃逸出来。

欧阳兆熊欣赏江忠源敢于流露真性情。他发现，有些人深情厚貌，小廉曲谨，往往仕途顺畅，却无军功政绩。他们的讨巧之处是做足了表面功夫。他们不必深入理学殿堂，不读《二程遗书》《朱子大全》，不做内省之功，只需身着补丁衣，乘坐朴素的轿子去政府大院卜班；亲自去市场购物，量盐数米，锱铢计较。如此便把自己树成了传统美德的标兵。前人如此走顺了仕途，后辈群起效仿，以为只需如此，便是得到了理学真传。

欧阳兆熊对伪道学的批评是一针见血的，就连胡林翼也没有逃过他的针砭。他说，胡林翼本来是不蹈常规的，后来也未能免俗。他原是一名纨绔少年，时常流露真性情，结果看到大家对理学趋之若鹜，摇身一变，变得浑身都是头巾气，去赶理学先生的时尚。然而究其根本，胡林翼之所以大有建树，在于善用权术，而非通晓理学。朴谨之士并非无能，但若单凭外表取人，就会成为流弊，不免如晋人清谈之祸。

江忠源虽然割舍不下欢场，但他确实是真心想要修养道德。他将曾国藩尊为德师，努力按照曾老师的要求去做，做到多少算多少。因此，三十岁成为他个人修养的一条分界线。他开始留心圣贤之学，言行举止大多中规中矩，犹如恂恂儒者，与往昔判若两人。他不但自我修炼，还影响了三个弟弟。

道光二十五年（1845），朝廷对参加三科会试未中的举人进行六年一次的大挑，江忠源名列二等，成绩仍然不理想，但可以当个教职官员。江忠源未能实现进士梦，失去了士人们渴望的晋身之阶。他决意于仕途，慨然说道："穷达，命也。谋个教书的职位，奉养亲人算了。"

失意之余，江忠源产生了另辟蹊径的想法。

曾国藩预言江忠源将因节烈而献身，既是评价，也是鞭策，或许还是一种暗示。江忠源的生涯朝着这个方向发展。他交游广泛，与社会基层接触较多，很接地气，能够洞察社会动向。嘉庆、道光以来，社会危机四伏，他深有感触，预见到天下兵戈将动，形势将会大乱。客居京师时，他还关注着家乡的动态，留意湖南天地会、青莲教的动向。他在思考着自己在即将到来的乱世中将会有什么作为。他不愿在辞章和科举中消耗生命，他想锻炼自己在社会上运作与执行的能力。他想建立和训练民间的武装力量，在乱世中维护社会的稳定。

7

曾国藩的预言是正确的。江忠源于 1845 年南归，回到家乡，便做了一件对后世影响极大的事情：联络乡绅，举办团练。世上有两类人最怕社会动乱，一类是掌权者，另一类就是有钱人。所以遏乱于未然之中，这两类人最有积极性。江忠源身为一介草民，没有办法动员掌权者，但是在有钱人的圈子里却很有面子，因为他是新宁的第一个举人。所谓有钱人的圈子，就是地方绅士的圈子。江忠源请乡绅们出钱，由他来举办团练。乡绅邓树坤和邓新科响应最为积极。

江忠源在乡绅拥戴下成了团练的领袖，在治安方面具有很大的话语权。他与乡亲们约定一条：不得加入会党。每到月初，他便召集各村的丁壮灌输忠孝礼义，教授兵法技勇，暗中采用兵法管理团丁。几个月后，他的家乡秩序井然。

团练是历朝历代都有的基层民兵组织。大致上都是由乡绅出钱，由热心人召集本乡青壮年操练，在家乡遭到侵犯时保卫桑梓。团练的实力如何，取决于执行人的能力和投入。江忠源劝了捐，拿到了办团的钱，是很卖力气的。不单是卖力，还有熟读兵书的功底，按照兵法办事，能够建立比较严密的组织，规定了一套列阵和搏杀的训练方法。所以他组建训练的团勇不是乌合之众，而是比官军更有战斗力的武装力量。

粤北和湘南属于同一个社会生态圈，活跃在广西的会党对湖南的宝庆府所辖地区产生了很大的影响。江忠源见会党蠢蠢欲动，便以民兵首领的名义公开禁止会党活动，搜捕本地会党治罪。

江忠源建立的武装力量，三年后在实战中检验了战斗力。

1847 年 10 月，新宁黄背峒的瑶族人雷再浩领导棒棒会的两万多人在黄背峒和滑溪等根据地部署了兵力，议定于当月 26 日在新宁和广西全州集结武装举行暴动，立即进攻新宁县城。新宁县令李博忽然得到线报，称雷再浩打算夺取县城。他连忙召集各乡的乡勇守城，同时把乡绅们招来商议对策。

"各位乡贤，本县获悉逆贼要来攻打县城，本县兵力不足，有劳各位回去增募乡勇，协助官军扼守要隘，配合本县杜绝县城内外往来联系，搜捕奸细。"

江忠源道："大人不必担心。江某不才，平日里却也注重团练乡人，对付雷再浩一伙绰绰有余。"

李博道："江兄有如此把握？"

乡绅邓树坤道："大人，岷樵兄三年前从京城回家，便在杨溪村大办乡团。每到月初，召集各村丁壮灌输忠孝礼义，教授兵法技勇，用正规军的办法管理团丁。几个月后，家乡就秩序井然了。"

"如此说来，江兄也懂兵法？"李博还是不大放心。

江忠源朗声说道："忠源平日里读过几本兵书，办乡团时也有用到之处。"

乡绅邓新科道："岷樵兄的乡团绝非临时凑拼的乌合之众。杨溪乡团组织严密，列阵搏杀都有章法。"

江忠源听到自己的行事有人赞赏，颇为激动，起身说道："不才常对乡人说，国家已经有了二百多年的和平。新宁处在湖南和广西交界之处，又是大山之间，容易滋生不法之徒。官府畏首畏尾，不敢过问。山区汉族和瑶族杂处，又与广西五排相连，一旦生乱，是很危险的！忠源与父老商议，跟乡人约定一条：不得加入会党。忠源进城之前已撰得一文，阐述嘉庆初年官府剿灭川湘教匪的始末，劝谕新宁子弟不要加入会匪，免招杀身之祸。请大人散发。"

李博听了这些乡绅的话，觉得有些刺耳。他们分明在指责官府治民无方，剿匪不力。但他此刻顾不上面子了，赶紧说道："如此甚好，就请岷樵兄将乡团调来县城，协同防守。"

江忠源说："李大人，依忠源所见，对付雷逆，不能光是防守，还得进攻才是。大人若能召集官兵，忠源愿领乡团一起进攻黄背峒贼巢。"

1847 年 10 月 20 日，雷再浩在黄背峒和滑溪等地集结会众，揭竿起事，当即将造反的汉民与瑶民组编为五营部队，雷再浩与广西的李世德任总统领。

雷再浩没有料到，官军比他行动更快。就在这一天，李博与江忠源、邓树坤、邓新科等人从新宁南乡的盆溪、肖弓湾及水西一带，率乡勇两千多人，分路进攻黄背峒。雷再浩刚刚组建好部队，就听得山口炮声隆隆。

探子来报："官军来势汹汹，兵力不少！"雷再浩想：看样子官军是有备而来，老子不能硬拼，只好暂避锋芒了。他一声令下，会众转移到全州庄塘，与李世德会合。

李博率官兵闯入黄背峒，发现是空寨一座，气急败坏，下令放火烧寨，焚毁雷再浩的住房，缴获全部军资财物。

李博和江忠源此举把会军赶进了广西，新宁暂时已无危险。广西官军可就倒霉了，雷再浩憋着一肚子气，在广西连连攻击，大败广西官军。雷再浩在广西得了手，还是想杀回老家，便扭头向新宁进发。他对会众喊道："攻下侯家寨，就直杀县城！"

雷再浩以为新宁官军料不到他会突然杀个回马枪，没想到江忠源已经算到他有这一招，毫不松懈，率领乡勇据守要隘，切断了他的供应。江忠源比雷再浩更狠，没有等到对手杀回，便主动出省向广西进击。他率领一千多名乡勇，加上几十名官军，与雷军遭遇，发生激战，相持不下。雷再浩无法返回新宁，只得折回广西的庄塘根据地，暂时占据一些村庄，以事休整。

江忠源在首次维稳作战中表现出来的主动性和进攻性，是19世纪中国军队最缺乏的作战精神。中国军队的守势作战模式，是在围城遍布全国的环境下形成的。中国的城市四周都围着城墙，从县城、州城、府城到京城都是如此，所以中国以围城之国而著称，而中国官方的军队在维稳作战中总是以守城防御为常态，攻击战和运动战的能力很少得到实战的训练。与中国相仿，欧洲到处是城堡之国。由于封建割据和战争，封建领主为了保证自己和臣民的安全，要依靠城堡来作为难以攻破的壁垒。城堡在欧洲起源很早，到了中世纪更是如雨后春笋一般兴起。所以在中世纪，城堡防御也是欧洲封建军队的作战常态。但是到了14世纪，欧洲的情况变化了，城堡随着封建割据的削弱而开始衰落，欧洲的军队在野战方面有了长足的发展。而中国的围城到了19世纪还是那么多，所以中国的官军还是习惯于守势作战，缺乏攻击性和机动性。如果一群人待在一座围城里也可以称为"宅"的话，那么中国的官军可以说全都是"宅军"。江忠源率领的乡勇却不是"宅军"，而是活跃的军队，在初试锋芒时便表现出了大不同于官军的作战精神和作战方法，所以连机动性很强的造反军也不是他的对手。江忠源的这种作战风格先后为湘军大将王鑫、李续宾、左宗棠等人继承发扬，使得以机动性见长的太平军也不得不把湘军视为劲敌。江忠源在他的第一次作战中军事风格是迅猛有力的，所以他总是比雷再浩快一步，屡次坏了雷再浩的好事。雷再浩咬牙切齿，放出狠话："抓到江忠源，老子要把他生吞活剥！"

　　雷再浩没有吓到江忠源，却吓坏了江忠源的母亲。她听说儿子树了死敌，叫人找他回家避祸。江忠源对来人笑道："蟊贼怎能害到我！"但他不愿让母亲担心，留下乡勇扼守要隘，自己返回县城协助李博守备。

　　新宁县城已无危险，可是雷再浩不时派特务到城里制造恐怖气氛。一天夜里，县城居民纷纷传说雷再浩已杀到城外，城里人心惶惶。江忠源知道这是谣言，顾自在县衙里安睡。不一会儿，乡勇抓到雷再浩手下的两名特务，绑来县衙，请知县发落。

　　李博说："先关起来，听候本县讯问。"

　　江忠源闻讯，连忙找到李博，说："李大人，不可！如今人心浮动，居民惊慌失措。必须立即将这二人处死，才能警示乱民不要造谣生事，否则会另生变故。"

李博不想民心浮动，下令处死两名特务，城内立刻恢复了安定。

江忠源处处当机立断，在非常时期，采用霹雳手段，不惜违反司法程序，也不按律量刑，而是轻取人命，虽然取得了立竿见影的效果，却给他挣来了"江屠夫"的恶名。曾国藩后来在长沙杀了不少人，得了个"曾剃头"的外号，和江忠源的做法一脉相承。江曾二人敢于任事，不惜名声，乱世中采用重典，在中国历史上司法观念的流派中可以找到法家理论为依据，与儒家倡导的仁恕疏导之道颇为抵触，这是儒生治国用法家手段应急的事例，可见江曾二人都不拘泥于一家之见，很有点不管黑猫白猫只要抓到耗子就是好猫的味道。所谓菩萨心肠，雷霆手段，说的就是他们这种处事方法。

由于江忠源主动和广西官军配合作战，大大局限了雷再浩的活动范围。棒棒会虽然武力雄厚，却斗不过比正规军更有战斗力的新宁乡勇。雷再浩遇到了江忠源，是遇见了天生的对头。他感到力不从心，为了保全实力，决定把主力再次转移到五排，重建那里的根据地。

五排位于全州、新宁、城步三个州县的交界之处，群山纵横百里，四面悬崖峭壁，地势险要，易守难攻。雷再浩攻克瓜岭，进入五排，分兵占据附近各村，为建立根据地做准备。他斗不过新宁的乡勇，就去捏广西官军的软柿子，一仗大捷，斩杀四十多人。雷再浩军势大振，官军望风披靡，只有江忠源的乡勇在前线支撑。

广西巡抚郑祖琛坐不住了，严令全州驻军大力防堵。湖南巡抚陆费瑔也向新宁增兵，把长宝道杨炳坤派到前线。各路官兵齐集，实力雄厚，还有副省级大员坐镇指挥。但是官军个个都懂得珍惜自己的生命，老是往后躲，打前锋的仍然是江忠源等人的乡勇。

江忠源决定对造反军各个击破，先打李世德，再消灭雷再浩的广西盟军。他和邓树坤、蒋启华等人集结一千多名乡勇向广西会军据点进击。李世德部遭到袭击，猝不及防，被动挨打，三十多人被俘，其中有雷再浩的妻子蓝禾妹。李世德愤不欲生，自缢而死。

雷再浩从五排驰援不及，只得收编李世德的部属。由于根据地的大门已被官军占领，他不得不放弃五排，率部转战广西境内。一到广西，雷再浩就有了生存的机会，他第三次战败广西官军，军威重振。

官军的大官心里发虚了，杨炳坤和总兵英俊打算请调湘西劲旅镇篁兵来增援。江忠源听到消息，心想：杀鸡焉用牛刀？他对两位大员进言："杨大人，英大人，对付雷逆游匪，何须兴师动众？外来的兵将不熟地势，倘若小有所失，反令贼势坐大。"

杨炳坤逼问道："新宁乡勇能否担此重任？"

这分明是要江忠源承担全部责任，江忠源并不担心，索性大包大揽，向杨炳坤打了包票。他还担心杨炳坤有顾虑，回到住处，将自己的看法形成文字。杨炳坤决定让他一试身手，按下请求援兵之事。

江忠源的性格不是大言喜功的一类，他的把握是对雷再浩的了解。他知道雷再浩修养不够，看见牛市就忘了熊市，眼下见广西官军不堪一击，就忘了新宁乡勇先前的厉害。这是他致命的软肋。果然，雷再浩的轻敌使他贸然离开根据地作战，犯了无法弥补的错误。江忠源还未出手，他就败给了广西官军，右营大将李佳柏战死。雷再浩无法返回根据地，陷入四面楚歌的境地。

雷再浩的会军在流动中不断遭到打击。11月22日，他们躲进董家峒，官军第二天就杀了过来。两路官军分路发起攻击，雷再浩又折损几十人，残部一千多人退到龙塘，三天后又退到咸水口。广西官军寻找了两天，又摸了过来，从东西两岸夹击，歼灭雷部一百多人。

雷再浩逃到湾底，从农民中增募兵员，兵力恢复到一千多人。他们终于开始反省失误，意识到自己的部队不善于流动作战。他们决定再度进军新宁，到八峒建立根据地。八峒是瑶民居住地区，雷再浩在这里拥有较好的群众基础。此地山高林密，地形险阻，只要回到八峒，雷再浩就有可能东山再起。

11月29日黎明，会军趁大雾进军，从黄瓜冲分两路猛扑新宁以西的深冲峒，很快击败了扼守该地的宝庆官军与辰州官军，占据了八峒山地。他令部队赶紧挖掘堑壕，设卡自守。官军无力攻坚，只得退驻石田，与雷再浩相持。

这时候该江忠源出场了。他督率乡勇四面围逼，截断了雷再浩出兵的道路。雷再浩得不到食物，人心已经浮动。然后，江忠源收买会军头目，诱使雷再浩进攻武冈，官军于1847年12月3日在雷再浩进军路线上设伏，将会军打散，一举俘获会军的四十多名头目。第二天，江忠源派乡勇搜山，雷再浩所部一千多人投降。

江忠源求见杨炳坤，要求使用霹雳手段："所俘逆党，其中勇猛多谋者必须处死！"

杨炳坤不以为然，只杀了其中几人，其余一律释放。江忠源叹道："乱民已知官府息事宁人，不惧官兵军威，还会东山再起！"

江忠源的预言很快应验。雷再浩败亡后，影响还在延续，湖南南部边界不断有会党聚众起事。新宁在1849年10月爆发了李元发的起义，影响湖南和广西，激发了广西的会党起事。李元发以前是雷再浩手下的谍探，他的崛起，正是江忠源预言的死灰复燃。李元发起事的时候，江忠源已不在新宁，但李元发也碰到了天生的对手，那就是江忠源的好友刘长佑。湘南两种对立的武装力量，很快给人们留下了深刻的印象。造反者勇悍如虎，地方民兵凶狠似狼。虎狼之争，最后还是乡勇占了上风。

8

江忠源抓到了雷再浩，杨炳坤曾悬赏一万两银子购买雷再浩的人头。江忠源得到这笔赏金，用于修葺新宁城。从此以后，江忠源在湖南博得了通晓军事的声名，也因用武不为私利而为人称道。湖广总督裕泰将他的战功上报清廷，道光爷赏给他一顶蓝翎顶戴。道光二十九年，清廷将江忠源拣发浙江。

短短三年，江忠源在建功立业的道路上迈出了重要的一步。他在仕途上的发迹，预示着一个书生不以进士入仕而以军功升官的时代即将到来。江忠源靠着镇压雷再浩当了七品县令，引得很多读书人羡慕，其实这和他日后升迁的速度比起来简直就算不了什么。从1851年开始，江忠源只用了两年多时间，就靠着战功，由一个七品小官跨越了许多人一辈子也爬不上去的十个台阶，成为清廷的二品大员，令满朝文武瞠目结舌，也令湖南的读书人个个心痒，争相效仿。在这种意义上，江忠源是一个具有历史意义的榜样。

但是，在1847年江忠源刚刚步入官场的时候，并没有幻想以后的飞黄腾达，只是一心想着如何做好一个知县。

江忠源告别父亲江上景和母亲陈太夫人进京向吏部报到，等待拣派官任。他很快就和人生导师曾国藩重逢了。

曾国藩说："岷樵啊，新宁的事情我都听说了。你上次进京，我曾跟你开玩笑说，你在家治办团练，却老不见你说的青莲会匪闹事。你却咬定说新宁早晚会出事。看来还是你有先见之明啊，雷再浩被你一战破了巢穴，又被你用计擒住了，你成了朝廷的功臣啊。"

江忠源恭谨地回答："涤师谬赞，前事虽定，而大吏姑息，不肯痛诛，余党难犹未已。"

道光二十九年，江忠源等到了实差，奉派前往浙江。临行前，曾国藩叮嘱道："浙抚吴大人是我的座师，品学才具令我景仰，岷樵此去，当先拜见吴大人。"

江忠源一到杭州，便去拜会巡抚吴文镕。吴文镕早已听说江忠源是个难得的贤才，还有一副少见的古道热肠，其义举在京城传得沸沸扬扬，对此人不仅有好感，还有一些好奇。听说他来了，连忙将他请入书房，亲切接见。

江忠源行礼已毕，宾主坐定。吴文镕打量这个新来的下属，见他有三十六七岁，长身猿臂，天庭饱满，宽阔的额头衬得脸颊略显瘦削，须髯黝黑，双目奕奕有神，神情豁朗，英姿勃勃。

"早就听曾涤生说过，记得江知县是出身书香门第？"吴文镕问道。

"回大人，家父乃岁贡生，对学生教诲良多。"

"江知县兄弟几人？"

"回大人，兄弟四人，学生居长。"

"听曾涤生说，江知县曾久客京师，与曾涤生、陈岱云、郭筠仙、冯树堂等湘人友善，后来以大挑得教谕一职，却为何未留京候选，又回家乡去了？"

"学生看天下大势，盗抢之风盛行，有心实践经世之学，以保一方平安。家乡有青莲教匪，便是动乱的征兆。学生为了保卫桑梓，回家团练乡勇，密缮兵仗。不出几年，果然有雷再浩贼匪作乱。"

"新宁一役，天下皆知。江知县勇略双全，真是给读书人长了面子啊。"

"大人谬奖。学生能在大人手下当差，倍感荣幸。不知大人有何差事交办？"

"本部院正有一件要紧的差事，若非江知县这样的文武全才，恐难胜任。不知江知县是否愿意接手？"

"学生愿闻其详。"

"本省今年发大水，秀水县灾情严重，到处都是饥民，抢劫之风猖獗。本部院想派你去秀水赈灾，同时缉捕巨盗。此事若能办好，不仅是救民于水火，也了却了本部院一件心事。"

江忠源再无二话，领命来到秀水县。微服私访一圈，看到市面米价昂贵，饥民们耐饿不住，只好四处打劫。江忠源进入县衙，只见桌上案卷堆积如山。顺手翻阅，抢劫案就有二十几桩。江忠源连下几道命令，捕快四出，抓了一百多名盗贼。有一名重犯，作恶多端，百姓提起他就为之变色。江忠源说："治乱世须用重典，一定要狠刹盗抢之风。传本县之令，将此犯关进牢笼，让他在烈日下曝晒而死。其余人犯关进大牢，暂且不问。"

盗抢的根源是饥饿。杀一儆百之后，盗抢之风有所收敛，江忠源便把全部精力投入赈灾。他想了一夜，已经有了主意。他知道大多数富豪都有矛盾的心理，既希望社会稳定，又不愿花钱来维稳。他决定做两件事来促使富豪掏腰包，第一是借神灵之威，第二是将善恶曝光。

第二天清晨，他跑到赈灾局，召集管事的绅士，邀他们一起去拜城隍神。人到齐后，他从袖子里抽出一份誓词，问道："我带领诸位来拜城隍，在神灵之前起誓赈济灾民。宣誓过后，诸位肯不肯签名？"

绅士们一见这个架势，人人点头首肯。江忠源命人焚香燃烛，敲响钟鼓，率领一干人在神像前跪下，高声领读誓词，他念一句，绅士们跟着念一句。誓词中写道：如若不尽心尽力救灾，做了昧良心之事，请神灵惩罚，天打雷劈。

这不是一般海誓山盟的浪漫誓词，这是要命的毒誓！违背誓言，真有可能被雷劈成两半。只要绅士们发了誓，效果是不用怀疑的。果然，绅士发誓的时候，个个不寒而栗。江忠源料想，他们签署了誓言，出了城隍庙，不敢有违誓之举。

接下来就是曝光善恶了。江忠源令人制成两种匾额，一种写上"乐善好施"，另一种写上"为富不仁"。哪个绅士捐献得多，就叫人敲锣打鼓，把乐善好施匾给他送去，还给他戴上大红花。不肯捐献的，就把为富不仁匾挂在他家门上，责令地保巡视，不准取下匾额，也不许掩盖。

这两项措施虽然看上去挺斯文，其实也是劫富济贫，最得民心。围观的百姓欢声雷动，民心安定下来。

江忠源把稳了富人的脉搏。越是土豪，越怕盗抢。江忠源为了提高富豪捐款的积极性，决定最大力度保护豪捐的大户，给他们发放禁抢告示贴在门口。上面写道：此户踊跃捐款救灾，若有人胆敢来此抢劫，一律处以站笼晒毙之刑。

站笼晒毙太可怕了，谁敢以身犯难？江知县的乐善好施匾成了护身符，土豪踊跃购买。江忠源到任短短几天，未费多少周折，赈灾局就收到了十多万两银子的捐款。有钱人家既做了善事，又能得到保护，何乐不为！他们知道这个湖南来的江知县使的是雷霆手段，说得到做得到，便抢着争要县府的禁抢告示，在家门口贴一张护家符。

江忠源又怕收到的捐款被贪官劣绅放进自己的腰包。他乘船到各处查核饥民人数，分段汇编成册，交给捐赈的绅士，让他们自行按册发给粮款，每五天向县里汇报一次，以供查核。所有的钱粮一律不交给政府，官员和绅董都不许染指，杜绝了贪污的渠道。

江忠源的办法太好了，好到给其他县份添了乱。他办的事情传到嘉兴县，百姓哗然，对县太爷说："大人为什么不学学江青天，也来救救我们，反而鱼肉百姓？"大家一窝蜂似的涌向县衙，又打又砸，气势汹汹。知府隆锡堂亲自前往弹压，还是无法制止。无奈之下，只得把江忠源叫去做安抚工作，事情才告平息。

赈灾告一段落，江忠源跟幕友商量如何处置县牢里关押的一百多名人犯。大家见识过江知县站笼晒毙的刑罚，受了他的感染，不是主张斩首就是主张绞刑，至少也要充军或是流放。

江忠源说："他们都是可怜人，饿得撑不住了，才敢以身试法。一律打几棍子，都放回去吧。也用不着一一审理，总的造个册子上报就行了。"

幕友说："江大人先严后宽，哪有这样宽纵的道理？大人难道不怕上峰驳回？"

江忠源说："先严后宽是策略嘛。一开始不严，压不下去啊。现在治安好转，就不用那么严了。吴中丞那里，我去找他说说。"他风风火火地赶到杭州，跑进巡抚衙门，向巡抚当面陈情。吴文镕非但首肯，还夸赞道："江知县，你杀了一个人，却保全了一百多人的性命，功德无量啊。本部院要通令全省：对待盗抢人犯，一律照秀水江县令的办法办理。"

江忠源在秀水的司法举措与他在新宁的主张有所不同了，既有严打，又有从轻发落，可谓宽严相济。新宁是有组织的造反，秀水是饥民暴乱，他对两者在处置上有所区别。官僚政治的随意性使他能够挥洒自如，灵活应对突发性群体事件，使治安回归正常。而秀水的处置办法更能体现他的悲悯之情。

灾后的重建考验了江忠源施政的能力。洪水退后，已到秋天，田地里略有收获，聊供饥民果腹。江忠源下令：本县一概免征农业税。江浙州县的征税官员素来欺善怕恶，弄得民不聊生，江忠源把赋税一免，官员贪腐无门，百姓万众欢腾。百姓渡过了难关，但县府和他私人亏欠了上万两银子，给后任留下了一大截亏空，江忠源认为亏官不亏民，是划算的事情。

灾后的耕种困难重重，秀水县地势低洼，积水排泄不了，无法补种粮食。江忠源到郊野巡视，发现较高的地面没有被水淹，便劝说农民补种杂粮。浙江西部盛行养蚕，可惜水灾之后桑树大多枯槁。江忠源从《农桑集要》等书籍中找到补救的办法，写成《补救六条》，告示百姓。

灾民流亡在外，田地缺人耕种。江忠源将流浪者召回，禁止游手好闲，惩治奸猾刁民。他发现秀水的民风是穷地方好摆阔气，恶习难改。若要提倡节俭，空喊几句口号是不行的。他又想到一个绝招，令人张贴告示，广告百姓：本县令每天只花六十四文钱。知县带头，民间不再以勤俭寒酸为耻。

赈灾告一段落，江忠源又小试武功，抓捕了十多名巨盗，社会治安完全稳定。

这时丽水知县在任上去世，士民禀报吴文镕，请求委任江忠源代理知县，吴文镕奏报朝廷，道光爷将他补授丽水县令。

江忠源官职卑微，战功和政绩却引人注目。咸丰即位之后，下诏求贤，吴文镕向朝廷举荐这位芝麻官。曾国藩也上疏举荐。咸丰第一次听到这个名字，颇为重视，命他来部引见。

然而，曾国藩举荐江忠源引起了朝中的议论。曾国藩是礼部侍郎，中央政府的部臣，举荐地方官员，有私结朋党之嫌。浙江布政使汪本铨起了疑心，以为其中有什么暗箱操作。亏得武进人赵振祚路过杭州，将秀水绅士赞扬江忠源的一首诗念给汪本铨听了，汪某才解除了疑虑。

江忠源仕途升迁有望，正要进京觐见皇上，不料海塘决口。吴文镕上疏请留，派他治理连年决口的海塘。四个月后，海塘工程完毕，江忠源可以进京了，没想到父亲去世的噩耗传来，哀恸之下，他呕出几口鲜血，一病不起。

恰在此时，李元发攻占了新宁城，谣传江忠源全家已被会军杀死。曾国藩听说此事，不知虚实，但他想，即便此系谣言，但会党寻仇，为害江忠源一家，极有可能，不能不防。他连忙给江忠源写信，劝他弃官回家救人。其实李元发不久便撤离了新宁县城，江家并无损害。可是江忠源在信息未通之时，且忧且愤，不知所措，病情加重，无医能治。

浙江有位名医能治绝症，只是索金太高，轻易不肯出手。秀水人听说江知县在杭州病入膏肓，结伴来求名医，请他赶紧去杭州治病救人。大家凑齐了医药费，没料到那位以爱财出名的回春妙手笑道："给江公看病，谁还好意思要钱？"他当下雇了一条船赶到杭州，日夜为江忠源把脉问诊，开具处方，一切在所不惜。恰好新宁杨溪村有信寄到，江忠源得知母亲平安无恙，心火去了几分，病情渐渐好转，名医才告辞而去。

江忠源健康有了起色，便要回家为父亲奔丧。秀水人争着凑钱给他做盘缠，江忠源恳切辞谢。吴文镕听到此事，感叹道："像江县令这样的贤官，怎么可以让他穷到没有钱回家，回了家又没钱埋葬父亲呢？"正巧，吴文镕奉调云贵总督，他从浙江的官库里以云贵总督的名义借支五百两养廉银交给江忠源，叫他不要推辞。汪本铨也送给他一千两银子。江忠源感激他们的一片至诚至爱，哭泣着收下了，往家里赶去。

江忠源回到家乡，刚刚埋葬了父亲，就听说广西的战乱愈演愈烈。因此，1851年太平军起义时，江忠源所在的位置，就在距离洪秀全太平军不远的新宁。

江忠源当时的处境决定了他只要墨绖从戎，就能继续以武力为朝廷效力，把湖南的乡勇带出省界，带到战火纷飞的广西。

9

曾国藩预言了江忠源的崛起，这个预言在1851年开始实现。江忠源本人的预言也是正确的。中国在1851年开始了长达十数年的内战。

江忠源一展身手的机会到来了。他是这个时代的人才，因为当机会到来的时候，他已经做好了充分的准备。

我们讲完了江忠源的生平，现在向前穿越，回到1851年的战争之中。

且说太平军从新墟和紫金山突围以后，江忠源跟随乌兰泰向北追赶，孤军独进，冒着酷暑昼夜兼程，逼近永安州城。

乌兰泰急于探明敌军行踪，跟踪追击。他听从江忠源的劝告，派出大批哨探，得知敌军已到藤县的太平墟，很可能北上永安。乌兰泰决定从山上绕路到北面堵截。9月23日拔营前进，得知有翻山小路可通永安，边开路边行军，行走七十多里，抵达豆田，又翻山越岭来到马林市。9月25日进入二江峡、藤洞峡等处，越过了六梅岭。上午9点，只见远处尘土飞扬，一匹快马疾驰飞来。来人是永安州的衙役，翻身下马，跪在乌兰泰跟前："启禀大人，州城被围，知州吴大人请都统大人救急。"

乌兰泰二话不说，催队急行。第二天赶到夏宜村，正在造饭，探子来报：永安州已于昨日被敌军攻破。永安州兵力单薄，代理知州吴江指挥守城，坚守了三天，被敌军攻入，文武官员全部阵亡。

乌兰泰不等各部到齐，率领已到部队前进，抵达离州城十多里的文墟，听说城外的水窦还有敌军据守。连忙下令赶筑营垒，一面派人前探敌情。几个时辰后，探子回报：敌军占据了州城，以及城外的莫家村、卫龙村和水窦村等处。乌兰泰部连续行军三百多里，马匹已经累倒，乌兰泰和江忠源都要每天徒步行走二三十里，兵卒就更不用说了。将士体力实在难以支撑，只能让部队休整几天。

乌兰泰沉沉睡去，头等侍卫开隆阿和江忠源强打精神料理营务，派人前往桂林，向赛钦差禀报军情。由于乌兰泰部走的是山路，第二天炮械还未赶到，部队无法投入作战。

9月28日，乌兰泰恢复了体力，急不可待，不等炮械到来，便领兵向永安州城前进。行至佛子村，距水窦仅八九里，听说水窦有一千多名敌军驻守。江忠源说："全军去攻州城，恐怕水窦逆贼抄我后路。大人不妨留下几百兵力，由经文岱大人和我带队，在此村后岭驻扎，以防水窦之敌。"

乌兰泰说："此计甚好，可无后患之忧。"

安排妥当后，乌兰泰、开隆阿和总兵秦定三率兵前进，行至佛子村中间，忽见八九百名敌军从围岭蜂拥而来。江忠源领兵抵挡，将敌军击退，乘胜追过围岭。城内太平军闻警，派兵救援，水窦太平军也赶来增援，共有两千多人，从两旁抄袭。江忠源指挥若定，将抄出之敌击败，直追至永安南关。太平军撤入城中踞守。这一仗，先后毙敌七八百人，俘虏十一人。乌兰泰目睹江忠源的身手，对身边的开隆阿赞道："江岷樵不仅多谋，领兵打仗也是一把好手！"

开隆阿哼了一声，并不答言，满脸不忿之色。此人官居正三品，擅长骑射，在马上发枪射箭无不命中，曾经射杀十几头老虎，在军中有"打虎将"的称号，深得乌兰泰和军士的好评。江忠源一到军营就抢了他的风头，令他心中十分不快。还记得这个七品小官初次见他时只是一揖而过，并未给他充分的尊重。因此，每当听见乌大人夸赞这个湖南人，他心中就不服气。

乌兰泰微微一笑，也不跟他理论。他想，终有一天，开隆阿会懂得江忠源的价值。

直到 9 月下旬、10 月上旬为止，开到永安州城外面的官军仍然只有乌兰泰一部。乌兰泰和江忠源等人在永安城外孤军作战。9 月 30 日，部队开到围岭。乌兰泰察看地势，此处共有三座山峰，围岭居中，又名秀才岭。此岭以北十几里处有个莫家村，遥见村内驻有敌军。乌兰泰令副将和福带兵在松岭后埋伏，令开隆阿带兵驰往新村，秦定三等人随同接应。

太平军得知官军占据了秀才岭，从各处出动迎战。乌兰泰率部主动出击，击毙太平军红衣黄帽的中级将领。太平军群龙无首，阵势大乱。官军趁势渡过蒙江，追杀到永安城下。守军关闭城门，败军无法退入，多被官军杀死。乌兰泰大获全胜，收兵返回秀才岭。

太平天国南王冯云山见官军两次冲到城下，便亲自视察，找出外围阵地的纰漏，令部队连夜在各要隘赶造木垒炮台，加固阵地。

10 月 5 日，乌兰泰尚未等到援兵，但他不愿无所作为。他决定利用秀才岭一线的地势打伏击。他向敌军显示大帅所在，预埋地雷，诱敌深入。诱敌之兵出动之后，太平军五六千人分路攻扑，乌兰泰的左右营皆退。太平军争相扑来，都想拔掉官军大帅的红盖。他们接近秀才岭时，官军火机忽发，地雷爆炸，天崩地裂，太平军死伤惨重。官军大队从岭后突出，枪炮齐发，杀毙二三百人。太平军仍然退归木寨。

太平天国臣相秦日纲从水窦派出一千多人，企图乘虚攻扑官军营垒，乌兰泰的东面伏兵杀出，将太平军击败。官军抓到大批俘虏。从此太平军一见乌兰泰的旗帜就不敢靠近城边。

钦差赛尚阿眼下唯一的指望是乌兰泰。但是乌军独力连续作战，部队更需休整。秀才岭一战之后，乌兰泰让部队休整了七天。他派人送信给北路官军指挥，邀他们于 10 月 14 日一同进攻太平天国第七号人物秦日纲镇守的水窦。这次进攻如期发动，但遭到太平军顽强抵抗，仍然未能取得很大的进展。

太平军在水窦和莫家村的两处军营驻扎的都是精锐部队，火力配备也很精良。古今中外的军事观察家认为，太平军早期的武器装备相比官军占了优势。他们信奉洋教，与洋人接触颇多，又由于起事之地在广西，可以通过两广沿海地区向洋人购得先进武器。这给兵器决胜论者提供了一个实证，认为太平军之所以能够冲出广西，从湖南一直打到金陵，官军无法阻挡，是因为武器装备占了上风。清军绿营与旗营贪生怕死，军官腐败无能，加上兵力调配混乱，指挥机制落后，在武器装备不及敌军的情况下，进一步削弱了自身的战斗力。

在对永安州城的攻坚战中，乌兰泰虽在外围打了四次胜仗，但因攻城器械不足，兵力单薄的困难更加突出。由于没有部队接应，乌军即便攻破了水窦也分不出兵力防守，所以乌兰泰只好放弃已经攻占的水窦堡垒。

江忠源见乌军孤军奋战，对向荣拥兵自重的做法气愤不过，对乌兰泰说："向军门相隔一百多里，坐拥重兵八千，迁延时日，究竟是胆小不敢进兵，还是什么原因？若非乌帅兼程追击，四战皆捷，大挫贼锋，省城恐怕已落入贼手了！"

乌兰泰说："向荣倚老卖老，以为朝廷拿他没法子。我早已不指望他出力，只望朝廷能多给我兵力，我也能攻下永安！"

江忠源道："乌帅不要想得太简单。逆贼踞守永安州城及城外之东平、莫家村、水窦各处，与城中互为犄角。欲复州城，必先拔除城外据点。而城外各村都占了有利地势，逆贼经营已久，深沟高垒，守备极其顽固。我军兵与勇关系紧张，兵与将互不熟悉，将与将又互不服气。我无合力致死之心，贼有凭险负隅之势。虽现调各省兵勇不下四万多人，有才干的官员未尝不会打胜仗，也只是杀贼数百名或一千多名。然而逆贼焚掠裹挟，愈杀愈多，官军疾病死亡，兵日添而日少。以忠源愚见，用现在这些兵力攻打守城之贼，至少要四个月才能成功！"

乌兰泰和江忠源在永安州城下心急如焚，赛尚阿也在桂林坐立不安。永安州失守的军报送达北京之后，赛尚阿只接到一道简短而严厉的圣谕，字字威慑，令他感到冷气钻心：

逆匪被困，正可聚而歼旃，勿令一名免脱。至洪秀全等欲由水路潜逃，尤应严密防范。若首逆未能擒获，只杀余匪以塞责，朕唯知将赛尚阿重惩不贷。懔之。钦此。

内阁接到的上谕是：

> 此次巴清德、向荣军械损失，未能即刻进剿，以致贼匪分窜，咎实难辞。巴清德、向荣均著摘去顶戴，拔去花翎，戴罪自效。赛尚阿调度失宜，亦著交部议处。

赛尚阿现在后悔自告奋勇来广西督战了。这里真不是适合官军作战的地方。部队长期待在湿热窒闷的空气里，运动在崎岖险峻的山路上，随时可能被敌军火力所吞噬。从将军到士兵，大家都不容易。一些部队作战经年，胜败无常，而一旦吃了大败仗，士气很难恢复。将上大多疲乏不堪，现在杀鸡给猴看，能起多大的作用呢？唯一的办法就是增兵添饷，统归乌兰泰指挥作战。

赛尚阿为了给前线将士做出表率，力挽败局，决定亲自走出桂林，南移一百多里，坐镇阳朔，靠近前线指挥。他在临桂附近各支团练中挑选出两千名精壮，增募五百名乡勇，加上二百名京兵，以及新调的一千名湖南兵和五百名湖北兵，携带大炮，一起开往阳朔。

这一天，江忠源接到曾国藩的来信，战斗结束才拆开一阅。他看了几行，不禁泪如泉涌。这个新宁人是铁打一般的汉子，可是曾国藩信上的几句话令他惭愧不安，又有满腹委屈。曾国藩说，既然你应诏出山是为了忠于君主，那么不受荣衔才能保全孝节，事后的一切提拔奖赏都要辞去。

对于乌兰泰的保荐，江忠源确实是极力推辞了，他何尝不想按照曾老师的指点，做到忠孝两全？可是乌兰泰已经悄悄出奏，如同覆水难收。在新墟和草村等地的战斗中，官军迭次获胜，都有他的功劳。经赛尚阿保奏，皇上赏他头戴花翎，待服阙后免发原省，归部以同知直隶州知州遇缺即选。接着经吏部讨论，改由外补签掣陕西。

奖赏已经颁发了，木已成舟，他该怎么办呢？难道现在就告病归去？可是赛钦差和乌都统对他礼敬有加，诚挚相待，深相倚重，突然离去，又怎能对得起他们的知己之谊？既然已经得到保荐，升了官职，又怎么好意思逃离战场？叫他怎么开得了口？

江忠源顾不得夜深，去到乌兰泰的营帐，把曾国藩的信给他看了，说道："涤生师此言，令忠源惶悚无似。此处军务结束后，恳求乌大人不再保举，忠源方敢留营。乌大人若不答应，忠源即日整理行装回家。即便如此，忠源大节已亏，终究做不成完人了！既已失之东隅，只盼收之桑榆。"

乌兰泰见他说得如此严重，虽然有些不解，但还是答应了他提的条件，江忠源便同意留在军营。

江忠源又道："我军东路空虚，乌帅还得请求增兵东路。"

乌兰泰道："增兵之事，我已多次禀报赛相，只可惜如石沉大海。"

江忠源多次劝说前线总指挥增兵东路，仿佛他已预见到后来的古东之败，但他人微言轻，乌兰泰爱莫能助，所以官军在永安的失败已经注定。

10

1851 年 11 月 4 日，官军终于将永安州城团团围住，对之发起了迟来的总攻。巴清德的北路部队进攻州城，分队诱敌，三次毙敌二百多名。乌兰泰在同一天进攻南路，太平军坚壁不出，双方以炮战告终。8 日和 11 日，南北两路官兵又发起了攻击，但仍然未能扫除永安的外围工事。

太平军首领分住水窦、莫家村等处，并非全部聚集在城内。他们将辎重船只顺流驶入蒙江，随时可能南逃。赛尚阿令新募的潮勇行抵梧州时，遇有敌船，即行截击。

官军未能突破外围防线。乌兰泰总是跟江忠源叹息兵力不够。江忠源多次为他撰写报告，向赛尚阿请求增兵，如同石沉大海。11 月下旬，乌兰泰把江忠源找来，说："岷樵，常听你谈起楚勇善战，尤其擅长山地攻击，我想招募一批楚勇，不知你能否助我一臂之力？"

江忠源道："楚勇是否能战，忠源并不知情，但忠源家乡的新宁乡勇对付李元发颇为敢战。若乌帅不弃，忠源可令舍弟招募数百人前来。"

乌兰泰说："如此甚好！就有劳岷樵兄了。"

江忠源立刻写信回家，叫三弟江忠淑招募楚勇前来广西。他还说，一定要请刘长佑一同前来。

与此同时，官军又对永安州城发动了一次南北会攻，仍然没有进展。不过，新招的潮勇陆续抵达永安城外，乌兰泰的兵力得到补充。

12月10日，乌兰泰再次对水窦村发起攻击，南北对攻，仍未达到预期效果，乌兰泰到阳朔参见赛尚阿，请求重新部署兵力。他于两天后回到永安，一见江忠源，便气呼呼地说道："向荣有意迁延避战，赛中堂竟然还对他敬若上宾，岂不令人寒心！"

江忠源问道："乌帅见到向军门了？"

"见了！那向荣与中堂并排而坐，让我坐在下首。哼！若是败军之将都是这般供着，这仗还怎么打下去？"

江忠源道："乌帅息怒，想是赛中堂正在劝说向军门领兵前来，也未可知。如今大敌当前，一将难求，向军门既已革职，仍留军中，朝廷还是指望他出力的。若是将帅不和，官军难有胜算。向军门居功自傲，颇像古代赵国的大将廉颇，乌帅为了国家大局，何不学一学蔺相如，暂且委曲求全呢？"

江忠源给乌兰泰讲了廉颇与蔺相如的故事，乌兰泰有所领悟，不再为此事生气。江忠源又劝他修书与向荣讲和。乌兰泰说："岷樵所言虽然在理，但那向荣恐怕没有负荆请罪的雅量，这个信，乌某不写也罢。"江忠源又写信给向荣，语气非常恭敬，希望大帅和衷共济，但向荣并无反应。江忠源对向荣大为失望。

这时，江忠源的三弟江忠淑带着五百名楚勇来到永安城外。江氏兄弟此举开创了湖南乡勇出省作战的先例，为后继者指明了一条道路。不过刘长佑未随楚勇前来。他托江忠淑给江忠源带来一封信，说他要为双亲守孝，无法出山。江忠源能够体谅刘长佑的心情，知道这位朋友碍于名节所关，还没有最后下定决心。

新宁乡勇虽然在湘南颇负威名，但他们在广西的登场没有得到隆重的欢迎与喝彩。官军将领一见这些乡勇，不禁皱起了眉头。这些湖南的乡下人衣着土朴，颈项干瘦，不像接受过严格的军事训练。一些将领碍着江忠源的面子不便明说，但心里却在嘀咕：罢了，这些人只能为官军大部队凑凑人头。

江忠源没有分辩。他要让事实讲话。新宁乡勇加入官军的序列，很快就令官军将领刮目相看。他们首先显示了严明的纪律，从不骚扰百姓，与官军各部形成鲜明的对比。

江忠源没有夸耀这支队伍的战斗力，毕竟，是骡子是马，只能在战场上见分晓。江忠源令新宁勇逼近太平军扎营，五百战士无一畏怯。但他们的外表跟刚毅的精神不相配。他们身穿补丁衣，脚蹬草鞋，个头矮小。不仅绿营官兵私下里讥笑他们，连起于乡野的太平军也看不起这些刚入伍的乡勇，以为他们不堪一击。太平军欺负他们立足未稳，迅速发起攻击，想把新宁勇一举击溃。

新宁勇的指挥官是杰出的江忠源。他按兵不动，命令部队沉住气，在营垒中守候。太平军认为新宁勇胆怯，不敢迎战，放胆冲上前去。等到太平军逼近壕堑，距离不过一丈多的时候，江忠源喝令出击，壁垒大开，新宁勇列阵冲杀，势如破竹，首先是枪炮齐射，接着是军士冲锋，刀矛砍刺，斩杀几百名太平军。这种战法令太平军大吃一惊。他们跟绿营官兵作战，看够了对手的贪生怕死。往往是太平军还在很远的地方，绿营部队就乱放枪炮，太平军接近时，绿营便竞相弃械逃跑。这些从新宁来的乡下人不怕死，技击有方，和绿营有天壤之别，太平军自认不是他们的对手。结果是，几仗下来，令官军将领大开眼界。江忠淑水土不服，时患腹泻，就是在这种情况下，新宁勇也从未退缩。

永安城下，新宁勇出省作战大有斩获，江氏兄弟屡立战功，江忠源十六岁的族弟江忠信冲锋在前，被提拔为六品千总。江忠源本人在短短几个月内跃升四级，从七品升为五品同知，真是推都推不掉的官运。咸丰皇帝对于立下军功的人才格外拔擢，在江氏兄弟身上得到了印证。湖南那些自负有经世之才的读书人渴望见用于世，怎么会看不懂清廷的用意？

乌兰泰就是这么赤忱，新宁勇的胜利令他十分激动，他搓着手掌对身旁的人说："你们看不起新宁勇，现在还有什么话可说？"

11

乌兰泰于1851年12月下旬再次对水窦发起攻势，焚烧敌营，搜获敌军铸炮锅具。各路官军合力追杀，先后毙敌五六百名。

在这次战斗中，"打虎将"开隆阿冲锋在前，只带着十几人，遇到埋伏，陷入重围，子弹没了，箭囊也要空了，十分危急。江忠源在望台上指挥作战，见官军前锋深陷绝境，他知道开隆阿打仗总爱冲在前面，大惊道："被包围的一定是开公。我军岂能失去这员大将！"他几步跑下望台，翻身上马，策马疾驰，杀入围中，冒着枪炮矢石，将开隆阿救出重围，两人并辔而还。

回到营内，开隆阿下马拜道："江君救了我开隆阿一命！开某惭愧啊！"

江忠源将他扶起，两人握手言欢，畅饮开怀，从此成为莫逆之交。

官军的另一名大帅向荣经过赛钦差的一番劝导，决定不再养病，于12月29日移营永安以北的浔亭，打算配合南路的攻势，从北路攻击永安。咸丰皇帝对向荣表现得非常宽宏，赏给他三品顶戴，令他迅速出兵进攻。

当官军的二帅在永安城南北就位的时候，城内的太平天国政权发生了一件大事，即"永安建制"。这是太平军自9月25日攻占永安州城以后最大的军政建树，是永安（今蒙山）这座城市永远都会纪念的事件。

永安建制的结果是，三十七岁的广东花县人洪秀全以太平王之尊，为他的追随者封王拜相。二十八岁的广西桂平人杨秀清受封为东王，三十一岁的广西武宣人萧朝贵受封为西王，二十九岁的广东花县人冯云山受封为南王，二十八岁的广西桂平人韦昌辉受封为北王，二十岁的广西贵县人石达开受封为翼王。三十岁的广西桂平人秦日纲和三十五岁的广西平南人胡以晃等人，分别被任命为天官正丞相与春官正丞相。胡以晃是江忠源的劲敌，日后江忠源将在安徽的庐州丧生于他指挥的攻击之下。

这时候，广西的二十多支造反军大多数都被长沙人劳崇光所率领的清军消灭，只剩下洪秀全的太平军。但这支孤军越战越强，以至于"永安建制"，打出了国号，自成另一政府，要将大清王朝取而代之。

永安建制和官军大帅南北夹峙，为1851年的湘军史画上了句号。

1852年 咸丰二年

12

官军的北路大帅向荣于 1852 年 1 月 5 日推进到永安近处扎营。从这天以后，直到 1 月 20 日，南北两路官军对永安外围的敌营和炮台发起了一系列的攻势，每次小有斩获，也扫除了城外的一些障碍，但还未能发起对州城的直接攻击。向荣走出了情绪的低谷，多次亲冒矢石激励部队积极作战。虽然他连日用兵并未取得关键性的胜利，但他还是从皇帝手里赢回了广西提督的官职，也领回了头上的花翎。

赛尚阿统率着几万清兵，将太平军主力困在一地，将永安州城围成铁桶一般。

永安是一座小城，却修得非常坚固。太平军的部队指挥官多数是广东潮州和嘉应一带的会党老将，具有丰富的作战经验，素习械斗，擅长防守村镇，部队军纪森严，比其他造反部队更为顽强勇悍。

江忠源认为，官军在城外与敌军进行拉锯战起不了多大作用。乌兰泰和向荣自然也知道对永安攻坚远非想象的那么容易。尽管官军兵力为对手的三倍，但永安城地势有利于守军，易守难攻，而且太平军火力太猛，往往能压制官军。如何才能有效地歼灭太平军，是清军前线指挥官十分头疼的问题。

江忠源提出一个比较现实的办法。永安城四面有山，形势险要，城内守军外出很难冲破大自然的屏障。他提议采用锁围战法，挖掘深沟，修筑高垒，将太平军困在城内，控制粮道，断绝援助，相信他们支撑不了多久，官军的伤亡也会大大减轻。

所谓锁围法，要求官军对永安城八方合围，严密封锁，不让一只耗子出入。但在永安城东面官军兵力较为空虚，江忠源再次指出这个薄弱的环节。他说，如果敌军困窘已极，试图突围，很容易突破官军的东面封锁口。如果让他们突入大山之中，无异于放虎归山，再也无法控制。乌兰泰认同江忠源的分析，但他本身兵力不足，不能向东面拨兵，只能指望向荣抽调部分兵力填补东路。于是江忠源以乌兰泰的名义接连给向荣写了十封信函，陈述自己的谋略，并提醒他警惕东路。但是向荣既未答复，也未给予重视。

江忠源已经表现出他在军事上的潜质，但在广西的战场上，那些手握重兵的大员还不懂得尊重左宗植和祁俊藻推荐的这个带兵的书生。

官军大帅幕府中出主意的并非江忠源一人。许多谋士都在献计献策，为大帅排忧解难。一位谋士自命颇通兵法，给向荣提议：既然攻坚太难，那就不妨故意放开一个口子，让敌军突围，然后在运动中将其歼灭。他说："向大帅，围城之法，最好只围三面，给敌人留一条退路，以免对手狗急跳墙，背水一战。我军何不网开一面，待逆贼从城内撤退时，我军以追为剿，不难在运动中将其歼灭。"

向荣听了这个建议，觉得颇合兵法："哈哈，围师阙隅，穷寇莫追，老夫也曾在《孙子兵法》中见过。老夫正有此意。那乌兰泰说要把此城围个水泄不通，困死逆贼，要费多少时间！皇上可是等不及了。如今只要再将逆贼逼一逼，令他们窘迫不过，又故意卖个破绽，何愁他们不跑！"

前面说过，官军擅长的是围城防御战，并不擅长运动战，所以向荣内心里也许并不认为这是一个多么好的主意，但他要跟乌兰泰斗气，乌兰泰主张锁围，他就要反其道而行之。当然，咸丰皇帝急于看到战果，一再催促前线将士早日剿灭洪杨，也使向荣产生了侥幸心理，他甘冒一定的风险，争取在运动中击溃敌军，立下奇功一件。

江忠源听说向荣竟然要采纳围师阙隅的办法，急得连连顿足。他又以乌兰泰的名义写信给向荣，指出围师阙隅是一种没有自信的兵力部署。实施包围的军队没有把握全歼敌军，或者无法迫使被包围的敌军投降，为了避免己方出现不必要的伤亡，才会采用这种部署。现在官军的兵力是太平军的三倍，还会陆续有增援部队到来，这时不将太平军困死，更待何时？留一个缺口让他们遁入深山，谁有把握将他们消灭？

江忠源的这番真知灼见向荣根本听不进去，仍然我行我素。两种意见汇集到赛尚阿那里，钦差大臣偏袒老将向荣，清军决定执行围师阙隅的方案。江忠源只好徒自叹息。他知道，清军如此部署兵力，结果一定是纵虎归山，后患无穷。

13

1952 年春节，乌兰泰率领所部从南路攻击永安太平军的几座壁垒以后，前去参见钦差大臣赛尚阿。刚进营帐，便看到向荣在座。和上次一样，赛尚阿又叫乌兰泰坐在下首。乌兰泰非常生气。但他想起江忠源劝他要跟向荣和衷共济，便姑且坐下，重提围师阙隅不可取。但向荣坚持己见，赛尚阿则维护向荣。乌兰泰回到自己营中，对江忠源说："我要上奏朝廷，参劾向提督误事。"

前线两位大帅意见不合，江忠源费尽心力也无法调和，他知道官军必然战败。他不愿亲眼见到不利的后果，决定采纳曾国藩的意见告病回乡。江忠源回到新宁之后，得闲时去看望刘长佑，说起向荣其人的刚愎自用，互相扼腕叹息。

江忠源此去，只是一个短暂的停顿。江忠源这个新宁人乐于助人和敢于任事的秉性决定了，一旦他看到战况吃紧时，他还会回到广西的战场上来。

赛尚阿与向荣坚持的围师阙隅为永安的太平军放开了一条生路。1852 年 4 月 5 日，被围困了五个多月的太平军从永安突围，直向北面推进，奔赴阳朔。

向荣按原计划企图在运动中消灭太平军，于是组织兵力前堵后追。连日大雨，将士浑身湿透，部队非常疲惫。乌兰泰勇猛好胜，率领亲兵进山，向荣率部随后跟进。

太平军集结兵力杀了个回马枪。在陡峭的山路上，太平军占了明显的优势，大获全胜，斩杀清军总兵长瑞、长寿、董光甲和邹鹤龄。一仗下来，清军折损四名二品武职官员，损失巨大。向荣的计划落空了，不仅没有达到歼灭太平军的目的，反而使清军遭到重创。

向荣料想太平军必然会乘胜北进桂林，便火速带领轻骑从小道增援省城，先萧朝贵一天进入桂林城。

乌兰泰不愿走小路，决定走大道。他哭泣着对部属说道："国朝二百余年，没有贼匪胆敢侵犯省城。现在贼匪攻打桂林，我辈还有什么脸面去见天子！"他举起匕首，刺破手臂，把血洒在水盆里，向将士们招呼道："共饮血水，随我援救桂林！"

乌兰泰率领一批死士追到桂林以南的六塘圩。这里距离桂林只有六十里。萧朝贵担心桂林城内的清军出城夹攻，便奋力反击。乌兰泰冒着猛烈的炮火冲锋，冲到将军桥，膝上中炮，无法指挥战斗了。

萧朝贵乘胜逼近桂林，占据象鼻山，俯瞰城中，每天用大炮轰城，城内军民人心惶惶。

湖南提督余万清听说桂林危急，带领一千人出省前往援救，驻扎在桂林北门。

太平军重兵围攻桂林，附近绿营败不相救，桂林城破近在指日。这时候，向荣想起了江忠源，后悔当初没听他的忠告。他心里很清楚，江忠源的确是个军事人才，乌兰泰重伤去了阳朔，他希望江忠源能来帮衬自己，于是急忙写信给江忠源，请他再次出山协助作战。

江忠源接到赛尚阿与向荣的告急信，得知桂林危在旦夕，乌兰泰命在旦夕。他顿时甚感歉疚，后悔不该赌气回家。他想，如果他没有离开乌兰泰，也许就能阻止他以身犯险。他当即找到在维新书院讲学的刘长佑，叫他招募乡勇一同前往桂林。刘长佑仍然以为父母守孝为由来推托。江忠源说："江某也在守制，但此时国家有难，我等读书人当以国事为重。上次我劝你墨绖从戎，你未同意，我也没有勉强。这一次情况更为严重，桂林岌岌可危。逆贼若是占了广西省城，离新宁只有区区三百多里路，我们的桑梓岂会不受影响？我估计前线兵力紧张，单是你我二人前去起不了多少作用。我们分头招募乡勇，各带一支队伍过去吧。"

刘长佑听了江忠源这番大义凛然的话，再也不敢推辞，爽快地答应下来。

江忠源为了救急，拿出自家的银子，添募五百名乡勇，名为"江家军"，和二弟江忠济一起，率部先行上路，日夜兼程，援救桂林。刘长佑抓紧招募乡勇，随后出发。他从此走进了湘军的历史。

14

官军陆续向广西省城桂林集结，城内城外的官军对攻城的太平军形成夹击之势。

1852年5月7日，官军的总兵和春正在营帐中议事，只见江忠源一头闯了进来。和春喜出望外，说道："江知府来得正好！江兄不会是只身前来吧？是否带了勇队？"

江忠源端起一杯冷茶大口喝着，一边伸开左手五指示意。把茶水喝干后，他才说道："向钦差给我写信，说乌帅身负重伤。我当即带了五百人前来。后队还有几百人，过几日就到。"

和春说："如此好极！我等正愁兵力不够，没想到会平添一支生力军！"

江忠源到达桂林之后第三天，听说乌兰泰已死在军中。他仰天哭叹："天哪！我本来要倚靠乌公有所作为，也算是报答了乌公，没想到乌公已先去了！乌公家本赤贫，数代单传，尚无子嗣，老天令他捐躯沙场，何其不公！"江忠源认定，官军的失败和乌兰泰的战死都是向荣刚愎自大的后果，此后对这员大将一直耿耿于怀。

刘长佑于5月9日抵达桂林，新旧两部新宁勇会师，共有一千七百人，在城北扎营。从此江忠源和刘长佑自领一军，这就是楚勇创建之始。他们自豪地打出了"楚勇"的旗号，蓝色的军旗飘扬在军营上空。

江忠源和刘长佑一到前线，都主张积极进攻，摧毁敌军营垒，使敌军无力攻城。楚勇扎营甫定，便跟随友军从飞龙桥进攻古牛山，在大花桥设伏诱战，击败太平军。5月13日，江忠源得知官军在城东兵力稍薄，率部转移到城东鸬鹚洲扎营。他们连续出击，从猫耳山分路设伏，三面包围敌营，斩杀并追溺大批太平军。

5月15日四鼓，太平军逼近东门和西门，用枪炮射击守军，牵制守军火力。此为西王萧朝贵的佯攻之策。与此同时，翼王石达开出动多驾四轮档车乘夜直扑城下，攻势极为凌厉。守军大量抛掷火药火罐，档车起火，太平军在火焰中号叫翻滚，纷纷败退。黎明时，太平军又扑向西南门和文昌门，都被守军击退。

江忠源见敌军攻城急切，认为城内外官军不能坐待援军，应该分头合围敌军。他于第二天进城与城内守军将领商议此事。太平军恰在此日出动一千多人，从栖霞寺一带过东门渡河，从花园里绕过李家岭，向总兵秦定三部和楚勇扑来。另有几百名太平军埋伏在五通庙后面。秦定三和刘长佑从猫耳山分两路迎战，秦定三一通炮击之后，刘长佑与开隆阿率部从两边包抄，部队呐喊冲锋，将太平军逼退。两路官军追到城南的大花桥，太平军纷纷坠入桃花江，淹毙不少。

五十八岁的湖北人秦定三担心敌军隔河埋伏，和刘长佑一起喝令部队站住，撤退到猫耳山后背，等待敌军反攻。不一会儿，太平军果然从花园里、杨家碑和菜园分头袭来，每股几百人。楚勇和潮勇迎击菜园之敌，博白勇迎击花园里之敌，开隆阿迎击杨家碑之敌。三路官军一齐杀出，再次击败太平军。官军又追到花桥河岸，迫使敌人跳河。开隆阿和刘长佑烧毁附近的敌营，余万清派兵过河接应，官军各自返回营垒。

第二天，太平军出动几千人从栖霞寺一带攻扑官军营地。秦定三和江忠源商议，仍然从猫耳山分路出兵。太平军从福隆墟桥冲来，官军在各个小山头预伏抬炮，令博白勇出击诱敌。太平军一员大将手执大黄旗拼死冲来，部队成一字排开冲锋。官军迎头阻击，两边伏炮齐发，太平军招架不住，纷纷败走，但执旗大将挺立不动，两旁围绕数十名护卫。秦定三令部队抛掷火弹，太平军大将才在护卫簇拥下后退。

秦定三一声令下，开隆阿和江忠源各带部队分路尾追，二面围杀，太平军纷纷倒地，几十人被俘，扑水过河淹毙者几十人。官军随即将杨家碑和菜园一带敌营烧毁。

这边的捷报传开，官军各部备受鼓舞，从陆地和水上发起攻击，太平军仓皇撤走。

由于楚勇的参与，城外官军不再消极待援，而是主动出击，搅乱太平军的围局。太平军穷于应付来自城外的攻击，对桂林的围攻已经无望。5月19日，城内外炮声不断，太平军制造攻城的假象，积极准备撤围北上。夜晚二更后，他们从象鼻山向城内发射火箭，又在文昌门和西门外连续开炮轰城。四更时分，五里墟圈门脚忽起火光，向荣与广西巡抚邹鸣鹤上城查看，发现敌军已经撤走。

这时候，圣旨已到，鉴于赛尚阿和向荣指挥不力，从永安城放走了太平军，向荣革职留用，赛尚阿降四级留用。总兵和春顶替向荣成为前线的总指挥。

15

太平军主力从桂林撤围以后，于5月19日直奔东北方向的海洋坪，从这里折向北面，于三天后进至兴安，进城后征集物资，焚烧房屋，然后出城驻扎。川北镇总兵刘长清统兵追到兴安的岩关口，赶上了秦定三和江忠源，正好余万清和常禄也同时赶到。

几名大员会聚一起，统计兵力，总共七千多人。刘长清说："邹巡抚把向荣留在桂林，还留下一万多兵勇，真不知是怎么想的！如今逆贼都在我们前面，重兵留守桂林有个鸟用！桂林城下官军二万多人都未能剿灭逆贼，现在我们只有七千多人，必得小心从事。"

江忠源不以为然："官军七千多人，与逆贼兵力相当，只要个个奋勇，也能将逆贼拖住。我等既有三路兵力，何不兵分三路，前后夹击？"秦定三极力赞成，其余大员意见不一，刘长清勉强同意了江忠源的意见。

于是当下商定：秦定三和江忠源打先锋，从西边小路进兵；余万清、李瑞、王锦绣从中路进兵；刘长清、常禄、虎嵩林率主力从东路大道进兵。探得敌军全部拔营，开抵兴安和全州交界处的唐家司，官军立即拔营跟追。

刘长清的东路部队于四月五日追到离唐家司五里的瓦子铺，太平军分出兵力，摇旗呐喊，蜂拥而来。刘长清只有招架之力，鏖战四个时辰，双方都无进展。

秦定三和江忠源从小路来到碎井头，距唐家司大约五里，一面扎营，一面拨兵防备敌军偷袭，并在山冲内的蛇岭设伏。太平军派出一千多人冲来。秦定三和江忠源将敌军诱至伏击地点，突起猛击，将敌军击退。太平天国南王冯云山认为阻截官军的兵力不够，令一半主力分水陆两路北上全州，另一半回到唐家司，在各个村庄要路部署兵力，修筑工事，与官军对峙。

由于官军并未发起有效的攻击，唐家司的太平军第二天拔营北上，抵达全州的界首。镇安司和凤凰嘴等处的湘江上已有太平军的船只游弋，同时有四五十艘船抵达全州江面。全州官军架炮在河面轰击，将敌船堵住。太平军的先头主力在全州对岸扎营，分批进入各个村庄征集物资。

刘长清不想与太平军主力交手，他这一路远远落在太平军后面，迎头拦击的计划全部落空。全州能否守住，全靠驻防部队防御。

5月25日，太平军后队已过觉山，前队已在围攻全州。刘长清停止前进，在觉山扎营。太平军后队在当天中午来到全州城下，控制了东门、南门、西门外的盘石脚和飞鸾桥，以及北门城外一带。他们安设大炮，昼夜轰击。

全州守军原本兵力单薄，幸好宝庆都司武昌显率领五百人增援广西，路过全州，奉令留下守城，城内才有了一支生力军。太平军杀来时，武昌显采取了一些防御措施，城外附近民房均已拆毁，与湖南交界的黄沙河也有少量驻防军开到城内协防。但是仓促之间，守城器具无法齐备，尽管营兵和团练昼夜合力防守，仍然难以长久挡住太平军主力的攻势。

刘长清的官军主力迟迟不敢北进，太平军得以从容地攻打全州。萧朝贵率领勇悍的部队逼到城下，城墙上的枪炮射不到死角。太平军分兵扼守城西盘石脚的羊肠小道，刘长清也不敢进兵。守军指挥武昌显下令将松胶熬融，浇沥在糠上，凝结为饼，点燃之后，从城上掷下去，杀死大批太平军。

唯有江忠源不怕死，率楚勇赶到全州城外，但兵力太薄，被太平军阻隔，无法进城。每当太平军发起攻击，江忠源便率楚勇在旁侧鼓噪骚扰，牵制太平军的兵力，使之无法集中全力仰攻城墙。冯云山设计对付江忠源，令部队将湿柴烧燃，散布股股浓烟，烟雾和火焰阻挡了楚勇将士的视线，咫尺莫辨，战斗力大减。

赛尚阿派往全州的援兵也不敢冒进，都在十多里外扎营，或者找借口离开。江忠源建议官军扼要部署，防止敌军四出，没有将领响应。

萧朝贵趁此机会加紧攻城。他对部众说："加紧挖掘地道，一定要攻下全州，为死难的弟兄们报仇！"

地道挖好了，太平军填放火药，于6月3日上午9点引爆地雷，炸裂城墙。太平军一拥而入。守军知大势已去，乘乱逃出。太平军满怀愤恨，在全州屠城发泄。

江忠源孤军驻扎城外，湖南已经在望，战火很快就要烧到他的家乡。他和他的楚勇都不免紧张起来。太平军将走哪条道路进入湖南境内，是江忠源十分关心的问题。新宁是他的家乡，他觉得自己有责任替新宁父老挡住造反军队，于是率部扼守富塘埠的桥头，阻截太平军进军新宁之路。但他又担心太平军乘着湘江涨水，抢夺船只，顺流向北进军，攻打省城长沙。

哨探的报告证实了江忠源的推测。太平军无法越过富塘埠，便征用了几百艘民船，将老幼妇女和辎重金帛全部载在船上，准备顺湘江水陆并进，北攻长沙。

江忠源和刘长佑走到江边，把江忠济和江忠淑找来商议。江忠源说："大雨连日，江水暴涨，逆贼若顺流而下，三四天就可到长沙。为了拖延他们的行程，我们应在两岸伏击。"

刘长佑道："伏击地点选在哪里？蓑衣渡如何？"

江忠淑问道："蓑衣渡在哪里？"

"此处向北十里便是。"江忠源答道，"印渠所见极是，那里江面狭窄，水流湍急。两岸重峦叠嶂，树木参天，地势险要。下游三里有个弯道，我们可以就地取材，砍伐树木，在江中密钉排桩，构筑木堰，堵塞江道，就能拦截逆贼的船只。"

四人计议已定，决计火速控制蓑衣渡，在湘江西岸连营驻扎，阻扼太平军北上。

楚勇开到蓑衣渡后，刘长佑一挥马鞭，指着对岸说："我军兵力不够，只能在西岸埋伏。若得一支劲旅埋伏在东岸，逆贼插翅难逃！"

江忠源道："我立即给和镇台写信，请他调兵赶来东岸。如果他能照办，或能大功告成。不过据我的经验，和镇台刚刚奉到统兵之令，别人买不买账还很难说。那些贪生怕死的军爷，恐怕连他也调动不了。"江忠源说罢，摇头叹息。

刘长佑说："既是如此，我派些人到对岸插上军旗，布置疑兵，虚张声势，迷惑逆贼，至少也能让他们恐慌一阵。"

江忠源派出信使，快马加鞭，给和春送信，请他调兵在湘江东岸阻击。

为了进一步迷惑对手，江忠源自领几百人攻击太平军营垒，遭到顽强抵抗。江忠源策马当先，楚勇齐进，迫使太平军撤到水上。

太平军果然于6月4日分水陆两路顺流而下，六七千人沿湘江西岸推进。二百多艘船载着辎重和妇女，在军士护卫下驶到蓑衣渡，被木桩拦住，挤作一团。江忠源一声令下，楚勇枪炮火箭齐射，江上火起，岸上也乱作一团。但太平军兵力众多，前仆后继。

由于西王萧朝贵负伤在身，太平军前线总指挥是南王冯云山，他连忙调派精锐部队保护船队，仓促应战。部署停当后，对楚勇发起轮番攻击。江忠源与冯云山从凌晨拼到下午，鏖战七个时辰，毙敌无数。太平军放弃了向北的攻势。

太平军在蓑衣渡损失了几千人，尸体沿江漂下，直达湘潭和长沙，惨不忍睹。最令洪秀全痛心的是，冯云山中炮重伤，后来不治而亡。太平天国在战场上失去了号称七千岁的王爷，船只也被楚勇焚烧殆尽。太平天国举事时的八雄，尚未打出广西就折损了一人。太平天国的高层把这笔血债记在了江忠源头上。

江忠源一战得手，又派快马给和春报信，请他火速率主力在湘江东岸连营，以防太平军从东岸逃走。和春由于指挥不动各部，迟疑未决，错失了战机。

太平军被江忠源打得心寒，不敢再从西岸进兵，全部撤出全州城，趁夜夺船东渡，以重兵掩护老幼妇女登上东岸，辎重船只一概抛弃。楚勇人数不多，又十分疲累，江忠源不敢挥军涉河追击。此时和春已经赶到，令部队用劈山炮轰击河流钉塞处，又派小分队潜到江中，烧毁敌船两只。

6月6日黎明，和春尽力指挥官军分路攻击。太平军又抢来了船只，将二百多艘船停泊在蓑衣渡江心，如同营垒。两岸安设大炮，开炮轰击，阻止官军过江。楚勇鏖战一昼夜，又夺获敌船一百多艘。和春亲率部队四路攻击，太平军拼死阻击几个时辰，精锐部队消耗殆尽。这时候，尽管和春没有部署兵力在江东拦截，如果有一支湖南官军在边界防堵，前后夹攻，仍然有可能把太平军聚歼在全州附近。然而湘江东岸完全没有官军的影子，太平军余部从东岸走小路翻越山岭，向东北方行进四五十里，当天就进了湖南，朝永州方向行进。

蓑衣渡伏击战虽然未能将太平军全歼，却是官军抗击太平军以来取得的最大胜仗。江忠源的名字因此传遍大江南北。王闿运在《湘军志》中写道：

蓑衣渡一战，为保全湖南首功。

这次战役为咸丰同治年间的内战留下了深远的影响。就太平天国方面而言，冯云山在蓑衣渡负伤而亡，这个组织失去了一位最可能令这场运动变得不可战胜的领袖人物。在他离开舞台之后，太平天国主张政治建国的理性派领袖只剩下了北王韦昌辉和翼王石达开，他们力量太小，无法对抗杨秀清和萧朝贵用以作为立国之本的不伦不类的宗教迷信。于是这场运动日益脱离广大国民，尤其无法得到知识阶层的理解和支持，甚至激起了普遍的反抗，直至走向失败。

就清朝帝国而言，蓑衣渡战役是振聋发聩的一仗。在新墟和永安，那么多的朝廷大员，率领那么多官军，两度将洪军包围，却都让他们几乎是毫发无伤地逃走了。而江忠源率领一支小小的民兵部队稳扎在蓑衣渡口，把乘胜前进的太平大军打得转向而逃，为官军在省会长沙部署防御赢得了大把的时间。咸丰皇帝及其重臣从这次战斗中看到了征服造反军的新生力量，曾国藩、骆秉章、胡林翼、左宗棠等人则从新宁乡勇身上得到了莫大的启示。朝廷和湖南的有识之士即将遵照江忠源开创的模式，克服现存体制中存在的致命弱点。

江忠源获得了蓑衣渡大捷，但他并没有松一口气。他知道，他必须立刻返回湖南，继续和太平军作战。他告诉部属：尽管他们已经到了家门口，但楚勇的任务远未完成，他们还不能返回新宁。在这场战争结束前，楚勇任重而道远。

江忠源和所有湖南的书生处在一个各方利益剧烈冲突的时代，各个利益集团一旦刀兵相见，战火燃起，处在各个利益层面的人们都会以比较明显的方式表达自己的诉求，甚至采取断然的行动。农民要吃饭，要拥有自己的田地，要向贪官污吏复仇，于是举起造反的旗帜。清廷要维护自己的统治和权威，于是倾尽全力去镇压造反军。而那些满腹经纶而又长期没有机会一展所学的汉人，也在窒息的空间里蠢蠢欲动，企图从夹缝中伸出头来，到混沌的乱世中开创一种局面，以利于自己大展宏图。

江忠源的作为和遭遇给湖南的士人带来了振聋发聩的启示和激励：读书人带兵打仗，是在乱世中博取功名的不二法门。

因此，在湘军的历史上，江忠源的作用，无论如何也不能低估。

湖南的读书人效法江忠源带兵打仗，湘军由团练而始，最后集大成于胡林翼、曾国藩和左宗棠。湘军这个利益集团的诉求代表了清末一批汉人知识分子建功立业的愿望，这种诉求与清廷的迫切需求交叉重合了，于是太平天国运动非常不幸，在蓬勃的发展中遇到了强劲的阻力，遇见了你死我活的劲敌。

16

1852 年 6 月上旬，太平军踏入了湖南的南大门。从蓑衣渡的失败中摆脱出来的太平军，于 6 月 8 日抵达距离永州三十里的水西桥，这是他们歇息的第一站。

太平军进入湖南后，湘南的许多民众欢迎这支广西军队的到来。在这里，太平军得以扩充兵员，增大军势。

正因为湘南造反者的加盟，洪秀全的军队到达长沙城下之前，湖南境内没有任何力量能够阻挡这支造反军的脚步，就连江忠源那支战无不胜的楚勇，由于人数有限，对他们也是防不胜防。

根据江忠源的观察，太平军进入湖南以后，每天都有一千来人投到洪秀全的旗下。湘南的会党群起响应，太平军迅速扩充了兵力，恢复了元气。宿命论者洪秀全对于湖南的认识此刻有些无所适从。湖南究竟是个什么样的省份？湖南人究竟是一群怎样的人？他自己在全州境内刚刚遭到湖南人的沉重打击，江忠源的楚勇是湖南乡勇的劲旅，官军总指挥和春手下也是湖南的官军，他们夺去了洪秀全亲密战友冯云山的性命，还击伤了他的妹夫萧朝贵，差一点把天国大军消灭在湘江之畔。可是，他刚刚踏上湘南大地，就得到了极大的鼓舞，因为有那么多的湖南人踊跃参加太平军，使他的军力迅速复苏。潇湘大地和在此生息的居民究竟是他的克星，还是他的救星？

6 月 9 日，洪秀全来到永州城外，在潇水西岸驻扎下来。他本来有可能攻下永州这个湘南重镇，但他的部队此刻处在一个三面环水的套子里。湘江从全州北流，进入湖南以后，折向东方，在永州以北与潇水交汇，于是潇湘二水罩住了太平军所在的区域。这支军队如果渡不过这两条江水，就跳不出这个倒 U 形的水套。

洪秀全和杨秀清冒雨走到潇水江畔，看到潇水猛涨，水流甚急。他们的几十艘船载着战士驶向对岸，被官军击沉。永州城内，接替被革职的余万清担任湖南提督的安徽老将鲍起豹及永州镇总兵孙应照在城头视察，指挥炮击。杨秀清看了一阵，说道："若要强行渡河，须得多弄船来。"

洪秀全说："天意不让我们渡河，天军只能南下，攻下道州，再做计议。"

太平天国在定都金陵之前，基本上是一个流动的政权。天国的中央领导集团一直在军中行动，而在这支军队的身后并没有留下能够长久坚持的天国地方政权。

湖南是太平军北上的第一站。洪秀全的队伍不得不踏上潇湘大地，但他们并没有打算在这里久做停留，因为他们还要继续向北征伐。

但是，此刻他们阻于潇湘二水，还得向南迂回一下。

太平军于 6 月 10 日向道州出发，当天抵达双牌。和春于第二天抵达永州，冒雨驻扎在城外河岸的山梁上。听说太平军已奔道州，当即拔营，跟踪追击。已被革职的余万清带领部队返回道州城设防。但他听说湖广总督程矞采连衡州都不敢待了，也决定放弃道州，退守江华。

于是，太平军于 6 月 12 日进占道州，开始整编部队。

道州民风朴实劲悍，又与广西交界，本来就是会党密布。太平军在城里驻扎了一个多月，各处会党纷纷响应，于是太平军势力重振。洪秀全的兵力本来还不到一万，在这里吸收了两三万名天地会会员，建立了道州大旗。

湖南巡抚骆秉章上奏清廷，把丢失城池的责任推给湖广总督。程矞采害怕清廷怪罪，又听说楚勇在蓑衣渡大捷，太平军已放弃水路，人心稍微稳定，连忙从长沙返回衡州，部署重兵，准备在这里阻截太平军北上。

清廷对总督和巡抚都很恼火，于 6 月 27 日追究道州失守的责任，将程矞采和骆秉章一起下部议处。

江忠源担心时日长久，太平军还会吸收更多的兵员，形成更大的气候，向上峰建议：与其把部队分散在各地防守，不如集结兵力将太平军一举歼灭。

湖南的驻军没有抵抗太平军，钦差大臣赛尚阿却不敢玩忽职守。他于7月17日移驻永州，集结两万多人的兵力在道州围攻太平军。他还送出书面命令，让鲍起豹返回长沙布防。

在清军逼迫下，太平军继续南下，于7月24日攻占江华，杀死知县刘兴桓。

太平军经过江华时，未来的湘军名将王德榜还是个十五岁的监生。这个商人的儿子在江华的石牌随哥哥王吉昌散发家财，编练乡勇，到宁远和道州一带与太平军作战。但是，这支乡勇兵力太少，无法阻止太平军的推进。

洪秀全的部队一到江华就改变了方向，转向东北方向挺进，于7月29日攻占永明，也就是现在的江永，又于8月13日占领嘉禾，并于第二天占领蓝山。

8月15日，太平军继续向北，攻占桂阳州，知州李启诏在逃跑中毙命。江忠源的楚勇追赶太平军，前锋把总邢虎臣阵亡。江忠源麾军跟进，率先赶到州城下抵抗，获得小胜，但未能阻止太平军入城。不过，太平军为了继续北上，又弃城而去，军锋直指湘南重镇郴州，楚军继续尾随。

8月17日，太平军攻占郴州，杀死知州孙恩保，焚烧学宫，毁掉孔子牌位。这里的许多煤矿工人加入了太平军，洪秀全以他们为基础成立了土营。

郴州是通往广州的要冲，商贾辐辏，城中有几千匹驮货的骡马，为太平军提供了大批给养。

江忠源率楚勇追到郴州后，与友军在城外扎营，堵住三座城门，与太平军相持一个多月。

太平军进入湖南之后，清廷连失州县，皇帝震怒，下诏罢免骆秉章，任命江苏人张亮基为湖南巡抚。但是，张亮基接到任命时还在云南永昌府任上，不能马上履新，骆秉章还得站好最后一班岗。清廷同时惩罚的还有弃守道州的浙江人余万清，下令将他逮捕治罪。

17

太平军攻占郴州以后，百姓中出现了两极分化，有的人踊跃参加太平军，有的人离乡背井，逃避兵灾。大批难民北上，沿着官道北行，来到耒阳城。

此城位于郴州与衡州两座大城的中点，距离郴州和衡州都是二百里。太平军若是能够攻破耒阳，就能穿过衡州，直逼湖南省会长沙。

在大批难民到来之前，耒阳城本来就不安宁。耒阳境内会党丛生，随时准备配合太平军起事。难民的涌入，对会党而言预示着希望。他们派人联络郴州的太平军，杨秀清等人也派出探子扮作难民，向耒阳方向打探情报，联络会党组织，以评估太平军经耒阳北上的可能性。

在这种形势下，耒阳极有可能成为太平军北上的一站。可是造反的势力在这里遇到了一个拦路神，他就是衡州书生彭玉麟，后来湘军四大帅曾左彭胡里面的那个彭大帅。

彭玉麟当时在富商杨子春手下打工，为他经理一家当铺，干的是商业，而不是武行。他并没有拿起武器对抗太平军的愿望。但是他的一个善举竟然把他拖进了一场战争。

事情的缘由就是战争的难民。彭玉麟在县城里见到难民食不果腹，衣不蔽体，便自作主张，从当铺里拿出一些钱财、米粮和衣物施舍给他们。东家杨子春得知此事，非常心痛。生意人以吝啬者居多，杨子春也是如此。但他和彭玉麟私交甚好，而彭玉麟又是他请来的经理人，所以彭玉麟拿他的钱财去做善事，他虽然心如刀绞，却还不愿和彭玉麟撕破脸皮。

随着难民的进入，会党在县城的活动也趋于频繁。太平军进入湖南后，会党备受鼓舞，随时准备起事，接应太平军北上。加上一些难民为生活所迫，加入了他们的组织，会党迅速壮大起来。他们的胆子也随之膨胀，经常往来于城内的大街小巷，肆行掠夺，城内的店铺几乎被一扫而空。杨子春紧张了好几天，唯恐自己的当铺遭到洗劫。但他惊奇地发现，彭玉麟为他打理的当铺竟然没有会党来骚扰。

杨子春觉得不可思议，对彭玉麟说："真是奇怪，这些乱贼抢了整条街，就是不抢我家。"

彭玉麟笑道："这是你做好事得到的好报呀。"

杨子春听得一头雾水，问道："什么好事好报？我不明白。"

彭玉麟说："在街上盗抢的这些人，有好些是前几天我拿你的钱接济过的。滴水之恩，当涌泉相报，这是盗贼也懂的道理，所以他们不来这里骚扰。"

杨子春这才明白，彭玉麟的施舍给他换来了护身符。互惠互利，替别人着想，是仁的根本意义。他叹道："雪琴远虑，非我能及。"其实彭玉麟的施舍起初并非为了换取盗贼不来骚扰，只是不忍看到难民忍饥受冻而已，他并没有想到有些受他接济的难民会成为会党中人。

彭玉麟无论是作为读书人还是作为商人，总是站在与会党对立的立场上。他希望社会稳定，但会党四处抢掠，太平军就在城南二百里处虎视眈眈，耒阳城眼看不保，彭玉麟认为必须及时遏乱，以保耒阳的安定。他从各种渠道搜集到一份会党主要头目的名单，前往县衙，将名单交给知县，请求他立即出兵镇压会党。

清末的知县，像江忠源那样敢于任事的是屈指可数的。多数县令都是得过且过一心保官的庸官。耒阳知县在会党日益坐大的情势下不敢跟会党作对，生怕镇压会党会引来更大的报复，甚至引来太平军。他见彭玉麟只是一个小小的当铺经理，竟然敢于告发会党头目，真是匪夷所思。他反过来劝说彭玉麟安守本分，不要生事，以免惹祸上身。

会党在衙门里也有眼线，当时湖南的知县衙门、知府衙门和巡抚衙门都安插了他们的人。彭玉麟去县衙要求捕盗的事情很快就为城外的会党头目所知晓。为了吓唬一下彭玉麟，他们派出几名得力干将，命其突袭彭玉麟，教训一下这个不知天高地厚的生意人。

有一天，彭玉麟从外面收账回来，刚踏进当铺门口就被人勒住了脖子，企图把他按在地下。会党打手喝道："彭玉麟，你真是不知好歹！我们劫富济贫，替天行道，放过你们当铺一马，你非但不领情，还去告官，想要密捕我们的首领！今天就让你尝尝我们的手段！"

彭玉麟从小习武，成人后多年寄身于绿营，参加过技击训练，对付几个人不在话下。他在遭到袭击时两肘捅向后方，猛击袭击者胸部，迫使对方松开了手，然后弓腰发力，一个背包，将袭击者甩到地上。其他会党见状，作势要来群殴。彭玉麟摆好架势，喝道："大胆蟊贼，胆敢当街行凶，也不问问你彭爷爷我有什么本事！老子当年去打李元发是立过大功的，还会怕你们几个吗？"

湘南混会党的人都知道李元发，也知道彭玉麟有过从军剿逆的经历，如今又亲眼见识了他的身手，心里未免发虚。于是他们一哄而散，不敢寻衅滋事了。

他们回去向首领报告，首领一听，怒不可遏："你们几个人竟然都打不过彭玉麟一个人，我就不信他有三头六臂！太平军已到郴州，我们人多势众，还怕他彭玉麟吗？今天索性杀进城里，占了县城，然后派人去请太平军！"说罢召集几百人马，佩带刀剑，加上少量火器，向耒阳城杀来。

耒阳知县见会党来攻，人多势众，急得团团转。他下令招募兵员，无奈无人应征。情急无奈，他派人去叫彭玉麟。彭玉麟叫上杨子春来到县衙，知县劈面说道："叫你不要招惹那些逆贼，你偏不听。他们本来只是上街抢点东西，还不敢对抗官府，现在倒好，他们索性要来攻打县城了！"

彭玉麟说："逆贼来攻县城，表面上是因我而起，实际上图谋已久，是为粤贼北上开路。逆贼来了，何须惊惶，大人下令守城就是了。"

县令说："你叫本县拿什么守城？本县下令募兵，无人应征啊！"

彭玉麟一听，连忙说："大祸临头，只要大人决心抵抗，我彭玉麟不会躲避，愿为大人效力。只要大人信得过，我有一计，可保耒阳周全。我这位朋友，姓杨名子春，颇有家财，愿将钱财散于城中的流民，若是流民接受钱财，大人便可召集他们守城，以固城防。我打听过了，城外那股逆贼所带粮草不多，只要我们坚守，用不了多久，他们粮草耗尽，自会退去。"

知县听了彭玉麟这番话，觉得有些道理，而且事到如今，巴不得有人出来挑重担，于是决定听从彭玉麟的主张。他对彭玉麟说："本县当然要守县城，此事就交尔等操办。若是杨老板那里钱财不敷支出，官府的人马钱粮，要用多少，禀报就是。"

彭玉麟和杨子春出了县衙，回到当铺，立即张贴告示，散发钱财。告示以县令的名义说："逆贼兵临城下，本县着彭玉麟领兵守城，凡受钱粮者，须从彭玉麟守城十日。"

难民中有不少人以前受过彭玉麟的恩惠，这时踊跃报名，加入守城队伍。彭玉麟将他们分成两拨，一拨是青壮年，安排在县衙大院内训练技击，另一拨是年老病弱者，负责修缮城墙，巩固城防。

几百名会党杀到耒阳城下，彭玉麟指挥难民勇丁关闭城门，上城戒备。他知道手下的勇丁都是第一次上阵，恐惧之心是免不了的。他一遍又一遍地巡视城墙，告诫大家沉住气，继续修城放哨，各尽其职，没有他的命令不要发起攻击。彭玉麟亲临一线，稳定了军心。

会党头目见城门紧闭，城内毫无喧哗之声，摸不清官军的虚实，故而不敢贸然攻城。为了引守军出战，他叫手下在城下呐喊叫骂，把耒阳知县和彭玉麟骂了个狗血淋头。

彭玉麟仍然按兵不动，抓紧训练勇丁，修补城墙。

会党头目见骂阵是白骂了，便命令部下攻城。首先打几发土炮，炮子打在城墙上，没起什么作用，却为会党壮了胆，于是他们抬着云梯冲到城墙之下，开始爬城。

彭玉麟在城墙上立起身子，命令勇丁进入战斗位置，用鸟枪射击。难民勇丁初次上阵，打枪没有准头，杀伤力不够，几名会党从云梯爬到了城墙上。彭玉麟手舞大刀，身先士卒，开始了白刃战。难民勇丁见主帅如此勇猛，怯懦之心顿时消失了一大半，个个奋力拼杀，斩杀了登上城墙的会党，然后掀翻云梯。第一轮战斗很快结束，城墙保住了。

会党为了躲避勇丁的鸟枪射击，撤到射程之外，在一处山坡上休整。

首次攻城失败挫伤了会党的士气。接下来的几天，会党头目屡次下令攻城，响应者寥寥。加上粮草消耗殆尽，不少会党耐不住饥饿，趁夜开了小差。

这种局面早在彭玉麟预料之中。他不甘心于被动防守，他要趁会党疲惫时主动出击，彻底解除这股祸患。但他需要难民勇丁的配合，于是进行战前动员："县城防御战取得了胜利，没有把一个逆贼放入城内，市民平安度日，这份功劳记在各位头上。如今逆贼饿着肚子，弹药也打完了，士气不振，如果我们冲出城去，就能将他们一举歼灭。彭某冲在前面，希望大家再接再厉，同心协力，打垮敌人！击毙逆贼有赏！毙头目一名赏银五两！毙士卒一名赏银一两。"

彭玉麟跨上白马，挥舞大刀，冲出城去。勇丁分为大刀队和鸟枪队，先发枪，后冲锋。重赏之下必有勇夫，勇丁的行为再次证实了这个道理。

鉴于官军历来拘泥于守城战法，不会轻易出城作战，所以会党完全没有料到守军敢于出城攻击，而彭玉麟组织的攻击取得了奇袭的效果。会党猝不及防，当即崩溃。彭玉麟马蹄所到之处，无人阻挡，有两个跑得慢的会党，被彭玉麟撵上，立马成为刀下之鬼。

难民勇丁士气大振，从两面包抄逃跑的会党，将其悉数擒拿。彭玉麟将两名会党首领当场处决，将随从人等一律释放。

末阳知县得知彭玉麟大获全胜，十分高兴，暗自庆幸听从了这名书生商人的主张，才保住了自己的顶戴。他虽然胆小，不敢任事，但有了功劳，倒也没有独贪。他摆下几十桌酒席犒劳作战有功人员，然后向衡州府报捷，没有隐瞒彭玉麟的战功。衡州知府得报，又向尚未到任的新任湖南巡抚张亮基报喜。

末阳的捷报，虽然只是消灭了一股会党，并非针对太平军的胜利，但在当时太平军纵横湘南连克重镇的局势下，对于官军而言确实是一线光明。而且彭玉麟守住了末阳，对太平军的探子是一个震慑，致使洪秀全等人认为末阳防线难以攻破，所以太平军主力不敢采取自末阳北上衡州的进兵路线。张亮基对于这个捷报自然非常高兴，把末阳知县大大表彰了一番。

末阳知县请求衡州知府赏给彭玉麟一个绿营把总的职位，彭玉麟得知此事，忍俊不禁，说道："我之所以要和逆贼作对，是为了保全末阳全城的百姓，绝不是为了邀官请赏。如果我真想做官，两年前剿灭李元发那一仗，总督裕泰要升我做临武营外委，赏戴蓝翎，我就不会推辞了。所以，这个把总我是一定不做的。我要向大人进一言，为官于乱世之中，总要敢于任事，无论为己为民，乃是不二法门。"

18

以上是彭玉麟在 1852 年的故事。现在我们让时光倒过去若干年，看一看彭玉麟的成长经历。

彭玉麟的祖父彭启象是个佃农，就阶级出身而言属于社会的最底层。父亲彭鸣九没钱念书，刻苦自学，少通五经，工于楷隶。母亲叫鸣九游学江南，却拿不出盘缠，只能靠他自己卖字为生。他自己挣钱在江苏的镇江上学，几年后进入京城，考了个从九品的官衔，留在京城候选，靠打工自给。1813 年（嘉庆十八年）选授安徽怀宁县三桥镇巡检。

巡检司是县级以下的基层政府组织，功能类似于公安派出所，而巡检属于最低一级的官职。彭鸣九是忠于职守的超级芝麻官，性情刚直，廉介明干，勤于出警，敢于打击各种犯罪活动，为百姓所称道。他的政绩使父母受到了朝廷的封赏。他把业余时间用于文化知识充电，写诗作文，有著作遗世。

彭玉麟的母亲王氏在出阁之前就知书达理，眼界颇高，青春蹉跎，竟然成了当时并不提倡的晚婚典型，三十出头才嫁到彭家。王氏是客居安徽的浙江人，嫁了彭鸣九这个客居安徽的湖南人。他们的结合是由怀宁县令做媒，婚礼就在三桥镇举行。尽管晚婚并非时尚，但两个不同籍贯的大龄未婚男女在异乡的结合，却给这个家庭留下了一抹浪漫的色彩。

彭玉麟是他们婚后的第一个孩子。他诞生于三桥镇的巡检司署，一个打击盗抢走私维护乡间社会治安的基层专政机关。他从小的耳濡目染都是一幅幅打击罪犯的画面，心里种下了疾恶如仇的种子。他在显达之后执法如山，百姓称之为"彭青天"，可以视为童年经历的映射。

1820年（嘉庆二十五年），彭玉麟四岁，弟弟彭玉麒出生。父母后来还给他生了四个弟妹，但那四个不幸的小孩全部早夭，只有麟麒两兄弟享受了天年。

第二年，彭鸣九调任庐州府合肥县梁园镇的巡检，彭玉麟在这个小镇上开始了学业。他在这里过了十几年清贫安宁的生活，直到十六岁那一年，由于祖母去世，他们一家回湖南奔丧，他才第一次回到自己的家乡——衡阳县的渣江镇。

"家乡"是一个多么美好的词汇，回家是多么令人神往的温暖。然而家乡对于彭玉麟而言却是痛苦的渊薮。自从回到衡阳老家，彭玉麟就跟着父母备受煎熬，进入了青年时代的噩梦。

彭鸣九一家的不幸根源于有一个贪婪无耻而且蛮横霸道的亲戚。彭鸣九在安徽辛勤工作二十几年，薪俸微薄，为了家人以后不愁温饱，他省俭度日，把一点可怜的积蓄寄回衡阳，拜托亲戚置办薄田百亩，满以为每年可得一百石租子。回到家乡之后，向亲戚问及田产，那人把地契藏了起来，不肯物归原主，反而说："我为你供养母亲，你得先把欠我的钱还了！"

彭鸣九身无分文，万般无奈，只得典卖衣物，凑钱营葬母亲。从此一家人租屋居住，寄食族中。没过多久，彭鸣九就因亲党横暴忧愤成疾，告别了人世。

十七岁的彭玉麟怒火填膺，大喊"我要报仇"。母亲把他按下，哭泣道："儿啊，你要有远大的志向，不要惹祸害了自身。你没有证据，官司打不赢啊。"

父亲一死，这家人更加贫困。而那个夺走田产的恶霸亲戚多次派人欺负他们孤儿寡母。彭玉麟连出门都失去了安全感，有一次去集市买盐，走到田垄之间，稻田中突然有人跃起，将他挤落水中。

这件事引起了族人的公愤，大家共讨公道，责令夺田者把瘠田的五分之一归还彭玉麟一家，同时归还旧屋三间。

彭玉麟在苦难中熬到二十岁，遇到了更大的不幸，被迫离乡背井。那一年衡阳大旱，颗粒无收。母亲忍痛用书本换来一点大米，和着野菜煮熟，聊以充饥。夺田者唆使无赖上门凌辱，麟麒二兄弟不敢出门。母亲不想拖累两个孩子，对彭玉麟哭泣道："此地不可久居。娘老了，去不了别的地方，你们兄弟俩进城避难去吧。"

1836 年（道光十六年）冬天，彭玉麟带着弟弟进了衡州府城，住进石鼓书院，向各位老生请教经义，学诗习书。彭玉麒小小年纪就在城内的商铺学做生意。

书院经费困难，提供的伙食填不饱彭玉麟的肚子。为了生活，这个知识青年决定投军，当了衡州协的标兵，充当文书。接着补了骑兵的缺额，有了固定的月饷。加上在书院考试合格，每月可以积攒三四千铜子。条件稍微改善，他便把母亲迎进城内，母子又能经常相见了。

青年时代的遭遇刻骨铭心，彭玉麟胸中激荡着一股疾恶如仇、锄强扶弱的豪情。他发誓：若有出头之日，定要铲除世间不平，人间不公，还弱势人群一个公道。

如此过了四年，彭玉麟遇见了生命中的第一个贵人。浙江进士高人鉴来到衡州出任知府。有一天，他造访衡州协的副将衙门，翻阅公文，看见了彭玉麟起草的文书，大为惊奇，对副将说："此人当大贵，且定会有功名。可否将他召来让本府一见？"

彭玉麟进得副将署来，高人鉴一见，果然气宇轩昂，应对得体，十分高兴，当下便说："闲暇时可来府衙读书，本府亲自为你授学。"

第二年，彭玉麟二十八岁，参加衡州府试。一千多名考生，竞争激烈，入围都不容易。但彭玉麟实力雄厚，对自己信心十足。

终审那一天，黎明时分，考生聚集在府衙前面，忽然出来一名办事员，请点名发卷的考官入见。考官匆匆进去，不久就出来了，照常点名发卷。彭玉麟以为胜券在握，可是上榜的名字点完了，却没有叫到他的名字。

过了几天，高人鉴召见彭玉麟，对他说："以文章而论，你可以取在第十名。考官都把名次定下了，可是本府叫他们把你刷下来，你可知这是为什么？"

彭玉麟说："惭愧，学生不知。"

高人鉴说："终审那一天，本府召见考官，就是为了说这件事。本府对他说：'彭某今后名位未可限量，区区一个名次，迟得早得，无关紧要。今年我还要叫他在府衙内读书，如果现在取他为第十名，别人必定说我照顾自己的学生。本府虽不怕流言蜚语，却担心成了彭某终身的污点。'"

彭玉麟第二年才成为附学生员，熬出头做了秀才。这一次是湖南学政（教育厅长）陈坛按临衡州，看了他的文章，赞赏不已，将他目为国士。彭玉麟当即成为衡州的名人，毫无走后门取捷径之嫌。他突然悟出了高人鉴的深意苦心，更对这位贵人心存感激。

由于家境拖累，彭玉麟步父母后尘，也是晚婚的典型。而立之年，母亲令他迎娶早已订婚的邹家女儿。弟弟彭玉麒也于当年结婚，娶了一位姓赵的姑娘。可谓双喜临门。

19

自古以来的军事评论家无不强调地理位置和地形的重要性，以及财力的强弱对于军队战斗力的影响。在北方王者称霸的时代，处于洞庭湖南边的湖南在地理上与逐鹿中原的军事行为毫不相干。到了清朝，湖南的财富在全盛时期才抵得上江苏一带的一个大县，官府的财政收入在直辖省份中居于下等。这样一个并不丰裕的省份，要蓄养大量的地方武装，不仅清廷不会允许，在财政上也是办不到的。

因此，湖南自从设立郡县以来，在军事上从未领先于全国，朝廷也未曾在这里驻扎重兵。唯独清朝有一个例外。清廷为了防止贵州的苗民起事，将行省迁移到长沙，恢复汉朝的制度，管辖十六个大城，同时在镇筸大量驻军。因此在镇筸一地，有不少精兵出征四方。

所谓镇箪，就是湘西的凤凰。凤凰这个地名出现于明朝隆庆年间。当时，在距今天的凤凰县城六十里处的凤凰山，朝廷设立了驻军的军营，沿用山名，称之为"凤凰营"。那时所建筑的城池也并不叫"凤凰"，而是叫"镇箪"。

镇箪是镇溪与箪子坪的合称。镇溪就是今天凤凰县的东北区域，而箪子坪则是今天凤凰县的西北区域。镇箪城修筑于1554年。那一年，为了严防镇溪和箪子坪两地的"苗乱"，原本驻扎在五十里以外麻阳县的参将孙贤移驻五寨司城。这个五寨司，相当于现在的县级政府，管辖的地区被简称为"镇箪"，也就是今天的凤凰县沱江镇。参将到任，把镇箪土城改修为砖城，开了四扇城门，门上都有城楼。

1700年，清廷将此处改设凤凰厅，名称变了，营变成了厅，但军营的实质没有改变，还是一座驻扎边防军的要塞，而且级别大为提高，一变而为内地一个大的军事特别防区，成了清朝在当时整个湘西的军政中心。

此后，清廷陆续在这里设立辰沅靖道和辰沅永靖兵备道，都是湖南省直接派出的相当于副省级的政府机构。常驻官兵多达一万六千至二万七千人，驻军被称为"箪军"。这支军队是湖南最有战斗力的军事力量。不过，它属于清廷的编制，湖南并没有一支威武的地方武装。

因此，历朝以来，湖南都不是一个穷兵黩武的省份。湖南的不少地区民风尚武，但这种蕴藏于民间的武力大多数只是为了自卫。

湖南人的主流生活方式是在耕读文化的熏陶下形成的。湖南人唯耕与读，衣暖饭饱，知书达理，心系天下，过着平静而安分的田园生活。

太平军进入湖南，打破了这片土地的平静，但也只是如同一股旋风，一扫而过。一些湖南人加入了太平军的行列，跟随造反部队继续北上。清军没有力量把太平军困在湖南，太平军也无意于在这块并不富裕的土地上扎根。因此，战火在湖南燃烧的时间并不很长。但是，无论是太平天国还是清廷都没有预料到，在短短几个月内从湘南烧向湘北的这股战火，已经点燃了许多湖南士人心中求取功名的火焰。他们效仿江忠源，陆续地开始准备投身于一场旷日持久的战争，而不管这场战争的持续是在湖南还是在外省。

太平军进入湖南还不到一个月，这种迹象就已经显现出来。

20

　　大约在太平军占领道州的前后，在距离道州七百里以外的湘乡，设馆授徒的理学先生罗泽南已经无心于本业，而在侧耳倾听太平军进军的步伐。他认为广西的那些造反者极有可能打到他的家乡，于是提倡乡人举办团练，保卫家园。

　　罗泽南并不是一个沉不住气的人。这个出身于贫寒之家的书生历尽了人间凄苦，尝够了悲情别离，但他始终保持着平和的心态，清贫乐道，敦厚宽容。他心里只牵挂着一件事情，那就是在人世上走这一遭，一定要建功立业，否则无异于枉过一生。他说，他不担心家门多灾多难，唯恐学问不能脱俗入圣；他不担心没有本领养活自己，唯恐没有本领贡献于社会。

　　因此，当他听说江忠源带兵抗击太平军取得了功名，他就再也坐不住了。

　　湘乡知县朱孙贻对这位布衣学者礼敬有加，而且十分赞同组建地方武装保境安民。于是一场轰轰烈烈的练武运动在湘乡县拉开了帷幕。

　　四十五岁的罗泽南对时局军情的热心已经改变了他的命运。他日后注定要成为湘军的一员大将。无情的战神将会用刀枪置换他手中所握的书本和笔杆。

　　罗泽南不仅自己热衷于举办团练，还动员他的好友与门生一同参与。他的诸多弟子中，以时年二十八岁的王鑫对兴办团练的热情最高，并且一上手就表现得非常内行。这固然是他熟读兵书的结果，但他具有过人的才智和军事天赋也是一个重要的因素。

　　王鑫给县令朱孙贻上书，请求编练民兵抵抗太平军。当时正值清廷下诏命令湖南和湖北举办团练，他的申请立刻得到了批准。

　　江西清江人朱孙贻不仅是个头脑清醒并且勤勉能干的知县，而且也是个团练迷。早在1850年他出任湘乡知县以后，就曾召集刘蓉和王鑫等人，向他们鼓吹：想要保卫家乡，就非团练乡兵不可。从那时起，他就积极地开始建立地方武装。

　　因此，现在他不仅首肯大规模举办团练，还给罗泽南和王鑫提供积极的支持。在团练这件事情上，他听不得不同的声音。他训斥那些不愿掏钱的乡绅，说他们是一群愚民，苟且偷安，忘了巨祸即将临头，犹如小孩有病却害怕苦药，不肯服用。他甚至威胁那些抗捐闹事的乡绅，要对他们妨碍公务的行为处以重罚。他还抓了几个胆敢非议团练的人，给予轻度的惩处。

朱孙贻代表官方下令设置保甲，要求练团练族，制定团练操习章程十二条。于是，湘乡的团练得以顺利地组建。

罗泽南和王鑫在组建团练部队的初始，就仿效江忠源的做法，定下了一个原则：带兵的是读书人，而勇丁必须是朴实的山农。散兵游勇、老兵油子和市井无赖一概不收。这个原则的确立，为湘军日后的纪律和战斗力提供了保障。

什么叫团练？按照王鑫的解释，团就是团拢一气，彼此相救，生死相顾。练就是练兵器，练武艺，练阵法，尤其要练胆练心。人的胆子有大有小，人心则是彼此相同，谁都想要保全身家性命。但是怎样才能自保？只有打击盗贼。而要打击盗贼就必须操练。个人操练还不行，一个人的力量太小，而盗贼却是很多人聚在一起行动。百姓要想打赢，只有众人一致，同心共死，互相保护而求自保，所以大家要团拢起来。

关于团练的定义，王鑫说得很流畅，但是执行起来却不容易。湘乡勇团拢了，要抓训练可是一大难题。筹备军粮和武器要费许多周折，自不待言。最令人为难的是，勇丁都是邻里乡亲，无法用一纸文书加以约束。有些壮丁被选中了，哭着不肯入队。另有一些人，虽然身在队列中，却连行止号令都听不明白。遇到这种情况，打也不是骂也不是，需要的是极度的耐心。

乡下人没有见过世面，觉得勇丁的制服，也就是所谓的号衣，样式非常可笑。大家一见王鑫拿出这种似乎是戏剧里才有的服装，便哄笑不止，认为穿这种奇装异服非常羞耻，扭扭捏捏像个临出嫁的大姑娘，死也不肯换上。

王鑫碰到这些棘手的事情是有火无处发。邻里乡亲，骂不得打不得，只能慢慢教化。他自己率先穿上号衣，又苦口婆心劝说一番，才让大家统一穿上了制服。

这些问题解决之后，王鑫便开始制定营制和号令。每一天，他都要和老师罗泽南一起组织队伍，叫友人和师兄弟分头带领操练，他们自己还要亲自训导。训练好了一个人，就让他带动其他人。就这样，训练的范围逐步扩大。

罗泽南是理学先生，但他是个奇妙的理学先生，因为他不但教授理学，也爱教授武艺。在和平时期，教授武艺已经是他的拿手好戏。所以他设馆授徒，教学内容大大超出了一般乡间塾师所授的课业。弟子除了识字脱蒙，接受应科举、登仕途的理想教育，还要静心养性，跳高越沟，练拳习棒。上午讲学，下午操练，文武兼修。罗泽南的授课内容为他吸引了大批学生。除王鑫以外，他门下还有一些得意弟子，后来都成了湘军名将。他们当中有李续宾、李续宜、蒋益澧和刘腾鸿。

罗泽南的弟子中就数王鑫思维敏捷，口才不俗，而且办事冲动，好胜心极强。他体形消瘦，面目清癯，目光炯炯有神，声音洪亮，爱发议论。同学们坐在一起，他口若悬河，滔滔不绝，别人插不进嘴。有一次，罗泽南微笑着打断他，说："璞山，你能不能歇一歇，也让我们有开口的机会呢？"说得王鑫自己都笑了。

王鑫擅长演讲，在每次训练之后，都要声情并茂、慷慨激昂地讲一番礼义廉耻，对湘勇反复灌输，听者无不感奋。

县令朱孙贻是个懂得官场规矩的官员，他希望大办团练这件事能够得到高层上司的支持。湖广总督程矞采前往衡州部署防御时，朱孙贻在总督大人过境的地方恭候，得到了谒见的机会。他向总督讲述湘乡举办团练的办法，请上峰予以批准。

他没想到总督大人会给他劈头浇下一桶冷水。程矞采回答道："区区贼匪，容易扑灭，用不着你们深谋远虑，劳民伤财！"

显然，总督不赞成湘乡这样在远离战场的地方兴办团练。

朱孙贻只好阳奉阴违。他发现总督大人竟是一个书呆子，心中暗笑：大人，你迟早会因为防守不力被朝廷罢官！

朱孙贻打着确保一方平安的招牌解决了筹款的问题。当地士绅踊跃出钱。湘乡勇很快就增加到两千多人。朱孙贻不想浪费大家的捐款。他让乡勇亦民亦兵，平时在家种田，十天半个月集中训练一个日次，有警时召集起来参加统一行动。平时不发饷银，打仗时才发薪酬。

罗泽南和王鑫组建了两营湘勇。接着，他们又到各乡各都挨家挨户选丁训练，作为保卫县城的武装力量。县城里成立了八个团，每个团都有一名团总，每团选取壮丁二百人，共一千六百人，分为八班。

在朱孙贻、罗泽南和王鑫的努力下，湘乡掀起了团练的高潮。不久以后，各坊各都的团练，熟悉阵法和战技的人，增加到十多万人。三十六岁的书生刘蓉提出了连坐法：一人胆怯后退，同伍都要担罪。每一名团练勇丁都要自己纸写笔载，指天发誓。

看到训练出了成果，朱孙贻踌躇满志，选择吉日，下令杀牛宰猪，犒劳湘勇。县令亲自率领全县有声望的绅士视察会操。操演完毕以后，集体同庭开餐嚼饭，众人欢腾鼓舞。

湘乡首开举办团练的风气，湖南各地纷纷效仿，宝庆、浏阳、辰州和泸溪等县也办起了团练。三十三岁的宁乡人刘典是罗泽南的朋友，他也在家乡举办团练，镇压罗仙寨的斋教起事，被官府保举为从八品训导。

不过，罗泽南等人组建湘勇的目的只是为了保卫湘乡人的家园。在清军的长沙保卫战中，湘乡勇并没有上阵。后来随着局势的发展，特别是随着曾国藩在省城设立团练局，湘乡勇才有了驰骋全省直至出省作战的可能。

罗泽南和王鑫在朱孙贻领导下组建的湘乡勇团练，成为曾国藩日后统率湘军的基本力量。

21

江忠源率部抵达郴州城外以后，再次向上峰进言，说官军跟在太平军后面追得越急，太平军在前方攻陷的城市就会越多，还是应该集结兵力将太平军歼灭。但是，主持战局的清军统帅都听不进这个小官的良谋，致使太平军的势力日益壮大。

太平军攻占郴州之后，一时没有决定向何处进军。直到 8 月 25 日，洪秀全才决定将位置向北移动一百里，进军永兴。

楚勇抵达郴州后，江忠源约总兵和春从石子岭暗出奇兵，拦在太平军前面，但和春的部队又未开到，无法拦截太平军北进。

萧朝贵所部于 8 月 28 日开进永兴城，杀死知县温德宣。洪秀全留下一万兵力驻防郴州，大军全部移师永兴，接着按兵不动。

太平天国的最高首脑把起义大军驻扎在永兴之后，对下一步进军路线举棋未定。三十二岁的西王萧朝贵以勇敢、莽撞、颇有心机而享誉太平军内，认为各王和其他将领畏蒽不前，顾虑太多，是在无谓地浪费时间。萧朝贵此时伤已痊愈，他想，主力在郴州扩军整编，兵力已经增至五万多人。道州成立的大旗和郴州矿工组成的士营使天国的武装力量增强了十倍。和春赖在郴州城外不走，一点也不值得担心。和春手中的那点兵力根本不是天国大军的对手。他已经试探出清军在郴州以北防务空虚，更加鼓舞了他的信心。在道州时他就向四面八方派出探子，装扮成商人或农夫，刺探两广、湘赣乃至湖北各地的清军布防情报。派往长沙方面的谍探回报：长沙是一座烂城，城墙倾圮不全，守军只有二三千人，一攻就破；城外民房尚未拆除，可以隐蔽攻城部队。他想，和春被天国主力拖在郴州，其余清军部队正在调往衡州设防，如果他带一支奇兵突袭长沙，一定能够得手。

萧朝贵身边有人称"武缘双雄"的壮族骁将林凤翔和李开芳，以及两千多名死士。他觉得这支劲旅足以攻破长沙了。于是他带领林、李所部，立刻从永兴出发。他们没走通向衡州的大道，而是轻装行军，绕道行走山路，向东北推进一百九十里，奇袭安仁。9月1日夜间，萧朝贵已经睡在安仁县衙。第二天一早继续行军，向北推进一百里，攻占了攸县，然后马不停蹄地向北推进两百里，开始攻打醴陵。萧朝贵的这一连串动作使他的这支奇兵绕过了清廷湖广总督设防的衡州，迅速地逼近长沙。

清廷已经感到了湖南危机四伏，于9月7日命令两广总督徐广缙统兵增援湖南，从赛尚阿手中接受钦差大臣关防督办军务。

萧朝贵的先遣快速部队于9月8日攻克醴陵，接着于9月11日早晨神不知鬼不觉地出现在湖南省城南边十里处。

神鬼不知是夸张的说法，太平军的到来还是引起了几个百姓的注意。一名百姓具有高度的责任感，赶紧跑到城内向守卫的军官报告："洪秀全的部队打来了，快到石马铺了！"

军官说："不要胡言乱语，造谣惑众！"

"军爷，不是胡言乱语，是我亲眼所见啊！"

军官正色说道："逆贼来攻长沙，必走衡州大道。衡州都没派人报警，逆贼怎么可能来到长沙？你硬要说逆贼来了，你有报警的公文吗？"

"我一个平头百姓哪有公文啊，可我确实看见了太平天国的旗帜！"

军官对士兵下令："此人是逆贼的探子，把他抓起来！"

长沙军民做梦也没想到太平军来得如此突然。萧朝贵在城郊扎下营帐时，附近一个姓杨的书生还以为他是官军大官，赶来参见，向他献策。萧朝贵点点头，表示愿意倾听。

不一会儿，进来一名太平军将领，见了杨书生，大为惊奇，指着他问萧朝贵："西王殿下，他是什么人？"

萧朝贵答道："这位是杨先生，来向天国献计献策。"

杨书生发觉自己错把逆贼当成了朝廷官员，连忙躲到帐后，翻山逃走。

太平军经过石马铺，陕西潼关协副将尹培立管带陕西营兵两千名，正在营内等待早餐。陕军吃不惯稻米，但石马铺没有面粉供应，要到城里购买，耽搁了开餐的时间。部队空着肚子，见敌军突然杀来，毫无斗志，对峙大约一个时辰，全部溃散，尹培立死于乱军之中。据说许多官兵投降后被杀。

驻扎金盆岭的沅州协副将朱瀚得知石马铺陕西营盘失守，前往接应友军，没料到萧朝贵分兵从黄土岭回扑，端了朱瀚的营盘。

萧朝贵收拾了城外的守军，挥师向长沙城杀来。

由于守城军官的大意，城郊发生的战事城内全无察觉。回湖南丁忧的前湖北巡抚罗绕典奉旨帮办军务，当天视察城郊工事，乘轿子出城。走出城门几十丈，随从嚷道："前面来了一支部队，旗号是'太平天国西王萧'。"

"什么？逆贼来了？快快回城！"罗绕典大喝。

敌人来得太快，轿夫们情急之下，只是转了个身子，将轿子倒抬入城。进了城门，罗绕典吩咐守军迅速封塞通道，对身边侍卫说："快请骆大人和鲍提督上城，就说逆贼杀来了！"

半个时辰后，已被革职的巡抚骆秉章和提督鲍起豹登上了南门城楼。骆秉章一见罗绕典，便气喘吁吁地问道："罗大人，逆贼来了多少人？"

"至少有好几千吧。"罗绕典似乎惊魂未定，"他们军容整齐，看来都是精锐。幸亏他们一到城下就朝东南角的城楼奔去，否则南城门都来不及关闭！千钧一发之际，真是叫人捏了一把汗！"

骆秉章搭个手篷看了一阵，说："嘿嘿，怕有一万多人吧？逆贼大概是误以为东南城楼下有城门，所以攻错了方向。"接着他转向鲍起豹说："鲍军门，怎么还不开炮啊？此处不是安设了铜炮吗？"

鲍起豹回答："鲍某我也想开炮啊。无奈下属提醒，不到万不得已不能开炮。"

"有炮不能放，那又是为何？"罗绕典问道。

"新修的城墙并不牢固，铜炮后坐力太大，恐怕将城墙震垮。我已下令，没有本提督的命令，谁也不许开炮！"

罗绕典和骆秉章面面相觑，不好再说什么。

鲍起豹向城外瞭望一阵，又说："罗大人，我早就说过，城外民房必须拆除，可是大人你偏说要爱惜民房，现在那些屋子都成了逆贼的掩体工事，后悔莫及了！"

罗绕典脸上红了一红，对骆秉章说："骆公，我有一事不明。逆贼从南边杀来，必得通过石马铺，难道尹培立毫无察觉？为什么不派人进城来报？"

"这个、这个——"骆秉章也说不上什么。

鲍起豹冷哼一声，说道："依鲍某看，尹副将怕是早已逃走了。"

骆秉章说："亏得城垛早在七月十五日就已完全修好，否则今天就惨啦。"

正在这时，又有几人来到城头上。为首一人五十多岁，一副精干模样。骆秉章迎上去，握住他的手："南坡先生，你们来得正好！"

此人是长沙绅士黄冕，是个闲居在家的退休官员。他向骆秉章和罗绕典打一拱手："二位大人，保卫桑梓，人人有责。城内人手不够，我等愿意分担责任。"

罗绕典说："逆贼突至，正缺人手啊。布政使恒福已应召进京，代理布政使潘铎从山西赶来，还在途中。南坡先生道光年间曾在海滨与夷人交手，老于军务，今日城防之事，还望多拿主意。"

萧朝贵奇袭长沙，确如罗绕典所说，差一点就一击得手。由于阴差阳错，攻错了方向，耽搁了一点时间，才没能建此奇功。

太平军逼近长沙城墙时，萧朝贵手勒马缰，举目环顾，说道："谁说长沙是烂城一座？分明是墙高壕深！探报不实，误我大事！"

"殿下请看！"林凤祥手指城墙东南角的一座高楼，"那边有座城楼，其下必有城门，我们从那里进攻吧！"

萧朝贵刚一点头，林凤祥便跃马扬鞭，带兵冲向东南。萧朝贵目注部队冲到城角，忽见他们回头奔跑。林凤祥一马当先，奔回萧朝贵身边，说道："错了！那里并非城门。"

萧朝贵派出几名骑兵寻找城门。片刻后便有人回报："南城门找到，门已堵塞！"萧朝贵抬头一望，只见城中守军已登上了城墙，城上人头攒动。

此时，李开芳已经指挥部队占据了城外的民房，架设了炮位，请示从何处进攻。

萧朝贵说："一边向城内开炮，一边寻找破绽。"

长沙城内，在罗绕典下令阻塞南门以后，城内居民好奇地登高观望，猛然发现太平军的旗帜。于是消息风传，城内一片惊慌。忽然炮声响起，城内火光冲天。街上有个卖豆浆的小贩正在吃饭，饭碗被弹片击碎。城内军民更加恐慌。

太平军开了几炮，步兵开始冲锋。守军见太平军蜂拥而来，两名士卒按捺不住，点燃了大炮。这一炮阴差阳错，竟然就打在萧朝贵身上，西王当即负伤倒下。萧朝贵不久身故，被埋葬在长沙城外的老龙潭。

鲍起豹听到炮声，怒声责问："谁在开炮？"不一会儿，下属报告：有人违反军令，擅自开炮。鲍起豹说："将违令者斩首！"但开炮的两名士卒早已躲藏起来，没有抓到。其实他们为官军立了一功，那一炮不仅击伤了敌军首脑，而且测验了城墙的承受能力。

事实证明开炮不会震垮城墙。鲍起豹大喜，顾不得追究两名违令士卒的下落，下令在城上密排炮位，调四川营和江西营登城射击。这一场枪炮之战打了两个时辰。四川营兵和浏阳乡勇表现出色，击毙太平军一百多人。

萧朝贵已退下前线养伤，林凤祥一时想不出破城之法，决定迅速建立攻击阵地。他令部队向大西门、小西门一路潜行，又派部队逼近南门外的妙高峰扎营。他下令在妙高峰上的鳌山庙修筑壁垒，摆出了持久攻城的态势，并踞高发炮，向城内轰击。鲍起豹针锋相对，下令将大炮运上南城的魁星楼，对准敌营射击。他又飞调石马铺等处驻军前后夹击，可是他后来才知道，城外驻军已被消灭，来不了了。

湖南人迷信鬼神，长沙居民相信城隍神能够显灵，天天都有人前去祈祷，人数太多，道路都被堵塞。鲍起豹驻扎在城墙的南楼，索性把城隍神大像抬到城楼上，供在他的对面。

22

太平军到达长沙时，清军在长沙的武装力量全部隶属于巡抚，可是骆秉章已被免职，不敢指挥调度。书生们却积极行动起来，诸生及举贡主动请战，各自带领一百人或二十人协助巡查城墙垛口，有事一般都向罗绕典请示。

六十二岁的衡南人丁善庆是岳麓书院山长，一贯重视培植务实的学风。他力主坚守长沙，并给弟弟写下遗书，誓与省城共存亡。他还命令儿子丁驯日夜巡查城防。

湖南的高层官员中，新任巡抚和新任布政使都未到任，按察使周颚和与道员张其仁等人不敢参与商议兵饷大事，只有善化知县王葆生和被革去官职已久的长沙人黄冕对军事颇有见解，诸位大吏和将帅便把防御部署托付给他们。

黄冕的军事才干是在第一次鸦片战争中磨炼出来的。他于1842年在浙江率部防堵英国军队，在余姚海口击沉英国军舰，捕获英国军官突德等人。后来他谪戍新疆的伊犁，协助林则徐兴办屯田，开垦了四十多万亩农田，因此获得清廷赦免，返回江南。

他从新疆来到东海之滨办理海运，革除漕运弊端，每年为清廷节省几十万两银子，并加运京城的仓储粮食三十多万石。

太平军打到长沙时，这个实干家正好赋闲在家，立刻投身于城防，从此便成为一个重要的湘军人物。

萧朝贵死后，太平军的攻势大为减弱。

1852年9月中旬，赛尚阿派出的援兵正在陆续向长沙推进。副将邓绍良率领九百人于9月17日抵达长沙。鲍起豹已经召回了石马铺溃散的陕西兵二百二十四名，金盆岭的九溪营官兵也陆续向他报到。加上邓绍良的九百援兵，长沙城的正规军已经达到三千多名。长沙城内还有乡勇两千多人。此时鲍起豹心中已经有数，城外的敌军不过三四千人，于是底气大增。他派川兵川勇下城攻击，多次取得小胜。

林凤祥和李开芳不愧为两员猛将，明知官军兵力已增，却毫无退缩之意。他们一面派人向郴州求援，一面在金鸡桥水道开挖地道，打算埋雷炸毁城墙。官军预先在水道中安放了火桶，突然引爆，轰毙太平军几名。长沙水道甚多，鲍起豹想堵住所有漏洞，对于每一条水道他都派部队设防。

新任巡抚张亮基已经从云南到达宁乡境内，听说长沙已经打了起来，担心自己兵力不够，又掉头去常德征调部队。咸丰皇帝为此对他大为不满。张亮基仔细思考了自己的处境，认为他这个新任巡抚不去长沙接任终是不妥，于是他又向长沙进发，来到汉寿。

除了张亮基以外，湖南的清朝大员都在向长沙增兵。已到湖南的官军正在从各地向长沙集中。

江忠源在郴州城外待了几天，得知太平军前锋迅速北上，担心前方无兵堵御，长沙有可能失守，局势将对朝廷更为不利。他请和春从九千人当中挑选一千多人，自己和刘长佑带领五百名楚军一起援救长沙。他让江忠济和李辅朝率领一千五百人留下，继续攻打郴州。

江忠源于9月17日从郴州起程，当晚抵达永兴县境内的油榨圩，只见一骑从衡州方向疾驰而来。江忠源命人将他拦下，那人道："江大人，小的是赛中堂派来的信使，逆贼前队已于二十八日逼攻省会！"江忠源得报，心急如焚，率队从衡州大道兼程前进。

代理湖南布政使潘铎及时赶到了长沙，于9月17日进城接任，在城内徒步巡查，晓谕居民和所有商贾各安生业，不要恐慌。到这天为止，太平军来到城下已有七天，长沙并未出现多大的险情，官民守城的信心增强，社会秩序渐渐安定。

9月18日，太平军又用大炮轰城，将南门城垛削掉数尺，步兵发起冲锋，乘势扑城。守军的火力无法压制，城防吃紧。黄冕带人用石条沙袋抢筑缺口。紧要关头，邓绍良进城报到，鲍起豹令他率领五百营兵从敌后进攻。邓绍良赶紧出城，率部冲击太平军后背。太平军被迫转身应对，守军趁势杀出，一通追杀，毙敌几十名。太平军退入各所民房坚守不出。鲍起豹下令在城上另筑炮台，安放三千斤大炮，准备轰击。这一天，副将瞿腾龙率领几十名精锐苗兵疾驰而来，另外一千名苗兵也随后赶到。鲍起豹的胆气又壮了几分。

官军接连得到增援，长沙城下的太平军兵力明显处于劣势，林凤祥决定坚壁不出。鲍起豹仗着兵多，敢于拨出兵力攻击敌营。

罗绕典不肯将城外民房烧毁，恶果已经毕现。太平军占据了碧湘街、鼓楼门、西湖桥、金鸡桥一带的民房，正在积极地修建炮台，老龙潭和白沙井等高地都搭起了高台，只要安设大炮，就能轰击城内。对于官军而言，最好的办法就是摧毁炮台，焚烧城外民房，令太平军无法藏身，然后将其围歼。可是鲍起豹安坐城内，把攻击任务交给城外的两千多人，很难达成目标。

官军还在陆续向长沙集结，但是长沙缺少一位得力的大将。张亮基抵达益阳已有时日，距省城只有一百多里。长沙居民听说陆续会有援兵开来，新任巡抚也即将上任，人心更加稳定。

在官军的攻击下，太平军失去了一些民房据点，林凤祥决定设法占据地利，以弥补损失。太平军一半盘踞民房，一半驻扎山顶。官军不敢近战，只是从远处射击，杀伤不大。

9月24日，长沙守军盼望的主力援军到了。和春与秦定三带领贵州等省营兵先后赶到。下午5点，江忠源的楚勇也抵达长沙。他们从湘江西岸的溁湾镇渡江抵达城北，然后绕到城东，驻扎在小吴门外。

和春将兵勇分扎各门，当即进城，会见罗绕典、骆秉章和鲍起豹。经过查验，城内有江西、四川、湖南官兵四千多名，和春认为城内兵力足够守御。接着视察城防，发现只有南门一面受敌。长沙西面濒临湘江，而太平军并无水师，所以西面暂无威胁。和春将他带来的部队全部驻扎在东门外，令王家琳所部在西门外扎营。和春的兵营紧挨江忠源的营垒，距敌营甚近，可以确保城外饷道和通信往来。

第二天早晨，江忠源攀城进入城内，立即巡视四面城墙，发现兵力部署稍显杂乱，立即与和春商议改进。他说："逆贼兵力不多，攻势并不猛烈，我等何不内外夹攻，将逆贼聚歼？"

和春对江忠源的建议深以为然，两人商定于9月28日中秋节发起攻击。和春率领一路，江忠源率领一路，分两队攻打敌营。太平军仍然伏营不出，从墙孔开炮回击，负隅坚守。官军整个上午连续开炮轰击，打入敌墙之内。这种打法不符合江忠源的攻击风格，他等得不耐烦了，说道："老是从远处发炮，不敢近战，何时是个了局？"他率领楚勇抢到墙边，夺获大黄绸旗一面，但后续部队没有跟上来，无法将敌军逼出营垒。这一天，官军只是小挫太平军。

战斗结束后，刘长佑对江忠源说："岷樵兄，东南角的地势高瞰城内，若被逆贼抢先占据，就会对城东和城北构成威胁。"

江忠源点点头，立刻去找和春，说："城南天心阁地势甚高，与城外东南侧的蔡公坟形成掎角，可以屏蔽东面和北面。如今逆贼已在蔡公坟修建木栅壁垒，占据了半边。我军必须抢占蔡公坟，才可与逆贼相持。若一任逆贼盘踞，东门和北门将会受敌，西北角的粮道也会受阻。如果逆贼援军到来，难免形成对府城的合围之势。"

林凤祥见官军劲旅开到，更加不敢出战，急于加固营垒。官军第二天又发起进攻，太平军仍然从墙眼开枪开炮，官军无法得手。江忠源让刘长佑带领一队人在蔡公坟挖筑营垒，刘长佑又密请和春带着营帐和武器驻扎在天心阁下面，楚勇则在附近的白马庙扎营。

太平军发现了楚勇的企图，林凤祥说："决不能让妖军在蔡公坟筑营！"他从妙高峰寺派出一千多人扑向楚勇，江忠源分兵出击，且战且筑营垒，和秦定三部一起将敌军击退。

9月30日，蔡公坟营垒筑成，和春与江忠源移军扎营，逼攻敌垒，昼夜用炮轰击敌船。天心阁外的这个阵地与东路官军形成犄角，为长时间坚守长沙提供了保障。

与此同时，和春令凤凰厅的苗兵移扎河西，以堵敌军西渡。

林凤祥见楚勇已经占领有利地形，发誓要拔掉这颗钉子，派兵前来争夺。江忠源指挥部队一边作战，一边增修壁垒，和春也督率所部跟进，林凤祥无力攻进。江忠源与和春两军的壁垒连成一气，逼近太平军，与他们从同一口井中汲水，夜间打梆的声音都能听见。

由于楚勇强行揳入，太平军占据的阵地就只剩下南城外面和西南角上的一块，无法向旁边发展，大大有利于长沙守军的防御。太平军营垒背水面城，处于绝地，虽然还有部队陆续到来，但也无法发挥兵力优势。

江忠源的部队与太平军对峙，双方都蛰伏在军营内。营外一里行人来往自如。百姓想进城，只要避开南门就行了，其余六道城门都可攀绳出入。街道和小巷里女人们来往行走，餐馆照常营业，食客盈门，比平时还要热闹，人们好像忘了城外有一支虎视眈眈的太平军。

官军开抵长沙的援军，加上原有守军，已有一万多人，对付太平军先遣队几千人绰绰有余，只要内外夹击，完全可以歼灭萧朝贵的这支劲旅。可是城内的三位高官和城外的和春、王家琳两位总兵都没有采取积极的军事行动。鲍起豹一味强调敌军居高负固，砖墙林立，既难围剿，又难火攻，不愿主动攻击。

官方人士已经知道向荣又出山了。大家议论道："向军门对贼情较为熟悉，不如等他到了之后，与他筹商，再设法围剿。"这时，长沙方面得到情报：太平军主力已从郴州开拔，正向长沙推进。如果官军能赶在洪秀全到来之前迅速歼灭萧朝贵所部，自然是最理想的结果。可惜各位高官无法统一意见，大家似乎都等着向荣来拿主意。就这样一直等到10月2日，才盼到了这位戴罪前来的大将。

23

洪秀全与杨秀清接到长沙方面求援的报告，得知萧朝贵已经阵亡，发现此次分兵北上突袭是一个不小的失误。萧朝贵的死对洪秀全是一个沉重的打击，他不仅是优秀的前线指挥员，还是最严厉的纪律监察官。据说他因自己的养父母触犯天条，而不惜将双亲处死，然后召集部众讲话："我们的父母触犯了天条，就失去了做父母的资格！"更重要的是，在太平天国领导班子的宗教狂热派中，萧朝贵占有重要的位置，他既是借天兄耶稣的权威发号施令的天神附体者，也是洪秀全最得力的亲信。他的去世给洪秀全带来的损失也许比冯云山的牺牲更大。洪秀全现在面临着一个教义上的难题，他作为教主，必须跟杨秀清一起向会众解释，为什么万能的天兄耶稣没能保护他在人间的替身，使之免受枪炮之害。

死者已逝，长沙城下的活人还需要救助。如果郴州的主力不立即增援，林凤祥和李开芳两部会有被清军围歼的危险。杨秀清决定从永兴派出一千多人的快速部队，由罗大纲率领先行救援，全军随后北上，解救萧朝贵的分遣队。洪秀全愤怒了，他要攻下长沙，为冯云山和萧朝贵复仇！

9月24日和25日，太平军主力从小路撤离郴州与永兴，分头北上。咸丰皇帝亲自插手前线作战，调兵遣将，设计中路拦截洪秀全主力，但终于成为泡影，太平军很快就来到长沙附近。

洪秀全的前锋逼近长沙时，刚刚到任的向荣搞了个新官上任三把火，决定于10月3日对长沙城外的太平军发起一次较为猛烈的攻击。他令官军分三路进攻，毙敌四百多人，兵勇受伤一百四十多名，阵亡十三名。

向荣还没来得及组织第二次攻击，洪秀全的人马就出现在长沙了。10月5日，洪秀全的前锋三四千人已经抵达长沙以南不远处的仰天湖，秦定三和江忠源赶紧前往迎击。双方众寡悬殊，秦定三的贵州兵被迫退却，形势非常危急。江忠源带领楚勇向前冲击，短兵相接，藏匿在坟茔草丛中的太平军挺矛刺去，江忠源小腿被矛刺伤，落马坠地。太平军正要挺矛再刺，楚勇亲兵滕加胜连忙用矛格开，将太平军刺死。楚勇将江忠源扶上战马，护卫他回到军营，他才得免一死。这时江忠济率部赶到了长沙，与江忠源一起驻扎在浏阳门。

另一路太平军一千多人企图从东路包抄官军后背，官军用猛烈的火力阻击，太平军才撤退回营。贵州朗洞营参将任大贵头被炮击伤，当即阵亡，副将德安腿受石伤。

此次交战，官军伤亡严重，并且失去了围歼萧朝贵先遣队的机会。

太平军主力抵达长沙后，据江忠源观察，他们的主力有一万多人，本可以对官军形成反包围，但他们全部集结在南门城外，西面湘江，北面长沙。他们的东面是和春与江忠源的部队。如果官军的后路追兵赶到，在太平军南面扎营，就会使太平军四面受敌。江忠源认为，敌军的一万多人当中只有两三千人的战斗力。而且这两三千人也并非异常骁勇。官军只要敢于冲杀，他们就会后撤。但他对向荣毫无信心，而各路总兵中，他认为能战的只有和春一人。所以，官军能否在长沙城下聚歼太平军，江忠源没有把握。

24

1852 年 10 月 7 日，新任湖南巡抚张亮基终于来到了长沙。从常德到长沙不过三百多里的路程，他却用了二十六天才走到，令人不得其解。他从路上接到的圣谕中仿佛看到咸丰那张稚嫩的脸上布满了怒容。从那时起，他不敢再多耽搁一个时辰，迅速地赶完了剩下的路程。

第二天，他十分渴慕的高人左宗棠也应他之邀从家乡湘阴来到了长沙。当时城门紧闭，防卫森严。左宗棠通报姓名后，城墙上甩下来一根绳子。左宗棠把绳子系到腰上，城上有人拉拽，他攀着绳索登上了城头。张亮基派人把他接到巡抚衙门，迎出来一看，只见这个中年人身材不高，身形微胖，举止利索，但不失儒雅。一张圆脸上两眼目光机敏，略带好奇的神情，仿佛时刻在探究事物的底蕴。

宾主握手，如见故人。军情紧急，也顾不得说许多闲话。左师爷当即考察城防，部署兵力，调配武器弹药。张亮基见他如此干练，乐得将全城的军事全部交给他指挥。左宗棠后来写信给女婿陶桃说：

比见石公于围城中，握手如旧，干以数策，立见施行。

左宗棠视察城防以后，赶紧去见江忠源。他这次出山，江忠源的劝说也起了一定的作用。

左宗棠此年四十岁，身居山野躲兵，本来是不肯轻易出山的。他在人生过去一半的时候第一次出山来给张亮基做师爷，的确是给足了张亮基面子。此人才高八斗，虽然没能步入官场，但道光朝的名臣陶澍、贺长龄和林则徐等人都十分看好他的才学和能力。1840年（道光二十年），贺长龄在贵州巡抚任上请他去幕府任职，他没有去；1848年（道光二十八年），林则徐在云贵总督任上请他去幕府襄助，他仍然没有成行。此次张亮基请他出山，颇费了一番周折。左宗棠之所以同意出山，是因为有了众人劝说的合力。

左宗棠接到张亮基从常德送来的邀请函时，正躲在湘阴白水洞为一家人营造的避难所里。他展信读罢，虽然感激张亮基诚挚的信任，却并未为其所动。他提笔复函，快足给张亮基带回来的是一封辞谢信。

可是，白水洞这个世外桃源从此不得安宁。张亮基派来的快足没走几天，江忠源派来的信差又到了。江忠源向左宗棠告急：季高兄，长沙危险了！我跟在逆贼后面赶到长沙城外，好不容易抢占了蔡公坟的制高点。长沙要靠我们湖南人自己来保卫，绿营兵是指望不上了。那是一群酒囊饭袋啊。我在道州和郴州两次力主围歼逆贼，可我官职太小，没人肯听。快来吧，有你协助张中丞，长沙就有望保住了！

左宗棠素知江忠源的为人和才干，有些动心了。此公与太平军作战已有一年多，对敌我双方知之甚深，他的邀请分量很重。何况身为湖南人，左宗棠没理由坐视长沙被困。城内有他的学馆，还有很多学生。只是不知道，张亮基此人究竟如何？左宗棠心里还是没底。他想，贺大人与林大人是我尊敬的师长，他们的邀请我都没有答应，凭什么张亮基一请，我老左就非去不可呢？还是等等看吧。

刚刚拿定主意，有人自贵州来，交给他胡林翼的一封信函。拆开一看，贵州的这位死党抓住他崇拜林则徐的心理，盛赞张亮基是林则徐推荐的好官，和林大人是一流的人物。这番话，把左宗棠的心说活了。

胡林翼说，张中丞两次派专人带着礼物来请先生，一次被敌军阻拦，另一次想必已经把信送到了先生手中。昨天接到中丞八月二十三日（10月6日）从乔口船上送来的信，说他对你的想念如饥似渴。中丞肝胆血性，举世无双。林大人曾向宣宗皇帝推荐，所以他才得到重用。先生最敬服林大人，而中丞的确是林大人一流的人物啊。

左宗棠对张亮基这个名字并不陌生。他记得，道光二十九年（1849），他在长沙跟林则徐举行湘江夜话，关于官场中的人才有过一番交谈。当时林则徐说："云南的张亮基、贵州的胡林翼和黄宅中，都是老夫的左右手。"

左宗棠跟胡林翼是死党，此人的才干如何，不用林则徐多说。但他不熟悉张亮基，便问道："张亮基有何擅长？"

林则徐答道："此人开爽明干，不易得见。我给你讲个故事吧。此人早年任中书小吏，办过水利。有下属向他行贿，被他谢绝。但他没把此事告诉别人，只是写在日记里。后来他来拜会老夫，把日记给老夫看了，其中记载了他拒贿的始末。从此老夫便对他另眼相看了。"

"原来林公对他还有过知遇之恩。"左宗棠说道。

"人生在世，若无知遇，断难出头啊。老夫也是遇到一位伯乐才有今天。家父以卖柴为生，我幼年跟随家父干苦力。十二岁遇见一位巨室富户，说我器宇非同一般儿童，颇以为异。试着与我交谈，见我应对有序，又夸我聪颖殊常，将来必有成就，于是与家父商量，让我随他的几个儿子一起读书。我有此机缘，后来才得以涉身科举，步入仕途。"

左宗棠想起这段往事，知道胡林翼信中所言不虚，张亮基的确是林则徐看好的官员。想到这么多人都希望他这个草根书生出山一展才华，不禁心头一热。再看下去，胡林翼信中还有一段话，说得左宗棠有些无地自容。

季高兄，不是林翼我想害你，家乡的战祸就摆在你的眼前！你若能委屈一下自己去拯救湖南的百姓，民众得到了好处，相比之下，你的损失就小了。如果你不能体谅我这番诚意，还是不肯出山，你自己是保全下来了，难道你忍心看着本朝两百多年的和平毁于一旦吗？张中丞也是不世奇人，虚心延访，请你做他的宾客和师爷，为他运筹帷幄，也不至于辱没你啊。如果湖南全被洪秀全占领，难道唯独你那柳庄和梓木洞能够幸免吗？

左宗棠想，这个胡润之，把话说得好实在。柳庄是我的生计所在，一家十来口，就指望那几间房子和几亩薄田活命了。教书挣的那点钱养不活我一家人，要是柳庄毁于战火之中，我靠什么抚养后代？一个人活在人世间，若是连肚子都填不饱，还谈什么抱负？天下苍生和我一样，没有和平，哪来温饱？润之这次铁了心，硬要把我老左推出去。我要是再不出山，他岂不会指责我是自私自利的小人？

正在犹豫间，二哥左宗植，也就是向祁俊藻推荐江忠源的那个人，来到了白水洞。

"宗棠，如今世风日下，很久不见公卿大夫礼贤下士了。张公诚心邀你出山，你该成全他的这番美意啊。"

夫人周诒端接口道："张大人既是林大人一流的人物，他诚心相邀，也不算委屈我夫君啦。"

同县的郭嵩焘和郭崑焘兄弟随左宗植同来，二人也在一旁相劝。

郭嵩焘说："季高，你十九岁便中了举人，可惜怀才不遇，三次会试未中，以至于绝意于仕途。如今你已到不惑之年，纵然有一肚子的才学，可是不出去办差，又怎能帮助天下苍生呢？"

"罢，罢，都别说了，我去就是。"左宗棠说，"但我有个条件，意诚要跟我一起进入张公的幕府。"

郭崑焘一愣，没想到左宗棠会拿他来垫背。他想了想，随即腼腆地一笑，说："行！"

如此多的亲友好心相劝，才说动了左宗棠的心。也许他并非故作姿态，自抬身价，而是确实不想做官，也不想参与这场内战。但他拗不过众人一番热心，不得不勉为其难。

左宗棠在四十年的生涯中饱尝世态炎凉，教过书，务过农，赖以维持一家人的生计。他长期生活在社会底层，懂得百姓的疾苦，痛恨腐败无能的官场，却从来没有起过造反的念头。他跟那些期待改朝换代的汉人视野不同。天地会和拜上帝会这类会党执着于建立汉人的王朝，左宗棠则比他们站得高一点，看得远一些，始终关心着中国如何自强，如何抵御外国列强的侵略，如何稳健地自立于世界民族之林。

左宗棠绝意于科举仕途之后，在贫寒的岁月里浸淫于实用科学，钻研军事、中外地理、西洋历史、农学和行政管理，创建自成体系的国防理论，把自己锤炼成政治家和军人的坯子。他以高远的眼界，密切关注着鸦片战争的全部进程，指望林则徐这样的强硬派官员击败夷人的侵略。

1839 年（道光十九年），林则徐在虎门销烟，大力整顿海防，左宗棠从他身上看到了富国强兵的一线希望。他钻进故纸堆中，考察西方列强侵略中国的历史根源。他知道英国为了倾销鸦片，企图以武力要挟清廷开通商埠；俄国人则垂涎我们的领土。无论是英国人还是俄国人，都把中国人当成好捏的软柿子。林则徐此举，发出了一个强硬的信号。

1840 年（道光二十年），英国军舰侵入广东海面，鸦片战争爆发。左宗棠听到战况，为自己只能袖手旁观而焦虑不安。他身在后方的山野，心却已驰往海滨的前线。他让自己进入帝国军队参谋长的角色，分析敌情，制订作战计划。他有出色的作战方案，有因地制宜的谋略，也有必胜的信心。但他连最低的军衔也没有，甚至没有一个军人会看一眼他的军事提案。

英军随后大举北犯，厦门、定海、镇海、宁波相继失守。左宗棠闻讯，更加忧虑。官军怎么会如此缺乏战斗力？明朝的军队抵御法国与荷兰侵略军，不是有现成的战略战术摆在那里吗？为什么没有一位中国将军懂得正确地用兵呢？左宗棠急得夜夜失眠。

战局一旦恶化，大学士穆彰阿就有危言耸听的本钱，把道光爷吓得六神无主。道光爷身上已没有清朝前辈皇帝神武的影子，他居然将坚持抗战的林则徐革职发配新疆，以此来讨好猖狂的敌人。可是英国人还有更大的企图，要求租借香港，于是继续用武力施压，攻陷了沙角和大角，沿海大震。

左宗棠听说爱国护国的林大人被诬指为"误国殃民"，恨得直拍桌子，手掌都拍红了。他对道光皇帝非常失望，简直怀疑此人是不是康熙和乾隆的子孙。

　　是非颠倒如此，可为太息！

投降派占了上风，没有林则徐的参与，中国战败了。1842 年（道光二十二年）签订的中英《南京条约》，令左宗棠感到切肤之痛，沮丧万分。

中国战败的后果，草根阶层的左宗棠非常清楚。蒙羞的中国人爆发了对清朝的怒火，自然灾害造成的饥荒和瘟疫也在逼迫挣扎于死亡线上的民众举旗造反。时局败坏到如此地步，他想不出有什么能人可以挽回。他无意于参与即将开始的内战，而是想找一个荒僻的处所领着老婆孩子躲避战乱。

以左宗棠为代表的这类汉人知识分子，是咸同时期最为强大的人力资源。谁能把他们纳入自己的旗下，谁就有可能成为最大的赢家。

所以，曾国藩说得很对，中国的形势如何发展，取决于咸丰皇帝将要采取何种人事路线。而咸丰在经历了痛苦的思考之后，也领悟出了这个不二法门。虽然咸丰还没有直接下令提拔左宗棠，但他号召地方大员招募贤才，提拔干员，为左宗棠的出山创造了条件。左宗棠此番应张亮基之邀来到长沙，已经做出了立场的选择，加入了官军的阵营。因此可以说，张亮基为皇上办了一件大好事，为朝廷请出了一位最重要的人才，他将在晚清历史上发挥无可估量的作用。他的此次出山，实乃清廷之大幸。未来同治光绪年间的历史将表明，对全体中国人而言，这个"四亿中国人当中最杰出的人物之一"能够登上晚清军政舞台的高位，也是值得庆贺的事情。

25

且说左宗棠来到长沙，视察城防以后，赶紧去见江忠源。

江忠源一见左宗棠，便说："季高兄能来长沙，真是太好了！我在郴州就给程制军写信推荐你，可是没有回音。"

"这位程大人部署不力，我看他也混不了几天了。即便他让我出山，我也未必答应呢。"

寒暄过后，左宗棠问道："城外这许多民房，怎么都不曾烧毁，倒让逆贼占了，构筑坚固的工事，岂不是办了糊涂事吗？"

"是啊，我到长沙时也觉得奇怪，怎么连这种常识都没有？"江忠源回答，"听鲍军门说，罗大人不忍拆毁民居，才弄成这样。"

"哼！看来这位罗大人也是个庸才。"

第二天，左宗棠为张亮基起草奏章。张亮基道："此番到长沙接任，拖延了许多时日，使皇上对我的印象大打折扣，真叫人后悔啊。"

左宗棠笑一笑，说："不才试试，或许能为张大人挽回一些不好的影响，也未可知。"

左宗棠略一凝思，提笔代巡抚撰写奏章。他写道：官军已经击毙两名太平军首脑。据俘虏供称，萧朝贵于八月二十二日（10月5日）出来察看地势，被官军炮击左肩，伤重未愈，已经一命呜呼；韦昌辉则在郴州时就已病故。

这是长沙大员第一次向朝廷报告如此重大的战果，自然有助于扭转皇上对张巡抚的印象。其实这条奏报并不准确，萧朝贵也许在9月13日就已负伤，而韦昌辉已到长沙，还活得好好的。但如此奏报还是有根据的，俘虏的供词中有此一说，不管消息是否确切，呈报到朝廷，足以令皇上宽慰一阵了。

左宗棠接着代张亮基写道，他一到长沙立刻向北门外增派了一千五百多名驻防兵，以保障通信和饷道的畅通。这一条奏报，表明了张亮基办理军务的干练。

张亮基阅罢草稿，对左宗棠的心思缜密和奏报技巧大为钦佩，但在左宗棠看来这不过是自己的一点雕虫小技，他的才干岂止如此！他一到长沙就发现地方官员过惯了太平日子，武官懈怠，文官对军事一窍不通。长沙城外只有江忠源与和春积极部署防御，城内则只有黄冕稍知兵法，在他到来之前，城内的防御都是这个已无官职在身的老人打点。黄冕天性喜欢鼓捣制造，城防所需的器械多数是从他家里搬来的。

左宗棠接管防御以后，跟江忠源一起找黄冕商量战守机宜。

黄冕问道："季高来见老夫，有何事吩咐？"

"服周兄，我们要把城内能够作战的人都调动起来。可是用人就得花钱啊。现在最重要的是军饷，要向有钱人家征集捐款。"

黄冕说："季高放心，我马上去办。"此人雷厉风行，一出马就筹集了四万两银子。

左宗棠又说："岷樵兄，早在道州和郴州，你就想聚歼洪逆，未能如愿以偿。现在洪逆的全部兵力都集中在长沙城外，被压迫在江东一隅。只要能够说服中丞大人调兵堵住湘江西岸，江东的兵力压缩包围圈，就能实现你的愿望了。"

江忠源道："季高所言正合我意。这也正是皇上的意思。"

"哦？圣上也有此意？那就太好了！岷樵兄，此事不难啊。冯云山在蓑衣渡被楚勇击毙了，韦昌辉已死于郴州，萧朝贵乃是洪秀全手下最厉害的角色，足智多谋，打仗勇猛，可他也死在长沙城下了。刚刚封了五个王，转眼间只剩下两个了。杨秀清和石达开二人勉强算得上劲敌，只要除掉这两人，洪秀全就会元气大伤。岷樵兄的楚勇威震敌胆，足以担此重任，可惜你腿伤未好，无法领兵，我们还得请中丞另外调兵过江。"

"中丞对你言听计从，我们这就去找他，请他部署兵力吧。"

两人来到张亮基的公事房，掩饰不住内心的激动。

"中丞大人，不才已将城防部署妥当。"左宗棠说道。

"有劳二位了，请坐，请坐。"

"我们有更重要的事情向大人禀报。中丞想不想一举歼灭洪贼全军？"

"二位认为有此可能？快快请讲！"

"粤贼背水面城，我军援兵已到，扼断了贼军东面和北面，他们已自趋绝地。只是西路的要隘还有土墙头和龙回潭未派兵力把守，粤贼定会过江，从那两处登陆掠夺粮食，也可从那里逃窜。我们先派一支部队渡到河西，阻断他们的逃路，便可将其一举聚歼。"

"对呀。"张亮基眼睛一亮，"不过，那向荣如今总管军事，他知道我曾和吴中堂联衔弹劾他，记恨在心，我说的话，恐怕他不会听。赛中堂对他言听计从，兵力调动之事，还得跟他们商量着办。"

张亮基说的是实情。那个时候，长沙城内外高官云集。五位省级军政首脑（新旧三位巡抚和两名提督），十支野战部队的总兵，全是和张亮基平起平坐的人物，大家互相观望，推诿责任，仗势托大，保存实力，致使军队的管理和调动乱成一团。张亮基无法调动他们的部队，想要说服他们更是难上加难。

左宗棠想，张中丞纳谏如流，倘若皇上任命他为钦差大臣，事情岂不就好办多了？只要给他统一指挥部队的权限，让他手握尚方宝剑，有我左宗棠和江忠源辅佐，何愁不能将洪秀全那点军队一举荡平！可惜此事不能如愿！

不过总的来说，左宗棠出山来到长沙，这里的军务立刻有了起色。左宗棠总是自比为当今诸葛亮。诸葛亮二十七岁出山，左宗棠出山比他晚了十三年；但他的社会阅历比诸葛亮刚出隆中时丰富得多。不同的是，他的起点不如诸葛亮那么高，同是军师，还得从省级的师爷干起。但左宗棠一生的功名毕竟从此启幕了，而湖南官府委任绅士筹饷治民，抵御造反武装，也是从他这里开始。

26

历史有一些惊人的巧合。洪秀全来到长沙城外的第二天，即1852年10月6日，他宿命中的最大敌手曾国藩也抵达了长沙西南两百里处的湘乡。

尽管湘乡的团练在全省首屈一指，王鑫、李续宾、罗泽南、刘蓉等乡勇首领都进入了针对太平军的临战状态，而曾国藩的父亲曾麟书也因身为当地名人应邀出任了乡团的总团长，但京官曾国藩此番回家却绝无参战的意思。

曾国藩回家，是为母亲奔丧而来。

两个多月前，咸丰有旨，命曾国藩出任江西乡试正考官。曾国藩呈递谢恩折时，附带请求在公务办完之后赏假两个月回籍省亲。他自1839年（道光十九年）冬天进京供职，已有十多个年头，从翰林七次升迁，官至侍郎，深得新老皇帝的器重。其间祖父衰老病弱，他屡次请假探亲，未得批准。此次皇恩浩荡，终于同意他顺便回家一趟。

曾国藩于8月9日乘坐驿车出京。五天后经过河间府，与代理知府吴廷栋在途次相见。8月27日道过宿州，周天爵正在家乡病休，函约曾国藩相见于旅店，纵谈今古，自夜达旦。

曾国藩说："敬修公可否谈谈广西前线的见闻？"

"唉，不说也罢。"周天爵显然还在为广西的遭遇而生气，"前方将领互不服气，不听指挥，皇上怪老朽办事不力，老朽是费力不讨好啊。今年三月，皇上因逆贼窜出永安，要将赛尚阿、乌兰泰和向荣交部严加议处。乌兰泰虽无罪过，向荣和赛尚阿却是罪无可逭，结果还是不了了之。弄到如今，逆贼都打进你的家乡湖南了！"

"那一次国藩也曾赴部会议，"曾国藩说，"我提出军务关系重大，议处罪名应当从重，不应比照成例。会议罢后，国藩上专折奏请从严议处，可是皇上下诏，改为从宽处理。"

"眼下你圣眷正隆，春风得意啊。去年三月兼了工部侍郎，四月再兼兵部左侍郎，五月又兼了刑部侍郎，今年正月又兼吏部左侍郎，是皇上离不开的大红人了。"

"哪里哪里。皇上下诏求直言，国藩上疏激直，未获咎戾，已是万幸了！内阁学士胜保上疏失检，不是要降三级调用吗？国藩奏请特旨宽免胜保处分，以广言路。全赖皇上圣明，采纳了国藩的建言。"

"逆贼在湘南节节推进，会不会危及你的家乡？你不回去看看？"

"国藩心系桑梓，无奈公务在身，还要过些时日才能回家啊。"

"这倒也是，当以国事为重。老朽听说，你打理部务悉取则例，博综详考，准以事理之宜，事至剖断无滞。在工部潜心研究方舆之学，左图右书，钩校不倦，于山川险要、河漕水利，诸般大政，详求折中。老朽佩服！"

9月8日，曾国藩一行抵达安徽太湖县境内的小池驿。忽有家人从湘乡来报：他母亲江氏已撒手人寰。曾国藩哀痛至极，立即脱下官服，披麻戴孝，经过宿松和湖北的黄梅，从小池口渡过长江，到达九江，然后溯江西行。

曾国藩路过武昌时，湖北巡抚常大淳前来吊丧，对他说："你须得赶快起程，粤贼已扑长沙，湘乡也不安宁了。"

曾国藩大为吃惊，连忙抛弃行李，只带一名仆从，于是9月29日从小路行走，经过岳州，取道湘阴和宁乡，于10月6日抵达家乡荷叶塘。

在此期间，湘乡县正在大办团练。曾国藩是回籍的礼部侍郎，自然有人请他出来主持团练事务。朱孙贻在湘乡成立团练局时请曾国藩出来主事，曾国藩以丁母忧为由推辞不出。他认为自己不熟悉行军用兵，不适合出来挑这副担子。

曾国藩没有投身战争，但他作为一名在籍的文官，可以从宣传上对官府有所帮助。他撰写了一组《保守平安歌》，奉劝家乡人办团练自保。

这组韵文分为三首，第一首题为《莫逃走》，号召士绅百姓不要逃跑。天下之大，只有家乡堪称桃源仙境。

> 本乡本土总不离，立定主意不改移。地方公事齐心办，大家吃碗安乐饭。

第二首题为《要齐心》，提倡乡人团结一心，互相帮助，写透了"团练"

二字中的"团"字。

　　　我境本是安乐乡，只要齐心不可当。一人不敌二人智，一家不及十家强。

　　第三首题为《操武艺》，讲的是"团练"中的"练"字。他号召书生、农民、工匠、商人和雇工，学会用石头、石灰罐、叉子、耙子、长矛、弓箭以及铳和炮做武器，练好使用这些武器的本领。

　　　要保一方好土地，大家学些好武艺。武艺果然学得精，纵然有事不受惊。

　　撰写通俗而贴近生活的韵文是曾国藩这个大秀才的拿手好戏。韵文朗朗上口，便于记忆，包含实用的知识和朴素的思想。这组韵文在湖南乡野广为流传，影响颇大。它表明，曾国藩虽然自称不懂军事，但他至少对于团练一事其实颇有一番见解。

　　此后的三个月，曾国藩一直待在乡下丁忧，同时关注着外界的战情。

　　由于曾国藩对清廷的军政状况和民间疾苦都有仔细的考察，当后来清廷需要他出来组建团练对付太平天国运动时，他已经胸有成竹，得以拿出一套经过深思熟虑的方案。

27

　　左宗棠进入长沙城后，官军和太平军双方都进行了几天的休整和部署。在短暂休战的几天内，官军未能及时派兵控制湘江以西的要点，为太平军的西渡留下了机会和空间。

　　10月14日，太平军开始按照制订好的预案行动了。他们一面向城东发起猛攻，一面派兵渡向河西。当天早晨9点钟，六七千名太平军突然从妙高峰绕到浏阳门外的校场，分三路进扑官军。太平军这一行动显然是要绕过官军的东南壁垒，争夺城东的控制权。此时江忠源腿伤已经愈合，带领楚勇与湖南官兵一起迎击，秦定三带队从中间攻截。向荣选派城内精兵二百余名，加上开隆阿所率川兵缒城助战。双方战到下午，打了六个时辰，各有伤亡。

官军接到探报，太平军已在湘江上游扎营，派出小股部队渡江，袭击龙回潭一带的村庄。左宗棠最担心的事情果然发生了。龙回潭有路可通宝庆和常德，距湘潭县城只有五十多里。太平军显然已经意识到这是一个军事要地，正在设法布兵。

左宗棠接到探报，立刻去找张亮基，强调事态的严重性。张亮基决定不顾个人脸面去拜访向荣，请他领兵到西路督战，赶在太平军之前，迅速占领龙回潭和土墙头。

"向大人，你是沙场老将了，龙回潭和土墙头的重要性你不会不知道。如今军情紧急，请以国事为重，不要闹个人意气，请你迅速派兵夺回龙回潭！你是洪逆的老对手，千万别让他从龙回潭逃跑！这次再让他漏网，以后的麻烦就大了！"

向荣不会不知道这点利害，但他因皇上还没恢复他的提督职务，仍在闹情绪。于是他哼一哼鼻子，说道："向某如今无官无职，逆贼从这里逃走，账也不能算在向某头上！"

向荣仍然只顾江东，而 10 月 16 日夜晚，太平军分兵两三千人，由翼王石达开率领，悄悄从南湖港过江，通过龙回潭继续西进。

太平军的意图已经十分明显。石达开渡到龙回潭一带后，见到一条东西向的小河，向当地人讨教，知道名叫见家河。石达开下令渡到见家河以南，驻扎在洋湖等村。当地向导说，此地离坪塘镇只有几里，而坪塘镇是从湘潭进至长沙的必经之路。

太平军已把军力分为两部，东王杨秀清留在长沙城南指挥攻城，翼王石达开执行西渡任务。这项行动一举数得。洋湖一带盛产大米，他们可以从这里得到补给；同时控制了湘江两岸渡口，可以从容往来。更重要的是，诚如左宗棠早已指出的，他们占领了撤退的前进基地，随时可以从西岸撤走，而进军的方向可南可西可北，又会给官军留下巨大的悬念，令官军无所适从。

左宗棠要走几步关键的棋子，还未到位，由于统兵将领拖拖拉拉，都被石达开看破了，并立即填补漏洞。左宗棠和江忠源围歼太平军的企图已很难实现。左宗棠情急之下，再次向张亮基强调："中丞大人，我军不能错过最后的机会。龙回潭已被逆贼占据，但土墙头不能再落到敌军手中。"张亮基再次督促向荣，后者还是不肯派兵渡江。一念之差，太平军又控制了土墙头。

张亮基气得团团转，对左宗棠说："我亲自率兵渡到西岸，驻扎龙回潭，阻击逆贼西进，你看怎样？"江忠源道："如此甚好，忠源愿为中丞详细策划，并率楚勇开路，筑好壁垒，再请中丞前去坐镇指挥。请中丞大人将宝庆和湘乡的团练调到西路会师，以增强兵力。"

左宗棠把门关上，方才说道："向荣这家伙，只顾个人意气，全不把大局放在心上。官场和军队若不大力整治，官军只会一败涂地。"江忠源频频点头。

赛尚阿从西路向长沙赶来，已经意识到湘江以西必须有官军驻扎。他派人给向荣送信，令向荣统兵渡河攻击。赛尚阿还算有些面子，向荣执行了他的命令，亲率两千人驻扎河西。

10月21日重阳节的黎明，河西的官军分为两队直攻敌营，炮船从水路助攻洋湖村，村内的太平军立即撤走。官军乘势进攻，将太平军占据的洋湖一带村房尽行烧毁。太平军乘小艇渡到见家河北，官军炮船赶到，轰毁敌船两只。太平军躲在河北营垒不出。官军浮水攻击，受伤数名，阵亡一名。赛尚阿从岳麓山后取道前进，令朱启仁立即在见家河南岸驻扎，以防敌军再次渡到河南。部署停当后，他渡江进入长沙城内。

这天晚上，湘江上出现一条神秘的小船，迅速朝西岸驶去。小船靠岸后，一个瘦小的身影蹿上岸堤，摸到太平军军营，扔出几颗火弹，爆出几团火光。太平军以为官军来袭，乱作一团。那人悄悄摸回岸边，回到船上，迅速地返回河东。

这个瘦小的人影闪回镇筸营内，刚进营门，就被哨兵拦住，对他说："玉面书生，你好大的胆子，居然敢私自出营！跟我们去见邓军门！"

进了副将营帐，玉面书生跪在邓绍良跟前。邓绍良板着面孔问道："你叫什么名字？"

"回大人，小的田兴恕。"

"哪里人？"

"镇筸人。"

"为何深夜私自出营？"

"向大人不让咱们过河，小的好奇，想过去耍耍，朝敌营扔了几颗火弹。"

邓绍良道："好小子！原来敌营那几团火光是你干的？你回去吧，从现在起，你就是哨长了！"

田兴恕此年不过十五岁，是个童子兵。但他天生胆大，秉性莽撞，好胜心切，私自出营，偷了一艘小船奇袭敌营。原以为会受军法处置，没想到邓副将看重他的勇猛，因祸得福。后来他一路升迁，成为湘军大帅。

10月24日，河西的官军推进到渔网洲，太平军从见家河派出两千多人攻击，官军游击曾正川阵亡。正在吃紧之际，向荣飞骑赶到，亲率屯兵二三百人接应。一阵冲杀，太平军前队纷纷倒地，后队撤走。官军追过两重山梁，太平军全部撤回旧营。

和春与秦定三也在河东攻击南门外的敌营，遭到三四千人阻击，官军反攻为守。忽然南面又有一两千太平军冲来，官军方面也有开隆阿接应，从天地会投降过来的千总张国梁从南面赶到，前后夹击，将太平军击退回营。和春与秦定三仍然驻扎妙高峰下，紧逼敌营。他们商议，等到向荣将河西敌军全部歼灭时，再在河东发起更大的攻势。

左宗棠不赞成等待，他说："我已派出很多探子，得到可信的情报。那洪秀全虽然号称有三万多人的兵力，但真正的中坚力量只有几千人，其余都是临时扩招的。这三万兵力，战斗力并不很强，分别驻扎在湘江两岸。河东约有两万多人，河西有一万多人。他们在江上搭建了三道浮桥，沟通两岸，互相声援。我们城内有五千兵力，城外援兵陆续开到，已经抵达长沙周边的兵力还有三万多人。如此阵营，足够在湘江两岸把三万多敌军包围起来。即便他们从局部突围，也难逃在长沙附近被歼的命运！"

咸丰皇帝接到长沙的战报，认为官军完全有力量在长沙全歼太平军。皇帝的想法和长沙的师爷不谋而合。问题是新任湖广总督徐广缙迟迟未到长沙，前线大员没能统一思想。如果皇帝早一点起用左宗棠和江忠源这些小人物，这场内战很可能会提前结束。但咸丰皇帝直到目前为止仍然重用前朝老臣，而他们几乎都无出色的表现。这场战争注定一直要持续到新的骨干崛起在高位之后。

石达开为了牢牢控制河西一线，不断向西增兵，增修了几座营垒，控制了见家河至岳麓山脚一线，营垒连接长达十多里，使官军的攻击遇到更大的困难。

10 月 27 日，向荣站在江边眺望江心的水陆洲。此洲长达十多里，横亘江心，如同匹练。北段名叫牛头洲，太平军在上面扎了几座小营，为西岸部队声援。向荣望见牛头洲上人影绰绰，又见江水已经枯缩，估计部队可以徒步涉水上洲。他一时心血来潮，对身边的马龙和王家琳两位总兵说："二位，你们快去点齐人马，随我杀上牛头洲！"

身旁的幕僚一听，大吃一惊，忙说："大人，此洲四面环水，地理条件过于凶险。如今大家都在观望，我们何苦去冒这个风险呢？"

向荣噘一噘嘴，说道："哼，难道老夫真是怕死？前几天老夫不肯过江，那是要气一气张亮基。老夫现在倒要让他看看老夫是不是孬种！你们怕什么？攻下水陆洲，易如反掌！"

向荣亲自披挂上阵，率领三千多名精兵，从牛头洲上的江神庙一带涉浅过河。上洲之后，刚要整队前进，树林里钻出几百名太平军阻击。马龙下令射击，太平军立刻撤退，全部隐蔽到洲南的树林里，不时派出零散骑兵引诱向荣。

向荣恼了，大喊："列队！向前方射击！"

太平军悄悄从树林旁边绕向北面，斜抄到向荣后侧。林木蔽目，向荣没有察觉太平军的动向。忽然，一名军士嚷了起来："后面有逆贼旗帜！咱们被包围了！"

向荣惊出一身冷汗，正要组织抵抗，部队已经溃散。多亏手下有两员得力健将，游击萧逢春和都司姬圣脉拼却性命挡在前面，一阵厮杀，相继阵亡。向荣与王家琳骑着好马，仗着精于骑术，得以涉水逃生。清点部队，折损一千多人。

左宗棠站在长沙城头目睹这一场乱战，摇头叹息："向大人，都什么时候了，你还要小孩子脾气？你吃了败仗不要紧，你就不怕动摇城内守军将士的军心？你没见他们个个心惊胆战，都耷拉着脑袋？"

这时，徐广缙却还没有抵达湖南的消息。长沙没有前线统帅，只能各自为政。官军连日作战，稀稀拉拉，没有大的战斗，也就没有大的成效，没能控制湘江西岸的军事要点，无法对太平军形成合围。

太平军对长沙的攻击已经长达五十天，咸丰天天盼望徐广缙赶到长沙统一指挥官军，整顿军纪，惩处畏葸不前的将领，鼓舞全军，一举消灭洪秀全的武装。可是徐广缙带头畏葸不前，该斩的就是徐广缙自己。他于11月12日才行抵衡州。左宗棠计算他从梧州走到衡州的日子，居然长达一个多月。他这种走法，分明是为了躲避战事。他到衡州时，长沙河西的太平军已经多于河东，湘江两岸都有敌营，江面上已经搭造浮桥，见家河口已筑炮台。徐广缙令福兴火速增援向荣，但福兴也学会了徐总督的走法，从衡州走到湘潭，短短的两百里地，他准备磨蹭七天的时间。

向荣带兵渡江以后，左宗棠开始部署长沙城东的防堵。张亮基下令，官军各营盘之间的空当必须赶挖长壕，以防敌军突出。同时，左宗棠请他给向荣送去密信，叮嘱他一定要扼截河西敌军的去路。

和春与江忠源继续在城外发起攻势。11月6日，官军各营出队，齐抵敌营。妙高峰上的太平军从远处射击抵抗，官军未能得手。

长沙城头巡夜的官军经常可以听到城外锄镐掘土的声响。根据声音的方位判断，太平军在挖掘十几条地道。骆秉章觉得城墙随时有被炸垮的危险，必须增调兵力进城防守。他非常不想见到曾经参劾他接待不周的赛尚阿，但是为了调兵，不得不勉强去见。

两人一见面，骆秉章发现这位过气的钦差神情委顿，心中便不再别扭。他上前说道："中堂大人，自从向荣调到河西之后，逆贼加强了对南城的攻势。城内现在得力的军官不多，邓绍良领兵在城外游击，可否下令将其调回城内？"

赛尚阿挥挥手，说："我都是已经革职拿问的人了，调兵遣将的事情，你们觉得合适，就看着去办吧。"

骆秉章告退，连忙去找张亮基商议。他们决定让瞿腾龙和邓绍良率领八百精兵入城。左宗棠又另调江忠源手下的把总徐以祥，令他从楚勇中挑选二百名精兵进城防守。

长沙城的最大危险隐伏于西南角。官军始终未能在这里立足，太平军得以为所欲为。那些郴州加入的矿工，以其不凡的专业素质，迅速地挖成了地道。

左宗棠向张亮基建议："要防敌军穴地轰城，我军须对准地道来路预修月城，开凿内壕，派壮士攀绳下城，围绕城墙开凿外壕，防止逆贼挖掘地道。"

张亮基立刻首肯，官军依计而行。太平军知道这一招厉害，对准挖壕的官军开火射击，将开凿外壕的人大部分击毙。左宗棠在城上观看，见官军吃了亏，忙说："把竹板捆扎起来，做成盾牌，蒙上湿棉絮，斜靠在沟壕上，子弹打在上面，便会滚落下去。"

左宗棠的办法果然奏效，沟壕终于挖成，破坏了太平军的七八条地道。但到夜深人静时，守军仍然可以听到城外传来锄镐的声响，说明太平军仍未放弃挖地道的努力。

果然，11月10日，南城西边一阵巨响，地雷爆发，四丈多长的城墙立即塌陷。太平军两三千人立即向缺口冲来。邓绍良大呼一声，跃出缺口，手刃数敌，右胳膊被炮子穿过，仍然屹立不退。

太平军将领麾众直上，官军千总赵继宗头受枪伤，当即阵亡。邓绍良手下的镇箪兵聚集在天妃祠摊钱赌博，听说邓副将正在作战，顾不得把钱收起来，飞奔到城墙缺口，迎着太平军冲上去。楚勇哨长徐以祥也带着二百精兵冲了过来。官军当即斩杀了太平军将领，夺获"太平先锋"字样大黄旗一面，乘势压下，杀毙长发敌兵精锐一百多名，短发敌兵三百多名。余敌纷纷败退，骆秉章急令长沙知府仓景恬和黄冕指挥军民搬运木石。

为了加快修补城墙的速度，仓景恬喊道："凡搬来一块麻石者赏钱一两！"

长沙协有个标兵名叫李朝斌，善化（长沙县）人，参军不久，但力气超人。他听说搬石头有赏，格外卖力，来回奔走，搬来了二百多块麻石。由于仓景恬的奖励措施，城墙当天便已修复。

代理布政使潘铎也有一套劳军之法。他带着酒肉饼粥犒劳守卫城墙的军士，悬赏鼓励他们出城作战，每斩杀一名太平军就奖励五十两银子。

官员的鼓动取得了显著的效果。城内居民个个奋勇，青壮年都拿起了武器，老人小孩则送饭送水，夜晚点着灯坐在家门口，防备有人为太平军做内应。每当太平军攻城时，阵地上的士兵发出喊叫，居民也跟着呼喊，连湘江水也为之震荡。

李朝斌得了赏钱，当晚就跟官兵赌博，一群人团团盘踞在屋檐下，把铜钱抛到空中，落下时用帽子盖住，大家押注赌正反。李朝斌很快就把二百多两赏银输光了，起来一看，一根蜡烛还没燃尽。这个年轻士兵嗜赌成瘾，谁也料不到他将来会成为湘军水师赫赫有名的战将。

骆秉章当晚回想白天守城之事，还有后怕。如果不是他将邓绍良调回城内，无兵堵上缺口，那一刻间不容发，长沙城必定已被攻陷。

11月13日，南月城外的官军正在加挖壕沟，突闻一声巨响，金鸡桥下地雷爆发，离城根只有一丈多远。土石迸裂之后，太平军两三千人冲上前来。和春指挥部队从本营横冲截击，率领两名亲兵上城，亲临垛口，指挥杀敌。太平军一炮飞来，两名亲兵应声倒毙，和春也被垛砖碎砂砸伤头面，并伤右手。

江忠源听到爆炸声，瘸腿赶到现场，令江忠济率楚勇增援。和春正处在生死关头，一队楚勇从城西缺口两旁抢下，江忠济和徐以祥直奔敌队，斩杀冲在前面的几十名太平军。队长伍坤宣夺得先锋金黄大旗。邓绍良率镇篁兵跟着抢下，会合和春所部，三路合力冲杀，鏖战一个多时辰，杀毙敌军三百多名，保住了缺口。楚勇军官徐志近率部下城，挖掘壕沟，横截太平军的地道，几次受伤不退，阻止了太平军的攻势。

向荣经营河西战局，久未攻占要点，江忠源对他毫不指望。他再次请张亮基前往西岸。张亮基叹息道："我当然知道守城容易，但要堵住决心突围的贼匪则很难办。我倒是不怕困难，无奈已经错过了时机。当时和你们商量时，逆贼还没有轰炸城墙。如今呢，十天内两次地雷爆炸，魁星阁的守军还能听到挖地道的声响，闹得城中人心惶惶。现在我若出城，渡到西岸，大家一定会说我这个巡抚是为了逃命外出，我怎么能够洗清自己？"

江忠源听了这番话，也就不再坚持己见了。

28

太平军攻打长沙已有八十天，两次埋地雷炸垮城墙，仍然无法攻入城内。官军经常出兵破坏浮桥，威胁到他们湘江两岸的交通。杨秀清和韦昌辉都知道，一旦浮桥被毁，不仅两岸部队无法沟通，而且东岸太平军就断绝了粮食供应。城南的壁垒也被官军捣毁了一批，他们只有藏入地洞才能躲避枪炮，生存得非常艰难。而且部队缺盐缺油，难以久撑下去。

这一天，一个书生模样的人直闯洪秀全的大营。卫士将他拦住，他说：

"我要见太平王！"还要硬闯。卫士怀疑他是刺客，将他逮捕搜身。

此人大骂起来，满口市井脏话。骂声惊动了杨秀清，出来查看。此人打一拱手，说道："此公想必就是东王吧？在下湘乡萧智怀，敢问阁下今日举兵，究竟是为了反清，还是为了助清？"

杨秀清说："混账！这是什么话？我天国大举义兵，当然是要反清，怎么会助清呢？"

萧智怀说："东王要举大事，为何让这些走卒侮辱我一个国士？"

杨秀清大笑道："看来先生也是个狂人。"走上前去跟他握手，言谈一番，然后领他去见洪秀全。

杨秀清说："陛下，萧先生放荡不羁，前来投奔天国，有良策献上。"

洪秀全问道："先生有何良策？"

萧智怀答道："萧某幼年读书便能一目了然，却没耐性读完，喜欢玩耍，召集牧童赛跑拔河，指挥进退，如大将指挥士卒。少年时也曾有些文名，就读于长沙岳麓书院。萧某不喜八股，行文随意挥洒，以气行之，顷刻千言，见者吐舌，故此不能见容于科场。如今听说陛下反清，倒是有心辅助陛下。"

洪秀全道："如此甚好。先生有何见教？"

萧智怀说："天军已有数万之众，陛下何须恋战于长沙？只要顺流而下，急取湖北，出兵中原，窥视燕京，就能成就大业了！"

"本王正有此意，"洪秀全说道，"正与各王商议进退之策。先生既肯向天国献策，就留下做个谋士吧。"

经过一番议论，洪秀全和三位王爷一致认为，迅速撤离长沙乃是最好的出路。

杨秀清、韦昌辉和石达开紧急碰头，制订了一个悄然撤离的计划。为了迷惑官军，他们决定派间谍传递假情报，同时对城墙实施最后一次爆破。如果能够冲进城内固然更好；若不能进城，也可以蒙蔽官军，以为他们还在力图攻下长沙。

11月29日黎明，官军正在挖掘壕沟，太平军从旧有的地道中斜穿一洞，忽然将南城轰塌一段，豁口宽至八丈有余。紧接着，他们向缺口发起冲锋。瞿腾龙督部拼死堵御。太平军眼看城墙已有缺口，却硬攻不下，恼恨不已，只得且战且退。官军乘势抢下缺口追击，杀敌三百多人。此次爆炸形成的缺口距离学使署很近，署内存放了几千缗钱。学使急忙募人运石填墙。运石一块，给钱千文。许多人争着运石前往。当时官军与太平军混战在一起，难解难分。有的士卒落到缺口中，筑城者来不及分辨敌我，全被筑在其中。后来修城时发现了许多尸骨，人们将之并葬在一座坟内。

太平军在南城爆破时，忽有军士挖掘到一方玉玺，上刻"太平王印"。据说太平军将士大受鼓舞，一扫因西王萧朝贵阵亡和长沙久攻不下而导致的沮丧。全军将士将此视为天授王权，当晚举行庆典，将士山呼"万岁"，把这个只能由皇帝享受的称号加给他们的太平王，并将太平王之妻称为"娘娘"。一些文献表明，洪秀全的原配夫人为赖氏，她在长沙享有了这个尊号。但据他的儿子洪天贵福后来供称，赖氏还是第二个夫人。

不管怎样，洪秀全也许就是在长沙将他的王号做了更改，由太平王晋级为天王。他永远不能自称皇帝，因为拜上帝会的宗教信条规定，"帝"字是上帝的专利，除至高无上的上帝以外，任何人的称号中都不得使用这个字。洪秀全只能用"天王"这个称号来表明自己真命天子的身份。

任何一个不信上帝的人都不会相信这方玉玺是由天使送到长沙城下的。毫无疑问，是凡人事先悄悄把玉玺埋在城墙之下，然后指引军士佯装偶然地将它挖掘出来。那么就发生了一个问题，这样做的意图究竟是什么呢？

这件事可能是洪秀全安排心腹所为。可以猜测，冯云山和萧朝贵的去世威胁到他在太平天国的首脑地位，他需要通过一个神迹来证明自己承载的天命。当然，这件事也有可能是整个领导核心的集体密谋，目的是给洪秀全举办一个正式的登基仪式，借以提高士气。太平天国领导集团在此期间做出的一个决议与这个推测颇为吻合。据说他们从长沙撤围后打算去常德建国。如果事情果真是这样，那么洪秀全称帝的地点是长沙城外，而称帝的时间就是1852年11月29日。

当然这只是一种假设。另有资料表明，洪秀全的登基既可能发生在金田村，也可能发生在永安城内。其中永安建制的说法颇具说服力。大量证据表明，太平军在永安时期已经正式建立了政府，发布了国家政令，并且确立了军制。然而，如果洪秀全的登基地点真是永安，那么他怎么会连一方玉玺都没有，非要到了长沙才来演出这一幕呢？这是一个待解之谜。

11月29日是一个重要的日子。洪秀全借着玉玺的神秘出现确立或者巩固了他的统治地位，杨秀清则借着此事鼓舞士气，进行了一次战斗总动员。同时他们对萧朝贵的死做出了自圆其说的解释，声称战死的西王其实是被天兄耶稣接到了天国，而洪秀全已在升天时会见了这位昔日的战友。杨秀清又通过神谕指明了进军的方向，上帝要求他的子民从长沙安全撤离，到湖南西北部的常德去建立国都。

杨秀清在11月30日继续执行另一个预谋。一名自称姓刘的太平军投到江忠源的营中自首，称太平军正在对准天心阁挖掘地道。江忠源连忙派人进城报告张亮基，叮嘱城内守军严加戒备。转眼之间，那个姓刘的投诚者不见了，四处搜索不得。江忠源想，此人一定是逆贼的间谍，故意来谎报军情。可是，他说逆贼在挖掘地道，是想让官军产生什么错觉呢？莫非逆贼要撤围了？

当夜二更，长沙城南起火，空中刮起一股旋风，挟带几点急雨而过。杨秀清一声令下，太平军从长沙撤围，走浮桥渡过湘江，向西推进。他们取道龙回潭，分队抄小路行军，很快就消失在丘陵之间。他们的目的地是宁乡。

太平军这次撤围和永安撤围时一样做得非常漂亮。为了迷惑官军，他们派出小股部队向南行进，诱导官军误判他们的前进方向。向荣果然中计，以为太平军向湘潭进发，命令西岸官军拔营追赶，同时连夜传令到东岸，令东岸官军全部开往湘潭。和春接到军令，与江忠源的楚勇一起向南追去。

城内的文武大员们得到消息稍迟。四更时分，城外南面腾起火光，左宗棠站在城楼上，注视着城外的动静。他在高处看得明白，太平军已经全部撤到河西。他双眼布满血丝，捂着嘴不断地打哈欠。自从进入围城之后，他很少睡眠，日夜巡视城防，观察防卫部署的每个细节。他的才干、冷静和勇气，吸引了许多人的注意。他虽然没有司令权，缺乏权威，但他的观察、指正和建议，都得到了张亮基和其他大员的认同。

身后传来一阵急促的脚步声，张亮基、骆秉章和罗绕典匆匆登上城楼。左宗棠指着城外对他们说："逆贼全从河西跑了。"

骆秉章问道："他们会逃向哪个方向？"

左宗棠说："逆贼定会北上，不过会布置几路疑兵。"

骆秉章又问："向荣会向何方拦截？"

左宗棠道："除了东面，三面都须扼守，我想向军门应该明白。"

"那可难说哦。"骆秉章说，"徐中堂到了湘潭就止步不前，不敢北上长沙，不是出乎我等意料吗？据说他的幕僚有的主张他北进，有的却在拖后腿，说什么赛中堂在长沙城，总督不宜逼他出战。此次防守长沙，城内城外，河东河西，兵勇共有六七万人，还有一位中堂、三位巡抚、三位提督、十二名总兵，湘潭和衡州还有两位总督，若是让逆贼跑了，真是不甘心！"

左宗棠嘿嘿一笑，说道："岂止是徐中堂，连福军门也不肯来长沙。张中丞给他写信，他既不回信，也不照办，窝在蕲家河不动。赛中堂倒是到了长沙，正好统一调度，不料接到上谕，要将他革职拿问，他也不便指挥了。这么多大员凑在一起，让谁来指挥都难得心应手啊。"

暗夜沉沉，风雨萧瑟，太平军的突然离去，给站立在长沙城头的大员留下了太多的悬念。敌人会不会暗中埋伏在丘陵之间，等到官军离去，又重新回到湘江以东，继续攻城？他们会不会西奔宁乡，绕道前往湘乡？他们会不会南下湘潭，或者北上岳州？一个个猜想，无不令人牵肠挂肚。

骆秉章暗想：只要逆贼不返回长沙，我奉旨暂留湖南办理长沙防剿事宜的任务就算是结束了。天亮后我就要颁发奏折，请求皇上下达新的旨意。

29

太平军从湘江以西撤离长沙，河西的官军负有防堵的全责。这时向荣已按照徐广缙的安排从和春手中接过了指挥权，命令湘江以东的官军向南追击，但太平军主力并未南下，那么和春、秦定三和江忠源这一路肯定是扑空了。

长沙城内，人们议论纷纷。有人误以为太平军是从东岸撤走，说道："粤贼从和春这边逃走了，定是和春收了贼钱，放跑了他们。"又有人说："不对呀。粤贼从来不怕官军，怎么会向官军行贿呢？"

洪秀全的部队翻越了金牛岭，被驻扎在象鼻坝的福兴探知。福兴纠正了向荣的错误判断，派朱启仁的潮勇从小路行走，渡过见家河，追到牛头山，见到小股太平军，打了一个小胜仗。向荣本来驻扎在见家河北岸，得到消息，也派马龙等部追向西边的安乐铺。

太平军的断后大将是石达开。他率领三千人在安乐铺迎候官军。两军交手不久，石达开得知主力已抵宁乡，便下令撤退。他将翼王的旗帜留在后队，马龙斩杀了后队将领，误以为歼毙了石达开。真正的翼王率部且战且走，马龙担心前方有伏，不敢孤军深入，下令在安乐铺驻扎。向荣于当晚赶到，探得敌军已到宁乡。

罗绕典和张亮基根据太平军俘虏的招供和自己的判断，认为太平军既然到了宁乡，那么不是南走宝庆，就是北走常德。和春、秦定三、李瑞、王锦绣、瞿腾龙、江忠源一路空追，于12月2日抵达湘潭，令徐广缙大吃一惊。他说："没有本部堂札调，你们为何来此？"

和春说道："我等奉向军门之令尾追逆贼来此，却未见逆贼踪影。"

徐广缙说："逆贼已向西逃去，尔等火速向西追赶，便可赶上福兴与马龙。"

和春等人计议，主力立即向西进军。为防万一，由江忠源率领两千人赶赴湘乡，与王鑫的湘勇一起截断太平军南下宝庆之路。罗绕典和张亮基令向荣抵达宁乡后设法赶在太平军之前抵达益阳堵截，扼断太平军北走常德的要道。朱启仁、常禄和张国梁则奉令率领上万人驰往长沙西北一带拦截，不让太平军前往湘阴。

江忠源参谒徐广缙之后，当晚留宿在好友欧阳兆熊家。主人陪他一起走访娱乐休闲场所，想从里面找个合适的女子做偏房，可是"遍觅勾栏中无当意者"。

江忠源心中已有预感，这场内战不会很快结束，他很可能在战争中死去。他已年届四十，尚无子嗣，原因也许是夫人没有生育能力。不孝有三，无后为大。他早想在新宁讨个偏房，可是新宁女子个性很强，都不肯给人做妾，他只得在外地寻找。由于军情紧急，他见缝插针，行军途中也不放过机会，急切地寻找一个生育机器。若是寻访良家女子，恐怕一时难以谈妥。而他根据以往游历的经验，知道青楼中也有不错的女子，于是出此下策，可是仍然未能如愿。

江忠源和刘长佑第二天推进到湘乡县城，见到了王鑫、罗泽南与李续宾。

江忠源握着罗泽南的手说："只知王璞山在此驻守，却不料罗山先生也来了。"

罗泽南道："自从粤贼攻打长沙，泽南与王璞山和刘霞仙就奉知县大人之令团练乡勇，以资防堵。我等仿照戚继光的办法部署乡勇，敦之击刺，勖以忠义，纪律肃然。如今也该派上大用了。"

王鑫忽见江忠源来到这里，大为惊奇，问道："岷樵先生为何领兵到此？"

江忠源答道："据向军门说，粤贼拟从湘潭西下宝庆，徐节相令我等扼守湘乡。"

王鑫道："刚刚得到探报，粤贼已到宁乡，我料定此贼必去常德，正要拔营去雷家铺扼守，向军门的情报恐怕不确。"

刘长佑见到在攻剿李元发的战斗中结识的李续宾，也颇为惊讶，说道："听说迪庵兄率领团丁驻扎宁乡，何时返回湘乡了？"

李续宾答道："逆贼7月包围长沙，我领团丁驻扎宁乡，8月便返回湘乡了。"

"湘乡办团不知是否顺手？"刘长佑又问。

"唉，费了不少周折。"李续宾叹息一声，"那时城内团丁不满三百人，无所统属，闻警则逃。民家信不过团丁，往往不肯留宿，我和罗山老师、璞山老弟在河岸买了一所房子，权当指挥所，罗山师称之为'养暇处'。团丁驻扎在涟滨书院，每天训练坐作进退、军规礼节。好在朱县令给我们撑腰。我请他出面指挥，制定了严格的法令。又请他张贴告示：凡不遵号令约束，造谣惑众，奸淫掳掠，泄露军情，损坏人民房屋、坟墓及身体，犯此者死；凡有聚饮赌博，吸食鸦片，遗失器械，喧呼斗殴，犯此者责罚。如此一来，训练才有了起色。"

"如今粤贼已经西去，迪庵兄打算何往？"刘长佑又问。

"唉，还是将团丁带回家乡务农吧。"

"不去追赶粤贼了吗？"刘长佑见李续宾意兴索然，有些不解。

"这种窝囊仗，不打也罢。"李续宾郁闷地说，"我曾对朱大人说：'逆贼自造反以来一直没有遭到重创，心气未定，却已十分骄矜。现在他们聚在一起，官军理应合围，将其一举歼灭，方为上策。'朱大人向上峰反映，不见答复。上峰尚且如此，我等夫复何为？"

王鑫闻言，插嘴道："迪庵兄要回家，我却想去找粤贼打几仗，以洗国家之耻，不给后世的历史评论家留下话柄，说朝廷供养读书人二百多年，当朝廷有难时，却很少有人出来报效。"

王鑫说罢，跟江忠源和刘长佑道别，带领乡勇匆匆赶往雷家铺。将部队部署停当后，他只身前往长沙打探确切的情报。他想不通的是，官军云集长沙，怎么会让粤贼轻松逃走了？这个平民百姓跟远在京城的咸丰皇帝一样气愤。他有脾气，却无处可发，只能给朋友写信感叹：省会官军有十万之众，包围了垂死的贼军，竟然又让他们掉尾以去，蹂躏州县，荼毒生灵，无所底止。蒿目时艰，堪为痛哭！

这个急性子快马加鞭，疾驰到长沙城下，只见省城大白天里还闭着城门，出入都要攀上城墙。他想：我身上只有一张通行证，未带公文，无法证明身份，只怕进得去出不来。于是当即返回雷马铺，打算探听到敌军的确切行踪之后，向知县请缨作战。

王鑫探明太平军去向后，果然向朱孙贻请战。朱知县立刻报告上级：本县书生王鑫打算请兵出境杀敌，可否发给口粮，以免由湘乡转运？可是省里的官员还守着旧观念，批复道：民兵应该防守县境，防止敌军窜越，不要出境作战。

王鑫无奈，只得继续留在本县管理治安。湘乡勇虽未参加长沙保卫战，毕竟为湘乡做好了防御的准备。省会解围后，张亮基论功奏保，请求给罗泽南授予训导资格，由吏部铨选。罗泽南有了一个七品的职级，品级与知县相等，但还没有上岗。

30

且说太平军一路西逃，于12月4日搭造浮桥渡过资水，抵达益阳县城。太平军拥有大批船只，水路畅通，西北方可从龙阳（今汉寿）去常德，东北方可从湘阴去岳州。到底是去常德，还是去岳州？太平天国面临着一个关键的选择。

益阳城内，洪秀全召集杨秀清、韦昌辉、石达开、秦日纲等人议事。

秦日纲奏道："陛下，官军已追到江南，我军是否立即开拔？"

洪秀全说："我把尔等找来，就是要议一议，天国大军向何处进发？"

杨秀清一愣，问道："不是说好了去常德建都吗？"

"不错，此事确在长沙议过。"洪秀全慢条斯理地说道，"可是天军开到益阳，即有这么多船只等着装载天军，尔等细思，这岂非天意昭示？天军顺江而下，即可攻取湖北的省会武昌，常德不过一座小城，我等岂能舍大取小？"

韦昌辉说："陛下所言甚是。武汉商贾辐辏，乃是富庶之地，既是天意昭示，天军自应乘船顺江流直下，先取岳州，再取武昌。"

杨秀清说："前几日巴陵人晏仲武来到长沙，请求天军进兵岳州。此人曾到广西，入了我拜上帝会，回湖南之后，组织亲族和附近农民，手执黄旗，头系红巾，自称东王，活动在岳州新墙河一带。他说过，他的部队可在岳州接应天军。"

财富的巨大诱惑力，使天国领导人迅速地统一了意见。他们决定放弃在常德建都的计划，立即向东北方的岳州挺进。

太平天国领导集团就因为一个牵强附会的神启，便轻易改变了建都常德的计划，似乎过于轻率，令人难以置信。但若站在洪秀全的角度思考，这件事的可信度应该是很高的。在天国的高层，洪秀全对上帝信仰最深。他经常留恋于一个类似幻觉的感知世界，他相信自己到过天国的圣殿，相信自己的一切遭遇都是由上帝指引。所以，一旦他认定某事为天降神迹，他就会把此事的意义看得无比深刻而庄重。

洪秀全在益阳所做的这个决定，对于天国前途的意义是无法估量的。它决定了太平天国不再打算依托山区壮大势力，而要勇敢地踏入长江流域发展天国的事业。这至少表明了天国领导集团有了更足的底气。这个时候，天国的军队在湖南境内从天地会那里扩充了有生力量，天国的组织已经大致完善，许多服从纪律的官兵已被彻底洗脑。太平天国的造反运动在跟清军的战争中得到锻炼，已经羽翼丰满，一个大致的国家政权已经形成。

然而太平天国走到此时，已经蒙受了无法挽回的损失。他们的事业蒸蒸日上，但造反组织的主要规划者和信仰卜帝的传道者冯云山已经牺牲，而最有能力的大将萧朝贵又在长沙城下殒命。对于天国而言，这两个顶尖人才的损失具有无法承受的重量。一些观察家认为，即便太平军在湖南补充了五万人的新鲜血液，也无法弥补这两位杰出领导人的缺失。如果洪秀全能够挽回这份损失，他的事业会有更好的前景，但他也许没有意识到失去两位合作伙伴对他而言是致命的，因为他并未遍求天下名士，延聘堪与冯云山、萧朝贵等人媲美的干才，牵制杨秀清小集团的权力膨胀。因此，这两人的去世明确地标志着这场运动进入了一个新阶段，天国的权力重心开始向杨秀清倾斜。

而这个趋势，最终将引发天国领导集团的内讧。

太平军抵达益阳之后，官军的追击也进行了若干调整。左宗棠接到益阳方面的情报，立刻感到岳州比常德更为重要，在他的提议下，大员们当即委派和春、秦定三、王锦绣、李瑞督带主力驰往岳州，令他们确探敌踪，拦头迎击。

楚勇跟在太平军之后赶到益阳，洪军已经扬帆而去。江忠源对刘长佑说："向荣无能，屡失机宜。和春还能听进去意见，可惜已失去指挥权。我真是不想再跟向某追下去了。"

刘长佑默想片刻，说："我们只推说楚勇原有约定，出兵是为了保卫桑梓。如今逆贼已解围而去，我们就驻扎益阳，兼剿安化的土匪吧。"

江忠源说："甚好，就这样报告中丞吧。"

张亮基同意了江忠源的报告，于是楚勇驻扎益阳担任防务，分兵攻打安化的土匪。

太平军主力于12月7日已经驻扎临资口，当晚派出三艘船从芦林潭下行侦探。岳州绅士吴士迈督带渔勇沿河追捕，枪炮开火，太平军船只驶回营内。由于官军在临资口设了水卡，太平军船队无法迅速通过。12月9日，太平军带领几千名百姓帮拆河内卡桩，仍然沿河而下。次日早晨，林凤祥和李开芳来到湘阴南门对岸的扁担峡，下令开火射击，乘船渡河。

湘阴城头上，知县庄心庠对长沙协左营外委杨载福说："杨大人，本县听说你从小练习骑射，精于技击，又在湘江里放过排。前次打李元发有功，所向无敌，皇上赏戴蓝翎，今天城防全靠你了。"

"庄大人放心，杨某不好空言，等到逆贼渡到中流，我便下令开火。"

正在紧急之时，只见大队官军赶到城外，沿河开火，与太平军对射。不一会儿，探子来报："总兵常禄和千总张国梁领兵赶到！"

林凤祥见对岸火力密集，对李开芳说："官军主力已到湘阴，我们不攻了，命令部队撤回！"

太平军从湘阴撤出战斗，向北面的营田进发。抵达营田后，向岳州挺进。岳州的清廷大员于12月12日已经出城，第二天早晨知县也已弃城而去。中午时分，太平军分三路涌到城外，只见城门大开，无人把守，官军全部溃散。太平军随即进城，城内火药大炮及饷鞘都成了他们的战利品。

洪秀全在岳州大有收获。晏仲武兑现了他的承诺，积极地接应太平军。当吴士迈招募渔勇防守洞庭湖的各个入口时，晏仲武千方百计地阻挠。吴士迈好不容易招到一千多人，令他们驾驶五百艘渔船驶到土星港，把渔船首尾连接，拦在水面阻截太平军的船队。他的这一举措是好心办错事，帮了洪秀全的大忙。在太平军抵达之前，他们拦住了五千艘商船和民船，这些船只无法通过，全部羁留在土星港。太平军一到，由于晏仲武在渔民中成功地做了瓦解工作，吴士迈征用的五百只渔船不战而溃。太平军把两岸的人和船全部羁押，补充到部队里，军势骤然雄壮。晏仲武的部队扩充到两千多人，不断袭击驻防官军。

这是一个极具讽刺意义的事件。岳州的官军不战而逃也就罢了，可是他们预先在岳州所设的防御不但没给自身带来任何好处，反而给太平军提供了极大的方便，使太平军的声势大增。太平军的水师从岳州开始形成。洪秀全下令另立水营，任命三十六岁的湖南祁阳人唐正财为典水匠（水师将军），统领水营。

唐正财自幼练习撑篙划桨，成年后擅长驾船，以贩卖木材为生，兼带贩卖米谷。他正在湘江下游贩运，船到岳州，遇到了太平军，被杨秀清的演讲所打动，献出他打算贩卖的米谷，协助太平军的军饷，还联合其他船户一起加入太平军。水营的建立对于太平天国的军事行动具有里程碑式的意义。太平军有了水师，今后便能在长江上往来自如。而清廷的官员们到这时为止尚未意识到水上作战的重要性。

从湘南到湘北，从道州到岳州，太平军在湖南尽得天时地利。以此看来，洪秀全与湖南的关系，似乎真是在冥冥中有一种宿命的安排。太平军真正的兴盛始于湖南，而后面发生的事情表明，太平天国军事行动最终的失败，也是由于他们在湖南和其他战场上与湖南人组成的湘军作战失利造成的。

但在此时，洪秀全站在岳州城头，还未参悟到这个宿命的两面性。他看着刚刚组建起来的天军水师，禁不住微笑了。

31

江忠源决定留在湖南以后，还是放心不下北方前线，给徐广缙写了一封言辞恳切的劝告信，总结官军两年多来失败的教训，希望徐宫保能够采纳，以利于官军在湖北的作战。

和曾国藩向皇帝直谏的《敬陈圣德三端预防流弊疏》相比，江忠源的这封劝谏信可谓同样大胆。如果不是在特殊的环境之下，他的直言不讳很可能给他招来杀身之祸。他不但指责了徐广缙本身的错误，还向朝廷的正规军高级将领挑战，请求将他们撤下战场。谁都知道，官军的提督、总兵一级大员，骄奢横蛮，个个都是火暴脾气，江忠源一个小小的知府，却对他们指手画脚，甚至要端掉他们饭碗，不是活腻了吗？如果不是出于对朝廷的极度忠心，谁也不会干这种傻事。

江忠源说，洪秀全在广西起事以来，窜扰三省，迁延两年，攻陷了几十座城池，官军死伤无数，向朝廷请求的军饷多达几千万两。为什么会遭此失败？不是敌众我寡，不是敌强我弱，也不是敌智我愚。那么弊端在哪里？大致上可以总结三条：第一是军法不严，第二是军令不一，第三是军心不齐。

为什么军队要严格执法？江忠源指出，军法是将领管理军队的工具，士卒不敢违反，可以驱使他们出生入死。将领不能行使军法，就不成其为将领；士兵不知畏惧军法，就不成其为士兵。可是广西开战以来，军法已完全成了摆设。

江忠源以湖南的战事为例，说明执行军法的重要性。全州因为得不到增援而陷落，教训惨痛；可是此后仍然有许多将领见死不救，按兵不动。道州因为将领弃城而陷落，这是一个反面教材，但其余的城市纷纷效仿。蓑衣渡之战，敌军锋芒已挫，只要官军在河东连营，斩断敌军右臂，就能取胜，可是官军指挥不灵。道州之战，敌军已被包围孤立，只要官军分兵驻扎七里桥，截断敌军东奔之路，就能取胜，但官军仍然调遣不动。长沙之围，敌人处于穷途末路，官军只要在龙回潭和土墙头驻扎，堵住敌军西撤之路，官军就能取胜，可是官军仍然不听指挥。利害关系已经陈明，下面屡次请求如法部署，将领们却无动于衷。道州、双牌、莲涛湾六十里奇险之路，敌军自己走入了死路，可是官军却要放他们一条生路。长沙驻军四五万人，围守有余，又给敌军放开一条生路。士卒都认为逃命是上策，临敌毫无斗志。州县官员认为躲避逆贼是理所当然，守城没有决心。

为什么会发生这样的情况？因为指挥作战的都是提镇大员（军区司令或

军长），级别高了，就想躲避危险；权力大了，就很难对他们执法。兵志说：法行自贵。大帅必须执法，才能控制将领，使将领依法管理士卒。军营体制，县官不如现管，士卒畏惧下级军官甚于畏惧高官，因为下级军官是他们的顶头上司。部队临战，先退的必定是高官，接着是中下级军官，然后才是基层军官，最后才是士卒。军法难以执行，就是因为高官太多。所以，他恳请徐广缙奏明皇上，把大员们从前线撤走，只留下一两名身经百战、懂得军事的高官，借用他们的权威来控制部队。中层军官不乏能征善战的将才，根据他们的才能，委派具体的职能，使资历较浅的军官奉令不敢迁延，军威便能整肃。他们得到提拔，更会感激朝廷，士气高昂。然后和他们约法三章，多加鼓励，赏罚分明，提高斗志，部队壁垒一新，军情自壮。

江忠源还从财政的角度指出裁撤提镇的必要性。他指出，战争已经打了两年多，军队筹饷困难，高官的薪水和补贴比中级军官高出数倍，撤掉他们，能节省大笔的开支。只要能做到这一点，就可以立刻实行选择将领的办法，为他们树立执法的权威。军法能够执行，权威自然树立，军事自然顺手。

为什么军令无法统一？江忠源认为，根子在于大帅没有随军。军情移步换形，瞬息百变，胜负之机，间不容发。古代名将莫不亲历行间，躬冒矢石，故能随机应变，所向有功。如今大帅距敌远者数百里，近者也有八九十里。刚刚看清地图，危险的地方已经发生变化，谈不上有什么地利；敌情刚刚侦探确切，而战情又发生了改变，谈不上知己知彼；士卒的强弱不是探访所能了解的；军官的才干又因毁誉而多误。所以说，遥控是行不通的。

江忠源指出，前线总指挥必须由大帅亲自担任。如果从高官之中选出一名总指挥，而受他指挥的人也是高官，平日里平起平坐，此时就不会把总指挥放在眼里。如果总指挥强行钳制，就会离心离德。何况大帅每出一令，总是由于不符合军情而被前线总指挥改变；而前线总指挥每发一令，也因不对大帅的胃口，又被大帅修改。加上驿递缓慢，指令很难按时抵达，信函往来，又会造成一些误解。更有甚者，让总兵出任前线总指挥会引起提督的猜嫌；如果让总兵和提督都任前线总指挥，则两人同时发号施令，会有冲突和错误。军中积习，打了败仗，却谎称胜仗；打了小胜仗，就谎称大胜仗；杀敌不多，就谎报杀敌甚多。大帅根据总指挥的报告奏报朝廷，功过不明，赏罚失当，士卒不服，军心涣散。

所以说，大帅必须亲临前线，才能不受蒙蔽。江忠源请徐广缙驻扎军中，事权归一，号令自明。大帅一到，军营耳目一新，将士精神一振。然后因地制宜，根据敌情作战，便能取胜。他认为，只要重创敌军，对手必作鸟兽散。

官军为什么会军心不齐？那是因为大帅对待官兵亲疏有别，赏罚不公。江忠源说，军中兵勇都是朝廷赤子，也都是大帅的爪牙。大帅对待他们必须绝对公平，不分亲疏远近，才能得到他们的效力。不论何人，同样罚过赏功。只要对亲军稍有偏重之心，必然导致将士离心。乌兰泰初到前线时管带贵州营兵，后来总统南路，对贵州兵便有所偏重，而云南兵和湖北兵便有怨言。向荣初到前线时管带湖南兵，后来他总统北路，略为偏重湖南兵，而四川兵和贵州兵就对他失望。徐大福只是一名守备，赛尚阿偏重他，全军都不服气。谢继超只是一名投效的委员，向荣偏重他，众人不服。士卒并不愚蠢，他们能看出上级的意向。千总、把总级别虽低，却能辨别主将的优劣。军中各伍都有伍长，各营都有营将，一军胜则群起而抢功，一军败即按兵而自卫；甚至左队前进，右队先退；前队推进，后队反却。若再加以偏爱和歧视，则会互动干戈，争执不已，恐怕日后再做工作，居中调停，反而难办了。

江忠源语重心长地说：徐宫保，你初到湖南，命令手下的文武官员破除积习，互相救援，也是希望众志成城，面貌一新。可是如今人们议论纷纷，都说你徐大人偏重广东兵勇，我想一定不会有这种事情。徐大人身负天下的众望，一定能团结诸位将领，以成大功。人们之所以这么说，也许是你言语之间对广东兵勇微有褒奖之意，所以引起了误会。

江忠源这已是第二次向徐广缙进言，他认为钦差大人是否锐意改革，关系到对太平军之战的成败。也许此时他对徐广缙还抱有一些幻想，但接下来发生的事情，很快就使他对此人彻底失望。对徐广缙丧失信心的不仅是江忠源这个小官，连咸丰皇帝也不耐烦了，不久便让徐广缙交出了差使。

五十五岁的安徽太和人徐广缙知道长沙已经脱险，便从湘潭进入省城。咸丰皇帝马上就后悔不该起用这个书呆子，下诏严厉谴责。徐广缙现在知道了事态的严重性，对战争的前途感到悲观。他也知道咸丰皇帝不会饶过他，索性窝在长沙不动，在给别人写信时，很形象地描述了自己紧张的心情：他屏住了呼吸，等待雷霆降临。

太平军在岳州组建水师以后，战斗力大为增强，万艘舟船，旗帜飞舞，帆篷蔽江。他们在岳州停留四天,火速进军武昌与汉阳。

驻守湖北的清军哪里见过这种阵势,不由胆寒。太平军所过的城镇,清军望风披靡。湖北巡抚常大淳非常惊慌,索性把所有的部队撤到武昌城里。太平军一路没有遇到抵抗,从水陆两路长驱而入湖北。

湖北的百姓欢迎太平军的到来。其中一个重要的原因是清军纪律松散,欺负百姓。这年入冬以后,清军湖北大营见潮州团勇横行霸道,便将他们遣散回家。团勇变本加厉,不但在路上行劫,还公然在街市上强奸良家女子,所到之处,杀人放火。百姓认为官兵不如太平军,便有人出面倡议与太平军联络,结盟拜会,络绎不绝。

太平军于 12 月 17 日放弃岳州,于 12 月 19 日开到汉阳城下。汉阳与武昌只有一江之隔,常大淳连忙上奏清廷,请求江南提督双福率兵进入武昌协助防守。他听说太平军的船队已经浩浩荡荡顺流而下,便命令军士们放火焚烧城外的房舍,登上城墙防御。这一把火,烧得武汉的居民胆战心惊。

武汉的官民过惯了太平的日子,一见战火燃起,个个惊慌失措。汉口又是各地商贾聚集的地方,市井繁华,富甲天下,那些有钱的商人更是如同热锅上的蚂蚁。

12 月 22 日,林凤翔和李开芳的太平军攻进汉阳,知府董振铎在巷战中拼死。太平军放火焚烧汉口镇,大火绵延十五里,火声隆隆,五昼夜不绝,湖北的财富都化成了灰烬。

武汉江面宽阔,正值北风刮起,渡江的船只停开了。冬季江水干涸,江中浮出一片河床。唐正财率领水营从汉阳晴川阁用铁链把船只连接起来,作为浮桥,一直通向武昌汉阳门,往来渡兵。江水不起波涛,浮桥十分平稳。太平军士气更加高涨,认为是得到了上帝的保佑。他们在武昌城四周修筑壁垒,日夜围攻。

常大淳这时有所领悟,连忙给皇帝上了个折子。他说,太平军分水陆两路攻打武昌,水上的来势更加凶猛,船上摆满了大炮。他告诉皇帝,听说朝廷在湖南的大军拥有广西炮船,江南水师有广艇炮船及中小号炮船,请求皇上将这些水战部队调集到长江上下游,遏制太平军的势头,切断他们的粮食运输。于是咸丰皇帝下诏,命令徐广缙等人监督办理。

其实,常大淳的这些消息来源并不可靠,他对清军的水师寄予了过高的期望。当时清廷军备松弛，水师徒有虚名，哪里有什么战船！更要命的是，清廷的文臣武将对于水战的知识贫乏到了可笑的程度。常大淳在实战中懂得了水师的重要性，算是一个很大的进步。

徐广缙也注意到了水师的作用。他上奏说，有个叫卢应翔的人用炮船在长沙作战。长沙的官员却没有听说过，等到皇帝下诏询问，才得知有这么一个人。

两江总督陆建瀛防守长江沿岸，只有大小舢板八桨船。向荣上奏，请求派遣张国梁率领湖南的炮船。其实湖南哪里有什么炮船？不过是用民船装载大炮而已。咸丰皇帝下诏，征集登州水师战船，同时招募商船。其实太平军也没有战船，他们后来攻占武昌，挥师东进，将几千艘舟船连接起来，使用的也都是商船，但其声势浩大，无人可以阻挡。江宁将军祥厚不明实情，却上奏说，只要金陵留下十艘战船，分别防守芜湖和梁山就足够了。由这样的官员来指挥对太平军的作战，清廷怎能指望他们打胜仗？

清廷官员如此糊涂，其结果自然是听任太平军取得了在内河江湖上的优势。直到1853年下半年南昌战役以后，由于郭嵩焘、江忠源和曾国藩这一批湘军人物看到了争取水上优势的必要性，促成曾国藩在衡州大力创办湘军水师，又经过多次反复的水上博弈，清廷才掌握了水上的制胜权。这又是后话。

32

太平军离开岳州以后，晏仲武造反军没有跟随洪秀全北上，他与张幺、黄陈之和杨见之等人再度起兵，联合临湘李君瑞和李清安等人的造反军，与追赶太平军的清军作战。

晏仲武所部于12月中旬在新墙截获了清军副将巴图押解的三万两饷银，然后以梁夫岘、隆奉庵和黄福滩等处为根据地，一时声威大振。

徐广缙命令总兵阿勒经阿和提督衔副将邓绍良率领兵勇前往镇压。邓绍良和江忠源的部队先后抵达新墙与晏仲武军接战，双方各有伤亡，但晏仲武部将赵捷权等四人被俘。江忠源率领两千多名楚勇围攻黄福滩、梁夫岘和隆奉庵等造反军根据地，重创晏仲武的部队。

12月27日，清廷追究岳州失守的责任，将徐广缙革职留用，将湖南巡抚张亮基和提督鲍起豹降四级留用。

1852 年的局势，对于清廷而言，比前一年更加危急。不仅南方的造反军在年底打到了武汉三镇，北方的造反军也在威胁着清王朝的统治。

起源于山东的捻军举事，是朝廷的心腹之患。从康熙朝开始，就有游民聚集在一起，有的结拜为捻。后来，捻日益增多，淮北和徐州之间一伙人聚集在一起便为一捻。有人说，他们用纸做成捻子，浸在油脂里，可以点燃，所以叫作捻。

清廷从上一年起就在北方加强了对捻军动态的监视。河南夏邑有人告状，说捻军抢劫了御史张沣翰，而南阳也发生了盗劫案。咸丰皇帝下诏斥责河南巡抚，并且命令两江总督、湖广总督和巡抚严加搜捕。接着，清廷接到报告：安徽的寿州也出现了强盗。

1852 年，陕西人李僡出任山东巡抚。山东兰山的幅军抵抗清军，杀死把总，他们的首领活动在江苏西北部的徐州、邳州和山东南部的峄州、费州之间。这时，山东捻军袭扰江苏东北部的海州，安徽捻军攻打河南东部的鹿邑和宁陵，而江苏西北角上的丰州和沛州，以及山东西南角上的曹州和单州，也都发生了骚动。

不过，清廷的注意力还是集中于太平军的进攻，因为湖北的省城眼看就要落到洪秀全的手中。

咸丰三年

1853年

33

太平军与清军争夺湖北省会，拉开了 1853 年战事的序幕。

太平军从年初就继续攻城。向荣率领一万人的援军驻扎在洪山，虽然号称劲旅，却被太平军的壁垒所阻隔，无法靠近城墙。他秘密派人进城，邀约常大淳出兵夹击太平军。常大淳认为城内人心不稳，如果打开城门，会动摇军民的意志，于是回绝了向荣的提议。

1 月 10 日，向荣从洪山进攻，击破太平军的几十座营垒，致使太平军乱了阵脚。向荣率部将太平军逼到沙河，太平军伤亡惨重，尸体枕藉，堵塞了河水。

向荣见部队距武昌只有三里路，便派人呼唤城内的守军，再次邀他们夹击敌军。无奈城内兵力单薄，缺乏战斗力，而常大淳为人过于谨慎，还是不敢出兵。恰值天气寒冷，又下大雨，淋湿了火药，向荣便收兵回营。常大淳失去了最后一次为武昌解围的机会。

太平军在长沙攻坚时积累了经验，决定在武昌城下如法炮制，挖地道轰炸城墙。这一次，他们看准了江边的文昌门。1 月 12 日，林凤翔在李开芳的配合下，带领先遣队挖掘一丈多长的地道，在城根埋下地雷。

114

守城的清军把管子埋在地下，把耳朵凑到管口谛听，隐隐约约听到挖掘的声响，请求从城内挖地道灌水，淹没城外的地道，常大淳没有批准。

当天，地雷爆发，城墙坍塌，太平军攻上城墙。太平军的旗帜还没飘上城头，城内守军和城外的援军就望风而逃，都躲进了武昌附近的城镇。太平军几乎没有遇到抵抗就进占了湖北省城。

清军防守武昌大不同于防守长沙。其中一个重要的原因，就是武昌城内没有聚集懂得军事的人才，也没有一支骁勇善战的楚勇。六十岁的常大淳也是湖南人，但他年事已高，遇事犹疑不决，以致丢失城池，自己投井自尽，家人十几口也跟着丧命。清廷官员都把武昌的失守归咎于他，后来的人谈起这件事都摇头叹息，为他感到遗憾。

太平军进入武昌，杀死了布政使梁星垣和按察使瑞元以下的高层官员。江夏县的知县绣麟持矛巷战，奋力搏斗而死。王定安的《湘军记》记载，武昌的绅民妇女几十万人悬梁投水，死人之多，为两百年所未闻。

太平军攻占武昌，湖南大为震动。自从太平军离开湖南进入湖北之后，各路增援湖南的清军都跟随太平军北上。长沙的守军只剩下四千名，其中最有战斗力的部队就是江忠源的楚勇。巡抚张亮基听说湘乡人罗泽南和王鑫两位书生把团练办得有声有色，便命令他们各自招募一营湘乡勇，时刻做好战斗的准备。

34

长沙解围后，张亮基奏报积极参与长沙防务并做出贡献的布衣，左宗棠得到五品同知的官衔，继续为张亮基当师爷。而黄冕由于守城助饷有功，清廷恢复了他原来的七品官职。此后，他主持长沙火药局，在城隍庙内铸造火炮，制造火药。

太平军攻克武昌，湖南各地的会党备受鼓舞，蠢蠢欲动。张亮基必须密切关注本省的治安。有一天，他把左宗棠找来，问道："季高，你知不知道浏阳有个征义堂？"

"征义堂？是个贫民组织吧。"左宗棠答道，"我想想——此堂在道光十四年（1834）就有了。那时钟人杰在湖北通城造反，距离浏阳不远，浏阳东乡人周国虞以兴办团练抗逆为名，召集乡民，练习刀矛，制造枪炮，自成一党。浏阳有很多百姓加入征义堂，历任县令担心征义堂闹事，不敢过问。中丞怎么问起此事？莫非征义堂要造反？"

张亮基叹了口气，晃了晃手里的一份公文，说道："这是军机处转下来的一份奏折。浏阳的一桩杀人案惊动了皇上，批给我来查处，此事恐怕征义堂脱不了干系。我已犹豫很久，不知该不该发下去办理。我问过浏阳的赵知县，他说征义堂只是为了保卫家园，本无异心。如果查办此案激起他们造反，那就得不偿失了。"

作为一名刚刚经历过战火的清廷大员，区区杀人案，在张亮基的眼里根本算不了什么，他更看重的是全省的防务。如果为了一桩杀人案而得罪了征义堂，逼得他们造反，那就非同小可了。可是，如果对此案不闻不问，皇上追究下来，又该如何交差呢？

"季高，你先看看案卷，给我拿个意见。"

左宗棠接过案卷，迅速浏览。御史的奏折上说，广西造反军刚进湖南时，周国虞虽然没有跟着起兵，但他派人与太平军暗通消息，已经包藏祸心。太平军包围长沙时，派密使给周国虞写信，让他起兵响应。此信落到了浏阳团总王应苹手里。征义堂怕他向官府告发，便将王应苹杀人灭口。

左宗棠看完案卷，说："此事容我想一想，再禀报中丞。"

他退下之后，派人把典史孔昭文和武举人诸殿元叫来，吩咐道："有件机密公务，须得你二人去办。你们脱下官服，乔装改扮，去浏阳暗访那里的征义堂。不要惊动地方官，更不要打草惊蛇。务必摸清他们有无造反的迹象，侦察征义堂根据地的交通和地形，把该堂大小头目的姓名住址一概查明，登记造册。"

几天后，左宗棠交给张巡抚一份调查报告。孔昭文和诸殿元此去，深入征义堂的根据地古港、山光洞和宝盖洞等地，查明周国虞手下有两万多名会众，平时确有劫掠私斗的行为。太平军进入湖南以后，派密使来往于长沙与浏阳之间，但周国虞为人谨慎，征义堂并没有轻举妄动。浏阳团总王应苹所部乡勇捕获了太平军的信使，周国虞等人给太平军的回信落到了王应苹手里。太平军从长沙撤走以后，王应苹由于仇恨周国虞，到官府举报他私通洪党。周国虞不甘坐以待毙，派侄儿带领三百名会众进入浏阳县城，声称协助正规军保卫仓库和监狱，表明他的部众不是造反军队，而是民兵组织。周国虞这一手，也是为了威胁王应苹，让他不要再去告状。

很明显，征义堂处在黑白两道之间，属于灰道。周国虞是个智慧型的人物，自我定位非常巧妙，平时不黑不白，有利时亦黑亦白，必要时可黑可白。太平军攻打长沙时，他造反的可能性较大；太平军离开了长沙，他造反的可能性较小。但他手下的头目曾世珍和邓万发不够冷静，行事莽撞，为了寻仇报复，集结部众烧毁了狮山书院，杀死王应苹，顺带抢了一些富裕人家。

这个举动激怒了各乡团勇，他们要为王应苹报仇，在浏阳东部的达浒集结，大有对征义堂用兵之势。周国虞不得不为两位兄弟擦屁股，派出六十人的先锋部队驻扎在枸形阻遏乡勇，又调集其他会众准备出击。但是征义堂战斗力不强，周国虞的先锋很快就被乡勇消灭。他只得采取守势，率领会众在古港、穴山坪和宝盖洞一带集结，扼险自守。

赵知县非常懂得为官之道，也深知征义堂势力强大，担心自己惹不起，唯恐事情闹大，便把王应苹一案压着不办，一再向上面辩解，说周国虞并没有造反的迹象。没想到，王应苹的家人和朋友把这个案子捅到了北京。这就是王应苹被杀一案的始末。

张亮基看了调查报告，沉吟半晌才说话。

"季高兄，征义堂人多势众，凶手是周国虞的人，若要缉拿，非得兴师动众不可。赵知县说，他有很多下属都是征义堂的成员，据说我身边也有征义堂的耳目。真要发兵攻打，牵扯面很广。我看犯不着为了一个杀人犯大动干戈吧？是不是写个折子，把此意奏告皇上？"

"不妥。"左宗棠回答。

"为什么？"

"理由有四条：其一，征义堂确实跟洪逆有联系，又杀了个团总，如果中丞置之不理，恐怕皇上会怪罪于中丞；其二，省城附近存在这么强大的一股势力，甚至渗透到了县衙和省署，怎么说也是一个不安定的因素，必须要将其瓦解；其三，如果中丞压着不办，王应苹的手下也不会答应，要是发生武力争端，征义堂没了退路，极可能揭竿而起，那时就难平息了；其四，征义堂会众虽多，铁了心要造反的不过几百号人。只要制住了这些骨干，其余会众不打自散。这么便宜的事情，中丞怎能不办呢？"

"有道理！有道理！"张亮基如梦初醒，"季高先生有什么妙法，能够既将征义堂一举铲除，又不把事情闹大呢？"

"办法早就有了。"左师爷微微一笑，"只是，宗棠有两个不情之请，不知中丞能否应允？"

"请讲请讲，一切照你说的办。"

"此事必须绝对保密才能办好。除了中丞、意城（郭嵩焘）和我三人，不能让任何人知道。万一走漏了风声，恐怕就办不成了。这是其一。"

"这个嘛——依你就是。其二呢？"

"有一支部队我必须秘密调用，还要借用中丞的名义，但不发公文，请允许我便宜行事。"

"哪支部队？请师爷明示。"

"我要用江岷樵的楚勇。此时岷樵在湘北进剿晏仲武，想必已大功告成。我想让他即刻赶往浏阳，对外宣称是去平江追剿晏仲武余部，才不至于惊动周国虞。该部开到浏阳之后，又须对外假称要去江西剿匪，暂驻浏阳，等待补给。只要征义堂不轻举妄动，等到岷樵完成部署，一切都尽在掌握之中了。"

左宗棠提的两个条件，张亮基都答应下来。一张大网，神不知鬼不觉地向浏阳撒去。张亮基坐在巡抚公署作秀，配合左宗棠的部署。

王应苹被杀一案，受害者的亲友已经告了御状，湖南的官府却毫无动静。浏阳的团丁到省城告状，张巡抚只是打几句官腔，一概不予理睬。

"本部院已派通判裕麟去了浏阳嘛。此案还要调查研究，你们等着吧，本部院自会秉公断案。"

浏阳人上访碰了钉子，以为张巡抚被征义堂买通了，有意包庇杀人凶手，只得通过关系，求助于邻省江西的官府。

江西巡抚张芾和在籍京官陈孚恩看了邻省递来的状纸，义愤填膺，给张亮基发来公文，请他发兵捕治征义堂。他们说：张大人一向爱民如子，官声极佳，对待上访的群众怎么摆出一副官僚的嘴脸呢？张亮基爱惜自己的名誉，有些沉不住气了。但他想起左宗棠的叮嘱，不得不对兄弟省份的同僚也打起了官腔，还是顶着不办。

征义堂派到省署和县衙的卧底打探到了巡抚与知县的态度，不断给征义堂的头目发回"一切平安"的信号。

这时，身在岳州的江忠源接到左宗棠一封绝密的函件，里面附有浏阳县地图和有关征义堂的各种情报。左宗棠写道：岷樵兄，这虽是一封私信，却是传达中丞大人的命令，只因事属机密，不能下发公文。望兄台接信后，火速带兵赶赴浏阳，目的是收拾征义堂。但是进军目的不能暴露，只说是去平江追剿晏仲武余部。贵部抵达浏阳，将兵力部署停当，再张贴告示，利用强大的宣传攻势和武力威慑，力争招安。遇有反抗，立即镇压。正式的红头文件，等岷樵兄到了浏阳，我再补发过来。此事万万不可泄露，切记切记！

1853 年 1 月 22 日，楚勇从巴陵出发，经平江来到浏阳。江忠源一到，想做些调查，却没有一名绅士敢来见他；走访民众，也无人敢提征义堂之事。可谓风声鹤唳，人人自危。好不容易打消了一些人的顾虑，才得知征义堂在洪秀全攻打长沙期间在浏阳焚掠淫杀，令人目不忍睹，耳不忍闻。而他们的武器精良，技艺不凡，绝对不是寻常的土匪。他想，季高此事办得好，若不及时将征义堂铲除，真是后患无穷！

楚勇开到浏阳的目的虽未走漏风声，但赵知县多了个心眼儿：江知府此来，莫非是为了镇压征义堂？他连忙拜见江忠源。

"江大人，敢问贵军将向何处进兵？"

"江某奉中丞之命前往江西剿匪，只等长沙运来粮饷，部队就会开拔。"

赵知县放心了。不料过了两天，楚勇在县城东边的冯家岭扎营，张贴告示：本知府奉令前来处理征义堂一事，要抓捕的只是几名首犯，其余人等一概不问。只要将首恶绑来献给官府，本知府决不出兵。

楚勇扎营时，邓万发和曾世珍等人混在人群里围观，打探江忠源的形迹。百姓认出这两个会党首领，也不敢指认他们。邓万发等人回去后，对部属说："原以为官军都是壮汉，今天一见，个个骨瘦如柴，如同乞丐。哼，一群乌合之众，混饭吃的！我们征义堂内，刀矛、拳棍和枪炮样样精练，吃掉他们又有何难？为什么不敢迎战！"

赵知县听说征义堂要大动干戈，急得连连跺脚，一狠心咬破指头，写下血书，上呈巡抚，以身家性命担保征义堂不会作乱。他还说，如果把事态闹大，他负不起这个责任。

血书呈到张亮基手上，巡抚再次迟疑不决。

"季高，意城，非得取缔征义堂吗？难道就没有别的法子了？"

左宗棠和郭崑焘说："请中丞不要犹豫，按既定方针办。一定要相信江岷樵，他的楚勇足够对付征义堂。"

巡抚的工作做不通，赵知县又去找江忠源，说话时带着哭腔："江公，你素以诚信闻名，这次为什么骗我？你了解征义堂吗？他们占据了东乡周边十里宽的地盘，有几万人哪。难道下官不知他们为恶十多年，可是谁敢拿他们怎么样！现在大军都到湖北追赶洪逆去了，而江公你只带一千多名疲弱的士兵来这里，你自己想想，凭你这点兵力，能把征义堂打下去吗？下官一把年纪了，难道还怕死吗？我是担心坏了大局！只要征义堂举兵起事，长沙就保不住了哇！"

江忠源笑道："赵大人，我的确对你隐瞒了实情，多有得罪了。兵不厌诈，江某身负重托，也是不得已而为之。我怎么不知道情势危急？只是箭在弦上，不能不发了。至于江某的区区一千人是不是对付得了征义堂，很快便见分晓。"

赵知县求告无门，只得听任江忠源为之。不过，为了保险起见，他又向张巡抚告急，请求给浏阳增兵几千，筹饷几万两。

张亮基接到报告，与左宗棠相视一笑，不予理睬。

江忠源正在思考如何进剿，担心山径丛杂，溪崮深险，仰攻不易。不料征义堂主动来进攻了。1月26日，征义堂五六千人分三路扑向冯家岭楚勇营地。会众高举白旗，上面大书"官逼民反"，宣布武装造反。会众漫山遍野地杀过来，刀矛林立，喊声震天。左路出击詹家岭，直逼江忠源大营。

曾世珍欺负江家军兵少，以为很容易对付，却没料到对方是一支精兵，面对强敌一点也不慌张。江忠源事先已派守备李辅朝率领一营兵力驻扎在县城内，以防内变。他自己督率两营兵力打阻击，在营外设了三重伏兵。

会众冲到离营半里处，发现营中毫无动静，起了疑心，不敢贸然进攻。江忠源派出几十名骑兵诱敌。会众果然上当，蜂拥而进。

江忠源一声号令，伏兵杀出，将会军截为几段。会军首领手持大刀，一通砍杀，连伤几名楚勇。楚勇毫不慌乱，一齐挺矛刺杀，将会军首领戳死。

杀向县城的会军遭到李辅朝所部抗击，落败而逃。

会军一战失利，全军撤退。江忠源命令部队全部出击，一直追杀到二十里外的双江口才收队归营。楚勇斩杀征义堂三百多名精锐，俘虏五十多人，缴获大量炮械和旗帜。经过核查，得知被刺杀的征义堂首领名叫张大武，是会众的教头。

江忠源趁势张贴告示，声称凡愿脱离征义堂者可以领取良民牌，不予追剿。当夜，征义堂回营后散去八百多人。从此陆续离散，来楚勇营中领取良民牌的达到一万多人。各乡打算跟随征义堂闹事的人也就不敢轻举妄动。

江忠源知道征义堂的势力已经瓦解，连忙分兵，直捣三坪洞和山口两处会军根据地。张亮基调来的援军由经文岱等人率领，冒雪向平江的卢洞、十八盘和福石山进军，抵达征义堂根据地的东北部，防止会军撤离。浏阳团练和平江团练出动几千人配合楚勇扼守各处要隘。

1月31日，楚勇进占古港，江忠源下令进攻。楚勇一举击败曾世珍和邓万发的阻击部队，周国虞所部退守三坪洞。楚勇于除夕日追逼到征义堂的根据地双江口，抓获首领朱兴祥、陈国材、陈朝泾和陈德昭等二十多人，全部斩首。征义堂举事的最高领导曾世珍负伤潜逃，也被抓获斩首。楚勇斩杀七百多名会军，俘虏六百多人。

江忠源命令征义堂余部投向楚勇兵营领取免死牌，各自回家。当晚，楚勇解散了几千名会众，周国虞逃往汉阳的鹦鹉洲。他和邓万发两人这次都幸免于难，到下一年又加入太平军西征军，被官军捕获，处以磔刑①。

江忠源在浏阳用兵十二天，称雄于浏阳几十年的征义堂被楚勇一战解除。赵县令大为惊诧，对江忠源刮目相看。

"江大人真是雄才伟略，下官佩服得五体投地！"

"赵大人，你认识左宗棠吗？"

"左宗棠？他是何人？恕下官孤陋寡闻，还望江大人指点。"

"赵大人，有些话不便明说。你只要记住这个名字就行了。对付征义堂，就是他一手策划的。"

史官有论：湖南的官府征讨会党，就是从这一仗开始的。

2月8日，大年初一，江忠源奉命返回长沙。他由于在本省的战功升任道员。

———————

① 磔刑，是古代一种酷刑，割肉离骨，断肢体，再割断咽喉。

35

张亮基在为征义堂伤脑筋的那些日子里，奉到一份上谕：

前任丁忧侍郎曾国藩，籍隶湘乡，闻其在籍，其于湖南地方人情自必熟悉，著该抚传旨，令其帮同办理本省团练乡民、搜查土匪诸事务。伊必尽力，不负委任。钦此。

这份上谕，是祁俊藻根据左宗植的提议向咸丰皇帝推荐曾国藩的结果。张亮基不敢怠慢，以极快的速度，于 1 月 21 日将寄谕送到了湘乡白杨坪。

曾国藩奉旨以后，第一反应是不愿出山。他还记得，当赛尚阿要江忠源赴广西效力时，他曾奉劝江忠源坚持守制，不能有失于孝道。现在他自己碰到了同样的问题，自然要以理学约束自己的行为。第二天，他起草了一份奏疏，恳请在家终制，并给张亮基写信，请他代奏皇上，陈述不能出山的苦衷。

奏疏刚刚写就，还未发出，1 月 23 日，张亮基派差官到白杨坪送信，通知他武汉已于 1 月 12 日失守，长沙人心惶恐，恳望他出任帮办团练大臣，为保卫桑梓尽心尽力。

曾国藩大为震惊，他的决心动摇了。湖北省城的失守事关重大。如果此时他再请辞朝廷的重托，皇上会怎么想呢？如果他为了自己做人的完美，不顾桑梓的安危，家乡的官民又会怎样想呢？

正在他难做决定的时候，郭嵩焘来到荷叶塘，吊唁曾国藩的母亲。深夜时分，曾国藩见到了这位年轻时义结金兰的挚友，和他秉烛恳谈。话题由缅怀死者转到国事，曾国藩为了试探对方的想法，说他打算守制，无意于出山帮办团练。

郭嵩焘劝道："你素来有澄清时局的抱负，现在机会来了，你不乘机为朝廷效力，怎么对得起天恩？何况，戴孝从戎也是古来的惯例啊。"

曾国藩没有说话，郭嵩焘却看穿了他的内心。这位友人雄心勃勃，想要整顿中国的政治秩序，只是因母丧在身，有些犹豫罢了。郭嵩焘又说道："如今适逢乱世，英雄辈出，老兄为什么不趁此机会大展宏图？"

曾国藩的心已被说动，但他城府极深，仍然没有应允，还是一口咬定：

他已打定主意为母亲尽孝。郭嵩焘看出他想要下台子，但还需要阶梯。于是他去找曾国藩的父亲曾麟书，大谈他儿子出山保卫家乡的必要性。老先生深以为然，把儿子找来教训一通。

也许曾国藩要的就是这个效果。父命难违，遵循父命乃是最大的孝道。儒学的伦理规定貌似死板，但巧妙地预设了开脱的机关。只要有足够的智慧，拐几道弯子，人人都可以达成自己的意愿而无愧于大节。既然父亲开了口，曾国藩自然同意遵循皇上的旨意办事。

曾国藩答应了，但不能表现得过于积极，于是他拖延了几天。郭嵩焘索性再烧一把火，领着弟弟郭崑焘一起前往曾家催促曾国藩起程。曾国藩沉吟半晌，说："若要我应诏帮办团练，你兄弟二人须得入幕参赞。"

郭嵩焘并不讨厌功名，爽快地应承下来，于是曾国藩出山的一切条件都已具备。

曾国藩烧毁已经拟好的请辞之疏，带着九弟曾国荃，和郭嵩焘一起，于1月25日起行，四天后抵达长沙，立即拜访张亮基，筹商如何举办团练，查办匪徒。

张亮基非常乐意看到曾国藩到来。此人豁朗大度，巴不得能人荟萃。他所领导的湖南官场为曾国藩提供了非常宽松的环境。

曾国藩在张亮基的衙署内走动，自然会见到师爷左宗棠。曾左二人此前虽然未曾谋面，但通过共同的朋友，彼此都有耳闻。曾国藩知道左宗棠是湖南的一大才子，而左宗棠已从各种渠道得知曾国藩为官清廉正派，敢于负责。特别是江忠源，谈起自己的曾老师，总是赞不绝口。

曾国藩现在所任的这个职位，也令左宗棠瞩目。左师爷自从参佐戎幕之后，一直力主用乡勇对付会党，轻易不会调派正规军参战。绿营将十不服调度，贪生怕死，目无军纪，劳民伤财，把这样的部队调上前线，无异于自找麻烦。乡勇能够吃苦耐劳，作战勇猛，服从命令，爱护百姓，左师爷对他们格外青睐。如今曾国藩被皇上任命为帮办团练大臣，左宗棠希望他能把湖南的乡勇训练成一支有战斗力的新军。

因此，当张亮基向左宗棠请教如何与曾国藩合作时，左宗棠力主将乡勇的组建和训练，以及全省的社会治安，全部交给曾大人办理，让他放开手脚，才能有一番作为。他还表示，他会积极地为曾大人推荐人才，献计献策。

张亮基听了左宗棠的忠告，已经胸有成竹，诚恳地对曾国藩说道："曾大人是湘省人士，人脉广布，省情熟悉，团练和治安这两块就劳你多费心了。曾大人尽管放手去办，亮基全力支持。"

曾国藩满口谦辞，心中暗喜：张石卿果然爽快！不过，这样一来，究竟谁是谁的帮办啊？口里却问道："本省治安形势如何？"

"逆贼在本省境内从南到北一扫而过，省内蛰伏已久的土匪趁机纷纷举事，长沙府、宝庆府、辰州府、岳州府、衡州府和桂阳州的辖地都有土匪活动。各地刁民麇集，纷纷起事。"

曾国藩说："土匪虽然没有形成大气候，但若粤贼再次打进湖南，他们很可能成为内应。治乱世须用重典，非得严厉打击不可啊。"

"保民治安的重担既然交给了曾大人，就请曾大人多拿主意。"

"不知省城驻防兵力有多少？"曾国藩又问道。

"长沙城内有营兵四千，但统领多头，一名将领多则统领五百人，少则统领一百人，由游击色钦额总管营务。"

"团勇有多少？"

"已经练成的团勇，有南县勇、浏阳勇、新宁勇、宝庆勇和湘乡勇，全部由文官统领。级别最高的是五品同知王葆生，其余都是起用生监。"

曾国藩说："如此看来，本省治安形势十分严峻。营兵指挥不统一，团勇数量不多。当务之急是招募兵勇，认真训练，镇压各地的骚乱。"

左宗棠初次会见曾国藩，在一旁留心观察这位比他年长一岁的京官。郭嵩焘、胡林翼、江忠源、欧阳兆熊等人多次跟他提起此人，都是赞不绝口。通过亲眼观察，他同意大家的看法，曾某的确为人正派，敢做敢当。不过，他似乎缺少办实事的才干。

曾国藩对左宗棠十分热情："季高兄，久仰大名，人才难得啊。不才奉旨帮办团练，恐难胜任。若能罗致季高这般的高才，心里就踏实了。"

"涤公如此爱才，殊为难得。在下倒是看中一个武才，不妨荐给涤公。此人身在绿营，却如鹤立鸡群，虽然只是个候补都司，却知兵善战。前次长沙之战，他率部出城游击，多有杀伤。宗棠以为，涤公若让他训练团勇，必有成效。"

"季高说的是塔齐布吧？"张亮基接口说道，"此人确是不凡。不仅季高向我举荐，江岷樵也说此人素为已故都统乌兰泰所器重。曾公奉旨兴办团练，百事待举，不妨借这个满人将领之力，统带训练一支部队。"

左宗棠和张亮基的推荐，为曾国藩提供了一个最重要的将才。可见曾左初遇之时，彼此都有结交的诚意。此次见面之后，左宗棠在给女婿陶桃的信中，说他与曾侍郎相处得很好，可惜曾侍郎出山来得太迟了。

左宗棠和曾国藩的社会地位当时相差悬殊，而且曾国藩的官声、文名和口碑颇佳，左宗棠能得到他的友谊，觉得自身的价值又一次得到认同。但左宗棠自视甚高，对曾国藩有褒有贬，褒的是德，贬的是才。他认为曾国藩是个书呆子，执行能力不够。野史抓住了这个事实，编造出一个段子，专讲左曾二人之间争强斗气。

话说曾国藩在京城里做了几年侍郎以后，一年冬天回家省亲，从湘乡返京时，在长沙盘桓几天。昔日岳麓书院的同学们轮流做东请他吃饭。一次宴请，在座的有左宗棠、郭嵩焘和江忠源等人。

左宗棠是个屡试不中的书生，平日里最怕别人点到自己的这个痛处，和曾国藩坐在一起，眼看着他只比自己大一岁，木讷寡言，才干显然不如自己，却已经做了好几年的京官，而自己三十大几了，还什么都不是，心里不是滋味。

恃才傲物是文人的通病。饭桌上谈论国家大事，左宗棠自然要有所表现。他博闻强记，议论时引经据典，观点标新立异，又能自圆其说。他滔滔不绝地讲话，曾国藩只有听的份儿。

左宗棠成了聚会的中心，令曾国藩心中不快。哼，这个左季高，一介布衣，湘阴的一个农家子弟，竟然喧宾夺主，狂放不羁。我得让他出出洋相。大家趁着酒兴出对联时，曾国藩念出一条上联：

　　季子自季高，仕不在朝，隐不在山，与人意见辄相左。

"左季高"三字，嵌在此联之中。左宗棠一听，气得脖子都粗了。好你个曾涤生，居然直戳我的痛处。我老左无缘进士及第，做山民又不甘心，还要卖弄才学，那又怎么了？且看我怎么损你吧！老左我反正不在官场，无求于你，管你什么京官不京官！他略一思索，念出更加刻薄的下联：

　　　　藩臣当卫国，进不能战，退不能守，问你经济有何曾？

　　此联嵌着"曾国藩"三个字。曾国藩一听，面子上有些挂不住了。哈哈，这个左季高，真不是吃素的。我不懂军事，缺乏经世济民的学问？你还不是纸上谈兵！还想反击一下，转念一想，酒席上的话当不得真。我堂堂一个侍郎，与他斤斤计较，倒显得我没有肚量了。

　　野史的含义，无妨见仁见智，各得其旨。左宗棠在务实人才奇缺的年代，对曾国藩才干的评价不高，其实是因两人之间知识结构的差异。这个段子，准确地表达了知识结构不同导致的认同障碍。

　　左宗棠和曾国藩在四十岁之前，由于经历和爱好不同，曾国藩务虚多一些，左宗棠则务实多一点。曾国藩以性理之学而闻名，潜心研究宇宙观、人性论和道德学，对于经世济用之学，他虽寄予关心，但比起痴迷此道的左宗棠，还是小巫见大巫。

　　左宗棠的知识结构比较新进。作为积极的务实派，他热衷于钻研应用科学，为此花费了巨大的精力。他与曾国藩的学问有许多无法重合之处。而曾国藩作为清廷的二品大员，以文章道德享誉朝野，但在实用知识方面，不及一介布衣左宗棠，也是无可置疑的。

　　但是，此刻曾国藩正在谋划建立一支新军，由于缺乏经验，非常谦谨地听取各方意见。左宗棠不仅劝说张亮基放手让曾国藩主持团练，还非常热心地为他参谋。

　　把湖南的团练交给曾国藩来主持，确实是一个英明的决断。对于团练一事，曾国藩早有一番与众不同的谋划。抵达长沙的第二天，他就颁发了一道奏折，陈述他关于团练乡民、搜查土匪的设想。

　　曾国藩自从决定出任帮办团练大臣之后，便在考虑如何为团练乡勇闯出一条新路子。他一直揣摩圣意，发现当今圣上热衷于团练，是想照搬祖宗的办法，走半个世纪以前嘉庆爷的老路。

　　嘉庆元年，西历 1796 年，四川、湖北、陕西与河南四省交界的地区，白莲教造反此起彼伏，声势越闹越大。到了嘉庆四年，清廷的绿营正规军已经招架不住白莲军。嘉庆皇帝启用古老的保甲制度管理城乡居民，并在此基础上团练乡民，组建民间武装。

嘉庆下旨之后，团练广泛兴起，民间武装竟然把白莲教打得无处藏身。三年时间内，白莲教基本肃清，大清帝国的国内政局此后总算稳定了差不多五十年。

咸丰皇帝现在想起了嘉庆爷的法宝，想把各地乡民武装起来，在本地保卫桑梓，对付太平军的进攻。他认为，只要全民皆兵，太平军便会举步维艰，而且会失去兵员补充。为了达到这个目的，咸丰打算任命一批团练大臣，下令刊刻嘉庆初年的《筑堡御贼疏》和《坚壁清野议》，颁发各省，号召大家边学边干，苦练快上。

然而，曾国藩认为，嘉庆的做法已经过时了，若想打败太平军，照搬老皇历是行不通的。

嘉庆时代团练的功能，可以概括为八个字：清查保甲，坚壁清野。他们的任务是配合官军野战部队，防止城乡士民与造反军勾结呼应，让官军作战部队没有后顾之忧，断绝造反军的粮食供应，给造反军攻城制造障碍。

当初的白莲教和如今的太平军一样，擅长流动作战。但白莲教在野战中不是官军的对手，全靠游击得胜。因此，各地乡勇只要完成了那个八字任务，白莲教就变得寸步难行。所以，各地乡勇配合官军把白莲教困死在战场上了。

咸丰时代则完全不同。如今的正规军大势已去，不堪一击。太平军经过各地，官军当即溃散，乡勇成为抗击造反军的主力。但是各地乡勇通常不能出境作战，缺乏野战能力和统一的指挥。唯一的办法就是把各地乡勇组织起来，经过训练，改良武器装备，组建成强大的兵团，才能取代绿营部队，为朝廷剿灭太平军。

曾国藩明知当朝皇帝的想法落伍了，但他不好直截了当地指出天子的谬误，同时担心把话说白了，会让咸丰看出他在军事上的野心而对他心生顾忌。他自己心里清楚，要想靠各地的老式团勇来扑灭太平军，无异于痴人说梦。他这个钦命的帮办团练大臣其实对团练乡民毫无兴趣。咸丰既然要他从事军武，他就要组建一支新式的军队，取代现存的朝廷正规军，挽狂澜于既倒。不过，一切还得谨慎从事。

曾国藩一天都没有办过团练。他所做的工作，是在得到皇帝的授权之后，把已经团练好的乡勇部队召集到自己的旗帜之下，进一步加强训练，补充装备，改革军制，扩展为清末最强大的一支军队。他从一开始就借鉴江忠源的经验，试图组建一支正规军，以对抗全国的太平军为己任。他的设想规模宏大，是罗泽南、王鑫和李续宾这些元老级的团练专家不敢去想的。那些人没有曾国藩这么高的级别，也没得到皇帝的授权，就是想办也办不到。

曾国藩在这份奏折中所谈的设想，是在省城长沙成立一个大团。他心中设想的大团，就是一个军的兵力。他要把各地已经办好的乡勇部队集结到长沙，由他统一指挥，根据需要到各处作战。这实际上就是一支新的野战部队。为了隐藏真实的目的，他为这个想法找了一个恰当的理由。他说省城长沙兵力单薄，行伍空虚，不足以担任城防。有了这个乡勇大团，进行扎实的训练，既可以用来剿捕土匪，也对省城防御不无裨益。

曾国藩还从财政入手阐述了在省城办大团的好处。皇上号召团练乡民，确实是当务之急。但团练的难处，不在于操习武艺，而在于难以募集资金。

朝廷财政紧张，是众所周知的事实。自道光二十年（1840）以来，清廷为鸦片战争陆续支付赔款两千一百万两纹银。道光二十三年（1843），户部银库监守自盗，亏失九百万两，清廉的骆秉章也因此受到连累。全国税款欠缴几近五千万两。连年水旱灾害造成歉收，赈贷费用接近两千万两。中央财政捉襟见肘。

曾国藩说，国库空虚，朝廷无法像嘉庆年间那样资助团练，而民间捐款指望虽大，却是画饼望梅，当不得真。他提出把各地团练集中起来，编组更有战斗力的新式军队，可以为朝廷节省军费。把壮健朴实的乡民招募到长沙，训练一个人，就收一个人的成效。这种做法比各地一哄而起操办团练也能减少许多团练经费。

官军进剿太平军以来，时间已有两年多，消耗的军饷不可谓不多，调集的军队不可谓不众，但是将士遇敌即逃，很少迎斗。官军只是从远处开火，不敢短兵相接。原因在于士兵没有经过训练，既缺乏胆量，又没有武艺在身。曾国藩要改弦更张，注重练兵。吸取明朝戚继光和近人傅鼐的经验，练兵只求其精，不求其多。不指望马上见效，只指望能够接济前方作战的兵力。

曾国藩使用这样一番说辞，从本质上改变了团练的性质。按照清朝的惯例，团练只是在各州各县就地兴办，省城和重镇的防务还是由绿营担任。曾国藩提出在省会长沙办团，大大提高了团练的地位，增强了团练的职能。

曾国藩为了表明自己不愿违背人伦，在奏折中写了一个附片，说他在京供职十四年，今年回家，祖父祖母的坟墓上已经长满了野草，母亲的葬礼也未办完，不忍心突然离家担任公务。请求等到战事顺利之后，团防之事办得有了头绪之时，仍然回籍守制，以遂乌私。

事实上，曾国藩也知道，官军的战事不可能很快逆转，他回家继续守制的可能性不大。只要皇上允许，他可以在团练一事上大有作为。

咸丰皇帝正在病急乱投医的当口，不管曾国藩是不是违背了祖宗留下的团练原则，也不管曾国藩是否有心当一位军事首领，只要能够有助于打败洪秀全，他都会同意。所以这份奏折奉到朱批："知道了，悉心办理，以资防剿"。

曾国藩关于团练的新思维和新实践，使他成为咸丰时代最成功的团练大臣。咸丰任命的第一位团练大臣是前任刑部尚书陈孚恩，第二位就是曾国藩。此后三个月里，咸丰一口气任命了四十九位团练大臣。这些人当中只有曾国藩真正把团练办成了气候，这是因为他勇于改革旧的团练体制，让乡勇走出了家乡，集结起来，组成了强大的野战部队。

36

在曾国藩奉旨出任湖南团练大臣的同时，张亮基命令湘乡知县朱孙贻推举可以担任将领的人才，朱孙贻提名王鑫。张亮基命令王鑫、罗泽南和罗信南分别率领团练的乡勇到长沙设防。王鑫率领三百人进入长沙；罗泽南和罗信南率领七百人开入省会。

从湘乡出山的团练大臣，以及来自湘乡的团练乡勇，在1853年初聚首于长沙。王鑫将所部称为"湘勇"。湖南已有楚勇、南勇、宝勇、浏勇等勇队，王鑫采用"湘勇"的番号，是为了区别于其他的勇军。

第一批来到长沙的湘乡勇，包括了罗泽南的中里湘乡勇和王鑫的下里湘乡勇，但不包括李续宾的上里湘乡勇。一千人分为三营，王鑫指挥左营，罗泽南指挥中营，罗信南指挥右营。

曾国藩决定按照明朝戚继光管理军队的办法，每天操练湘乡勇，并且为之酌定训练章程。曾国荃佐理兄长，为他拟写了治兵三十二策。王鑫也十分积极地与曾国藩兄弟探讨训练方法。

王鑫此年二十九岁，比曾国藩小了一轮，但在团练湘勇方面足以做曾国藩的老师。他曾跟随罗泽南在湘乡山中学习，领悟自我修养的道理。罗泽南手下有几十个门生。空闲时教授战术，练习技击、剑术、跳远，排列战阵，经常演习。那时候，很多老乡认为罗泽南精神异常，罗泽南则说："你们错了。过不了几年，天下必将大乱，不可不先修武备。"

王鑫年少，性情最为刚猛，习武最为勤勉。罗泽南说："我门下唯有王鑫有望成为名将！"

王鑫的练勇开到，曾国藩兄弟和郭嵩焘观摩阵法。校场之中，湘勇列队而入，王鑫登上将台，挥旗擂鼓。左右每队各有一百人。第一通鼓声响起，队伍鱼贯而行，列为两行，左侧的队伍奔向右侧，右侧的队伍奔向左侧，行走三轮以后，围成圆圈，都持武器对外。第二通鼓声响起，队伍向左右奔走，恢复原来的队列，相对格斗，左起则右伏，右起则左伏，三起三伏。军士们再次奔走，圆阵变为方阵。于是，后军分别从左右出场，蛇行绕攻，前军三合而退，前方的左右两军也互为进退。王鑫擂鼓鸣角，旗帜成圆周挥舞，士卒便奔走一圈，聚为城郭。城有三道门，先聚集的士卒分左右行走，先从门口奔出，其余也按次序再起成队。士卒的行动只听从旗鼓的指挥，疾奔犹如风雨，听不到任何声息。

看罢演习，郭嵩焘和曾国荃大为喝彩，曾国藩频频点头。他已经看出王鑫是一位将才。

王鑫给观摩者讲解他为湘勇制定的营制。湘勇以队为基本单位。一队由十四人组成，设什长一名，伍长一名，副伍长一名，炊事员一名，散勇和抬枪队员十名。六个队合成一哨，每哨八十五人，设正哨长一名，副哨长一名。四个哨合成一个营，营的长官叫营官。因此，一营人数为三百四十。加上由营部统一调配的整容师、缝衣师、医生、药师、铜工和木工，共有三百六十人。

曾国藩问道："勇队的武器都有哪些？"

王鑫回答："主要以冷兵器和热兵器交替使用，包括普通刀矛、耙叉、长刀、七尺矛、腰刀、火罐、火箭喷筒、神鞭、抬枪、鸟枪、劈山炮、藤牌、短枪、弓箭、三眼号炮。每队配备两架帐篷，供宿营使用。"

曾国藩步下看台，走到队伍前面，仔细打量湘乡勇的号衣。他们的制服都是蓝色镶边，仿造旗人服装镶边的式样。衣服有四粒扣子，号铺用白布印字，中书"湘勇"二字，上注营号，左旁注哨号，右旁注队号，下注姓名。每个勇丁都有一副腰牌，上书姓名、年龄、籍贯和住址，还有担保人姓名和入营时间。

王鑫跟在曾国藩的身后，解说道："营部有一本花名册，注明本营所有士卒的基本资料，及担保人姓名。新勇入营，必经人担保。"

曾国藩微笑着点点头。王鑫又说："湘乡练勇，原则是兵归将选，并为将有。兵归将选，就是由营官组阁，如同一朝天子一朝臣。给营官三百四十人的编制，他愿意要谁就要谁。营官自己挑选哨长和什长，自然都会绝对服从他的命令，把他当成自己的父兄，这就是兵归将有。依我之见，什长和伍长，以沉默寡言的人为上选。"

接着，王鑫向曾国藩等人介绍了湘乡勇独特的管理办法。营官管理部属，有一定的民主程序。每月初三和初八，营官设茶，召集各级军官饮茶，商议军务，了解什长是否称职，散勇是否勤操听令。每月十四日和二十九日，营官召集部队公开赏罚升降。每定一桩赏罚，必邀集哨长和什长共同参加，说明赏罚的原因。

营官还要做思想工作。在作战时间以外，要经常召集大家训话，灌输做人的准则，激发听者的天良，鼓舞他们的斗志。营官要常检阅操练，教习阵法，同时要关心勇员的疾苦。

在部队里做思想工作，是湘勇指挥官的一个重要发明。他们提出的口号是：白天打仗，夜里讲学；上马杀敌，下马读书。罗泽南说，军人从事着风险极大的职业，很容易陷入拿性命去博取利益的强盗逻辑。这样的军队，最终会败在一个"利"字上。对于军士，必须把思想工作做深做透，部队才可能不畏艰苦，百折不挠。

湘勇指挥官用宋儒理学武装指战员的头脑，深刻地影响了后世管理军队的方法。由此可见，湘军的创始者们从一开始就注重文化教育和思想建设，在他们的努力下，湘军形成了自己独有的军营文化。

湘勇部队明确了各级军官和各兵种的责任制，定编定岗，核查都有依据。营官以下，所有官佐和士卒，以及其他随营人员，都有相关的职责。营官是一营的核心，他要挑选并管好哨长和什长；帮办是营官的副手，协助营官训练和督查部队，负责侦探、粮饷、文书、军器、武器和名册功单；侍勇负责传达鞭笞和斩首的命令；壮勇负责差遣勇丁、递送公文及探信，临阵则跟随营官；游勇临阵随营，由营官指挥，策应各哨，战斗部队中有缺员时便选补上去；护勇负责掩护正哨长冲锋，每营设四名；散勇听从什长和伍长的指挥；探勇负责探路和探查敌情；伙勇就是炊事员；长夫就是挑夫。从营官到士卒，形成一个严密的金字塔结构。

湘乡勇的号令以能够发声的器械来传达。王鑫采用的响器五花八门，简直可以拼凑一个戏班。

炮，是最威风的发声器械。号炮是大家都能听到的，营官用炮声向全营官兵传达命令。天黑睡觉前放一炮，称为"定更"。天亮起床前放一炮，称为"醒炮"。吹唢呐时又放号炮两声，表示要互相传递"开始行军"或"开始操练"的消息。连放三声号炮，表示必须肃静，卜级有命令要下达。晚上突然响炮三声，是通知大家：敌人来偷袭了，准备操家伙战斗。

除了炮以外，王鑫用来给湘勇传达号令的发声器械都是中国传统的民间乐器。他采用了常见的吹奏乐器唢呐和喇叭，还有打击乐器鼓和锣。

唢呐是营官与哨长之间传递信息的工具，吹一声是召集哨长开会；吹两声是命令哨长带什长一起来开会。

喇叭传达的命令，关系到生活、行军和作战。吹一声，埋锅造饭；吹两声，准备吃饭；吹三声，准备收营行军；连吹数声，是下令急行军；如在与敌人酣战时，喇叭吹作天鹅声响，便是命令埋伏的部队出击，或是命令众人一齐呐喊。

鼓是用来指挥火力和战法的。敲三通鼓，表示威严；敲鼓边，是命令枪炮手放炮；在平和的鼓声中突然重击一下，是命令大炮开火；鼓声急促，是命令部队开始肉搏；鼓声忽缓忽急，则是下令改变打法了。

锣是用来退兵的。战斗中鸣锣三声，是命令部队拼命顶住敌人的进攻；连鸣不止，表示放弃战斗，全线总撤退。

宿营时则有暗号，每夜由统帅发布两个字作为口令。

湘勇在建设初期就形成了一些纪律和规定。指挥员鼓励士卒献计献策，勤于探索学习，积极侦探敌情，重视军器的使用。提倡士卒之间培养友情，规定对伤亡者厚加恤养。各级官佐必须明辨功过，赏罚分明。禁止部队骚扰百姓，传播谣言，杜绝各种漏洞。军营出入要严密把关，夜晚禁止勇丁私自外出。不许部队在战争中劫掠财物。作战要慎重，打了胜仗不能骄傲。

以上各项要求，都有具体的命令。仅以禁止骚扰百姓一条为例，命令中说：湘勇所过之处务须秋毫无犯，不得求买求卖，强赊强借；擅自挪动民间一草一木者处以斩首；强奸妇女的勇丁，已成奸者凌迟处死，强奸未遂者斩首；调戏妇女者要从严治罪。

王鑫对于湘勇的训练有一套独特的心得，把训练的要求总结为十一个方面：练目，练耳，练口，练手，练足，练心，练胆，练谋，练识，练气，练精神。

曾国藩认为王鑫制定的营制具有独创性，决定采用，注重训练乡勇的胆识和战技。从这时开始，曾国藩统管着湘乡勇和其他团练部队，颁布营制，勤加训练。

37

在湘乡勇继楚勇之后登上清末军政舞台的时候，为了让读者对湘乡勇的几名首脑和创始者有一个大致的了解，我们不得不再玩穿越，回顾一下他们的人生经历。

从道光末年到咸丰初年，湘乡县出了个声望最高的儒学家，不少有为的青年书生拜倒在他的门下。他就是王鑫、李续宾等人的老师罗泽南。由于他和他的许多学生在湘乡大办团练的群众性运动中带头响应县府号召，并且发挥了极为重要的作用，因此在湘军武装集团的组建过程中，他们都是元老级的人物，而罗泽南以老师之尊，自然成为大家尊崇的首脑。

罗泽南出生于嘉庆十三年十二月二十二日，西历 1808 年 1 月 19 日，属相为兔。在所有的湘军大佬中，他的年资较长，比曾国藩大三岁，比左宗棠和胡林翼大四岁。他不仅年龄大，军龄也长。在湘乡派系的湘军中，他属于资格最老的一批，因为他跟王鑫等人一起负责创建了湘乡的勇队。

王闿运说过，曾国藩之前就有湘军；另一位学者说过一个对仗的句子：李鸿章之前就有淮军。且不管李鸿章之前的淮军是谁干出来的，可以肯定的是，曾国藩之前的湘军，就是罗泽南和他的弟子鼓捣出来的。

罗泽南是个山里人，他的字与号都体现了出生地的特色：字仲岳，形容自己是一座高山；号罗山，是对当地峰峦罗列的写实。他的远祖是江西老表，从吉水迁到湖南的衡州，后来迁到湘乡县中里二十九都的湾州，这个地方现在是双峰县石牛乡湾州村。传到罗嘉旦这一代，他和夫人萧氏在这里生下了罗泽南。

罗泽南出生时没有留下奇异的传说，但他小时候的聪明却引人注目。四岁刚离褓褛就进了学前班。老师就是他的叔叔，学校就在叔叔家里。这个小屁孩对汉字有超强的记忆力，每学一个都不会忘记。看到比较难认的楹联，就仰着小脑袋独自观览，一副若有所悟的样子。领着他去上学的祖父罗拱诗暗暗称奇。外祖父萧蔗圃经常指着这个外孙对女婿说："这个小家伙不简单啊，家里再穷也要供他念书。以后必定会光大家门。"

祖父的意思，是要靠这个孙子来改变家族一穷二白的面貌。但他给孙子指出的道路是读书，而不是造反。如果说贫穷是造反的动力，罗泽南一家是赤贫，按说应该对现实不满。可是祖父对他的要求是"明大义，识纲常"。这个纲常，除了父父子子，就是君君臣臣，所以万万不能对抗长辈，反对朝廷。如此才能"不坠先人清德"。

罗泽南五岁正式入学，老师仍然是叔父。家里太穷，拿不出钱来供他读书，但是祖父和父母对他钟爱有加，无论如何不让他荒废学业，于是请他的叔父担任家教。他的表现比念学前班时更加优秀，读书过目成诵，每天可学习一千多字的文章。直到九岁，叔父教他的水平不够了，家里才把他送到一位族父的私塾就学。

那时候，祖父年将七十，家业零落，四壁萧然，甚至吃不起稠一点的稀饭。但是，老人家只要听到孙儿的读书声，便会拈须自喜，饥寒俱忘。罗泽南在学堂里吃不饱，家长便把衣服和家什拿去典当，换来粮食给他充饥。祖父的一件布袍，他老人家亲自拿去当铺质押了六七次，都是为了供孙儿念书。只要有了米，无论远近，祖父都要亲自送到学堂，反复对孙儿强调："我让你读书，是要你明大义、识纲常，不坠先人清德。"

然而，罗家属于赤贫，即便是全家人忍饥挨饿，也供不起孙儿的学费。罗泽南十岁又回到了叔父的私塾。这时他开始学诗，在穷得当当响的家庭环境里，表现得才气横溢。他住的那间屋子外面是一间药房，左邻是一家染坊。罗少年提笔写一副楹联，把药房和染坊夸赞一番，令人啧啧惊叹：

生活万家人命，染成五色文章。

孙儿展现出如此的天才，更坚定了家长培育他成才的意志。第二年，他们又将他送进了私塾。罗泽南阅读《左传》，往往自己命题，模仿该书的篇法写传记，内容无非战守攻取之类，典型的秀才谈兵。凡是看过罗泽南作文的人，都知道他胸中有过人的抱负。

1821年（道光元年），罗泽南十四岁。有一天，母亲得到一把米，舍不得吃，拿到私塾交给泽南，叮嘱道："儿啊，今后可别忘了现在所吃的苦啊。"这句话，深深印在罗泽南的脑子里。

母亲操持着一个多子女的贫困家庭。罗泽南得到的家教多半来自秉性淳朴厚道的母亲。这个女人夙夜勤苦，对公公非常孝顺，教育子女、整顿家风，井井有条。罗泽南每次从私塾回家，母亲便拿儒家先圣的格言启发他，叫他效法古人行事。母亲说："这些都是你外祖父教为娘的，你一定要牢牢记住。"

罗泽南在饥寒交迫中学到十五岁，开始显露独特的文风。他不求迎合大流，文中义理充足，浩气流行，比得上明末清初的散文家张岱。对于世道人心，他分析得十分透彻，往往自负有才，令人莫测高深。

贫穷未能消磨这位年轻书生的生活意志。他十七岁娶了夫人张氏。第二年2月参加童子试，回家后开始自食其力，在石冲的外公萧家教书。可是，他刚刚能够自立，母亲便撒手而去，卒年仅四十一岁。罗泽南满怀愧疚，恨自己来不及对母亲尽孝养之道，悲恸欲绝。

从这年开始，命运不断地打击罗泽南，令他接连遭受丧亲之痛。1826年，他在涟滨学院读书，5月份得到嫂子萧氏谢世的消息，7月份又接到哥哥罗清漪去世的讣告。

亲人接连死去，养家的担子落在了罗泽南身上。1827年，罗泽南在离家约十里的椿树坪开馆教书。每天黄昏，他带着学生馈赠的菜肴回家供养祖父。

如此过了三年，直到祖父去世。

罗泽南的世界是悲惨的。严酷的命运在继续考验这位儒生的承受能力。1832 年，他的两个儿子相继因病夭折。罗泽南想不通老天为什么要如此责罚自己。他既怀疑郎中开的药方不对，又疑心是自己克死了儿子。其实只有一个明显的解释，那就是生存条件恶劣，小儿营养不良。

不过，罗泽南仍然没有怨天尤人，而是逆来顺受，表现出达人知命的胸怀。他先后两次游历南岳，站到山岳之巅，扩展眼界和胸怀。

如果说老天对罗泽南不公，那么更为悲惨的事情还在后头。1835 年 6 月，田土大旱，穷人无粮，乡间疫病流行。罗泽南省试落第回乡，徒步行走，半夜回到家里，见所种的田地已经荒芜。叩门时，听到屋内一阵呻吟声。那是侄儿庚日疾病加剧，哼哼不已。进门一看，又听到夫人哭泣，原来是刚满一岁的三子兆杰两天前夭折了。罗泽南饿得口中清水直涌，直问夫人："米在哪里？快煮饭！"

夫人哽咽说道："我看不见，你自己瞧瞧米缸吧。"

打开米缸一看，哪里还有一粒米？

"眼睛怎么啦？"罗泽南这才想起夫人说她看不见，一定是眼睛出了毛病。

"哭瞎了。"夫人抽泣着回答。

罗泽南一捶额头：真笨！夫人为兆杰的死伤心过度，哭坏了眼睛啊。

饥荒年头，死人稀松平常。第二天，侄儿也去世了。

如此的贫穷，如此的哀戚，世所罕见，都摊到了这位未来湘军大佬的身上。他后来回顾自己的悲惨岁月，说他十九岁教书糊口，家庭就连遭不测。先是母亲去世，五年后祖父离去，十年之中，兄嫂姊妹相继十一人撒手人寰。妻子因三次丧子，伤心过度，双目皆盲，耳又重听。他自己也体弱多病，潦倒坎坷，几乎没有得过一天的安宁，整天为衣食而奔走。

罗泽南点背到头了，但他还要读书，完成祖辈的期望。白天为生存奔波，晚上借着萤火与糠火照明看书，他的学业不仅没有荒废，还在节节攀高。

罗泽南在私塾中有一位同事，名叫王錱云。他们经常讨论为学之道，取来《性理》一书阅读，大为感叹，认为自己往日的学问太肤浅，于是潜心钻研宋儒之学，追随圣贤之道，修身养性。此时他更加钦佩祖父教训有方。他改号悔泉，作《号悔泉说》。第二年撰写读书心得《常言》，后来改订为《人极衍义》。1938 年，又写成《悔过铭》。

同县书生刘蓉博通经史，为文宏宕，奇气洋溢。罗泽南与他谈论《大学》明新之道，刘蓉叹服，与他成为莫逆之交。后来刘蓉闭门读书长达十年，时与罗泽南书札往来，彼此规劝，考求先圣先贤治学的要旨，身体力行，诚恳磊落，引得众书生羡慕不已。

理学的目的是道德修养，空谈容易，实践最难。一些理学家遭到世人诟病，是因为他们说一套做一套。所以一提理学，真伪不可不辨。一个人声称自己是理学家，社会不见得认同，要看他的言行而定。

罗泽南是一个罕见的真理学家。好友欧阳兆熊通过一系列观察，得出这个结论。罗夫人眼瞎了，罗泽南仍然是伉俪情深，不讨偏房。欧阳兆熊见他在长沙买了一副叶子牌，心想：“此人不该有如此嗜好呀！”于是问他为什么要买牌。罗泽南回答：“家父爱打叶子牌。”欧阳兆熊见他规劝朋友高云亭，苦口婆心，说得自己泪流满面，真情流露，表里如一。当家乡出现盗匪时，他也站出来维护安定。捕盗的差役与盗匪狼狈为奸，勾结豪强奸猾之徒诬陷良民，企图让百姓拿出全部家产来昭雪冤案，弄得民不聊生。罗泽南牵头订立乡约，狠刹诬陷之风，端正了乡间的民风。

罗泽南的著作不仅谈理，还涉及天文、地理、历法、兵法、盐务、水利、漕务等实务，无不探究事情的原理，他的坐言起行，都是探索有用之学。

罗泽南如此刻苦治学，端正做人，却还没有取得秀才的身份。其中缘故，是因为他不愿随波逐流。他曾七次参加童子试，次次都未考中，都是因为作文不跟俗流，不愿苟且中榜。1839 年，他再次参加府试，考题为《举枉错诸直》。他以古今贤奸进退为例，反复论证，文中包熔经史。太守何其兴看了卷子，叹道：“此人是个奇才！”于是将他取为第一名，收入县学。罗泽南泫然泣下，说道：“祖父和母亲辛劳一辈子，资助我读书，生前期望我考取秀才，如今我熬到了出头之日，他们却看不见了，好不叫人心痛！”

第二年，罗泽南就学于长沙城南书院，著写了《周易朱子本义衍言》。当时宁乡人刘典、浏阳人谢景乾与罗泽南是同窗，一起讲习讨论，互相砥砺。

此后九年，罗泽南一直以教书为生，其间为了传宗接代，娶了一位副室，正副夫人又生下两个儿子和一个女儿。他为两个儿子定了两门好亲事，一个聘了胡林翼的妹妹，另一个聘了曾国藩的千金。在生儿育女的同时，他又出产了几部著作，其中包括《姚江学辨》《孟子解》《小学韵语》《西铭讲义》《皇舆要览会》。他还跟前云贵总督贺长龄、太长寺卿唐鉴讨论学问，过从甚洽。

1850年，新皇登基，提倡孝顺、廉洁和品行端正。那时的道德标兵称为"孝廉方正"。各地都要推选标兵，县令朱孙贻把罗泽南报了上去。舆论没有反对票，都认为名实相符，罗泽南当之无愧。

罗泽南渐渐摆脱厄运，前途已然开阔。1851年，咸丰元年，广西战事大开。此年他已有四十三岁，在善化贺长龄家设馆教书。贺长龄已经去世，留下遗命，要儿子拜他为师。京城有消息传到湖南，他得知咸丰皇帝要求各级官员多拿提案，曾国藩响应号召，建议朝廷提拔贤能、精简军队。人们纷纷传阅曾国藩的奏章，罗泽南阅后，写信给曾国藩，大加赞赏，认为他说到了根子上，希望朝廷能够加大力度从事正本清源的工作。他说，作为臣子，如果不敢直言，就是怀有私心，贪恋官位；如果不抓根本的问题，而只抓细枝末节，就是苟且应付的学术。

罗泽南的信寄出后，曾国藩又于1851年5月26日上了著名的《敬呈圣德三端预防流弊疏》。这道奏疏可视为对新皇权威的挑战，大伤了咸丰的自尊心。曾国藩接到罗泽南的来信，认为这位寒士的看法与他所上的奏疏意思吻合，可谓万里神交。他给罗泽南回信说：从你的信中看出，忠君爱国，不分贫富贵贱，穷人布衣，也在关心国家大事。

罗泽南的确时刻关心着前方的战事。1852年4月，太平军攻占道州。在湘乡大办团练的热潮中，他回到家乡，和王鑫等人一起，从事湘乡勇队的建设，这在前面已经述及。

38

王鑫是团练的积极实践者，也算得上一个研究民兵建设和兵法的理论家。但是，以他生前担任的最高官职而言，严格地说，他在湘军大佬中排不上座次。如果我辈后人不让他在湘军的史册上登堂入室，曾国藩他老人家也许不会有什么意见，但是许多已经作古的湘军将领，包括本书记述的一些大佬，还有若干煮酒论史的文人墨客，恐怕会在阴司里骚动起来，为他打抱不平。

平心而论，这个人在湘军史上的地位实在是不可或缺的。王闿运曾断言：曾国藩之前就有湘军。这个论断，就是因为在某种意义上说，王鑫和李续宾才是湘军的真正创始人。

王鑫家有兄弟三人，他是老二，生于1825年3月1日（道光五年正月十二日）深夜。出生地点是湘乡县下里同凤五都，现在叫作湘乡市梅桥镇荫山湾村。

王鑫的成长历程，对于重视家教的中国人而言，是一个非常有说服力的正面证据。

这个孩子三岁未满，母亲贺夫人就教他读经书。贺夫人采取的似乎不是填鸭式的教育，据说这个三岁的学生不但能够背诵课文，还能领悟课文的意思。有记载说他"过目不忘"，记忆力超群。

孩子的资质这么好，父亲王宗麓非常珍惜，在他四岁时便送他入塾读书。老师就是他的叔叔王宗余。王鑫的堂兄王人树一同入学，他对这位堂兄极为友爱，而且对堂兄的训导恭谨顺从。

王鑫生长在一个恪守儒家道德的人家。祖父王璨是秀才，对于孝道的执行，放在现代有些骇人听闻。他在母亲（王鑫的曾祖母）去世后，竟然居住墓庐守丧三年。他不仅对死者尽心守护，对活人也是笃质厚道，乐善好施，为乡里所钦重。

父亲王宗麓也有两大优点，其一是求学不倦，其二是道德超人。王鑫从军以后，他经常谆谆告诫儿子，叫儿子打了胜仗不要骄傲，更要有好生之德。另一方面，又让儿子以国事为重，不要牵挂小家。

母亲贺夫人也是妇女模范，既然她从儿子幼年就着手抓教育，可见相夫教子很有一套。

传统道德模范的家教环境，培养出了令天下老年人都会羡慕的大孝子。五岁的王鑫，已经对祖父祖母表现得极为恭敬，赢得长辈的"奇爱"。这个孝子贤孙，简直是一帖良药，老人家有什么不舒服，孙儿一到，毛病就蒸发了，心情倏然舒朗。

1831年，省城长沙举行乡试，王鑫的家乡有人中了举。父亲逗他说："这个举人，你是否羡慕他？"

六岁的儿子答了一句话，令父亲大吃一惊："能不能中举，很难强求，我的愿望是能够造福于天下！"

九岁那年，王鑫的个性已经十分明显。私塾中的小同学们，到了黄昏都会跑出去游戏，只有王鑫独自留在教室里。这孩子在干什么？父亲不放心，悄悄走过去窥视。只见儿子手捧一卷朱子的《通鉴纲目》，诵览不辍。再看他的表情，时喜时忧，不时把书页折上一角，做个记号。

父亲还想探出个究竟。等到王鑫出了教室，便去把他诵读的书籍检视一番。原来儿子看到面露喜色的那些地方，写的都是圣君贤相；令儿子忧形于色的篇幅，便是记载的奸邪僭乱。看来这个小小读书郎，已经确立了自己的价值观和辨别能力，能够"辨忠奸，识治乱"，只是和所有小孩一样，还没有学会掩饰自己的内心活动，所以"心所领会，动形于色"。

王鑫十岁就能照顾父母了。双亲有疾，他便侍奉汤药。这个亲生保姆一定要等到父母痊愈，才去吃饭睡觉。一次，母亲手上生疽，痛得钻心。可是，看了好几个医生，他们都说治不好。

王鑫说："娘，我来替你治。"

他轻轻拿起母亲的手指，放进自己嘴里，把脓血吮吸出来，然后用舌头舔掉烂皮腐肉，清洗干净，敷药包裹。然而，王鑫没有料到，他这番孝心带来了不可逆料的后果。不一会儿，生病的手指间"血溅如箭"，母亲晕厥过去。全家人手足无措。

王鑫对天号啕大哭，请求老天把他收去，让母亲活转。这一次，孝心可鉴，伤口马上止血了，过了几天安然无恙。这件事传出去，感动了所有的乡邻。大家都说："这个小孩的孝心了不得，能够感天动地啊！"

王鑫十三岁就成了书呆子。这个呆，不是说他傻，而是说他整天危坐，读书不辍。脱下鞋子之后就扔到几丈之外，不许自己再穿。他通过阅读圣贤书籍，更坚定了九岁就曾立下的宏远志向。他曾在壁上写下几句话：

置身万物之表，俯视一切，则理自明，气自壮，量自宏。凡死生祸福，皆所不计。

第二年，王鑫的表现就有些狂放了，大有拯救万民于水火的气概，常常说些豪言壮语："人生一息尚存，即当以天下万世为念。"爷爷王璨常常打击他，叫他不要好高骛远，要注重自我修炼。王鑫听了才有所收敛。

这个胸怀大志的孩子十七岁就独立谋生，在绅士杨寅亮家当塾师，同时开始著述，写了一部《四书通义》。他这个教书匠当得很划算，顺便娶了杨家女儿为妻。

1844 年，湘乡县发大水，淹没了王鑫的住所，家里贫困升级。他坚持在家乡开馆教授儒家经典，制定《书塾学约八则》，向学生公布。他的教学方法不拘泥于八股文章，而从做人的大处着眼，注重端品行、正心术。

王鑫总是以天下为己任，不但教育学生，还试图教化乡邻。他二十岁那年制定了《乡约十条》，在家乡推行。同时他开始从事公益事业，对乡党邻里以仁厚之心相待，凡有乡邻遇到迈不过去的坎，他都会不遗余力加以调护。遇到不平事，则不顾自身利害，为受害人伸张公理。

这个年轻书生总是活在自己的理想中。大而言之，他是忧国忧民；小而言之，就是热心公益；市侩的说法，则是爱管闲事，爱操闲心。他过于关心别人的疾苦，耽搁了自己的学业。他发现自己两年来功课长进缓慢，不禁有些后悔。"清夜自思，辄椎胸饮泣，恨学问之无成，叹光阴之不再"。二十二岁那年，他在自己的书房门上悬挂"自芸山房"的匾额，告诫自己不要再管别人的闲事，要一心研究典籍，笃修躬行。然而他爱打抱不平，声名在外，犹如覆水难收，县令也常常找他协助公务。他既要教书，又要给自己进行知识充电，同时还要从事公益事业，日子过得非常充实。

1848 年是王鑫人生的一个转折点。他此年参加府试，名列前茅，得到知府恽光宸的欣赏和提携，马上就补了县学生员。当秀才固然是大事，但他跟同县人罗泽南相识，对他的影响更深。当时罗泽南家居讲学，王鑫从长沙回到乡下，拜在罗泽南门下，罗泽南对他深为器重。师生之间，日夜讲求明善复性、修己治人之道，王鑫学道甚勤，每每恨自己拜师太晚。

这时候的王鑫，体貌清癯，目光炯炯射人，声大而远，言语如出瓮中，滔滔不绝，常与诸位学友侍坐于罗泽南身边，阐发议论时别人插不上嘴。

罗泽南身边聚集了一大批优秀的乡间学者，王鑫结交了本县的易良幹、罗信东、罗镇南、钟近衡、钟近濂、朱宗程、康景晖、罗信北、翁笤登、易良翰、李续宾、李续宜、潘鸿焘、左枢、杨昌浚等人。王鑫与他们互相勉励，共进学业。平时和他交流学业的朋友，同县人有谢邦翰、罗信南、刘蓉、彭洋中、周牧、贺雍、魏万杰、洪长龄；湘潭人有王士达、王荣兰；湘阴人有左宗棠、郭嵩焘；长沙人有丁叙忠；宁乡人有刘典。凡是读过湘军史的人都知道，这些人个个都是当时的才俊。

王鑫置身于学者的圈子里，却以注重实践而闻名。他不喜欢空谈理论，给自己取字"璞山"，将居所命名为"返璞"，都是强调对理论的实践。

王鑫在罗泽南身边待了一年，为了生计，1849年在同县左仁先生家开馆授徒。这个左仁是江苏铜山县的知县。王鑫在教书时又有著作问世，题为《崇本编》。夏天大旱，几百名饥民啸聚，在县城以南抢掠粮食，居民惶恐不安。王鑫按捺不住，又要管闲事了。他从学舍回家，立刻召集里中居民，按照兵法部署，率领邻友几百人出去打击抢劫，声言宝庆城的守军将要开到，饥民闻言，立刻解散。当时承平日久，百姓都不习武，湘乡人老实怕事。王鑫如此年轻，能够带领众人抗暴，全靠着满腔的热忱，才能获得成功。

饥民闹事被强压下去以后，王鑫认为还要从根本上解决问题。他要求知县开仓发谷，平抑粮价，并为知县起草告示，谕令富民捐赈，县境内赖以安定下来。当时湘乡的知县和手下那帮胥吏都是贪婪暴虐之辈，县民吃够了他们的苦头。王鑫与县民屡次向巡抚告状，犹如石沉大海。大家商议，推举王鑫进京上访。

王鑫身负父老乡亲的重托，携带口粮，7月份从家里起程。途中夜宿小船上，夜半风雨大作，声响凄厉。他想到自己一路上看见许多灾民流离失所，如今他们不知在哪里躲雨？我还有小船能避风雨，比他们又好了何止万倍！胸中为悲天悯人的感慨所填塞，王鑫失眠了，吟出六章绝句。

船过湘阴，王鑫登岸，拜访好友郭嵩焘。主人不在，已去江边巡视各处的灾民。王鑫等待半日，四更才见郭嵩焘回家。听说王鑫要进京告状，郭嵩焘请他捎带信函给曾国藩。王鑫匆匆告辞，继续旅程。船过巴陵，他登上岳阳楼，读了范仲淹的《岳阳楼记》，强烈共鸣，吟出一首长诗，其中有句："夕阳出没成今古，天下安危系乐忧。"船泊武昌时，他又登上黄鹤楼，并作长诗纪游。此番旅行大开眼界，但他因病中途返回湖南，上访没有成功。

1850年10月，天下开始大乱，朱孙贻从�县调任湘乡知县，一到任上就听说王鑫急公好义，派人把他请来，询问本县的基本状况，并请他协助整顿社会秩序。于是王鑫废寝忘食，任劳任怨，辅佐朱县令剔奸除弊。他告诉朱知县，湘乡的钱粮税收都是由衙门的书记官征收，他们大大加码，任意妄为。朱孙贻决定将税收办法改为百姓自己缴纳，也就是纳税人主动报税缴税，由官府发给凭证，不再经过书记员之手。这一举措在几个月内就完全落实下去，废除了百年来的积弊。王鑫提笔写碑，立在城门，记载这件大事。

在朱孙贻决定大办团练的时候，王鑫又是最为积极的执行者。其中的故事，已在前面叙及。

39

1852年，太平军把战火烧进了湖南。这个省份的读书人面临着重要的抉择。第一个选择是要不要参与这场战争；第二个选择是，如果决定投笔从戎，那么在两个对立的阵营之间，选择哪一方去加盟？湖南的书生开始躁动不安。多数人在积极地思考，不少人开始行动。

李续宾，曾经参加过镇压新宁李元发造反的湘乡人，此时活跃起来。

这时的李续宾尽管小有战功，但还不是名人。不过，他的出身是值得自豪的。他生长于湘乡的名门望族，先祖可以追溯到唐朝的郑孝王李亮。宋朝和明朝，李亮的后代都有人出仕为官。李续宾的曾祖父李本桂虽未做官，却是富甲一方，生性慷慨，借钱给别人，一百两银子以下不记账。祖父李百诗也很豪爽，助人为乐，唯恐不及，生平捐资修桥修路，建造庙宇，花去数百两银子；为人也是宽宏大量，别人得罪他，他从不计较。有人问他为何如此，他答道："我只是可怜对方的愚昧。"

父亲李登胜是一位书生，擅长近体诗，精通书法。家乡有座关帝庙，悬挂"浩气凌霄"的大匾，就是他的手笔。李登胜虽然只是中产阶级，却继承了父辈的传统，仍然乐善好施。他特别爱惜人才，经常召集文人墨客吟诗饮酒，看重有道安贫之士，也以教授门徒为乐，但不肯收取学费。

李续宾共有兄弟五人。长兄李续宦，候选从九品；二兄李续家，国学生，1840年乡试不中，绝意进取，隐退从商；三兄李续宽，因团练乡民有功，授主事分部补用；老四就是李续宾；还有一个老五李续宜。后生可畏，老四和老五后来都成了湘军名将。

老四李续宾出生于1818年6月21日，即嘉庆二十三年五月十八日。他与刘长佑同庚，年长几个月。出生地点是湘乡县上里崇信四十三都岩溪里李第。这个地方，现为涟源市荷塘镇古楼村西山组。清末的湘乡是个大县，分上里、中里和下里，如今分属于双峰、湘乡、涟源和娄底四个行政区。弄清这一点对于分辨和考证湘军的源流十分重要，所以这里交代得比较仔细。

李续宾出生的前三天，李宅前面的温江井，井底忽然涌出一线红色的水流，喷出井口，顺流而下百丈，纹丝不乱。用水桶汲取一看，还是清水。这线红色的水流直到李续宾出生后才停止喷涌。乡人都来观看这个奇景，无不称异。还有一件事情也很怪。李续宾出生在早晨6点，母亲萧夫人室内忽然出现一道异光。那时日出已有三刻，但平日却从未见过阳光如此明亮。李宅后面有片树林，此时聚集了鸟鹊千百，共同和鸣，节奏明快。种种迹象，都成了烘托这个男婴问世的吉兆。

李续宾出生后的表现果然有些不凡。周岁便能下地行走，在长辈看来，已有龙行虎步之概。四岁跟随三位兄长入学，诵读《孝经》及四子书，并学习写字。六岁学算术，读《毛诗》。七岁学《尚书》，辨别百谷蔬果种类。八岁学《周易》。在春秋住口，跟随父亲游山，了解花木昆虫的名字。

李续宾十岁身高已超过四尺，在当时算得上很高的身材。和刘长佑一样，他生来就有超人的力气，这时已能挑起百斤重担。李登胜每天为他讲解治乱安危的来由，以及什么是忠奸邪正。

李续宾一生有四大特长，从十岁开始已经表现出第一种兴趣。他开始认真钻研地理，二兄李续家是个方舆学者，对他影响很大。

李登胜很注重培养孩子独立生活的能力。这一年他叫李续宾单独去县城缴纳农业税。老师李白适说："续宾年幼，让他独自远行，恐有不妥吧？"李登胜说："我觉得这孩子能行，就让他试试吧。"

一个十岁的孩子独自出门，往返一百六十里，身上带着钱，还要跟衙门里那些狡猾的职员打交道，很少人会有这样的经历。而李续宾偏偏办好了事情，没让衙门占他的便宜。他在县城结识了同年的王勋。两个孩子一见如故，热情订交，约定岁时往还，互证所学。李续宾结交的这个王勋，就是湘乡勇元老王鑫的哥哥。五天之后，李续宾平安返家。李登胜大喜，听说他还交了个读书的小朋友，更是笑得合不拢嘴。

第二年9月，王勋果然过来看他，拜谒李家父母，住了两天才走。这一年李续宾开始发展自己的第二个兴趣：骑术和相马。李登胜家里养着两匹马，李续宾一边学习骑马，一边当起了伯乐。这个本领在他投入湘军之后起了极大的作用，胡林翼和曾国藩得到马匹，常常请他鉴定优劣。

李续宾爱好广泛，一边读书，一边掌握实用的技能。十四岁时，家里来了一个精于射箭的少年，跟他一起念书。此人名叫彭昌侃，李续宾跟他共砚四年，同时向他学习射箭，进步飞快。

这个好学的孩子从十五岁开始担起了家庭的重担。由于父亲多病，医药费用大增。加上好客乐施，家境每况愈下。李续宾的诸兄发奋经商，而他则专门操持家政，此后二十年未曾卸肩。除了照料父亲，还要料量米薪，养鱼养猪，莫不躬亲。只要闲下来，便温习功课，照着家藏的米芾字帖，右腕高悬，每天临写，手抄《尔雅》。

十六岁那年，李续宾将夫人谢邦铠娶回家中。其时一位兄嫂已经故去，其余三兄尚未娶妻，只有谢夫人先嫁到李家，家务事便全部落到唯一的媳妇身上。后来兄弟分别娶妻，主事者仍是这位谢夫人。门庭之内，唯有肃敬之容、欢乐之声，不知有所谓倦怠傲慢之态、诟厉嬉笑之事。在李续宾的主持下，李家在住宅四周开荒，广植果木，种了几百棵茶树，还种了二十亩棉花。

李续宾十八岁去县城缴税，顺便看望王勋，登堂拜谒王勋父母。正好县令考录武童。王勋说："你精于射技，如今碰上了，何不参加考试，夺个冠军呢？"可是李续宾自命为读书人，将练武作为业余爱好。他回答说："我不想以此求名。"

第二年4月，王勋来看望李续宾，告诉他一个好消息："本县中里有个罗先生，一介寒儒，坚持在家乡讲学，人们都说他迂腐，读书人却对他钦佩不已。我们既已结拜兄弟，道义性情相乎，互通有无，共担患难，何不一起拜到罗先生门下呢？"

李续宾欣然同意。他们约好时间，一起去听罗泽南讲学。后来两人都因家事缠身，没有坚持下去。

从1838年开始，李续宾遵照父命参与团练乡民的工作，成为家乡团练的常务干事。从这一年开始，他发展出了第三种兴趣：打猎。这种本领，对他后来的军旅生涯大有裨益。

父亲久病，激发了李续宾的第四种兴趣：学医。二十三岁那年，他把给父亲治病的大夫刘君岩留在家里，拜他为师，开始钻研岐黄之术。此后他经常为乡人治病，以开具古方为主，药味少而分量重。他经常对病人说："病到中期，就要休息了。"他从此打下医学基础，从军后既是将领又是军医，士卒有病，他往往亲自诊治。统兵八年，军中没有流行疾病，全靠这位兼职军医采取了积极的防疫措施。

1842年，道光二十二年，洋人再次侵犯浙江，进逼江宁，大学士耆英以五口通商为条件与之讲和，李续宾大为忧虑。他在大庭广众中可以终日不发一言，但他心中牵挂着国家大事，只是不肯轻易说出口来。胡林翼说他言简意重，渊默雷声，可谓山不言高，海不言深。

李续宾看到了清朝武力的衰败，隐隐感觉到天下将乱。他运用自己的第一种特长，开始摹绘地图，作为军事资料的储备。此后的十来年中，他共摹绘地图九百多张。这是一笔宝贵的兵学财富，在他从军后为部队作战带来了许多方便，连曾国藩都曾借用他的安徽省全图。

李续宾一边心忧天下，一边务农自给。父亲为人排难解纷，周济贫乏，加上近年捐款团练乡勇，家用更加困难。父亲在本乡的名望日益崇高，来访的客人与日俱增，开销越来越大。他把自家的田地卖掉一多半，号召子弟仿效先儒的榜样，从事农业生产。他留下四十亩田用于自给，令李续宾兄弟分灶吃饭，每人发给三亩田，债务也要共同承担，让儿子辈经历艰苦。

1845年秋天，庄稼将要成熟，天下大雨，禾尽萌芽，湘乡遇到大饥荒。李续宾和诸兄都要借钱到外地买谷子回家果腹。次子李光久在饥荒中出生。李续宾这个儿子后来成为湘军名将，在对日作战中出了大力。

李续宾从此没有多少时间用于读书。他要操持家政，还要给长子李光大当家教。他和王勋都让弟弟就学于罗泽南，而他们自己则只能抽空去向罗泽南请教。

为了偿还债务，李续宾冬季种麦，比平常所种收获多了一倍。他与诸兄一起，把上年的借款全部偿还。这时湘乡附近的县份都有强盗为患，广西边界劫杀更加猖獗。李续宾号召邻里以练团自固，唯独他的家乡十分平安。但李续宾深忧天下将乱，加紧钻研军事，经常用巨幅纸张摹绘地图。乡人有共同经商而争夺财产者，李续宾将他们召到团练营房，为他们排解纠纷。他还通过狩猎活动习武，猎得许多獐麂雉兔。

1848 年 2 月，李续宾到县城纳税，顺便参加有司考试，居住在涟滨书院。杨载福因军事抵达县城，李续宾前去拜访，两人定交。

这一年李登胜六十寿辰。李家宅第贺客盈门，未来的湘军大帅齐集一堂。罗泽南率其门人钟近衡、王勋、王鑫、刘典、杨昌浚、康景晖来祝寿。前来贺寿的亲戚朋友还有萧启江、刘腾鸿、刘蓉等人。这些人都是当世俊才。这次罕见的群贤盛会产生了一部诗集，罗泽南作序，王鑫书写。作者有刘腾鸿的父亲刘象观，以及谢琇、杨昌浚、康景晖、李登墀、李续裡、李杏春和钟近衡。聚会上还定下了李家的两桩婚事，刘蓉将女儿许给李光大，钟近衡将女儿许给李光久。

李续宾兄弟努力开源节流，诸兄经商每年都有收益，李续宾总管家政，竭力节用，清偿了所有的旧债。李登胜所卖出的四十亩田，地名叫鸠鸡塘，买主因负债非常窘迫，也想卖掉那块田，开价五百千，比买进时的价格略高。李续宾打算收复故业，征得父兄同意，双方已订立合约。

岁暮，李续宾徒步前往宝庆取款。李续家因商号生意萧条，拿不出钱给弟弟。二兄还说，鸠鸡塘的田产贫瘠寡产，每年收成不过三四十石，既然已经放弃，又何必收回呢？

李续宾说："农民懒惰，怎能责怪田地呢？"回家之后，他再次前往宝庆，只拿回一百千。李续宾素重信誉，闻名四乡，不愿违背合约，以免有失于义道。他为此事闷闷不乐，常常深夜独自悲叹。最后，他决定独力承担这这份负担，私下向人贷款，借得三百千，然后卖掉自己所有的财产，凑足金额，支付了购田款。

1849 年，李续宾在鸠鸡塘那片田里盖了住所，雇用三人，养了两头牛犊，亲自耕种，还蓄水养鱼，在荒地上遍种蔬果茶麻。他同时还要亲自教授两个儿子。田地离家三里许，李续宾隔一天看望一次父母，风雨无阻。夏天又发大水，李元发在新宁造反，李续宾应邀组建乡勇，前往新宁作战，一个多月后返家。

李家兄弟经过三年的努力，迎来了家道隆盛的局面。由于父母健在，他们都以分灶吃饭为耻，认为兄弟不能持有私财。李续宾征得父母同意，在1850 年重新合灶。人多了，房子没有扩大，大哥李续宦迁到别处居住，财产却没有分开。

1851 年，咸丰元年，广西时时传来战争的警报。湖南人心惶惶，乡人恐惧，李续宾加紧举办团练，维护乡村社会的稳定。他开始撰写《孙子兵法易解》，用通俗的语言阐释古代的军事理论，供乡团的团长及乡民讲习。可惜这本书未能付梓。

正是在这一年 3 月，他去参加县试，受到知县朱孙贻赏识。4 月间，他抵达长沙，建议官军使用火器对付造反武装。10 月份，王勋来探视李续宾，商议练团一事。李续宾说："以正人心为主，以固人心为先。"他们商议的办法是，乡人每三口壮丁中抽出一人报名参加，团长登记他们的姓名、年龄和住址，每人发给一件武器，守望相助。有事鸣锣召集，无事则各执其业。作战结束后，父老公议，决定赏罚。花名册由团长保管。乡民所捐的费用用于作战时开办伙食，购买刀矛炮火。湘乡上里的团练由李登胜倡导创办，而实际的操作则是李续宾抓起来的。

这一年，李续宾捐钱买了一个从九品的官衔，表明他愿意在官方事务中发挥更大的作用。

1852 年 4 月，太平军进占道州，朱孙贻来到茯苓桥办理公务，召见李续宾，说道："本县听说上里的团练办得有声有色，想看看你们的操练。"

"回禀朱大人，上里团练只定下了团规及章程，其实并无常备部队。"

朱孙贻说："本县需要乡勇搜捕本地会党，你们要抓紧组建部队，克日出发。"

过了几天，朱孙贻给李续宾发了个红头文件，催促他率部上路。李续宾只得招募二百人起程。朱知县只下命令，并未拨款，李续宾只能从自家拿钱充作军饷。部队开到朱清渡，听到几声枪响，以为会党杀来了，乡勇跑掉一多半。有三人平日号称胆大有力，此时也仓皇逃回家中。李续宾苦笑几声，只得增募几十人补充缺额。

这次逃跑事件算不上坏事。胆小的逃跑了，留下的都是硬汉。第一次招募的兵员中仍然有不少留下来，其中就有六个人后来成为大佬级的湘军将领，他们是胡中和、周宽世、蒋益澧、萧庆衍、李登辟、李续焘；增募的兵员中，又有五位日后成名的湘军名将，他们是周达武、朱品隆、胡裕发、刘神山、李存汉。其中的周达武是个蛮汉，贩运时与人争道，负气伤人，被捕下狱。李续宾把他从监狱里保释出来，带到军中，加以教训，于是成才。

40

且说曾国藩在张亮基提供的宽松环境下统管着湘乡团勇和其他团练部队，颁布营制，借用戚继光的兵法进行训练。同时，他着手用严厉的刑法整顿社会治安。他委任在籍江苏候补知州黄廷瓒、安徽候补知县曹光汉编查保甲。为了表明诚恳的态度，把思想工作做得深入细致，他以书函劝谕各地士绅，而不用公牍告示。他日夜写信，发给各府州县的士绅。

不过，曾国藩把募练乡勇的责权高度集中，由自己一肩挑起来，没有把这项任务交给各地的士绅。他说团练很难筹集经费，不必遍地开花，要选择合适的地方与合适的人才来办。各地的急务是清查保甲，分清良民和歹徒，以除暴作为安良之法。一旦发现土匪作恶，便可密函报告。只要报到了省城，他就可以拿出巡抚的令旗将匪徒就地正法，用不着再给监狱添麻烦。这样省去了公文旅行的周折，做到无案不破。

曾国藩在长沙帮办团练的衙门名为"湖南审案局"，设在鱼塘街，紧挨着巡抚衙门。这个审案局专管治安案件，凡有加入会党、抢劫及其他严重侵害治安行为的嫌犯，都由审案局审理。

曾国藩加重治安处罚，引用岳飞"不要钱、不怕死"的口号作为自己的座右铭，一时得到好评。他善于用诚意感召人心，每当有乡下的学者来访，他都是和言细语，谦恭有礼。他会耐心地听完对方陈述意见。如果提议可行，他就斟酌照办；如果提议是他不能采纳的，他也不会横加指责。对于草根来访者他也以礼相待。于是人人都想得到提拔，都愿为他效力。他权衡各人的才智和特长，酌情使用，无论是聪明伶俐的才俊，还是忠厚谨慎的老实人，都能得到合适的位置，可谓人尽其才。

通过第一轮考察，曾国藩为自己罗致了几个可靠的帮手。他重用四十七岁的新田人张荣祖。此人是一名在籍的七品知县，曾国藩让他参与办案。曾国藩又将道员张其仁任命为总巡，任命夏廷樾和裕麟为团练委员，称为"干练"，有事参与谋议。

2月7日，阴历除夕，咸丰下旨，命令张亮基、潘铎和曾国藩共同负责在湖南招募兵勇。2月10日，大年初三，咸丰再次颁旨，说自己在皇宫内日夜思考除莠安良的事情。他说，匪徒多的地方也是良民居多，作为封疆大臣，只有铲除恶匪，才能使人民不受伤害，让地方得到安宁。浏阳和攸县等地的匪徒必须总督和巡抚认真查办，并与曾国藩一道，参照地方形势统筹办理，才能最终剿灭。

曾国藩接到谕旨，立即向湖南各个州县发出号令，要求对土匪和逃勇格杀勿论。他自己在长沙招募勇丁，揭开了严厉打击会党和其他造反武装的序幕。

曾国藩办案果断，刑罚从重。凡是破坏社会安定的疑犯，解到之后，罪行一经查实，只有三种处理办法：罪行严重的立即斩首，罪行较轻的用棍棒击毙，罪行更轻的也要挨上千百鞭笞。

由此可见，曾国藩在湖南能够有所作为，首先是因为他采取的严厉措施与皇帝的意思非常吻合，能够挟天子之威而雷厉风行。其次是得到了巡抚和布政使的全力支持，能够放开手脚大干。他借助审案局办案，把势力范围扩展到了全省。

41

曾国藩正在狠抓治安，湖南高层人事突然发生变化。2 月 14 日，西方的情人节，张亮基在长沙奉到谕旨，命他署理湖广总督，湖南巡抚由潘铎署理。张亮基必须去武昌就任。他接到升官的圣旨以后，立刻想到了左膀右臂，命人把左宗棠找来。

"季高，请坐。"

"中丞有何吩咐？"

"刚刚奉到圣谕，令我署理湖广总督。"

"恭喜制台大人！"

"喜从何来？如今全国军政就数湖北最为棘手，事情难办啊，除非——"

"大人何时启程？我也收拾回家。"

"季高，你听我说呀。长沙是怎么守住的？晏仲武是谁打败的？征义堂是谁收拾的？全靠先生的谋划在内，岷樵的作战在外！二位还得助我一臂之力，否则这个总督如何当？"

经过一番动员，张亮基如愿以偿，左宗棠同意跟他前往武昌。在江忠源的问题上，他也抢了先手。他想把江忠源带走，曾国藩却想留下江忠源。可是张亮基已抢先奏调，曾国藩无法如愿。江忠源不想有负于曾老师，只带走四百名楚勇，留下江忠济与李辅朝率领其余一千名楚勇交给曾国藩调遣。江忠源身边兵力不足，为他自己日后留下了种种困难。

2月18日，张亮基、江忠源、左宗棠离开长沙，前往湖北。临行前，张亮基对江忠源说："印渠是个当官的料子，让他留在浏阳办案，审讯处置俘虏吧。"

刘长佑奉令留在浏阳办理善后，对征义堂投降的部众采取宽大政策，凡是愿意悔改者一律释放，保全了许多俘虏的性命。事情办完以后，浏阳绅民焚香送行，许多人感激流泪。

刘长佑离开浏阳，打算前往武昌。这一次，曾国藩先行一步。他未能留住江忠源，已是非常遗憾；他想把刘长佑留在湖南，来不及征求刘长佑的意见，就发了一纸军令，叫刘长佑来长沙报到。刘长佑接到公文，觉得曾大人事先不跟自己私下通气，对他未予应有的尊重，颇为不快。

刘长佑抵达长沙，到湖南审案局递进名帖。曾国藩迎了出来，笑道："印渠来得正好。我用军令召你前来，你有些不解吧？湖南正值多事之秋，张公要调你去，我是担心你走掉，所以把你强留下来。"

刘长佑说："曾大人客气了。长佑才疏学浅，恐怕帮不上什么忙，不如就此回乡，还望曾大人成全。"

曾国藩说："印渠何出此言？眼下省城正缺得力的人手，怎好让干才回乡赋闲？你我先去见一见潘中丞，再做决定，如何？"

署理巡抚潘铎热情地接待了刘长佑，一见之下，大为器重，好言相劝，刘长佑碍于面子，勉强同意留下。

且说张亮基一行走了两天，于2月20日抵达武昌接印任事。咸丰刚刚任命的署理湖北巡抚骆秉章也从岳州抵达武昌履任。来自湖南的几位高官在武昌聚首，看到眼前的景象，相对摇头叹息。这时太平军撤走不过二十天，官衙和民房都已烧毁，公私财产荡然无存。城内凋残，不堪寓目；司道各库荡然无存；富绅大贾焚杀殆尽；官项既无，民捐又竭。左宗棠叹息道："百废待兴，智尽能索，奈何奈何！"

唯一值得张亮基庆幸的是，省一级的官员都很得力。巡抚由骆秉章署理，布政使由严正基署理，两人都是能办实事的官员。若是按察使能由江忠源署理，这个班子就非常理想了。张亮基上疏请求任命，咸丰爽快地批准了所请。于是，张亮基手下有了三位名噪一时的干吏。加上师爷左宗棠这个智囊，天大的困难也能克服。湖北的领导班子基本上是把湖南原先的班子搬了过来。这些人锐意改革，决定革除官场长期以来积累的弊端和陋习，抓紧修缮城墙，筹集军粮，开市通商，抚恤难民，惩治会党，抓捕逃犯，恢复社会治安。

42

张亮基把湖南的主角戏留给了曾国藩，而正在此时，曾国藩得到一个机会，得以检验湖南乡勇的战斗力。

1853年3月1日，他接到耒阳和常宁的报告，天地会首领何禄与吴玉老十在白沙堡集结，袭击嘉禾县境。他令刘长佑和李辅朝率领五百名楚勇，令王鑫率领三百名湘勇，于3月4日启行剿办。湘勇和楚勇尚未抵达耒阳，王鑫接到常宁的函件，称当地乡勇已将何禄击溃，俘虏了吴玉老十。王鑫打算去常宁和安仁一带搜捕残匪，又接到衡山信函，说会党曹戮和李跃聚集几百人在草市造反。

刘长佑走到半途，迎面遇见王鑫轻骑而来，隔着很远就招呼道："印渠兄，常宁不用去了！"

刘长佑惊讶地问道："璞山为何去而回返？"

"刚接常宁来函，土匪已经溃散。可是衡山的草市有警，几千土匪聚众闹事。我们回师衡山吧？"

于是两军一起回兵，于3月18日抵达衡山流霞渡，闻知衡阳乡勇当天与会党交手吃了败仗。曹戮与李跃正在得意，听说湘勇和楚勇开到，大惊失色，连忙下令退后三十里，驻扎在县城以东的吴集。刘长佑与王鑫合军渡到湘江以南，将民船全部藏匿起来，约定一见楚勇的蓝旗便同时出击。

刘长佑发现王鑫精力过人。到了夜间，他还召集部众开会，讲解《圣谕广训》和关于性理的儒家学说，会后又令军士练习射箭和写字。

第二天，会党攻击流霞渡，欲渡湘江，苦于找不到渡船，仍然退回吴集。王鑫和刘长佑率部直逼敌营。曹、李被迫下令迎敌，会众鼓噪出击。刘长佑一声号令，蓝旗突起。王鑫见到信号，亲自击鼓传令。第一通鼓响，军士排列如墙；第二通鼓响，左右翼从两侧兜围，如同巨鸟张开翅膀；敌军炮火射击过后，王鑫擂响第三通鼓，部队迅速冲锋，势如潮涌。会军反身逃跑，湘勇紧追不舍。王鑫亲自挥师奋击，斩其首领，会军大败而逃。两军斩杀二百多人，阵擒李跃及六十多名会党，夺得武器无数。会军余部也被楚勇和湘勇分别斩杀或释放，衡山平定。这一仗，五百楚勇与三百湘勇击败三千会党，自身未损一人。

刘长佑的部队已是身经百战，而湘勇则是参与整顿本省治安的第一仗，取得了可喜的战果。曾国藩得到战报，心中对湘勇已有了几分底气。

湘勇和楚勇连日追捕余敌，3月19日抵达大洲，听说另一支会军已经攻破安仁，占据界首。王鑫与刘长佑商议分头星夜进攻，刘长佑前往大坪头，王鑫前往大源冲。两军抵达预定位置后，分头向界首进发。部队尚未抵达界首，王鑫接到信函，得知张荣祖已从新田赶来将会军击溃。王鑫听说大源冲是会军老巢，又回头搜捕，将会军的三十多处根据地捣毁。

此次剿匪之后，刘长佑和王鑫奉令返回长沙。官府叙论王鑫湘勇在草市的战功，保举他为县丞。王鑫力辞，没有接受官职。

从此，湖南和湖北的各个大府都想得到楚勇和湘勇的援助。刘长佑的行政才干在浏阳得到了验证，潘铎令他审理衡山官役的贪污案，刘长佑十天审完，返回长沙。

43

且说武昌失守后的种种情状，由于路途不畅，经过一段时间才为清廷所闻。咸丰皇帝大为震怒，于2月3日下令逮捕徐广缙问罪，任命张亮基署理湖广总督，任命向荣为钦差大臣，统率湖北的清军。

为了防止太平军北上，咸丰皇帝又派大学士琦善为钦差大臣，带领直隶提督陈金绶和内阁学士胜保从河南出兵。武昌的东边，则由两江总督陆建瀛任钦差大臣，部署兵力，防守长江沿岸和安徽。

清廷很久没有打过仗了，文官中很少有人懂得军事。陆建瀛虽然在文章上有些声望，但对带兵打仗一窍不通。仓促间招募兵勇，还没有集结。他先派三千军士前往湖北黄州，在武穴老鼠峡扎营，自己率领松江营的两千几百名军士溯江西上。

清军已经有所部署，密切关注着洪秀全太平军的动向。

洪秀全进入武昌之后，欣喜地看到自己已经拥有五十万大军，水师则集结了几万艘民船。他与杨秀清等人商议下一步怎么办。太平天国的王爷和将领大致持有两种意见。一种是就在武昌建都，然后派兵向西北方向推进，取道襄樊，再向北挺进中原；另一种意见则强调东边的金陵是天府之地，财富丰饶，应该在那里建立根据地，再图进取。

杨秀清力主向东进军金陵，洪秀全采纳了他的意见，于是太平天国定下了东进的方针。

2月9日，太平军放弃武昌，全军分为水陆两路向东挺进，目标是攻占安徽和金陵。辎重和妇幼都乘船行进。万舟启航，长江上帆樯蔽日。林凤祥和李开芳受命统领陆路大军沿长江两岸推进，经过黄州，挺进蕲水和蕲州。

林凤翔领兵攻打江南的蕲州，在城外六七里扎营，派人送信给蕲州知县伍文元，劝他投诚。信中说，天国大兵无战不胜，无攻不取。现在伍文元助满拒汉，想在城破之日玉石俱焚，这并非天国救民于水火的本意。太平军劝众官仔细权衡，以免后悔。

蕲州民众见了这道檄文，都怪伍文元不该抵抗。一位叫汪得胜的清军营官大呼道："现在不归顺天国，更待何时？"他率领一百人，号为"义勇军"，杀入州衙，取了伍文元的性命，乘势杀散清兵。林凤翔得知城中大乱，便奋力攻城，里应外合，不到一天就占领了蕲州。

洪秀全的哥哥洪仁发率领一路部队攻打江北的蕲水，打了两天两夜没有攻下。蕲水知县徐汝成下令死守。洪仁发派义勇队潜入城内，在城中纵火，扰乱守城清兵的军心，趁乱攻进城内。县衙仓库的十多万两白银都成为太平军的战利品。

太平军离开武昌后，向荣便率部进入省城，召集官民，筹备善后，然后率部追赶太平军。他上奏请求征调一百多艘外海战船，即快蟹和大巴，从海上开到江南。清廷连海防也不顾了，增调上海道吴健彰率领拖罟战船，温州镇总兵率领头莽等战船，准备水战。接到调令的还有以练习船炮而出名的麟桂，以及水师名将李德麟和吴全美。

但是，所有这些措施，都未能阻止太平军的迅速东进。

武汉以东长江沿岸的湖北郡县很快就被太平军占领。太平军的文献说："自入湖北以后，男女来归数百万，得清廷库银亦百余万，辎粮器械不计其数。"

2月18日，六十一岁的湖北人陆建瀛领着两千名标兵到达龙坪。太平军在老鼠峡将陆建瀛的前锋部队击溃，在江中斩杀翼长恩长。陆建瀛遇到逃回的残兵败将，听他们描述清军战败的惨状，随从个个大惊失色。

江西巡抚张芾领兵防守九江，闻风丧胆，也率部撤走。太平军随后进占九江。

陆建瀛乘小船经过小孤山，不敢停留，经过安庆时，安徽巡抚蒋文庆邀他进城，他也没有留下，直接回到金陵，将芜湖和太平的驻军分别调驻安徽与江苏交界处的东、西梁山，然后闭城防御。

2月24日，太平军攻占安庆，继续东进。陆建瀛部署在东、西梁山的江南舢板和广式小艇没能拦住太平军的船队。清军水师望风而逃，总兵陈胜元中炮身亡。

安徽的败报传到京城以后，三十岁的庐州东乡人李鸿章怂恿工部左侍郎吕贤基上奏，陈述在安徽举办团练的重要性。他急不可耐，征得吕贤基同意后，便代为捉刀，连夜赶写奏章。

咸丰皇帝接到这份奏章十分高兴，便就汤下面，任命吕贤基担任安徽团练大臣。

吕贤基对李鸿章说："少荃你害我啊，你瞧，皇上看了你代我写的奏折，令我去安徽办团练。我岂能放过你？我要上奏朝廷，调你和我同行。"

于是，李鸿章与吕贤基一同回到安徽。

李鸿章曾于七年前以"年家子"身份投帖拜在曾国藩门下学习经世之学。此后他还将再次投拜曾国藩，成为湘军大营的幕僚，然后谱写清末淮军的一段历史。

44

东部防线的清军如此不堪一击，清廷指望张亮基到湖北统率军队，能使局面有所改观。清廷信任张亮基，显然是因为他在长沙把太平军阻截了两个多月之久。而张亮基所倚仗的人，便是领兵的江忠源和师爷左宗棠。

前面说过，太平军从武昌撤走刚十天，张亮基就到任了，奏请将江忠源升任湖北按察使。这时江忠源接到报告：湖北有平民起事，崇阳的陈百斗，通城的刘立简，嘉鱼的熊开宇，手下兵力达到几千人。

4月份，楚勇进攻通城。此地自从1839年钟人杰起事之后，潜伏着许多会党。由于湖北高官没有严厉镇压，留下了举事的火种。刘立简、罗经仁和何天进等人发起抗粮运动。他们认为官府忙于恢复武昌，无力派兵镇压。不料张亮基派来了江忠源所部四百名楚勇和三百多名开化勇与泸溪勇。

当时，嘉鱼和蒲圻都有民众响应起事，江忠源只得将开化勇和泸溪勇分派到嘉鱼和蒲圻，自己率领楚勇直攻通城麦园的会军根据地。楚勇一战便抓获刘立简，处以磔刑。接着进军葛家坪，五天打了六仗，斩杀四百多名会军。

江忠源正要传令深入，忽然得到报告：崇阳造反军首领陈北斗集结一千多兵力，与通城何天进的会军联手，袭击桂口及通城的下畈，并要趁机袭取通城。熊开宇和梁一举的嘉鱼会军又与何天进部会合，军力重振。江忠源只得回师通城，抵抗会军的攻击。

张亮基和左宗棠认为，崇阳和通城的会党军队日益增多，嘉鱼和蒲圻的会党又在准备发难，而江忠源手下只有四百名楚勇，如果分兵，更加单薄，张亮基便令署理湖南巡抚潘铎和团练大臣曾国藩，预调江忠济、刘长佑和李辅朝所部楚勇前来湖北。江忠源也写信给曾国藩，请求派兵增援。

嘉鱼、蒲圻和通城毗连湖南，曾国藩担心那里的会党影响到本省的安定，便派江忠济和刘长佑率部前去协助镇压，也算是为张亮基贡献一点力量。

几天后，江忠济率领五百人赶到。恰遇崇阳会军回到桂口扎营，江忠济令部队隐蔽前进，发起突袭，一战大捷，斩杀陈北斗和十一名骑马的首领，又打败何天进等部，烧毁会军军营，斩杀会军几百人。

江忠源得知崇阳会军已被打败，通城的会军一定感到孤立，便拔营攻入山中。不料会军顽强抵抗，几万名会军将楚勇重重包围。

江忠源拍着三弟的肩膀说："今天只有靠你来破贼了！"

话音未落，江忠济挥舞双刀，策马出阵，大呼杀贼。部队随他冲杀。江忠源击鼓助战，楚勇无不拼死搏斗，将会军击退，生擒首领张西园等二十多人，斩杀和俘虏大批会军。

湖北的战争引发了更多的会党起事，长江两岸的沔阳、监利、石首和蒲圻等地，以及汉水两岸的襄阳、安陆、德安等郡，都有会党起事。但是张亮基并不觉得有什么为难，他仿照湖南的办法，命令各州县举办团练，由德高望重的士绅主持，募集资金，训练丁勇，保卫乡里，迫使抢盗之风稍有收敛。

在此之前，曾国藩起用了江忠源非常赞赏的四川人林源恩，命令他招募五百名平江勇丁跟随自己。当会军从崇阳和通城攻打平江时，他命令林源恩回援，在北乡的上塔市扎营。

45

战火烧到湖北以后，湖南暂无大的战事。署理巡抚潘铎立足于他的本位思考，不愿意多养军队，多供军饷，奏请清廷撤兵两千多人，只留下一千七百名沅州兵防卫本省。

曾国藩却不管潘铎怎么想，他要趁着湖南处在战争的间歇中，抓住时机，加紧招募兵勇进行训练。他见清军在湖南兵力空虚，便有了进一步扩充湘军的理由：他要用团练勇丁来弥补本省兵力的不足。他呈告清廷，湖南的标兵都调往追赶太平军的清军大营去了，这里兵少将寡，只能靠团练勇丁来支撑局面。

曾国藩重视扩军，更重视训练。他不但训练湘军，还命令绿营城防部队每月六次集合操练。长沙营都司塔齐布每当曾国藩检阅部队时，总是穿着草鞋带刀侍卫，勤勉有加。

三十六岁的满洲镶黄旗人塔齐布生性沉毅，见识不凡，素来为已故都统乌兰泰所器重，并向江忠源提及。在1852年的长沙保卫战中，因守城有功，被提拔为游击，清廷赏给他蓝翎，任命他为长沙营都司。

由于左宗棠和张亮基的推荐，塔齐布早已引起曾国藩的注意。曾国藩与他交谈，对他的见识不凡感到惊奇。考试他所带的兵勇，发现训练有素。塔齐布手下有一员虎将，是平江人童添云。此人身长面赤，额以下痘瘢如钱，外号童麻子。1852年长沙保卫战中，他和弟弟童必发参与守城，解围之后，童添云对人说："依我看，诸将之中能称将才者，只有都司塔齐布与千总彭三元。"所以在塔齐布训练巡抚标兵时，童添云来到他麾下效力。当时彭三元率领另一营部队，和童添云深相结纳。

与此同时，曾国藩决定依靠湘军的武力整顿全省的治安。只要州县报警，他接到报告后，立即派出几百名湘军，当天就要轻装出发，路上不许停留，所到之处，立即平息事端。湘军不但镇压会党，还就地诛杀不法的官吏。

刘长佑与王鑫镇压湘南的会党之后，曾国藩积累了一定的经验，于3月21日上奏，专论如何对付湖南的会党。

这位团练大臣说，太平军在湖南走了一遭，这里的会党多半都随太平军去了，但仍然有串子会、红黑会、边钱会和香会聚集闹事，如东南部的衡州、郴州和桂阳州，南部的永州，西南部的宝庆和靖州，都是崇山峻岭，有利于会党的孕育。当地官府知道会党的势力无法遏止，都不想让上峰知晓自己的辖地里发生了祸患，千方百计地加以遮掩，苟且偷安，留下了几十年应杀而没有杀的人，听任他们横行霸道。现在乡下的无赖刁民气焰高涨，他们见有人命在身的强盗首犯常常逍遥法外，又见太平军势力强盛，朝廷没法制止，便以为法律只是一纸空文，起不了作用，官员也就不再可怕。因此，如果不采用严刑峻法，就无法打击他们的气焰。

曾国藩说，只有采用严厉的刑法铲除强暴势力，良民才会有安生之日。他虽然因此会得到残忍严酷的名声，但也在所不惜。当今的急务，要使全省没有破不了的案子，清除大小各路会党，就可以指望涤荡一切污浊。对于那些曾经有过抢掠、拜会、结盟行为的人，当即正法。只要清除了内奸，太平军从外省再次打来，也无法有什么作为了。

咸丰皇帝非常赞赏曾国藩的看法，觉得他讲出了自己心里的话，立即批复："办理土匪，必须从严，务期根株净尽"。

曾国藩动员全省大小官员积极整顿社会治安。他只要接到有关官员贪赃枉法、玩忽职守的举报，马上将犯罪的官员逮捕斩首，他的行馆成了审案的公堂。此后三个月，他杀了五十多人，文官和司法官员大为不满，叫苦不迭，又非常惊悚，不敢不打起精神料理公务。

为了维护自己的威信，表明自己的认真，曾国藩在所有的布告上都署上他的大名。他勤于给府县下发公文，请官员招贤纳才。湖南的知府和县令虽然旧习难改，但有的人慑于曾大人的严厉，只好照他的办法去做。有的人则是因为亲眼见到曾大人这样的高官也与乡民诸生平等相处，也就为自己高高在上、脱离民众而稍有悔悟。于是，各地官员都开始探查当地的利弊，并时常向曾国藩报告兴利除弊的情况。

民间的有识之士感念曾国藩的一片诚意，虽然也许不去参见他，但人人都认为，一旦有事便可以找曾公讨论。这样一来，湖南的社会秩序很快就有了好转。

46

太平军摧垮陆建瀛的水陆防线后，在金陵以西，再也没有什么可以阻挡这支农民军队的进军了。他们打垮了清廷的一名钦差大臣，清军只有另一名钦差向荣率领部队跟在太平军后面。

3月5日，阴历惊蛰日，太平军兵临金陵城下。他们环城修筑二十四座壁垒。威武的船队从新洲和大胜关延展到七里洲，水师和陆师一起，号称百万大军，昼夜攻城。

城外的民团几次出击太平军，犹如以卵击石。守城的军士开炮援助民团，却把炮弹误射到民团队伍里，团勇死得不明不白，失魂落魄，四下逃散。江苏布政使祁宿藻听说了这件事情，气得吐血而死。

太平军又用挖掘地道埋火药的老办法攻城，派出许多湖南的矿工来执行任务。3月19日，太平军引爆仪凤门下的地雷，城墙崩塌，一千名太平军战士登上城墙。但是，地道内所埋的两处地雷刚才其实只爆炸了一处，现在另一处爆炸，反而把登城的太平军炸死了。清军连忙跑上去割下死者的耳朵拿去邀功。

不过，另有一支太平军已从三山门越过城墙进入城内，攻占了金陵外城。清军提督福珠洪阿战死，陆建瀛逃进内城。

内城的守军是江宁将军祥厚和副都统霍隆武率领的满洲军士，但他们也只支撑了两天。太平军攻进内城，杀死祥厚、陆建瀛、霍隆武和其他官绅，歼灭了所有的驻防清军。

清廷的江苏巡抚杨文定主动请求防守金陵下游一百五十里处镇江对岸的瓜洲，咸丰皇帝任命他署理两江总督。

太平军攻占了金陵全城，军威雄壮，清廷朝野畏惧，几千里之外的居民都有人忧心忡忡，举家迁徙，在山上修筑岩寨，进去躲避。清廷在京的官员许多人借口有病回归乡里，不敢再为清朝效力。

金陵既得，太平天国又派丞相林凤祥、罗大纲、李开芳和曾立昌等人率部攻占了金陵东北面长江南岸的镇江和北岸的扬州，更向东北方面发展。

杨文定丢了镇江，还向清廷虚报战功，说他率领水师乘风攻击太平军，把丢失城池的过失都推到将领身上。

天王洪秀全坐进了金陵，拥有百万雄师，认为太平天国已经无敌于天下，立刻把建都的事情提上了议事日程。

东王杨秀清说："河南居天下之中，是古代的东京，我们应该在那里建都。"

洪秀全认为他说得有理，便提议留下部队防守金陵，自己率大军从金陵北面三百里外的淮安向北挺进。

唐正财作为太平天国的水师指挥官，听说洪秀全要在河南建都，大为震惊。他连忙觐见天王，陈述自己的看法。他说："北路不利于水师作战，而且田地贫瘠，民风剽悍。我们应该建都金陵，先平南路。"

杨秀清有一天来到江边，听到一位老船夫呼喊道："河南缺水又缺粮，若被敌人围困，无法突围。金陵有长江之险，城高池深，百姓富裕，粮食充足，为什么不在这里建都，而要跑到河南去呀？"

杨秀清听了，犹如醍醐灌顶，恍然大悟。他改变了主意，劝洪秀全定都金陵。于是，太平天国将金陵改称天京，将清廷的总督署捣毁，建立王宫。

太平军非常注重对"天条"即法令的宣传。他们每到一处就开设讲坛，派人坐上高台宣讲，叫作"讲道理"。天条禁止祭拜上帝以外的邪神，禁止杀人害人，禁止不孝敬父母，禁止奸盗，禁止欺诈，禁止贪心，禁止夫妇同宿，禁止母子交谈，禁止出城挑担，禁止兵入民房。

湘军组建之后，曾国藩为陆师制定了七条禁令。第一禁洋烟，凡吸洋烟者一律开除，卖洋烟者赶走；第二禁赌，惩罚打牌押宝的人；第三禁喧哗，临敌不得高声说话，若有人晚上做梦，要将他推醒，发出警告；第四禁奸淫，通奸者用棍棒责打，强奸者斩首；第五禁谣言，不许诽谤上级动摇军心，不准乱说是非长短，长敌人之势妖言惑众者斩首；第六禁结盟拜会，严惩鼓动挟持者，拜哥老会信邪教者一律诛杀；第七禁异服，包巾、衣裤及腰带、辫线禁止使用红绿色，花鞋花巾也要禁止。

五年以后，曾国藩在江西建昌的湘军大营里写了一首《爱民歌》，用较为温和的语气为湘军将士开列了一些禁条，也算是对湘军爱民文化的一种总结。

太平天国的天条既是针对军人的，也是针对百姓的，湘军的七条禁令和《爱民歌》则只是针对军人。它们是两支对立的军队对各自的官兵所制定的约束，将两者比照来看，读者自可从中看出一些道理。

四川人向荣自从到广西领兵以来，已经成为清廷与太平军作战的宿将。他经历了宦海沉浮，如今当上了钦差，不敢敷衍朝廷。他的部队从湖北开始一直尾随太平军。前锋张国梁率部到达九江时，找不到船只，便向南昌要来一些漕艇，乘艇东进，但还是没有撵上太平军，于3月30日才到达金陵外围，离太平军开进金陵已有十天之久。于是，他们只能瞧着守城的太平军干瞪眼，绕到朝阳门外的孝陵卫扎营。

4月3日，张国梁部署停当，率部攻打城外的土城，于当天进占。4月5日，向荣率大部队到来，在土城扎营。城内的太平军派出四五千名军士来争夺土城，清军来不及修筑壁垒。

4月7日，向荣亲自指挥作战，太平军稍稍退却，清军才进逼到城下扎营。

向荣认为，太平军在同济门外修筑的一排壁垒对清军构成很大的威胁，便分兵攻打，于4月13日攻破三座壁垒。他又于4月18日派兵袭占七瓮桥。4月20日天下大雾，向荣又派兵偷袭，夺取了钟山。

4月24日夜里，向荣下令，向城内发射喷筒火箭，城内的太平军大为惊慌。杨秀清亲自登上城墙督战，看到朝阳门外的太平军部队，误以为是清军，下令开炮轰击，炸死自己部队几百人，城外的太平军当夜全部哗变。

向荣肃清城墙外的阵地以后，下令靠着城墙修筑十八座营垒，阻挡太平军的出路。向荣驻扎的军营便称为"江南大营"。他另派邓绍良等人领兵驻扎镇江，以屏蔽苏州和常州。

且说清廷见太平军已经到达东部，便把先前安排在河南阻截太平军的兵力全部调往江苏。都统琦善以钦差大臣的身份，率领直隶、陕西和黑龙江三省的各路骑兵和步兵，从河南经安徽，推进到金陵东北面的扬州。提督陈金绥和内阁学士胜保分别在城外扎营，号称"江北大营"。

从此，清军的江南大营和江北大营，夹峙金陵，威胁着太平天国的首都。

在扬州以北，漕运总督杨殿邦从淮安南下两百多里，率部到扬州东北面四十六里的邵伯驻防，被太平军打败，清廷将他罢官，令他在军中戴罪效力，令福济取代他的职务。

江苏按察使查文经治理黄河，驻扎在距淮安仅三里的繁华商业城市清江浦，扬言将有几十万京兵开来，命令各州县预备马料。太平军得到情报，惊愕犹疑，不敢前进。查文经这一诈唬竟起了疑兵的作用，清廷委任他暂时代理漕运总督，率领漕运标兵和徐州镇兵驻扎在扬州东北面的运河口岸茱萸湾。

47

且说江忠源以一支人数不多的部队，不断立下奇功，被咸丰皇帝视为得力的大将。金陵战事吃紧，皇帝令江忠源襄办江南军务。江忠源本已不打算再涉足军事，广西的战事已经伤透了他的心。他第二次出山增援桂林时，本以为有乌兰泰做靠山，可与太平军决一雌雄。可是乌兰泰死了，江忠源认为自己位卑望轻，报国无门，打算脱离军旅。没想到皇上对他如此看重，不但任命他为按察使，还令他去做向荣的副手。虽然他不喜欢向荣，认为广西的败绩和乌兰泰的战死都跟这个四川老将脱不了干系；但他感念于朝廷的器重，还是改变了主意，决定继续军旅生涯。

接到任命的当晚，他挑灯书写家书，洋洋一万余言，把家事全部安排妥当。他在最后写道：我要说的话到此为止。从此以后，我就一心为国家担当军事，与贼匪作战，你们不要再用家事来干扰我了。

江忠源不想受到任何拖累。他驻军益阳时买了一个姓陈的女子做小老婆，他决定让这位爱妾返回家乡。他根本没有想到，他在爱妾腹内播下的种子将在十个月后成为他的遗腹子，使他死后留有子嗣。

江忠源出于对咸丰皇帝的一片至诚，写了一道长达五千言的奏疏，直言不讳，在他给徐广缙建议的基础上进一步发挥，陈述军事见解，请求朝廷根据他的提议进行八个方面的改革。

第一是严军法。江忠源指出，长久的和平导致军人养尊处优，贪生怕死。

他从人性的根本上论述，是人就会怕死，但是军人受军法约束，必须敢于出生入死。严厉的军法会使军人明白一个道理：进可能死，退则必死。军法约束是提高部队战斗力的不二法门。

第二是撤提镇。所谓提镇，提就是提督（省军区司令员），镇就是总兵（辖区司令官），两者都是清廷派驻地方的军事长官，位高权重，他们跺一跺脚，脚下的土地都会抖三抖。撤掉提镇，就会砸掉上百名高官的金饭碗，无异于从老虎嘴里抢肉。如此大胆的建议，只有江忠源这样忠肝义胆的人才会冒死提出。如果遭到报复，死无葬身之地。江忠源不但提议撤销提镇，还指责这些人腐朽无能，贪婪怕死。他说出了大家心知肚明但都不敢吐出的真言，咸丰居然没有驳回他的建议。

第三是汰弁兵。这是对清朝帝国全体军人的一个挑战。自从鸦片战争爆发以来，朝野上下对官军的整体素质评价很低。江忠源顺应官心民意，提出淘汰那些只会钻营不会打仗的官兵，选拔朴实勇敢的军人来填补他们留下的空缺。换言之，他要求对全军中下层进行一次大换血。

第四是明赏罚。官军将领不敢亲临第一线，赏罚不公，导致军心涣散，这是江忠源在广西时就观察到的现象。他请皇上责令将领亲赴前沿，明察秋毫，一赏一罚，开诚布公，以振军心。

第五是戒浪战。江忠源的这个建议实际上是委婉地告诉皇帝，官军的敌手谋勇兼优。在这一点上，他跟周天爵的看法略有不同，但结论一致。周天爵看出太平军套用周武王的军制，采用孙子兵法，所以胜多败少。江忠源则认为，太平军打防御战时阵地严实，打进攻战时能出奇兵，而且重视谍报工作，行军时虚实并举，动作迅速，所以能战能守。总之，周天爵和江忠源都肯定了太平军是官军的劲敌，一些西方观察家也支持这种看法，不过他们主要是从武器装备方面认定了太平军的优势。江忠源指出，既然官军是面对可怕的强大对手，作战时就必须小心谨慎，知己知彼，稳扎稳打，才能立于不败之地。

第六是察地势。打仗要看地势，因地制宜，这是一个常识。江忠源为什么要特别提出来呢？那是因为官军将领普遍缺乏地理地形知识。江忠源认为，官军在全州、道州、长沙、湘阴和岳州的失利，都是因为没能掌控军事要地。

第七是严约束。官军扰民始终是一个最严重的问题。官军镇压太平军的公义之一就是制止盗抢奸淫，保民安民。如果官军的行径跟盗匪一样，甚至比盗匪更甚，不仅在道义上站不住脚，而且会失去民众的支持。江忠源说，太平军只抢富人的财物，官军则连穷人都抢，百姓自然会拥护太平军。必须加强官军的纪律性，才能打赢这场战争。

第八是宽胁从。江忠源的军武生涯起始于道光末年。在镇压雷再浩的作战中，他提出除恶务尽，斩草除根。在浙江为官时，他仍然是爱憎分明，对盗贼如同严冬一般残酷，对良民如同春风一般温暖。但是通过咸丰年间的军事实践，他发现敌军中也有大批良民，属于胁从之列，不能一概诛杀，应该争取他们投诚。他建议官军打仗时在阵地旁竖立"投诚免死"的大旗，对于投降的太平军一律不予处罚。

江忠源的这份奏疏，对清廷镇压大规模造反运动的方针大计产生了深刻而长远的影响。曾国藩等湘军大佬组建和训练湘军，制定湘军营制，思考行军作战的方略，无不参考他的这些见解。这份奏疏是江忠源的经验之谈。他是湖南乡勇将领中对抗太平军的第一人，对于敌军的战法了如指掌；他多次与绿营配合行动，亲身体验到了绿营的弊端。对于交战双方可谓知己知彼。最重要的是，他是一个善于思考的读书人，他的意见具有极大的指导意义，不仅使乡勇将领中的后来者少走了弯路，对清廷中刚愎自用的文武大员也具有极大的说服力。

48

江忠源拜发奏疏之后，遵旨率领一千七百多名楚勇东进。行近蕲州，听说长江对岸的广济有个宋关佑领头抗交官粮，胁从数万，斩杀了黄州知府邵纶和黄梅知县鲍开运。江忠源抵达蕲州时，听说宋关佑已经集结了几万部众。

江忠源认为，百姓是误听了宋关佑等人关于免除粮赋的谣言，所以不肯交粮；鲍开运是邻县的县令，发兵攻打广济，操之过急，所以酿下了大祸。要摆平这件事，必须不问胁从，严惩起事首领。

江忠源下令在蕲州扎营。广济的百姓跑来求见，请楚勇不要过江，他们许诺把宋关佑绑来献官。江忠源答应了他们的要求。但是，约定的时间到了，不见把人送来，江忠源果断令部队过江，进军广济城北。

宋关佑的起事，张亮基和崇纶已经接到报告。他们一方面通知江忠源顺道镇压，一方面奏请皇上批准。但是，江忠源这一时期的所作所为，大部分是根据自己的判断。朝廷和地方大员给他的命令送达时，往往落在他的行动之后。镇压广济会党一事，他在奉到圣旨之前就着手进行了。

1853年5月6日，刘长佑已经驻军黄梅城南。这时军中疫病流行，李辅朝卧病不起。江忠源将军事全部交给刘长佑掌管。楚勇三战三捷，斩杀五百多人，俘虏三百人，释放其中的一半，令他们带回告示，转告其他人解散。

第二天黎明，会党从城西分两股杀来，再次被楚勇击败。会党悄悄来攻营垒，又被刘长佑用计击破，只得逃往广济。江忠源审讯俘虏，发现有许多是昨天放走的人，知道他们是死心塌地的会党，便将他们一律处死。

江忠济从蕲州运粮前往军营，遇到土匪，遭到猛烈的围攻。江忠源急忙援救。这对兄弟生死患难相依，令人感慨不已。

5月28日，江忠源接到李嘉端的通知，说太平军分兵袭击滁州，请他率部从捷径驰赴河南与安徽交界之处扼要堵截。6月1日，又接到圣旨，叫他在广济剿匪之后再赴江南大营。地方大员的请援，朝廷的圣旨，叫他去往不同的地方。江忠源只能按照自己的意思行事了。

江忠源于6月3日将大金铺的会党根据地焚毁，并将张东铭捕获，会党余部胆落，四散逃匿。

前面说过，江忠源还没离开广济，咸丰已得知太平军正在从滁州北上，又给江忠源下了一道圣旨：如果广济战事未完，便由代理提督阿勒经阿接办，令江忠源统带兵勇迅速驰赴安徽凤阳一带，会同周天爵等人作战。

江忠源接到圣旨以后，把广济的善后事宜交给代理汉黄德道徐丰玉和阿勒经阿接办，自己率领所部从蕲州出发，打算取道九江，再渡江进入安徽。

但是，他来到九江之后，得到情报：太平军在分兵回攻上游。他与向荣的大营已经隔绝，声息不通。何去何从，江忠源还要看一看。这时的江忠源深感责任重大，很想有一番作为，但苦于兵力不足。他请求朝廷从云贵给他调派几千精兵，让他挥师向下游攻击。他还打算派军官回归新宁添募壮勇三千，凑足万人，自成一军。他向咸丰保证，只要有了雄厚的兵力，他就亲率将士竭力扫除东南逆贼，与之势不两立，如若不能成功，请皇上拿他治罪。

江忠源的奏报引起咸丰的感慨。那些朝廷大员，饱食俸禄，怎么一到朝廷要用他们时，个个都用不上手？不是畏葸避战，就是互相推诿。而江忠源这么一个刚从基层升上来的官员，怎么就敢于承担起责任？

咸丰想到此处，给内阁再发一道上谕，要求对那些从草根阶层中涌现的忠义勇敢之士，只要他们建立了奇功，就要给予奖赏提拔。他以江忠源作为例子，说此人在家乡团练乡勇，多次立下战功，被提拔为按察使，可见练勇之中人才辈出，朝廷也敢于放手提拔。北方民风素称骁勇，安徽、河南、山东、江南交界地方不乏奇杰之才，能为百姓御灾捍患，其中有些人自己出资招募乡勇，投效军营，杀贼立功，统兵大臣应立即奏请优奖，或给官职，或给予荣誉，以此形成急公好义的风气。有些人在家乡举办团练，保卫桑梓，遇到贼匪，合力擒捕，也有保卫乡里之功，要跟那些随军打仗的一视同仁，给予奖励。

这道谕旨，说明咸丰已下决心要从民间选拔人才，并且决心使用民间的武装力量。他已经意识到，必须网罗一批效忠于自己的能人志士才能保住江山。而对那些前朝的庸臣，必须重重地敲打一下，对有罪的臣子则要严惩不贷。这个想法越来越清晰，越来越坚定。不过，咸丰此时并未充分重视湖南的人才，而是寄望于北方豪杰四起。

49

九江为什么会出现太平军的部队呢？原来洪秀全定都金陵以后，对战略撤退时放弃的武昌一直念念不忘。同时，他也没有忘记直捣清廷京城的战略目标。于是，他在5月份派出两路大军，一路北伐，一路西征。

北伐一路，由林凤祥和李开芳统率。林凤祥留下曾立昌防守扬州，把扬州的金银绸缎和妇女运送到天京。他和李开芳率领两万多人西进安徽，袭略滁州，再向西北方长驱挺进，取道临淮，于5月28日攻占了凤阳。

曾立昌也派部队清扫扬州周边的地界。他们袭击浦口，西攻六合。清廷的六合知县温绍原率民团在龙池阻击。夜晚，太平军营房着火，温绍原的民团趁机进攻，几千名太平军战士葬身火海，余部逃进天京。

西征一路，由春官正丞相胡以晃与赖汉英、曾天养等大将率战船千艘溯江西上，战略目标是重新夺取安庆、九江和武汉三大据点，巩固天京上游，解决粮饷供应，席卷江南广大地区。在占领武昌之后，打通经湖南去广西的交通线。

所以，江忠源抵达九江之后，接到探报，敌军分股攻向长江上游，拥有一千多艘船只，顺风驶上，已于6月13日抵达彭泽县。

江忠源与刘长佑商议："我军可否向下游迎击？"

刘长佑说："我军仅一千多人，兵力单弱，且无火炮。江面宽至十余里，沿途无险可扼，仓促遇敌，不但难以发起攻击，还恐怕措手莫及。还是坚守九江为好。"

江忠源决定留驻九江防守，并向皇上奏报留守九江的必要性。他当即令部队入城分垛坚守。但是九江城墙过宽，合计一千七百八十余垛，楚勇不敷守垛之数，九江存城兵丁六百多名，皆系未经战阵，如果敌军攻城，兵力过于单弱，江忠源做好了与城共存亡的准备，一面派人飞探下游消息。

江忠源在九江驻扎下来，咸丰事后批准了他的奏请，令他在九江妥为部署。同时，他令湖广督抚速调重兵前来策应，并同意江忠源派军官回湖南添募乡勇。同时他提醒江忠源：逆贼飘忽不定，倘在江西遭到痛击，逃散到湖北一带，江忠源应当先其所急，驰赴救援。

且说，太平军的西征大将赖汉英派人到彭泽以南不远处的南康府城策动造反。这里的百姓开始行动，接应太平军入城。6月20日，一百多名居民将署理星子县知县罗云锦押到城内偏东的同善堂看守，随即劫狱，放出囚犯。第二天，署理知府恭安前往城隍庙烧香，居民又将他押到同善堂，和罗云锦关在一起。

赖汉英得到情报，认为时机已经成熟，下令对彭泽县发射火箭，烧毁衙署，立刻率领船队乘风溯长江直上。行至湖口，赖汉英又下令对县城发射火箭，然后指挥船队驶入鄱阳湖。

6月22日，太平军船队开到南康府城的南门外，部队还没登岸，居民就将两名官员献出，并给太平军馈赠银米食物。都司胡瑶林乘马出城，也被居民抓住送到太平军船上。传闻三名文武官员都被太平军拘禁于船，甚至有人说恭安已经死亡。

赖汉英得到江西百姓的拥戴，大喜过望，对南康百姓赞不绝口，立刻上岸进城宣慰居民。一些百姓欢欣鼓舞，追随赖汉英回船，加入了太平军。

50

赖汉英一动,江西巡抚张芾就探知了太平军的这一动向。他判断,敌军有可能指向九江,也可能从湖口进入鄱阳湖,直指南昌。如果他们入湖,官军在南康和吴城各处驻兵无多,无力阻挡,只能听任他们南下。南昌守军不满三千,团练壮勇也只有两千多名,共计五千多人,防守也将十分吃力。

张芾处在一个两难的境地,必须选择保卫九江还是保卫南昌。正在为难之际,督粮道邓仁坤匆匆跑来求见。

"中丞大人,如今只有江忠源能够守住南昌,请大人立即上疏请调楚勇来此。"

张芾刚刚因为太平军东进时丢失了九江而被革职留用,他不能再冒丢失省城的风险。何况他还踩着一脚屎,当今皇上不久前惩办的穆彰阿就是他的恩师。他如同头上悬着一把剑,必须处处留心。稍有疏忽,就会丢掉前程。如果再丢掉了南昌,恐怕性命都难保住。但他又担心九江失守,皇上同样会怪罪他。于是他回答:

"邓大人所见极是,我早已上疏请调江忠源,只是不知圣意如何。如果我擅自做主将江君调离九江,致使九江失守,我还是难逃干系啊。"

"九江只是一座空城,与其分兵防守九江,不如集中兵力保卫南昌。何况南昌还要为江南大营提供粮饷,如果南昌丢失,官军就被敌军掏了心脏,断了粮饷!"邓仁坤由于心急,声音有些发颤。

"对呀。"张芾沉吟半晌,终于下了决心,"就这样吧。江忠源有一千七百名楚勇,对防守南昌举足轻重。如果把九江驻防军一千多名也调来省城,他们还可以从后面追攻敌船。"

张芾当天就拜发了请调江忠源的奏疏。咸丰览奏之后,考虑到九江战略地位重要,不同意江忠源退守南昌。但是朝中也有呼声支持张芾的动议。军机章京段成实给军机大臣上了一份说帖:江西也是财赋之邦,为东南要地,断不可令贼据之。如今求吏才还算容易,求将才确实困难,请皇上调江忠源去救南昌,安徽按察使可派他人上任。他的意见,军机大臣也奏告了皇帝。咸丰权衡再三,终于批准了张芾的请求。

咸丰虽然做了决断,上谕却要过十天左右才能送达南昌。张芾没等上谕到来，决定先派军官去请江忠源。一匹快马将他的告急信送到九江城内。

江忠源所奉的上谕是坚守九江，但从巡抚的告急信中已可看出事态的紧急。前线的情况瞬息万变，他想起戏文中常说的一句话：将在外，君命有所不受。

他派人把刘长佑找来，说道："皇上要我前往金陵和凤阳，但那里都已是残破之区，我去救援，虽然难见效果，作战却也不难。南昌这边，皇上还没有令我去救，但这是完善之地，事情紧急而难度较大。我应当先挑重担。"

刘长佑说："部队因伤亡和中暑已大大减员，还望斟酌。"

江忠源问道："除掉病弱，精兵还有多少？"

"一千二百人。"

江忠源说："留下伤病号，集合所有精壮，准备出发！"

江忠源决定先斩后奏。他给咸丰上了一道奏疏，不等批复，立即开拔，力争抢在太平军之前进入南昌。刘长佑和江忠济随他同行。

这一天是6月22日。楚勇离开九江，刚刚起程，探闻敌船已入鄱阳湖口，乘风直上。情况已经十分明显，敌军的攻击目标不是九江而是南昌。江忠源庆幸自己先走了一步。

他催马追上刘长佑，问道："印渠，我军可否在吴城阻截？"

刘长佑答道："据探吴城湖面宽阔，我军兵力太少，就算能够保住吴城，也无法阻挡逆贼前往南昌。"

江忠源沉吟半晌，说："既如此，还是直接去南昌吧。"

江忠源的楚勇开始用脚板跟赖汉英的船队比赛。这个新宁人自从1851年在赛尚阿的召唤下赴广西协办军务，在清廷统管军队的钦差大臣和封疆大吏眼里，就成了炙手可热的人物。从广西到湖南，从湖南到湖北再到江西，他所率领的楚勇成为一支快速救急部队。太平军打到哪里，哪里就会出现他的身影。

赖汉英于6月23日经过吴城镇。江忠源率领楚勇急行军，于6月24日夜间抵达南昌。他见城外的民房鳞次栉比，很可能成为太平军的隐蔽所，见到张芾以后便说："请中丞下令，立刻焚烧城外的房屋。"

张芾一愣，问道："为什么？"

"靠近新城门的章江门和广润门，外面人烟稠密，若有贼匪藏在民房里，我军看不见啊。必须全部烧毁，否则没法守城！"

张芾略一沉吟，果断地说："听凭江公处置。"

南昌市民没有张芾这样的觉悟，对江忠源烧房牢骚满腹。街头巷尾议论纷纷：江忠源是什么人？怎么一来就烧房子？逆贼还没杀到，你就实行焦土政策，不是你家的房子，烧了不心疼是不是？

江忠源向乡绅父老耐心解释："你们没有守过桂林，也没有守过长沙，不知贼军占据了城外的民房，就有了攻城的前进隐蔽所。如今南昌城周围房屋这么多，楼高墙厚，留下来会后患无穷啊。"

江忠源没有更多功夫磨嘴皮，手一挥，率领亲兵出城放火。据说大火三日不息，古代名胜滕王阁也被烧毁。

51

江忠源一到南昌，张芾就退居二线。张巡抚放下架子，交出实权，请江忠源挂帅，虽有苦衷，也算难得有自知之明。江忠源通过邓仁坤很快就掌握了敌我双方的部署。张芾对这两个湖南人倾心倚任，说："作战由江君负责，守城由邓君过问！"张芾如此豁达，恐怕还是因为负有守土之责，担心丢掉顶戴的缘故。

四十三岁的湖南武冈人邓仁坤对南昌的城防早有研究。上一年太平军打进湖南时，他曾请求上峰在南昌修筑工事，筹备城防。不久前，太平军从武汉蔽江东下，官军没能守住九江，南昌的百姓纷纷迁往别处。当时巡抚不在城内，他便下令安抚百姓。他向张芾提出防守赣江的策略，请求增兵控制湖口，又拟写了城防注意事项，都未得到足够的重视。江忠源一到，他的价值凸显出来，他立刻成为江忠源的得力帮手。

江忠源预测太平军将从东北方向攻来，而南昌的德胜门和章江门首当其冲，决定分派楚勇防守这两座城门，他自己在敌人主攻的章江门楼坐镇。刘长佑驻扎在德胜门，训练守军轮流防城，还要担负楚勇的文案工作。

江忠源夜宿谯楼，下令炸毁城墙外面的矮墙，不让太平军有隐蔽之地。

楚勇只比太平军早到了半天。6月25日上午，赖汉英率领一千多艘船只组成的大军，乘着北风大作，向章江门驶来，风帆蔽江，黑压压一片。船队在南昌附近停泊，陈孚恩等率乡勇逼近江边，可是无险可据。乡勇都没有作战经验，更无攻击的胆量，担心寡不敌众，又顾虑城内兵单，当即撤回城内登城守望。

赖汉英说："我军突袭，城内应无准备，兵贵神速，立即进攻！"

江忠济随大哥站在章江门上，只见敌船向岸边靠拢，纷纷向城头开炮。江家兄弟冒着炮火指挥守军开炮还击。一排炮弹射到江面，击沉敌船三艘，把太平军压制在水面上。赖汉英因为大意而损兵折将，抬头一看，只见楚勇的蓝色军旗在章江门上空飘扬，不由倒抽一口冷气，惊叹一声："江忠源来了？他怎么来得这么快？"

城头上忽然一阵喧哗。江忠源问道："什么事情？"

不一会儿，只见江忠济带领楚勇押着四名绿营兵过来，报告说："敌军方才开炮，这四人就要攀绳逃出城外，被楚勇抓住了。"

江忠源说："统统斩首，以肃军纪！"

张芾和陈孚恩也在城头，颇为尴尬，说道："本省官军初经阵仗，城内原有的几千人都没打过仗，想来是一时吓坏了。"

江忠源道："缺乏作战经验不怪他们，可是临阵脱逃，说明纪律松弛，必须杀一儆百！"

赖汉英初战失利，当下派小船抄到南门外的南湾。这里的守军指挥官是知府林福祥，他命令机动部队开炮，击沉敌船二艘，并将登陆的敌军击退。

南昌官军初战小胜，士气高昂。江忠源还是不放心，对张芾说："我带来的楚勇个个身经百战，军纪森严，我要派他们到四城督战。"

江忠源环城巡视，分兵防守城垛，将一千二百名新宁勇抽出七百名分派到七座城门，每座城门各派一百名楚勇。各门的楚勇又分散开来，每四五个城垛都有一名楚勇监督几名守兵。另外五百名楚勇作为机动兵力。江忠源下令："只要发现有人企图逃走，立即斩首。我会日夜在城头巡防！"

楚勇的勇敢表现大大鼓舞了其他守军，南昌的城防力量大大加强。城防部署完毕以后，张芾来找江忠源，说："江西民情柔弱，听到警报之后纷纷迁避，南昌的绅士及工商匠役人等无不远走高飞。多亏邓仁坤啊，一切军需品平时都有储备。可惜城内兵力太少，还得请皇上从湖北和湖南遴选得力镇将带兵赶来增援。"

江忠源道："我军兵力虽少，但守城绰绰有余。敌军初到，布置未定，我军应简选轻锐潜师出城，抄击敌后。等到援兵大集，再大举反攻。"

赖汉英在湖南吃过江家军的苦头，知道这一次的攻坚战不好打，决定稍稍后退，率领船队向德胜门驶去。这时城外的大火还没烧尽，赖汉英指挥部队登陆，连连下令："快快救火！"太平军扑灭了德胜门外的火焰，这里的民居保留下来，成为太平军的掩体。太平军以此为根据地，不久便挖地道轰城，南昌人这才明白：江公果然有先见之明。

赖汉英在城外巡视了一圈，叹道："看来南昌城防已经部署定妥，我们只能靠水陆夹攻，困死清军！"他下令在北兰寺一带连营数里，掘壕起堑，作为进攻阵地。又分派游军沿鄱阳湖西向南昌、新建两县所辖二三十里境内巡逻，日出夜归，断敌接济。

江西百姓对太平军表现出了巨大的热情，各地有人倡议进献物资，东至饶州府、广信府，西至瑞州府，南到临江府、抚州府、建昌府，每天都有百姓举着旗帜远道送来猪米等食物，清廷官吏不敢禁止。太平军派人迎接拥军的百姓，热情接待，见面以兄弟相称，打成一片。他们将《太平诏书》《天条书》《幼学诗》《三字经》数卷，加上收货凭据交给百姓。重度的答谢，则有棉花、油盐、衣服等物。农民到营门来卖农产品，太平军支付高出市价几倍的价钱。在他们支持下，南昌附近的农民到地主家开仓分粮。

这时九江镇和南赣镇的营兵部分赶到了城外。上谕也送到了南昌，咸丰不但批准江忠源增援南昌，还根据张芾和陈孚恩的奏请，任命他总统城内外各营兵勇，统一指挥。

南昌的西南北各门外民房墙壁尚未毁尽，赖汉英以此作为前进基地，令部队开枪放炮，暗挖地道。6月26日，江忠源令楚勇从永和门空心炮台突出门外，三四千名太平军在高坡上开火射击。楚勇冒着枪林弹雨直扑敌阵，太平军抵挡不住，退到坡后。楚勇在高地站稳脚跟，太平军拼死回扑，楚勇顽强抵御，当天击退了太平军发起的四次冲锋。

楚勇不怕死的精神再次鼓舞了守军。知府耆龄和林福祥在城上指挥大炮和抬枪射击，打破两军对峙的僵局。邓仁坤新筑空心炮台，指挥乡勇在台内用大炮连射，以猛烈的火力击毙不少敌军。林福祥一介文官，亲自发射连珠火箭和大炮，命中敌阵，因炮位退坐，致伤腿足。城内各营不忍让楚勇孤军作战，下城增援，一时矢石如雨，迫使太平军全军撤退。此日先后伤毙敌军二百多名，官军伤亡近百人。

张芾与陈孚恩都在城上督战，亲眼见到楚勇奋勇敢战，以一当百，惊诧不已。楚勇把总李光宽身先众勇，深入敌阵，所向无前，更令张芾等人看得惊心动魄。那一天的战斗十分惨烈，李光宽最终饮弹身亡。

楚勇收队之后，江忠源下令加筑月城，鼓励士卒下城焚屋清壕，以防地道暗攻。同时在城内严密巡逻，缉拿奸细，以弭内讧。江忠源忠勤懋勉，筹划周详，官兵无不悦服。

赖汉英也不示弱，令部队在章江门外的沙井修筑了营垒。太平军沿着赣江岸边的小洲筑起炮垒，日夜对城轰击，炮子如雨点一般落在城头。

江忠源每天登城守备，到夜里疲倦万分，卧榻休息。张芾有事找他，直接走到卧榻前与他交谈，丝毫没有巡抚的架子，如同劳军的三陪先生。两人坐定，随从在左右侍候。

张芾说："江大人，真是惭愧，江西的官员无法守住南昌，还得烦劳楚勇出力。幸得贵部及时赶到，否则后果不堪设想。"

江忠源道："中丞不必客气。忠源来此，未见到几位江省官员，不知都去了何处？"

"唉，"张芾长叹一声，"说来惭愧啊。闭城以后，经我委派稽查城门、巡查街道的官员，竟然都未来跟我见面。有些人未奉差委，屡传不到，显系先期远避。南安府同知杨正祥，抚州府通判范寿椿，饶州府通判王煊宇、候补知县刘世炜、祁启蕚，万安县知县黄瑞图、峡江县知县蔡廷兰，试用知县袁思韩，本来都在城内，如今连人影也不见了。"

江忠源拳头紧捏，说道："忠源最恨这些胆小怕死之辈，拿着朝廷的俸禄，国家有难时，他们躲得比谁都快！若不严行惩办，何以肃官守而励人心！不过，少了他们也无妨。陈尚书和恽臬台带领练勇一千八百多名，加上处州营兵几百名，在城北德胜门外分立营垒，已与城内互为犄角。忠源随中丞负责登城守卫，还可随时出城策应。只是兵力尚嫌单薄，何况除楚勇以外，都未经过阵仗，还请中丞催请援兵早日到来。"

张芾说："援兵到来之前，全靠楚勇支撑局面了。我立刻上疏，请皇上责成向荣及湖广督抚迅即拨兵救援。"

江忠源说："在下也会上疏请援。向军门营中只有和春与秦定三最为得力，若能由他二人率二三千精兵来此，南昌定能保住。"

两人谈到要紧处，忽听一声轰响，炮子飞来，击碎了侍从的脑袋，然后洞穿了座位后面的墙壁。张芾大惊失色，连忙叫来随从，悄悄叮嘱道："赶紧去找知府林大人，叫他送几张牛皮过来。"

当晚，林福祥派人过来，用牛皮制成防弹屏挡，遮在江忠源的卧榻前。江忠源看到了，笑道："军人作战，怎能躲避炮弹？快把牛皮拆掉！"

这几天里，赖汉英没有强攻南昌城，而是在完善自己的营垒。德胜门外很快就竖起了一道栅栏，保护太平军的水师。他们将上千艘船连接起来，从七里街向东，绵延十多里，构成水上封锁线。为了保存实力，赖汉英不许部队出战，只有工兵在悄悄挖掘地道。

江忠源隐隐听到地下的声响，知道老对手在打什么主意。他悬赏招募敢死队，亲自率领出城，把德胜门外的房屋差不多全部烧光，这样就便于寻找地道口。赖汉英令部队稍稍退后，靠着文孝庙修筑三座壁垒，三面围墙，一面靠水，保护船队。部队前可登陆，后可上船。

太平军的壁垒修得坚不可摧，开挖的地道长达五六里，斜向逼近城墙。江忠源令人迎着声响挖过去，破坏了四条地道。楚勇又用石头在城门外垒砌一座小城，阻挡一面，以防敌军把地道挖到城墙下。

连日操劳，江忠源也病了。但他不敢休息，仍然坚持巡城。想到金陵、镇江和扬州尚未收复，太平军又攻到了河南，而他这位百战骁将身染疾病，力不从心，一时百感交集，随口吟道：

东望三城久未收，又闻鼙鼓入中州。孤城保障吾何敢，大局艰难剧可忧。

前席每思廉李将，中兴谁是岳韩俦？危时抱病多忧愤，差喜甘霖兆有秋。

江忠源和刘长佑是城防的主心骨，两人长期缺乏睡眠。地下常常传来一些怪异的声响，仿佛死神随时可能从地底钻出，弄得人心惶惶。张芾偕同陈孚恩巡城，夜半走到章江门，想跟江忠源进一步磋商城防。江忠源困极了，已闭目沉睡，张芾不忍把他叫醒，在城楼上徘徊。忽见桌上灯后有纸，纸上有字，取来一看，原来是一份命令稿。凡是张芾和陈孚恩所顾虑的城垛紧要处，都已加派守军严密巡逻；城中挖掘隧道，阻截敌军地道，也做了周密部署。二人大为惊喜，说："城无忧了！"下楼而去。

第二天，他们见到江忠源，对城防部署大为赞赏。江忠源说："那份计划是刘长佑制订的。"江忠源不经意的一句话，令张芾和陈孚恩对刘长佑刮目相看，连忙请来晤谈，对他的见识大加赞赏，从此刘长佑声名大振。

52

赖汉英的攻城策略使南昌攻防战的核心转移为地道战。太平军不断在城北德胜门外暗挖地道，江忠源在城内加筑月城，从章江门到德胜门楼，两军不断接仗。江忠源又令部队在德胜门老月城内开掘深壕，安设瓮听，侦察敌军动向，防止敌军轰塌城墙。

太平军把文孝庙作为挖掘口以后，此处成为江忠源的心腹大患。一天夜间，他派兵下城去烧文孝庙敌营。楚勇放火之后，抓回几个舌头，江忠源连夜审讯。俘虏供称，石达开已从金陵派出几千援兵，即将开到南昌。

为了防止守军袭扰，赖汉英在永和门与德胜门外的高坡上连扎三营，分兵攻击各门。江忠源令守军击退攻城敌军，不时选派敢死队下城追击。从6月27日到7月6日，城防固若金汤。

罗玉斌的九江援兵于7月4日全部赶到南昌。江忠源手中兵力增强，决定于7月7日发起一次反攻。他派楚勇、川勇、九江兵和南昌乡勇从城西顺化门出兵，分三路进击。另派守备封九贵带领一百多人的放火队从章江门下城，去烧敌垒和敌船。江忠源带领林福祥，率练湘勇在城外高处接应。张芾与陈孚恩在城上督阵，陆元烺、恽光宸、吴其泰、邓仁坤、王训和沈涛等官员负责分守各门。

三路官军出城后，迅速逼近敌营，遭到大炮轰击。徐思庄的南昌乡勇遭到几千名太平军阻击，立刻处于劣势。张芾令耆龄对准敌阵发炮，将敌军稍稍压退。炮火一停，太平军又反扑过来。九江兵、楚勇、川勇和南昌府勇三面接应，合力抵御，鏖战二时之久，才将敌军击退。封九贵的放火队从章江门下城，携带火罐火箭，正要放火烧房烧船，太平军出动二三百人顽强阻击，放火队拼死冲锋，毙敌几十名。游击常海在城上指挥浙江兵用枪炮射击，将太平军压制下去。这一天的战斗，攻击部队和放火部队因兵力单薄，都未得手。

江忠源下令收兵回城。他刚回到城内，张芾便来找他，一脸愁容地说道："据湖口县禀称，又有贼船百余只开来，恐怕赖逆凶焰更加嚣张。"

江忠源说："招募乡勇有无结果？"

张芾道："增募了一千多人，只能协助守卫城墙，用于攻击，太无把握。"

江忠源叹道："是啊，即便我们能够保住省城，可是逆贼又会窜往别处。若能再得精兵五千，便可将城下此股贼匪扑灭，不致再有蔓延。"

"唉，可惜向钦差那边的援兵还不见到，若是和春与秦定三能来，加上湖南和湖北的援兵，相信江大人一定能将赖逆歼灭。"

江忠源的反击未能奏效，反而促使赖汉英决定加快对南昌的攻击。7月9日早晨，他下令引爆地雷，炸塌了德胜门西月城外六丈多长的城墙，缺口两旁还各有三四丈的裂缝，声震一城，黑烟迷目。江忠济率领一百多人用布袋盛土垒筑，修补缺口。不料城墙大垮，筑墙者多被埋在墙下，江忠济也在其中。未被埋掉的随从将他拔掖而出。

江忠济站立起来，只见几千名太平军蜂拥而上，江忠源和江忠济督率楚勇当先阻击。张芾闻报赶到缺口处，战情正在紧要之时，太平军用火箭枪炮向城内射击，子密如雨，楚勇军官唐邦兴和陈周昌等站立缺口，指挥众勇冒死拒敌，血战一个时辰，将冲上缺口的敌军全部杀毙，击毙几名身着黄衣、手执黄旗的太平军将领，敌军方才稍稍退却。楚勇乘势压下，太平军抵敌不住，败入屋内。楚勇林立城下，形成一道防御线。

德胜门城墙轰塌时，太平军分兵攻扑各门，陆元烺、徐思庄、陈景谟、汪茹鉴等人在各门分段守御，将攻城敌军全部击退。

张芾和陈孚恩赶紧号召官兵和民工连夜抢修。邓仁坤和林福祥最先赶到缺口，冒着箭矢和石头督率抢筑，尤为出力。他们很快筑起高七八尺的城墙，堵塞了豁口，江忠源才令楚勇撤回城内。第二天将缺口及开裂处一律筑补，得以化险为夷。统计战果，当天各处毙敌五六百人。

这一仗能够保住南昌城，靠的是楚勇抢护，江忠源调度有方，又能先事预防，江忠济不避锋镝，督率楚勇当先阻击。对于楚勇和协同作战的部队，张芾分别从重给赏。江忠源拒绝张芾为他向朝廷请奖，张芾请求赏给江忠济五品顶戴花翎。恰在此日，京城快递给江忠源送来咸丰颁赐的白玉翎管一支，白玉四喜扳指儿一个。江忠源对咸丰满怀感激，发誓要死守南昌。

赖汉英功亏一篑，大为遗憾，下令在这条地道的左右继续开挖几条地道，暂不动用主力攻城。太平军只是躲在屋内凿孔，用枪炮射击，派小股部队四出侦察。江忠源派出探子，测出敌营位置，指挥大炮轰击，击毁几处敌营。又令各部在城内开挖暗壕，杜绝太平军的地道。总兵马济美率领援兵赶到，江忠源与张芾商量，令他率领本部人马和罗玉斌的九江兵，加上新募的川勇，扎营在城东北的永和门外。

这时候，都司戴文兰率领两千人从湖北赶来。此人是老战友了，江忠源一见他，十分高兴，握着他的手说："贵军来得太及时了。我就知道，湖北不会坐视不管。"

戴文兰说："左季高听说南昌吃紧，呼吁两省协作，对张制台说：'江西有难，湖北不能坐视不管。如果各省只顾自己的辖地，就会被洪秀全各个击破！'制军颇以为然，连忙派我等前来。"

江忠源道："贵军可否到城外扎营御敌？"

戴文兰说："遵令！"

江忠源又对张芾说："援兵陆续到来，我想再发起一次反攻，中丞以为如何？"

张芾说："向荣的援兵尚未开到，是否等到援兵稍多时再行反攻为好？"

江忠源道："我也担心反攻开始之后赖贼会从水上撤退，官军无从追击。若有水师上下追堵，形成夹攻，才能将敌军全歼。"

"向荣倒是有水师，只恐怕他不肯调来南昌。"张芾说道。

"向荣靠不住！此股逆贼离开金陵后，他曾派福兴率水师从附近追击。福兴明知其子向继雄炮船失事，却不援救，行至芜湖便下令返航。那时逆贼多未上岸，自然是乘风直上。如今想来，逆贼之所以没有沿江抢掠，一是为了保密，二是考虑到沿江城镇残破之余已无可掠。福兴应当已将此事禀报向荣，但向荣却对朝廷谎称是难民船只，致使逆贼蔓延到江西内地，真是可恨已极！"

7月16日，戴文兰等下城扎营，太平军突出几百人冒死来扑，戴文兰等人率部毙敌数十名。第二天，戴文兰等正在支搭帐房，太平军又出动一两千人，分作五路直扑官军营盘。戴文兰指挥开化勇迎战，张金甲率辰州兵设伏于短墙下，开化勇佯退诱敌，辰州兵突出冲截，开化勇又从旁围攻，共伤毙太平军一百多名。

7月19日，张芾派马济美统兵由东向北，戴文兰由西向北，在德胜门外北面空心炮台后驻扎。7月20日凌晨5点，两部同时出兵，马济美指挥参将罗玉斌等部从东路进攻城北敌营，几千名太平军蜂拥迎截，广勇首先冲锋，川勇与镇标兵继之，三面围攻，鏖战两小时，大有斩获。派在空心炮台策应的广勇练勇人数较少，刚刚列队，几百名太平军直扑而来。广勇头目程智泉拼死抵御，练勇在一旁接应，空心炮台内也同时开炮护卫，才将太平军击退。

城外开战时，张芾、陈孚恩、江忠源等人一同在城上指挥，并令知府耆龄、游击祥麟等用大炮射击，击毙一些太平军。戴文兰等人从西路进攻城西敌营，太平军突出三百余人，被官军击退，退入营内，不再出战。但是太平军兵力有一万多人，其中有不少骨干力量，进退有序，即使在伤亡严重时，部队也未溃散，官军无法将其重创。

南昌保卫战打到此时，张亮基调派的兵力已全部到位，向荣所派兵力只有总兵音德布率领的一千二百人到位。此外还有骆秉章派来的六百人、赣州总兵阿隆阿带来的三百多人陆续赶到。江忠源打算让援兵在永和门和章江门外扎营，分为左右二翼。东南四门距离太平军稍远，防守较易，江忠源未派部队在那里驻扎。

53

湖南的代理巡抚潘铎裁撤兵勇，妨碍了湘军的建设。他把省城所招的湘乡练勇一千多人都遣返家乡了。不过他在4月份发了一道指令，为湘乡勇重新组建提供了机会。湘乡知县奉巡抚之令，派湘乡团勇捕诛本地会党，他趁机将本县的团勇增加到六百人。绅士们共推罗泽南担任总指挥。李续宾增募三百人，率部驻扎云门寺，打算前往衡州和耒阳之间阻击会党，后来没有成行。

在湘乡的团练元老中，有人从一开始就对曾国藩不感冒。大家聚在一起，谈到曾侍郎时，王鑫说道："此人京官做久了，动不动就发公文，打官腔，真是看不惯！跟他交谈，话不投机半句多。"

李续宾把王鑫拉到一边，说："部队必须团结才能打胜仗，哪里有工夫计较这些小事？何况曾公是朝廷的钦差，单凭这一点，我们也该尊重他。"

湘乡勇此时有了九百人的队伍，每天每人发一升米和二十钱的柴费菜钱。官府拿不出这项开支，李续宾就从自家拿钱，由父亲李登胜与王鑫之父王宗麓提供。

正在这时，潘铎具折告病，湘乡勇如何发展，要看新任巡抚的态度。他们又走到了一个十字路口。咸丰这时想起了骆秉章，决定让他回到湖南巡抚的任上。

骆秉章自从清明节跟新任湖北巡抚崇纶办好交接之后，遵照皇帝前旨前往北京。4月23日行抵汝宁，在廖亲家衙门内小住。两天后接奉上谕，令他署理湖南巡抚。几天后他便起程南下，于5月18日在长沙接收官印。

骆秉章经历过长沙的战事，对团练颇为上心。他改变了潘铎的政策，支持曾国藩加强省城的团练建设。塔齐布得到曾国藩的器重，对公务十分热心，给骆秉章送来一纸建议书。骆秉章正与曾国藩商谈公事，把建议书接过来一看，一句话也没看懂。于是，他递给曾国藩过目，说道："这个塔守备，倒是对军事非常上心，可惜我一句也看不懂。涤公你看看，究竟说了些什么？"

曾国藩接过建议书看了一阵，也是一头雾水。

骆秉章说："看不懂吧？粤贼北上长沙时，塔守备也曾上书讨论军事，他的文章写得实在不敢恭维，老夫几乎一句也读不通。"

曾国藩说："你这个大秀才看不懂，曾某自然也看不懂。"

但是曾国藩心里并未将此事放下，回到审案局之后，把塔齐布招来，说道："你写的建议，我和骆大人都看不懂。现在你给我讲一讲，或许我能听懂。"

曾国藩没想到，塔齐布虽然不通文理，说话却甚为明白。原来他是想改革选拔基层军官的制度，不拘一格选拔人才。曾国藩听后大为高兴，连忙与骆秉章商议，予以批准。

塔齐布的建议通过了，他令宝庆勇到校场集合，竖起四面旗帜，下令道："谁能最先夺得这四面旗帜，我就让他做哨官！"

队列中奔出数人夺旗。夺到旗帜的那四个人，果然当即被委任为哨官。四人当中，未来的湘军大将四川人鲍超是其中之一。他平时训练格外勤奋，在塔齐布不拘一格选拔人才时，他立刻拔得头筹。

塔齐布又竖起八面小旗，下令："夺得小旗者，就是队长！"

就这样，下级军官很快选拔出来，塔齐布当天就率领部众在校场开始训练。骆秉章决定犒赏他，在巡抚衙门设宴，亲自为他斟酒，说："骆某只看文章，没能听你当面陈述，险些错过了人才，先饮此杯，聊表歉意。"

从此，塔齐布声名大振。骆秉章听从曾国藩的劝告，奏委塔齐布署理抚标中军参将。

在骆秉章支持下，曾国藩一手抓军训，一手抓严打。各州县捕送到长沙的匪徒渐渐增多，曾国藩严刑鞠讯，每天都有斩枭杖毙的大案，前后杀掉了二百多人。湖南的匪徒闻风敛迹。严打违背了儒家倡导的仁恕之道，连曾国藩的门生都看不下去了，替他捏着一把汗。李鸿章的长兄李瀚章在益阳代理知县，给曾国藩上书，劝他减轻刑罚。曾国藩把他的信函扔到一边，没有理睬。

骆秉章刚刚回到湖南巡抚的位子上，就遇上了一些严重的治安问题。但是由于团练得法，所有问题几乎都能迎刃而解。安化县境内的兰田市有串子会聚众造反，曾国藩令朱孙贻亲自上阵，率团勇前往缉捕，擒拿一百多人，事情平息下去。接着，湘南的桂东县送来紧急军报：江西和广东边界有土匪窜入县境，占据了县城。曾国藩与骆秉章共同行文，派知州张荣组带三厅兵勇前往攻剿，又调候补盐道夏廷樾率领七百多名湘乡勇随后增援。这支湘乡勇的指挥官还有邹道坤、吴坤修、县丞王鑫和训导罗泽南。

罗泽南所部开到衡山，听说附近的草市有会党起事，集结了一千多人。罗泽南连忙赶赴草市，擒捕了会党头目刘积厚、龙念七等二十多人，处以死刑，会党溃散。

王鑫于7月6日抵达桂东，得知张荣祖已经收复桂东县城，王鑫奉命留守。会党向永兴和兴宁等县进军。罗泽南从草市来到桂东，与王鑫会师，连日追击，迭获大胜，将会党赶回江西上犹、龙泉等县。骆秉章综合汇报罗泽南的战功，保奏以知县使用。

但是江西的会党并未沉寂，又从万安攻击龙泉。王鑫和罗泽南率部越境迎击一百四十多里，进军大汾圩。会党正在竹坑集结两千人，大肆抢掠，气焰十分高涨。王鑫令乡勇把守隘口，分兵左右进攻，自己从蕉山绕到会党后方夹击。哨官（连长）钟开诚、易普照驰入阵内，斩杀会党首领三名，会党大败。此战共活捉八十五人，斩杀二百多人，夺取大量武器，将会党根据地全部扫平。

把守隘口的本地民兵也俘虏了逃跑的会党四百多名，全部处以斩首。会党余部溃散。这次江西会党袭击湖南，不到两个月便被湘乡勇扫平。

骆秉章切实感到了团练的好处，觉得团勇是一件称手合心的好工具。他下令增募一营湘乡勇，令监生邹寿璋率领。

江忠源奏请招募三千名湖南乡勇随他到江南大营，咸丰批准之后，曾国藩大力支持，函致江忠源之弟江忠浚和江忠淑，请他们操办此事，同时令宝庆府知府魁联支持江氏兄弟招募宝庆勇，又令朱孙贻招募湘乡勇。他计划在长沙对这两批乡勇加以训练，然后派赴江南大营，与江忠源旧部合成一军，使江忠源手中有一支劲旅。但是这个计划没有实施，因为江忠源没有前往金陵，而是从九江去了南昌。

6月份，曾国藩最小的弟弟曾国葆奉令招募一营湘勇，驻扎在长沙南门外。这时接到永州府报告：广西兴安、全州、恭城等州县聚有匪徒，请兵防堵。骆秉章派署理衡永道徐嘉瑞前往。正好张荣祖率部从江西凯旋，骆秉章与曾国藩商议，即派张荣组所部赶赴永州作战。恭城会党接着挺进永明，兴安会党挺进零陵县界，江蓝厅也有会党进入。贺县的会党又挺进江华。湖南的兵勇分头作战，不久就将会党镇压。

赖汉英从金陵西进到长江上游时，咸丰皇帝警告湖南：逆贼有可能回攻长沙，并会袭击南昌，曾国藩与骆秉章必须会筹防御。湖南的高官得到了一个大力充实地方武装的机会。骆秉章通知提督鲍起豹，叫他调兵来长沙，并把江氏兄弟招募的宝庆勇和朱孙贻招募的湘乡勇共三千人留在省城，听候调动。在将张荣祖派赴永州的同时，骆秉章和曾国藩命令夏廷樾、罗泽南带领湘乡勇返回长沙。

太平军舰队开到南昌城外的消息传来，咸丰皇帝令湖南派兵增援江西。骆秉章立刻派出镇筸等绿营兵八百名前往增援。紧接着，江忠源在南昌向湖南求救，朱孙贻和夏廷樾都主张增援江西，曾国藩则在认真考虑江忠源、左宗棠等人的提议，准备组建水师，在衡州造船。骆秉章听从了朱、夏等人的提议，决定征调两千名湘乡勇，加上一千名新宁勇，由夏廷樾、朱孙贻、江忠淑、罗泽南、李续宾等人率领开往江西。

江忠淑的一千名新宁勇和朱孙贻的一千二百名湘乡勇陆续抵达长沙集结。李续宾于7月8日领到官府发给的军费，当即从湘乡出发。勇丁脸上有了笑容，他们每人每天有一百钱的伙食费了。这支勇队于7月10日抵达长沙，驻扎在城南书院。

骆秉章去看望湘乡勇，他们还没来得及换装，衣衫褴褛，面目朴野。巡抚的随从见了，都捂着嘴发笑。骆秉章对朱孙贻和罗泽南说："孤军远行，兵力还得增强。服装要添置，军队嘛，就得穿上衣甲。"

李续宾在一旁施礼，说道："骆大人，依在下之见，本军无须改装。逆贼由于轻装上阵，所以善战。我们湘勇也是起于畎亩，与逆贼争锋，全靠短衣草鞋，灵便活泼，还是不要用甲胄束缚他们，令他们胆怯吧。"李续宾此话也许在湘乡勇将领中是具有代表性的，湘勇此后作战一直不穿甲胄，冲锋时以肉身冒着炮火，对着刀刃，这就是李续宾倡导的勇敢。

7月17日，曾国藩与骆秉章会奏办理防堵事宜一折。曾国藩又专折奏称：

> 臣母丧初周，拟回籍修小祥之礼。适闻粤贼回窜江西，臣应留省城会筹防堵，不敢以事权不属，军旅未娴，稍存推诿。

同一天，曾国藩又与骆秉章联合上奏，参劾长沙协副将清德性耽安逸，不理营务，请旨革职，交部从重治罪，以儆疲玩而肃军政。

曾国藩又专折奏保塔齐布和千总诸殿元，说塔齐布忠勇奋发，习劳积苦，深得兵心；诸殿元精明练达，胆勇过人，恳恩破格提拔。为了表明他的保举十分慎重，他说此二人日后有临阵退缩之事，皇上可以将他一并治罪。

曾国藩在大办团练时重用满人军官塔齐布，而他向皇帝奏保的人员首先就是这个满人武官，可以看出他行事之谨慎。他要向满人统治者表明忠心，借以消除最高统治者的猜疑。

曾国藩训练新军确实也要借重塔齐布。他和骆秉章将各路兵勇几千人调来省城防守，全赖塔齐布逐日抽调操阅，暑雨不辍。可是塔齐布听令于曾国藩，便间接地得罪了提督鲍起豹。鲍提督来到省城，声称盛夏酷热，不应操练。官兵不愿吃苦，都怨塔齐布给他们找苦头吃。怨气也发到了曾国藩头上，于是正规军与勇队发生争讧。曾国藩奏参的副将清德连忙依附鲍起豹，成为塔齐布的仇家。

但是曾国藩得到了咸丰皇帝的支持。皇帝览奏之后，决定将清德革职拿问，交张亮基、骆秉章讯明定罪；同时赏给塔齐布副将衔，将诸殿元以守备补用，先换顶戴，以示鼓励。

这样一来，正规军对曾国藩的怨恨加深，为日后的骚乱埋下了种子。

曾国藩此时还种下了一个苦果。在招兵买马的浪潮中，王鑫的积极性最高，一下子就增募了两千人。曾国藩听信了一些人的小报告，认为王鑫爱出风头，不听指挥，对王鑫颇为不满。骆秉章却不反对，留下王鑫的兵力作为湖南的游击部队，令他驻扎郴州，以防南路土匪。曾国藩和王鑫的分道扬镳，从这时起就显露出征兆。

当时广西会党进攻全州，王鑫赶赴郴州防守，不久又到桂东办理团练。他发现桂东民情淳朴而懦弱，若有疾苦不敢言者。于是秘密察访，锁定扰民最厉害的一百多名匪徒，逮捕归案，全部处死。由此民心大悦，王鑫趁热打铁，召集乡民，教之战阵，形成几千人的劲旅。

54

且说湖南乡勇援赣大局既定，曾国藩做了具体的布置。他令江忠淑从浏阳进兵，朱孙贻从醴陵进兵，夏廷樾、郭嵩焘、罗泽南共领兵勇一千四百人从醴陵随后进发。合计援江兵勇三千六百人，这就是湘乡勇出境征讨太平军之始。

曾国藩对湘乡勇特别关心，担心他们缺乏针对太平军的作战经验。他认为，楚勇身经百战，随同前往，可以弥补这个缺陷。江忠源的三弟江忠淑熟悉江家军的营制，曾国藩令他率领新宁勇打前锋。曾国藩又担心楚勇崇尚剽悍精锐，营制却不严密，令千总张登科率领二十名湘乡勇为他们做前哨。

部队出发前，曾国藩对江忠淑和张登科叮嘱道："必须在百里之外派出哨探，到了瑞州就停止行军，等待湘乡勇到来，一起前进。"

7月23日，湖南援赣军的湘乡勇从长沙出发。部队番号为"湘勇"，没有营名，营以下也没有设立哨和队，也就是没有连、排建制。领队的军官，除了罗泽南、朱孙诒、李续宾兄弟，还有夏廷樾、郭嵩焘、杨虎臣、康景晖、杨昌浚、罗信东、蒋泽沄、易良幹、罗镇南、谢邦翰、李杏春，一共十五人。骆秉章和曾国藩没有起用绿营将领，营官和哨官都是清一色的书生。曾国藩对书生的忠诚寄予厚望。

曾国藩在密切注视着增援江西的湘勇会有什么样的作为，但他并不把这支援军的胜败放在心上。曾国藩更加关心的是，他家乡的这些带兵的书生，到了残酷的战场上，究竟有没有胆量一搏？这次观察的结果，将直接影响到他对湘勇的信心。

湘乡勇出发后，途中都能找到民舍止宿，但李续宾反对借宿民宅。他说："军队最宝贵的素质就是不侵扰百姓。"他建议设置帐幄，开壕筑垒。湘勇表现出了严明的军纪和亲民爱民的态度。

且说江忠淑率新宁勇打先锋，很快就进入江西，从锦江水路向南昌开进。这支部队的指战员都是山农出身，不少人性格柔懦，不愿离乡背井去远征。江忠源曾给新宁勇讲过忠君报国和礼义廉耻的大道理，加上物质刺激，通过多次实战，才将他们训练成勇敢的斗士。然而此次出省，江忠淑疏于思想工作，加上指挥失利，新宁勇士气并不旺盛，进入江西之后，发生了意想不到的情况。

和江忠淑同船的有一位四十八岁的新化学者，名叫邹汉勋。他因弟弟邹汉章同江忠源一起在南昌被围，心急如焚，不断催促部队加快行军。船队开到瑞州，江忠淑对他说："叔绩兄，曾公叫我们在瑞州等待湘乡勇，会齐以后，一起进兵，你看如何？"

邹汉勋道："南昌被围紧急，我军距离南昌已经不远，何必如此拖拉？"

"叔绩兄所言极是！"江忠淑大有同感，"我江家军素来号称劲旅，涤公担心我们孤军深入，遭遇不测，也是过于谨慎了！叔绩兄精通舆地，有你随军，难道还会有什么不测？"

江忠淑下令继续前进。船队驶到光义市，忽然遭遇一支船队，前锋大喊："粤贼杀来了！"江忠淑命令抬枪射击。枪声传到锦江两岸，百姓赶来鼓噪，向新宁勇示威。新宁勇以为遭遇大敌，丢弃军械和饷银，惊慌上岸，四处逃散。江忠淑的船上也乱成一团，船只翻覆，行李被江水冲走。

江忠淑游水上岸，一阵凉风吹来，浑身直打哆嗦。来到一个大户人家，主人送他一件绸衣，让他把湿衣换下。江忠淑退到义宁，收拢部队，休整了十几天，不见太平军到来，才继续前进。

新宁勇遇见的船队究竟是不是太平军，还是一个疑问。江忠淑事后给江忠源写信，说敌方船队有一百多艘。但是一通抬枪射击后，对方并未还击，可见并非多么勇猛的敌人，甚至有可能不是敌军，只是商船而已。不过，太平军既已攻克瑞州和丰城，江忠淑遇见的船队也有可能就是太平军。

55

湖南援赣军从长沙启程的时候，湖北的官军感到了太平军从河南方面的威胁。

1853 年 7 月 24 日，太平军大将林凤祥的南下派遣军从罗山县西南一带继续南下，第二天抵达纲庄，然后奔赴龙旺和宣化等镇，于五天后抵达大胜关，进入湖北地界。王家琳从河南带兵跟踪追入湖北。

早在这支太平军抵达河南许州时，湖北官军就已做出反应。左宗棠令按察使唐树义领兵赶赴应山和孝感防御。张亮基对左师爷深为倚重，每晚手持总督关防，叮嘱道："军情一起，便是燃眉之急。关防放在你这里，紧急时你可先发公文，再向我报告。"

太平军抵达罗山县以后，距湖北孝感北界的九里关及黄陂北界的河口一带不远。左宗棠料定太平军会从麻城、黄冈的内河进入长江，上攻武汉，令唐树义手下的许连城等部从河口赶赴黄安阻击。许连城所部抵达麻城，几千名太平军刚从河南杀到。许连城兵分两路，将太平军击败。

唐树义认为这支太平军是由李开芳率领，根据探报，他们已于 8 月 1 日进入黄安。唐树义的通信兵快马加鞭，深夜将告急信送到左宗棠手中。

左宗棠还未就寝，急调省会城防部队三千多人，全部交给都司董玉龙和同知张曜孙率领，令他们星夜驰往鹅公颈集结，全力扼守团风镇。董玉龙的四百多人在太平军之前赶到了团风镇，张曜孙的部队也赶到了团风镇的鹅公颈，唐树义火速赶到黄安县坐镇指挥。官军到位不过一两个小时，太平军便分水陆两路杀到，企图夺船入江。官军打了他们一个措手不及，太平军大乱，夺路而逃。官军分两路追赶，将这支太平军击溃。

8月7日，同知伍煋等部从东湖追到张家集，太平军见官兵扬帆追及，纷纷浮水登岸，淹毙无数，四十多人被俘。官军夺获敌船三十七只，烧毁敌船十多只，夺获骡马四十匹。另一股太平军大约一千人，奔至马鞍山一带，被许连城追上，五十多人被俘，二百多人丧命，内有长发太平军五十多名。这股太平军已经溃散，成股者不过二三百人，其余都弃械剃发，纷纷逃匿。

左宗棠事先已命令各州县官员通知各地乡团，遇有零星敌军逃入辖境，必须迅速抓捕，送至官衙。他还要求各地在交通要道上多设陷阱，水路要将船只驶走，桥梁都要拆掉，把敌军困死在辖境之内。

尽管左宗棠做了周密的部署，但各地报来的敌军人数大大超出他的预料。他匆匆去见张亮基，说道："制军大人，河南巡抚通报，窜入湖北的余贼不过几百人，可是本省各州县禀报，都说有一万多人。根据我的情报，从罗山仙花店进入黄安和麻城的敌军确有三千多人。黄安一战，敌军溃败，于六月二十九日（8月3日）奔赴麻城。从六月三十日（8月4日）接仗，到七月四日（8月8日）为止，从麻城到罗田，官军毙敌已近千名，其溺毙逃散者不计其数。根据派出的军官查验，长江和内湖浮出的敌尸已有不少，此刻还有敌军在逃，各路官军正在分途兜剿，可见窜入本省的股匪不止几百人。但从罗田逃往安徽的敌军估计不过两三百人。"

张亮基说："我这里也得到情报，六月二十四日（7月29日）又有一千艘敌船从湖口驶入江西，号称二万人，加上现在攻扑南昌的贼军，人数不下两三万。由此看来，从扬州和金陵两处窜出的敌军，共计已有七八万之多，而分窜河南、江西的逆贼越来越多，困守金陵、扬州的逆贼却不见减少，岂非咄咄怪事！"

左宗棠冷哼一声，愤愤地说道："前此江苏大营尚时有捷报，近来阒寂无闻。贼逸我劳，贼锐我钝，师老饷竭，言之寒心啊！长江流域，从金陵到江西，一千几百里，毫无阻遏，敌船来往自如。上月初旬，江西敌船一百多只满载米粮运到金陵。如今正值秋收季节，到处都有余粮，贼匪运输十分方便，金陵的逆贼恐怕是饿不着肚子了。如果他们找到机会突出包围，后果不堪设想！看来还得请皇上号召文武百官踊跃献策，痛除谎报军情、贻误军机的积习，才能迅速荡平。"

张亮基说："季高所见甚是。如今盘踞东南三城的贼匪未见有减于前，而各处分窜的贼匪几乎策应不及，不知以后的局面如何收拾！你就代我写个折子，如实奏报吧。"

左宗棠连夜起草奏疏，如实向朝廷反映敌情的严重性。写完之后，想到湖北官军近日的作战，在自己的指挥调度之下进行得有条不紊，连获胜仗，颇有成就感。于是，他又提笔给女婿陶桃写信，回顾近几个月从铲除浏阳征义堂以来的各次战役，不无炫耀之意。

> 仆自去年佐制军平浏阳土匪，解长沙重围，今年平通城、广济土匪，剿此股贼匪，颇有阅历，其实与平昔所论相合，尚有见到而未能行者。

左宗棠已经完成了从理论到实践的过渡。他平日纸上谈兵，如同在电脑网络上面反恐，纵然精彩绝伦，却没有实战成果，难以取信于人，自己毕竟也是心中无底。如今几仗打下来，指挥调度，都是神来之笔，验证了他的才干。还有一些军事行动是他已有筹划却来不及实行或没有条件实行的，都已经证实他的学问不是空谈，完全具有可操作性。

左宗棠经此一战，将林凤祥的南下派遣军消灭在湖北，致使他们无法实现南下长沙的战略。但因派遣军人数大大超出预料，仍有小股太平军逃到安徽境内。安徽官军了解到的敌情跟左宗棠得到的情报有所出入。据报，从罗田逃入安徽的太平军有一千多人。8月10日，此股太平军扑入英山县，开监放犯。第二天，他们向安徽的太湖进军。抵达太湖后，攻破太湖县城西门，烧毁县衙，然后乘木筏沿太湖河东进石牌抢掠，北进到安庆以西的三桥头，插上太平天国的旗帜，声称要攻打集贤关、练潭和桐城。

56

交代过了湖北的战情，回头来看南昌的攻防战。

前面说过，太平军在攻坚战中擅长挖掘地道，埋设地雷，轰塌城墙。南昌守军虽然已经几度破坏了太平军的地道攻势，但仍然承受着爆破城墙的危险。德胜门外仍有许多民房尚未捣毁，太平军隐藏在民房内偷挖地道，官军防不胜防。

鉴于这种情况，张芾、陈孚恩和江忠源商议秘密调整部署，将机动兵力与驻守永和门、顺化门、进贤门、惠民门的楚勇，大约一千兵力，加上浙江的抬枪兵，全部调集到德胜门，昼夜严防。为了防止中计，不论太平军如何挑衅，这里的驻军不再出城迎战。江忠源叮嘱道："逆贼有可能在多处爆破城墙，楚勇军官要分段防守，不得顾此失彼！"

7月28日凌晨3点，赖汉英在前次炸开的城墙缺口之西，又用地雷炸塌四丈多的城墙，太平军趁势发起冲锋。江忠济正在巡城，来到德胜门，发现敌情，指挥楚勇打退敌军的冲锋，正要乘胜压下，右边相连处又被轰塌五丈多，两处共塌九丈多，轰伤多名官军。江忠济见势危急，持刀督勇向前，誓不独存。他刚刚冲到缺口，太平军向缺口内抛掷大火药包，烧伤几十名楚勇。太平军将领手执黄旗乘势上城，江忠济率部奋力迎击，太平军站不住脚，将领被江忠济击毙。楚勇一齐赶上，将太平军赶下城头。

西边打得正惨烈的时候，太平军又在旧缺口东面引爆地雷，炸垮六丈多长的城墙。多亏李辅朝已预先部署兵力，尽管西面情势危急，李辅朝也未擅离岗位半步，不敢过去增援。爆炸声中，顿时巨石掀空，尘土四塞，黑焰上腾，李辅朝所部楚勇立刻堵住缺口。太平军也将大火药包抛掷进来，当时南风壮盛，毒烟内迷，楚勇军官戴利行、夏春潮和许多勇丁都已受伤，自计必死。刹那间，忽然北风反火，毒烟外迷，太平军阵脚动摇。几名绿营军官受到感动，率部协助抵御，邓仁坤带领练勇冒着矢石赶来，合力将太平军杀退。

江忠源听到爆炸声后，亲自带人到缺口救援，部队士气更加高涨。江忠源想：士气必须鼓舞，光靠嘴巴不行。连声喊道："藩台大人在哪里？快把他请来！"

主管财政的副省长一叫就到："江公，有何吩咐？"

"有劳藩台大人，叫人从银库里提些银子过来，摆在城墙上，我自有用处。"

副省长不说二话，银子很快就运来了。

江忠源说："传我的命令，运一块砖来，赏银一两！运一块石头、一根木头过来，赏银五两！"

张芾刚从德胜门赶往永和门，闻警折回，听说江忠源在给重赏，连说："这个办法好！"他赶紧指挥文武官员率领各自的部队搬运砖石，连夜抢筑。一日之内，缺口已经填塞，新墙修得跟旧墙一般高。

江忠源令马济美率部从永和门外的营盘出兵，由东向北，又令戴文兰、张金甲各带所部从章江门外的营盘出兵，由西向北，两路夹击，牵制太平军兵力。太平军伏匿不出，从墙内放炮抗拒，官军屡次攻扑，适值大雨，枪炮难以发射。文孝庙敌垒趁机杀出几百人，戴文兰迎头痛击，将敌军逼回庙内。

赖汉英这次攻城，同时在三处爆破城墙，轰塌城墙共二十五丈有余，致使城防比前面几次更加危险。由于新宁勇的杰出表现，守军仍然化险为夷。各处守军前后毙敌二百多名。

由于赖汉英不断向金陵求援，石达开陆续向南昌派出援军。赖汉英兵力增厚，虽然攻城未果，但有望扫清南昌外围。他想：清妖保住了城墙，定会麻痹大意，何不趁机再攻？于是，决定在第二天再打一仗。

7月29日，德胜门外的太平军出动几千人，突然直扑永和门外马济美的营盘，引诱官军出战。马济美果然上当，小胜之后，穷追不舍。经过一片树林时，太平军伏兵突起，将马济美拦住。官军稍稍退却，马济美却不肯后退，喝道："吾父吾祖都效死疆场，我有何惧！"奋力督战，手刃数敌，却被团团围住，身受矛伤，当即阵亡。

南昌官军在江忠源的指挥下，懂得互相救援之道。张芾在城头观战，见马军失利，忙令军官用两千斤大炮射击，正中敌阵，城外官军营内也开炮接应，将太平军压制下去。知县沈衍庆带领乡勇从南面用枪炮连环射击，压制敌军；千总王树英也率部前来增援；罗玉斌率领四川勇和贵州勇，文忠带领九江镇兵，分三路夹击，总兵阿隆阿率部从进贤门前来策应；官军配合作战，终于将太平军击退。张芾又令耆龄派一支部队拦击，毙敌颇多。马济美死后，九江镇总兵由阿隆阿继任。

赖汉英没能扫清南昌外围，只得继续在德胜门以西挖地道，同时企图在赣江上游扩大战果，牵制官军兵力。由于官军没有水师，太平军在赣江和锦江往来自如。8月6日，太平军攻占锦江之畔的瑞州。赣江之畔的丰城县城早被水淹，太平军抵达之后，立即焚烧城外的庙宇，并抢走了几船粮食。8月

10 日，太平军四五百人突然在南昌以南的京家山登陆，焚烧庙宇，沿河放枪，遭到官军阻击，被迫退回船上。

赖汉英为了获取给养，分兵南取丰城，西取瑞州，东取饶州、乐平、浮梁、景德镇等地。太平军几百艘船的队伍向赣江上游窥探，江忠源接到报告，令正在从湖南赶来南昌的夏廷樾部从上游迎头截击，并令上游各处官员严密防堵。为了牵制赖汉英，江忠源派新宁勇专门对付地道，从城内向外挖掘，十天之内破坏了三处地道。他又决定对城外发起新一轮的攻击。7 月 10 日，守军分路进攻，太平军负隅不出，只是从墙孔发射枪炮。广勇和镇勇绕到东北七里街，太平军只派几百人迎战。官军无法攻克敌垒，焚毁敌军营房十间，然后回营。

8 月 14 日，向荣派出的一千二百名援兵终于开到南昌，音德布向江忠源报到。同时有快马飞报：湖南的援军不日即将到来。江忠源心中大喜，决定等到新的援军开到，再对城外发起更大的攻击。

57

江忠源盼望的湖南援军终于陆续抵达南昌。8 月 22 日，夏廷樾统带一千三百人抵达永和门外扎营。罗泽南和朱孙贻的一千二百人于 8 月 24 日抵达南昌外围，驻扎在德胜门外的七里街。江忠淑的一千名新宁勇也在同时开到，在章江门外扎营。

与此同时，太平军也有援军新到。8 月 26 日，他们的七十多艘战船从下游驶到河干停泊。

江忠源不是迁延避战的司令官，援兵一到，立即部署攻击。8 月 28 日，官军分七路进攻。广勇与江西勇、南昌勇从空心炮台出兵，进攻德胜门外的敌营，太平军派出几百人迎敌。耆龄和祥麟在城墙上指挥守军开炮，压制太平军。这路官军与太平军打成平手，太平军三进三退，攻防双方各自回营。

九江营等正规军从永和门外湖岸一路进攻，新宁勇、辰州兵和抚州兵从章江门外分两路进攻，太平军都坚伏不出，官军只得撤回。

此次出击，最激烈的战场在七里街。音德布统带云南营，朱孙贻带领湘乡勇，王坤带领镇篁营，加上川勇和贵勇，总共两千八百人，来到永和门东北，分三路进攻七里街敌营。

太平军出动三四千人迎敌。罗泽南带湘乡勇首先出击，云南兵随后。鏖战良久，太平军后撤。罗泽南不知是计，挥军追杀，直抵敌营。罗泽南见到太平军纷纷上船，心中大喜，令部队焚烧船只，捣毁敌营。忽听一声炮响，两千多名太平军从左边山后抄出，侧击湘乡勇。罗泽南反身抵抗。太平军又从右边营后抄出一千多人，湘乡勇腹背受敌，顿时乱了阵脚，纷纷逃走。千总杨受春等人当即阵亡。

太平军乘势扑来，领队的湘乡书生拼死搏杀，罗信东、罗镇南、易良幹和谢邦翰四人战死，太平军紧追不舍。阵亡的四位书生都是罗泽南的弟子，虽然他们不怕死，却无法约束部队。幸亏武生杨虎臣率部奋力横截敌前，勉强抵挡一阵，才保住了湘乡勇主力。经查点，云南兵阵亡三十二名，湘乡勇阵亡八十一名。

这场战斗除了杨虎臣的拼死截击以外，只有一个亮点。李续宾在敌军追杀时存了一个小心，令李存汉等一百六十人埋伏下来，等到敌军追过去以后，从敌军后背攻击，击斩三十七人。

李续宾发起的偷袭打乱了太平军的阵脚，太平军的追击受挫。此举救了罗泽南一命。他趁乱躲进一户百姓家中，幸免于难。夜晚，李续宾和李续宜率领乡勇四处寻找，多方打听，才把罗泽南找到，接回营内。

第二天，湘乡勇后撤三十里，收集溃卒，整顿营伍。

湘乡勇的这场败仗很快就传到曾国藩耳中。曾国藩嘴角上浮现出若隐若现的微笑，令人莫测高深。书生带兵打仗有优势，重谋略就是其中的一条。但书生又有个致命的弱点，就是胆子小。最令人不放心的是，他们真刀真枪干起来，会不会怕死呢？湘乡勇在南昌第一次跟太平军较量，仗是打败了，但书生似乎都不怕死。有人战死了，其余的还在坚持，说明书生带兵打仗是一条能够走通的路子。

王鑫听到这个消息，反应完全不同。他捶胸顿足，悲愤不已。死去的四个人都是他的同学好友。他没能增援江西，已是有些悔恨。如今好友死了，他还活着，他总得为死者做些什么。他铁下心来投身于这场内战，恐怕这是一个主要的原因。

对于湘乡勇的挫败，江忠源也未放在心上。胜败乃兵家常事，不能因为一点失利而放弃作战部署。8月30日，官军又照原路发起攻击，江忠源和刘长佑亲自出城督战。战斗结束后，江忠源和刘长佑会见湘乡勇将领。

他们把来自家乡的援军将领接进城内，张芾、陈孚恩和黄赞汤举行盛大宴会，招待江忠源、罗泽南、刘长佑、李续宾一干湖南将领。张芾举杯祝酒，显得颇为激动，对江忠源的家乡人说："四君子在此，还有什么可担心的！"

江忠源走到罗泽南身边，轻声说道："我今天察看地势和水道，发现贵军营垒与贼营之间路多阻隔，贵军可否移营进逼贼垒，以便攻击？"

罗泽南说："岷樵兄高见，泽南遵命。"

庐陵人黄赞汤与李续宾举杯畅谈，大有相见恨晚的样子。此人是刑部侍郎，道光十三年（1833）的翰林，在城内协助张芾料理军务。他比李续宾年长十七岁，却看中了这个年轻的布衣，愿意与他深交。此事传出，世人诧异，也认为难得。可见李续宾的个人魅力不小，其"道德光辉"使人心折。李续宾家里存留着二人的结交书，这段故事出自黄赞汤长子黄祖略之口。

江忠源回到桌旁，大声说道："忠源不才，有个想法，求教于诸位。粤匪从湖北、安徽转陷江南，沿途掳掠民船，数已逾万。自九江以下，江路一千几百里，贼船往来停泊，官军不敢阻拦，金陵、扬州、镇江等处都是两面凭江，官军虽并力攻围，但贼得水陆兼护，以牵制官军兵力，故欲克三城，必须肃清江面；欲肃清江面，必先制造战舰，以备攻击。"

郭嵩焘问道："岷樵兄以为何处制备战舰为好？"

"愚见以为，应当奏请皇上，令四川、湖北、湖南各省督抚，依照广东拖罟船的样式制备战船一百余只。这种船容量大，每艘可载五十人。另叫广东督抚购备一千多门大炮，三百斤和五百斤重的各备几百门，限期三个月制造装备完毕，陆续驶到武昌，以备调遣。这个建议，我已向皇上奏报。"

郭嵩焘又问道："若是三个月内粤贼已被剿灭，岂不是多此一举？"

江忠源摇摇头说："官军在如此短期内击败粤贼恐无指望。即便能在此限内完事，这些战舰可以分配给沿江水师各营，大大充实水师力量。何况粤贼船多，失败之后，定会向远处逃窜，官军必须沿江搜捕，不能不用战舰。"

罗泽南又问道："战舰造齐以后，水师官兵从何而来呢？"

江忠源说："战船炮位限期造好之后，朝廷可以调集福建、浙江和广东三省的水师营兵，同时招募广东水勇，扼守长江天险，与逆贼开战。这样一来，只要找到机会，就有力量发起攻击，而在防堵时也能依营据险，以壮声势。不过，造船必须挑择干员，募勇必须选择良将。忠源已向朝廷推荐夏廷樾、俞文诏和劳光泰三人。若令他们监督造船，必能办理妥速。张敬修和林福祥都是广东人，熟悉购炮雇勇之事可以委任他们办理，然后督率舰队赶赴江苏，听从调遣。"

邓仁坤在一旁说道："此言甚是。我们必须有一支水师，才能对付逆贼的战船。鄱阳县的知县沈衍庆办事果断，很有谋略，可以令他率领所部一千人，准备一些船只，在稻草里面埋藏火药，从水上袭击逆贼。"

张芾一听此言，连忙阻止："沈衍庆的团勇不悉水战，不可冒险。城内守军已经不多，我们不能再损兵折将了。"

邓仁坤心想：你不让沈衍庆去办理，我可以将几十艘运粮船改为炮艇，招募水兵，扼守进贤门，以保饷道的畅通。

几个湖南人在江西的省会慷慨激昂地议论国家军务，令在座的江西大员钦佩不已。此次夜宴，大家尽欢而散。

第二天，罗泽南遵照江忠源的部署，令湘乡勇逼近敌营驻扎。部队正在扎营，太平军蜂拥而来。湘乡勇因几天前损兵折将，个个同仇敌忾，誓死报仇，打得颇为勇猛，但因失去了四名指挥官，部队调度不灵。幸亏太平军交手之后便撤回营内，城内练勇又从空心炮台出兵诱敌，炮台上开炮掩护，毙敌颇多，没有造成更多的损失，但官军也未敢直趋敌营。

罗泽南和李续宾在战斗间歇总结经验。李续宾说："我军初战即败，士卒临阵脱逃，究其原因，除营官阵亡以外，主要是指挥系统不够灵敏。罗山老师，我觉得应当缩小作战单位，明确统属关系。"

罗泽南同意他的意见，将剩下的一千一百人分解为两个营，罗泽南指挥一个营，叫作"玉字中营"；李续宾指挥一个营，定名为"右营"；留在湖南的湘乡勇则定名为"左营"。

如此划分之后，各营都成为独立作战单位，互相没有统属关系，各营的长官无法指挥其他营。这时候，湘乡勇的士卒也出现了体制差别，分为公有制和私有制两种。中营和右营各有三百六十人吃官饷，享受公务员待遇，余下的四百人称为"余勇"，由罗泽南与李续宾两人募捐来养活他们。这四百人都归李续宾指挥。换言之，罗泽南管辖着三百六十名吃官饷的士卒，李续宾管辖七百六十人，其中三百六十人吃官饷，其余四百人靠募捐养活。

这两个营的湘乡勇打出了"湘军"的番号。湘军这个名称，就是从这里开始。异军突起，从此载入史册。

湖南人的军队当时还有几个分支。江忠源所部起于乌兰泰麾下，累次增募，拥有四千人，兵力最为强盛，自称"楚军"，比湘军名气更大。此时曾国藩在衡州创建水师，正在进行之中，一时还不能投入战斗。

58

湖南援赣军来到南昌以后，张芾接到报告：南昌西南方几百里外的泰和有会军起事，攻打泰和与安福。接着，位于泰和与安福之间的吉安送来告急信，说会军攻打吉安，杀死了知府。

江忠源一直带病坚持作战。援军的到来使他放松下来，再也支撑不住，此时卧病在床。张芾带着一帮僚属急匆匆来找江忠源商量对策。江忠源沉思片刻，说道："湘乡勇刚刚吃了败仗，颇难对付粤逆，不如派去泰和镇压会党。我把楚勇也派去，合成三千人，吉安当可无恙。"

江忠源算得上湖南团勇的老大哥了，为了照顾湘乡勇，打算让他们离开主战场。张芾对江忠源言听计从，唯独这件事有所顾虑。他说："逆贼几次炸毁城墙，城内人心惶惶。如今抽出三千人增援吉安，城防力量大大削弱，恐怕不合适吧？"

布政使说："湘乡勇前去也就罢了，若将楚勇也派去，城防力量就会大打折扣！"

张芾和布政使提出反对意见，僚属们纷纷赞成。不管湘乡勇是不是劲旅，多一个人就多一分力量。大家的眼睛都盯着江忠源。

江忠源道："泰和土匪刚刚造反，即时扑灭，还算容易。要是他们扩张了势力，与长毛勾结起来，断绝了南昌上下的道路，那就危险了！如今南昌的兵力超过一万，留下这三千人，也不会多到哪里去，派出这三千人，城防兵力也不为少。事情孰轻孰重，一眼就能看出，诸位还犹疑什么？"

江忠源力排众议，派夏廷樾驻扎南昌西南约二百里处的樟树镇，派刘长佑和罗泽南率部前往吉安。

9月3日，刘长佑与李续宾、罗泽南率部从樟树岭进攻吉安，会军解围逃跑。他们一分为二，一部占领安福，另一部占领泰和。罗泽南、刘长佑、李续宾商议，决定由刘长佑攻击泰和，罗泽南和李续宾攻击安福。

9月6日，湘军进攻安福，一战而据县城。当晚，会军集结兵力杀了个回马枪，又被湘军击败。第二天，会军又来争夺县城，湘军一以当百，鏖战许久，斩杀大批会军。会党落败，逃向莲花。罗泽南移驻吉安城内，李续宾率队追赶。

9月11日，李续宾追到莲花，会党主力迎战。9月14日，李续宾部一战而胜，士气振奋。李续宾留守五天，搜捕潜藏的敌军。与此同时，刘长佑所部也攻克了泰和。

且说江忠源把罗泽南和刘长佑派往吉安之后，休养了几天，又强打精神巡视城防。郭嵩焘陪伴着他，为他出谋划策。有一天，章江门抓到一名太平军探子，郭嵩焘亲自参与审讯。俘虏供称，太平军所到之处，都在船上宿营；他们在文孝庙修筑栅垒，是为了保护船队，派兵轮番巡守，官军杀来时，他们就列队阻击。当时长江及内湖的水路都被太平军占据，而官军几乎没有一艘船在水上。太平军的船只数以万计，在南昌周边东西往来，穿梭于饶州和瑞州之间。

郭嵩焘认为，江忠源建设水师的想法应当得到高度的重视。他对江忠源说："东南都是水乡，贼匪占据了长江水路，而我军只以陆师攻击，势必鞭长莫及。我军一定要与贼匪争夺长江之险，然后才可以制胜。如果不造战船，就无法与贼匪作战。"

两人商议，制造战船目前尚无可能，但制造木筏还有可行性，木筏也能用于水上作战。郭嵩焘自告奋勇前往樟树镇造筏，江忠源派江忠淑前去协助。

南昌城内，军饷已经匮乏，军火也供应不上。江忠源担心发生意外，但他又想不出好办法向城外发起攻击。他一心盼望木筏早日到来，官军水陆夹攻，或可得手。

吉安战事平息后，木筏即将竣工，江忠淑等人打算督催船筏返回南昌。郭嵩焘与夏廷樾给江忠源写信，说已经造成八架木筏，9月24日可全部完工。罗泽南和刘长佑正在追剿余匪，还要过一段时间才能返回樟树。郭嵩焘和夏廷樾只有湘乡勇一千三百名，乘木筏一同返回南昌。江忠源令郭嵩焘务必于

25 日起程，又令刘长佑返回南昌。等他们一到，就可以水陆并进，迫使太平军撤围。

江忠源和郭嵩焘在 1853 年提出建立水师，距离 1815 年美国建成第一艘明轮蒸汽军舰"德莫洛戈斯"号已有三十八年。这艘后来改名为"富尔顿"号的轮船排水量达到两千七百四十五吨，航速接近六节，装有三十二门十四点五千克的火炮。

就在江忠源防守南昌的这个夏天，美国培理舰队的四艘战舰出现在日本海岸，依仗坚船利炮打破了日本人以刀剑为支柱的武士梦想。当时西方的强国还没有造成铁甲舰，而中国人和日本人则处在同一个起点上。这两个东方国家的水战技术虽然远远落后于西洋，但并非没有可能赶上去。日本人后来急起直追，成为海上强国，充分说明了这一点。

且说夏廷樾驻扎樟树镇，几次捕获会军的谍报人员，搜出他们与南昌太平军往来的书信。其中有一封赖汉英的命令，要求会军急攻吉安，赖汉英许诺派兵增援。张芾接到夏廷樾的报告，额头上沁出一层汗珠。若非江忠源果断地派兵增援吉安，江西的局面恐怕就不可收拾了。

由于楚勇作战勇敢，南昌算是保住了，江忠源、刘长佑和江忠济都受到了褒奖。但楚勇内部却暗藏着危机。部队没有及时地得到军饷，部属打了胜仗巴望着奖赏，当奖赏颁发时，却因分赏之事发生了内讧。

这件事的导火索是张芾。此人在穆彰阿时期的作为虽然颇为人不齿，但他这次防守南昌，放下架子依靠江忠源，却是做得无可挑剔。他拿出二万两银子犒劳楚勇。这本来是一件大好事，然而江忠济独吞赏金把好事变成了坏事。江忠源曾经从家里拿钱给楚勇发饷，其大弟江忠浚做生意赚的钱也被他拿空了，江忠济想用这笔赏金去填补家里的亏空。

江忠源正在病中，赏银由江忠济派发。有人说他把所有的银子都私吞了，没有发给将士；也有人说他分配不均。结果都是一样，部队哗变，一些部属喊着要杀江忠济。

江忠源听到此事，忧心忡忡，病情加重。刘长佑正在极力排解，江忠源把他找去，叫他以自己的名义收拾残局。刘长佑为了楚勇不致解体，只得照办。他派人前往火神庙，把刘字旗立在戏台上，告诉大家，愿意跟随者主动报名，重新组建一支部队。一批新宁勇果然集合在刘长佑的旗下。从此刘长佑自成一军。

江忠源解除了江忠济的职务，不让他统领部队。可是江忠济也有忠于他的部属，这些人大多数散去，其中有不少勇健的士卒。楚勇的战斗力大打折扣。这件事导致了江家军的衰退，跟江忠源过早死去有不可忽略的关系。

刘长佑离开泰和之后，罗泽南和李续宾留在吉安地区继续剿匪。从莲花逃走的会党跟其他会党会合，再次进驻安福，在城外设立三座军营，沔洞和洋山各地的会党起来响应，占据朱村桥，阻击湘军。永新也有会党起事。

安福刚被会党攻占，城内无人居住，会党也不愿据城固守。罗泽南于9月15日进城，会党以为是本县的乡勇，扬言要聚而歼之。天色将黑，会党蜂拥而来。湘军猝不及防，持矛站立在街道上，左右横刺。灵活一点的，跑到屋顶上大声喊杀。会党拼死冲杀，无法进城，惊慌失措，奔走相告：这是湖南团勇！

第二天，会党又来攻城，把巨炮安在十字路口轰击湘军，士气高昂。罗泽南分派各哨扼守街口，从旁道横向冲锋，杀得会党大溃，击毙几百人。会党余部逃向永新和莲花厅，放火骚扰上坪司、天河与东坑等地。

罗泽南以三百人击败安福的几千名会党，但会党仍然在四路集结，罗泽南不得不请求援兵。夏廷樾说："敌军已经落胆，罗山自己足以对付，哪里需要增援？"罗泽南令李续宾赶赴天河攻击，自己从林陂迁回，前往天河策应，果然兵力未增，又获大捷。

59

且说太平军攻打南昌九十多天，后期并无大的举动。张芾腾出手来，在城内镇压倡议给太平军提供银子和粮食的造反分子，以及乘机抢掠的土匪。为了震慑城外的太平军，他令官军将十多门两三千斤大炮分布在章江门和德胜门，紧对敌垒，昼夜轰击，击沉敌船二三十艘。

江忠源测度出地道的方位，令健卒向城外挖沟，引水灌入地道，将赖汉英所挖的地道废除。赖汉英对攻占南昌失去了信心。太平军在上一年未能攻克桂林和长沙，此后连克武昌、安庆、金陵三座省会城市，赖汉英本以为南昌能够轻易攻占，没想到碰上了一块硬骨头。杨秀清和石达开决定将他撤回大江，改攻长江上下游。

江忠源看出太平军已经丧失攻击意志，决定发起反攻，迫使敌人撤围。此时南昌城内的高官对局势看得很清楚，以现有兵力和设施，要想把这股太平军聚歼在南昌城外是不可能的，最好的结果也就是保住南昌城了。

1853 年 9 月 23 日，官军右营分路攻扑敌营，太平军躲在营垒中射击。官军扑近墙根，抛掷火弹火罐，用火攻骚扰敌军。

张芾想把南昌守住，可谓殚精竭虑。据说这天晚上他做了一个梦，见到了真君。这位真君是江西人祭祀的神仙，原本是凡人，名叫许逊，在山西的旌阳做过县令。传说他为江西省除掉了一条为害的蛟龙，江西人感激他，为他盖了万寿宫，一千多年来祭祀不断。从巡抚到草民，每月朔望都会前往肃拜。张芾那天夜里梦到他，是不足为怪的。

奇怪的是，真君托梦来见张芾，是为了给他提供一批重型武器。

真君说："火药局的地下埋了几十门古炮，如果不把那些古炮起出，就打不过攻城的贼匪。"

第二天，张芾走进衙门，逢人便问埋炮的由来，可惜无人知晓。张芾还不死心，带着几名僚属翻阅地方志，书都翻遍了，也不见有此记载。

张芾说："究竟有没有，咱们去火药局挖一挖，不就知道了？"

他跟江忠源说了此事，后者也想查个究竟。两人率领一干兵丁到火药局挖掘。挖到六七尺深处，果然找到二十七尊大炮。经查验，上面没有标记铸造年月。

一位幕僚说："年羹尧说过，旧炮难用，容易爆炸。从土中起出的旧炮更不好用。如果用这些旧炮抵抗长毛，必然坏事！"

张芾和江忠源瞪他一眼，没有言语。忽然得到这么多大炮，仿佛看到馅饼从天上掉下。大炮究竟能否发射，不试验一下怎么知道？江忠源令人将古炮抬到城上发射，竟然没有一尊炮炸裂。不过，其中的二十六尊劲道不大，炮弹射出五六十步就落地了。有一尊却很争气，每放一炮，轰隆不绝，射程远达沙井。

更奇怪的是，一般大炮发射多了便会火烫，不能填装炮弹。此炮不然，即射即填，轰击了一昼夜，依然如故。

第二天夜晚，敌军向城内开炮轰击，江忠源下令开炮反击，敌炮顿时停止，官军乘势下城放火。那时正是三更时分，南风大作，大火烧得很旺，太平军纷纷上船，在鄱阳湖上扬帆而去。官军小有斩获，夺得十二艘战船和三尊火炮，还有十三杆抬枪。

这时城头上发生了更神的事情，那门古炮在太平军撤退时自行炸裂。

最离谱的是，太平军的俘虏中有人绘声绘色地描绘：炮弹射到太平军营内，能够横行逆转，每一炮都击伤了几百人，导致死尸枕藉。太平军因此折损了上万人，他们把赖汉英撤退的原因归因于官军大炮的轰击。

南昌坚守了九十五天，终于解围，张芾和他的那个梦，也算是做了贡献。太平军在撤离之前小小地报复了一下。他们从指挥塔上看见张芾带着两个随从巡视城防，从服饰判断这是个大官，便照准张芾开了一炮。张芾的前后两个随从都倒下了，张芾却安然无恙。

太平军撤退时，官军没有船队，无法顺流尾追，只得看着赖汉英撤走。太平军渡过鄱阳湖，进入长江，扬长而去。饶州的太平军已从都昌东渡，先一步出了湖口。

江忠源令戴文兰等人带领辰州兵、开化勇、新宁勇、广勇两千多人从陆路赶赴九江，力争绕到太平军前方，沿途截击，他自己与音德布随后起程跟追。推测太平军的走向，无非两处，一是出湖后向上游行驶，一是返回安徽和江苏。如果太平军上行，官军应于九江一带堵击；如果太平军下行，就进入了安徽和江苏战场。不论如何，江西已经卸下了重担，张芾和陈孚恩可以松一口气了。咸丰撤销了张芾革职留任的处分，给陈孚恩赏戴花翎，江忠源得到了二品顶戴。

可是皇上不喜欢张芾，还是找出了他的碴子。张芾一时冲动，向朝廷保荐守城有功人员二百多人。咸丰说："这个张芾，保得太滥！叫他把功劳最大的报几个上来就行了。"

张芾却上疏抗争，说他保荐的人都是舍生忘死为国尽忠的将士；这些人不分日夜在城头露天之下睡了三个多月，他是挑了又挑，选了又选，只报了二百多人，不算多啊。如果不把他们稍微提拔一下，不足以鼓励人心。

咸丰见张芾不肯减少指标，有些不悦，令军机处拟旨，交部议处。军机大臣有人妒忌张芾的守土之功，在交给吏部讨论的上谕里，添上"实属执拗，有负委任"八个字。部务会议领会皇上的精神，得出结论：此人应得革职处分。

于是张芾费尽心机守住了南昌，还是罢官回家了。此是后话。

且说张芾履行了守土之责，跟踪追击的任务却落在江忠源头上。太平军从水路撤走，江忠源却只能从陆路追击。可是长江下游陆路不通，江忠源无可奈何，只能从陆路赶赴上游，再做决断。江忠源决定率领云南营和湖南营，以及湘乡勇和新宁勇，先去九江，然后赶赴田家镇，力争阻断太平军向上游攻击。若能找到船只，则分兵从水路追赶。如果太平军顺流而下，便令戴文兰从九江雇船驶下，与他会合，从水路追入安徽境内，探明敌踪，相机作战。

江忠淑在南昌与江忠源告别。大哥见小弟身穿绸衣，不由眉头紧皱，伸手摸摸他的衣服，问道："你穿的是绸子，从哪里得来的？"

江忠淑低着头说："途中翻船，行李尽失，此衣是别人送的。"

江忠源训诫道："你要回去了，我送给你几句话：孝以事亲，慈以教子，诚以应世，俭以保身。只要做到这几点，我就放心了。多余的话，我就不说了。"

江忠淑自幼与大哥相依为命，未曾分离。南昌一别，便成永诀。

60

咸丰年代的清江浦，是运河与淮河交汇之处南北东西的通衢，既是七省咽喉，又是京师孔道，南船北马，五河要津。在河运主宰经济命运的时代，清江浦占尽河漕优势与天时地利。

太平军打到扬州时，清江浦紧张了一阵。这个水天一色、风月无边的地方，成了官军担心被太平军占领的战略要地。副都御史雷以诚奉命巡防运河，驻扎在清江浦，有意于积极参与军事，干出一番大事业，可是他手下无兵，不知从何下手。

有一天，雷以诚到邵伯巡视，忽有门人来报："有名士钱江到访，来献安邦之国策。"

雷以诚说："快快请见！"

雷以诚心想：早就听说这个钱江，出身于名门望族，自幼颖悟立群，十二岁时能操笔成文，立就六百言，被邑人称为"奇人"。因屡试不第，科场受挫。家道中落，投笔出游。一路抑郁不得志。后来辗转至广东，慕名投奔林则徐，不料林则徐已被革职遣戍新疆。在广州时，钱江见英人索要不已，经常滋事，欺负国人，便与何大庚起草《全粤义士义民公檄》，联合绅商，招募三万壮士，攻打英人商馆。当时清廷已与英军议和，琦善听说此事，大为惊骇，在英国人的威胁之下，只好查办，将钱江逮捕，以"虚张声势"罪将他充军新疆，钱江因此名扬海内。

钱江在新疆与林则徐相聚，辅佐林大人治理水利。林、钱二人因治屯有功，被朝廷特赦。道光二十六年（1846）林则徐被起用，署理陕甘总督，钱江为新幕客。道光二十八年（1848）林则徐奉命移督云贵，钱江与之分手，出游京都。进京之后，交游于公卿之间，放荡不羁，爱说大话。如今他跑到我这里来献安邦之策，不知是否真有两把刷子？

雷以诚正在思忖，只见一个五十岁出头的文士走了进来，拱手一揖，说道："在下长兴人钱江，字东平，号晓峰。见过副都御史大人。"

雷以诚道："先生大名，如雷贯耳。幸会！幸会！不知先生有何见教？"

钱江说："在下看得出来，雷大人如今有为难之处，不知在下说得对也不对？"

雷以诚道："哦？你倒是说说看，雷某有何难处？"

"清江浦并无城郭，很难防守，而且大权尽在河臣，雷大人在那里，不过每天收一收各地的报告，多半是例行公事，不可能有什么作为。大人有心前往扬州助战，可是手中无兵，岂不是很犯难吗？"

雷以诚暗暗吃惊：此人果然不凡，雷某的心事都被他看穿了。于是问道："钱先生可有法子为雷某解难？"

"这有何难？"钱江笑道，"在下有一小策，能为大人解难，不调兵而兵至，不请饷而饷裕。"

"愿闻其详。"

"里下河一带十分富裕，不难从民间募集军饷。有了钱，大人就可以招募乡勇，何愁手中无兵？大人带兵前往扬州，驻扎在仙女庙，既可巡防运河，又能保卫里下河富庶地区，皇上必定高兴，说不定还会让大人参与江北大营的军事，大人大有可为啊！"

雷以诚道："先生屈驾，请留幕府辅佐军事，办理粮台，不知可否？"

钱江此来本为投奔明主，雷以诚既发出邀请，他便爽快地答应下来。雷以诚听从他的劝告，拉起一支乡勇，驻扎在扬州以东约三十里处的仙女庙，几天间招收了几千名勇丁，募集军饷几十万两，军威大振。

咸丰皇帝得知雷以诚自告奋勇组建部队，靠近扬州前线，兼守里下河门户，果然大为赞赏。自从洪秀全造反，多数官员唯恐避之不及，难得有这么一名文官自请拿起武器，主动向前线靠拢。

惠成的儿子晋康与雷以诚一同办差，主动请战。雷以诚和他驻扎在万福桥，控扼了扬州的东南方。太平军得知里下河地区非常富有，企图取道万福桥向这一地区推进，都遭到雷以诚乡勇的阻击，无法过桥向东推进，官军得以保全通泰的十几座城镇。

雷以诚一开手就做得如此顺利，又听从钱江的劝告，向皇上报告：清淮东路募勇筹饷大有可为，不但可以守住里下河的门户，还能牵制敌军北窜之路。

皇帝大喜，授予雷以诚很大的权限，令他一面设法保卫里下河，一面同漕运总督杨以增严密巡查河岸。胜保离开扬州后，咸丰任命雷以诚为刑部右侍郎，顶替胜保在琦善的江北大营帮办军务，做了琦善的副统帅。

琦善不以带兵打仗而著称，而雷以诚却是熟读兵书。他率部到扬州城下扎营后，军营里彻夜打梆子，烧火堆，精心守备。奇怪的是，琦善的军营一片寂静，漆黑无亮，没有火光也没有人声。

有一天，雷以诚来到琦善军营，琦善嘴上挂着讥讽的微笑，对他说："雷大人的军营里很热闹啊。"雷以诚不知琦善此话为何意，沉默不语。

过了半晌，琦善又说："夜间防守，燃起火光，贼匪便能看见我军。我军敲打梆子，就听不见外面的声响，这很危险啊。"

雷以诚一听，顿时领悟到自己做得不妥，面露惭色。他忽然悟到，不根据实战情况来照搬兵书，是很危险的。于是他对琦善有了佩服之心。

不久琦善遇到了很大的难题。从北方陆续赶到江苏的各路官军全部驻扎在扬州城外，军饷供应中断。琦善的江北大营所支军饷一部分由户部拨款，另一部分由外省协助，后者总是未能按时送到。由于拖欠军饷，江北大营军心不稳，作战连连失利。雷以诚身为帮办，很想为琦善做点什么，连忙召见钱江。

钱江一到，便问："大人把在下找来，莫非是为了大营缺饷、军心动摇一事？"

雷以诚道："正是！正是！看先生一副胸有成竹的样子，想必是有了良策？"

钱江微微一笑，说道："点铁成金并非难事。大人只要在各地设关置卡，从商人的生意中一两银子抽他一厘钱，就不难筹得军饷。在商贾眼中，千中抽一，不关痛痒，并可转嫁买主。而大人这里，则是滴涓之水汇集成河，可养十万百万之精兵。兵精粮足，洪杨岂有不灭之理？如是，功在大人，利在国家。"

雷以诚一听，如醍醐灌顶，幡然大悟，连说："先生真乃用兵理财的高手！"

钱江说："其实厘金并非我钱东平的发明。这东西是商人鼓捣出来的。在位于交通要道的城镇里，各地的商人都会开设会馆，为家乡的商旅提供方便。会馆从百货的盈利中抽取一定的金额，储备起来，公用开支。

"厘金是一种商业税，征收对象为行商和坐商。针对行商的称为'活厘'，针对坐商的称为'板厘'。其税率大体为百分之一，即按货物价值抽百分之一的捐税。百分之一为一厘，故称'厘金'或'厘捐'。征收厘金的专门机构有两种，对于坐商，设立税局征收，通称'厘局'；对于行商，设立税卡征收，通称'厘卡'。关卡由官府或军队在通商要道设置，进行征收、查验和缉私。缴纳税金后发给税票。征集的税金全部用于军饷。

"战国时期，赵国大将李牧驻扎在北部边关雁门郡，军饷匮乏，便从集市上抽取商业税，用于养活自己的士兵。他拥有一千三百辆战车，一万三千匹战马，加上十万大军，费用浩繁。赵国是个小国，李牧又驻军在那么偏僻的地方，靠着商业税的供给，军饷也不见短缺，行军不缺粮草，士兵不愁吃穿。

"明代不征商业税，全靠农业的税收来供养军队，赋税的一半用于养兵。全国每年收入应该有两千多万两银子，但十年的节余还不够一年的收入，郡县府库照例都没有储蓄。大农春秋有两次收获，往往还不够开销。战火一起，田地里不再播种收获，朝廷收不到关税，而赈灾抚恤，各种费用层出不穷。于是劝人捐输，商议借贷，想用一两位贵戚大臣的私财填补天下的费用，实在想不出办法了，便增收农业税，弄得民不聊生。

"本朝察觉了这种弊端，两百多年坚持不加农业税。然而，每当战火燃起，百姓仍然不免经年累岁的徭役，把国库的钱全部拿出来，也不能满足所需的开支，谋臣们束手无策。

"粤逆起事，朝廷筹饷派兵，耗费几千万两银子，财源已经枯竭，所拨的钱财只是公文上的数字，长久无法落实。大家都靠捐输，可是如今捐输也不灵了，只有靠厘金了。捐输和厘金两种办法，都起源于战国和秦汉时代。但比较起来，捐输是个笨拙的法子，朝廷卖官鬻爵，流敝很大，败坏了风气。何况与捐输比较起来，用商业税来供给军饷，是一种比较稳定的来源。商人做生意，手头比农民宽裕多了，让他们缴一点税收，也算是官军收的保护费，不会伤他们的元气。

"穷苦百姓做小本生意可以免税。商人缴纳了厘金以后，会把税收转嫁到买家头上，提高商品的售价，他们损失也不大。古往今来，商家卖货总有两种价格，缴税的价格较高，不缴税的价格较低，税收总会转嫁给买家。"

钱江这一番说辞，有理有据，说得雷以诚心服口服。他的部队缺饷最为严重，户部拨给他的款项太少，请求增拨无门，他不能眼看着军士们饿死，情急之下，决定马上实施钱江所献的厘金法。他下令设立厘捐局，针对百货抽取税收，奏明专供本军之用。他首先在部队驻地仙女庙等镇的水陆要道劝捐助饷，对行商和坐贾，根据他们的营业额征税，规定每百文捐纳一文或二三文，每担米捐钱五十文，每担豆子捐钱三十文，每担鸡鸭捐钱八十文。几个月下来，雷以诚所部比江北大营所得的军饷更为优厚，半年时间"汇捐至两万贯"。雷以诚有了钱，钱江又为江北大营募勇三千人。于是江北大营粮台殷实，兵力大增。各省相继仿效这一课捐办法。

雷以诚虽然推行了取得养兵之财的好法子，却未能培养出一支能打仗的军队。但是他的办法启发了正在崛起的湘军大佬。湘军的崛起虽然未能得益于厘金的征收，但不久之后，曾国藩靠着这个办法，把湘军带出了最艰苦的岁月。

胡林翼当上湖北巡抚之后，精思熟虑，效法刘晏"专用士人理财"一语，制定章程，为厘金税收制定了详明周到的制度，立刻带来了财政的富强，湖北全局赖以振兴。东南各省继起日盛，大抵上都是采用相同的办法，百姓也能够接受。胡林翼证实了钱江的分析，他说，设立厘金，只向商人收取，不向农民要钱，比增加田赋好多了。

总之，在咸丰同治年间几无间断的内战中，厘金为官军提供源源不竭的饷源，使官军最终得以肃清全国的造反军队。随着厘金在全国逐步推广，官军将帅不断提高收税比率，所设的税卡越来越多，抽取的税金越来越重，每年的收入超过人口税的数倍。战争平息后，厘金成了惯例。此后几十年，全国的商贾都为这种税收感到头疼。

因此，钱江倡议的厘金开征以后，对清代的社会经济产生了很大影响。除田赋（农业税）以外，厘金与海关税、盐税等其他各税一起，成为官府的大宗税收。由于经常随地设卡征课，随意定物征课，税额可观，税收旺盛，所以太平天国战事结束，这个税种仍然无法废除，直至 1931 年，民国政府才裁撤厘金，改征统税和营业税。

另一方面，厘金之法长久执行，被那些等待补缺的官吏看作发财的机会，设立的厘局日益增多，立法日益严密，一所厘局就有几十名胥吏和仆役，大者官侵，小者吏蚀，甚至对大米和布匹都开始收税，税收章程订得过于苛刻，执行的官员也有许多坏人。但这些显然都不是钱江献计开征厘金的初衷，而是官场腐败带来的负面效应。

61

1853 年夏季，长沙的闷热不下于号称火炉的南昌。对于曾国藩而言，官场的倾轧比自然界的热浪更加逼人，令他如热锅上的蚂蚁，痛苦不已。

且说罗泽南等人率援赣军离开长沙之后，曾国藩协助骆秉章调整好了湖南的防务，松了一口气，回到湘乡看望家人。他只在家待了几天，便回到长沙。此时接到江忠源的来信，说长江上下敌船自由往来，官军不敢过问；当务之急，只有制造和购置船炮，打击水上的敌军。郭嵩焘在江忠源幕中给曾国藩写信，也力主创办水师。咸丰发给各省督抚的圣旨也屡次提到这个问题。他给骆秉章和曾国藩交代了一个重大的使命，叫他们募集民船，佩带炮位，驶赴金陵与太平军作战。

咸丰这道旨意给骆秉章提供了一个兴办水师的机会。但骆秉章是广东人，出于习惯思维，马上想到家乡的水军比湖南的民船强多了。其实后来的事实证明，广东水军在这场战争中没有发挥什么作用，倒是湖南本地创立的湘军水师，尽管比较老土，却在北上东进的作战中发挥了很大的威力。

曾国藩与骆秉章接到圣旨以后，两人商议，认为民船恐难得力，奏请朝廷令广东海南岛的红单船从海路驶到上海的崇明入江口，进入长江下游，攻击金陵、扬州、镇江一带的太平军；同时从广东内江调派快蟹船和拖罟船，从广西梧州府溯漓水而上，经过斗门，驶入湘江，从湘江下游进入长江，便可收到上下夹击的功效。这两位湖南的大员商议的事情，就是清末建立长江水师的最早提案，但他们过于迷信沿海的水军，没有找到更好的办法。

咸丰皇帝跟着骆秉章的思维转，同意了他的提议，令广东妥为办理。紧接着，咸丰根据江忠源的提议，给骆秉章和四川总督裕瑞、湖广总督张亮基、湖北巡抚崇纶发出上谕，令四川、湖北、湖南三省仿照广东拖罟船式，立即雇觅工匠制造一百多艘战船，每船约载兵五十名，限三个月内造好，投入使用。

为了造船顺利进行，咸丰命令两广总督叶名琛火速将船只式样发给四川和两湖参考，并准备好一千多门大炮装备战船。咸丰规定，四川省可在本省或在湖北宜昌一带制造，所需经费由裕瑞筹集。由于造船尚需时日，咸丰又令湖北和湖南两省继续购募船只。

江忠源、左宗棠、郭嵩焘这些在战争中崭露头角的人才，和原本在位的几位朝廷重臣，看出了官军的缺陷，已经达成共识，呼吁朝廷早日创建一支强大的水师。但水师究竟如何形成，大家的提议各有千秋。骆秉章和其他督抚都没有认真地贯彻咸丰的旨意，唯有曾国藩在着意留心这件事情。

骆秉章此刻最关心的还是本省的治安。他得到报告，广东乐昌县的会党威胁湘南。骆秉章心想："老夫培植的王鑫用得上了，这股贼匪正好撞在王鑫的枪口上！"他庆幸自己早已令王鑫所部留防郴州和桂阳州，如今正好用来对付这股外来的匪徒。他令王鑫飞速赶往兴宁。

湖南自从派出兵力增援江西以后，湘南的剿匪重任主要由王鑫承担。他此时驻军桂东，面对着复杂的敌情。广东乐昌的会党已北上到桂阳境内，江西泰和的会党攻击万安，向龙泉（遂川）推进，也威胁到桂阳的安全。

王鑫兵力不多，只能援救一处。他召集军官开会，决定去何方增援。有人提议："龙泉距桂阳很近，何不先去增援龙泉，打掉江西的会党？回头再救桂阳，两不耽误。"

王鑫回答："江西土匪刚刚受挫，必不会立刻去打龙泉，我军只要示形于江西，就能将之吓跑。广东土匪进入我省，郴州、宜章、兴宁、桂阳都会遭害，必须在他们得意时加以痛击！"

王鑫把湘乡勇的旗帜分发给郴州团丁，令他们前往龙泉地界示威，自己率部向桂阳急行军。部队还未到达，乐昌会军已进扑兴宁，占据县城。王鑫自负戈矛，赤足前进；9月2日黎明抵达兴宁，分设伏兵，搭梯爬上城墙，进入城内。会党惊起抵抗，火力很猛。巷战进行了一个多时辰，会党忽然分头出城。

王鑫说："敌军佯败，不可轻视！"连忙派兵袭击敌后。敌军果然掉头而来，王鑫命令伏兵出击，两头夹攻。会军不支，余部一百多人逃走。此仗毙敌二百多名，生擒五十四名。曾国藩听到警报，急忙派兵增援，援兵到时，战事已平。

骆秉章两次上疏奏报王鑫的战功，得旨以知县即选，并可升用为直隶州同知，赏戴蓝翎。

王鑫此战对曾国藩也颇为有利。他借着骆秉章大办团练的春风，又凭着乡勇部队四处剿匪、缉捕罪犯的威势，再次把手伸向了湖南的军界。他陆续向咸丰皇帝保荐湖南的人才，参与了湖南的人事组织管理。由于他插手面太宽，侵犯了别人的领地，尽管骆秉章并无明显的不满，但湖南的文武官场仍然不免对曾大人心怀怨恨。

骆秉章以他的儒雅和宽容，可以把文官的怨气冲淡，但武官的火气却不是他能剿灭的。由于上层的龃龉，湖南营兵与湘乡勇屡屡发生冲突。

天气一天比一天闷热，湖南兵勇的冲突也跟着达到白热化。8月17日，提督鲍起豹的标兵与湘乡勇械斗。曾国藩知道问题的根子在自己身上，他不想把事情闹大，委曲求全，没有责罚标兵，只将湘乡勇棍责一通。

9月6日，塔齐布管带的辰州勇查获永顺协的镇筸兵赌博，将其抓捕，导致镇筸兵与辰州勇械斗。镇筸兵触犯了军法，还敢向执法的宪兵反扑，显然有提督在后面撑腰。塔齐布如今已是曾国藩的人，鲍起豹认为他背叛了自己，故意整一整他，给曾国藩一点颜色看，也不怕做得过火。

曾国藩对此心知肚明，有意于息事宁人，知会鲍起豹，请他按军法惩处肇事者。鲍起豹索性撕破脸皮，不予理睬。镇筸兵更加得意，于9月8日夜晚掌号执仗，来到参将衙门，要加害塔齐布。塔齐布躲在菜圃草中，得以幸免。镇筸兵没有得手，为了解气，将他的居室捣毁。他们的气还没出够，来到又一村，要找塔齐布的后台老板曾国藩闹事。这里是巡抚衙门，曾国藩就住在旁边的射圃。镇筸兵闯进门内，眼看就要动粗。骆秉章见镇筸兵闹得太不像话，只得出来干预，饬令营兵散去，才算控制了局面。

曾国藩的僚属说："涤公何不参劾鲍起豹治军无方？"

曾国藩回答："为臣子者，不能为国家弭乱，反而拿一些琐事上渎君父之听，曾某于心不安啊。"

曾国藩不想告御状，显然是担心皇上认为他无能，处理不好各方面的关系。但他又惹不起骄横不可一世的镇筸兵。他想，我早在今年2月份就曾奏请移驻衡州或宝庆就近剿办土匪，现在何不以此为借口迁往衡州去避一避？于是他找到骆秉章，请调塔齐布率领宝庆勇、辰州勇八百人，加上巡抚标兵，移驻醴陵；请调邹寿璋率领湘乡勇驻扎浏阳，以防江西之敌；请调储玫躬所领湘乡勇一营前往郴州驻扎，以防土匪；请调曾国葆率湘乡勇移驻衡州。

骆秉章说："我刚接到江西战报，泰和土匪遭到刘长佑打击，从莲花厅东进本省，抵达茶陵州境内。依我之见，索性派塔齐布前去剿匪，也好让他暂离是非之地，涤公以为如何？"

曾国藩道："如此甚好。"

骆秉章又道："另派王葆生、周金城和王鑫等部前往，可保无虞。"

塔齐布率部抵达茶陵，令童添云解押火药，三日之后赶到。童添云只用了一夜的时间便到了茶陵。塔齐布大为吃惊，问道："怎会这么快？"童添云回答："要是拖延，担心路上遇到阻碍，那就贻误大事了！"

塔齐布及王鑫等部团勇在茶陵迭获大胜。会军随即分兵进入安仁、酃县、桂东、兴宁等县，官军分头追击，不到十天便已肃清。

9月13日，骆秉章奉到上谕：补授湖南巡抚。这道圣旨反映了皇帝对骆秉章前段工作的肯定。两天后，曾国藩向皇帝奏报：湖南衡州、永州、郴州、桂阳州各地是匪徒聚集之区，数月以来，他们聚众为乱，巨案迭出。他决定立即移驻衡州，就近调遣征剿兵力。

曾国藩不等上谕批复，第二天就从长沙起行，绕道湘乡，抵家省亲，9月

29日抵达衡州府。这时他接到王鑫的来信，请求他准许自己回家问学。原来王鑫在兴宁大办团练，为当地建立了自卫武装。他见国家大局日益艰难，自己位卑权轻，无力扭转大局，打算告病回家读书学习。他后悔过早地踏上仕途，耗尽了心力，却仍然滞留于基层。他想给自己充电，希望将来能有一番大成就。

曾国藩回信，劝王鑫不要突然离开营伍，令众人失望。正在此时，王鑫突然听说罗泽南的湘乡勇在南昌城下失利，友人谢邦翰、罗信东、易良幹、罗镇南阵亡。这个事件激发了王鑫的斗志。他仰天哭泣道："我们一起出山，期望与同志一起共灭此贼。如今你们都死了，我怎么还好意思回家？"

王鑫决定去江西复仇。他上书骆秉章，陈述郴州和桂阳州剿匪善后的四大策略，请求离开湘南，回家增募湘乡勇增援江西，以雪耻辱。他又给家乡写信，约乡人入伍杀敌。

曾国藩也接到王鑫从郴州的来信，说他听到援赣军四名营官阵亡的消息，打算回湘乡增募乡勇前往江西剿敌，以抒公愤而复私仇。曾国藩见此信词气慷慨，为其打动，同意王鑫的想法。他给王鑫回信，请他来衡州面商。

曾国藩根据自己的切身体会，在复信中写道：如今最大的弊端在于兵勇不和，败不相救。而其不和之故，由于征调之时，彼处数百，此处数十，东抽西拨，卒与卒不相习，将与将不相知。地势乖隔，劳逸不均，彼营出队，而此营袖手旁观，或哆口而笑，要用这样的部队来平定逆贼，怎么能够办到！如今若要革除陋习，必须万众一心。我打算增募几千名乡勇，与援赣各营合成一军，交给江忠源统领，用于扫平逆贼。

从这两次通信看来，曾国藩与王鑫对彼此颇有诚意，有可能握手言欢。但究竟有无可能达成完全的一致，还要看以后事态的发展。

62

赖汉英从南昌撤围后，石达开主持西征战事，决定分兵两路：由石祥祯、韦志俊率军西进，直取武汉；胡以晃和曾天养率军固守安庆，保证天京至九江交通无阻，并经略安徽北部，策应林凤祥的北伐。赖汉英因围攻南昌不利，奉调返回天京，另行安排。

石祥祯奉到王命，立即率部西进，于9月30日攻克九江后，船队继续上行，攻入湖北。江忠源飞催张金甲等率部增援田家镇。第二天，江忠源与音德布带领一千九百人从陆路驰赴九江，以图克复此城。

江忠源于10月4日行抵马回岭，探悉敌船攻扑田家镇，当即留下戴文兰、李辅朝管带一千多名楚勇驻扎九江城外的东林一带，以防太平军回攻南昌。他自己与音德布率一千多名云南兵和四川兵赶赴田家镇救援。他打算从武穴渡到江北，可是来到江边一看，太平军掌握了制江权，江面兵船往来不绝，官军无法抢渡。他决定绕到瑞昌，取道兴国州，前往田家镇。这一路必须翻山越岭，部队行军十分艰难。

石祥祯所部从九江水陆并进，驶至广济县的武穴，距田家镇仅四十多里。石祥祯下令暂停前进，似乎在给官军制造悬念，一边观察官军的动静。官军此时确实摸不准他们的意图，因为田家镇以北为黄州府的黄梅、广济、蕲州、蕲水各县，与下游的安庆府和六安州紧接，处处有路可通。太平军若分兵从陆路进攻，也可以直接控制田家镇上游。

太平军闯入了张亮基的防区，他和左宗棠紧急商议，当即委派署理臬司唐树义等人率领两千兵力驰赴蕲州、黄梅一带择要驻扎，并叫他们广发哨探，只要见到太平军，立即发兵迎击，同时兼顾田家镇江防，互为犄角。

石祥祯于10月2日早晨等到了顺风，开始对田家镇进行试探性攻击，分派陆军从彭塘分扑官军的岸上营盘。防守此处的军事指挥官是道员徐丰玉和张汝瀛，以及总兵杨昌泗。他们已经做好了防守的部署。太平军水师沿岸行驶，噪呼索战，官军水陆各营仗着有墙栅遮蔽，有恃无恐，严阵以待。

太平军船队驶近时，遭到官军密集的炮火射击。官军炮兵测量射程，从容开炮，击沉敌船四艘，太平军纷纷落水。石祥祯的陆军扑到距离官军营垒百余丈处，官军越壕开枪，毙敌十人。太平军并不恋战，立即撤退。官军步兵乘胜压下，追出很远。

10月3日黎明，太平军主力船队上驶，开炮猛扑。徐丰玉等严令岸上各营准备，添兵接应。太平军兵分三路，每路一千多人，傍岸登陆，绕扑田家镇。官军也分三路迎击。游击董玉龙身先士卒，冲入敌阵，毙敌几十名。杨昌泗也打得颇为主动，率部夹击。游击许连城率兵越壕射击，都司旷辅廷、参将骆永忠各率所部分途攻击，刺死执旗的太平军将领。官军此战打得有板有眼，又将敌军击退。各路官军乘胜掩杀，徐丰玉调水师顺风下击，直逼敌船，焚毁大船两艘，毙敌七八十人。从冯家山渡江的太平军船队遭到炮击，指挥船被炮火击坏。其余船只簇拥指挥船撤退，全部乘风退去。

第二天，太平军船队上驶一段，停泊在距田家镇十五里的富池口，企图从南路袭攻半壁山后侧。石祥祯登峰遥望，看到官军陆营和水寨布置严密，下令撤退，另图再举。他令部下放出风声：等到东北风紧时，还要直闯田家镇。

10月5日早晨，石祥祯从富池口派出几百艘兵船，从湖路直抵兴国州。张亮基和左宗棠派出增援兴国的都司任大华尚未赶到。兴国距长江岸边六十余里，是由江西进入湖北的小路，湖汊密布，水陆可达通山。太平军船队从湖汊进至偏远的山地，既是为了征集米粮，也是为了牵制官军兵力，使主力能够乘虚攻进田家镇。左宗棠曾告诫田家镇的守军："你们兵力不多，只能就近策应，不得分兵远处，致中奸计。"

左宗棠已经得到江忠源的通知，知道张金甲和马良勋正率领两千人从瑞昌和兴国一带赶赴田家镇，可以就近救援兴国。江忠源本人也在水陆并进，星夜向兴国推进。但左宗棠仍不放心，决定向兴国增兵。他令知府伍煜带领五百人，令都司周禄带领三百多人，会同任大华所部相机夹击。左宗棠相信，田家镇的官军兵力将会逐渐增多，北岸的蕲州和广济一带有唐树义的精兵扼险以待，田家镇可无后顾之忧。南岸兴国州一带有江忠源重兵前来，声势更壮。张亮基为了做到万无一失，又调劳光泰携带武昌新造的炮船十几艘前赴田家镇助战，官军似乎完全能够守住湖北的门户。

这时候，由于安庆再次失守，太平军船队闯入裕溪，情形紧急，咸丰发出谕旨，希望江忠源能够援救下游，会同李嘉端设法水陆防剿，使太平军不致扰及庐州。但是江忠源此刻身在路途，无法得知皇帝的圣意。

江忠源的队伍跋山涉水，郭嵩焘跟队行军，备感艰难。此刻他很想离开军旅，返回家乡，于是赋诗一首，抒发乡愁。10月6日，江忠源行至瑞昌，探知太平军已从富池口西进，袭破兴国。他五内焦灼，连连对郭嵩焘说："武昌堪忧了，不知左季高如何部署防御。"

郭嵩焘说："季高心思缜密，想必不会疏漏这一路。"

江忠源催促部队加快行军，第二天接到徐丰玉的来信，报告田家镇屡获胜仗，太平军未能闯过。张金甲的信使也带来了消息：张部已绕到兴国上游。江忠源舒了一口气，说："张金甲或许可以堵住逆贼北上武昌之路，只是——"

郭嵩焘见江忠源手里握着徐丰玉的信函，眉头仍然紧锁，问道："岷樵兄还有什么放心不下？"

"田家镇恐怕会有不测啊。"江忠源答道，"徐丰玉报告说，他们用战舰封锁了江面，但因兵力不足，没有在南岸的半壁山设防，已被逆贼占据。这是一个致命伤！"

江忠源当即向富池口一带派出探子，然后对郭嵩焘说："明早就能得到回报，那时再决定我们是进兵富池，还是绕道赶赴兴国。"

郭嵩焘说："逆贼主力船队已经驶到上游，留在九江的兵力不多，官军是否可以乘虚收复九江？"

江忠源道："依我之见，此时不必留兵驻守九江。逆贼贪图乘船的便利，不会改走陆路回攻南昌。我已派飞马送信给戴文兰和李辅朝，令他们率楚勇赶赴兴国增援，另调贵州兵赶赴九江驻扎。"

"如果兴国可以收复，田家镇又能堵住逆贼船队，岷樵兄打算怎么办？"

"那就设法制备木筏，横冲而下，九江无须攻打，自然克复。如果兴国已失，田家镇已破，我等便飞速赶赴武昌，力图守御。"

郭嵩焘点点头，说道："如此甚好。"

江忠源又说："此时印渠想已回到南昌，我已给他送信，请他星速起程，由建昌直赴兴国。那里去田家镇只有四十里，不必再走德安，以免绕道。"

第二天早晨，江忠源得知太平军仍在兴国，决定去兴国救援。山路崎岖，军马颠簸劳顿。一路上见不到居民，百姓都为躲避战祸而迁居了。部队无处获得食物，只得挖掘薯芋为粮，一边进食，一边行军。士卒们又饿又累，坐下休息，不肯走了。江忠源只得下马，带头前行，一天走了几十里，没有休息。

兴国的太平军听说江忠源将到，不愿接仗，从富池口回到江面。江忠源抵达兴国后，令朱孙贻带兵入城安抚难民。朱孙贻此时已升宝庆知府，尚未到任，留在军中效力。

湖北的情况如此吃紧，咸丰皇帝尚不知情。他惦念着巢县与合肥的安危，最担心太平军从此处继续北进，接应攻打直隶的部队。他叫李嘉端和周天爵妥善布置，令江忠源出任安徽巡抚，带兵增援安徽，一定要将敌军截住。他还想叫戴文兰和李辅朝从九江乘船下驶，攻复安庆，援应庐州。这时他还不知道，周天爵已于10月7日在颍州行营病故。

但是，对于咸丰皇帝的这一切指令，江忠源暂未知悉，他只能根据自己的判断来决定行止，调配附近的兵力。10月14日下午，他带队赶到田家镇，赶紧察看情形，只见他所在的北岸扎有木筏，列有炮船，陆地上也有部队扎营防护；南岸的半壁山悬崖壁立，江流湍急，官军没有在此扎营。江忠源叹道："这是天险啊！我们既失天时，又失了地利！"

太平军从富池口绕上半壁山沿，抵达徐家山下，扎营数座，与官军夹江相持。此山为田家镇南岸的巨险，山体横插江中，控制着富池口的背面。江水在这里向南流淌，沿着山麓折向东方，水流湍急，无法行船，过路船只能靠北岸行驶。由于南岸空虚，太平军唾手而得。他们在上面的戚家山扎营，控制了南岸所有的险要阵地。

江忠源无可奈何，只得死马当作活马医。他立即去找徐丰玉，说："南岸为何不派兵驻守？"

徐丰玉道："回桌台大人，卑职在信上已经禀告，兵力不够啊。"

"伍煜和周禄还没赶到吗？"

"尚未赶到。"

江忠源说："我要派兵到南岸上游沙村一带扎营，另用木筏拦截逆贼船队。北岸营盘也要调整，移扎扼要之处，羊角山必须有部队把守。"

下午，江忠源下令开饭，忽然东南风大作。哨探来报："逆贼船队逆水而上！"

江忠源问道："船有多少？"

"回大人，逆船一千多艘，傍山扬帆直上。"

江忠源所带兵勇未能全数渡到江北，随行仅数百人，部署尚未来得及调整。他当即与徐丰玉、张汝瀛督率兵勇尽力设防。敌船已驶至徐家山下，傍靠陆营停泊，水陆两军互相声援。

江忠源赶赴水营，跳上木筏，指挥炮兵射击，竟夜不停。官军的所谓水营，就是用缆绳把巨筏固定在江畔，正对着南岸的半壁山；其上装载几十门火炮，以火力阻截太平军船队，岸边则有陆营护卫。太平军已在半壁山架起巨炮，对准巨筏下轰，炮声隆隆，炮子落地，密密麻麻，官军驻防部队承受不了这番痛击，多半溃逃。

江忠源叹息道："田家镇已经难保，只要逆船两天不驶向上游，武昌或许还能保住。"于是写下一篇祷告文，向天痛哭宣读。也许是巧合吧，风势果然转向。

10月15日黎明，风向又变成南风，而且更加强劲。石祥祯大喜，令船队从南岸扬帆上驶，又令陆军从羊角山下仰攻，围攻官军水营。徐丰玉和张汝瀛率部阻击，鏖战多时，同时阵亡，官军大溃。江忠源水陆兼顾，来往督战，亲随楚勇二十多人血战阵亡，仅存几人。

劳光泰带来了二十艘拖罟船，江忠源令他迎击太平军，可他一见太平军船队气势磅礴，便不由胆寒，竟至率部逃走。江忠源成了空头司令，无人听从他的命令。他见大势已去，急忙收集余部，几名亲兵拥着他驰赴广济。

63

且说太平军占领田家镇之后，江忠源北撤广济。太平军继续攻击上游。在此之前，张亮基奉旨调任山东巡抚，咸丰皇帝任命吴文镕为湖广总督。

左宗棠趁此机会向张亮基辞职。这一次，他是真的灰心了，去意已决。无论张亮基如何劝说，他也不肯继续奉陪。

"张制军，朝廷把你调来调去，宗棠跟着你跑，劳累难堪，却难干出一番惊天动地的大事。我所建言的几个方略都未蒙朝廷采纳。我还是归隐山野，继续做我的湘上农人吧。"

张亮基的另一位幕僚王柏心，家乡就在湖北监利，也跟左宗棠一起辞归。张亮基长叹一声，只得听从其便。左宗棠归心似箭，10月6日登船离开武昌。船过监利，王柏心盛情邀请，左宗棠却之不恭，便在王氏"莲园"短暂停留。他在这里阅览了王柏心的几十种议论国家大政方针的著录，颇受启发。

王柏心为左宗棠无法得到发挥才干的大舞台而叹息，赋诗一首：

吾子天下才，文武足倚仗。谈笑安楚疆，借箸无与让。建策扼梁山，事寝默惆怅。复议造戈船，进破万里浪。鄂渚临建康，拊搰等背吭。从此下神兵，势出九天上。赞画子当行，麾扇坐乘舫。

诗中谈到左宗棠建议派兵分扼东西梁山，未被清廷采纳，致使太平军得以溯江而上江西与安徽。而造船争夺长江险要的建议，由于张亮基调任，湖北未能完成造船大业。（这个计划直到曾国藩稍后在衡州创立水师才得以在湖南实现。左宗棠对此给予了全力的支持。）

左宗棠离开武昌后，太平军迅速地攻占田家镇，接着上攻黄州和汉阳，北扰德安，南下江西的兴国，湖南岳州戒严。骆秉章写信送到衡阳，与曾国藩谋划防堵之策。曾国藩得知茶陵和安仁已经平定，将塔齐布等军火速调到长沙，并调援赣的湘乡勇一同回援。

这时朝廷已经得知武昌将有危险，咸丰皇帝令湖南伸出援手。9月29日，曾国藩和骆秉章奉到上谕：

> 长江上游，武昌最为扼要，若稍有疏虞，则全楚震动。著骆秉章、曾国藩选派兵勇，并酌拨炮船，派委得力镇将，驰赴下游，与吴文镕等会合剿办，力逼贼冲，毋稍延误。

吴文镕是曾国藩的会试座师。10月初，他从贵州前往湖北上任，途经长沙，小住几天，写信给曾国藩，邀他到长沙一见。曾国藩由于军务缠身，未能赴约，吴文镕见不到这位学生，只好星驰赴任。

此时王鑫已会同塔齐布镇压了茶陵的会党，来到衡州拜访曾国藩。王鑫与曾国藩此时有太多共同的语言，两人就增募乡勇一事达成共识。

曾国藩说："江西现有新宁勇两千名，湘乡勇两千名，彼此十分团结。只是援赣的湖南乡勇总计才有四千人，兵力远远不够，而敌军动辄出动几万人，我真担心江岷樵、朱石翘和罗罗山无法保全自己。我看这样，你我共同努力，将湖南的乡勇充实为一万人。我们再训练六千乡勇，与江西的四千人合成一万之数，都交给江岷樵和朱石翘统领。"

曾国藩一番话，说得王鑫热血沸腾。当即表态："如果让我招募三千名勇丁，必能将粤匪扫荡！"

曾国藩写信给骆秉章，信中写道：王璞山有此大志，我们何不成全他呢？

骆秉章复信：请他到省城面商。

王鑫应邀来到长沙，向骆秉章汇报了增募湘乡勇的设想。骆巡抚正因太平军攻打湖北，深感长沙必须增强防御，当下正式令王鑫回乡增招兵员，带来长沙布防。王鑫赶回湘乡，增募三千名湘乡勇，仓促之间募集的兵力，十天内就教练成军，全靠昼夜操劳，呕心沥血。

新军练成之后，王鑫偕同吴坤修来到长沙，参见骆秉章，要求先发给粮款二万两银子，硝磺费一万两银子。他还说，湘乡招勇三千，必能不负所望。

王鑫讲一口湘乡话，而湘乡话实在难懂，连长沙人都听不懂，何况骆秉章是广东人，更是如听鸟语。他见王鑫的嘴一张一合，表情慷慨激昂，却不知他说些什么，两眼呆呆地看着他。

王鑫见骆秉章没听明白，便说："湘乡话难听懂，吴坤修代替我说吧。"

吴坤修把王鑫的原话用官话说出，骆秉章听明白了，表态说："暂且招募两千人吧，经费实在紧张啊。将来觉得还不够用，可以再招嘛。"

当即吩咐师爷发给王鑫公文，令后勤局发放口粮及硝磺等项费用。王鑫大喜，拜谢过后，跟吴坤修一起返回湘乡。

骆秉章刚刚打发了王鑫，就听说曾国藩写信给老师吴文镕，极言王鑫是个干才。没几天，吴总督就发来公文，咨调王鑫招募的三千名勇丁前往湖北。于是，骆秉章给王鑫下文，令他招足三千人。

没过几天，吴坤修来到长沙求见巡抚，说道："王璞山回乡招勇，出入鸣锣摆执事，乡人皆为侧目。其人如此张扬，实不可用。"

骆巡抚说："他被保举了同知，初次回家乡，不过是想荣耀一下。我们广东的新科举人回乡也是这样嘛。这有什么值得大惊小怪的呢？"

吴坤修无言以对。但他第二天又来求见巡抚，还是来说王鑫的坏话。他说："王璞山招的那些勇丁多是流氓地痞，又不发口粮，连夜在县城偷窃，赖县令不胜其苦，却不敢言，将来带部队来到省城，难免骚扰。"

骆秉章说："你同王璞山回湘乡招勇，又是死党，为什么不规谏一下呢？"

吴坤修道："他凡事不要我插手，所以很难进言啊。"

骆秉章逼问道:"他一切都不交给你管理,所以你才说他坏话?"

吴坤修见骆秉章这里讲不进油盐,便告辞而去,到衡州找曾国藩告状去了。果然,两旬之间,吴文镕就有公文送到,大意是:王璞山所部恐怕靠不住,叫他不必来湖北了。

事情很明显,吴坤修对王鑫的意见影响了曾国藩,曾国藩又影响了吴文镕,致使总督大人出尔反尔。即便贤明如曾国藩,也架不住有人挑拨,对王鑫产生误解。可是王鑫不知内情,没过几天就带着部队来到长沙。骆秉章却有容人的雅量,向他出示总督署的公文,好言说道:"璞山老弟,湖北不要你的部队,你就留在湖南。不过湖南要不了三千人,你把部队裁掉六百人,只留两千四百人,裁掉的六百人留作长夫。这些人必得天天训练,以备总督大人调遣。"

骆秉章是王鑫的第一个知己。如果没有这个广东老人为他撑腰,他就没法带兵打仗,恐怕很难有出头之日了。

64

田家镇的失利,也许是江忠源生平的第一个败仗。在这一仗里,徐丰玉和张汝瀛战死,江忠源捡了一条性命,上疏自劾,替人受过。清廷下诏,将他降四级留任。

且说江忠源来到广济,见到接替他任按察使的唐树义。这位年届六十的前辈毫无架子,当即表示:"所部兵马愿听江大人调遣。"江忠源计算兵力,他带来的楚勇不到一百人;四川勇和云南勇只有几百人,加上几百名开化勇和广勇,合计只有一千多人。他在广济收集张汝瀛和徐丰玉的溃军,与唐树义所部合并,也只有四千多人。

尽管兵力不多,江、唐二人还是急谋合兵赴援武昌。这时李辅朝的楚勇尚在长江南岸与兴国一带,江面二十多里都是敌船分布,无从飞渡。江忠源当即决定,与唐树义这四千多人,会同音德布从小路驰赴武昌,一面飞令未到的部队从长江南岸直接赶赴省城。

武昌城内如今已是人心惶惶。吴文镕于 10 月 17 日来到武昌接印,巡抚崇纶第二天到总督署拜访,说道:"中堂大人,现在城内居民迁避一空,势难坚守，不如扎营城外，尚可一战。"

崇纶这番话听不出什么道理，吴文镕不以为然。他想，部队在城内不可守，难道调到城外就能守了？他本想发作，但转念一想：我到任只有两天，对城内情况还不熟悉，不好固执己见。于是说道："崇大人的意思，可向朝廷奏报，吴某愿意联衔拜发奏折。"

随后，为了稳定军心，他对僚属说道："如果十天半个月之后，各处援兵赶到，有了制胜的把握，我们当然可以出城扎营。如果三五天内援兵未到，而敌船已至，大家还是要闭城坚守，不得因为有此奏报就弃城不顾了。"

没想到，崇纶不等朝廷批复，已经做好了出城的打算。10月20日深夜，太平军的船队驶到离城不过三十里处。吴文镕赶紧派人去请崇纶和文武官员来总督署商议守城之计，可是他等到天明还不见一人到来。吴文镕骑马驰往巡抚衙门，中途听说崇纶正在布置文武官员出城扎营。吴文镕大吃一惊，快马加鞭，赶到崇纶的衙门，把他拦住，坚决地说道："现在唯有闭城坚守，决不允许出城扎营！"

崇纶嚷道："空城一座，守它何用？我知道，总督大人只求一死，博取美名，怎不想一想，国家屡丧大臣，还成何体统？"

崇纶此言一出，一些官员也在一旁帮腔。吴文镕此时恍然大悟，原来崇纶坚持出城扎营是要找机会逃跑，保全自己的性命。皇上追究下来，他就会说自己本来就在城外，武昌失陷与他无关。

吴文镕当下抽出佩刀，说道："现在情势危急，我等身为朝廷重臣，一方大吏，只能与此城共存亡，谁敢不从，本督先手刃此人！"

崇纶和众官见总督拔刀相向，不敢争辩。吴文镕主持部署防御，决定登城坚守。但是崇纶对吴文镕怀恨在心，虽然身在城楼，但凡事都跟总督过不去。

吴文镕手下的守军不过两千人，巡抚又不跟他同心同德，他感到左右为难。正在犯愁之际，只见城外开来一支队伍，经询问，原来是刘长佑率楚勇从南昌赶来。吴文镕大喜，连忙下令打开城门，将刘长佑迎入城内。

原来，刘长佑在南昌接到江忠源从九江发出的命令后，立即率部起程。路上听说官军在田家镇战败，担心太平军挺进上游，连忙从德化取道义宁和兴国赶到武昌城中。吴文镕得此劲旅守城，心中大慰。

此时田家镇失守的消息已经传到北京，咸丰皇帝知道武昌危在旦夕。但他也知道，江忠源、唐树义和音德布正在赶赴武昌，吴文镕不久也将到任，武昌军民想必能够渡过难关。他最担心的仍然是庐州的安危，因为庐州接近颍州和亳州，太平军只要攻下此城，便会从这里北上，增援已经打到北京附近的林凤祥。安徽的危局，他只能指望江忠源去解救。于是，他再次谕令江忠源绕道前往安徽救急。他把武昌的防御交给张亮基，叫他在交卸之前，与崇纶和唐树义一起，赶紧设法堵截太平军船队溯流而上，扼守道士洑和蕲州等处。

江忠源这时依然不知皇上的意图，只能再次依据自己的判断行事。他没有前往安徽，而是从广济向武昌进发。行军路上，郭嵩焘疲饿交加，十分狼狈。郭嵩焘骑在马上，江忠源在一旁步行，叹息说："都怪这乱世啊，让吾辈读书人如此困窘！"

郭嵩焘脸上红了一红，说道："岷樵兄与士卒同甘共苦，郭某佩服！可惜郭某办不到，真是惭愧啊！真想快一点赶到武昌，我就南下回家，歇息一阵。"

江忠源说："筠仙高义，增援南昌，为我吃苦了。"

郭嵩焘又道："岷樵说的哪里话！你我同为书生，我却吃不了这份苦。我有一事不解，你是如何深通兵法的？我听说，每当大敌当前，你总是骑在马上，观察山川形势。见到坡岭重重的地形，就举起马鞭，对部将指点说：'在这里埋伏一支部队，等到我杀到那里时，你就出兵接应。'"

江忠源自豪地笑道："忠源的确读过几本兵书，颇能心领神会。"

部属徐以祥在一旁插嘴："江公用兵如神！有一次，眼前是一片平地，但是田畴交错，他留下几名骑兵，埋伏在阡陌之间。开战之时，我军与逆贼相持，情势危急，江公令伏兵突出，大获全胜。"

郭嵩焘问道："岷樵，当时你为什么要在那里安排伏兵呢？"

江忠源道："我也说不出所以然，全凭直觉布阵罢了。"

江忠源一行行军之时，太平军已从水陆两路长驱西进，攻占黄州，斩杀知府金云门。10月20日，太平军攻占汉阳，分为两股，一股攻打嘉鱼的牌洲，一股攻击蔡店，向德安推进。他们的水师有两千多艘船只湾泊江面，开始围攻武昌。江忠源失去了跟武昌的联系。

江忠源于10月23日抵达黄陂，打算找船走捷径渡江。他通知安襄郧荆道罗遵殿招募襄阳义勇，与他的部队声势联络，如果敌军窥伺襄樊，他便从德安驰赴上游堵剿。

此时江忠源已奉到前次的上谕，他必须奏报自己未去安徽的理由。他称田家镇溃散之兵亟须召集抚绥，而敌船上驶，武昌十分吃紧，守城兵力又很单薄，敌军北可驶达襄阳，西可驶抵荆州，这两处都是北上要道，所以他与其单骑赶赴安徽，不如会兵援救武昌，还可以照顾襄樊北路。

江忠源拜发奏疏之后，准备立即领兵驰赴汉阳，以图收复。此时他探得敌军盘踞汉阳，敌船从汉水上驶，有向西北面推进之势。接着，身在德安按试的湖北学政青麟送来情报说：敌军从涢口和云梦水陆进攻德安。江忠源认为，当务之急是阻挡太平军北进之路，而暂时不能顾及汉口。他探得太平军从武口分兵向黄陂袭来，便拨兵五百名留防黄陂，将所余一千人派杨昌泗管带，星夜驰赴德安，江忠源随后策应。

10月26日，一名信使追上江忠源，交给他一封厚厚的信札。江忠源拆开一看，原来是曾国藩在9月25日从衡州寄来的信函，同信还寄来了曾国藩与王鑫往来的信札。曾、王二人一致认为，朝廷的正规军已经失去效力了，只能依靠乡勇。

这些信札所议的事情，说到了江忠源的心坎上。曾国藩通知江忠源：他和王鑫打算增募六千名乡勇，作为消灭太平军的工具。曾国藩还说，他打算把这六千新勇派来支援江忠源。看起来，曾国藩和王鑫决心大干一场。曾、王的通信是这二人在合作蜜月期的心迹表白。字里行间，江忠源看出王鑫也是个血性汉子，令他神往。

江忠源读完这些信札，一阵激动，连忙撰写奏章，请调王鑫来营。他希望曾国藩多备船筏，配带炮位，从洞庭湖驶下长江，一路攻击前进。

郭嵩焘见江忠源意气风发，颇为羡慕，但他本人不愿再随军前进。10月28日，他与江忠源分手，打道返回湖南湘阴。江忠源派几名士卒一路护送。两人分别后，江忠源"惘惘如有所失"。

65

进入11月以后，天气虽已转凉，咸丰皇帝心中却如火烧火燎。广西的逆贼已经打到家门口，庐州受到威胁，而武昌兵力单薄，频频告急，金陵、扬州那边，向荣和琦善毫无进展。11月3日，他命军机大臣传谕骆秉章和曾国藩：现在台涌所带官兵及已经咨调的江西官兵，未知何日才能赶到武昌？曾国藩团练的乡勇必须再次出省作战，驰赴湖北。所需的军饷，由骆秉章负责筹拨供给。

第二天，吕贤基和李嘉端的一份奏疏呈到咸丰手上，报告集贤关于10月26日失守，官军已北撤到练潭。咸丰原来想依靠江忠源救援安徽，但他得知江忠源既已到了武昌附近，觉得还是让他先救武昌为好。庐州这边，他只好从金陵调兵救援了。于是，他谕令瞿腾龙带兵星夜起程驰赴安徽。

刚刚口授了上谕，湖北学政青麟从德安发来的奏报到了。青麟报告，田家镇战败是因劳光泰带领潮勇倒戈相向，击溃了官军。太平军主力已于10月20日攻占汉阳和汉口，而德安只有守军二百多人，万分危急。

咸丰此时意识到江忠源留在湖北确有必要，当即颁发上谕，批准他不去安徽。上谕写道：

> 已有旨暂留汝在湖北剿贼，兹览汝奏，适相符合。武汉最为紧急，设法分路剿洗，兼杜北窜，亦应防其西窜。该逆匪即使北窜，患虽速，尚易为力，若任其扰及，秦蜀则大事无了局矣。

但是湖北战场显然需要更多的劲旅，皇帝再次催促曾国藩带领船炮驶赴下游，策应武昌，又令张帀派夏廷樾救援武昌。咸丰给骆秉章和曾国藩的上谕写道：

> 湖北情形紧要，已有旨令江忠源暂留剿贼。著曾国藩即将选募之楚勇六千名，酌配炮械，筹雇船只，由该侍郎督带驶出洞庭湖，由大江迎头截剿，肃清江面贼船，想曾国藩与江忠源必能统筹全局也。所需军饷仍著骆秉章迅即设法筹备。

此刻对皇帝威胁最大的是林凤祥。此敌一天不被围困，他就饮食不思，难以入寝。两天之后，他看到胜保从静海发来的捷报，得知胜保大军已在静海与太平军相持，林凤祥的进军好歹被遏止了，他才舒了一口气。

第二天胜保又有奏报到京，说他已于 11 月 5 日早晨抵达天津。但林凤祥已知道官军在南，企图乘机窥伺天津，并有可能刨堤北进京城。这个消息令咸丰感到脊骨一阵阵发凉。林凤祥分兵三处，可攻天津，也可直捣北京。劲敌犹在，甚至可能马上杀进京城！他连忙调兵增援天津。他呼吁臣子"激发天良"，在敌军北面构筑强大的防线。

这时，官军已在各条战线上陷入危机，纷纷向朝廷告急。李嘉端从安徽发来败报，称 10 月 18 日夜，太平军抵达池州城下，焚烧东岳庙，攻入府城。几百艘船只停泊在池州南门外，尚未开行。石达开几乎已经完全控制了汉口以下的江边城市。安徽巡抚李嘉端伸手向朝廷要兵，而河南巡抚陆应毂听说太平军在德安一带活动，很可能进入河南，也伸手请求增援。

咸丰再次想到了曾国藩和骆秉章，但湖南那边按兵未动。他一直指望湖南能够派兵援救湖北，可是骆秉章和鲍起豹还在考虑如何完善本省的防务。他们向咸丰奏报，已陆续调派一千一百多人分批前赴岳州布防。

第二天上朝，咸丰对一帮大臣说："曾国藩和骆秉章怎么不懂朕的意思？湖南固然需要部署防堵，但情形尚可稍缓，前已有旨令湖南拨兵勇协济湖北，若湖北贼匪歼灭，湖南自可无虞。赶快拟旨，叫他们务必不分畛域，一定要统筹大局，不可只顾一省！"

话分两头，且说江忠源从黄陂向孝感推进，当晚驻扎孝感的杨店。11 月 2 日，江忠源在孝感军营接到郭嵩焘手书，得悉他在仓子埠遇险，深为派遣之人不当而遗憾。他想，郭嵩焘一介文士，这次到江西辅佐他，遭遇了生平未曾经历的惊险，值得江氏子孙世世感戴。

当天夜间，江忠源奉到圣旨，方才得知皇上已将他补授安徽巡抚，令他立即驰骋赴任。皇帝告诉他：太平军已经进入庐江，距离庐州不远，李嘉端已被革职，安徽无人照管。江忠源突然当上了封疆大吏，深知责任重大，应该星驰前往庐州上任。但他考虑湖北正当紧急之际，而湖南也受到威胁，不忍立刻离去。他决定会师汉口，扎定营盘，布置周妥，再行赴任，图个心安。

江忠源是第一个从戎以后被封为封疆大吏的湖南书生。他的遭遇是咸丰人事改革的典型事例，对于所有已经投身于这场战争的湖南书生是一个很大的震动。江忠源本人受宠若惊，觉得皇恩深重，万难报答。他拟折叩谢天恩，向皇帝表明志向：如果能够立下战功，战死也不需要抚恤；如果辜负了委任，就是下鼎锅烹煮也在所不辞。

江忠源没有离开湖北，完全是为了大局着想。但吴文镕还不能理解他的这番苦心。这位上任不久的总督跟巡抚崇纶坐在武昌城内，亟盼援兵到来。他好不容易把江忠源盼到了湖北，以为他在任浙江巡抚时的这位老部下一定会到武昌来给他撑腰。可是他听说江忠源不攻汉阳，不顾武昌，而要亲自增援德安，似乎忘了过去那段上下级的情谊。想到这里，他沉不住气了，写折告御状，请皇上责成江忠源和唐树义迅速扫清汉阳的敌营，借以保障武昌。

吴文镕的举措没能吓倒江忠源，他认为增援德安是最大的急务，他的决定是正确的，问心无愧。江忠源想：吴中堂指责我借阻击敌军北顾为名，置省城重地于不救，只能说明这位老人过于心急；仗只能一个一个地打，我江忠源从来是勇挑重担，你们要误解，也只好听之任之了。

江忠源的名气如今已经如日中天。咸丰非常倚重他，太平军则对他十分忌惮。江忠源派出的探子回报，涢口和云梦的太平军得知楚勇将至，已经退回汉阳。江忠源想：德安虽然暂时脱离了危险，但那里的防御还是必须加强。他派副将骆永忠率五百人赴德安防守，当即挥师收复孝感，将杨昌泗所带之兵调回汉阳。他现在可以回师汉阳了，当即率部从汉川进逼汉阳。接着，又听说汉川的太平军也已经闻风下行，于是江忠源决定进扎滠口。

江忠源所处的位置四处被水阻隔，但他无船可渡，只得取道三汊埠，打算将滠口作为进攻汉口的前进基地。他派员在牛湖搭造浮桥，准备向汉口推进。

江忠源回师武汉，暂时解除了武昌受到的威胁。可是他已经多次接到命他救援安徽的谕旨，而咸丰批准他留在湖北的上谕尚未送到。这使他处在两难的境地：武昌这边丢不下，皇上又催他前往安徽。但他认为，既然上谕都是在他奏报田家镇失事、敌军西进之前发下的，显然皇上那时还不知道湖北的敌情是何等严重。如今湖北也是重灾区，唐树义带兵无多，他必须暂留湖北协助。等到立定营垒、造成浮桥以后，进攻较有把握，才能遵旨前赴安徽。

11月5日上午，江忠源和唐树义进扎滠口，距汉口不过几十里。太平军派出船只过来侦探。刘福成下令开炮，击沉敌船三四艘，夺获大船一艘，并小有斩获。

当晚二更后，太平军突然张帆开炮，向下游驶去，到11月6日黎明，汉阳城外及汉口河内停泊的太平军船队全部驶离。江忠源下令用抬炮射击，击沉几艘敌船。其余敌船驶向中流，官军苦于无船，无法追赶。

江忠源急忙赶到武昌，与吴文镕和崇纶相见。他对二人毫无责怪之词，说道："二位大人一时心急，为武昌担忧，参劾江某，也在情理之中。如今德安暂无险情，何劳皇上下令？我还不是自动回到武汉了吗？"接着，他向督抚二人提出有关田家镇江防的建议。

江忠源在武昌所办的第二件事就是看望刘长佑。他的这位战友此时已经病倒，江忠源只能在病榻旁与他相见。老友重逢，分外激动。江忠源从增援桂林到转战长沙、湖北与江西，都有刘长佑跟随，他深知刘长佑品行廉洁，深沉有谋，凡是营垒战守、军书筹笔及调和将弁，事无巨细，都非常依赖他。

江忠源说："你好好养病，我等你病愈后一起东进。"

刘长佑道："我这病一时尚难见好，若是安徽事急，你这个巡抚大人还是先去吧，我病愈后定会赶来。"

江忠源道："印渠一日不在身边，我就如同失去了左右手。此去庐州，吉凶未卜，我在庐州等着你！"

江忠源言语之中已经透出他为朝廷效死的决心。他在几个月前已将上年在益阳找到的小老婆陈氏送回家中。离别时，他还不知陈氏已经有孕在身，后来从家书中得知此事，心中大慰。这位小妾能够为他生下一个儿子，他为朝廷战死，也就死而无憾了。

江忠源在武昌连日派出差探侦察敌情。探子回报：敌船或一二百只，或数十只，在距武昌六十里的阳逻以下至黄州一带靠北岸停泊。江忠源一时难以揣摩敌人的意图，但他知道敌军随时可能趁机驶回上游，于是他尽可能周密地部署武昌的防御。

这时有两名差人送来郭嵩焘的信函，江忠源得知这位好友已于11月1日抵达咸宁。他屈指一算，估计郭嵩焘11月10日之前可以回到湘阴。同一天，吴文镕转交给他曾国藩的一封来信。江忠源惊讶地发现，时隔一个月，曾国藩已经完全改变了对乡勇的看法。湖南团练大臣听说了新宁勇在南昌求赏闹事，认为乡勇也是靠不住的。

对于曾国藩的这个转变，江忠源不能苟同。亲身经验告诉他，乡勇不但具有战斗力，而且是忠诚可靠的部队。新宁勇在南昌闹事，事出有因，只要指挥员多加注意，应该可以避免。他正在热烈地盼望王鑫带领家乡的勇队前来，曾国藩此信给他兜头泼了一桶冷水。江忠源焦急万分，连忙提笔给郭嵩焘回信，请他在回家之后立刻赶往长沙，一定要尽力促成增募乡勇之事。这时候，江忠源重任在肩，无法求助于外省人，只能对家乡人寄予莫大的期望。

江忠源不仅希望增加可用的兵力，还希望得到来自家乡的助手，湘阴人左宗棠是他求贤的目标。他知道，武昌岌岌可危的时候，左宗棠已经离开了这个是非之地，于 10 月 24 日抵达湘阴县城，次日归居东山白水洞。这位高人似乎对当局深为失望，甚至懒得再想国家大事，已经归隐山林，不再打算出山。他已得知官军未能扼守半壁山，导致田家镇的溃败，太平军又回到湖北了。对于未来的局势，他已经不抱幻想。

江忠源认为，左宗棠回家赋闲，实在是浪费人才。他跟左宗棠在长沙相识相知，共同谋划，并肩作战，对这位军师钦佩不已。如果他继续为官府服务，那就是湖南之幸。但江忠源更希望左宗棠能够应他之邀前往安徽，只是不敢贸然启齿。他知道郭嵩焘是左宗棠的死党，请郭出面代为邀请，也许能请动这位高人再次出山。他请郭嵩焘转告左宗棠：如果左宗棠愿意出山，不是为江忠源一人而来，而是为天下人谋福。

其实左宗棠回乡之后并未清闲下来。骆秉章听说左师爷回到了湘阴，仿佛得到一个天大的喜讯。从长沙到武昌，他与左宗棠多有接触，早就看中了张亮基身边的这个师爷，对张总督羡慕不已。他想，如今左师爷回了家乡，只要把他请来辅佐，何愁治理不好湖南！如此一来，因防御不力而被革职的霉运，恐怕就再也不会摊到他的头上了。

骆秉章觉得事不宜迟，赶紧把郑司马召来，叫他骑上快马，把自己的亲笔信送到湘阴白水洞。郑司马第二天就来到左宗棠的面前，大汗淋漓，气喘吁吁地说："左先生，这是骆巡抚带给你的信笺和银两，区区薄资，望勿见笑。骆大人说，先生见信后若能随在下去省城，他就是三生有幸了。"

左宗棠拆阅来函，匆匆览毕，说道："郑司马有劳了。请回禀中丞，宗棠辱承厚爱，只恐才薄识浅，无助于中丞大业。中丞的厚赠更是不敢领受。司马请回吧。"

骆秉章第一次邀请碰了个钉子。左宗棠说他"礼意优渥，实为可感"，但动摇不了他的决心。但骆秉章没有死心。他摇着大蒲扇，心中念道：左季高啊左季高，不管你还想不想做诸葛亮，老夫却一定要学一学刘备。茅庐须得三顾，第一次请不来算什么？老夫还要二请三请，直到把你请来为止！想到这里，他高喊道："来人啦，我要再写一封信函，找个稳妥的人送到白水洞，看看左先生怎么说。"

骆秉章执意要请左宗棠出山，因此，新任安徽巡抚江忠源要请左宗棠，就得跟湖南的巡抚竞争这个人才。

66

曾国藩对乡勇的怀疑使江忠源陷入困境。如果说正规军和民兵都不可靠，那么朝廷还能依靠什么武装力量呢？他这个安徽巡抚又能带领什么部队作战呢？他意识到曾老师眼下有些走极端，犯了以偏概全的毛病。他虽已拜托郭嵩焘去做曾老师的工作，希望能够扭转曾老师的认识，但他觉得还需要亲自再烧一把火。经过几天的思考，他于11月16日给曾国藩回信，陈述增募乡勇的必要性。

江忠源指出，乡勇未必都不可靠，问题在于指挥员不得其人。潮勇、捷勇都是桀骜不驯之辈，但湖南的乡勇大不相同，其中有几支部队在长沙都能杀敌，已为实践证明是劲旅。后来邓绍良把他们带到镇江府城外，他们就变质了，淫掠杀戮，激起百姓的愤慨。百姓向太平军投诉，自愿为太平军做向导，顷刻之间，邓绍良全军溃散。多亏和春接手指挥，加以训练，又稍稍成军。这说明只要指挥员得人，乡勇还是能用的。湖南各地的乡勇当中，新宁的楚勇比较驯服，未曾出现弊端；之所以发生南昌哗变，是因为其中有小人教唆。由于指挥员跟士卒亲密无间，掉以轻心，所以未能事先预防。

江忠源又以湘乡勇为例说明自己的观点。湘乡勇本来比新宁勇更加驯服，但在低劣的指挥员手下，9月28日也有一支部队为了索赏而几乎哗变。可是罗泽南的湘乡勇很守纪律，王鑫的湘乡勇也很听指挥，因为指挥员都是杰出的书生。

广勇在南昌保卫战中的表现也是江忠源举出的一个例证。广勇本来最为跋扈，向荣将之解散，张亮基却将他们收拢，派到江西增援。江忠源本来不想要这样的援军，但又担心不收他们，会把他们逼向敌军的阵营。江忠源只好令他们驻扎在南昌城外，而留心管理，结果他们为保卫南昌出了大力。

江忠源总结说，由此看来，乡勇出现问题，原因不在于士卒，而在于指挥官。只要多找一些像罗泽南、王鑫这样的指挥官，就可以发挥乡勇的优势，避免乡勇的弊端。

在曾国藩对乡勇部队产生怀疑的时候，江忠源给他打气，并且指出办好团勇的关键在于将领。江忠源此时转换了角色，似乎已不再是曾老师的学生，而是向曾国藩传授自己的经验。他不仅希望曾国藩增募乡勇，还指望他牵头统率湖南乡勇，成就剿平太平天国的大业。与其说，他已经预见到湖南军队和曾国藩在这场战争中将要发挥决定性的作用，不如说这是他在慷慨激昂中的热烈期盼。他说，如今逆贼据有长江之险，官军只有多造船筏，广制大炮，训练水勇，首先肃清江面，才能扭转江苏、江西、安徽、湖南和湖北各省的被动局面。然而天下人才能够办成这番大事业的人，只有你曾老师一人；而能够率领战船、指挥水勇与敌军在波涛险隘战斗的将领，只有我江忠源、刘长佑、罗泽南和王鑫寥寥数人。

江忠源指出，现在全国大局危难，不能再拖下去了。他请求曾国藩与他联名向朝廷奏报，并致书海内豪杰，广集经费，号召湖南忠义之士迅建义旗，蔽江而下。他还说，他要在淮南收集奇杰，以为应援。

江忠源即将主持安徽军政事务，幕府中缺乏人才，如今身边只有一个博学多才的邹汉勋。他向曾国藩请教，安徽的绅士，除了吕贤基和吴廷栋以外，是否还有可求之人？他希望湖南的左宗棠和刘蓉诸君子能来助他一臂之力，请曾国藩为他邀请。

然而江忠源时运不济，未能得到左宗棠的辅佐。郭嵩焘确实带着他的嘱托去探了左宗棠的口风，看看这条卧龙是否愿意为天下人而出山，但郭嵩焘未能说动柳庄的庄主，江忠源只好直接写信给左宗棠，"用词弥苦"，苦苦相求。

在左宗棠心中，江忠源是个重量级的人物。但他知道，此公临危受命，兵单力薄，疲于奔命，前途未可乐观。他狠下心来，谢绝了江忠源的邀请。

曾国藩收到江忠源的信函以后，也来帮江忠源求贤。他请左宗棠训练三千名乡勇，训练好了，就由他带着这支部队去增援江忠源。换言之，他想要左宗棠取代王鑫去增援安徽。这个提议具有较大的诱惑力。在乱世当中，谁都希望自己手中握有枪杆子，何况左宗棠本来就是带兵打仗的料子。可是，在左宗棠看来，单单是拥兵三千，还是无法挽回颓局，他拒绝了这个诱惑。

胡林翼也来信了。他始终保持一副热心肠，力劝死党建功立业。可惜他自己只是一个地级市的市长，根本就没有资格向中央组织部门推荐一名下岗的县级干部去当部长以上的大官，不然他早就给皇帝写推荐信了。

请求出山的呼声如此之高，左宗棠充耳不闻。他对夫人周贻端说，左宗棠这个名字，从此以后要在尘世间消失了。

左宗棠跟出家人的距离只有一步之遥，而江忠源虽然登上了高位，却至死也无缘得到这位高人的辅佐。由于曾国藩变卦，王鑫也未能率部随他作战。江忠源得不到来自家乡的支持，只能做一位孤独的新巡抚。

且说江忠源在武昌危急时不忍突然离去，湖北大员都已知道，这位救火队的队长已被任命为安徽巡抚，他应当立即前往安徽上任。此时皇上给了他自行决定去留的方便。咸丰皇帝说，湖北和安徽相连，哪里紧急，他就可以去哪里，不必拘泥于朝廷的成命。也就是说，如果江忠源不愿去安徽送死，他完全可以不去，也不算违抗旨意，皇上给了他选择的特权。

如果换了别的人，也许就留在武昌了。这里也是前线，留下不算苟且偷安，也是为了保卫疆土，完全说得过去。但江忠源是个认真的人。他知道庐州那边吃紧，而武昌的敌情已经缓解。他对幕僚说："我前次没去增援凤阳，是因南昌比凤阳更急；现在安徽的军情更紧迫了，我不马上前往，何以面对那里的父老子弟？"

朝廷刚刚任命的安徽省长，决定即使送死也要去上任。下定决心之后，他在斟酌究竟带多少兵力过去。这个问题，也可以由他自己决断。他的亲信楚勇，以及他从江西带到湖北的云南营和四川营，都可以随他而去。他很想把这些部队带赴庐州，但武昌的防卫似乎离不开他们。太平军虽然撤走了，但离武昌只有一百多里，顺风时溯江而上，飞快就能抵达。江忠源不忍削弱武昌现有的兵力，经过再三考虑，决定和音德布一起，带领在田家镇收集的一千四百多人先行赴皖，等到敌船全部退出湖北，再把留驻武昌的旧部调入安徽。

11月11日，江忠源从汉口起程赴任，打算从黄陂一带取道六安，直赴庐州。为了筹划安徽全局的作战，他已派出哨探侦察安庆和庐江的敌情。这时候，吕贤基驻扎舒城，护理安徽巡抚刘裕鉁驻扎庐州，正在急盼他的到来。敌对阵营内，胡以晃也在加快行动，率太平军主力直扑集贤关外，向北攻击，于 10 月 14 日攻克了距庐州仅二百里的桐城。

江忠源走后，湖北的情势立刻恶化。唐树义一肩担任湖北的战事，打得颇为艰难，一仗获胜，一仗惨败。

这位老将驻扎黄州，令部队向下游搜击敌军。11 月 19 日黎明，探子来报：发现五六百艘敌船停泊在巴河。唐树义令部队分为四路，分批开拔，中午时分，前锋队靠近敌船开火，遭到猛烈还击。唐树义令前锋佯败，引得太平军登岸追赶。官军中队和后队赶到，分三路包抄攻击，用火力杀敌一百多名。官军杀到岸边，火箭、火弹与喷筒一齐向敌船发射，烧毁七十多艘。太平军后队发现登陆部队已经溃散，增派一千多人登陆，企图抄袭唐树义后背。官军伏兵四起，打击敌军援兵，又毙敌三百多名。太平军自从攻下田家镇之后，沿途未遇到有效的抵抗，这是第一次遭到沉重的打击。

唐树义于四天后又对太平军发起连续两天的攻击，迫使他们退回下游。石达开于 11 月 28 日增派军力回攻黄州，将唐树义所部击溃。湖北学政青麟认为，这是吴文镕只顾省城、不顾德安的结果，向皇帝告状。湖北的官场不只是总督与巡抚不和，驻扎德安的青麟也只顾自己的防务，缺乏全局观念。大家互相指责，吴文镕的处境更为艰难。

吴文镕和崇纶失和以来，湖北的军政事务总是政出两门。荆州将军台涌先后接到崇纶和吴文镕的公文，崇纶令他带兵去武昌，吴文镕令他不必开拔。他不得不向皇上请示，究竟应该听谁的，让皇上知道了湖北官场闹得很不团结。崇纶又奏报自己努力筹备发起攻势，而吴文镕则闭城坐守，无所作为。

崇纶认为，敌军已经撤到下游，荆州大可不必驻军。他把台涌调来武昌，是为了让武昌厚集兵力，派兵向下游进攻。吴文镕则认为荆州也是重地，不能不驻兵防守。崇纶坚持要调，吴文镕再三阻止。崇纶干脆不顾总督的意见，擅自发函，催促台涌开拔。他在调兵的理由中撒谎，说他已调绿营精兵七八千人向巴河攻击，所以省城需要添兵防守。吴文镕发现此人已丧失了为官的起码原则，竟然把影子都没有的事情写进官方的文件，将军务视同儿戏。

想到这里，吴文镕不寒而栗。

可是崇纶善于迎合皇上，他的奏报很对皇帝的胃口。咸丰皇帝处在四面楚歌的境地，很希望有人能对太平军发起攻击，而不是一味地防守。于是他指责吴文镕辜负了圣恩，竟然株守省城，不图进取。对于两人闹不团结，他各打五十大板，责令他们协力同心，迅速对下游的逆贼发起攻势。若因各怀己见，致误事机，要将两人同等治罪。

年轻的皇帝一反常态，把手伸向了前线，根据湖北的敌我态势，给大员具体分派任务。他指出，敌军既然已在田家镇修筑工事，黄州一带也有敌军主力，唐树义必须继续带兵前往黄州发起攻击；吴文镕也要亲自率部开到前线，敌军打到哪里，就到哪里阻击；省城防守由崇纶负责，不得稍有疏虞。台涌要不要带兵到下游作战，由吴文镕和崇纶会商决定。

67

前文说到，江忠源被任命为安徽巡抚的时候，王鑫的新军刚刚建立。他接到江忠源的来信，请他去安徽辅佐。那时吴文镕也向湖南求援，咸丰皇帝令曾国藩率湘乡勇赴鄂。王鑫倒是很愿意领兵开上主战场，但是曾国藩和吴文镕先后改变了主意。曾国藩不但对王鑫产生了不好的成见，还因乡勇屡次哗变，曾国藩和一些大臣，与咸丰皇帝一样，对组建民兵部队为朝廷作战产生了疑虑。乡勇表现出来的弊端，一是扰民太甚，二是索要军饷闹事，三是勾结太平军，这就难怪各级大员乃至皇帝会对他们产生顾虑。

曾国藩这时感到王鑫虽然是一名优秀的将领，但个性太强，心性太高，不会成为驯服的属下，因此不是他所需要的人才，也会妨碍自己一统湘军的局面，跟他争夺兵源和饷源，更可能独树一帜，造成湘乡勇体系的分裂。他一方面写信劝说王鑫，叫他戒骄戒躁；一方面写信给骆秉章，说兵贵精而不贵多，刚刚募集的乡勇未经训练，见敌易溃，而且军粮供应不上，应该裁汰。骆秉章非常明白曾国藩想做湘军大帅的心思，但他也看到了乡勇队伍保卫湖南的重要性，希望手中有一支得力的部队，于是装了个糊涂，对曾国藩的意见充耳不闻。

然而战局容不得大家多想，前方急需部队增援，是一个迫切的现实。虽然曾国藩不愿将王鑫派上前线，但他仍然不得不遵旨办事。曾国藩屡次奉到上谕，令他赶紧统领炮船和部队驶赴下游会剿，以为武昌策应。骆秉章也接到了火速增援湖北的旨意。与此同时，湖北和安徽的告急信接连送到湖南，曾国藩知道，他可以不亲自领兵增援武昌，但决不能阻止骆秉章派兵前往。两人经过商议，决定派知府张丞实、同知王鑫，率领王鑫新募的三千名湘乡勇去湖北增援。

11月9日，王鑫来到长沙，骆秉章就给他吹了风。九天后，王鑫再次到了长沙，骆秉章又催他出发。

王鑫招募湘乡勇，初衷是为在南昌牺牲的诸君复仇。现在复仇的战场已经转移到湖北，王鑫义无反顾，整装待发。忽然得到消息：太平军已从武昌撤退。王鑫仍然打算北上，可是在曾国藩的坚持下，骆秉章把援鄂的任务取消了。

曾国藩开始在衡州举办水师，提议将陆军合并为十个营，决定趁此机会将王鑫从自己的体系中排除。现在的曾国藩不再愿意插手湖南的司法和军务，一心一意要组建一支曾家军。这是他建功立业的全部本钱，是他必须死保的武装力量。为了给自己留下更多的兵员名额，他命令王鑫裁撤部队，只留七百二十人。

王鑫虽然恃才傲物，但他在官场上起点太低，没有曾大人那样的野心，打算遵命裁军。这时曾国藩又接到圣旨，要求他亲领六千名湖南乡勇前往长江下游作战。骆秉章认为，曾国藩迟早要率领他的大部队走人，那么本省必须尽可能保留更多的勇队，于是他叫王鑫暂时不要裁撤本队，视曾国藩的情况而定。王鑫得了巡抚之令，留在长沙，每日朝夕练兵。

但是曾国藩暂时还未打算出征，王鑫一军的存在总令他感到不安。他又函商骆秉章，令王鑫仍照原议进行裁军。骆秉章决定让王鑫精选二营留下，余部全部遣散回家务农。

骆大人和曾大人朝令夕改，王鑫只能叹一口气，再一次着手裁军。曾国藩坚持要裁撤王氏乡勇，勾起了骆秉章对这支部队的好奇心。他索性摆轿，直奔王鑫军营，检阅这支令曾大人耿耿于怀的勇队。王鑫给他看了一出精彩的操演，就跟他曾经给曾国藩检阅的操演一样，骆秉章一看就舍不下了。原来这是一支战斗力超群的武装力量！老骆当场改变主意，发布一道命令："此军不裁，全队驻扎省城！"

骆秉章已过花甲之年，不会轻易赌气，也不会做没来由的事情。他留下王鑫的部队自有充分的理由。太平军正在长江上往来无定，湖南省仍然应该狠抓战备，否则太平军打进湖南，叫他拿什么去抵挡？他把王鑫的三千四百名湘乡勇正式纳入自己的指挥系统，令王鑫继续统领这支部队，认真训练，严加约束，听候调遣，不得违令。

王鑫从此独立于曾国藩指挥的湘乡勇体系之外，得以独树一帜。有了如此宽松的平台，他更加狠抓军训，增加了魔鬼训练的项目，令士卒在脚上绑上铁瓦跑步训练。又参考戚继光的兵书，加以变通，创造出独特的阵法，令部队操演。

王鑫的部属个个重视阵法，他的部队成为出产优秀将领的人才基地，其中以蒋益澧和刘松山等人尤为突出。他们习得的城墙阵、梅花阵、大鹏阵等，都是歼敌制胜的法宝。王鑫著有《阵法新编》，书中变通古人成法，别具心得，当时作为军事机密保管，没有付梓。

为了区别于曾家军和其他部队，王鑫重新改定军制。长沙的朋友们提出请求，劝他将平日教学的内容写成讲义，便于营官以下的官兵掌握。王鑫撰写《营制》《职司》《号令》《赏罚》《练法》五篇，题名为《练勇刍言》。胡林翼认为，王鑫的军制与曾国藩的军制以及他自己的军制略有不同，但同样具有严谨宽博的特点。这一点也不奇怪，因为王鑫曾向曾国藩大谈建军思想，曾国藩是个集思广益的人，在组建湘军时肯定借鉴了他的思维。

68

在王鑫狠抓练兵的同时，曾国藩也在积极建设自己的武装力量。江忠源在安徽对湖南乡勇的增援望眼欲穿，王鑫去不了，他就只能寄希望于曾老师。他们通过信函讨论建军方略，曾国藩采纳了他的意见：扩军并不难办，筹饷却是难题；乡勇容易招募，但带队将领难求；陆战容易取胜，水战却需要更高的水平。

江忠源曾派夏廷樾和郭嵩焘在樟树镇制造几十具木筏，在筏上载炮，打算用于冲击太平军水师。木筏刚刚造好，将要出发，太平军已经退出鄱阳湖。

曾国藩受此启发，在衡州仿造木筏，拿到江面上试用，发现木筏笨拙，掉头困难，并不适用。曾国藩改变主意，决定购买民船，改造为炮船。

对于长江沿线作战的大局，江忠源为曾老师提供了第一手的参考资料，同时发表了真知灼见。曾国藩综合各方面的情报，终于厘清了思路：建立水师是第一要务。

11月24日，曾国藩向咸丰皇帝奏报：既然武昌已经解严，他决定暂缓增援湖北，留在湖南筹备战船。太平军以舟楫为营垒，横行在千里长江之上。等到他的水师建成，他便驶往下游，增援长江流域作战的官军。

筹办水师需要大笔的经费。当时广东解往江南大营的饷银经过长沙，曾国藩请求截留四万两，作为筹办炮船、招募水勇的费用。他初步确定湘军的营制，规定每营三百六十人，使用一百四十名长夫，加起来共为五百人。

曾国藩规定了选拔将领的四条标准：第一才堪治民，第二不怕死，第三不急名利，第四吃苦耐劳。曾国藩把王鑫排除之后，决定继续招募六千人，与江忠源的旧部合成一万人。

刚刚拿定这个主意，江忠源就正式奏请调曾国藩所练的六千人增援安徽。皇帝很快就批准了这个请求。他令曾国藩立即选募湖南乡勇六千名，酌配炮械，筹雇船只，亲自率领，驶出洞庭湖，从长江上游迎头截击，肃清江面敌船。还令曾国藩在途中抓捕从田家镇败退下来的官兵，这些人侵扰百姓，抓到之后，立即斩首，使民众得以安宁。

但是曾国藩的建军计划还在实施之中，距离出兵还有时日，在时间上无法满足江忠源和皇上的要求。他现在最要紧的事情就是募集人才。11月的一天，他正与幕僚议事，打算在湘乡县城建立忠义祠，祭祀援赣军阵亡的四名营官，并且以湘乡勇附祀，大家纷纷表示赞成。忽然门房来报：彭玉麟求见。

曾国藩大喜，对众人说道："此人是已故湖北巡抚常文节公之子常豫向我推荐的，说他胆略超群，可以倚重。我同意见他，可他对常公子说，他母丧未及一年，不愿出山。我屡次写信劝他来军营为国出力，看来终于说动他了。"

彭玉麟第一次出现在曾国藩面前。寒暄过后，曾国藩一双三角眼正视着这位访客，见他言谈举止儒雅不俗，明显是个读书人；但他语音爽朗，目光磊落，又有军人气概。曾国藩顿时对他起了好感。

彭玉麟说："蒙曾大人晓以大义，玉麟决意从戎报国，但自誓不求保举，不受官职。"

曾国藩知道，这是彭玉麟向他摆明正派做人的姿态。上一年8月中旬，彭玉麟从耒阳回到衡阳照顾生病的母亲，不久母亲去世，他埋葬了母亲，在家守丧。如今他听从曾国藩的劝告"夺情而出"，他说的这番话，表示自己不求功名，但求报国，正是理学家曾国藩想听到的。江忠源墨经从戎时，他就是如此要求江忠源的；后来他自己走了同样的路，还是以不受保举、不受官职来求得心安，维护名声。现在彭玉麟一上来就表明态度，使他自然地将对方看作同道中人。

曾国藩庆幸自己又得一个人才，当即将彭玉麟分到幼弟曾国葆营中，令他帮办营务。

关于彭玉麟此次从军的原因，野史有另外的说法，把他的动机归于一段刻骨铭心的爱情经历。据说邻家一个名叫梅仙的女孩赢得了他的爱慕，而梅仙也仰慕彭相公的才学，不仅愿意委身于他，还对他百依百顺，甚至不惜给他提供赌资。彭玉麟年轻时和江忠源一样好赌，也和江忠源一样是赌场上的常败将军。输光了以后，他悄悄将梅仙的钗珥拿去当了钱，再入赌场，孤注一掷，照样是血本无归。

有一天，彭玉麟又拿梅仙的首饰当了二十两银子，跑去赌博，再次败北。回家后，满怀歉疚，向梅仙坦白认错。他本来准备挨一顿臭骂，跪下忏悔一通。没料到梅仙轻描淡写地说："相公，只要咱俩能够白头到老，这点钱算得了什么？"

然而这对有情人未能成为眷属。两家已有口头婚约，因女家反悔，未能履约。梅仙怏怏去世，彭玉麟悲恸欲绝，发誓要画十万幅梅花，以报答爱人的深情。他写过一首《题采石矶太白楼》，诗中有句：

三生石上因缘在，结得梅花当蹇修。

其余诗作，也常以梅花抒发诗情：

其一：颓然一醉狂无赖，乱写梅花十万枝。

其二：一枝留得江南信，频寄相思秋复春。

其三：无补时艰深愧我，一腔心事托梅花。

很有可能，这些诗句中蕴含着作者因梅仙逝去而排遣不掉的哀思。

彭玉麟沉浸在失去爱人的悲痛之中，竟至大病一场。他躺在床上，捂着胸口说："死于枕席，算什么大丈夫！既然我今年一定会死，何不找一个好地方去死？"

于是他投笔从军，到曾国藩帐下出力。每战都朝刀风箭雨里面钻，以求一死，而往往因此就立下奇功。

69

且说江忠源从陆路兼程前进，风雨无阻，从湖北的东北角插入安徽。军官在路上都已病倒，江忠源本人也未幸免。11月16日，部队抵达安徽省霍邱县境内的洪家集，江忠源忽然咳嗽打喷嚏，寒热交作。第二天带病疾行八十里，晚间到达六安州城，因高烧而头晕目眩。他勉强睁着两眼，对音德布说："我得吃点药才行。部队也已疲惫不堪，不如暂留州城吧。"

江忠源进了六安，官民盛情接待，请他多住些时日。音德布见江忠源病情太重，也在一旁劝道："逆贼已在桐城，难保不攻此城。大家希望巡抚留住，就是希望守住州城。"

江忠源说："是走是留，还得看看。但我驻留一日，就要把城防部署妥当。"于是他带病工作，日夜指挥部队修筑工事。一面派飞马通知安徽布政使刘裕鉁，叫他赶紧在庐州布防。

到了第三天，探马来报：太平军于昨日下午进陷舒城，团练大臣吕贤基死在城内。

这一天是11月30日。舒城营兵的指挥官恒兴闯进庐州城向刘裕鉁报告舒城失守。刘裕鉁赶紧向朝廷奏报。他一眼就看出恒兴是临阵脱逃，但他没有向朝廷参劾。

舒城陷落，江忠源肩头的压力更重了。放眼安徽，没人能替皇上分忧，解救危局的希望全部落在他自己身上。敌军进入舒城，距庐州仅一百二十里，距六安州也只有一百二十里。不论是六安还是庐州，只要落到敌军手里，敌人都能顺利北上。但是江忠源分身无术，只能掂量何处更为关键。相比六安而言，庐州是新改的省会，地位更加重要。江忠源在高烧中自言自语："还是尽快去庐州接印管事吧，这样才能守住根本。"

江忠源大口喝药，巴不得尽快康复。可是服了几天汤药，病势反而加重，一时无法上路。江忠源迷迷糊糊地想道：胡以晃那逆贼此时是怎么想的？真想得知敌军的动向啊。

江忠源此时的心情很好理解：如果胡以晃从舒城杀到六安，他也就省心了，他就留下来，与六安城共存亡；如果敌军从舒城杀往庐州，他就等不到病愈，叫人搀扶着登上轿子，立刻动身，去救庐州。

这个病人全身烧得火烫，内心更加焦灼。他给皇帝上奏，表明只要一息尚存，就竭尽一息之心力来报答圣恩。

进入六安的第五天，江忠源热度稍退。刘裕鉁派来的使者求见，送来了巡抚关防和芜湖关的关防。这两个关防此时已成烫手芋头，谁接到手里，保全安徽的责任就落到了谁的肩上。这一天是12月8日，江忠源捧着官印，微微一笑，说道："本抚从今天开始，正式接管安徽军政。"

舒城方面送来探报，敌军正在补修城墙，开挖壕沟，闭门坚守。庐州方面的消息则喜忧参半。知府胡元炜在信中说，敌军已从舒城和桐城向庐州进军，庐州十分吃紧；不过，省会兵力充足，团丁就有一万多人，军饷也很丰足，请巡抚大人火速前来指挥防守。

江忠源把音德布召来，说："六安暂且无事，庐州方面告急，我决定前往庐州。六安就交给你了，给你留下一千多人。"

接印的第二天，江忠源勉强打起精神，带领两千七百多人从六安出发，兼程疾进，于12月10日驰抵庐州。

尽管太平军此时是处于攻击态势中，但江忠源所想的仍然不是防守，而是积极的进攻。他计划先在庐州布防，然后与音德布约定时日，叫他从六安向舒城推进；江忠源则率部从庐州前进，对舒城两路夹攻，力争收复失地。

咸丰皇帝接到舒城失守的奏报，心如明镜，知道又一员大将犯了死罪，使吕贤基死在围城之中。他命令陕甘总督舒兴阿带兵飞速增援安徽。令咸丰皇帝感到意外的是，江忠源病倒以后，生命力还是如此顽强，能够挣扎着执行朝廷交给他的使命。他令福济火速驰赴庐州和六安一带，去当江忠源的帮手。

但是江忠源并不需要一位副总司令，他需要的是更多的兵力。从进入庐州的第一天，他就发现自己最大的需求是援兵。他进城后就登上了城楼，举目四顾，便知此城易攻难守。他在城墙上巡视，四面都不见高山峻岭。刘裕鉁介绍，城墙周长三十六里，若要不出一点破绽，需要的兵力何止数万！

庐州是一个交通枢纽，夹在淮河与长江之间，水陆交通都很便利。这样的地理位置，从古至今都很重要。如今金陵、扬州、镇江三城已成洪秀全的大本营，林凤祥又像钉子一样插在京城的脚板上，庐州处于太平军南北对接的途中，成为争夺的焦点。加上此城新改省会，关系安徽全局，江忠源能否守住此地，关系到今后的战局向何方倾斜。

江忠源来到巡抚衙门，胡元炜已在门口守候。江忠源见到他，剧烈咳嗽一阵，然后清清嗓子，问道："本部院在来庐州的路上，尽管卧病不起，还勉力支撑，给你送来命令，叫你清野浚壕，简料军实，不料你一件都没办！"

胡元炜额头上冷汗直冒，垂手站立，一言不发。

江忠源又问："庐州共有几座城门？"

"回大人，共有七座城门。东边的两座叫作威武门和时雍门，南边的两座叫作南薰门和德胜门，西边的两座叫大西门和水西门，北门只有一座，名叫拱辰门。"

江忠源说："胡知府，我刚才见到，只有南边两门外没有房屋，水西门外房屋不多，其余各门外民房鳞次栉比，逆贼一到，便于隐藏。你不是说工事都修好了吗？可是据我所见，城上并无守御器械。你这知府是怎样当的？"

胡元炜支支吾吾，答不明白。江忠源又询问兵力装备，胡元炜回答："城内原本只有营兵几百人，加上李鸿章的六百名乡勇。不过，刘大人新募了几千乡勇，加起来也将近有一万人了。"

江忠源顿时血往头上涌，还是压住怒气，瞪着他说："这么说来，能打仗的部队，加上本部院带来的部队，满打满算，总共才有三千人。我从湖北带来的只有四川兵、开化勇和广勇七百多名，其余两千人是在六安新募的乡勇。刘大人新募的乡勇还需训练，方能得力。"

胡元炜说话闪烁其词，言不由衷，江忠源已经感到这是个惯于撒谎的官员。他又询问城中军粮的数量，胡元炜回答："由于乡勇进城，消耗不少，存粮已经不足，藩库的银子也用完了。东关守卫部队已欠发口粮二十多天。"

江忠源长叹一声，说道："我带了六万两银子，已给旧部发了11月的口粮，新募的乡勇发了半月口粮，还购置了锅帐器械，已经用去二万多两，只剩下三万多两。看来还得给城内守军补齐口粮。那就所剩无几了。不用说，城内军火并无储备，弹药铅丸都不够用？"

"大人说得极是。"

江忠源道："你听好了，刚才所说的一切，你都要设法置办。"

现在一切情况都明白了，原来庐州钱粮军火都很匮乏。江忠源更担心的是人才缺乏。刘裕鉁急于撂挑子，身边的胡元炜已经欺骗了他，十分可疑。新任按察使还没到来，只能由罢了官的张印塘代理。拣发的四名知府只到了一个陆希湜，候补知县只有几个，就连候补佐杂也只有十几人。江忠源对他们都不了解，要办的事情这么多，不知派谁为好。

江忠源感到自己被人诱入了一个巨大的陷阱，他清朗的眼神里忽然蒙上了狐疑的阴霾。他一向以忠诚待人，最不能忍受欺骗，何况在最紧要的关头。他的心犹如被刀插一般刺痛。他强压着怒火，用嘶哑的声音说道："你下去吧。"

胡元炜低眉回答："下官就去筹备，就去筹备。"

江忠源觉得此人必须考察，但眼下的公务千头万绪，无暇跟他啰唆。胡元炜走后，江忠源独自思量安徽的局面。长江南岸，从东流直到芜湖，滨江几百里，太平军的船队可以随处停泊，也就可以随处登陆；长江北岸，西自望江，东至和州，沿江六百多里，防不胜防，其中东关最为关键，而守将玉山与张印塘只有两千二百人。

江忠源没有兵力增援东关。庐州是座大城，城墙都已倒塌，守军这点部队还不够扼守一道城门。他被胡元炜戴了笼子，若无援兵到来，庐州肯定守不住。但是笼子已经套在头上，已经逃不掉了。按照江忠源的脾气，他既然已到庐州，就不肯弃城退守。

庐州的防务存在太多漏洞，应该马上弥补。江忠源呼唤随从，派人到街上张贴告示，要求拆毁城外民房。

深夜，刘裕鉁匆匆赶到巡抚衙门，说道："江大人，派往沙河防守的乡勇败回了！"

江忠源叹道："逆贼已过沙河，现在拆房都来不及了！"

70

江忠源抵达庐州的第二天，刚到薄暮时分，就有飞马来报：胡以晃的前锋已抵达庐州以南五十里处的派河。江忠源下令关闭城门。当夜撰写防御守则，告诫所有的官吏。

12月12日黎明，太平军从四面逼近庐州。守军登上南墙瞭望，只见车马扬起一片飞尘，炮弹落在城楼下方，大炮弹有鹅蛋那么大。正在此时，江忠源骑马到来。只见一个高个子的年轻军官前来报告："中丞大人，逆贼号称数万，我们怎么办？"

江忠源一看，来人是他在京城曾国藩寓所见过的李鸿章。昨日他已听说李鸿章从舒城带勇撤到了庐州，不想今天便在城下见到他。江忠源说道："少荃老弟，你我都是涤公的学生，彼此不必拘礼。我带来的兵力只有两千多人，分配到各方城墙防守，兵员过于单薄，还得设法增加人手。"

江忠源略一沉吟，问道："留在城内的百姓不知还有多少？"

李鸿章答道："还有四五万人，可是官员不许百姓登城。"

江忠源说："庐州居民没有见过逆贼，如今躲也躲不过。倒不如请百姓各备铲柄锹锸，全部登城，自由观战。"

李鸿章说："这倒是个好法子，人多了，自可为守军壮胆。"

于是，江忠源令官员发布告示，欢迎百姓上城观战。时过不久，城墙下挤满了人，有几万人，发出一阵阵呐喊。城外的太平军听到城内人声鼎沸，不知守军虚实，稍稍退却，抢占民房，构筑掩体，用枪炮向城内射击。江忠源拖着病躯登上城楼，抓紧分分秒秒部署城防，激励将士誓死守城。他叫来几名通信兵，写就几纸公文，令他们飞马分头送给六安的音德布，东关的总兵玉山和安徽按察使张印塘，以及凤阳的袁甲三和颍州的臧纡青，请他们火速领兵来援。

江忠源发现，水西门城墙太矮，城外的坡垄偏偏最高，太平军在坡上扎营，可以俯瞰城内，所以此处最为危险。江忠源说："我就驻扎在这里，我要亲眼看到城墙加高培厚。"

巡查结果表明,大西门也是一个隐患。这里民房逼近城根,城外又无壕沟,太平军一到,就在该处开挖地道。江忠源令邹汉勋和邹召旬驻守,雇觅民夫,从内朝外迎挖。

江忠源在水西门现场办公,当即给其余各门委派守将。德胜门由四川都司杨焕章负责;南门由云南参将惠成驻守;小东门派池州知府陈源兖驻守;大东门派知府胡元炜驻守;北门派合肥县知县张文斌把守。他要求其余文武官员一律驻扎城上,分别守卫关键之处。布政使刘裕鉁也有任务,江忠源令他白天总理军务,夜晚巡视各个城门,严密巡查。

庐州城防守最大的困难是城墙太长,守军兵力不够分布。三十六里城墙,共有四千五百七十多个城垛,可是守军只有三千三百人,就算一人守一个城垛,兵力还是不够。而且部队多为刚刚招募的乡勇,不懂守城规矩。江忠源只得将他带来的几百名老兵分布在各个城门,他手边并无一支劲旅。此外,各门的月城厚度不满三尺,高度不及一丈,又与主城墙不通,防守更难得力。

见到胡元炜以后,江忠源的心已冰冷。他对这个说假话的家伙窝着一肚子气。这个知府平日没有部署防守,事到临头又给上级打假报告。江忠源越想越恨,每见他一面,都少不了申斥一通。胡元炜不想挨骂,干脆躲起来,不再到巡抚这里露面。

好在城内的绅民给巡抚送来了温暖。他们深明大义,见江忠源带病登城部署防御,人人感激兴奋,出丁助守,而且自动设立后勤局,分头送茶送饭送粥,昼夜不断。部队无须开伙,可以专意守垛。

当天夜里,江忠源就撰写奏章,将城防情况奏报朝廷,同时向皇帝请求更多的援兵,并请筹拨饷粮,以济急需。

第二天夜半,胡以晃下令对庐州发起围攻,太平军悄悄在西平门架梯缘墙而上。城头上的守军将领是个长相颇为怪异的汉子。他身材不高,双目深陷,眼珠略带绿色,宽宽的额头下是一对高耸的颧骨,下颌瘦削,胡须坚硬。他讲一口湖南土话,庐州无人能够听懂。

此人就是8月份跟随江忠淑增援南昌的邹汉勋。此时他按照平时的习惯,已经喝下几杯酒,袒露一条手臂,在城头巡视。忽听得一阵异常的响动,探头一看,只见敌军爬梯而上。他当即发出一声怒吼,一挺长矛,向敌军刺去。

守军听到他的吼声，纷纷上前，奋力杀敌。太平军蜂拥而上，刚要登城，被邹汉勋抢上去刺毙将领，夺得黄旗。太平军顿时泄气，舍梯而逃。守军斩下一百多首级，邹汉勋战功最多。

邹汉勋是一名不折不扣的书生，打仗却异常勇猛。邹家五兄弟个个都是颇有建树的学者。大哥邹汉纪是个音韵学家和地理学家；二哥邹汉璜是医学家；两个弟弟邹汉嘉和邹汉章对军事地理学颇有研究。南昌解围后，邹汉章已返回湖南，投到曾国藩帐下。

邹汉勋是中国近代舆地学的奠基人。他博学多闻，喜欢写长文，墨艺不合规范。他中式的文章中所引用的语录，九房考官竟然没有一个人知道出自哪一本书。当时宋子亭在外帘，最称博雅，考官将这份卷子拿去请教，宋子亭也不知道，只好说："我回到寓所翻翻书就知道了，诸位翻书也是白搭。"

尽管庐州百姓对守城显示了巨大的热情，城内仍然暗流汹涌，令新到的巡抚防不胜防。有个名叫郑潮的小衙役给太平军做内应，正在秘密破坏社会秩序。

胡以晃开始攻城时，书生徐子苓在姻亲家吃晚饭，见邻居家的主妇个个都杀雄鸡，把血沥在放了水的盆子里，插上筷子，置于门外，并在门楣插上香烛。

徐子苓不解，向主妇们询问其故。女人回答说："抚军有令啊，咱们照办。"

徐子苓想：抚军大人怎么下这种命令？心中大为不解。

12月14日五更时分，天下大雾，拱辰门突遭炮火攻击，城楼上炮子滚滚如注，太平军冲锋时吹着响哨，如同鬼怪呼啸。居民在雾蒙蒙的世界里目睹阴惨惨的火炬之光，听到这种恐怖的声音，吓得魂不守舍。

太平军在大雾中冲杀过来，知县张文斌率部抗击，把总尹孝忠、外委张得贵、武生周恩及兵勇奋死抵御，毙敌四五十名，尹孝忠腹部受枪伤，不久身故。张得贵炮伤肩膀，右手被炮弹击伤，当即断落三指，拼死不下火线。

迷雾之中，其他各门也有太平军分扑。陈源兖和守备程智泉在时雍门堵击，斩杀六七十人。太平军发起更猛烈的冲锋，六安乡勇头目周恩父子率部拼死堵击，才将太平军击退。

各门当天合计击毙太平军六七十名，阵亡乡勇两名，居民一名，受伤兵勇十余名。

天亮以后，胡以晃又下令分攻六门，将领举着黄旗冲在前面，大炮推到德胜门下，云梯架上了城头。都司杨焕章和把总尚德胜将敌军击退，夺得五十多架云梯。其他各门都有斩获。

战斗结束后，徐子苓来到城楼上陪陈源兖饮酒。他问道："我有一事不明，抚军为何令百姓杀鸡取血，在门外祭祀？"

陈源兖大吃一惊："这是什么话？江大人没下这样的命令啊。"

酒罢，徐子苓中午沿着菜地行走，见几名衙役手持令箭，步履匆匆，鸣锣喊话。顷刻之间，各家各户又燃起香烛。衙役还宣布百姓不得蓄水，要把棍子长竿之类全部收藏。徐子苓想：这是有间谍加传巡抚令，城里定有逆贼内应！

第二天，城内又有怪事。一些人在街头巷尾大喊："江巡抚派人收集妇人褰布，制造旗纛，压制逆贼。"过了一会儿，一群捕快涌来，将造谣者抓住枭首，脑袋挂在威武门下。

但是内应又有新的花招，在四处放火。民房屡屡失火，随即谣言四起，但追根究源，都不知从何而来。

这一天，胡以晃重点攻击时雍门，但攻城将领被程智泉用大炮轰毙。百姓帮着将滚木推下城头，用火罐和砖石往城下齐砸，大创太平军。中午时分，太平军从东大桥而来，一名头裹黄巾的将领骑马当先，身后有几辆大车。走到包公祠前，守城百姓中有一位木工从墙缝里开枪射击，击中太平军将领，致使人骑惊飏，跑了一段，方才倒地。有一名军官头戴红帕，手持腰刀，翘立墙头，跳下城墙，奔向太平军，将他们惊退。官军缴获两车盐和一驴一马，俘虏敌将一名，还有不少服装。

此仗之后，江忠源再次上疏向朝廷求援。他说守军兵力单薄，军饷不够，加以敌情诡谲，既盘踞民房以为藏身之固，又在民房中分扎营垒，企图围死庐州；现在天气严寒，恐怕日久部队发生懈怠，而他本人疾病尚未复原，又担心身体支持不住，请求皇上迅调援兵，多拨军饷，星速救援。

江忠源在奏疏中高度评价庐州百姓。他说，他曾力守桂林、长沙、南昌各城，绅民中不乏急公好义之人，但都不如庐州万众一心，众志成城，请求皇上下诏嘉奖，鼓舞人心。他请咸丰允许他在此特殊情况下，随时保奏出力人员，将不服从命令的官员随时正法。

这时候，江忠源感觉到知府衙门有鬼，对胡元炜已经起了杀意，但他还没找到机会。

71

且说庐州已经开战，咸丰皇帝方才接到舒城失陷的奏报。他为庐州悬心已有数月，然而不好的结果还是发生了。他情急之下，严催舒兴阿率部驰救庐州，令已到徐州的和春向庐州救援，还叫吴文镕速派戴文兰赴皖。财政方面，他令张芾给江忠源拨银十万两，要求河南与山东迅速筹解银子前往安徽。曾国藩率领六千名楚勇乘坐炮船去增援江忠源，仍是咸丰最大的指望。

江忠源请袁甲三从凤阳速发救兵，袁甲三却很为难。他声称，他手下的兵力，宿州营兵已返回驻地，其余的兵力也分拨到各地，如果全部开往庐州，淮南一带就会人心惊惶，土匪会趁机捣乱。如果他另外招募兵力，恐怕很难得力，对于庐州起不了作用。其实袁甲三由于自己是朝廷的剿捻大臣，十分看重淮北淮南的安全，所以不肯调兵去援救庐州。

袁甲三把希望寄托于陕甘总督舒兴阿。此人奉旨援皖，带着几千名营兵，已于11月17日从河南陈州起程，向安徽开来。袁甲三派飞马给他送信，请他火速赶往庐州，估计十天内能够赶到。袁甲三对这支部队期望很高，他相信，只要舒兴阿能与江忠源会合，必能保住庐州。

袁甲三没有救急，却表现得颇有远见。他似乎更加操心眼下还不存在的危险。他说，倘若太平军在庐州被江忠源击败，有可能向北逃窜，徐州和宿州一带就会吃紧，而临淮和固镇更是紧要的门户。他决定赶赴宿州先行部署，与和春商酌，如果和春进扎临淮，就让他驻守固镇。袁甲三自己的兵力全部交给和春指挥，构成第一道防线。他跟王梦龄、百胜等人分驻宿州和徐州，作为第二道防线。说来说去，袁甲三就是见死不救。从庐州救急的角度来看，他这种事前诸葛亮比事后诸葛亮好不了多少。

袁甲三是个明白人，对安徽的形势看得十分清楚，所以纸上谈兵很有一套。他主张庐州以北应以防守为主，庐州以南应当发起攻势。他认为朝廷把英勇善战的江忠源派到庐州是一个英明的决定，可惜江忠源兵力太少。对于安徽的乡勇，朝廷不能寄予过高的期望，他们不如楚勇训练有素，自从正月安庆失陷以来，所招的乡勇无不遇敌即溃，甚至助敌投敌。凤阳的乡勇在城陷之后跟随敌军抢掠；舒城的乡勇战败后把敌军引入城内。所以，江忠源不能依靠安徽的乡勇。必须得到舒兴阿三千陕甘兵力的补充，才能发起攻势。袁甲三的错误在于，他对舒兴阿及其手下的骑兵估计过高，其实这支部队远远不如他所想的那么骁勇。

江忠源指望不上袁甲三，但他还有两支援军能够依赖。戴文兰正在从湖北赶来，舒兴阿率四千九百多人从陈州由水路而来，都在路途上了。此刻他还不知道，刘长佑接到他的几封告急信，恰好病情略有好转，便率领旧部三百人，和江忠浚在家乡增募的两千人一起，经蕲州和黄州赴援庐州。

江忠源在兵力不足的情况下，尽量采取手段瓦解敌军。在对付造反军的策略上，他与道光末年镇压雷再浩造反时已有不同。那时他力主除恶务尽，斩草除根，不留后患。他的主张与地方官员的仁恕之道两相抵触，未能实施，反而给他招来嗜杀的名声，赚了一个"江屠夫"的外号。但在镇压浏阳征义堂一役，他遵照左宗棠的安排，只惩首恶，不问胁从，办得非常漂亮。

江忠源分派官员，以巡抚名义发布解散胁从的告示。他郑重宣告：本部院已令各路将士限期进兵，考虑到平头百姓盲目跟从逆贼，不忍他们玉石俱焚。粤贼凶残异常，没有人性，杀死父亲而掳掠儿子，奸淫妻子而杀其丈夫，焚烧屋宇，抢劫家资，把你们当奴隶驱使，当罪囚拘押。每次作战，都将掳来的平民当炮灰，替他们抵挡子弹和刀箭，稍有退缩便被杀身。战败被俘，官兵因其有抵抗行为，也会斩首示众。你们若有人性，自应激发义愤。现在你们进退都是一个死，只有反正才是活路。

江忠源对他所谓的胁从人等开出了条件。他说：本部院奉到上谕，自动投诚者免死，杀贼立功者受赏。本部院已预先通知官军将领，凡是投诚者，无论造反时间长短，只要自首，就是良民，不准妄行杀戮。逆贼中的头目若能痛改前非，洗心归化，也会量才录用，还要重加奖赏，决不食言。

就在江忠源发布告示的这天夜里，胡元炜待在知府衙门，思考着明天如何应付巡抚大人。一个黑衣蒙面人闪身而进，扯下面罩，从身后轻轻一拍他的肩膀。

胡元炜惊出一身冷汗，回头一望，看到了一副熟悉的面容。于是又惊又喜地喊道："恩人，你怎么来了？"

黑衣人把食指举到唇边，轻嘘一声，叫胡元炜压低声音。

来人是胡元炜生命中的一个神秘人物，胡元炜知道他神通广大，但至今不知他的身份。此人对胡元炜恩重如山，如果没有这个人在他的人生中出现，胡元炜现在肯定还是一个乡下的平民。

胡元炜年轻时官瘾很大，却又不愿寒窗苦读，无法通过科举进入仕途。咸丰初年，他的机会来了。朝廷为了募集军费，大开捐纳卖官之风气，杨秀清认为有机可乘，从心腹当中挑出一百多人，个个面目端正，身材魁梧，令他们伪造姓名和籍贯，前往京城买官，并指定省份，要求分配到该省候补官职，预伏内应。有的奸细买到了道员和知府的官职，清廷的组织部门竟然毫无察觉。

除了为自己人买官，杨秀清还在官瘾很大的平民中物色对象，出钱替他们买官，以此收买过来。胡元炜也被他们盯上了。

胡元炜当时向亲戚朋友告贷，借得几百两银子，打算去京城捐个从九品的杂职。动身那一天，他在渡口等船，和一名陌生人攀谈，话很投机，决定结伴同行。那人正是为杨秀清执行卧底计划的奸细之一。

到了京城，他们一同下榻客栈。胡元炜天天到外面活动，但忙了一个多月仍然没有买到官职，回到客栈，躺在床上唉声叹气。

奸细见状，问道："这些天你都忙些什么呢？干吗这么无精打采？"

"嘿嘿，本想捐个小官做做，可是没门。"胡元炜答道。

奸细说："何不把履历给我看看？或许我能为兄台办到。"

奸细拿到胡元炜的履历，几天之后，跑回客栈，对胡元炜说："我为你找人捐了个知府。银子不用给我了，你回家还要路费嘛。"

胡元炜惊呆了，眼睛瞪得溜圆。他原本只想捐个九品超级芝麻官，因为他实在是囊中羞涩。没想到，这位新朋友为他捐了个五品知府，而且还分文不收。天上掉下了馅饼，胡元炜惊喜之余，对新朋友满怀感激。

奸细拍拍他的肩膀，说："大丈夫在世上走一遭，何必当个龌龊的小官。朋友间应该互通有无，我有余钱，怎能不为你图个像样的功名呢？"

扑通一声，胡元炜两脚跪地，拜谢不停，说他一辈子也不会忘记这份恩德。

胡元炜出了京城，回到安庆，不久就奉命出任庐州知府。可是到任不久，就遇上了胡以晃进攻庐州。胡元炜资望尚浅，朝廷怎么可能让他身任重寄，防守一座大城？胡元炜自己不知原委，其实是有人幕后操纵。那个操盘手，正是为他谋得官职的神秘人物。

胡元炜自从出京之后，跟这位大恩人不曾通过音信。临别时，恩人叮嘱过胡元炜不要将他捐得知府的内情告诉任何人，所以胡元炜一直讳莫如深。

此时，恩人就在眼前，胡元炜心中充满了好奇，问道："大哥深夜造访，有何见教？"

黑衣人对他一笑，说："有要事相托，请到密室细谈。"

胡元炜将恩人迎进内室，再次拜谢他的恩典。黑衣人说："你不用谢我，我还有借重老弟的地方。首先我要告诉你，我就是城外攻打庐州的天国中人。我们将在十二月十七日（1854年1月15日）攻下庐州。你不是想做官吗？只要你能迎降，庐州知府还是你来当，还将受封王之赏，否则你绝对活不过今天，因为这城内到处是我们的内应。如今庐州兵寡饷缺，如何守得住？与其执迷不悟，自取早死，何不选择一条富贵之路呢？你不是要报答我的恩情吗？你自己看着办吧。"

胡元炜并未犹豫太久，决定寻找合适的时机把太平军放进城内。

72

骆秉章在11月份接到衡州和郴州的告急公文，称两地有大股会党起事。他决定将援赣湘军调回增援，给罗泽南发去命令：江西泰和会党窜扰湖南茶陵、攸县等处，令你部立即驰回湖南会剿。骆秉章强调是江西的会党杀进了湖南，所以要将援赣军撤回，使张芾那边不好反对，说明这位老人做官已经到了炉火纯青的地步。

江西镇压会党的战斗这时已经进入尾声。李续宾于10月22日攻破了安福的一座敌营，然后再接再厉，击败朱村桥的会党。紧接着，他得知沔洞和洋山的会党在永新集结，便于11月6日向永新攻击，几败会党后，追到莲花，烧毁会党的五座军营，将他们逐向湖北。五天之后，会军从安福撤走，李续宾进占安福城。这时他接到罗泽南的命令，叫他去吉安会师。

李续宾赶到吉安的时候，罗泽南率部从固江开到，罗、李两营会师，于11月21日向湖南开拔。

骆秉章欢迎援赣军回省，令李续宾将吃官粮的士卒增加到五百人。加上体制外的湘乡勇，李续宾手下有了八百多人。罗泽南和李续宾两部分别定名为"中营"和"右营"，还刊发了两颗木印，官方化程度增高。从这时开始，湘乡勇各营确定了军旗的颜色，中营打红旗，右营打白旗。

官方虽然还没有为湘乡勇制定军饷制度，但李续宾的部队待遇还算不错。当时粮价便宜，士卒每天得到一钱银子就会乐得合不拢嘴。湘军各营发放饷银都缩水，只有李续宾按照"湘平"发足军饷。所谓"湘平"，是湘潭县所用的秤。用这种秤来称量银子，比国库的秤略少一点，每一两约合库平八钱一分一厘七毫。湘潭商务殷盛，常有汽船往还汉口；咸丰以来，将卒多为湖南人，营中称量银子的秤都是湘潭秤，所以推行于湖南全省及长江流域的大商埠。李续宾能按湘平足额发放军饷，已是非常难得了。

李续宾与士卒同甘共苦。偶然遇到粮食匮乏，士兵每天只发四两米，李续宾也只领四两。他跟最下级的士兵打成一片，同卧同起。士兵的家人向李续宾家打听自家子弟的情况，李续宾收到家书后，一定会把那人叫来，将他家里的情况告诉他。李续宾写家信时，也会把该士兵的情况写上，请家人转告他的父兄。士卒感恩戴德，愿意为他效死，不敢犯禁，右营因此而独享盛名。当时辰勇和楚勇自相仇杀，但他们都钦佩李续宾的品德和威望，不会攻击湘乡勇。

这时的湘乡勇接受骆秉章和曾国藩的双重领导。骆秉章在长沙给他们定编发饷，曾国藩则从衡州对他们发号施令。湘乡勇回省后，当即接到曾国藩从衡州发来的命令：永兴会党一千余人抢掠县城，驻扎在油榨墟，令你部往剿。罗泽南即日驰赴永兴，制订作战方案。他分派永兴的乡勇攻打圩北，自己率部直捣圩西和圩南。三面夹攻，攻破敌垒，斩杀大批敌军，将永兴平定。李续宾在12月份打了十一仗，随后与罗泽南一起驻军衡州。

罗泽南始终没有忘记自己是一名学者，一位老师，非常关心教育事业。他一边搜捕油榨圩的会军残余，一边集资修复石鼓书院。江西巡抚张芾上奏罗泽南平定安福的功劳，保升他为直隶州知州，与刘长佑一同留江西补用。李续宾得旨以府经历补用。

大约在罗泽南和李续宾征战永兴的同时，周凤山和曾国葆也奉命镇压常宁的会党，彭玉麟跟随部队前往。官军很快收复了常宁县城。12月11日，会军逃到羊泉洞，曾国藩又调张荣组和储玫躬前往增援。会军三天后进占嘉禾，然后攻打蓝山，推进至道州的四庵桥。曾国藩添调邹寿璋和魏崇德增援。官军各营与会军作战均有斩获，储玫躬战功最大。

此仗结束，曾国葆来见大哥，汇报战斗经过。他特别推崇彭玉麟和杨载福，说他们"才当任一军，不宜屈为帮办"。这时彭玉麟只是一介生员，杨载福前因守住了湘阴有功，已被提拔为千总，曾国藩决定重用二人，令他们分头招募水勇，各自率领一营。彭玉麟和杨载福从此成为湘军水师将领。

江忠源身在庐州，迫切需要湖南的援助。这时礼部左侍郎、光禄寺卿宋晋向咸丰皇帝提议，吕贤基死了，江忠源病了，曾国藩却拥有实力，可以依靠，应当令他挑选练勇，乘船顺流东下，与江忠源水陆夹击，歼灭安徽沿江敌船，则会令金陵、扬州、镇江的敌军落胆，向荣和琦善就能将敌军一举扫平。

曾国藩奉到上谕，皇上令他率部乘船东下，与江忠源合作，迅速压制安徽的太平军。此时安徽的局面比任何省份都要糟糕，皇帝指出，不利的情况都是由于长江上面没有官军水师战船拦截追剿，听凭敌军往来自如。既然曾国藩也懂得水师的重要性，就应该火速建立水师，亲自统领，去拯救安徽的危局。

事情到了这个地步，曾国藩已经彻悟了水师的重要性。但是咸丰皇帝千呼万唤的水师在哪里呢？曾国藩并非没有尝试创建水师，但他的努力失败了。木筏造过了，可是无法使用；水师的战舰湖南没人见过，幕僚面面相觑，不知该从何处下手。

曾国藩日思夜想，广泛听取意见。岳州营的守备成名标、广西候补同知褚汝航、知县夏銮等，先后奉派来到曾国藩的行辕。曾国藩请他们做了幕僚，询问拖罟、长龙、快蟹、舢板各种船只的式样，然后召集衡州和永州两地的工匠按图制造。曾国藩也成为设计师中的一员，细心钻研，不遗余力。

这时候，广西巡抚劳崇光派人押送两百尊火炮前往湖北，船过衡州。曾国藩得到消息，赶紧把押送官请上岸，说："这批火炮是要送往田家镇的炮台安装的，可是那里的驻防军已经溃败，你们还能往哪里送？不如将炮位留在此处，也请押运的各位水手留下，为我们教练水师。"

炮位留下来了，经费还是不够。湖南的财政部门无法满足他的需求，军饷还得靠募捐接济。曾国藩选派秀才和绅士在各州县设立募捐局，但是不用官印，以防强权勒索。他自己印刷军功执照，盖上巡抚和布政使的印章，按照所捐的数额填发给捐款人，从六品到九品不等。

12 月 26 日，曾国藩终于给了皇上一点安慰。他奏报说，他正在筹备水军和陆军，准备开往安徽作战。但是战船火炮和水军还未集结，他在等待广西右江道张敬修购办外国炮和广东炮一千尊，带领工匠从广东来湖南。张敬修来后，湘军便可开拔。

曾国藩为了解决湘军在征途上吃饭的问题，奏请设立水路粮台，从湖南的漕米中提取两三万石作为湘军的粮食供给。为了确立使用捐款的合法性，他请皇上批准将他经手劝捐的款项用于湘军的军饷。为了进一步提高绅民捐款的积极性，又请求允许他随时发放吏部的卖官执照。对于曾国藩的请求，皇帝全部照准，还安排吏部给了他一些盖了大印的空白执照，可以随时填写，用来从捐生手中兑换银子。在这种意义上说，曾国藩的军队无论用的是财政拨款还是民间捐款，都是经过朝廷批准的款项，而捐款一项，是用作为国家资源的官衔来交换的。

曾国藩原来的打算是增募六千名步兵交给江忠源统带；奉旨筹备水师之后，他扩展了原来的计划，决定建立一支包括水军和陆军的万人大军，由他亲自率领，大举东征。江忠源从庐州发来求援信，语气非常迫切。为了给江忠源救急，曾国藩和骆秉章商议，决定派从九品官员江忠浚率领一千名新宁勇增援庐州，曾国藩自己则留在湖南抓紧经营战舰。

这时曾国藩已形成了一个具体的进军方案。他要制造二百艘炮船，率领水师从江路进发，雇用二百条民船跟随在炮船之后；陆军则从大江两岸随同推进。执行这个构想需要巨大的经费，还要取得中央政府和湖南政府的大力支持。他与骆秉章书函往还，请求援助，骆秉章大致满足了他的需求，使这番大业得以完成。曾国藩把自己比为"蚊虻负山、商距驰河"，又说是"精卫填海、杜鹃泣山"，表明他在扩军时期所经历的艰难。1853 年冬季，曾国藩克服重重困难，终于建立起了镇压太平军的利器——湘军水师，为他戎马生涯的辉煌铺垫了底色。

12月30日，曾国藩委派褚汝航前往湘潭设立一座分厂监造战船，衡州造船厂则委派成名标监督。他们制造的战船分为大中小三号，大号的叫"快蟹"，中号的叫"长龙"，小号的是从民间购买的钓钩船，改造为炮船。褚汝航在湘潭添造了几十艘舢板和小艇。两座造船厂的产品进行比较，各用其长，湘潭船厂的产品较为坚利。

73

且说胡以晃率军来到庐州城下，连续四天攻城未果，得知官军援兵正在赶来，不由有些心急。12月16日，他令部队攻扑小东门炮台，携带云梯爬城，遭到守备程智泉所率广勇的火力阻击，损失长发老兵六名。为了避免更大的损失，只得弃梯回营。

大东门外有一条护城河，一座大桥跨越两岸。太平军盘踞在桥东的民房内，但是桥头有一支官军阻挡了桥路。在这处地方，两军日夜开火对射。桥头官军曾向江忠源请战，要求出营迎敌，到四乡去打游击，与城上的守军互为犄角。可是太平军攻来时，这支官军立马溃逃，江忠源只得另调部队守桥。太平军屡次与官军争夺大桥，都被官军击退。16日这天，程智泉派兵偷出威武门，驻扎桥东的太平军出营夺桥，被程智泉击退。

太平军初到时，胡以晃就下令在大西门开挖地道，江忠源令负责驻守该门的邹汉勋从内迎掘，大西门已无危险。胡以晃又在大东门这边打主意。

12月17日早晨，程智泉报告："逆贼屡次夺桥失利，悄悄在桥北水面编搭浮桥，偷偷接近城根，开挖地道，高度和宽度都有几丈。"

江忠源说："你亲自前往月城察看，我要派队出城，傍城扎营桥西，堵住逆贼来路。"

江忠源悬赏重金，从广勇中募得两百多名敢死队员，当晚9点由程智泉统带，从月城以南挖道而出，直攻地道。一名太平军将领把秃头从洞口伸出窥探，外委冯富上前挥刀斩下，秃顶的头颅应刀落地。冯富将手一挥，士卒朝地道内连掷火罐。只听得一阵惨叫，地道内没了声息。事后清点，地道内共有四十七具烧焦的尸体。

桥东的太平军十分恼怒，一千多人向桥西冲来，气势汹汹，程智泉督率敢死队拼死鏖战，一面下令赶筑营盘。不到两个时辰，营盘已经扎好。城上用密集的火力支援，将太平军击退。这次战斗毙敌一百几十名。

太平军所挖的地道完全被官军控制，官军随时从隧道冲出，火烧敌营。敌营设在坚固的民房内，如果江忠源不出奇兵控制地道，庐州城很快就会陷落。

大东门发生激战时，刘长佑和江忠信的楚勇援军开到了庐州西南面的四十里铺。刘长佑一到，就听说福恒的部队在前一天被太平军击溃于水西门外。

音德布率部驻扎在二十里铺，听说刘长佑到了，心中大喜，连忙派人到四十里铺迎接。

"刘大人，音总兵约你明天一起攻城。"使者说道。

刘长佑不想打无准备之仗，回答说："请你转告音镇台，我军扎营未稳，明日无法出兵。"

玉山和张印塘此日也从店埠来到了庐州。他们率领东关守卫部队两千人经过北乡，各位乡勇团长夹道欢迎，馈赠食物，请他们暂时扎营。

团长们说："玉镇台来了，我们先报告中丞大人，请他通知各路援兵协同作战，我等可将一万名乡勇驻扎在玉镇台左右，以资护卫。"

玉山一笑，拱手答道："各位的好意心领了，我堂堂一员镇将，何用团勇护卫？"

第二天，玉山挥师进攻，乡勇头目支三虎率领一百人进援拱辰门，连抢敌营三座，接着攻夺炮台。太平军弃营逃走，支三虎带人入营搜抢财物。广勇跟着进营，骑兵随后。

太平军抓住时机，从东面抄袭官军后路，枪炮骤然射击，官军骑兵战马受惊，四处奔窜，冲乱了步兵队伍。玉山竭力抵抗，当场阵亡。西安骑兵队长伊昌阿和珂登额阵前逃跑，张印塘拦也拦不住，不知去了何方。张印塘令部队将玉山的尸身夺回，查验头面身腰，共受枪伤十七处。张印塘收集残兵，返回店埠驻扎。

城外的援兵吃了败仗，都是玉山部署不周、轻敌出击所致。刘长佑老成持重，不愿仓促投入战斗，音德布却再三要求他联合进攻。刘长佑拗不过他，只得于12月19日向庐州攻击前进。楚勇一路急行，直扑城下。来到距城约二里处，不见敌军踪影，只有太平军挖掘的壕沟横亘在前，一时无法跨越。

敌情不明，部队散坐在草坪上歇息，军官聚在一起商议进城的办法。忽听得哨官徐以祥大声呼喊，楚勇急忙整队。太平军已从两路包抄过来，楚勇仓促迎敌。若非徐以祥号令及时，很可能全军覆没。

胡以晃此时两线作战，一面阻击官军援兵，一面加紧攻城，城中军民昼夜难眠。江忠源心急如焚，一早就登上了水西门，遥见远处红蓝旗帜闪闪，知道是音德布带兵从六安来援。

城内得知有援兵来自西方，军民欢呼雀跃，纷纷要求出城助战。江忠源派马良勋和尚得胜各带一百多人下城接应，却被太平军拦阻，无法与援兵会师。

楚勇和音德布被太平军阻隔在壕外，在遭到突袭时迅速溃退。楚勇步兵行动迅捷，太平军来不及合围，步兵已从圈内跳出。但是刘长佑的骑兵被太平军咬住不放，追到一个狭窄的山口，逃兵挤作一团，一时过不去。徐以祥下马，将大刀插在田埂上，大喊："老子徐以祥，不怕死，有种的上来！"

"徐以祥"三字，太平军如雷贯耳。此人跟随江忠源从广西一路杀来，身经百战，杀得太平军寒心。他这一自报名号，居然吓得太平军不敢上前。刘长佑收队回营，逃过一劫。

楚勇初战失利，却给城内送来了信心。尽管援兵犹如昙花一现，但城内已是一片沸腾。百姓一传十，十传百，人人兴奋，叫喊着要出城助阵。可是过了一阵，瞭望哨报告：红旗直朝西面远去了。

楚勇撤走后，太平军一路烧杀，民居尽毁。城外民愤沸腾，把气撒在官军身上，一些百姓在枣林岗大肆抢劫，音德布被迫下令丢弃辎重，返回官亭扎营。

楚勇收住阵脚以后，在庐州以西四十里处的岔路口扎营，然后转移到夹林江。

此后三天，太平军不时分攻各门，都被守军击退。但是江忠源在城楼上遥望，再也未见到援军的踪影。

74

庐州从被围的第六天起，城中的鸡猪、柴薪和蜡烛，所有日用品都告匮乏。东北门外原先堆积着许多货物，胡元炜没有令人搬进城内，全部让太平军享用了。这究竟是有人暗中捣鬼，还是纯粹的疏忽，已经无从考察。

江忠源深知庐州的官员不好对付，他以不变应万变，还是用自己为官的两大法宝。第一是刑赏必信。知府、知县乃至军官犯法，都要绑到帐前，决不宽贷；第二是与属下和百姓同甘共苦，虚怀纳善，唯恐失之。守城百姓煮蓐粥给他吃，江忠源说："何不再来点青菜？"青菜给他端来了，原来是野藿，而且还没蒸熟。江忠源夹起来塞进嘴里，吃得津津有味。饭罢，欠身说道："我久病不支，多谢父老为我守城。由于城内一贫如洗，拿不出什么犒劳诸位，连累大家每天吃这种淡食。"

百姓们转过背，泪如泉涌，长叹不已，久久才去。

江忠源做了几天表率，官场和军队的风气为之一变。巡抚每日巡城，看到百姓给部队送饭，都要下马尝一尝。肚子饿了，就在席棚中与百姓一起进餐。他的部属，即便是大官，也与百姓打成一片，欢声笑语处处可闻。楚勇健儿脸上没有桀骜难犯之色，买卖公平，童叟无欺，很有些子弟兵的味道。

百姓看到了巡抚和楚勇的表现，踊跃为之效力。孩子们总是提着一筐豆，怀里揣着砖石，协助官军杀敌；成年的百姓则不顾天寒上城助守。有一次，江忠源听说有个百姓中炮身亡，立刻拿出银子为他购置棺木，还要骑马去停尸房看望。僚属说："存银不多，何必如此花费？"江忠源回答："我已有令，凡百姓上城协助杀贼，若为贼所杀，赏恤与官军相同，怎能各惜几十两银子，以至于辜负了死者？"

江忠源极为重视民众的上访。上访人白天找不到他，夜间来到下榻处。江忠源卧病在床，强打精神，坐在床上接见。事情说清楚了，便叫人拿来笔墨，顷刻间写就几百字的批文。

徐子苓曾去拜访江忠源，只见他咳嗽不停，形销骨立，在火炉边取暖，只有一名老卒为他调药，服侍帐下。各部门官员不断前来报告，徐子苓请求告退。江忠源说："我早就听说过你的大名，何不再坐一会儿？"

公事间歇，两人才能插谈几句。

徐子苓道："江公的部队纪律森严，庐郡人士无不夸赞。"

江忠源叹息一声，说道："古代的名将用兵，非常讲究'节制'二字。所谓'节'，能使士卒进退有法，而心意相交；所谓'制'，则能使之取舍有主，手足一致。我是一介书生，仓促之间募兵打仗，来不及加以训练，怎么谈得上纪律？南昌哗变，都是因我照料不周，亏待了弟兄们。"

徐子苓问道："庐州解围之后，江公有何打算？"

"托皇上洪福，忠源果能守住庐郡，则将进兵长江，制造几百艘战舰，截断逆贼的水上往来，然后与两大营对进，收复金陵。"

此时又有人来报告军情，谈话中断。来人走后，江忠源长吁一声，环顾四周，说道："我的精兵多数留在江西，很想舍弟前来，可是路途太远。昨天有人献书，要求我开门大战，说各乡团勇愿意助战，可是到现在也不见一队乡勇到来。依先生之见，庐州乡勇究竟如何？"

徐子苓也望望四周，低声回答："各乡练勇可以对付小盗，恐怕不足以当巨寇。"

江忠源说："我看也是如此。请先生为我走一趟，绕道去东路求援吧。逆贼撤围后，还要请先生为我起草告示呢。"

胡以晃受到官军援兵的压力，加大攻城的力度。12月23日，太平军对庐州发起猛烈的围攻，枪炮如雨，守军奋力抵御，从下午7点战至深夜3点，胡以晃才下令撤退。暗夜之中，官军无法统计战果。

12月25日，音德布奉江忠源之令再次向庐州开进，在蜀山旁边扎营，其地距城大约二十里，音德布称之为西大营。另有一个东大营，是张印塘率领东关败军撤退到店埠扎营，从店埠至威武门约有四十里。

胡以晃硬攻了几天没有成功，决定改用偷袭。12月26日夜间，太平军乘着夜色偷越城壕，逼近城根，扎下营盘，开挖地道。五更时分，月亮露头，官军趁着月色发现了敌军的企图。江忠源决定反击，令马良勋带领开化勇和本地勇从水西门月城凿开墙洞，鱼贯而出，直扑敌营。他对卫队队长邓春珍说："你率领卫队，带领庐州练勇，从紫金埂缒城而下，牵制大西门一带的敌军。"邓春珍的卫队共四十人，都是江忠源从湖北带来的亲随楚勇。到了紧急关头，江忠源总是把他们用在最关键的地方。

马良勋扑近敌营，逼近墙根，抛掷火弹，发起突袭。太平军乱作一团，官军趁势一边攻击，一边拆毁营墙。太平军遭到重创，撤回壕外高坡营内。统计战果，官军毙敌五六十人。

水西门的爆炸声传到大西门和紫金山，这里的太平军果然派人救应。邓春珍率部横出拦截，鏖战一小时之久，太平军抵挡不住，退回营垒。邓春珍乘势烧毁敌营一座，毙敌六七十名。

江忠源还想扩大战果，又令程智泉带领广勇从小东门凿墙而出，攻夺敌营，毙敌二三十名。统计战果，这一天烧毁敌军新营两座，旧营一座，总共毙敌一百五六十名。

马良勋返回城内，江忠源站在城下迎接，见他头上和肩上都有轻伤，连忙上前慰问。马良勋说："只有德胜门外新营尚未焚毁，深为可虑。"

12月27日，戴文兰从湖北赶到庐州城外。他派出五十人，每人携带两只巨锭，夜间偷越太平军军营，进入城内。城内早已缺乏银两，又见援军撤走，人心浮动。这笔款子的到来暂时稳定了人心。

为了配合城外援兵，江忠源决定驱赶德胜门外的敌军。当晚，他令尚得胜带领六安勇缒城而下，傍城扎营。28日黎明，营盘刚刚建成，几千名太平军蜂拥而至，尚得胜令部队在营内开火，杨焕章指挥城上守军用火力支援。太平军虽然凶悍，但一靠近城墙即被击倒。

江忠源令楚勇为骨干，从大西门去接应尚得胜。杨焕章见敌军猛攻了两个时辰，士气已经低落，令部队下城。尚得胜也令部队出营攻击。三路官军发起反攻，太平军抵挡不住，大败逃奔，官军乘势追杀，毙敌一百几十名，生擒十九名，焚烧敌军新营一座、旧营四座。

尚得胜浑身都被火罐烧伤，正午收队入城。楚勇和六安勇撤回大西门，不料太平军引爆地雷，轰倒大西门月城十丈六尺。太平军蜂拥而上，邹汉勋身先士卒，率部奋力阻击，将太平军击退。官军追出缺口，拦住敌军，用沙袋和石块抢修缺口，堆积到五六尺之高，才令城外官军撤回城内。直到下午7点，月城修复完整，与正墙等高。

太平军以主力攻扑德胜门时，也有小股兵力攻扑南门和小东门，都被守军击退。由于大西门的爆破未能取得成果，太平军在当天夜间又偷越水西门外的壕沟，扎下两座营盘。

江忠源在29日黎明发现鼻子底下又出现了敌营，令马良勋和淮勇头目徐

255

怀义带兵出城，奋力攻扑，遭到顽强抵抗。开化勇和本地勇战斗力不强，从早晨战到晚上，也未能攻破敌营。

太平军也派兵攻扑小东门和紫金埂各处。程智泉牢牢地守住了小东门，楚勇顽强地守住了紫金埂，在敌军撤走时，还下城追赶了一阵。

刘长佑和音德布 12 月 30 日再次向庐州推进，开抵城西的二十里铺。江忠源接到音德布的信函，看到了一线希望。城外还有援兵陆续到来。舒兴阿来信说他正从西北方赶来；张印塘也有报告送进城内，说他在店埠收集了玉山的残部六百多人，又把江南大营遣散的一千名川勇招拢，跟李鸿章一起召集各乡团勇，准备进逼城下。

官军在水西门月城外所扎营盘逼近太平军营垒，胡以晃决定将之拔除。12 月 30 日夜间，太平军朝营内连掷火罐，高坡上的太平军给予火力支援，用枪炮对城头射击。江忠源到此处巡视，发现城上守垛的都是新招的乡勇，枪炮都未配备，当即决定将城外营盘中的部队撤回城内。

胡以晃达到了目的，令部队专心从营内开挖地道。大西门月城外，太平军总共挖了三条地道。官军从城内对掘过来，但尚未挖通。除了 12 月 28 日引爆的一处外，胡以晃还有另外两条地道可用。

12 月 31 日，刘长佑派人把信送到城里，说他已在城外，江忠源信心大增。邹汉勋又挖通了太平军的另一条地道，危险又下降了几分。

为了配合援军开进，德胜门守将杨焕章率百人出城，还有守城百姓跟随，拔掉两座敌营，烧毁营垒，缴获大批牛马货物，斩首一百多级，俘虏二十多人。这一仗从早晨打到中午，官军士气旺盛，太平军无心迎战，闭营不出。

咸丰四年

1854年

75

1853年底到1854年初，在天津战区、金陵—扬州战区、武汉战区和庐州战区，战事都对官军不利，而且官军方面指挥作战的大员往往互相扯皮。在天津战区，僧格林沁与胜保各执一词，指责对方。在扬州战区，慧成与琦善互相推诿责任。在武汉战区，太平军于上年12月份重新在黄州集结，对上游构成极大的威胁。而崇纶对吴文镕的刁难变本加厉。为了应对敌情，吴文镕主张从省城派出兵力走陆路侦探敌踪，寻机攻击。之所以不走水路，是因为曾国藩的水师尚未齐备。崇纶马上唱反调，坚持要立刻雇用几百艘民船，派出五千兵力，水陆并进。吴文镕说："现在城防兵力匀不出五六千人，而民船临阵必退，反而误事。"于是崇纶不再理睬吴文镕，连总督给皇上奏报军情他也不肯列名。吴文镕对这种无赖的态度无可奈何，请求皇帝将自己罢免，另派重臣接任，或者先让崇纶兼代总督。

吴文镕此举犯了咸丰皇帝的大忌。紧要关头，皇帝最恨臣子撂挑子。臣子可以互相不买账，但不能拿脸子给皇上看。咸丰皇帝严旨申斥吴文镕，责成督抚同心协力。他仍令吴文镕迅速带兵出城迎战，令崇纶专办武昌城内外防守。又令台涌火速赶往德安接手防务，以便青麟调往武昌。

1854 年 1 月初，吴文镕决定奉旨出征。这是一个无奈之举。皇上不许他等待曾国藩组建水师，担心延误出征，那么他只得领兵赶紧渡江驰赴黄州前线。他对此次征战毫无把握，已经怀着必死的决心。他被崇纶逼到这个地步，只能以死来抗争崇纶的无理取闹。

吴文镕决定从武昌带走四千兵力。由他先后调往黄州前线的兵力共计七千多人。他给崇纶留下六千人守城，担心省城兵力不够，通知官文从荆州调两千名满兵来接济武昌。

吴文镕正要开拔，崇纶忽然觉得失去了安全感，动员僚属一起去跟吴文镕商量："制军大人大可不必急于带大军出城，先派唐树义率领水师去黄州就行了。等到军饷和兵力充沛之时，大人再亲自前往，如此便可防剿两不耽误。"

崇纶出尔反尔，吴文镕哪里肯听！崇纶说服不了吴文镕，又向皇上告了一状，说吴总督性情偏执，不听人言，没有因时制宜，不搞集思广益，以致百姓愤怨，官兵离心。

咸丰皇帝接到告状的折子，也看出崇纶自相矛盾。此人先前参劾吴文镕闭城坐守，现在又责怪吴文镕坚持出城作战。咸丰非常诧异，崇纶为什么出尔反尔？为什么从直隶到江苏到湖北，官军领导班子总是在关键时刻闹不团结？唉，也罢，这两位大员同在一城，一定互不相容，还不如将他们拆散。于是他坚持要吴文镕赶紧渡江，亲赴黄州指挥作战。

咸丰皇帝正在为各地大员与朝廷离心背德而烦恼，又接到张芾奏报，以江西财政困难为由，请求暂停采买铜铅运往云贵。咸丰觉得此人越来越不听话，奉到谕旨时不能虚心体会，为皇上分忧，反而"呶呶置辩"，于是决定将他交部议处。

咸丰皇帝罢免了穆彰阿，对他手下的红人张芾与陈孚恩自然也不喜欢。南昌保卫战中，这两名失宠的大臣都在城内，与江忠源合作得不错，守住了危城。但皇帝并未因此加赏张、陈二人，反而指责张芾保奏太滥。张芾凡有所请，皇帝总要找碴子驳回，并颁谕申斥。这一次的奏章，也许确实带着张芾的几分怨气，但皇帝比他的怨气更大，所以张芾撞到了枪口上。

76

在上一年底，由于江忠源千方百计防守，胡以晃没能打进庐州。1854年的第一天，江忠源又得到了一个好消息。这一天，戴文兰送信进城，报告援兵到位。邹汉勋又挖破了一条地道，胡以晃气得大发雷霆。刘长佑和戴文兰与音德布会师，推进到城外十里铺扎营。庐州附近的战局眼看就能逆转。但就在这天夜间，城外又发生了一幕惨剧。

前面说过，张印塘新招了一千名川勇，却不料因此而惹祸上身。这些川勇过去隶属于向荣，争功邀赏，屡屡闹事，被向荣裁撤。张印塘手下的李登洲急于招兵，把他们网罗到旗下，对他们百依百顺。川勇自推六人为头目，变本加厉，更加骄横。

这天中午，他们从店埠转移到拱辰门外十三里的古堆驻扎。抵达目的地时，天色已暮，他们懒得修垒，借宿民家。李登洲扔下部队，找张印塘喝酒去了。

太平天国秋官又正丞相曾天养发现官军的这支援兵向庐州靠近，率部杀到。川勇来不及穿衣，裸身奔逃，在夜色中徒手格斗，几乎全军覆灭。

张印塘的行营离敌军很远，李登洲来访，两人对酒啸歌。川勇逃来，他们才知军营已遭偷袭。张印塘连忙下令撤到更远的地方扎营。

官军的各种部队纪律素来松弛，为了赏金贪功冒进，或者孤军深入，失去后援，以至全军覆没，将领阵亡。李登洲在驻守东关时就屡战屡败，此次失败倒也不足为奇，但是大大耽搁了对庐州的救援，令守军空怀一腔期盼。

1月2日，音德布、刘长佑、戴文兰等三路援兵进攻太平军兵营，江忠源令各门派兵分路出城接应，牵制敌军。刘长佑等部并力向庐州冲击，捣毁敌营外哨棚二十多座，随后扔掷火弹，敌营顿时起火，烧得烟雾弥漫，帐篷开裂。官军各部乘势扑杀，将敌军击溃。

这时，西南敌营忽然冲出几百人，向南路攻击。寿勇抵敌不住，刘长佑率领各部将之击退。转战到西平门外的五里墩，得知留守营垒的士卒伤亡太多。太平军作战非常顽强，内攻外突，刘长佑眼看着城墙就在前面，令部队殊死拼杀，就是无法抵达。

江忠源指挥城内守军积极出城接应。水西门守军从紫金埂缒城而出，小有斩获。德胜门守军参将崇禧率部出城攻击敌营，毁营五座，也有斩获。北门由外委黄占超率部出城，谋毁敌营，毙敌十多名，其余各门毙敌五六十名。但各支突击部队都无法与援军会合。

刘长佑未能杀开一条通道，令戴文兰在半夜率领六十名敢死队员，身怀串钱和油烛，偷偷越过太平军军营，攀绳进城。

庐州攻防战进入了白热化的阶段，胡以晃攻破庐州的信心已经动摇。舒兴阿的到来使官军有了获胜的更大希望。

舒兴阿行军的速度表明他救援庐州并不积极。他于1853年12月21日才抵达颍州。在这里，他向朝廷报告：江忠源已抵达庐州，打了胜仗，逆贼已南逃庐江一带。舒兴阿的情报显然有误，是不是他自己编造的都很难说。两天后，他从水路取道颍上县和正阳关抵达寿州。

舒兴阿从寿州开拔后，部队分水陆两路前进。他多次派人送信给江忠源，请他坚守庐州，秘密订下日期，内外夹击，但他一直没有接到回信。从这一点他应该可以看出庐州的情况非常不妙。但他更关心的是自己的安危。从寿州开拔时，他派革职总兵郝光甲和杨青鹤率领三千人当前锋，从庐州西北方分两路侦察前进。

1月2日，庐州激战正酣时，舒兴阿抵达吴山庙，询问向导："此去庐州还有多远？"

向导回答："只有四十里。"

前锋通信员来报："庐州城内派来两名差兵，带来了巡抚江大人的复函。"

舒兴阿拆信一看，江忠源说敌军围困七门，急待援兵。舒兴阿向僚属问道："郝光甲已到何处？"

"回大人，郝镇军估计明日可抵庐州水西门外的高桥，杨镇军估计稍后也会赶到。"

"张印塘现在何处？"

"据报，已从店埠移扎冈子集。"

舒兴阿得到的情报大致准确。1月3日，张印塘赶到高桥，与郝光甲见面，约定次日先攻敌军在水西门所扎的木城。兵力部署如下：郝光甲亲率五百多人攻打西面，游击富昌等带五百多人攻打东面，千总段作栋等部往来策应夹击。张印塘派何朝亮与李登洲率八百人从中路前进，杨青鹤率部在土梁左右埋伏，以备接应。

张印塘等人正在筹划，胡以晃先行了一步。舒兴阿的逼近令他感到紧张，他决定加紧攻城。就在这天早晨，大西门下的最后一处地雷引爆了。胡以晃本来打算在夜间引爆，但守军彻夜戒备，没有机会。早晨引爆后，守军奋力堵击，城上一门大炮忽然自动射击，炮弹击碎了太平军主将的脑袋，太平军赶紧撤退。

胡以晃的地雷又落空了。城内外官军合力夹击，各路均有斩擒。太平军感到了来自四面八方的威胁，不敢近扑城门。胡以晃将四面围攻改为重点进攻。水西门外的太平军利用有利地势昼夜攻击，城内一天落下一百几十颗炮弹。

江忠源担心还有未被发现的地道，唯恐水西门和大西门再出意外。太平军的士卒中许多是湖南和湖北的刑事犯，曾在山中伐炭，擅长挖掘隧道。挖成之后，将炸药填入棺木，送入深曲的隧道之中，直达城墙。线燃火发，无不爆裂。江忠源对此已有经验，夜间加强警戒，所以每当出现危急情况，都能应付自如。但此时兵力疲惫，他感到防不胜防。他派人通知舒兴阿、张印塘和刘长佑，让他们步步为营，渐逼城下，随时接应。

1月4日上午，张印塘与郝光甲开始行动，两路直扑木城。太平军发现后，全力迎击。官军前锋很快攻到木城，攀缘直上，木城内的太平军顽强抗拒，木城外的太平军则纷纷逃走。第四、第五座木城内的太平军分为两路涌出，抄袭官军后路。郝光甲担心被包了饺子，立时回击，守备包纪功等各带伏兵齐起，分头截杀。太平军仗着人多，拼死迎敌。这时何朝亮部赶来助攻。战斗从上午打到黄昏，鏖战八小时，结果是太平军退回北门木城，坚守不出。郝光甲统计毙敌八百多名，俘虏一名。张印塘部开炮击毙敌军一百多名。

战斗过后，舒兴阿率主力骑兵一万五千人行抵冈子集，距郝光甲等营五六里。他察觉到庐州城墙太长，城区广阔，确实不易防守。七座城门之外都有敌军的木城土垒，此击彼应，连成一气。他必须攻破一两座木城，才能与城西官亭驻扎的音德布和刘长佑沟通，并与城内取得联系。

庐州存亡到了关键时刻。江忠源祭拜庐州城隍。他对着庐州的守护神朗声说道：他上任刚刚一天，逆贼就来围城，他不得不带病登城指挥防御。所幸将士用命，官民一心，二十多天以来屡挫凶锋，人心更加稳定。但是军饷告竭，借贷已穷，弹药无多，物资匮乏。援兵虽然到来，未能直抵城下，倘使发生不测，只怪他办事不力，死有余辜。百姓无辜，遭此荼毒，城隍享有国家祀典二百多年，当此寇临城下，一定不会袖手旁观。这些逆贼凶残异常，毁及神鬼，万一此城不保，即便神灵不惜，百姓岂能不自顾其身。他最后说道："望城隍爷三日内率领部众，协助城内外的官军，协力同心，共歼丑类，迅解重围。"

这天夜间，江忠源接到报告：湖北太平军从蕲水推进到英山，扬言要北攻六安与霍山。江忠源立刻想到，太平军也可能北攻河南的光山和固始。他派人飞马通知河南巡抚，请他赶紧设防，并通知舒兴阿在城外拨兵前赴六安防堵。

1月7日，舒兴阿从冈子集进援水西门。这位总督不如玉山那么自负，心计颇深。他派几百名川勇打先锋，又把各位乡勇团长召集起来，令他们率领一万多名练丁殿后。舒兴阿的主力在一旁观战。

胡以晃为了对付舒兴阿，派出劲旅迎敌。川勇为了一雪前耻，殊死搏斗。但舒兴阿没有料到，他的骑兵被敌军惊扰，马匹失控，冲向一旁，踩踏了自家的步兵，搅乱了阵脚。太平军倾巢出动，一通追逐。幸亏团练部队人多势众，严阵以待，太平军不敢冲击，才得撤回营内。

舒兴阿的失败，江忠源已在城头看到。通过两天的观察，他发现城外援兵虽多，却无称职的统帅。刘长佑官职太小，戴文兰到了城内，音德布和张印塘都不善战阵。郝光甲与杨青鹤虽是总兵，指挥作战毫无章法。舒兴阿一心保存实力，骑兵没有用在刀刃上。他决定请求朝廷让和春来统一指挥城外的援军。

江忠源的担心不是杞人忧天。胡以晃又在水西门外挖通了一条地道，采用声东击西的手法，1月9日五更，派出几百人在小东门（时雍门）外大张声势，发起攻击。陈源兖、程智泉率领二百多人奋力阻击，江忠源又添派三十名楚勇前往增援。但他已经看出小东门的敌军只是佯攻，再三叮嘱马良勋和戴文兰加意严防水西门和大西门。

果然，小东门那边还在激战，水西门外一声惊天动地的爆响，月城以北的城垛忽然炸开八丈多的缺口。大火烧到火药库，更如万雷迸发。黑烟喷涌，昏不见人。缺口处的守军衣裤着火，不得不跳入护城河内，遍身皮肤都烧焦了。其余守军正准备阻击，但见火光凶猛，城身摇撼，士卒纷纷从马道滚下。

城墙缺口眼看就要失守，全赖马良勋和戴文兰站立缺口处纹丝不动。江忠源久病卧床，闻声跃起，手执大旗，缘郫行走，大声呼喊，召集士卒，朝缺口处飞奔。还在远处，他就见两员战将站在缺口，以为他们已经阵亡，心中一凛，率部冒烟冲去。

太平军正在此时发起冲锋，一名黄衣将领手执大旗，已经越过缺口。只见马良勋朝敌将扑去，敌将一挺长矛，直刺马良勋胸膛。马良勋抬起左手，格开长矛，右手将长矛刺出，正中敌将胸膛，敌将踉跄后退几步，滚落城下。又一名太平军朝马良勋扑来，又被长矛刺死。戴文兰也扑过去，手刃几名冲过缺口的太平军。江忠源令部队用枪炮射击，抛掷火弹，击毙敌军一百多名，击伤无数。猛烈的火势烧得砖石四迸，反而击中太平军，重创攻城部队。太平军付出了巨大代价，无法冲过缺口，终于稍稍退后。

攻击小东门的太平军在守军顽强阻击下，阵亡四五十人，也撤出战斗。守军从营内抄出城根，跟踪追击，毙敌十多名。

太平军撤走后，守备龙天保督促百姓修复城墙，须髯被火灼烧，纷纷焦脱。他顶着高温，带领劳工将城墙修复。

胡以晃此次攻击差一点就得手，对于庐州守军而言，这是最凶险的一次战斗，安危在呼吸之间。此战为江忠源赢得"霍隆武巴图鲁"名号，马良勋获得"卓哩克泰巴图鲁"名号，戴文兰升为副将。

77

庐州攻防战最惨烈的时候，江忠源盼望的和春已抵庐州城外。和春的到来本来使官军有了更大的胜算。江忠源指名道姓向咸丰要和春，是因为他们曾在广西和湖南并肩作战，江忠源对他知之颇深。江忠源信不过向荣，对和春的指挥能力却很满意。太平军在上一年攻进湖南时，赛尚阿曾令和春担任前线总指挥，和春与江忠源配合打了几个胜仗。但是程矞采横加干涉，导致官军指挥混乱。徐广缙一到衡州，又剥夺了和春的指挥权，起用了向荣，所以官军越战越弱。和春一提起这段经历，总是为朝廷慨叹，激动得泪流满面。江忠源认为和春已有几年的实战经验，熟悉敌情，谋勇兼优，放眼全国，高级将领没有一个比得上他。

和春从镇江领受的任务是扼守徐州，但是江忠源的请求使咸丰皇帝改变了主意，令他赴援庐州。和春只在徐州待了十三天，把防务移交总兵百胜和徐州道王梦龄接办，便率领热河驻防兵和江苏人臧纡青的练勇，共计一千多人，于12月25日起程驰赴宿州。他和袁甲三会商了临淮关的防御部署，便向庐州进发。

和春愿助江忠源一臂之力，但他所带的部队未经阵仗，他觉得底气不足。他很需要从广西就一直跟随他征战的湖南官兵，那些老兵顽强敢战，有了他们，他才更有把握。他的旧部此刻还有七百多名驻扎镇江。和春通知向荣，请他将这支部队交给郑魁士指挥，向庐州急行军。

和春行抵庐州东北方的梁园镇，得知舒兴阿驻扎在庐州的西北面，拥有一万多兵力。根据探报，庐州的东南面敌军最多，那里又是太平军北上的咽喉，和春认为，必须在庐州以东的店埠集结主力，才能发起有效的攻势。他手下的一千多人，加上张印塘的一千多人，兵力实在太少。如果等待其他援兵，又恐怕庐州守军挺不住那么久。和春请求舒兴阿给他分拨两三千人，以便迅速发起攻击。但是舒兴阿和所有大员一样，惯于拥兵自重，他自己没有发起有效的攻势，却舍不得把一兵一卒交给别人。

和春跟舒兴阿商量借兵，注定不会有结果。他立即向朝廷奏报，请求皇上干预。皇帝接到奏报后，自然支持和春，严令舒兴阿服从和春的调配。但是圣旨抵达庐州尚需时日，庐州城已经危在旦夕，和春只能眼看着江忠源在城内苦熬，爱莫能助。

援救庐州最为心切的莫过于江家兄弟。1月10日，江忠浚率领一千五百名楚勇开到。两战之后，进营西平门外的五里墩。江忠浚和江忠淑都能团结士卒，部队愿意效力。太平军听到江家军到来，无不退却。

1月11日深夜，楚勇带着蜡烛和银子入城劳师，告知援兵已经来到。到此为止，城外援兵先后有四百人进入城内，江忠源的族弟江忠信也在入城官兵之列。但是，来自城外的援助仍然解决不了粮食问题。

对于城外的援兵而言，舒兴阿的态度举足轻重。可是，舒兴阿不但不给和春调拨兵力，反而令张印塘从店埠向他靠拢。1月12日，张印塘和黄元吉来到冈子集，与舒兴阿会师，当下商议，决定进援水西门。舒兴阿还调来了刚从凤阳招募的五百名乡勇。官军前锋进抵四里河，遭遇太平军，发生激战。舒兴阿令麾下骑兵一万人在堤上排列，发现有黄旗从东北方而来。探子来报：敌军援兵开到。这个消息比舒兴阿的命令更管用，他的骑兵立即向四面溃逃，骑士舍马，徒步逃跑，有的藏入松林，有的坐地哭泣。太平军赶到，一刀一个，犹如削瓜，有个太平军连杀十几名官军骑兵。

各乡的练丁奉到江忠源的手札从各处赶来增援，但已失去旺盛的斗志。玉山的傲慢羞辱了团丁，他的阵亡又令乡民胆寒。城边的百姓为了保命而远逃外地。李鸿章四处奔走呼号，仍然无力回天。胡以晃趁机恩威并施，首先四处张贴告示，派出游骑，杀戮帮助官军的百姓；又用金钱和衣物收买人心，招兵买马。舒兴阿到来后，情况进一步恶化。他的骑兵多次溃散，正规军饱食终日，嬉戏游玩，光天化日之下竟然打家劫舍，乡民与官军结下梁子，一见官军溃散，便在中途夺走他们的钱财和服装，官军因此也把乡民视为仇敌。李文安、李鸿章父子在庐州经营团练的成果就这样毁于一旦。

官军援兵云集庐州，本来占尽了优势。太平军号称几万人，其实只有一万兵力，遭到官军打击，死伤一半，多次受挫，打算撤围。但是官军贪生怕死、倒行逆施，很快就输掉了本钱。太平军在几天内从劣势转为优势。太平军在城内的间谍更加活跃，给胡以晃送来情报：守军已无粮食，军火也快用完，天国军队不应放弃攻击。

胡以晃信心陡增。他令骑兵把官军援兵隔在外围，不许逼近城墙。刘长佑和江忠浚正在挑选劲卒，组织敢死队，与友军协调，企图大举进攻，但他们已经无法挽救庐州的危局。

胡以晃把最后攻击的目标锁定在水西门。这是一座旧城楼，外面地势起伏不平，便于隐蔽。太平军在要害处逼近城墙扎营。江忠源就睡在城楼上，屡出奇兵。胡以晃决定打一场硬仗，与江忠源一较高低。

守军的内讧给胡以晃提供了更有利的条件。淮勇头目徐怀义过去做过县里的衙役，有胡元炜做靠山，善于玩弄权术，他的死党饮酒赌博，每晚呼呼大睡，巡城官多次叮嘱，他们全然不顾。有些人过去就跟太平军勾结，时常靠在城头喊话，与敌军互通手语。太平军新招的枪手与徐怀义所募的乡勇都是近邻，而且还是一同犯法的逃犯。他们与胡以晃约定，在下一次攻击时举事内应。

1月15日凌晨，浓雾如雨，能见度极低。水西门地雷引爆，轰隆声中，十多丈外墙骤然垮塌。太平军立即冲向缺口，但江忠源已领兵堵在这里，以猛烈的火力阻击，太平军被迫暂停冲击。江忠源急令各门严守，民众奋力呼喊，愿意效死。如果没有内应，太平军很难得手。

但是内应积极活动起来，在其他城门下手。他们在拱辰门城楼放火，烧成一片火海，守城乡勇逃遁。有几人从东北面跑来，绕城大呼："贼军杀来了，还不快逃！"这是造谣惑众，其实民众还没有见到一名太平军。

拱辰门就是徐怀义与六安乡勇头目周恩负责驻守的地段。徐怀义守北门之西，周恩守北门之东。徐怀义放火驱走守军之后，自己也撤离岗位，把绳子拴在城垛上，让太平军攀绳登城。

水西门外还在继续战斗。江忠源纵兵将太平军击退后，都司马良勋率部追赶，杀到金斗圩，转战到城北。城北这边夜冥星晦，太平军已爬上城头。马良勋赶到，砍杀登上城墙的敌军。战了一个时辰，官军越打越少，马良勋受伤阵亡，终年四十九岁。

与此同时，太平军主力攻打大西门。这里是邹汉勋驻守的地段。他夜饮方半，听到喊杀声，拔出佩刀冲上去杀敌，砍倒几人。太平军将他团团围住，一刀砍中他的颈脖，顿时鲜血迸射，头颅偏折。在两名士卒护卫下，他前行几步，倒地死去。这时戴文兰也已负伤。十几名死士杀开一条血路，企图向西大营求援，也被太平军拦住，全部战死。

太平军回头夹攻水西门，江忠源正在组织人员抢堵缺口。这时下层的地雷引爆，胡以晃指挥部队登上废墟。江忠源挥军拦截，无奈士卒或死或降，乱作一团。又听说城南有太平军登梯而上，军心大乱。江忠源对江忠信说："我今天活不成了，你快走吧！"

江忠信连忙出城，捡了一条性命。

天将明，露水簌簌如雨，几名军官砍开一条血路，簇拥着江忠源，请他离城而去。江忠源哪里肯逃，大声说："城破了，如何向百姓交代！"说罢拔刀自刎，被随从拦下。

随从劝道："大人，城外就有我们楚勇的营盘，我们定能将大人护送到营中。"无奈江忠源已抱定必死之心，不愿苟且逃生。一名士卒不由分说，将他扛在背上奋力奔逃。行至水关桥的古塘，江忠源咬住他的脖子，迫使他放手。

士卒忍痛不过，将他放在水滨，江忠源跳进古塘，溺水而亡。

那一天，庐州城内死去的官员还有布政使刘裕鉁和李本仁，以及池州知府陈源兖等人。

庐州城破的过程，城外的援军或者亲眼看见，或者亲耳所闻。楚勇进行了最后的拼搏，仍然无法突破太平军的阻击线。据说杨青鹤与张印塘听到城内炮声不绝，也想救援，无奈道路桥梁已被太平军拆毁，太平军火力太猛，他们无法突破敌军阵地，只能对峙，眼见着水西门被地雷炸开几丈，守军即时补塞，敌军未能得逞。但不久，他们又看到敌军在南门和小东门等处用几百架长梯登城，并从城外抛掷火弹与火球。然后，敌军如潮水一般涌进城内。

78

江忠浚带到庐州的新宁勇多半是江忠源的旧部，每天拼死作战，想把主帅救出来。他们尽了最后的努力。庐州失陷的那天早晨，阴霾蔽空，天光惨淡，江忠浚声嘶力竭地叫喊着，率领部众再次冲向庐州。不久，他们看到城头黄旗摇曳，那是太平军的旗帜。江忠浚知道哥哥性命不保，肺腑摧裂，晕厥堕马。部队发出一片哭号，丢掉兵器，几乎溃不成军。

这时候，刘长佑还保持着清醒的头脑，对部众喊道："你们为江公而来，如今就这样散去，谁来为江公复仇？"在他的号召下，部众重新集合，仰着头，以悲愤的眼光看着浓烟滚滚的庐州城。

舒兴阿得到报告，知道庐州已经陷落。从城内逃出的军民都说江巡抚在水西门内抗敌阵亡。张印塘报告的情况大致相同。音德布说，楚勇拼命救援，仍然无能为力。舒兴阿发出一声叹息。他知道，庐州的主帅拼到了最后一刻，庐州的陷落是悲壮的。

他不敢耽搁，连忙向皇帝奏报，把江忠源大大夸赞一通。作为一名满人大员，他表达了发自内心的钦佩：江忠源忠勇素著，守护庐州一月有余，力疾办公，昼夜不行疏懈，官民无不感戴。怪只怪城墙太长，内外兵力都很单薄，竟至城亡遇害，令人心酸。

庐州易手之后，城外的官军主力原地未动。总指挥和春驻扎在店埠；刘长佑的楚勇驻扎在庐州城南，首当其冲。刘长佑和江忠浚商议，悬赏一千两银子，征集死士，到城内寻找楚勇统帅的尸体。楚勇周昌发主动请缨，带着一名助手，于1月17日出发。他很可能不是为了那份赏金，而是出于对主子的一片忠心。

1月19日，刘长佑偕同江忠浚去参谒舒兴阿，提出楚勇与大部队会合，一同作战。舒兴阿拒绝了他们的提议。第二天，刘长佑提出与和春联手，将楚勇转移到城东，和春非常高兴他们加盟。两天后，楚勇向北转移，驻扎在东门外。胡以晃感到芒刺在背，于1月23日出兵来攻，被刘长佑与和春击退。

2月2日，副将金玉贵率领两千人从淮南赶到庐州。胡以晃得到情报，趁金军扎营未定，派兵出城攻击。刘长佑与和春派出大部队助战，打退了太平军的进攻。

2月4日（立春），太平军又来挑战，又被击退。

2月7日，距江忠源去世二十二天，周昌发背着江忠源的尸体从敌营中出来。江氏兄弟检视长兄的遗体，由于天寒地冻，尸体还算完好。身上有七处创伤，创口已呈白色；颌下一刀，宽约一寸，但砍入不深，那是江忠源自己抹的；另外六处伤口都在腰胁，是江忠源投水后被敌军乱刺而成。

江忠源生前操劳过度，面容憔悴，肤色惨白，面色青绿，头发深长。江忠浚将遗体迎进房内，抱在怀里大哭，只见七道创口有鲜血涔涔流出，面色忽然如生。江忠浚得到冥冥中的暗示，决定留在庐州，为哥哥复仇。

刘长佑和江忠浚来不及询问周昌发的冒险经历，赶紧遵礼殡殓，把皇上赐给江忠源的珍品陈列在灵柩前。将士见了，无不凄感万分，掩面哭泣，很多人痛哭失声。

殡殓完毕，刘长佑和江忠浚把周昌发找来。刘长佑说："昌发兄弟，你辛苦啦！难为你深入敌巢，找回大帅的遗体。"

"入城倒也不难。"周昌发嘿嘿一笑，"我们二人穿着长毛号衣，拿着他们的军牌，很快就混进城里。不想被巡逻兵抓住，送交一个穿黄衣的大头目。走近一看，原来是我的中表，立马将我们释放。他让我们藏在军营里，不许外出。住了几天，跟一个长毛混熟了，常常带我们溜出去，到一个老人家里闲坐。我试探地提起大帅，老人说：'江公死啦，尸体在一座桥下，埋在泥土里。'

"我说：'吹牛吧。才不信呢。'

"老人为了证实自己的话，把我们领到桥边，指着一个古塘说：'江公就埋在这里。'

"夜半时分，我们悄悄来到桥下，按照老人的指点，果然将大帅挖了出来。我们解下衣服，将大帅包裹起来，轮流背着大帅，走到城墙边，先把大帅埋好。第二天夜里，一个人攀着绳子爬到城墙外，另一个人躲在壕沟内，猫着腰，把大帅绑在绳索上，拖着蛇行，过哨卡时没人发觉，来到城东，回到军营，正是四更时分。"

江忠浚哭道："这是天意啊。大哥平日节俭，殉难时只穿着一袭布袍。城破之后，逆贼一定找过他的遗体，却未找到。他们怎会想到，堂堂巡抚穿着会如此普通？"

江忠源之死，庐州城之破，并非太平军战力强大，也不是守军作战不力，更不是庐州百姓给官军拆台。江忠源从军已久，具有将才，庐州民众爱武，援兵从四处赶来，那么为何会走到城破身死的地步呢？原因在于，江忠源抵达庐州之前，这里的官员没有采取任何防御措施，反而埋下了内讧的种子。江忠源未接手防务之前已经有病在身，视事之后，疾病日益加重，他的精力已无法应对过于复杂的局面。庐州兵败是祸起萧墙，无能的前任种下了祸根，让能干的后继者蒙受其害。遭此不幸的人，岂止一个江忠源！

庐州防御战，军民付出了惨重的代价。自从安庆陷落后，庐州居民一日数迁。官府倡导团练，用行政命令摊派捐款，朝令夕改，庐州人几乎掏空了腰包。而战端一开，庐州人又捐出了生命。太平军进城后，城上尸体枕藉，井坑都被死人填满。

作为安徽的新任巡抚，江忠源看到了庐州人为战争付出的牺牲。他认为，他只有死在这里，才对得起自己的子民。

江忠源去世十三天后，爱妾陈氏在除夕为他生下一个遗腹子，取名江孝棠，承袭了他为江氏家族挣来的世职。如果他在武昌时未将爱妾打发回家，陈氏跟他转战各地，恐怕会和他一起死在庐州。那样一来，写史的文人就会为忠臣无后而大发哀叹。江忠源似乎已经预见到这一点，于是文人都惊叹苍天有眼，"忠臣不令无后"。

香火未绝，也许是江忠源生前最大的安慰。或许因为有了这个底蕴，他在庐州城破后选择了体面的自尽。他履行了向皇上所发的誓言，与庐州城共存亡。曾国藩当年在京城预言江忠源将因忠义节操而死，这个预言已经应验。

咸丰登基以后，一直鼓励臣子为朝廷殉难，但他似乎并不希望江忠源死在庐州。北京已有廷寄送往安徽，上面有皇帝的朱批：不必与城共存亡。但圣旨晚到了两天，没能救活已无贪生之念的安徽巡抚。

死去的江忠源成为庐州百姓心目中的英雄。他们在城外为江忠源建了祠堂，仿造岳庙的创意，用铜铸成胡元炜和徐怀义的跪像，背上插标，书写"通贼犯官知府胡元炜""犯人县役徐怀义"，江忠源的铜像用手指着他们，姿势和神态都做怒骂状。

咸丰皇帝将江忠源追赠总督，赐给他"忠烈"称号，照总督阵亡例赐恤，赏骑都尉兼一云骑尉世职，褒扬三代，入祀昭忠祠，并在湖南、江西和庐州为他建祠。

咸丰把失去荩臣江忠源的账算到了舒兴阿头上，说他拥兵自卫，坐误事机。又一名满人大臣在这场战争中被年轻的皇帝革职，饬令戴罪自效。舒兴阿虽然在咸丰接管的前朝大臣中算不上最恶劣的一类，但咸丰也没冤枉他。他所犯的错误听起来并不严重，无非是自己治军无能，却还要摆摆老资格，不肯把兵借给下级将领指挥。但这个错误的后果十分严重，致使庐州在官军大兵压境时丢失，还让朝廷损失了咸丰初年最杰出的一位汉人大员。

江忠源生前对和春的推许左右了咸丰皇帝对于安徽的人事安排。咸丰下旨，将城外各路官军一万多人全部交给和春指挥。皇帝珍惜江忠源所部，令和春赶紧收集，不许听之涣散。江忠浚收集的部队也归和春指挥。咸丰又令琦善和向荣向安徽派兵增援。琦善从扬州军营拨兵四千名，派萨炳阿管带，向荣拨兵一千名，派秦定三管带，即日驰赴安徽，统归和春调遣。

太平天国春官正丞相胡以晃和曾天养攻占庐州，剪除了一名湘军大帅，被太平天国视为一次极大的胜利。1月18日中午，四十一岁的胡以晃被显赫的仪仗队簇拥着，在敲锣打鼓声中，坐在八抬大轿上，从大东门进驻庐州。

太平军进入庐州后曾将城内男女编组入馆。胡以晃进城后，立即传令安民。他让百姓手持令箭，由太平军战士打锣，大声喊叫："合肥新兄弟听着！士农工商各执其业，愿拜降就拜降，不愿拜降就叫本馆大人放回，倘不放就到丞相衙门去告。"

捷报传到天京，洪秀全和杨秀清十分高兴，封胡以晃为护国侯，不久改封护天侯。他奉命驻守庐州，经营安徽北部，打通南北粮道。

胡元炜的情况也有必要交代一下。庐州百姓听说他私通太平军，在城破时一起涌到府衙杀了他的全家。胡元炜被太平军收下，叫他挑水做饭，然后给了一个官职，据说让他到了天京。

79

江忠源步入官场以后的人生轨迹，表明曾国藩识人有术，预言不虚。他在刚认识江忠源时就指出了这位新朋友由性格决定的宿命，注定是铁肩担道义，忠心洒热血。江忠源死后，曾氏相术因为得到了验证而传得神乎其神。事实明摆在这里，江忠源正是曾氏所说的性情中人，湘南淳朴的民风哺育的磊落汉子，由于豪侠仗义，他的生命只过了四十二个春秋，就过早地终止了。

曾国藩喜欢江忠源，欣赏他的诚实坦荡，却又希望他收敛一些落拓不羁，劝他戒赌戒色，试图把他塑造为儒家道德模子里的文明人。江忠源愿意皈依曾氏理学的教化，但他骨子里仍是一名随性而为的侠士，而不是儒学礼教的完人。他乐善好施，不计个人得失，是出于至情至性，而不是为了遵循任何一个道德学派制定的行为规范。

一个侠士要为民除害，为社会造福，必须是一个行动派。江忠源会考不第，便不打算再把时光虚耗于寒窗苦读。社会动荡的前兆令他兴奋不已，催促他积极地行动起来。在一个沉闷到令人窒息的社会里，只有一场大规模的动乱才是大显身手的机会，而江忠源看到了动乱的前兆。他回到家乡，投身于维护社会治安。他建设民间武装打击盗抢，然后击败了雷再浩的造反。凭着这种社会实践，他彰显了生存的价值，踏入了仕途。他在浙江担任基层官员，按照自己治国安邦的理念，挥洒自如地办了几件令人瞩目的大事。

江忠源在浙江秀水的作为，清晰地勾勒出他的为政之道。清廉自律是他追求的品格；缉捕大盗是为了维护社会安定；劝捐赈灾，采用特殊的手段，就是变相惩罚为富不仁，颇带杀富济贫的色彩；兴修水利，劝耕劝农，是为了消除贫穷，改善民生，澄清民风。

他的作为给他带来了名声，他本来可以青云直上，在更大的行政区划内施展抱负。然而父丧中断了他的升迁之路。他回到家乡，经世济时的热情却未稍减。当太平天国战争爆发的时候，得到赛尚阿的一纸调令，他就戴孝从军，积极投入规模空前的内战。

江忠源带领一支小部队，给官军注入了积极的因素和新鲜的理念。他自从戎之后总是力主攻击。从永安到道州，他呼吁全力合围，全歼洪军；从郴州到长沙，他向高官们力请攻剿，毕全役于一城。但他人微言轻，兵力单薄，跟随官军主力尾追洪秀全，参与围城的防守。在防御战略节节失利的情况下，充其量只能成为防守战中最有用的一颗棋子。于是他守了南昌守田镇，守了武昌守庐州，最后葬命于这个破亡的临时省会。

一场大规模的战争，基本战略只有两种，就是攻与防。咸丰皇帝作为最高统治者，理所当然会倾心于进攻性的战略，也就是他所说的"痛剿逆贼，歼除丑类"。他希望臣子能够忠实地执行以剿为主的积极的战略方针。但是从前线大员到宫廷谋士，不论文职还是武职，都落入了防守围城的窠臼，不是退守重点城市，就是跟在太平军后面尾追，几乎无人实施主动的攻击和积极的围剿。江忠源和左宗棠跟咸丰皇帝有着共同的语言，但他们都是说不上话的小人物，只能郁闷地在大人物划定的轨道上运转。左宗棠不愿奉陪下去，选择了放弃，得以全身而退，而江忠源则成了保守战略的牺牲品。

江忠源的攻击理念未能如愿以偿，但他即便困守围城，也会主动向城外出击，也许这便是咸丰皇帝对他最欣赏的地方。1853年是内战开始以来清廷最为狼狈的一年，林凤祥把战火燃到了天子脚下，赖汉英和胡以晃回攻安徽、江西与湖北，官军几乎调动了全部精锐，仍然应对不暇。败报迭传，官心沮丧，咸丰祈祷上苍，渴望能人横空出世，挽救颓局。果然，官军中涌现出两员大将，独领风骚，堪称骁勇，就是民间所谓的"南江北胜"。

江南的江忠源和江北的胜保，是1853年清朝帝国的骄子。如此的盛名，江忠源当之无愧，胜保却纯粹是由于幸运。他在此年刚刚投身军旅，起点很高，部众不少，也未见他打几个像样的胜仗，怎么会与江忠源相提并论呢？

首先因为，胜保是满人将领。咸丰皇帝急于在自己的族类中树立一个正面的典型，看到胜保在内阁学士的位置上自告奋勇上前线，欣赏他的勇气，对他青睐有加，决定破格提拔。另一个原因更为重要，那就是胜保一直处于攻击的地位。自领兵以来，胜保未曾防御过一座围城。他统兵来到扬州城下，打的是攻坚战，虽无骄人的战果，却也算得上主动。离开扬州以后，战开封，救怀庆，攻临汾，打洪洞，最后追着太平军来到天津，对峙于静海与独流。尽管他的所谓"攻剿"在许多情况下也只能算作尾追，但他毕竟撵着林凤祥跑了一路，勉强算得上"攻剿"。这就很对皇帝的胃口，于是不断地提拔他，让他当了钦差大臣，总统北路官军。皇帝并非不知道，胜保对付的只是太平军人数不多的北伐部队，而他统率的官军兵力远远超过对手，他未能将林凤祥歼灭在黄河以南，说明他比其他满人将领强不了多少。但是皇帝对胜保仍然寄予很大的期望，有些自欺欺人。因此"南江"不是虚名，"北胜"却有些水分。

江忠源是太平天国在运动初期的真正劲敌。许多人将他贴上"儒将"的标签，其实他更注重建功立业，报答赏识他的君上。由于对清末军政形势保持着清醒的头脑，他把自己的想法很快地付诸实施，迅速地从基层脱颖而出，给北京的统治者留下深刻的印象。他的行为具有开创性，为后来的湘军巨头如曾国藩、胡林翼和左宗棠等人提供了宝贵的经验教训，对他尊为老师的曾国藩影响尤大。

杰出的美国汉学家威廉·詹姆斯·黑尔如此评价江忠源的去世和他在晚清这场内战中的作用：

这个不幸的事件使帝国失去了一名最杰出的将军；尽管江忠源因早夭而未能登入中国的名人堂，但他首次在广西显示了民兵在镇压造反者的战争中所具有的价值。他在蓑衣渡改变了太平军的进军路线，为湖南的省会部署防务赢得了时间，无疑是他拯救了长沙。在长沙被围期间，他指挥自己的小部队为这座城市的防御发挥了重要的作用。他启发了曾国藩按照同样的模式组建一支军队，并且创建一支水师在华中的水道作战。如果他活得长久一些，能够参与后来的战争，他的名字肯定会排在曾国藩、左宗棠、李鸿章之列，或许还是排在第一个。他的工作为后来曾国藩更为引人注目的作为奠定了基础。

江忠源并非不懂得自己为什么会吃败仗，他是明知不可为而为之。他的性格驱使他勇挑重任，不顾生死安危，哪里艰难就到哪里去。眼见得亲信的楚勇已经在战争中消耗殆尽，他却不愿停下来招募训练新勇，就匆匆投入几乎无望取胜的战斗，终于独臂难支，在胡以晃的进击下兵败身亡。

江忠源在晚清历史舞台上的表演有如昙花一现，他的热忱烧光了他的生命。燃烧的余晖照耀着湖南的书生，为他们指明了建功立业的道路。他组建和训练楚勇，开以勇代兵之先河，率领劲旅转战四省，直接影响了后来湘军和淮军统帅的建军事业。他在咸丰皇帝和曾国藩都对以勇代兵的做法怀疑动摇的时候，极力打消他们的顾虑。他以亲身的经验奠定了湘军的建军原则，倡导湖南的乡勇以"忠义血性"的书生为将领，招募缺少心眼儿的山农为部众，奉行将必亲选、兵必自招、兵归将有的原则，把家长制的管理方式引进军队。但他自己没有将这一原则贯彻始终，在兵力不足、兵员不精的情况下勉力守卫庐州，导致他匆匆地结束了军人生涯，这对后来人也是一个警示。

江忠源以书生带兵，挑战职业将领的素质。在与太平军作战的官军大将中，提督向荣名重一时，江忠源却看不起这个人。曾有人问他：乌兰泰和向荣比较谁更优秀？他回答说："各人看法不同吧。我觉得乌公忠勇，而向公工于心计。以永安战役为例，乌公是南路总指挥，向公是北路总指挥。向公网开一面，让洪贼逃脱了！其他就不必说了。"

那人又问："向公是享有盛名的大将啊，这是为什么呢？"

江忠源叹息道："这是因为，向荣还懂得征讨贼匪是自己的责任，比其他将领强了一些。天下实在缺乏人才，可叹可叹啊！"

咸丰皇帝深感官军中太缺江忠源这样的干才。如果朝廷的军队中多几个江忠源，他就不会过早地死去。江忠源在实践中发现了清末军事组织的弊端，向皇帝如实奏报。《清史稿》认为，这是关系到清廷成败大局的谋略。他意识到了水师的重要性，并且实地摸索，对曾国藩创建湘军水师具有启示作用。

江忠源不但自己带兵打仗，还把三个胞弟和两个族弟领上了战场。他的胞弟江忠浚、江忠济和江忠淑，族弟江忠义和江忠信，先后跟随他从军。江氏兄弟都得到了清廷的提拔。这种做法形成了示范作用。罗泽南率领门徒从军，曾国藩把几个弟弟带出家乡建功立业，都跟江忠源一样，成为"一门忠义"。

80

江忠源战死庐州前后，曾国藩加紧在衡州组建和训练新军。这支新军的组建，最初的动机是为江忠源提供有用的兵力，而最终的动机也是配合江忠源南北夹击。这同时也是咸丰皇帝的战略性安排。所以，曾国藩和江忠源的事业是一脉相承的关系。江忠源死后，曾国藩能否崛起，将对咸丰年间的军政格局发生决定性的影响。

曾国藩用于建军的时间并不算长，本来有望于实现江曾联手的格局。可是前方的战局发展太快，曾国藩一时还无法对战局施加影响。

在湖北战场，太平军只是短暂地撤离武汉，随后溯江而上，再次攻陷黄州。曾国藩写信给吴文镕，请他挺住，强调湖南湖北两省要以坚守省会为主，必须等到他的水师建成，才可以发动反攻。

曾国藩和吴文镕非常默契，都在等待湘军水师建成投入作战。但是别人未必认同这个计划。崇纶无法理解这种拖延，参劾吴文镕闭城株守，而咸丰皇帝竟然听信了他的一面之词，下诏申斥。吴文镕顶不住朝廷的压力，率部开出省会，到黄州前线督战。他给曾国藩留下一封信，大致意思是：我本来打算坚守武昌，等待你率水师北上；可是崇纶逼我出兵，我也只好以死报国了。尽管如此，你建设的水军和陆军不要轻易出动，必须等到万事齐备，才能发起攻势，千万不要为了救我而轻率北上。彻底打败粤贼的希望，都寄托在你一人身上，你必须老成持重，如若失足，恐怕后继无人。

曾国藩看了这封信十分感动，又深为忧虑。他感到了吴文镕殷切的期望，决定等到扩军工作完成后再出兵救援。

在此期间，骆秉章考虑到长沙兵力有余，令罗泽南的二营湘乡勇到湘江上游镇压土匪。罗泽南溯江而上，于1月8日抵达衡州。曾国藩与罗泽南商榷兵事，改革陆军的营制，增加各营的兵力，以五百人为一营，每营四哨，每哨八队，亲兵一哨六队，火器刀矛各居其半。每营用长夫一百八十人。他们仔细斟酌，精确地规定了营官、哨官、队长以至勇夫的薪水和口粮，然后刊发几十条制度和几十条军人守则。湘乡勇又经历了一次正规化建设，按照曾国藩和罗泽南制定的规章制度行事。

在直隶战场，胜保和僧格林沁的矛盾一直无法调和，恐怕的确是由于僧格林沁对胜保盛气凌人。胜保偏偏忍受不了这个，满怀牢骚委屈。这个问题不解决，他没有多少心思部署作战，一定要辩个是非曲直。他向皇上奏报，强调军务办得非常棘手，言下之意，责怪皇上没有解决他多次反映的问题。僧王及其僚属对他造谣中伤，"非笔墨所能形容"。如今处在功亏一篑之时，究竟应当力攻，还是应当围困，他拿不定主意。措施稍有失误，关系全局成败。他恳求皇帝准许德勒克色楞火速进京，当面奏报军营复杂的关系。他还说，他有机密的作战方案上报，如果当面得到皇上批准，便可回营遵办，对军务国事都有裨益。

胜保把事情说得如此神神秘秘，咸丰皇帝一看就火了。逆贼占据静海、独流三个多月了，胜保如此强调慎重，肯定是因为他已没了主意。庐州已被攻陷，江忠源已经殉难，逆贼主力随时可能从庐州北上，与天津周边的逆贼会合。胜保却还在那里打着他的小算盘。皇帝拍着桌子，对殿上的大臣嚷道："德勒克色楞有什么事情要来京密奏，就叫他赶快来吧！"

僧格林沁虽是前线大员，却远没有皇帝这般焦虑。他守在王家坨，打算静观胜保的好戏，自己先向皇上小儿卖一卖关子。他接到探报，林凤祥分出兵力，在独流和静海之间的五里庄修筑了木垒，他们的据点从两个发展成为三个。他还抓获了敌军的间谍，从审讯中得知林凤祥将缴获官军的大炮架设在木城之内。由此可见，敌军远不像胜保所说的那样已到穷途末路，反而是壁垒坚固，连得利器，足以抵抗官军的进攻。

僧格林沁打破静默，向皇帝报告，他派兵从东西两面日夜向敌营开炮轰击，但敌军伏在营内不肯出战，所以无法交手。他的部队抓到敌营中逃出的人，供称有女匪已扮作乞丐往南边求援去了，南边的援兵两个月内就可开到。所以，他认为应该迅速将此股逆匪歼灭。

僧王的奏报无疑是在扇胜保的耳光，咸丰皇帝确信逆匪其实还有很强的战斗力。但僧格林沁也只是说了一番空话，只字未提如何才能迅歼敌军。他先前说过，等待水流结成坚冰，就能逼近敌营发起火攻。如今坚冰形成已有多日，僧格林沁既未发起火攻，也未提起此事。这是僧格林沁与胜保争宠的招数。这个关子卖得好，吸引了皇帝的注意力。朝廷连发上谕，催问他有何妙计。又做出决定，让僧格林沁和胜保会师，归并一处，迫使僧格林沁与胜保合力筹划攻击。

1854 年 1 月，全国的形势严峻无比，曾国藩却还只能对付本省的土匪。广东协拨给湖北的七万两军饷押解到湖南境内，经过郴州和桂阳州。正好遇到永兴土匪闹事，曾国藩令罗泽南、萧启江、杨昌浚率部迎护这批军饷，同时剿捕永兴土匪。湘乡勇一到永兴，就将土匪一鼓荡平。

随着全国形势的进一步恶化，咸丰皇帝越来越耐不住性子了。他不仅逼迫吴文镕上前线，对曾国藩的迟延出兵也已颇不耐烦。在庐州陷落的前一天，皇帝在曾国藩的奏折上批示：安徽形势紧急，你不要偏执己见，按兵不动；望你激发天良，去救燃眉之急。皇帝说，从你的奏折来看，你要把几个省的军务一身担当，可是你的才能是否足以担此重任？你平时爱说大话，认为没人比你更高明，事到临头，要是真能显出真本事才好。如果你惊慌失措，岂不会贻笑于天下？你一定要设法赶紧赴援，能早一步抵达，即早一点得益。你能勇挑重担，远非胆小怕事的官员可比。你既然夸下了海口，那就要拿出行动来，把事情办好，给朕看看！

咸丰皇帝的话说得很重，曾国藩被逼到了绝路上。皇上没有给他留下多少筹备的时间，而且他必须很快做出一些成绩给皇上看一看。他于五天后就写好了奏疏，给了皇上一个明确的答复。

第一，起行日期，必须等到广东的大炮解运到湖南，能让战船全部配上大炮，我就马上开拔；第二，黄州巴河已被逆贼占据，湘军必须首先扫荡湖北境内的江面，才能前往安徽；第三，武昌在金陵的上游，是逆贼必争之地，如今应力保武昌，然后才能发起攻势；第四，我所训练的乡勇现在郴州和桂阳州一带剿办土匪，不能立即撤回，等到明年正月船炮齐备之时，一并带赴下游。

然后，他明确地回答皇帝对他提出的挑战。他说，他兵力单薄，军饷缺乏，所以不敢保证一定能打胜仗；但他对朝廷是一片愚诚，绝对不会怕死逃避。丑话不妨说在前面，以免将来毫无功绩，被治个吹牛欺君之罪。

曾国藩担心皇帝误解，又向皇上解释：衡州、永州、郴州、桂阳州一带还有一股会匪没有歼灭，余党尚多。这股会匪实为湖南巨患，也是我经手没有办完的事情。

曾国藩的答复有些赌气的意味，但在皇帝看来是表达忠心的最好方式。咸丰皇帝批复说：胜败当然是不可预料的，但你的忠心可对天日，众所周知。

皇帝的语气变得非常温婉：你一个回乡守丧的官员，能够如此为朝廷出力，精神已属可嘉。没有剿完的贼匪，你可以知会巡抚剿办，若有你素来深信的绅士，也可以交给他办理。

曾国藩与皇帝沟通，赢得了建军所需的时间，但他未能救援江忠源。刘长佑和江忠浚的新宁勇，加上各路援军，都未能开进庐州。曾国藩只能在湖南遥望着庐州，听任安徽的新省会陷落，巡抚江忠源自尽。

对于江忠源的死，曾国藩鞭长莫及。他只能催促船厂加快进度，年底也不休息。在他的督促下，湘军的战船已经造成过半。

1月25日，曾国藩从衡州回到湘乡探亲，向家乡告别。这个时候，他已经做好率师北上的心理准备。

81

江忠源战死庐州前夕，另一位未来的湘军大帅也做好了融入大规模内战的准备。

胡林翼在上一年11月交卸了黎平知府。他在黎平当了两年父母官，尽心尽力，培植了淳朴安分的民风，养成了"不刁、不诈、不淫"的社会风气，在贵州各府中树立了一个模范。但他处在多事之秋，认为辖地民风太弱，又通过一年的努力，对百姓加以军事训练，令民气有所增强。

胡林翼离开黎平时，太平军从长沙撤围，袭掠宁乡，进军胡林翼的故乡益阳。贵州人听说太平军将要攻打常德，盘踞在镇远、都匀、黄平、瓮安各府县的苗军和椰军顿时虎虎生威，以盗抢为主的治安事件频繁发生。贵州巡抚知道胡林翼勇担重任，把棘手的军务推到他的头上，令他总管与湖南交界处的边防，负责重灾地区的防剿。胡林翼有了整个贵州东部的军事指挥权，当上了黎平、镇远、思州、都匀、铜仁、松桃一带的剿匪总司令，还在镇远另设一个审案局由他主持。

胡林翼上任后，盯上了乌沙这个地方。此地与清江、丹江、台拱、八寨交界，是所谓的缓冲地区，最适合隐藏盗匪。胡林翼知道那里道路分歧，盗匪出没，必须各地合力防剿，否则难以扫除盗匪。而他要进军乌沙，必须取道古州才能下手。

为了搞清楚胡林翼活动区域内的这些地名，有必要说明一下，清江就是现在地图上所标的剑河县，丹江即是雷山县，台拱即是台江县，八寨即是丹寨县，古州即为榕江县。

1852年12月29日，胡林翼率领二百名民兵从黎平出发，六天后抵达乌沙，指挥正规军和民兵合力追逐，擒捕巨盗牛坐、九坐等一百多人。他请巡抚命令各地绘制险要之处的地图，举行保甲团练，以绝根株。而丹江的毛坪和台拱的台盘此时又有盗匪蠢蠢欲动。年底，胡林翼令韩超和张礼度分途追捕。他自己回到镇远侍奉母亲，留下过年。

胡林翼接到曾国藩的信函，得知曾侍郎已奉命在湖南帮办团练。曾国藩说，他到长沙之后，每天跟张亮基、江忠源、左宗棠感慨深谈，互相鼓励，都有负山驰河、拯救家乡的抱负。言谈之中，总是提到胡林翼鸿才伟抱，足以挽救当今的滔滔危局，恨不能跟他一起整顿经历战灾之后的三湘大地。

胡林翼此时已经感到了同乡贤达对他的期望，有心返回湖南大干一番事业，只是时机尚未到来，因他手头上的剿匪任务还未完成。1853年2月，他仍然率领民兵赶赴乌沙。2月17日移驻凯里。上年对乌沙的攻剿已经歼灭那一带的大半盗匪，只有革夷的高禾、九松、荡垢一股，仍然依据险恶的地势煽动苗民造反。胡林翼指挥兵练会剿连月，抓捕了二百多名强盗，对情节较轻的不予惩罚。

韩超经过历练，总结出治安剿匪的方略，胡林翼非常欣赏，加以补充，制定出《剿盗十三条》，向巡抚报告。他认为，捕盗的工作应该与时俱进，过去用围攻之法，现在应该用雕剿之法；过去用收买之策，现在应当加大抓捕的力度。革夷的盗匪隐藏在深山老林，一天可以转移到百里之外，敌情瞬息万变，强盗凶狡异常。动用驻军去剿，遇见盗匪便会溃散。盗匪的活动范围遍及三府六七厅之地，尾追又追不上，分兵则兵力不足。唯一的办法是严令各地选用士民，举行保甲团练，合力擒剿，才能把盗匪镇压下去。

胡林翼身在贵州，外省的大员却都想将他挖去，特别是太平军攻陷金陵以后，长江流域急需人才，张亮基和骆秉章联合上疏，请将胡林翼调到湖北。咸丰皇帝考虑到胡林翼熟悉贵州事务，调到湖北可能人地未宜，未予批准。

胡林翼在贵州待久了，对于民俗利病、政治得失都能看透，引为深忧。他时常向上司做书面报告。自从离开黎平之后，他就跟巡抚约定，不愿再去其他地方任父母官。此时巡抚打算任命他代理贵东道，让他总抓贵州东部的军政事务。胡林翼认为，如果专心缉盗，还可以为贵州的百姓消弭患害，如果要对一方行政负责，反而牵制更多，便上书力辞。

不过，胡林翼对黔东军政要务发表了一番高见。他认为，贵州东部的情况岌岌可危，有十几件大事必须提上议事日程。

首先，胡林翼最担心的是民生疾苦。苗民居住在各地的寨子里，大寨有一二百户人家，小寨也有三五十户人家，连年遭到抢劫，积蓄一空。良民怕盗，又怕官差，若是为盗，则无所畏惧，这种形势就是逼良为盗。良民终日采芒为食，四季都吃不到一口米饭。耕种所入，在青黄不接之时，借谷一石，一月内就要偿还二到三石，称为"断头谷"。借钱也是一样，受到高利贷盘剥。甚至只借一碗酒、一块肉，如果拖久了不还，就要变卖田产，偿还几十上百两银子。苗民心头衔怨，口不敢言。爱动脑子的人则要发泄怨恨，引来群盗，为自己报仇雪恨。而汉人当中的奸民还不觉悟，钱财被强盗抢走了，便来盘剥苗民，以弥补损失。苗民的产业全被奸民盘剥，而官府的摊派仍然要苗民负担。在秋风劲扫、冬雪摧残之际，穷苦的苗民甚至不得不自掘祖坟，获取银饰。蒿目痛心，莫此为甚。

民生如此困苦，官府却无力救济。各地官府并无余粮，专靠摊派，用于公费开支，或者中饱私囊。近年来民力日衰，官事日多，如果按章收税，官府将难以维持，各种摊派怎能加以禁止？但是如果完全免除苗民的摊派，他们便会脱身化外，不知有官府的存在了。所以摊派很难禁止，而放纵下去，则苗民穷愁怨叹，水深火热。能不能变革摊派办法，只对汉民地主征税呢？官府所派的公差和实物税收，已经成为约定俗成的惯例，并非正式的税收，苗寨本不纳税，汉民岂肯缴纳？各方争论不已，却都朝苗民下手。官府从苗民那里只得到了十分之三，土司、通事、差役从苗民那里却获得了十分之七，吸良民之膏血，以供其享乐挥霍。台拱、丹江、古州、八寨、清平，其弊尤甚。

其次，胡林翼担心军队的破败。贵州东部的几万官兵已经成为废器。一个上千人的营盘，十名盗匪就能攻破。只要是有些血气的人，看了莫不痛心。驻防军有九千多名，分布在各堡，本来极为周密，然而形同摆设，对治安毫无实效，几十年的积弊无法一旦廓清。现在那些驻防官兵多半是一些刁滑之徒，一旦绳之以法，则捏造黑白，煽动苗民造反，酿成大祸。

最后，胡林翼担心官员办事敷衍。如今为了保证边界的安定团结，必须日日练兵。贵州东部幅员广阔，必须挑选八百精兵分防分捕，且战且守，才足以缉拿奸宄，把动乱遏止在萌芽之中。但是每年的费用从哪里开支？如果军饷不继，部队立刻疲软，不攻自乱。保甲团练确实是维护治安的好办法，但临时派人负责，为时短暂，恐怕难以得到民众的信任；外地人来负责，又很难深入当地百姓；所以只有知县才能办好。但是各地知县接到命令后只是应付上级，很少落到实处。上级讲得焦口烂舌，各地真正做到的只是贴几张告示，写几份报告。

胡林翼发表了自己的看法，同时推辞了贵东道的任命。他于5月8日回到镇远探望母亲，5月下旬听说黄平有人抗粮闹事，知县无力弹压，巡抚又令胡林翼前往。遵义人唐树义当时在家养病，接到诏书，叫他去湖北上任。他函邀胡林翼见面，请胡林翼在镇远等他几天。他在赴任途中经过镇远，两人得以相见，尽欢而别。

5月22日，胡林翼率领二百名民兵从镇远起行。途中增加了三百兵力，第二天会师，下一天抵达黄平旧州。胡林翼下马伊始，遍召士绅，晓以利害。不久盛传距城五里的牛市坡有几千匪徒分三路来扑。胡林翼当即指挥民兵前进，行军一里左右，只见地势平旷，胡林翼下令扎营。

造反军果然蜂拥而至，钲鸣鼓噪，声如怒潮。胡林翼对同行的绅士说："这些人多半是良民，被盗匪胁迫，林翼不忍诛杀。请各位前往劝导，令其头目自动投案，并以家人作为人质。"

可是造反军不听绅士劝告，持矛进攻，并投射桀石。胡林翼迫不得已下令射击，击毙几人，其余反军部众纷纷做鸟兽散。胡林翼知道对方是乌合之众，不忍穷追，下令收兵回营。

反军首领没料到前山的先锋轻易溃败，忽然派出几百人越过山沟，拦截胡军去路。胡林翼已从另一条路返回军营，听说反军还敢过来挑衅，一怒之下，策马回奔，指挥练勇大呼驰下。反军惊退，民兵俘虏斩杀二十多人。打扫战场后，民兵凯旋。

第二天，各乡士民听到消息，十分震动，来到营门前求见，表示悔罪之意。几百个寨子同意接受约束。胡林翼责令他们把领头造反的人捆绑送来，具结投案。又为他们核定交粮数额，明令禁止多收，减掉官府榨取的三千两银子。恩威并用，民情帖服，两个月就平定了局面。

不久，黄平以西的瓮安又发生了战事。这里有个刘瞎幺，伙同十几人，从上年5月聚众倡乱，打出"齐椰"的旗号，私设政府，敛钱建庙。他们担心百姓不买账，便说：官府历年都不判官司，不办盗贼，大家有什么冤屈，不如交给我们的组织来判决，在乡间用私埋沉河的办法处死罪犯。他们担心百姓不肯出钱，就宣传道：成立组织以后，一切税收都由组织来管理。对于他们的宣传和许诺，十个人当中有一二人听信。于是，他们在六里村等村寨挑选凶悍的村民当头目，有的管领几千户，有的管领几百户。这样一来，十个人中就有八九人当了胁从。他们又按户勒令制造火器，有敢违令者，便带人过来烧抢。官府得到报告，不敢过问。直到代理知县徐河清上任，巡抚才得到真实的报告。巡抚又将此事交给胡林翼办理。

9月底，胡林翼率领三百名民兵驰至瓮安县，侦知土匪四起，他们的司令部在二十里外的干溪。10月3日，胡林翼率部出城，行至距敌十里处扎营，召集绅民，晓以祸福，责令大家将造反首领绑来献俘，对胁从一概不问。刘瞎幺闻讯，连日派部队拆毁桥梁、拦截粮运，阻断官府通信。一时之间，军民迁徙，人心惶惶。

刘瞎幺实力果然不弱，于10月7日集结几万人三面来攻。胡林翼不许部队迎击，等到刘军发起第三次冲锋才率部出击，一通追杀，击毙六十多人。椰军士气顿时下跌，分头散去。当夜，大多数良民来向官军投诚。

第二天，胡林翼进入瓮安城，安抚城内百姓。刘瞎幺已经逃脱，又在十里的白岩垒石为关，架设巨炮，负隅顽抗。胡林翼得报，约定徐河清，指挥营兵和民兵，携带干粮，半夜冒雨急行军。天刚亮，部队直抵岩下，毁关而上。椰军没料到官军来得如此神速，大惊失措，抢路逃跑，许多人被挤下山岩。官军追斩几十人，俘虏刘瞎幺、卓老五等人，方才收队。

徐河清怒火未消，几次请求逐寨放火攻杀。胡林翼一听他要搞大屠杀，连忙劝阻："焚剿之余，生灵涂炭，势必激成流寇。一处造反，风声走漏，又会有奸人趁机煽动蛊惑，集结反民，种下百年的祸根！"胡林翼强压着徐河清，不许他轻举妄动。徐河清还是想不通，胡林翼请按察使孔庆镠亲临瓮安，才把徐河清说服。

胡林翼事后仍然心有余悸，给堂弟写信说，这一次若非他力主解散，势必多杀千万人，而且必定激成大乱。这次保全了不少人的性命，很快恢复了社会安定，可以问心无愧。

果然，胁从榔军的良民每天有几十个寨子前来投诚。胡林翼请求设立专门机构，按寨按户编造牌册，详书人口。良民牌发给百姓，良民册存在官府，为办理保甲团练打下了基础。寨中的著名逃犯，勒令各寨限期捆绑献来，作为赎罪的表现。经过六十天的努力，瓮安恢复了平静。

胡林翼用当地人擒拿当地的土匪，不派一名官员下乡，还责令各寨呈缴枪炮，既省了人力，又省了经费。他连月奔驰，维护治安，保护生灵，自己却没落下任何好处。他不仅得了瘴疠，神情憔悴，形体瘦削，还遭人讥笑，说他贪功擅杀。胡林翼想：我一个身处异乡的小官，带领二三百人，抵抗一万多名反军，到头来还落得个刽子手的名声，还有谁敢舍身为朝廷办事？

胡林翼知道，全国的形势到处吃紧。林凤祥已经北上，威胁京城；东南一带已经成为洪秀全的大本营。贵州省吏治腐败，武备松弛，汉苗杂处，伏莽潜滋。就拿瓮安来说，朝廷派驻正规军四十八人，其实只有八名，其余的四十个名额都被贪婪的军官吃了缺。如果瓮安真有五十来个军人，何至于人情惊恐，动辄欺官？照此下去，前盗已死，后盗又生，不过一年，又会有人造反。贵州全省要全部恢复治安，那就更难了，绝非旦夕之功。

胡林翼想，以他一人之力，怎能挽救大局？不由得心灰意冷。又想到母亲年老，久处异乡，思乡心切，以泪洗面。思前想后，他已不想留在贵州，希望返回湖南。

他向巡抚提出辞呈。贵州的大官大多昏庸，既要强留胡林翼，却又不让他发挥更大的能量。12月，胡林翼请求进京，巡抚不许。正在此时，御史王发桂上疏，推荐胡林翼才识过人，当委以重任。王御史说，听说胡林翼已由贵州送部引见，计算时日，应该已经行抵湖北境内。皇上若让他留在湖北带兵作战，可期得力。

咸丰皇帝此时认为湖北的战情非常紧要，批准了王发桂的奏请。与此同时，湖广总督吴文镕也奏调胡林翼率领黔勇赴援，于是胡林翼前往湖北已成定局。

胡林翼认为镇筸精兵有名，便给时任永绥厅同知的但文恭写信，请求老师在湘西代募两三千名精壮，在他经过辰溪时，他会停船上岸检验部队。他对士兵的要求是，不要油滑怯弱之人，因为他将士卒视同自己的生命，要跟他们同甘共苦。

1854年1月8日，胡林翼率领三百名练勇，带着母亲从镇远启行。胡林翼这一走，就将走向更广阔的舞台，走向更壮观的人生。

82

且说吴文镕于1854年1月下旬率七千人出了武昌，赶赴黄州，驻扎在城外，堵住城内的太平军。天下大雪，吴文镕每天行走在泥泞里，到各营慰问将士。崇纶却继续使用阴招，遇事刁难，军械、辎重和粮草都不及时运往前线。

吴文镕处境艰危，仍然告诫曾国藩不要轻举妄动。他在给曾国藩的信中说：你所编练的水陆各军一定要等到稍有把握的时候才可以派出来作战。不要因为急于增援我而轻率北上。东南大局全靠你一个人运筹帷幄，恐怕此后没有人能够替补你了。我的处境和你是不一样的。

吴文镕没有等待湖南和贵州的援军，于2月7日挥军进攻黄州。那一天是阴历正月初十，太平军在城内张灯结彩，大办宴会，清军出其不意地突袭，斩杀了几百名太平军。

但是，随后的几天连降大雪，冻死了不少清军军士。太平军派出一支部队绕到吴文镕的大营后面，在山冈上设下埋伏。

2月12日元宵节，黄州城内的太平军大举出动，扑向清军。吴文镕指挥将士力战，都司刘富成斩杀几名太平军，兵勇继后掩杀，斩杀太平军几十人。在三次击败太平军的进攻后，太平军大队杀来，埋伏在清军大营后面的太平军突然杀出，放火烧营。清军的十三座军营都被太平军攻占。清军将士不顾大帅，纷纷逃走，吴文镕下马，向北面叩首大呼："无以仰对圣朝！"然后投水塘而死。时年六十三岁。

太平军乘胜攻占汉阳。唐树义的清军水师也被太平军打败，唐树义落水而亡。

吴文镕死后，清廷赐祭葬，予谥"文节"，入祀昭忠祠。任命台涌继任湖广总督。咸丰皇帝再次下诏催促曾国藩出兵九江，图谋安庆，与和春、福济会师。皇帝还要重新起用已回家侍候母亲的江忠济及江忠浚率兵与太平军作战。江忠浚接到旨意后，带兵赴援庐州，跟随和春作战。

曾国藩知道时事更加危急，无法等到万全之时才出兵了。他决定集结湘军的大部分兵力从衡州开拔。于是，他下令将湘军的部分小营改为大营，每营从三百六十人增加到五百人。湘乡将领率领湘乡勇编为大营，其他湖南地方将领各自率领家乡的勇丁都编为小营。

2月23日，湘军衡州船厂和湘潭船厂制造的四百艘战船全部完工，制造出四十艘快蟹，四十艘长龙，还有八十艘舢板。

曾国藩委托火炮专家黄冕监造战船的炮位，黄冕狠下一番功夫，制成了大型劈山炮。

湘军水师有了战船，也有了将士，宣告正式成立。

湘军陆师共有五千多人，编为十三个营，前、后、左、右、中，用旗帜的颜色标示方位，由塔齐布、周凤山、储玫躬、林源恩、邹世琦、邹寿璋、杨名声、曾国葆率领，而塔齐布为各军的先锋。

水师五千人，编为十营，前、后、左、右、中五营为正，另五营为副。在衡州招募的六个营由成名标、诸殿元、杨载福、彭玉麟、邹汉章和龙献琛率领；在湘潭招募的四个营由褚汝航、夏銮、胡嘉坦和胡作霖率领。江苏吴县人褚汝航有知府官衔，曾国藩让他任水师总统，因为此人在洪秀全揭竿之初曾在金田、新墟一带与太平军作战，和江忠源一样，有很高的实战资历。他的缺点是跟湖南的兵勇不熟悉，语言不通，指挥起来不大灵便。三十四岁的江苏上元（南京）人夏銮工诗善画，官阶只有六品，却也有过不少军事历练。早在太平军起事之前便曾在广西出资招募乡勇，与陈亚贵等会党作战，转战于荔浦、修仁一带，尤其对于管带乡勇很有一套办法，所以也得到曾国藩的倚重。曾国藩把褚汝航和夏銮二人从广西调到湘潭监造战船，为水师建设出力，夏銮出力不少，"凡器械之属及营制，多銮手定"。所以，湘军水师这所大庙里请来了两位外来的和尚，而且让他们坐了主持的位置。

湘军水师共拥有战船二百四十艘，坐船二百三十艘，炮位四百七十门。曾国藩把自己的指挥部设在坐船上，粮台也设在水师。船上贮备了足够的米、煤、盐、油、军械和弹药，还携带着军中所需的器物和工匠。辎重民船也配发旗帜枪炮，以助军势。

陆师和水师的将士，加上所有器用、工匠、米炭、杂具及员弁丁夫，共计一万七千人，军容空前雄壮。

罗泽南和王鑫的名字都没有出现在出征将士的名单里。这是因为曾国藩不让王鑫率部随同出征，两人发生了争执，骆秉章、罗泽南、郭嵩焘和刘蓉等人居中调解，得出一个折中的结果：骆秉章全额保留王鑫的军队，交给罗泽南统领，专门用于本省防务。曾国藩另行委派林源恩和邹世琦等人招募丁勇，补充兵员。罗泽南因此退出东征大军。

曾国藩于2月25日建旗出征，罗泽南和李续宾这时已在永兴县的油榨墟镇压了邱昌道和王大才的会党军队，迫使会军退往广东。他们率部驻扎衡州，留守湖南。

新田人张荣祖也没有进入东征的行列。他在1月上旬率部增援道州，在教头坪击败何贱苟的会军，使这位普南王又损失了三百多人。然后，张荣祖所部留在湘南驻防。

曾国藩从衡阳发兵之前，发布了著名的《讨粤匪檄》，竭力煽动两湖和三江民众对太平军的敌意，并与太平天国崇奉上帝针锋相对，号召士大夫阶层起来捍卫孔孟之道，支持对太平天国的镇压。

曾国藩的这篇檄文主打的是文化牌，严厉声讨太平军对传统文化的破坏，说他们把中国几千年的礼仪人伦和诗书典则在一天内扫地荡尽。潘旭澜先生认为这个文告产生了深远的影响，许多读书人先后投身到讨伐太平军的队伍，也得到一些精通文墨乃至不识字民众的同情和支持。

曾国藩将这篇檄文沿路张贴，大造声势。

83

在曾国藩率领湘军从衡州出征时，太平天国东王杨秀清派遣石祥祯、林绍璋和曾天养等大将率领一支大部队，号称三万多人，组成征湘军，越过武昌南下，于2月27日攻占湖南岳州。岳州知府贾亭春弃城逃跑，巴陵知县朱元燮投水自尽。汉阳和黄州的太平军则溯襄河而上，向西北挺进，先后攻占德安、随州和枣阳。

湖北学政青麟从德安退入武昌，与崇纶一起收集残兵败将，筹划防守。

不久，崇纶因家有丧事而解职，青麟出任巡抚。巡抚的标兵只有一千多人，分布在城堞上还不够分配。于是增募湖南和四川勇丁登城防守。凉州总兵和高州总兵率部驻扎在城外。湖北东半部的郡县多数已经残破，外援断绝，武昌守军更加孤立。

武昌告急，咸丰皇帝改变了主意，催促曾国藩火速增援湖北。他不放心曾国藩一人兼统水陆两军，又诏令贵州提督布克慎从黄州返回，赶赴湘军水营，还命令总督台涌与湘军会师。当时太平军已包围武昌，台涌刚到德安，太平军分头进攻通城和崇阳。

3月4日，太平军攻占湖南湘阴，清军的湘阴千总萧捷三被免职。曾国藩不以成败论英雄。他考察萧捷三的作战经过，认为他是个军事奇才，调他任水师营官。武陵（常德）人萧捷三是武举出身，投营效力后，在1852年的长沙保卫战中有功，被保举为署湘阴协千总。

太平军占领湘阴后，从西面走陆道进攻宁乡。曾国藩从衡州率水陆大军浮湘江东下，听说太平军杀到，于3月9日派储玫躬去宁乡抵挡太平军。储玫躬与候选同知赵焕联一起率部出发，冒着雨雪徒步急行军，打算与太平军争夺宁乡城。

3月11日，储玫躬身先士卒，来到离县城十来里的地方，听说太平军已占县城。宁乡县城本来就没有城墙，官员都已逃走。储玫躬下令火速驰援。身边的人商议，认为太平军势力大，湘军不是对手，应该停下来驻扎，等待后面的部队。

储玫躬激奋地说："自从贼匪兴起，他们攻占了一百多座城池，官军都让他们得到休整或掠夺饱足了，弃城而去，现在朝廷不用绿营兵而起用义勇军，为什么警报来了，大家却踟蹰不前？"

储玫躬见大家默不作声，又说："贼匪不走正道而从小道进攻，人数一定不多。我自从领兵以来，都是打击土匪，现在遇到大贼匪，却不攻打，以后怎么带兵？"

他不由部属分说，立刻拨出五百人，亲自率领，分三路奔赴宁乡。湘军到达宁乡县城时，太平军正分散掠夺财物。储玫躬见太平军不多，便下令发起攻击。他率领勇目喻西林和文生杨英华等人奋力夺西门而入，转战县城南北，一通砍杀，太平军尸填街市。

太平军遭到突袭，纷纷夺路而走，逃到城外。储玫躬下令在郊外扎营，部队休整开饭。而他自己率领十多人穿街走巷，安抚难民。

先前从宁乡县城外出的太平军不知湘军杀来了，刚刚回到城内，见街上尸体横陈，大为震惊，又从东门出去，正好遇到储玫躬一行人，便簇拥在一起，把城门堵塞。

储玫躬立刻挺矛上前，与太平军厮杀。太平军前后夹击，围困多层，储玫躬体力不济，身中十多枪而死。十八人全部阵亡，其中也包括喻西林和杨英华。

太平军不知湘军主将已死，奔走相告："来的这支部队只有几百人，就打败了我们几千人，现在他们驻扎下来等待后面的大军，势不可当啊。"

太平军当夜撤退。从湖北蒲圻开来的太平军部队闻讯也开始北撤。

长沙和湘潭的军民听到太平军攻占了宁乡时，非常惊恐，后来又听说太平军撤走了，都知道是因为储玫躬的一战，家家户户交口称赞储石友。

曾国藩上疏，说储玫躬在宁乡一战，以五百勇丁搏战三千名太平军，斩杀太平军几百人，而湘军只有十八人阵亡。太平军大为惊恐，连夜撤退，宁乡才得以保全。全城都感激储玫躬，为他修建祠堂。储玫躬先前已在蓝山和道州立下战功，正打算保荐他为直隶州的同知，巡抚还没来得及奏报，储玫躬就已经捐躯，曾国藩请求朝廷给他加级，并予抚恤。

皇帝下诏，追赠储玫躬四品道员职衔，并授予"忠壮"称号。骆秉章已经修建忠义专祠祭祀安徽巡抚江忠源等人，又请朝廷允许将储玫躬附祀，咸丰皇帝批准。

储玫躬在带兵打仗的湖南书生中也居于先驱者之列。他从1849年作战湘南，到他战死宁乡，已有五年的战龄。但他作战的对手都是小股会党，所以没有引起清廷的重视。尽管他率领一支不到五百人的乡勇转战省内，作战十分勇猛，仍然默默无闻。

自从1851年太平军起事以来，清廷不断擢拔的湖南书生，都是直接与太平军作战立下战功或捐躯沙场的人。储玫躬在湖南本省打了五年仗，就因为没有接触太平军，直到他战死的时候还是一个不入流的芝麻官。现在储玫躬终于参加了湘军大举北伐的第一次战斗。在1851年太平军穿过湖南以后，这是湘军第一次在省内与太平军交手。他在与太平军作战中死去，曾国藩大力向清廷陈述他的英勇，而清廷也就立刻给了他殊荣。

储玫躬的事迹再一次表明，湖南书生通过战场在仕途发迹的路子是与太平军的存在密不可分的。但是，储玫躬和江忠源一样，在走上了似乎能够实现人生价值的道路之后，就匆匆离开了人世。这是他们的不幸，也是所有靠战争来发迹的书生的不幸。

谁都知道，通过在战争中冲锋陷阵来建功立业是一场风险极大的赌博，所下的赌注是最可宝贵的性命。自古以来，军人的基本素质是不怕死，但这并不是书生的素养。清朝末年中国有那么多书生，唯独湖南出了大批书生带兵打仗，至少可以说明，湖南的书生是有决心效法军人的，或者说，他们和其他省份的书生相比，多了一份不怕死的精神，愿意用性命来博取功名。

曾国藩知道，要把湘军建成有文化的军队，必须靠书生带兵打仗，如果书生怕死，那么湘军的路子就走不通。曾国藩最担心的事情莫过于这一点。1853年他从派往南昌增援江忠源的那批书生身上看到了不怕死的精神，因此听到他们的死讯，他就看到了希望。

储玫躬的战死，无非再一次向他证明：湘军的路子走得通。

储玫躬死后，他的部队由他二十二岁的同乡戈鉴统领。七品训导戈鉴是储玫躬的学生，从此他跟老师一样，走上了血与火的不归之路。

84

太平军攻占湘阴，成为一代名臣左宗棠再次出山的契机。这个契机，就是左宗棠在湘阴失去了立足之地。

从年初开始，一个又一个令人惊心的消息传到湘阴白水洞，弄得左宗棠坐立不安。

1854年1月15日，江忠源战死庐州。1854年2月12日元霄节，太平天国西征军攻克黄州，新任湖广总督吴文镕战死。四天后，太平军再克汉口与汉阳，随即南下进攻湖南。2月27日，太平军攻克岳州。五天后，太平军占领湘阴。

太平军一直在向左宗棠逼近，现在终于来到了他的家门口。从县城逃出的难民经过白水洞，对左宗棠喊道："快跑吧！长毛贴了布告通缉你，还说要进山搜捕！"

左宗棠本是一个穷书生，若要划成分，无疑是洪秀全的阶级兄弟。可是他一时心软，答应了张亮基，指挥清军守住了长沙。此后一发不可收拾，打垮了一大批造反派，于是就成了洪秀全搜捕的对象。太平军视他为眼中钉、肉中刺。

左宗棠感到了恐惧。太平军的到来，威胁到他的自由和生命，威胁到他的老婆和孩子。

与事无涉，与世无争，已经成为不切实际的幻想。他不能耽溺于虚拟的超脱，而坐视血光之灾到来。他必须有所行动。

几天后，左宗棠写信给曾国藩的幕僚刘蓉，开始给湘军大帅出主意。他请刘蓉务必转告曾国藩：如果湘军从湘江东西两侧同时北上攻击太平军，必获大捷。

这封信刚刚送出，太平军已离开湘阴，进克距离长沙仅五十里的靖港，并派兵绕道西行，攻占宁乡。但是，左宗棠的提议还是得到了重视。前面说过，曾国藩派靖州人储玫躬率部增援宁乡，骆秉章则派王鑫率所部前往湘阴。

3月11日，储玫躬战死宁乡，但其所部将太平军击退，而王鑫也在靖港击败了太平军。太平军以为湘军主力大举反攻，惊慌之余，全部撤退。

曾国藩用左宗棠之计击退了西征太平军对湖南的第一次攻击。他见左宗棠心已动了，在湘军从衡州大举出兵时派人送信，邀他出山。左宗棠犹豫了一阵，还是婉言辞谢。

左宗棠已经打算出山了，但他不想跟着曾国藩干。在给胡林翼的信中他说出了真实的想法："涤公才短，麾下又无勤恳有条理之人。"

在左宗棠还在选择出山的途径时，好友王柏心也来信劝他出山建功立业，功成后再学张良归隐。信中附诗一首：

> 武库森然郁在胸，归来云壑暂从容。
> 人从方外称司马，我道山中有伏龙。
> 多垒尚须三辅戍，解严初罢九门烽。
> 何当投袂平妖乱，始效留侯访赤松。

4月5日清明节，骆秉章第三次派使者携币前往白水洞，敦请左宗棠出山。左宗棠知道自己已无法置身于战乱之外，感念骆秉章一片至诚，随来使赴省城，再次进入湖南巡抚的幕府。

从此以后，左宗棠就再也没有归隐山林的机会了。

骆秉章的三顾茅庐，野史有一个版本，讲得头头是道。

话说骆秉章第一次派人去请左宗棠，空手而回。他便亲自微服私访，来到左宗棠家，也没能说动卧龙出山。他回到长沙，心想：此人才高八斗，脾气太牛，看来劝是劝不动了，只能设计赚之。想到这里，他高喊道："来人啦！"

"巡抚大人，有何吩咐？"

"马上带一队人马去安化的小淹，把陶桄给我抓来！"

"所为何事？"

骆秉章笑道："绑票！"

两天后，一封快递从长沙送到白水洞，邮差是个衙役。左宗棠接过来一看，原来是女婿陶桄写来的信函。信中说：岳父大人，小婿被巡抚骆大人抓到了长沙，快救救小婿啊。骆大人说长沙战局危急，官绅应该有钱的出钱，有力的出力。陶家世受国恩，又是富户，理应为省城的官民做出榜样，我必须在五日之内筹集十万两银子交给官府，以供军需。岳父大人，你是知道的，陶家哪里去找这十万两银子啊？岳父大人若不出手相救，小婿这回就死定了。

"好你个骆秉章！"耿直的左宗棠怒道，脖子上青筋直暴，"还真是没有王法了，堂堂朝廷大员，想要银子，竟用上了黑道的手段！我左宗棠还怕斗不过你？老姜，备马！"

左宗棠风风火火地赶到长沙，一头闯进巡抚公署。只见骆秉章慌慌张张地跑了出来，一把握住左宗棠的手，上下直摇晃。

"两次请先生都没请来，老夫只好用计将先生赚来了！"

"陶桄呢？"左宗棠连忙质问。

"岳父，我在这里！"

不知什么时候，陶桄已站在骆秉章身后，衣着光鲜，神采奕奕。

"女婿，累你受苦了！"

"岳父何出此言？骆大人客客气气地把小婿从安化请到长沙，好酒好菜招待我。他出于一片至诚，要小婿给您写信求救，嘿嘿，岳父您果真来了。"

"臭小子，你也跟着算计你岳父！"

左宗棠知道自己上当了，但他恨意全消，感念骆秉章求贤若渴，出自肺腑，于是答应做他的师爷。

这个段子既像小说又像戏剧，而左宗棠的书札中只有骆秉章"再三招之"的记载，三顾茅庐的说法是更接近事实的。不过这个段子也并非凭空捏造，《骆文忠公自订年谱》中有一段记载，证实左宗棠确曾陪同女婿到长沙捐款，而且就是那时被骆秉章留下的。

上年冬，左季高先生自武昌回湘阴，屡次函请到省帮办军务，不就。四年三月同婿陶桄到省捐输，极力挽留，始允入署襄办，仍不受关聘。

野史讲过了，还要交代一句：左宗棠第二次到湖南巡抚公署正式报到上班的时间是 1854 年 4 月 5 日，咸丰四年三月初八日。

左宗棠跟曾国藩一样，是靠镇压太平天国起家，因此人们很容易忽略一个事实：他对打内战其实并无很大的热情。内战在广西爆发前后，他既没有像江忠源、胡林翼、罗泽南、王鑫、李续宾那样积极地团练乡勇，也没有如曾国藩、胡林翼一样主动向当道者贡献计谋（他给胡林翼的忠告只是朋友之间的讨论）。从他的上述这段经历看，1852 年，当张亮基请他出山来辅佐自己保卫长沙时，他曾犹豫再三；1853 年，他离开张亮基从武昌回乡，骆秉章请他当师爷，他又一再推托，同时拒绝了江忠源和曾国藩请他领兵出战的邀请。从他此后的经历看，他在出山后的前八年，尽管他有带兵的机会，却并未如许多湖南书生一样领兵打仗，而只是充当了湖南巡抚的师爷。左宗棠不愿在内战中出山，你可以理解为草根寒士清高摆谱的矫情，也可以理解为诸葛亮对刘备有无诚意的考验，但更好的理解方式是从正面入手：左宗棠就是不大愿意去打太平军。

左宗棠是个不折不扣的军事奇才，他不大情愿参与镇压洪秀全造反的内战，那么他愿意投身怎样的战争呢？只要看一下他四十岁以前的经历，就已经有了答案：他渴望参加抵抗外国侵略的卫国战争。但他此番出山，却是迫于无奈，在乱世之中，他得罪了太平军一方，为了生计和家人的安全，不得不投身于官府，为高官出谋划策。

85

在左宗棠再次出山的时候，我们暂且停顿下来，回顾一下这位湘阴人的生平。

1812年11月10日，嘉庆十七年十月七日，左宗棠出生于湖南省湘阴县的文家局左家塅，也就是现在的湘阴县金龙乡新光村。他和胡林翼在同一年出生。胡林翼在资江之滨第一次看见夏日的阳光，左宗棠在湘江之畔第一回感受冬天的寒风。

据说左宗棠在二十岁以前叫作左宗樾。"樾"是树荫，父亲左观澜为小儿子取此字为名，指望他能得到祖宗的庇佑。这很可能跟这个婴儿的身体状况有关。据说他生而病弱，身体瘦小，小肚皮鼓胀。在他生命的最初两三年内，连存活的希望都很渺茫。

祖宗保佑这个小孩活了下来，让他继承了三代书香的遗传因子。前辈人三代都是秀才，左宗棠带着斯文的基因来到人世，尽管因身体不好而有些难养，但幼年就表现出聪慧的天资。他给大人两个最突出的印象，一是记忆力超强，过目成诵；二是悟性过人，从对对子就能看出来：人家出上联，他稍加思索，便能对出下联，堪称顶尖高手。

对对子乃中国文人最热门的智力游戏，因为游戏的过程最能集中展现丰富的联想力、准确的语文知识和敏捷的才思。一个孩子能够成为此道高手，自然令人称奇。童年的左宗棠完全有资格跻身于神童之列，具备进天才班的智力条件。

祖父左人锦和父亲左观澜很快就发现这孩子非同凡响。祖父偏爱此孙，在他四岁时亲自带他到附近的梧塘读书。有一天，左观澜给长子左宗棫和次子左宗植授课，教授《井上有李》一文。两个儿子念道："昔之勇士亡于二桃，今之廉士生于二李。"

左观澜说："暂停！提个问题：'二桃'典故出自何处？"

小儿子左宗棠在一旁玩耍，顺口答道："这都不知道啊？古诗《梁父吟》里面就有哇。"

父亲一惊，随后有悟：一定是这个小机灵鬼平时听到两位兄长诵读，就记在脑子里了。

祖父喜欢这个孙儿的聪明，更看好他的胸襟。他带满孙到住宅后面的山上采栗子，左宗棠采了一把，自己先不吃，带回家里，平均分给哥哥和姐姐，演绎了孔融让梨的清代版。左人锦认定，这个孙子是左家的福气，有了他，光大家门有望。

左观澜为幼子的聪颖而暗自窃喜，把此子的前程设定为自己未能达到的目标：应科举，登仕途。他是个正统的儒生，尽管无缘做官，也不愿下海经商，家中因此而缺乏大坨的银子。他只能靠教书授业，勉强维持一家人贫寒的生活。但他把入仕的希望寄托在下一代。左观澜心爱幼子，却未敢放松管教。左宗棠刚到五岁，他就迫不及待地领着儿子到省城长沙读书，不是念学前班，而是正儿八经地诵读儒家经典，学习成年人都永远参悟不透的《论语》《孟子》，以及朱熹的《四书集注》。

中国的为人父者通常不愿教授自己的儿子，只要条件允许，他们会延聘教师来为儿子授课。理由很简单，为父者觉得很难做到严厉地对待儿子，而教学体制要求教师对学生板起面孔。中国人认为，在教学过程中，孩子是不打不成才。左宗棠的父亲却是因为太穷而请不起教师来管教三个儿子，他只能亲自上阵。

左宗棠刚到八岁，就开始学写八股文章。左观澜领着儿子提前朝他心中的大目标进军。这个提前量虽然大得惊人，左宗棠却未感到太大的压力。这个得到两代长辈宠爱的孩子，学习的过程相当轻松。他保持着童年应有的活泼，每天读完父亲规定的课业，就跳跳蹦蹦去玩他的游戏。

但是八股文毕竟是乏味的玩意。善于思考的孩子长久浸淫其中，必然会感到腻烦。老师不断地灌输，一定会令孩子心生逆反。左宗棠开始抵触这种讨厌的文体了。一方面，他以写八股文拿手而自负；另一方面，他感到老写这种东西十分无趣。左宗棠是他那个时代的新新人类。他在正统儒生的管教下，产生了叛逆的想法。他虽能写一手好文章，但他偏不喜欢迂腐的应试教育。他"不好八股，但文才非凡"。

左宗棠爱的是历史。抽空一读历史书，便觉荡气回肠，历史人物的浩然志气和宽阔胸怀令他十分景仰。他捧读三国，有个人吸引了他的眼球。他读到诸葛亮的事迹，眼睛就闪闪发光。此人鹅毛扇轻轻一挥，就能指挥千军万马打胜仗，高深莫测，运筹帷幄，一肚子学问，都派上了大用场。孔明先生不但上通天文，下晓地理，熟谙兵法，知人善任，于兵器和机械都有心得，还有经济头脑。

年幼的左宗棠说："我长大了，要做孔明！"

初生牛犊不怕虎，小孩子很少思考命运。谁也无法阻止他怀抱这个梦想。他相信只要努力，就可以练就诸葛亮的那一身功夫。令他纳闷的是，孔明的那些本领，应试教育怎么就不教呢？尽读些儒家经典和八股文，真是无趣得很啊。

幸好左宗棠生而逢时。晚清时期，读书人的知识结构正在发生裂变和重组。学术界已经有人吹响反叛的号角。学术造反派尖锐地指出，盛行于汉代和宋代的儒家学说流于烦琐空疏，脱离实际，对百姓的疾苦漠不关心。大儒们身居高位，谈经论典，不关心官风建设，也不搞政绩考核，至于国防问题，更是搁置一边。他们的学问对朝廷无用，无法提供国家大事的决策依据，不足以保卫疆土，更无助于解救民众于苦难。

在这样的学术环境下，左宗棠受到了另类的影响。他加入了学术造反者的行列，使他在学子中享有盛名。左宗棠的口号是：学习必须与实践相结合。

曾国藩说过，懂得了一句话，便去实行这一句，才叫作身体力行。左宗棠说得更尖锐：认得一个字，就要实践这个字，才叫学懂了；整天读书，实践还不如一个村农野夫，只是会说话的鹦鹉而已。照他们的说法，社会上充斥着有秀才头衔的文盲。

但是左宗棠遇到了一个问题。儒学经典和八股文固然令人生厌，却是科举考试的必读课本。千古不变的制度，无法靠两声造反的号角就能吹垮。你想踏上仕途，就得现实一点。左宗棠悟出了世界的无奈。应试教育不会照顾大家的心情，仍然灌输无用的知识。当然不是完全无用，而是考试必用，不能不学。

左宗棠觉悟得早，看穿了其中的玄机。他知道应考是一码事，要掌握真正有用的知识还得另辟蹊径。有用的知识无不关乎国计民生，左宗棠涉猎的科目非常广泛，计有历史、地理、军事、经济、水利、农业技术、制造、人事管理。道光、咸丰年间，这些学科尚未细分。这类学问比较注重对于边疆的研究，可以称为边疆史地学；若要再分，可以区分为西北边疆的史地学和内地边境史地学。研究者以军事为目的，把经济、水利和农业技术融合于其中。梁启超给这种学问起过一个名字，叫作"历史地理学"。

在列强环伺的时代，左宗棠钻研的学问对于制订军国大计具有极强的指导性。左宗棠为了造福社会，自觉地更新自己的知识结构。但他同时折中妥协，一边贪婪地摄取经世之学，一边为科举考试做准备。他的座右铭是：读书当为经世之学，科举特进身阶耳。

左宗棠十四岁就开始引人注目。那一年，他进了湘阴县城，参加童子试。考场设在大成殿，搭了棚子，间隔起来，一名考童独坐一格。左宗棠不怵这种考试。他虽留心异学，正统也学得不比别人差，甚至常以八股文自夸。八股有什么了不起？本少爷虽不感冒，但一动笔，照样拔得头筹。后来回忆那段日子，他说自己喜欢逞能，出言不逊，每作一篇八股文，就向同学炫耀一番。

年轻人争强好胜，十分正常，关键还要有逞强的资本。可是步入中年以后，左宗棠反思年轻时的骄态，颇为失悔，在给儿子的家书里做了一番检讨，以告诫后辈。原文如下：

近时聪明子弟，文艺粗有可观，便自高位置，于人多所凌忽。不但同辈中无诚心推许之人，即名辈居先者亦貌敬而心薄之。举止轻脱，疏放自喜，更事日浅，偏好纵言旷论；德业不加进，偏好闻人过失。好以言语侮人，文字讥人，与轻薄之徒互相标榜，自命为名士，此近时所谓名士气。吾少时亦曾犯此，中年稍稍读书，又得师友箴规之益，乃少自损抑。每一念及从前倨傲之态、诞妄之谈，时觉惭赧。

左宗棠的八股文确实高人一筹。这次考试交出的考卷令考官大为赞赏。展卷一看，不仅字写得好，文章也有新意，便褒奖有加。

左宗棠迈过了应试的第一道门槛，爽不可言，决定继续考下去。第二年，他从湘阴来到省城长沙府参加府试。主考官是长沙知府张锡谦。他是少年左宗棠遇见的第一位伯乐。左宗棠交卷后，张大人一看，就非常喜欢，清清嗓子，对诸位同考官说："这个姓左的少年，他手中那支笔，比我们大家都强，前途无可限量。"

张锡谦这句话出口，令同人都不免汗颜。一不小心，这些饱读诗书的大人就被一位少年超越了。张大人倒不是存心寒碜同事，他确实对这个姓左的少年心折，于是把左神童的考卷往前腾挪。眼看这份考卷超越了一份又一份卷子，就要名列第一了。忽然，张锡谦感到挪不动了。

为什么？他撞上了从古至今都起着决定作用的潜规则，所以前路不通。为了搞平衡，另外的考官想对名次的排列适用多重标准。他们说，有一名老童生，已经参加了许多届考试，精神可嘉，应该照顾照顾他，把他取作第一名。张锡谦说："你们认为他的文章比起小左来高下如何？"大家承认，论文章优劣，老童生无法和左少年相比。但他们自有一番说辞。少年人嘛，将来还有机会，那就还是照顾一下老童生吧。

发榜的时候，老童生的名字排在第一，小左的名字排在了第二。张锡谦良心有愧，对其他几位考官说："天下的事情，总难做到真正的公平啊。"他歉意地召见了左宗棠，着实夸奖一番，以示勉励。

左宗棠对此事倒没有十分放在心上。他经过县试和府试两次考试，知道自己成绩不俗，信心倍增，一心想参加省一级的乡试，也就是三年一度的所谓"大比"。

左宗棠对乡试胜出信心百倍。可是，当他正在摩拳擦掌时，得到母亲病重的消息。他决定放弃这次进身之机，回乡照顾母亲。他的母亲余氏于1827年冬天去世，终年五十三岁。左宗棠在家丁忧。他无缘这次大比，还得等待三年。

就在这段时间里，经世致用的思潮在全国逐步兴起。左宗棠以敏锐的嗅觉备受新思潮的鼓舞。但是功名还得博取，考试不能荒废。1830年，左宗棠进入长沙城南书院读书。他学习刻苦，成绩优异。第二年，湖南巡抚吴荣光在长沙设立湘水校经堂，左宗棠七次参加校经堂的考试，七次名列第一。

左宗棠一边参加考试，一边阅读实用的书籍。他跑遍长沙的书店，买到三本书。那时的书肆里陈列的多是儒家典籍。淘到这三种书，左宗棠是下了一番功夫的。不仅要找到卖家，还要筹书款。清贫岁月，左宗棠的口袋基本是布贴布。

什么书这么重要？书名并不惊人，作者却都是一代名家。三种书分别是：《读史方舆纪要》，作者是生活于明末清初的史学家顾祖禹；《天下郡国利病书》，作者顾炎武，明清之交的经济地理学家；《水道提纲》，作者齐召南，比左宗棠早生一百多年的地理学家。

《读史方舆纪要》列入了影响中国的百种图书之一。它的内容包含军事地理学、人地关系学以及关乎国计民生的历史地理经济学。左宗棠一看这书便怦然心跳，那里面记载的山川险要、战守机宜，令人了如指掌，真是难得！他心系天下，一旦出仕，决策能有根据，得益于此书不少。

《天下郡国利病书》是一部规模宏大的地理著作，内容涉及军事、赋税和水利。它告诉左宗棠：一个地方，从地理形势、物产和兴办农业的条件而言，都各有利弊。

《水道提纲》是关于中国河道水系的专著。左宗棠每任一地督抚，都十分关心水利，晚年还亲自督导直隶、山东与两江地方的水利工程，造福于民，就因他早已具备这方面的学识。

这三部著作包含许多具有可操作性的知识，为左宗棠提供了做一个为朝廷办实事的官员所需的学识。左宗棠淘到书后贪读不止，朝夕钻研，"潜心玩索"，有了心得便作笔记。这种事在当时居然有些见不得人。同学见了，嘲笑他做无用功。那些人目光短浅，哪知鸿鹄之志！左宗棠倒也挺得住，不跟他们理论，犟劲上来了，不但坚持不辍，还更加勤勉。

左宗棠省下饭钱买了这些书，但这已令他囊空如洗。这个"颇好读书"的青年，"苦贫乏，无买书资"，碰上价格昂贵的大部头书籍，就只好望洋兴叹了。

十八岁那年，好事从天而降。江苏布政使贺长龄冬天回善化家中为母亲治丧。左宗棠对这个嘉庆和道光两朝的名臣景仰已久。经世济用学派的领军人物，一个是魏源，另一个就是这位贺老师了。左宗棠早就听说这位贺大人是著名的务实派官员，又是率先倡导经世致用风气的大学者，倾慕他"学术纯正，心地光明"，连忙赶去拜访。

左宗棠的到访未使贺长龄感到唐突。他弟弟贺熙龄在长沙城南学院教书，左宗棠是贺老师的高足。他对恩师的兄长执师生之礼，也在情理之中。贺长龄对左宗棠有些印象，他弟弟说起过这个名字，说此人"卓然能自立，叩其学，则确然有所得"。湖南老乡也曾对他提起过这个湘阴的奇才。

年轻人拜师总有意想不到的惊喜。贺长龄看好这个学子，给他以国士的待遇。这是一个强烈的信号，表明这个年轻的在野人士已经得到部分官员和学者的青睐。

左宗棠此来是为了求教借书。贺长龄对他无所保留，经史书籍任他挑选。左宗棠坦言家道衰落，买不起书。贺长龄把公家和私人的藏书对他全部开放。左宗棠每次借书，四十五岁的贺长龄还"亲自梯楼取书，数数登降，不以为烦"。

俗话说，"老虎借猪，秀才借书"，就是有借无还的意思。贺长龄也不催这个后生还书，他知道，书到了有用的人手里，就是物尽其用。

左宗棠的知识结构就是如此打了框架。为了功名，他继续攻读儒家经典，为了救世济民，他更多地吸收实用的学问。儒家经典随处可得，实用的名著一册难求，被他视为至宝，日夜捧卷阅读，爱不释手。他举着墨笔在书上勾画批点，"丹黄殆遍"。他后来带兵打仗，施政理财，得益于饱览经世之学，从青年时代就注重培养自己的策划能力和执行能力。

左宗棠不是一般的饱学之士，在实用科学一途有别人难以望其项背的造诣。他对中国有史以来历朝历代的版图都能了然于胸。全国各处的军事重地，包括所有的山隘与河卡，他都如数家珍。他和夫人周贻端婚后的浪漫岁月，既有男耕女织，也有男绘女绣。绘是左宗棠的功夫，根据史籍和图册描绘地图；绣是周贻端的活计，把地图绣在绢布上。成品是一幅幅湘绣地图，可以长期保存，便于携带。

86

1831年春天，左宗棠在长沙城南学院读书。几位学友凑在一起闲聊时，说起一件未婚男青年都会感兴趣的事情：湘潭县有个周姓大户，正在为大小姐征婚。大家看好左宗棠的实力，商量好了，要唆使他去应征打擂。

征婚的这个家庭是个大户人家，家道厚实。他们住在湘潭县的隐山，那里有个隐山书院，书香浓郁。周家住在隐山东麓的辰山，盖了一所大院，取名"桂在堂"。村夫野老不懂此名的雅趣，俗口流传，以讹传讹，说成了"贵子堂"。

周家大院占地近一万平方米！这么大的面积，就是只盖平房，也足够上百小户人家居住了。不但地面圈得大，建筑也很奇特。全院四十八口天井，按八卦图形排列。进得院内，廊道通幽，曲折逶迤，和迷宫一般，不懂易经的人进去，绝对找不到出口。

这个宅院的大门口竖了一块青石碑，据说乃皇帝钦赐，凡来桂在堂的文官武将，见了这块冷冰冰的石头都得落轿下马，叩首而拜。显见这家人是官宦的后代，只因老爷们已经去世，才显得有些落寞。

左宗棠听着诸位好友眉飞色舞的描述，不免纳闷。大户人家的黄花闺女，且不论才貌如何，单是陪嫁的银两之丰就令人垂涎。这周家小姐也算得上是湘潭名媛了，为何要开门招婿？难道嫁不出去吗？

他把心中的疑惑提了出来，欧阳兆熊说道："季高多心了！周家太夫人王慈云是远近闻名的才女，擅长作诗。你还不知道吗？湘潭一地，自本朝以来，冒出了许多女诗人。郭氏一族的女眷中，那是诗人辈出，名冠湖湘，郭步蕴、郭友兰和郭佩兰等人，都是书香一道的著名女流。到了咱们道光年间，又出了周家女眷这个女性诗人的群体，人数多达十三位，个个声名卓著。这个要招郎君的周贻端，就是周家女性文学团体的核心！"

左宗棠一听此话，心中的疑虑释去了一半。欧阳说得很明白，这个周贻端是个知书达理、性情贤淑的女子。只是不知容貌怎样，芳龄几何？

欧阳继续为他解说："周贻端小姐雅号筠心，相貌娴静，举止端庄。芳龄已度十九个春秋，对了，正好与季高同年！"

"十九岁了？"左宗棠一愣，"奇怪啊，如此才女，不知道年岁不饶人吗？为什么仍然待字闺中呢？"

欧阳回答："这有什么可奇怪的？筠心小姐不嫁，就是因为自身条件太好，不肯随便嫁人，以致耽搁了嫁期嘛。她母亲急得团团转，万般无奈，出此下策，公开征选佳婿。这虽非上上之策，却能扩大视野，增加了挑选的余地。"

根据欧阳的介绍，王慈云公开招女婿，采用斯文的竞争方式：比诗招亲。

她身兼主持和评委主任，要当面考察有心娶她女儿的男性才俊。

左宗棠的一帮铁哥们鼓动他前去打擂，唯恐别人到周家捷足先登，抢走美人。听了大家的一番说辞，左宗棠怦然心动。欲念已被勾起，但不免顾虑重重。在一个贫富不均的社会里，穷人和富人结亲，总有太多的难堪。他只是一介贫民，没有成就功名，拿什么去讨老婆呢？何况对方是个富家千金，又是眼光挑剔的才女！周家招婿，据说看重的是才干和人品，但谁知道她们是不是势利眼，会不会嫌弃自己太寒酸呢？万一高攀不上，反受其辱，我左季高可丢不起这个人！

何况，给异性的第一印象怎么样，他有自知之明。相貌不俗，却算不得超级帅哥。明快果决的左宗棠，竟然踌躇不前。欧阳兆熊和他未来的连襟张声玠竭力打消他的顾虑。他们说："你左季高可是敢作敢为的人，难道就被一个周家大小姐吓得畏葸不前了？"

激将法果然有用。左宗棠最大的特点就是不服输。也好，就去试试吧。虽说万般不济，既无银子又无地位，相貌也难比潘安，但还有唯一的胜算，就是才高八斗，志向高远，前程无量。若她周筠心真是个有眼力的奇女子，就会着眼于未来，而不会把我拒之心扉之外。

左宗棠拗不过大家的一番美意，决定勇闯周家的招婿擂台。他请二哥随同欧阳兆熊前往周府提亲。第一关顺利通过了，周家同意面试。于是他前往湘潭隐山，登门拜访。他倒要看看，这些女才子声名在外，究竟是否蕙质兰心。

左宗棠来到隐山，出现在王慈云面前。遗孀诗人不禁眼睛一亮。眼前这个年轻人，英气勃勃，面目清朗，浑身洋溢着傲然正气。她打心眼儿里暗喜了。

王慈云是过来人，才情不俗，眼光独到。小伙子虽然个子不高，但两只眼睛又黑又亮，目光炯炯，双眉浓黑，似剑如刷。配上这双眼睛，整个面目就透出一股刚劲。再看眼睛上下，上方是印堂饱满，富有光泽，眉宇之间流露出一股傲气；下方呢，鼻梁坚挺，嘴阔唇厚，那是坚强沉毅的象征。

王慈云的目光盯上了季高少爷的双耳。这对听觉器官又大又厚，耳珠圆润。面相学有云，此是福相。接着察看嘴唇。这个部位的好坏，取决于厚薄。无知的女孩钟情于薄嘴相公，白面书生。须不知嘴大唇厚，才堪身膺重任。

左少爷的嘴正是王侯之相，看得王慈云心中欢喜，不由连连点头。

这当口，还有另一个女人在打量左少爷。她不是别人，就是周家大小姐贻端。旧时相亲，女当事人照例回避，但偷窥是免不了的。躲在屏风后面，可以尽兴一览，比面对面瞅几眼刺激多了。可以想象，左宗棠刚进周家大门，筠心小姐便已在隐蔽处选好位置窥视了。终身大事，如何决断，在此一窥，此外别无良机。

筠心小姐偷窥的结果其实并无悬念。母女心意相通，于择偶标准，使用同一版本。这个候选郎君非常养眼。不过，筠心小姐更关心此君的才具如何。

于是，一切都要由下面的才情考试来决定。王慈云备好了考题，前面说过，考的是文才。她先跟左宗棠左少爷唠起了家常。旁敲侧击，很快就掌握了左公子的出身和家境。爱好什么？志向如何？王夫人笑吟吟地把一个个问题抛过来。左宗棠思路敏捷，对答如流。家境是瞒不过去的，只好实话实说；志向高远也是真的，想装作不高远也不行。

母亲和左公子的对话，周贻端听得真切。咦，这位左公子真是人上之人，谈吐从容，进退有度，一派学子风范。才女敬才子，芳心已动。

答辩一过，面试就进入第三轮。王慈云想：家境不好不要紧，暂无功名也不必苛求，只要你真有硬功夫，过得了下一关，本夫人就把小姐许配给你。

硬功夫的考核是填空。王慈云指着桌上的一些残缺的对联，要求左宗棠填补上联或下联。

考题浮出水面，左宗棠就乐了。就考这个？难道你们不知道，本公子从小就是对对子的高手？不过在未来岳母面前不敢造次，嘴里还得谦虚一番，然后才轮到卖弄才学。

季高少爷在准岳母家，稀里哗啦，对出了一串对联。这里选出三副，供各位欣赏。

第一副，有下联缺上联。下联是：胸藏万卷圣贤书，希圣也，希贤也。

季高少爷说出他的上联："手执两杯文武酒，饮文乎，饮武乎"。

第二副，有上联缺下联，上联是：鸿是江边鸟。

季高少爷对道："蚕为天下虫"。

第三副，有下联缺上联。下联是：凤凰遍体文章。

季高少爷脱口而出："螃蟹一身甲胄"。

左宗棠露了真功夫，王慈云喜上眉梢。左公子确是才貌双全啊。所对联语，格律工整，文辞恰当，尤显气势不凡。

试卷答案一出，很快就由用人交给了筠心小姐。她还能说什么呢？还是那句欲盖弥彰的老话："听凭母亲做主。"按照惯例，王慈云亦喜亦悲，双眼潮润，对左公子说："季高啊，你以后可得善待我的女儿！"这种场景，千篇一律，无须赘述。

左宗棠打赢了相亲的擂台，仍然赶回长沙念书。二哥左宗植做主，把婚期定在下一年。几个月过去，若说左宗棠心无旁骛，铁定是假话。心里牵挂着湘潭的未婚美女不说，还有更加烦心的事情。

人间的烦心事多数与金钱有关。钱多惹事，钱少办不了事。左宗棠的烦恼属于后一种，他家没钱，怎么操办婚事？四壁徒空，娶了老婆饭都吃不上，岂不是拉着周家大小姐跳火坑？

左宗棠决心通过科举考试出人头地。恰好在1832年秋天，长沙将要举办乡试。左宗棠此年二十岁，由于父母与长兄都已去世，和二哥左宗植相依为命。他见二哥正在打点行装，要去省府长沙赶考，不由得心痒痒的，说道："我也要去。"

左宗植向他扬一扬手里的一张纸，说："你没有这个东西，去了也是白搭，人家不会让你进考场的。"

左宗棠知道，那张纸是生员的证书。二哥有证，他没证，因为他没在官学念过书。无证就无参考的资格，连考场也进不去。左宗棠有点不信邪。他想，难道一张监生的证书，就能把我挡在考场门外？左宗植为了满足弟弟的心愿，设法凑到一笔钱，为弟弟捐了个监生，得以参加乡试。

左宗棠在乡试中交了一篇作文，题为《选士厉兵，简练杰俊，专任有功》。文如标题，议论如何选拔有用的官员，训练能打仗的军队，重用有功劳的将领。这篇文章的立意，符合左宗棠以孔明的角色考虑军政要务的立场。

第一次阅卷，左宗棠名落孙山。此次乡试，名额只有十七名。左宗棠没有入选。第一名是他的二哥左宗植。人们认为，这个结果对左宗棠很不公平。他的作文水平不可能与二哥相差那么远。

考试落选也出乎左宗棠意料之外。他走出考场以后，立即凭着记忆，抄写了一份底稿送给贺熙龄，请恩师给他估分。贺熙龄一看底稿，立刻感到大事不妙。不是文章写得不好，而是写得好过了头。他的评价是：该文言之有物，文采飞扬。

贺老师夸过左宗棠的文章以后，却眉头紧皱，缓缓摇头。左宗棠急忙请教文章错在哪里。贺熙龄说："错不在你。若说有错，就是错在文章写得好。那些考官只看得上一个模子里套出来的东西，你破了他们的规矩，恐怕没有好果子吃。"

果然，阅卷的同考官在左宗棠的卷子上批了"欠通顺"三个字。按照他的意思，左宗棠连文章都写不通。他将此卷打入"遗卷"堆，将左宗棠刷了下去。左宗棠此次乡试落败，已在意料之中。

然而，幸运之神给了他一个机会和一位贵人。

这一科考试提前了一年，是为道光爷五十大寿特别开设的"万寿恩科"。道光爷高兴，特事特办，钦命湖南录取举子可以超过十七名，额外录取六名考生，增补的举人就从遗卷里面挑选。选中者，另列一张副榜，以示皇恩浩荡。

从五千多份遗卷中择优录取是一份苦差。由于副考官胡鉴突然病逝，主考官徐法绩一个人担负起这个重任。左宗棠时来运转，碰上了一位敬业的官员。若是徐大人偷懒，随便看几份卷子，或许就看不到他的考卷。可是徐大人不辞劳苦，硬是把几千份考卷都看了一遍。

看到左宗棠的考卷时，徐法绩不由大吃一惊。这么优秀的考卷，怎么被批成了"欠通顺"呢？一路小跑，去找写批语的同考官，请他修改一下批语。那位老兄却很执着，偏着头说："中不中由主考大人拿主意，推不推荐是下官的事。大人要让他中，悉听尊便，要下官改批语，恕难从命！"

徐法绩略一沉吟，面孔一板，压低声音说道："你可知道，我增选考卷，是奉了皇上的谕旨？"这一招很灵，同考官再硬，硬不过圣意。徐法绩没有得理不饶人，拿出了雅量，索性走个民主程序，想让大家口服心服。他把左宗棠的试卷发给所有考官传阅。

大家犯嘀咕了：徐大人如此关照这位姓左的考生，莫非这是一份温卷（关系卷）？他们互相丢了个眼色：既然徐大人是想避嫌，让咱们为他分担走后门的责任，咱们何不卖个好，集体通过了这份关系卷？

顺水人情，人人乐得去做。文章优劣不重要，给徐大人的人情却不能不卖。至于阅卷嘛，敷衍一下吧。可是一看考卷，考官们就蒙了。文章且不说，单是那一笔翰墨就叫人喜爱。大家先把小左的书法夸了一番，讲的都是心里话。再读文章，哎呀，真是写得太好了！是谁批的"欠通顺"啊？若非对这考生怀有深仇大恨，实在说不过去啊！批语必须改，却又不能让阅卷官下不了台。大家决议：把批语改成"尚通顺"。

徐法绩甩出了圣旨，又尊重了民主，终于把左宗棠的卷子选拔出来，心中大慰。可他还不甘心。尚通顺？狗屁！对得起这么好的文章吗？对得起圣上的惜才之心吗？本官不管那些滑头怎么想，一不做二不休，索性把这份考卷塞进正榜案卷吧。

卷子塞进去了，到了深夜，徐大人还是睡不着。他左思右想，最终决定，怎么也要把那姓左的才俊取在正榜的第二名或第三名。

清晨，他爬起床，一路小跑，来到公事房，去正榜案卷中寻找左宗棠的那一份，打算把批语再改一个字，成为"极通顺"，却发现那份考卷不翼而飞了！一问诸位同考官，才知道他们又在搞平衡。

"徐大人啊，惟楚有才，咱们湖南人才太多啊。左家两兄弟，哥哥取在正榜第一名，中了解元，弟弟就给别人让让路嘛。正榜只有十七个名额，都有人占着，那就让左宗棠屈居副榜第一名吧。"

左宗棠好歹中了举，成为当年的第十八名举人，算得上一件喜事。徐法绩无端背上了推荐关系卷搞不正之风的嫌疑，很快也被洗清。揭晓中举名单时，湖南巡抚吴荣光起身打一拱手，说道："恭贺徐大人为国家选得良才。"巡抚大人都说此事办得公允，别人还有什么可嚼舌头的呢？

左宗棠走出考场，没等到成绩揭晓，马上前往湘潭去结婚。定下这门亲事之后，左周两家都不愿延搁婚期。左家生怕错失良机，周家不愿耽搁女儿的花季。两家急在一处，只要没有地震，婚事就要如期操办。左宗棠无房无钱无收入，不能迎娶，那就入赘妻家。男穷女富，倒插门是唯一的选择。

周家宅邸里响起了喜庆的鞭炮声。时当1832年9月。左宗棠面子上有些过不去，心中却有成算。乡试不是考过了吗？只待发榜，我就成了举人，兜里没钱，头脸总算是挣到了。蜜月一过，就该筹备进京会试。若是进士及第，何愁不能把娇妻接回自家？

如意算盘一拨拉，新郎的心情豁然开朗。女婿前程有望，王慈云也心知肚明。新娘却是一心系在郎君身上，无暇去想日后的温饱。左季高是何等人才，还怕挣不到功名？

左季高娶了有钱人家的才女，在别人眼里，该是春风得意。可是"倒插门"三字总是梗在他心里，不时泛出一股酸楚。好在蜜月还没度完，中举的通知就到了。进京会试，已成定局。太好了！倒插门不是长久之计。别人能在妻家过一辈子，我左宗棠不能。要想迅速地脱贫解困，京城的会试是最好的机会。明年年初的会试，一定要去。只是——只是囊中羞涩，路途遥远，没有盘缠怎么进京，到了北京又怎能住宿吃饭？

进京赶考，既是智力投资，也少不了金钱投入。算一算盘缠，即便紧着花，也得用掉几十上百两。这是个什么概念？相当于一个四五品官员一年的俸禄！对没钱娶老婆的人而言，那是一笔难筹的巨款。

左宗棠在岳母家里发奋备考，一边盘算如何筹集盘缠。他给湘阴的亲戚捎了话，请大家帮衬一把。左氏族人这个出三两，那个出五两，为他凑够了一百两银子。

临近启程的日子，周贻端正在为腹内的孩子提前准备衣服和尿片，左宗棠一脸晦气地回到家里。周贻端问："什么事不开心？"左宗棠唉声叹气，摆摆手说："明年春闱，怕是去不成了。"

明明一切都准备好了，只待择日启程，怎么突然就说去不成了呢？

在妻子追问下，左宗棠回答："我把盘缠都送人了。"

这么大一笔银子，等着派如此重要的用场，关系一生的命运，左宗棠说送就送出去了。送给谁了？还有谁比他更穷？

比左宗棠更穷的是他的大姐左素清。左家大姐嫁了朱姓姐夫。本来左宗棠的穷跟朱姐夫有得一拼，但他入赘妻家，饭是有得吃了，比朱姐夫就强了几分。年关将近，左宗棠去看望大姐。一看家中光景，平日里柴米油盐都难自给，春节也得挨饿。大姐炒菜，无油可放，连盐都舍不得多撒一点。一家老小，啼饥号寒。左宗棠想，自己如今不愁饱暖，姐夫一家惨到如此地步，不能不帮。他心血来潮，把那一百两银子全部送给了大姐。

周贻端听了此事，默默不语，也不知打着什么算盘。若是一般女子，听说丈夫把赶考的钱都送出去了，即便嘴上不说，生闷气也在所难免。周贻端是何等贤淑的女性，她心里自有主张。夜深人静时，她在床上翻个身，忽然对丈夫说："你明天打点行装，赶考去吧。"

左宗棠以为妻子说梦话，把她摇一摇，告诉她："钱已经没了，怎么赶考？路途遥遥，天寒地冻，车船费都没有，总不能走路去北京吧？"

周贻端也不答话，起身披衣，打开柜门，拿出出嫁压箱底的钱，正好是整整一百两银子。又退下手上的镯子，取下耳坠，抽出发簪，全部交到左宗棠手中。她轻声说："你拿去赶考吧，若是不够，我再去借。"

左宗棠捧着夫人的首饰，呆了好一阵。夫人此举，于无言之中，赞同了左宗棠的义举，又解救了燃眉之急。她把事情办得如此低调，照顾了夫君的颜面。左宗棠对夫人不由刮目相看。他想，夫人看重他的才华，盼着他有出头之日，就是吃糠咽菜，也会乐在其中。于是他发下宏愿，一定要金榜题名。

87

左宗棠第一次进京会试，途经汉口，在长江之滨过年，然后匆匆北上，正月没完就进了京城的大门。他怀里还揣着新婚的余香，思念娇妻，想到一家人今后的生活，更想扬名科场。

有一段野史，记载左宗棠在此年梦到了自己的宿命。他中举了，会试落第，后来参佐戎幕，手握兵权，当上封疆大吏，得到封爵，平定边乱，然后万里进军，收复边疆，功成名就，返回故里。一觉醒来，方知为梦。这个梦预告了他的所有前程，从中举到成为一代名相，都被他后来的经历所验证。

如果左宗棠真的做过此梦，那么他似乎并未将它当真。他不相信自己命中注定考不中进士。不过这一关确实不容易通过。京城会试，人才荟萃，强手如林。他虽不怯场，却不能否认竞争之激烈。考官中缺少伯乐，真正的人才有几人识得？八股文孰优孰劣，都是考官说了算。想到他们对考卷任意生杀，委实令人惴惴不安。

三场考试，要写三篇《四书》文，一首五言八韵诗，五篇《五经》文，外加五道《策问》文。所有诗文，左宗棠一挥而就。主考官徐熙庵看中了，评语尽是好话："首警透，……诗谐备"，"气机清适，诗稳"。

徐熙庵欣赏，大部分考官却不喜欢，徐熙庵孤掌难鸣，堵不住科举的破网，只得眼看着人才漏出去，爱莫能助。发榜以后，左宗棠榜上无名，只得南归。考举人时遇见的伯乐徐法绩奉命考察河道，左宗棠出京时写信给他，说自己功名未就，并不沮丧，将注重培养实干能力，为国计民生解救燃眉之急。

此时的左宗棠，年方二十一岁，只是一个小举人，却如枢密大臣一般，满脑子装着军国大计。他在为几千里之外的祖国边疆筹划大计。他所思考的问题，举国之大，只有屈指可数的几个人费神去想。

西部边疆建立省级行政区划的建议，浙江杭州人龚自珍率先提出。他在嘉庆末年写出了《西域置行省议》。那一年，龚自珍二十八岁。左宗棠是否读过龚自珍的这篇文章，尚须考究。也许只是处于独立思考的状态，年轻的左宗棠在第一次进京会试期间，重点考虑了这个问题。他把自己的想法称为"杂感"，写成诗句，题为《癸巳燕台杂感八首》。其中第三首，专写西域军政大计，提议清廷建省于新疆。

一个湖南的青年书生，遇到了怎样的契机，竟会对天山之麓的戈壁沙滩发生浓厚的兴趣？这是一个很难回答的问题。那时的中国，清廷只设了十八个行省。新疆地处西北边陲，遥隔几千里，清廷对那一片广袤的国土疏于管理和防卫，没有一个王公大臣把新疆设省提上议事日程，就连驻军新疆的大将也未感觉有此必要。

但是这个来自湘江之滨的书生，牵挂着祖国的西域。他来到京城，杂感丛生。茫茫人海，同胞几亿，似乎只有他一人忧心西部的国防和建设。朝廷庸官充斥，对新疆的认识只有菜鸟的水平，说起喀什一带的部落混战，如同听《西游记》里的故事。西部边陲的开发和防御，怎能指望他们的重视？唉，恐怕是后患无穷，永无宁日啊。有什么办法说服道光爷，请他老人家在版图内的这块领土上设立省级行政机构，由官员进行日常的管理呢？

在道光爷统治的第十三个年头，中国处在列强环伺之中，国防危机隐伏未发，全国上下文恬武嬉。左宗棠心怀如此忧思，莫非他提前七年预见到了鸦片战争的硝烟，感觉到了西方列强对中华大地的虎视眈眈？

青葱岁月的左宗棠呼吁道光爷重视边疆的稳定，指出西部国防建设的艰巨性。那里是一片茫茫戈壁，田地瘠硬，不宜耕种。只有靠骆驼给部队运粮，行程万里，耗时费钱。如果在新疆设立省一级的行政区划，驻扎军队，兴办农垦，生产自给，就能节省国家的额外投入。他写道：

西域环兵不计年，当时立国重开边。橐驼万里输官稻，沙碛千秋此石田。置省尚烦它日策，兴屯宁费度支钱？将军莫更纾愁眼，生计中原亦可怜。

左宗棠自问自答，提出一个亟待解决的问题，贡献一个出色的解决方案。这位青涩的考生未曾接触任何军政机要，却对大西北的治理做了成熟的思考。这件事情，是不是匪夷所思？

左宗棠感到危险在悄悄逼近，《燕台杂感》的第四章满篇忧危之词，试图敲响警钟，呼吁昏睡未醒的国人筹备国防。他指出，只有时刻保持警惕之心，从西疆到南海，才能抵御外国的侵略。

南海明珠望已虚，承安宝货近何如？攘输龃龉同头会，消息西戎是尾闾。邦小可无惩蛮毒，周兴还诵《旅獒》书。试思表饵终何意，五岭关防未要疏。

先天下之忧而忧是孤独的，真正的意识超前不会有人追捧。那不是一场快乐闹剧的创意，而是把我们的星球当作小小寰球来把玩的洞见。这个湖南伢子高唱西部国防，曲高和寡，直到几十年后，打动了权倾朝野的铁腕女人慈禧，他的"杂感"才得以上升为施政纲领。后人回顾1833年那个赶考书生的忧患意识，不得不折服于他的远见卓识和爱国热忱。他的才识跨越了若干时代，他是一个真正的旷世奇才。

七年以后，鸦片战争的炮声响起。大清帝国的臣民才意识到，二百多年的铁桶江山，已经脆弱得经不起一点敲打。一向沉稳的道光爷居然惊慌失措，放下爱新觉罗皇族的架子，不顾中华民族的尊严，开始书写一段屈辱的历史。即便在这时，也无人为那个姓左的贫寒学子喝彩，尽管他一直高唱我们民族急需的国防，尽管他对灾难深重的祖国负有强烈的使命感。

为了能够步入容他一显身手的官场，他兴致勃勃地进京赶考，耐着性子去写令他恶心的八股文，但他无法冲破愚昧的藩篱，无法扭转会试落第的宿命，极不情愿地让满腔热血任由俗世之风吹凉。

左宗棠此次进京，只有两件事聊堪慰藉。其一，他在京城会见了一生中最好的朋友胡林翼。两人共论时事，相谈甚欢，关系向死党发展；其二，难得观光几千里，阅历大为充实，民情了然于胸。归家途中，沿途考察各地时务，颇有收获。

第二年年底，左宗棠喜得次女左孝琳，再次进京，第二次参加会试。他总结上次的经验教训，遵照科举的模式，力图交出能够对上大多数考官口味的卷子。入闱就试，果然是文章似锦，又遇知音。考官之一的户部尚书温葆琛，评说更上一层楼："立言有体，不蔓不枝。次畅。三顺。诗妥。二场尤为出色"。温葆琛拿着这份考卷，向总裁力顶。

总裁的评语再次加码，说小左的诗文是大清立国以来少见的文字，可以问鼎状元、榜眼和探花。内部消息透露出来，左宗棠一听，大为释怀。

然而组织考核总是免不了令人一惊三乍。立马又传出利空的消息。不少考官在会上说，小左年纪尚轻，头角峥嵘，担心他自视太高。于是力主打压，把他取在最后一名，位列十五。温葆琛综合大家的意见，虽然觉得未免屈才，还是勉强首肯了这个提议。

内幕再次泄露，左宗棠只得摇头叹气。好在没有出局，还算不坏的结果。他想，这下总算吃下定心丸了。

第二天放榜，还是出了岔子。时间已到，还不见人出来张榜。左宗棠骑在石栏杆上，嘴里啃着馒头，一副稳操胜券的神态。可是，左等右等，还是不见张榜的人出来。有人传播小道新闻，说黄榜本来已经写好，临时出了变故，正在改写。

左宗棠万万没料到，所谓变故，正是出在自己身上。本科录取进士，湖南的名额超出一名！天下之大，难道科举是为你湖南一省而开？唉，又得平衡平衡。湖北是个大省啊，怎么没取一名进士？说不过去啊，应该调剂一个名额给湖北。取在最后一名的左宗棠是湖南人，那就把他调剂下来吧。温葆琛为左宗棠力争，慷慨陈词，也未能扭转局面。

经过修改的黄榜终于发布了。左宗棠依然是榜上有名，但不是进士，而是誊录。考官们见他写得一手好字，把他留在官府当个抄写员。一个才华横溢的进士，就这样被平衡成了抄写先生。这个岗位，左宗棠推辞不就，炒了老板。如果他愿意屈就，倘若工作勤奋，朝廷看在卖力的份上，一般会赏个县令当当。左宗棠心高气傲，不愿接受不公平的裁断。他有更高的追求，决定几年后重新赴考，再次一搏。

左宗棠心怀宏愿，却因地位卑微，遭到世人的冷落，连妻家的态度也发生了转变。周家人原以为大女婿在科场上一展身手，必能出人头地，没想到他两次会试不第，做官恐怕是指望不上了，不免对他冷眼相看，闲言碎语多了起来。她们对周贻端的态度也跟着发生了变化。

有一首湘潭民谣，分明是揭左宗棠的短。小孩子满街唱道：

湘阴左宗棠，来到贵子堂。吃掉五担粮，睡断一张床。

左宗棠一次次赶考落第，本就超级郁闷。遭周家人冷眼看待，也要忍声吞气。这点糗事还被传唱开了，心里是什么滋味？他后来用了五个字，道出当年心中的苦楚：

耻不能自食。

这种时候，周贻端的态度，对左宗棠举足轻重。天要塌了，扛不扛得住，就看夫人帮不帮。

周贻端是个用情至深的女子。新婚那年冬天，丈夫进京赶考，不知是哪个没心没肺的家伙，传出一条谣言，说左宗棠半途病重，奄奄一息。周贻端身边的人担心孕妇受不了这个打击，有意瞒着她。但她从异样的氛围中隐约嗅出了气味，以为丈夫性命堪忧，竟然忧思成疾。直至接到左宗棠的家书，报知已经启程南归，一切平安，她才心下释然。"肝气上犯"的慢性病，却从此伴随终生，成为亚健康。当年9月生下大女儿左孝瑜，身体又差了一大截。

左宗棠不甘寄人篱下，不堪外人的耻笑，周端贻都看在眼里。为了照顾丈夫的脸面，她宁愿再苦一点，劝夫君另立门户，外出谋事，她自己在家带孩子。左宗棠向孀居的岳母借了一所房子，独进独出，另外开灶做饭，算是自立了门户。那地方在湘潭的辰山，就是岳母家的西楼。妻子的妹夫张声玠一家住在隔壁院落里。

分家独立了，左宗棠顿时兴致高昂。他对妻子谈了一个想法。他手头有不少古今地理书籍，还有几份地图，若能据此绘出一份全国地图，然后再绘出各省地图和各府地图，加上详细的注解，岂不是大功一件？

周贻端一听，大为赞同。她扩大了丈夫的构想，提议绘出当代的地图之后，再上溯到古代，把明朝、元朝、宋朝直至更远朝代的地图，全部绘出来。

真是锦上添花！左宗棠兴奋不已，地图工程当即立项。两人分工：左宗棠负责画草图，周贻端负责描绘。

周贻端是个正儿八经的诗人，一生著有《饰性斋遗稿》，收入古近体诗一百三十五首。她嫁给左宗棠以后，便从诗坛隐身，放弃本业，充当丈夫的助手。其实她本人不仅会写抒情诗，还熟读历史，写过几十篇咏史诗，评论古代人物，从秦始皇批评到明代的张居正，足见她不是一个平凡的女子。

左宗棠伉俪启动地图工程，在作图过程中，通过考证，指出一些图志的弊端，对历史地图力求精确，附加文字说明。这项工程为时一年才告竣工。左宗棠志得意满，写下一副联语，张挂在书房壁上，陈述处境，表达志向：

身无半亩，心忧天下；读破万卷，神交古人。

每日审视这副联语，自觉"志趣不凡"。对联明志，左宗棠已经确定了自己的社会定位。其一，人穷志不短，自命不凡，以天下为己任，一旦登上仕途，就要施展经世之才；其二，"神交古人"，要做中国优秀传统文化的忠实继承者。

左宗棠为了自食其力，出门授徒。一个教书匠，收入可怜，勉强可以自给，日子依然清寒。常年在外，"非过腊不归"，春节才是回家团聚的日子。张声玠在外面打工，左张二人，同试礼部，同是落第而归，关系融洽。每到腊月回家，把酒对饮，切磋学问，评论文章，谈论应办的时务，谈笑风生，兴致勃勃。

春节一过，左宗棠就成了一个不回家的男人。周贻端不担心他有外遇，只挂念丈夫形单影只，落寞孤单。她拿起枕套，绣上一幅《渔村夕照图》。一叶轻舟，系在绿杨树下，远山笼翠，碧水含烟。

绣完了，凝神片刻，在画边绣上情诗一首：

小网轻舠系绿烟，潇湘暮景个中传；君如乡梦依稀候，应喜家山在眼前。

左宗棠出门，这个枕套夜夜拥睡。客居异乡，孤枕寒衾，乡愁涌上心头，难以入眠。侧身抚一抚那幅绣画，默念诗句，便会安心睡去。

周贻端身子太弱，总未见好。念左家"子息不繁"，担心难以延续左家香火，她力劝丈夫纳妾，把贴身丫鬟张妹子给了他。一妻一妾，"茹粗食淡"，她们的劳作，比乡村的堂客还要辛苦。周贻端出嫁以后，就自觉地完成身份转换，老老实实做她的寒士之妻，不再以富家千金自居。她以幽娴贞静的态度，处变不惊，完满地担负了贫家主妇的角色。

左宗棠自从入赘周家，在湘潭的岳母家总共寄居十二年，才把妻妾子女接回湘阴的柳庄。左宗棠伉俪的生活，清贫忙碌，温馨愉快。这种快乐，多半是周贻端给他带来的。

男人最怕温柔乡，一入其中，雄心尽蚀。左宗棠备享天伦之乐，他的奋斗若是到此为止，他的一生，除了这段佳话，就无可再书了。但他未能忘怀见用于世的抱负，周贻端也无意于把丈夫锁在身边。这个男人是公认的才子，他的妻子都不甘就此认命。怀才不遇的苦恼，一直啮咬着这对夫妇的灵魂。

88

左宗棠独立门户后，出门教书，于1837年来到醴陵的渌江书院主讲。恰在此时，两江总督陶澍，道光朝最负盛名的务实派官员，在江西阅兵已罢，向朝廷告假，回家乡安化扫墓，途经醴陵。

不论古今，一位部长级的高官和一个穷教员，是很难凑到一块儿的。可是醴陵知具作为东道主，却把左宗棠与陶澍串到了一起。

知县得知陶大人要经过他的辖地，忙不迭地布置接待的馆舍。他素知左宗棠是对联高手，又写得一手好字，便请他撰写楹联。左宗棠早已景仰陶大人的学问和政绩，挥笔写道：

春殿语从容，廿载家山印心石在；

大江流日夜，八洲子弟翘首公归。

陶大人下得车来，走到馆舍大门前，见了贴在两旁的对联，不由面露微笑，连连颔首。

这副对联，含有一个掌故，陶大人是当事者，自然知晓。左宗棠是局外人，凭着博闻强记，竟然可以信手拈来。他后来写信给贻端夫人，解释了这副对联的寓意。

陶大人家里有一所印心石屋，进京觐见时，他曾把此事奏闻皇上，请皇上御笔书写"印心石屋"四个字。道光爷准其所请，欣然命笔。这是陶大人一生引以为荣的大事。左宗棠在上联中以纪实手法叙述此事，陶大人读了，心下大悦。嘿嘿，老夫与皇上的君臣之谊非同一般，醴陵这个小小的地方，竟然也有人知道？

下联的意思比较直白，夸赞陶大人在所有封疆大吏中声望最高，湖南人对他的返乡都极为盼望。恭维得恰到好处，没有拍马屁之嫌。陶澍心里暗暗称奇，兴致高涨，对这副楹联加以"激赏"。

知县将陶大人延入馆舍，进得客厅，一幅山水画扑进陶大人眼帘。上面题有两句小诗：

一县好山为公立，两度绿水俟君清。

又是同样的手笔，同样的文采。陶澍激动了：小小醴陵，一定有老夫的知己！他说这里的山山水水，都是老夫一腔正气的见证！

陶澍一扫老年的迟缓，也顾不得总督尊贵的身份了，追问道："此人是谁？写这些对联的是谁？老夫一定要见见他！"

知县答道："回大人，此人名叫左宗棠，是一位年轻的教员。"

"此人竟是年轻人？"陶澍大为惊诧，连连催促，要知县把左宗棠请来。

就这样，二十五岁的左宗棠走到了陶澍眼前。宾主入座，寥寥数语，便觉投机，忘了时间，竟然谈了一个通宵。左宗棠告诉陶澍，他有一个至交，就是陶大人的女婿胡林翼。

陶总督和左宗棠有三十四岁的年龄差，老总督阅人无数，却被眼前这个青年的人格魅力深深打动，对他的不凡见识甚感钦佩。陶澍深为女婿能和左宗棠结为死党而高兴。

陶总督对左宗棠，可谓惺惺相惜。他也经历过左宗棠这样的成长阶段。少年家贫，随父念书，一直关心实务。他做官以后，总是造福一方。在四川，他取缔私人贩盐；在安徽，他治理水灾，赈济灾民，安顿了几十万流离失所的百姓；在江苏，他大兴水利，疏浚河流，有口皆碑。

左宗棠的激动也不下于陶大人。巴结权贵非他平日所愿，陶总督礼贤下士，主动召见，引为知己，出乎意料，令他受宠若惊。他请求陶大人允许他以老师相称，表示要毕生仿效。陶公爱才，欣然应允。两人订下忘年之交。

这次会晤，陶左两家结下了终生不解之缘。

会见过后，左宗棠写信给筠心夫人，心潮澎湃，洋溢于字里行间。他没有掩饰自己的骄傲，说陶澍大人想见他，急不可耐，"敦迫促见"。见面以后，又将他"目为奇才"，和他"纵论古今，至于达旦"。

也许是受到陶总督的鼓励吧，左宗棠第二年再次进京会试。这是第三次进京赶考了，路还是那条老路，时间还是那个时间。但他还是榜上无名。左宗棠第三次落第，在家书中写下几行字，向妻子发誓不再属意于科举入仕：

> 榜发，又名落孙山。从此款段出都，不复再踏软红，与群儿争道旁苦李矣！

他受够了，不会再去咀嚼科举的苦果。他在京城走街串巷，买下一大堆农业书籍。看这架势，他决定做一个农业技术员。他提着大包的农书，绕道金陵回家。他累了，要沿途观光散心；他要去找忘年交陶澍，向他倾吐心中的块垒。

陶总督将左宗棠引为知己，安排他住在衙署内，怕他冷清，找来幕友和亲故，与他谈今论古。陶澍时年六十，官高位尊，政绩赫然。他的得力助手，有江苏巡抚林则徐，江苏布政使贺长龄，以及魏源和包世臣等人，都是一时的风云人物。他们注重务实，整肃官场，治理江河，促进漕运，梳理盐政，积粮备荒。左宗棠在这里感受到"实学"的风气，大为快意。

总督大人如此礼遇一个刚从科场败下阵来的家乡学子，官署中人都不免对左宗棠多瞧几眼，殷勤有加。有时候，陶澍索性把公事搁下，跟左宗棠单独晤谈。

"季高啊，咱们之间是忘年之谊，也不妨以同辈论交。老夫晚年得子，小儿陶桄尚在髫龄，令爱孝瑜与他年纪相仿，若能下嫁，我们就是亲家了。"

左宗棠惶恐地说道："学生不敢高攀。"

陶澍曰："季高不必如此谦让，依老夫之见，季高他日功名必在老夫之上。我老了，儿子年幼，不能亲眼见他成家立业，拜托季高教诲，并且一并将家事托付。"

左宗棠知道无法推辞，便慨然允诺。

第二年，即 1839 年，林则徐从 6 月 3 日开始在虎门销烟，同时大力整顿海防。左宗棠从林则徐身上看到了一线希望。他深感辞章之业无用，风花雪月损志。只有像林大人这样务实御侮，中国才能自立于强国之林。别了，空洞的辞章。这个时代急需经世致用的人才。地理图说对于国防万分重要，这是一门尖端的军事科学。军事统帅务必明晰山川道里和疆域沿革，历代战例都必须参考。

左宗棠把全部精力都投入军事科研。为了国防大业，他需要沉毅冷静。他反省自己生性粗豪率直，火气太大，时时自诫，要求寡言养静。

同时，他钻研农业科技，提倡区种，写出《广区田图说》。他读的书路数更野了。他写信给京城考棚中结识的朋友徐松，请他为自己借书。其中关于大西北的著作，就有《汉书》中的《西域传》，以及徐松自己所著的《西域水道记》。

神交古人，不再泛泛而交，锁定一个诸葛亮。师法这位三国名臣，专心钻研实用科学。晚清政治腐败，国运衰颓，强邻环视，战端将起。倘有孔明传人，何愁国防不保！

这个三试不第的才子，藏身于山水之间，目光纵横天下，寻求挽救国家颓运的途径。他争分夺秒研究军事地理，抄录了《畿辅通志》《西域图志》和各省通志，对于山川关隘和驿道远近，分门别类地做了记录，共有几十大册。

他已经实实在在进入诸葛亮的角色，不是演戏，而是效仿。他没有被科场失意打得趴下。他不仅立得起，而且自视甚高。他一点也不含糊，把诸葛亮的名字和别号都用上了，自称"卧龙""今亮"，给人写信，署名都用"亮白"二字。这样还不过瘾，索性写一副对联自喻：

文章西汉两司马；经济南阳一卧龙。

　　论文章，可与西汉的司马迁与司马相如媲美；论才干，直比等待明主的卧龙先生。他延续了儿时的志向，仍然把自己定位于军师和丞相，一人之下，万人之上。他有两样引以为傲的资本：第一，满腹经世致用的学问；第二，刚正清高的品格。

　　当他给自己放假的时候，他便回到湘潭，在辰山种下千株桑树，教家人养蚕治丝。即便是扛着锄头去种田，他也不会看轻自己。

　　此年7月份，陶澍在金陵去世，归葬家乡。左宗棠失去了一个新知己，林则徐失去了老上司，胡林翼失去了老丈人。贺熙龄转告左宗棠，陶澍临终前把儿子陶桄托付给他，请他到安化的陶家设馆授徒，并且重申前约，一定要结为儿女亲家。

　　左宗棠孤傲的性格使他一度迟疑不决，担心别人说他乘人之危，攀交官宦人家，从中获利。但他考虑再三，毅然决定，不负陶公所托，把陶桄培养成人，收为女婿。于是，七岁的孤儿陶桄，等待着未来的岳父左宗棠去培养。

89

　　1840年春天，鸦片战争前夕，广东那边的火药味越来越浓。英国人公然触犯林则徐颁布的鸦片禁令，摆明要诉诸武力了。

　　左宗棠在这时来到了安化的小淹村，履行对已故陶总督的诺言，教授他的遗孤。陶桄很听话，也堪雕琢。左塾师是公子未来的岳父，在授书之余，还要帮同料理家务。

　　左宗棠身居山野之中，却密切注视西方列强的动向，发现动武的预兆越来越明显。他为自己新开几门课程：西洋历史，外国地理，现代军事学。

　　他对照陶澍家所藏的《康熙舆图》和《乾隆内府舆图》，悉心考究，依据新得的资料，修订往年所绘地图的错误。陶澍的女婿胡林翼对这位死党佩服得五体投地，到处宣传。

> 左孝廉品高学博，性至廉洁。在陶文毅公第中，读本朝宪章最多，其识议亦绝异。其体察人情，通晓治体，当为近日楚材第一。

这年6月，英国军舰侵入广东海面，鸦片战争爆发。左宗棠听到战况，急得背着双手在房子里走来走去。抬头仰望夜空中的"妖星"，发现它闪烁不定，预言英国人会吃败仗。看星星，卜国事，聊以自慰。

> 山馆无聊，言念时艰，不胜愁愤！惟夜望妖星明灭，以此卜西寇剿除之期耳！

他把自己当成了前线统帅的参谋长，分析敌情，制订作战方案：英国军队劳师远征，舰船有限，兵员不多，补养不足；只要我方严阵以待，坚持抗战，是可以打败英军的，决不能屈辱求和，更不能不战而降。

他建议正规军增设碉堡，训练精兵，改造船炮；又提议发动海上的渔民和水勇，乘坐小艇，用木炮趁着黑夜袭扰英国军舰。他认为，开展人民战争，胜算更大。

对付侵略军，他有一肚子的办法。可是他能给谁进言呢？前线的抗敌军队如何才能得到他的指点？对了，把作战方略写下来，寄给恩师贺熙龄吧。恩师虽然只是个监察御史，或许还是有办法上达天听，转给广东的林则徐大人也行。

左宗棠摊开纸，奋笔疾书，一口气写下六篇军事方案。

打仗要知己知彼，必须全面而准确地掌握敌对国家的情况：国力怎样？兵员几何？使用哪些武器装备？运输是否便利？后备力量强不强？这一篇叫《料敌》。

光有对敌的军事策略还不够，还要采取外交策略。这一篇叫《定策》。

沿海地区的军舰、炮台和兵员，必须相互配合，合理配备。这是《海屯》。

军舰、枪炮和弹药装备必须增强。这是《器械》。

谍报工作很重要，一定要多取情报，加强侦察，了解敌人的虚实与动向。这是《用间》。

战争的善后事宜，必须事前考虑。这是《善后》。

写完之后，觉得还有不足，又补充一份提案，建议开设工厂，制造炮船与火船。

这个未经朝廷任命也未到任的参谋长，指出最高统帅机关在军事上的失策。他说，朝廷每当接到海防警报，便把远近的官兵都调去防守，而这些部队对于海防并无经验，还没开战就溃败了。部队由于换防而降低了质量，军饷由于太多而难以筹措。

左参谋长说，正确的做法是让一个省的兵力足以担负本省的攻防，便能节省兵员和军饷，打一场持久的防御战。

官军高层若能按照左参谋长的意见去办，鸦片战争获胜的一方很可能就是大清帝国了。无奈这个参谋长是虚拟的，真正的参谋本部都是一些饭桶，而且多数是投降派。虚拟的左参谋长只是一名乡村塾师，即便他声嘶力竭地叫喊，声音也传不到决策的层面。贺熙龄也无法把这些作战方案摆到天子的案头上。他爱莫能助，为左宗棠报国无门而惋惜。

小小举人左宗棠，偏要去想由军国首脑考虑的军国大计，卑微的身份和高端的思维，形成巨大的反差，给他带来巨大的痛苦。想了也是白想，徒然令自己生气。这个反差，反映了清末官场的愚昧腐朽，反映了个人命运的不公，也反映了左宗棠心中的悲凉。

那么就不想了？不，左宗棠办不到。他没有计较官方对他的冷淡，依然执着地报效国家，他心中蕴藏着炽烈的爱国热忱！

8月至10月，英军大举北犯，厦门、定海、镇海、宁波相继失守。左宗棠闻讯，更加忧虑。他对贺老师说，官府实在是腐败不堪了。他打算参照明朝抵御法国与荷兰侵略军的战略战术，结合目前的见闻，撰写军事论文。但他恐怕自己人微言轻，当局不会采纳一名穷书生的意见，只得作罢。

道光爷害怕了，10月份将林则徐革职，发配新疆，以向英国人示好。他的思路很清楚：你们不喜欢林则徐，说他挡了你们的财路，朕就把他撤掉，换上琦善做两广总督，你们总可以停战了吧？可是英国人还有更大的企图，要求租借香港，于是继续用武力施压，攻陷了沙角和大角，沿海大震。

左宗棠听说林则徐被罢了官，还被指责为"误国殃民"，恨得直拍桌子，手掌都拍红了。

是非颠倒如此，可为太息！

　　冷静下来一想，原因何在？因为臣子欺骗皇帝，致使皇帝分不清谁是好官谁是坏官。

　　时事之坏，只是上下相蒙，贤奸不辨。

　　他多么希望朝廷重新起用林则徐这个贤臣！一个林则徐，只要他能复出，足以稳固岭南千里的国防。这是天下人的期盼。但他知道，朝廷言路堵塞，希望渺茫。

　　这时贺长龄在贵州巡抚任上，再次写信召左宗棠前往辅佐，还寄来了路费。左宗棠既身系陶家前约，又对清廷颇为失望，没有启行。

　　年底，英国单方面宣布《川鼻草约》，派兵强占香港。清廷逮问两广总督琦善。清军作战多次失利，英国战舰进逼广州。

　　左宗棠在清廷上层找不到知音，只能把一腔热血充注到诗句中。他一气写成了四首《感事诗》，抒发愤懑，倾诉心愿。他总结历史的教训：对付掠夺成性的侵略者，一味地寻求和议，绝不是长久之计。他为林则徐和邓廷桢鸣冤叫屈：民族英雄抗击英国侵略，并不是为了享受荣华富贵，而是为了传播国威，保卫和平。他控诉卖国贼为虎作伥，而他想请缨杀敌，可惜身无一官半职，无能为力。他深信中国有能力战胜侵略：西洋的战船到来，我们有险可凭；即便我们不善于用计，他们也会有来无回。他表达了强烈的愿望：我想为国家筹划防御，但在山间学馆，我能跟谁去诉说呢？

　　湘潭人黎吉云在京城做官，写信给左宗棠，询问应该如何进言。左宗棠回答：你告诉皇上，必须严厉惩处主和玩寇的官员，将纵兵失律的将领治罪，否则人心无法振作！

　　陶澍馆舍里有一部《图书集成》，左宗棠从中查阅到了历史上英国人在中国的活动。他了解到，西洋各国与中国远隔重洋，本来不是我们的属国。康熙年代的官方书籍记载了英圭黎派使者前来进贡。据他推断，这个英圭黎就是现在所说的英吉利。

左宗棠的这个考证纠正了一个错误的认识。当时人们认为英吉利是在雍正年间才与中国通商。左宗棠说，这个公然炮击中国的强盗国家，就是康熙年间请贡来朝的英圭黎。他接着指出，英国是西方列强中最富强的国家，一贯四处掠夺，包藏祸心已久，决不可轻视。英国人用武力对付中国，就是为了能够继续倾销鸦片。英国的奸商一开始和中国做生意，就居心不良地把鸦片带到了中国。当时由于上瘾的人不多，没有引起重视。直到雍正年间，鸦片被列入药材，收取关税，才公开拿到市面上交易，引起人们的关注。

　　道光年间新疆喀什噶尔驻军的一份报告，引起了左宗棠的重视。报告中说，有英国商人从边外经过新疆北路售货。他当时无从查考英国人的企图。后来他才知道，英国人是暗中在与浩罕人交往，觊觎我国的新疆。

　　广东有一位名叫潘仕成的绅士，将洋人雷壬士所制的水雷进呈朝廷。朝廷令天津镇总兵向荣监同演示，发现威力很大。这件事，也引起了左宗棠的注意。

　　总之，从1839年起，左宗棠广泛地搜集各种信息。凡是唐宋以来的史传、别录、说部及清朝地方志所记载的官方文件和民间著作，只要是有关海疆问题，左宗棠无不涉猎，试图了解前因后果。

　　这个山间的举人拥有信息的优势，有助于抵御外侮，但他却只能无所作为。怎么办呢？他"夜坐独思，百感交集"。他是时代的骄子，渴望为国建功，却因制度腐朽，在国家最需要他的时候，被迫独坐深山。

　　左宗棠的悲剧属于整个时代。第一次鸦片战争以清廷求和而告终。1842年8月，中英《南京条约》签订。清廷屈辱求和，宁愿付出本不应该付出的代价。左宗棠的心情从沸点降到了冰点。他在信中哀叹：贺老师，真是做梦也想不到啊，时局到了这步田地，真是古今未有！纵有能人出来，也无能为力了。

　　还未出山的英雄心寒了，仿佛走到了末路。世事茫茫，前途黯淡。他自然想起了隆中高卧的诸葛亮。隐居去吧，选择一个"人迹不到之处"，"买田数十亩"，亲自耕种，以逃避现实。仿效诸葛亮"苟全性命于乱世"，做一条不折不扣的"卧龙"。

90

在鸦片战争的炮声中，左宗棠迎来了第二十九个生日。他已接近而立之年，却仍然未立功名。一个友人为他画了一幅肖像，他凝视着这幅画，抚昔感今，写了八首七律诗，记述自己的人生历程，题为《二十九岁自题小像》。这是自传体的组诗，回顾物质匮乏的童年，壮志难酬的青少年时代，以及怀才不遇的现况。

其一是陈述现状。快三十的人了，还在教小屁孩念"人之初"。人活到这个份上，也该反思一下自己了。都说念书就会有出息，我读书破万卷，又得到了什么好处呢？蚕子休眠之后该作茧了；喜鹊绕着树枝飞翔也该有个较高的落脚点了；可我左宗棠回首过去，飘零二十九载，竟然还找不到一个像样的舞台！

其二是展示抱负。我左宗棠没能成就一番大业，无须算命先生来指点前程。君王希望臣子年富力强，我精力正旺，虽然身处社会底层，仍然胸怀大志，怎能说是轻狂？要我去当一个小小的誊录官，辛苦一阵子，自然可以弄个县令当当，可是谁会愿意做了京官以后又回到小地方呢？富豪子弟说我太骄傲，他们胸无大志，怎能理解高远的志向？

其三是立志修身。我只是担心自己的才干不能见用于社会，当不当官又有什么关系？贾让治理水灾，其实并无良策；桓宽编纂的《盐铁论》，也只是空头理论。我已经知道学习不能如同吃快餐，说话不能直言无忌。不入仕途毫无牵挂，修身养性乐在其中。

其四是怀念父母。父母撇下我们而去已有多年，令我常怀失去双亲的悲痛。我们全靠父亲当教书匠的收入养活，仍然难得温饱，有时只能吃糠饼度日。我纵然能用五鼎烹食祭祀父母，却未能让两老活着享用一只鸡。上有无法孝敬父母的忧痛，下有抚育儿孙的艰难，只能走父亲的老路，当个教书匠，勉强维持一家人的生存。

其五是写手足之情。二哥，我们都未能实现平生的大志，过去的岁月命运不济。我们一个像许靖，未发迹时靠推马磨为生；一个像王章，在长安求学时生病，穷得没有被子盖，只能睡在牛衣里。我们兄弟的命运如此乖舛，又有什么办法？改天再到碧湘宫来看你，陪你聊天吧。

其六描写天伦之乐。我把老婆孩子寄在湘潭岳母家，已经长达九年。入赘的女婿久久不能独立，满心羞惭。大女儿孝瑜都七岁了，已经开始学写字；小桑树也开始长叶，可以喂蚕。多亏妻子不嫌我又穷又笨，自得其乐，小老婆也懂得安分随缘。一家人争论历史，唱和诗词，生趣盎然。盼望有一天能在昭山买下一块小地，盖几间茅屋，就有属于自己的家了。

其七寄怀于友人。朋友啊，身在旅途，更想见到你。禽鸟尚且要成群结队，而我们隔着千山万水，只能书信往来。我们在洞庭湖的凉风中吟诗道别，在京城的夕阳下依依分手。但愿我的梦能飞越四千里，在茫茫人海中见到你！

其八写怀才不遇。唐玄宗为了得到杨玉环，不拘翁媳之礼；小矮人在汉代宫廷里诙谐逗趣，也能填饱肚子。想要当官何必心急，真正的人才不必如此。灯前的身影，孤独如点缀秋山的黄石；下巴上的胡子，如听到惊雷的春笋一般嗖嗖冒出。等到年老衰迈的时候，打开画卷一看，还能依稀找出当年的雄姿。

湘潭的朋友罗汝怀读了他的《二十九岁自题小像》诗，与之唱和，有心安慰一番：

> 捂地九州归指掌，匡时五亩树蚕桑。

罗汝怀还特意做了注解：左君啊，你两手就把地球捂住了，天下大势，尽在掌握之中。虽然暂时未能登上军政大舞台，可是你在五亩地上栽桑养蚕，不同样是为了解救百姓的困难吗？

贻端夫人读了丈夫的自题小像诗，也写诗唱和，以慰夫心：

> 清时贤俊无遗逸，此日溪山好退藏。树艺养蚕皆远略，由来王道重农桑。

相公啊，像你这样的才俊，是不可能被社会埋没的。在溪水清凉的山间隐居一阵，照样能有一番作为。栽树养蚕都是长远的规划，自古以来的帝王，岂不是都很重视农业的发展？

其实何须别人安慰？左宗棠一直未能摆脱贫贱的社会地位，难道这个倔傲的汉子认输了吗？没有。只要心中还有匡时济世的热情，他就不会向命运低头。

从1840年至1847年，他投入八年的青春，隐居安化小淹村，在陶家宅邸任塾师。山庄僻静，日子如出家人一般寂寞。好在陶家藏书颇丰，还有官宦生涯的公私档案，清朝宪章，为左宗棠提供了一个从事研究的资料室。

八年教书生涯，左宗棠博观纵览，知识精进。他研读陶澍与林则徐等人的书信往来，对军政要务了如指掌。陶家的藏书还为他提供了新的地理资料，他与夫人一起，对以前绘出的地图及时补充修改，完成了第二期工程。周贻端把地图描绘下来，用湘绣工艺绣在绢布上。遗憾的是，这些地图竟没有流传下来。

这时的左宗棠，只要给他一个舞台，他就能差遣百官千僚，指挥万马千军，治理一方疆土。虽然暂且报国无门，但他通过有偿服务，毕竟改善了自己的生活。他在陶家坐馆教书，每年有二百两银子的年薪。他省吃俭用，攒起银子，指望建立一份家业。

左宗棠几经查勘，在老家左家塅以西十多里处的柳家冲，买了七十亩田土。此地现称湘阴县樟树乡巡山村。他预感到乱世即将来临，选地时侧重考虑治安条件，是否利于躲避兵祸。

左宗棠买地，不是为了开发房地产，只为起码的生存。新房只盖一所，其余的田土用于耕种。设计规划是自己做的，一座小型的庄园很快建成。园内有稻田，有坡地，还有水塘。

哈哈，我左宗棠总算有个家了！

秋收季节，左宗棠携带妻小从湘潭周宅移居湘阴柳庄。他唯恐别人误会他是暴发户，在屋前的门楣上亲笔题写"柳庄"二字，让大家知道，他以五柳先生陶渊明自比，要隐居山野了。

左宗棠家住湘阴，上班却在安化，两地相距三四百里，乘车坐船，单程跑一趟都要一两天。这样的上班族是敬业的典范，那时真是罕见。他回家休假也不闲着，监督农庄的工作，用平时钻研的农业技术进行实验。他每天都在田地上巡视，又给自己取了一个外号，叫"湘上农人"。

农民有什么不好？至少一家人的温饱有了着落。从此就做个规规矩矩的老百姓吧。

> 但愿长为太平有道之民，则幸甚耳。

边耕田边读书，是一种非常令人羡慕的生活方式，既有田园乐趣，又有诗书馨香。当岳母想念女儿和外孙女时，时常带着孙儿来到柳庄，抽空教孙辈念书。夜晚，孩子们坐成一排，琅琅读书声，传到户外很远的地方。村民经过这里，听到读书声，肃然起敬：柳庄就是柳庄，这里住的，不是纯粹的泥腿子。

乔迁新居的一年很快过去，左宗棠在安化陶家授馆进入第六年。农业虽然成了人生的第一要务，但他一年里仍然浏览新书上万卷。然后摇摇头说：近时佳作不多，仅得几篇。算了，还是写点农业书籍，向人们传授园圃技术。分门别类写了十几篇，题为《朴存阁农书》

安化是著名的茶乡，左宗棠想到一个问题：湘阴人为什么不懂得种茶呢？一转念，他把茶树种植引入家乡，在柳庄种茶植树。

秋天，胡林翼来到小淹，参加陶澍夫人的葬礼。两个好友晤谈十天，友谊更加巩固。他告诫左宗棠，考虑事情不宜过于周密，论述问题不宜毫无遗漏。左宗棠说："谢谢，你一针见血，指出了我的毛病。"

1846年，左宗棠从古代农业技术中采取当时便于操作的办法，试行耕种柳庄的农田，充分发挥地利，扩种茶树、桑树和竹子。茶园产生的收入就足以付清国家的税收。《朴存阁农书》编撰一年，已经完工，对湘阴农业和林业的革新起了开创性的作用。三儿子左孝同后来在《先考事略》中回忆道：

> 府君于柳庄栽茶种树，期尽地利。湘阴茶产，实府君为之倡。

左宗棠研究问题总是从大处着眼。他说，现在的种田人和读书人一样，都犯了一个毛病，就是急功近利，抓小放大，误了自己，也误了别人，对国家的负面影响不小。

炎热的9月，天气久旱不雨。这时左宗棠身在安化，一天夜间，忽然梦见雷电绕身，大雨如注。过了几天，接到柳庄来信，才知他做梦的那天，周夫人为他生下了长子。左宗棠欣喜之余，忆起梦境，将儿子取名叫"霖生"，后来改名"孝威"。

这一年，湖南宁远有胡有禄造反，东安有王宗献造反。左宗棠感到乱世真的要来了。他开始钻研筑墙掘壕和修建碉堡的办法。他认为，住在乡下，学会自保，和学习农业与畜牧业同样重要。

1847年，农人左宗棠家里又有两件喜事。一妻一妾连生男丁，次子左孝宽在4月出生。此年8月，左宗棠兑现了与陶澍的盟约，将长女孝瑜嫁给了陶桄。完成了这件大事，他于秋后结束在陶氏家馆七年多的塾师生活，返回柳庄。

动乱的局面越来越明显，湖南又有新宁瑶民雷再浩揭竿造反。江忠源组织乡勇，会同官军镇压反军，保升知县，赴浙江补用。这件事令左宗棠颇有感触。书生带兵打仗，因功踏入仕途，也是一种出路。战事如此频繁，军事学似乎大有用武之地。左宗棠把更多的精力投入军事研究。他又给自己想到了另一个人生定位：

古人谓："不为良相，即为良医。"
弟则谓："不为名儒，即为良将。"

第二年，湘阴在连年大旱后忽然大水成灾，柳庄也不例外。人闹饥荒，庄稼被淹，家人皆病。左宗棠度过了一生最困难的时光。

老天没日没夜地浇下雨水，稻田被淹，谷子都发芽了，家里值钱的东西都进了当铺。一家十二口都成了病号。光是发愁也没用，左宗棠跟同乡开个玩笑："我要把杜老的诗句'男呻女吟四壁静'改一个字，变成'男呻女吟四壁空'。"

左宗棠开设了家庭病床，无照行医。他还给自己封了个赈灾领导小组长的职位，有空就往外面跑，办理赈灾事务，劝富有人家捐赈。他信奉孔子儒学，认为行善是第一要义。他对捐赈行为给予极高的评价，向富人反复灌输一个理念：捐赈是传统的美德。据他统计，经过大家的劝说，长沙、善化、湘阴、湘潭和宁乡各地，捐献的银钱谷米，折合银子，不下五十多万两。

光靠救济也不是办法，左宗棠劝左氏家族的人们储备粮谷，以备饥荒。各家拿出一些粮食，存放在一个粮仓里，遇到灾荒，便开仓自救。这个粮仓需要管理，于是就有了仁风团。

这是一个具有预见性的备荒措施。官府无心过问，民间由左宗棠发起。经过了两年的苦旱，又碰上一年的大水，谁敢说明年就一定没有天灾？在他的劝说下，左氏一族纷纷响应，一个救灾基金就这样形成了。

左宗棠一边救灾，一边还得关心军事。灾荒往往是战乱的前奏。种种迹象表明，政局不稳，民心混乱。当一个名将，定国安邦，或许是一条必行的道路。他给身在北京的二哥写信，自称在军事上的造诣绝不是纸上谈兵。

文韬武略在胸，还得为生计操劳。天灾严重，"湘上农人"种田都吃不饱肚子，为了养家糊口，只得进城发展。1849年，他来到长沙，继承父业，在朱文公祠开馆授徒。第一个学生就是女婿陶桄。其他学生无不是今后的干才。益阳少年周开锡，长沙少年黄瑜、黄上达和黄济兄弟，都是左宗棠的高徒。黄家三兄弟的父亲就是1852年长沙保卫战中大出风头的黄冕。此人也是林则徐的旧交，他信得过左宗棠，把三个儿子都交给他培养。

这一年，湘阴果然又遭大水。左宗棠身在长沙城，也没有忘记水灾作孽多么可怕。他给二哥写信，忧心忡忡。

> 弟一家不足忧，唯如此奇荒，邻里之颠连者必多。倘不急筹赈济，则大乱即在目前，其可忧又不但贫也，其受害又不止一家也。

水灾刚有迹象，左宗棠便向学生家长预支学费，回到乡下，买下一些谷粮，一半接济左家塅的族人，另一半接济柳家冲的同乡。可是需要救济的灾民远远不止这些，逃难的灾民源源不断地经过柳庄。

柳庄距湘江只有十里，又靠近湖滨，处在重灾区的边缘。每一天，成百上千的饥民取道门径口，前往高乡求食，柳庄是必经之地。路边到处是饿死鬼，满眼都是可怜人。左宗棠不忍心看着不管。和周夫人一合计，把粮仓里的谷子全部搬出来，煮成稀饭，散发给饥民。

家里的粮食很快就送完了。大水不仅为害湖南，也把东南各省变成了汪洋泽国。大米奇缺，每斗卖到六七百文钱，道路上都是逃荒的饥民。他们营养不良，缺乏抵抗力，疾病迅速传播。左宗棠和家人组成医疗队，救助病倒的灾民。他掌握了一些单方，买来药草，做成药丸。他对医治流行病颇有心得，妙手回春，保全了许多人的性命。

左家人是一个团结的救灾集体。左宗棠在灶边熬药，周夫人和张氏率领仆妇站在门口指挥护理。没钱买药了，就把发簪和耳环当掉。当铺成了左宗棠经常光顾的取款机。他们缩减家里的粮食供应，省下口粮，尽可能救活更多的灾民。小小柳庄，为救灾尽了全部的力量。

灾荒把大批孤儿抛向人间。左宗棠凑了两千两银子，捐给家乡的育婴会。希望工程也要操办。实在没钱了，卖掉田产，来办义务教学。孤寡老人只能靠敬老院，他又兴办了养老会。如此一来，和谐社会已有雏形。

那一段时间，左宗棠累坏了。长沙的学生要读书，课不能不上。课业一完，马上和湘阴同乡一起，四处奔波，劝富裕人家捐赈。赈灾好不容易告一段落，左宗棠松了一口气，在柳庄过了一段短暂的宁静生活。回想所做的公益事业，感到十分满足。

91

1850年，天下将要大乱。局势越来越乱，广西无处不在造反。冬天的一个深夜，左宗棠忽闻林则徐奉旨前往广西指挥作战，在途中去世。他手捂胸口，目瞪口呆。

回想去年，正是在这个日子，他来到湘江边，上船拜见林公。为了找个清静的所在，他们解缆开船，乘着乱流，渡到河西，停泊在岳麓山下。他与林公的儿子林汝舟兄弟一起陪侍林公左右，把酒而谈。林公说，带兵的统帅贪得无厌，是军政的蠹虫；总督这个官位最容易产生腐败。

林公谈道，新疆是个好地方，可惜屯田没有办好，土地没有充分利用，本该肥沃丰产的地区，却没有富强起来。吐鲁番素来丰产粮食，如果新疆南八城都像苏州和松江一带兴修水利，广种稻田，粮食产量不会低于东南。

江风吹浪，舵楼嘎嘎作响，仿佛在回应船窗里传出的人语声。黎明的更鼓敲响，一阵阵催促，左宗棠方才告别离去。没想到才过了三百多个日子，林公已成千古！

人之云亡，百身莫赎。悠悠苍天，此恨何极！

左宗棠悲痛之余，与郭嵩焘周游湘阴东山，寻找避乱的落脚点。他们来到周磜岭，约定在此结庐，毗邻而居，以避战乱。

这是一个计划了十年的心愿。自从林则徐罢官后，左宗棠就感叹国运衰败，预料天下将乱，已经心灰意冷。他留心避难之所，在湘阴东山寻找山地。左氏家族必须保全，需要一个险僻的去处营造居所。只要有田可种，有柴可烧，有红薯芋头果腹，有园子可以种桑，有山可以栽竹，有羊可以放牧，就可以做个山民，优游于山野之间，安享天年。

未雨绸缪总是聪明之举。藏身之处刚刚找好，大规模的内战接踵而来。1851 年，洪秀全起事。这时候，左宗棠还是闲人一个，置身于内战之外。春天，他回到柳庄，随时准备逃避战乱。他对新皇帝寄予一点希望。新老更替，能否出台好一点的政策，就指望这个关口了。乡间消息闭塞，他给友人写信，希望得到京城的消息。

新皇即位，要展示新的气象。清廷颁发特诏，开设孝廉方正特科。这个科举项目是为了提拔品行优良的读书人，也就是罗泽南那样的道德标兵。湘阴县从前无人应举，这一次却有了左宗棠这个合格的候选人。他孝顺廉洁，助人为乐，大家有目共睹。本县有些头脸的人士，由郭嵩焘牵头，联名推荐左宗棠应举，先进事迹的材料已经报上去了。大家知道左庄主空有庄主之名，其实口袋里没几两银子，决定免了他的参赛费，连文具费也不用他交。

但是左宗棠委婉地拒绝了保送。他认为自己还没达到道德模范的标准："抚躬循省，字字疚心，深愧无以副兹嘉命。"这是肺腑之言。在荣誉面前他素来低调，何况身处乱世，无心去出那个风头，也在情理之中。

与此同时，江忠源奉调招募乡勇前往广西参战。江忠源早已是湘南会党的死敌，他的立场非常鲜明。左宗棠虽然没有摆明自己的立场，但是江忠源的为人，素为他所敬重。

洪秀全的部队越战越强，从广西武宣挺进永安，湖南进入备战状态。战争离左宗棠越来越近。胡林翼来信了。他在贵州的黎平任知府，辖地与广西交界，太平军随时有可能杀到。他守土有责，不能和左宗棠一样，在这场内战中作壁上观。他在信中说到在黎平实行保甲团练，颇有成效。

在官军无法依靠的时候，如何组织民兵来保卫一方乡土，关系到当地百姓的利益，是一个很值得探讨的军事问题。左宗棠在这方面虽无亲身经验，却密切地观察广西的内战，随时加以研究。他这个旁观者，比官军的前线统帅清醒百倍。他把自己的见解提供给胡林翼参考。

团练乡民的办法，为什么在广西未见成效？因为团练只适合对付小股的盗贼，如果碰到强大的对手，既要防卫，又要出击，那就必须加上一个条件，就是碉堡。

团练加碉堡，是左宗棠提出的著名公式。所谓团练，就是让乡亲团结起来，以免被非政府武装夺去财物，抢人当兵。这一点并不难做到。谁不愿意保卫家乡的平安呢？人心一致，熟悉地形，便于设计陷阱，不必是聪明人，也能够出奇制胜；不必是勇猛者，也会奋起反抗。这就是民兵的有利条件。

左宗棠的分析，真是入情入理。地雷战，地道战，麻雀战，都是民兵发明的，具有颇大的杀伤力。男人在家门口保卫老婆孩子的时候，会变得聪明过人，勇猛异常。

左宗棠接着指出，民兵虽好，却也需要保护，而最好的防御工事就是碉堡。只要有堡，就可以安顿老弱妇女，放置米粮器具。一有战事，就转移到堡内，人心自然就稳定了。在堡垒四周各建一碉，民兵住在碉内，配备弩、铳、炮、石各种防守武器。两碉的距离，要在炮火与抛石的射程之内。碉内每一层都开枪眼，多少不限。环绕碉堡挖掘深壕，暗设机阱。堡的面积，方圆不过一里，可以隐蔽几千人。一堡配有四碉，登碉防守的民兵，只需几十上百人。需要的人不多，就能轮流作战，昼夜都不松懈。堡内预先储备充足，防守器械预先安设。敌军一到，马上入堡，坐等敌人到来。这种事情，不必智勇过人者也能办到。

接下来，左宗棠分析官军与太平军作战的得失利弊。他认为太平军的计谋和勇猛非同一般，致使官军的进攻屡次失利，他们则安然地驻扎在根据地，以逸待劳。官军缺乏军饷，大将束手无策。谋士乱出计策，不得要领，甚至有人妄自菲薄，声称敌勇我怯，敌狡我蠢。他们怎么就看不到，真正的原因是太平军常常掌握着主动权，而官军常常处于被动呢？

太平军首先攻占罗渌洞，抢了先手。官军围攻几个月，太平军没有轻举妄动，屡屡击退官军的攻击。他们接着攻占新墟，也是以静制动，屡次击退官军的攻击。现在太平军分兵占据永安州，采用同样的策略，官军又没有占到上风。这究竟是士卒不行，还是将领没用？对手经常掌握战场的主动权，官军老是陷入被动，所以敌军从容不迫，官军手忙脚乱；敌军得到休整，官军则疲于奔命；敌军设下陷阱等待，官军则每每中计。

左宗棠说，兵法曰："谋定而后战。"又曰："善用兵者，致人而不致于人。"太平军知道自己为什么打胜仗，官军将领却不善于总结失败的教训。这就是分别胜败高下的关键。那些将领真是一些无能之辈。办法其实很简单。官军只需调拨公款，命令民兵在敌军根据地附近修筑碉堡，正规军则驻扎在险要之地，修筑壁垒，步步为营，同时推进，逼近敌营。太平军知道官军合围，一定集中兵力来攻，这时他们被动，官军就主动了。

左宗棠还指出，官军每战溃不成军，是因为没有严明的纪律，赏罚不能执行；官军之所以屡次受挫，是因为将领不懂得分合奇正的战术，在上峰严责之下，勉强轻易出战，以求速胜；又不善于使用谍报人员，不明敌情，所以老是陷入敌人的埋伏圈。太平军派出了大批的探子，而官军又无法提供假情报，以混淆他们的视听。

这封信表明，左宗棠已经找到了官军失败的根本原因，也看出了扭败为胜的关键。他身在山中，对战局了如指掌。无论他加入哪个阵营，都可谓知己知彼。但是洪杨等人连焦亮都容忍不下，更不会邀请左宗棠进入领导核心。而清廷的官员，包括江忠源、胡林翼、张亮基和曾国藩，对左宗棠钦佩不已，逐步借重他的军事知识和智谋，为湘军击败太平军增添了胜算。

在这场内战的初期，左宗棠已经看重民间武装的作用，而且考虑了基本的战法，只是还没有想到把地方武装发展为正规军。他在这场战争中的巨大影响，正在以不很明显的方式逐步形成。

这一年，他在长沙城东的定王台会见了未来湘军的几位大将。罗泽南在长沙讲授经书，左宗棠和刘蓉一起与他会晤，一起见面的还有李续宾、李续宜、王鑫及李杏春。这一群朝气蓬勃的书生，即将在湖南人的军事同盟中成为密切合作的伙伴。左宗棠后来怀念这次聚会，有诗吟咏：

紫光画阁且迟开，竞美长沙好秀才。省识旧游如昨日，春风归咏定王台。

洪秀全揭竿而起，掀起了一场规模空前的内战。左宗棠的命运将被这件事左右。这个湘阴人心忧天下，如今邻省的造反军队要跟清廷分庭抗礼了，他将何去何从？

内战在人间划分阵营，许多人被迫描绘自己的政治面貌，显露阶级立场。左宗棠不喜欢乱世，但他对于搅乱时局的太平天国，起初并无鲜明的态度。

太平天国的领袖洪秀全也是一个矛盾的人物。他与左宗棠一样，读过许多儒家经典，积极参加科举考试，却总不得志。他把科场失意的窝囊气统统砸向孔老夫子，转而信奉洋人的宗教。又将基督教改编成中国的版本，把当时的中国统治者妖魔化，用信仰来点燃降妖的战火。他改认了祖宗，自称天父之子，不仅令所有喜爱寻根的国人非常郁闷，而且把国内那些清醒而痛苦着的穷书生弄得十分困惑，无法想象跟着他去造反算不算一条出路。他有大批盲目的追随者，却无法调动大多数书生造反的积极性。

洪秀全是个穷秀才，和左宗棠处于同一社会层面。他懂得人间疾苦，很想建立和谐的社会。有田同耕，有饭同食，有衣同穿，有钱同使，无处不均匀，无人不饱暖，也是左宗棠正在家乡实践的理想。但是洪秀全所做的事情，是用暴力用战争来改朝换代，同时扫荡中国的传统文化，而且迫不及待地自立为天王，几乎听不进有识之士的劝谏。

太平军打进湖南以后，左宗棠正要组织家人去白水洞避乱，家里来了个不速之客。这个人名叫左纯州，是他的远房侄儿。他一直在广西做生意，每次回家，都要来看看季高叔叔。

左纯州一来，左宗棠就警惕了："纯州贤侄，你从广西来，那边可是乱得厉害啊！你这一路是怎么过来的？没碰到粤贼吗？"

"碰到了。"侄儿回答，"其实太平军没有官府说的那么坏。咱们不是做官的，也不是财主，干吗要怕太平军？"

左纯州这次来找左宗棠，是有备而来。他想劝说叔叔投奔太平军。

"季高叔叔，您才高八斗，谁不知道？可您一直不得志啊。满人人主中原以来，一直歧视压迫汉人，哪个汉人不切齿痛恨？太平军很快就要打到长沙了，难道叔叔没有一点想法？"

原来侄儿是来做说客的？左宗棠心里一惊。侄儿的话，当然不无道理。可是这种话乱说不得，左氏家族性命攸关。对于太平天国，他还要看一看。

他板下面孔，教训侄儿："左氏家族几代人知书达理，不能造反，去干大逆不道的事情。快住嘴！难道你想给全族带来灭门之灾？"

但是，太平军北上的步伐仿佛已经能够听见。洪秀全攻取江华和永明之后，从道州东进，五日之内，连克嘉禾、桂阳州和郴州。照这种速度推算，要不了一个月，长沙就会燃起战火。柳庄是待不下去了，左宗棠领着家人躲进了白水洞，接着先后收到张亮基、江忠源和胡林翼请他出山的信函。他在亲友的劝说下，终于来到长沙，担任张亮基的师爷，然后随迁任两广总督的张亮基前往武昌，当张亮基奉调山东巡抚的时候，他辞职回到家乡，决心终老山林，但架不住湖南巡抚骆秉章的劝说，再次出山，做了骆巡抚的师爷。这些经过，前面已经叙及。

92

叙过了左宗棠的履历，回头再说湘军在 1854 年的作战。曾国藩的湘军誓师北伐，浩浩荡荡直抵长沙，又在宁乡打了第一个胜仗，给清廷带来了希望。湖南巡抚骆秉章率满城文武出城迎接。清廷批准了曾国藩的奏请，塔齐布被任命为长沙协副将，取代清德的位置。

在长沙，曾国藩稍事停顿，便命令湘军开拔，继续向北推进。骆秉章派朱孙贻和王鑫率部一同北上。湘阴和岳州的太平军听说湘军大队人马杀到，也都向北撤去。湘军开到岳州城下，探子来报，太平军三万人已卷旗退出。曾国藩的前军抵达岳州。湖南驻防军朱孙贻和王鑫所部已经进驻岳州城。

这时候，益阳人胡林翼也来到了湘鄂交界之处。前面说过，他于年初离开贵州镇远，带着六百名乡勇向湖北进发，此时他心里正是怀着他和左宗棠早就用以互勉的鸿鹄之志，想要以自己的才干支柱天下。他嫌贵州池水太浅，不够他翻滚腾挪，他要奔赴与太平军作战的主战场，去增援眼看就要守不住湖北的湖广总督吴文镕。

然而他还是迟来了一步。2 月 16 日，他行至簿洲，听说吴总督已在黄州阵亡，太平军已上行至汉口。胡林翼有些不知所措，打听到湖北按察使唐树义率水师驻扎金口，便前往与之会师。可是，他发现唐军漫无纪律，战斗力太差。胡林翼存了个心眼儿，担心遭受连累，连忙将自己的船只驶向上游。

四天后，唐军溃败，唐树义羞愧不已，跳水身亡。胡林翼的部队完整无损，他下令登陆，列阵拒敌，太平军不敢进逼，退驻嘉鱼。胡林翼寻得唐树义的尸身，命人将其送回死者家乡。

湖北的领导班子指望不上了，胡林翼一时无人管辖。他知道这时骆秉章已重新出任湖南巡抚，把左宗棠延入了幕府，请他参佐军事。湘军也在此时初次出征，曾国藩率领一万七千人从湘江北上，抵达长沙。曾大帅从胡林翼的来信中得知他没有接上湖北的组织关系，部队给养没有着落，便有心将这支队伍纳入湘军体系。他请骆秉章资助军饷和武器，让胡林翼暂驻岳州境内，等待与湘军会师。然后他以密疏向朝廷保举胡林翼，说他的才干比自己胜过十倍。如此一来，胡林翼把部队交给了湘军和湖南巡抚，也把他的命运与曾国藩、左宗棠连在了一起，曾左胡三角合作的关系在针对太平军的战争中初步形成。

不管曾国藩是否自觉，他将胡林翼收到麾下是一个意义深远的措施。若无此举，湘军的历史也许无法延续四十年。这跟胡林翼进入湘军序列后打了多少胜仗关系不大，这个益阳人的主要作用在于铁肩担道义，能在湘军陷入极端的困境时力扛危局，把整个集团拔出受困的泥潭。

且说胡林翼奉命来到湖北与湖南交界的通城。这时正值湘军第一次北伐，他马上接到作战任务。曾国藩命令他带领贵州乡勇攻击湖北东南部崇阳和通城的会党军队，由塔齐布率部协助。

曾国藩本人也向北边的战场推进。他于3月30日随同水师抵达岳州。

同一天，太平军一支大部队开到湖南平江，攻打知县林源恩的营垒。四川达州人林源恩率部出营，大举反击，获得大胜，追杀到几十里外。这个林源恩在1852年镇压平江会党有功，得到江忠源的赏识，曾向曾国藩推荐。曾国藩命他招募五百名平江勇加入自己的湘军序列，但林源恩尚未向曾国藩报到，就奉令北上，至上塔市抵御入境的太平军。

不久，太平军又向上塔市反扑。胡林翼这时也来到了上塔市，表现出了带兵打仗的本领。4月3日，他和塔齐布各率所部分别在上塔市和白港击败太平军。塔齐布部于4月4日攻占通城。这段时间，湘军只打了三个胜仗，就是林、胡、塔的这三次战斗，多少在皇帝那里为湘军挣了些面子。

除了林、胡、塔三人的战斗，湘军其他部队皆是出师不利。曾国藩遇到两件令他非常恼火的事情。

第一件，由于天公不作美，湘军水师遇到风灾。4月4日那天，湘江上北风大作，湘军在岳州的水师遭到风灾打击，二十多艘战船沉没，其他战船都有不同程度的损坏。曾国藩命令水师后撤。

第二件，在湘军水师受挫撤退时，王鑫却偏要迎难而上，结果遭到败绩。由于王鑫的部队不受曾国藩节制，是骆秉章派到岳州的，而且比曾国藩的部队先到，曾国藩拿他无可奈何。所以王鑫继续挥师北进，打算一口气收复湖北的崇阳与通城。可是，他派出的前锋在羊楼峒遇到了太平军南下攻击的大部队。交战之后，湘乡勇稍稍退却。王鑫带领主力赶到，将太平军击退，救出了前锋。但此时天色已晚，湘乡勇已经饥疲不堪，突然号角声大作，石祥祯和曾天养的主力漫山遍野地杀来。未经大战的湘勇全面溃退，丢下两百多具尸体。太平军当即上船，乘北风向岳州驶进，王鑫急忙回军岳州守城。埋伏在岳州附近的两万多名太平军突然出击，趁夜掩杀，湘乡勇大败，王鑫率部退守岳州，与邹寿璋部会合。

江忠源的表兄邹寿璋见王鑫到来，便说："城内空虚，没有食物，不能防守。"王鑫不听，偏要固守岳州。邹寿璋为了挽救本部，只得率部出城。

4月6日，太平军大举围攻岳州。三十七岁的善化人邹寿璋率部退到南津，部队大乱，被太平军包围，火药也快用完。双方短兵相接，邹寿璋所部无力支撑，拼死突围而出，带领残兵败勇奔向水中逃命。太平军追到，枪石如雨点一般倾泻而下。邹寿璋估计很难逃脱，便做困兽斗，又挥军登岸反扑。太平军稍稍退却，邹寿璋才率部逃脱。

王鑫率孤军守着一座空城，部队一整天得不到食物，军心不稳，眼看就要全军覆没。曾国藩非常生气，认为王鑫是自作自受。三十岁的桂阳人陈士杰极力主张派水师前去营救。曾国藩命令水师船队前往。驶到岳州西门，王鑫所部纷纷登船。王鑫还要逞强，质问军士为什么逃走。部属回答："曾大帅派船来接我们，我们为什么不走啊？"

王鑫恼羞成怒，拔刀自刎，被左右阻止。随从拥着他撤退。王鑫和部队一起攀绳逃出岳州城。逃出的一千多人大部分逃散或死亡。营官钟近衡和钟近濂兄弟，以及刘恪臣等十几人先后战死。这些人都是湖南的才子，也是罗泽南的弟子。

由于水师和陆师相继失利，湘军声威大挫。曾国藩对王鑫轻敌冒进和执意留守十分恼火，骂道："如此狂妄，怎会不打败仗！"还是陈士杰等人好言相劝，曾国藩才消了气。但从此以后，王鑫其人在曾国藩心里成了一个大问号。王鑫写信给骆秉章自请处分，请求让他收集溃散的士卒继续投入战斗。骆秉章和左宗棠有意保护这个年轻人，奏报朝廷，得到批准："王鑫轻进失利，着即革职。该员平素剿贼尚属奋勉，着准其带勇，效力赎罪。"

同一天，湘军退回长沙休整，防守省城。太平军紧紧追赶。

93

太平军再次进入湘北，以岳州为中心向四周扩展，迅速占据了许多城镇，夺取了不少渔船，水陆并进，逼近长沙。他们轻松地攻占了湘阴和益阳，在靖港一带集结兵力，环列战船，坚筑炮垒，做好了进攻长沙的准备。

省城官绅大为震惊，都把眼睛盯着湘军。曾国藩召集水师各营将领会商。他说："陆师作战失利，塔齐布还在湖北，省城就指望水师了。水师经过了半年训练，不妨主动出击。"

湘军的水师将领都想一试身手，立刻命令船队开拔，浮江而下。他们发现江面上有几艘太平军的战船。湘军战船把大量炮弹倾泻出去，太平军的船只便不见了踪影。岸上大约两百名太平军也被湘军水师的火炮轰得招架不住，四下逃散。

湘军水师在江面上取得小胜，旋即回师长沙。

但是，太平军仍然占据着湘江西岸的靖港。这里距长沙不到六十里，尽得水陆进兵之便。它的西部是宁乡和益阳，北部是湘阴，南部是长沙和湘潭。从靖港到这些战略要地交通方便，都可朝发夕至。

二十九岁的李绍璋为林凤祥之弟，时任太平天国春官又副丞相，与石达开之兄国宗石祥祯兵分两路，石祥祯率一路兵力攻打湖南西北，他率领一路兵力向南进攻。此时他召集部将商议："清军对长沙防守严密，我们先不硬攻，改攻宁乡和湘潭，上下夹攻，必能获胜！"

将领们说："丞相英明。"

于是林绍璋留兵在靖港坚守阵地，自率一万人向宁乡进袭。突击队晓行夜宿，衔枚疾走，向西南方向挺进。

曾国藩早已得到探报，知道太平军有进攻湘潭的动向。4月21日北风大作，他派出湘军陆师营官伍宏鉴、魏崇德和郭鸿翥率一千八百人先行在宁潭大道的两县边界上设堵。

林绍璋发现湘军在前方拦截，便分兵为三路攻来。湘军只在营内放炮，坚壁不出，等待塔齐布率援军到来。林绍璋又兵分十路大举进攻，四面围逼，战斗打得非常激烈。双方动用巨炮互相轰击，打得烟尘蔽天，咫尺莫辨。太平军奋力攻击，歼灭了三营湘军，击毙营官伍宏鉴。

湘军三营兵力在这场战斗中败亡，是因为塔齐布所部没有及时赶到。塔齐布正领军从湖北崇阳赶回湖南，可是天降寒雨，行军不便，部队走了三天仍未赶到。

塔齐布离开崇阳后，平江又遭太平军攻击，林源恩多次击退来攻之敌。当时有人妒忌林源恩，没有表彰他的功劳，还对他造谣中伤。林源恩非常气愤，找上级为自己辩白。但他拙于言辞，没能洗清自己。于是他一气之下来到曾国藩麾下为湘军效力。

林绍璋进军宁乡是为了打下湘潭。在宁乡之战胜利在望的同时，他率七千人走小路继续向东南推进，于4月24日攻占湘潭，在湘江上构建木城，堵住了湘军水师向南的退路。

这时候，湖南省城的南北西三面都有太平军屯驻，骆秉章和鲍起豹把战事交给曾国藩的湘军，提督鲍起豹在一旁冷眼观看。

曾国藩接到军报，得知太平军在向湘潭挺进。幕客陈士杰说，湘潭是根本重地，应该派出全部兵力镇守。曾国藩采纳他的意见，于4月24日给塔齐布送去手令，命他率部改援湘潭。

曾国藩派出的传令兵以为塔齐布部到了宁乡，走了半天与其相遇，方知他们还在中途，距湘潭比距宁乡更近些。塔齐布还不知湘潭已被太平军攻占，很高兴能去守湘潭这座大县的县城，为部队找个牢固的落脚点。

这时候，太平军如果从湘江上游的湘潭，乘着春天涨水沿江而下攻打省城，或者从靖港乘着北风逆水而上攻打长沙，都不过五小时的路程，湘军面临的局势非常危急。长沙驻军听见了太平军的号角声，看见了他们宿营的火光，都很惊慌。

奇怪的是，在这时候，石祥祯与林绍璋竟然按兵不动。他们对于攻打长沙表现得颇为慎重。

4月25日，塔齐布率部长驱奔赴湘潭，抵达高岭，就有太平军掩杀过来。塔齐布这时才知道太平军已占湘潭。塔齐布已来不及撤退，只能硬着头皮冲上去。他平日里并不显山露水，一副碌碌无能的模样，但他临上阵时便判若两人，两拳紧握，咬牙切齿，口角流沫，好像要生吞敌手。他身负一支火枪，挂两把腰刀，手执长矛和套马竿。他把长矛交给随从，手执大旗挥军纵击，斩杀太平军九名先锋元帅，将其击退。然后率部向北追逐，来到湘潭城下扎营。

太平军退入湘潭城外的民房聚集处，塔齐布决定轻骑查探敌情，童添云和童必发兄弟紧随在他身后。塔齐布策马驰入黄龙巷，童必发策马走到前面。这是一条又窄又长的巷子，进入不久，便有太平军从房屋中突出，刺杀塔齐布，童必发急忙以背挡住敌矛，肩上被刺，塔齐布跃跳而免于难，童必发则为保护他阵亡。

第二天，太平军出动主力攻击塔齐布湘军。这股湘军只有一千三百人，但塔齐布并不畏惧。他令部队埋伏在山冈左右，设立三重炮火，诱敌来攻。太平军逼近后，塔齐布下令开炮。太平军上百名战士中弹，队形大乱。湘军伏兵发起冲锋，两边夹击。

塔齐布策马上前，冲锋陷阵，军士随后冲杀，一以当十，锐不可当。

太平军自起兵以来，每与绿营作战，极少短兵相接。其所到之处，绿营总是逃之夭夭。现在见湘军冲上来肉搏，非常惊愕，面面相觑。太平军后队看到四面的山上旌旗飘扬，以为湘军大队来到，纷纷夺路而走，互相踩踏，尸体枕藉。

湘军发出一片喊杀声，旁观的百姓也大声叫喊。湘军一直把太平军追到城里，斩杀其精锐几百名。塔齐布单骑深入，几次中伏，都逃脱出来。然后继续挥军鏖战，烧毁江面的木城，才领兵回来扎营。

94

塔齐布所部大战湘潭时，长沙城处在太平军大包围之中，军民惶恐，都以为湘军在湘潭一定会吃败仗。曾国藩召集幕僚商量进退之策，大家都说在城里会被困死，应该主动出击，由曾大帅亲自督战。水师将领议论道："陆师吃了败仗，全部溃散，死定了。我们要趁着军心还没涣散，率领水师进攻，水陆交战，希望能够挽回局面。"

但是，水师朝何处进军，又无法定夺。有人说，应该先出兵攻打靖港，将北面的太平军赶走。巡抚的师爷左宗棠也来参加讨论。他说，如果湘军在靖港吃了败仗，返回城下，就是进入死地了，应该动用全部兵力增援湘潭，如果作战失利，便退保衡州，哪怕省城被敌人占领了，也可以再振军威。

湘军水师的十名营官都在场，推举彭玉麟来决定进军方向。彭玉麟从水师作战出发，认为部队应该占据上游，便决定进军湘潭。于是曾国藩令褚汝航和彭玉麟率领五营水师先行，约定第二天由他自己率领其余五营水师和两营亲兵随后开拔。另外，曾国藩和骆秉章还派了守备周凤山、训导江忠淑、都司李辅朝、守备张正扬等陆路兵勇四千余人前往湘潭。

4月27日，打前锋的五营水师出发了。长沙城中人心惶惶，担心明天曾国藩率领剩余的湘军跟去，城防空虚，靖港的太平军会杀到长沙。到了半夜，长沙乡团的首领来请曾国藩出兵攻打靖港。他们说："靖港的发贼军营中只有几百人，打不过我们，可以先把他们赶走。团丁想借湘军的旗鼓以壮声威，吓唬贼匪，并建好了浮桥供大军使用，这么好的机会不可丧失啊。"他们还承诺派遣长沙团练随军协助作战。

曾国藩的幕僚听了都很兴奋。曾国藩也担心湘潭久攻不下，靖港的太平军会来攻打省城，便临时改变主意：留在长沙的部队明天不去湘潭，改攻靖港。他想，自己手下水陆兵勇合计有三千多人，实力对比明显占了优势。这样做不仅可以消灭靖港的长毛，或许还能牵制湘潭发逆的兵力，也是对湘潭之战的支援。

曾国藩唯一的担心是没人临阵指挥。但他仗着船坚兵众，认为几百匪类不值一剿，在他亲自指挥下，师船一到，敌人必定望风而溃。于是他决定身临前线，实战指挥，享受一次书生杀敌的快感。

这个决定带来的结果就是曾国藩没有带兵增援湘潭。湘潭战役在没有他参与的情况下继续进行。那么，增援湘潭的湘军五营水师又是怎样作战的呢？

褚汝航统率的湘军五营水师开到离湘潭还有十里之处，便停止前进，派人侦察敌情。哨探返回，说塔齐布在陆上大获全胜，约好水陆两路沿城外进攻。这时太平军的船只刚刚顺流而下，褚汝航命令水勇占据上风放火，焚烧和缴获了很多船只。

陆地上，太平军因连吃败仗，十分愤怒，集结兵力，分为三路，攻击塔齐布的陆师。塔齐布挥军奋力冲突，将敌军击退，然后乘胜追击，抛火烧毁敌营，把敌军逼进城内。此战中，塔齐布斩杀一名敌将，夺得健硕的铁骊一匹，成为他的坐骑，更添勇武。但他考虑到部队连日血战，已经疲惫，便下令收兵休息。

夜晚四更，太平军派出一些载满燃烧物的船只，叫"纵火船"，又派大量小船载着油灯跟随其面，企图火烧湘军水师。湘军派小艇阻击，使纵火船无法靠近，水师没有损失。

4月28日，褚汝航指挥湘军水师发起攻击，亲手擂大鼓督战，彭玉麟与杨载福率舢板上下往来，火炮雷鸣，湘江水波为之鼎沸，摧毁太平军船只三百多艘。

湘军水师把太平军夺取的商船全部收缴，看到上面堆满了财物。彭玉麟担心军士贪图战利品，会松懈斗志，便纵火烧掉所有船货。大火一直烧到湘潭街市，几十里外都能看见火光。先前待在船上的太平军仓促之间无法逃脱，开炮抵抗。但他们不会水战，受伤溺死者数以千计。太平军水师的残部驶到窑湾，企图乘风逆流而上。

4月29日，腿上和手臂都已负伤的宜章营千总杨载福，和生员彭玉麟一起，率领水师追赶到下摄司。当时北风劲吹，他们命令部队顺风射火，从早晨6点战到下午2点，烧毁太平军船只七百多艘。江面上到处漂着太平军战士的红巾和黄巾，随波起伏。太平军水师的余部上岸进城。

5月1日，太平军打算弃城逃走，从西门搭梯子爬出城墙，江忠淑部早已埋伏在城外等待。军士们一齐杀出，夺下梯子，攀梯登城，进入城内，占领湘潭。

湘潭大捷之后，朝廷将童添云擢升守备，有人向童添云道贺。童添云圆睁两眼，愤然说道："贼人杀了我弟弟，我就是官至一品，弟弟也不可复生了。我只愿生啖贼肉，有什么值得祝贺的？"

95

湘潭战役，湘军在八天里打了十次胜仗，斩杀上万名太平军，致使敌方大小首领多数丧生于水火。太平军内部由于新老士卒相互猜忌，导致内斗，杀死几百人。另有数以万计的太平军溃散。他们的最高指挥官林绍璋带着四名骑兵逃往靖港。

湘潭战役在湘军史上具有重大的意义。李秀成说它是太平天国运动的十大军事错误之一，在湘军看来，它是湘军刚刚兴起时的第一次大捷。

湘潭战役是太平军的克星。这次战役之后，太平军不但无望于打通与广西发源地的联系，而且由于湘军随着在湘潭获胜而崛起，太平军在全国的战场上都由战略进攻转入了战略防御。

湘潭战役是湘军生死存亡的一个转折点。湘军如果在此战中落败，那么，这次失败与同时进行的靖港战役中的失败叠加在一起，就构成了湘军的灭亡，湘军很可能从此作鸟兽散。由于在这次战役中湘军获得了全胜，就湘军本身而言，有了继续存在的资本，而在清廷眼里，湘军就有了继续存在和发展的理由。有了这两条，湘军才能大规模地向省外进军。

湘军把湘潭大捷称为"第一奇捷"。其中的"奇"字有两层意思。第一，这次胜利战果大得惊人。第二，这个胜利是连湘军本身都没有预见到的。湘潭战役的组织和发生，从整个过程来看，没有经过精心的策划和预谋，是交战双方各级指挥员根据战场上的变化随机部署兵力和指挥作战的结果。

因此，湘军在出征初期的这场战役中获胜，在很大的程度上可谓机缘凑巧。也就是说，许多客观原因，包括太平军的失策，为湘军获胜提供了条件。

在太平军方面找原因，林绍璋轻率深入敌后，麻痹大意，放纵官兵，犯下了极大的错误。他的部队攻占湘潭以后军纪涣散，发生了抢掠屠杀市民的行为，导致市民产生严重的对立情绪，而他的上司石祥祯正在进攻华容、龙阳、常德一带，既没有长期立足湘潭的打算，也没有谋划对省城发起有效的进攻，这恐怕就是李秀成所说的失误所在了。

在湘军方面，虽然对于湘潭之战并无把握，但作战将领塔齐布、褚汝航、彭玉麟和杨载福勇猛善战，足智多谋，成为湘军获胜最重要的原因。

此战以后，右营营官杨载福升任守备，赏换花翎。而一介生员彭玉麟升任正七品知县，看来虽然他自己不求保举，但仍然架不住别人执意要保举他，而他不受官职的决心终于还是无法兑现。

湘潭之战是湘军的生死劫，也是不利于太平天国的一个转折点。推而广之，已经腐朽的清王朝，在它行将就木的时候还能有一个咸同中兴，与湘军在湘潭之战中的获胜有着必然的因果关系。

96

褚汝航率领的五营湘军水师于 4 月 28 日在湘潭火烧太平军，曾国藩率领的另五营湘军水师在同一天的清晨满怀信心地开往靖港。

中午，船队逼近太平军军营。到这时为止，一切都很顺利。

可是，湘军立脚未稳，部署未定，江面上忽然刮起一阵猛烈的南风。那天水流很急，船队顺流行驶，在劲风推动下，炮船直逼敌营。太平军向曾国藩的船队开炮轰击。湘军炮船想要撤退，却因逆水逆风而无法上行，只好把缆绳套在岸上，才使战船不至于冲到敌营里挨打。太平军派出小队人马砍断缆绳，湘军水师乱成一团。大多数战船中炮起火。

湘军正在慌乱，太平军划出二百多艘小舢板，环绕湘军战船四周，对其火烧枪击。湘军水勇纷纷弃船逃跑，或将战船凿沉，不让它们落到敌军手里。有幸逃回的残部退守对岸的铜官渚。

曾国藩见水师不利，便以团练为前锋，亲率陆师进攻。刚过浮桥，太平军出营迎战，团丁转身就逃。团练是未经严格训练的部队，勉强可以守碉堡、护城墙，但执抢互射、挥刀对砍实非所长。他们遇见太平军便"反奔"。兵败如山倒。湘军士卒见团练逃回来，也竞相逃亡，争抢浮桥渡河。浮桥桥面是用门板和床板铺设的，无法承受太大的重量。勇丁一拥而上，浮桥立即塌下，数百名士兵不是淹死就是互相踩踏而死。

曾国藩企图阻拦溃军，身着短衣，手持利剑，在岸边竖起令旗，上书"过旗者斩"。但这时阵中章法已乱，无论湘军还是团练都一心想着逃命，曾国藩的话在嘈杂声中淹没，他的命令无人服从。乡勇和团丁避开曾大帅手中的剑，从旗杆旁穿绕而过，然后撒腿奔逃。曾国藩气得脑门充血，羞愤难当，仰天长叹，两次跳进湘江，都被亲兵章寿麟救起。

事不过三，湘江不能再跳，曾大帅只好收拾残部回泊长沙南湖港。

靖港战役，曾国藩苦心经营的五营水师，几乎是湘军水师的一半实力，全被太平军歼灭。水师营官有的改行统领陆师。四十四岁的水师副右营营官唐训方从此转到陆地作战。

曾国藩心情沮丧，回到长沙水陆洲湘军的大本营。这时湖南官场正在为按察使陶恩培荣调山西布政使举办盛大宴会，弹冠相庆。众官僚送陶恩培到江边登舟北上，那个码头离湘军大本营近在咫尺，却无一名官员顺便过来安慰一下受挫的湘军统帅。

曾国藩从靖港返回长沙后驻营南门外的庙高峰寺。他苦心经营湘军，出师以后，一挫于岳州，二败于靖港，大扫颜面，"恒为市井小人所诟侮"，官员和绅士非但不来慰问，还有讲怪话的。刻薄的人将湘军称为"相军"，意思是摆看的军队。湘军拼着命打仗，却打丢了三点水。要把三点水赚回来，不知还要多少人流血牺牲！

曾国藩目睹世态炎凉，不忍受辱，死念再起。此时他驻营于长沙南门外的妙高峰寺。他召集幕友李元度和陈士杰吩咐后事，请他们代作遗折，将遗折与《讨粤匪檄》一起进呈咸丰皇帝，并请他们赶紧将他的灵柩送回家里，所得丧仪，除棺材成本和运费外，全部移交粮台。交代完毕，就要自裁。李元度和陈士杰拼命阻止，拉拉扯扯，僵持许久。

左宗棠在巡抚衙门当师爷，听说曾国藩吃了败仗，攀绳索爬出城墙探望他。他见到了曾国藩，眼前的湘军大帅，"所着单襦沾染泥沙，痕迹犹在"，瞪着一双三角眼，也不说话，向幕僚要来纸笔，记下所存的炮械、火药、弹药与其他武器，请左宗棠代为点检。由此看来，此人似乎仍然怀抱死志。但左宗棠认为，"事尚可为，速死非义"，心里本想安慰几句，不料脱口而出的竟是一顿痛骂。

他说："涤生兄，你口口声声尽忠报国，遇到一点挫折就垮了，哪里还像个男子汉？你要死，我老左不拦你，只是请你想想那些已经牺牲的将士，那些要跟随你杀贼报国的书生，他们冤不冤哪？你死了不要紧，湘军也就跟着散伙了。我老左想要做大帅都不能，你却吃了个败仗就认输，你真是太自私了！"

这正是左宗棠的风格，本意是帮助别人，安慰失败者，却成了面折人过，说出来的话都是硬邦邦的。左宗棠说着，从怀里掏出一封信来，交给曾国藩。这是湘乡那边刚刚送到巡抚公署的。曾国藩接过一看，竟是父亲的来信。信中写道：儿啊，你要死，出了湖南，到处都是可以死的地方；但你如果死在湖南，为父我不会为你掉一滴眼泪！

左宗棠的一席话，父亲的来信，令曾国藩极为震撼。他愣了一阵，终于缓过气来。

"季高兄，让你看笑话了！"

"胜败乃兵家常事，涤兄何须多想。来来来，我跟你一起收拢余船和枪炮，以图再举吧。"

左宗棠正在劝解曾国藩，帐下有人来报：塔齐布收复了湘潭，歼灭太平军一万多人。这个消息使曾国藩喜出望外，向死之心自然松动了。湘军的湘潭大捷完全抵消了靖港的惨败，让这位湘军统帅挽回了面子，他没有必要再寻死觅活了。

湘潭大捷也使省会军民松了一口气，社会局面安定下来。

但是，曾国藩是个完美主义者。此后二十多天里，尽管有湘潭大捷垫底，但由于湘潭大捷没有他的参与，他参与的靖港之战却是一次大败，他仍然觉得颜面无存，思想斗争极为激烈，其间甚至又起过自裁的念头，拟了一封遗折陈述内心的惭愧，还向皇上推荐了一批能人。左宗棠每天过来，都要陪他闲聊。

"季高兄，吁门中丞（骆秉章）那边，是不是都在等着看险哪？"曾国藩问道。

左宗棠回答："风言风语总是难免的，何必挂怀！湘潭大捷，不是明摆在那里的吗？"

"湘潭我没去，自作主张去打靖港，功不抵过啊！皇上那里，真不知如何交代！"

"这道坎难道就过不去了吗？莫非你还有轻生的念头？这么多人相劝，就只当是耳边风吗？那天我翻过城墙来看你，就是指望湘军大帅早日振作啊！早知你如此作践自己，大家何苦如此费心！世上哪有一帆风顺的事情，栽个跟头就爬不起来了？如此又怎么建功立业？算得上什么大丈夫？"

左宗棠劝着劝着又激动起来，忘了自己的本意，站起身来说道："你不是叫人给你买棺材吗？也罢也罢，我就去给你买来！"

这一通骂，终于把曾国藩骂醒了。"好汉打脱牙齿和血吞"，他决心振作起来。

左宗棠一番好心劝慰曾国藩，却不料因为一件小事和曾国藩之间产生了芥蒂。

这件事是因为王鑫而起。前面说过，曾国藩在岳州救了王鑫，但由于他自己的失利与王鑫的失败相重合，他把这次失败看得非常严重，对王鑫大加申斥，要给他严厉的处分。多亏骆秉章和左宗棠对这个遭受挫折的年轻人寄予深切的同情，对他加以回护，王鑫才得以挺过这个难关。

岳州失利过去不久，曾国藩又在靖港吃了大败仗，这一次没有王鑫参与，本来和王鑫无关。但是左宗棠却把这两人又扯到了一起。如前所述，1854年4月28日，曾国藩攻打靖港不利，折损了战船与兵将。与之形成鲜明对照的是，塔齐布从宁乡增援湘潭，一战而获大捷。王鑫此时在湘潭附近，已经收集所部数百人，见到从湘潭败退的太平军向上游逃跑，立即率部截击，歼灭了一些太平军。十天后，骆秉章与曾国藩联衔拜发的奏折中，提到了王鑫的两次阻击战，其中写道："管带湘勇已革升用同知直隶州知州王鑫追贼至云湖桥，杀贼四十二名。初六日设伏于鲁家坝，杀贼三百余名，生擒二十余名。"

这份奏折最后的定稿人是左宗棠，据说定稿中关于王鑫战功的这一段，比起曾国藩看到并批准的奏稿，将王鑫的功劳拔高了许多，有把一场小胜仗夸大之嫌。须知这份奏折中报告了曾国藩在靖港的战败，而曾国藩讨厌的王鑫却以胜利者的面目在其中出现，令曾国藩颇为不爽。他对左宗棠擅自修改奏稿很有意见，因为左宗棠只是骆秉章的师爷，根本无权向皇帝上奏。他修改奏稿的初衷无疑是对王鑫的同情和爱护，虽然他不是故意要以此来贬低曾国藩，但在曾国藩看来，觉得左宗棠是在跟他故意作对，于是对左宗棠产生了戒心，而左宗棠得罪了这位团练大臣还不自知，只是觉得曾国藩不知为何忽然对他冷淡了许多。据说这就是曾国藩与左宗棠失和的最初起源。

97

湘军在靖港的惨败，在长沙的官场里如同一石激起千层浪。那些在危急时束手无策的省城官员这时却积极行动起来了。

事情来得突然，大家都在思考如何处置。布政使徐有壬在家里踱着方步，思考对策，直到天明。清晨，他去见巡抚，请求解散曾国藩的湘军，还指责曾国藩言语十分傲慢。骆秉章摇摇头，对他说："等等吧。"

骆秉章否决了徐有壬的提议，同时下令城中不再戒严。骆秉章并不想干落井下石的事情，他要等待皇上的旨意。如果皇上有意追究曾国藩的罪责，他就解散曾国藩的湘军。如果天恩浩荡，不予穷责，他就不妨做个顺水人情，让曾国藩逃过此劫。

骆秉章之所以要等待，也是因为湘军在靖港惨败的同时，还在湘潭打了一个大胜仗。功过是非的评判，实在是难以决断。而且，长毛确实撤退了，长沙确实是解围了，湘军确实保住了省城。何况骆秉章的身后还站着一个左宗棠，这位师爷有足够的良知，不会让巡抚去挑起一场内讧。

从湘潭之战中逃出来的太平军，包括靖港和湘阴的太平军，已经全部沿江下撤，5月4日全部撤回岳州，然后又从岳州北撤。

湘潭战役和靖港战役，湘军一胜一败，胜得辉煌，败得凄惨。曾国藩本人也必须给清廷一个交代，论一论自己的功过。思来想去，他决定上奏弹劾自己。巡抚骆秉章和提督鲍起豹没有弹劾曾国藩，却上奏向咸丰皇帝表功，曾国藩也在这份奏折上署了个名字。湘军的是非功过，大家把话语权全部上交给了咸丰皇帝。大家的眼睛都盯着权力的巅峰。

曾国藩于5月8日拜发奏折，便等待清廷降罪。长沙有那么多官员等着看他的笑话，他自然不得安生，度日如年。皇帝一天不下旨，他的心就一天无法安定。

6月3日，谕旨到来。立功人员全部受到嘉奖，对曾国藩的处罚是"即行革职"，"戴罪自效"。但是，皇帝的诏书对曾国藩言辞温和，没有严厉指责这位团练大臣，倒是严词斥责鲍起豹，说他作为湖南驻军的指挥官，却不曾听说他领兵作战，只见他在巡抚的奏报上署了个名。皇帝下令即日解除他的官职。清廷给塔齐布加授总兵衔，赏"喀屯巴图鲁"名号，命他代理湖南提督，遂了曾国藩的心愿。

这道谕旨赏功罚过，是非分明。湘潭战役获胜，指挥作战的塔齐布升官了，代理湖南提督，这是赏功。曾国藩轻出浪战，损兵折将，革职而不剥夺军事指挥权，这是罚过。地方军务负责人鲍起豹在这次省城保卫战中没有派兵出战，也不参与指挥，尸位素餐，立即革职，与指挥作战失利的曾国藩革职而不剥夺指挥权相比，明显分清了罪过的轻重。

咸丰皇帝并不知道此前长沙城中发生的提督和团练大臣之间的龃龉风波，仅仅根据提督会衔而未参战的蛛丝马迹，就做出临阵换将的决策，无疑替曾国藩出了一口气。

在长沙城内的官吏看来，这次人事任免出乎意料，肯定是曾国藩在北京活动的结果，所以既感到惭愧，又觉得沮丧。他们想，曾大人在朝中有这么硬的后台，自己是惹不起的，以后还是要跟他和睦相处。

曾国藩经过靖港之战，虽被罢官，但仍握有对湘军的绝对领导权。咸丰皇帝还替他撵走了官场上的对手。谁说靖港之战失败了？最大的赢家非他莫属。

徐有壬等人此前不仅揶揄曾国藩，还在准备罗列曾国藩的败绩来弹劾湘军，这时见皇帝对曾国藩如此宽厚，赶紧见风使舵，立刻参见曾大人，向他表示祝贺，并且叩头谢罪。

曾国藩有心戏弄一下这些政敌。他说，皇帝有诏，命令他选择司道大员随营主持军饷供应。徐有壬等人听了，惴惴不安地望着曾国藩，担心被这位大人选中。曾国藩笑了笑，说是"逗你玩"。事后，曾国藩对亲近的人说："这些人胆小如鼠，选在军营里，只会坏我的大事。他们就是主动请求和我同行，我也会坚决地拒绝，何况他们还不乐意？"

于是，曾国藩致力于修造战船，选拔人才，和众幕僚一起合谋渡过洞庭湖。

曾国藩既然活着，就要把脸面挣回来。他很快就采取积极的措施，开始整顿充实湘军。他下令补造在两次失败中损失的大半战船，共约两百艘，而且要造得比以前的更加坚固。战斗中溃散的勇丁他一概不要了，另外招募几千名水陆兵勇。

曾国藩绝不是教条主义者。经过两次失败，他认为水师不能用不懂水战的山农，而要用专业的军人。于是他向朝廷奏调两广的水师官兵。知府李孟群从广西带来一千名水勇，总兵陈辉龙从广东带来四百名水师官兵和一百尊火炮，先后向曾国藩报到。湘军规模重整，军容复壮。

有谋士请曾国藩增兵。曾国藩说:"我的水陆两军有一万多人,兵不算少,可是遇贼即溃。岳州之败,水师仅杨载福一营抵抗;湘潭之战,全靠塔齐布的两营陆师和杨载福的两营水师。从这里可以看出,兵贵精而不贵多。古代诸葛孔明战败祁山以后还要减兵损食,勤求己过,不是虚言。何况古人用兵,首先要明确功罪赏罚,我却办不到。当今乱世,贤人君子都躲起来了,我以忠义号召大家出山,同履危亡。诸位书生跟随我不是图利,所以他们有了过错,我也不忍对他们按律治罪,这是失败的根本原因。"

于是,经过休整的湘军仍然维持在原来的规模,水陆兵力约为两万人。

98

代理湖南提督塔齐布是一员猛将,也是一个肯动脑筋的武官。做人做事,他都会细细掂量。守卫长沙城的绿营部队早就对这位连连蹿升的将领刮目相看。曾国藩得罪过绿营,却又提拔绿营的将领,塔齐布作为被提拔者,在这个过程中始终保持低调,未曾得罪绿营的将士。绿营将士听说湖南的大帅换成了一员卓有战功的猛将,既感到惊奇,又心服口服,认为天子明见万里,明察秋毫。

塔齐布接受将印的那一天,文武官员和士人民众聚集围观,惊叹诧异,就连鲍起豹的随从也非常惊喜。众人都说皇上知人善任,部队的士气顿时振作起来。其实塔齐布自己最清楚,他之所以能够快速提升,是因为跟定了曾国藩。在这位团练大臣提携下,仅仅两年光景他就升为一省大帅,因此他对这位汉人官员死心塌地,始终如一,不管他运道如何,都紧跟到底。

塔齐布表面粗豪,实则心细,管理部队颇有手腕。他执掌提督印之后,遍赏提督标兵,给三千人颁发了军功六品牌。这样一来,军中人人都知道,尽管他们为难过塔军门,但新任提督并不记恨他们,不想与他们为难。标兵兴高采烈,愿意为新提督效死。

曾国藩被清廷降黜之后,从塔齐布的态度里感到了无比的欣慰。清廷惯例,被朝廷降黜的官员是无权向朝廷上疏的,皇帝给降黜官员的谕旨要由大帅传达。具体到曾国藩身上,就是由塔齐布或骆秉章来传达了。曾国藩被剥夺了官衔以后,请求咸丰皇帝允许他单独上奏,咸丰皇帝回答:可。然而,清廷发来的上谕仍然要经由巡抚或提督传达。清廷的官制规定提督排名在巡抚之前，曾国藩免了官职，排名又在巡抚之后。但塔齐布没有理会这些尊卑秩序，仍然以部属自居，十分恭谨地听从曾国藩调遣，也不自作主张向清廷奏报什么事情，一切唯曾国藩之命是从。

塔齐布的这种做法表明了他对于曾国藩的忠诚，也反映了湘军的一种制度。在湘军体系中，大帅之下的将领和军官尊卑高低，不以在朝廷中的官阶品级来衡量，只以在湘军中的任职为准。这就是将由帅选、兵归将有的原则。

湘军的结构是一个自上而下构建的金字塔，类似于政府首脑的组阁。这样组建起来的军队才可能如湘军大帅所说的那样，上级对待下级犹如父兄关爱子弟，下级对待上级犹如子弟孝敬父兄。

湘军是讲究忠诚的。他们所讲的忠诚从抽象的意义上说是忠于君主和国家，而一旦落到实处就是指将士之间坦诚相见，彼此关照，决不离弃。唯有这样，这支军队才不会败不相救，更不会互相残杀。

湘军对于兵归将有这个原则的坚守，尤其表现在一支部队会因为将领的缺失而解散。当湘军的一名将领阵亡时，湘军大帅通常不会再要这支部队。他会另外选择一名将领，让他来组建一支新的部队。大帅认为只有这样做才能保持湘军非同一般的战斗力。

湘军的这个制度从一个侧面反映出，湘军虽然为清廷的利益而战，却并不完全是清廷体制内的部队，而是自成体系的。这个体系内实行的制度并不符合清廷的道统。而清廷容许这样一支军队存在，实在是迫不得已。为了保住政权，保住根本的利益，而不得不对湖南这群带兵的书生做出很大的让步。

99

曾国藩在省城修葺兵船的时候，长沙一带已无太平军。骆秉章派守备徐统绪、知县陈鉴源、训导江忠淑等营前赴平江会同林源恩营出省作战，打击湖北崇阳和通城的太平军。5月12日先攻上塔市获胜，将太平军逐离。5月23日在通城的九岭扎营，从5月27日至6月24日，近一个月内，大小战斗十三次，消灭大批太平军，从此进逼通城城外。7月11日，守备徐统绪阵亡，骆秉章加派平江举人何忠骏、生员黄崇策带团勇，又派知县赵启玉带楚勇前往作战，大战连旬，至 8 月 31 日，将通城收复。

再看湖北其他地方的战事。在这段时间里，襄河的太平军集结部队向上游推进，于塔齐布率部进攻湘潭的同一天即 4 月 25 日攻占了安陆，又于 5 月 2 日攻占荆门州，向荆州运动。清廷的湖北将军官文派副将王国才在龙背桥阻击，将太平军击退。太平军绕道西进，于 5 月 16 日攻占宜昌。清军总兵讷钦和宜昌知府吴开阳早就逃走。

在此之前，东湖知县张轩鹏与老乡李光荣约好，让他招募五百名三峡巨盗保卫川盐的运输通道。四川的勇丁惯于骚扰百姓，劫掠商铺，于是民众哗变，万人聚集，把川勇首领杨五捆绑起来杀掉了。张知县觉得自己惹了大祸，向上级辞职，清廷让巴东知县郑奎龄取而代之。

郑知县官运不佳，5 月 13 日上任，刚过三天，太平军就攻占了东湖，他的治下一片混乱。那几百名四川勇丁恢复了强盗的面目，趁机大肆为非作歹，盘踞在石牌峡，将旅客先劫后杀，投入江水，手段十分凶残。

太平军在东湖驻扎了十天，放弃宜昌府城，向东南方向推进。郑奎龄捕杀几十名四川强盗和土匪，居民生活逐渐安定。5 月 24 日，官文派李光荣带兵攻克与湖南交界的监利。李光荣率部向西推进，于 5 月 28 日攻克石首。这时，从宜昌南下的太平军经过宜都、枝江和松滋，取道虎渡口进入湖南。

太平天国的国宗石祥祯也于同时在湖北集结大队攻占湖南的华容，向东南推进一百多里，再次进占岳州，然后分兵向西南推进三百里，进攻洞庭湖西部，于 6 月 11 日攻占常德，清廷常德知府景星、副将富勒敦、同知李春暄和武陵知县朱元增战死。

接着，石祥祯分兵攻占常德东南方七十里的龙阳，即现今的汉寿。从宜昌进入湖南的太平军在这里与石祥祯部会合，北上进攻澧县和安乡。

太平军再次进入湖南，曾国藩和骆秉章不得不派兵应对。他们委派贵东道胡林翼统领司李辅朝、守备周凤山、知县赵启玉等营增援常德。当时湘军水师正在修船，无法前往洞庭西部援救，但太平军水师还是不敢进入湘江。他们在常德驻留十五天，于 6 月 25 日放弃常德城向北撤走。

当时太平军在湖北和湖南的活动仍然十分频繁。曾国藩急于整编部队，修理船只，以便再次出征。他总结前段作战的经验，认为湘军兵员不精，缺乏训练，便把原来的部队淘汰到只剩五千多人，又新募几千名勇丁。他把罗泽南和李续宾从衡州调到长沙率领陆师，从广西调来与早期太平军多次交手的知府李孟群以及他率领的一千名水勇，游击沙镇邦也和李孟群一起赶来。又从广东调来登州镇总兵陈辉龙和他的几艘战船，以及四百名水勇和一百尊火炮。曾国藩还上疏请求朝廷批准代理提督塔齐布随湘军出征。

从此，罗泽南归属于曾国藩的帐下，塔齐布也继续跟随曾国藩征战。

100

曾国藩从创建湘军的时候开始，直到这次在长沙整顿湘军时为止，很好地贯彻了江忠源和他本人为湘军制定的将由帅选的原则，但对书生带兵、兵归将有的原则却无法照顾周全。他不拘一格搜罗人才，从满人军官塔齐布到武进士出身的彭三元，从行伍出身的杨载福、武举人出身的萧捷三到四川兵鲍超，曾国藩选用的这些将领都不是书生出身，但他们为早期的湘军做出了巨大的贡献。

曾国藩从四处罗致职业军人的举动，一方面表明他对于书生带兵打仗依然没有十足的把握，另一方面表明他在当时无法笼络更多有军事潜力的书生。诸如王鑫、刘长佑这样一些具有作战经验的读书人，没有带着他们的部队跟随曾国藩出省作战，不是因为曾国藩不愿意要他们，而是因为他们不愿对曾国藩言听计从。此外，曾国藩急于创建水师，而书生中暂时缺乏指挥水上作战的人才，也是一个重要的原因。

由此可见，起源于江忠源的湘军体系，从大的框架上来说，从一开始就不是一个组织严密、独裁专制的军事系统，其中的人事组合不仅伴随着战争事件的偶发性，而且在很大程度上取决于书生的意气，各人的选择，乡情、私谊和世交，社会关系的亲疏，以及文人之间的好恶成见。

如果要深入地探究湘军的组织建设，呈现在我们面前的将是一张错综复杂的关系网。仅以王鑫而言，曾国藩和他是同乡，但曾国藩不喜欢他，他也不买这位团练大臣的账，但左宗棠和骆秉章却很喜欢这个湘乡人，于是湘军就因这些私人喜恶而发生裂变与重组。又如，罗泽南和李续宾不愿意跟随曾国藩出省作战，所以曾国藩第一次北征岳州，罗、李所部没有跟随。但是，当曾国藩出师不利而整顿湘军的时候，罗、李所部又充实到曾国藩的湘军之中。但这还只是暂时的局面，不久之后，罗、李二部还会脱离曾国藩的体系，而加入胡林翼的湖北楚军。类似的事例不胜枚举，湘军由于书生的个性而形成一个山头林立但又彼此关联、相互照应的疏松的大体系。

湘军即将出境作战。曾国藩请求清廷发给空白执照四千张。其中有两千份是"内捐虚衔"执照，另两千份是捐监生的执照。有了这两种执照，湘军能够很方便地募捐筹饷，也能培植忠于湘军的社会根基。

由此可见，清廷已经允许湘军结成一个松散的集团。其中有层层依附的军事组织，也有互相声援的政治关系。军事首脑慢慢演变成政治首脑。湘军集团内的官吏任免，只要本集团内部没有发生争端，清廷都会照准。曾国藩的幕府是清代幕府中最为庞大的一个，人数超过二百人，人才济济，包罗万象，功能齐全，完全能够行使政府的职能。

101

进入 6 月以后，在以武昌为中心的湖北战场上，太平军明显地占了优势，他们对武昌的攻坚已经进入尾声。

湖北巡抚青麟于 6 月 5 日派杨昌泗和魁玉的部队在矶窝攻敌，获得小胜。然后，这两人率部在武昌城外扎营，只能自保。太平军船队从汉口渡江，进入塘角鲇鱼套，侯凤岐率部将其击退。武昌外围在勉力支撑，但城内的守军饥饿疲惫，居民大批外迁，武昌差不多成了一座空城。

满洲正白旗人青麟素来性情宽和，颇得人心。部队几个月得不到薪饷，士兵仍不忍心离他而去。于是他拿出裘衣和金银玉器犒赏部队。粮食没了，便与士卒一起吞咽糠麸。但是，青麟即便是收买了军心，也仍然无法抵挡太平军的攻击。太平军派进武昌城内的内应于 6 月 26 日起事，里应外合，发起攻击。十八岁的太平军将领陈玉成舍死苦战，攻城陷阵，矫捷先登，率领五百名战士攀绳登上城头，杀败清军，攻占武昌。

太平军进城后，斩杀布政使岳兴阿、按察使曹懋坚和粮道李卿毂等人。青麟见太平军的旗帜在城内飘扬，便要上吊自尽。随从护卫他出城，遇见总兵杨昌泗和荆州副都统魁玉所部，便合作一处，南下长沙。大半军士在中途逃走，最后只剩下几百人，个个面黄肌瘦，虚弱无力。

湖南人听说有上万名湖北饥民和青麟一起进入本省，人心惶惶。骆秉章派知府裕麟和千总李蕚带着钱米前往安抚，不许兵勇进城。骆秉章发现，他所欣赏的年轻军官田兴恕也随同湖北兵勇来到湖南。此人年方十八岁，1852年在长沙保卫战中他还只有十六岁，便充当敢死队员，独舟出击，焚烧太平军兵营，被太平军数百骑追赶，他泅水而返，赢得全军赞赏。骆秉章觉得他小小年纪胆识不凡，便委任他为哨官。这一次，这个年轻的镇筸人回到家乡就不会返回湖北了。

青麟到达长沙居留几天，往西边去防守湖北荆州。咸丰皇帝有诏将他斩首。清廷没有惩治台涌，只是将他免职，任命杨霈为湖广总督。

在武昌战死的清廷粮道李卿穀是刚从广西调来湘军的水师将领李孟群之父。李孟群是河南人，当过桂平知县，是太平军的宿敌。洪秀全等人起事之前他就向上司敲响警钟，备陈这些人的危险性，但没有得到当道的重视。太平军起事以后，他就成为这支造反军的宿敌。在太平军离开广西之前，他一直与其作战，因战功而升任知府、道员。他在长沙得知父亲已阵亡于武昌，发誓要为父报仇。不过，他仍然遵照士大夫的孝道，请求离营为父守丧。他的请求没有得到皇帝的批准，他只得继续留在军中效力。

曾国藩眼睁睁看着太平军攻占武昌，无法援助。他的水师还在休整之中，无法出征。直到 7 月 7 日，湘军水师四营才从长沙开拔，向北进军，进泊鹿角。后营营官为道衔山西即补知府褚汝航，副后营营官为升用同知夏銮，左营营官为即选知县彭玉麟，右营营官为即补守备杨载福。

这一次进军，湘军形成了三路进兵的格局。

东路的江忠淑和林源恩等人此刻已在湖北的崇阳和通城一带作战。

西路由胡林翼率领，这一路兵勇情况有些复杂。胡林翼所带的黔勇和辰勇归属湖南之后，在湘北鄂南一带作战，由于曾国藩遭遇了靖港之败，调他回长沙增援。胡林翼于 5 月 5 日自平江来到长沙，驻扎在妙高峰。然后，由于湘潭和靖港的太平军北撤，胡林翼奉命攻打湘阴，于 5 月 16 日行军七十里，探得太平军已全部北上，便率部驻扎湘阴。此时安化又有土匪起事，百姓乘机抗粮，曾国藩派胡林翼带兵去剿匪。他到了安化，用计擒捕土匪头目黄国旭、刘盛治等人，保住了安化县城的安定。

刚刚搞定安化的事情，由于北撤的太平军搜掠船只，集结于岳州，攻陷华容，分扰洞庭湖西部，窥视常德，而湖北的太平军从松滋进入虎渡口，企图与洞庭湖西北的太平军会合，分别攻击澧州和安乡。于是曾国藩与骆秉章会商，派胡林翼统带赵启玉、周凤山、李辅朝部两千人前往常德进击太平军。

胡林翼手中此时只有一支弱小的部队。由于他不是湘军创始人，又势单力薄，周凤山、李辅朝不把他放在眼里，不听从指挥，率两千余人擅自出战，在龙阳打了一个胜仗之后，麻痹大意，扎营于三面临水之地，又无水师接济，结果被太平军名将曾天养部击败，损兵折将，师出无功。胡林翼为部将所累，只好收集残兵败将退保益阳。左宗棠作为胡林翼的姻亲和密友，见胡林翼处境如此狼狈，一方面对周凤山十分恼火，另一方面为胡林翼捏着一把汗。他放下架子向曾国藩求情，曾国藩又拨了一千人归胡林翼节制，使胡林翼稍稍自立。

6月8日，太平军攻克龙阳，6月11日，太平军攻克常德。胡林翼率部绕赴澧州，拜谒蔡用锡石门学署，请求劝捐输以济军需。这时候，恰值曾国藩和骆秉章商议三路进兵，决定胡林翼为西路统领，但这一路其实并没有遇到什么阻力，因为太平军听说湘军大举出动，便于6月25日主动放弃了常德而逃往岳州。胡林翼便于7月5日进驻常德。清廷任命胡林翼为四川按察使，令他留在湖南办理军务。代理宝庆知府魁联熟悉军事，清廷命他补任岳州知府，同时率领兵勇。

介绍了胡林翼的西路，再来介绍唱主角的中路。湘军中路由塔齐布的陆师和褚汝航的水师组成。塔齐布的陆路部队驻军于新墙，在兵力上得到了补充，罗泽南的千名湘乡勇和魁联的千名宝庆勇都加入了中路陆师。已随胡林翼抵达常德的周凤山部也奉调来到新墙。

中路陆师7月16日在距岳州不到百里的新墙击败太平军，攻破三座土城，继续向北挺进，直攻岳州。

7月21日，褚汝航的中路水师进泊万石湖，褚汝航亲驾小船往君山一带探明虚实，察看地形。他们发现太平军的战船湾泊甚多，便派小船前往诱敌，太平军战船开炮抵抗。担任向导官的军功文生何南青夺获敌战船一艘，捕敌五名，由于天色已晚，返回万石湖驻泊。

此时的太平军主力从常德和澧县饱掠归来，占据岳州，以岳州为中心，以二十里为半径，坚筑土垒、木城达二十多处，自荆河脑以下沿江湾泊船只，连樯数十里，还在两岸分扎营盘，设立炮台，而罗山、倒口、六溪口等处都是太平军水师的老营，层层关锁，阻挡湘军的北上之师。所以，湘军第二次出师北上，所遇的阻力仍然是很强大的。

褚汝航面对强敌，不敢硬拼，而用智取。他设计了一场伏击战，于7月23日夜间将水师分为五队进发。他令夏銮率先锋营奔向南津港，褚汝航随后策应，此为诱敌之兵；令彭玉麟把船队埋伏在君山，令杨载福把船队埋伏在雷公湖，此为伏击之兵；令何南青在新墙河口多竖旗帜，吹响号角，在后面列阵，此为疑兵之阵，是为了掩盖伏兵的事实。太平军驾驶掠来的商船，装载大炮，在南津摆开阵势，双方相持，湘军暂未前进。

7月24日中午，夏銮营驶向港内，太平军纷纷出战。湘军舢板开炮一轮，便转舵反行，佯装败退，诱敌追击。可是太平军并不上当，湘军舢板为了达到诱敌的目的，又转头开炮，与敌军战船相持。为了进一步刺激敌军，夏銮派出几艘舢板斜插入港，这一下太平军沉不住气了，战船蜂拥而出，鱼贯而上。湘军舢板再次佯装败退，太平军战船左右围攻。忽然，埋伏在雷公湖的杨载福营先起，抄敌之尾，埋伏在君山的彭玉麟营继起，拦敌之腰。褚汝航也率船队驶来，三营兵力合攻，击沉敌船数只。太平军用商船改成的战船在水中旋转，不利于作战。其高级指挥官身穿黄马褂，手持黄旗，十分显眼，被湘军轰毙落水。太平军船队顿时乱作一团，急忙向下游逃走，结果自相碰撞。湘军紧擂战鼓，紧追不舍，太平军有二百余人被击毙或溺水而亡，并有六十二人当了俘虏。湘军烧毁敌军战船一百多艘，夺得三十四艘，以及十二尊铁炮和一尊铜炮，抬枪四十杆，战马二十二匹。当天夜间，南津及城内的太平军潜逃，湘军水师各营暂泊君山东岸的南津港。7月25日五鼓，湘军战船驶至岳州城下，水上和陆地已无太平军踪影，褚汝航率水勇入城安抚难民，捣毁太平军营垒。水师各营分别驻泊于南津港和君山一带，日夜戒严，以防敌军突袭。

在湘军水师的作战中出现了一个引人注目的人物，他就是塔齐布选拔为哨官的四川兵鲍超。此人原在陆师，曾国藩此次长沙整军，把他调到杨载福的水师营中当哨官。7月24日的洞庭湖之战，是鲍超第一次投入水师的战斗。

鲍超进入水师以后的第一仗就显示出强烈的个性。他在自己指挥的长龙船上竖起"鲍"字旗，还在桅杆上系了一条长达一丈有余的红绫，冲锋陷阵时十分明显。如此一折腾，整个水师都知道他是一名特立独行的军官。

这是湘军舰队的一次创新，似乎属于典型的个人英雄主义行为，还有靠炒作出名的嫌疑。鲍超很快就面对上级与友军的质询。根据他的解释，这个创新似乎另有深意。他说："我搞这些玩意，是为了把我舰与其他各哨区别开来，谁胜谁败，容易识别。我打胜了，后续部队可以趁势接应；我打败了，也就无法推诿过失。这样还能吸引敌军来找我决战，我决不会放他们活着回去！"

102

鲍超于1828年（道光八年）降生在草根世界一个赤贫的家庭，是四兄弟中最小的一个。我们在传记中找不到鲍超生身父亲鲍昌凤的生平，只知道鲍超在五岁时就失去了父爱，跟生母刘夫人相依为命，生活清贫。

鲍超十岁那年，母亲领着他来到奉节县城，住在红岩洞。母亲给人当保姆，鲍超在一家豆腐坊做杂工，冬天则在盐场里面捡煤炭花，还有记载说他做过挑水夫，是个有什么活就干什么的"农民工"。大约是为了生计，母亲为他找了一位继父。此人名叫鲍昌元，是鲍超的堂叔，在夔州协标当骑兵。有了这层关系，鲍超勉强算得上军人的后代。

继父的身份直接影响了鲍超对未来职业的憧憬。既然一个当兵的可以养活一家人，那么对于鲍超这个没有念过书也无高远理想的男孩来说，为了填饱肚子，参军显然是最有诱惑力的选择。他羡慕死了继父军营中的那些小军官，每月有几升米的俸禄。这点米对于处在人生初级阶段的鲍超意味着全部的幸福，有了这点米，他就能够不饿肚子，还得以奉养高堂。

为了实现吃饱穿暖的抱负，鲍超开始操练当军官必需的武艺。他选择了用枪作为兵器，朝夕苦练。为了增强定力，他在持枪瞄准时把砖石悬吊在前肘上，起初悬吊一二斤，逐渐加重到十几斤。久而久之，他练出了百发百中的成绩。

1845年，十七岁的鲍超去考当地驻军的防守兵。六十人参考，争夺一个名额，鲍超因本领过硬，各次比武都是名列第一。军官想给别人开后门，却绕不过鲍超达到的硬指标。鲍超如愿以偿，当上了大头兵。

人的愿望总是具有阶段性。鲍超参军的初衷是为了几斗米，但一旦填饱了肚子，愿望就开始升级。在部队里待了些日子，鲍超的想法就不安分了：格老子的，我武技虽精，却只是匹夫之勇。要想从士兵当上将军，就要多立战功。军人要想攻无不克，战无不胜，除了勇猛，还要靠计谋。

鲍超想好了，决定给自己进行智力充电。他想：我得学一学龙门阵里摆的那些大英雄了。桃园结义的刘关张，岳飞和杨家将，他们是怎样功成名就的？我得认真考究一番。于是他给自己开了励志课，寻索心中楷模的成功轨迹。

不知从哪里找来一本《说部》。这本书太好了，云台阁、凌烟阁供着画像的那些功臣将相，他们做过的事情，统统记在这本书中。郭汾阳、岳飞的事迹，书里面都写得清清楚楚。

书是有了，但是看书必须识字。鲍超没进过学堂门，大字不识几个，有书没法看。怎么办？那就请读书人来讲解吧。有空就去请人念书。一经入耳，就牢牢记住，再也不忘。然后琢磨思考，悟彻英雄豪杰成败得失的原因。

世上只听说过读书郎，没有听说过听书郎。其实听书同样可以成才，只是或许比读书成才需要更多的天赋，需要付出更大的努力。听了，能够记住，能够思考，能够彻悟，不是比读书背书更难一点吗？

鲍超就是这么一个难得的人才。他因家境贫穷读不起书，所以识字不多，只好走了听书这条路。这种努力磨砺了他的志向，也为他今后成为无敌战将提供了军事智慧。他以四川的一个粗人投效湘军，战绩煌煌，跻身于湘军大佬之列，应该说，耳朵帮了他的大忙。

鲍超听了许多名人传记，更加羡慕古人忠荩之名，艳羡将帅号令风雷的宏伟气象。他毅然决定：我要冲天飞起，挥起鲍字大旗，号令千军万马！这个草根青年的愿望大大膨胀了，但这个愿望需要在血与火中才能实现。他盼望投入战争，早立战功。一个军人，不打仗怎么成为英雄？在部队里窝一辈子也别想四海扬名。

鲍超运气好，他想打仗，很快就有仗打了。1849 年 10 月，湖南的新宁县有个名叫李元发的人领头造反，官府调兵剿捕，长久无功，需要添募士兵。鲍超听说军营里需要能打仗的人才，立马辞去吃粮的兵额，骑上一匹快马，星夜驰往湖南，但愿马上能够投效疆场。

这时鲍超只有二十二岁，他离开家乡，千里跋涉，踏上了湖南红色的热土。这个四川小伙子加入湘军的阵营，是一系列偶然事件的结果，但显然有一个必然的原因：他从离开家乡的那一天起，就怀抱着建功立业的迫切愿望，以参与和驾驭战争为己任。他要到战火中去磨炼，去镀金，去发迹，由一介草民上升为军官，最终成为威猛的将军。

乱世给许多原本前途无望的人提供了机会。当时清廷已经把投降的广西巨盗张国梁纳入了官场，说明仕途的大门，对于从前没有资格担任一官半职的各色下层人等，已经打开了一丝缝隙。登极不久的咸丰皇帝虽然并没有刻意要从科班取士以外的途径去寻找信得过的臣子，但是身处内战前线的官员，已经在劝说他对作战勇敢却没有功名的草根人士委以官职。

所以，鲍超的梦想，很可能在这场战争中实现。

然而好事多磨。鲍超赶到湖南，李元发已被官军抓住。湖南这里已经无仗可打了。鲍超好一阵失望。可巧，又听说新宁南边不远处，广西有个洪秀全在桂平县的金田村扯旗造反，官军称他们为"长发贼"。朝廷为了对付洪秀全，把湖南提督向荣调到了广西，叫他率部会剿。

"真是天助我也！"鲍超想道，"向提督是咱们四川人，何不立马跑去投效？"于是鲍超加入川勇营，向广西开进。

鲍超很快就来到了广西前线。在早期镇压太平军的清军队伍里，就有了鲍超的身影。

103

鲍超在军旅生涯中，在遇见曾国藩之前，有过两位著名的领导，即向荣和塔齐布。他在投入战争以后的前两个年头，根本无法施展自己的军事谋略。特别因为最初他只是一名勇丁，还算不上正规军，属于剿匪部队最底层的指战员。他只能靠猛打猛冲来实现军人的价值。

前面说过，那时开到广西会剿的各路官军，只有湘西的镇筸兵和广东的潮州勇两支部队战斗力最强。鲍超每战冲在最前面，心甘情愿当炮灰，与两支精锐部队争锋斗勇。结果王牌部队的士兵不得不佩服他的勇敢，对他礼敬有加。

鲍超的努力引起了带队军官的注意。代理游击瞿腾龙在所部几千名勇丁中，只记下了鲍超这个姓名，而且能把他认出来。有一次，他指着鲍超对诸位将士说："这是来自远方的人才，我一定要让他出人头地！"

在广西作战的长沙协绿营部队中，守备塔齐布见鲍超奋勇敢战，于1852年春节那天将他调入长沙协标，让他成为吃守卫粮的士兵。鲍超通过冒死敢战，上了一个台阶，成为正规军人。他调到长沙营以后，塔齐布对他格外器重。一个多月后，将他提拔为吃战斗粮的士兵。当时太平军从永安突围东奔，扑向广西省城桂林。鲍超跟随部队驰援桂林，在文昌门外鏖战，纵火焚烧得元楼，身受重创，经过查验，属于头等重伤员，不久便奉命撤回长沙本营养伤。几个月后，当太平军打到长沙时，鲍超伤创初愈，屡次跟随塔齐布出城打游击，杀敌最多。长沙解围后，朝廷奖给他六品顶戴。鲍超从广西打到长沙，至此身经大小几十仗，从枪林弹雨中赢得了一个官衔。

1853年2月，太平军攻占金陵。曾国藩以丁忧侍郎的身份出任帮办湖南团练大臣。他委托塔齐布兼领辰勇和湘勇一起操练，鲍超作为正规军的一员，积极参加操演，表现十分勤奋。

曾国藩初涉军旅，急需网罗人才。他令塔齐布推荐军官，塔齐布说："营中有个鲍超，是个不要命的猛汉。"今年曾国藩初次出征，在靖港吃了败仗。为了补充军官，将鲍超调入湘军差遣。从此鲍超进入湘军序列。

曾国藩第一次见到鲍超，不由大跌眼镜。塔齐布口口声声说鲍超是个"猛汉"，曾大人原以为此人该是五大三粗才对。眼前这个年轻人却只有中等个头，更要命的是，一副弱不禁风的样子，几件衣服披在他身上，好像都会把他压垮。曾国藩擅长看相，他知道，外表跟行为风格取向相反，其内在的风骨和性格必然不同凡响。他想，此人不可貌相，必是异人。不过，曾侍郎为人谨慎，还想亲自考察一番。他令鲍超跟随左右，观察他的言行。很快他就发现，鲍超是个打仗的好料子。曾国藩决定将这个人才安插到他最看重的水师部队。

此时曾国藩处在一个关键时刻。他在长沙吸取教训，整顿水陆部队。为了充实领导力量，他任命鲍超为水师营的哨官，分带一艘长龙战船，隶属于水师右营将领杨载福。此人官衔为千总，实职是一支小舰队的司令，统辖湘军水师五分之一的兵力。所以，才有了以上鲍超在杨载福的水师营里勇猛作战的情况。

104

7月26日晚上8点，太平军水师计划自下游攻击岳州，发动第一次反击。褚汝航传令各营，不许在明处点灯，只许暗点火香和火绳，坐守炮侧，以小船在港口设伏，大船分布于湖心，准备迎敌。

7月27日早晨6点，太平军发起攻击。湘军分五队迎敌。褚汝航派向导官何南青和先锋官苏胜等人诱敌，褚汝航率夏銮从中路迎击，彭玉麟率部从左边绕到湖西，对敌军尾部进行大包抄，而杨载福则率部从右边沿湖东斜击敌军船队腰部。

太平军船队驶过城陵矶，遇见何南青的小船，没把他放在眼里，何南青绕湖而行，佯装逃跑，太平军尾追而来，湘军先锋艇突然杀出，褚汝航和夏銮督催战船齐进，枪炮并发，趁着北风，稍稍逆风呈之字形前进，穿梭开炮，击断了太平军头船之舵，敌兵纷纷落水，湘军俘获该船。乡勇握着藤牌争先跳入该船，将敌将斩杀。这时一艘大钓钩船驶来，上面坐着太平军指挥官，戴紫金冠，穿黄马甲，张黄伞，竖龙旗，湘军集中炮火向该船轰击，将士都要活捉这个大头目。太平军指挥官脱袍下水，顿时泅水而逃。

再说彭玉麟从湖西包抄过来，遇见敌军好几艘大钓钩船，于是扣篷迎敌。彭玉麟亲自点燃大炮，炮弹散落，击中敌兵十余人，敌船顿时发生混乱。又向敌船抛扔火罐，击中了敌军火药船，大烟突起，弥漫半湖。哨官把总孙昌国争先跳入敌船，太平军把火包向他回扔，孙昌国身受重伤。左营战士并未因此而害怕退却，反而冒火冲烟，奋力追杀，击毙太平天国的一名丞相，俘虏三十五人。

杨载福那一路，他本人坐在舢板艇上，从湖东沿岸斜行，捷如飞鸟，起初并不发炮，直到靠近敌船，杨载福举旗一招，众炮齐发，击毙敌军十余名。敌军中有一艘船插着黄旗，上面坐着天国丞相汪得胜，身边有十余人护卫，向杨载福挑逗招手，叫他过去。杨载福大怒，手挺长矛，催船前进，顿时将汪得胜刺杀，其余敌军全部落水，杨载福将其座船缴获。杨载福左臂微伤，仍转战不休。

太平军水师在三路落败，大约是因为相互诿责，自相仇杀，于是迅速向下游撤走。褚汝航出入于浓烟巨浪之中，往来策应，督令大队进追，从城陵矶、罗山、白螺矶等处直追到临湘县对河距离岳州七十五里处。这时日已西沉，于是鸣金收队。太平军战船三四百只全军覆没。湘军共斩敌首二百七十二级，俘虏太平军老兵和新兵一百三十四名，缴获战船七十六只，至于烧死和溺死的太平军，则已经无法统计数字了。褚汝航、夏銮、彭玉麟、杨载福、何南青开单呈缴秋官又丞相座船一艘，米船两艘，大小铁炮五十六门，抬枪、红枪、刀矛四百余件，火药、铁弹、铅子七十桶，药箭一匣，火箭一捆，骡马十九匹，太平军官服、官帽、黄伞、战旗数百件。

湘军从审讯俘虏中得知，这一次太平军被湘军从岳州击退后，集结了老兵精锐，定计将湘军水师诱泊孤港，然后水陆夹击，一举歼灭。不料湘军水师三路连捷，太平军反而全军覆没。太平军在陆地上同时发起了攻击，塔齐布派都司彭三元、诸殿元、普承尧沿岸截击，发炮轰毙太平军官兵一百余名，俘虏四十五人，夺得战马十四匹，战船八艘，而从水上登陆逃跑的太平军也被湘军陆师截杀。

塔齐布、骆秉章、曾国藩上奏皇帝为水师请功，请将褚汝航以道员归部尽先选用，将夏銮以同知归部遇缺即选，并赏戴花翎，请将彭玉麟加知州衔，并赏戴花翎，请将杨载福以都司留于本省遇缺即补，并请赏加勇号，请将何南青以主簿归部选用。皇帝览奏照准。

7月29日夜间8点，向导官何南青探知下游擂鼓台一带有几百艘敌船，向褚汝航报告。褚汝航担心太平军乘风进行第二次反击，于是彻夜戒严。7月30日早晨6点，褚汝航召集各营营官开会，大家认为，现在北风正劲，与其坐等敌军杀到，不如先发制人，在半途迎击。于是，褚汝航令彭玉麟率左营、杨载福率右营、夏銮率前敌副后营、苏胜率先锋营，分作两队，互相策应，褚汝航自率本营督阵。下午2点，行至道林矶，遥见敌船蜂拥而来。湘军前锋将要接敌时，太平军一面开炮抵抗，一面全部卸下船帆停泊于老岸，打算以逸待劳，反客为主。这时，湘军左右两营从西岸占上风攻击，彭玉麟的战艇驶近敌营，发炮数轮，转帆稍息；而杨载福的战艇连樯前进，发炮数轮，也转舵稍息。两营更番迭战，没有休止。正后营和副后营加上先锋营各船分两翼包围，并力向前。浪激烟迷，炮子如雨。有的战士拿花筒烧敌，有的战士远远地将火罐抛上敌船，有的战士手握藤牌跃上受伤的敌船，有的战士划着舢板逼近诱敌，反而被敌人击中。湘军虽然杀敌甚多，但自身伤亡很重。鏖战两小时之久，胜负未分。

时已黄昏，北风大作。下游的太平军水师仍然鱼贯而上，已经停泊的战船加上继续驶来的战船有五六百艘，而湘军战船只有七十多艘，而且驶离南津港大营已超过六十里，士卒整天没有进食。如果褚汝航当即下令收队，那么太平军必然趁势追击，后果不堪设想。湘军水师处于进退两难的境地，结果想出一个万死一生之策，不得已而必须执行。

杨载福说："现在撤退，我军的船只不满一百艘，贼匪的战船十倍于我，我们肯定失败。只有冒死向前，出奇制胜，才有生机！"于是他亲领三艘舢板穿入敌军船队，且战且下，行三四里，绕到敌军之后，截击其增援的战船。他们开炮轰碎三艘湖北划子，船上敌军纷纷落水。然后，杨载福亲自抛掷火罐和火球，顺风纵火，自下而上，连烧十几艘敌船，下游驶来的敌船被迫撤退。上游的敌船回顾本营屯聚之处，发现已被火延烧得一干二净，烈焰冲天。他们仓皇失措，乱了阵脚。

此时彭玉麟看见一艘五彩画龙三桅船，知道是敌军指挥官的座船，便冒险冲入敌阵，企图攻击敌指挥船。该船开炮轰击，又放火箭，彭玉麟颈后及左手、右膝三处受伤，哨官秦国长中炮阵亡。彭玉麟裹创力进，竟然夺下了敌指挥船，在船上搜得龙袍、龙帽，上面绣了金字官衔，铺陈华丽，金碧辉煌，原来竟是北王韦昌辉堂兄韦志滨的座船！

当时褚汝航挥旗督战，拦腰截击，又遇一艘画龙巨舰，褚汝航对左右说："擒贼先擒王，快追！"于是一边疾驶，一边枪炮环击。太平军势不能支，上岸急逃，无数战士落入水中，巨舰为湘军俘获，船上搜出官印一颗，原来是林姓承宣的座船，其装饰与韦志滨的座船同样华丽。

夏銮也在激战之中。他率领哨官欧阳春往来冲击，击毙十三检点黎振辉。此人是湘军的老对手了，是个独眼龙，屡次率部进攻湖南。他是个英勇的将领，在部队败逃之时，他仍然持刀督战，被湘军击毙。

湘军后营哨官罗管全为守备职衔，他与把总吕镇往来夹击，炮轰敌将曾天养的座船，夺获官印一枚，但未能击毙曾天养。当时各营奋力合攻，上岸的太平军如蚁缘墙，落水的太平军则如凫逐浪，其余太平军战士自投烈焰，烧毁无遗。

当天的战斗从下午2点打到晚上8点，鏖战六小时之久。晚间，湘军仍在罗山对面扎营。烧毁敌船共计四百多艘，只有几十艘得以逃脱。击毙太平军两千多人，俘虏一百二十多人，缴获战船二十多艘，内含长龙战船一艘。缴获大炮十四门和大量武器物资。

8月7日中午，太平军进行了第三次反击。他们在城陵矶下游埋伏了二百多只小划子，战士都到坡上藏匿起来，又在罗山对岸的夹洲一带停泊了约千艘战船，沿岸修筑了炮台。在城陵矶以上一字排列几十艘战船，企图用小艇引诱湘军深入，然后伏舟齐起，迎头抄尾，围歼湘军水师。

当时塔齐布的陆师驻扎在岳州北门外约五里处，褚汝航先派人禀告塔齐布，请他预备水陆夹击。然后，他率领杨载福、彭玉麟、夏銮等营鱼贯而行。船过城陵矶时，太平军以为湘军已经中计，埋伏在坡上的战士正打算上船抄尾，不料树林里响起一声号炮，提督塔齐布的陆师伏兵四起。太平军纷纷上船，湘军水师分路迎击。太平军伏兵又逃到岸上，有的被湘军陆师截杀，有的乱挤到水里。太平军见埋伏的水师已被湘军攻破，心神已慌。湘军乘势搠入太平军阵中，候补千总张世基燃烧敌船一艘。这时罗山一带上驶的敌船有一千五六百艘，见前方火起，赶紧折回，湘军又赶上去放火。太平军船队并不示弱，一字排开，横阻江心，开炮抵抗。候补把总欧联彪奋斩红衣长发军官一名。右营哨官秦国禄又夺得快蟹敌船一艘，上有十一门洋炮，就是曾国藩在靖港打败仗时被太平军夺去的。后营哨官罗管全手挺长矛跃上敌船，杀毙长发太平军数名。彭玉麟手下各哨官并力抛掷火罐，延烧敌船十多艘。褚汝航座船与敌船仅离寻丈，中了一炮，伤勇三人，其中二人当即阵亡。水勇群情激奋，增加了开炮的密度。太平军正想撤退，他们一艘蓝油大船上面插着大黄旗，载着精锐太平军上百人，被湘军的七艘舢板和四艘长龙战船围攻炮击，船上的太平军纷纷跳水，船上只剩七人。欧阳春见船上敌人所剩无几，急于跳上敌船，反被对方掷来一颗火蛋将自己的长龙船烧了起来。欧阳春等人情急，打算跳水，各条舢板竭力抢救，而蓝油敌船乘机逃脱。其他敌船也都往下游逃走了。天已昏黑，湘军不便穷追，水陆各营全部收队。到了三更，水师回泊南津港。此战总计烧毁敌军战船三十余艘，缴获敌船七艘，轰毙、溺毙、歼毙敌军三四百名，俘虏三十五名。

湘军水师除了前锋四营以外，还有部队在陆续赶往前线。广西升用道李孟群招募的两广水勇一百名于6月30日开到长沙，广东继续解到长沙的五起洋炮共一百八十门于 7 月 6 日运到了长沙。山东登州镇总兵陈辉龙奉调来到湖南以后新造了两艘浅水拖罟船，在 7 月 24 日完工。曾国藩于 7 月 30 日从长沙启碇开航，而陈辉龙带广东水师官兵四百余人，李孟群率领两广水勇一千人，也于 8 月 1 日启行，他们的队伍里掺杂了湖南的舵工水手，加上褚汝航的前锋四营，水师共计有四千余人，大致达到了湘军首次从衡州誓师出发时的人数。加上陆师，共计一万三千余人，总兵力没有达到初次出师时的规模。为了保护水师，曾国藩抽调两千名陆勇乘坐雇来的船只和水师一起行动。每遇战船驻泊时，便派陆勇登岸扎营，以资护卫。

曾国藩此次北上，吸取靖港之战因情报不准而决策失误的教训，开始重视谍报工作，做了一个重要的安排。他知道水师营官邹汉章秉承了母亲的家学，精通地理，还潜心钻研兵制，决定派他潜入武昌搜集军事情报。

曾国藩出发前，邹汉章找到他，说他打算去庐州寻觅哥哥邹汉勋的尸体。这时庐州还在太平军手中。曾国藩和左宗棠劝他："叔绩去世几个月了，尸体恐怕是找不到了。不如令遗孤邹世緜以死者衣冠招魂，安葬并祭奠他的魂魄吧。"于是死者生前友人共捐出二百三十九两银子，交给死者的次子邹世琦，买下一块对着岳麓山的田头，埋了个衣冠冢，令子孙永世守护，以祭祀死者。

曾国藩在水上行驶三日，于 8 月 8 日立秋日上午 10 点抵达岳州，得知湘军水师前一天的战况，上疏奏报，请将褚汝航赏加运司衔，请将夏銮赏加运同衔，请将彭玉麟以同知归部选用，请将杨载福以游击留于本省，遇缺即补，请将何南青以布政司照磨归部即选。杨载福手下三十一岁的长沙人黄翼升由于作战勇敢而升任千总。

105

在湘军水师击败太平军的三次反攻之后，太平军水师仍然盘踞在城陵矶下游一带，而在北王韦昌辉兄弟的指挥下，汉口的几千艘战船也上行增援洞庭湖内的战斗。太平军水师连樯数十里，出没无常。这时候，刚刚抵达前线的陈辉龙决定要一显身手了。他听说彭玉麟和杨载福等人打了胜仗，这个大大咧咧的清军水师大将便以为太平军不堪一击，于 8 月 8 日向曾国藩请战，要求率领精锐部队攻打城陵矶。曾国藩认为，大队人马刚到岳州，必须相机渐进，便嘱咐陈辉龙缓进。塔齐布也劝陈辉龙稍缓再发起进攻。陈辉龙说："在下自四月下旬到湖南，由于船炮未齐，光是吃饷而未作战达两三月之久。启行之后，又因守风而耽搁，心内焦灼难名，急思杀贼自效。且水陆军官应先扼城陵矶，以固湖南、西川门户。若不乘胜急剿，使贼占据此地，就更难剿办了！"

听了这番话，褚汝航、夏銮也在一旁怂恿，并请求曾国藩让他们一同进剿。曾国藩见陈辉龙在水师营伍已有四十余年，老成练达，应该不至于吃败仗，于是没有再加阻止。但是到了晚上，想想仍不放心，便写了一封信差人送给陈辉龙，说下游水急，易进难退，如遇南风，不必开仗，而且沿江港汊恐有埋伏，获胜后不要穷追败敌。

第二天8月9日，风平浪静，上午8点，陈辉龙自坐拖罟船督率所部出发。广东水师旌旗鲜明，刀矛闪亮，洋装铜炮声震山水，湘军水师自愧不如。褚汝航、夏銮分坐战船继进。当时李孟群尚未抵达岳州，但其前队的广勇已有到达岳州的，也随同陈辉龙进攻。左营的彭玉麟和右营的杨载福各拨了长龙和舢板声援。水师行至城陵矶，正遇太平军出队向上游攻击，陈辉龙等人排阵合攻，枪炮齐发，击毙几十名太平军，烧毁太平军战船数只，太平军当即向下游撤退，游击沙镇邦率炮船乘胜追击。这时刮起了南风，风势越来越大，陈辉龙便插旗命令收队。但他发现沙镇邦的先锋战船已逼近敌军船队，由于顺风顺水，无法返回，他担心沙游击有失，便督催自己的拖罟赶去救护。但是船身重大，在漩涡中搁浅打转。太平军见拖罟搁浅，立即蜂拥而来，接着埋伏在湖港中的战船也驶出湖中，悄悄沿西岸迤逦而上。又有几百名太平军在岸上保护拉纤，并阻止敌军上岸。广东水师的战船与广西何越斑等人的战船向拖罟疾驶，意在救护，却被湖风横吹到下游，互相拥挤，无法施放枪炮。太平军缩拢包围圈，官军陷入重围，进退不得，多名将士死于其手，其余都浮水逃生。陈辉龙和沙镇邦当场阵亡。褚汝航等人见陈辉龙遇险，义不独生，驰往拼救，无奈太平军越来越多，湘军势不能支。褚汝航手刃几名敌军，夏銮与敌军交锋，都负了重伤，落水而亡。广东署千总何若沣、广西带勇候选府经唐某一同阵亡。当时塔齐布虽然带着陆师开到了城陵矶，但一港相隔，无法飞越，只能眼看着水师遭受重创。官军有些战船冒死突围回驶，幸亏有前营和左右二营用舢板艇拦敌，得以行至城陵矶，得到陆师接应，才得以保全。统计损失，陈辉龙一营船炮尽失，拖罟被敌缴获，褚汝航、夏銮二营失去快蟹四艘、舢板六只，李孟群一营失去快蟹四艘、波山艇一只、长龙二艘、舢板四只。只有彭玉麟和杨载福所部安全无恙。

拖罟是福建和广东水师的大舰。曾国藩初造船时没有这种大舰。陈辉龙到来后，送了一艘给曾国藩，另一艘自己乘坐，如今拱手送给了太平军。

这次失败，湘军水师损失惨重，曾国藩更加明白了水战的厉害。湘军水师一日之内连折水师排名头甲的三员大将，丢失了几十艘征痕初染的战船，曾国藩怎能不痛心疾首！部队刚开出湖南就吃了如此的败仗，攻克武昌的希望变得渺茫起来。

106

且说湘军陆师自长沙开拔之后，罗泽南、李续宾部于7月10日驻扎归宜铺，第二天，李续宾率部至大金街（今汨罗大荆镇），与提督塔齐布合军推进。7月23日，由于湘军水师作战得力，太平军撤出了岳州。罗泽南去见塔齐布，商讨在何处驻军，李续宾同往。塔齐布说，陆师应驻岳州城内，加强城防，罗泽南颇以为然。李续宾把罗泽南拉到一旁说："老师，前次王璞山率部驻守城内，被贼匪围困，无子药粮食，几乎全军覆没，我们应该吸取教训才是。"罗泽南猛然醒悟，思索片刻，对塔齐布说道："塔军门，岳州四面环水，唯大桥一路上通省垣，贼所必争，在下愿独率所部扼大桥以拒贼。"

于是湘乡勇驻守在大桥以北，罗泽南率中营驻扎九塘岭，李续宾率右营驻扎芭蕉湖，两营相距三里，与太平军营垒交错，太平军修筑八座营垒将之包围。塔齐布驻军于岳州城东南面，离太平军稍远。太平军经常在深夜发起袭击，罗泽南和李续宾两营夜夜戒备。

罗泽南听从了李续宾的意见，认为大桥是敌军必争之地，驻守在此必定会有一场恶战。可是在塔齐布看来这是罗泽南有意避战，是怯懦的表现。塔齐布未将湘乡勇的头目放在眼里，因为对方一看就是个儒生，不仅身材单薄，眼睛也是近视，骑马似乎也不在行。他很怀疑罗泽南这样一个书生统领的部队能有多大的战斗力。于是他几次用激将法动员罗泽南主动出战，罗泽南不为所动，只是闭垒不出，不但使太平军以为他害怕，也使塔齐布认为他怯阵。

塔齐布叫不动罗泽南，便于 8 月 11 日亲率陆营出队，正好遇见敌将曾天养率三千余人从城陵矶舍舟登岸，打算据险扎营，并分三路向塔齐布所部攻来。塔齐布分兵三路迎击，他自己照例是一马当先，兵勇奋力猛进，阵斩太平军猛士十余名，但曾天养是一员猛将，不许战士后退，仍然拼死抗拒。塔齐布的中军参将玉山点燃数支自制火箭向敌军发射，采取火攻，太平军方才稍稍退却。突然，只见太平军一员满发长髯的大将，身穿青绉短衫，急起来攻。此人正是曾天养，他挺矛刺来，戳伤塔齐布坐骑，兵丁黄铭魁为救主将，用矛将敌矛格开，曾天养回矛格斗，刺伤黄铭魁右胁，湘军众兵一拥向前，顿时将曾天养砍死。夺得大黄旗一杆，上书"秋官又正丞相"字样。太平军见大将已亡，开始溃逃，中央一股已经披靡。其左右两股也遭到湘军截杀，伤亡四百余人。他们见中路已溃，却并未丧气，仍然是佯装失败，企图合抄湘军中路之尾。湘军愈杀愈奋，喊声震天，又击毙太平军三百余人。太平军势不能支，纷纷败北，争抢上船逃走。在逃跑中又遭到截杀，湘军一直追到擂鼓台。此战共计歼敌八百余人，太平军落水者无数。湘军缴获军械、旗帜、号衣三百多件，俘虏二十三人。

湘军陆战获胜，振奋了军心，扫除了两天前水师失利的哀氛。8 月 12 日，风雨交加，不便作战，塔齐布没有出队，但太平军却向李续宾军营发起了猛攻，李续宾部竟日抵抗，太平军伤亡惨重，只得撤退。8 月 13 日仍是风雨交加，太平军又有援兵到来，罗泽南再次提出退至岳州城内守备，李续宾不肯，他说："老师不必担心，我自有退敌之策。"

那一天，李续宾命军士迅速准备一千数百个灯笼火把，然后在午后到了塔提督营里，和他面商机宜。不久，塔齐布派人四处张贴告示，声称湘省援兵已经到来。百姓也纷纷传说，并有人打前站预备柴草。入夜，过了二更，李续宾派三百人绕道潜赴塔营。当晚天色漆黑，那三百人都背着火具，却不照明，摸黑行军，到了塔营之后才点燃火把，下到营中，塔齐布派五百人加入队伍之中。抵营之后，将火把熄灭，又摸黑而上，到了高处，又点燃火把下行到营中。四更时分，李续宾下令急筑新垒，支起新到的帐篷。太平军以为湘军有大批援军开到，仓皇集合撤退，只有少数胆大的部队留下。李续宾听到太平军营中喧哗了一阵，又安静下来，知道敌军已遁，便命军士饱食。天明，剩下的太平军见到湘军新垒，大为惊骇，抛弃辎重而走，全部奔向高桥。

8月14日黎明，塔齐布又亲督陆营进攻，派都司诸殿元、千总刘士宜率领辰州勇、新化勇和宝庆勇从中路进攻；派游击周凤山、都司彭三元、保升守备童添云等分左右两路抄截；至于罗泽南所带的湘乡勇，塔齐布认为他们没有战斗力，没让他们上阵，让他们择地埋伏，以备应援。

塔齐布率部行至城陵矶，遥见太平军筑有土城，决定火攻。诸殿元等领兵上前，奋力抛掷火罐，延烧敌垒帐篷，乡勇越沟扑墙，太平军抵挡不住，弃垒败逃。于是湘军跟追上去，不料太平军事先在湖汊搭了浮桥，伏兵见营垒起火，便一齐出动，有两三千人。如此一来，湘军兵力落在了下风。诸殿元和刘士宜向前迎击，但其所带的士卒多已退却，而左右两路由于路径迂回，不能赶来赴援，结果是诸殿元力战身亡，刘士宜也随即阵亡。塔齐布在后方督阵，身边只有几十名军士，他得知二将危急，挥军往救，短兵相接，毙敌多名。这时，湘乡勇突出横截，将太平军逼退，他们勇敢的动作令塔齐布颇感意外。这时杨名声率宜章勇前来增援，命令各营返回前线，于是中路败退的兵勇又回戈向前，转败为胜。此战共歼敌一百余人，缴获旗帜、军械几十件，湘乡勇割取首级十五颗，表明他们不是吃素的。

辰州的苗族人诸殿元是一名武艺高强的将领，性格沉毅，喜爱研读兵法，足智多谋，对苗族武功有很深的研究。他从前曾与清廷作对，在1836年武冈龙华会揭竿起事时他号称"卫王"。清廷派兵攻打龙华会，诸殿元率一百多名弟子增援。他翻山越岭，飞堑越墙，矫捷如猿猴飞鸟。他的部队都使用藤牌和竹剑，身披穿山鳞甲，号称"穿山军"。在武冈战役中他出奇兵制胜，穿山军声名大振。后来他被清廷招抚。在加入湘军时，他当到了清军的六品千总。阵亡之后，曾国藩奏请对他从优议恤。

此战中，长沙人彭三元率领宝庆勇沿岸截击，斩杀一名太平军首领，俘敌四十多名。

太平军在岳州屡屡失利，并未打算放弃此地。他们在湖北集结二万精锐南下，于8月18日抵达岳州附近。此日下午4点，这一情况已为湘军掌握。湘乡勇探明太平军出动一万九千人，皆为精锐，进攻岳州的湘军陆营。他们裹带干粮，显然做好了鏖战数日的准备，企图突破岳州，南下长沙。由此看来，罗泽南和李续宾扼守大桥，阻挡唯一南下通道的做法，是很有先见之明的。现在塔齐布也看出了这种兵力部署的好处。太平军为了突破大桥防线，首先占据高桥，距罗泽南和李续宾的湘乡勇营垒十里，距塔齐布的凤凰山大营十四里。湘军各部日夜巡逻，准备迎接一场恶战。

8月19日早晨6点，太平军一万多人首先扑向湘乡勇的营盘。罗泽南所在的九塘岭在大桥北面，他在这里设立瞭望楼，以防敌军突袭。太平军集结于九塘岭，烧毁罗泽南所设望楼，越岭而下。罗泽南一反常态，虽然兵力只有一千多人，却主动出击，指挥李续宾等将领奋力堵御。太平军稍稍后退，湘乡勇大呼冲锋，直奔高桥，杀敌数十人。举目瞭望，发现敌军兵力超过一万人，分据坡上和岭上。罗泽南令李续宾驻扎在九塘岭以南，防止太平军包抄后背，自己指挥中营五百人力战，直逼高桥。太平军另有一队驻扎在东岭，此时驰下救援，罗泽南所部被迫后撤，由李续宾断后。太平军大批追骑杀到，李续宾左右只有几名随从。他对随从说："别慌，千万不要逃跑！"他率领几名骑兵缓步走上山冈，太平军竟然不敢逼近。不久，后退的湘乡勇重新集结，李续宾率领随从冲向敌阵，直奔敌军大旗，阵斩其石姓国宗，夺下他那面长宽一丈有余的大旗，太平军一军夺气，全体大溃，争抢登山。李续宾说："是时候了！"说罢，举剑策马，挥师冲锋，集结的部队迅速跟进。李续宾冲在前面，又斩杀一名敌将，又夺得一面军旗，阵斩敌军数十人。这一气下来，向北追出十几里。太平军慌忙撤退，全部退据高桥壁垒，进入塔齐布的攻击范围。

接着，数以万计的太平军攻扑凤凰山大营，塔齐布亲率将士从中路先进，枪炮齐发，毙敌一二百人。太平军仍然拼死抵抗，直到塔齐布斩杀执旗的指挥官才乱了阵脚。左路之敌遭到周凤山出奇抄截，右路之敌遭到彭三元出奇抄截，湘军愈战愈勇。太平军常用一种螃蟹阵，即分兵十路，包围抄袭。塔齐布也分兵十路——截杀，湘军以一当百，喊声震天，毙敌六百多人。这时，山上山下有三骑冲来，皆青绉短衣，为太平军大将，气势勇猛，对着塔齐布喊道："清妖塔齐布，你过来！"塔齐布大怒，应声扑上去，挥刀砍杀其一将，其余二将下马率部撤退。

且说罗泽南和李续宾杀退高桥之敌后并未回营，而是主动求战，追击到凤凰大营处，会合塔齐布攻击，又毙敌数十人，把太平军追过河方才止步。太平军渡河时溺毙甚多，有三十五人被俘。各路兵勇缴获枪炮器械数百件，马二十一匹。

塔齐布通过一天的战斗，看出李续宾是一员勇将。第二天，他来到罗泽南军营，指着李续宾的部队说："好勇！好勇！"然后与李续宾交谈许久，感叹道："李君是名将啊！"

李续宾跟随罗泽南从军以来，一直以弟子自居，谦恭有加，从不抛头露面，没有引起关注。此战以后，他以善战而闻名，也引起了塔齐布的重视。

湘乡勇在这一段的作战，塔齐布都看在眼里，知道湘乡勇不是等闲之辈，他们面对五六倍于自己的强敌，不但没有避战，还主动寻找战机。湘军总结岳州战役时，曾国藩认为罗泽南独当大桥一面战功最大，保奏以知府尽先选用，并请赏戴花翎。这场战役令塔齐布大跌眼镜，他经历了认识罗泽南的第一阶段：刮目相看。

罗泽南不轻易出手，一出手就勇猛非常。消息传播开来，罗泽南便以勇敢无畏和足智多谋而著称。此战以后，塔齐布和罗泽南在湘军中齐名，号称"塔罗"，再也没人轻视湘军里带兵的书生了。而这种以寡击众、豁出死命扎硬寨、打硬仗的精神，在罗泽南征战四年的军事历程中，竟由始及终。

满洲镶黄旗人塔齐布是个职业军人，像他这样的职业将领，按照湘军的建军原则，是不能使用的。他之所以能够在湘军中站稳脚跟，是因为他在湘军初建时期帮助湘军训练，对抗绿营兵捣乱，起了重要的作用。他对曾国藩的忠诚也使曾国藩非常感动。但塔齐布对湘军只用书生带兵打仗的原则并没有真正的认同，直到他发现他本来瞧不起的儒将罗泽南之流和他自己一样骁勇善战，他才认可了这个原则。在湘北和鄂南并肩作战的这些日子里，塔齐布根据对罗泽南的观察，从根本上改变了自己对书生将领的看法。

107

湘军的陆师除了塔齐布和罗泽南两部以外，还有曾国藩带来的陆勇两千余人。其中有临武县学教谕李原浚所带亲兵五百人，署宜章营守备杨名声所带的宜章勇和辰勇五百人，从九品施恩实所带的新田勇五百人，外委黄三清所带的祁阳勇三百人，署把总黄玉芬所带的常宁勇三百人。这些陆勇都是坐船和水师同行，原为护卫水师的部队，驻泊在南津港，和塔齐布的大营相距二十里。由于太平军在陆路声势浩大，曾国藩令这两千人移驻凤凰山和大桥一带，与各路陆师联营。所以从 8 月 14 日以后，陆路添加了生力军，比以前兵力增厚了。

8 月 21 日，塔齐布下令直捣高桥太平军大营，派罗泽南部攻其南，派周凤山等部攻其北，他亲率彭三元、普承尧等部从中路先行。将近敌营，太平军开炮抵抗。中路兵勇联合进攻，连毙数敌。正在冲锋时，大股敌军赶来，越聚越多。正在这时，罗泽南的湘乡勇绕抄敌尾，奋登高阜，太平军后路受敌，立即大溃。周凤山的道州勇和杨名声的宜章勇以及其他各营都已赶到，并力齐攻，毙敌近百人。由于担心埋伏，暂驻高冈，以防敌回攻。而且下令摇旗诱敌，太平军果然拼命扑出。湘军猛进，前后围攻，太平军再次败溃。从上午 8 点战到中午，太平军三次反攻，三次撤退，力不能支，才全部退回营垒。湘军此次攻击毙敌二百余人，俘虏十二人，缴获军械、旗帜六十余件，马骡三匹。

太平军经过两次大败，军心大愤，很想跟湘军再来决一死战。8 月 22 日，兵分数路向湘军扑来。他们先烧附近的民房，使湘军无处隐蔽。塔齐布正在安排队伍出营，忽有四骑敌军扑近营垒，当即指挥兵勇呐喊出击。童添云等奋力抵抗，杀敌十余人，中路之敌旋即败退。右路之敌三四千人，周凤山迎敌酣战。正好杨名声的宜章勇和黄玉芳的常宁勇赶来援助，歼毙敌骑兵首领两名。太平军见官军势头凶猛，便将右路与中路合并一起进行抵抗。正在此时，岳州府知府魁联率领楚勇从山后驰来，声震林谷。太平军见湘军从四面八方杀来，便相率溃逃。湘军一通追杀，击毙手执令旗的敌将，毙其士卒三百余名。

且说左路太平军先从树林悄悄上山，直据山巅。罗泽南率湘乡勇据险以待，静伏不动，待其靠近，突然开炮，刀矛手猛然冲锋，斩敌近百人。各路太平军都已溃逃，接着另一队千余人吹着号角，挥舞旗子，分路攻来。李续宾率部抵抗，由于敌众我寡，将士害怕。李续宾下马席地而坐，一副满不在乎的神气，士卒心中方才稍安。他从容不迫，将部队分为五队，然后起身，率十余人在高坡上悠闲踱步，太平军大为惊骇。接着，李续宾一挥手，率士卒向下冲去，斩敌大将，夺其军旗，发起全面冲锋。太平军大溃，湘军分五路追逐。塔齐布立于马上观战，大赞："白旗无敌！"

战斗中，罗泽南率部入城驻守。李续宾率右营向北追赶，有石垒挡道，溃敌投入其中，点燃火药开炮御敌。湘乡勇稍却思退。李续宾看看天色，说："别怕，要下雨了！"不久风雨骤至，敌炮哑了，湘军乘雨大破敌军石垒。

　　在李续宾右营刚刚入垒追敌之时，罗泽南中营趁机将石垒中的武器粮食全部拿走。第二天，右营得知此事，愤愤不平，李续宾抚慰军士。不久，塔齐布身着提督官服来到右营贺捷，对所有军士作揖，称之"大勇"，赠送六品功牌五百件。然后撰写公文，向骆秉章报告右营战况，于是骆秉章也给右营送来四百件功牌。李续宾对军士说："巡抚也给我们送了功牌，我们所得为多，何不先分三百件给中营，和他们兑换谷子？"军士唯命是从，于是中营出粟两千石送给右营，两营将士都心平气和了。这时中营和右营都由罗泽南具禀请饷，中营缴获最多，财物充裕，而右营军士以战绩得列保单升官的人数最多，王鑫的左营则以五色布为旗，非常漂亮，所以军中传说："中营银子，左营旗子，右营顶子。"

108

　　8月22日这一天，湘军陆师大获全胜，而湘军水师在湖面上也有大捷。

　　早几天，杨载福来到岳州向曾国藩请兵出战，以雪8月9日之耻。曾国藩心想，水师前不久打了败仗，失去了三名主将，如今士气低落，岂能仓促再战？于是不肯出兵，对杨载福道："等元气恢复了再说吧。"

　　杨载福求战心切，争辩道："长毛早些天获得大胜，谅我军已无还手之力，必然松懈。这时出击，正是大好时机，可获全胜。打仗靠的是勇气，我看各路部队士气都很低落，如果不把前次的失败挽回来，湘军就会一蹶不振！"

　　曾国藩觉得此话有些道理。这时幕客刘蓉说道："连日来陆师大战，敌军一定把力量都放在陆路，其水路兵力必然空虚，不妨令水师各营乘虚进攻。"曾国藩听了此言，顿时改变了主意，批准了杨载福的提议，并令杨载福率右营为先锋。当时左营的彭玉麟去长沙养伤，暂时解除了营务。于是他飞调湘阴汛千总题补永绥营守备萧捷三来营署理。

　　8月22日，杨载福集合所有战船，对水师将士喊话鼓动："两军相遇勇者胜，今日只有拼死一搏，才能立于不败之地！"

黄翼升、鲍超等将士也很想一雪上次败仗的耻辱。他们和统帅一样总结了教训，掌握了战船进退的规律，在杨载福的鼓动下，个个情绪高涨，立志要冒死冲杀，打败太平军。

　　于是，杨载福率右营、萧捷三率左营向太平军进攻，广西升用道李孟群派来前营战船策应。水师行近城陵矶，太平军由于兵力不足，派出十余艘战船往来驰突，企图以虚声遏敌。各营将领看穿了他们的把戏，见船就打，一拥上前，烧毁敌船几艘，太平军纷纷落水。湘军用小艇当先，风驰雨骤，向前追赶，东岸追至擂鼓台，西岸追至荆河脑。

　　忽然，太平军两支伏兵从道林矶和白螺矶两岸拥出，企图抄尾。湘军战船深入敌阵，杨载福在旗舰上举起西洋望远镜观战，只见一艘挂着红绫的战船正在开炮向官军轰击！杨载福原以为那艘战船是鲍超指挥的，但看那船向官军开炮的架势又不像是鲍超的战船。他急出一身冷汗，忙问左右："那红绫舰究竟是小鲍的，还是长毛的？快快给我查明回报！"

　　过了一会儿，了解情况的小船划回来了："回杨大人，红绫船是鲍超的！"

　　"混账！他为何向自己人开炮？"

　　"回大人，鲍超痛恨后队畏缩不前，便掉转炮口向空中发射，破口大骂，威胁后队官兵，叫他们一齐冲锋。"

　　在鲍超带领下，湘军水师愈战愈勇，将敌军战船轰击无遗。哨官把总秦国禄、邓翼升等人都深入敌营，将太平军打得大溃而逃，军士纷纷投江。湘军大获全胜，轰毙敌军二三百人，俘虏十一人，估计太平溺死五六百人，浮尸蔽江，有活着的，也有被湘军战士持矛刺死的。湘军焚烧敌船二十余艘，夺获敌船大小六十三艘，其中有战船三艘，洋炮十五尊，旗帜、号衣、军械、子药等数百件。

　　后队收兵，水师军官纷纷来向曾大帅道贺，轮流说道："遇到贼匪援兵时，各舰畏怯不前，幸亏我舰与鲍舰长奋力冲杀，才有此胜仗啊！"

　　几十名军官前来道贺，说的都是同一种话，仿佛鹦鹉学舌。曾国藩一听就明白了：这些人讲的都是瞎话，都是借鲍超来掩盖自己的怯懦。那么，只有鲍超的功劳才是铁板钉钉，毋庸置疑。于是，曾大帅召见鲍超，离席相迎，握住他的手说："鲍超啊，本帅算是看清楚了，你才是真正善战的勇士！你没来报功，可是大家都替你报过了！"

当天太平军水师的情况和刘蓉、李元度、陈士杰等幕客估计的一致，其精锐部队都集结于陆路，留在船上的将士每船只有六人，一半胆怯体弱，另一半是受到胁迫的水手，一见湘军焚烧自己的船只即纷纷跳水，没有猛将督战，无法禁止。所以水路作战仅三小时就歼敌近千人。陆路却血战了六小时，因对方是精锐，所以歼敌不过五六百人，不过功劳却是极大的。

此战之后，曾国藩保奏湘军将士，请将罗泽南以知府尽先选用，并请赏戴花翎；请将杨名声以都司升用，先换顶戴；请将唐得升赏还蓝翎并加守备衔；请将李荣华以把总尽先补用并赏戴蓝翎。

109

湘军水师在8月22日打了胜仗以后，水师营统领由李孟群继任。8月24日，他亲自督率战船出队，驶至城陵矶下游，遭遇太平军炮击。湘军进行几轮攻击，将敌军赶走，然后追至洲尾，太平军忽然驾驶拖罟前来应战，这艘拖罟就是8月9日陈辉龙被太平军缴获的座船。李孟群乘坐舢板指挥各船开炮围攻拖罟，击断拖罟中桅。太平军遭到炮子的杀伤，又被折断的桅杆震压，有四五十人滚跌落水。湘军正要上前夺船，忽有几艘绿篷敌船驶来抢护。李孟群下令近前施放火箭喷筒，将绿篷船烧毁三艘。敌军向下游逃跑，放出黄绿色的毒烟迷路阻敌。李孟群在日暮时下令收队，查点损失，仅阵亡一人，受伤两人。

同一天，湘军陆师获得一个重要的军情。

湘军陆师的战术规定，每当拔营时，必须选择熟悉地形和敌情的人率领七八名军士做尖兵。他们领先大部队十里或二十里，遇到树林和村庄就要进去搜查一番，遇到桥梁和渡口就要做上标记以防埋伏，并控制部队的进退。遇到岔路就要分派军士前去侦察。

部队发现有敌军在前方，就要派出七成兵力在前面行军，准备战斗，锅帐和担子走中间，其余的三成兵力殿后。若发现后面有敌，就派出三成兵力在行军在前，锅帐担子随后，七成主力殿后。若有多营部队同行，都要各自遵守制度，分批行军，不许掺杂混乱。每营派一名下级军官押尾。辎重过去之后，要稽查生病的军士、掉队的军士、散兵游勇、冒名顶替的军士和本营违法的军士。

8月24日下午4点，塔齐布对于敌情没有把握，想去亲自探查一番。他认为，太平军陆师驻扎在高桥，距湘军十余里，其营垒究竟是如何布局的，必须了解其究竟。于是他单骑直赴敌营，在周围巡视途径。当晚，太平军营垒里灯火往来如织。塔齐布料想敌军将要撤走，于是返回凤凰山大营布置行动。

8月25日上午10点，塔齐布令各部直扑敌营，派罗泽南等湘乡勇从东路进攻，派周凤山等营从西路进攻，派岳州府知府魁联带勇从后路接应。

罗泽南、李续宾和李原浚等人在没有接到塔齐布的命令之前，也已探知太平军将要撤走，当即分三路并进，罗泽南率中营来到九塘岭，李续宾率右营来到九塘岭的东岭，蒋益澧率左营来到大桥的东面，三路进攻高桥敌营。湘乡勇逼近太平军营垒，发现敌垒中虽然旌旗飘扬，虚放枪炮，但人数很少，每营仅有几十人。罗泽南下令放火，烧毁敌垒七座，尽夺其旗帜军械；擒斩数十人。其余太平军全部奔向城陵矶一带的军营负隅抵抗。塔齐布所部也击破了高桥以东的两座太平军壁垒。

接着，塔齐布率部，带上李续宾的右营，直赴城陵矶，正遇上太平军出营，约有两万人。彼此开炮互击，相持约一小时之久。李续宾对塔齐布说："打了这么多天，贼匪无处征粮，恐怕军粮快吃完了，我们可以乘机攻击壁垒。"塔齐布非常赞同李续宾的看法。于是李续宾令湘乡勇伏地前进，塔齐布受到鼓舞，策马大呼，首先冲入敌阵，湘乡勇跟随冲锋，其余各营兵勇一拥上前。正在这时，大雨如注，东南风骤作，将领们打算撤退。李续宾说："不要退，这是天助我军！"果然，敌营大炮点放不燃，湘军乘风猛扑。罗泽南和周凤山等营分头合击，逾沟越墙，顷刻之间，敌军尸横遍野，击毙太平军长发老兵中身着黄马褂的将领多名。一营既破，其五营也同时踏平。虽有数丈竹签，两重壕沟，但湘军大呼跃入，助杀之声与暴雨之声震动天地，太平军大乱狂逃，自相践踏。湘军四路赶杀，直追到江岸，被逼溺死者不计其数。此次作战共踏毁敌营十三座，歼敌约两千名，俘虏一百二十三人，逃散者又有数千人。缴获骡马六百余匹，枪炮、旗帜、刀矛、锅帐共两千多件。

曾国藩见陆师追击大捷，当下命令李孟群亲率前、左、右三营水师奋力追击。太平军先将征用的民船驾走，而后以战船断后，希图抵敌。杨载福率右营、萧捷三率左营从东西两岸抄击，李孟群从中路进攻，太平军落胆而逃。有的弃舟登岸，有的情急扑水，将缴获陈辉龙的拖罟座船凿沉于江心，推炮落水，然后狂奔。时已昏黑，只听到江上呼号之声越去越远。当晚，湘军暂泊于擂鼓台下。

8月26日黎明，湘军水师分路进攻。先从荆河溯流而入，搜捕三十余里，并无敌踪。其东岸的旋湖港、芭蕉湖、道林矶、鸭栏矶，西岸的观音洲、白螺矶、阳林矶、螺山、夹洲一带，港汊分歧，逐一穷搜，俘虏伏敌三十四名，踏平两岸敌营九座，炮台三座。晚间大船驻泊罗山，分派舢板艇往下游进追。

8月27日五鼓，杨载福、萧捷三及前营哨官千总何越琏、把总邓清等人都乘势追击。行至倒口，发现敌船两艘，上插白旗，从内港驶出。哨官李成谋开炮轰击，夺得其船。追至石头关，哨官史久立俘虏长发老兵四名，缴获旗帜多件。追至六溪口，便是蒲圻、崇阳河道入江之口。这时太平军主力已经北撤，湘军仅截断尾船十余艘。这些战船开了几炮，水兵抢着上了小划子，弃船逃走，战船都被湘军烧毁。

杨载福等人听说口内上游还有很多敌船，即深入搜击。船行二十余里，见敌船纷纷驶走，湘军连环轰击，击毙数十人。太平军弃船上岸，隐匿于芦苇荡中。杨载福令各哨不许抢船，只许焚烧。于是烧毁敌船上百艘，俘虏十二人，缴获旗帜号衣数百件。六溪口内的太平军被全部消灭。水师三营官兵彻夜不寐，次日早晨才回泊新堤。新堤镇的商民都剃发迎接官军。据称太平军屡挫之后，有将近万人逃散。这次湘军水师穷追二百里，取得了很大的战果。

这一次陆师摧毁太平军营垒，湘乡勇情报准确，主动出击，曾国藩、骆秉章上奏，请将李续宾以知县选用，赏戴蓝翎；请将周凤山以参将补用；请将何越琏以守备补用并赏换花翎；请将佘星元、滕国献以守备尽先补用；请将萧捷三免其查参，以收后效。

而此战以后，由于靖港大败而被革职的曾国藩本人，也得到咸丰皇帝赏给的三品顶戴。

经历过岳州附近的战斗，湘军中有四位勇将驰名，塔齐布勇猛无敌，粗中有细；罗泽南稳扎稳打，勇挑重担；此二人为陆师名将。彭玉麟重炮受伤，不下火线；杨载福有勇有谋；此二人为水师大将。这四员大将，军中无人可与他们相比，而李续宾的智勇双全虽然得到了塔齐布的激赏，但他由于低调，谨守学生之道，所以尚未扬名。

110

湘军从衡州发兵以来，半年时间里几败几胜，都出乎曾国藩意料以外。湘军的统帅谈不上运筹帷幄，决胜千里，对胜仗没有预见，而吃了败仗又很沮丧。从表面看来，湘军作战似乎没有章法。

但是，湘军的章法其实从一开始就是存在的，只是比较隐蔽而已。这个章法，就是曾国藩及其幕僚和部属的一种精神，用四个字就可以概括，叫作"实事求是"。具体的表现，在于客观的观察，总结成功的经验，吸取失败的教训。

在得与失、胜与败的教训中，曾国藩更得益于失败的教训。对于曾国藩的军事生涯，人们总是用八个字来概括，叫作"屡战屡败，屡败屡战"。这个总结，一方面强调了湘军扎硬寨、打死仗的不服输的精神，另一方面也反映了曾国藩的确善于把失败当作成功之母。

如果一支军队不能从失败中吸取教训，那么它就不可能屡败屡战，即便还能作战，也是毫无意义的，只会导致失败的无限延续，直至灭亡，而不会走向最后的胜利。唯有不断地从失败中吸取教训，才能形成足以制胜的战略战术。

善于总结教训，是读书人的特长。湘军坚持用书生带兵，就有这方面的考虑。

曾国藩和他手下的书生不但考察湘军的失败，也考察清军和太平军的失败。从1851年开始，他们就启动了这种思维。最初的教训是清军在战场上的节节失利。曾国藩的战略思想便是起源于对清军一败涂地的反思。他提出淘汰腐兵、建立新军，以强大的水师控制江河湖泊的水路，争夺武昌作为东征的根本，都是为了扭转清军在战略上的颓势。

曾国藩也善于从失败的教训中创立湘军的战术。从各种兵器的合理使用，到水上作战的各种技法，这位湘军的大帅都会在打了败仗后做无微不至的考求。

曾国藩说，明白人有两种，一种叫高明，一种叫精明。高明，是站得高，看得远，所以明白全局。精明，是用尺子去量，用秤去称，所以有精确的知识。曾国藩本人可以说是高明和精明兼而有之，在战略和战术上都有建树。

曾国藩从来不以知晓军事而自居。也就是说，他没有悉心钻研古代的兵法。然而，正因为这样，他才没有成见，才不会照搬教条，而是脚踏实地，摸着石头过河，进行实事求是的考察和思索。

曾国藩放手让部属去打仗，胜了败了，对他都是有益的。靖港和城陵矶的两次失败换来了一个宝贵的教训。他发现了水师行军作战必须遵循的规律：逆风逆流，最有利于水师攻战；其次则是顺流逆风；顺风顺水则是大忌。

实战结果把道理摆在眼前，曾国藩恍然大悟。顺风顺水，战船前进固然疾驰如飞，但是有进无退，路线单一，稍有坐失，就陷入敌军重围，船炮发挥不出威力，兵力更形单弱，必致溃败。逆流逆风，则前进稍慢，但是方向、节奏和阵形的主动权都可由自己把握，船炮的威力也能充分发挥。要退军的话，则变为顺风顺水，特制的战船跑得快，太平军改装的商船肯定追不上。

这样的摸索和总结，曾国藩还在实战中不断地进行。成稿于 1855 年的《水师得胜歌》和成稿于 1856 年的《陆师得胜歌》，都是曾国藩战争经验的集大成者。他的心得也可比较集中地见于后人蔡锷所辑录的《曾胡治兵语录》。

111

湘军把太平军赶出湖南之后，岳州附近的太平军大踏步撤退到了湖北的省会武昌。以咸丰皇帝急迫的心情而言，曾国藩应该乘胜北上，立即展开对武汉的攻击。但是，武昌以南还有太平军主力驻扎各处，陆路在崇阳有两万多兵力，而从岳州北撤的太平军还有部队隐匿于临湘、蒲圻、咸宁、嘉鱼等县的偏僻山区，也把崇阳当成他们的根据地。如果湘军不先攻击崇阳，而遽然北攻武昌，那么后路便会受到牵制和骚扰，也可能饷道中梗，防不胜防。而在水路，东有倒口、六溪口、黄盖、大冶、密泉等湖泊，西有里河，上通洪湖、朱耳湖，下通沌口、汉口，若非节节搜击，则担心其中藏匿太平军小船，将会抄袭湘军后路，不能不慎重对待。所以，决定在陆路由塔齐布率队进攻崇阳，水路由曾国藩带队步步移营，遍搜支湖小河，然后扼险而逼迫太平军撤走。

9月2日，湘军水师探明黄盖湖的新店尚存太平军的数十号船只，有敌军一千多人，其首领为韦昌辉的弟弟韦俊。右营的营官杨载福、左营的营官萧捷三亲驾长龙和舢板从倒口驶入黄盖湖。湖面宽广，达一百余里，初更时行至芭茅湖，距新店只有三里左右。杨载福等人将长龙船全部驻扎在湖滨，各坐舢板驶进，军士不出声响，划桨轻悄无声。三更将尽，突然开枪放炮，喊声震天。太平军猝不及防，许多人或被轰毙，或者溺水而亡，其余上岸狂奔。杨载福首先冲入敌队，被敌军回掷火包所烧，船覆落水，旋即跃上萧捷三的座船大呼冲锋，很快就将四十多艘敌船烧尽。又缴获敌船四艘，大炮一尊，旗帜军械百余件。韦俊率余部撤往武昌。

9月3日，杨载福、萧捷三率部上岸搜捕残敌。向当地人打听，得知芭茅湖山后还有敌船四艘，沅潭市有敌船二十余艘，聂家市有敌船二艘。当即飞驾舢板前往攻击，太平军听说有大批清军杀到，哄然往下游撤走。杨载福等人将敌船一概烧毁，黄盖湖一路搜捕无遗。

9月4日，湘军水师重搜六溪口。该处为太平军根据地，东通蒲圻、崇阳，北通大冶湖、太乙、密泉等湖，直达嘉鱼。萧捷三率左营搜北路，所过湖港村市，沿途搜查敌军伏兵，尽焚敌船，直抵嘉鱼县城，绥辑难民。前营把总邓清等人搜捕东路，到达车埠，遭遇几十艘敌船。副哨官冯登开炮轰击，太平军开枪抵抗，击伤一名水勇。冯登奋登敌船，斩杀几名敌军，余敌弃船逃走，溺死十几人。内有几名敌军拼死抵抗，冯登等人纵火烧船，俘虏三人，夺船七艘，缴获四百石大米，和太平军书籍、枪炮、旗帜一百多件。候补守备何越班等人率另一支水师从车埠直抵黄龙团，又烧毁敌船十余艘，缴获几艘。何越班率部正在沿湖搜杀，正好遇见署蒲圻县知县孙守信自带练勇会同荆州将军官文所派的兵勇追敌至此。当即会商合攻蒲圻县城附近的敌军主力。这批太平军有两千多人，听说官军杀到，立即撤入崇阳。孙守信等人入城安民，水师各营方才收队，回扎新堤老营。东岸的支湖小港都已搜遍。于是曾国藩派向导官何南青搜查西岸里河，一律肃清。于是前、左、中三营水师乘胜直下金口，扼据要隘，距武昌只有六十里了。

金口之东有淮山，金口之西有大军山和小军山，两岸对峙，关锁谨严，为水路必争之地。此地下瞰武汉，如扼其咽喉。太平军没有料到湘军来得这么快，便打算乘湘军主力尚未到齐找机会扑营，夺回关隘。

9月19日，太平军从水陆两路进攻金口。萧捷三、何越斑和中营把总秦国禄等严阵以待，各哨官分驾舢板往西岸大军山下阻击上攻的太平军。太平军陆师一千多人先从淮山越岭而来，直入金口市，企图引诱湘军水师登岸，而以小艇突入，夺走湘军的战船。随后，太平军有百余艘战船分两翼抄击湘军。湘军舢板也分两路迎击。太平军遭到重创，却拼死不退。湘军并力围攻，将其快船轰坏，并击沉小船二十多艘。哨官刘培元、史久立夺船两艘，太平军水师方才败走。其陆师齐扑河干，枪炮如雨。湘军长龙、快蟹排列江心，向岸上开炮，轰毙黄旗敌将数名。前营水勇分出二百多人登岸展开陆战，刀矛并举，斩杀敌军指挥一名和士卒二十余名，俘虏八人，太平军陆师便向北撤走。此日鏖战四小时之久，由于湘军陆师未到，水师大队没有到齐，所以湘军是以少胜多。

再说陆师。塔齐布定下亲自攻击崇阳的计划，考虑到羊楼司是临湘、崇阳、蒲圻三县的总隘，所以必须将大营驻扎在这里，方能四面策应。于是，在9月4日和5日，塔齐布独率各营从岳州先后拔营驰赴羊楼司。9月9日，罗泽南率湘乡勇一千人先行，从云溪拔营，宿于长安驿。9月10日黎明，太平军出动一千多人分四路绕扑中营和右营，想乘湘乡勇不备时将之击溃。罗泽南令湘乡勇偃旗息鼓，装作毫无戒备之状，静立以待，诱敌近营，突出抄尾，枪炮猛放，刀矛砍刺，将来敌打得大败而逃。湘乡勇追杀八十余人，俘虏三人，缴获大批军械弹药。追到五里之外，由于还没吃早饭，即行收队。

9月11日，湘乡勇进扎羊楼司。其余各营逐渐到齐。这个时候，胡林翼带着黔勇和辰勇从常德、澧县来会师，湘军陆师又添一支生力军。原来，曾国藩抵达岳州之后，打算向武汉挺进，觉得自己还需网罗人才，便奏调胡林翼带勇随军征战。左宗棠闻讯，怂恿骆秉章奏留胡林翼驻防岳州。他强调湖南北大门岳州的防御十分重要，又说胡林翼驻守岳州可遥为曾国藩大军声援，使曾军无后顾之忧。实际上，左宗棠是为胡林翼着想，不让他那支弱小之师参与进攻武昌而冒险犯难。左宗棠刻意保护胡林翼，一方面给他供饷，另一方面又不想让他去当大敌。于是骆秉章上奏，说湖南良将劲卒多半远出，湖南的防御岌岌可危，请留胡林翼防御岳州。这时候，胡林翼移军驻扎常德，刚刚从大败中喘过气来，他认为自己留在湖南的可能性较大，便自常德开拔，来到洞庭湖之南与曾国藩会师，结果在羊楼司遇见了塔齐布的陆师。

塔齐布探明，羊楼司附近的羊楼峒山岩险峻，为前往崇阳的第一关隘，于是派罗泽南于 9 月 15 日出兵进攻。太平军已在峒尾的卢家桥扎立大营，外竖松木，内贯黄土，高逾数丈，中跨溪水，拦截隘口，搭盖棚厂。湘乡勇于午后直抵敌营，发现敌守营兵力有数百人，另有数百人占据两山之上摇旗抵抗。罗泽南分兵三路，一路攻击左岸，一路攻击右岸，攀藤缘石而上，奋登山脊，分抄敌军后路。他自己率主力从中路进攻，越沟铤险，当即攻破敌营，迫使许多敌军坠崖而死。残敌迅速溃逃，湘乡勇追至百花岭下，斩杀长发老兵八人，缴获枪钯木炮数十件，将棚厂一概烧毁。

太平军被湘乡勇攻破了卢家桥的关卡，便全部集结于东面的佛岭关卡，截断通往崇阳的小路。佛岭两山高峻，一线羊肠，尤为险绝。太平军早就有部队在这里筑营守隘，而从卢家桥的溃兵也归入其中。罗泽南登高察看地势，料想这场攻坚战必定十分险恶。塔齐布急令都司普承尧带兵勇前往助战。9 月 16 日，普承尧领命前来。上午 10 点，罗泽南率部从佛岭的西山而上，直攻敌营。分派普承尧从佛岭的东山而上，前往西冲。罗泽南手下的监生萧启江部从佛岭之北前往曹家冲，拦截太平军退往崇阳之路。几支部队都是攀岩越岭，冒险前进，踏破敌营。太平军大溃，湘军追奔十五里，至双港口才停住脚步。此战毙敌二十余人，俘虏二十八人。从此，由蒲圻进入崇阳的险隘都落到了湘军手中。

战斗结束后，李续宾驻军于枯田之中，日暮，天气酷热，部队已吃罢晚餐，都赤裸上身躺在稻草之上。李续宾散步归来，令部队移驻高地之上，有士卒不愿迁移，李续宾以藤条抽赶，于是部队在高处草草卧下。夜半，风雨大作，平地水深三尺，士卒交口称赞李续宾，说他料事如神。

太平军的崇阳驻军指挥官是总制廖敬顺，探知官军主力未随后推进，在羊楼峒的兵力不到千人，便从崇阳城内调出三千兵力。9 月 18 日早晨 8 点突然赶到羊楼峒尾，四面围攻，黄旗、红衣漫天蔽野。罗泽南令普承尧驻扎右冲口以截佛岭太平军，令萧启江排列右山以为右翼，自率部队从中路进攻。太平军分三路来攻，湘军坚守阵地，毫无动摇，相持片刻，罗泽南突然命令抬枪队十二人逼近太平军，以诱敌深入。太平军也很沉稳，不为所动。十二人佯败逃走，太平军忍耐不住，奔追过来。罗泽南击鼓，部队发起冲锋，喊声震荡山谷，太平军队伍瓦解，扭头狂奔。湘军中路乘胜登上山冈，追至卢家桥七里许，杀敌二百余人，俘虏十八人。内有军帅一名，旅帅二名。萧启江追杀右路之敌，将之围在石山之内，杀敌百余人，俘虏九人，内有旅帅三名。余敌逃匿，许多人坠崖而亡。

9月22日，太平军千余人集结在崇阳和蒲圻交界的分水坳设卡抵抗。塔齐布派周凤山等人攻破敌卡两处，毙敌二十余人，俘虏五人。当晚，塔齐布召开军事会议，决定分路进兵，派罗泽南、彭三元、普承尧等人从南路佛岭、桂口进入，塔齐布亲率周凤山、岳炳荣、李新华等人从北路分水坳进入，约定两路部队在崇阳会师。

9月23日，罗泽南部行至小沙坪，见敌军在佛岭以北二十里的神桥屯兵几百名扼险阻击。此地两岸高峰参天，溪流中贯，唯有一线羊肠小道可以通行。太平军用竹木横塞河口，用石头堆砌山路，在峭壁上搭盖了棚厂，掷石滚木，使湘乡勇不敢靠近。罗泽南摸清地形以后，率部来到小沙坪，令彭三元等部攀缘右山而上，令李续宾和李杏春部攀缘左山而上，攀藤扪石，绕出神桥之下，以抄敌尾。罗泽南和普承尧从中路进攻，直抵敌垒。两山兵勇齐下，太平军知关隘已经丢失，便弃垒而去。湘乡勇焚其棚厂，追杀十余里，毙敌数十人，俘虏十一人，缴获大黄旗和军械无数，并烧毁敌将熊满珠、沈应隆的住宅，于下午4点进扎虎爪市。

此次行军，大水已退，李续宾率部走了三十里，由于泥淖没踝，士卒行军时很不情愿，李续宾严督部队前行，然后驻扎在山冈之下。忽然，桂口之敌会合神桥败敌共千余人，乘湘军营垒未成，扬旗吹号，分三路来攻。罗泽南和李续宾也分三路埋伏待敌到来。右营士卒由于行军过于辛苦，又面临战斗，怨声载道，李续宾说："这股贼匪原距我旧垒二十里，所以他们今天走了五十里泥泞之路，必然饥饿，而且疲惫不堪，肯定不堪一击。"

太平军到来后，湘军伏兵突出。李续宾将右营分为两支，凭高冲下，将太平军击溃。湘军追过高山四重，毙敌千名，俘虏九人。湘军于日暮收队。第二天，湘军攻破桂口、大沙坪的五座敌垒，遍历山谷，搜杀残敌。太平军一见右营白旗便会惊溃，多在马前跪降，李续宾一律赦免。

塔齐布率领北路部队于9月23日进驻桂花树，9月24日抵达崇阳。来到距县城一里处，两千多名敌军分三路阻击。塔齐布挥军分三路进攻，斩杀敌军前锋，太平军撤退过河，一半兵力回县城防守。塔军一面飞渡穷追，一面围城急攻，毙敌百余名。城上枪炮如雨，滚木礌石纷纷并下，兵勇多带重伤。塔齐布想不出攻城的好办法，只能命令部队强攻，但鏖战四小时仍无战果，时已日暮，只得收队。

这时，正好有署崇阳县知县钮芳津会同荆州委员候补知县吴振镛等人带领一千名乡勇前来会攻。9月26日黎明，塔齐布又指挥部队攻城，南路罗泽南部也开到了。罗泽南等带兵的书生听了塔齐布介绍的敌情，便有了主意。部队一起前往西城，采用声东击西的办法，先攻东、北二门，促使敌军分兵，然后主攻西门。他们挑选二百名壮士埋伏在北城根，随后对西门发起猛攻。城上守军连放枪炮，抛掷瓦石，湘军伤亡惨重，仍冒险力攻。在强攻未果的情况下，湘军用劈山大炮轰破西门，一拥而入。先前埋伏的二百名壮士也从北城根肉搏而登。四门截杀，毙敌约三百人，廖敬顺率残敌从东门过河逃走，又经追杀百余人，俘虏太平天国丞相金之亨等十一名高官，当即将县城收复。缴获火炮十尊，抬枪、鸟枪百余件，马二十四匹，绿缎大轿一乘，大黄伞四把，紫金冠五顶，以及大批弹药、旗帜和刀矛。湘军伤亡六十余人。

崇阳自道光年间以来就是动乱之区，秀才钟人杰举行大规模的武装造反遭到镇压以后又有数起造反事件，所以太平军在这里会有较好的群众基础。廖敬顺就是崇阳人，而且是钟人杰的余党，加入太平军后被封为总制。他以崇阳为根据地盘踞数月，在城中屯集了粮食和物资，手下有数千精锐，婴城死守。又由于山路险峻，城小而坚固，所以湘军攻打此城的伤亡超过了此次出征以来的历次战斗。而廖敬顺仍然在逃，对崇阳仍然是一个威胁。

战斗结束后，塔齐布令钮芳津一同带领荆州勇驻城搜捕余敌，自己于9月27日拔营向蒲圻推进，而派罗泽南部先赴咸宁。9月29日，罗泽南部驻扎观塘驿，探明咸宁的情况发生了变化。原来，湖北官军在收复咸宁后，各路兵勇都归并嘉鱼大营，而咸宁城内空虚，武昌的太平军派出八百多人从金牛地方召集廖敬顺残部乘虚进入咸宁，杀死团练首领和居民数十人，据城抵抗，以阻挡湘军北上。罗泽南等人于9月30日率部兼程疾进，于上午10点驰抵城下。太平军开启东门撤离，撤到十里外的官步桥，忽然又回驻要隘，分路埋伏，以待湘乡勇到来。罗泽南从西路进追，彭三元、普承尧从中路进追，李续宾从东路进追。官军绕出敌军埋伏之后，太平军见战机已失，便向北路撤走。罗泽南挥军截杀，追奔十余里，斩杀长发老兵八十余人，俘虏二十余人，内有军官两人。缴获丞相黄帽一顶，大黄旗三面，上书"太平天国丞相刘"。另缴获大批弹药、号衣和军械。

此战结束后，罗泽南奉塔齐布之命，率领湘乡勇、宝庆勇、新化勇、辰勇、川练勇做先锋，从咸宁向武昌推进。崇阳和兴国的太平军全部北上金牛，企图阻击官军。当他们听说湘军大举北上，便从余家坪奔向横沟桥，打算袭据咸宁，阻止湘军北上，不料湘军已经攻克咸宁。10月4日，罗泽南探明横沟桥太平军有六七千人集结，分别埋伏于两旁以图抄尾。罗泽南便和李续宾率湘乡勇分左右两路前进，令彭三元带宝勇、普承尧带新化勇绕到山之右，令守备岳炳荣带辰勇和川勇作为后应。太平军的大黄旗将领率部冲来，湘乡勇鏖战许久，枪炮雨下，阵斩大黄旗将领和红巾敌军十余人。太平军稍稍退却，过桥向东，以枪炮火力跨桥阻击。湘乡勇也集中炮火轰击，勇队涉水过河，将敌军全部击溃，追杀百余人。埋伏在两边山上的太平军经湘军分路搜杀，击毙两百余人，伏尸满谷。太平军又从徐李铺渡河，集结在山冈之上，以为湘乡勇不敢仰攻。罗泽南下令登山，呼声震动林谷，杀敌数十人，太平军落胆，溃不成军。太平军三溃三聚，湘军穷追十余里，不让其恢复战力。彭三元从桥后抄出，普承尧从右山抄出，各截杀逃敌数十名。残敌狂奔而去，湘军方才收队。此战共俘虏长发老兵四十三人，内有一名胡丞相。此人为江西人，着龙袍黄马褂，是太平军咸宁驻军首领。湘军缴获大小黄旗五十多面，马十五匹。根据审讯结果，太平军七千余人自湖北而来，有的来自崇阳，有的来自兴国，都在10月3日集结于金牛，打算进攻咸宁，结果在横沟桥遭到意外打击。

再看曾国藩统带的水师一路，在9月24日和25日，湖北清军已革副都统魁玉和总兵杨昌泗率兵勇四千三百人到金口会师，在金口西岸扎营。还有同知衔李光荣率领一千多名川勇赶到，在金口东岸扎营。这两支部队都是荆州将军官文派来协同进攻的兵力。

9月24日，杨载福派哨官刘国斌和王明山等六人各乘舢板往下游打探敌军虚实，长沙人谢湔番领头，湘潭人王明山殿后。行至盐关，见两岸都有敌营，并有四五十艘船只。太平军忽见湘军哨船驶到，水陆并出，开炮轰击，但是中流水急，转眼之间湘军哨船已驶出敌营以下。太平军几十只炮船和小划子蜂拥而上进行围攻，湘军且战且退。王明山殿后，舢板被太平军集中火力轰坏四十多处，两名水勇负伤。王明山处险不惊，待敌船围近，才连连抛出火蛋延烧敌舱。太平军船小人多，惊翻落水，其余小划子全部逃走，于是湘军六只舢板冲出重围，返回金口。

9月29日，杨载福偕同清江营俞晟前往沌口侦察，此处距离武昌仅三十里。太平军见杨载福所带战船甚少，便分两路抄袭。杨载福下令迎击，鏖战一小时之久，轰毙敌军二十余人。太平军水师撤退后，忽有太平军陆师一千多人开炮攻击。魁玉和杨昌泗派参将恒泰与札乐罕领队出击，到沌口阻击，击毙黄衣敌将，毙敌十余人，俘虏六人，包括旅帅杨大顺。余敌落水退走，淹死数十人。杨载福和俞晟仍指挥舢板跟追，击坏几艘敌船，方才收队回营。

10月1日，李光荣率川勇从东岸出击，企图攻破袁家河敌营，作为前进阵地。湘军水师统领李孟群调派前营接应李光荣。李光荣部行抵花园，见到三座木城，于是攻破中、左两座木城，烧毁望楼两座，太平军败走。李光荣正在追杀，太平军忽从右边木城杀出，绕道包围。李光荣部好不容易才杀出重围。水师前营赶去助阵，才把东岸沿江的敌军击退。这时，敌军战船几十艘从江东蜂拥而来，湘军哨官冯登率部奋击，击坏敌船三艘，太平军退向下游，又沿西岸而上。李孟群亲自指挥追击，见敌船中有四艘最为顽强，其中两艘为红布风篷船，两艘为五彩布篷船，于是命令战船集中火力轰击，击坏两艘红布风篷船，并击沉小划船十余只，太平军才败退而去。湘军收队，回到沌口。此时魁玉和杨昌泗率荆州兵勇从沌口渡河向汉阳攻击，关上敌营出动两千多人迎击。荆州兵后队尚未过河，前锋就已退却了。李孟群忙令水师战船近岸开炮回击，一面派舢板驶入沌口里河接渡荆州兵。太平军几名黄旗将领骑骏马驰至河边，都被水勇击毙。此次共毙敌百余名，尸横遍野。荆州兵也转败为胜，太平军迅速撤回营垒。

曾国藩于10月2日进驻金口。起程前，他认为牌洲对岸的新滩口是个战略要地，因为那里湖汊分歧，绵亘千余里，上通荆州、襄阳和沔阳，下通沌口和汉口，而其中的蔡店、系马口、侏儒山等处都是太平军的根据地，曾国藩担心敌军水师从内河驶出，抄袭自己的后路，于是在新滩口留下六十多艘战船和水勇千余名驻守，由门生幕僚李瀚章（李鸿章之兄）指挥。这时候，塔齐布自崇阳、咸宁边战边进，向北而来，但其后路仍然未稳，湘军一过，太平军残余又活跃起来。但曾国藩认为，为了攻破武昌省会重地，也顾不得那么多了，只能集中兵力攻打武汉。

曾国藩抵达金口之后，第二天便乘小船赴沌口察看形势，水师统领李孟群及各营营官都率战船随同前往，陆地上则由魁玉和杨昌泗的部队护卫。下午4点，曾国藩行抵沌口，距敌军水师约五里，但太平军没有上攻。日暮回到金口，登上小军山，视野开阔，能见度很好，遥望武汉的敌军营垒，历历在目。这时候，太平军发起攻击了，其几十艘战船追上殿后的杨载福右营开炮攻击。李孟群率船队回舵策应，一时炮声鼎沸。曾国藩倚山观阵，见沿江有千余名敌军陆师扑来，于是湘军战船以小半对付江中之敌，以多半对付岸上之敌。群炮轰击，炮弹倾泻，顷刻间尸横遍野，太平军陆师败退，水师也朝下游撤走。湘军追击一阵，于初更时收队。

10月6日中秋节，陆师先锋罗泽南部进扎江夏的纸坊，距鄂城六十里。第二天，塔齐布也抵达纸坊。此时他们已经得知廖敬顺残部已于10月4日再克崇阳，击毙知县钮芳津、候补知县吴振镛、守备黄鹏程和清军兵勇五百多人。

到此为止，湘军的此次北征已在湘北吃掉了太平军的一些有生力量，把其余敌军挤压到了湖北境内。湘军水师与陆师，以及湖北的清军，相继攻克武昌周边的城市。湖广总督杨霈指挥的各路部队控制了武昌以北，荆州将军官文所部杨昌泗和魁玉的部队控制了长江西岸。虽然湘军后路还存在太平军残余，但包括湘军在内的清军已经形成了对武昌的合围，马上就要发起总攻。

湘军的战果震撼了湖北。这里的清军借着湘军的攻势在武汉周边取得了战果。林天植的荆州军攻克武汉西南方的沔阳，进占仙桃镇。副将刘富城攻克了武汉西北边的安陆府。总兵双保攻克武汉西边的天门。知县李殿华攻克武汉西北边的孝感和东北边的麻城。黄州和汉阳所辖的城镇依次被清军占领。

太平军在岳州一带屡次战败，人心浮动。曾国藩派人在渡口和大路上张贴告示，还把刻了字的木牌扔到江水中，进一步瓦解太平军的军心，号召其战士离队回家。结果有四千多人向湘军领取路票回家。从此以后，曾国藩经常采取这种办法来瓦解太平军，并且着手制定对待敌军俘虏和逃兵的政策，具体的办法在他于1861年所写的《解散歌》中做了详细的规定。

112

湘军开始围攻武汉的前夕，曾国藩根据邹汉章从武昌探得的情报，得知占据武汉的太平军有两万多人，自沌口以下，长江东西两岸水陆敌营密布。曾国藩连日做功课，发现进攻武昌有三条道路，第一条是古驿路，从油坊岭以达洪山；第二条为新驿路，从湖堤以达板桥；第三条为沿江之路，从金口以达花园。进攻汉阳也有三条道路，第一条是沿江之路，从沌口以达鹦鹉洲；第二条为里河之路，从蔡店以达西门；第三条是从襄河建瓴而下。

曾国藩做功课的同时，罗泽南也在审察形势。10 月 7 日，罗泽南、塔齐布、李续宾、李杏春、罗嘉亮、萧启江等人登上八分山察看地势，绘图拟订进攻方略。10 月 8 日，塔齐布和罗泽南一同赴金口与曾国藩会议进兵次序。

曾国藩说："据谍探报告，粤贼守城之法，不守城墙而守险要，其精锐不聚于城内而堵于城外，往往扼险筑垒，坚不可拔。花园外濒大江，内枕青林湖，该逆设立大营三座，挖掘深沟，宽二丈，长约三里，引江水注入湖中。沟内筑木城环绕，以土沙填实，中开炮眼，沟外植二尺许木桩，交互连钉，桩外密布竹签，环以荆棘。木城之内又有砖城内壕，层层抗拒，其坚固几与金川之石碉相等。又安了百余尊火炮，朝江之炮阻我水师，朝南之炮阻我陆军。西岸蛤蟆矶贼营，其坚固亦与花园相等。贼船泊于两营之下，水陆依护。此关不破，则各路均无可下手。所以我与李少樵（孟群）熟商，将水师各营分为前后两班，前班战船从中流飞驰，冲过盐关之下，直至鹦鹉洲。该逆不意我军之猝出其后，则会回船下救。我军分两翼自下抄绕而上，后班战船复自上排轰而下，两下夹击，当可获胜。"

大家经过一番讨论，都认为水师先攻江面，使武昌和汉阳的太平军彼此消息隔断，彼此不能相顾，陆师便可先攻武昌，后取汉阳，此为上策。进而讨论陆地上的作战，曾国藩提出三路进兵，讨论塔齐布、罗泽南、魁玉和杨昌泗各负哪路的责任。

罗泽南从马蹄袖中抽出一份地图，打开来，指着地图说："诚如曾帅所言，贼匪精锐聚集于东路之花园和西路之蛤蟆矶。陆师从纸坊进兵，有两条道路，一为洪山大道，一为沿江前往花园。贼匪精锐都集结于花园，环城修筑九座壁垒，挖掘长壕，绵延数里，控制水路和陆路。我军若出洪山，前临坚城，仰攻不下，花园之贼得以袭我后路，绝非长策。所以只有集中兵力攻破贼匪在花园的壁垒，然后乘势踏平鲇鱼套诸贼垒，贼之精锐皆失，武昌就唾手可得了。所以东路应以重兵攻花园，而分兵前往洪山，互为犄角，防止贼匪绕路逃窜。"

当时塔齐布统领八千人，罗泽南统领三千人，罗泽南所说的重兵，自然是指塔齐布的部队，期待他攻打花园一路。但是塔齐布只管作战，至于到哪里作战，何时开拔，何时停止，都由周凤山说了算。于是大家都看着周凤山。周凤山听到曾国藩和罗泽南都说花园难攻，便有些怯意，吞吞吐吐地说，攻打花园是件难事，请曾大帅增派兵力。

罗泽南见周凤山推三阻四，奋而起立，说道："我的部队人数少，不足以对付敌人的精锐。但若无人担此重任，我罗泽南愿意承担！"

曾国藩非常赞赏罗泽南的豪气，当下决定把攻打花园的任务交给他，令他由金口攻击花园。考虑到罗泽南兵力太少，便把李光荣的一千名四川勇也交给他指挥。塔齐布的部队则从油坊岭前往洪山扼敌退路。魁玉和杨昌泗的四千三百人则去攻打西岸蛤蟆矶敌营。

会议结束后，僚佐问李续宾，为何不一鼓作气先把武昌城攻下，再扫清外围，使得北岸的官军能助湘军一臂之力。李续宾说："城外驻屯的贼众都占据了险要，而且都是贼中悍党。武昌城中不过几千孱弱，引诱我军攻坚，而将我军困于城下，若我军攻击猛烈，守贼必弃城而出，若我军守城，便被贼军所围困；若我军不守，则城仍为贼有。前次我军屯兵于岳州城不是吃过亏吗？自寇乱之起，都是我守而贼攻，由于无犄角相救，让我们丢失了省府县城一百几十座，如今江岸木城及花园、八步街、鲇鱼套贼营都是为此而建。若我军急切攻城，城将不攻而自复。"

于是湘军定计先攻城外敌营，消灭敌军有生力量。兵力部署停当，塔齐布于10月12日从油坊岭出发，扼守东北洪山总汇之区。湘军水师率先出发。前班水师由哨长谢滽奋为前锋，行驶中流，经过鹦鹉洲，绕到敌军后方。太平军掉转船头向下游救援。湘军水师前班分成两翼抄绕而上，后班则从上游夹击，太平军势不能支，纷纷落水。太平军有几艘船搭着五彩风篷，战斗中总是冒死向前。曾国藩在前一天已经下令，凡是夺得五彩风篷船者赏钱一百缗。于是水师军士争先夺取，秦国禄、张启基、郑沐等六人各夺得一艘。其余太平军跳水登岸。杨载福擅长水上的火攻，派萧捷三为前锋渡江攻打汉阳，沿盐关行驶，一路纵火延烧。顷刻之间，太平军驻盐关的二百艘船只焚毁已尽。东岸花园的敌船见西岸已败，相率浮水而逃。湘军集中火力攻击几艘精锐，其余敌船也全数烧毁。

杨载福的水师冒着炮火殊死作战，追击中遇到顽强抵抗。萧捷三的军帐被敌炮击中，他的面部和手足都严重烧伤。萧捷三不肯下火线，令人将伤口包扎后继续率部追击，将襄河一带敌军肃清。

在陆地上，罗泽南、李光荣和李续宾等营攻打花园的敌军陆营，他们攻击的是敌军一万多人的精锐，其三座大营，一座枕靠大江，一座傍靠青林湖，另一座跨越长堤。壁垒都有深沟环绕，设立了坚固的木栅，重火力有巨型火炮。

罗泽南根据太平军的防御部署，将兵力分为三路，一路从湖边攻击，一路沿江边攻击，另一路从中路攻击。攻击之始，罗泽南下令开炮轰炸敌军木城。炮击过后，罗泽南挥师向前，对部队下令："听到鼓声就前进，握紧枪支，匍匐蛇行，逼近壁垒，跃起攻击。"部队齐声回答："遵命！"

湘军的炮火未能摧毁敌军火力，湘军冲锋时木垒中发出猛烈的炮火，弹如雨下。但湘军实战经验丰富，敌炮将发之时则伏地以避炮子，炮子既落便蛇行前进。湘军三伏三进，逼近木垒。李续宾攻击江边敌营，从木签竹桩中跨越壕沟，放火焚烧兵营。罗泽南则攻击湖边敌营，先烧掉敌营外小划船百余只，以断敌抄尾之工具，随后奋力直入，夺得几十艘战船。李光荣及唐训方攻打中路敌营，同时跃入其中。湘军战士或越高墙，或穿炮眼而入，太平军大溃，纵火焚烧营垒。

在蛤蟆矶方面，湖北清军魁玉和杨昌泗所部攻打敌营，恰好也在此时冲入土城，放火焚烧。太平军越墙四逃，逃到江上的被炮轰击，逃到里湖的被魁玉的沌口伏兵围攻，尸横遍野。两岸焚烧敌营的火焰与江中三百多艘敌船燃烧的火焰相连接，把天空映得通红。杨昌泗穷追直下，和水师形成夹击之势，又攻破鹦鹉洲敌营。

日已西沉，李孟群父仇在心，杀得性起，不肯收队；又率杨载福等营乘胜直下，看到沿江木栅，便用大炮轰击，施放大批火箭，又攻破汉关敌营一座，白沙洲、金沙洲敌营两座，于是进攻鲇鱼套口，纵火大烧敌船数十艘，湘军叫杀之声和太平军号哭之声交杂在一起，震天动地，仿佛江水也为之沸腾。忽然，大火延烧到太平军火药大船，发出霹雳巨响，爆炸的气浪把太平军的其他船只一齐掀到空中，太平军战士的尸体也被高高抛起，然后落下。湘军自身伤亡十七人。于是收队返回沌口。

当天统计战果，东岸陆师杀敌千余人，俘虏四十七人；西岸陆师割下首级四百余颗，俘虏一百多人。江中毙敌百余人，抢登敌船杀敌六十余人，太平军烧死溺死者不在此数。两岸共破敌营九座，江中焚毁敌船五百余艘。

这一天，太平军武昌守将石凤魁巡视城墙，发现有不少战士缒城逃跑，他下令将抓到的几十名逃兵处死，以表示死守的决心。但他看到湘军的战船不避枪炮，直冲下游，才露出了惊惶的神色，起了撤离的念头。

113

在投入武昌水面的作战之前，湘军的水师已经摸索出了一套作战的规律。水战中，为了超赶太平军，小船速度最快。船有三等，有大有小，但如果没有快速舢板，大小船只都会失去作用。于是，湘军在每艘船上设置一名哨官控制船的进退。每艘船都可以独立作战。哪怕一百艘船都撤退了，只剩下一艘船，也可以继续前进。

水师的辎重有公船承载。暴风掀起波涛，必然会摧毁舢板，这时舢板就需要大船来保护。大船不能作战，快蟹和长龙是用来指挥作战的。战败了，将它们抛弃，将士乘坐舢板归来。这套战法适用于江河湖泊的作战。至于海上作战，当时的湘军水师无人考虑。他们认为那是海岛上的夷人所擅长的，泱泱中华大国没有必要与岛国在海上争锋。

至于江湖上的作战，曾国藩通过观察，认为湘军水师已经是比较顺利了，所到之处攻无不克，战无不胜。船上的军士常被敌军炮火炸伤炸死，但只要还剩下一两个人，仍然足以战胜敌军。

曾国藩此时已经明白，水师比陆师更有获胜的把握，但训练和管理上要更加严格。根据湘军和太平军双方的胜败得失，曾国藩发现，水师扎营时要注意拉开距离，小船要傍靠陆洲，大船则要横在中流，特别注意要避开暴风，才不会彼此相撞。

休战时，军士都要守在船上，禁止他们登岸。船帆、桅杆、船篙、船橹、船桨和船炮可以随时修制，不予限定。舢板是敞露的，没有篷板，宿营时各自用夹层帐篷遮蔽风雨。军士又私造长龙船，编为公船，在上面饮食起居。因此，湘军的军容水师最为壮观。而有了一支水师，部队登陆下水都很方便，多逸少劳。

正是由于曾国藩善于吸取教训，10月12日这一天，湘军虽然战斗到夜间方才完全收队，但大部队回营之后战斗仍未结束，曾国藩还要派小部队骚扰敌军。8月9日陈辉龙丧身象骨港的那一仗，曾国藩从中吸取了教训，他知道那是因为太平军有太多的划子围攻陈辉龙的拖罟船，致使湘军眼花缭乱，应接不暇，以致失败。所以他在那一仗之后便招募了小划子一百五十只，以对付敌军的长处，而弥补湘军炮船的不足。10月12日这天夜里，他决定派出一些小划子去骚扰敌军，使他们彻夜不得休息。主力收队之后，他派王策勋率领二十几只小划子去劫敌营，连环放枪，焚毁了敌船十几只，弄得敌军水师心惊胆战，时泊时开，船炮乱轰。

湘军小部队骚扰了敌军一夜，第二天早晨8点，大部队又分三路进攻，还是按照前一天的套路。李孟群率水师前班出发，攻烧鲇鱼套还未烧完的敌船，旋即西渡长江，攻击汉阳朝宗门的土城。杨载福、萧捷三、俞晟、秦国禄等人仍然率队冲过敌营，直下塘角。何越埏也冲过敌营直攻汉口。两城之中，太平军发炮轰击，炮子如雨，乱落江心，各营哨官争先逞强，以低头避弹为耻，又以火球没有扔中敌舱为耻，所以太平军几艘船着火，火势蔓延，愈演愈烈。

湘军水师刚刚建立时，军士想方设法躲避炮弹，最初提出依照近代兵书上记载的方法，在船上张布渔网、湿棉絮、牛皮和藤牌，效果还是不好，铅弹会洞穿而过。又用竹条编成细鳞一般的席子，将棉絮、皮革和人发密密地覆盖在上面，不料铅弹的来势更加猛烈。实践表明，种种办法都不顶用。到了实战中，杨载福和彭玉麟等将领提倡勇敢，不要任何遮挡，冒着炮火冲锋。接近太平军以后，对方的炮火失去了优势，而湘军的士气更加高涨。凡是声称害怕炮火的人都被水师当作胆小的将领。大家认为，这样的水师将领不等交战就会带垮军队，必须从水师中清除。

曾国藩教导军士要心存畏惧，行军作战必须谨慎，这符合《论语》提倡的"临事而惧"。但所有的理论都不能到处照搬。针对统帅而言，临事而惧是对的，对于前线的军官而言，临阵畏敌则是大错特错。杨载福和鲍超认为无所畏惧才会勇敢，谨慎就是胆小。他们是勇敢的将领，亲自指挥部队作战就能取胜，用别人指挥作战就会失败。

曾国藩不是一个好将领，却是一名好统帅。他用别人指挥作战屡屡获胜，就是因为他很谨慎。他亲自率领部队作战每战必败，就是因为临阵而生畏怯之心。前线的将领本来无所牵挂，一旦功名成就，富贵已得，就知道害怕了，害怕了就会失败。陆师如此，水师更是如此。

在武昌附近的水上作战中，湘军中把心思用于躲避炮弹的水师将士全部淘汰出去了，剩下的都能冒着炮火冲锋。太平军从城墙上看到湘军水师不怕炮弹，面面相觑，大惊失色，纷纷攀绳下墙而逃。督战的将领每天斩杀几百名逃兵，仍然不能制止。

所以，在10月13日的战斗中，太平军见到湘军如此不怕死，其中比较机灵的人一边开炮抵抗，一边扬帆下驶。杨载福等营急速划桨追赶，驶出下撤的敌船之前，不到片刻便靠近青山，又将该处的辎重敌船焚烧。当时北风劲吹，杨载福又下令挂帆驶回，见塘角的三百多艘敌船火势烧得正旺，于是靠西岸溯流而上，加入李孟群的船队，驶入汉水内河，焚烧口内敌船。两岸火光上逼，红衣黄旗余烬漂流，断肢残尸与猪鸡等半死的禽畜号叫浮沉，蔽江而下，腥臭难闻。李孟群回军攻击汉阳，太平军在木栅内开炮阻击。湘军越攻越猛，魁玉和杨昌泗的部队也从上游转战而下，会合夹攻，将晴川阁下的木栅以及大别山下的木垒全部焚毁，杀敌数十名，俘虏十二名。

这一天湘军陆师的进攻仍然是罗泽南唱主角。东岸的太平军自花园被湘军攻破之后，还剩下两座营垒，一营在鲇鱼套近湖处，另一营在江边街口处。湘军陆师分两路进攻，太平军从中路迎敌，李光荣的四川勇、湖南亲勇和新田勇稍稍退却，退后一里左右。罗泽南眼见得李光荣失利，但他隔着溪水无法相救，因为街口之敌趁机出兵逼迫，罗泽南不得不奋力将其击退，而李续宾率部从江边折回，急援中路，奋力砍杀，将中路之敌击溃，见之向洪山奔逃。湘军攻破鲇鱼套敌营两座，纵火焚烧，毙敌三百余人，俘虏四十二人。李光荣一路也转败为胜，焚毁附城敌营四座。

10月12日和13日两天大战，武昌附近的长江水面上下已无一艘敌船，而武汉城外也没有一座敌营了。曾国藩知道，太平军已经不可能守住武昌城了，守军肯定很快就会撤离。事情的确是如此。武昌城内的太平军首领石凤魁和黄再兴都是文官出身，不擅长军事。他们从来没有遭遇过如此强大的攻势，见城外军营都被攻破，水上战船都被烧毁，尽管杀了许多缒城逃跑的战士，却禁不住逃跑者越来越多，于是两人相对号哭了一阵，为了保存实力，决定不再固守。10月14日凌晨，石凤魁下令打开东北门，率领部队撤走。城内留下几百名精兵在西南城墙上摇旗放炮，佯作坚守，吸引湘军注意力。汉阳城内的守军也撤走了，留下疑兵佯作坚守之状。

湘军水师和东路陆师用火炮向武昌的汉阳门和望山门轰击，组织勇猛的军士从偏僻处攀上城墙，举火为号，各营一拥而入。留守之敌连忙撤退，被湘军截杀一百多人，俘虏二十多人。其中有太平天国将军陈昌贵和总制丁履之，被官军处死。李孟群率部从保安门攀墙进入武昌，直奔父亲李卿毂被杀之所，收拢尸骨，痛哭流涕。手下军士也陪他哭泣。

在西岸，汉阳城墙上的太平军还在连连开炮轰击湘军水师。杨昌泗已率部从南门攀缘绳梯入城，魁玉率部埋伏在西门外的月湖堤上准备截杀逃跑之敌。太平军从西门奔赴蔡店，被官军伏兵截杀，死伤甚众，二百多人被俘。从11点到3点之间，湘军同时攻克武昌和汉阳两城。

塔齐布驻军油坊岭，听说罗泽南部攻克了花园，眼见得这位湘乡的书生勇挑重担，而且打了个漂亮的大胜仗，塔齐布不免感到羞愧，由此而对罗泽南钦佩万分。于是，这位职业军人经历了认识罗泽南的第二个阶段：折服。他对周凤山嚷道："罗君一介书生，能以少胜多，我堂堂武将却躲在这里，岂不令人笑话！"他知道洪山地处武昌东北面，左边靠近梁子湖，右边隔着汤孙湖，是一块绝地。从武昌东北门撤出的太平军必须从这里经过，于是预派四路主力埋伏。太平军意外地在这里遇到伏兵，立即发现自己陷入绝境，前临大敌，后逼险城，无路逃生，于是分三路拼死冲杀。湘军分三路迎击。塔齐布自当中路，手指黄袍敌将数人，与亲兵分头刺杀，余敌稍稍退却。两路太平军皆退，向洪山北面疾奔。湘军抢登山脊，乘势追赶，歼敌约五六百人，残敌被围困在沙湖塘角湾，纷纷跳水，红巾浮波，须臾即没，湖汊浅处尸体塞满，后到的人践尸而逃，行至中流亦皆漂溺，共计溺毙一千多人。湘军越杀越厉，声震林谷，震耳欲聋。塔齐布虽是猛将，却不嗜杀，而有慈悲之心，他见敌军中有几百名儿童先后奔投湖水，心伤落泪，令将士大声喝令部下去救小儿，不许他们投水，结果救活二百余人。太平军见儿童得救，便长跪求饶，湘军带回俘虏七百多人，分别处决和释放。儿童则安置在各个营棚之中，将查明籍贯而遣送回去。

汉口和汉阳的其余太平军有的已经趁夜上船撤走。湘军攻克武汉没费多少力气，水师作用显著。从此，湘军水师成为太平军的劲敌。

武昌下游的太平军听说湘军水师具有强大的战斗力，认为不可与之在水上争锋，准备凭借长江两岸的险要阻击湘军，把主力驻扎在田家镇。

10月15日，曾国藩和塔齐布先后入城，履勘街道，抚绥黎民。太平军撤走前，在大宅子上面安放了火药，在火药上插了点燃的线香，进入者触到炸药便被炸烧。10月14日城内三次燃爆地雷，震死数十人。15日和16日两天都有数处起火，市场上门窗木器都被砸成碎片。从各处掳来几千名幼童，以酷刑威逼，加以役使，战败之后则大加杀戮，以泄其愤，十分惨毒。这与塔齐布救下落水儿童的做法有天壤之别。城内也可看出太平天国官员的奢侈腐败，其国宗和丞相所居的衙署都是拆神庙来兴修的，枌木狼藉，一张床就价值千金。湘军缴获黄伞三百余柄，金冠、龙袍各百余件，镂锡签筒和笔架两千余具。曾国藩认为，湘军此胜不仅因为太平军为神人所公愤，而且由于运气特别好。三天之内，湘军烧毁敌船一千多艘，尽破坚垒，是因为每次纵火都遇到顺风，从而杀敌数千，自身伤亡不满二百人。湘军本来兵力不足，恰好有湖北省的兵勇并肩作战，西岸的主力扼守洪山要路，不先不后，恰好歼灭了东北面的逃敌。

曾国藩论功行赏，奏请皇帝将李孟群加按察使衔，并赏加勇号；请将罗泽南记名以道员用，将李续宾以直隶州选用，赏换花翎；请将杨载福以参将补用并加副将衔，将萧捷三以都司升用并赏换花翎。请将彭三元以游击补用，将唐得升以都司升用，赏换花翎；请将李光荣以府经县丞归部遇缺即选；请将已革凉州副都统魁玉和已革高州镇总兵杨昌泗开复原官。

曾国藩查阅缴获的太平军文件，发现了东王杨秀清黄绫诰谕一幅，搞明白了太平军方面的一些事情。据守武汉的太平军首领有三人，一是国宗韦以德，即北王韦昌辉的侄儿；二是国宗石凤魁，系翼王石达开的族兄；第三个是黄再兴，官职为地官副丞相。湘军水师进驻金口以后，韦以德见情势不妙，找借口先回金陵去了，所以城破时只有石凤魁和黄再兴领兵逃走。前次攻打岳州的太平军将领有国宗韦俊，系韦昌辉之弟；国宗石镇仑，为石达开族兄；丞相曾天养；承宣张子朋和副丞相林绍璋。其中曾天养为广东惠州人，最为骁悍，善于用兵，谋略仅次于杨秀清。在 8 月 11 日的城陵矶之战中，被塔齐布亲兵黄明魁挺矛刺死，他死之后，岳州和武汉的太平军为他吃斋六天，而数以万计的胁从者才敢逃散。

太平军的文件还提供了如下人事信息：顶天侯秦日纲已被加封为燕王，佐天侯陈承镕已被加封为豫王。这两人当中，秦日纲是曾国藩将要遭遇的劲敌，而后者则将是太平天国天京之变中的一个关键人物。

且说清廷署理湖广总督杨霈在进驻德安的第一天便听说湘军打了胜仗。过了五天，清廷便接到湖北的捷报，咸丰皇帝在奏折上朱批：

> 览奏，感慰实深。获此大胜，殊非意料所及。朕惟就业自持，叩天速赦民劫也。

咸丰皇帝任命曾国藩署理湖北巡抚。朝野啧啧赞叹，说湘军是一支劲旅，都指望曾国藩澄清大局。清廷命令他挥师东进，收复金陵，责成杨霈防守湖北。曾国藩以母丧未除为由辞去湖北巡抚的任命，咸丰皇帝下旨恢复他的原职，赏给他兵部侍郎职衔，改任上半年刚从湖南调往山西的陶恩培为湖北巡抚。又将不久前任命的四川按察使胡林翼调任湖北按察使。杨霈从德安迁到省城。

曾国藩辞谢湖北巡抚的任命，是为了试探清廷对他这个汉人领军大帅的态度。咸丰皇帝果然没有坚持这个任命。倒不是咸丰皇帝不放心曾国藩，而是他的师傅体仁阁大学士祁俊藻从中作梗。山西人祁俊藻长着一颗汉人的脑袋，却事事为满人着想，听说咸丰皇帝任命曾国藩为封疆大吏，立即求见皇上，说有要事禀奏。咸丰正在兴头上，一见祁俊藻便说："发逆造反以来，朕派绿营去剿，总是节节败退。想不到一个在乡丁忧的曾国藩，只练了一批乡勇，便取得这么大的战果！从今后，朕要命他专任剿匪之事，长驱东下。长江两岸各省督抚都要配合他，万不许作梗掣肘。你看这个构想如何？"

祁俊藻冷冷说道："一名在籍侍郎振臂一呼，就能号召乡兵长驱东下，对国家恐怕不是什么好事吧。"

年轻的皇帝被师傅的忠告打动了，当曾国藩辞谢湖北巡抚的奏折尚未到京时，他已经做出了不让曾国藩任封疆大吏的决定，于是在收到曾国藩的奏折之后，他就乐得顺水推舟了。

武昌一役，邹汉章所做的谍报工作功不可没，清廷将他以教授选用，加授同知衔。

114

广东花县人骆秉章在 1854 年已经六十一岁了。他在第二次担任湖南的巡抚以后，已为湘军的建设和作战做了一年的贡献。清廷的这位老官僚为官做人不以干练和善于创新而著称，但他自有几种品质，使他成为湘军史上的一个重要人物。

骆秉章善于从自己的宦海沉浮中吸取教训。他在太平军第一次进入湖南以后被革去了湖南巡抚的职务，于是他明白了在他的辖区内防堵太平军的重要性。当他再次就任湖南巡抚以后，不仅全力配合湘军抵抗太平军对本省的进攻，而且在湘军尾随太平军进入湖北以后，他看到湖南的良将健卒大部分随军而去，立刻感到了湖南防御力量的空虚，为此而惴惴不安。

骆秉章的另一个特点是办事善于把握火候，没有把握的事情他决不会贸然动手。因此，当曾国藩在靖港遭到惨败以后，他一直在谨慎观察上面的意图，没有听从下级官员的唆使去向清廷弹劾这位湘军大帅，因此稳住了湖南官场的大局。

此外，骆秉章还是个从善如流的老人，愿意借鉴别人现成的成功经验。他知道张亮基从自己手上接任湖南巡抚之后立刻请来左宗棠到幕府中做高参，左宗棠很快就替张亮基募来了十来万两银子做应急的军饷，对于长沙的城防也多有筹划，使张亮基挺过了难关。骆秉章愿意效仿张亮基，也把左宗棠这位高人延聘到自己的帐下。

湘军刚刚离开湖南，湘南一带就发生了情况。由于广西的东北部会军不断起事，时有会军越过湖南边界。骆秉章庆幸自己留下了王鑫的湘乡勇，依靠他驻防南部边界，往来游击，加上周云耀率领的永州绿营和赵永年率领的桂阳州绿营，一起抗击会军的进攻。

6月5日，王鑫奉令率五百人前往郴州和桂阳州。6月10日，王鑫抵达衡州，听说嘉禾的土匪尹尚英攻破了县城，王鑫率部急赴嘉禾，在坦平墟击败尹尚英，捕斩数十人。

7月初，王鑫赶到蓝山打击从广东进入湖南的会党，在冷水源将之击败。7月6日进攻宁溪所的会党营垒，将之攻破。接着，广西会党窥视江华，王鑫移守岭东。9月份广西会党从锦田逃往水井，王鑫于9月18日分兵将之击退。

9月25日，王鑫移屯锦田。部队染上了流行病，寝食和医药都要王鑫亲自照料。这时广西贺县的会党侵入桂岭，王鑫于10月11日又回军岭东。他每天给湘乡勇教练技击阵法，夜里则紧闭营门，令部队读《孝经》《四书》，王鑫参与其中，讲明大义，如同慈父训其爱子，听者中有人潸然泪下。巡更的刁斗声和读书声交杂在一起，形成一种向上的氛围。从此以后将这种训练和学习定为常例，夜间的军营中，士卒练字，临摹王鑫书写的格言，或者读书，书声琅琅，往往如家塾一般。

王鑫不但诲人不倦，还常常反思自己，检讨几个月前在羊楼司兵败的过失，"深求古人所以致胜于万全之道"，而恍然有所心得。他训练湘乡勇的目的，是要使他们能够各自为战，不躁不息，从而带出一支劲旅。

不久，广西灌阳的会党北上湖南的永明，永州游击周云耀将之击退。

这时两广的土匪集结于各处，多的有一万多人，少的也有数千人，合散无常，攻打城邑，企图冲出湖南，与金陵的太平军会师，所以他们都戴红巾，有时则被称为"红巾寇"。此时湘军主力已到湖北，骆秉章照例令衡州和永州的镇道筹划防守，又令王鑫的五百名湘乡勇驻扎岭东，令李辅朝率九百名楚勇驻扎宜章。绿营兵中，只有署永州游击周云耀训练的几百名团勇颇有战斗力。王鑫认为，邵阳人周云耀深明大义，以大局为念，勤勉办团练，在绿营武官中是罕见的。由于会党并没有一定的根据地，朝东暮西，夕分晨合，周云耀要防备永明和江华遭袭，往来奔命，所以会党更加纵横驰掠。至于宜章的李辅朝部和王鑫自己驻扎锦田的湘勇，合起来只有一千四百人，但广东连州、韶州和广西贺州、富川的会党多达两万余人，如果涌进湖南，王鑫、周云耀、李辅朝的这点兵力实在太少了。

10月下旬，会党进据永明的桃川，另有广西会党几万人围攻道州，防守该城的是知州冯嵩,城中守军只有三百人。会党以炮石围攻,情况十分紧急,但冯嵩仍然死守了六昼夜。他天天指望王鑫来救,但不知王鑫会不会来。

11月5日,王鑫从岭东向桃川挺进,先在江华与周云耀会师,听说道州吃紧,王鑫与周云耀便改道增援。11月6日,王鑫进军刘家村。数千名会党驻扎在城西桥背街,见官军突然杀到,便分兵沿河抄袭官军侧后。王鑫派兵从山下拦截,斩敌三十余名。会党撤退,并力阻击。王鑫驰马陷阵,会党开枪,一颗铁子击中其胸口,入内一分左右,又有一颗铁子掠过左胁,血流如注,染红裤褶。王鑫不顾伤痛,督战更急,士卒争先,与会党短兵相接,军功杨邦杰力战身亡,湘乡勇数十人负伤。把总易普照负伤二十七处,仍然挥刀奋砍,杀伤过当。会党大败,阵亡二百余人,被俘数十人。当晚,会党全部撤走,道州城解围。

王鑫料想会党将前往江华,便与周云耀带伤行军,越过岭涧,徒步行军一日夜,赶在会党之前抵达江华,占据县城。会党第二天方才到达。王鑫在城外山坡列阵,令其余部队埋伏于坡后。接战后,会党开炮抛石,弹石密如雨点。湘乡勇坚立不动,待会党靠近到几丈之外才开炮轰击,击伤敌将数名。会党殊死冲锋,坡后的伏兵绕出夹击,会党回头招架,大为惊骇,于是溃逃。湘乡勇追逐十余里,毙敌数百人,缴获全部器械和军实。11月18日回头攻击永明会党,在岩口塘将之击溃,会党逃出湖南,逃到恭城的栗木街。

11月24日,王鑫指挥团勇进攻,在距离栗木街十里处四处埋伏精兵,而令团勇出去挑战。会党以为团勇好欺,争相拥出,王鑫指挥精兵并排进攻,斩杀会党二百余人,追至河滨,会党排好阵势进行抵抗。官军奋呼渡河,会党惊惶而逃,争抢着进入栗木街军营。王鑫令人执火炬烧营,风怒火盛,倏忽之间屯栅尽毁,烧死会党甚多。有数百名会党冒火逃出,王鑫挥师突击,将其全部歼灭,缴获六十匹马和大批军器旗帜。然后进兵龙虎关,集合团勇进行训练,令他们修筑碉堡,据以防守。不久,宁远告警,称尹尚英正在攻城。王鑫便扬言要返回江华,其实却是去救宁远。11月22日,王鑫与周云耀率五百人兼程前进,于11月29日抵达天堂墟,遭遇尹尚英所部,将其前锋击败。数千名会党从营中争出拒战,王鑫与周云耀奋勇驰入,追杀十五里,尹尚英率部逃入城外市屋。王鑫令军士撕裂红旗,用碎布裹头,杀入会党。会党不知谁是自己人,部队乱套,自相残杀,尸横十几里,阻塞河水。会党被俘四百五十三人。当天，尹尚英胁迫百姓加入战斗，攻城者多达万人，王鑫一到，便先派人叫各乡擒拿逃敌，扬言官军已经击败贼匪。那些打算加入会党战斗的百姓听到此信，连忙解下红巾回家藏匿，已到会党营的百姓也不愿参战了。所以，王鑫虽只有数百人，却能杀敌甚众。

第二天，王鑫追击尹尚英残部抵达蓝山。广东的洪英堂正在围攻蓝山，驻扎于城西的高阳里，尹尚英残部到来，与洪英堂会师，势力大盛。这时候，官军这一边也有几支部队不期并集。江忠济刚刚率楚勇到来，正在攻打会党前锋，王鑫与周云耀便抄袭会党后背。正在搏战之间，会党忽然派出藤牌手冲锋，逼得楚勇稍稍后退。王鑫率四骑驰来，阻遏退勇，带领他们逼近港口，架起木板渡河。会党上前拦截，将王鑫等人重重包围，王鑫仁立不动，在敌刀将要触及坐骑之足时，他瞪圆眼睛，腾身而起，高声喊杀，将会党砍死，其余会党大惊，回头逃走。于是湘乡勇和楚勇各回其营。

王鑫见援军大集，便与各路将领约好一战歼敌。他说："贼匪流动骚扰几千里，历时十多个月，现在全部聚集在此。我们十多营将近一万兵力，难得聚在一起，湖南攻打土匪从来没有这么雄厚的力量，所以机会难得，不可轻失，应该并力一战，歼灭贼匪。我自请担负攻击高阳里贼营的任务，不劳诸公去攻强寇了。"于是大家定下计划各攻一座敌营，约定黎明进攻。

次日黎明，王鑫吹号出兵，抵达高阳里，会党出战。王鑫见官军诸部都站立在营外，挥旗呼喊，并无战意，于是怏怏不乐，跟会党交战不久，便下令回营，怒道："这些人无法共事，我不能留在此处。"会党派出两队人马分扑湘乡勇和楚勇军营。湘乡勇筑垒甚坚，会党无法攻入。至下午4点，楚勇出战已捷，湘乡勇便从壕间凿开五门出击，大破会党。驻扎在城内的南勇，王鑫与之有约，要他们在湘乡勇打了胜仗时出城夹击。南勇到了此时，趁着王鑫所部大胜之机派人悄悄到阵后鸣金，前锋误以为王鑫下令速退，王鑫急令部队停止扎营，而要楚勇复出追击，楚勇追出数里，返回军营。当时已到日暮时分，会党去得更远了，王鑫才下令收军。当晚，会党分路逃走，尹尚英奔向嘉禾，但从此一蹶不振。这一仗，由于众志不齐，致使会党能够逃遁。

12月6日，王鑫返回道州休整部队，并设宴犒劳士卒，以纾散他们的苦闷之情。从10月27日到11月26日，王鑫经过五次大战，救了五州二县，兵威大振。在道州城内，他每天上午召集道州人士到周子祠堂讲学。王鑫从军以后，总是恨自己弃学出道太早，所以趁着训练督战的闲暇手不释卷。他和诸友论学幕中，辩明了许多问题。这年冬天驻军道州，多次召集士人讲明正学，切究义理，所说甚为透辟，一时感发兴起，悦从者众。

12月下旬，恭城会党从马坪攻打龙虎关，王鑫派王开化和张福田助守关隘。王鑫离开蓝山以后，会党又回到宁远，侦知湘乡勇已退，便焚掠裹胁，屯聚益盛，王鑫不能坐视他们坐大。12月26日，王鑫率部从道州进击，取道永州，听说龙虎关吃紧，便急忙先去援救，而会党又逃走了。这一天，楚勇攻打宁远会党，失败而退。会党分兵出掠零陵。1855年1月14日，王鑫回军，派张运兰和王开琳攻击零陵会党，在青口遇敌，将之击败。周云耀也从锦田回师救援零陵，行至四广桥，挥军先进，被会党重重包围。此时王鑫的部队都出队逐敌，左右只剩下几十人，但他闻警后仍然前往施救，行走到两山夹峙的地方，只见会党林立，左右都害怕了。王鑫说："现在匪寇百倍于我，退则立死，只有奋勇突出，才能活命！"于是转身上山杀敌，挡路者立死，后军继至，所向披靡。这时周云耀挥师合击，大破会党，追逐三十余里，救出被胁迫的男女数千人。

1855年1月8日，王鑫所部击破梅冈岭会党军营，第二天进入宁远县城。当天都司骆元泰出军县北，失败而归。于是王鑫分兵出屯天堂墟，自己返回道州，此时其兄王人树新募的湘乡勇从临武追逐会党至全州，打了两个胜仗，来到道州，与王鑫会师。

江忠济率部在蓝山和宁远攻打会军，连连获胜解围，升为道员。

115

湘军把太平军赶出湖南以后，左宗棠就去向骆秉章辞职。他说："当初省城危急，吁公留我暂时襄理军务。如今涤公所部节节取胜，发逆一时半会儿是进不了湖南了，在下也该回去图个清闲，特来求准回乡。"

骆秉章一听此话就急了："季高啊，你看你看，这是从何说起？我当初就要正式下个聘书，是你不肯嘛。你是不是觉得我还不够放权？你要是觉得我干预太多，直说出来，大事小事你看着办就是了。"

左宗棠此次辞行并非打定了主意要走，而是觉得骆秉章还不敢让他放开手脚大干一场。多年以后，他在给郭嵩焘的信中说了当时的情况：

> 弟自入居湘幕，骆文忠初犹未能尽信。一年以后，单主画诺行，文书不复检校。

所以，这个性格狂傲的才子，觉得在不肯放权的人手下干事没有意思，打算"更名隐姓，窜匿荒山"。很明显，左宗棠这是以退为进。作为一个无权无势的干才，他在职场中与老板讨价还价的利器只有提出告辞、作势要走这一招，而在博弈中往往成为赢家。但他要争取的并非个人名利，只是老板的"尽信"，得到充分的办事权而已。

果然，左宗棠提出要走，骆秉章就改变态度了，对他"推诚相与，军事一切，专以相付"，使他"不得不留此共相支撑"。

左宗棠留下了。从这时起，直到1860年（咸丰十年），六年之间，左宗棠事实上成了湖南的一把手。骆秉章留下了左宗棠，得以解决任上的许多难题。

1854年9月份，根据左宗棠的提议，骆秉章奏请在省城长沙设立绅局，制办炮船，由岳麓书院山长丁善庆、黄冕和李概等人负责，左宗棠亲自监督。这是一个信号，说明左宗棠注重起用绅士任事，致力于扩大绅权，发挥民间学者的作用。他和骆秉章、曾国藩等人努力培植湖南汉人在军政界的势力，大量起用湖南的在野士子，形成新的官绅结合的社会管理体制，动员知识分子的力量来为清廷服务，取得了不错的成效。而他在长沙开设绅局，是一个重要的发端。

此年户部因各省军饷难以支付，提出铸造当十、当五十和当百的大钱，以弥补军饷的不足。当十大钱每个重五六钱，当五十大钱每个重一两一二钱，当百大钱每个重一两四五钱，7月份由官方开设铸钱局铸造，由长沙府专管。这时长沙知府仓景恬定期雇炉头开铸，并发布告示，规定民间用钱，大钱与制钱掺半使用，起初还以为很方便，布政使与知府还打算按照部里的意见铸造当五百大钱和当千大钱。骆秉章征求了左宗棠的意见，竭力阻止，给他们泼冷水说："利润越重，私铸就会越多。"几个月后，铸钱局里的炉头与仓知府的家人作弊，弄得每月私铸的大钱比官铸的还要多，私铸大钱的价格比官铸大钱减半，所以钱店都去购买私铸的大钱，而不买官家的大钱，以致官家的大钱卖不出去，军人和百姓用大钱去赎当，当铺收入的大钱也堆积在那里不能流通。不到十天，长沙的商人便有许多人歇业，就连长沙做工的人支了一半大钱回家也无法使用。1855 年 1 月中旬，省城民怨沸腾，差一点要罢市。左宗棠急切劝说骆秉章发布告示，宣布停用当五十当百大钱，当十者仍听百姓自己处理，并决定以八成制钱收缴大钱一千，派印官分县分段清查，看看究竟有多少大钱，即行收缴。只有对于当铺和绸缎店，由于他们资本较厚，所以暂缓收缴。

经过几天的清查，便已查明，城厢内外，当五十当百大钱共有十六万余串，而在铸钱局发出的大钱，有数可稽的却只有九万多串，由此可见，私铸大钱已将达到一半。于是巡抚下令，传委员查询，并拘捕炉头到院审讯，才知道长沙知府的家人与炉头通同舞弊，于是将仓知府撤任，委任道府研审得实，将掌管铸钱局的委员、长沙府家丁处以绞刑，并绞死炉头一人，其余分别流放，作为长沙府自查的结果，交给部里议处。

此事过后，骆秉章仍有后怕。如果这一次没有听从左宗棠的建议将大钱收缴，那么到了年关，长沙省城不知是一番什么景象！

不久，户部又想了新花样，发行价值八万两银子的钞票到湖南，用于搭放兵饷，布政使请示怎么办，骆秉章回答："就连当百的大钱，好歹含有一两四五钱的铜，尚且不能使用，那么你用一张巴掌大的纸，用它充当三两银子，你想能够使用吗？这钞票存在库里了事吧。"后来，骆秉章以湖南没有官钱铺不能使用钞票为由，在上疏时夹了附片陈明，方才了事。

116

湘军于 10 月 14 日攻克武昌和汉阳以后，湖北省长江上下二百里河道里已经没有太平军的踪迹，但是襄河之内还有太平军的许多船只。襄河就是汉水，居民与船户都称之为"小河"。襄河的主流上通安陆和襄阳，抵达兴安与汉中，其支流则有北支通于德安、孝感、应城，南支通于赤野湖、沙湖，直达沔阳和荆州，所以其流域影响很广。太平军占据武汉时，其国宗、丞相等人率领一批老兵守城，而另派年轻的精锐士卒在襄河南北征集粮食，叫"打先锋"。所以，太平军有一千多艘船只驻扎在蔡店、系马口、长江埠、侏儒山等处，游弋无常。署理湖广总督在杨店驻了一支部队，靠近襄河北支，可以堵截；但是南支则可以从侏儒山和新滩口驶入长江。曾国藩先前进驻金口时留了一千多人驻防新滩口，就是为了提防襄河太平军船只从那里抄袭湘军后路。所以，曾国藩克复武汉之后，立刻派水师进入襄河搜攻。

10月15日，根据探报，太平军一千多艘船只已从蔡店顺流而下，将要冲出长江，与湘军决一死战。魁玉和杨昌泗来到曾国藩的座船上，自请率荆州兵担任陆路的攻防，而请曾国藩派发水师迎击太平军船队。曾国藩立即派水师各营用大船错落布置在汉口内外，而派舢板迅速进入襄河迎击。舢板队还只行驶了几里水路，就遇见太平军船队连樯而下。其前锋有两千人从杨林沟登岸，魁玉令荆州兵佯装退却，杨昌泗和参将恒泰率兵勇从龟元寺绕到杨林沟抄袭敌军后背。交战之下，太平军败溃。正在这时，战船驶来，炮声轰隆，太平军开炮还击，由于河道太窄，太平军船只拥挤，无法回旋到有利地位，所以仓皇失措，时开时停，突进突返，后面的船往往开炮击中了己方前面的船，于是喧哗争吵，互相对骂。湘军乘机逼入敌阵乱抛火球与火蛋，有时还发射喷筒与火箭，往来驰突。太平军中有顽强的战士，也用火球回掷到湘军船上，而怯懦的太平军和被胁迫上船的水手已纷纷浮水登岸逃跑。太平军老兵持刀砍杀，无法禁止。逃到北岸汉口的太平军幸得脱免，逃到南岸汉阳的太平军便被魁玉和杨昌泗的部队截杀，两百多人被俘，一百多人被斩杀。湘军陆师收队后，水师又乘胜追赶。追到上游，遇见敌军战船几艘在顽强战斗，向湘军驶来，一边抛掷火包。湘军船队出入于浓烟烈焰之中，猝不及避，军士伤亡十余人，营官萧捷三头面手足都被烧伤。杨载福等人奋力上前抢救，挺矛将一名敌军刺落水中，焚烧顽强抵抗的几艘敌船，太平军方才跳水大溃。从三更以后，敌船上已空无一人。湘军水师既不开炮，也不呐喊，人人手持火球与火蛋，每隔一船抛掷一火，行驶二十多里，直到罗家墩，将一千多艘敌船全部烧毁。四更方才收队。曾国藩身在鲇鱼套，与汉水隔着大别山，也能遥见火光从山后透出，把江水中的波纹照成了红色，屋上的瓦清晰可见，比10月12日和13日两天的火光还要强烈，可见汉水之中的火势之大。这是因为汉水逼仄，湘军趁着太平军船队拥挤喧乱之时进行攻击，而荆州陆地上的官军以及两岸被害的民众也趁机协助纵火，就连船户也是被掳已久，怨极思归，也有自己烧毁船只逃走的。方方面面，与湘军水师联为一气，所以杨载福、萧捷三的二十几艘战船费力不多，就取得了大胜。此战以后，襄河以内已没有多少太平军的船只，湘军酌留战船遍加搜攻。湘军向东进兵，就无后顾之忧了。

10月15日庚申，李续宾追杀从武昌逃走的太平军，交战后俘斩总制丁礼之、将军陈昌贵等一百六十六人。

曾国藩在获得大胜的情况下，还保持着清醒的头脑，寻找湘军的弊端。他发现，水师抢船太多，私自隐藏起来，收藏财货，而在攻破武汉以后，水陆官兵都获得了财物，有的人吃饱了就想开溜。也有人因为酷暑在岳州苦战，有了战功，但上司保奏迟了，赏赐还没有下来，心有不满，常发牢骚。屡胜之余，将士志骄气溢，军心涣散，隐藏着挫败的危机。

从敌情来看，从武昌撤走的太平军虽经塔齐布在洪山截杀三千人，但逃跑者还有很多。从汉阳撤走的太平军基本上没有遭到损失。武汉逃敌归集到蕲州和黄州一带，尚有数万人。岳州以下直至金陵，久为太平天国统治，乡民蓄发纳贡，信拜上帝之教，在官军收复的地区，百姓担心太平军再次杀来进行报复，所以狐疑观望，不肯剃发。崇阳、兴国、蕲州、黄州、孝感等处乱民甚多。倘若官军吃了败仗，则四面受敌，饷道易断。

再看湘军的供给。湘军水陆两军所需的银钱和弹药全部依靠湖南供给，此后湘军离湖南越来越远，军饷不足，湖南势必难以长久接济。且千里之外，运输尤为困难，军火与银米一旦缺乏，部队就会溃散，湘军就会前功尽弃。

曾国藩思考着面临的难题，希望得到朝廷的支持，努力设法解决这些问题。

为了补充在北进作战中损失的兵力，曾国藩把罗泽南的部将唐训方找来，让他回家乡常宁招募五百人，组成训字营。

117

曾国藩肃清了武汉周边的太平军之后，清军已进占黄州和武昌县，长江南岸的太平军劲旅都在毗邻江西的兴国集结，而长江北岸的太平军劲旅则集结在蕲州和广济，都扎营在船舶上。

曾国藩上疏，陈述自己的进兵方略。他提出官军要从三路进军，第一路为南路，由塔齐布和罗泽南在长江南岸攻打兴国和大冶；第二路为北路，请署湖广总督杨霈派令固原提督桂明率领鄂军在长江北岸攻打蕲州和广济；第三路为中路，由曾国藩自己率领水师从江路而下，杨载福和彭玉麟率领前帮先行出发，曾国藩带领李孟群等营率后帮继进，在抵达黄州时，和陆路的江北部队会师一次，抵达田家镇和富池口时，再与陆路的江南部队会合一次。北路的陆师行至广济时，在进入安徽之前，再由曾国藩和杨霈商定行动计划。南路的陆师则必须在攻下九江之后才能渡到江北，以图迅速进攻安庆，收复安徽省会。

由于曾国藩探知太平军掳掠了数万艘民船，湘军所击毁烧毁的还不到七千艘，而其他省份的官军击毁烧毁的也不过几千艘，所以他预计长江下游现存的太平军船只还有不少，而湘军到了九江的下游必定还有几次大战。但曾国藩没有料到的是，湘军刚刚走到九江就走不动了。此为后话。

咸丰皇帝看到曾国藩统筹三路进兵的方略以后，下诏说，他担心桂明难以胜任，命令湖北的文武官员都受曾国藩节制。

曾国藩没有忘记为老师吴文镕讨回公道。他上疏陈述吴文镕战死情节，追论崇纶陷害吴文镕的实情。清廷下诏逮问崇纶，令他服毒自尽。

湘军经武昌一战势不可当，而武汉空虚，杨霈觉得住在这里不安稳，而他又希图军功，主动提出把湖北的所有清军和湘军陆师分为三路进击：他自己带兵去攻打长江北岸的蕲州和广济；塔齐布等人率领湘军和鄂军的陆师在南岸沿长江推进攻打大冶；罗泽南率领湘军攻打兴国。

关于南岸和北岸的攻击，李续宾此时有了自己的想法，认为只有依靠湘军在南北两岸同时进攻才能迅速取得胜利。当他得知曾国藩被朝廷任命为署湖北巡抚时，认为曾国藩有了疆吏之权，正好实施这个方略，于是写信给曾国藩，建言乘势东进。他说，如果只是跟在太平军后面尾追，那么我军就是受到敌人的左右，敌人总是可以四扰来贻误我军。应该马上组建两支部队，合为一万八千人，由塔齐布和罗泽南各领一支，分南北岸推进，根据敌情进行防御和进攻，使敌人无法推测我军的进退，则我军便会处于主动的地位，而敌军则会陷入被动。曾国藩复信说，组建这么多人的部队恐怕得不到军饷。李续宾又写信说：我并非不知道饷需的艰难，但自从内乱开始，至今已有五年，耗去了三千两银子，而贼匪更加嚣张。他们肆扰于北，则南岸不足以牵制其行动；他们肆扰于南，则北岸不能将之阻截回去。如此下去，估计兵祸非三五年才能遏止，与其让贼匪蔓延，耗费更多的财物和民力，不如奋力镇压，迅速结束战事，岂不是节约了耗费？筹饷之事，可以奏请清廷派专人筹办，不能靠曾先生一人之力。但是，曾国藩由于顾虑饷需无法筹集，还是没有采纳这个建议。而他在北路寄希望于杨霈的增援，埋下了日后的危机。

杨霈在他的兵力部署中没有重视湘军的水师，曾国藩却明白水师的优势。所以曾国藩仍然坚持了两路陆师和一路水师的三路进兵方略。这个方略的实施在 10 月 28 日拉开了序幕，水师前帮于这一天启碇。水师二帮于 11 月 4 日启碇。这一天，江南陆师分为两支：第一支，塔齐布率湘军从武昌拔营，取道武昌县，进攻大冶，署湖北提督布克慎、副将王国才、拣发游击阿达春随同塔齐布出发；第二支，罗泽南率湘军于武昌拔营，取道金牛堡，进攻兴国州，游击彭三元和都司普承尧等人随同出发。北路的陆师由魁玉和杨昌泗率领，于 11 月 7 日拔营起行，桂明已从杨店先抵黄州。曾国藩于 11 月 11 日乘船抵达黄州，与北路陆师会面，命令魁玉和杨昌泗于第二天东出蕲水，进攻蕲州。

11 月 7 日，罗泽南一路从金牛堡进至大冶，据探报，太平军已经知晓湘军分两路进攻，于是从田家镇召来了六千多兵力，一半从兴国分抄大冶，堵截从武昌县而来的湘军塔齐布部，另一路据扎兴国州城，阻击从金牛堡而来的湘军罗泽南部。罗泽南一路于 11 月 10 日上午 10 点行抵兴国境内的盐埠头，迅速堵住大冶敌军的归路，并阻击兴国之敌，使他们不能会师。太平军分三路攻来，兵力约为三千人，黄旗遍野飘舞。罗泽南、李续宾等人登山察看，扼险排阵，做出按兵不动的姿态。太平军驰下山冈，从田垄间发起攻击，罗泽南下令出兵，和彭三元从田垄的中路进攻，普承尧沿山边的左路进攻，李续宾则从沿河的右路进攻，以枪炮射击，以刀矛砍刺，四面包抄，喊声震天，歼灭敌军前锋数人，太平军立即大溃，丢了一半的军械。湘军追杀十里之遥，共歼敌三四百人，俘虏五十三人，其中有总制汪茂先，还有两名师帅、四名旅帅和八名两司马，一看他们的头发，都是长达一尺多，可见都是老兵，于是将他们斩首示众。湘军缴获大小黄旗六十多面，抬枪、鸟枪百余支，马十二匹，以及大批弹药和军装。这支太平军由于被湘军扼截了要路，无法前赴大冶，当晚有将近一半人剃发逃跑，其余多半返回兴国州城。

11月11日五鼓，罗泽南派出六成兵力，仍然分三路前进，直逼兴国城外，城内守军全部大踏步撤退，飞龙、飞虎旗帜和军械全部弃置不顾。湘军从南门进城，占据兴国。搜获太平天国知州胡万智，此人是在武昌考中的天国进士，看重读书人的气节，所以没有逃跑，力守州城，希图再举。被捕后，在讯问中宁死不屈，被罗泽南下令凌迟处死，枭首示众。湘军又抓获太平军残余二十余人，就地处决。清政府知州保忠带领近乡练勇回城，会同湘军安抚难民。

塔齐布所攻击的是大冶太平军。他于11月10日从武昌县拔营前往，第二天上午10点抵达大冶城外的五里牌。四五千名敌军整队进攻，塔齐布兵分三路，自己率湘军和阿达春等部从中路进兵，令王国才等率云南官兵从南路进攻，令布克慎等人带领湖北官兵在北路埋伏。太平军士气很旺，和官军鏖战几个小时，虽有伤亡，但仍然拼死抵抗。塔齐布策马冲锋，将敌将斩于马下，中路之敌当即败退，左右两路见中路撤了，也随即大溃。各路兵勇和伏兵乘胜施放火箭与火蛋，烧毁敌营两座，烟焰弥漫。不料败逃之敌并未丧失勇气，回头拼死战斗，左路还有太平军伏兵突起。塔齐布正在扬鞭指挥作战，忽有几名敌军扑来，刺伤他的坐骑，几名亲军立于主帅之前，与敌军伏兵中的勇猛者格斗，将其刺死，四路短兵相接，才将敌军再次击溃，直杀得尸横遍野。湘军从县城北关追出南关，又分兵拦截敌军腰部，共歼敌一千多人，缴获军械千余件，骡马二十七匹。太平军残部争桥过河，逃向远方，人多拥挤，压垮了桥板，近百人坠桥而亡。后来者被追兵逼迫着，无路可逃，全数跳水，又有千余人淹死于水中。这幅场景，仿佛是10月14日洪山太平军被追得互相践踏跳入湖中场景的重演。官军各营俘敌一百三十四人，由于居民陈述其掳掠奸淫的行径，塔齐布将他们剜目凌迟，以泄民愤。

再看湘军水师的情况。水师启碇以后，各营分别驻扎于蕲州上游的蒜花壕、道士泺、渭源口一带。11月8日立冬日，据探报，蕲州太平军侦察到湘军水师深入，而陆师尚在三四百里外，便企图乘官军陆路空虚，前来进攻。水师升用参将杨载福和刚刚伤愈归队的候选同知彭玉麟等会商定计，与其消极等待，不如主动迎敌，在敌军未到时给予打击。11月9日，他们指挥千总秦国禄等人各带长板从蒜花壕出发，行抵蕲州对岸。太平军见敌人靠近，首先驶出一百多艘船开炮迎敌，并在高岸挥旗开炮，以护卫未开的船只。湘军猛烈轰击，太平军船队势不能支，即向下游驶去。湘军分出一半战船追赶到下游，把敌船赶到距田家镇十五里的骨牌矶，先后烧毁三十多艘敌船，轰毙大批敌军。另一半则攻击停泊岸边未开的敌船。太平军开炮掷火，拼死抵抗。岸上的太平军也开炮相助，弹如雨下。湘军久经阵仗，仍然以避弹为耻，越战越勇，自中午战到下午6点，酣战六小时，才将没有开驶的六十多艘敌船烧尽，并轰毙大批敌军。由于北岸的陆军没有开到，所以没有进占蕲州城。水师收队回营，已到五更。统计缴获旗帜和枪炮共有数百件，而自身伤亡也不在少数。

根据探报和战斗结果来看，曾国藩认为，湖北省的太平军以兴国和崇阳两处的最为强悍。田家镇从1853年失守以来，太平军把兴国和大冶建成了根据地，上达崇阳和通城，下达九江。他们以兴国为中心制造弹药，招募兵员。此年9月份，太平天国在武昌开科取士，兴国人应试的最多。所以曾国藩在进占武汉之后，决定先攻兴国和大冶。官军在同一天攻克了这两座城市，虽然重创了敌军，歼毙溺毙两千多人，但逃敌仍然不少。这时候，曾国藩、塔齐布、罗泽南等人已经发现，太平军为了躲避湘军兵锋，已从下游渡江撤至北岸，在距离蕲州四十多里的田家镇修筑了许多土城，挖掘了数重壕沟，又用木排横截江面，还在田家镇江面横安了两道铁索，相距十几丈，并在铁索下面排列几十只小划子，用枪炮护卫铁索，以阻挡湘军水师。并且分派几千兵力据守蕲州城内，还在临江一面筑垒安炮，抵挡水师。曾国藩此时已经预见到，既然太平军在北岸负隅抵抗，而北岸的陆师并不得力，那么有可能需要湘军渡江和水师一同攻击，才有可能消灭太平天国的生力军。

118

湘军攻克兴国与大冶之后，下一个夺取的目标就是军事要塞田家镇。田家镇在长江北岸，但其对岸的半壁山和富池口却是夺取田家镇的关键。1853年江忠源防守田家镇时之所以失守，就是因为在他到防之前，南岸的半壁山和富池口已被太平军所占，所以北岸的田家镇就没法守住了。曾国藩研究过这个问题，所以知道半壁山和富池口为湘军必争之地。兴国和大冶既经攻克，湘军便决定占据半壁山和富池口两处要塞。塔齐布于 11 月 18 日从兴国拔营，进扎富池口，刚刚升任浙江宁绍台道的罗泽南，以及刚刚升任直隶州知州并赏戴花翎的李续宾，率领湘乡勇等部队进扎半壁山，当晚宿于桃港。

11 月 20 日早晨，罗泽南部整队进发。罗泽南自带九百名湘乡勇，游击彭三元、都司普承尧率领九百名宝庆勇，各派七成兵力为前敌，以三成兵力护卫辎重居中，由李续宾带领九百名湘乡勇以三成兵力护卫辎重前行，以七成兵力居后押队，以防敌军抄尾。上午 10 点，行抵距离半壁山敌营二三里的马岭坳，见该处孤峰峻峙，俯瞰大江，与田家镇诸山互较雄长。峰上扎有大营一座，小营四座，峰下挖了深达一丈多、宽达三四丈不等的壕沟，从湖中引水环灌沟内，形成难以逾越的屏障。而且，壕沟内侧修筑了炮台和木栅，壕沟外侧则密钉竹签与木桩，其坚固难攻，与湘军在武昌遇见的花园敌垒不相上下，而地势险峻更在花园之上。由于半壁山三面都是悬崖峭壁，江水南流，绕山折向东边，江水湍急，江中的舟船都靠着田家镇行驶，以避开急流。

罗泽南等将领登高察看形势，正要扎营，太平军忽派几千人来攻。田家镇太平军首领为燕王秦日纲，他从对岸的田家镇派出几千人渡江助阵。有些太平军藏匿在民房之内，也突然出动，太平军兵力共计达到万余人。从半壁山到马岭坳湖汊纷错，只有两条堤路可通行人。湘军列阵以待，打算等到李续宾的后卫部队到达后方才开战。太平军仗着人多，当即上来挑战。左侧的宝庆勇向前迎敌，被太平军击毙数名，宝庆勇纷纷后退。罗泽南一看情势不妙，担心一溃之后就无法挽回战局了。于是他自带几十名敢死之士匹马冲出，奋力堵杀，将敌军堵到堤路以北。罗泽南又从右堤冲出，毙敌几名。蓝翎千总何如海手刃敌丞相一人，与六品军功彭称祥并力向前，从左堤杀出，毙敌数十人。这时，立于高处的太平军抛掷石块，砸中何如海额头，何如海当即阵亡。彭称祥赶来救援，同时毙命。左堤的湘乡勇也稍稍退却。罗泽南从右堤回马冲入左堤，带领部众截住敌军，敌军越杀越多，战场上炮弹雨下，火箭、喷筒交集，凶险异常。湘军冲锋，则敌军稍退，湘军退后，则敌军前进，如此反复冲杀几十次，血战三小时之久。太平军虽然屡屡受挫，但仍然拼死抵抗。这时李续宾率湘乡勇后队赶来救援，士气大振。罗泽南与候选知县李杏春从左堤冲进，李续宾从右堤冲进，歼敌数十人，敌军大败。乘胜直逼大营，从木桩、竹签中越沟而入，纵火焚烧，烟焰蔽空，烧死数百人。彭三元分途截杀，普承尧也从右坳抄出，围住敌营。各营乡勇追到江岸，太平军登船撤退，官军抢入船上杀死近千人，江水尽赤。另有上千人因翻船而淹死，浮尸蔽江。太平天国秋官丞相林绍璋被湘乡勇追到船边，斩于马下。这位丞相在湘潭逃得一命，只隔了半年，便殒命于田家镇。太平军害怕湘军飞渡，自行将浮桥拆断。湘军俘虏四十余人。据供称，这支太平军中除林绍璋以外，还有陈姓将军和彭姓指挥，以及其他十几名官员，都已被杀。湘军缴获黄旗百余面，马三十多匹，大批弹药、军装。下午4点收队，查明各营乡勇阵亡十三人。

湘军水师自从11月9日打了胜仗之后，分扎于渭源口两岸，与蕲州的敌船相距二十多里。蕲州的太平军首领是殿右三十检点陈玉成和殿左三十一检点曾凤传。11月19日上午8点，澄海营营官白人虎、定湘营营官段莹器驾带十余艘战船往下游巡哨。风平水溜，很快就驶近蕲州城。陈玉成和曾凤传突然出动百余艘船发起围攻，澄海营一船被烧毁，一船被击破，湘军小挫，一面抵抗一面转舵回营。太平军见打退了湘军，又见东风大作，便乘胜鼓帆追赶。尾追了十多里，乘势上攻，直近曾国藩大营。彭玉麟和杨载福亲率左右两营前往救援，中营秦国禄、清江营俞晟、向导营孙昌国各率快蟹、长龙等大船倾巢出战，逆风开枪，排轰而下。哨官任星元、李升元、鲍超等部靠近南岸而行，冲到蕲州下游的钓鱼台，先抄敌尾，然后逆击而上，将敌船包裹在中段。太平军先前是乘着顺风上攻，仓促间无法退转，又见湘军上下包抄，便纷纷弃船登岸。湘军自上而下的船队集中炮火轰击登岸的陈玉成和曾凤传，自下而上的船队则纵火焚烧钓鱼台的敌船。这一天上攻的太平军船只全被湘军焚烧或缴获，无一逃脱。共计延烧敌船近八十艘，缴获敌船大小四十六艘，巨炮六十三尊，还有大批抬枪、鸟枪、旗帜、号衣、弹药、文件。白人虎因初时小挫，后得大胜，愤极恋战，到晚上8点仍未收队，被岸上的太平军以抬枪击中额角，当晚殒命。

白人虎是在湘军对武汉发起攻击之前方才加入湘军水师的新将领，虽然在湘军中资历尚浅，却很得曾国藩赏识。此人是华容人，本年4月14日，王光鼎、丁魁生等会党首领集结一千多人赶走华容知县，占据华容县城，白人虎捐资募勇，与生员白明月等带勇千余人前往攻击，和会党战于万庾市，杀敌七十余人。白人虎右腰受伤，又手刃二十二名敌人，乘胜收复县城，俘虏敌首尹正其等人，又追敌至石首县城内的招商河，歼敌九十余名。会党对他非常憎恨，又于5月28日分三路全力来攻，因众寡不敌，县城再次陷落，知县宋昌期死亡，乡勇死亡七十人。白人虎便赴湖北荆州请兵，偕同李光荣和黄鹏程等增援石首，并攻华容。6月7日，白人虎打先锋，与太平军交战于板桥，杀敌千余人，再次攻克县城，倡办团练，荆州将军官文赏给他五品顶戴。又攻捕巴陵陈家林土匪。7月16日，会党船只二百余艘在九都焚掠，白人虎带勇杀毙会党五百余人，烧毁船只二十四艘，然后在华容、石首、监利三县交界的塔市驿搜捕丁魁生家口，将之杀死。白人虎得到了士民的拥护，各乡团勇都来响应，华容县数月无官，全县士民都奉白人虎为依归，会党不敢随便乱动。就连太平军往来荆州和岳阳之间也不敢多扰华容。曾国藩听到白人虎的事迹，将他调至湘军，华容士民挽留，曾国藩便令他召集水勇，修理船炮，组建澄海营，驻扎新滩口，以防里河的太平军。白人虎昼夜辛勤，自家运米二百石以佐该营之用，所得公项银两尽数分给士卒。这一次白人虎请战诱敌，力战捐躯，曾国藩深为惋惜。

在太平军从水上进攻时，他们还派出了陆师千余人沿岸向上游进攻，护卫湘军水师的陆勇先派八十多人放哨，突遭袭击，鼓勇格斗，伤亡十多人，各营才出队救援。前任江西巡检石炽然偕同浙江监生徐国本急切请求亲率勇十多人前往助阵。石炽然刺倒大旗敌将，然后手刃六敌，乘胜进追，树林内敌军伏兵突出，将石炽然和徐国本同时斩杀。由于陆勇主力救援，加上水师向岸上攻击，才将敌军陆师击退。

11月20日夜里，曾凤传和陈玉成见北风劲吹，又派人袭扰湘军水营，以十多只小划子乱抛火球，而在北岸施放火箭。曾国藩这时对于水上作战已经颇有心得，见夜黑风厉，若是开动战船，必然会互相撞击，所以急忙传令水师：不开船者，哨官立即保奏；开动船者，立即革职申斥。各营得令，坚壁不动，手持水斗，见火球落船，即时扑灭。太平军射出几百支火箭，仅烧毁湘军一船，其余战船无恙。第二天，查明开动的战船仅有十几艘，其余都坚坐不动。

且说湘军南路的陆师在11月21日获得大捷，是罗泽南率部作战的结果。第二天，太平军余部集结在湖汊扛抬尸体，忽然派出几千人挥旗挑战。罗泽南考虑到部队久战力疲，不令出队。而塔齐布部在此日投入了战斗。该部从兴国拔营后，本来与罗泽南部分为两路，罗泽南西往半壁山，而塔齐布东往富池口。塔齐布在11月20日夜宿南村，11月21日行至军山嘴，正好遇见敌军分几路来攻，于是带领周凤山等人奋力将敌人击退，焚烧富池口敌营一座，就在军山嘴扎营。此营与罗泽南军营相距十多里，中间隔着一条小河。

11月23日，塔齐布派人搭造浮桥，以连通前往罗泽南军营的道路，罗泽南则派兵接应。桥还没有搭成，太平军便派来一千多人阻遏渡河之处，而长江上的太平军船队忽然派几千人上坡，排列在半壁山之左，北岸田家镇的太平军又有几千人渡江，排列在半壁山之右，占据旧垒的太平军也都挥旗出兵。罗泽南急忙登上高坡瞭望，见秦日纲坐拥将台，高声发令，龙旗黄盖，军容雄壮。太平军几路兵力共有二万多人。湘军这边，塔齐布的部队无桥可渡，只有罗泽南部的湘乡勇和宝庆勇两千六百人，跟太平军相比众寡悬殊。湘军战士惴怯畏敌，临时逃走三人。李续宾派人飞马将三名逃兵追回，挥泪手刃，慷慨誓厉，才稳定了军心。李续宾手刃之人中有其一位远亲，众勇见其执法如山，更加敬畏。罗泽南和李续宾分别登上高坡，将部队分为四队。罗泽南训话说："敌众我寡，应当坚忍不发，才能战胜。没有命令，谁也不能轻举妄动，违令者斩！"当即指挥乡勇驻扎在高坡左面，令李续宾部驻扎在高坡右面，令彭三元部排列在江岸，令普承尧部排列在马铃山左坳，防止敌军奔回半壁山旧营。

太平军三进三退，锐气已衰，李续宾击鼓发兵，右营突然出击，中营随之进攻，右营萧启江和朱品隆斩杀北岸渡来太平军的两员大将。太平军向后溃退，企图奔回半壁山。半壁山三面峭壁，只有后山有石级可上，前瞰长江，下临绝地。

敌军有些将士奔到江边找船，湘军也缘壁下击，喊声震动山谷。敌船十几艘由于人多过挤，加上互相碰撞，自行沉溺，另有几十艘船来不及开走，湘军跃上去，太平军全部跳水。就连已驶走的船只也因驾船的人心惊胆战，不知所措，无法驶离，湘乡勇右营胡裕发、周宽世、成大吉等人在上风处纵火，用火弹和火箭纵横延烧。

这时候，湘军战斗在太平军的中心，太平军围在外面，山上的太平军听说船筏被焚，知道败局已定，于是向山上奔去，李续宾从容指挥士卒举炮轰击，太平军拥挤着登上山巅，死亡过半。湘军乘胜追杀，歼敌一千多人，罗泽南派出身手矫捷的军士快步登山，将敌军堵在悬崖峭壁的边缘。太平军退路被湘军堵截，后面又有湘军紧追不舍，几千名战士被迫跳崖，坠落而下，触石挂树，血肉狼藉，一命呜呼。

湘军兵营中的长夫杂工也拿起武器争相出战，有的一人杀敌十余名。平地流血，崖有殷痕，长江南岸，水皆猩红。湘军从湘潭大战、岳州大战以来，打了几十场陆仗，都不如半壁山毙敌之多。

太平军大败之后，船只一律归于北岸。湘军将其南岸营垒全部焚毁，派壮士百余名缒崖而下，将横江铁索六条和竹缆七条全部砍断，日暮收队回营。

这一天，塔齐布隔河轰击，也消灭了敌军不少兵力。忽然，太平军千余人从下游的富池口沿岸而上，打算抄袭塔齐布背后。塔齐布率部回头截击，将这股敌人赶到江边，继续追逼，致使敌军溺死百余人，与上游溺死的人顺流而下。据曾国藩统计，前此 8 月 25 日的城陵矶之战，以及 10 月 14 日的洪山之战，都是追击太平军，致使很多人溺水而亡，但都不如这次之惨。

这天晚上，浮桥建成了，塔齐布和罗泽南两部可以互相往来，声势大增。但在这种情况下，秦日纲和韦俊还是不甘心失败，想要报仇雪恨。11 月 24 日，秦日纲再次从田家镇渡江来攻半壁山，兵力约为三千人，意图抢夺浮桥，先攻塔齐布军营。塔齐布率领游击阿达春、守备李新华等部先过浮桥迎击。酣战良久，罗泽南和李续宾从左路出半壁山下，彭三元扼截江岸，普承尧据守马铃山一路。秦日纲和韦俊忽派一万多人抢占山冈，连抛火球，烧死湘乡勇二人，湘乡勇前锋全部后撤。罗泽南奋力冲截，李续宾从山坡抄来，太平军才开始败溃。湘乡勇乘胜追到江边，塔齐布也已追到，两军夹击，杀敌四百多人，太平军淹死二百多人，其中有身着黄马褂和黄龙风帽的官员四人。湘军仍然列队于江岸等待。太平军见湘军全部赶赴下游，便驾驶一百多艘船只从上游登岸，开炮轰击，企图直扑罗泽南军营。彭三元等人奋力堵截，增派三成兵力登堤攻击。太平军又扬帆上行数里，驶至牛灌矶对岸，蜂拥上坡。湘军各营也沿江追击数里，罗泽南等人又从半壁山下游赶来援应，毙敌数十人，焚烧敌船三艘，太平军淹死四五十人。到此为止，太平军才全部败归。

根据太平军俘虏供称，太平天国燕王秦日纲愤恨太平军在岳州和武汉的失败，率领老兵精锐新来扼守田家镇。11 月 20 日，秦日纲将座船停泊于彭塘观阵，见湘军只有五六千人，觉得不是自己的对手，所以在 11 月 23 日倾尽全力来攻，企图用一支部队阻遏塔齐布部，使之不能渡河；以另一支部队围攻湘乡勇和宝庆勇各营，却没有料到吃了大败仗。他越想越气，便于 11 月 24 日率领复仇之师，用一支部队先攻下游，诱使湘军全力下击，以另一支部队从上游潜渡扑营。秦日纲没料到屡战屡败，无计可施，所以不再进攻南岸，于是半壁山为湘军所有了。

半壁山战役中，塔齐布与罗泽南紧密配合，攻克敌军坚强的堡垒，他经历了认识罗泽南的第三个阶段：结为至交。

119

曾国藩督率水师顺流直下，打算在田家镇与各路部队会师。咸丰皇帝下诏，提醒各部不要孤军深入，以免南北两岸的兵力不均等，导致太平军在江北集结。皇帝又下诏给江西巡抚陈启迈，指出黄州的太平军一定会沿长江撤退，占据九江和湖口，应当事先设防。

湖广总督杨需先前说大话，要统领部队肃清江北，但他和巡抚陶恩培都没有做到，曾国藩则急于歼灭太平军，一路东进，所以在江北兵力不足的情况下，继续率领湘军向前推进。

再说水师在 11 月 19 日获得大捷之后，太平军船队湾泊在蕲州城下，用岸上的枪炮进行护卫。湘军屡次诱击，太平军坚匿不出。曾国藩和水师各营官商议，认为蕲州敌船不过百余艘，却牵制着湘军无法直攻下游，这很不划算。11 月 23 日和 24 日陆师大战半壁山，水师不能前往应援，这正是太平军的计谋使然。若要破解敌人之计，只有留下小半水师和蕲州的敌船相持，而以大半水师直冲下游，与半壁山的陆军会合。如此一来，敌船被裹在中间，也就无法逃脱了。

计议定当，便来执行。11 月 27 日，彭玉麟左营、萧捷三后营趁着移营之便顺便攻击蕲州的敌船，发炮数千响，轰得太平军尸横遍野，而不敢将船只驶出，只是从岸上的土城和船上发炮，两层火力轮流轰击，与湘军相持。湘军多人负伤，哨官萧世祥中炮身亡。鏖战之际，钓鱼台下有几十艘敌船开溜，湘军分船追击，抛掷火弹，烧毁敌船二十多艘，缴获两艘，乘胜追下，于是进扎骨牌矶，冲过敌营之下十五里。

第二天，又用小划子诱敌出战，而以主力围攻，萧捷三后营烧毁敌船八艘，各营共烧毁敌船十多艘。敌船仍然坚伏不出。但是，现在敌船上下都是湘军战船，敌船被包围在中间，大小不足六十艘，所以不可能久驻于此，于是在11月29日夜间乘着大风挂帆而去。

此战以后，曾国藩为水陆部队请功，称李续宾手刃逃勇，有名将之风，请将李续宾记名以知府用并赏加勇号；称彭三元在全队下击之时独能力堵上游偷营之敌，进退有方，请将彭三元以参将升用；称普承尧以少击众，胆力坚定，请将普承尧以游击升用，先换顶戴。

普承尧是云南彝族人，出身于军人家庭，道光二十四年中武举，次年为恩科进士，选补为宝庆协中军都司，所以参加湘军后率领的是宝庆乡勇，而能屡立战功。

太平军丢失了半壁山，但在田家镇下游还有五六千艘船只，都是拦截抢夺的商用民船，供他们运载物资弹药。自从太平军攻占金陵以后，长江沿岸的各个城镇一直忙于运输。他们在半壁山失利以后，仍然企图在田家镇进行顽强的抵抗。横江铁索在南岸已被湘军斩断，但铁索另一端还固定在北岸。由于湘军水师在11月24日未能参与半壁山的作战，所以在11月25日太平军又将铁索勾连到半壁山下。秦日纲下令编扎大筏傍在岸边，以固定铁缆。江中横着三只大筏，与小船勾连，节节相扣，十分牢实，其中一节被砍断，第二天又会连上。竹筏上安了火炮，小船上有枪，以防湘军水师进逼。竹筏上还铺了沙子，船上贮水，以防湘军用火弹燃烧。在铁索上游，太平军安排了大小三四十艘战船，在铁索下游则停泊了许多民船，绵延约六十里，大小约五千只，也时时发枪放炮，以壮声威。

江北田家镇的防御也很严密，在街市外面修筑了一座土城，长约二里。街尾是吴王庙军营一座，拦江铁索在北岸就固定在这里，燕王秦日纲也驻扎在其中。街市上方有老鼠山，也有太平军的一座军营，其上游为磨盘山军营，再往上游是牛肝矶炮台。从牛肝矶下到吴王庙，有六七里之长，都密排了炮眼，向江心轰击，全力防御湘军水师。

在长江南岸，太平军自从在11月24日吃了败仗以后，就没有再到半壁山修筑营垒，只是在山下十里的富池口扎了三座军营，以保护下游的船队。

湘军战船从11月28日进扎蕲州的下游，于12月1日进扎见峰嘴，距离田家镇只有九里。杨载福和彭玉麟决定靠自己来冲破拦江铁索的藩篱。彭玉麟提议将水师分为四队，破坏敌军的江面屏障，曾国藩同意他的办法。杨载福与彭玉麟秘密登上南岸，抵达塔齐布和罗泽南营内，共商破敌之策。这两位水师将领归船之后，通知各营的营官和哨官："明日破贼，将战船分为四队：第一队专管斩断铁索，准备好炭炉、铁剪、大锤和大斧之类；第二队专管攻贼炮船，与之相对轰击；第三队等到铁索打开后直追下游，大烧贼船；第四队坚守老营，以防贼船冒死上犯。大家各司其职，听命行事，误者斩首！"

杨载福召集第三队的哨官，吩咐道："我们冲过铁索以后，如果先烧上游贼船，则下游的贼船就会跑远了，我们不如穷追几十里，从下游延烧而上。"

12月2日8点，湘军水师开始执行计划。塔齐布和罗泽南率陆师六千人依计在半壁山列阵，保护水师的攻击。

第一支船队由哨官刘国斌、万瑞书和孙昌凯率领。孙昌凯过去是铁匠，擅长冶炼锻造，他的任务是弄断铁索。彭玉麟告诫孙昌凯："不要开炮，不要仰视，直奔铁缆下面。贼匪筏上开炮时，你的船已顺流而下了，我亲自为你抵抗贼匪的战船。"

第二支船队由彭玉麟率领，负责向太平军还炮轰击。杨载福率领第三支船队，等待铁链断开。第四队留下驻守军营。

太平军自牛肝矶炮台到吴王庙以全力对付湘军水师，千炮环轰，弹落如雨。湘军第一队靠着南岸而下，一炮不发，直奔半壁山下的铁索之前。太平军将炮船驶近进行救护，湘军第二队包围攻击，烧毁其快蟹船两艘，太平军不再护卫铁索。刘国斌等人锤断小船上的铁码，小船便从铁索下抽出，孙昌凯就用洪炉和大斧一边烧熔一边锤打，很快就锤断了铁索。第三队的舢板飞桨而下，穿过了铁索封锁线。太平军一见湘军冲过了铁索，大惊失色，顿时旗倒队乱。在排筏上开炮的太平军驾起小划逃遁。下游的敌船仓皇扬帆下驶。湘军舢板追上去纵火焚烧。各哨船遵照前天夜里杨载福的吩咐，穿梭于千百敌船之中，迅如飞鸟，炮声雷动。下午5点，追到三十多里之外的武穴，纵火大烧，直烧得烟焰蔽天。当时东南风大作，太平军船队不能下行，船上的战士纷纷跳水，在江中沉浮，号哭扑腾，昏蒙无知，有人攀在湘军战船上求救却被湘军刺死；有人攀登太平军船只，船上的自己人也抽刀砍杀，不愿营救。顽强的太平军驾船下驶，可惜被劲风吹回，撞到南岸，湘军陆师又向船上放火，焚毁太平军的许多火药大船，爆炸气浪把船的碎片冲入云霄，凌空乱飞。

当湘军水师冲过铁索时，塔齐布即令陆师从半壁山飞驰而下，喊声震天，和战船炮声相应。将近富池口敌营二三里处，太平军并不抵抗，而是出营逃跑。还有二三百人跑不及，全数在湘军追赶下跳水。陆师和水勇抢上前去刺杀，纵火烧掉太平军营盘。从半壁山直到富池口，中间有数里的沙洲，11月23日和24日两天的战斗中阵亡的一千多名太平军的尸体还在沙洲上没有收埋，如今水滨沙滩又加上已被水火折腾得半死的太平军战士，残骸堆积，断肢漂流，一派恐怖景象。

杨载福、刘培元、洪定升、李成谋等人见武穴上游的船只已被焚烧殆尽，武穴下游还有敌船，又率十多艘战船鼓棹穷追，再行三十里，抵达龙坪。时已三更，已烧毁敌船四千多艘，百里内外火光触天。太平军历年所征用的民船同归浩劫。

这一路放火，杨载福也是累坏了，他于第二天上午10点才回到大营，竟然一天吃不下饭，积劳呕血。统计战果，这次缴获敌船五百多艘。彭玉麟担心船只太多，内部争夺，贻误战机，又担心水勇发财了就想离队，便将缴获的敌船一并烧毁。彭玉麟这种做法是为了扼杀官兵的贪欲，他在此年4月份的湘潭之战中就采取了焚烧敌船不让部队争夺战利品的做法，维护了水师的纪律，曾国藩对此非常欣赏。

湘军自出征以来的战果，陆师方面，以11月23日的半壁山之战最大，水师方面，以12月2日烧毁敌船最多。太平军因船队被毁，无处可归，无粮可食，无弹药可用，便于12月2日夜间四更自焚营垒而逃。

太平军因船队变成了灰烬，再也无法封锁江面，秦日纲率部于12月3日撤出田家镇，退向黄梅。蕲州的太平军也从陆路撤退到广济。

湘军攻破了田家镇，进占此地和蕲州。湘军水师名闻天下。杨载福因战功升任常德营副将，加总兵衔。彭玉麟以知府记名。

咸丰皇帝记录湘军战法，手写诏书，向江南江北的各路清军水师宣示。清军的这些水师将领不懂艇船的战法，继续征调红单拖罟船，都是等待顺风时才开航，所到之处都被淹没。

江西人也在制造战船，仿照湖南的造船法，但是没有良将统率，每次出征必定失败。本年11月份，江西的清军水师在庐山东麓姑塘镇边的鄱阳湖上抵抗太平军，被打得大败，损失四十多艘战船。

湖南人则继续发扬光大湘军水师，在籍官员丁善庆、陈本钦、唐际盛和李概等人开始捐资开设船局，而黄冕仍然专门制炮，以供湘军征用。船炮的研究者当时无人能与湖南相比。

120

湘军占领田家镇以后，太平军几次反攻都没有成功，秦日纲决定退守九江。长江北岸的太平军朝黄梅方向撤往安徽，南岸的太平军则朝瑞昌转移到江西。

曾国藩在田家镇集合各路湘军，稍事休整，为阵亡将士开了个盛大的追悼会。在攻占田家镇的战役中，湘军虽然取得了胜利，却也付出了很大的代价，阵亡八百名将士，损毁一百多艘战船。为了祭奠湘军的损失，曾国藩为田家镇昭忠祠撰写了一副挽联：

> 巨石咽江声，长鸥今古英雄恨；
> 崇祠彰战绩，永奠湖湘子弟魂。

祭奠完了，曾国藩在指挥船上召开军事会议，和诸位大将商议进攻九江的方略。湘军将领一致认为应该趁着刚打了胜仗的锐气迅速东进。曾国藩见大家斗志旺盛，决定不待后援到齐，孤军深入。

湘军立刻开拔，向九江推进。水师直接驶入江西，于12月8日到达九江城外。

本来，长江北岸的作战，计划由总督杨霈领兵执行。但是太平军在广济和黄梅的守将罗大纲下令设立了几十道关卡和壁垒。太平军丢失田家镇以后，秦日纲和陈玉成都领兵在这里集结，势力十分强盛。

杨霈的绿营兵显然不是太平军劲旅的对手，无法向前推进，长江北岸的作战只好由湘军陆师承担。

12月9日，塔齐布和罗泽南两部一起渡江。田家镇战役后已升任知府的李续宾照例率部打前锋。

12月15日，李孟群等人率领水师发起了对九江的攻击。

太平军进占九江城以后，在东北面约五十里的湖口驻扎了部队，并在湖口对面的江心岛梅家洲上修建了两座坚固的军营，与九江城互相鼎峙，又在对岸的小池口驻军阻击清军陆师。

在九江城北的河洲上，太平军修建了大型壁垒，设有火炮，洲旁系着大船，又有小艇环卫。

李孟群下令首先攻击大船，进攻不利，苏胜和郑沐身中炮弹阵亡，李金梁的战船在江水中沉溺。

太平军已经见识过湘军在水上作战的方法，开始模仿。他们也集中力量进行水战，多造小艇，靠在大船旁边寻机搏杀。

时值隆冬，寒风大作，江水波涛汹涌，双方的战船在江面颠簸起伏。太平军沿岸发射火箭，焚烧湘军船队。湘军水师日夜冒险作战，十分艰苦，很想休整，无奈陆师将领认为攻克九江城只在朝夕之间，所以每天作战不止。

同一天，太平军发起反攻，被湘军打退。

塔齐布所部渡江以后，绕到蕲州，于12月17日在莲花桥与太平军遭遇。这时石达开从安庆派来的援军已进入广济，太平军兵力进一步增强。塔齐布的前锋遭到伏击，稍稍退却。

罗泽南所部赶到，塔齐布见李续宾来了，大喜，策马单骑突阵，斩杀手执大旗的敌将。部队迅速跟上，途中又遭伏击，塔罗两军都将伏敌杀退，追奔几十里。

湘军杀到广济城外，距敌军壁垒只有十几丈，塔齐布和李续宾席地而坐，冒着雨点般的炮火谈笑自若。不一会儿，两人同时跃起，朝部队大喊一声："进攻！"

湘军两员大将率先冲锋，部队潮水般涌上城头，横厉无前，攻克广济。

太平军撤向黄梅。这里毗邻安徽和江西，是两军必争之地。石达开在安庆感到军情紧急，派出几万名骁勇善战的部队分别驻扎在九江对岸的小池口、大河埔、孔垄驿及黄梅城北，首尾相顾。又在大河埔与龙头寨等处修建五座坚垒，每个营垒驻扎四五营兵力。防守的严密比田家镇有过之而无不及。秦日纲、陈玉成和罗大纲齐集一城，都在黄梅驻守。

塔齐布和罗泽南两部于12月20日抵达双城驿。太平军分几路迎击。两部并力攻击，追到十里之外，攻破敌垒五座，斩杀三千多人，生擒九十多人。

第二天，两部抵达夏新桥，距黄梅城四里。塔齐布和罗泽南登山瞭望，发现北门便于进攻，便和罗泽南所部一起攻打北门，令彭三元在桥西摆开阵势，阻敌退路。

　　湘军肉搏登城，多数受创。塔齐布头部被滚石击中，血流满面，仍不放弃，要求部队加强攻势。塔、罗从城北的沟港中取道攻入，彭三元等部也从城西越过两座桥从栅门跃入。

　　太平军大为惊慌，四处奔突。湘军四面合围，全歼从营垒中突出的敌军，进占黄梅。

　　曾国藩上疏，向清廷介绍黄梅一仗的战况，咸丰皇帝有诏，戒劝塔齐布不要轻易冒进。塔齐布接诏后为之感泣。

　　接下来，罗泽南率部进攻濯港，遇到罗大纲的精锐部队赤膊上阵，脱下的衣服堆积在市集上。罗泽南命令部队将那些军服全部烧毁，然后发起攻击。唐训方的训字营作战勇猛，湘军斩杀一千多人，生擒几十人。太平军残部退保孔垄驿。

　　塔齐布和罗泽南两部向孔垄驿推进。

　　湘军陆师还在湖北攻坚，太平军水师却在向江西推进。他们自从在江汉败于湘军水师，便向北撤，进入安徽的潜江和太湖，南袭安徽南部，向江西运动。太平军战士多是南方人，非常乐意向南进军，江西很快就成为太平军非常活跃的省份。

　　湘军打进了江西境内，似乎颇为顺利。但是，跟随湘军水师进驻九江城外的曾国藩却有一种不祥的预感。咸丰皇帝曾阻止他孤军深入，他没有听从，现在已经感到了势力的单薄。

　　曾国藩给咸丰皇帝上疏，说太平军过去在水战中屡次战败，是因他们的水师都是使用民用船只。近来他们吸取了教训，在安徽仿照湘军的船式，制造出三十多艘战船，加上从江西缴获的清军战船四十多艘，势力大为增强。如果这支船队梗塞在鞋山与姑塘之间，那么湘军虽与江西内地只有咫尺之遥，却无法进入，这是他的第一个忧虑。

　　太平军分别驻扎在长江南北两岸，湘军的陆师兵力单薄，在南岸顾不了北岸，在北岸又顾不了南岸。如果往来渡江，疲于奔命，就会消磨掉锐气。这是他的第二个忧虑。

所以，他必须等到杨霈的部队到来，才有兵力防堵北岸，然后令湘军陆师全部渡江，集中兵力攻击九江。

咸丰皇帝读了这份奏疏，更加忧虑，命令湖北和江西两省派兵配合湘军。于是杨霈带兵东移，抵达广济，桂明率部驻扎黄州。

两广总督到达湖北边境，守着江西和安徽两省通向湖北的大门，颇有专心致志于湖北防御的态势。而湖北的上游地区则由荆州将军官文主持军务。

曾国藩为了补充兵力，命令率部驻守湖南岳州的胡林翼领兵前来江西会攻九江。胡林翼率部从岳州进入湖北，取道咸宁、蒲圻、大冶和兴国，东进江西瑞昌，来到湘军作战的前线。

121

1854年，太平军有力地控制着江西和安徽两省的长江流域，清军与太平军绞杀的战场被分隔在这段流域的东西两边。西边的战事最为激烈，湖南和湖北硝烟弥漫。在东边，围绕着太平天国的天京，双方也进行了几次搏杀，但战争的规模较小，也不如西边那么激烈。

3月份，江北大营的清军攻击扬州西南方的滨江城镇瓜洲，遭到太平军痛击，总兵瞿腾龙战死，终年六十三岁。这个长沙人从1851年起就在广西攻打太平军，也曾参加长沙保卫战，终于死在太平军手里。

杨秀清从天京派兵东进，攻占运河与长江之间的太平郡，这个地方现在叫作扬中县。然后从郡城连修壁垒直达长江，从水路通向天京。太平军的船队在长江上往来如梭，将部队运往安徽。

太平军将领孙寅三率领一支部队越过安徽的太平县向西推进，攻占祁门。然后掉头东返攻占太平县。这个太平，现在叫黄山市黄山区。安徽学政孙铭恩见太平军打进城里，自刎而死。

这样一来，太平军控制了整个安徽南部。

同一时间，曾立昌率领安徽太平军攻打丰工，渡河挺进山东，成为太平军的临清部队。

在江忠源死后继任安徽巡抚的福济与提督和春一起率领安徽清军驻扎在江忠源丢失的庐州城外，长达几个月，也无法攻进城内。6月7日，清军冒雨攻城，斩杀太平军千余名。第二天再战，虽然重创了太平军，却无法进城。清军也付出了很大伤亡，总兵全玉贵中炮身死，军心大为动摇。

福济建议用重兵扼守庐州东路和北路，另派将领指挥团练巡逻各个郡县，声援庐州。从此以后，安徽民间兴起筑堡练兵的风潮，形成一个个圩寨，以至于后来演变成复杂的局面。

在安徽的团练中，李鸿章和他父亲李文安手下的勇丁颇为有名，部队军容整齐，可以作战。李鸿章率领团练部队先后随周天爵、李嘉端、吕贤基和福济等清廷大员在安徽中部与太平军和捻军周旋。

李鸿章也是带兵的书生，与湖南的王鑫有些相似，喜欢轻率出战。所不同的是，他还指挥团练杀富济贫，有钱人指责他把翰林变成了绿林。

这个年轻人要在几年后才会掌握为将之道，不争一时之胜，不逞匹夫之勇。

安徽战场上还有一名书生带领勇丁作战，他是云南师宗人何桂珍。此人于6月份出任徽宁池太兵备道，辖地在长江以南。但是，由于太平军封锁了长江，他无法过江上任。身处庐州店埠的巡抚福济令他留在江北招募勇丁，随清军作战。

可是，何桂珍无处获得军饷，好不容易招募到二百人，便率部西行。抵达安徽南部的霍山时，号召乡兵入伍，编成三千多人的部队。

10月份，河南捻军李兆受所部推进到霍山县的攒板冲，被鄢立功的练军击败，向西北撤退到安徽边界的麻埠。县丞张曜率领清军跟踪追击，在流波瞳开战，斩杀李兆庆等一百几十人。

何桂珍于11月出兵，于11月21日在霍城以东重创李兆受所部，追击到麻埠，五天后追到流波瞳。何桂珍令河南商城和固始的团丁阻遏李兆受所部的归路，自己率部进逼。这支捻军心存畏惧，李兆受与马超江相继投降，上万名追随者解散。

何桂珍打了胜仗，百姓为他的部队供粮。可是，这位得胜的将领竟然遭到巡抚的弹劾，说他违令未去增援庐江。其实何桂珍接到援救令之前庐江就已被造反军占领。巡抚的弹劾是无中生有，蛮不讲理。然而，何桂珍还是因此丢了官。

这时，湘军从武汉、田家镇一直打到九江。何桂珍写信给曾国藩通报自己的战况。曾国藩上疏报告清廷。袁甲三驻军临淮，也打算给何桂珍提供经费，让他与湘军会师。何桂珍率部赶到蕲水，被地方官吏阻挠，无法前进。后来湘军在九江失利，太平军再次占领武昌，曾国藩入驻江西，何桂珍部就与湘军隔绝，不通音信，只能孤军作战于潜山与霍山之间。

向荣带领江南大营的清军攻克了江苏西南角上的高淳。当时许乃钊由于在上海攻打刘丽川的造反军久无战功，已被清廷免职，江苏巡抚换成了满洲镶黄旗人吉尔杭阿。向荣分派兵力援助他作战。这样一来，向荣身边的兵力大减。

7月份，杨秀清得到探报，知道向荣的江南大营兵力单薄，便命令安徽芜湖的太平军悄悄出兵，偷袭东边一百多里外的东坝。

向荣得知芜湖太平军的动向，派傅振邦和福兴领兵阻截。两军在芜湖东南边约八十里处的水阳遭遇。清军大败太平军，乘胜向东北方推进约四十里，攻克了高淳。

与此同时，太平军派出几支部队攻击天京光华门外的七瓮桥。清军参将张国梁率部抵抗，以少胜多，将太平军击退。

9月份，杨秀清决定继续执行攻击江南大营的计划。他给镇江和太平镇的部属送去密件，命令镇江的部队出兵东进，太平的部队出兵西进，与天京的部队一起夹攻清军江南大营。不料送信的谍报人员被向荣捕获，向荣获悉杨秀清的秘密计划，决定将计就计。

向荣带兵出营，自己在上方桥坐镇。他先派提督余万清等人率部向东运动，在北固山甘露寺袭击镇江的太平军，斩杀四百人。又派傅振邦和张国梁西攻太平镇。张国梁领头冲锋，掩杀过去，斩杀四五千名太平军，于9月6日攻占太平镇。

杨秀清非常气愤，决定为死难的弟兄们复仇。从9月7日至9月10日，他派出大部队分路攻击清军的壁垒。向荣派明安泰和穆大本等人领兵反攻，挫败太平军的进击。另一支太平军从雨花台洪武门攻打七瓮桥，清军的将军苏布通阿领兵抗击，穆大本领兵从斜刺里杀入太平军阵列，杀死一名敌将，太平军分三路撤退。清军参将张腾蛟等人率部搜索城厢，将藏匿的敌军歼灭。太平军全部撤回天京。

向荣从广东调来五十艘红单船，一半留在镇江，另一半归他指挥，开赴天京上游。与此同时，派出兵勇进占安徽太平和当涂，由此水陆依护，多次击败太平军水师及运输船队，使太平天国都城天京的接济受到严重威胁。

天京长期被困，太平天国粮食匮乏。官员们命令老年妇女和长相丑陋的妇女到城外割麦，待她们出了城门，便将城门关闭，不许进入，以减少军粮的消耗。后来又将这类妇女配给军士，几万名妇女不肯遵从，因而丧命。

清军江北大营统帅琦善于9月份在扬州去世。咸丰皇帝任命江宁将军托明阿为钦差大臣统率江北大营。托明阿还没到任，瓜洲的太平军就向大营发起攻击，清军将领陈金绶领兵将太平军击退。

托明阿新官上任，照例要烧三把火，于11月份命令江北清军攻打浦口，向荣从江南分兵渡江，与托明阿会师。

11月28日，清军将领李德麟等人率部从金汤门外五道齐头并进，渡过浮桥，直捣浦口。太平军从天京派出船队飞桨增援。双方激战犹酣，江南清军的水师开到，将太平军船队击退。于是，清军的江南大营从金陵向东南绵延，进占了太平军在雨花台的各个壁垒，逼近南门扎营，太平军不敢从通济门出城了。

湘军

（中）

王纪卿◎著

中国文史出版社

目 录

咸丰五年

1855 年

122

从 1853 年末到 1854 年初，坐在北京龙椅上的咸丰皇帝和忙碌于衡州湘江之畔的曾国藩通过下诏上疏达成了一个共识。他们都把消灭太平军的希望寄托于这样一个理想的战略：依靠湘军的水师从武昌向长江下游攻击。他们相信，滔滔江水会使这支强大的水师势如破竹，直捣金陵，把太平天国彻底铲除。

1854 年底，湘军水师已经从武昌推进到九江。陆师也抵达九江周边。现在，君臣二人的战略意图前一阶段已经顺利实现。湘军水师只要能够推进到安庆，继而直下金陵，战略任务就能顺利完成。

但是，无论是咸丰皇帝还是曾国藩都大大低估了对手的作战实力。他们没有预见到太平军在九江以下长江流域的防守是多么坚固，更没有想到太平军会把湘军死死地挡在九江城外，并且把湘军主力久困在江西，导致他们的战略计划流产。

湘军在江西的遭遇对于曾国藩来说更是一个意外。他在湖北没有听取咸丰皇帝的告诫，执意孤军推进，心情十分急迫，对湘军水师的作战能力过于自信。由于他的轻敌冒进，从 1855 年开始，湘军的历史进入了一个长久的低潮。曾国藩和他的部队将在江西备受煎熬，苦苦挣扎。甚至可以说，如果湘军摆脱不了江西的纠缠，这支军队就无法再次振作。因此，江西对于湘军而言，可谓生死之地，得失之林。

其实，自从太平天国建都天京以后，湖南东边的邻省江西对于这个新兴的政权和它立誓要推翻的清廷，就成了一个微妙的战略位置。

太平天国在陌生的江苏省扎下了根，那些来自广西的官兵们十分怀念故土。他们企图用武力打通与举事发源地的交通。他们有两条途径可供选择，一条是打回武昌，然后经湖南沟通广西。另一条路也要经过湖南，但是可以避开湖北，而是从江西进入湘军的巢穴。

太平军在1853年就开始了深入江西的军事行动。但是，他们在南昌遇到了江忠源部署的激烈抵抗以后，放弃了这个努力，开始集中兵力向武昌进军。

由于太平军撤离了江西腹地，曾国藩在衡州训练湘军的时候曾想让他的部队穿过江西进军安徽和江苏。但是咸丰皇帝后来又强调湘军增援湖北的迫切性，曾国藩不得不放弃这条进军路线。

因此，太平军和湘军的将领事实上一直在打着江西的主意。

但是，清廷却没太在意这个处在长江右方的行省，因为京城的谋士一味强调湖北和安徽在战略上的重要性，认为只要有水师从长江上游顺水东下，就能一路滔滔，无往不胜。直到江西拖住了湘军东进的步伐，这个省份在这场战争中的重要性才令朝野上下刮目相看。

湖南人却始终没有低估江西在军事上的重要性，因为这个省份与湖南唇齿相依。早在曾国藩的湘军大举出兵时，湖南的谋士们就已经预言，湖南必须在毗邻江西的浏阳和醴陵驻扎重兵，才能立于不败之地。骆秉章的师爷左宗棠也赞同这种看法，只是认为湖南的军力一时还无法办到。

事实证明了这种预言的正确性。1855年的中国内战由于湘军无法从江西自拔，主要在湖北、江西和江苏三省进行。而战争双方在江西的绞杀使这场清廷以为很快就可以结束的战争朝着持久战的方向发展。

这一年，太平军的势力席卷湖北和江西，湖南的清廷官府感到了来自北面和东面的压力，开始急切地操练后备湘军，倾尽全力从军事和经济上支援江西。后人总结这段历史，认为是失之东隅，收之桑榆。而湖南巡抚骆秉章和他的师爷左宗棠的作用，就在这时凸显出来。

123

1854 年底，当湘军把太平军挤出湖北以后，湘军大部队终于踏上了江西的土地，面对着顽强的九江。

九江是江西的一扇大门，北枕滚滚长江，南负秀丽匡庐，西通湖北四川，东接安徽浙江。九江的湖口又是鄱阳湖的大门。这个四通八达的交通要道，对于在东海之滨扎根的太平天国来说，是一个举足轻重的战略要地。

湘军与太平军在江西的几年恶战以九江的攻防战拉开序幕。

九江周边的战斗从 1854 年底延续到 1855 年。元旦那一天，塔齐布、罗泽南和彭玉麟的部队向孔垄驿发起了攻击。

孔垄驿南通小池口，东临龙感湖。太平军在西面、南面和北面修筑了土城。塔齐布从西南路进攻，命令部队搭起人梯跃入城内，大破守军。

罗泽南分兵抄袭街口的太平军，迫使其返回壁垒。罗泽南步步进逼，攻破壁垒，太平军撤向小池口，分兵奔向湖口，与九江形成掎角，以图死守。

这一仗，湘军以五千人击败两万太平军。

李孟群和彭玉麟的水师于新年第二天在小池口将太平军击退，把洲上的太平军壁垒和船筏全部烧毁。湘军水师继续东进，进驻湖口城外，在梅家洲击败敌军。

太平军将沿江各营全部撤走，渡江力保九江。

湘军占领了长江北岸，形成了对九江的包围。石达开调集兵力保卫湖口，力图维护与九江形成的掎角态势。彭玉麟等人的水师扼守江面，与太平军相持。

塔齐布率部渡过长江来到九江城下。罗泽南率部进军盔山，遏止从湖口西援的太平军。

湘军从孔垄驿开拔后，四十四岁的太平天国冬官丞相罗大纲从湖口率领一万人开来，重新占领孔垄驿。

1 月 6 日，时令小寒，罗大纲所部从孔垄驿向小池口反攻，被罗泽南所部击退，北撤濯港。李孟群的水师在湖口与太平军交战获胜。

1 月 10 日夜间，湖口太平军点燃船只，放驶到外江，焚烧湘军战船。李孟群令船队列阵等待，火船到来时，用钩子把它们拉开，火船无法接近湘军船队。

1月11日，湘军攻打濯港。当晚，罗大纲派兵袭击罗泽南大营，湘军训字营将领唐训方巡营惊觉，叫醒部队起而抵抗，将太平军击退。

1月12日，湘军再度进攻孔垄驿，四十六岁的唐训方率领猛士搭人梯登上高墙，各路部队趁机掩杀，烧毁太平军壁垒。

湘军水师乘胜直逼九江，在城下扎营，缩小了包围圈。江上城内，两军隔墙相闻，太平军在城内活动发出的声响传到了湘军的战船上。

这时的湘军由于屡战屡胜，部队贪战，陆师仿效水师，军士们自夸敢于冒着炮弹冲锋，对着利刃猛扑。塔齐布身为大将竟然频频孤身陷阵，被石头砸伤。

湘军水师总在太平军的营垒之间穿梭，炮弹落在船舱内，军士们就把炮弹扫到江里，毫无退却的意思。

塔齐布率领的陆师南渡以后，驻扎在九江的南门，每天仰攻城墙，军士伤亡不断。

罗泽南所部从白水南渡，把太平军追逐到九华山，烧毁两座壁垒。

1月14日，湘军进攻九江西门，三次攻击都被太平军打退，伤亡惨重。

1月18日，曾国藩亲自指挥部队对九江发起全面进攻。塔齐布进攻西门，罗泽南和李续宾进攻东门，彭玉麟和邓翼知的水师从桃花渡登陆攻打九华门。杨载福和李孟群封锁长江江面，拦截从下游赶来增援的太平军，并堵住北门。

东门外的太平军出战，与湘军稍一接触，便佯装败退。罗泽南的部队被引诱到火炮的射程范围内。城墙上火炮齐发，木石纷落，湘军将士成片倒地，屡次抢登城墙都不能得手。罗泽南无奈，只好下令退兵。

猛将塔齐布在西门也遭到了顽强的抵抗，部队伤亡惨重。太平军为了报田家镇之仇，仗着九江城墙异常坚固，发挥强大火力，用重火器狠狠地射杀湘军。参将童添云攀上城堞，中炮身亡，军士伤亡两百多人。

在此之前，湘军从未遇到太平军如此顽强的抵抗，士兵们不顾塔齐布挥刀斩杀，只顾抱头鼠窜，卷旗逃命。

彭玉麟和杨载福的两路水师也遭到猛烈的抵抗，无功而返。

各路将领向曾国藩报告：无法突破太平军的坚强防线。他们建议分兵继续攻城，大队人马绕过九江，进攻湖口县城及长江中的梅家洲，扫清太平军在九江外围的壁垒，将九江城孤立起来，再做打算。

曾国藩决定采纳这个提议，暂时不攻最坚强的城防，而去攻打太平军防守的薄弱部。他留下塔齐布的部队继续围攻九江，派罗泽南和李续宾等人率部进攻梅家洲。

124

曾国藩定下攻打梅家洲的决策时，胡林翼已率部从瑞昌来到九江城外。曾国藩决定让他的部队参加梅家洲战役。

湘军兵分两路，胡林翼和罗泽南带领六千名湘军和两千名湖北绿营兵从陆路进攻梅家洲，彭玉麟和杨载福率领水师攻打湖口。

陆师于1月23日向梅花洲发起攻击，获得小胜，但付出了死伤几百人的代价。彭玉麟的水师战果较大，击毁了太平军设在鄱阳湖口的木栅。

梅家洲是一个狭长的沙洲，长约四十里，宽约五里。长江的主航道在它的南面，其北边江面狭窄，大船无法通过。石达开为了防止湘军水师从南面的主航道进攻，早有防备，派罗大纲率一万人过江驻守梅家洲，在洲上修筑碉堡，架设火炮，封锁江面，还将上一年在吴城一战中缴获的清军江西水师的几十艘战船装上沙石沉在鄱阳湖口，堵塞了江路。

罗大纲在湖口城外修建了两座木城，高度与城墙相当，上面有三层炮眼，周围密排枪眼。营外十多丈的范围埋了木桩和竹签，工事比武昌和田家镇更为坚固。此外还挖掘了几道壕沟，安设了地雷，壕沟上面用粗木横斜搭架，木头上还钉了铁蒺藜。

石达开还不放心。当他得知湘军已对梅花洲发起攻击，便派白晖怀率领三千人埋伏在湖口县城西面五里处的盔山，等待湘军再次到来，钻入罗网。

1月24日，彭玉麟等人率部攻击湖口太平军的筏子，在付出大量伤亡的代价之后，达到了攻击目的。

太平军拼死抵抗。他们的筏上修建了木楼，军士们凭楼开炮，木楼坍塌，有的木头飞到了江水里。太平军泅水撤离，表现得坚强勇悍。

1月27日，罗泽南和胡林翼再次攻打梅花洲。

罗泽南在九江城吃了败仗，此时求胜心切，催促部队开炮轰击，架设云梯登城。

湘军远道而来，部队疲惫，太平军以逸待劳，在力量上就占了优势。他们出城迎敌，分两路围住攻城的湘军，罗泽南只好将部队分成两路应战。激战犹酣时，埋伏在盔山的三千名太平军突然杀到，湘军猝不及防，大败而逃。

此后，太平军频频主动出击。每到夜色降临，湘军就要提防太平军偷袭。罗泽南连续几天彻夜难眠，大家听了都为他感到心寒。

咸丰皇帝早就担忧湘军孤军深入会遭不测，屡次下诏，令杨需和陈启迈把臬司、都统、副将等军官及安徽各路兵，都调归曾国藩差遣。湖北和江西的部队已不够用，安徽的部队也无法与湘军会合。湘军孤军深入后才谋划取胜的良策，似乎已经晚了。

长江上的水战也开始对湘军不利。彭玉麟的水师冲进了罗大纲精心设置的圈套，陷入了梅家洲北面的浅水道。太平军在洲头用几百条战船拦截，洲尾有上百门大炮封锁，湘军水师腹背受敌，遭到重创。

但是，湘军恪守败则相救的原则。彭玉麟在落败后，指挥水师将罗泽南和胡林翼的逃兵接上战船。他们决定不再进攻梅家洲，集中力量向上游突围。经过一番苦战，终于逃脱了太平军的追杀，一路焚烧太平军船只三百多艘。

125

时年二十四岁的太平天国翼王石达开是一位有勇有谋的年轻将领。1853年太平军第一次攻打武昌时他作战最为英勇。不久前，太平军在湖北遭到了湘军凌厉的攻势，他在安庆坐镇，就计划在江西的九江和湖口阻挡湘军的攻势。他已经懂得湘军水师之所以无往不胜是因为太平军的民用船只敌不过湘军的战船。他已经下令在安徽模仿湘军水师制造战船，并且对湘军水师的战法进行了一番研究，然后得出一个结论：湘军来势汹汹，不能硬拼，应该采用计谋，打破他们的水上优势。他制定的战略方案是"避其锐气，诱敌深入，水上调戏，围而歼之"。

战斗进行了十多天，石达开使用精兵，运用计谋，与湘军周旋，连连挫败湘军的锐气。因此，攻防双方各有损伤，但仍是胜负难分。

在连续的征战中，湘军逐渐暴露出一些弱点：贪多求快，兵力分散，水师全靠舢板作战，大船笨重，牵扯许多船只往来保护。湘军胜而骄狂，意志日渐松弛。

在曾国藩还没有来得及全面总结湘军的弊端时，他的对手石达开却已将敌人的弱点看得十分清楚。这位久经沙场的太平军王爷想到了一条破敌的妙计。他下令出动一百多只小船，分为十多组，两三只系在一起，或五六只连成一串，在船上堆满柴草，装上硝药，浇上膏油，点火下放。炮船紧随其后。两岸出动一千多名陆军摇旗呐喊，擂鼓助威，还发射火球与火箭。湘军遭到火攻，彻夜戒备，不能安枕。

如此袭击骚扰，一天两天倒还能够对付，但石达开此计是持久战，十天半个月不停，把湘军将士个个弄得昏昏沉沉，坐立不安。

一向稳重的曾国藩也沉不住气了，急得捶桌骂道："长毛耍的什么把戏？不敢与本帅正面交锋，却干些鸡鸣狗盗的勾当，真是跳梁小丑！"

湘军将领不胜其扰，纷纷请战。石达开要的就是这种效果。

湘军人困马乏，粮草也出现短缺。石达开抓住时机，决定打破湘军水师在长江上的优势。

1月29日，太平军出动四十条满载粮食的船只，引诱湘军水师的快速小舢板来劫粮。湘军果然出动，萧捷三和黄翼升率领三营水师，共有二百五十条小船，急追直下。

萧捷三所部追到鄱阳湖的湖口，被太平军放下木栅挡住，而太平军用作诱饵的船队已经驶入鄱阳湖内。

萧捷三颇为犹疑，但将士们斗志昂扬，踊跃要求攻击。萧捷三决定硬闯。他亲自驾着火船直向木栅冲去。通关时烧毁太平军的上百艘战船，乘胜驶入内湖，但不见了太平军粮船的踪影。当时正值黄昏，水师驶向姑塘，停下扎营。

罗大纲见湖口的江道被湘军冲开了缺口，连忙下令用布袋装土堵塞缺口，断绝了萧捷三所部的退路。

入夜，太平军的几百条战船突然从芦苇荡里冒出来，将二百五十条小舢板压逼到湖心。湘军游击孙昌国和黄翼升等将领佯装退却，突然发起反击，焚毁太平军在内湖的两百多艘战船。萧捷三为这次胜利而庆幸，他还不知道，他的这支快速反应部队已经陷在鄱阳湖内，无法返回长江了。

126

湘军水师前期之所以能够取胜，是因为大小战船配合使用。大船上装有重火器和粮食，但它行驶缓慢；小船则非常灵活，在大船火力的掩护下敏捷地攻击敌人。湘军的二百五十条小舢板进入了内湖，太平军切断了这支水师的巨舰与快速舢板的联系。

湘军水师的小船走了，大船孤立地漂泊在长江上，水师失去了机动作战能力，长江上的优势立刻转向太平军一方。他们出动二十艘小船，插到湘军的大型战船之间发起攻击，抛火焚烧九艘快蟹和七艘长龙，击毙都司史久立。

湘军水师失去了舢板，也就失去了斗志，连夜返回九江大营。当时杨载福在武穴养病，听说水师战败，立即返回战场，率部争夺湖口，无奈没有快速反应部队，出师不利。

湖口的太平军于2月7日溯江而上，再度占据小池口。周凤山带兵前去争夺，被太平军击败。

2月11日，湖口的太平军陆师撤到九江，加强九江的防御。

当晚，小池口和九江的太平军乘坐几十只小艇，趁着夜色，悄悄驶向竹林店的湘军水陆大营。

竹林店位于九江北岸，湘军在这里只有大船勉强抵挡进攻。当大船上的火炮把弹药都发射完以后，水师便失去了还击的能力。竹林店岸上和水上的两万湘军人马在太平军的攻击下陷入一片混乱。陆师看着江中的水战干着急，一点也帮不上忙。

太平军小艇直捣曾国藩的指挥船，将这艘拖罟大船团团包围。曾国藩又气又羞，投水自尽，被下属救起送到小船上，然后划到岸边，请曾国藩登陆，将他送到罗泽南营内。

曾国藩的座船被俘，公文和书籍全部落到太平军手里。曾国藩气愤已极，想骑马冲向太平军以死相拼，刘蓉和李元度等人极力劝阻，方才作罢。

尽管曾国藩没有轻生，湘军仍然处在危险之中。在混战之中，二十六岁的长沙人翁学本飞奔而走，去为湘军搬救兵。这是一个神行太保似的人物，他跑到两百多里外去找外出打粮的鲍超，两天之内鲍超就率领两千军士赶了回来，从太平军背后杀出，迫使太平军撤退。

曾国藩没有想到自己刚刚调来担任水师稽查官的这个年轻人有如此超凡的本领，在关键时刻发挥了巨大的作用，连忙通令嘉奖。

曾国藩自出征以来，将自己的帅营建在水师，已经两次遭败遇险。两次落败他都投水自尽未遂。以后他的大营很少跟随水师，他觉得还是在陆地上指挥作战比较稳妥。

湘军这次落败，陷在九江地区无法自拔。水师被太平军分割为内湖、外江两部分，首尾不能相顾，以往的战略优势已经丧失殆尽。太平军几乎全部控制了长江水道。

驻扎在姑塘的湘军舢板船队刚打算再向南康推进，听说大本营溃败，便撤退返回，发现湖口太平军已建造两座浮桥供两岸往来交通。

萧捷三和黄翼升率部南下两百多里，到吴城取粮，然后向东北方行驶，渡到对岸，袭击都昌太平军的船只，获得成功。然而，由于没有统帅，而且辎重隔绝，船队只能漂泊在鄱阳湖内，三千军士成为客兵。从此，湘军水师就分为外江水师和内湖水师。

对于这次失败，曾国藩自责不已。他上疏弹劾自己，咸丰皇帝下诏，不予议罪。

曾国藩根据幕客刘蓉的建议，决定趁年关敌军松懈时夺回小池口，李续宾所部不愿在春节渡江作战，被长官压着去打这一仗。2月15日，除夕的前一天，罗泽南率一千四百人从二套口渡江，进攻小池口。塔齐布不愿坐视，带领二十名壮士渡江督战。

刘蓉不知太平军自制历法，不过春节，罗泽南所部过江后遭到强烈抵抗，寡不敌众，加上军士故意要打败仗，刚一接战，前锋退却，被罗大纲所部击败。罗泽南急忙下令撤退。湘军且战且退，塔齐布单骑阻截追兵，左冲右突，掩护各营撤离。

太平军见塔齐布独力断后，三名黄衣将领策马向他杀来。塔齐布挥动套马杆，圈住一名黄衣将领的颈项，将他斩杀，夺得坐骑。其余两名黄衣将领不敢恋战。

日暮时分，塔齐布等到大队人马渡江返回后，单骑驰到乡间，坐骑陷入泥淖，塔齐布徒步行走，几乎迷失道路。幸而遇见一位老农，早就听说过塔齐布的名头，将他藏在家里。

第二天是除夕，九江城外，湘军将领们见塔齐布还未归营，个个愁眉苦脸，李续宾哭泣着不肯进食，要渡江去救塔齐布。大家极力劝阻，才把他留在军营。湘勇围在曾大帅帐外闹事，要求惩治刘蓉。李续宾费了很大力气才将其劝走。

夜间三鼓时分，大营中传来一阵喧哗，军士来报，说乡民送塔齐布渡江归来。曾国藩和罗泽南跃身而起，赤脚跑出营帐，与塔齐布握手感慨，继而涕泣。

塔齐布谈笑自若，说道："饿死我了！快拿饭来吃！"

湘军得知大将生还，全军惊喜，欢声如雷。

塔齐布填饱肚子以后，户外已经可见大年初一的曙光。

127

1855 年 2 月，江西和安徽的各路太平军眼见曾国藩的湘军猛烈地攻打九江，而湘军的后方空虚，便筹划着派兵绕到湘军后面实行打击。他们派出多支部队回到刚刚离开的湖北。

当时，堵在湖北大门的清军部队是杨霈率领的二万多名新旧兵勇。杨霈热衷于上疏陈述自己的战功。他为人浮躁油滑，喜欢攀交权贵，办不了大事。一听见太平军杀来，拔腿就跑。

太平军的一支四五千人的部队杀到黄梅，西奔广济，扑向杨霈大营。当时正值除夕，杨霈命人摆设酒宴，招待亲朋，听说太平军杀来，乱作一团。部队还没交锋，就看到营中火起。部属李士林仓皇扶着总督大人突围，逃向蕲水。李士林是杨霈劝降的太平军，多亏了这个人，他才捡了一条性命。

这时候，另一支太平军从小池口西进，抵达邬穴和龙坪，声称要进攻武汉。湖北顿时乱成一团。

2 月 17 日，大年初一，秦日纲、陈玉成和罗大纲在蕲州会师。

2 月 21 日，杨霈逃到汉口，太平军追踪而至。杨霈不敢回武昌，便以阻截太平军北进为借口，率六千人奔向武昌西北面两百里外的德安，只留下一千五百名河南勇丁驻守武昌以西五十里处的蔡甸，另派三千名楚勇驻守武昌西北边一百里外的杨店。

2月23日，太平军攻打汉口。他们听说清军总督已经北行，便进占汉阳，沿江修筑壁垒，分兵进入襄河，攻打汉阳以西的汉川和天门，以及汉阳西南的沔阳，也就是现在叫作仙桃的城市。

2月25日，一支太平军从蕲州向西北推进，占领黄州。另一支太平军从鄂赣边境的富池口西渡到兴国，扩军几千人。

太平军刚举事时所向无敌，每当占领省府以后，只是征集财物和粮食却不征兵。行军途中征调人夫却不留队，事情完了便将他们遣返，因此部队没有增加兵员。后来他们在战争中减员严重，便吸取失败的教训，吸收当地愿意造反的民众，命令他们驻扎城镇，并收编一些强悍忠实的兵员。石达开和陈玉成率先采用这个办法，使太平军兵力逐步强盛。

这支太平军扩军之后，攻占湖北东南角上的通山、崇阳、通城和咸宁，还跨省袭击江西武宁的地界。

至此，太平军已经攻占了武汉外围的城镇，随时有可能发起对武昌的攻击。

在太平军东西夹击之下，湘军在江西北部的处境日益困难。

江西与湖北的战场此时已经连成一片，湘军不能顾首不顾尾，如果湖北的清军好歹还能抵挡一阵，湘军或许还有一线希望攻下九江。但在事实上，曾国藩已无法对杨霈做什么指望。

湖广总督躲到了德安，湖北的防守就由巡抚陶恩培主持。

浙江人陶恩培写得一手好字，但论为官却是一个庸才。他曾任湖南按察使，太平军第一次打进湖南时，他曾关闭衡州城门，拒绝总督程裔采入内。在湘军靖港大败之后，他打算请求清廷解散曾国藩的湘军。现在，他认为城外的防御有总督负责，城内无须部署很多兵力。城中只有两千名城防军，征来的兵员走到半路上听说太平军杀来了全部溃散。

他上疏陈述守备情形，咸丰皇帝命令他不得专保武昌，而不顾汉阳和汉口。皇帝知道曾国藩的湘军正在围攻九江，闻报太平军控制了武昌外围，对九江的湘军构成了威胁，命令曾国藩派陆师回援湖北，以免腹背受敌。

李续宾这时提出了一个方案。他知道长江北岸的清军不是太平军的对手，建议将湘军分为南北两军夹江作战。他说，可以令塔齐布增募三千勇丁，与九江的五千兵力整合，专在南岸作战。另外挑选大将率领九江的三千兵力，增募五千勇丁，直奔汉口，在北岸作战。南北两支湘军各自为战，北岸湘军图攻安庆，南岸湘军图攻金陵，这样才能挽回大局。

曾国藩很赞同他的提议，打算将北岸的作战交给罗泽南，但是由于无处筹得军饷，这个计划没有执行。

128

胡林翼当时率领的部队是湘军中最弱的一支。但他知道咸丰皇帝的旨意后，对曾国藩说："我身为湖北按察使，守土有责，你就派我带兵去增援吧。"

曾国藩同意他的请求，命他率领两千五百人增援武昌。另派王国才带领三千军士、石清吉带领一千军士一起从陆路赴援。王国才手下的都司毕金科深为塔齐布器重，被塔齐布留在江西，没有随王国才西进湖北。

曾国藩把长江水师也派向武昌。2月18日，李孟群率领水师战船五十艘溯江而上，援救武汉。

自然力量也在跟湘军作对。2月20日刮起了大风，吹坏了四十多艘战船，船队已无法作战。曾国藩便令彭玉麟等人率领八十艘战船溯江而上，号称援救武昌，实际上是到新堤修船。

援军开走之后，围攻九江的湘军部队只剩下塔齐布的五千陆师。江西境内另有罗泽南带领三千人作为机动部队。

石达开为了加强九江的防御，派遣贞天侯林启荣到九江城内协助防守。林启荣足智多谋，不愿消耗兵力，闭门不出。他的上司罗大纲是个急性子，在长江北岸催促他出兵。

2月22日，林启荣禁不住罗大纲的一再催促，率领一千多名精锐攻打湘军军营。罗大纲率部从小池口渡到江南增援。

塔齐布派猛将毕金科率部出营，奋力迎击，将太平军引诱到锁江楼。塔齐布命军士挖掘地道，埋设地雷，太平军冲来，湘军引爆地雷，炸死一百多人。太平军不敢恋战，抢着登船渡江北去，许多人溺死在江水中。罗大纲则率部进入九江城内。

曾国藩从湖南带出来的兵力本来不多，几经分解，分布在鄱阳湖、九江、广饶和湖北，各处都是兵单力薄，捉襟见肘，表明湘军进入了一个十分艰难的时期。

这时候，曾国藩只能求助于江西的主人。他能不能从江西巡抚陈启迈那里得到慷慨的援助，将决定湘军今后的命运。

五十八岁的陈启迈是湖南武陵人，与曾国藩同科入仕，有同年之谊，后来两人同在翰林院供职，私交本来不错。

曾国藩率领的湘军是湖南的地方武装，一应粮饷都要依赖地方官府。曾国藩想，他率领家乡的部队到江西攻打石达开的太平军，陈启迈这个老乡加同科应该不会刁难他吧。但是，他没有想到，性情古板的陈启迈拒绝了他的要求。

3月4日，曾国藩到达南昌，与陈启迈会商，提出为水师添置船炮，要求江西另外建立三营水师。陈启迈拒绝了他的要求。曾国藩只好另外设法筹措资金。

他觉得道员刘于浔身手矫健，头脑敏捷，便委任他为这三营水师的统领。湘军的江西水师就从这里发端。

曾国藩告诉困在内湖的湘军水师将士，他会与大家同甘共苦，一定要将他们救出困境。

太平军不仅西攻湖北，还向江西内地推进。他们派部队从都昌南下一百多里攻打鄱阳湖东岸的饶州。另有一支太平军从安徽的东流和江西的建德南下一百多里，驻扎在景德镇，向南边的乐平运动。

湘军为了阻止太平军进入江西腹地，前往阻击。罗泽南率领本部三千人从南昌绕到鄱阳湖以东抵抗太平军的攻势。湘军的内湖水师则进驻鄱阳湖南端的康山。

罗泽南所部抵达章门，太平军已攻占饶州，向东南挺进，又攻占弋阳。罗泽南将所部分为三营，寻找太平军作战。李续宾指挥右营，蒋益澧指挥左营，罗泽南自己指挥中营，唐训方和刘希洛各自率部跟随。

罗泽南所部于4月份与太平军大战五里亭，攻克弋阳。太平军随即东进，攻占广信。罗泽南所部随后追到，在城西乌石山扎营。太平军分三路出击，罗泽南正在指挥部队修筑壁垒，按兵不动。等到太平军疲惫时才挥军猛击，大获全胜。

第二天，太平军又出动大部队来攻。这一次太平军吸取了教训，见湘军不动，他们也不冲锋。相持约两个时辰，罗泽南忽然下令冲锋。李续宾的部将周宽世率部从左路冲向敌阵，为各路部队的先锋。湘军四路掩杀，将太平军击溃，一直冲到城下。

城内太平军开启东门，慌忙撤走。太平军进占广信不过三天就被湘军击退。湘乡人周宽世升为守备。

罗泽南挥师向北追击逃敌，又攻克德兴。太平军向西北挺进景德镇，罗泽南领兵追到，太平军撤走。

此战以后，饶州的太平军向东北方挺进两百多里，到达安徽祁门，又向东挺进六十里，在渔亭遇到浙江清军的抵抗，斩杀清军福建道员徐荣。太平军继续前进五十里攻占休宁，又东进三十里攻占徽州。

太平军由于有石达开和罗大纲控制九江与湖口，与安庆首尾相守，从这里往东，安徽南部、江西北部和浙江的西北部都有太平军频繁活动。一支支太平军往来于江西和浙江，以及安徽的东流、建德、徽州、歙县、宁国一线。

到这时为止，太平军占领安徽的庐州已达两年，和春与福济的清军部队驻扎在三星冈。曾国藩的湘军被困江西，对安徽可望而不可即。两军分隔长江南北，无法沟通。

129

李孟群和彭玉麟奉命率水师增援武昌，到达武昌附近的江面以后，李孟群所部停泊黄鹄矶，彭玉麟所部停泊鲇鱼套。

胡林翼率增援部队向武汉进发，还未到达，太平军已占汉阳。胡林翼率部在沌口驻扎，令王国才所部从长江南岸进驻武昌。

武昌的守军起初只有两千人。增援部队到达后，城内外守军增加到一万多人。

杨霈自己胆小避战，却没忘了弹劾别人。清廷根据他的奏报，已将湖北布政使夏廷樾免职。胡林翼升任湖北布政使，李孟群接替他任湖北按察使。

在湖北指挥作战的清廷高级官员，总督是无法指望了，陶恩培上任才三个月，胡林翼和李孟群刚从江西赶到，大家对于防守之策都没有成熟的方案。他们只能大致分工，陶恩培和知府多山负责武昌城的防守，胡林翼和李孟群在城外堵防。

太平军对湘军水师有所忌惮，不敢渡江，从兴国和通山出发，取道青山，抵达塘角，派出一支部队奇袭鲇鱼套。

4月3日，胡林翼和李孟群对太平军发起攻击，忽见省城起火，哨探来报，原来是彭玉麟的水师在鲇鱼套被焚。他们知道那些战船尚未修好，无力抵抗，连忙率部赶去救援。

武昌的城墙上，守城的清军看见太平军的黄旗招展，争先恐后地攀绳下城，夺路而逃。城外的部队也跟着逃跑。太平军攀绳而上，进入城内。

陶恩培见大势已去，跳水自尽。

多山点燃城墙上面的大炮，打算轰击进攻的太平军，却没有打响。关键时刻大炮哑了，多山急得跪拜祈祷，再次点燃引线，只有火烟冒出来，却没有声响。多山一气之下，拔剑自刎而死。

当晚，清军副将王国才率部赶到武昌城下，已是三更时分。他不知武昌已被太平军占领，见城门已闭，并不下马，带领亲兵，叫开城门，向城内驰去。

太平军一开始没有发现这是一支清军，王国才的部队也没有发现城内驻军是对手。他领着部队来到蛇山下面，太平军才发觉来者不是自己人，王国才也发觉城内都是敌人。双方错愕万分，拔刀对峙，隔了一会儿，才大声喊杀。王国才想，反正已经进城了，索性杀个痛快，便率领亲兵巷战。城内太平军人数不多，而且事出意外，围攻不力，王国才暂时控制了局面。

城中居民一直没有复业，到这时已经跑光了。王国才心中焦虑，不知怎么办，便率亲兵杀上城墙，想招呼城外的部队进城，却没有得到任何响应。第二天，王国才率亲兵出城，到胡林翼的军营会师。王国才把昨晚的故事讲得慷慨激昂，胡林翼听得心惊胆战。

不久，太平军大部队开到，湘军没有机会进城了。胡林翼趁夜悄悄拔营，扎筏渡江，驻扎涢口，收集败兵。

胡林翼命令王国才屯兵金口，与彭玉麟的水师相依靠，阻遏太平军溯江攻击。

清军中了解前晚事情真相的人交口称赞王国才立下了奇功。有些人妒忌王国才，放出传言，说他在路上抓捕了敌军探子，问出了口令，喊开城门，才得进入城内。很多人见了王国才本人，听他亲口讲述，才得知事情真相。

曾国藩派到湖北增援武昌的部队没能挽回清军的败局。进入湖北的湘军无法从湖北得到军饷，陆师将领胡林翼、水师将领李孟群和彭玉麟等人所部全靠湖南接济军饷。湖南发来大量船只、火炮、火药和银钱救援。

130

太平军攻占武昌后，曾国藩又从陆师中分兵增援湖北。他给咸丰皇帝上疏说，他的部队现已一分为四。陆师有两支，其中塔齐布部驻扎在九江城外，罗泽南部分击广信和饶州，相隔已有六百多里。水师两支，其中内湖水师由他本人整理，驻扎在鄱阳湖，外江水师由李孟群率领增援武汉，驻扎在金口，两军相距八百多里。

曾国藩纵论全国形势，认为武昌处于金陵的上游，是古来必争之地。从军事常识来说，湘军被困江西，长江上下游都是太平军，把湘军夹在中间，对湘军而言绝不是什么好事情。他一听说清军丢了武昌，便考虑回师武昌，但又觉得也有难处。

首先，九江犹如长江的腰部，应有重兵驻守。如果湘军从九江撤退，那么九江南北的太平军就无所顾忌了，既可以进军江西腹地，也可以向湖北和湖南进军。

其次，太平军已经攻占武汉，从金口以下，长江江面都被其控制。湘军的内湖水师总不能老是待在鄱阳湖里。但是，如果乘着春天涨水驶到长江，就成了一军孤悬，上不能与金口的水师会合，下不能攻击安庆的太平军小艇。

最后，湖南久遭战祸，官库空虚，现在金口的湘军连口粮都供应不上，如果江西的六七千名湘军再开过去，恐怕江西不会再供养这支部队，湖南也无处筹拨军饷。按照惯例，部队长久驻屯不打仗，口粮还可以缓一缓，一旦上了战场，那就不能断一天粮饷了。

因此，他想来想去，与其行军千里返回湖北，因军饷匮乏而导致部队哗变，还不如坚守在江西，保全这支部队，时候一到，就派上战场。

咸丰皇帝远在京城，读了曾国藩的奏疏，无法决断这件事情，下诏叫他自己筹划万全之策，朝廷不进行遥控。

当时，湖北、安徽和江西三省已成为清军与太平军作战的主战场。曾国藩处在中段，以自己为坐标中点，审时度势，向清廷提出了他对军事行动的建议。

他说，从这三个行省的情况来看，朝廷要想战胜太平军，陆路必须有四支劲旅，水路则必须有两支劲旅。

陆路的第一支劲旅从湖北的蕲水和黄州一带向东进军，攻打安徽的太湖和宿松。曾国藩称之为内路劲旅。陆路的第二支劲旅从汉口沿江而下，经过田家镇和武穴进军小池口，再向东北挺进安徽的望江县。曾国藩称之为外路劲旅。陆路的第三支劲旅在长江以南，从九江往西，进军湖北的兴国和崇阳，再向南进军通城。曾国藩认为，这个地区的会党总是与太平军联合，是洪秀全的一个兵源，因此清廷要控制这个地区。曾国藩将这一路称为西路劲旅。陆路的第四支劲旅从湖口向东推进，进军饶州和安徽的池州、徽州与宁国。曾国藩认为，这些地方都是太平军进入浙江的要道，因此必须控制在清廷手中。曾国藩将这一路称为东路劲旅。

在这四路当中，哪一路最为重要呢？

曾国藩说，长江北岸的黄梅和太湖，前临大山，后枕潜山，这座山绵亘几县，屏蔽了舒城和庐州，是太平军必争之地。南岸的池州虽然贫瘠，但大通镇和殷家汇却是水陆交通的要冲，向东南可以进击徽州和浙江的严州，朝东北则可以屏挡芜湖，也是太平军必争之地。所以，南岸以东路最重要，而西路次之；北岸以内路更重要，而外路次之。

水师的第一支劲旅从武昌向湖口推进，曾国藩称之为上一支。水师的第二支劲旅从宿松的小姑山出发，越过芜湖以北的东西梁山，进军芜湖与金陵之间的采石矶。曾国藩称之为下一支，可以与清军的红单船相接。

曾国藩说，这两支水师各自独立成军，可以免除首尾不顾、腹背受敌的危险。

从中原的大形势着眼，则长江以北比长江以南更为重要。从太平军力争长江、坚守庐州的情况来看，清廷即使不能在江北组成两支大军，至少也要在湖北的黄梅和安徽的太湖、舒城、桐城一带拥有一支坚强可靠的部队，然后才可以内克庐州，外清江面。

曾国藩说，副都御史袁甲三现驻扎临淮，如果他带领部队从安徽寿州出发，进入河南，经过固始和光州，然后南下湖北的麻城和黄州，征途不过十天。如果让他在寿州、固始和光州招募勇丁，训练一支五千人的劲旅，从麻城到达黄州北面，出其不意地截断黄州与蕲水两地的太平军，便可攻克这两座城市。这样，湖北与安徽两省的官军就可以联系起来了。

曾国藩这些分析和提议入情入理，只是清廷执行起来却根本不具备条件。因此，他的奏疏呈上去之后，清廷并没有实行。

从这里也可以看出，曾国藩在到达江西以后，不再打算由湘军一力担当肃清东南的重任，而想得到清廷其他部队的援助，但是即便他自己没有野心，清廷对湘军的依赖也是势所必然了。

131

江西的湘军急需军饷，曾国藩指望不上陈启迈，便自己设法筹集。他决定效仿清军江北大营在扬州的做法，在江西征收商品税。

4月份，他未经陈启迈的同意，委派江西人彭寿熙在南康设立厘局，对过往商人设卡抽税。陈启迈认为曾国藩目中无人，十分恼火，联合臬司恽光宸上奏，指责曾国藩越过地方衙门擅自设立厘局，向江西百姓课以重税。

就在告状期间，锦江码头的湘军厘卡抓住了江西万载县令李浩的小舅子走私鸦片的事实。曾国藩审理此案，得知李浩将鸦片走私交易中的渔利分给陈启迈，于是抓住了陈启迈的一个把柄。

曾国藩在江西思索着如何对付活跃在湖北、江西和安徽三省的太平军，却因兵力不足无法实施自己的计划。他对艰难的战局无计可施，湖北那边的战事他就只好依赖于胡林翼了。

清廷也没有更多的办法，在陶恩培死后，把希望寄托于湘军。放眼湖北境内，在武昌附近率领部队与太平军相持的清廷文官，只有一个湖南益阳人胡林翼了。

4月18日，咸丰皇帝下诏，任命胡林翼署理湖北巡抚。

胡林翼接任巡抚时，辖地已经支离破碎。短短两个月，太平军就收复了失地。湖北的长江与汉水流域到处都是洪秀全的军队，清廷巡抚的号令出不了三十里。胡林翼屯驻金口，依靠水师自保，增募两千六百人，和王国才等部一起，号称六千人。

王国才率部驻扎在金口，靠着荆州和湖南的军饷补给军队。由于长久作战，军队中没有存粮，薪饷也发不出来，一拖就是几个月。太平军并不把这支饥饿的敌军放在眼里，没有向他们进攻。

杨霈住在德安，还担心自己难保平安，上疏请求朝廷命令巡抚向西北挪动一百里，驻扎到离他更近的汉川，阻截向北推进的太平军。

胡林翼却无意于北移，主张立即攻打武汉三镇。他上疏说，荆襄一带控制着湖北东南部的形势，而江汉又是荆襄的咽喉。不占汉阳，则荆襄梗塞。不占武昌，则咸宁、蒲圻、崇阳和通城一带的敌军会更加蔓延。如果立即攻打武汉，只要攻克其中的一座城，其余的两座城市都可攻克。这样就能加强荆襄的防守，同时阻遏太平军北上的道路。

咸丰皇帝认为胡林翼言之有理。

在胡林翼最困难的时候，湖南增派一百多艘新船开到金口。彭玉麟赶紧招募水兵充实到战船上，和原来的水师一起，共有三千人，辅助胡林翼的陆师。

胡林翼添募兵勇，兼顾南北两岸，这个举措引起了太平军的注意。他们决定袭击金口湘军大营，断绝湘军的饷道。

胡林翼分兵三路，设下三路埋伏，自己率主力抄敌之后，斩杀七百多人，活捉太平天国丞相陈大为等人。

132

湖南在骆秉章和左宗棠的主持下，尽可能支援在外省作战的湘军。留守湖南的湘军也不清闲，王鑫等人必须密切地关注湘南，因为朱洪英的升平军刚被王鑫所部逼退到广西，广东北部边境的造反军又再次活跃起来，试图进入湖南。

广东仁化的天地会在何禄、陈金刚和陈与义的领导下，于2月份挺进湘南，攻占桂阳。赵启玉率部前去攻打，会军放弃桂阳城，向西南撤退几百里，抵达广西的富川。

在湘南驻防的湘军诸将这时已经有些不耐烦。他们想，两广的会军老是攻击湖南，令人防不胜防，湘军何不进入两广，端掉会军的根据地呢？

王鑫和周云耀探知富川县城里聚集着各路会军，打算将他们一举聚歼，于是率部出境攻打，遭到会军的顽强阻击，失败而归。

王葆生等人的部队较为幸运。他们担心广东连州的会军再次进入湖南，于4月3日率部跨省攻击，获得胜利，攻克连州城。

与此同时，湖南的西南部由于听说贵州镇远发生了起义，也变得紧张起来，沅陵和晃县戒严。

这时，各路湘军集中在与两广毗邻的地区，难以兼顾其他方面。左宗棠认为，光靠湘军流动作战难以照顾全省。于是他决定把各地的防务交给当地的官府，委任专人负责。

针对广西的防务，左宗棠交给了永州知府黄文琛。针对湖北的防务交给岳州知府魁联。针对贵州的防务交给永顺知府翟诰。左宗棠在各地倡导了一种风气：谁不向巡抚请求发兵发饷，就是能人，就能得到巡抚的信任和提拔。

魁联其人颇通军事，清廷将他升为湖南按察使。他为人戆直，凡事喜欢争论，不得骆秉章的欢心。骆秉章不让这位新任按察使回省城受印上任。魁联心想，朝廷如此重用我，难道我还怕他巡抚不成？于是擅自回到长沙。骆秉章不肯让步，弹劾他不管部队，清廷将他降回原官。魁联不但是降了职，还丢了兵权，骆秉章不再让他统领岳州的部队。

当时，衡永道文格已被清廷提升为广西按察使。这是因为左宗棠对他非常器重，骆秉章向清廷推荐的结果。但是文格不愿去广西上任，骆秉章参掉魁联以后，便上奏清廷，让满洲黄旗人文格代理湖南按察使，咸丰皇帝准奏。

翟诰暂任辰沅道，守土有功。他自己募集资金供养军队，不向巡抚伸手，院司非常看重他，极力上奏推荐，清廷将他补为实授官职。

长沙知府仓景恬由于治地有人盗铸钱币而犯有失察的过失，骆秉章握着他的把柄，所以他对巡抚唯命是从。

骆秉章本人则对左宗棠言听计从，官员的升降，军事上的部署，都要先征询他的意见才会实行。左宗棠因此大权在握，司道州县的官员都对他毕恭毕敬。当然，他也得罪了不少人。

左宗棠任劳任怨，尽管不少人指责他，但他仍然不推卸责任。骆秉章自认才智不如这位师爷，对他更加信任。当时有人评论说，左宗棠善于谋划，骆秉章善于用人，都是贤达。

左宗棠也得到了黄冕的大力支持。这年春天，黄冕在常德开设厘局，接着又得到批准，在长沙设立厘金局。

黄冕的这个举措，就是湖南抽收厘金的开端。

左宗棠让有能力的官员掌握实权，安排朱孙贻任宝庆知府，陆传应任衡州知府。他所重用的人还有东安的赖史直、湘潭的孙坦、澧州的胡镛、湘乡的唐逢辰和邵阳的邵绥。这些人官声有好有坏，但都敢于管事。

至于省城大政，则有盐道裕麟、委员王加敏可以说得上话，其他司道官员只能拱手听命。此后人们谈到军政吏治，都以湖南为榜样，但是树大招风，非议也从此开始。

11月1日，升平军东进湖南，在道州的长田击败陈立纪的团勇，进围道州城。何贱苟来到城外，得知家眷已被清廷知州冯崑抓为人质，并已惨遭杀害，悲恸不已。会众群情愤慨，想尽一切办法攻城，仍然无法攻克，只得撤围，分兵向别处进攻。

朱洪英的部队向北挺进东安，遭到湘军阻击。

胡有禄与何贱苟所部南下江华，向东北方挺进，在拱桥头击败清军，斩杀把总黎景星。然后联合宁远杨得金的天地会军围攻宁远县城。王鑫所部湘勇坚守宁远一个多月，将升平军击败，斩杀和俘虏会众一千多人。

升平军东撤嘉禾，又遭到清廷知府王葆生所部攻击，再次受创。何贱苟与胡有禄率部南下广东。

朱洪英所部无法攻克东安，又南下道州，开始攻城。王鑫率部赶到道州与其交战，一直打到年底，尚未分出胜负。

此后，广西灌阳与贺州的会军依旧层出不穷，但知道湘军在湘南部署了几支劲旅，便不敢轻易挺进湘南。广东的红巾军从韶关连通广州，势力很大，也没有打算越过岭北进入湖南。

133

在江西与安徽接壤的地区，4月份的形势有所变化。由于太平军的活动已经逼近浙江，浙江巡抚何桂清不得不插手安徽东部边境的军务，派知府石景芬率领浙江清军会同安徽各地民团攻打歙县和休宁。

太平军受到挤迫，从黟县南下两百里，进入江西东北角的婺源。这时，向荣从江南清军中派出邓绍良和周天受率领援军从浙江出发，会同浙军攻克婺源。太平军返回安徽，撤退到祁门西北一百多里处的石埭。

被罗泽南打退的太平军从原路向东撤退，攻占兴安，再往东进，驻扎广信。罗泽南部随后赶到，一战大捷，三天就攻克广信。太平军撤向东北方向的玉山，逼近浙江。于是江西的湘军占据了饶州。

在这种形势下，曾国藩觉得鄱阳湖以东有了安全感。他于5月28日离开九江，进驻鄱阳湖北端东岸的南康，距湖口不到一百里。

他命令萧捷三和黄翼升在江西添造大船，修复内湖水营，由邓仁坤主持制造。他还把江西水师的长龙和快蟹拨给湘军。他将内湖水师分为两部，由萧捷三和黄翼升分别统领。显然，他想在内湖水师恢复元气以后杀回长江，重建水上优势，打通湖北，并按原计划向长江下游攻击。

他派特使德英杭布去向陈启迈讨钱筹办火药厂和修船厂，要求陈启迈设法立即拨出二十万两饷银，陈启迈不仅分文不给，还将德英杭布奚落了一通。曾国藩忍气吞声，暂时没有发作。

塔齐布的处境也很难堪。他率领五千人留驻九江城外，清廷的大臣们议论纷纷。有人认为该部停留在这里没有作战行动，是毫无意义的。但是多数大臣认为不可放弃对九江的包围，光禄卿王茂荫的意见最为坚决。咸丰皇帝的意思也是要塔齐布部留在九江继续围攻。这支湘军与九江和湖口两城的太平军相持，太平军有所忌惮，始终不敢攻击湘军大营。

李元度也跟随曾国藩来到南康。神行太保翁学本来到这里协助李元度办理军需。由于军事紧迫，转运军饷是当务之急，翁学本在鄱阳湖两岸渡来渡去，往返三十几次。

同一个月，湖广总督杨霈在湖北也挪了个地方。他从周边已经出现太平军的德安向北挪了一百多里，逃往离武昌更远的随州。他听说太平军还在北进，连忙派刘长富带兵到长岭岗阻截，结果被太平军打败。太平军继续北上，清廷的西安将军札拉芬赶来增援，战死在德安以北五十里的平林市西边。

咸丰皇帝见杨霈如此无能怕死，下诏将他罢官，任命荆州将军官文为湖广总督，常恩代理布政使。

与此同时，王国才按照胡林翼的部署率部进攻汉阳，正要修筑军营，太平军前后包抄，一齐杀来。彭玉麟看到陆师被围，下船登岸，变水师为陆师，反过来包抄敌军，杀得敌军四散逃走。但是，湘军攻占汉阳的企图没能实现。

湘军水师驻扎在武昌附近，对于太平军而言犹如骨鲠在喉，于是派出船队从姑塘溯江向上游进攻，重创了湘军水师。曾国藩闻讯，大为神伤。

清军丢失武昌，现在已是第三次了。曾国藩对此十分气愤。他给咸丰皇帝上疏说，武汉两府一镇繁华甲天下，总督和巡抚的标兵荒淫奢侈，怠惰偷懒，不可使用。从咸丰二年太平军打进湖北，到现在不满三年，清军五次大溃败，小溃小败不可胜数。

曾国藩认为，清廷应该改弦更张。凡是要求归队的标兵一概不再接收。凡是曾经溃败的勇丁一概不予采用。大致说来，偏僻山村的农民性情粗犷勇悍，水乡的农民则比较油滑。善于用兵的人爱用山村的勇卒，不爱用城市或水乡的人。如果要在湖北招募编制内的兵员，最好在襄阳和郧县等地的深山穷乡中招募贫寒劳苦的山民，从中挑选英武猛悍的壮丁，用一些时间加以训练，然后才能得到一支劲旅。

曾国藩还说，古代谋划大事的人不会因为攻克一两座名城而沾沾自喜，得到一两名良将和几千名精锐的士卒才会欢喜。不会因为丢失一两座名城而发愁，但若失去一两名良将、折损几十名壮士就会大为忧愁。至于一支精锐的部队因为劳累而变得疲软，或者因为缺乏军饷而离散，或者因为不和而骄躁，那就更值得忧虑了。所以，湖北的当务之急是另外招募编制内的兵员与勇丁。目前收复湖北的城市依赖于此，以后保卫湖北的疆土也依赖于此。

134

朱洪英和胡有禄的部队于5月21日再次从广西杀进湖南，何贱苟率部跟随。这一次他们改变了旗号，自称"太平天国后营"。他们接到了罗大纲的邀请函，决定执行太平军的规定，命令部队蓄发，锐意北进。

朱、胡所部分两路进攻。胡有禄与何贱苟率领一路杀入道州境内，进攻永明。朱洪英率领另一路从道州和零陵边境绕攻东安。

王鑫等人率部从江华火速出兵拦截进攻永明的升平军，使他们无法实现攻击目的。朱洪英一路于 5 月 31 日攻占了东安县城,击毙清军把总郑玉恩,生擒左宗棠十分看好的知县赖史直。

王鑫等部湘军赶到东安,发现朱洪英兵力强大,防守严密,战事无法速决,便在城外孔明台及两旁的高山筑营,互为犄角。

朱洪英不等湘军站稳脚跟,就于 6 月 13 日派兵出城攻击,摧毁千总赵庆祥的军营,击溃江忠义的楚勇,迫使王鑫率部撤走。

骆秉章接到战报大为震惊。他说,朱洪英所部与洪秀全的太平军全无两样,蓄长发戴红巾,蓄谋已久,若不能将他们聚而歼之,势将蔓延,以后更难对付。于是他和左宗棠调兵遣将,增派一千五百名湘军驰援。

赵焕联、江忠淑和王鑫各部于 7 月 5 日再度围攻东安。朱洪英率部奋力抵抗,双方久持不下。

135

湘军在江西努力修复内湖水师,太平军也在九江制造战船,全部模仿湘军战船的样式。双方展开了一场竞赛。

萧捷三的内湖水师渐渐恢复战斗力,为了夺回水上优势,于 6 月 5 日主动出击,在马家堰打败太平军,追逐到南康以南四十里的都昌,烧毁敌船一百多艘。

但是,湘军在陆地上却面临更大的考验。鄱阳湖战役过去不久,湖北崇阳和通城的太平军越过省界向东推进一百多里,攻打江西义宁。知州叶济英率部守城。邓仁坤派出五百名道勇,由都司吴锡光率领,前往义宁增援。吴锡光也算是清军的一员骁将,但他的部队刚到义宁就遭到攻击,全军覆没。

邓仁坤正在另寻军队进一步增援,恰好赣州知府率两千名勇丁来到南昌,邓仁坤如同遇到及时雨,请求巡抚将他们派往义宁,陈启迈却令改部防守饶州。

邓仁坤对巡抚说:"江西民众都怕贼匪,不肯成立民团防守,更有一些跟官府作对的人,认为贼匪到来对他们有利,暗中把贼匪引来。贼匪所到之处都留兵驻守,只有义宁人倡议抵抗贼匪,官民同心,众志成城。义宁控制着三省要冲,如果大人弃而不救,以后怎能责成官员守城,又怎能要求民众举办团练？何况义宁的叶知州曾经援助湘军，还曾派兵增援省城，在省城以西阻击贼匪，大人应该尽全力去救援才是。这样一来，就向其他城市表明了大人是不会见死不救的。"

陈启迈对邓仁坤的话充耳不闻，只派了二百五十人前往义宁。中途遇敌，援军溃散。

不久，罗泽南部来到南昌。邓仁坤再三请求巡抚派湘军增援义宁，说："如果本省已无部队可派，只有罗将军的部队可用了。"

陈启迈说，罗泽南的部队虽然善战，却是外省来的客军，应当返回去攻打九江。他与曾国藩关系不和，就连湘军也不肯动用。罗泽南却不见怪，不愿辜负江西人的信赖，再三请战，陈启迈才勉强同意，但又几次改变主意。

叶济英守了十九天，无法抵挡太平军的攻势，义宁被敌军占领，叶济英战死，上千士民同死，震动了南昌。到了这个地步，陈启迈才把罗泽南部派去救援。邓仁坤连忙为湘军筹措了十万两银子的军饷。

萧捷三的内湖水师一战获胜，士气大增。6月21日，萧捷三率部开往都昌向太平军水师寻衅。两军交战，湘军获胜。6月26日，湘军将太平军向北逐赶，抵达庐山以东的鞋山。

萧捷三乘胜进军，内湖水师于7月13日再次大捷于青山，夺得大批船只，包括一艘拖罟船。这艘拖罟船是陈辉龙送给曾国藩的，竹林店一仗，湘军溃败，曾国藩从船上跳水，太平军把它缴获去了，现在湘军又把它夺了回来。

萧捷三乘胜进攻湖口，出师不利。但官兵并不气馁，因为内湖水师大大增加了实力，共有八个营。萧捷三率部返回，驻扎南康。

塔齐布已在九江城外待了七个月，久无战功，心情不畅。直到7月26日，他的部队终于在九江附近的新坝打了一个胜仗，多少缓解了他那郁闷的心情。此战以后，塔齐布与曾国藩约在青山会面。曾国藩提议塔齐布率部东渡鄱阳湖，攻打湖口、东流和建德，长驱东进。塔齐布说，他刚刚做好攻击九江的准备，发誓要攻破此城。

陈启迈与曾国藩的矛盾日益加深，江西断绝了湘军的军饷和军火供应。曾国藩不得已，便和德音杭布一起狠参陈启迈六条罪状，其中最厉害的一条，就是指使李浩伙同其内弟私贩鸦片牟取暴利。

咸丰皇帝下诏，将陈启迈罢免，任命文俊为江西巡抚。曾国藩的这位同年同乡由于不肯为湘军提供粮饷在江西巡抚任上只待了一年有余。

曾国藩在参折上没有提到最为关键的一个问题。湘军客居异乡，为清廷作战，如果清廷的官府不给吃的，一支武装部队的首领是不会让自己的士卒活活饿死的，难免到百姓那里豪抢强夺。这样一来，湘军就会成为一支没有纪律约束的部队，并且站到百姓的对立面。而陈启迈不给湘军供饷，连地方保护主义也算不上，其结果是导致了湘军在江西有了一些失控的举措，使江西的局面更为混乱。

136

咸丰皇帝调动了江西的人事，又于6月14日为湖北安排了一名大员。他任命都统西凌阿为钦差大臣，令他率部进攻德安。这个举措刺激了官文，他率部从汉水上行到襄阳，又乘炮船从汉水而下，驻扎在武汉以西三百里外的潜江和天门之间，号称"北岸军"。

西凌阿在僧格林沁的部队里待久了，不是统御部队的材料，没有能力援助武汉。只有湘军水师屡次作战，攻克蔡甸和汉口。太平军派出部队驻屯汉阳，迫使湘军水师撤走，蔡甸与汉口又被太平军占领。

太平军赶走了湘军水师，还想赶走湘军陆师，于6月份对胡林翼的金口大营发起了大规模进攻。胡林翼面对六路敌军的猛攻，分派兵力分头迎击，预先设下伏兵，从敌后杀出，将太平军逼退到纸坊。胡林翼挥师进逼纸坊攻击敌垒，忽然南风大起，湘军大炮齐发，太平军狂奔进入武昌城。

这一仗，胡林翼所部擒斩一千多人，逼迫大批敌军溺水淹死。湘军直逼武昌小东门，在纸坊和金口扎营，形成掎角。太平军不再发起攻势，隐伏不出。

杨载福认为水师必须壮大，才能与太平军对抗。他于7月份从岳州增募船只和军士返回湖北，让新增的部队和他的旧部会师，共有十个营，水师兵力大增。

杨载福到达金口以后，立刻提议攻打武昌。胡林翼考虑到李孟群所部兵力太弱，便将他留下率领陆师防守金口。胡林翼和彭玉麟率先进入汉水，攻打蔡甸。

彭玉麟乘坐小船进入沌口，率水师袭扰赤野湖以东，又通过汉水北驶涢口，顺流东返，向北攻破宗关石垒，向南攻打汉阳的太平军船队。湘军水师遭到太平军岸炮的猛烈轰击，无法靠岸，便北攻汉口。太平军船队出动，溯流而上，打算抄袭湘军。彭玉麟挥师夹击，夺到九艘舟船，驶到汉口，攻打敌军浮桥，烧毁敌军三百艘。

彭玉麟挥师攻击三天，太平军不出来迎战。杨载福从外江赶来会师，两支水师一同出江，驻扎在武昌下游三十里的沙口。

两位水师统领发现，水师驻扎在这里无所作为，不能协助陆师攻战，便决定返回沌口。沙口距离沌口六十里，必须从武昌和汉阳城下经过。

将领们提出从汉水进入沌口，虽然路途迂回，行程很远，但能避开炮火。

杨载福说："大丈夫行军，何必躲躲闪闪，我们就在长江上行军，顺流而下，逆流而上，那才痛快！"

彭玉麟不甘落后，张帆先行。

对于杨载福水师的出现，太平军没有防备，而彭玉麟的水师从汉口渡江，距离武昌和汉阳两城很远，在太平军大炮射程之外。但是，太平军已做好周密准备，计算好了湘军水师返回的路线，用船只堵塞中流，迫使湘军战船贴近岸边行驶。城墙上大炮齐发，湘军水师各部冒着炮火前进，不顾生死。炮弹飞鸣，落在船舱里的子弹可以用斗来量。炮火击沉四艘战船，三百军士中炮身亡。

彭玉麟所乘的战船桅杆被炮火摧折，战船无法前进。他见杨载福的船驶近，便向其呼喊求救，但杨载福之船转瞬就驶过去了。他又见衡山人成发翔的舢板经过，纵身跳过去，才免遭灾难。

事情过去以后，大家为彭玉麟打抱不平，都认为杨载福不讲义气，彭玉麟却淡淡地说："风大水急，很可能他没听见吧。"

杨载福早已不喜欢彭玉麟。他们的矛盾源于职业军人和书生之间的成见。胡林翼亲自拜访两人，从中斡旋，使两位水师将领达成了谅解。

骆秉章和左宗棠不断为湖北提供援助，同时还要关注湘南。这段时间，湖南的官军被两广会军牵制在湘南，作战非常艰难。

赵启玉于5月份率部出境攻打广东乐昌，行军到平石以南，遭遇何禄与陈金刚所部，战败而死。何禄率部进攻宜章，打散了王葆生的部队。

何禄的会军于6月份从宜章进攻临武与嘉禾，声势浩大，于7月份攻占了郴州城。湖南天地会群起响应。桂阳人李石保率会众前往郴州，加入造反行列，击退李辅朝的楚勇。

王葆生搜集残部，和其他湘军部队一齐防守永兴。

骆秉章和左宗棠又接到衡阳会党起事的报告。文格调兵遣将，在湘乡团丁配合下合力追捕，才将会党驱散。

湘北在7月份又传来警讯。太平军从湖北通城进入岳州边境，杀死临湘知县姚荣卿，湘阴长乐团丁从新墙发兵拦截，太平军退回通城。

岳州的湘军部队此时由江忠济统领。原来，魁联被罢官之后，骆秉章令岳州知府张丞实接管其部。张丞实推辞不就，巡抚便弹劾张丞实，清廷将其免职，把部队交给了江忠济。

137

暑热的天气到来时，湖北境内的战争达到了白热化的程度。

官文率领北岸军靠近武汉以后，于8月1日派队攻克德安以南六十里的云梦。第二天，清军西进五十里，攻克应城。

官文又派孔广顺和刘富成带兵攻打德安，派杨昌泗和常恩兵分三路，在应城和德安以西的皂市、京山和沙洋一带声援。

官文的这个举措巩固了清军的荆襄防线。

胡林翼也不甘落后，派彭玉麟水师出击，于8月21日攻克蔡甸。湘军毁掉了襄河铁索浮桥，在塘角和大别山连连获胜，扫平了太平军的壁垒。

太平军集结兵力扑向金口，李孟群所部抵挡不住，部队溃散。咸丰皇帝下诏，说他是因寡不敌众而失败，可以谅解，令他率部攻打汉阳。

8月26日，官文派李光荣等人的部队攻克汉川。

胡林翼见湘军在武汉与太平军长久僵持不下，心中焦虑，便于9月12日亲自率领四千人从金口渡江，打算与水师一起攻取汉阳。

湘军水师的火龙船烧毁了太平军的浮桥，陆师夹攻，拿下了汉口。胡林翼亲自上阵，冒着弓箭和滚石冲锋，攻打大别山关卡，未能攻克。他的部队无法前进，只得屯驻蔡甸附近的夑山。

9月18日，另一支太平军从汉川开到，焚烧汉口，扑向胡林翼军营。胡林翼下令迎战。军士饿了一个月肚子，不肯迎敌。他们索要军饷，口出怨言。胡林翼强迫其出营，还没与敌交锋，就大喊着奔逃而回。这跟李续宾部春节前在小池口的表现一样。

胡林翼气愤至极，要了一匹马，翻身而上，打算冲进战阵与敌拼命，让自己血洒疆场。养马人见巡抚表情严峻，便将马旋转四五圈，向空中挥响马鞭，把马朝反方向赶去。

胡林翼的坐骑飞跑起来，一发不可收拾。到了江边，胡林翼看见了鲍超的战船。诸位营官听说巡抚在此，便收拢逃散的士兵，调来王国才的部队，一起在大军山扎营。

四川人鲍超因为营救胡林翼有功，升为营官。

在胡林翼十分郁闷的时候，荆州于9月21日送来了三万两饷银，犹如雪里送炭。胡林翼严格淘汰疲弱的军士，上奏请调罗泽南的部队，增选两千名精锐，打算准备好了再去攻打武汉。

胡林翼下令南撤三百多里，将部队转移到新堤扎营。这个新堤现在叫洪湖市。

胡林翼为了统一部队的指挥，将李孟群改任陆军统领，任命总兵杨载福为水师统领，屯驻在嘉鱼和蒲圻之间。

清廷任命杨载福代理湖北提督。杨载福认为李孟群的旧部大多数不可用，于是淘汰羸弱和胆怯的军士，比率高达百分之五十。

胡林翼手下的水师和陆师经过整顿，总共一万兵力，多是新募的勇丁。太平军每次出动总有几万兵力，将领们见了对方的阵势不免害怕。但胡林翼谈笑从容，虽然战事受挫，但气势更加凌厉。

太平军占领了许多州县，胡林翼所部饷源断绝。靠户部下文调拨，多数不能应急。于是胡林翼写信向邻省求助，言辞痛切。邻省大员被他的诚恳所打动，多少打发一些。胡林翼又把自己家里的粮谷发来接济部队，苦熬难关。

胡林翼在军中优中选优，集中精锐，提倡勇敢精神，将士们乐于敞开衣襟迎接炮弹和石头。他又尊重爱护下级，士兵出去侦察，清早回营，他亲自打开营门迎接。

军士们斗志昂扬，军势又振作起来。

138

罗泽南的陆师于 8 月下旬抵达义宁，在梁口与太平军遭遇。太平军兵分两路迎战，罗泽南令部队在三处埋伏。当太平军溃退时，湘军伏兵从山后杀出，重创敌军。

太平军另一路绕到湘军后背，罗泽南派兵反绕到敌后，斩杀六七百人。

第二天，罗泽南率部进军棋盘岭，侦察到敌军集结于杭口。罗泽南考究地形，发现鳌岭是义宁的屏障，便率部由小路行军，占据鳌岭，这里距离义宁只有七里。

鳌岭左侧是凤凰山，右侧最高峰名叫鸡鸣峰。峰下就是西门摆，是有名的百货集散地。

湘军在义宁县城西北的各个山上连扎营寨，义宁全城一望无余。

攻守双方于 8 月 26 日展开大战。太平军分为两翼向山上进攻，没有得手，失败撤走。罗泽南两千多人斩杀五千名太平军，太平军军心沮丧，闭城不出。

第二天，罗泽南登山探城，打算攻城。城内太平军则企图夺回有利地形，立刻出城，争夺山头。

太平军援兵开到，驻扎在鸡鸣山和凤凰山，与义宁城形成掎角。唐训方为了解除威胁，率训字营进逼鸡鸣山下，率队先登，夺得鸡鸣山据点。

湘军主力飞奔而下，势不可当，将修水江边的壁垒全部烧毁。太平军惊溃，于夜间弃城逃走。训字营乘胜攻克义宁。罗泽南率部进城。

这几仗下来，罗泽南的部队让太平军折损了六千人。

义宁战后，清廷给罗泽南加授布政使衔。周宽世作战勇敢，升为都司。李续宾记名以道员使用。

与此同时，湘军在江西各地发起了一系列攻势。

8 月 27 日，萧捷三率领内湖水师在鞋山击败太平军。

8 月 28 日，平江人李元度率部在段家铺打败太平军。

8 月 30 日，塔齐布下令攻击九江城。

塔齐布正在阵后督战，忽然气脱，返回军营后呕血而死，年仅三十九岁。

曾国藩接到噩耗，伤心不已。他欣赏塔齐布性情恬淡，为人低调，从不炫耀自己的能力。也知道他的部队纪律严明，所到之处秋毫无犯，百姓反映不错。

塔齐布给人最强烈的印象是不怕死。他在左臂上纹了"忠心报国"四个字。每次作战，他都身先士卒，跃马突阵。但他并非只有匹夫之勇，在治军方面动了很多脑筋。他的部队杂用绿营兵与团勇，两者都拼死为他效力。他所得的俸禄赏赐全部犒赏军士。有时深夜把兵勇叫来絮语家事，亲如父子，谈到伤心处潸然泪下。下级军官可以直接进入内帐禀报，不必等待传宣。他和最下层的士卒同甘共苦，如果士兵睡在草上，他就不会去睡竹席。

有人说他奸猾，但曾国藩知道他是粗中有细，用心良苦。

塔齐布既为士卒做了表率，勇敢果毅无人能比，就有资格对部属严加要求。每次出战，发现哪个部将没有消灭十名以上的劲敌，他就鞭打责罚，开除回家。

塔齐布也是一个孝子。有一次，左右让他服用海燕窝，他神色黯然，说道："我的母亲和夫人在京城里吃了上顿不知有没有下顿，我怎么吃得下这么好的东西？"

但是，湘军的这员大将在九江城遇上了劲敌，久攻不下。他没有死于战阵之中，却因忧愤而死。他的对手林启荣也是一位爱民如子、深得军心的猛将，令湘军将士非常敬服。

清廷接到噩耗，诏令按将军规格抚恤塔齐布家人，允许入城治丧，赐予祭葬，授予"忠武"称号。

塔齐布死后，五千将士需要大将。曾国藩从南康赶到九江安排人事。在继任塔齐布职务的人选中彭三元呼声很高。他在军中以勇猛著称，军士对他都很拥戴。但曾国藩考虑到周凤山出身行伍，以治军有条不紊而闻名，而彭三元只有匹夫之勇，所以让周凤山统领部队。曾国藩没有料到，他今后会为这个选择而后悔。

周凤山用人喜欢论资排辈，调动不了官兵的积极性，从此这支部队的战斗力逐渐减弱。

139

与塔齐布齐名的湘军大将罗泽南尽管在江西打了不少胜仗，境况也很尴尬。他马不停蹄地转战各地，江西巡抚却对他时而恭敬，时而傲慢。战事危急时要依靠他，战事缓和了便把他当成累赘。曾国藩客居江西，寄人篱下，无法为罗泽南做主。

塔齐布死后，罗泽南在义宁给曾国藩写信分析战场的大势。他说，要扫除金陵的太平军，武昌是关键所在。湘军困守江西，犹如坐在瓮中，每天与敌作战，也无助于扭转大局。武昌的地理位置比九江重要百倍。得到了武昌，就可以控制江西和安徽。

罗泽南分析道，现在武昌和九江都为敌长久占据，而崇阳和通城的敌军出没于江西和湖南，两省边界城镇都不得安宁。要想夺取九江，必须从武汉顺流而下，而要想解武昌之围，则必须从崇阳和通城进军。

为今之计，应该派南康水师和九江陆师合力攻下湖口，横踞大江，拦截敌军上下的船只。他请求曾国藩派他率领所部进军湖北的通城和崇阳，占据长江上游，以攻占武昌，取得高屋建瓴的优势。只有进占了武昌，东南大局才会有转机。

曾国藩读了他的信，非常赞同他的看法。曾国藩想，攻坚会使部队疲惫不堪，何况塔齐布在世时也没能攻下九江，现在罗泽南一个人攻打更是没有指望。还是应该把罗泽南部放在能够发挥最大效益的地方。当时湘军刚刚失去塔齐布，曾国藩所能依赖的人只有一个罗泽南了。

幕客刘蓉力劝道："曾公所能依靠的部属唯有塔罗二人。如今塔将军已逝，罗军再前往湖北，江西的兵力更形单薄，如果军情告急，无人可以调遣，恐怕不能自守啊。"

曾国藩说："我当然知道，这支部队去了湖北，我们在这里就更加孤立了。可是为了收复武昌，维系东南大局，应该这么做啊，我怎能只为自己着想呢？我主意已定。如今东南大局如此困敝，大家都守在江西，不可能有所作为。"

刘蓉说："既然如此，我也前往湖北，希望有所帮助。"

罗泽南为了表明决心，单骑返回南康谒见曾国藩，请求带兵增援湖北，使曾国藩下了最后的决心。

郭嵩焘企图劝罗泽南留下，说："曾公兵单，你走了，他怎么办？"

罗泽南答道："如果老天不亡本朝，曾公必不会死！"

罗泽南便率领所部，以及塔齐布的旧部彭三元等人所部，共计五千人，兵分三路，自领中路，刘蓉率领左路，李续宾率领右路，取道义宁进军通城。

罗泽南走后，内湖水师失去了陆师的配合，曾国藩便让三十四岁的幕客李元度返回家乡平江招募三千名勇丁。显然，曾国藩打算重用李元度，将他培养成一员大将。他采纳罗泽南的建议，决定发起湖口战役。李元度招兵回营后，他命令平江营渡过鄱阳湖，邀约水师夹攻湖口。

李元度依计行动，平江营于9月2日在湖口的苏官渡打败太平军。

萧捷三的水师配合平江营，于9月4日攻克湖口。

太平军连遭挫败，撤到石钟山坚守炮台。萧捷三率十七艘炮船疾进，远远望见李元度所部正在围攻石钟山，便超越敌军战船实行包抄，与陆师上下夹击。这时，石钟山和梅家洲的敌军垒炮齐发，萧捷三被炮弹击中，当即阵亡。

南风急吹，船队急驶，陷在敌垒之下，湘军内湖水师损失二十一艘战船。

曾国藩连忙率领四百人从九江赶到青山安抚失去统领的内湖水师。他上奏请求罢免五营营官秦国禄等人，急召彭玉麟从湖北前来统领内湖水师。

清廷下诏，赠给武陵人萧捷三副将官衔，赏予世职。

曾国藩在这个夏天连失两员大将，严酷的战争在考验这位湘军大帅的承受能力。

140

湘军在湖南境内的战斗也延续到了炎热的夏季。

赵焕联、江忠淑和王鑫的部队从7月初开始一直攻打朱洪英的东安守军。

左宗棠了解到胡林翼在湖北的困境，于8月份派兵出境增援，前往蒲圻的羊楼峒，被太平军击败，退回岳州。左宗棠没有更多的兵力可派，觉得力不从心。

他见王鑫对东安久攻不下，又派刘长佑率领一千人增援。

但是警讯不断传来。何禄的广东会军于8月底攻打郴州。兴宁人焦玉晶和郴州人许月桂联合萧元发与李石保组织几千人响应。

9月13日，何禄的会军向北挺进，分别袭击兴宁和安仁边境。

9月23日，何禄所部攻占永兴，分兵继续北上，于9月24日攻占三百里外的茶陵。驻扎在永兴的会军派兵在周边袭扰。

省城长沙赶紧备战，如临大敌。左宗棠要求巡抚迅速增募勇丁，同时将各地的武装调往茶陵集结。

骆秉章命令湘乡人萧启江募勇建立果字营，独领一军，协助攻打茶陵的造反军。果字营到位以后，萧启江率几十名壮士逼近南门。造反军从民房中跃出，挺矛环刺，萧启江武功不俗，连连拿获几名敌军。其余敌军不敢近身。果字营率先突进，攻克茶陵。

萧启江年轻时在四川经商，后来弃商读书，博取功名。1853年加入塔齐布麾下。第二年跟随塔齐布进军岳州，攻战武昌、汉阳、兴国、大冶和蕲州，当了县丞，又晋升为州同。

塔齐布死后，湘军急需将才，萧启江崭露头角。

刘长佑所部赶到了东安，已经苦战两个多月的湘军声势大振。三支部队同心协力，发起猛攻。朱洪英抵挡不住，于9月11日放弃东安，兵分两路，一路西进新宁，另一路南下广西全州。刘长佑率部援救家乡新宁，王鑫率部向南追杀。朱洪英部转向东北方向，奔赴祁阳，在路途上溃散。

朱洪英所部南下全州，何贱苟与胡有禄所部却在北进东安。原来，何贱苟与胡有禄在道州吃了败仗以后，于9月上旬撤向全州。但他们在全州的白沙再度受挫，只得重返湖南。

何、胡所部刚到东安境内，便在桐子山口遭到王鑫所部阻击，再次溃败。

王鑫对何贱苟紧咬不放，从零陵向北追逐，直到祁阳和邵阳交界处的四明山，在良村接战。胡有禄纵马上前，被湘军击落马下，捆绑起来。王鑫将他用囚车押送长沙处死。

何贱苟率领一千多人进入四明山，躲进寺庙。王鑫所部随即追到，于第二天采用火攻，何贱苟丧身庙宇。

刘长佑率部跟踪朱洪英所部西进新宁，屡次将会军挫败。

西南部的战火刚刚扑灭，东南部的战火却越烧越旺。李石保和郴州天地会首领焦玉晶、许月桂等人于9月29日率部攻占桂阳州。州民结团自卫。胡林翼的幕客陈士杰得知故里被焚，从汉口回乡，专办团练，意图夺取桂阳城。

陈士杰敢于靠民团打攻坚战，自有他的道理。湖南的民团就数平江、湘阴和桂阳州最为强大，各县无法与之相比。但是陈士杰这一次碰上了冤家对头。

陈士杰这个桂阳的绅士在从军之前曾经团练乡勇与会党作战。为了在乱世中保全自己，他想请一名武艺高强的保镖。他听说李石保自幼练武，善使双刀，骁勇机智，便许下重金，想把他延聘到身边。可是李石保不买账，陈士杰多次找他商量，都被他拒绝。

陈士杰见李石保看不起自己，颇为恼怒，便把李石保告到官府，说他有意谋反。官府派出团丁抓捕。李石保闻讯逃脱，盛怒之下，倾家荡产制造兵器，结拜天地会，发展了几千名会众。

李石保造反，可以说是陈士杰逼出来的。现在陈士杰回家招募团勇，要攻打桂阳，对手就是李石保，可谓冤家路窄。李石保没等陈士杰找他，便主动出击，在斗石渡击败桂阳知州梅震荣和陈士杰所部团勇，又在七巩桥等处接连获胜。

陈士杰大为震怒，想反败为胜，无奈他兵力不济，只能等到王鑫来援了。

141

曾国藩进驻南康以后，痛感水师的重要性。他细细回味湘军水师出征以来所取得的胜利以及水师失败的教训，总结出水师行军、扎营和作战的一整套方法。

曾国藩的这个总结写成了一篇《水师得胜歌》。这篇韵文显然是写给水师所有官兵的，希望大家都能铭记。他采用人人都能看懂而且读起来朗朗上口的韵文，灌输完全切合实际的知识。

曾国藩将水师得胜的秘诀总结为八条。

第一，船上要干净。

这一条秘诀是为了使水师官兵保持敬畏的心理，也是从实战出发，要求官兵保持战船与火炮的清洁卫生。他要求大家早晚烧香扫灰尘，敬奉江神与炮神。

第二，湾船要稀松。

这一条秘诀规定了水师停泊扎营要拉开距离。这是从惨痛的教训中得来的经验。战船在停泊时保持距离，才能在失火时或是太平军放火烧船时尽可能多地保全水师。当然，也是为了在大风时各船不至于发生冲撞。

第三，军器要整齐。

这一条秘诀是要使所有的军器在作战时都能有效地发挥作用。在这里，曾国藩的考察细致入微。他要求用牛皮圈把船桨挂在桩子上，要用湿棉絮封闭药箱，要把子弹包捆紧，要让大炮弹都与炮膛吻合，要把抬枪擦干净，要把大炮洗得发亮。

第四，军中要肃静。

曾国藩禁止官兵喧哗，要求官兵在半夜遭到袭击时不要慌张，不要乱报军情，不要乱敲锣鼓、乱放枪炮。

第五，打仗不要慌。

曾国藩告诫新手，不要距离敌人很远就开炮。若是好汉，就要逼近敌船才开炮，这样炮火才能命中目标，并且有强大的杀伤力。

第六，水师要演操。

一般认为水兵不用排列队伍，也用不上近身兵器。但曾国藩要求水兵操练队形，还要练习刺杀。水兵特有的功夫更要练习，荡桨要快，掌舵要稳，打炮要准。

第七，不可抢财物。

曾国藩不许官兵抢夺敌人的财物。他警告说，敌人有可能趁机杀个回马枪，也可能在财物中埋藏炸药。

第八，水师莫上岸。

陆师不许离营，水师不许上岸，这是湘军一贯的规矩。要采购物品，可以派一个人上岸统一办理。曾国藩要严厉惩罚违纪的官兵。擅自上岸打一百板。临阵上岸要杀头。

曾国藩最后说，他对待将官如同对待兄弟，对待兵勇如同对待子侄。他希望大家"仔细听我得胜歌，升官发财乐呵呵"。

曾国藩用朴素通俗的韵文写作军事条令和军人守则，是一个非常有效的创举，有助于统帅意志在广大官兵的意识中扎根，也利于在部队中普及正确的军事知识，也可以说是"洗脑"的利器。他的这个做法对后世的军队建设具有极大的影响，而且被实践证明是军队打胜仗的一个保障。

10月份，清廷将曾国藩补授兵部侍郎。

142

罗泽南于10月份命令所部从江西进军湖北。当时，太平军在义宁、崇阳和通城之间号称有几万兵力，但都是临时凑集的部队和征集的兵丁，缺乏战斗力，见湘军杀来立即败逃。

罗泽南所部顺利地进入湖北，奉骆秉章之命领兵驻扎在岳州的湘乡人刘腾鸿也率部来到湖北。湘军各部联合攻打通城。

太平军见湘军杀到，出动一万多人迎击，逼近湘军营垒。罗泽南令部队席地而坐，不得喧哗，等到敌军逼近，一声令下，部队呐喊冲锋。罗泽南亲手斩杀三名敌将，太平军失去首脑，部队崩溃。

10月15日，湘军攻破城外三座敌垒，刘腾鸿攀上城堞登城砍杀，作战勇猛，给罗泽南留下了很深的印象。

李续宾所部将领周宽世也不示弱，斩杀三名敌骑，俘敌七名，因功以游击补用。

由于各部奋力作战，湘军一天就攻克通城。

紧接着，罗泽南率部进攻桂口，得手后留下会攻通城的李原浚与何忠骏等人率平江勇驻守，自率所部进攻崇阳。

罗泽南所部推进到濠头堡发起攻击。由于分兵去攻梯木山，兵力单薄，被太平军击败。罗泽南休整部队再攻崇阳，于10月24日攻克。

胡林翼听说援军深入，亲自前往迎导。幕僚曾经阻止他，说他兵力太少，不宜在援军到来之前率先推进。

胡林翼说："把硬骨头交给援军去啃是兵家大忌，而且还有什么廉耻可言？能打胜仗要作战，只能打败仗也要作战。"

10月29日，胡林翼派遣六个营三千兵力前往蒲圻，而几万名援敌从义宁开来，恰与湘军相遇，两下交战，湘军寡不敌众，败退撤兵。太平军继续前进，攻打羊楼峒的湖南驻防军，集结几万精锐围攻，力战三天，攻陷军营。

罗泽南派李续宾率大部兵力去增援羊楼峒，他自己率彭三元和李杏春所部驻扎在崇阳。11月2日，太平天国翼王石达开率大队从咸宁开到濠头堡，在崇阳败退下来的太平军见有援军到来，有恃无恐，便回过头来驻扎在濠头堡，准备袭击罗泽南所部。罗泽南派彭三元和李杏春前往攻击，违犯了曾国藩对其"不要分兵"的再三告诫。彭三元等部分路抵御，鏖战多时，斩敌一百多名。

彭、李二人获胜后，没有按照规定择地扎营，竟驻营于山下险地。第二天，石达开大军前来，将其包围三圈。湘军兵少将寡，军营被攻陷，彭三元和李杏春等人战死。

清廷追赠彭三元副将衔，附祀塔齐布专祠，赐予"勤勇"称号。

时间证明了西凌阿是个庸才，他与荆州将军绵洵攻打德安，久无进展。咸丰皇帝下诏罢免西凌阿，令官文继任钦差大臣。

官文更加踌躇满志。他先前听说官军在夅山失败，已从沔阳返回钟祥，现移驻德安城外。但是皇帝还不满意，再次下诏，指责官文拖延时日。又指责罗泽南作战失利，令他筹集援兵，会同胡林翼等人三面攻敌。

官文赶到德安，发现城内其实只有几千名敌军。他派副将颜朝斌诱降了敌将陆长年等人，叫他们做内应，安陆人郑兰芳和蔡业广进城受约。

11月4日，德安太平军弃城向南推进。

彭三元所部的败讯传到羊楼峒，李续宾的部属提出要去救出残部，李续宾说："死了的人无法救活，活着的人一定会归队。贼匪乘胜远攻，企图速战速决，我军应坚守壁垒，与之相持，待对方疲惫才可出击。"

11月5日，罗泽南集合各路部队在羊楼峒抗击从蒲圻杀来之敌。湘军凭垒固守，直到黄昏。太平军将要休息，李续宾挥军出击，将之击溃，向东北追击直达蒲圻。

罗泽南调来刘腾鸿所部横出羊楼峒，与胡林翼会师。刘腾鸿部与游击普承尧部前后夹击，打败太平军。

11月22日，胡林翼从嘉鱼来到罗泽南军营劳军，与罗泽南的七营部队会师，共有十三营，西攻蒲圻。

太平军聚集三万兵力，分为五座军营，设四道栅栏屏障，建造浮桥，据守白羊水，以打开通向咸宁之路。

蒲圻举人贺橘若向胡林翼献计，胡林翼欣然采纳。他派兵走小路行军，从公安畈占据蒲圻城西北的铁山，发动奇袭，夺取了所有的险要位置。

官文当了钦差大臣，有了新的动力，从德安挥师南下，于11月23日攻克汉川，更加靠近湘军。

11月30日，罗泽南派精兵攻打蒲圻城东，胡林翼攻打城西北，并沿江扼守，牵制增援之敌。

太平军坚守城垒，不肯出战。湘军仰攻城墙，负伤者众。

罗泽南令军士堆积稻草，准备焚烧栅栏。太平军反而以火器防御，火势大作，太平军惊慌奔逃，丢掉了五座营垒。

在这次战斗中，刘蓉之弟刘蕃阵亡。他是罗泽南的一名营将，性情沉毅，作战勇猛。这一次他身先士卒，中炮而亡。

刘蕃死后，刘蓉把弟弟的遗体送回家乡归葬，从此沉寂了几年时间。

刘腾鸿所部从宝塔山拦截渡河的太平军，直抵城下，与普承尧所部轮番攻城。当晚，湘军在冯山吹响号角，敲响战鼓，惊吓城内太平军，把他们逼得弃城逃走。湘军进占蒲圻。

此战以后，唐训方升任知府。

12月9日，罗泽南与湖北湘军合兵东攻咸宁，于12月19日进占，然后向武昌推进。刘腾鸿与蒋益澧所部押后，同为后队，搜查隐藏之敌，多有斩杀。清廷给了刘腾鸿九品官衔，给李续宾加授盐运使官衔。

罗泽南认为刘腾鸿是个军事人才，命他增募五百人充当前锋。刘腾鸿从此拜罗泽南为师，排名在这位学者的弟子中。

石达开见罗泽南的湘军开进了湖北，乘着江西湘军兵力空虚，再次进占义宁，打败江西清军，向南推进几百里，占领新昌和瑞州。江西的湘军又面临着严峻的形势。

罗泽南率部抵达纸坊，与胡林翼第二次会师。

湘军陆师节节北进，杨载福认为水师必须有所表现。他于12月20日率部从六溪口东下，派都司鲍超所部沿长江南岸推进，派游击李成谋所部沿北岸推进，一齐攻克金口。杨载福移驻金口，与陆师并列一线。

二十五岁的芷江人李成谋在湘军刚从湖南出师的时候还只是杨载福水师中的一个火头军。但是这个出身贫寒的小伙子身高力大，自愿投身战斗，而且十分勇猛，在湘军攻下武汉以后就当上了四品都司，可见当时湘军选拔官员的确是不拘一格。

在曾国藩创立湘军水师之前，武汉上下游几百里的长江完全被太平军控制，洪秀全的船队来往自如。但是湘军水师一旦开进长江，所扎营处，便限制了太平军水师的活动。太平军几度占领武昌，商贾便云集到新堤，官府在这里征收商品税，供给军饷，新堤一时称为重镇，都是因为有了湘军水师的存在。因此，胡林翼多次上书清廷，说曾国藩创立水师为朝廷得以镇压太平天国立下了首功。

12月23日，胡林翼、罗泽南和杨载福三人在金口碰头，议定由罗泽南率陆师从东路进兵，驻扎在武昌东北面的洪山南冈。胡林翼从中路进兵，驻扎在武昌城南的江堤上。令九溪营驻扎金口，与水师互为犄角。

湘军各部立即行动。王国才部从沌口开到新滩，会同鲍超等人的水师合攻敌军，取得胜利。湘军水师驻扎大军山。

这一次，湘军在武昌附近站稳了脚跟。

湖北的省会三次被太平军攻占，清廷死了三任巡抚。胡林翼吸取前任的教训，倾尽全力接纳人才，提倡勇敢，注重谋略，逐步振兴湖北湘军的军势。

彭玉麟奉曾国藩之命，已经启程前往南昌。可是江路断绝，于是他取道湖南，从陆地行走，来到江西袁州和瑞州地段，发现太平军占领区长达四五百里。旅途上，老乡告诫他们：要去南昌，必须通过敌占区。

彭玉麟敝衣徒步行走，只带了几名随从。走了两三天，随从都害怕起来，不肯前进。彭玉麟改道向南，打算到达赣州以后再北上。可是，当他们到达赣州时，听说北边的吉安也被太平军攻占，只好继续南下，取道广东、福建和浙江，由江西东部前往南昌。

彭玉麟把随从遣散，假装游学乞食，经过太平军的几十道关卡，都没有被其发觉。好不容易到了南昌城下，城门卫兵不许他进城，问明他的身份，向院司禀报。江西的官员个个大惊小怪。湘军听说他来了，勇气倍增。

143

1855年的最后三个月，战争再次把湖南和江西联系在一起。太平军在两省之间东去西来，因为他们在江西大有进展，而湖南东部的省界全与江西相邻。湖南的官府开始意识到江西的战局终究会影响到湖南。湖南支持本省军队在江西作战的必要性，已经不言而喻。

10月份，杀入湖南的广东会军从茶陵向东推进，到达江西西部边界的永新，分兵南下，再次拐入湖南，袭击与井冈山毗邻的酃县。王葆生等人率部前往茶陵，攻克了县城。

在茶陵以南的桂阳州，陈士杰对城内的会军一筹莫展，终于盼来了王鑫的部队。

10月30日，湘军和团勇联合攻打桂阳州。李石保和焦玉晶出战不利，在城内固守。

11月5日，何禄率部从郴州增援桂阳州，在中途被湘军击败。焦玉晶、许月桂和李石保率部突围，撤向郴州。湘军进占桂阳州。

李石保等人不甘失败，又于11月9日回头攻打桂阳州城，被知州梅震荣和陈士杰所部击败。李石保率部退据吴山，焦、许所部撤向嘉禾与宁远一带。第二天，湘军包抄吴山，与李石保和焦玉晶所部激战，会军又遭挫败，再次退往郴州，不敢再向桂阳进攻了。

桂阳一地自从1852年以来屡遭造反军攻击。乡绅锐意防守本土，于是乡军兴起，越战越强。王鑫所部在湘南往来游击，将各地会军打散。对于零散的会军，乡军便足以对付了。

11月13日，已经回到广西灌阳的朱洪英又率领升平军从大荆源出兵，攻打湖南的永明，周云耀率领绿营兵入城防御。

永州一地也是屡遭会军攻击。知府黄文琛善于侦察，据守险要，防备会军。

同一个月，湖南西部的邻省贵州也有战火烧进湖南。该省东部边界的铜仁府有个名叫徐廷杰的举人，认为本省的苗民造反和广西的太平军造反都是官逼民反，便指责官府征粮太多，勒索百姓，号召民众攻占府城，杀死知府葛景莱，响应者多达一万人。

徐廷杰于12月出兵北上攻占松桃，然后东进，攻打湖南西部边界的镇箪城。镇道防御森严，造反军鼓动了一番便匆匆离去，导致镇箪东部的麻阳和西南方的晃州发生混乱。湘军认为贵州造反军是乌合之众，容易打败，便尾随追赶，造反军果然逃散。湘军攻占了松桃和铜仁，留下部队代为戍守。

12月12日，朱洪英所部攻占永明，击毙清军把总周佑德。清军守城将领周云耀自刎而死。清军绿营在城外包围，却一直无法攻进城内，急待湘军增援。

12月13日，李石保和焦玉晶率会军残部突袭宁远的下灌圩，绿营将领赵永年和唐仁高率部阻击，力战而死。会军攻克江华县城。

赵永年和周云耀都是行伍出身，统领绿营兵，以智略著称，现在都已死亡。湖南的绿营将领中再也没有著名的战将，湘军成为官府唯一的依靠。

12月14日，王鑫与陈士杰集结重兵围攻郴州。何禄与李石保指挥会军坚守二十多天，直到弹尽粮绝，弃城向广东撤退。何禄在途中负伤身亡。陈士杰升任员外郎，赏戴花翎。

此后，骆秉章委任陈士杰负责湖南南路的防务。他截留桂阳州的田赋充发军饷，将乡团改为营勇，号称"广武军"，再次踏入湘军的行列。

王鑫到此也因战功而官复原职，不久又升为知府和道员，获赏四品封典。

由于广东清军集结了少量兵力攻打本省的红巾军，迫使红巾军北进湖南，奔向郴州和桂阳州，旁及永州，波及的范围到达耒阳。

红巾军从湖南拐入江西安福，向东北方长驱推进几百里，占领临江，和瑞州开来的石达开太平军会合，转头向西南推进几百里，攻占袁州，并包围吉安。这样一来，江西的清军与湖南隔绝，无法振作军势，清军徒有虚名。

广东天地会借此良机北上江西，大大扩展了生存空间。首领何名标所部围攻江西南部的南康，然后撤围北上吉安，与石达开部会合。

北面的太平军大批南下，从长江下游开进湖口和九江。太平军兵锋已经指向南昌，形成了南北夹击的优势。邓仁坤连忙增募捍卫军和保卫军加强城防戒备。

曾国藩感到江西省城兵力单薄，令副将周凤山撤销对九江的包围，率三千五百人南下攻打临江和瑞州，并进占樟树镇，以保卫南昌。他自己也率内湖水师援救临江。

144

1855年的江苏战场与安徽战场连成了一片，太平军与清军的绞杀胜负难分。但是太平军维持了天京溯江而上武昌的通道，阻止了湘军向东部战场的推进，在战略上占据了优势。

2月17日大年初一，吉尔杭阿率部攻占上海，刘丽川于当天弃城突围，在虹桥阵亡。刘丽川的造反军没能站到洪秀全的旗帜下，始终是太平天国的一个遗憾。而小刀会各帮的内讧缩短了这次举事造反的寿命，刘丽川坚持了十八个月，便被清军扑灭。

接着，吉尔杭阿移师围攻镇江。

镇江的太平军决定向天京靠拢，获取支持，于3月26日分兵西行四十里，抵达高资，控制了高资与镇江之间的长江湾道。太平军前锋向西南推进七十里，袭击句容。

为了配合吉尔杭阿对镇江的攻击，向荣派余万清和虎嵩林所部往来抵抗镇江之敌的西进。这个余万清就是在1852年因弃守道州而被清廷免职的湖南提督，发配到江南大营来效命赎罪的。

4月15日，向荣又派德安前往增援，击沉敌船，缴获七艘艨艟大船和一百多艘小艇。

在长江北岸，瓜洲太平军与镇江北固和金山等地友军会合一起向西推进，攻打天京对岸的江浦。江北大营统帅托明阿在九洑洲旁设伏，向荣则在七里洲埋下伏兵，太平军一到，清军两下对击，重创敌军，烧毁三百多艘船只。

托明阿亲自率水师溯江而上，在天京上游的三山遭到敌军重兵阻击，无法继续推进。

5月13日，向荣派吴全美和李德麟率红单船攻打三山，又派陆师协助，焚烧了大批敌船，缴获拖罟快蟹二十五艘。

5月28日，太平军撤到旁边的江宁镇，被清军击退。5月31日，吴全美等人指挥水师靠岸，军士跃上堤岸，烧毁木垒哨楼，乘胜上山，火烧敌营，江面的敌军木筏全部烧成了灰烬。于是，清军打通了三山的水路。

向荣试图向南扩展战果，派兵攻击皖南。邓绍良所部于6月份攻克了石埭，张国梁所部于7月份在芜湖有所斩获，乘胜攻克太平，留部防守。

邓绍良挥师北上，于8月份攻克芜湖。吴全美等人率水师进驻安徽南部边界的长江段。

向荣和吉尔阿杭都想拔掉镇江和瓜洲这两颗钉子，废掉天京的掎角。吉尔阿杭和余万清各自领兵驻扎在镇江城外。向荣率领一万人协助巡抚作战。

巡抚手下的兵力不足一万人，又认为余万清部纪律松弛，起不了作用。余万清部将虎嵩林、周兆熊、胡世斌、李若珠和刘存厚等人由于半年前攻克上海有功，觉得兵力太少，无法作战，便增募将士，从余万清手下独立，各成一军，很难约束。

余万清所部驻扎在镇江城东的京岘山，巡抚标兵驻扎在小华山，又在黄鹄山和京畿岭修筑壁垒，安置大炮，钳制城内。

向荣在11月份听到了一个好消息。在他西边三百里处，福济与和春蜗居在安徽腹地，得到江忠浚所部楚勇和李鸿章团练的援助，终于在11月份攻克了安徽省会庐州，为向荣的江南大营提供了声援。

此战以后，清廷将李鸿章交军机处记名，将来用作道府官员。

清廷奖给江忠浚的是知府官衔。江忠浚配合官军夺回了大哥江忠源的丧身之地，认为自己完成了使命，并不想继续为官，立刻解甲归乡。

镇江城外的清军于12月份挖通了地道，引发火药，炸塌了十多丈长的一段城墙。清军争先恐后从地道登城。太平军奋力抵抗，将城墙缺口堵合，又抓住时机攻打余万清的军营。清军好不容易才将太平军击退。

到这时为止，在镇江对岸，江北的清军围困瓜洲已有两年，眼见得敌垒横在江边，与镇江夹峙长江，保卫长江通道。江面上帆樯往来，络绎不绝。太平军有此优势，多次扬言要集结兵力袭击扬州，北进中原。托明阿害怕的就是这一点，便从民间募集资金，在瓜洲北面修筑一道长围栅，于本月完工。

太平军一见北上的路被围栅挡住了，大为震怒，连忙出动水陆部队争夺围栅。清军奋力抗争，将太平军击退。

杨秀清听说瓜洲军情紧急，派兵增援，以精锐部队从龙膊子逼近敌营。向荣派张国梁从仙鹤门甘家巷进攻，遭遇太平军主力。张国梁领兵从太平军背后兜击，黑龙江骑兵包抄到敌军外侧。太平军受到威胁，掉头撤回，被清军击毙一千几百人。

太平军其他部队悄悄从东阳开到栖霞街，放火烧房。张国梁见到火光，率部火速赶去，太平军不敢迎战。张国梁部追赶到石埠桥江边方才停下。不久又在观音门打败敌手，斩杀两千多人。太平军残部撤到天京城内。

但是，江苏省内长江北岸的大多数州县仍在太平军手中。只有天京以北约九十里处的六合县还有清军驻守。知府温绍原率领守军打退了太平军的多次攻击。

温绍原认为金陵北岸的九洑洲是个军事要地，太平军在这里驻军以后，可以派兵向西推进，攻击安庆和庐州，也可以向东攻击瓜镇和扬州。于是他派出部将秦怀扬和王家干，率部乘着大雾偷袭九洑洲。

清军越过壕沟深入时被太平军发觉，遭到抵抗。清军兵少，秦怀扬考虑到没有后援，便打算自裁。王家干连忙阻止，将敌军火炮放在膝头，填上火药发射。太平军不知这是哪里来的重火力，放弃壁垒撤走。清军攻克了九洑洲的全部石垒。但是因为无兵驻守，随后又被太平军夺回。

从此以后，太平军更加重视九洑洲的防守，使它成为拱卫天京的坚强堡垒。

145

清廷派到安徽西北部镇压捻军的袁甲三，由于违规委派和调任宿州的知州，被清廷降罪罢官。提督武隆额奉命率部驻扎在安徽西北部的亳州，总管江苏、河南和安徽三省对于捻军的攻击和防守。

捻军在本年的活动更加频繁，张乐行和李兆受这两个名字开始在社会上流传。对于清军而言，淮河流域的防御又成了一个紧迫问题。张乐行在安徽的蒙州和亳州起兵攻打河南归德，清廷委派英桂代武隆额统领部队。从此捻军分为五旗，往来驰骋于江苏徐州、安徽宿州、山东曹州与河南归州之间，清军的驻防军无法控制。

袁甲三以擅长打仗而著称，罢官之前已被清廷擢升为副都御史。咸丰皇帝将他罢免后，更加依靠河南巡抚英桂，屡次催促他向安徽进军。英桂以防守本省边界为托词，徘徊在本省边境不敢进军，不顾皇帝连下严旨，就是不肯跨入安徽境内。

何桂珍所部在3月份攻克了蕲水，接着克复英山，斩杀造反军悍将田金爵。巡抚令他驻军英山。然而何桂珍处境非常艰难。他领军八个月，转战湖北与安徽，支取的经费只有三百两银子，还不足以为部队提供一天的饮食。越来越多的民兵加入部队，加上李兆受的降军，这么多人要吃饭，却无处寻觅军粮。

起初，每人每天发一斤面粉，接着减少为四人一斤，后来每十人发一斤，然后又削减一半，接着再减一半。

何桂珍部不得温饱，捻军却越来越多，作战更加频繁。6月24日，这支饥饿的部队打了败仗。李兆受对何桂珍的忠诚和勤勉非常感动，尽管挨饿也不忍遽然背他而去。何桂珍曾请清廷给李兆受授予官职，巡抚从中作梗。李兆受可以不做官，但是断粮的日子长了，便抱怨何桂珍无法养活他们，心中愤愤不平。

这时候李兆受的战友马超江被捻军杀死了，李兆受很生气，怪官府不能把杀人者抓来斩首为马超江报仇。他决定自己来办这件事，为马超江设了灵位，召集捻军旧部来凭吊。于是，安徽与河南的清军统帅都向清廷告状，说李兆受又背叛朝廷了，还在街市上张榜通缉。霍山县令悬赏一千两银子来要李兆受的人头。

李兆受觉得自己的生命得不到保障，便匍匐在何桂珍面前说他并无反意。何桂珍加以抚慰，才稍稍安定下来。

恰好巡抚福兴写了一封密信给何桂珍，叮嘱要小心剪除叛贼，不要后发制于人，这封密信却落到了李兆受手里。李兆受误以为何桂珍出卖他，便于12月11日佯装设置酒宴招待朋友，暗地里设下埋伏，在英山的小南门杀死何桂珍，将尸休焚毁，骨灰扬弃。李兆受同时杀死何桂珍的四十七名随从。然后他召集民众袭击圩寨，兵力号称几万人。

何桂珍死时年仅三十九岁。何桂珍的败亡原因在于他只有将领的空名，既无粮饷又无军资，也没有赏罚权。而他身边又陪伴着一个反复无常的降将。更糟糕的是，他因昔日身在翰林，弹劾权贵，为清廷高官所不满。他并没有引以为戒，初次谒见巡抚福兴时就对军事问题侃侃而谈，似乎要做大帅的老师，又引起上司的反感。他的悲剧是典型的官场倾轧所造成的。和他比起来，湘军中大多数领兵打仗的书生应该说是十分幸运的。

咸丰六年

146

1856 年到来时，曾国藩和他统率的湘军一部分仍然被困在太平军活动日益频繁的江西，另一部分则仍然被太平军拖在湖北。这支湖南的军队在战略上已经处于被动的劣势。

湘军的战略失利与曾国藩本人的决策并无很大的关系，而是由客观的情势所决定的。

曾国藩率领的湘军出省作战，只有一万七千人的兵力，与全国五十多万清军绿营相比，只是一支单薄的武装，与号称百万雄师的太平军相比更是兵少将寡。而且，湘军并没有后备的兵力，所过之处，后方是一片空虚。已经攻占的地区在湘军继续推进后马上就被太平军重新占领。前有太平军堵截，后有太平军袭扰，湘军是不可能不陷入被动局面的。

曾国藩率领湘军打出湖南是咸丰皇帝一再催促的结果，也是湖北清军再三求援的结果。如果曾国藩部分靠着地方上的捐输，部分由各级政府财政拨款，养着一支地方武装，却老是不肯替清廷卖命，恐怕是说不过去的。因此，不管曾国藩是否愿意，他都得在没有后援的情况下带着这支军队出省作战。

曾国藩当然知道自己兵力不足，因此并没有打算靠着自己的这支部队单独与太平军搏杀，他更无法预见到湘军将会在以后几年里成为清廷唯一依靠的武装力量，开进大清帝国所有的行省。他指望清军能够配合他的部队从武昌一直打到金陵，但是清廷没有军力配合湘军，甚至没有力量填补湘军的后方，致使湘军陷入困境。

曾国藩在被困江西之后，向清廷提出六路进兵的方案，还是指望清军协同作战，但是清军无兵可派，这个方案成为一纸空文。

在这个时期，太平军已经意识到自己在战略上的失误，在转入战略防御以后，已经懂得占领金陵至武昌一段长江流域的重要性，改变了过去在战略进攻中派大军一扫而过的方法，开始在有限的占领地发动民众，扩展队伍，驻守城镇，建立根据地，拱卫天京。他们致力于在江苏、安徽、江西和湖北四省攻占城池，派兵驻守，致使湖北和江西两省的湘军，以及安徽和江苏两省的清军，都被迫留在当地与太平军展开拉锯战，无法彼此靠拢，连成一片。

因此，湘军的战略劣势，便因清廷的命令和太平天国的战略改变而延续下去。

湘军能不能在劣势下长期与太平军在纵横延伸的漫长战线上相持，度过困难的时期，将决定这场内战的双方谁胜谁败。

战争在考验湘军书生将领的耐力。这是一场意志的拼搏，几乎已无智巧可言。湖南人在困境中能否显示超常的凝聚力，将在这场战争中得到检验。

147

曾国藩的湘军在太平军南北对攻的夹缝中求生存。他把周凤山从九江调到南边以后，令他率部继续南下，攻打赣江之畔的樟树镇，堵死太平军从袁州和吉安进攻南昌的道路。

周凤山所部于1月11日攻克樟树镇，毕金科在此战中表现不凡。周凤山部又向南推进一百里，于1月17日攻克新淦，距吉安只有两百多里。

太平军已经分兵围攻吉安，知府周玉衡由于先前抵御会军有功被提拔为江西按察使，没有去省城上任，留在城内统领城防部队。他与代理知府陈宗元一起登城守望，指挥部队多次打败进攻之敌。

邓仁坤见周玉衡孤军难支，请求巡抚文俊下令征调周凤山部乘胜增援。

巡抚的谋士却不赞同，都说要靠周凤山的湘军控制樟树镇，屏蔽省城。

邓仁坤争辩道："贼匪知道南昌城高池深，一时攻打不下，必然会先剪枝叶，再砍树干，先扰郡县，孤立省会，然后大举进攻。如果悬赏二万两银子，周凤山的部队一定会斗志旺盛，先解吉安之围，然后收复瑞州和临江。如果吉安丢掉了，则抚州和建昌必然相继不保，最终是全省糜烂，省会坐困中央。义宁前车可鉴，请大人先派兵去援救吉安吧。"

邓仁坤算准了湘军非常需要军费，因此会为二万两银子而孤军深入。其实曾国藩却并不在乎那点银子，而是担心自己的部队向南深入不利。文俊一心想依靠湘军保南昌，正好拿曾国藩的担忧来驳斥邓仁坤，推说曾公不愿意，不敢要他调兵遣将。

邓仁坤派不出援兵，只好给周玉衡来点心理安慰。他在司道公文中透露，巡抚打算调动周凤山部南援吉安，企图以这点小小的舆论来坚定吉安城防部队的信心。他又写信给周凤山，用银子来引诱这位将领主动请求南调。但邓仁坤的努力终于还是徒劳，由于众人阻挠，湘军还是没有进军吉安。

这时候，已经五十出头的邓仁坤身边来了个好帮手，是他二十八岁的儿子邓辅纶。

邓辅纶曾就读于长沙城南书院，与王闿运、邓绎、李篁仙和龙汝霖共结"兰陵词社"，时人誉为"湘中五子"。在这五个人当中，左宗棠最看重邓辅纶的才华。

邓辅纶后来在京城担任低级文官，无法实现志向，决定从军大干一场。于是告假还乡，招兵筹饷，组成一百多人的部队，称为"宝庆志同军"，率部开赴南昌，协助邓仁坤守城，稍有战功。

咸丰皇帝见江西军情危急，连忙下诏，命令湖南巡抚骆秉章招募两千人，配备武器和军粮援助江西。

骆秉章是个顾全大局的官员。他不搞本位主义，愿意为湘军在全国的作战提供后勤和增援。可以说，洪秀全的这位同乡在湖南本土和各路湘军部队中起了一种凝聚剂的作用。

骆秉章复奏说，湖南从桂东向北，直到平江，一千多里的东部边界毗连江西的临江、瑞州和袁州。这一带的江西人民风柔懦，百姓对太平军颇为恐惧。太平军一到，民众都愿做向导，并向其纳贡，军民合一，致使清廷的官驿不通。

在这些地方中，袁州的地理位置具有战略意义，距临江、瑞州和吉安的里程大致相等，是邮旅通行的要道。湘军赴援江西应当首先占领袁州，然后向东北推进，援救瑞州和临江。若向东南进军，则可以援救吉安。

骆秉章说，刘长佑所部有一千五百人，增加五百人，就有了两千人。两千人不难照顾，但还是不足以进攻和防守。他作为湖南巡抚，现在征调全省所有的劲旅交给刘长佑率领，约定在醴陵和浏阳会师，两路并出，以增强援军力量，则江西可以得到援兵带来的好处，而湖南本省窘迫的局势也会翻然舒展，进退自如。

骆秉章不但愿意按照皇帝的旨意向江西派兵，还主动提出要多派一些兵力，才不至于隔靴搔痒。在清廷当时的封疆大吏中，如此具有全局观念的督抚可谓独此一人。咸丰皇帝对他的提议自然十分赞许。

于是，骆秉章增调萧启江的部队与刘长佑的部队会合，集结了五千兵力，准备派往江西。

148

增援江西的湘军部队还没有出发，袁州太平军已派轻骑兵西进一百里，袭击与湖南交界的萍乡。湖南这边，边界城市醴陵的驻军将领毛英勃率领所部三百人，约上镇篁军虎威营协领田兴恕所部五百人，向东推进，与太平军争夺萍乡。

田兴恕的虎威营还没开到，毛英勃赶急，率部先行，在萍乡城下遇敌，直冲上去。太平军不知道来了多少湘军，姑且撤退。毛英勃率部入城，协助防守。

太平军退到萍乡以东四十里处的芦溪，将领朱衣点下令扎营。毛英勃侦知太平军仍在附近，对部属说："我军兵力少，等到贼匪增兵把我们包围，势必不利。不如先发制人，消灭他们的前锋，贼匪就不敢轻易过来了。等到我们的大军开到再去进攻，敌人就会闻风丧胆。"

毛英勃率部向芦溪推进。萍乡民众见湖南的援军只来了三百人，居然也敢攻击太平军，都以为这些人吃了豹子胆。

三十九岁的朱衣点是湖南宁乡人，咸丰初年投奔石达开，进入天京后被选为进士，上一年晋封将军，有勇有谋。他的部队在太平军中算得上一支劲旅。

他率部散居在老百姓的村子里，见湘军到来，令部队蜂拥而出，挥刀砍杀。毛英勃奋力搏杀，身影所到之处，太平军不敢抵挡。

朱衣点及其部将却不惊慌，反而相视而笑。他们早已侦知湘军人少，孤军深入，已经想出对策，在山坡设了埋伏。

毛英勃将三百人分为四队，派一百二十人在后面摆开阵势，左、右各派六十人包抄村边的山头，亲率六十人直向前冲。部队正要越过山坡，弟弟毛英俊劝道："前面几百里地都是敌营，如果我们深入，即便打了胜仗也无处藏身，我看还是收兵，暂且撤退为好。"

毛英勃大怒，吼道："你这种言论会误了大事！胜负在此一拼。勇猛的将领单凭着几十人打败一万敌人，这样的事情太多了！只要打败了贼匪，就可以收抚难民，土地和民众都归我们所有，怎会无处藏身？你说这话好像是谨慎，其实是胆小，这算哪门子兵法？"

他不听劝阻，挥军前进，毛英俊只得骑马跟随。没走多远，果然中了埋伏。太平军占据了旁边的山头，将湘军前锋团团包围。毛英勃的左队、右队和后队赶紧撤退。毛英勃只身与太平军搏斗，受了二十八处刀伤。毛英俊受伤三十处，手下的六十人战死二十六人。

毛英勃兄弟力战而死，目击者感慨地说："他们援军都如此勇猛，我们为什么不为自己打算，而听任贼匪来到这里？咱们本地人作战后继有人，应该不怕失败啊。"

先前嘲笑毛英勃的人更加敬服这名将领。很多年以后，这条道路两旁的百姓总爱讲述毛英勃湘军作战的故事。

毛英勃部战败了，虎威营晚到一步，刚刚进入醴陵地界，朱衣点便率部攻占了萍乡。

149

当清廷感到江西形势危急的时候，湘军在湖北又取得了一些进展。

1月3日，罗泽南的五营兵马进驻洪山南冈，留下九溪营驻扎金口，保护水师，以当西路。

罗泽南正在修筑壁垒，胡林翼带领所部及普承尧、唐训方各营从中路抵达武昌南部，在堤上扎营。接着，胡林翼率领四营兵马攻克了五里墩。

城内的太平军从高冠山瞭望罗泽南部所筑的营垒，没有出城迎战。他们仗着城外有十三座壁垒环绕四门，十分坚固，认为湘军无法攻克与城墙等高的大型壁垒。

但是，太平军认为逼近城南的胡林翼所部是一个很大的威胁，便从十字街出动两万精锐迎战。胡林翼所部击退了第一波进攻。太平军采用轮番进攻的战术，一波刚刚退下，另一波马上冲来，反复多次。

罗泽南不忍坐视，和李续宾一起率部隐蔽出动，抵达赛湖堤，分两路包抄，发起袭击。

胡林翼部见友军到来，佯装败退，太平军紧追不放，胡林翼部突然回头反击。这时罗泽南部已抄到敌垒以北，攻破十字街军营，两下夹击，将追赶胡林翼部之敌全歼。

余敌慌忙攀绳登墙入城。湘军将武昌东南的敌垒全部捣毁。

湘军总是协同作战，李孟群部同时逼近汉阳。杨载福的水师战船在江汉南北穿梭，每战必捷。官文所部的前锋趁势攻打汉阳，与南岸的湘军互相声援。都兴阿率领骑兵保护湘军水师，水陆互相照应。

水师在夜间焚烧敌船，没有返回营地。都兴阿在露天下站立到天明，等待水师的消息。两岸将帅紧密合作，军士奋勇作战，清廷在湖北的军队精神面貌有了很大的改变。

1月8日，官文到达三眼桥，令李孟群率部攻打汉阳西门，并截击从龟山和月湖赶来增援之敌，获得胜利。水师开到五显庙，攻破敌军二十道水卡，扫清了西门外所有的敌垒。

罗泽南与部将商议说："西路八步街口是我军通向江面的要道，如果不攻破那里的壁垒，军粮无法运达。北路的塘角则是贼匪通往大冶和兴国的要路，那里的壁垒不破，我们就无法截断逆贼粮路。"

部将认为十分有理，一致同意攻打八步街口和塘角。

第二天，罗泽南命军士在鲇鱼套修建浮桥进攻八步街，出奇兵直逼望山门，从敌垒后方攻击，一举捣毁两座壁垒，扫除了太平军在武昌城西所设的屏障。

然后，罗泽南和胡林翼两部合力攻城，刘腾鸿则率部捣毁敌军炮台，北攻塘角，攻破汉阳门外的一座壁垒，烧毁造船厂，杀敌上千名。

城内的太平军从墙洞钻出，截断湘军后路。罗泽南和李续宾率部夹击，又杀敌几百名，扫清了武昌西北面的敌垒。

罗泽南认为仰攻武昌城难度很大，最好能把敌军诱到城外设伏击败。于是湘军依计而行，杀敌上千名。

太平军十分震怒，出动大队人马冲击湘军伏兵，罗泽南挥军堵截，又斩杀七八百人。

当夜，太平军在望山门外修葺两座石垒，与城墙等高。罗泽南派出两路兵力将石垒踏平。

李续宾率部驻扎小龟山，出兵窑湾，堵截敌军饷道。太平军岂肯放弃饷道，派出七八千兵力从塘角沿湖而下，包抄李续宾所部后背。

罗泽南亲率岭中营进兵洪山以西，命令刘腾鸿等部进兵洪山以东，两下夹击，杀敌上千名。

从此，武昌以南没有太平军踪迹，城内太平军不敢外出。清军的粮道颇为通畅，军心大振。

胡林翼上奏，陈述刘腾鸿身先陷阵，七战都冲在最前面。皇帝下诏，将刘腾鸿提拔为知县。

一天夜间，李续宾出营侦察敌军动向，在双凤山与敌遭遇，双方突然开战。周宽世率部悄悄绕过山角拦腰攻击，将敌军击退。周宽世又率部在鹰嘴与敌作战，中炮受伤，回家休假。他因屡立战功而被擢拔为参将，赐戴花翎。

150

骆秉章正在抽调兵力增援江西，但他还不得不兼顾湖南边界地区的防守。

王鑫和刘长佑正在分兵攻击上一年从郴州突围的会军。王鑫所部已经赶到永明，增援围攻朱洪英所部的绿营兵。

焦玉晶和萧元发所部攻占了江华。刘长佑正想继续追击，无奈骆秉章催促他率部增援江西，于是他回师衡州。

1月10日，贵州的苗民军攻占晃州，围攻沅州，然后攻占麻阳。湘军跟踪追击，将苗民军从占领地逼退。

骆秉章又接到江西的告急信，连忙催促援军主力尽快开拔。

曾国藩一面等待援军，一面尽最大的努力保卫南昌。

太平军于2月7日开始攻击樟树镇。此地的得失直接关系到南昌的安危。曾国藩派刘于浔率江西水师将进攻的太平军击退。

第二天，周凤山也率陆师从新淦回援樟树镇，在瓦山遇敌，将之击退。

太平军已在樟树附近的临江镇修筑了壁垒，作为进攻樟树的前进阵地。彭玉麟为了消除隐患，于2月7日率领内湖水师出击，捣毁了临江镇的壁垒。

太平军对樟树镇的攻击暂时失利。彭玉麟升任广东惠潮嘉道，仍留军营效力。毕金科被其他将领牵累，作战效果不佳，曾国藩令他率部驻防饶州。毕金科不愿离开湘军，请求留下，曾国藩允诺不久将他调回。

石达开加大了对江西中西部重镇吉安的攻击力度，太平军于3月2日攻占吉安。周玉衡和四十一名下级官吏战死。清军在这座被四条江河环绕的城市坚守了七十天，结果还是无法挽回败局。

自从太平军攻破各座名城，只有安徽省与湖北省的官员死在其官位上。吉安只是一座府城，清军坚守的时间比武昌还要长，府县主管学政和防守的下属官员和委员与城市共存亡，情状更为惨烈。士民以死抗争，情况与义宁类似。清廷官员接到报告，莫不痛惜。

吉安失守，清廷在江西西部边界各个州县的势力迅速瓦解。老百姓纷纷向太平军献出粮册，输送财物。石达开部设置官吏，防守渡口，四处巡逻，加强防守。

曾国藩留在江西的部队成为一支孤军，驻扎在南昌与南康之间，为太平军各部所牵制，人人寒心。

清廷谋士都把眼睛盯着湖南，指望湘军的家乡能够帮助江西摆脱困境。清廷下发的谕旨附带了地图，展示了一个计划：在湖南与江西之间开凿水路以通水师。人们对局势的忧虑到了这种地步，以至于想用愚公移山的精神来改造自然。

江西官府把吉安的失守归咎于周凤山作战不力，见死不救。湘军士气低落，名声受到损害。刘长佑恰在这时率领湖南援赣军从醴陵进入江西，进攻萍乡。楚勇出身的宁乡人边晓棠随军到来，这时他的官衔已是总兵。

刘长佑走后，湖南本省的防守重任全部落在王鑫肩上。

王鑫所部于1月16日对永明发起攻击，已经坚守两个多月的朱洪英终于不支，率部突围向东南推进，进入江华，在这里碰上了从郴州突围出来的焦玉晶和萧元发所部会军，于是联合起来抵抗湘军的攻击。

湘军的援兵陆续赶到江华。朱洪英的部属听说何禄兵败，军心动摇，纷纷弃这位镇南王而去。朱洪英、焦玉晶和许月桂见大势已去，于2月14日下令放弃江华，率领余部撤向广东。

王鑫所部紧追不舍，从西向东，依次在宁远的路亭、蓝山的楠木桥和嘉禾的土桥圩三地挫败会军余部，在战斗中斩杀萧元发，俘虏焦玉晶和许月桂，然后解送长沙处死。只有朱洪英逃到了广东连州境内。

升平军余部由陈永秀与黄金亮分别统领。

焦玉晶就是被清廷当作太平天国天德王洪大全处死的那个兴宁人焦亮的弟弟，而许月桂就是焦亮的妻子。焦亮当年只身到永安投奔太平军，一去不返，死于京城，也许他们还不知道焦亮也当过太平军的囚徒。

许月桂出身于书香门第，从小在父亲许佐昌指点下与妹妹许香桂练字作文。年纪稍长，两姐妹时常练习武艺。焦亮和焦玉晶兄弟应试路过许家，许佐昌见他们都有才华，便把两个女儿许配给他们。后来焦家兄弟在湘南一带组织天地会的军队，许家姐妹也在永丰乡聚众响应，于是这家人就有了1851年到1856年的这段故事。

151

刘长佑派出的游骑兵于3月12日到达萍乡城下。太平军毫不畏怯，出动一千多人反攻援赣军军营。援赣军这次来的是主力，立即反击，一鼓作气将太平军追到城下。

守城的太平军知道情况不妙，忙向袁州告急。袁州的太平军首领说："来军虽然兵力不多，却是经过阵仗的部队，我们不可轻敌。"连夜派出一千人的劲旅增援。

3月22日黎明，太平军援兵分为三队开到，发起冲锋。一名黄衣将领骑马守在峡口督杀后退的战士。刘长佑亲率一百人绕到他的身后准备突袭。

援赣军左右夹攻，太平军佯装败退。刘长佑突从后面冲向峡口。黄衣将领慌忙下马，找个空隙逃走。太平军从假败变成了真败。援赣军不管太平军士卒，纷纷追赶黄衣将领。

黄衣将领跑进村里，躲进屋内，援赣军便掷火烧屋。太平军也掷火抗拒屋外的援赣军，火势大盛，反而烧了自己左右的房屋。

太平军组织兵力回头来救，见黄衣将领已投火自尽，于是飞奔而逃。

3月27日夜晚，城内的太平军自动逃走，援赣军进占萍乡。

湖南的另一支援军由湘乡人萧启江率领从浏阳出发，攻打萍乡东北一百五十里处的万载。推进到距万载五十里的株潭便与敌遭遇，两下交锋，旗开得胜。

袁州的太平军对湖南开来的援赣军有所顾忌，连忙备战。

骆秉章接到战报，听说万载也有太平军劲旅，便命令田兴恕率虎威营前往助战。

田兴恕年轻气盛，敢于冲锋陷阵，以勇猛自负，认为刘长佑儒雅文弱，自己虽然属他管辖，却不甘心落在下风。他遇到刘长佑的营官，见对方竟不下马，勃然大怒，挥鞭抽打，还亲自找到刘长佑责问。刘长佑满脸堆笑向他致歉。

虎威营赶到万载，萧启江对田兴恕屈尊以礼相待，田兴恕很高兴能为他助力。

万载地处偏僻，是一座小城。太平军的后援跟不上，当地会军频频抵抗援赣军，都被打散。副将杨恒升派出小股部队引诱城内的太平军出战，探得敌军虚实。

刚从湖南开来的援赣军所战皆捷。如果周凤山通力配合，援赣军有望于迅速打通赣西通向南昌的道路。

但结果却是相反。

太平军于3月24日再次对樟树镇发起攻击，周凤山被打得大败而逃。几十名太平军在后面追杀，周凤山狂奔一百多里，逃到南昌。

曾国藩见周凤山落败，深叹手下没有大将，便令李元度率部从湖口移驻饶州，另派邓辅纶与林源恩招募平江勇丁。从此将李元度率领的部队称为"楚军"，把邓辅纶所率领的部队称为"江军"。

邓仁坤专管本省的厘局，打算靠它提供军饷。而林源恩熟悉平江，曾有作战功绩，和李元度十分亲善，曾国藩便把大权交给这三人。

太平军攻占樟树镇以后，继续向前推进，攻占南昌东南边的进贤、东乡和安仁。人们对周凤山更加失望，说他根本不是将才，即便他去援救吉安也会失败。也有人说："如果周凤山早一点进入吉安，凭城防守，得到周玉衡的协助，两者都可以不败。"

但是，这时说什么都没用了。3月28日，太平军攻占江西东部距离南昌两百里的重镇抚州，军锋向南北扩展，波及鄱阳湖以东的余干和万年。

太平军在江西的势力进入鼎盛时期，太平天国在这个省份拥有了七座府城。江西的八府五十多个县，清军只占着北部的南昌、广信、饶州和南部的赣州、南安五郡，南北两部的联系已被太平军切断。

不久，太平军相继攻占建昌和南康。曾国藩被迫移驻南昌，以战船作为他的指挥所。黄翼升率领水师退守吴城，击退从湖口来攻之敌，拱卫南昌。

不过，新到的湖南援赣军对太平军仍然构成威胁。4月2日，万载太平军南奔袁州。杨恒升率部入城，将太平军留下的财物全部收缴，并向萧启江报告，部队在城内驻扎。

杨恒升的祖父当过万载县令，为官谨慎朴实，为百姓所拥戴。可惜由于前任县令亏空，连累到他，因此而被罢官。民众凑钱报答他，他都谢绝，客居本县，疲惫劳累而死。现在他的孙子杨恒升竟不发放万载收缴的财物，百姓感到惊奇。

瑞州和临江的太平军听到这个消息，十分气愤，集结兵力，兵分三路，每路几千人，决心夺回万载。

为了加强湘军在陆路的力量，彭玉麟于4月8日来到吴城，令黄翼升率部改从陆路进攻。

曾国藩身边没有湘军，孤身一人，四周都是太平军，他与湖南断绝了音信。被分隔在各地的湘军不得不开展地下活动，招募敢死的军士，用蜡丸藏信，穿行在小路上，用暗语接头传递情报。但这些交通员往往被太平军捕获，无法送达的密信多达百分之四五十。

152

当石达开和韦昌辉的部队在 2 月份大举进攻江西的时候，罗泽南的部队仍在湖北奋力作战。他率领中营迁移到洪山绝顶扎营，令其他各营坚守南冈，互为犄角。

一天夜里，太平军袭击中营，已到垒下，罗泽南令部队用石头投击，登垒者全部毙命。

此后，太平军每夜都来攻击。又一天夜里，罗泽南设伏重创太平军，斩首四百，太平军才停止袭营。

2 月 5 日是阴历除夕。这天夜间，唐训方命令一些军士在军营里举行娱乐活动，玩鱼龙灯火的游戏。

太平军认为湘军在庆祝新春，不会出动，便放松了警卫。唐训方率部从鲇鱼套推进到藕塘，发起突袭，一举夺取两大敌垒。然后派三百人为疑兵，围绕两座城门走动，把敌军惊退。太平军的援兵推进到豹子海，也被他的部队击退。

太平军为了阻止湘军压缩对武汉的包围圈，于 3 月份掘开赛湖的湖堤，企图放水拦截湘军。刘腾鸿所部来到堤上制止敌军掘堤，获胜后追到长虹桥，遇到埋伏。刘腾鸿面对着七倍兵力的敌军，仍然挥师奋力出击，将敌军击败。

罗泽南为了困死武昌城，决定控制窑湾，分兵截断敌军粮饷运道。太平军出城争夺，两军大战于小龟山，刘腾鸿率部杀敌六百名，然后与李续宾所部一同就地驻扎。

刘腾鸿率领的湘后营越战越勇。该营的军旗是黑色的，太平军见到黑旗就跑。

太平军仍然不忘掘堤放水的计划，第二天从武胜门出动一万多兵力与湘军在江堤上交战。罗泽南挥军杀敌几百名，追到城下，绕城巡视，太平军方始闭门不出。

罗泽南所部陆师是一支劲旅，清廷在湖北和江西都需要它。由于江西已大部为太平军占领，清廷谋臣纷纷提交奏章，请皇帝将罗泽南部调到江西作战。浙江和湖南两省的巡抚都认为可行。但咸丰皇帝认为湖北的清军很快就能将武汉攻下，不同意抽走这支主力。无奈提议者越来越多，皇帝只得下诏，令官文等人权衡利弊，统筹安排。

罗泽南本人考虑到曾国藩处境艰危，出于义气，很想与湘军统帅同生共死。但他不想让对武汉的围攻功亏一篑。于是他给曾国藩写信说，武昌眼看就可攻克了，官军已经占领长江南北两岸，湘军陆师封锁了窑湾，水师封锁了樊口，敌军断粮后无法持久。一旦大功告成，他就会率部与曾大帅会师九江。

罗泽南为了早日抽身增援江西，日夜忧愤，更加急切地督促部队作战，从2月打到3月，打了几十次大胜仗和一百多次小仗。太平军索性死守待援。湘军每每逼城仰攻，伤亡严重。

胡林翼也在为攻城而殚精竭虑，忽然接到报告：襄阳会党首领高二率部起事，围攻府城。胡林翼抽出训字营协同舒保的骑兵前往增援。唐训方率部在峪山击败高二军，又打败其援兵，攻克樊城。然后将高二所部追到吕堰驿，斩杀一名姓宋的女将。接着增援宜昌，在南漳大败太平军。唐训方被任命为代理襄阳知府。

唐训方走后，湘军对武昌的攻击更加急迫。武昌守军为了获得生存物资，被迫发起反攻。

4月5日，天下大雾。太平军从城内出击，焚烧小龟山的民房。罗泽南令部队守在大东门，切断敌军退路。太平军见湘军壁垒防兵单薄，突然打开三道城门，派出一万兵力大举进攻。

罗泽南将部队分成三支分别应对，深感兵力不足。但他的部下都是家乡子弟，生死相交，彼此照应。

罗泽南在城下激战，火枪铁子射中他的左额，顿时血流如注，衣服染成了红色。但罗泽南仍然端坐指挥作战。二十七岁的道州人何绍采得知罗泽南中弹，率仁字营的壮士冒死杀入阵中，将罗泽南从阵地上救回。

罗泽南回到军营后，伤势不断恶化。但他日夜危坐，不肯躺下。

过了三天，罗泽南伤情加重，卧床不起。他喃喃自语，谈的都是时事。又口占忠义祠楹联，令人书写下来。忽然，他睁开两眼，索要纸笔，仰卧着写下一行字："乱极时，站得定，才是有用之学。"

4月12日，罗泽南已奄奄一息，从早晨起就汗如雨淋。胡林翼赶来探视，握着他的手恸哭。罗泽南说："武汉未克，江西复危，死何足惜，只是牵挂着未了的事情。让迪庵好好去办吧。"说罢，就永远闭上了眼睛。终年四十九岁。

他临终时所说的迪庵，就是他的弟子李续宾。

罗泽南死在军中，全军哀泣。噩耗传到江西和湖南，清廷一方的人无不叹息。他的弟子们更加哀伤，尤其是高足王鑫、李续宾、李续宜、蒋益澧和杨昌浚等人，更是怀念在乡间跟随恩师求学的那些日子。

前面说过，罗泽南遭遇过常人难以想象的痛苦，至死也没有过享乐的日子。

自从太平军打进湖南以后，罗泽南倡导弟子举办团练，后来又率乡亲和弟子转战湖南、湖北和江西，作战两百多次，攻克名城二十一座，在武功一途竟然声名赫赫。

罗泽南死后，咸丰皇帝下诏按巡抚规格赠恤。

湖北的湘军新失大将，人心惶惶。太平军趁机在武昌保安门外修筑壁垒，发炮轰击湘军的五里墩大营。

胡林翼奏请由李续宾接统罗泽南所部，清廷照准。李续宾涕泣受命，然后率部扫平保安门敌垒，仍然驻扎在洪山。

153

罗泽南是清末一个典型的科班出身的汉人知识分子。在他从军之前，他还在设馆授徒，弟子众多。他还著书立说，影响后人。这样一个读书人，死在刀光剑影之下，人们不禁要为他惋惜。

从罗泽南生前留下的议论时政的文章中，我们可以看出，这个知识分子针对清廷的政治，提出了很多改革的办法。他对清廷政治的态度和改革的愿望，其实是他那个时代的知识分子中一个渴望呼吸新鲜空气的群体所特有的。

湘军中带兵的书生，在从军之前，大多和罗泽南一样，是科班出身的知识分子。他们生活在清朝统治的社会环境里，面对着官场的腐败和踏上仕途的艰难，无不感到精神上的压抑。尤其是像左宗棠、罗泽南和王鑫这样的穷书生，不仅仕途无望，而且从小备尝艰辛，生计都没有着落，其实对昏官、贪官和腐败的政治，以及奴颜媚膝的外交，内心是非常不满的。

湖南的不少书生试图冲破旧学术的桎梏，探求经世之学，用以富国强兵。

这种学问大致说来不外乎经济、科技、军事和管理，贴近社会现实与国计民生，不是务虚的纯理论探讨，也无涉于宗教信仰与偶像崇拜，导致的是思想的解放和社会气象的更新。

历代的知识分子，按照阶级划分的理论所做的社会分析，是不能独立为一个阶级的，而是被划分到不同的阶级之中。他们没有共同的利益诉求、经济来源和政治立场，只有一个共同点，就是喜爱读书思考和著书立说，因此被阶级研究者当作一个可塑性很强的阶层。

太平天国运动要推翻的清朝统治，正是这些不得志的读书人所不喜欢的腐朽政权。那么，为什么在洪秀全举起反旗以后，许多并未在清廷统治下拥有既得利益的书生，没有站到他的旗帜之下，反而组建起非常规的地方武装去为清廷而战呢？

从这些投笔从戎的书生当时发表的意见中，我们大概可以找出两个原因。

首先，在咸同时期钻研经世之学的书生都觉得清廷的官场过于愚昧和腐败，这种令人窒息的政治是非改不可了。但他们思考得最多的不是一场暴力革命，而是希望他们自身能够引起清廷的重视，跻身官场，发挥所学，革除弊端，实行清明科学的政治。也就是说，他们指望通过自己的努力推进一场体制内的改革。

其次，洪秀全所发起的太平天国运动，在初期发动群众的阶段，是采用传播西方宗教的方式来吸收信徒。洪秀全自称天神，他自己当然清楚那是一个谎言。但是为了使他的追随者信以为真，当杨秀清与萧朝贵分别抛出天父附身和天兄附身的谎言后，他竟然屈服于杨秀清的挑战，对这个谎称天父附身的属下俯首听命。

这样一种西方的宗教和建立在谎言上的权力逻辑，自然无法打动那些钻研经世之学的读书人。他们连中国的鬼神都不信，又怎会去崇拜外国的上帝呢？

此外，太平天国运动虽然制定了很得民心的土地革命政策，但是却一概否定中国的传统文化，其结果是书生们所说的"斯文扫地"，这也是洪秀全这个半西方化的广东秀才无法得到多数中国书生认同的原因。

这些书生空怀文韬武略，在清廷的仕途上举步维艰，又不愿意加入洪秀全拉起的造反武装，那么，他们怎样才能有一展抱负的机会呢？

前面说过，江忠源的事迹给他们指明了一条道路，那就是训练兵勇，带兵打仗，替清廷对抗洪秀全的造反军，然后从清廷那里获得权柄，来推行他们所希望的社会变革。

154

三十八岁的李续宾接管罗泽南死后留下的部队，是一种合乎两者渊源的安排，因为李续宾是罗泽南的高足。

一位出身赤贫的老师，接收了一名出身贫寒的学生，是很容易产生好感的。罗泽南知道这位学生靠贩煤养活家人，并供胞弟读书，不由绝口赞扬他的孝顺和友爱。

但是李续宾在年轻时其实并不爱好读书，他的爱好是舞枪弄棒。他的生平中带有传奇色彩的部分就包括他臂力过人，擅长骑射，能够拉开三石的强弓。罗泽南怜惜他的品德，把他和弟弟李续宜一起收为弟子，不仅免掉他们的学费，还拿出自己的部分收入帮他供养家人。

1852年罗泽南在湘乡操办团练时，他这位很有武学天赋的学生自然积极地协助恩师，罗泽南又对他赞不绝口，说他能以兵法约束子弟，训练的勇丁堪称精锐。

罗泽南投身镇压太平军行列时，李续宾自然跟随恩师开始了军旅生涯，并且跟着恩师一路升官。

现在，他接替恩师统领湖北的湘军陆师，可谓一脉相承。

有人说，李续宾在战略战术上的造诣其实强过他的老师罗泽南。这很可能是一个事实，因为李续宾自小就爱钻研军事。

罗泽南去世前，湘军分兵驻扎窑湾，断绝敌军粮道，其实是李续宾的主意。窑湾的营垒建成后，李续宾自己担任守卫，与洪山军营互为犄角。现在恩师既亡，李续宾仍然率部驻扎在洪山，派出机动兵力巡防窑湾和塘角之间。

这时，三十岁的太平天国检点古隆贤率部攻击湘军后路。湘军将领们认为自己刚刚失去主帅，不宜轻率出战，多数人主张坚守。

义字营将领丁锐义说：“我军陈兵于武昌城下已有六个月，求战不得。现在贼匪趁我们失去主帅前来袭击，以为我军无力还手。我们现在出兵，可谓出其不意，一定能将他们一举歼灭！"

胡林翼同意他的意见，令他与唐训方、蒋益澧和孙守信等人率部趁夜迎击，果然在豹子海大败古隆贤所部。

这时江西一天几次向胡林翼告急，请求发兵。但胡林翼这边也很吃紧，因为武昌太平军的防御更加严密，而江西义宁之敌又进攻崇阳和通城，九江太平军与湖北兴国和大冶的会党一起从纸坊推进到武昌以东五十里的葛店，打算袭击巡抚大营。

胡林翼这时已顾不上自己，考虑到江西急待增援，便与李续宾商议，抽出四千一百人前往江西。

曾国藩的三弟曾国华和五弟曾国葆恰在这时来找胡林翼，说家里好几个月都没收到大哥的家书，请胡林翼速速发兵营救。胡林翼便让曾国华出任援军总指挥，率部从咸宁出发，一路向江西攻击前进。军粮都由湖北提供。

曾国华的这支部队包括刘腾鸿的一千人，最得力的战将是刘腾鸿和刘连捷。

刘腾鸿是湖南湘乡人，少年时也曾读书，但怀才不遇，便行走江湖做买卖。他加入湘军纯粹是一个偶遇造成的。

1853年的一天，刘腾鸿夜泊湘江之畔，遇到几十名逃兵抢劫，便将他们引诱到湘潭，向县令告发，将逃兵抓捕，从此有了名气，也和官府扯上了关系。

1855年，巴陵民众造反，骆秉章令刘腾鸿率五百人前往毛田镇压。刘腾鸿抓获造反军首领，又在三林坳击败造反军，迫使其溃散。刘腾鸿便领兵驻扎岳州，直至到湖北跟随罗泽南作战。

曾国华的部队开走后，武昌城内的太平军侦察到湘军兵力减少，屡次出城攻击。李续宾多次率部迎击，先后在赛湖堤、小龟山和双凤山击败敌军。

155

在胡林翼派出的援军开到江西之前，已在江西的湘军部队为了死保南昌，在省会周边和西部边界做拼死的挣扎。

4月16日，邓辅纶和林源恩的江军攻克南昌东南边一百里处的进贤。

4月23日，湖南援赣军萧启江部再度进占万载。

4月24日，李元度的楚军攻克进贤以东一百里的东乡。抚州的太平军出兵争夺东乡，李元度和邓辅纶联合将其击退。

4月27日，彭玉麟和黄虎臣的水师攻克抚州东南边一百多里处的建昌。

5月1日，李元度和邓辅纶两部开始攻打抚州，攻破五座敌垒。5月5日又在抚河之畔的千金坡挫败敌军。

曾国华率领的援军还在湖北境内行进，于5月14日到达崇阳。在这里，曾国华听到了江忠济的死讯。

江忠济所部本来驻防岳州，应胡林翼的邀请从岳州来攻通城。江忠济抵达通城后，招来一千多名通城本地的团勇，让他们跟在楚勇后面，以助声威。然后，江忠济指挥部队发起突袭，攻破四座敌营。

通城太平军于5月7日调集全部精锐攻击楚勇，以数万兵力将楚勇四面包围。谋士们劝江忠济撤退，遭到江忠济斥责。楚勇仍在奋力拼杀，太平军从后营攻入，本地团勇惊散，楚勇乱了阵脚。

江忠济见情势危急，便立在营门大声喊杀，手刃几名后退的部属。然后他策马奋砍，直到力竭被杀。终年三十八岁。

这一仗，三千楚勇几乎全部战死，无一人投降。

江忠源死后不到两年，他的二弟便捐躯沙场。清廷赠给江忠济按察使职衔，赐予骑都尉世职，授予"壮节"称号。

曾国华听说江忠济所部全军覆没，不敢再向通城推进，命令部队掉头挺进西北方，赶到蒲圻扎营，向太平军发起攻击，打了一个胜仗。

湖北南部的太平军乘胜越过省界向东挺进，抵达江西瑞州。然后掉头西进，袭击湖南的平江和湘阴，前锋到达长沙北面。接着，这支太平军袭击湖南东部的醴陵、攸县和茶陵，继而向江西挺进。骆秉章急调王鑫率部进驻岳州，以防太平军再从湖北南下攻击。

江西的湘军仍在继续攻击太平军的占领地。5月23日，刘于浔率领水师攻克南昌以南一百多里处的丰城。刘长佑的部队从萍乡东进袁州。

杨载福总是不甘寂寞。为了配合湘军陆师在湖北和江西两省的作战，他率领外江水师在武昌至九江的长江段炫耀了一次武力，令湘军和太平军都大为惊叹。

杨载福已经憋了几个月。自从年初以来，由于太平军的水师增添了力量，他的水师在长江上处境困难，从1月到3月打了几次苦仗，然后被迫转移到沙口躲避风头。

杨载福想，太平军的水师一到，就会停泊在岸边，对湘军的陆师造成威胁。而且，水师船队上下行驶，都是乘着风势，船和炮的制造都是模仿湘军，与自己的水师共用一条长江，迟早有一次大的较量。湘军水师长久避战终究不是办法，应该深入敌后，发动袭击，将太平军船队烧毁。

于是，他在军士中招募猛士驾驶千石大船出击。船上装满硝磺和芦荻，布设火线，袭击目标是汉口的太平军水师。

应募的勇士共有三百名。5月31日，杨载福向敢死队交代任务："逼近贼匪时，立即点火，然后登上舢板以自救，迅速归来。"

当晚，杨载福设酒，摆上各种肉食，为三百勇士饯行。他亲自敬酒，勉励道："此次奇袭成功了，活着回来的人，每人犒劳一百两银子，军官提升两级，白丁提拔为六品，担任实职。大家不要辜负我的期望！"

酒席间，勇士们议论道："看这个架势，我们是有去无回了。"

三百人当中有人后悔，偷偷开溜。也有人豪迈地说："壮士为知己而死！"

饭饱酒足之后，他们挂起风帆，划桨行进，逼近太平军设在南岸嘴军营的船队，将船上的火药薪柴点燃，然后全部跳上舢板。

顷刻间，巨大的爆炸掀起惊人的气浪，敢死队员必须身手敏捷才能自救。有人动作慢了被火烧伤，有的人则堕入江水。在这次奇袭中，一名哨官死亡，四十名勇丁负伤，其余都划桨返回。

杨载福亲自迎接奇袭部队，犒劳颁奖。这一次，太平军能够投入战斗的两百多艘战船全部化为灰烬。爆炸的气浪将太平军将士抛向半空，不少人堕入江水和岸上，尸体堆积。

湘军水师的前锋王明山和李成谋所部趁势游击，一直到达黄州，迫使太平军不再溯江而上。湘军巡哨船袭扰巴河与蕲州，竟然驶到了九江城下，十天内往返一千里，搜索敌对船只，向太平军示威。太平军大为震惊。

这一仗扭转了湖北的军事局面，湖北的太平军断绝了援助，武昌和汉阳已被湘军困死。

156

曾国华率领援赣部队在路上遭到太平军拦截，一边作战一边前进。6月1日和2日，刘腾鸿等人率部接连在羊楼峒和分水坳获胜，擒斩太平军总制三十多人。

太平军在湖北失去了水上优势，打算在陆地上夺回。林启荣从九江派兵增援湖北，攻打在武汉东北面约两百里处的麻城。官文派满洲正白旗人多隆阿在麻城西南七十里的柳子港将之击败，迫使他们从新洲城撤走。

多隆阿是清军的一名骑兵将领。他在上一年率部参加了全歼太平军北伐部队的战役，于6月份率部南下增援湖北。北方的骑兵来到这里，很快就凸显出剽悍疾劲的威力。

林启荣派出的援军没有达到目的，他又从九江派兵增援武昌。古隆贤率领一万人从葛店油坊岭后路向武昌杀来。他们派人进入城内，和守军约好举火为号，对湘军军营发动夹击。

胡林翼得到谍报人员的通知，获悉了敌军计划，派人在城外举火，城内的太平军果然中计出兵。湘军伏兵突起，将出城之敌全部歼灭。

胡林翼趁着古隆贤所部立足未稳，派唐训方等人率部连夜逼攻，将太平军援兵击败。

太平军不甘心丢失江西的地盘，对湘军发起了一系列反攻。

6月10日，太平军攻击田兴恕的万载军营，分兵包抄出营迎战的援赣军。萧启江挥师出击，将各路敌军打败。

6月12日，两军再次作战。援赣军两战两捷。

6月15日，太平军攻击彭玉麟的驻地吴城，被内湖水师击退。

6月17日，曾国藩从王国才手下挖来的云南猛将毕金科率领一千人在鄱阳县的油墩打败太平军。但是，他与统军将领关系紧张，而他手下兵力单薄，处处受到牵制，因此闷闷不乐。

6月20日，江西西部的太平军与刚从湖北崇阳和通城开来的部队会师，企图袭击湖南的浏阳和醴陵，截断刘长佑和田兴恕的后路。刘长佑派兵阻击，将敌军死死挡住。太平军转而扑向萧启江的军营，萧启江率部鏖战，将其击退，还跟踪追击到八角亭，捣毁敌垒。

6月21日，万载太平军再次攻击田兴恕的军营。虎威营奋力抵抗，发起反攻，烧毁太平军的军营。

6月21日，阴历夏至，太平军派兵增援抚州，被李元度部击退。

江西的湘军尽管颇有进展，却只能在很有限的局部与太平军绞杀。湖北的湘军虽然对武汉形成了包围，却无法攻克省城。咸丰皇帝对这种局面很不耐烦，下诏指责官文和胡林翼拖延战事，致使兵力疲惫。

胡林翼上奏，向皇上诉苦，陈述战争的残酷和艰难。他说，他领兵屯驻在武昌城下已有五个多月，每天指挥血肉之躯冒着炮火与滚石作战，水师和陆师伤亡三千多人，罗泽南死了，都司周得魁等人死了，共有一百多名军官伤亡。李续宾几次在马背上中炮堕地。士兵容易招募，但是将军难以求得。

鉴于伤亡惨重，从5月份以后，他就禁止部队攻坚，分兵前往咸宁和蒲圻以夺取义宁，结果四战四捷。又调拨部分水师清扫下游，直达九江。他自己率领五千人扼守武昌南路，李续宾带领六千三百人扼守武昌东路，分兵清剿北路，还派了六营水师下驻沙口。水陆之敌断绝了增援，处在穷途末路。下游九江和兴国的敌军陆师一万多人分几路前来增援，企图夹击官军。他立即选拔三千多人到百里之外作战。

胡林翼说，他经常研究历史，读到李左车劝告韩信，千万不要驻兵城下，让兵势衰减。作战容易攻城难，自古以来就是如此。他这个做臣子的根本就不是带兵打仗的料子。他虽才能有限，却怀有高远的志向，万一发生什么意外的变故和灾祸，他也不敢临阵退却，苟且偷生，自取羞辱。

对于胡林翼的奏本，咸丰皇帝批复道：你把作战的艰辛说得那么详细，对战事有什么好处？你有报国之心，也应该多一些慎重。

从此以后，咸丰皇帝知道胡林翼作为军队统帅，果然不同于庐州、扬州和金陵的那些将领，他的志向不仅仅是整治湖北而已。而胡林翼也就感激奋发，以澄清天下为己任。

湖南的官府几乎竭尽所能增援湖北和江西，但是贵州又成为湖南的一个沉重的负担。苗民军于6月份在贵州发起了新的攻势，攻打铜仁以西七十里的江口，被驻防的湘军击败。湖南派驻铜仁的卫戍部队很多人受伤，不得不增派兵力。

贵州的造反军此次起事，是因为巡抚蒋霨远派同知王敬烈任铜仁知府，在办案时株连无辜，良民和胆小怕事的顺民都后悔当初没有造反，于是五洞团丁起来响应造反。

贵州的官员没人愿意到铜仁上任，蒋霨远便让知县彭澜兼理知府的职务，派知府杨书魁任贵东道。

杨书魁率领三百兵力赶来，在路上遭到抢劫，三百军士立刻溃散。造反军囚禁了杨书魁。彭澜闻信惊慌不已，打算逃走，也被造反军抓获。

清廷见贵州的官员如此无能，深知只能依赖于湖南的兵力。镇箪总兵文安奉命率部在两省边界扎营，与铜仁的湘军卫戍部队互为声援。

157

1856年的江苏战场，太平军发起了大攻势，迫使清军转入防守。

安徽太平军于1月份大举东进，安庆、无为和芜湖的驻军出兵江苏，增援镇江。向荣派出红单船拦截，在神堂河将其击败，又在陶阳浦将其击退。

瓜洲太平军于2月份屡次出兵攻击清军，杨秀清派队增援。清军副都统德兴阿在土桥败敌，又在虹桥尹家桥再次获胜。

由于太平军从安徽抽调兵力增援江苏，清军得以在安徽西部取得进展。和春率部攻克了舒城，郑魁士率部攻打三河镇，久攻不克。凤凰人张文德不愿看到更多的人伤亡，独身进城招降，战斗方告停止，清军进占三河。

杨秀清索性从安徽再调几万兵力东进，在仓头集结，东援扬镇，击败清军余万清部和虎嵩林部。向荣派张国梁截敌，拦腰攻击，使太平军首尾不能相顾，于是败退。

镇江太平军于3月份渡江，与瓜洲友军一起攻打扬州。清军总兵周士法率浙艇部队停泊在镇江东北九里处的焦山，陈国泰率广艇部队停泊在镇江西北面的金山，都抵挡不住太平军的攻势。

杨秀清对扬州志在必得，又从天京派大队来协助，将清军的驻防军全部击溃，托明阿率部北撤。

太平军于4月5日攻克扬州，斩杀清廷知府世焜和参将祥林。德兴阿独自率骑兵左冲右突，无法站稳脚跟。

太平军从万福桥威慑里下河，江苏布政使文煜领兵将其击退。

清廷接到败报，将托明阿、雷以諴和陈金绶全部免职，令德兴阿以都统衔充任钦差大臣，接管江北清军，少詹事翁同书给他当副手。

德兴阿急于有所表现，于4月17日率江北清军夺回扬州。太平军撤向江浦，分兵袭击浦口。清军总兵武庆退保六合，太平军追逐攻击。向荣派张国梁率部渡到江北，驻扎在龙池以为声援。

太平军从毛许墩一路放火来到龙池。张国梁严阵以待，等到太平军靠近，便挥军出击将其击退。

张国梁随后追击，来到水家湾，碰到温绍原带兵从六合赶到，两军夹攻，大获全胜，迫使太平军撤回浦口。

张国梁联合江北清军的骑兵向葛塘出击败敌，又于4月22日攻克浦口，于4月27日攻克江浦。

安徽南部的太平军仍在东进，于5月2日攻克毗邻浙江的宁国，向荣不得不派部队应对。

吉尔杭阿率兵围攻镇江，长久不得要领。他认为攻坚不如断绝城内守军的粮食供应，便命令知府刘存厚率部进占镇江以西四十里的高资，在烟墩山修筑三座壁垒，截断太平军粮道。

杨秀清知道这一招的厉害，连忙派出几万精锐，由陈玉成和秦日纲指挥，开到高资西南方约七十里处的句容。陈玉成冒着枪林弹雨，坐一小舟冒死直冲到镇江，和守将吴如孝取得联系。陈玉成、吴如孝会同秦日纲率部同时挺进高资，内外夹击清军，围攻刘存厚军营，斩杀清廷知县松寿和盐知事张翊国。清军将领大为惊骇，都闭垒不出，只求自保。

满洲镶黄旗人吉尔杭阿手下只有几千兵力。有谋士劝道："贼匪争抢运粮的道路，锋锐不可阻挡。如果我军放弃高资，那么镇江贼匪为可以活命而庆幸，必定不会出来逼迫我军了。"

吉尔杭阿失望地说："我深受国恩，如果今天可以一战而胜，贼匪粮绝，则巢穴就会倾覆，这比久攻不克强多了。"

说罢，他便骑马驰入刘存厚军营。太平军见清妖巡抚到了，将他重重包围。吉尔杭阿登高瞭望敌军，中炮而死。刘存厚想将其尸体送出军营，无法突围，血战而死。副都统绷阔已突围而出，哭道："我与吉公一起入营，他死了，我怎么还好意思活着！"说罢便投江自尽。

向荣听说巡抚有难，派张国梁火速赶去救援。6月17日，张国梁率部在镇江丁卯桥打败太平军，又在五峰口的磨笄山交战取胜。

清军将领们得到探报，听说张国梁杀来了，胆子顿时壮了起来。余万清等人率部从徒阳运河出击，李鸿勋率部从丹徒镇出击，福兴等人的骑兵也从京岘山出击，与张国梁部会师。

张国梁率部四面兜击，太平军招架不住，向九华山撤退。张国梁令部队趁夜袭击敌营，迫使太平军弃营而逃，张国梁率大部队追击。清军游击张玉良也在东阳甘家港打了胜仗。

于是，太平军援兵全部返回天京。杨秀清又派兵攻占天京南边一百里处的溧水，向荣也分兵到溧水对抗。

这时候，江苏战场的清军对向荣和张国梁寄予厚望。清廷内外盛赞向荣的江南劲旅，江南大营的声望远远超过江北大营。各路清军屡屡告急，向荣早上接到警报，晚上就派出援兵。他还天天派兵攻击天京城外的敌垒和长江之滨由太平军控制的要隘。

杨秀清得到探报：清军江南大营的营垒空虚，炊烟一天比一天少，推测向荣派出许多兵力远征，留守兵力很少。于是太平军将领们日夜谋划，想一举端掉清军江南大营。

江南大营危机重重，向荣没有察觉。清军将士由于不能及时得到军饷，作战时忍饥挨饿，心中大为不满。

杨秀清抓住这个有利的战机，在清军对镇江的包围溃散以后，立刻决定夹攻江南大营。他悄悄约好镇江的部队从东向西运动，逼近天京，从背后攻击清军。天京城内的部队则从西向东出击，与之呼应。溧水和金柱关等处的部队在附近的山下拦截。杨秀清本人亲率精锐出兵通济门，与紫金山的部队会合，直扑七瓮桥。

石达开、秦日纲、陈玉成等各路大军互相配合，与清军激战四昼夜。向荣和张国梁常胜生骄，总以为太平军无法撼动大营，便以硬碰硬，对太平军大举截杀。太平军稍稍退却。

向荣等人刚刚松了一口气，忽见大营四处起火，守军全部溃散，正在作战的部队也忽然崩溃。张国梁一人掩护向荣突围到了安全地带，收拢一些散兵，从淳化镇一路向东，退守镇江东南六十里处的丹阳。各路清军都在这里重新集结。

太平军跟随清军到达丹阳城外，环城修筑几道壁垒。

向荣陷入敌军重重包围之中，愤懑疲惫，便成大病。

158

太平军在江苏击溃清军江南大营时，湘军在江西艰难地打开了一线通道。

湘军将领黄虎臣于7月3日率领三千五百人攻打建昌，轻敌出击，被太平军斩杀，他的部队转移到抚州扎营。

太平军乘胜东进，于7月6日攻占饶州。

湘军饶州守将毕金科非常气愤。他与主持防守的官员关系不和，兵力有限，无法发挥猛将的作用，以致丢失了饶州。他想起几个月前在樟树镇打败太平军，却因周凤山兵败而丢失了樟树镇。他的战绩总是被其他将领轻易丢失。于是他回南昌招募死士，再度攻打饶州。他发誓说："今天上岸，要是赶不走贼匪，我就不回船上了！"

果然，他带领部队一鼓作气再克饶州。于是清廷补授他为临元镇都司，并授予从三品游击衔。

毕金科一时声名大振。这时统军将领升官而去，毕金科独管防务，屡次击退太平军进攻，斩杀敌将，成为敌军畏惧的对手。城内众口皆碑，妇孺皆知。但他因此而为许多人所妒忌，江西大员也刁难他。当时皖南太平军占据了景德镇，江西高官要他攻克景德镇才给他的部队供饷。毕金科郁郁寡欢，一心想立奇功给大家看看他的能耐。

曾国华的援赣军终于开进了江西，由刘腾鸿等人率领，从湖南浏阳进入万载，与萧启江部会师。太平军正在派兵增援万载，探知湘军援兵开到，便在瑞州停止前进。

湘军迅速地调整部署。刘腾鸿率部进军新昌，萧启江率部赶去与刘长佑会合，一起攻打袁州城，留下田兴恕部驻防万载。

湘军兵力大增，立刻攻城略地。刘腾鸿与曾国华所部于7月19日攻克新昌。彭玉麟的水师和黄翼升的陆师于7月20日攻克南康。

同一天，萧启江攻打袁州城西桥，未能突破敌军防线。刘长佑赶来增援，两部于 7 月 21 日合攻袁州南门，将城外敌营全部扫平。城内太平军不肯出战。

刘腾鸿和曾国华所部再接再厉，于 7 月 26 日攻克上高，又于 7 月 30 日开抵瑞州。曾国藩派彭山屺和李新华率四千人前往迎接。

到这时为止，从长沙往东直到南昌，然后朝北折向九江，清廷控制了一线千里通道。萧启江因功升为知府。其部属刘岳昭因转战积功升为知县。萧启江对他非常器重，令他率领果后营。

湘军在江西看见了生机，是以在湖北减少兵员为代价的。因此，湖北湘军对武昌的攻击仍然处在僵持阶段。

古隆贤所部太平军在武昌附近的葛店被唐训方所部挫败以后，于 7 月份在樊口增召战船再次攻击葛店。胡林翼派蒋益澧总领六营部队前往阻击。蒋益澧一战告捷，发起反攻，将敌军追到樊口，和水师一起焚烧敌船。蒋益澧部进驻武昌县城，然后渡江攻打黄州，连攻十天无法攻克。

蒋益澧听说石达开率领十万大军将要到来，便与众将商议撤兵。长沙人丁锐义不同意撤退。他是义字营的将领，有耳聋的毛病，偏偏酷爱谈论兵法。每次作战他都孤军勇进。

丁锐义力排众议，争辩道："兵势应该影响较远，才能把握敌人动向，预见敌人的援兵能有什么动作。我军驻扎在黄州，百里以内的百姓有所归心，可以牵制贼匪溯江而上，与后路大营互相声援。何况能战不在近，能守不在远，如果我们现在撤走，贼匪必然会跟踪而来，来了就会交战。既然必有一战，为什么不就在这里打下去呢？"

将领们都担心部队悬在这里会有危险，丁锐义便独自上书给胡林翼陈述兵势。巡抚觉得他的议论很有气势，但还是拗不过大家的意思，令部队撤回。咸丰皇帝下诏，果然指责不该撤军。

蒋益澧和李续宾都是湘乡人，同为罗泽南弟子。但蒋益澧并不是认真的读书人，少年时放浪不羁，与乡亲不和，客游四方。湘军第一次出征时，蒋益澧跟随王鑫攻打岳州，立下军功，得了个九品官衔。后来跑到罗泽南手下，总是冲锋在前，得到罗泽南重视，允许他加入弟子的行列。湘军在 1854 年末攻克湖北黄梅时他因功被提拔为县丞。随后攻打九江，他又接连在白水港和小池口败敌。1855 年随罗泽南进攻江西广信时，主力驻扎在城西乌石山，蒋益澧驻扎在山右。太平军见他的部队还没有修好壁垒，趁机进攻。蒋益澧毫不惊慌，按兵不动，等太平军锐气已过才挥军出击，斩杀了敌将。接着率部进逼城下，奋勇登城，攻克广信。

罗泽南率部进攻义宁时，率主力悄悄进入鳌岭，令蒋益澧部驻扎在乾坑。太平军前来争夺，派几千人抄到蒋益澧部的后面。蒋益澧对部下说："现在我们只有几百人，要对付强大的敌人，若不拼死搏杀，就会全军覆没。"说罢挥师直向敌军冲去，所向披靡。他得以率部与罗泽南在鳌岭会师，乘胜攻克义宁，因功升为知县。

自从跟随罗泽南回援湖北以来，蒋益澧在军中的地位与李续宾不相上下。但李续宾随着名望提高，有意于统领蒋益澧部。有一次，两人与罗泽南议事，李续宾给蒋益澧写一张字条，问他打算何去何从。蒋益澧不高兴了，也写了一张字条给李续宾，大意是：你打算领导我吗？

蒋益澧和李续宾的矛盾很快就公开化了。

8月份，石达开率援兵步步逼近武昌。胡林翼调兵遣将，分派水师和陆师拼死抵抗。

李续宾派蒋益澧所部驻扎鲁港，给他的任务是阻击增援武昌之敌。

布置停当后，李续宾派出几百名精兵，手执从敌军那里夺来的黄旗，迷惑城内敌军。城内守军果然以为援兵杀到，连忙出城，企图夹击湘军。

李续宾的伏兵突起，一通冲杀，杀敌过半。

石达开所部开到后，向鲁港大举进攻。

蒋益澧请求中军派兵援救。李续宾答道："中军派不出兵力增援，是坚守还是撤退，听凭阁下决定。"

蒋益澧非常沮丧，立即登上瞭楼，撤去梯子，只在楼上放置旗鼓，对部属下令："贼匪势力强大，我只能死在这里了。诸位要走，就请自便。"

部属非常惊愕，面面相觑。他们都没有离开，凭借营垒死守。蒋益澧所部拼死抵抗三天。城内太平军分明看到了援军的旗帜，但有前次的教训，仍然担心有诈，不敢出兵。

石达开见城内不予配合，下令撤军。李续宾挥师追击，抵达小龟山，斩首八百。

清军都统舒保率骑兵从江北赶来，大破敌军，攻破鲁家巷的四座壁垒，烧毁敌军战船七十多艘，以及敌营八十多处，追出一百多里。

另一支湘军与太平军在赛湖鏖战，李续宾率部增援。太平军看见他的旗帜便收兵入城。

从此以后，武昌城内的守军闭城不出。

蒋益澧虽然打了胜仗，却已知道李续宾容他不下，便告假归乡，不等李续宾批准就起程了。他回家后悒悒不得志。但由于战争还在进行，这个已有战功的湘乡人不会就此埋没。

蒋益澧走了，李续宾需要补充将才，把周宽世召回军营。他还打算招募民夫开壕，引江水入湖，形成长围，截断城内的接济。

159

湘军不满足于在江西的一线通道，继续扩张地盘。刘腾鸿率部攻打瑞州。太平军当然不会坐视不管。北王韦昌辉于8月3日率大军从临江北进，增援瑞州。

瑞州分为南北两城，中间隔着一条河，两岸靠一座长桥沟通。刘腾鸿将部队分为两支，分别攻打，迅速地攻占了南城。

韦昌辉的援军到来时，刘腾鸿从南城出兵迎击。

韦昌辉身边仪仗显赫，随从如云，排刀队十分勇悍。

刘腾鸿按兵不动。他说："敌军表面像老虎，实际是绵羊，很快就会显出原形。等到他们疲惫了，我军再发起攻击。"

8月9日天下大雨，太平军扑向湘军营垒，吴坤修率部将之击退。

两军相持十天，太平军锐气减退。刘腾鸿从北岸渡兵，绕到敌后，与南城的湘军夹击，大败韦昌辉的援军，杀敌五百人。韦昌辉率部趁夜进入北城。

北王落败，引起太平军公愤。一名黄姓指挥率部来援，列阵出冈，与湘军对峙。另有一支太平军拦截刘腾鸿部后路，企图夹攻。刘腾鸿等到敌军靠近，令劈山炮开火，多有杀伤。太平军稍事休整，发起第二次攻击，也被击退。刘腾鸿下令反攻，率部追出三十里。

太平军逃兵遇到了石达开。翼王刚从九江赶来，连忙集结部队杀个回马枪，在瑞州东北面修筑五座壁垒。

刘腾鸿对部属说："如果不马上攻击，等到敌垒修成，就难对付了。"于是他令楚军防备城内之敌，令江军攻打城外敌垒，自率三百名死士督战。

太平军见湘军兵少，抢先攻击，刘腾鸿的三百人无声伫立，待敌靠近才开炮轰击。太平军六次冲锋，见刘腾鸿部不为所动，士气受挫。湘军各营效力猛攻。太平军大败，壁垒全被湘军捣毁。

捷报传到清廷，皇帝将刘腾鸿提升为直隶州知州，归江西补用，赐号"冲勇巴图鲁"。

刘腾鸿见太平军一直聚集在北城，不肯出战，打算断绝他们的供给。他下令从南城取来砖石筑垒造桥。太平军前来争夺，刘腾鸿令部队边作战边筑垒，又在北岸石封岭修筑新城，势逼北城。

8月15日，彭山屺等人的部队到达瑞州，江军和楚军屡次在城外败敌，兵势稍微振作。

鉴于太平军在江西占领了五十多座县城，清廷令广东、福建与浙江的军队一起救援，而江西的司道也各自私立军队赶赴各地救援。

江西学政廉兆纶驻扎河口，掌管饶州和信州的军事。这个顺天宁河人对巡抚文俊杂用将领、绿营部队名号繁多颇为不满，而对布政使耆龄很有好感。

其实耆龄是个妒贤嫉能之辈，邓仁坤在他排挤之列。他上奏清廷，说臬司的儿子不宜带领军队。皇帝下旨将其奏章下转给曾国藩与文俊。曾国藩只得将邓辅纶免职，将其部交给林源恩统领，会同李元度部攻打抚州之敌。

石达开身在江西，但对自己7月份在湖北樊口的失败耿耿于怀，率一万多名精锐再进湖北，取道广济、蕲州和黄州奔赴汉口，推进到青山和鲁港之间，增设十三座营垒。

官文派舒兴阿和舒保等人率骑兵和步兵开往黄州。到达堵城时，石达开大军开到，与清军骑兵相持十六天。多隆阿设伏，联合许广藻的团勇两下夹攻，击退石达开部，骑兵一直追到葛店。

石达开对清军的骑兵十分头痛，下令大踏步撤退。从此，湖北的湘军水师和陆师与清军骑兵互相协作，军势日益强盛。

160

江西不仅有太平军，吉安和建昌等郡还有一个名叫"边钱会"的会党，打着太平军的旗号，聚集几千兵力攻占吉安东北一百里处的永丰，以及建昌以南一百里处的南丰，向泸溪方向推进。

广东的会军趁机攻进赣南，袭击定安、安远、信丰、长宁、上犹、崇义和雩都，南昌的清军鞭长莫及，无法救援。巡抚和清廷几个月得不到这些地方的军报。

边钱会军北进以后，在江西东北部又取得一连串胜利。他们从建昌出兵，于9月1日攻占贵溪，9月5日攻打河口镇，9月8日攻占铅山，9月9日逼近边界重镇广信。

清廷的广信知府沈葆桢是已故禁烟大臣林则徐的外甥，正跟随学政在河口催督军饷，听说府城有警，立刻返回城内，发现居民骚乱，都已走散。

沈葆桢守着一座空城，与本省的军队联络不上，派快马给毗邻浙江的玉山送信，向浙军将领饶廷选告急。

饶廷选是林则徐旧部，现拥兵两千。他接到沈葆桢的告急信后，为了报答林则徐的旧恩，火速带兵前往广信，也就是现在地图上所标的上饶。

饶廷选部没有老兵，只有裨将毕定邦和赖高翔颇为敢战。他们行军不带粮草，休息不扎营寨，轻装行军，推进很快。

饶廷选部赶到广信的第二天，边钱会军方才到达，见城中已有防备，围攻了五天，便全部撤走。

江西的清军靠着饶州和信州能卖瓷器，军饷才有来源，因此广信对于清廷官府非常重要。官员们听说浙军竟能守住广信，认为是一桩奇功。

沈葆桢作为知府能够设法保住府城，从此也有了名气。江西其他州郡的清廷官员听说造反军杀来了马上就会逃跑，所以沈葆桢的作为显得非常突出，他因功升任广饶九南兵备道，也引起了曾国藩的注意。

萧启江所部援赣军正在攻打袁州。太平军认为，要为袁州解围，最好的办法莫过于先占万载，然后南下，从萧启江背后攻击。

他们得知万载只有田兴恕一部驻守，便从分宜出兵北上攻打上高，然后西进攻打万载。但他们没能从田兴恕手中夺得万载，反而被援赣军击退。

萧启江见田兴恕守住了万载，料定敌军会从临江和吉安前来增援，便设伏等待。果然，吉安太平军通过水路向袁州运送军饷，萧启江所部出击，烧毁敌军十一艘运输船。

安徽北部和西北部在 9 月份都有军事行动。袁甲三率部从河南永城西进安徽亳州，向东南推进一百多里，在雉河集即今涡阳攻击张乐行的捻军，张乐行南撤，退向颍州。安徽、河南的清军相对驻扎，也无法抵挡捻军的进攻。

161

太平军在 3 月初攻占吉安后，通过水陆两路在江西中部连成一气，临江、樟树和袁州都能与吉安沟通，也能与九江的太平军南北呼应，行动自如。从吉安南下，可以联系进入江西南部的广东会军。从这里东进，则与赣东建昌的太平军和南丰的会军连成一线，造反的火焰大有向福建和浙江蔓延的趋势。

咸丰皇帝似乎到现在才有所领悟，认为吉安的得失对于清廷在东南的局势举足轻重。他在 9 月份断然采取措施，颁下特诏，起用曾为陶澍和林则徐所赏识的长沙人黄冕为吉安知府，叫他设法收复吉安。

黄冕是个多方面的干才。他不仅擅长兴修水利、办理海运，还精于制造火药武器。1852 年的长沙之战以后，张亮基奏请清廷让黄冕在长沙开设火药局，每年制造出上百尊生铁炮和熟铁炮，还制造大量火药与铅弹。

黄冕精于理财，在上一年创设湖南的厘金局后，制定了征收商品税的办法，本年又在湖南设立了盐茶局，从这两种生活必需品的贩卖中收取利益，供给军饷。他还开设东征局，所收的税金专门供给曾国藩的湘军。

黄冕还是一名围棋高手，当时被誉为国手第二、湘手第一。

黄冕自己有才，也能识别人才。他知道自己多才多艺，唯独不是带兵打仗的料。于是他就任吉安知府时便决定寻找一位能够带兵打仗的书生来帮助他攻打吉安的敌军。

黄冕知道曾国藩的四弟曾国荃正在长沙，便去找他，商量攻防策略，并请曾国荃主持军队和军事。

曾国荃素来有一肚子谋略，但并不愿为清廷卖命。现在知道兄长曾国藩在江西的日子不好过，而黄冕此去吉安有助于缓解江西的战局，便慨然答应了黄冕的邀请。

曾国荃说："大哥作战顺利时我从未去军营找过他。现在他坐困一隅，我去帮他，是义不容辞的。只要黄大人能弄到军饷，我便自己组建一支部队去为我大哥解难。"

黄冕请骆秉章给曾国荃下令，让他招募三千人，另派周凤山领一支部队，共计六千人。由于这支部队一开始的作战任务就是攻打吉安，所以叫"吉字营"。

在曾国荃建立吉字营之前，曾国藩已有两个弟弟加入湘军，所起的作用并不明显。曾国葆在1854年率领湘恒营驻扎南津，被太平军击溃到靖港以后，便回归乡里，蛰居不出。曾国华率部在江西作战，也没有很大的战果。

但是，他的这个四弟曾国荃在他最为困难的时候参加进来，却是湘军史上的一件大事。也许大家都没有料到，曾国荃率吉字营到达江西以后，湘军的境遇就会逐步改变了。而曾国荃以后在湘军中所起的重要作用，更是包括曾国藩自己也始料未及的。

曾国荃邀请二十四岁的同乡陈湜一起从军，到江西襄理军务，把这个湘乡的青年带上了立功升官的战场。

与曾国荃一起奔赴江西战场的还有二十三岁的湘潭人郭松林、十九岁的邵阳人李臣典和隆回人魏光焘，以及长沙人伍维寿。他们日后都将成为湘军名将。

162

曾国藩于10月1日到瑞州劳军。他对湘军攻克瑞州寄予很大希望。位于南昌西南方向的这座城市对于防守南昌实在是太重要了。

位于南昌东南方向的抚州对于拱卫南昌也是举足轻重。可是李元度和林源恩久攻不下，军饷的耗费难以补给。宜黄和崇仁两县有人来请湘军去攻打这两座县城。他们说，抚州西南一百里处的崇仁有囤积的谷子，而崇仁东南面五十里处的宜黄可以从民间募集十几万两银子。而且，攻克了这两座城市就能从北面威慑抚州的太平军。

粮食和银子对于李元度和林源恩具有很大的诱惑力。他们从江军和楚军中抽出五千兵力由李元度率领去攻打这两座县城。

李元度部于10月2日攻克宜黄，杀敌几百名。10月7日重阳节，李元度率部攻克崇仁，又杀敌几百名。

这时，安徽的几千名太平军进入江西，从景德镇南下增援。李元度连忙下令从宜黄和崇仁撤军。两县官民苦苦劝留，不肯放走湘军。湘军将士饿了许多日子，刚刚吃上几顿饱饭，也不愿离开。

太平军援兵奔向抚州，湘军于10月14日在河边拦截。河中的水已干涸，太平军骑马飞渡。湘军追赶到城下将其击败。

抚州太平军刺探到林源恩的右护军派到崇仁去了，只留下三百人驻守壁垒，便在清晨出兵，先打败林源恩的右军，江军营官耿光宣中炮身亡。

太平军一战得手，便日夜出兵袭击，围攻林源恩的壁垒。他们纵火焚烧民居，火势蔓延到湘军营帐。林源恩仗剑拦住逃跑的军士，无法制止，部队溃散。

林源恩对身边将士说："是好男儿，就努力杀贼，不要逃走！"

将士们应道："唯林公之命是从！"

都司唐德升飞马驰入壁垒，要把林源恩拉上马逃命。

林源恩说："这里就是我的死地，你今后的日子还长，你走吧！"

唐德升说："林公不怕死，难道我就怕死吗？"于是从容地解下金条交给侄儿，说："你骑马去吧，我和林公死在这里了！"

太平军攻破壁垒，林源恩手持利剑砍杀，直到精疲力竭，死于刀矛之下。唐德升也是骁勇的壮汉，格杀了十几名敌军以后，也被敌军杀死。和他们一起战死的有三百多人。

四川达州人林源恩是湘军早期的一员猛将，四十岁便战死沙场，清廷追赠他为道员。

李元度率部回援，晚了一步。他把军中装备集中烧毁，突围而出。围攻抚州的湘军全部溃散。李元度率部驻扎在抚州东北方一百多里的贵溪。太平军重新进占崇仁和宜黄。

临江和吉安的太平军派出六千人从分宜向袁州运盐。刘长佑兵分三路拦截，把盐沉入水底，夺取剩余的几百车货物。城内太平军出来抢救，被湘军打败。

湖南的官府不仅要派兵进入贵州作战，还要提防贵州的造反军打进湘西。

贵州造反军于9月份攻进了晃州境内。到了10月份，又有贵州松桃县石岘的苗民军向湖南的永绥进军，此地现在叫作花垣。

贵州永从的苗民军对湖南的通道和贵州的黎平发起攻击。六洞的苗族民众进入湖南靖州，联合当地造反军，向西南推进三百里，攻占贵州的古州厅城。此地现在叫作榕江县。

古州有清廷编制内的军队四千人，火器储备在贵州是数量最多的，现在都用来装备造反军了。

湖南的靖州进入战争状态，边界的村寨全部受到波及。整个湘西边界的驻军都向省城告急。

骆秉章考虑到铜仁造反军乘船在沅水上行驶，几天就可以越过辰州，于是对铜仁格外关注。造反军攻打铜仁城，被湖南卫戍军打退，便奔向镇篁。由于这里防守严密，无法进入。卫戍部队将领吉隆阿等人率部袭击敌营获胜，铜仁解围。

163

1856年下半年，江苏战场上的清军和太平军内部相继发生大的变故，对战场局势造成极大的变数。

清军内部的变故是江南大营的大帅向荣病故。

江南大营东撤到丹阳以后，向荣就得了重病。张国梁召集诸将商议："贼匪知道我们的主帅病重，仗着新胜，一定骄矜松懈。我军乘机出击，必可败之。"

诸将都认为有理。于是张国梁派张玉良和虎坤元率骑步先攻五里牌，焚敌寨栅，然后渡河至黄庄桥，攻克敌军炮台。

清将秦如虎从定埠渡到南岸，堵住敌军道路，虎嵩林和明安泰两部设伏，张国梁本人与福兴率主力扑向敌垒，纵火鏖战，打败敌军。接着，清军争夺和定桥，攻击凤凰冈，太平军不战而退。清军追赶到黄土桥，杀敌几千名，将丹阳城外的敌垒全部扫清。

张国梁已经官居漳州镇总兵，这次因战功而得到提督职衔，皇帝让他帮办大营军务，总统江南的各路清军。

8月份，向荣的病有了起色，谋士们劝他将大营撤到东南方向的常州与苏州一带。向荣叹息道："我病了，不能向金陵推进，有什么脸面再向南撤啊。

老夫就死在这里了！"

于是，他将军事交付给张国梁，说："你的才能足以对付贼匪，我死了有什么可遗憾的？只是辜负了朝廷的恩典。"

向荣托付了身后事，咽下最后一口气。享年六十四岁。

向荣的死，对于清廷而言是一个很大的损失。

这个四川人从1850年就到广西对付太平军造反，当时清军将帅大多数不懂军事，向荣是清军四川籍宿将杨遇春的旧部，胸有韬略，清廷对他十分倚重。太平军围攻桂林、长沙和武昌，向荣都率部跟随而至，援助守军。直到太平军攻占金陵，向荣在这座防守坚固的城市下屯驻四年，日夜与太平军作战，还分兵增援上海和镇江，以及江北和安徽南部的诸多郡县。金陵附近的丹阳、溧水、溧阳、高淳和句容等城市，向荣与太平军反复争夺，往来奔命。

向荣的死对于太平天国是一大喜事，天京的官员举杯同庆。江苏和浙江的清廷官府则十分恐慌。

咸丰皇帝委任江南提督和春为钦差大臣。和春从庐州移驻丹阳，统领江南清军。在他到来之前，由两江总督怡良暂时代理。

张国梁率部摧毁丹阳城外的所有敌垒，还想再向天京推进。太平军撤退到丹阳以南五十里处的金坛，张国梁派虎嵩林带兵渡河，将敌军击退。

恰在这时，清军的一支援兵开进了江苏西南角。向荣生前从安徽调来的徐州镇总兵傅振邦于9月份率部攻克东坝，然后西进四十里攻克高淳，又北上一百里攻打溧水，向金陵逼近。张国梁趁势领兵攻克宝堰黄茅庄，进驻句容。

164

清军江南大营的崩溃与向荣的去世都是太平天国的大胜利。这个政权的二把手杨秀清被胜利冲昏了头脑，压抑不住获得最高权力的欲望，于是导致了太平天国内部发生的变故，也就是长达两个多月的杨韦事变。

太平天国定都天京之后，洪秀全讲求帝仪，沉溺宗教，深居王宫，疏于朝政。王爷们要见他一面都很难。军政大事一概委决于东王杨秀清。文报要先送东王府，刑罚、赏赐、官员的升迁和罢黜全部由东王说了算。北王韦昌辉和翼王石达开这些一起举事的兄弟，在杨秀清眼里都成了偏裨，被他派去攻打江西和湖北。

杨秀清居功自傲，大权独揽，挟制洪秀全，欺压同僚，树立自己的权势。洪秀全事实上已成为傀儡。

8月22日，杨秀清声称代天父传言，把洪秀全召到东王府，当着他的面让自己的下属称呼自己为"万岁"。洪秀全非常难堪，对他说："老弟称万岁，为兄成了什么？"

杨秀清的野心激化了太平天国领导集团的内部矛盾。洪秀全密召韦昌辉、石达开和秦日纲分别从江西、湖北和镇江返回天京。

韦昌辉于9月1日带领三千精兵赶回天京，发现秦日纲已先到一步。洪秀全把韦昌辉密召到天王府，谋划如何对付杨秀清。

韦昌辉刚在江西吃了败仗，杨秀清指责他无能，严辞厉色。韦昌辉也很愤懑，想把杨秀清杀掉。于是他们决定除掉杨秀清。

杨秀清于9月2日召见韦昌辉，请他喝酒。韦昌辉做好了充分的戒备。秦日纲带领随从包围了东王府。在酒席桌上，韦昌辉拔刀刺穿杨秀清的心脏，对大家宣布："东王谋反，我受天王密令，将他诛杀！"

接着，秦日纲领兵杀死杨秀清及其家属和部众。

9月4日，韦昌辉关闭城门，诱杀在天京的东王部下各级文武官员及家属五千人。东王部属的残余奋起反抗，双方展开血战，历时两个月。双方都有两三万人被杀。太平天国自金田举事以来的许多中上层骨干都死于这场自相残杀的内乱。

石达开听说天京大开杀戒，匆忙离开湖北洪山赶赴天京。李续宾部乘势攻占了鲁家巷的十三座敌垒。

9月中旬，石达开到达天京，其丈人黄玉昆也从江西临江赶回。石达开对韦昌辉滥杀无辜不满，出语讥讽，韦昌辉大怒，对他起了杀意。石达开连夜攀绳爬墙逃出天京，南奔几百里，到达安徽宁国。韦昌辉将其母亲、妻子和子女全部杀死，并派秦日纲率兵追杀石达开。

石达开前往安庆，召集四万部众，起兵讨伐韦昌辉，并上书洪秀全，要取韦昌辉首级，否则班师回京以清君侧。韦昌辉也要派兵围攻洪秀全。

洪秀全大为惶恐，便派人邀约城外的杨秀清余部一起攻打北王府。韦昌辉悄悄逃走，渡过长江，被巡逻队抓获绑送天京。洪秀全将他处以极刑，灭其全族，并将其首级送到安庆给石达开验看。秦日纲领兵在外，洪秀全派兵将他押回处斩。长达两个多月的天京变乱才告平息。

天京军民要求石达开回朝佐政。石达开于11月份回到天京。天王赐他爵号，石达开不肯接受。他尽力扭转危局，但遭到天王猜忌和疏远。

洪秀全起用安王洪仁发和福王洪仁达执掌朝政，他们是洪秀全的兄弟。于是，太平天国举事之初的王爷大多数都不存在了，陈玉成、李秀成、李世贤、黄文金和杨辅清等后起之秀成为中坚力量，是太平天国最为骁悍的将领。但他们只负责对外作战，内部事务都由洪氏兄弟来做决断。

165

中国的内战给渴望进一步侵略中国的西方列强提供了良机。英国、法国和美国从1854年起到1856年为止两次提出修约要求，俄国也会同响应。

清廷虽然为内战所困，却也没有同意四国的修约要求。这四个国家在寻找借口挑起战争。

英国找到了一个借口。他们说，清军到中国船只"亚罗"号上搜捕海盗是不合法的，因为这艘船持有港英执照。其实那份执照已经过期，中国军队完全有权到船上执法。

但英国人以此为借口，于10月23日派出三艘军舰和十多只划艇，以及两千人的陆战队，向虎门开进，挑起战端。

第二次鸦片战争由此拉开了序幕。

清军事先疏于防范，临时又接到命令，对英国兵船"不可放炮还击"。英舰顺利闯过虎门，攻占珠江沿岸炮台，集中炮火轰击广州城，击毁总督署。英军陆战队一度攻入外城，烧毁靖海门和五仙门一带的民房。

11月12日和13日，英军为解除后顾之忧，又占领虎门的横档、威远、镇远和靖远炮台。他们的目的是要以武力胁迫两广总督叶名琛谈判。

湘军人物中，有的曾在第一次鸦片战争中与英军作战。长沙人黄冕就是这样一个人物。多数从军书生都曾被那场战争的炮声震醒，积极探求御侮强国之道。左宗棠就是一个典型的例子。

国防论的先行者魏源虽未加入湘军行列，但他的呼吁、呐喊和探讨对湘军人物具有极大的影响。

但是，在第二次鸦片战争开始的时候，因内战而诞生的湘军不可能抽出兵力保卫国防，一直是黄冕和左宗棠等人的遗憾。洪秀全正为太平天国的内乱弄得焦头烂额，自然也无心考虑国防。

总之，正如西方列强预期和指望的那样，中国最强大的两支军队正在自相残杀，而无力参与抵抗外国的侵略。

内战吸引了清廷的全部注意力，君臣都不愿与外国侵略者开战。于是西方列强趁火打劫的行径在第二次鸦片战争中得以为它们在中国赢得更多的侵略权益。

166

太平天国的首都发生内乱时，清军江南大营趁机出兵攻击。张国梁所部于10月6日夺取近关桥。又于10月18日在吉利村打败敌军，逼近溧水，越过壕沟。张国梁正要下令登城，一支敌军从后面袭来，张国梁回师抵抗，将其击退。

清军在安徽也有举动。知府李元华率部攻克无为，福济率部攻克巢县，秦定三所部在桐城击败敌军。

李鸿章率团练参加了无为、巢县与含山的战斗，皇帝赏给他按察使官衔。然而功高易遭妒，一时之间谤言四起，李鸿章几乎不能自立于乡里。

石达开返回安徽之后，担心湘军趁太平军内部的混乱攻击自己的部队，便跟江西的太平军约定，只能原地固守，不得向东进军。

太平军中纷纷传言，说石达开集结十万兵力，要返回天京攻打洪秀全，为杨秀清报仇。清军屡屡接到这样的报告，但石达开其实并没有东进的意图。

咸丰皇帝听说太平天国发生内讧，十分高兴。但他担心石达开回到江西巩固太平军在各地的防守，便令曾国藩趁着太平军军心不稳发起攻击，并事先筹备受降地点。

正在瑞州检阅部队的曾国藩却没有这样乐观。他于10月6日上奏说，石达开久居安庆，那里是他的巢穴，而江西是他刚攻占的地盘，他又往来湖北，凭他的实力是可以控制这些地方的。现在他与洪秀全和韦昌辉翻脸，如果洪秀全一方胜利了，而他失败了，他当然很可能向朝廷投诚。如果石达开胜利了，他用心计来驾驭部属，用仁义来获取民心，正在得意的时候，又怎么可能投诚呢？

曾国藩说，他曾命令九江的太平军守将林启荣归顺朝廷，又曾用计策调动瑞州的太平军守将赖裕新率部奔赴下游，都没有成效。如果石达开自己认识到大势已去，主动向朝廷投诚，那么他会让石达开立功赎罪，献出占领的城市，以示诚意。只要石达开能在安庆、九江、瑞州、临江、抚州和吉安六座城市中献出一两座，就可以相信他是真心归附了。清朝开国之初的施琅和黄梧，以及现在的张国梁，都是现成的例子。如果石达开表面上说要归顺，心里面却打另外的算盘，像何睦尔撒纳先降后叛的案例，几乎不可收拾，那就断然不行。他不敢贪图招抚的虚名而放松了有效的攻击。

皇帝手写诏书，对曾国藩的态度表示嘉奖。

曾国藩没有立足于招抚，而是一心一意作战。他命令江西各地的湘军向太平军发起攻击。

11月1日，曾国华率部攻克上高，然后在瑞州挫败敌军。刘腾鸿捣毁瑞州南城，新修两座壁垒，派五千人驻守，断绝了太平军的援路。

11月18日，刘于浔的江西水师攻克新淦。11月21日，田心恕率部攻克分宜。

11月22日小雪，清军小有损失。由张从龙率领的福建援军在围攻建昌时溃败，副将陈上国战死。

湘军围攻袁州已超过八个月，城内守军互相猜忌。太平军怀疑刚从广东开来的会军作战不力。会军大怒，企图杀死主将，向清廷投降。11月24日，湘军攻打西门，有个叫李能通的人在阵前参见刘坤一，向援赣军投诚。

太平军见会军怀有二心，便无心守城，于11月28日弃城而逃。李能通的部下打开西门接纳援赣军。援赣军俘虏和斩杀两千人，释放胁从者两千六百人。

萧启江担心上高的太平军会妨碍援赣军的军事行动，邀约田兴恕一起拔掉这颗钉子。刘长佑则率领所部进军新余，留下黄三清率五百人驻守袁州。他与萧启江等部约好在临江会师。

吉字营于 12 月 8 日首次开战。周凤山和曾国荃率六千人攻打吉安西北方一百里处的安福，太平军分为两支应战。曾国荃派萧孚泗和陈光孚率部分左右两边抵挡，曾国荃自己领兵作为中路，在阵中杀敌三百多名。

吉字营首战告捷，于 12 月 9 日攻克安福，又于 12 月 13 日在大汾河挫败太平军，再于 12 月 15 日在千金坡获捷。曾国荃肃清了吉安外围，下令攻打吉安，另派刘拔元等将领率两千七百人进军吉安以南。

刘拔元等部很快攻克了上犹的五个县，曾国荃又调萧启江的部将刘培元等人率一千二百人协攻吉安，他们的任务是打通赣水以西的水路。

刘拔元率部开进赣南以后，惊讶地发现，其实赣南并非没有清军的势力，赣州知府汪报闰和南安知府周汝筠等人率自募的几万名丁勇计亩征税，号称"田勇"，却未能守住这块地盘。广东也有清军增援赣南，也没有起到应有的作用，必须等到湘军到来才能扭转局面。

到这时为止，江西的清廷势力分为四块。

第一块，院司群官都居住在南昌，军事上由将领们指挥，巡抚只是负责向清廷奏报。

第二块是湘军陆师，在袁州、吉安和瑞州都有部队驻扎，其中瑞州的湘军兵力最强。李元度率部驻扎贵溪，防守广信。刘长佑所部驻扎袁州。毕金科率部驻扎饶州。毕金科兵力最少，作战却最为得力。

第三块是湘军水师，曾国藩就住在其中。

第四块是江西的各路清军，属于偏枝旁叶，起不了什么作用。其中最得力的是刘于浔所部，他兴起于湘军水师，纯用江西丁勇。段起、钟世桢和樊俊等一批湖南将领则杂用江西和湖南的勇丁，也颇为有名。

167

防守湖南本省的湘军于 11 月份在西线和北线同时出境作战。

在西线，湘军为了救出贵州的官吏，进攻铜仁县的三元屯。这个村寨傍依石壁修建了三层堡垒。湘军采用当地老乡的计策，绕过沱水坪，走山路袭击上堡，约好当地老乡在中堡放火，田宗蕃等人率部攻打下堡。

田宗蕃部到达时上堡已被攻破，造反军惊慌恐惧，四散而逃，湘军趁势攻破下堡。

接下来湘军进攻坝盘，所带的粮食吃完了，挖掘山薯充饥。

三天后湘军又有援兵赶到，造反军退保三角庄，湘军随后追赶，苗军分离解体，自行溃散。

湘军从造反军中救出杨书魁，将造反军的所有首领全部抓捕斩首。蒋霨远听到捷报，既惭愧又气恼，仍令王敬烈任铜仁知府。王敬烈不知感激，竟与湘军搞摩擦，湖南卫戍部队便返回本省。

在北线作战的是王鑫所部，于11月10日攻克湖北的通城。

湖北的清军逼近武昌以后，其他州县兵力空虚。北线会党在捻军影响下接连起事。官文接到随州会党起事的报告，不得不抽调李光荣所部前往镇压。清军一到，会党便逃走了。

湖北的清军和湘军对武昌包围已久，在青山嘴、塘角挖掘长壕，在鲁家巷、花园、五里墩和石嘴也如法炮制，以阻挡太平军的援兵。城内的太平军也无法出城。清军安然坐等守军粮尽的那一天。武昌城内的太平军疲惫已极。

但湘军为兵力所限，无法最后合围。胡林翼四处求告，调拨军饷，增募五千名陆师和十营水师，扩大围困的范围。

胡林翼的另一个办法是以水代兵。他派四十六岁的湘乡人蒋凝学率湘左两营驻扎赛湖堤，引江水入湖，弥合长围，进逼城下，扫平十几座敌垒。

胡林翼一直没有忘记增添战船。他在沌口设立船局，时时修造船舶。水师增加到七千人，共计二十四营。

12月中旬，胡林翼得到探报：武昌城内的守敌已经疲饿交加，眼看就支撑不下去了。于是他把李续宾和杨载福招来，商议从水陆两路对武昌发起总攻。

12月19日早晨8点，大风扬起沙尘，长江波涛汹涌，湘军水师从上游和下游发动了夹击。

太平军断绝了外援，负责防务的将领韦俊因兄长韦昌辉被洪秀全诛杀，早已无心守城，现在见湘军大举进攻，便下令大开城门撤出武昌。

上午10点，太平军分七队突出城门，湘军分路追杀。太平军火速撤走。

胡林翼进入武昌城内安抚百姓，捕获太平天国检点古又新等十四人，还俘虏了先锋精锐八百多人和部众五千多人。

与此同时，杨昌泗、王国才和李孟群等人相继率部进入汉阳。

胡林翼立刻将船局迁移到汉口。

武昌战役之后，胡林翼得到头品顶戴，实授巡抚。李续宾因功升为记名按察使，周宽世和李成谋升为副将，蒋凝学升为知县。左宗棠因接济湘军军饷协助湘军攻占武昌有功，被擢拔为五品兵部郎中。

岂止如此。曾国藩和胡林翼奏保三千人，占湘军全体指战员人数的二成。湘军人物迅速地进入当权者的行列，越来越多的人愿意通过参与战争来实现自己的人生价值。

胡林翼着手清理武昌周边。李续宾等人兵分三路，于12月20日出动，将太平军追赶到武昌以南五十里的纸坊，水师和骑兵则将逃敌追赶到黄州，江夏乡民也起来拦截太平军。12月21日，李续宾和杨载福挥师攻克纸坊。

随后，李续宾率部渡到江北，于12月22日联合水师攻克黄州。

李续宾所部又渡到江南，攻克兴国。

王明山率战船攻击蕲州，焚毁敌军战船七十多艘，然后令部队登岸，引诱敌军出城，使其他部队乘虚攻占城池。王明山因功升为副将。

湖北民兵也投入作战，攻克蕲水。杨载福的水师烧毁武穴、龙坪和小池各地太平军的船队，夺得大小战船五十八艘。

12月28日，湘军攻克广济。太平军余部全部逃向九江对岸的小池口。

湘军水师乘胜推进到九江。李续宾的陆师也向九江挺进。

12月29日，段起率部攻克江西建昌县。

168

曾国藩在瑞州劳军以前，他的部队散处各方，他在南昌成了孤家寡人。

曾国藩除了眼看着江西的湘军拼死挣扎，不可能有什么作为。

他利用闲暇，又以通俗的韵文写作了一首《陆军得胜歌》。他发现，上年写作的《水师得胜歌》在军中传播之后收效甚好，于是继续采用这种体裁传播条令和战法。

湘军兴起以后，将领们用通俗的语言传播条令和阵法，于是人人都懂得军事。新招募的部队一天就懂得了规制，不必由长官颁布和教授条令。传说世上有一部楚鄂湘军章程，其实是没有这种文本的。湘军将帅不是靠书本教授军事，而是在部队中口头传播一些朗朗上口的韵文。

曾国藩告诉将士，他之所以写出这些条令给大家来唱，是为了湘军将士自己的好处。他说他知道当兵的辛苦，所以"生怕你们吃了亏"，只要唱熟了这个得胜歌，"保你福多又寿多"。

曾国藩为水师制定的条令有八条，为陆师制定的条令却只有六条。但他对这六条的讲解详细得多。《水师得胜歌》只有三十三句，《陆师得胜歌》却写了七十四句。这恐怕是因为湘军陆师的作战实践已为这位统帅提供了更多的教训和经验。

曾国藩制定的陆师条令关系到部队扎营、作战、行军、制度、武器装备和训练六个方面。

第一，扎营要端详。

扎营的地方最好选在山冈上。地势不能低洼潮湿，不能平坦没有遮拦，进退都要有路，一半暴露一半隐藏。营垒要按一定的长度、宽度和深度筑墙挖壕，建筑材料不能用烂泥和碎石。每营只能开两道门，厕所也要挖得好，以免臭气熏人。另外还要放哨、站岗和巡逻。

第二，打仗要细思。

曾国藩认为，打仗要靠智谋和阵法。出兵时要将兵力分为三支。中间一支稳住，左右两支先出。同时要留下预备队，还要准备伏兵。

除了阵法得当，还要善于观察敌情。看清哪边有埋伏，哪边有敌人的强将。分清哪边是敌人主力，哪边是敌人佯攻。

曾国藩还提倡先弱后强的战法。敌人喊叫，我不喊叫，敌人放枪，我不放枪。起手示弱，后来要强。出队谨慎，收队要强。初交手时如老鼠，越打越强如老虎。

打散敌军之后，要从两边包抄追赶。搜查村庄和山林里有无埋伏时，不能乱了队形。

第三，行路要分班。

行军以营为单位，各营部队不能互相掺杂。四成兵力走在前面，六成兵力走在后面，中间是锅帐担子。不许争先恐后，不许拥挤，不许落后，不许掉单。前面要有精悍的探马，后面要有将官押尾。遇见树林探村庄，遇见河流找桥梁。遇到岔路探埋伏，左右两边都提防。飞马遇敌不要惊慌，先看清地势和虚实再回头报告。

第四，规矩要肃静。

曾国藩要求上级严管下级，出营请假，归营报到。办公要穿制服，营门要设杖枷，闲人入营就抓。不许吸烟，不许赌博，不许喧哗。奸淫掳掠要斩首。起更时要点名，夜晚不许开营门，来客和使者都拒之于门外。军容要整齐，不许穿花哨绵软的衣料。

第五，军器要整齐。

曾国藩要求每个军士都拥有一件合手好用的兵器。矛头长为六寸，大刀要轻，腰刀要重，枪炮要干净，子弹要合膛。火药要装在生漆皮桶里，不使发霉。锄头铁锹和镢子要粗大，斧头要嵌三分钢。火球要亲手制作，配比为六分净硝和四分硫黄。旗帜是红心镶白边，三个月就要换新。旗帜的数量分配是：统领八面，营官四面，哨官两面，队长一面。

第六，兵勇要演操。

湘军操练不许大声喊叫。早晨练大刀和长矛，晚上练跳墙和越壕。要能跳越八尺宽的壕沟，要能爬上七尺高的墙垒。抛掷火球和石头要能命中十丈远的靶子。

曾国藩提倡大家在有空的时候找个宽敞的地方练习跑步和枪法。鸟枪练手劲，抬枪练眼力。还要练习骑在马上翻山过水。

曾国藩对自己总结的经验教训非常自信，他说：这个六条句句好，人人唱熟是秘宝。

169

湘军在上一年年末攻占武昌，使清廷得以在 1857 年初开始扭转在湖北和江西的颓局。从新年第一天开始，这两个省内的清军和湘军就在继续上一年的绞杀。

湖北湘军两线作战，于新年第一天攻克九江以西七十里的瑞昌，以及武汉西北两百里处的德安。

刘长佑所部于 1 月 3 日向袁州以东进军一百多里，于 1 月 4 日攻克新余，把袁州驻军调来防守。

同一天，李续宾率湘军及胡林翼所部九千五百人推进到九江城下。都兴阿和杨载福的水师与鲍超的六千名陆师会合，驻扎在长江北岸的小池口，与九江对望。此情此景，令人回想起 1855 年初湘军兵临九江周边的情景。而当年的大将塔齐布和罗泽南已经逝去，新的一拨湘军大将崭露头角。

胡林翼认为，九江位居湖北与江西之间，中控长江，是两省门户。湘军一天不攻克九江，清廷在这两省就一日不得安宁。于是他命令李续宾率全军包围九江，分兵驻扎在黄梅、广济和蕲州之间，以阻遏江北的太平军。胡林翼本人则坐镇武昌调度指挥。

但是，九江是一座坚强的堡垒，见证过湘军的失败。塔齐布和罗泽南早已成为故人，九江却仍在林启荣手中。湘军重兵再次到来，胜负未卜。

胡林翼在武昌面对的是一个烂摊子。官衙和民舍已被太平军焚烧殆尽，万事都得从头草创。胡林翼专心致力于湖北的振兴，裁减全省多余的勇丁以节约军费。然后在武汉设立重兵以巩固根本。在官员的任免上，他慎重地选择贤良，制定决策，要求能够让百姓休养生息。

胡林翼设立了清查局，查核经过太平军经营的州县钱粮。又开设节义局，表彰历年为清廷殉难的官绅和士女。

当然，胡林翼最重视的是军需局，这个机构要为湘军的东征提供武器粮饷。胡林翼规定了三条筹饷的渠道，第一是钱粮，第二是盐课，第三是货税。

湖北的漕政早已凋敝，官民交困，从道光中叶以来征收的钱粮还不满半数。胡林翼三次上奏削减章程，使百姓能够足额上缴钱粮。

自从淮盐因战争而阻绝以来，湖南和湖北两省都食用川盐。胡林翼在宜昌和沙市分设课盐局，又在武穴和老河口等处推行，课税比以前的数额有所增加。

胡林翼又仿照刘晏起用士人的方法在各个市镇设立分局，催收厘税，严厉杜绝中饱私囊。

从此以后，湖北的军队和军饷都逞强于全国。

胡林翼提纲挈领，巨细毕举。他认为百姓造反是因为法度废弛，官吏贪赃枉法，百姓偷盗，当局因循苟且，才会有现在这种局面。因此，不镇压造反者就无法堵塞乱流；不考察官吏就无法清理混乱的源头。

基于这种考虑，胡林翼参劾镇道丞守以下几十名官员，与下属官员约定禁止应酬，严查跑官，崇尚务实，力戒浮华。于是官员们开始推廉尚能，懂得如何做官了。

170

李续宾按照胡林翼的意思将兵力部署停当以后，湘军水师与陆师开始攻打九江。

林启荣死守九江的办法非同一般。夜晚，九江城内没有打更的声响，也没有灯火，一片死寂，好像是一座巨大的坟茔。李续宾所部偷偷向这座幽诡莫测的城市逼近。突然，城内枪炮大作，射向湘军，杀伤甚重。

随着湘军陆师在江西取得进展，湘军的内湖水师已经在江西省内的水道上站稳了脚跟，往来于吉安、袁州、临江、瑞州、建昌、南康、饶州和广信之间，每天都有战事发生。

水师和陆师的命运总是拴在一起。在过去一年里，江西的湘军陆师屡战屡败，内湖水师也不得志，然而它的存在多少妨碍了太平军的行动。刘于浔所部江西水师常驻樟树镇，为省城南昌在西南方设了一道防线。

随着湖北湘军大举开到九江，江西的湘军受到鼓舞，加快了反击的进度。

1月5日，长沙人赵焕联率领和字营攻克江西西北部的永宁。

1月8日，萧启江率部攻克上高。太平军从临江镇派兵驻扎罗坊，企图阻遏萧启江的攻势，又联合新淦与峡江当地的会军南通吉水。

刘长佑决定赶走罗坊之敌。他下令进军太平圩，打算先攻临江城，断绝敌军退路。萧启江率部驻扎在英冈岭，与瑞州的湘军互相援应。

曾国藩为了表示对湖北湘军的欢迎，到九江犒劳部队。

他在与旧部见面之后，唏嘘不已，感事伤怀。他为此事专门上了一道奏疏，很能表明他的心情。

曾国藩说，他从江西省城赶赴吴城，与彭玉麟商量水师追敌事宜。据情报，去年12月下旬，朝廷相继收复了武昌、汉阳、蕲州和黄州。杨载福率水师抵达九江，将敌船全数焚烧或缴获。李续宾的陆师于1月4日进攻九江府城。湘军的外江水师当年从江西增援湖北，战船有的被困在内湖，有的被大风损坏，只剩下一百四十多艘驶到武昌。现在重新来到九江，战船增添到了四百多艘。李续宾的陆师是他于咸丰五年八月派到湖北增援的，当时罗泽南和李续宾所带的湘乡勇、宝庆勇和其他勇丁只有五千人，现在增加到了八千人。而都兴阿的骑兵也从北岸到达小池口。

曾国藩说，他到九江迎接和慰劳各路部队，见他们军威严肃，士气朴诚，将领互相联络，合作默契，爱敬交加，虽长久劳累，屡次获胜，仍然日夜兢兢业业，衣不解带。不但东三省的骑兵忠勇可嘉，就是湘军的陆师和水师也是不可多得的劲旅。

曾国藩夸奖了自己的部队，然后笔锋一转。他说，不过，朝廷拖欠部队的军饷累积到了一百三十多天，请皇上令山西和陕西迅速将月饷三万两解送到九江，专供围攻九江的部队之用。至于分别驻扎在江西各府的五万多名兵勇，以前所欠的薪饷无从补给，新年更难支持，再次恳求朝廷命令广东和广西两省拨发四万两银子。

曾国藩说，能多发一天的薪饷，就能多一天使用精锐的军士，能早一天攻克一座城市，也就能早一天收取一处的钱粮。他的言下之意，这对于清廷是划得来的事情。

咸丰皇帝阅完这份奏章，下诏说：可。

171

曾国藩在九江劳军时上的奏疏是为了向清廷催要军饷。湖北的湘军和清军在九江集结时，胡林翼也上了一道奏疏，则是以治理湖北这一方疆土为己任，向皇帝说明自己在军事、政治和官场人事方面的方略。

胡林翼再次阐述了湘军将由帅选、兵为将有的原则。他说，古代的军事统帅是先求将然后选兵，现在的军事统帅却是先招兵而不择将领。这就好像整理衣裳不提领子，织网而不提纲目，所以更加混乱，是自寻死路。

胡林翼又强调武汉对于战争全局的重要性。他说，武汉的地理位置自古就是用兵之地。荆州、襄阳一带是南北的关键，而武汉又是荆襄的咽喉。武汉危急，则邻省震惊，南边的通道受阻，局面无法控制。在过去四年里，粤贼三次攻占武昌，四次攻占汉阳，国库因此而空虚，民生因此而凋敝。

过去周王朝攻打淮河流域，就是从江汉出师；晋武公平定吴国，长期谋取荆襄。王浚造船是为了循江而下。陶侃的功勋在于镇守武昌。宋朝的大臣岳飞和李纲谋划岳鄂，都是在这里取得高屋建瓴的形势。控制长江，湖北最为重要，因为它是东南的一大都会。善于搏斗的人必然卡住对手的咽喉，善于用兵的人必然观察全局。所以武汉是朝廷必须控制的地方。

胡林翼说，只要朝廷在武汉设立重镇，则水陆两路东征部队依靠武汉为根据地，就有了占据险要的形势，军士没有后顾之忧，军火和粮食可以源源不断地供给部队，伤兵员有地方可以休养。由此可见，要想平定江苏，必先保住湖北。官军在湖北的失败，原因是汉阳没有防备，官军只要在下游稍受挫折，粤贼就会长驱直入。他请求朝廷在湖北省城部署陆师八千人和水师两千人，日夜训练，随时出兵镇压本省的造反者，就可以消除隐患。

胡林翼说，东征的官军沿江而下，孤军作战，善战的军士必然受伤，长久服役的军士必然疲惫。伤病员留在军中不但耽误作战，也使军饷增多。如果用武汉的防军轮番更替，就弥补了这些缺陷，士气时时都能振作，部队的行动必然顺利。

胡林翼对朝廷官僚体系与民众对立的情况非常清楚。他说，湖北的地方官普遍昏聩无能，有三十多个州县受到逆贼侵扰，伤了元气，而且良莠不分。没有被逆贼侵扰的三十个州县，官与民互相仇视。官员不清廉，就难免兵祸发生；士气不振，民心就会改变。凡是下级与上级的交接，官员都委托幕友办理。官府与民众的交接，官员全部交给门丁。州县所谓的小事其实是百姓的大事。今天所谓的小贼就是将来的巨盗。

胡林翼说，咸丰五年明明是丰收了，有些州县却上报灾荒，被他驳斥在案。咸丰六年明明是闹大饥荒，州县却不报灾，也被他驳斥在案。把丰收谎报为歉收，是要坑害国家；把歉收谎报为丰收，是要危害民生。他担心湖北民众揭竿而起，不必等到粤逆再次到来，就会在积水池中滋生了。

胡林翼很想整肃湖北一省的官场。他请求朝廷让他这个巡抚专门负责地方的吏治。他说，他打算严禁陋习，和地方官员一起更新气象。请皇上下诏给各部大臣，暂时不要局限法令条文和他的资格，让他放手大干，坚持几年，局面也许就能改观了。

胡林翼驳斥了那些丧失信心的论调。他说，现在有人提出武昌与汉口两座城市官产和私业都已凋敝，城市周围二十里都很难部署防御。他以为，蚡冒历尽艰辛开辟山林；卫文建都教授农业技术、鼓励通商，关键都在行为节俭，诲人不倦。如果此地不能防守，丢掉此地又有什么好处？

胡林翼还驳斥了速胜论。他说，又有人认为，收复武汉后作战要迅速，要由总督和巡抚统率部队急速攻取东南。然而，官军过去已两次收复武汉，也没能急速向东推进。何况现在江西的七座府城都被逆贼占领，进军更是困难。咸丰四年冬天，仅仅丢失九江一地，就牵累到许多地方，带来很大的忧虑。现在，都兴阿、杨载福和李续宾都已东下，他应该留在省城坐镇，与总督一起统筹全局，整肃吏治。

咸丰皇帝采纳了胡林翼的意见，给予很高的评价。当时湖北长江两岸的军队分为两个体系，总督和巡抚没有见面，将领和官吏各自统率自己的部队，指挥调度不灵。官文是以将军的身份当上总督的，在他心里，满人和汉人之间有一道界限。有人又给胡林翼讲了杨霈和崇纶的故事，胡林翼叹息道："军队要打胜仗，关键在于团结。现在是什么时候了！"

清廷的军队攻克武昌以后，胡林翼渡江见了官文，对僚属下令："总督与巡抚见面，已经尽释前嫌，有谁再敢说北岸将领的坏话，以造谣论罪！"

官文听了，心内大为欢喜。

胡林翼又决定从每月的盐税中抽出三千两银子给总督府作为公费开销，和官文结拜为兄弟，军事、政治和吏治都由胡林翼提出方案，官文画押批准。有人说巡抚权力过大，官文不听。而胡林翼也很尊重官文，过错由自己承担，功劳则归于上司。湖北的稳定和富强就是建立在这个基础上。

胡林翼知道，消灭太平军的关键不在于攻战，而在于百姓的支持和经济的繁荣。他请求清廷免除江夏等四十六个州县的田赋，以缓解百姓的困难。

172

湖北在1月份没有战事，骆秉章决定把本省湘军从通城调回。王鑫所部于1月15日返回岳州扎营。

湖南境内也无大战，只有湘军出兵靖州西北边界镇压永从的苗民军。

骆秉章的眼光盯着江西，追踪湖南援赣军的战绩。

湖南援赣军将领刘拔元和胡兼善所部继续转战赣西，于1月18日攻克永宁、永新、莲花厅、上犹和崇义。这五座城市在江西的西部边界从北到南排列，直线距离约五百里。湘军基本打通了与湖南相邻的赣西地区。

曾国藩慰问了来自湖北的老乡，于1月23日从九江返回南昌。

曾国藩刚走，李续宾就出兵攻击，于1月25日在九江打了一个大胜仗，但九江城仍在祖籍湖南的广西人林启荣手中。

李续宾在武昌城下度过了1856年，现在又到了九江，来啃一块塔齐布和罗泽南都未曾啃动的硬骨头，对他是一个很大的挑战。

李续宾没有什么豪言壮语，为人低调，不像那些自负的读书人。自从湘军兴起以来，许多带兵的书生也和职业军人一样以勇烈自诩，慷慨陈词。李续宾则十分含蓄，身处大庭广众整天一言不发。他与人交往木讷寡言，心里有什么想法顶多流露于表情。这一点与曾国藩颇为相似。他有一句口头禅，经常挂在嘴上："事由心定，不要张皇。"

李续宾被罗泽南收为弟子后，对老师毕恭毕敬。但他不喜欢读书，终究算不得读书人。他在老师面前表现得一无所知，一无所能，只是洗耳恭听。其实他对军事是勤于思考的，常常有所心得。在罗泽南的这支部队中，罗泽南生前自然要主持大局，但战守机宜却是由李续宾决断的。罗泽南去世后，李续宾接管部队，只是从后台走向了前台。

李续宾在实际利益面前也是非常谦让。打仗时他让别人去对付弱敌，自己与强敌搏杀。冲锋在前，撤退断后。

军饷和武器，他都把好的让给友军。分兵时把精锐给予别的将领，将弱兵留给自己统辖。友军遇难他总会驰救，不惜牺牲自己。

他没有把军中所余的二万两养廉银寄回家，而是用于资助曾国藩的军营和彭玉麟的水师军营，还资助过曾国荃的吉安军营。李元度驻军贵溪军饷告尽，李续宾也资助了五千两银子。

李续宾自己刚毅木讷，挑选军士的标准也按照自己的模式，要求懂得廉耻，诚实勇猛，敢于作战。他对部下非常友善，从来没有严词厉色。部属对他心悦诚服，乐于为他效力。胡林翼将巡抚标兵一万名拨给他指挥，将士无不心服。

他的部队号令严明，如有违反纪律者，他会挥泪斩杀。部队经过州县，他不见客，也不索取供应。

李续宾打起仗来却是另一副模样，骁勇非凡，锋锐难当。他善于出奇制胜，也善于以少胜多，战法上雷厉风行，力求先手制敌，而他后来的惨败就是因为用兵莽撞。但他在困境中从不丧失勇气，危难时一丝不乱，安闲镇定。

李续宾经常感叹："天下本来没有难事，你以为它难，它就真难了。如果心里根本就不觉得有什么困难，自然就有办法克服困难了。如今怎么会没有平乱的干才？只是因为用心不诚。即便有平乱的决心，但做事犹疑不决，所以就难办了。军事的胜败就是比谁利谁钝。所谓利钝，大约先走一步为利，落后一步为钝。如果没有决心，办事又不果断，那就只能失败了。自从战火燃起，贼匪每次都领先一步，官军每次都落后一步，一招放纵了敌人，就成为滔天大祸。"

湘军营制是罗泽南创立的。编队立哨，略仿戚继光的部队编制。长期实行之后，很多将领有意于改变营制，唯独李续宾坚守老师的初创。他说，创立营制的人只求宏观上的稳妥，执行营制的人则应在细节上予以完善。

李续宾长期与太平军作战，洞悉敌我双方的长短，得到一些制胜的秘诀，弥补了曾国藩作战思想的不足。

他写信给王鑫说，粤贼飘忽不定，用兵灵活。湘军总是为粤贼所牵制，行动笨拙。如果不改变战法，就无法打败粤贼。

李续宾认为，围城的部队和防守关隘的部队固然应该稳定，不能乱动。但粤贼善于乘虚而入，总是攻击湘军的弱点，想方设法将湘军引入圈套。湘军明知有陷阱也不得不跳下去，因为湘军没有专门的流动部队灵活作战，无法风驰电掣一般地预先扼制敌军，使他们的计谋无法得逞。

李续宾提出，一定要另外建立一支打运动战的部队才能取得功效。流动部队专门攻击运动中的敌军和增援的敌军。敌军一到，便予以迎头痛击。敌军失败了，便拦尾猛追，务必使敌人无虚可乘，无瑕可攻。围攻部队可以将死守的敌军置于死地，流动部队则可以不让敌军四处为患，这样战局就能澄清了。但是，流动部队是因敌而动，也就是有机会就运动，没有战情时则安营不动。相机而动，为所欲为，可以制敌，而不会受制于敌。

173

清廷下令从各省调来增援江西的部队在年初终于有了动静。西安将军福兴率领一千名浙江军士到达南昌。

春节将近，云南人毕金科郁闷非常。主管饶州防务的官员升迁而去了，他独自领着一千人防守饶州，部队的粮饷无人关照。尽管如此，他还是率部屡次作战，斩杀敌将。饶州的绅民觉得他是可以依靠的将军。

但是，部队总不能到了春节还饿着肚子。毕金科向府县官员询问办法，有人故意给他出馊主意，说只要他能攻克景德镇，就可以从那里得到粮食。

毕金科粗而不傻，知道这是给他出难题，因此愤懑不已。但是为了得到军饷，他决定再建奇功，给那些说闲话的人看看。

1月27日，大年初二深夜，毕金科率部从饶州抵达景德镇，隔着昌江列阵。黎明时分，他率十名壮士渡河打探。奇怪的是，毕金科没有遇到任何抵抗，就进入了这座寂静的城市，一个敌军的影子也没见着。他想，也许敌军还熟眠未起。

毕金科率手下放火，火还没有燃起，他就带领十名随从走到了城市顶端。没想到敌军都埋伏在这里，毕金科和他的随从无意中进入了险境。

太平军见到几名清军大摇大摆地走来，大为恼怒，纷纷拿起兵器团团围攻。毕金科大吃一惊，和十名随从奋力抵抗。

毕金科是一员猛将。自从湘军兴起，塔齐布以猛将而著称，湖南人中的剽悍者对他都俯首听命。而塔齐布对毕金科的武功竟然也刮目相看，说他是个武才。他能单人匹马攻坚，穿越敌阵，不许士卒跟随，别人也没这个胆量跟在他身后。他作战时总是肩上背枪，腰上挂着五十支弓箭。两名军士跟随他，手持蛇形长矛和一把八尺砍刀。

毕金科骑着发怒的战马冲锋陷阵，所向披靡，由此而十分轻敌，屡屡独自率部打胜仗。但他的战功常为友军牵累破坏，致使他的名字上不了功劳簿。一些将领妒忌他的武功，对他造谣中伤。他也看不起那些将领，不肯与友军共处，曾国藩只得派他独守饶州。他因此而不能及时得到军饷。毕金科更不与文官交往，唯独依靠曾国藩，而曾国藩又无法为所有部队供食，于是他的部队只能勒紧裤腰带。

毕金科在湘军中是一名不合群的猛将，也是一个受欺侮的强者。

太平军的这次伏击，击毙毕金科的七名随从，其余三名随从负伤。毕金科本人毫发无损，敌军冲到他跟前立马倒地。毕金科踏着血迹往外走，杀敌几十名。太平军不敢近身，只能持火器将他包围，实行环攻。

1月29日，毕金科在王家洲遇伏，太平军将他围住，聚集喷筒射火，将他烧死。

毕金科终年二十五岁。死后尸体被残，曝尸十八天后，负伤的三名随从才将他入殓。曾国藩痛惜这员猛将，为他立碑记述。后来，湘军攻克金陵之后，清廷根据曾国藩的请求，对毕金科加赠总兵衔，赐祭葬，授予"刚毅"称号，在景德镇立祠。

曾国藩也没有忘记何桂珍，在奏疏中陈述他率乡团与逆贼艰苦搏战，经历了人间未有的苦难，结果因事机不密，为降将李兆受所杀，天下人都为他叫屈，而曾国藩自己也内疚于心，请清廷对何桂珍加恩旌恤。清廷赐予祭葬，赐谥"文贞"，命建祠英山，予都骑尉世职。此是后话。

毕金科死后，饶州的各路城防军相继溃败。太平军袭击弋阳，攻占铅山，饶州和信州一片惊慌。

毕金科留下的部队由贵州人朱洪章率领。

朱洪章是胡林翼从贵州带到湖南的乡勇，参加过1854年的岳州之战。但他没有跟随胡林翼留在岳州驻守，而是跟随塔齐布攻打武昌，扼守洪山，然后一直打到九江，以作战勇猛而闻名。

塔齐布死后，他又跟随周凤山。周凤山败后，他便跟随毕金科升为千总。

朱洪章接管部队后，江西的官府还是不供军饷。幸亏张芾要依靠此军屏蔽皖南，给予资助，部队才没有解散。

湘军在饶州失去了据点，在瑞州却颇有进展。1月30日，刘腾鸿分派部将普承尧和吴坤修去攻打瑞州以北六十里处的奉新，攻克了这座城市。

湖南的援军于1月31日攻克新余，为湘军肃清南昌周边带来了新的希望。

自从1855年冬天太平军攻占瑞州、临江和袁州以来，江西西部的州县多数被其占领。1856年秋天，湖北的援军来到瑞州，才打通了江西清军与湖南湖北之间的通道。刘长佑和萧启江现已攻克袁州，湖北又有两万援兵开到九江，湘军逐步占领了赣西，南昌和袁州的辖区内已经没有太平军，南康辖下的四座县城湘军已攻克三座，临江、瑞州、吉安和九江四府各有几座县城落到湘军手中。

曾国藩决定趁势扩大战果，于2月11日再次前往瑞州劳军，督促部队攻城。他的老乡刘腾鸿提议在瑞州挖掘三十里的长壕断绝敌军饷道，曾国藩采纳了他的提议。

湘军在江西的军务已经有了起色。

174

湖北战场安静了将近两个月，2月份又燃起了战火。

四川刘尚义的造反军向襄阳以南的宜城发起攻击，邀约驻扎在南漳的高二所部进攻襄阳。

唐训方率训字营迎击，刘尚义便向襄阳以西推进，攻占三百里外的房州，再向西北推进一百多里攻占竹山，回头攻占房州以东的保康，经过神农架攻占兴山，然后从保康以南的歇马河一直向南，奔向两百里外的宜昌。

李光荣率三千名川勇返回四川，正好经过宜昌。荆宜施道庄受祺请求官文留下这支部队对付刘尚义。宜昌绅民参见李光荣，商议派兵扼守茶庵镇的境山东山寺，以防卫郡城。

宜昌知府阮福向荆州告急，请求从本府的盐税中拨出几万缗钱供给军队，等到战事平定后再由绅民补偿。庄受祺驳回了阮福的请求。他允诺五天内派兵增援，但阮福又不见援兵到来。李光荣所部的川勇每人只得到一千钱，都不愿意出力。

庄受祺与总兵景辉催促李光荣进军宜昌以北七十里的雾渡河，结果川勇与造反军错过了。刘尚义率部从小路扑向宜昌城，阮福和景辉率四百名军士扼守马难坡，到达夜明潴时被刘尚义部全歼。第二天天刚蒙蒙亮，造反军攻占宜昌。

不久，李光荣率部回到南门扎营，部卒夜晚叛变，将李光荣杀死。残部逃到董市。

刘尚义在宜昌停留十天，率部撤向东北方向的远安，然后东撤到荆门，最后一直向北进军襄阳，又来到唐训方的防地。

胡林翼奏请罢免统兵镇道及房州等四县的文武官员，增派巴扬阿与唐训方的部队前往镇压。

唐训方还没动身，刘尚义就派南漳的高二所部东袭宜城，唐训方紧急备战，领兵控制两城之间的武安堰。刘尚义所部进据武安城，唐训方率部将刘尚义部击退。

唐训方正打算大战一场，来了个都统巴扬阿进行招降。唐训方不听他的话，率部赶到璩湾，乘雪夜进攻，设计将高二捕获。

巴扬阿所招抚的刘尚义部很快就叛变，袭击湖北西北部的郧州、房州、保山、竹山、竹溪、保康和兴山，占据武当山死守。

唐训方会同陕西总兵泽厚所部清军接连在武当山金顶击败造反军，斩杀其首领和二百多名部众，迫使残部投降。襄阳郡平定后，清廷加赏唐训方按察使官衔，将他升为巡道，不久又任命为湖北督粮道。

与湖北接壤的河南，当春风吹起的时候，捻军又开始活跃起来。捻军分散在各地，具有超强的流动性，河南巡抚英桂防不胜防。清廷令胜保率部协助。

在河南的东南角，捻军包围了固始。江苏北部的邳州和山东南部的郯州相距不过百里，也有捻军活动。安徽西北角上的亳州，捻军与袁甲三所部相持，突然向南挺进两三百里，攻打霍邱和寿州，又向西北推进四五百里，袭击河南的舞阳与叶州。

河南西部的内乡也有捻军，他们突然北上两百多里攻打嵩州与宜阳。英桂率部赶赴中部的禹州和密州，仍然无法捕捉捻军的踪影。河南烽火四起，英桂一筹莫展。

太平军在一些地区得到捻军的帮助，安徽的庐州和巢州遭到他们联合攻击。胜保打不过捻军，便想用招抚的办法。他与袁甲三在安徽寿州西南五十里的正阳关会师，商议招抚李兆受与苗沛霖，以削弱捻军的力量。为了使招抚更有把握，胜保领军向西北方推进，驻扎颍州，扼制归德，陕西清军则防守武关。

但是，流动作战的捻军是无法困死的。他们从陕西东南部进入与河南交界的商南，杀死知县施作霖。安徽的捻军则攻占安徽西南部的霍山，攻打东部的和州与滁州。东西将近两千里都有捻军活动。从冬季开始，山东中西部的泰安和直隶省南部的开州、东明也出现了捻军游骑兵，滑县、林县、浚县和淇县遭到捻军的袭击。

太平军的发源地广西也不平静。广西的清军将领黄金亮于2月份叛变，联合兴安和灵川的会军，将兵力分为五营，攻打柳州。湖南的戍防军密切注视着南边的动向。

175

湘军在江西刚刚起死回生，曾国藩便于3月份离开了战场，回到湖南湘乡为父亲治丧。曾国华和曾国荃也离开了各自的部队，回到了家乡湘乡白杨坪。

　　曾国藩这次离开江西只是上了一个奏折，说明请假的缘由，未待清廷批准就顾自返回湘乡。官员们听说他没等清廷同意就启程了，担心咸丰皇帝严厉谴责他。左宗棠则写信给曾国荃，指责曾国藩为了私事把部队丢在江西是不负责任的做法。他指出：士卒在战时不得擅自离开军营，统帅就更不应该这样做了。

　　其实咸丰皇帝先已得到湖南的奏报，便批准给假，令曾国藩回家治丧。等到曾国藩自己上奏时朝命已经下发。于是天下人都知道咸丰皇帝对曾国藩另眼相看，掂量出了这位大臣在天子心里的分量。

　　曾国华和曾国荃离开江西，留下两支部队无人统领。恰遇李续宾之弟李续宜因事来到瑞州，胡林翼令他代替曾国华领军。曾国荃部正在攻打吉安，陈湜代他管理部队，但不久他也因父亲去世而回乡，部队由文翼代为统领。

　　曾国藩上奏清廷，说他的军务以水师最为重要，杨载福统领的十个营和彭玉麟统领的八个营共计有大小战船五百艘，大炮两千尊。他请清廷任命署理湖北提督杨载福为水师总统领，任命惠潮嘉道彭玉麟为协理，并责成湖北和江西为水师提供军饷。皇帝下诏批准他的请求。

　　曾国藩临走前把江西军事委托给福兴和文俊等人，还叮嘱刘腾鸿主持赣南的军事。

　　曾国藩走后，福兴来到瑞州视察部队，湘军将领只是把他当作友军的统帅来对待。福兴窝了一肚子气，返回南昌，上奏请求征兵，说勇丁不堪使用。

　　曾国藩和他两个带兵的弟弟都离开了江西，但江西的湘军仍在继续作战。这说明湘军都是一些独立的作战部队，没有大帅统一调度照样能各自为战，有时甚至打得更加漂亮。

　　刘长佑所部于3月上旬从袁州东进，抵达太平圩，企图攻占临江。

　　吉安太平军针锋相对，于3月12日大举进军太平圩。太平军水师从赣水进军，联合陆师对太平圩进行包抄，摆开长达二十多里的阵营。刘长佑部前后遭到攻击，大为惊骇，军士溃散，刘长佑无法阻止。属下营员和左右随从仓促间来不及逃走，大多数战死，部队狂奔而逃。

　　刘长佑下马，坐在地上，见无人理睬，索性卧倒，决心一死。太平军先后追到，都停在几十步以内。刘长佑以为自己死到临头，没想到他的几名亲兵还挂牵着他，骑马返回，簇拥他突围而出。刘长佑下令竖起军旗，军士都很惭愧，互相呼喊，停止奔逃。刘长佑收拢部队退驻新余。原驻新余的湘军也在赣水岸边摆开阵势。

太平军见湘军已有戒备，不再追赶，湘军才得以保住了新余。刘长佑所部幸存者只有十分之一，辎重和物资全部丢失。

袁州三县的百姓对刘长佑素有好感，听说他的部队吃了败仗，认为湖南将领心怀大局，誓死深入，他们也应该雪中送炭。于是集合健壮的男子推车运送军粮，自愿参加者多达七八千人。

溃散的湘军一路返回，见民团如此奋勇仗义，都为自己当了逃兵而感到羞耻，纷纷到新余来找刘长佑。三天之内部队便重振军容。太平军从新余东北四十里的罗坊前来进攻，还来不及列阵，见湘军严阵以待，便撤退而去。

刘腾鸿听说刘长佑部战败，担心太平军集中兵力攻击英冈岭的萧启江军营，从围攻瑞州的部队里抽出两千兵力，亲自率领，前往英冈岭增援。正赶上萧启江部在英冈岭激战，刘腾鸿挥师杀入阵内，两部合力，很快将敌军击溃。刘岳昭的果后营再接再厉，连拔彭家村敌垒。

刘腾鸿的援军并不急于离去，于3月18日和萧启江联合扎营，等待下面的恶战。

果然，太平军又于3月19日杀到。湘军分为四队渡过赣水与太平军大战。田兴恕自恃勇猛，一马当先，深入敌阵，遇到埋伏，所骑战马中枪倒地，田兴恕左手负伤。武陵人成应洪和溆浦人周学桂率领虎威营三百骑突入阵内营救，将敌军杀退。

刘腾鸿飞骑赶到，带着田兴恕返回军营。

这一仗，湘军反败为胜，重创敌军。成应洪升任参将，周学桂得到田兴恕器重，升为哨官。

刘长佑手下的将领刘坤一也率部在罗坊攻敌，杀敌二百名。太平军全部转移到太平圩扎营。萧启江趁着新胜之威于3月20日率部进攻太平军援兵，遭到反击，两军杀成一团，鏖战许久，萧启江终于击退敌军。

刘腾鸿见英冈岭已无危险，率部返回瑞州，留下一千七百人协助萧启江攻战防守。刘长佑给虎威营提供衣服和粮食。三支部队和睦团结，士气倍增。

正在这个时候，湖南失去了一位巨人。在江西以东的浙江杭州，曾国藩很想结交的近代启蒙思想家魏源于3月26日在东园僧舍谢世，终年六十三岁。他的灵柩葬在杭州南屏山方家峪。

这个湖南人身后留下两句名言，成为湘军人物的座右铭。一句是"师夷长技以制夷"，另一句是"世道必进，后胜于今"。

176

湖南巡抚骆秉章听说刘长佑兵败太平圩，感到了赣西的危机，又收到广西发来的警报。

广西全州的知府苏凤文向湖南告急，说黄金亮叛军攻克了柳州。桂林一带到处都有人闹事，造反军势力向北蔓延，波及全州。骆秉章不得不开始考虑派湘军增援广西的清军。

广西地处偏远，是个贫困的省份，湖南的将领都不愿前往。何况湘军宿将大多数已经领兵出省，骆秉章一时竟然找不到合适的人选。他没有想到，在湖北与李续宾赌气回到家乡的蒋益澧主动提出领军增援广西，而师爷左宗棠极力向骆秉章推荐此人。

蒋益澧在湘军中长期得不到重用，因为书生们都觉得他性情粗犷，很难交往。但是在上年底湘军攻克武昌之后，清廷没有忘记这个湘乡游子在湖北和江西所立的战功，把他擢升为知府，赐予花翎。他本人自然还想有所作为，才对得起自己的从四品官职。

骆秉章喜出望外，急令蒋益澧招募一千五百人，另将防守永州的湘军交给他统领，其中包括段莹器的一千人和江忠浚的一千二百人。蒋益澧总领三千七百人积极筹备南下。

湖南援助广西不是为了经营外省，而是为了救急。在骆秉章看来，与其出省去抵抗造反军，不如等到造反军进入湖南再加以镇压，来得更加容易。湘军援助其他的邻省毕竟还能获取粮食，可是到了广西，行军和扎营全靠湖南供给，否则部队立即溃散。

湘军出兵广西自蒋益澧而始。后来旷日持久，而收到的功效不足以为天下人道，如果不是适应清廷的要求，是不会干这种傻事的。但广西并非一味索取。后来清廷又依靠湘军东援赴浙江作战，集中兵力扫平强大的太平军，广西和广东两省都不得不为湘军提供军饷，打破了各省只管自己的格局。

中国的各个省份尽管划分了疆界，仍然统一于一个国家之内。但各省毕竟财力悬殊，有时超过了不同国度之间的差异。和平时期各省的利害互不相关，但是战火一起，穷省和富省就绑在了一起。自从张芾弃守九江，蒋文庆弃守安庆，江南各省尽管富得流油也无法自保。太平军接踵而至，清廷失去大片领地，清军被围困在狭小的区域。如果得不到外省的援助，就成了瓮中之鳖。

曾国藩创建湘军水师和陆师是为了响应江忠源在外省作战。从现在起，胡林翼也将竭尽湖北的力量支持湘军在九江与安庆作战。他们的作为都不是为了保守一省的疆土。各省互相援助的风气就是湘军人物所开创的。

湖南地处偏僻，面积不大，素来没有富甲天下的愿望。但到了咸同时期，竟然由于武力强盛，成为中国最强的一个省份，对外省有求必应。巡抚和布政使都是外省人，素有成见，明知湖南的财政收入不如外省，也要建设军队，筹措兵饷，以应四方之急。这一点，是在广东人骆秉章手里办到的。

骆秉章第一次出任湖南巡抚时，湖南境内没有军队防守，后来他再任湖南巡抚时，却有湘军纵横四出，立下无数战功，是因为他看清了前车之鉴，懂得要改弦更张。

骆秉章另一个聪明的做法是听任左宗棠主持军政事务，使湖南成为曾国藩和胡林翼湘军的坚强后盾。没有这个后援，湘军在外省就会困顿漂散，无法自保。

当然，湖南之所以没被太平军占领，是因为湘军大力援助清廷在江西的政权。骆秉章始终没有忘记这一点。因此，在1857年3月份，当刘长佑在新余感到吃紧时，骆秉章又向江西增派兵力。

这一年，湖南省内没有战事，得以向省外屡派援军。

177

骆秉章在3月份派出的援赣军有一支是江忠义率领的一千名新宁勇丁。显然，新宁勇丁去增援家乡的部队会有更大的积极性。

骆秉章还向江西派出了另一支部队，支援湘军在江西临江与太平军进行的大规模作战。他令王鑫率两千人从岳州进军义宁，密切窥察太平军动向，游击南下。

江西巡抚得到湘军增援，已无后顾之忧，派出刘于浔的水师前往临江和湘军会师。湘军的援赣部队在吉安、瑞州和临江一线共有三万多人，庞杂的费用和供给都得由湖南和湖北两省提供。

胡林翼作为湖北巡抚，身上的担子也不轻。他不但要为在江西作战的湘军提供军饷，还要派兵东进安徽，因为1857年安徽战火频仍。

李兆受在3月份引导太平军攻占安徽西部的六安与霍丘，向东北方推进一百多里，围攻寿州，被金光节率部击退。清军都统胜保正在援救河南固始，连战连胜。副都御史袁甲三则在亳州指挥作战。李兆受又和太平军联合攻占正阳关，向西北推进几十里，急攻颍上，并声言要进军颍州，攻打河南的归德和陈州，另派兵力从霍丘袭击乌龙集。

周天受的浙江清军试图援救安徽，已经攻克江西东北角上的婺源，但无法进入安徽。太平军却连连得手，又在桐城击败清军将领郑魁士所部。

胡林翼面对着东部的一片混乱，东起安徽的六安和霍丘，西至河南的固始、商城、光山和息县，都有捻军和太平军。

安徽军情紧急，咸丰皇帝命令胡林翼出兵安徽，官文派李孟群率两千五百人前往庐州。

增援安徽的湖北湘军还未开拔，安徽的太平军却在打算乘虚进军湖北，重演1855年初包抄湘军后路夺取武昌的一幕。他们派兵从小池口北进攻击黄梅。

黄梅知县单瀚元找都兴阿商议，请求唱一出单氏空城计，诱敌入城，然后出伏兵加以歼灭。都兴阿觉得可行，便派多隆阿率骑兵埋伏在城南，鲍超率部埋伏在城西，王国才率部驻扎桂家畈阻敌后队，孔光顺率部在大河铺扎营掩护侧翼，他自己率骑兵连环抄击。

太平军果然中计，从二郎河扑入黄梅城。清军突然出击，把太平军骑兵吓得战马惊逃，坐骑被长矛刺中，把背上的骑士甩落在地，人和马互相践踏，全部牺牲，无一生还。

但是，太平军并没有因此而放弃。安徽的各路太平军都有进取湖北的意图，向罗田、蕲州、黄梅、广济和蕲水一线推进，企图断绝清军进攻九江的道路。

湖北的清军和湘军被迫在这一带加强防范。4月3日，多隆阿和鲍超率部攻克段窑。4月9日，多隆阿和王国才接连攻克大别山东麓的枫树坳和独山镇。

李孟群率两千五百人取道罗田攻击英山，为进军安徽扫清道路。李孟群大获全胜，进占英山。

陈玉成为了保证这次的西进不流产，又从安徽桐城率三万人进攻湖北边界。胡林翼针锋相对，派王国才所部从黄梅开拔进攻安徽宿松，派鲍超所部移防黄梅抵御陈玉成的进攻。

到这时为止，九江周边只有小池口还存在太平军的据点。李续宾率部驻扎小池口，企图拔掉这颗钉子。

官文和胡林翼专心致力于攻打九江，朝臣们却提出分兵增援安徽。胡林翼上奏说，古代吴国大臣纪陟说过，长江五千七百多里，流域漫长，但军事上必争的险要之地不过四处，就是荆襄、武汉、九江和湖口。现在九江上游已经平定，必须尽力攻克九江，才能巩固江西的门户，图谋江南的全局。

清廷还没有做出最后决断，又面对着新的问题。根据战报，江西东部的太平军开始向福建发展势力。他们从抚州和建昌开进福建西北部，攻占光泽和邵武，清军张从龙等部失败撤退。皇帝下诏将他们罢官治罪，并罢免了江西巡抚文俊，任命耆龄取而代之。

178

王鑫率部增援江西，是他一生中唯一的一次带兵出省长时间作战。他根据自己在本省剿匪的经验，以及李续宾和他研讨的战法，采用游击战以动制胜。

王鑫的部队赶到临江，他的两千兵力配合刘长佑和萧启江部合力攻城，但是作战失利。王鑫认为，部队久留城下，便是李续宾所说的用兵呆滞，部队必定疲惫，丧失锐气。

正在这时，刘拔元率部从他的家乡桂东进入江西，准备增援吉安。在攻打龙泉时，刘拔元战死，他的老乡胡兼善兼管其旧部。黄冕从吉安写信向王鑫求援，他便率本部渡到赣水以南进军吉水，在水东攻敌，一战获胜，烧毁五座敌营。

王鑫部将丁长胜追敌直达拱冈，斩杀几百人。丁长胜由守备升为湖南补用都司。

万安的太平军见吉安有难，北上增援，绕向东边，攻打乐安，王鑫率部转移到南唐迎击。宁都当地会军也发兵向西北方向推进，增援吉安的太平军。

围攻吉安的湘军原本是曾国荃的部属。后来水师长字营将领刘培元等人率一千人从袁州到来，赵焕联率一千五百人从茶陵到来，曾国荃在当地颇有声望，将领们都很服他，虽然彼此没有上下级关系，但行动上都由他决断。曾国荃回家后，将领们互不买账，巡抚耆龄上奏，请清廷起用曾国荃，仍然统领围攻吉安的湘军。

二十岁的太平天国大将陈玉成对湖北的大举进攻于 5 月份开始发动。陈玉成的兵力号称十万，搅得黄梅、广济、蕲水和罗田这些边界城市惊慌不安。

胡林翼调来福宝武三营兵力增援蕲州和罗田。李景湖等人的部队在罗田被太平军打败，李景湖战死，残部撤退到蕲州和小池口。

陈玉成企图消灭清军劲旅，直接攻打多隆阿军营。但是，多隆阿的骑兵仍然具有优势，大败陈玉成所部，反而烧毁了二十一座敌营。

湘军援助的省份迅速增加。从 4 月到 5 月，湘军在贵州攻打金山寨，达一个月之久，方才攻克。苗民军绕道攻击靖州，无法进入。湘军进兵贵州黎平，增兵攻打永从，同时攻克锦屏。

由于胡林翼和官文坚持不从九江撤兵，李续宾得以在 6 月份完成了一件大事。

这件事李续宾早已着手办理。从 1 月 6 日开始，李续宾的陆师与杨载福的水师连战几个昼夜攻不下九江，李续宾便决定改变攻城战术。他得知林启荣在湘军即将攻占武昌时就指挥九江守军日夜修缮防守工事，囤积米粮，挖掘深沟，设置炮台，做好了充分的准备，等待湘军攻城。

李续宾打算针锋相对，困死九江城内的守军。从 3 月 5 日起，他就指挥部队挖掘长壕，起点为宫牌夹，终点为东边的白水湖尾，全长三十多里。壕沟共有六道，每道深二丈，宽三丈五尺，使九江城的东南面成为死路。

李续宾的这项工程现在终于完成了，湘军的壕沟已将九江围死了三面。

林启荣看出李续宾的这一手对九江构成了极大威胁，便派兵出城争抢堑壕。这两名敌对的悍将在九江城外展开了拉锯战。

李续宾为了更有把握，赶紧充实部队，又增募亲军一千四百人。

林启荣也要增加胜算，向安庆求援。于是，安庆派出两万兵力从湖口溯江而上增援九江。湘军外江水师出队拦截，然后乘风追赶，把太平军援兵逐出一百里外。水师返航时，太平军尾随而来，又另从扁担夹出动小船拦截，湘军水师招架不住，哨官易景照以下阵亡军官二十一名，勇丁一百四十八名，损失十八艘战船。

湘军的这次失利是因为逆风逆水，战船返航时船队行驶太慢，无法逃脱追击。风向和水流对于水上作战是非常微妙而又关键的因素，若非善战的将领是无法把握其中机缘的。如果在顺水时取逆风，在逆水时取顺风，而将领勇猛，就一定能够取胜。

水师将领李成谋嗜赌，不甘心失败，打算赌一把。他在湘军落败的情况下率部杀个回马枪，突入太平军船队，夺回四艘战船，湘军扭危为安，将安庆出动的太平军挡住，使他们无法增援九江。清廷任命李成谋为太湖协副将。

增援广西的湘军在6月份拉开了战幕。蒋益澧率领自己招募的一千五百人及段莹器的一千人到达全州。黄金亮没把这支湘军放在眼里，立刻迎战。

蒋益澧的部属有的曾在湖北征战，也不把造反军放在眼里，以为他们不堪一击，直冲上去，结果三战三捷。黄金亮率部南撤，返回兴安，集结兵力防守。蒋益澧下令包围兴安。黄金亮从灵川招来援兵。

蒋益澧也得到了援兵。江忠浚奉了骆秉章的命令从新宁率一千二百名乡勇赶到广西，与蒋益澧会师。

同一个月，湖北清军全歼了襄阳的会党。

179

宁都本地会军于7月1日与王鑫的部队在宁都与吉安之间的沙溪狭路相逢。会军仗着数量上的优势攻打王鑫军营。他们分兵埋伏在山林之间，企图在湘军出战时前后夹击。

王鑫关闭营垒，故意不与会军交手。双方对峙超过四小时，会军始终不敢逼近。埋伏的会军耐不住饥饿，纷纷走出埋伏地点，正要撤退，王鑫出动六百人排阵拦截，派三百名精兵骑马冲锋，直奔会军队列。

会军乱了阵脚，纷纷通过山隘撤退，互相拥挤。王鑫击鼓，催促全军齐攻。会军中那些刚刚被逼从军的部众临阵胆怯，趴在地上等待大刀砍来，有的干脆自刎。会军残部失魂落魄，狂奔而去，湘军追赶四十里。

宁都会军决定寻求帮手复仇。他们与万安的太平军约定，于7月3日联合攻击王鑫所部。可是万安的太平军失约了，宁都会军不敢前进。王鑫率部追杀，解放六百多名百姓。会军北逃乐安，一部分逃向乐安东北方的崇仁和宜黄。

宁都会军既然已向樟树镇靠拢，湘军不得不防。萧启江率部转移到太平圩扎营，围攻临江的刘长佑则下令挖掘长壕，稳固阵地。

王鑫进军宁都西北方八十里处的钧峰。会军驻扎在溪洲及其两岸，军营排列十多里，但不敢出战。湘军逼近攻打，会军纷纷逃走，到了江边，自相拥挤，掉进江水，尸体枕藉。

湘军踏着尸体渡水，斩杀会军大将，俘虏不可胜数。于是赣南的会军大多数解散，那些驱赶百姓来引诱湘军的会军不战自败，自相踩蹐，湘军掩杀过来，仍然不能制止。

当地居民迫于湘军的军威大多躲避藏匿，不再追随太平军。而王鑫从此声名大振，人们称之为"王虎"。

胡兼善所部于7月份抓捕到逃跑的太平军将领林预信，让他前往龙泉诱降太平军官员。林预信得手，胡兼善率部进占龙泉城。

周凤山率部驻扎在吉安，与龙泉相隔两百多里，他把这件事作为自己的功劳上奏。周凤山是曾国藩看走眼的一员大将。他自从接管塔齐布所部以后，在江西连吃败仗。原因在于他为人骄矜傲慢，无法约束部下，作战时将士不听调令。

吉安的太平军看准了周凤山的弱点，于8月6日攻击他的军营。军士们抱怨缺乏军饷，全部逃走。赵焕联所部也跟随走散。文翼所部得以保全，撤向西北面的安福驻扎，指责黄冕误饷。清廷听信了文翼的话，将黄冕罢官。

黄冕分辩说，周凤山的军饷本来不由他这里供给，而且所得军饷高于其他部队。黄冕一气之下请病假回家。

福兴令周凤山返回南昌。调浙江将领李定太一起攻打进贤。曾国荃从湖南赶来，专管吉安一带的军事，整顿部队，重新向吉安推进。王鑫改变行军路线，率部进军吉安东北方的永丰，驻扎在吉安以东一百多里的藤田。

咸丰皇帝得到各方举报，令骆秉章处理吉安兵败一事。骆秉章弹劾周凤山，清廷把此事交给耆龄处理。不久，周凤山所部溃散，事情已经过去，清廷不再问罪。

湖北东部的战局在7月份打破了僵局。陈玉成得到增援，大举进攻蕲州。罗田的太平军深入战区，攻击广济十里铺，南下到达武穴。

鲍超和多隆阿等人下令在十里铺建筑大营垒。各路太平军在蕲州东北边的望天畈扎营，分别与清军相持，伺机进击。蕲州东北面的清军将领邢高魁等人率领十营兵力，不如鲍超等人的部队坚强勇敢，胡林翼放心不下，决定去那里坐镇指挥。

胡林翼还没到达，太平军于7月16日从蕲水出击，打败蕲州的各营驻防清军。清军退驻巴河。

胡林翼赶到黄州收拾溃卒，集结了几千兵力。他不得不从九江调兵，令李续宜率部渡江与他会合。

李续宜率一千七百人急速增援。唐训方所部也奉命从襄阳回援。

胡林翼巡视各营部队，传授作战方略，淘汰弱兵，挑选精锐，以图再举。武汉周边略为安定。

但是，陈玉成的十几万兵力仍然构成巨大的威胁。太平军环绕巴河以东修筑了一百多座壁垒，绵亘十里。

这时巴水大涨，只有三台河有一座石桥可以连通两岸。胡林翼担心太平军过河以后势头难以遏止，急派一千人过去拆桥，然后扼守河边。他又派兵悄悄赶到回龙山阻击上行的太平军。

唐训方所部连续作战，击退敌军，进驻张家塝。胡林翼下令在蕲州境内修建碉卡。唐训方派两千人防守。太平军屡次进攻都被击退。

湘军水师分出船队防守兰溪、巴河、樊口、阳逻和沙口，而水师大营驻扎在官牌夹，随时攻击小池口。

李孟群部进入安徽以后，于8月份对霍山发起攻击，被太平军击败。李孟群改攻独山，驻军麻埠。此后与太平军反复争夺霍山。

安徽太平军并不把李孟群放在眼里，继续向湖北边界增兵。胡林翼派石清吉所部驻扎黄梅的停前驿，派孔广顺、王国才和巴扬阿领兵驻扎在广济的大河铺。

太平军分别在蕲州张家塝和蕲水刘公河集结，胡林翼派邢高魁、舒保和唐训方率部阻击。双方发生大小五十多次战斗，太平军仍然保持着旺盛的战斗力。

广济太平军从太白湖出击，攻打清军背后。杨载福派水师船队驶入广济内湖，多隆阿和鲍超在亿生寺攻敌，攻破十九座壁垒。

蒋凝学分统三营兵力驻扎陆家嘴，向小池口攻击，屡战皆胜。都兴阿令他率部进攻童司牌。蒋凝学接到的任务十分棘手。童司牌背江据湖，是通向黄梅的要隘，太平军有五六万兵力驻守。蒋凝学部开到后，与敌军发生多次拼搏，蒋凝学坚持不退。陈玉成非常恼火，率部增援。大敌当前，将领们都劝蒋凝学撤兵。蒋凝学说："不攻克童司牌，水师往来没有据点，围攻九江的部队也受到牵制，你们都别说了！"于是他请求增兵一千人，与水师配合，连日鏖战，终于捣毁几十座敌垒，攻破了童司牌。湘军水师焚烧浮桥，截断了敌军攻击线。蒋凝学因功升为同知。

周宽世所部为蒋凝学截击敌军援兵，捣毁壁垒，清廷赐给他"义勇巴图鲁"的勇号。

李续宜所部增援湖北以后连破敌垒，只用三十天就结束了黄州的战斗，清廷赐给他"伊勒达蒙额巴图鲁"勇号。

王国才本来也能有所作为，但他在转移军营时遇上火灾，这位大将死于火药爆炸之中。

湖北边界的战斗还在进行。8月20日，多隆阿和鲍超率部攻击黄梅的黄蜡山，捣毁四十八座敌垒，杀敌五千名。

8月30日，舒保率部在黄冈以东攻敌获胜。9月6日，两军再战于上巴河。

何绍采、李续宜和唐训方等部分为三路阻击敌军。陈玉成下令先攻左路军何绍采部。何绍采下令拼死抵抗。李续宜悄悄抄袭敌军中部。何绍采抵抗不住敌军锋锐，正要撤退，回头一看，见胡林翼骑马立在阵后，便大叫一声："胡大帅在此！"士气顿时旺盛，军士踊跃冲锋。唐训方等部发出一片呐喊，趁机掩杀，把太平军打得大败而逃，扫平四十四座壁垒。

湘军乘胜追击，将敌军追逐到广济以西，太平军撤往安徽的太湖和宿松。

<h1 style="text-align:center">180</h1>

贵州的湘军于8月份攻克了永从。清廷命令贵州将领韩超驻扎黎平，招抚六洞苗民。湖南为韩超资助三万两银子的军饷，因为他是骆秉章向清廷推荐的人才。

骆秉章仍在关注江西的战局。左宗棠告诉他，王鑫所部在本月从藤田向东南行军一百五十里，进军广昌，然后向西北方向突进两百里，攻克乐安。湘军大有围攻抚州的倾向。骆秉章增调新军一千人，加上胡兼善的五百人，派往江西，协助湘军攻打抚州和建昌。

抚州太平军得知湘军已在周边集结，决定先发制人，于8月20日北攻进贤，击败清军将领钟世桢所部。又于8月27日南攻崇仁，挺进乐安，遭到王鑫所部顽强抵抗，失败而返。

但是，太平军仍然执意要消除王鑫所部的威胁，于8月29日从崇仁和宜黄出兵，分为三路挺进乐安。抚州太平军随后赶到，驻扎林头，首尾相顾。

王鑫留下部分兵力防守乐安城，自己率部出战，击败敌军前锋，然后下令轻装行军，在太平市拦截敌军。

8月31日，两军在路上交战，太平军战败，守卫林头，日夜修筑壁垒，巩固阵地。王鑫下令休战一天。

李续宾得知湖北湘军把太平军逼回了安徽，也想到附近打个突袭。他从九江率部渡到江北，与友军合攻湖口，攻破敌营。李续宾一战得手，立刻率部渡回江南，继续攻打九江。

胡林翼认为九江指日可克，而湖北缺少兵力，便上疏请调正在攻打瑞州的刘腾鸿回援湖北。刘腾鸿认为自己功在垂成，不肯离开瑞州。他分兵先到湖北，自率主力加紧攻城，一心想攻克这个重镇，拔除敌军钉在南昌西南边的这颗钉子。

刘腾鸿频频打败援敌，创造过以三百人打败一万敌军的经典战例。他在瑞州城外挖掘的长壕将太平军困在城内无法出城。这些壕垒，根据测算，抵得上几万人的劳动成果。城内守敌知道情况危急，拼死突围。

刘腾鸿被胡林翼催急了，于8月29日亲自率队争夺南门炮台，然后扑向东门，捣毁城楼。冲锋时，他身中五弹，被抬回军营，卧床不起。

第二天，他叫人抬着他上前线指挥攻城。军士们知道刘腾鸿对瑞州志在必克，争相上前，以死拼搏，将台垒全部攻破。眼看着部队就要登上城墙，守敌奋力反击，开炮阻击，弹如雨下，一颗炮弹飞来，洞穿了刘腾鸿左胁。其弟刘腾鹤跑过来探视，只见哥哥勉强睁开眼睛，对他说："攻不下这座城，不要为我收尸！"

军士们听到主将的临终遗言，含着泪水冒着炮火登城，把顽强抵抗的守军斩杀一大半，趁势进占瑞州。守敌残部奔向临江，被刘长佑所部拦住。

傍晚，湘军清除道路，打开城门，把刘腾鸿的尸体迎到城内治丧。目睹当时情景的人莫不认为刘腾鸿死得悲壮。

清廷得到报告，决定对刘腾鸿按照道员的规格给予抚恤，予以骑都尉世职，并在瑞州修建专祠，给予其父母正四品封典。后来曾国藩又追论刘腾鸿前功，清廷另有嘉奖。

刘腾鸿之弟刘腾鹤也是一员猛将，一直跟随刘腾鸿率领中营。刘腾鸿死前几个月，刘腾鹤就在攻城时重伤了左臂。刘腾鸿叫他回家，他不答应。刘腾鸿战死瑞州城下以后，刘腾鹤一边哭号，一边指挥作战，取得攻城的胜利，后来一直率领兄长的旧部。

刘腾鸿在湘军将领中地位最低，但名声最高。考察他的作战谋略，没有什么过人之处。就攻城而论，靠着强力拼死攻打，也并非将帅之道。然而他临死前所说的那句话使士卒能够舍生忘死，大家拼死冲锋，如同要报私仇，都是为了完成长官的心愿。死后还能使部属拼死效力，恐怕连塔齐布与多隆阿也是办不到的。

刘腾鸿虽死，但其旧部仍然以精兵著称，名声不衰。凡是曾经跟随刘腾鸿作战的人都佩服他的勇敢。王闿运认为，在所有湘军将领中，他的名声也许超过了李续宾。

清军丢失了进贤，南昌受到直接的威胁。巡抚急调兵力增援。浙军李定太所部于9月1日攻克进贤。

抚州太平军见北面再次失利，便分兵北上，攻打安徽的徽州，以便打通一条退路。太平军北进顺利，清军将领毕大钰战死婺源。

大约与刘腾鸿死战瑞州同时，蒋益澧和江忠浚在广西取得了进展。他们的部队打败了造反军援兵，兴安城内的造反军不敢抵抗，弃城向南逃跑。蒋益澧率部于9月5日进占兴安。

兴安和灵川的造反军残部与平乐的各路会党会合，进入府城死守。骆秉章增派黄辅鼎和萧荣芳率八百人进军恭城，与蒋益澧和江忠浚所部会师。

181

刘腾鸿的死是江西战局残酷的一个缩影。在他死后不久，战争又吞噬了大批人的生命。

王鑫所部于9月2日进攻林头，太平军丢弃壁垒向南逃走。王鑫回师驻扎在崇仁和宜黄之间。由于暑热难当，转战劳苦，病疟缠身，王鑫放弃了进军吉水的打算。太平军乘虚火速向东推进，攻占乐安，杀死知县靳丹书。王鑫回师救援，太平军已经撤走。

几经折腾，王鑫的病况加重。

王鑫于9月21日在乐安病逝，终年三十三岁。他和刘腾鸿这两员湘乡大将相继死去，使湘军无法在短期内扭转江西的战局。

王鑫是湘军的创始人之一。他跟随老师罗泽南创建了湘乡的团勇，本来在湘军中应该享有更高的地位。曾国藩在衡州开始操练湘军时就对他颇为倚重，把他比作西汉时的雄豪刘琨和祖逖。

当时王鑫倒也没有什么野心，自觉出身太轻，过早地出来承担重任，必然要煞费苦心。他写信给曾国藩要求回乡做学问。曾国藩加以劝慰，要他增募勇丁。王鑫想为学友报仇，为自己多募了勇丁。没想到两人因此事发生矛盾，导致王鑫仕途不顺。

曾国藩知道王鑫不会为自己所用，也知道自己无法调摆他，便写信给骆秉章说："璞山是名勇将，如果归我督带，就必须听我指挥。如果不归我管，我就不能带他同行。如今大局糜烂，我不是要仗自己的官大而压制别人，也不是妒忌别人的才干和功劳，只是担心一名将领不听指挥，其他将领也会仿效，部队离心离德，怎能打胜仗呢？如果听任璞山自成一军，骆公最好先行奏明。时世大乱了，纲纪却不可乱。"

左宗棠看了曾国藩的信，笑道："涤生每次感叹人才难得，我都暗中偷笑。涤生问我为什么要笑，我说：'你的水陆大军有一万多人，却说无人，难道这一万多人都没用得上的吗？十个人当中就有一个比较能干的，我让他做其他九个人的头，那九个人必然无话可说。依此类推，千人万人，都是如此。'我所用的人，都是涤公没有用完的，或丢弃了不再起用的，王璞山就是其中之一。涤公见我用了有效，他又往往发现了他的长处，想用一用了。然而涤公丢弃的人才，岂不是太多了吗？"曾国藩听说了这番话，也无以为答。

左宗棠爱屋及乌，也重视王鑫手下的副将。左宗棠后来出任湘军大帅，虽然王鑫已不在世，但他把王鑫生前训练的诸位副将全部网罗到麾下，又让王鑫的堂弟王开化主管营务处，行军布阵都遵循王鑫定下的规矩。他的部队善于使用城墙、梅花和大鹏等阵法，抵御强大的骑兵，都是继承了王鑫的遗产。

王鑫1854年在岳州落败，羞愤难当，自杀未遂。曾国藩骂了王鑫。但紧接着曾国藩自己就在靖港大败，也是羞愤难当，投水自尽，被人救起。这两个互不买账的湘乡人，遭遇是何其相似！

骆秉章始终护持王鑫，罢了他的官职，却不夺他的兵权。王鑫则痛念这次失败的原因，深求万无一失的制胜之道，大有心得。此后听从左宗棠指挥，致力于湖南的防御作战。他的部队不过一千人，在省内奔波，常常几天吃不上饭，靠着精神的激励，转战于湖南与两广交界的崎岖山区，以少胜多，以弱胜强，孤危百战，坚持了三四年之久，阻止了各路会军进入湖南的脚步。由于战功累累，得到了按察使的官衔。

在这几年里，曾国藩被困江西，分军四出，屡为石达开挫败，与历届巡抚闹得很僵。御史萧浚兰陈述江西军务被动，咸丰皇帝下旨责问曾国藩。

在这时候，王鑫却为曾国藩说好话。他给湖北巡抚胡林翼写信说，曾国藩心事犹如青天白日一样光明，性情刚正，不屈不挠。他的作为顺利与否，关系到国家的安危。

然后，他写信给身在江西的曾国藩，对自己疏远曾大帅表达了歉意，并将曾国藩引为知音。他说，世上有人表面上没有来往，其实神交于千里之外。不但俗人不能理解，即便是一些有识之士也只看到表面，察觉不到他们的内心。他几年来南走五岭，北奔洞庭，很怀念在衡州与曾国藩在一起的日子。

曾国藩读了这封信，心下也就释然了。

182

曾国藩回家为父亲守丧期间，江西的湘军处在惨烈的激战中。李续宾进攻九江，刘腾鸿和李续宜围攻瑞州，刘长佑和萧启江图谋临江，黄冕和赵焕联攻打吉安。这些部队屯驻在坚城之下，久攻不克。屡次作战，胜败无常，良将一个个死去。于是左宗棠为骆秉章起草奏章，说石达开在太平军的大将中以计谋见长，能够收服民心，在部队中具有很高的威望。每次作战都挑选死士，给予丰厚的报酬，收为亲兵，多至几千人。临阵时让别的部队打前锋，而将死士放在后面督战。前锋战败，便派死士赴援，往往转败为胜。胜利时将精锐全部派出去掩杀，官军往往一败涂地。驻扎时忽东忽西，突隐突现，打乱官军的谋划。行军时忽慢忽快，或合或分，寻找官军的空隙。对于这样的敌人，只有派出王鑫的部队才能将他制服。

咸丰皇帝批准了骆秉章的建议。于是王鑫挑选出三千名精锐，对他们说："持之以小心，出之以多算。严申号令，明示赏罚，屡胜而气不敢骄，无贼而备不敢弛。禁骚扰以收民心，作忠义以邀天眷，让功能以和诸将。以此众战，其有济乎！"

自从本年4月份出兵江西，王鑫不肯攻坚，专打游击，声东击西，纵横驰突，发现敌人的弱点便集中兵力打一仗，太平军措手不及，纷纷议论："出队千万别碰上王老虎！"几个月里就打了十二个大胜仗。

王鑫死后，他的部队分别由张运兰和王开化率领，世称"老湘营"，经历二十多年而不衰，可见王鑫的影响是非常深远的。

王鑫是一名优秀的将领。但他性格孤傲，不愿屈居人下，不仅是不愿听命于曾国藩，所到之处都与人不和。难得骆秉章和左宗棠欣赏他的才干，不计较他的态度，他才不至于默默无闻。

其他湘军部队和王鑫所部驻扎在一起，将领都推崇他的能力，可是他的部下当时却未出名将。直到他死后，他的副将们才崭露头角。张运兰等人雄壮而沉毅，在湘军将领中另为一种流派，有点接近李续宜，不同于罗泽南和刘腾鸿。

183

王鑫在乐安去世的时候，吉水的太平军向北挺进，袭击峡江，企图西进袁州，截断临江湘军的退路，并且袭击湖南边界。

湘军连失名将，部队得不到有力的指挥。太平军趁势扩展势力，抚州、建昌和吉安的太平军都在积极备战。为了将太平军压制下去，刘腾鸿旧部湘军奉令从瑞州出兵，协助刘长佑攻打临江，普承尧为大将。

普承尧以前跟随塔齐布，后来又跟随刘腾鸿，在两人手下都曾立下战功。此人性情骄狂粗豪，不能独统一军。他率部截击敌军援兵，前锋到达峡江，遇敌而战，一战失利，溃退到罗坊。

普承尧率主力随后赶到，壁垒还没有修好，太平军就掩杀过来。普军立刻北逃，刘长佑派来接应的三营部队也跟着溃败。普承尧逃向北面，在英冈岭扎营，刘长佑的三营返回临江。

王鑫的旧部分为两支，留下六百人驻扎安福，张运兰和王开化则率主力北进分宜。湖南防将杨虎臣向东推进到新余，以保袁州。萧启江所部驻扎秧田，在刘长佑部西边，可以沟通新余驻军，派出副将刘岳昭协助杨虎臣抵抗罗坊之敌。

临江城内的守敌见湘军三个营打了败仗归来，十分高兴，日夜填壕，等待援军到来，一起夹击湘军。

张运兰等人是刚刚提拔的将领，但求本身自立，不会主动营救友军而危害自己，要视刘长佑和萧启江的举措来决定自己的进退。新余的杨虎臣部和分宜的张运兰所部凯字老湘营都不向临江进兵。

刘长佑不知自己面临着危机，直到 10 月 2 日，部下抓到一名敌探，说太平军几万援兵驻扎在太平圩，跟临江城内的守军约定，要一起攻击围城的湘军。城内守军都拔掉了鹿寨，集合部队，准备出击。

刘长佑倒吸一口冷气。他想，自己的部队已经腹背受敌，那些团丁和居民见太平军兵势旺盛，都很害怕，不再为湘军出力。他这支部队的处境实在过于危险。

当夜鸡鸣时分，刘长佑令围攻部队每十人中只留三人守壕，其余军士携带粮食和武器，分为三队，由他亲自率领。他已约好萧启江和田兴恕出动秧田的所有兵力前来会合。

10月19日黎明，三支湘军会师。太平军仗着兵力雄厚，立刻出城迎战，旌旗连绵十里，湘军军士个个面有惧色。刘长佑令将士挺身站立，严阵以待，等到敌军进入火枪射程后，击鼓催兵，发起攻击。李明惠和江忠义并肩驰骋，砍杀敌军，将之击退。有人说："这是假败，不要追赶！"李明惠等将领哪里肯听，率先冲入阵中，军士便一路追赶，把太平军追进军营。

太平军将领竖起军旗，吹号收兵，集结兵力抵抗。卢秀峰率部绕到军营后面发起突袭，将敌军击溃。湘军烧毁四十七座敌营，俘虏三百二十人，缴获八百九十顶营帐。

张运兰听说临江这边已经开战，也率部从新余进攻罗坊，迫使敌军退守富田。

凯字营将敌军阻遏在峡江以西，刘长佑和萧启江率部返回，继续围攻临江。

刘长佑就这样化解了一场危机。

184

胡林翼所部将太平军逐出湖北以后，他自己于9月底来到九江。在他对岸，都兴阿和杨载福所部正在攻打小池口。太平军在小池口垒砌了一座石城，挖掘了壕沟护卫四周，堵塞了清军从湖北进入安徽和江西的咽喉。

胡林翼令唐训方等部从蕲水赶到小池口以北约六十里的黄梅，派多隆阿和鲍超攻破黄梅后山，杨载福的水师从陆家嘴进攻，炮船昼夜轰击。哨探报告，石城内的守敌几天没有生火做饭，胡林翼便令军士担来稻草，把河沙装在袋子里。

10月2日中秋节，风雨交加，蒋凝学、周宽世、李续宜等人分头攻打三道城门。部队用稻草和沙囊填满壕沟。都兴阿指挥骑兵冲到城下施放火箭，将敌军营棚全部烧毁，乘烟焰迷漫之时攻陷了这个军事要塞。

小池口的太平军残部全部撤回安徽，联合捻军攻打庐州。

胡林翼拔掉了太平军在湖北境内拱卫九江的最后一个据点，于10月18日返回武昌。

胡林翼指挥各部在湖北取得的胜利，以及湘军在江西各地取得的进展，为李续宾总攻九江创造了有利条件。他与部属商议，认为九江之敌主要是倚仗湖口之敌的声援才能坚守不拔。若不攻克湖口，湘军就无法攻克九江。

于是李续宾与水师商定开始攻打湖口。彭玉麟比李续宾更为积极，率领内湖水师打响了第一炮。彭玉麟应曾国藩之召来到江西已经一年有余。尽管曾国藩离开江西时曾请清廷为湘军水师提供军饷，但内湖水师的军饷仍然匮乏，借领火药也遭到刁难。

为了获取军火与军饷，内湖水师近来屡次攻打湖口附近的石钟山和梅家洲，久攻不下。彭玉麟听说外江水师驶来，立刻派谍报人员通知围攻九江的李续宾部，请其一起攻击湖口。

10月25日，李续宾派弟弟李续宜率骑兵和步兵攻打梅家洲的太平军城堡。他自率所部渡到江北，扬言要打安徽宿松。当夜四更时分，这支部队又渡回江南，绕道八里江，来到湖口城后的北山。士卒攀着藤萝上山，悄悄隐伏下来。

杨载福此时已经升任湖北提督，他和彭玉麟商量进攻计划。由于外江和内湖两支水师被太平军的水师从中阻隔，两位水师统领秘密约定会攻湖口和梅家洲的各个敌军据点。

10月26日黎明时分，彭玉麟将内湖水师分为三队出湖，舢板队率先出动，大船随后进发。彭玉麟率战船攻打湖口城东，已经升为直隶提标左营游击的黄翼升率内湖右营攻打梅家洲，杨载福在临江口开炮接应，夹击下钟山。

太平军集中兵力抵抗内湖水师，湖口城内和梅家洲上两岸的炮弹如雨点般射来。他们推算出湘军战船必须经过石钟山下的一座石崖，其高矮与舢板相当，便将巨炮拖到崖口瞄准开炮。一发炮弹击中领先的战船，都司罗胜发阵亡，彭玉麟令该船返航。

第二艘战船继续前进，也有人中炮阵亡，于是跟随第一艘战船返航。后面的战船不断前进，相继伤亡，不敢后退。

有人说："现在驱使军士冒着炮火前进，不合兵法。"

彭玉麟说："自从水陆用兵，到现在已有五年，精锐忠勇之士已有上千名在这里毙命。湖北和江西几十万人因此而被屠杀，每当想到这里，心里就如煎熬一般。我们长久受困，如果不突破这个险关，就无法生存。今天就是我的死期，我不会让士卒独死，也不会让怕死鬼独生！"于是加紧击鼓，催促船队前进。

太平军在崖下的大炮发射太多，铜管烧焦了，炮兵也被震死。湘军内湖战船鱼贯直下，开到长江，与外江水师会合。

湘军水师自从1855年初被太平军分隔在外江与内湖之后，历经两年多，现在熬到了这个历史性的时刻。长江上欢声四起，震动江水。沿江的太平军水师顿时处于劣势。湘军水师所到之处抛火焚烧，太平军战船大部烧成灰烬。

突然，湘军战船被铁网牵挂，篙楫齐动，都不起作用，岸上之敌又聚集火枪射击。

太平军集中精锐对付水上湘军，没料到埋伏在湖口城背面的李续宾部破空而下。只见旗帜飘舞，号角齐鸣，湘军陆师缘梯攻城，火箭击中太平军火药库，顿时瓦石飞空，墙垒破裂。

岸上的太平军遭到突然打击，晕头转向，全线溃散。

太平军水师残部紧急靠岸开炮，又听得山后鼓角齐鸣，再看山下，湘军旌旗蔽地，哪里还敢抵抗，立刻奔逃而散。

杨翼升所部埋伏在下游，趁势截杀，大获全胜。

湘军三支部队胜利会师。当晚，太平军守将黄文金见势难再守，打开城门，突围逃走。

梅家洲守军见湖口已陷，也弃垒而逃。

湘军缴获几十万颗军火弹药，八十多艘炮船，全部解押到江西内地。

被困在鄱阳湖几达三年之久的湘军内湖水师驶入长江，湘军控制了小池口、湖口和梅家洲，九江城的太平军失去了依托，陆上三面被围，临江一面也被湘军水师控制，完全成为孤城。

此战以后，李续宾升任浙江布政使。彭玉麟加授按察使官衔。

胡林翼接到湖口的捷报，正感欣慰，又听说清军在安徽也取得了胜利。福济派清军击退了攻击庐州的太平军和捻军。

黄翼升所部没有停止进攻，向彭泽推进，夺取敌军船只。彭玉麟率大队随后跟进，于10月30日夺取小姑山。黄翼升擢升副将。李续宜升为道员。

一时间，湘军在九江周边军势振作。

但是，尽管李续宾对九江的攻坚百计并施，林启荣却毫无惧色，率军坚守城防。李续宾仍然无法一举攻克九江。

185

湘军内湖水师脱困进入长江的时候，在鄱阳湖以东，杨辅清率领几万太平军从景德镇挥师南下，会合安仁、金溪和泸溪的会军，分几路向贵溪进攻。

贵溪由李元度的平江营驻防。太平军奇袭得胜，很快就将湘军赶进城内。二十五岁的平江人朱德树率水师猛攻敌军，配合城内的李元度固守。朱德树升为守备，晋级都司。

李元度的防守遇到的最大难题，就是城内已无粮食。幸好翁学本在他身边。翁学本冒雨突围，飞奔到广信求助，弄来五百石大米和一千斤盐，外加三千两银子，在水师护送下运到城里。

有了粮食，贵溪的城防顿时坚固起来。杨辅清攻击了十四天，决定放弃贵溪，率部西进一百多里奔袭东乡。李定太和周凤山率部抵御。周凤山的营垒还没建成，就被太平军破袭，虎营军主帅远烽战死。

湖北黄梅人远烽是名家子弟，早年进入翰林。祖父承瀛曾任浙江巡抚，归葬时丧礼十分隆重。太平军举事后，黄梅民众挖开了远烽祖父的坟墓。远烽发愤，一心想要复仇，便去参见曾国藩。恰遇湘军统帅要回家乡奔丧，远烽便在军中游历。

当时湘军的生活朴实粗豪，哪怕是京官来从军也要用巾帕裹头，腰上挂刀，学会吃苦耐劳，不敢鲜衣美食。而远烽雍容文儒，舆服华丽，虽然刻苦磨砺，举止言行仍然不同凡俗。见过他的人都很倾慕，感叹道："衣冠之中自有人。"大家都劝远烽留在幕府。

远烽自告奋勇，要带兵打仗。以前他在朝中多次向皇帝讲军机封疆大臣的坏话，大臣们对他恨得咬牙切齿，他只有立下奇功，才能表现自己不同凡响的价值。于是他招募一千人自动效力。他认为周凤山是一员老将，可以依靠，便与他的部队驻扎在一起。

太平军到达后，周凤山率先逃走，远烽的新军见前面的军营已被敌军攻破，便全面崩溃。远烽出道第一仗便全军覆灭，他自己也死在军中。

远烽的事例是个极端的例子。作为一名书生带兵的将领，他志向高远，但刚刚踏上战场便糊里糊涂地死去。许多人为他在军中的昙花一现而惋惜。

至于周凤山其人，自从曾国藩用他替补塔齐布以后，他已经三次败军，三次罢官。奇怪的是，他的军事生涯却没有在江西画上句号。人们对这个庸才的容忍真是到了极限。

太平军对陷入孤立的九江不敢坐视不管。东乡的太平军西进一百里攻打进贤，逼近南昌。另一支太平军从崇仁北进丰城，距南昌只有一百多里。鄱阳太平军向北推进到彭泽。

太平军的这一系列行动都是为了牵制围攻临江和九江的湘军。但是，湘军对这两座城市已经合围，太平军无法深入包围圈。

11月3日，杨载福率部攻打湖口以东一百里的彭泽，以打击太平军对九江的增援。周宽世率领陆师协助攻击。

彭泽的太平军于11月8日撤走，湘军进占彭泽，乘胜东进，攻破马垱峡，焚烧华阳镇，11月9日攻克安徽望江。11月11日攻克东流，直下安庆，击毁西门外的三座敌垒，舍城不攻。11月12日攻克枞阳，第二天攻破大通镇的敌垒。

杨载福的水师仍在进军，于11月15日攻克铜陵。顺流下到繁昌的老县城峡口，见有船只插着清军旌旗。哨探报告，这是红单船，由清军定海总兵李德麟率领。原来，李德麟的水师在这里被太平军的小艇阻截，无法溯江而上，已达七个月之久。军士们骤然见到湘军旗帜，大为吃惊。

杨载福的水师十天之内转战千里，令人觉得是个奇迹。杨载福去见李德麟，红单船上的军士都来围观，认为这位将领来自敌占区，简直难以置信。

李德麟说，他率部攻击泥汊的敌军水师，上面悬赏一万六千两银子，可是攻打了七个月，敌垒坚不可摧。

杨载福也不多话，第二天就令李成谋率部前去攻打。军士们划桨前进，逼近军营掷火。太平军长期松懈，没料到会有敌军开来，在湘军到来时都下跪求饶。湘军缴获一百尊大炮、五艘战船和六间屋子所装的大米，押着俘虏，全部交给红单船。

杨载福这次非常谦虚，对李德麟说："如果不是李公的部队扼守在这里，我们也无法飞渡到此。"李德麟的军士大声欢呼。

月初和春刚刚上奏，谎称清军已在泥汊获胜，而到现在才被湘军攻克。

江南大营不再提泥汊这件事，把它隐瞒过去。

11月16日，杨载福的水师返航，回到彭泽。

胡林翼上奏说，湘军水师肃清江面，以李成谋功劳最大。于是清廷给这个二十七岁的芷江人加授二品封典。

彭玉麟的内湖水师这时已添加兵力，从两营扩展为十营，分出八营驻扎樟树镇和赣州，留下两营驻扎湖口。

李续宾所部攻下湖口之后，返回九江城外。他听说临江之敌奔到了湖北的兴国，便派兵冒雪增援，将其击退。

胡林翼认为李续宾是难得的帅才，担心湘军开出湖北以后会受到福济、和春与胜保的牵制，便上奏清廷，请求起用曾国藩指挥江西军事，依靠他谋取金陵。皇帝不许，令胡林翼出境指挥。胡林翼复奏说，清查税金与收购粮食是湖北的大政，他请求留在湖北料理。

186

增援广西的几路湘军在桂林东南部一百里处的恭城会师以后，蒋益澧于11月份下令继续向南推进。在这支部队里也有曾国荃旧部陈湜的身影。

蒋益澧收到探报：在恭城以南六十里处的平乐，造反军用战艇在水上运粮。他们在平乐以北的二塘圩和沙子街修建军营，据守险要，巩固阵地。

蒋益澧集中兵力攻打沙子街，亲率精兵越过山头，进军枫林和石峡，插入造反军的两座军营之间，从背后发起攻击，烧毁造反军的战艇，攻破了沙子街军营。

然后，他与江忠浚等部分兵两路，自己绕过二塘圩攻打城南，江忠浚沿水进驻城北。造反军丢失了险要屏障，都返回平乐府城防守。

12月23日，蒋益澧率部逼近平乐城，守军只能依靠火炮防御。黄辅鼎和彭玉山率部攻城，手执大旗，捷足先登，中炮而死。湘军顾不上牺牲者，随后杀进城内，占领平乐。

广西的各路造反军在桂林的东面、南面和北面连吃败仗，势力衰微。造反军各自为营，分别驻扎在柳州、浔州、梧州和庆远，互不支援响应。蒋益澧以精兵攻克府城，声名大振，成为名将。

广西巡抚劳崇光上奏清廷，请求将蒋益澧留在本省指挥军事。骆秉章每月向蒋益澧提供二万两饷银。还增造炮船六十多艘，制造火药七万多斤，招募水师，增厚蒋益澧的兵力。

太平军为了挽救九江，在年底从鄱阳出兵，大举进攻湖口。安徽太平军也从长江北岸响应，集结在宿松和太湖之间。

官文将湖口交给杨载福，写信给都兴阿，令他负责陆路作战。都兴阿派多隆阿和鲍超所部杀到太湖，杀敌四千名。

唐训方主动出击，在陈德园大败敌军。杨载福率水师向湖口攻击，李续宜率五千陆师与彭玉麟的水师会合，分三路直捣湖口，歼敌两万多名。太平军被迫撤到安徽霍山，屯驻霍山以北、六安以西的独山西河口，大有进军湖北罗田和麻城的态势。官文从九江抽出三千兵力抵御。

安徽长江沿岸的太平军返回池州，再次进占望江、东流和铜陵。

与此同时，江西南部的太平军也发起反攻，从富田北上，包围吉水城。张运兰率凯字营赶去救援，太平军解围而去。

增援临江的太平军屡次作战失利，城内的太平军便打算投降清廷，只是还没跟湘军约定。当地会军害怕被清廷处死，不肯投降。粮食吃完了，他们便挖草根充饥，企图突围逃跑。

不愿返回天京的石达开于9月间率领几十万大军从安庆进入江西，迅速冲垮清军福兴和李定太等部的拦截，长驱直入，攻克景德镇以南的乐平，又于10月份攻克乐平西南一百多里处的安仁，即现在所说的余干。杨辅清和杨宜清的部队与石达开会合，一起攻打乐平以南一百五十里处的贵溪，于11月间抵达抚州。

石达开原计划进驻丰城和新淦等地，隔断瑞州与临江之间的湘军，以及临江与袁州之间的湘军，首先收复太平军在江西西北部失去的地盘。石达开的这个计划是一个妙招，只要能够实现，就能盘活太平军在江西的全局。他的大军既可为临江解围，又可夺回不久前失守的袁州和瑞州。然后他挥师南下可为吉安解围；向东挺进可以威胁南昌；挥师北上则可以援救九江的林启荣。这样，他和驻扎在安徽西北部的陈玉成部就形成了对湖北的夹击之势。太平军可以再次西征武汉，再次占领九省通衢，那么，太平天国在武汉以东长江沿岸的势力又会恢复石达开主持西征时的全盛局面。

但是，石达开要进军江西西北部，首先要渡过赣江。他在横渡赣江时遇到了困难。西征失败后，太平军水师损失惨重，此后主要的战斗转入陆上。石达开部在江西东部的陆地上行军，没有水师辅助。湘军极力拦截石达开西进，在赣江沿岸部署了水师和陆师，石达开无法成功地跨越赣江这道天然屏障。

石达开多次挥师渡江，没有成功，迅速南进到吉安的三曲滩渡口。这里冬天江水较浅，石达开打算让部队徒步涉水过江。他没有想到，他在这里遇到了曾国荃这个劲敌。

湘军的水师和陆师层层扼守三曲滩，石达开亲自督阵，与湘军鏖战十七天，太平军伤亡严重，多名将领阵亡，渡江计划受挫。长沙人刘培元率部追赶敌军到硃山槽，太平军援兵赶来，刘培元分兵夹击，大败敌军，因功升为副将。

12月份，石达开只好率部退回抚州，再做打算。

曾国荃所部打退了石达开的进攻，完成了对吉安的合围。

187

江苏战场上，1857年仍然是江南清军攻战较为积极，几乎月月都有战事，而张国梁依然是最强悍的战将。不过，作战的范围非常局限，集中在天京和镇江一带，张国梁显然意在拆除太平军在天京外围所设的屏障。

2月份，张国梁率部在句容败敌。3月份，江北清军将领富明阿在瓜洲败敌。和春派队攻打毗邻安徽的溧水，在邬山大败援敌。5月份，富明阿所部攻击瓜洲之敌，在土桥取胜。鞠殿华所部又在四里铺再次重创太平军。6月份，周天培等人率江南清军攻克溧水。7月份，张国梁率部攻克句容。

11月份，镇江太平军出兵甘露寺，攻击清军军营。张国梁赶赴镇江增援，增修壁垒，扼制高资，断绝敌军粮道。太平军也控制了向运河以北运粮的道路，修筑壁垒，与清军对峙。

张国梁派兵捣毁敌军炮台，自率主力渡江，虎嵩林、李德麟和冯子材水陆合攻，鏖战六个昼夜，攻克两座敌垒，击沉十多艘敌船。

12月初，张国梁部连续攻克十七座敌垒，进围镇江。天京派出援兵四处出击，虎坤元等人率部将太平军援兵击退。镇江城内的太平军更加困难。

12月27日，张国梁分派兵力突然袭击镇江的四道城门，炸毁城墙，攻入城内，占领镇江。

太平军首领吴孝如突围逃往天京，残部奔向高资的仓头。清军沿江追杀，斩杀、俘虏太平军数以万计。

这一天，江北清军将领德兴阿攻克瓜洲，清军在南北两岸相对的两座城市获胜。和春和张国梁增添了信心，一心想尽快攻克天京。

在安徽，清军于4月份开始对捻军发起反攻。胜保所部在颍上以西与河南毗邻的柳沟击败了张乐行的捻军。5月份，清军将包围颍上的捻军击退。

6月份，胜保所部又在河南固始的三河尖攻击捻军，打了一个大胜仗。张乐行率部东撤霍丘，投靠李兆受，向太平军求援。

7月份，胜保率部攻打霍丘与寿州之间的正阳关，李兆受率部驻扎在紧挨河南的繁华集镇叶家集，出兵袭击光州和固始。胜保派兵进驻叶家集以北三十里河南境内的黎家集。李兆受听说清军大部队开到，便率部向东撤向六安与霍丘的交界处。

8月29日，胜保所部攻克霍丘，加大攻打正阳关的力度。

10月份，李兆受率五六千人从六安的枸杞园和寿州西南方四十二里处的刘帝城出发，声称要与正阳关的捻军会合，一起向东北挺进怀远和凤阳。胜保派邱联恩等人带兵追赶，将李兆受部击败，然后攻克正阳关。

河南巡抚英桂见本省南部的舞阳、叶县和西部的宜阳、嵩县都有捻军活动，便率兵驻扎中部的禹州和密县，加以防备。

冬天，捻军游骑到达开州和东明，进入直隶境内。

咸丰八年

1858年

188

进入 1858 年的江西战场，湘军对临江的围困为时已久。城内太平军饥饿疲乏，有突围的迹象。湘军将领们提出压缩包围圈。

刘长佑说："据我从军多年的经验，凡是突围出逃的军队都是锐不可当，是没法将他们拦住的。如果让他们逃走，他们必定自行溃散。如果奋力拦截，他们便会拼死把我们打败，兵势又会振作，而我军却会伤亡惨重。贪图这种无益的功劳不是仁者所为。"

于是，刘长佑和萧启江在包围圈上留下一个缺口。

1 月 22 日夜间，临江城内的太平军打开西门突围。湘军分成两翼从后面惊扰突围之敌。太平军西逃瑞州，果然大部分在路上逃散，余部只剩下三分之一。

湘军进占临江。果后营将领刘岳昭因功升为同知。

湘军从临江腾出兵力后，萧启江和刘坤一所部于 2 月份攻克新干。石达开率部驻扎江西东北部铅山县的河口镇，有带领两万兵力进攻浙江的迹象。福兴不但不去拦截，反而率部退守广信。胡林翼弹劾福兴，请求由李元度防守江西与浙江的边界。皇帝命令李定太率部前往驻防，令李元度部留驻贵溪。

胡林翼刚把赣东的军事安排好，又得知安徽六安的太平军向鄂北的随州和枣阳运动。他连忙派舒保率部前往抵挡。安徽太湖的太平军则向湖北蕲州境内推进，胡林翼又派唐训方前往阻击，将之击退。

太平军退回安徽境内，在宿松遇到湘军石清吉所部。多隆阿所部在宿松境内的仙田铺将之挫败，追赶到太湖城。

从上一年到本年2月，湖南境内没有战事。但湘军四出增援外省，本年依旧在省外作战。骆秉章得知曾国荃苦战石达开部兵力大有损耗，又增派部队协助围攻吉安。曾国荃下令在江面设栅拦截，挖掘壕沟，志在必克。

省外的诸多湘军部队依靠湖南供给军饷。骆秉章和左宗棠发现供应难以为继，开始清理税收和公粮收购的折抵，降低收购价，核查官吏有没有中饱私囊，裁减监司的办公费用，节省了上亿的费用。

左宗棠发现公粮折钱最贵的是湘潭，总是两千五百钱抵一石，现在收一石高达三千八百钱。于是做出规定：如果大米的市价是每石两千钱，则以一千钱充军饷，以八百钱供县府使用。民众减少了赋税，而官府的收入增加了。后来湖北和江西都模仿实行。

知县黄淳熙正在接受审查，骆秉章亲自到他家里拜访，不管藩司的意见，重新将其起用，下文任命他为湘乡知县。

对于巡抚的这些做法，文格大为惊讶，也非常生气，但无可奈何。赖史直丢失城池，本来应该议罪，巡抚反而上奏荐举，后来竟然补授了岳州知府。

左宗棠打破陈旧的条条框框，不拘一格。又仿照雷以諴在扬州的做法，向商贾抽取货物税，设立厘金局，自由收支，由裕麟总管，藩司列衔画行，不能过问数目。局库的储蓄比藩库多了一倍。

骆秉章本人做出廉洁勤俭的表率，文格也无所求取，所以省级官员在府县官员中建立了威信，几乎革除了贪赃靡费的风气。

189

长沙人劳崇光身在太平天国的发源地任官，一直狼狈窝囊。当蒋益澧的湘军在广西锋芒毕露的时候，他很想依靠家乡的这支部队维护治下的安定。于是他征调江忠浚部入驻省城桂林。

劳崇光在桂林早已被他招抚的会党首领架空，他召湘军入城只能秘密进行。于是他给江忠浚写了一封密信。江忠浚把信拿给蒋益澧看。蒋益澧说："会党人多，你此去一定要小心谨慎，等我到后再动手。"

太平军举事已进入第八个年头，清廷在东南一带的军事日益棘手，把全部军饷用于江苏和湖北，没有心思来过问广西的军事，只是任命了这里的提镇武将，将权力全部交给巡抚。但巡抚的权力也是虚设。广西的清军无处获取军粮，起不了作用，巡抚只能靠招抚的手段来愚弄造反的民众，求得暂时的稳定。

造反首领们将计就计，假借官府的命令来胁迫无知和胆小的百姓。于是广西社会形成一种大杂烩似的复杂格局，清军、士民和造反军相互糅杂，共济一堂。名义上已经归顺清廷的造反军横行全省各地，官吏不能过问，院司闲坐在城里，发号施令的人都是造反军将领，人人寒心。

劳崇光特别喜欢使用投降的造反将领。他让造反军首领白彪率领两千名精锐驻扎在桂林，原以为可以自保。没想到这些降兵掠夺市民的子女财帛在军中平分，百姓有冤无处投诉。

降兵连巡抚也不放在眼里。有一天，一群降兵蜂拥到巡抚衙门，手持兵器，喊叫喧哗。劳崇光出来坐堂，降兵居然奔到他的座前，用长矛戳刺巡抚的顶戴。

劳崇光硬撑面子，指着自己的喉咙笑道："刺错地方了！想杀老夫，要刺这里才行啊。"

劳崇光一笑化解危机，卫士簇拥着他退向后堂。

劳崇光从此决心消除降兵的威胁，把希望寄托于湘军。江忠浚带兵进入省城参见巡抚。劳崇光大喜，连忙找了个由头召见白彪一干造反军首领。

首领们全部到齐，江忠浚下令关闭辕门，将他们统统斩杀，然后下令抓捕所有暴虐狡黠的降兵，置换省城的守军。

从此以后，巡抚的号令得以下传，官民睡觉才踏实了。劳崇光上奏，请清廷任命蒋益澧为代理按察使，将江忠浚升为道员。全省军事听凭蒋益澧处置。蒋益澧依次消灭了浔州、梧州和庆远的造反军。

蒋益澧在不到一年的时间里从五品官员升任两司，年纪未满三十岁，志气轻浮傲慢，自以为英勇刚毅，沾沾自喜。知府和县令们开始治理民事，正常地征收租税。

二十四岁的宁乡人高连升从广西回到湖南招募勇丁，建立果勇营，这时也开到广西听候蒋益澧指挥。

高连升虽然年纪不大，却已身经百战。他在二十岁就投到罗泽南营中，曾跟随罗泽南转战湖北和江西，累积战功，先后升任千总、守备和都司。他的到来为蒋益澧补充了一支生力军。

但是柳州还在傅中荣与宋正元的会军手中，王鑫的老对手朱洪英与黄金亮也率升平军在这里驻扎。他们派兵驻守蟠固，认为湘军水师无法进入，便四出游击，联结各个洞寨。

蒋益澧想，若要出动水师，战船要从漓江行驶到郁州，溯潭水而上，绕道一千多里，而象州和柳州之间的水道江岸狭窄，水流湍急，不利于水战。但若不绝水断渡，就无法攻取柳州城。于是他下令在桂林以南一百多里的修仁镇造船。

船造好以后，蒋益澧令军士抬着舢板和小船在陆地上西行九十里，把船放在距离柳州不远的洛青江中，载上火炮，竖起军旗，擂响战鼓，下逼柳州南门，控制港口和渡口。这样一来，城内的造反军和山上的会党就无法互相援应。

190

石达开部于2月份从抚州东进广信，准备进军浙江。

湘军仍在赣西作战，无法追赶石达开。萧启江和刘坤一所部于3月14日攻克樟树与吉水之间的新淦。刘长佑因病返回湖南，刘坤一代统刘长佑所部。

萧启江自成一军，统辖田兴恕等部，以尖刀直入为作战特色。江忠义所部效仿他们，从此湘军有了快速作战的精兵。

3月18日，从临江逃出的太平军与石达开所部会合，向东挺进，攻克铅山和广丰。饶廷选率部夺回广丰，太平军向西南方撤退二十五里，驻扎洋口，随后进入浙江，袭击江山，包围衢州。

石达开离开江西，李秀成不无遗憾地说："翼王将天王的士兵全带走了。"石达开部下不少人相信主帅是奉了洪秀全的密诏，要转回广西招纳英俊，广罗贤辅，作为天王陛下的肱股之臣和左膀右臂。当时，二十八岁的石达开带走的太平军人数可能超过十万人。

石达开部众虽多，却并非都是精兵。清廷金衢严道缪梓率领几百人在衢州城下迎击，居然将其击溃。缪梓与饶廷选一起登上城墙，几天内部署好了防务。缪梓的部将杨国正和瞿先仲都是猛将，城内居民对他颇为依赖。

石达开攻不下衢州，向西攻占常山和开化，又分兵折向东南，由石镇吉率领，攻占浙江南部的遂昌和松阳。

湘军对浙江鞭长莫及，仍然在江西攻坚。李续宾部于3月20日再次攻打九江城。此时城内储备的粮食已经吃光，几千名太平军久被围困，种麦子自给，防守还算从容不迫，频频挫伤攻城湘军。

张运兰、王开化与沈宏富所部于3月29日渡过赣江，攻克乐安。江西的西部只有吉安和九江还在太平军手中。从此湖南援赣军分为四路。

抚州的太平军企图进军樟树，夺回临江。田兴恕率轻骑兵将之击退。湘军伤亡三百七十多人。周学桂因功升为守备。

丰城太平军南奔吉水，遭到张运兰等部阻击，只得返回峡江。

江西的太平军见石达开已经东进，也想到东部开拓天地。建昌太平军于4月份分兵进入福建的邵武和建宁。石镇吉所部攻占处州，与温州只有一江之隔，烽火相望。浙江全省清廷官府为之大震。

胡林翼上奏，请派李元度率平江军增援浙江。皇帝准奏，李元度从江西河口进兵，钦差大臣和春增派江南清军将领明安泰、李定太和周天受协助浙江的防守。

明安泰部骚扰百姓特别厉害，民团对他们恨之入骨。他们从金华向东南行军进入缙云，来到桃花岭下。民团诈哄，高喊有太平军杀到，明安泰所部便溃不成军，被民团斩杀过半。周天受率部随后赶到，也被民团挫败。从此清军与民团互相仇杀，战局对清廷更加不利。晏端书上奏说，外省来的部队无法统辖，请朝廷任命周天受专门负责金华和处州的作战，而张苪专门负责严州和衢州的防守。

江西的太平军分兵东进后，湘军加强了东进的攻势。张运兰、王开化与沈宏富所部于4月17日攻克乐安以东八十里的宜黄，又于4月19日攻克宜黄东南一百里外的南丰。

湘乡人丁长胜因作战勇猛升为湖南即补游击。

同一天，萧启江、刘坤一与沈宏富所部攻克宜黄西北七十里的崇仁。刘岳昭的果后营在何家村和香溪等地获得大捷，又攻破据守白陂圩的崇仁太平军。

二十一岁的凤凰人沈宏富在十六岁那年就加入了湘军，转战江南几省，步步升迁。在这两个月的战斗中他屡立战功，升为副将，加授云南昭通镇总兵。

沈宏富体力强壮，性格刚强。他虽少年得志，著称一时，但他在青史上留下的名声远不如他的孙儿沈从文。

萧启江所部继续攻城略地，于5月1日向东北方进军，抵达八十里外的上顿渡扎营，军锋指向东部重镇抚州。

抚州城内的太平军立刻做出反应，于5月2日出兵攻打萧启江部，遭到猛烈反击。建昌太平军见崇仁的湘军北上，便向西进军，到达湘军南面，企图袭击崇仁。刘坤一率部拦截，将之打败。王开化也率部在瓷圭抵抗，建昌太平军无法西进。

崇仁民团首领汪波率领乡勇协助湘军阻截太平军，驻扎在四乡的会军各部都很恐慌。新生的太平军舍不得放弃城池，打算坚守抚州和建昌，而石达开却担心他们失败，令之跟随自己进军浙江。造反军内部因此产生猜疑。萧启江趁势率部逼近抚州城。

5月5日，建昌太平军向西北挺进增援抚州，被刘坤一部击溃。

与此同时，曾国华从家乡到达九江，协助李续宾指挥军事。

陈玉成所部不愿开进江西，因为江西是石达开开创的根据地。该部总在湖北方面活动。3月份，陈玉成所部从英山攻击罗田，被知县崔兰馨的部队击退。唐训方趁机出兵，在英山县的黄泥畈挫败敌军。

李孟群部始终在安徽边界游击。这年春天，太平军和捻军从安徽潜山与太湖联合攻打固始。李孟群率部从六安赴援，协助胜保力战解围，得到清廷奖赏。

六安捻军长期占据县城，分兵出城袭扰，进出变幻莫测，清军疲于应付。

李孟群好不容易于4月份在重镇金家寨打了一场胜仗。被他击败的太平军从了角山出发，向西南挺进，一昼夜急行军一百里，于4月24日攻占湖北麻城。

舒保等人屯兵在河南的商城，听说麻城城防部队战败，便出兵增援。三四万太平军环绕麻城四门修筑壁垒，决心拼死抵抗。

胡林翼派李续宜、鲍超与何绍采等部增援麻城。太平军在麻城西南的斗坡山设伏，以骑兵诱战。周宽世等到敌军靠近，突然下令攻击，打败太平军伏兵，进而攻克黄安。

李续宜部将周达武作战悍猛，率一百多人组成信字营，每次作战都打前锋。湘军攻占黄安以后，这个三十岁的宁乡人升任游击。

朱洪英的升平军在这段时间里开进了贵州东部，与古州的造反军携手，于4月份鼓动胁迫贵州都匀、石阡和清江等地的苗民在黎平集结。骆秉章不得不从江西抽调兵力，派田兴恕率部前往贵州协助当地清军抵抗。田兴恕部将沈宏富与成应洪随同前往。

成应洪率虎威营驻扎在黎平潭溪。苗民军和升平军占据了青龙岭，地势险绝，无法进攻。成应洪买通当地老乡做向导，绕到造反军后背，在夜色掩护下，攀附藤萝沿绝壁而上，放火焚烧造反军营垒，俘虏斩杀大批造反军，然后占领古州。此战以后，田兴恕代理古州镇总兵，成应洪也升任总兵。周学桂升为游击。

但是，贵州的造反一浪高过一浪。田兴恕刚刚升官就接到报告：另一支造反军攻占了镇远。

湖南邵阳人刘义顺在思南发动号军起事，造反军分为三部分，思南的叫作白号，铜仁的叫作红号，思州的叫作黄号，刘义顺被推为总首领，身居教主之尊，又称"老祖祖"。号军分别攻打铜仁和湖南的晃州，苗民和信众屯聚在一起，人数达到几十万。

湘军部队分布在思州、清溪、玉屏和邛水之间，频频作战，频频报捷。

191

左宗棠在5月份接连听到令他十分震怒的消息。

英法联军于5月20日攻占大沽口，天津告急，北京震动。外国侵略军以进攻北京来威胁清廷。

5月22日，沙皇俄国的东西伯利亚总督穆拉维约夫在两艘炮舰护送下来到瑷珲城内，与清廷黑龙江将军奕山晤谈。穆拉维约夫说，他此来是为了"助华防英"，也是为了"保卫自己的领土"。他还说，"为了双方的利益，中俄必须沿黑龙江和乌苏里江划界"。

奕山指出，两国边界已根据《尼布楚条约》议定遵行，一百几十年从无更改，现在决不能按照俄方的提议办理。

谈判桌上争论非常激烈。散会前，穆拉维约夫将俄方拟定的"条约草案"交给奕山，限第二天答复。这个草案的实质就是要撕毁中俄《尼布楚条约》，强占黑龙江以北、乌苏里江以东地区。

第二次谈判，中方代表爱绅泰断然拒绝俄方提出的无理要求，并将"条约草案"退给俄方代表彼罗夫斯基。由于俄方无理取闹，谈判无结果。

穆拉维约夫急不可耐，再次亲自出马，以"最后通牒"的方式提出条约的最后文本，强迫奕山签字，并恫吓说："同中国人不能用和平方式进行谈判！"

当夜，俄国兵船鸣枪放炮。在沙俄的武力威胁之下，奕山终于屈服，被迫于5月28日与穆拉维约夫签订了《瑷珲城和约》，又称《瑷珲条约》。

《瑷珲条约》共三条。主要内容为：黑龙江以北、外兴安岭以南六十多万平方千米的中国领土划归俄国，瑷珲对岸的精奇里江上游东南的一小块地区，后称江东六十四屯，保留中国方面的永久居住权和管辖权；乌苏里江以东的中国领土划为中俄共管；原属中国内河的黑龙江和乌苏里江只准中俄两国船只航行。

清廷当时没有批准《瑷珲条约》，还处分了奕山等人。

6月23日，清廷被迫与英法俄美四国分别签订了《天津条约》。主要内容是：四国公使进驻北京；中国开放牛庄、登州、台南、淡水、潮州、琼州、汉口、九江、南京和镇江为通商口岸；外国商船可以自由驶入长江一带通商口岸；外国人可以到内地游历经商；外国传教士可以到内地自由传教；中国对英法两国赔款六百万两白银。

《瑷珲条约》和《天津条约》的签订，对国防意识强烈的左宗棠是一个很大的刺激。他恨自己未能手握重权，保卫疆土，空怀一腔热血。

192

1858 年 5 月到 6 月之间是湘军在江西战场上的一个转折点。湘军在江西的几个重镇取得决定性的胜利，迫使石达开各部不得不陆续向浙江转移。

李续宾从春天以来，在水师配合下昼夜攻打九江。林启荣的防守仍然没有缝隙。

李续宾决定用地雷轰城。3 月以来，他下令悄悄在磨盘洲开凿地道，竖起旗帜，修筑壁垒，摆出阵势，佯装攻城，迷惑九江守军。

5 月 8 日，湘军通过地道轰塌东门城墙，但地道被砖石壅塞。进攻稍迟，守军又堵合了缺口。

5 月 12 日，李续宾下令引爆南门所埋地雷，轰塌南门城墙。登城的湘军士兵都被太平军抛掷的大桶火药炸死炸伤。林启荣指挥部队迅速堵住了缺口。

这两次攻城，湘军付出了巨大的代价，仍然没有奏效。林启荣的顽强令湘军肃然起敬。胡林翼向清廷奏报说，湘军官兵伤亡惨重，将士们无不唏嘘饮泣。

李续宾仍不气馁，下令继续日夜挖掘地道。蒋凝学所部挖掘的地道向东延伸，然后转向南面。

5 月 17 日晚间，李续宾派出几百精锐拥盾自蔽，埋伏在东南边的城壕旁。

5 月 19 日，李续宾下令引爆炸药，轰塌九江东南一百多丈城墙，道州人朱希广率几百壮士前仆后继，冲上城头。太平军拼死抵抗，正杀得难解难分，不料湘军水师一部从江边登城，湘军顿时取得优势。这支水师由长沙人李朝斌率领。在关键时刻，李朝斌令水兵弃船登陆作战，杀上城头。

湘军杀进城后，二十七岁的林启荣率部浴血巷战，死于乱军之中。

湘军终于攻克了九江。外江水师和内湖水师拦截逃敌，溃散到城外的太平军都被湘军水师阻截，不是被俘就是被杀。

一万七千多名太平军将士全部阵亡，在太平天国运动的战史上是最为壮烈的场景。

林启荣的尸体被湘军寻到，李续宾下令将其分尸。这位杰出的太平军将领自从 1853 年 6 月攻克九江以后一直驻守这座城市，苦苦支撑五年，经受住了湘军的三次长期围攻，挫败了罗泽南、曾国藩和塔齐布等湘军将帅。曾国藩曾在给弟弟的信中感叹自己不如林启荣坚忍，罗泽南则叹息说，九江并不大，湘军很容易合围，而且这里地势低洼，易攻难守。但林启荣军容整肃，旗帜甲胄鲜明，令湘军一看就觉得气馁。林启荣如此善战，湘军将领都不如他。

李续宾经过十五个月的苦战，终于攻克了九江这座顽强的城市，使湘军取得战略上的优势。这次攻城，李续宾功居第一，自然以军事才能而闻名天下。清廷给他加授巡抚官衔，赏穿黄马褂，允许专折奏事。彭玉麟加授布政使官衔。周宽世因功以总兵记名。蒋凝学因功擢升知府，赏戴花翎。

胡林翼在军事上的调配也起了很大的作用。他身居武昌，增募新军，将前线将士轮换下来，让他们回到千里之外的家乡。太平军援兵千方百计从各处向包围圈内攻击，各地驻防的湘军都是良将，能靠自身对付敌军，不但不拖累围攻九江的部队，还时时在近旁协助攻击。

清廷嘉奖胡林翼调度有方，给他加授太子少保衔。

咸丰皇帝命令杨载福的水师独立作战。外江水师移驻华阳镇，分出三营驻扎黄州，彭玉麟的水师驻扎湖口。

李续宾攻克九江之前，咸丰皇帝已任命他为浙江布政使。这时李续宾威名炽盛，在京城做官的浙江人接连上疏，请朝廷派他去浙江赴任，指挥浙江的军事。官文和胡林翼上疏说，东征大局先要平定安徽，最要紧是皖北，其次是皖南，请求清廷将陆路军事交给李续宾。皇帝纳谏，要李续宾留在湖北和安徽交界处，以图谋安徽。

但是，李续宾惦记着家里的老人，决定请假回家探亲。

在江西东部，湘军也发起了凌厉的攻势。南丰太平军于5月21日弃城南逃，王开化分兵驻扎南丰。太平军遇到广昌本地的会军，兵力大增，杀了个回马枪，北上攻打南丰，被王文瑞所部击退。

李续宾刚刚启程抵达湖北，就听说陈玉成从安庆集结潜山、太湖、英山和霍山的太平军分兵袭击湖北的蕲州和黄州。李续宾一天接到几次警报。

太平军于5月25日从光山进兵，再次攻占湖北麻城。胡林翼派李续宜部前往救援。李续宾把九江的部队派出增援。

不久，太平军从小路进军攻占黄安。胡林翼派蒋凝学前往救援，李续宜也分兵前往。

萧启江与江西水师将领刘于浔决定发起江西东部最重要的一战。他们已经做好攻城的部署，于5月29日派间谍进入抚州城，约定内应。

太平军见势不妙，于6月1日打开东门撤走，萧启江和刘坤一率部进占抚州。刘岳昭此战有功，升任知府，清廷赏赐花翎。

建昌的太平军也无心防守，于6月3日出走，王开化和张运兰先不进城，率部联合拦截，于6月5日挫败敌军。

太平军为了尽快进入福建，逃往建昌东南面九十里的新城。

王开化等人率部进入建昌扎营。

广西的湘军此时也有重大突破。6月24日，蒋益澧所部攻克柳州。朱洪英与黄金亮率部向西北撤退三百里，进入贵州，在古州驻扎。

193

在太平天国运动波及全国以后，一些地方滋生出第三种势力。由于湘军的崛起发挥了巨大的功效，清廷倾向于利用民间武装对抗太平军。一些民间武装的首领并无明确的政治立场，只图占领地盘，聚集财富。他们游离于太平天国和清廷之间，有时帮助太平军，有时又接受清廷的招抚与太平军作战。河南人李兆受和安徽人苗沛霖就是这类人物中的两个典型。

在太平军占领安庆和天京期间，许多百姓流离失所，而安徽、河南与湖北的边地长久以来民风强悍，百姓不甘心坐以待毙。一些野心勃勃而颇有心计的人趁机聚集民众，团练武装，作为自己的势力。

李兆受和苗沛霖利用社会的动乱，倚仗着官府的势力，建立自己的王国。他们所处的江淮地区靠近太平军占领区，又有北上的方便，如果他们反对清廷，就会成为清廷的心腹大患。

清廷谋士们对这种局面非常担忧，清廷长期特别任命一名重臣专门管理淮北的军事。清军都因为军饷缺乏而受苦，而李兆受却因拥有军队而成了巨富。他们团练乡民并非奉旨而行，与清廷没有关系。太平军很欣赏苗沛霖团练的蛮横顽强，很想利用他们来抗拒清军。而清廷的大臣胜保也想笼络他们来对抗太平军。

进入夏季，李孟群部在攻克河南商城之后回军攻克六安。捻军向东进军，南攻全椒、来安和滁州，北抵徐州和宿州。英桂因病回乡，瑛棨代任巡抚。胜保驻扎临淮，袁甲三进军宿州。

苗沛霖是安徽凤台人，秀才出身，为人阴险多疑，自小心高气傲，对同伴无不欺侮。

自从太平军和捻军兴起后，乡民团练筑圩以求自卫，都推豪强为团总。造反军一到，团勇就登墙守望，或者协助清军攻击造反军。也时常与邻圩作战，以争短长。

苗沛霖在下蔡当团总，攻击张洛行的捻军，为清廷立下功劳，受到官府奖赏。便增募兵力，攻克附近的圩寨，拥有几万兵力。袁甲三和胜保将他招抚，引为援助。

胜保和袁甲三于6月份上奏说：一年来江南清军屡打胜仗，粤逆的气焰已经衰减，而江北的清军之所以没有迅速攻克金陵、肃清皖北，都是因为李兆受纠集了两三万人拦截清军，增长了洪逆的势力。他们与北捻军有联系，成为粤逆的援军。现在官军正在攻打上蔡的粤贼和捻匪，李兆受请求官军进兵舒城，他愿作为内应。

他们还说，宿州以南的会党经过苗沛霖的攻击和安抚，已经不再擅自行动。袁甲三即可南下扼制淮河，合力攻打粤贼。

清廷批准胜保招抚李兆受所部，于是胜保亲自到达清流关，李兆受率弟弟和十几个头目迎见。清廷在淮南和淮北的形势缓和下来。清廷仍然任命胜保为钦差大臣，到庐州整训军队。

194

到6月份为止，湖南援赣军深入江西，从西到东，横扫千里，攻克四座名城。李续宾攻克九江，李元度防守广饶，水师防守南昌，曾国荃围攻吉安。曾国荃所部已肃清吉安周边，攻克了东北方的吉水和南边的万安。刘腾鹤率部驻扎吉安西南面，挖掘长壕，将城内的太平军长久围困。

江西到处都有湘军，大部分由湖南和湖北提供军饷。

抚州和建昌的太平军多为临时凑合的部队，散布在乡野，湘军发起攻击时，他们就从各处包抄袭击。可惜他们的作战能力较差，所以当各路湘军联合攻击时，他们就相形见绌了。他们落败后决定放弃江西，向东挺进，进入浙江和福建。

湘军各部决定再加一把劲，将太平军逐出江西。李元度率七百人败敌于玉山的子午口。

浙江清军也在努力扫清浙西。李定太率部攻克了金华西北方的寿昌。咸丰皇帝顾虑周天受资历尚浅，难以统辖各部，命令和春指挥浙江军事。可是和春患病，未能成行。

胡林翼和骆秉章由于在军事方面的建树，在总督和巡抚中出类拔萃，他们也更加以扫平太平军为己任。两人联合上奏，请求清廷重新起用曾国藩，统帅萧启江、张运兰、王开化三人所部以援助浙江和福建，由湖南和湖北分别为他们提供军饷。皇帝准奏。

李续宾本来要回湖南，但他听说李续宜由于兵力单薄而无法攻克麻城，便于6月3日取道黄陂前往，约李续宜夹击。两兄弟率部攻击，于6月12日在黄安城外获捷，迫使太平军于6月14日夜间弃城撤走。

李续宜和舒保所部在麻城作战经月，终于败敌制胜，扫平五十八座敌垒。清廷将李续宜加授按察使官衔。

李续宾返回武昌。蒋凝学率部追敌直达河南商城，升为道员。

唐训方和丁锐义等部驻防蕲州，于6月18日在界牌击退太湖的太平军。

陈玉成所部被湘军压回了安徽，致使安徽的清廷官府感到沉重的压力。咸丰皇帝下诏，说安徽逆贼势力很大，将与捻匪会师。袁甲三与胜保都号称大帅，但兵力不足，令李续宾率部协助胜保，唐训方率部协助袁甲三。

胡林翼提出，九江已经攻克，安庆在所必争。他奏请分几路向安庆进攻。

清廷令将军都兴阿和总兵鲍超率骑兵和步兵从宿松向安庆推进，令李续宾率部从英山向太湖推进。令杨载福的水师在江面支援。

李续宾无法回家探亲了，便打算把父母接到军中奉养。他的父亲给他回信说，既然军情紧急，就不要牵挂家里，一心一意作战报国就行了。

杨载福的水师迅速行动起来，于7月1日再次攻克安徽东流，进驻黄石矶。

195

石达开从 1857 年 5 月下旬离开天京以后，一直在各处流动作战。他在太平军当中仍然享有很高的威望，能把各路兵力集合在他的旗下。他由于贪图兵多，尾大不掉，行动迟缓。几十万部众无法长期屯驻一地，总是避开清军行动。

洪秀全连失悍将，任命蒙得恩继任杨秀清中军主将的职务。同时，他努力争取杨辅清的支持，又任命杨辅清取代蒙得恩任中军主将。

石镇吉部于 7 月初和杨辅清部在福建浦城大会师。杨辅清虽已跟石达开会师，但他摇摆不定，对石达开仍然自称"东殿"，不受其管辖，石达开深为不满。

杨辅清决定继续效忠于洪秀全，截杀石达开部五六千人，率部进入江西，打算救援天京。

太平军活跃在浙江与福建，和春又因病不能前往，咸丰皇帝于 7 月 1 日下诏，令曾国藩率江西的湘军入驻浙江，指挥军事。他把福兴召回京城，让刘长佑率部留驻江西。

咸丰皇帝说，湘军已经收复江西的抚州和建昌，只剩下吉安府有待收复，但有曾国荃部继续围攻就行了。浙江的情况却非常糟糕，浙江提督周天受资历尚浅，恐怕难以统领各军，所以要派曾国藩过去，江西的湘军全部归他统领。

曾国藩回家为父亲守表已超一年，他于 7 月 17 日接到诏书，立即启程。

7 月 22 日，骆秉章派主簿吴国佐领兵跟随曾国藩从长沙出发。吴国佐是左宗棠提拔使用的人才，当时带病驻扎在省城长沙外面。

曾国藩写信令萧启江、张运兰、王开化等人率部在铅山县河口镇集结待命。

曾国藩回乡以后，清廷内外官员们都写奏章请求起用这个湘军大帅。曾国藩上奏辞谢，向咸丰皇帝发了一通牢骚。

曾国藩说，指挥军队的人权力总是轻于总督与巡抚，州县官员敢于怠慢，不服从命令，因此军饷得不到保障，而军队将领为人侮辱。安徽和浙江的巡抚故意质问他，他所刻的关防是不是起先误写了"钦差大臣"四字，然后再刻上"文正"二字。这是用曾国藩的名字来挖苦他。

所以,他久居江西而收效很小。湘军到达江西之后,之所以接连攻克八座府城,那是因为湖南援军的军饷全部由湖南巡抚供给。战事一起,如果打算逃避失败,最好的办法就是率领一支军队,但是如果打算成就事业,就必须兼任总督或巡抚,湖南和湖北的情况就是实际的例证。

实际上,曾国藩带领一支湖南的军队客居江西,作战的对手是太平军中石达开和韦昌辉的精锐,而清廷的地方官员又处处给他为难,他所遭遇的艰难险阻,所受的窘迫侮辱,都是一般人难以忍受的。但他为了维护一个好汉的形象,只能打脱牙齿和血吞。

曾国藩部下将领由于屡立战功,有的做到了三四品的大官,但是江西州县的小官吏每每对他们大呼小喝,全不放在眼里。曾国藩曾令举人彭寿颐率领一支部队,巡抚大怒,将彭寿颐抓去关进牢房。他们提供军饷误期,湘军便向民间募捐,在收条上盖印章为凭,州县官员说是伪造的官印,将捐输的人家抓去审讯,大加辱骂。

按照惯例,钦差大臣都由清廷颁发关防,其他"督办军务"的官员虽然也是钦差,但没有铜符,都是自己刻木印作为凭证。那些封疆大吏故意质疑曾国藩假冒钦差大臣。曾国藩含羞忍诟,都是为了能够成就一番大事业。所以他说,一定要有总督和巡抚的官位,握有考察官员的权力,才能治军筹饷。后来清廷采纳了他的提议,,凡是任命大将,都给予封疆大吏的官位,所以几年间在军事上就有了显著的成效。

曾国藩有牢骚,但清廷和江西的巡抚却有顾虑。湘军是曾国藩首创的,将领们都跟着他转,福兴等人征调湘军他们都置之不理,但只要得到曾国藩的一纸手书他们就会千里赴急。胡林翼起初也是跟随曾国藩。如今他坐上了高位,要履行自己的职责,仍然打算依靠曾国藩平定两江,频频上奏倾诉委屈。

咸丰皇帝也许是出于人之常情,也许是有所猜忌,也许又是对臣子发牢骚有所不满,没有马上强令为父守丧的曾国藩出来效命。直到浙江军情危急时才下诏叫他统领江西的军队前往增援,而两湖和江西都争着为湘军提供军饷。

曾国藩一年多没有插手军事,手里没有老部队,各位名将都是后起之秀,全是罗泽南和王鑫过去的部下，只有水师还隶属于彭玉麟与杨载福，而杨载福已升为提督，官品高于曾国藩。于是曾国藩尽管肩负清廷重望，但仍然郁郁不得志。他对自己以前的清高孤傲颇为后悔，决定与各地的官场改善关系，获得人心。

由于骆秉章将公务委托给左宗棠，湖南的各位将领这时都看左宗棠的脸色行事。胡林翼治理湖北，军饷最为富强。江西巡抚耆龄过去曾经在曾国藩手下恭谨效力，现在曾国藩要前往浙江和福建，也就更好相处。

曾国藩离开长沙以后，李续宾也要领兵启程了。清廷根据胡林翼的疏请，令李续宜留驻湖北。李续宾率八千人开拔。临行前，他握着胡林翼的手说："我恐怕没有机会再见父母了！"

胡林翼等人听了都很感动。

部队开拔以后，李续宜和李续宾的谋士们说，出省作战应该增加兵力，形成四翼，每翼三四千人。李续宾自己则率领中军分五路并进。

李续宾认为军饷难筹，没有照办。

李续宾在蕲州遇见了奉诏重新出山的曾国藩，派部将朱品隆和唐义训分领一千人作为曾国藩的卫队。

谋士们又说，应该把湖北的守碉勇调到九江和彭泽换防，腾出在这两地驻防的六千名湘军随李续宾一起到安徽作战。

李续宾说，调兵换防需要时日，决定率守碉勇前往安徽。

李续宾所部且战且行，攻克黄梅，进军安徽，太湖、潜山和桐城一线的太平军都很震惧。

196

石达开部围攻衢州达三个月之久，挖掘了五条地道，都没有成功。缪梓和饶廷选屡次将之击败，石达开见军粮已尽，便于 7 月 14 日率部撤走，衢州解围。

李元度所部继续东进，会同江南清军于 7 月 15 日攻克浙江常山，第二天攻克江山。李元度招抚建德之敌，进占建德城。

石达开见杨辅清和自己分道扬镳，知道自己必须独力对付湘军。为了避开风险，决定从浙江撤出主力，进军福建。

周天受率部对石达开所部跟踪追击，接连攻克武义、永康、缙云和宣平。

7月25日，温处道俞树风等人带兵攻克处州，守军立刻撤入福建。晏端书派遣饶廷选和张腾蛟率浙江军进入福建，周天受派兵奔赴蒲城。庆端率部在福建中部的延平扎营。

曾国藩于8月份经过武昌和九江到达南昌。准备增援浙江的湘军部队在江西河口镇集结完毕。刘长佑率部转移到建昌扎营。

石达开部已分两路南下，很快就攻占了福建北部的松溪、崇安和建阳，向西南方长驱而下，包围建宁。

清廷在浙江的军情已经缓解，皇帝下诏，令侍郎曾国藩率援浙军去增援福建。湘军还没到达福建，浙江清军已经攻克了蒲城和崇安。

曾国藩没有选择，只得重新谋划对福建的攻击。

与此同时，洪秀全的太平军也在重新部署兵力。

石达开出走后，太平天国调整军事领导层，在这一年恢复了五军主将制，陈玉成和李秀成分别成为前军主将与后军主将。

陈玉成和李秀成于8月份约集太平军各地守将在安庆以北约五十里处的枞阳开会，制订作战方案，目标是粉碎清军江北大营和江南大营，制止清军进攻天京。

会后，陈玉成率部从潜山出发，经过舒城，挺进庐州。

陈玉成知道，清廷在庐州方面并无强大的兵力。咸丰皇帝将久无战功的福济罢官召回京城后，任命翁同书为安徽巡抚，胜保为钦差大臣。翁同书此时尚在防御扬州，由布政使李孟群暂代巡抚，在庐州以东三十五里处的店埠驻兵。

庐州城内，只有总兵萧甲开和知府武成功驻守。

陈玉成率部从三河镇乘虚北上，毫不费力，于8月23日进占庐州。李孟群被清廷罢官，留军效力。他收集溃军，驻扎在庐州以西的官亭和长城一带。

上一年因父亲去世而回家守制的李鸿章，在太平军占领庐州之前携带家眷出逃，辗转到达江西南昌，寄居在哥哥李翰章家里。

陈玉成侦知胜保所部将要开到，派兵向东北推进一百五十里，到定远迎战。穆腾阿和克蒙额率部将这支太平军击退。

李孟群刚刚吃了败仗，丢失了武器装备，连忙向李续宾告急，约他绕道河南赶赴庐州。李孟群还不放心，又向都兴阿求救。

李续宾接到求救函时，远在三百里外的太湖。他和部将们商议，说道："从太湖救援庐州，行程几百里。庐州已经陷落，我军到了也无济于事。而且，如果我们撤销对太湖的包围，贼匪会从河南北窜，那时我军就会腹背受敌了。"

于是大家决定先攻取太湖，扫荡桐城和舒城等县，再去救援庐州。

李续宾和都兴阿所部迅速开战，接连攻克枫香驿和小池驿，然后围攻太湖。

李续宾在全力对付陈玉成，曾国藩却在思考着如何对付福建的石达开。他在河口镇调兵遣将，增募一万两千名军士，手下的名将有张运兰、萧启江、朱品隆和吴国佐。

清廷为了让曾国藩一心一意对付石达开，命令胡兴仁过问浙江事务，不久又任命他为浙江巡抚。他认为皖南清军每月消耗十万两银子的军饷，提议减少。

在湘军开到福建以前，石达开的对手是福建的清军。他的部队在邵武遭到猛烈攻击，只得西进江西的泸溪。

曾国藩见石达开自己跑进了江西，连忙派刘长佑所部前往阻击。刘长佑作战不利，石达开所部趁势北上攻占金溪和安仁。张运兰率凯字营跟踪追击，攻克安仁，石军南下新城。

曾国藩派吴国佐和张运兰联合进攻新城。吴国佐刚刚出道用兵，锐气很盛，见张运兰迟迟未到，便率部先行攻击，遭到敌军袭击，吃了败仗。刘本杰陷入阵中不能自拔。

刘本杰长期辅佐王鑫，当时负有盛名，由于不能骑马，被石达开军追上斩杀。张运兰没有如期参战，自然没有战败。

刘长佑北上攻打金溪，大获全胜，太平军全部撤到福建边界。刘长佑南下新城，太平军受挫，向东退回福建。

江西巡抚耆龄看出了石达开所部随时有进入江西的可能，连忙上奏，请清廷留下刘长佑部，作为江西的军队驻扎抚州。

其时，太平军已经打算放弃在江西的最后一个据点吉安。

湘军攻打吉安城为时已有一年。太平军尽管仍在顽强抵抗，但内部已经存在隐患。

这时的太平军与太平天国运动初期已大不相同。初期的太平军以剽悍的精兵作战，往往攻无不克，战无不胜。石达开从天京出走之后，由于兵员短缺，开始广泛吸收民众参军，所到之处屯兵据守，吸收百姓入伍。

石达开部庞杂而无作战经验，往往避免与清军作战，而新编部队无法自保，遇到清军便不战而降。湘军就是利用这一点，用诱降和安抚的办法进占了袁州和临江。

袁州和临江的一些太平军投降，作为湘军的内应，影响到吉安太平军的军心。吉安守军将领互相猜忌，民众也暗中与湘军沟通。

吉安守军将领李雅凤和翟明海接到石达开的命令，决定趁着赣江涨水，率领所有部队奔向福建邵武，与石达开会合。曾国荃下令修造浮桥，水陆合攻。太平军在赣水上驾着小舟，系着大筏，顺流冲桥，企图突围逃走，但屡次冲断浮桥，湘军屡次修复。

刘培元指挥水师船截击，中炮伤胸，裹创血战，将太平军的船筏全部捣毁。

太平军将领之间失去了信任，都怀疑别人是湘军的内应。李雅凤杀死翟明海，率领自己的部队乘夜出城，乘船逃走。

曾国荃率领水师追击，刘腾鹤也率部穷追，杀敌过半。湘军于9月21日中秋节攻克吉安，活捉李雅凤。太平军余部全部溃散。

此战以后，刘培元因功以总兵记名。李臣典升为宝庆营守备，赏戴花翎。这个佣仆出身的穷家弟子终于盼到了出头之日。

到这时为止，清廷控制了江西的所有城市。刘腾鹤部奉调到九江，驻扎彭泽。

在湘军攻克吉安的同一天，李续宾和都兴阿两部以周宽世为前锋，联合攻占太湖，立刻北进，于9月27日攻克潜山。

此后，两支部队分开作战，都兴阿带兵东攻安庆，李续宾带兵北击桐城。

李续宾的命运走到了一个关口。由于一件看起来不很重要的事情，他将奔赴一条死路。这件事就是胡林翼本月因母亲去世，解任回家守丧。皇帝令官文兼理巡抚职务。胡林翼离开官位，李续宾失去了庇护伞，于是湖北的官场上无人再关心他的生死。

浙江的局势已经缓和。石达开率部驻扎在福建崇安，军营连接，到达建宁和邵武。他分兵返回江西攻打广丰和玉山。李元度死守玉山，分兵增援广丰，太平军向西北推进，到达德兴。

李元度由于在玉山多次与太平军激战获胜，清廷给他加授按察使官衔。

从1855年11月起，到1858年9月为止，湖南援赣军的陆师和水师勇丁多达一万九千人，提供军饷二百九十三万两，前后攻克的府城、县城，有萍乡、万载、分宜、袁州、新余、临江、抚州、新昌、上高、瑞州、乐安、崇仁、宜黄、南丰、建昌府、峡江、吉水、上犹、龙泉、崇义、永新、莲花厅、吉安。不由湖南供饷的还没有计算在内。

广西会军于9月份在毗邻广东的连州起事，向西推进，占据贺县。蒋益澧派遣副将潘家馥和蒋荣华带兵前往攻击。太平军攻打潘家馥的军营，湘军溃败，向西退却。蒋荣华在平乐扎营阻击会军。潘家馥率部向北奔回湖南，从永明到达永州。当时的舆论对潘家馥大加责怪。

蒋益澧亲自带兵攻打贺县，部队疲劳，被造反军击败，并落入敌军包围圈。乡民刘鸿生等人召集团丁奋力攻击合围之敌，蒋益澧才得以率部突围。不久，造反军从贺县北进湖南，而黄金亮又率部从贵州南回广西，到达融水一带。蒋益澧返回柳州防御。

197

洪秀全的太平军仍在执行8月份制订的计划。陈玉成所部在9月份直逼滁州东南五十里处的乌衣，在这个毗邻江苏的小镇与李秀成部会师。两军向西南进入江苏，奋力合击德兴阿所部。

陈玉成部署一支伏兵，清一色的刀牌手，专门对付清军骑兵。

9月25日，清军骑兵攻打过来，横冲直撞，气势汹汹，太平军刀牌手一跃而起，冲入敌阵，盾牌护身，刀削马足，杀得清军人仰马翻。

太平军乘势从九洑洲越过江浦，攻打浦口，击败鞠殿华等部。和春令冯子材和向奎渡江增援，陈玉成分兵牵制江南清军，加大对浦口的攻击力度，于9月26日摧毁清军江北大营，歼灭清军一万多人。德兴阿乘艇船逃往扬州。

陈玉成和李秀成分兵横扫江北，攻克江浦、天长和仪征，各路清军望风溃散。太平军直逼扬州，又分兵攻打六合。

浦口一役的胜利解除了清军截断天京供应的威胁，缓和了天京的危机。太平天国在天京事变和石达开出走后的被动局面开始扭转，军威重振。

陈玉成趁热打铁，亲自率部攻打扬州。清军将领富明阿和詹起纶部在西门受挫，太平军于10月9日攻破南门，再次进占扬州。

德兴阿向北败退五十里，驻扎邵伯，控制扬州北部。又分兵屯驻万福桥，扼守东路。

陈玉成派兵焚烧西北山，从黄珏桥向邵伯运动。德兴阿日夜向江南清军求援。张国梁率部渡到江北进击扬州，与太平军大战东门和南门，将之击退。

太平军从北门突围，张国梁派骑兵截击，所向披靡。从夜晚杀到天明，城门都来不及关闭。

10月21日，清军攻克扬州，第二天攻克仪征。

太平军加紧对六合的围攻。清军翼长温绍原激励军民誓死守城。太平军兵力不断增加，江北清军全部溃散，城内断绝了外援。温绍原割下布衫，咬破指头，写血书向胜保求援，仍然不见救兵到来。

刚刚攻克扬州的张国梁领兵救援六合，于10月23日在陈板桥打败敌军。围攻六合的太平军听说张国梁部将要杀到，加紧挖掘地道，轰炸城墙，于10月24日攻占六合。温绍原率领妻子和儿女投水自杀。

温绍原是湖北江夏人，年轻时步入官场，生性慷慨，胸怀大志。太平军攻到长江流域后，滨江的一百几十个郡县的清廷军政望风瓦解。温绍原代理六合县令，居住在天京北岸，得不到清廷的军饷，便筹募资金，团练勇丁，部署防御。他率部在六合血战六年，始终坚守不弃，使六合成为太平军长期争夺的重镇。清军的南北两座大营屡次崩溃，唯独六合这个弹丸之地始终在清廷手中。清廷感念他的功劳，累次提拔，他身任监司，充任江北清军的翼长，仍然守着六合不肯离去，直到这次失守殉城。

胜保的部队没有来得及增援六合，还在攻打天长。捻军首领李兆受作为内应帮助胜保攻克了这座城市。胜保将李兆受改名为李世忠，赏给他花翎，官衔为参将。胜保裁减他的部队，留下一万八千人，称为"豫胜营"，每月发盐，让他们用卖盐的银子供给军饷。

咸丰皇帝下诏，任命胜保为钦差大臣，专门指挥安徽的军队，袁甲三专门攻打三省捻军。苗沛霖也接受胜保的指挥，平定了怀远的各个圩寨。苗沛霖部在浍水旁扎营，军营连成一串。

太平军在安徽南部的势力仍旧非常强大，和春派江长贵率部到祁门和青阳境内御敌。陈玉成部渡到江南，攻占天京以南一百里的溧水，清廷知县周观铭战死。

太平军在溧水西南十五里的洪蓝镇驻兵，与溧水形成掎角。和春令张玉良出兵禄口，渡河击败洪蓝驻军，包围溧水。清军各部分别埋伏在附近的村子里，防止太平军突围。张国梁率部驻扎在高古山等待。

198

曾国藩于10月份移驻建昌，便于指挥东进福建的作战。曾国荃率部同行。李元度独领一营兵力跟随曾国藩，将平江军全部交给沈葆桢指挥。

曾国藩令两路湘军从不同的路线进入福建。张运兰率凯字营从杉关向南进攻顺昌，再西进将乐；萧启江率部从广昌南下，攻击宁化，再向西南攻击汀州。吴国佐防守江西东部的南丰、广昌和石城一线。

太平军呈现重点经营汀州的杰势，而江西石城的千刀会部队驻扎在汀州以南约七十里的回龙寨。长汀太平军将领傅忠信与何名标率部西进攻克瑞金。

曾国藩向清廷建议，首先肃清江西的会军，再去攻打福建西部边界的汀州和宁化。他说，江西和福建交界的地区中间隔着大岭，北起浙江的仙霞关，南到福建的武平，一岭绵亘一千多里，大关小隘处处可以沟通两省。现在他派张运兰从北边过岭，派萧启江从南边过岭，两支部队中间的福建泰宁和江西南丰等处还是留下了空白。

曾国藩说，两年以来，粤贼往返于两省之间，岭西的建昌辖地，岭东的邵武和汀州辖地，村镇萧条，百物凋敝。今年疫病流行，居民稀少，福建田荒米贵，油盐无处购买，而且没有现钱兑换。他驻扎在建昌，一方面是为了防御从中路回到江西之敌，另一方面则是为了转运钱和米，押解到萧启江和张运兰的两支部队。他与萧启江部的距离为四百多里，与张运兰部的距离为三百多里，而萧启江和张运兰相距在五百里以外。等到攻克了顺昌和将乐，两部合并为汀州一路，则他本人会率部继进，就不用担心粤贼跟湘军捉迷藏了。

曾国藩此番出山还怀念着以前阵亡的将士。他于 10 月 2 日又和杨载福联合上奏，请求在鄱阳湖出口长江南岸的石钟山祭祀三千多名阵亡将士。

刘长佑所部在新城打败太平军，迫使他们回头奔向福建。这支湘军因为染上疾疫，大半将士死亡。

李续宾和都兴阿分手后，湘军在安徽战场上两线进攻。多隆阿和鲍超所部于 10 月 1 日攻克安庆西南一百里处的石牌。李续宾则率部进军桐城，以总兵赵克彰为前锋。桐城守敌出城迎击，扑向湘军军营。赵克彰率部出营迎战击退敌军，趁势反攻，捣毁四座壁垒。10 月 13 日，李续焘和朱希广等人率先登城，与敌肉搏，攻占桐城。

此战以后，朱希广升为副将。

李续宾留下赵克彰和朱希广率六营兵力留守桐城，自己率主力北上直逼舒城，仍然派周宽世部打前锋。

10 月 15 日，杨载福的水师配合都兴阿部攻打安庆，未能得手。

10 月 22 日，李续宾挥军进攻舒城。经两天激战，太平军得知桐城失守，没有信心固守，于 10 月 24 日弃城向东撤向五十里外的三河镇。

李续宾又令副将谢永祜率部留守舒城。

李续宾进军安徽，不过三十二天，便向北深入四五百里，攻克四座城市，都留下兵力驻守。军行迅厉，太平军城垒望风瓦解。

但是李续宾每攻克一地都要留兵防守，其作战兵力逐渐减弱。

都兴阿的骑兵正在攻击安庆，多隆阿和鲍超的步兵奔赴安庆以北的集贤关，杨载福的水师攻击安庆的北门。这些部队都被太平军牵制，不可能增援李续宾。而陈玉成和李秀成刚刚在江苏打败德兴阿的江北清军，攻占六合，东部的清军也不可能支援李续宾。

胜保率部驻扎在舒城以北两百多里处的定远，日夜盼望援军到来。清廷忧心忡忡，只能指望李续宾。胜保屡次弹劾李续宾赴援迟缓，皇帝发下密诏，催促李续宾继续攻击。李续宾十天内收到七道圣旨，见清廷如此倚重自己，更加发奋，锐意进取。

但是李续宾的部属都知道，部队已经非常疲惫，而且没有后援。是否继续攻击，是一个艰难的选择。李续宾心中也有顾虑，便召集部将商议。

谋士说："部队长期行军作战，非常疲惫，屡次打胜仗，又有骄傲情绪。安庆没有收复，我们继续前进，没有后援，难免腹背受敌。最好的办法是返回桐城，与都兴阿会师，联合攻打安庆，则水师陆师骑兵步兵互相协作，各路精兵都集中在百里之内，就有必胜的把握。"

胡林翼的旧部丁锐义也说："我军孤军深入，已成强弩之末，如果敌军截断我军粮道，我军在舒城、桐城、潜山和太湖一带兵力不足，将一并丢失。我们还是后撤到桐城待援吧。"

李续宾说："在攻打武汉时，大家都主张坚守，唯独丁将军力主出战，为什么现在反而胆怯了？"

丁锐义还想辩驳，曾国华发言了："贼匪已经丧胆，怎么还敢再来堵我粮道？"

此语一出，众人都不敢与曾国藩的弟弟抗争，便缄口不言了。

李续宾自己也知道部队伤亡较重，仅舒城一仗湘军就阵亡不少，五百多人负伤。但是清廷颁下一道道催促进军的圣旨，李续宾哪里还敢领兵南下，便决定进军三河镇。他非常珍惜荣誉，以退却为耻辱。他认为攻打安庆不是十天半个月能够得手的。为了建立奇功，只有出奇制胜，在庐州扎营，等待时机，钻敌军的空子。于是他不采纳合兵攻打安庆的建议。

他在进军三河时向清廷报告说，他所部八千人，由于攻克潜山、太湖、桐城和舒城并留兵防守，分去三千人。几个月来时常苦战，没有休息过一天。部队精锐损耗，疮痍满目，现已不满五千人，都是疲弱的士卒。三河一带粤贼精锐虽多，但他认为自己的部队仍然足以将其制服。不过若遇粤贼大部队增援，就恐怕兵力难以支撑了。

尽管如此，李续宾仍然抱着侥幸心理，指望能在敌军援兵到达之前迅速攻下三河。

他给湖北写信要求增加兵力。他弟弟李续宜此时率四千多人驻扎在湖北黄冈。他还打算让唐训方率三千人取道英山前来增援。

两支援军还没有出发，胡林翼已回家悼葬母亲。官文收到李续宾求援的文书，笑着说："李九所向无前，现在军威已振，哪里有他攻不破的敌人，难道还少了我们不成？"

他把这个意思讲给司道官员，大家都认为李续宾用兵如神，无须派兵增援。李续宾虽然请求增援，却也不肯坐等援兵到来，以免别人觉得他胆怯，于是率全军向三河推进。

三河镇位于庐州以南约七十里处，是丰乐河、杭埠河和马槽河的交汇处，地处水陆要冲，也是庐州的南面屏障。太平军在这里修筑了大城，外筑砖垒九座，凭河设险，囤积粮食和军械，以接济庐州和天京的需求。他们还在大城周围修筑了九座营垒，防守非常严密。在这里等待着李续宾的将是一场万劫不复的恶战。

199

李续宾部于11月3日开始进攻三河镇外的敌垒，部队伤亡惨重。攻到近处的军士被敌军火药焚烧，远处的部队则遭到枪炮轰击，难以接近城垒。李续宾见状，只得下令收兵。

三河太平军守将吴定规见湘军杀到，决定坚守城池，一边向陈玉成告急求援。

陈玉成上奏天王，请调李秀成同去救援，一面率部星夜驰援。陈玉成采取迂回包抄的战术，从庐江北进金牛镇，南距三河镇三十里，以切断湘军退路，又令庐州守将吴如孝会合捻军张乐行部挺进西南，阻击湘军从舒城开出的援兵。

李秀成果然带兵赶来，前锋在三河镇东南三十里的白石山驻扎，作为后援。太平军集中优势兵力，连营几十里，四面包围李续宾部。

李续宾投入全军十二营兵力，兵分三路，再次发起进攻。丁锐义率部攻打丰乐河以南，黄胜日等人率部攻打三河镇东北，李续焘等人率部攻打西面，他自己居中策应。

湘军仍然遭到太平军的大规模抵抗。

11月7日，李续宾挥师将九座敌垒全部攻破，歼敌和俘敌七千人，湘军伤亡超过一千人。李续宾和部属觉得情势不妙，连忙增调后援部队，但没有援军到达。

当天，陈玉成和李秀成的大部队相继到达指定位置，十万兵马，声势浩大。李续宾部陷入重围。湘军将士感到末日的恐惧，李续宾自己也觉得胜负难料。部属劝他退守桐城。但李续宾在率部攻占九江之后身负盛名，虽知战胜的可能不大，却不肯撤退，决心在三河与太平军决一死战。

11月14日深夜，李续宾派兵七营，由金国琛和毛有铭等人率领，分左中右三路偷袭金牛镇。第二天黎明，部队抵达距三河镇十五里的樊家渡王家祠堂，与陈玉成部遭遇。

激战开始时湘军一度得手，杀退敌军。当湘军正要追击时，忽然大雾弥漫，咫尺难辨。

忽听得一声炮响，陈玉成亲率火队从湘军左后杀出，湘军左路首先溃败。陈玉成将湘军中路和右路围困在烟筒岗一带，斩杀湘军副将刘神山、参将彭友胜、游击胡廷槐、邹玉堂和杜廷光，湘军伤亡过半，归路断绝。

李续宾闻报，急率四营亲兵前往增援，连续冲锋十几次，杀敌两千多名，仍然无法突入阵内，只好眼看着七营部队被太平军歼灭。

李续宾率部撤回大营坚守。这时，驻扎在白石山的李秀成部闻声赶来助战，三河守将吴定规也率部从城内冲出，三路兵马将李续宾大营团团包围，逐一攻破李续宾的七座营垒。

太平军占据壁垒，挖开河堤，包围圈密布几十层，使湘军无路可逃。李续宾勇气百倍，怒马当先，往来奋击，始终无法突围而出。太平军如铜墙铁壁向湘军压来，李续宾回营叹息道："今天败了！"

战到傍晚，李续宾为了尽可能地保留部队，下令说："月光照地时就突围。"部队整装待发，等待月亮出来。月亮出来了，李续宾突然改变主意，认为分散突围是耻辱，打算继续固守。他对部属说："十年征战，将领们都以逃跑而损国威。我前后打了几百仗，每次出兵都不指望能够生还。今天必有一死，不愿跟随我的人自己想办法逃走吧！"

部将都说："我们愿随李公同死！"

日暮时分，太平军加紧了攻击。李续宾下令开壁决战。湘军将士纵马出击，杀敌几百名。入夜后，二鼓时分，总兵李续焘和副将彭祥瑞率部属越垒冲出，太平军占据营垒，开决河堤，截断湘军退路。

李续宾知道败局无可挽回，整理衣冠，取出诏书和御笔批折，朝北面拜了两拜，将文件焚毁，跃马出营迎战。然而湘军已经开始溃退，军士们撒开腿逃命。李续宾骑马驰骋，指挥作战，无奈部队不成队列。李续宾陷在包围圈内，左冲右突，身受重伤。看见一面黄旗，知道是敌军大将所在，对左右说道："那就是我毕命之处！"然后直冲过去，直到战死。

也有人说李续宾是自缢而死。但不管怎样，他确实是在战场上死去了，时年四十一岁。

和李续宾一起在阵中死去的湘军将领还有同知曾国华、知府何忠骏、知州王揆一、同知董容方、知县杨德闿、从九品李续艺和张溥万等人。

曾国华战死疆场，是他自己选择的命运。早在瑞州战事停息后，清廷就令他去京城候选部官，但他不愿进京。他听说李续宾是个能人，要留下来跟他学习打仗，结果不到半年就死在战场上，终年三十七岁。

200

李续宾战死以后，三河之战仍未结束，湘军残部仍在坚守营垒。丁锐义率义中营刚被击溃，丁锐义突围跑入李续宾大营，和孙守信一起集合残部，发誓要一同战死。

长沙人孙守信先前在湖北做一个从九品的小官，从军以后累积军功，一路提拔，成为道员。他没有独自领兵，是丁锐义的好友，临危也不离弃。

太平军围攻三天三夜，湘军军营里水火都用尽了。太平军攻破军营，丁锐义战死，孙守信同时阵亡。清廷追赠丁锐义为盐运使，加太常寺卿；赐给孙守信按察使官衔，加太常寺卿。

周宽世也收集残部坚守两天，弹药耗尽，夜里率亲兵突围，身负重伤。周达武和同乡王永章身负重伤，两人都回到家乡疗养。

在最后的这场战斗中，湘军几百名军士阵亡，其余营官得以逃生。二十八岁的邵阳人郭鹏程也从死里逃生，投奔了李续宜。

李续宾这支五千人的部队全部溃散。军士们向太平军冲去，与太平军挤在一起，走了几里路，太平军还没发觉，可见场面混乱，连敌我都难以分清了。

六天后，溃部到达桐城，其中包括副将李成汉等人。桐城城防军也跟着逃跑。朱希广提前逃走了，李成汉率部抵抗，力战而死。太平军趁势追赶，李续宾以前留守四座城池的城防军全部溃逃。

三河战役，李续宾所部六千人全部被歼。湘军损失文武官员几百名，还失去了一支最重要的精锐。远在千里之外的湘乡处处白幡飘舞，家家哀哭，户户招魂。

陈玉成和李秀成于三河大捷后便乘胜南进，接连攻克舒城、桐城和潜山。围攻安庆的都兴阿部在太平军的压力下被迫西撤太湖。

李续宾从加入湘军到三河阵亡，七年之间，先后攻克四十多座城市，参加过大小六百多次战斗，成为清廷镇压太平军的一员猛将。他的战死对湘军是一个沉重的打击。胡林翼把他比作清廷的长城，他的死去犹如长城骤然坍塌。他说，李续宾身经百战，竟然全军覆没于一旦，使湘军将士无不寒心，剩下的几万人互相劝诫，不能再轻举妄动。胡林翼又说，三河败溃之后，湖北的湘军元气尽丧，四年集结的精锐毁于一旦，而且敢战的将士、明达足智的书生也凋丧殆尽。曾国藩则哀恸填膺，几天吃不下饭。

咸丰皇帝手写诏书，说他听到这个消息落下了眼泪，但愿老天能够再生一个李续宾来辅佐他。他下令对李续宾按照总督阵亡的规格赐恤，入祀昭忠祠。对他的父亲李登胜赐予一品封典，并赏银五百两。对他的儿子李光久和李光令赏给举人头衔，除服以后送部引见。在湖北、江西、安徽和湖南湘乡各建专祠，事迹宣付史馆。

李续宾死后，舒城的难民找到了他的遗骸，送到清军霍山大营。

三河战役的胜利在太平天国运动的历史上具有重大的意义，鼓舞了天国军队的士气，太平军在战场上取得了主动。陈玉成和李秀成在战斗中表现出卓越的军事才能，使他们成为太平天国后期威名显赫的将领。

李续宾的失败是强者的悲剧。湘军是咸丰时代的军事强者，而李续宾又是湘军中的强将。清廷对湘军寄予厚望，对湘军中的强将更是十分倚重。在战局不利于清军时，湘军中的强将备受荣誉的压力，不得不拼死一搏，这就是他们的悲剧。江忠源、塔齐布、罗泽南和刘腾鸿等人因身负重望而走上了不归路，李续宾也未能幸免。其实这也是曾国藩的悲剧。

曾国藩的湘军于1854年匆匆出征，未必是他心甘情愿的。他一直希望自己的部队做好充分的准备才出省作战，但时势不允许他再延宕。他为王鑫的莽撞而恼怒，是因为王鑫在明明没有胜算的时候还不肯撤出岳州，致使兵力折损。他自己草率出兵攻打靖港，导致大败，水师损失惨重，更使他痛心不已。他对李续宾轻率进攻三河落败也颇为恼怒，其实他也知道李续宾是奉旨而行，即使他本人不愿意，也是无可奈何的。

强者的悲剧是力挽狂澜的宿命，也是湘军的宿命。屡败屡战，明知不可为而为之，是湘军的精神，也是湖南人的精神，必须靠着前仆后继的牺牲来支撑，这就是悲剧的根源。人们预见到悲剧的结局，可以选择逃避，可以选择放弃，但那样一来就失去了强者的光环。

李续宾是个会带兵的将领，敢于任事，敢挑重担，敢赴危难。他统兵巨万，号令严肃，秋毫无犯。湖南、湖北、安徽、江西和浙江五省的清廷官员无不争相倚重。他的部队所到之处，百姓也未感到惊扰，农民耕种不辍，军营万幕无哗。他并非颁布了什么严酷的法令，而是因为明察秋毫。加上他勇冠三军，屡次救部属于危难，待人处事平和正直，受到将士的拥戴。

李续宾部在三河溃败后，大批太平军溯长江而上。官文令蒋凝学从小路阻敌。多隆阿和鲍超则在宿松花亭子大败太平军。太平军退到太湖和潜山，蒋凝学率部驻防荆桥，监视敌军动向。

湘军赶紧在长江沿岸分兵驻扎，从九江到武昌共设十二座军营，而黄石驻军依然照旧。

201

在安徽的三河发生大战时，天京附近也有激战。

张玉良和冯子材所部清军于 11 月 12 日攻克溧水。太平军向西撤退，遭到清军伏击，全队覆没。

太平军援兵攻击高古山，张国梁开壁迎战，率几十名剽悍骑兵冲锋陷阵，势不可当。各路清军跟随突进，将太平军追赶到江宁镇，捣毁几十座壁垒。从安徽小丹阳到采石矶一带的太平军营垒全被清军扫平。

三河失败的阴影笼罩在湘军头上。湘军仿佛群龙无首，各自在不同的省份作战。

田兴恕部仍在贵州，于 11 月 25 日解了黎平之围，向西南挺进一百五十里进攻古州。

刘长佑部移驻抚州。由于疫情加重，返回湖南。刘长佑遣散病弱的军士，留下来招募新军。刘培元也因病回到长沙。

都兴阿总结三河之战的失败教训，上奏说，湘军在三河的失败根本原因是胡林翼不在军中指挥，部队无人调度，请清廷迅速起用胡林翼指挥军事。总督官文也上疏请求。

咸丰皇帝重新认识了胡林翼的作用，下诏起用胡林翼为湖北巡抚。

胡林翼接到清廷命令，从家里痛哭起行，直奔武昌。

曾国藩指挥着有限的湘军继续向福建进军。张运兰所部进军邵武。石达开所部仿佛在跟湘军捉迷藏，又从福建返回江西，分为两支。石达开率张遂谋、赖裕新、蔡次贤和傅忠信等部从瑞金向西南方挺进，袭击毗邻广东的信丰，另一支太平军北上攻打景德镇。

鲍超和多隆阿部驻扎在安徽西南部，死死挡住太平军进入湖北的通道。他们在宿松的东北面阻敌，大获全胜，士气重新振作。

和春见湘军在安徽腹地战败，便派兵进入太平军兵力空虚的皖南。江长贵所部在祁门和青阳取得战果。邓绍良率部在芜湖取胜。总兵戴文英所部又从宁国报捷。

邓绍良曾因丢失湾沚而被罢官，快快不乐。现在他与戴文英一起攻打芜湖的湾沚和当涂的黄池，力战而死，但并无战功。和春命令提督郑魁士代替邓绍良驻扎宁国。

宁国的太平军失去了据点，分为两支，一支北上宣城的水阳镇，抵达雁翅和官陡门，和春派戴文英所部将之击败。另一支太平军南下攻占了江西婺源。

咸丰皇帝决定巩固清军在皖南的战果，派张芾以三品京堂的职衔指挥这里的清军，又令周天受和王梦龄率部攻打婺源，没有攻克。

官文和骆秉章奏请清廷改派曾国藩援助安徽。当时曾国藩仍在江西建昌，闽浙总督王懿德不愿湘军北上，便上疏请求暂缓将湘军调离，留下张运兰部保卫福建。皇帝令曾国藩自己权衡轻重缓急，决定行踪。

石达开部已经从信丰北上攻占南安，并向赣州运动。曾国藩上奏说，现在他应当援救安徽，但是江西之敌活动在东南一带，与安徽的斜线距离有一千多里，势必无法合并。于是他命令准备向福建进军的萧启江所部改援赣南，派张运兰和吴国佐攻打景德镇。

曾国荃已经回到了湖南，命令部将朱品隆部作为亲军跟随曾国藩驻扎建昌。

占据景德镇的太平军牵制了湘军的大量兵力，曾国藩的谋士们建议迅速加以打击。曾国藩派张运兰和吴国佐率部去进行这次作战，自有他的考虑。吴国佐是左宗棠提拔的将领，出身为童生，弃文领军，经左宗棠奏请，清廷给予他主簿的官阶。张运兰累积战功被提拔为道员。

按照湘军的制度，营官中没有隶属关系的就不论品级，都是平起平坐。统军之将哪怕只是个九品官，而他下面的营官和哨官的品级高达一品二品，也要对他唯命是从。张运兰号为大人，吴国佐的部属也称吴国佐为大人，与之匹敌。吴国佐喜欢谈论军事，张运兰笨嘴拙舌，言语木讷，但以老将自居，素来与吴国佐不和，又因金溪作战失约一事互相抱怨。曾国藩令他们一起攻打景德镇，是想要他们同舟共济，培养协作的精神。

进入秋季以后，捻军进入山东，包围单州，攻打金乡。胜保派总兵田在田和提督史荣椿防守曹州与兖州。他认为清军在河南的战守很不可靠，又增设归德镇总兵官，派总兵邱联恩驻扎鹿邑，派朱连泰出兵驻扎安徽亳州。

捻军遭到阻截，从山东返回河南商水以北的周家口。这里濒临小瀜河，是颍口的商驿通道。捻军大举劫掠而去，势力更加强盛。

202

曾国藩从湘乡回到江西之后，在建昌大营期间写作了脍炙人口的《爱民歌》，要求湘军搞好军民关系。

湘军的军士都是朴实耿直的农民，曾国藩从乡村的实际生活和道德伦理观念入手，要求军士将心比心来体谅百姓的苦衷，照顾百姓的利益。

《爱民歌》提出的要求只有三条，却写了四十句。每一条都有细致入微的解说，反映出作者对乡村生活和军民关系的观察是无微不至的。同时他非常了解手下那些农民军人的心理，知道他用温和的口气讲明这些道理就一定能够打动他们的心。

第一，扎营不要懒。

这个不要懒，首先要求军士们不要贪图方便，随便乱拿百姓的财物来修建营垒。不要拆卸人家的门板，不要拆房搬砖石，不要踩坏庄稼，不要打鸡鸭，不要借用锅碗。

其次是不要拉民夫来为部队做工，也不要闯入民家去吃饭。

最后就是要照顾百姓的方便。不要筑墙截断了行人的道路，不要到人家坟地上去砍树，不要从养着鱼的池塘里挑水，凡事都要在百姓的利益前面退让一步。

第二，行路要端详。

这是要求部队在行军宿营时不要侵犯了百姓的利益。曾国藩要求部队扎营都住自己的帐篷，不要进占城市的店铺，不要进驻乡间的村庄。不要高声喧哗，不要推开挡道的路人。扯菜喝茶都要付钱，更不能强迫百姓来搞搬运。

对于拉夫这一条，曾国藩特别叮嘱军士们切不可为。他说，你把别人家的男人拉走了，一家人都会哭哭啼啼，母亲哭儿子，妻子哭丈夫，眼泪都会哭干。而地保也会趁机从中敲诈钱财，把任务分派到各团和各都，有人派人，无人派钱，没钱就把骡马和猪都牵走，闹得鸡犬不宁。曾国藩夸张地说，这样一闹，连水塘的鱼也会吓死几条。

第三，号令要严明。

最后这一条是要求军士遵守与百姓有关的纪律。他禁止军士随便出营，因为出营就会学坏，就会为害百姓。军士无事出营不是讹诈钱财就是调戏妇女，或者邀集流氓地痞去喝酒。喝醉了碰到百姓就打，遇到店家就发火。百姓出了血吃了亏还不敢声张，又怕军爷不高兴，赶紧拿钱去赔罪。

为了百姓能够安宁，曾国藩要求湘军军士服从号令。陆军不许出营，水师不许上岸。在家做良民，从军当好兵。他说，不抢不淫，是官军与贼匪的根本区别。如果官军也淫抢，就跟贼匪没有两样。这种丑名声传了出去，百姓会心酸，上级会皱眉。上司不发军饷，百姓不卖米盐，湘军的日子就过不下去了。爱民的军队大家都喜欢，扰民的军队人人都讨厌。军民如一家，不可欺负他。

日日熟唱《爱民歌》，天和地和又人和。

203

1858 年冬天湘军阵营里又发生了一件历史性的大事。安徽庐州人李鸿章加盟湘军，为湘军今后的发展和延续埋下了一个重要的伏笔。

李鸿章一生中最为庆幸的一件事情，也许就是他在 1845 年初次会试落榜后便以"年家子"的身份投帖拜在湖南大儒曾国藩的门下学习经世之学，奠定了一生事业和思想的基础。曾国藩当时身患肺病，居住在北京城南报国寺，与经学家刘传莹等人谈经论道。报国寺又名慈仁寺，曾是明末清初思想家顾炎武的栖居所。面对内忧外患，强烈的参与意识使曾国藩步亭林以自喻。他在桐城派姚鼐所提义理、辞章、考据三条传统的治学标准外，旗帜鲜明地增加了一条"经济"，也就是提倡经世致用之学。

李鸿章与曾国藩朝夕相处，讲求义理之学，还受命按新的治学宗旨编校《经史百家杂钞》，所以曾国藩一再称其"才可大用"，并把他和门下同时中进士的郭嵩焘、陈鼐和帅远铎等人一起称为"丁未四君子"。

太平天国运动兴起以后，曾国藩在家乡奉旨办团练，李鸿章也于 1853 年跟随吕贤基回乡办团练。曾国藩将自己编练湘军的心得谆谆函告李鸿章，对这位弟子寄予殷切的期望。

1857 年，安徽巡抚福济奏报李鸿章丁忧，为父亲守制，李鸿章结束了为时五年的团练军事活动。

李鸿章在本年携带家眷逃到南昌后，寓居其兄李翰章处。冬天，他本人投奔曾国藩设在建昌的湘军大营充当幕僚。

这一年，李鸿章三十五岁，处于生命力最旺盛的时期。

时值李续宾三河战败之后，湘军急需补充人才。曾国藩对于李鸿章入营襄助是非常欢迎的。但他深知这个合肥弟子自恃才高，年轻气盛，锋芒毕露，遇事沉不住气，真要独当一面，需要经过一番磨砺。

于是他平时尽量让李鸿章参与湘军核心机密的讨论，将其与胡林翼和李续宜等大员同等看待。当时湘军幕府中有不少能言善辩之士，如李元度等，曾国藩经常有意无意让他们与李鸿章争口舌之长，以挫其锐气。至于曾国藩本人更是身体力行，以自己的表率来影响李鸿章。

李鸿章爱睡懒觉，曾国藩每日清晨必等幕僚到齐后才肯用餐，便逼着李鸿章早起。李鸿章好讲虚夸大言，哗众取宠，曾国藩多次正言告诫：待人唯一个"诚"字。

每当遇到困难挫折，曾国藩大谈"挺经"。

曾国藩如此苦心孤诣地教诲，李鸿章的思想、性格乃至生活习惯都在潜移默化。他自己说，他追随过许多老师，但没有一位老师能像这个老头子如此善于教诲，随时随地针对每一件事都有所指示。他还说，从前辅佐过一些大帅，茫然不知方向，到了曾国藩这里犹如得到了指南针，获益匪浅。

曾国藩这个预言家对李鸿章给予很高的评价，说他的天资与公牍最相近，将来建树非凡，很可能青出于蓝而胜于蓝。

其实，无论曾国藩对李鸿章怎样打磨，仍然无法改变他固有的风格。这师生二人一个生性懦缓，另一个明快果断，相得益彰。曾国藩每当要做出重大的决策，往往犹豫再三，而李鸿章在一旁寥寥数语就能使他下定决心。

咸丰九年 1859年

204

胡林翼奉诏复出，于1月4日在武昌接受官印，又于1月11日出驻黄州。

清军各部在太平军的压力下从安徽退保黄梅，人心惶惶，听说胡林翼回来了，都额手称庆。

湖北境内没有战事，胡林翼集中精力图谋安徽的战事。

胡林翼心里还惦记着不久前死去的李续宾。他很后悔自己当时没在任上。如果他在武昌的话，一定会发兵去救湘军的这员大将。于是，他在1月14日上奏，请求清廷抚恤在三河与桐城死难的道员孙守信等人，以及副将李存汉以下三百二十人。他同时弹劾导致作战失败的营官和总兵以下八人，对其中违反军纪而戴罪立功的人派差事加以惩罚。对于粮台供饷延搁，他深为自责，请户部主事阎敬铭来主持。

胡林翼靠近李续宜的部队扎营。他非常信任李续宜，不仅因为他是李续宾的弟弟，还因为李家确实是一门双雄，他很看重李续宜的军事才干。他认为，李续宜与其兄李续宾相比各有所长。李续宾精于战术，李续宜则长于战略。

李续宾战死以后，他的部队并未消亡。李续宜在黄州还保留着一支部队，同时收容战败的残部几千人。想回家的军士一律遣返，愿意留下的便让他们归队。李续宜淘汰有罪的将领，提拔有功的将士，加紧训练。

李续宾在世时，李续宜一直处在兄长的光环之下，没有得到应有的名声。胡林翼上疏说，李续宜的战功大多被李续宾掩盖了。尽管也有人说李续宜的名声与其兄不相上下，但人们说起这支部队的战功往往还是只提李续宾的名字。

现在李续宜成了胡林翼属下的得力大将。他治军严整，疾恶如仇，军事上从大局着眼，不计较一战的得失。

有了李续宜，胡林翼手下的兵力并未大减。他现在还拥有一支强大的骑兵。

骑兵这个兵种是湘军到达湖北以后才组建的。湘军的骑兵将领总是起用北方人，按照湘军的营制加以约束，多隆阿就是因此而崭露头角。

骑兵的营制，起初每营编制为三百七十八人，基本单位叫作棚，每棚四人，六棚为一哨。后来攻打捻军，每营的编制改为三百二十二人，每营设五哨。每个军士都配一匹马，只有马夫与伙棚夫不配马。每营另有十名步兵，由什长率领，另外成为一棚，为骑兵做些杂役。营官配备八名长夫，公用的长夫有四十名。

骑兵营的军官有一名营官、一名帮办、五名先锋官、十名哨官，配给蓝色夹帐篷十四顶、白色单帐篷三顶。每棚配给白色单帐篷一顶，马棚帐篷一顶。共计有白色单帐篷六十六顶，蓝色夹帐篷十三顶，马棚帐篷七十二顶。长夫有八棚，配给白色单帐篷八顶。

骑兵的战马起初是从口外购买，官价每匹值八两银子，多数在路上病死，后来便在所到之处购买补充。一年下来，一百匹马中病死和更换的不超过三十六匹，其余的都令乘骑的人自己补充。又另外储备了马银，每月可以存储一百多两以备买价，这笔银两从杂费中开销，由营官掌管。

骑兵依照旧制，一员营官每月的薪饷为八十两银子，哨官每月的薪饷为十两八钱银子，先锋官的月薪为六两银子，亲兵和骑兵每月薪饷为四两八钱银子，步兵的什长和亲兵一样，步兵的月薪为四两五钱银子，伙棚长夫比照陆师。每匹马每月支取麸豆费二两银子，每营有二百六十八匹战马，每月共支取两千六百六十三两八钱银子。

205

刚刚进入 1859 年，江西的湘军就发起了对景德镇的攻击。

1 月 22 日，张运兰和吴国佐部约定联合攻打景德镇。按照约定，王文瑞与吴国佐在中路进攻，张运兰部分为左右两路随后推进。王文瑞等人率部接战，太平军逃走。

但是，张运兰再次失约，导致吴国佐部陷入被动。太平军见湘军没有后续部队，回头抄袭。吴国佐率部奋力抵抗，太平军便直接向前进攻王文瑞部，又分兵抄袭王文瑞部右侧。王文瑞和吴国佐的两支部队且战且退，丢下一百五十四具尸体。

吴国佐对张运兰非常恼火。但他无法左右张运兰，只好上书请求撤下自己的部队。王文瑞也对张运兰非常不满。曾国藩同意吴国佐的请求，令他率部返回湖南，张运兰从此专门负责指挥景德镇的战事。

1 月 30 日，张运兰部单独攻打景德镇。太平军在城外隐蔽埋伏。过了很久，几十名举着白旗的敌骑驰到水边，正要渡河，湘军突然出击，敌骑全部逃回，不再出战。

日暮时分，张运兰下令收兵。太平军吹响号角，大批战士涌上来，趁机掩杀湘军。张运兰挥师渡河反击，王文瑞率部随后跟进，太平军败退，防守景德镇。

张运兰是个谨慎含蓄的将领。在吴国佐走后，朱品隆、唐义训和四川人李榕这些将领也跟张运兰一样，个个谨小慎微，不轻易出战，保存实力。李续宜部将成大吉和毛有铭等人只求保全自己，湘军的锋锐开始钝缺。

张运兰畏手畏脚，很难获得战功，于 3 月 3 日攻打景德镇失利。

鲍超却依然勇猛，于 3 月 11 日率部在安徽宿松的北二郎河大败太平军，稍稍遏止了敌军的军势。

和张运兰相比，浙江清军将领江长贵较为大胆，率部攻克了婺源。安徽太平军从婺源西奔建德，并向西北部的彭泽运动。

上文说过，刘腾鹤所部已调防九江，驻扎彭泽。刘腾鹤连忙率部迎击，于 3 月 24 日在玉虹桥将此敌击退。

安徽和江苏的战场已经混为一片。张芾所部清军与清军江南大营共同作战。

捻军在 1 月份对苗沛霖的圩寨发起围攻，被苗沛霖的团练部队击退。

郑魁士所部于 2 月 26 日攻克湾沚，还一并攻克东北方的邻镇黄池。

江浦的太平军守将薛三元向江南清军总统张国梁请降，愿意献城赎罪。和春派李世忠受降。太平军各部声讨薛三元叛变，连忙发起攻击。薛三元已令部属剃发，闭城待援。清军赖镇海的水师赶到，为江浦解了围。

薛三元率领所部与李世忠合力攻克浦口。张国梁令周天培和赖镇海所部入城驻守。

安徽的钦差大臣胜保弹劾袁甲三过于谨慎，错失作战良机，清廷令袁甲三专门防守徐州和宿州。

苗沛霖刚刚打退捻军就决定保持中立。他出兵占据安徽西北部的蒙城，宣布反叛清廷。胜保派使者劝他投降，苗沛霖又决定投靠清廷。

皇帝诏命总兵傅振邦代领袁甲三所部，都统伊兴额为副手，都归胜保指挥。

傅振邦率部与苗沛霖部一起在凤阳以北攻打张隆凤的捻军，斩杀俘虏很多捻军战士。

薛三元反水令陈玉成大为震怒，立刻返回江浦，留下几万人驻守太湖与清军相持，不再前进。捻军则在河南四处游击，暂停攻击安徽。

郑魁士对部队管制很严，部属多有怨气。当事人弹劾他，他便于 3 月份称病前往东坝。张芾依赖江长贵和周天受防守徽州。这两人号称善战的将领。周天受对张芾十分恭谨，且刚刚在浙江立下战功，张芾便委任他总统宁国兵。

湾沚和黄池的太平军于 3 月份渡到江北，与安徽北部的友军会师，驻扎在滁州东南五十里外的乌衣镇，共有七八万兵力，在九洑洲友军协助下向江苏的浦口和江浦运动。

张国梁令李若珠从黄山出兵迎击，自己率主力分三路驱赶，将太平军截为几段。周天培和赖镇海从江浦出城夹击，将太平军击退。

206

湖北清军统师都兴阿在 3 月份请了病假，胡林翼派多隆阿统领他的部队。

多隆阿率五千名骑兵和步兵作为前敌部队。胡林翼任命四十八岁的湘乡人蒋凝学为大将，其部与鲍超、唐训方部合并，共计一万五千人。李续宜率六千军士驻扎黄州，靠近胡林翼自己的大营。

李孟群所部没有参与三河大战，得以保全实力，但仍然是孤军一支，驻扎在庐州以西七十里处。六七万名太平军从六安攻击李孟群在官亭和长城的营垒，将李孟群部团团包围。

李孟群苦撑了十几天，直到3月19日，太平军攻破李孟荃和邓清的两营，逼近李孟群的壁垒，李孟群就再也抵挡不住。他在斩杀三名敌军之后受伤被俘。

太平军将他押解到庐州，陈玉成对他以礼相待，劝他投降。但他绝食抗拒，赋诗四章，写在绢上托人带出，交给清军大营，然后被斩首。

李孟群赴死之前，胜保等人已向清廷报告他的阵亡。咸丰皇帝下诏恢复其官职，赐予抚恤。

李孟群是在广西知县的位置上从戎的。他刚刚在军中崛起时是个有谋略的将领。在军中雅歌赋诗，阔达自喜。后来独领一军，贪图兵多，而不管军饷从哪里来，兵力增加到一万人，兵势反而变得孤弱。当时安徽北部赤地千里，致使部队困惫，无法振作。

《湘军志》的作者王闿运说，李孟群喜欢在军中使用方士和术士，帐下有个号称仙姑的族女刀枪不入。尽管她在李孟群部被视为女神，但还是在湖北战死，可见刀枪不入是假的。

也有人说，李孟群其实没有过人的才识，全仗其妹李素贞熟谙兵法，胆识不凡。这个女子不叫仙姑，而是叫素姑。李孟群每次出兵作战，素姑必定穿上戎装跟随左右。

有一次，李孟群被太平军包围，别的将领都不敢去救援，只有素姑怒马跃入，手斩几十人，掩护李孟群归来，甲裳都染成了红色，军中惊为天神，太平军也对她非常畏怯。

从此以后，李孟群对这个妹妹格外敬服，每次出战必令素姑相随。在官文与胡林翼联合攻打汉阳时，李孟群兄妹同往，素姑阵亡于血战之中，年方二十。

清廷官员重男轻女，在攻克武汉以后把素姑的战功一并算在李孟群头上，所以李孟群屡次受到提拔，是沾了妹妹的光。

李孟群失去素姑以后犹如少了一条臂膀，以后很少再立战功。尤其是自从军至安徽，更是连吃败仗。再往后，李续宾战死三河，都兴阿撤围安庆，李孟群四面无援，一军孤立，便再也支撑不住了。

和李孟群一起被俘的还有为他起草奏折的师爷葛能达。李孟群死后，葛能达就留在了太平军中。他后来向别人讲述了陈玉成招降李孟群的经过。

陈玉成派冲天安陈得才前去劝李孟群投降，李孟群说："胜败是兵家常事，今天事已至此，我还有什么话可讲？假如我将英王生擒，他能甘心投降吗？如果他能投降我，我就投降他，万万不应该做违心之论。"

陈得才向陈玉成报告后，陈玉成拍案而起，说道："如此顽固不化，随他的便，不要再劝了！"

陈玉成请旨将李孟群处斩，但对他的日常供给却周到备至，没有丝毫虐待俘虏的痕迹。

临刑之前，李孟群说："我束手就擒，甘心受死，但我亲兄弟李孟平也被你们抓获，请你们放了他吧。"

陈玉成在俘房中查出李孟平，将他送回老家。

207

石达开所部从福建进入赣南以后，福建的清廷官府大大地松了一口气。福建清军于2月份接连攻克连城和龙岩，福建的战事便告终结。

石达开手下的几十万大军早已不再隶属于洪秀全，自成体系。他听说四川财富甲天下，打算从湖南进入四川。石达开没有犹豫，下令从南安和崇义开进湖南桂阳县。

湘军总兵刘培元和彭定泰率一千人扼守桂阳，众寡不敌，被石达开部击退。

萧启江闻讯赶紧率部增援，于2月20日到达江西南部的赣州，听说石达开部驻扎在赣州与南安之间的新城圩，号称有几万兵力。

萧启江部立刻向新城圩的石军营垒发起攻击。他派出三千名田勇诱敌出战，石军以为可捡便宜，果然中计。萧启江挥军推锋直进，大败石军。

第二天，石军出动几千精兵，萧启江分兵轮番迎击，烧毁敌营，大获全胜。

2月22日，石军设下埋伏，佯装失败，引诱田勇。田勇贪图战利品，仗着有湘军做靠山，无所畏惧，集合四万人要去攻击石军。萧启江不许田勇出击，说："人多而杂乱，必然失败。"田勇不听，贸然攻击，果然遭伏，立刻溃逃，反而践踏了湘军。田勇与湘军互相冲撞，导致湘军失败。湘乡人胡中和等人力战断后，丢下二百六十四具尸体。

2月24日，萧启江又独自率部挑战，石军闭垒不出。

2月26日，萧启江率部连续攻打池江，遭到顽强抵抗，湘军前锋溃败。刘岳昭率部殿后，斩杀大批石军。接着，湘军攻克小溪、凤凰城和长江圩的敌垒，第二天又挥师北上，攻克崇义。

3月4日，湘军逼到南安城下。南安有南北两座城，隔水相望，石军分别驻扎在两座城内，互为犄角。湘军一到，石军就弃城逃走。萧启江疑心有诈，约束部队，在城外扎营，建造壁垒，巩固阵地。他传下命令："入城者斩！"

3月5日，石军果然返回南城。萧启江侦察到石军已经疲软，才决定攻打南城。

3月7日，萧启江挥师直击，石军败逃。萧启江高兴地说："贼军狡猾而缺乏战力，我们进城吧！"

湘军进城后乘胜向东进击，指向信丰。刘岳昭率部击退围城的石军，晋升道员。

石达开率领全军向西挺进，进入湖南南部，接连攻占宜章、兴宁、郴州和桂阳州，人马连续过了六天六夜，令湖南震恐。萧启江连忙率部尾随赶到。刘岳昭率部在茶陵防守。

石达开派赖裕新、傅忠信和余子安围攻新田。本地人张荣祖会同文武官员领兵拼死抵抗。石军围攻三天，无心恋战，撤围离去。

张荣祖升任道员，仍归广西补用。

石军向衡州运动，从桂阳州走小路抵达花园堡。当地人陈士杰率领几百名广武军扼守七孔桥，见了石军前锋，以为只是小股部队，不知有大队开到。两军刚刚遭遇，陈士杰便下令凭桥发炮。

石达开也没料到会在这里遭遇湘军，深感意外，下令停止进军，却并不撤退，想探探对方虚实。

魏喻义率一支湘军本来屯驻在驿道上，挡住了石军前锋。他担心孤军驻扎会有危险，刚刚转移到有利的地势，见石军到来，便下令吹响号角，从山后大张旗鼓地出来迎战。

石达开见了湘军阵营，不知对方有多少兵力，更为疑惑，便朝来路撤退，西奔新田和宁远，包围永州，另派兵攻占嘉禾，南下临武。

陈士杰由于阻截石达开有功，升为知府。

石达开进入湘南，湘军在湘南的防务立刻吃紧。可是永州镇总兵樊燮却非常令巡抚担忧。

樊燮是一名骄横跋扈的将军，同时又荒疏军务。他作为一个军人，出门从不骑马，却摆出一副文官的谱，要坐轿子。偏生他又脑满肠肥，体重接近二百五十斤，轿子沉得像一块巨石，得有八个人抬着。有一次检阅新兵，竟让侍从把轿帘掀起，坐在轿子里面阅兵。永州百姓根据他的丑态编了一条歇后语：

樊总兵阅兵——坐着看。

有一年，樊燮要上阳明山观光，在山道上，抬轿的士兵被石头绊倒了，轿子歪了下来。回到城里，他竟然把那士兵活活打死！

樊总兵尽管营养过剩，却还要动用军饷去北方购买黄牛鞭给自己进补，弄得官兵吃饭都成了问题。

左宗棠在湖南代巡抚理政治军，樊总兵的种种劣迹自然有人报告给这位铁腕师爷。左宗棠调查了一下，居然吓了一跳。

左宗棠知道，各省的武官吃空额中饱私囊，在腐朽的清廷官场里是见怪不怪的事情。但是这个樊总兵却是太无法无天了。

樊燮手下共有两千多名士兵，留在永州城内的名义上有四百多名，但实际兵力三百不到。而且这二百多名官兵当中就被抽去一百多人替他干私活。总兵府的厨师、挑水夫、花匠、点心匠、剃头匠和轿夫都是正规军的官兵来担任。因此在州城里担任军务的官兵不过几十人而已。

在湘南防务吃紧时，樊总兵这么干，是一件非同小可的事情。一旦粤贼或其他造反武装杀到永州，多则有几十万兵力，少则有几千人，樊总兵的几十个人怎么招架得了？

不仅如此。樊总兵还让这屈指可数的几十名官兵饿着肚子。他的一切日常开销都从军费中支出。千总给他当管家，把总为他当采购，军饷拿去买绸缎，军官的养廉薪俸拿去盖房子，弄得怨声载道。

左宗棠早就想查办樊燮，但他知道樊某大有来头，不仅是朝廷的二品大员，而且是湖广总督官文的五姨太娘家的亲戚。要查这个案子，弄不好自己的性命和骆巡抚的前程都会搭进去。于是他破例地请示了骆巡抚。

骆巡抚和省城的大小官员对樊燮的劣迹早有耳闻。上一年樊燮进京路过长沙，司道均不答拜。现在骆巡抚听说樊燮的倒行逆施已经影响到湖南的安危，不得不冒着风险参了他一本。清廷批示将樊燮羁押审查。

于是，樊燮这个犯罪嫌疑人于5月2日被押到了长沙。本来，只要一干证人到庭做证，就能做出判决了。但是左宗棠忙于对付石达开的攻击，只得暂时把樊燮的事放在一边。

208

李孟群战败被俘的同时，河南的一支捻军从西华向西南方推进两百里，到达舞阳，在北舞打败清军，击毙清军将领邱联恩。伊兴额率全军西援，傅振邦等人弹劾他不听调配，清廷将他罢免，任命协领关保指挥河南清军。清廷抽调天津海防军，派协领德楞额率领，驻扎山东西南端的曹州。

安徽南部的清军继续南下，于3月份攻克江西婺源。

胜保于4月份驻军止阳关，派茅念劬所部攻克六安与霍山。

刘腾鹤在赣北阻击从安徽南下的太平军，于4月1日率部攻打牯牛岭，进攻建德风云岭的太平军营垒，攻破其中两座。太平军大部队开到，包围刘腾鹤部，用炮轰击，湘军大惊，纷纷溃散，刘腾鹤死在炮火下，时年二十八岁。他当时官居候选知府，咸丰皇帝下诏按照道员规格赐予抚恤，授予骑都尉世职，附祀兄祠。

曾国藩移驻抚州，开始调兵遣将。他增派抚州驻军将领屈蟠率部戍守湖口，任命四十一岁的平江人张岳龄和凌荫廷为营官，招募三千五百人，听令于朱品隆。他又调派长沙人郭式源的玉山驻防军协助攻打景德镇，命令萧启江回援湖南。

张运兰久无战功，得到增援后，才于 4 月 15 日在景德镇打了一次胜仗。

张国梁在江苏发起了攻势，率部进攻九洑洲。太平军在浦口西北方增加壁垒抗拒清军。张国梁与周天培两支清军合攻，打了三个胜仗，将九洑洲边的太平军壁垒全部捣毁。

江北太平军活动频繁，迫使江南清军多数从天京渡江增援。德兴阿在江北长期没有作为，和春上疏弹劾，清廷在江北不再设置大帅，江北清军全部划归江南大营统率。

胜保不喜作战，偏爱招抚。他对安徽的捻军又下了一番功夫。捻军首领张元龙于 5 月份献出凤阳府县城向胜保投降，清军攻克临淮关。苗沛霖又跟随傅振邦攻下肥水以南所有叛变的圩寨，功劳累积，被任命为记名道员，加授布政使官衔。

苗沛霖虽然身任清廷监司，却不穿官服，不着顶戴。接见地方官员时身着休闲装，谈笑戏谑，倨傲无礼，要属下称他为先生，表示他不是清廷的臣子。

胜保赢得了虚假的和平，于是安徽省从长江到淮河之间的地区表面上都为清廷所有。

陈玉成所部于 6 月份攻占盱眙，胜保所部又将盱眙夺回。淮河流域平静一时。

209

石达开率军进入湖南时，湘军发源地的兵力和粮饷都支援远征，力量耗尽，腹地空虚。骆秉章将战守事宜全部托付左宗棠。幸好不少湘军将领正在家乡，左宗棠日夜起草命令发给各个州郡，征召刘长佑、江忠义和田兴恕等将领集结部队，前往湘南救援。

左宗棠又令刘培元、彭定太、崔大光和曹荣等将领收拢溃散的军士，令萧启江率部返回湖南，令周宽世招募两千名新军，令刘坤一和赵焕联等将领率领旧部迎战。

收到动员令的湘军将领，还有佘里元、杨恒升、李辅朝和张荣祖，以及刚刚从江西回到湖南的吴国佐。李金旸、段莹器、何绍采、王勋、黄三清和刘吉三等将领也纷纷领兵火速赶到湘南，阻截石达开的部队。

湖广总督官文和湖北巡抚胡林翼令萧翰庆率水师从湖北返回湖南，陈金鳌、邹汉章和舒保作为后援。

湖南境内的湘军迅速开到了永州和宝庆一带，增援贵州古州的湘军也全部急返湖南。

黄淳熙刚任指挥官率部驻扎长沙，也出兵助攻。

增援广西的陈湜所部也奉调北上回到本省。

一个月内，湖南境内有了四万人的湘军，本省的防守有了依靠。

刘长佑率部赶到永州，石达开不想应战，下令撤掉永州之围，兵分几路，向北、向南、向西发起攻击。他亲率部队北上祁阳。

南路石军奔向道州，西路石军攻打东安。石军围攻七天，攻占东安。知县李右文战死。

5月7日，刘长佑攻击东安的石军。石军也不纠缠，西进新宁。新宁湘军在木山溃败，辎重全部丧失，石军包围新宁。

刘长佑收集溃兵，与刘坤一、江忠浚和李明惠所部会合，保卫家乡新宁。

江忠浚又增募一千名新宁勇扼守武冈和新宁交界处，抵抗石军攻击，长达一百天。

石达开所部所过之处，影响到广西边界，民众互相鼓动。蒋益澧仍率部驻扎在柳州，攻击附近县境的造反军，无法分兵北上。

石达开的前锋袭扰全州，劳崇光沉不住气了，令蒋益澧率部回援桂林。蒋益澧只得分兵留守柳州，自领两千多人防守北边的省界。但是石达开一时没有攻进广西腹地，蒋益澧又率部返回桂林。

东安的石军于5月31日向北推进，攻击宝庆。新宁的石军也向西北推进，包围武冈。江忠义率部援救武冈，比石军先到。石军围攻五天，撤围而去。田兴恕和刘吉三率部从沅州东进增援宝庆。

石达开亲自挥军攻打祁阳。湘军守将王勋和佘星元等人抵抗不住，左宗棠增派周宽世、朱品文和陈湜前往增援。三十四岁的清泉人孙昌凯奉命带领战船在祁阳堵截。

在家休假的王明山启程前往衡州，率水师赶赴祁阳，对石军发起突袭，挫败敌军。

周宽世率部在长庆桥打败石军，又在长叶岭打败石军。

在湘军各部阻击下，石达开没能攻占祁阳，率部向西北方推进，军锋指向宝庆。

赵焕联、魏喻义和陈士杰防守衡阳驿道，驻扎在祁东的熊罴岭。石军前队在这里被湘军击退。赵焕联等人出击以后，又回师占领熊罴岭。

石达开集结各部开始围攻宝庆，湘军各部也在宝庆周边集结。左宗棠又增派刘岳昭和杨安臣率部增援。周达武接到命令，要他与王永章各领五百人，称为"章字营"和"武字营"，跟随刘岳昭前去增援。

刘岳昭部开到柳家桥，阻截东路，石军六万多人扑营，刘岳昭偕同副将余星元、杨恒升等部鏖战三天，杀敌几千名。湘军增援的大部队集结后，石军解围撤走。

这一仗，刘岳昭部作战最为得力，声名大振。

石达开对宝庆实行大合围，把田兴恕和赵焕联等部都堵在包围圈内。田兴恕和周宽世等部靠近城东驻扎，赵焕联部靠近城西驻扎。湘军军营夹着资水，石军筑垒堵塞在其间，致使两岸湘军无法沟通。

田兴恕所部驻扎九巩桥，周宽世所部驻扎长冲口和五里牌。这两支湘军抗击石达开的进攻，等待增援。

田兴恕年轻气盛，决定发起一次反攻。6月6日，他带领周学桂等部突入石军阵地。

石军没想到湘军还敢反攻，猛遭突袭，乱了阵脚。反应过来之后，企图将田兴恕部围歼。周学桂拼死突围，负伤力战，率部返回军营，因功擢升副将。

刘培元率水师溯资水而上进援宝庆。邹汉章也奉命率船队和五百名兵勇增援，用炮船助战。

刘长佑部刚从武冈西南开来，不敢在驿道行军，绕向北边。余星元部驻扎在洪桥，位于田兴恕部以东，有七千兵力，留两千人防守洪桥，余部进驻柳桥，以援助田兴恕。

石军向驻守洪桥的余星元部发起猛烈攻击，各路湘军都为之震慑。刘长佑从麻溪渡过资江，也驻扎在城西。

宝庆危在旦夕，左宗棠又接到报告：广东英德的会军有北上的动向。左宗棠连忙抽调萧启江的大军及李辅朝、陈士杰和魏喻义等部防守郴州。

广东阳山的会军于6月份北上，攻击临武，包围蓝山，进击宁远，遭到陈士杰广武军阻截，然后西进攻占永明。广西贺县的会军打败江华的绿营兵，攻占江华，夺得物资以后返回贺县。

陈士杰因作战有功，晋升道员。

湘军水师从湖北开拔后，湖南的防御得到水上增援。萧翰庆和王明山等四营水师驶入资水，曾绍霖等人率领两营水师防守沅水，左光培率领一营水师防守澧水。

210

1859年，清廷收到有关蓝李举事的报告。

所谓"蓝李"，就是蓝朝鼎和李永和。这两人居住在云南昭通的大关边界，由于勇悍多谋，成为护运鸦片的私贩首领。

罂粟开禁后，云南盛产鸦片。不法商贩逃关漏税，纠集几十上百人从小道到达市集，遇到官兵则私下行贿逃避惩罚。于是成为本地小官吏的一个财源。

蓝朝鼎和李永和的部属分为几十队，三五个人或几十个人为一队，往来于四川南部的叙州与云南东北角上的昭通之间，投机取利，然而都以商贩自居，颇为看重身家，没有造反的心思。

这一年云南盐津老鸦滩的私贩打官司，审讯官诈取贿赂，得了好处还不罢手，蓝朝鼎与李永和非常不满，于是四川宜宾的典史设下圈套陷害他们，将二人抓捕入狱，竟然请求府县将其处死。

私贩们愤怒恐惧，首先谋划劫狱，聚集了百来号人，一路走来，气势汹汹，震动了边县，人们纷传"私贩造反了"。四川叙州所属各县的官民都很恐慌。这里的叙州就是现在所说的宜宾。

辅国公有凤代理四川总督，派遣提督和按察使率一千人前往讨伐，但不敢进攻，跟随起事的人越来越多。

在盐津东北三十里四川境内的筠连，百姓在夜间引导造反军进入县城，知县早已请病假离去，知府令州判代理知县。州判听说造反军杀到，立刻逃往东边一百里的叙州。私贩队伍趁夜进入县城。

筠连以北三十里的高县，居民也传说私贩杀来，纷纷逃走。

高县附近的庆符，知县武来雨身穿朝服在公堂上吊。私贩队伍其实并没有到来，而是一些百姓趁机抢掠。

蓝朝鼎等人约好部属，兵分三路，中路长驱东进直奔叙州，左路和右路袭击西乡。

西乡一直驻扎有清军，民众也能团结自保。听说有私贩杀来，许多百姓相约聚集。这两路私贩队伍见到清军和民团便四散溃逃。私贩的中路一千人从横江渡过金沙江，包围叙州城。城内百姓听说私贩队伍杀来了，都关门闭户，许多人想要自杀。

到了夜间，私贩队伍没有入城。第二天早晨，有凤另派的副将明耀光领兵进入城内防守，虽然晚来了两天，百姓还是定下心来。

私贩队伍驻扎城外，不断有人投奔。同时胁迫一些人入伍，人数增加到几千。

清廷接到报告，咸丰皇帝下诏，任命陕西巡抚曾望颜为四川总督，征调湖南和湖北的兵力前往增援。

然而，石达开部正在湖南境内，湘军首要的任务是对付石达开。但是胡林翼听说石达开声称要取道贵州进入四川。他预感到四川可能会燃起更多战火。他所管辖的湖北处在四川下游，而湖北的军饷依靠四川的盐。四川若无战火，在全国算得上一个富饶的省份。胡林翼、骆秉章、左宗棠和许多有识之士一样，都认为应该在湖南阻止石达开所部，防止他们打进四川。

胡林翼想着四川的问题，忽然打起了一个算盘。

湘军自创建以来，备尝军饷匮乏的艰辛，一直羡慕浙江和四川这两个富庶的省份。咸丰中期四川尤其富裕，虽有部队驻防，清廷却不曾从这里大举征调兵力。

在和平时期，四川这个地方并不令人羡慕。这里本来是个贫瘠之地，因此赋税很轻，百姓顺从，想发财的大小官吏都不愿前往。战争爆发后四川却成了官员们向往的省份。不少有名的文武人才前往遥远的四川担任监司。

胡林翼又考虑到曾国藩统率军队已久，清廷一直没有任命他为封疆大吏，可以说是未尽其用。胡林翼在长江与汉水流域指挥军事，靠上游省份提供资金和物资，长期想与四川总督交好，以便得到援助。如果曾国藩能够担任四川总督，在胡林翼看来是最理想的事情。何况论资望、论才德，曾国藩都足以担任此职。而曾国藩委屈已久，清廷不应该不封给他尺寸之地。于是胡林翼私下策划，希望曾国藩出任川督，只是苦于一直找不到机会。

现在机会终于到来了。在胡林翼劝说下，官文与他联衔上奏，请皇帝下诏，派曾国藩率部防守四川，希望清廷任命曾国藩为四川总督。他们说，四川财富充足，物产丰富，地形险固，应该长久镇抚，这关系到天下根本。

6月21日，曾国藩接到皇帝谕旨，令他带兵前往四川夔州，但没有任命他为四川总督。

胡林翼又向清廷提议，外省军队进入四川，处境孤立，更不是办法。言下之意，还是希望皇上让曾国藩做川督。

但是，皇帝对这条提议无动于衷。

211

由于曾国藩奉旨西征，曾国荃没有参加湖南保卫战，于6月份返回江西军营代他统领湘军。他率朱品隆等部，总兵力为五千八百人，协助张运兰攻打景德镇。贵州人朱洪章以守备官衔投到曾国荃帐下，跟随他一起攻打景德镇，从此成为他最得力的部将之一。

朱洪章从军之后，由于所跟的将帅一个接一个死在他前面，他不得不接连改换门庭。这一次到了曾国荃手下，才有了长足发展的机会。

由于张运兰作战不力，湘军在景德镇已与太平军相持七个月。时间拖得越长，部队锐气越少，水陆两万兵力都不肯率先推进。曾国荃到来，下令开拔作战，在浮梁以南打了三仗，击退了敌军援兵，太平军粮食断绝。

7月份，天降大雨，昌江涨水，湘军水师任星元部与江西水师刘于浔部乘机驶往景德镇的西瓜洲焚烧军营。太平军逃向浮梁，曾国荃等将领率部追杀。

7月13日，湘军兵分三路，曾国荃率领中路，张运兰率领左路，王文瑞率领右路，向景德镇进攻。大火延烧城内的房屋，太平军趁夜悄悄撤出，前往浮梁。湘军攻克景德镇。

曾国荃挥军追敌，丁长胜率部于 7 月 14 日袭占浮梁，升任参将。

太平军逃向建德，继续北撤，到达安徽祁门。江西境内已无太平军。曾国藩派遣张运兰返回湖南增援宝庆。丁长胜率部留驻乐平，升任副将。

曾国藩本人统率各部湘军从九江出发，朝湖北挺进。

曾国藩虽然在执行皇帝的旨意，但他有自己的想法，其实不愿率部西征。

他想，自己率领湘军长久客居江西，屡次遭到地方官吏的羞辱和刁难。去年先后奉命率湘军增援浙江和福建，都只拥有一个空名，却没有调拨军饷的权力。而现在安徽形势危急，蜀道迂回遥远，湘军难以很快赶到，他应该留下来图谋安徽。

于是，他上奏说，自从今年粤贼袭击湖南以来，永州和郴州被围，在江西的湘乡勇各怀内顾之忧。近日宝庆危急，距湘乡不过百里，将士们都为自己家里担忧，思归心切。一旦部队向四川开拔，经过湖北，他们必定会纷纷请假回家。

曾国藩说，勇丁有个通病，就是打了败仗不懂得要归队，长久出征就常想回家。如今他携带湘乡勇直奔夔州，水路三千里，风涛袭人，三峡险恶，将士们未必愿意跟随他去。而且粤贼现在湖南，号称三十万，要是再往四川开进，会裹胁更多的人从军。他只带领区区一万人进入四川，论攻击兵力太少，论防守兵力不足，孤军客寄外省，若有伤亡无法补充兵员，恐怕无补于大局。

曾国藩说，如果他遵照谕旨率部驻扎在湖南与湖北的上游，则以现在的兵力，再加上一些湘军水师，驻扎在宜昌等处，就可以稳稳地控制上游，守住湖南与湖北的西大门了。如果一定要直接奔赴夔州，重点就不是兼顾湖南与湖北，而是筹防四川全省。那么，必须调集萧启江部同行，而且要另外增调水师和陆师，凑足三万兵力，才可以进入三峡。

曾国藩承认，自从战争爆发以来，陕西没有受到战火影响，而四川财物雄厚，百物丰饶，是粤贼很想得到的。皇上看到西部的重要性，是高瞻远瞩，防患于未然，对西部的防御不可延缓。但他明知自己的部队兵力单薄，所以不得不将实情奏告。

咸丰皇帝看了曾国藩的奏疏，认为这位大臣只注重湖北的防守，而没有筹划四川的防御，还是催促他率部长驱西进。

陈玉成进攻盱眙失利，仍想进占淮河流域。他领兵抵达滁州东北三十里的来安。李世忠出兵诱敌，陈玉成袭击来安城，中了李世忠的埋伏，兵败撤退。陈玉成又挥师攻打滁州，李世忠从滁州以东三十五里的水口出兵，焚烧陈玉成的军粮，击溃其军。

接着，李世忠率部攻克滁州以南六十里的全椒。李世忠由于这一系列战功，被清廷任命为参将。

陈玉成再次攻打滁州以北一百多里处的盱眙，胜保出动全部兵力抵抗。陈玉成分兵攻打定远，安徽巡抚翁同书西撤至寿州。前怀扬道郭沛霖和知县周佩濂战死。

212

胡林翼在7月份已率部进驻上巴河，整饬部队，图谋大举。他不断接到湖南的告急，又派刚刚升任荆宜施道的李续宜率五千多人渡过洞庭湖，取道安化援救宝庆，还派都统舒保率三百骑兵协助。

胡林翼派出大批水师和陆师援救湖南，总共一万两千人，带着粮食千里行军，不用湖南提供军饷。

骆秉章和左宗棠估计石达开所部会从宝庆向四川进军，已调集八十多营精锐部队在资水之滨扎营，扼要部署，保守城关，阻遏其入川之路。他们想到各路湘军的将领资格大致相等，素来不分高下，必须调一名威望素著的将领才能总统军务。于是，骆秉章令李续宜从益阳、宁乡取道界岭直趋宝庆城北，速解重围，与被围诸军约期夹击。

曾贞干恰在这时来到黄州投奔胡林翼，赞助军事。他就是曾国藩最小的弟弟曾国葆。他在1854年兵败南津之后，回到家乡荷叶塘蜗居四年，直到曾国华在三河战死，他决心替三哥报仇，才改了这个名字再度从军。

蒋益澧在广西边界虚惊一场，已经返回桂林。劳崇光升任两广总督，曹澍钟升任巡抚，蒋益澧接任布政使。

李续宜率部从宝庆东北部的蓝田进兵，写信给宝庆的湘军部队，咨询进兵路线。黄淳熙和席宝田回信给他，告诉他应当直接南下，援助洪桥守军。

赵焕联得知李续宜打算向西推进，便从包围圈中写信给他，请他从北面进攻。李续宜率部从宁乡兼程疾进，在宝庆以北的酿溪搭浮桥西渡，扎下营盘。

石达开部包围圈内外的湘军水陆部队共有四万人，都归李续宜统率。但湖南著名的宿将大多数都在这里，李续宜毕竟只有三十六岁，仍然难以辖制。

石军连营一百多里，号称三十万人，每天食用几千石米，田野里已经找不到粮食了。石达开知道不能久耗下去。

包围圈内的湘军倒是不愁军粮，因为宝庆城内的守军已被围困了两个月，知道必须依靠城外的湘军才能解围，便将所有的粮食运出来供给田兴恕等部，让他们挖掘深壕与石军对峙。

石达开听说湘军有援兵到来，打算迅速地击败李续宜所部，以击溃湘军的各路部队。于是，他决定停止对东边的攻击，转而攻打城西。

7月28日，李续宜正在刘长佑军中，石军发起了进攻。李续宜令全军协助防守，将其击退。李续宜突然发起反击，攻破几十座敌垒，俘斩大批敌军。

李续宜一举打通了与赵焕联军营的联系，湘军各部非常振奋。

石达开受挫之后，决定放弃宝庆。他本来打算进军贵州和四川，但部属多数是广西人，很想返回家乡。在部众的压力下，他决定率部南下。

当夜，他命令各部吹响号角，号声响彻山野，部队集合，西渡资水。

第二天早晨，石军前队出来佯攻湘军，后队南撤。田兴恕开营出战，也渡过资江与大军会合。各路湘军呼号追逐，石军全线撤退。宝庆城内的军民欢呼庆贺。

宝庆解围后，李续宜获赏布政使衔，刘培元被提拔为浙江处州镇总兵，仍留湖南率领水师。江忠浚获赏按察使官衔，邹汉章得到运同官衔。周达武升任参将。

周宽世率部前往永州，打败当地会军。

石达开部一路南撤，于8月份再度攻占东安，李续宜和刘长佑分道赴援。

石达开率部从东安向西南推进，从新宁和城步之间的山道进入广西全州境内，湖南永明的会军也向西南进军，到达广西恭城，迎接石达开部。

蒋益澧刚刚升官，不敢怠慢，连忙出兵扼守恭城西南七十里的平乐。这时会军大部队已经开到，侦察到平乐城内已有防备，便向北挺进灌阳，联合从全州开来的石军，取道兴安境内，南下直攻省城桂林。

石达开部经过兴安时，李续宜见湖南已无战情，而胡林翼和曾国藩正打算攻打安庆，需要兵员，便率部北上东进。刘长佑部已经疲乏，无法南下。田兴恕率部前往靖州防守贵州边境，只有萧启江率部出境追击石达开。左宗棠增调张运兰部防守郴州和永州。

213

石达开的前锋三千多人开到桂林城外，三天内增加到几万人。广西省城很久以来没有战争警报，如今军民大为惊骇，曹澍钟急召蒋益澧回军防守桂林。

蒋益澧部虽然号称五千人，但缺饷已久，空缺的兵额没有补足。在贺县作战大有伤亡，离伍的军士过半，又留兵防守柳州，他所领之兵仅一千多人，疲惫不堪，军容不整。

广西学政李载熙在城内居住，急切地参见蒋益澧，询问城防方略。蒋益澧光说大话，谈不出具体措施。李载熙便上奏清廷，弹劾蒋益澧侵吞军饷，作战轻率。曹澍钟也向湖南请援。

咸丰皇帝下诏，催促湖南派兵前往增援，把蒋益澧降职为道员。刘长佑刚在宝庆战役中立下战功，而曾国藩派遣增援湖南的萧启江部已到达广西，骆秉章便令这两支湘军前往援救桂林。

石达开部南下时，湘军将领都认为他们必定会向贵州和四川运动，没有留心广西。当曹澍钟和李载熙等人危言耸听地请援时，其实湖南境内也有战事。广东连州的会军进入宜章，胡国安率部将之击退。但湖南仍然没有安静下来。广西贺县的造反军奔向岭东，分兵攻打江华。黄淳熙率部前往增援。

黄淳熙早年曾代理绥宁和会同的知县，由于性情刚直，为别人妒忌，引病闲居。骆秉章知道他是贤达，于1853年力劝他出来任事。他于1857年代理湘乡知县，政绩不俗。不久为父亲丁忧，一直在家。太平军攻占鄱阳时，他举家迁移湘乡。曾国藩复出增援浙江时请他去幕府当参谋，他没有答应。

这一年，骆秉章令他招募一千六百名勇丁防守省城，现在他奉命出兵湘南。黄淳熙部在挂钩岭击败造反军。连夜袭击岭东敌营，然后追踪到江华和蓝山，斩杀极多。接着率部攻击石军赖裕新部，乘雾将其打败，攻破杉木根和黄马寨。

刘长佑部待在东安，士卒多病，仍未好转，无法继续前进。只有先行的萧启江部在9月份抵达兴安。鉴于情势危急，皇帝令刘长佑招募新军随后推进。

石达开虽然兵临桂林城下，但他仍然打算西进。他的一支部队已经过了桂林西南部的义宁，挺进贵州边界的思州，苗族民众起来响应。湘军再次提出攻打思州。

灌阳的石军也挺进到桂林以北的灵川，扎下一排排军营，打算向西推进。

这支石军听说湖南湘军的援兵到来，便在大榕江东西两岸摆开阵势阻击追兵。萧启江挥军攻击，石军无心恋战，刚交手就主动撤退。蒋益澧部将萧荣芳也从柳州赶来增援，与萧启江部在省城会师。

9月24日，萧启江率部到达桂林，刘长佑率部到达全州。

石达开率部从义宁前往柳州，打算与城内造反军联合，但对方关闭城门，将他拒之城外。

9月29日，萧启江率部在桂林南门文昌阁打败石军。蒋益澧的水师和陆师一起攻击，再获大胜。

10月5日，石军撤销包围，全部奔向义宁。

10月15日，石军攻占柳州以西约一百五十里的庆远，向南丹推进。另一支石军从广西东部的富川进入广东连山厅境内，被广东清军击败，残部进入湖南。

与此同时，陈士杰和黄淳熙在湖南蓝山击溃造反军。张运兰率部出境作战，歼灭广东连州的造反军。

曹澍钟因防守桂林有功，奉调四川，祥奎继任广西巡抚，还未上任，曹澍钟便上奏，请留萧启江防守广西的西北部，而令蒋益澧向南进军荔浦，以守柳州。

萧启江一时成为抢手的人物。增援安徽的湘军也急迫地上奏请调萧启江。皇帝下诏，任命刘长佑为广西按察使，指挥广西的湘军。刘长佑率八千人从桂林西南方一百里处的永福向西南推进。石军在柳州西北面约一百里的柳城外面修筑栅栏，向西连接罗城与天河，向南延伸到庆远，分兵奔向柳州，又向东攻打藤州与昭平，横亘广西中部四百里。

骆秉章见清廷未把萧启江留在广西，赶紧上奏，请派萧启江等部援皖。萧启江率部向北行进。刘长佑则率部南下，攻打柳州。

214

陈玉成于8月份再次组织对来安的围攻，李世忠率部夜袭，将其击退，将米粮和器械运到滁州城内。朱元兴等部攻破沙河集与龙停口的敌垒，滁州解围。胜保仍在盱眙抵抗太平军的进攻，捻军趁势攻克定远。

张国梁受命统领江北江南两路清军以后，深感责任重大。他派李若珠部攻打六合，派张玉良部攻打安徽天长，战绩不俗。

清军南岸水师在安徽作战，吴美全部攻打鲁港和鸦山，李德麟部攻打大通和荻港，也屡次获胜。江南清军派出援军四处作战，大营的地盘更加拓宽。

胜保所部在9月份终于挫败了太平军对盱眙的攻势，多隆阿和鲍超两部则攻克了安庆西南八十里处的石牌。太平军在石牌修建了一个大城垒，与西边七十里处的太湖互为犄角。湘军攻城时，安庆和潜山的太平军赶来增援。多隆阿率骑兵拦截，将两路援军击退。

清廷起用袁甲三为漕运总督，驻防蒋坝。胜保将大营转移到五河。胜保刚走，太平军就相继攻占江苏的江浦、六合、天长和盱眙，而捻军又占据了安徽的凤阳和临淮。胜保由于母亲去世，回乡办理丧事，他的官职由袁甲三继任。

安徽捻军出兵河南归德，从兰仪渡河攻打定陶和东明，返回颍州。清军将帅都以造反军回到根据地为幸事，为此而欢欣告捷。从这时开始，清军宁愿造反军把根据地建在一省的腹地，直属行省都引以为例。

胡林翼见湘军已将太平军赶出江西和湖南境外，便开始治军储饷，以扫平太平军为己任。他见太平军和捻军在安徽势力大为增强，将威胁到湖北，便改变初衷，提议把曾国藩留下，一起谋划安徽战事。他和官文上奏说，安徽形势紧急，湘军不宜西征。他们还提出兵分三路，各路一万人：都兴阿和杨载福沿江攻打安庆，曾国藩从太湖出兵攻打桐城，胡林翼率部从英山向舒城和六安推进。

新任安徽钦差大臣袁甲三为了自保，对湘军的攻击路线提出了不同的看法。他刚刚到任便下令对捻军开战，苗沛霖率团练部队会同清军攻克临淮。

袁甲三身在临淮，听说湖北那边调兵遣将，以为湘军已大举进兵安徽，而安徽清军兵力单薄，他担心太平军被湘军挤到北边，对他构成威胁。他提出曾国藩最好从光山和固始向北绕过蒙城进入安徽，遏止太平军北上。

袁甲三把想法上奏朝廷，皇帝下诏，命令官文、曾国藩和胡林翼深思熟虑，谋划周全，谋定而后动。

曾国藩复奏说，他来到了武昌，与总督官文会晤面商。根据前方情报，湖南的石达开主力全部进入广西，前锋已达义宁，距离贵州边界很近了，有可能从龙胜和怀远一带进入贵州，以执行入川的计划。不过，计算一下里程，石军离四川还有三千多里。广西和贵州两省都是崇山峻岭，石达开人多粮少，很难迅速抵达四川境内。

又根据安徽北部的情报，太平军和捻军的势力日益蔓延，向南援助金陵和芜湖的太平军朝北袭击山东与河北。如果朝廷不从湖北派兵增援安徽，就无法牵制造反军队的势力。官文和胡林翼打算将增援湖南的骑兵和步兵全部调回，分路进发，合力收复安徽。他本人也应该回师增援安徽，自当一路。

咸丰皇帝同意了曾国藩的提议，改令萧启江率四千人从常德进入四川，协助攻击蓝李造反军。

曾贞干于9月回湖南招募勇丁，自成一军，驻军黄州的巴河。曾国荃把去年刚入伍的湘潭人黄润昌派给他，为他办理营务。

曾国藩定下了援助安徽的方针。他与胡林翼在10月份开始谋划攻打安庆，而没有按照袁甲三的提议立即挥师北上。

接着，皇帝下诏，令曾国藩筹论全局。

曾国藩上奏，对反抗清廷的造反武装做了一番分析，对清廷如何镇压各种造反军提出了建议。他说，窃取国号的贼匪与流寇不同。如今洪秀全盘踞金陵，陈玉成盘踞安庆，私立年号，伪称公侯王爷，就是窃取国号的贼匪。石达开从浙江前往福建，然后又到江西、湖南、广西和贵州，属于流寇一类。龚、张各路捻军时分时合，聚散不定，也是流寇。朝廷的军队对于流寇应当预防，等待他们到来，坚守城池，以挫败其锐气。对于窃取国号的贼匪则应该剪除枝叶，向他们必救之地进攻。

洪秀全和杨秀清起事以后，很久以来意志已经衰弱，只靠着陈玉成在江北往来奔波，联合各路捻军，所以安徽北部广泛遭到他们的攻击袭扰，而江南的贼匪粮食供应才不至于断绝。

曾国藩说，要歼灭各路造反军，必须先把金陵攻下，而要攻取金陵，又必须在滁州与和州驻军。要攻取滁州与和州，必须先围安庆。如果官军能够包围安庆，攻占庐州和周围的县城，使贼匪不得不处处防备，兵力分散，他们又怎么敢向北进攻？他们不但不敢向北进军，也不敢东顾江浦与六合，因为窃取国号的贼匪必然会拼死保护他们的根本所在。

曾国藩强调，中原腹地，安徽是最重要的省份。而生民的苦难莫过于安徽的百姓。他虽不敢断定石达开没有进入四川的可能，但就大局来权衡轻重缓急，他应率部返回增援安徽，以迅速纾解民众的危困。

曾国藩说，详细考察进入安徽的形势，应该兵分四路。在南边，循长江而下，一路从宿松和石牌攻打安庆，另一路从太湖和潜山攻取桐城。在北边，要循山而进，一路从英山和霍山攻取舒城，另一路从商城和六安攻取庐州。南路军驻扎在石牌，就可以与黄石矶的杨载福水师连成一气。北路军到达六安，则可与寿州翁同书所部连成一气。

咸丰皇帝对曾国藩的分析深以为然。

分派兵力时，决定由曾国藩率领第一路，由多隆阿和鲍超率领第二路，由胡林翼率领第三路，由李续宜率领第四路。

谋士说，湖北巡抚应当坐镇黄州，不宜出省。胡林翼说："我未能为母亲丁忧而复出，如果不奔赴前敌作战，那就出而无名了。"

215

增援贵州的湘军于 10 月份攻破凤崖等五座敌营，进攻镇远。苗民军听说湘军到来，立刻弃营逃走。湘军收复空城，城内的蓬蒿比人还高。湘军又分兵进军黎平，侦察到石达开的行踪，便在该处设防，任命田兴恕为特将。

曾国荃率吉字营于 11 月份到达湖北巴河。胡林翼将大营移到英山。

湘军部队刚刚集结，便大举进攻太湖。陈玉成率几十万人赶来迎战，多隆阿和鲍超等人率部拼死抵抗。太平军越来越多，将鲍超的军营层层包围，连信都送不出来。

胡林翼调来金国琛和余际昌的八千兵力，从松子关悄悄越过英山，攻占潜山的天堂镇，横向出兵，冒着大雪凭高筑垒，逼近太平军列阵。

太平军见湘军援兵突然出现，大为紧张。

胡林翼上奏，请派曾国藩湘军驻扎宿松。胡林翼移驻蕲南，在太湖誓师。

泾县的太平军攻打宁国，周天受迎击失利，副将石玉隆和游击申明照阵亡。

李若珠奉张国梁之命攻击增援六合之敌，作战失利。太平军出兵红山窑，截断清军后路，将李若珠部重重包围。和春派冯子材从东边增援，又被太平军打得惨败。

李若珠部粮食断绝，詹启纶秘密探知了敌军暗语，一边突围，一边大呼暗语。李若珠跟在后面，太平军竟不加阻拦。于是他们收拾残兵，驻扎在扬州以西。

太平军乘胜攻克浦口，张国梁派兵增援，屡战屡败。浦口的清军军营全被太平军攻占，周天培力战阵亡。

太平军气势大为旺盛，东进扬州和仪征，西逼江浦，而南岸的太平军也向溧水运动。清军的各路部队都在观望，不敢出战。

曾国藩于 12 月份率军转移到宿松扎营，派兵前往天堂增援。萧启江部向四川开进，张运兰率部返回湖南，只有朱品隆、唐义训、易开俊和张岳龄等人跟随曾国藩。

胡林翼手下的大将也有人离岗。都兴阿因病休养，李续宜从荆州告假回到湘乡。多隆阿和鲍超刚刚升迁，都乐意为胡林翼效劳。他们害怕曾国藩管束严厉，曾国藩也不喜欢这两个粗人。大家推举胡林翼指挥调度，调集湖北的所有部队围攻太湖。

彭玉麟率水师攻克池州，太平天国国宗韦志俊投降。彭玉麟亲率内湖水师移驻黄石，与杨载福的水师合营。

黄翼升奉彭玉麟之命率部前往池州招抚太平军，杨载福部将唐仁廉随同前往。韦志俊的部属古隆贤不愿叛变，鼓动部众哗变，东安人唐仁廉立刻斩杀几名哗变将领。

古隆贤率部攻击韦志俊。黄翼升所部奋力作战，将叛军击退，收容一万人。杨辅清所部从徽州和宁国前来救援，攻占池州，救出残余叛军，返回张溪。

杨载福听到唐仁廉临危不乱的情形，嘉奖他的勇敢，令他从降军中挑选军士立为仁字营。

太平军在江北连战连捷，迫使张国梁亲自率部渡江增援江浦，攻克北山新卡，进攻城南和城北的敌垒，攻占江浦。又将敌军压迫到磨盘洲和陈家集。太平军悄悄在江浦对岸埋下炸药，引爆后炸到自己，清军趁机攻击，接连攻克西北面的二十多座壁垒。溧水的太平军也失败撤退。清军势力又振作起来。

蓝李造反军从四川的叙州分兵推进，一路沿金沙江向西奔向犍为，另一路朝北奔向自流井。清军驻防部队望见造反军，还隔着四五里就下跪呼喊，请求饶命。造反军先把武器粮草收缴，然后将清军驱赶斩杀。造反军到达自流井后，裹胁了几万名盐丁和灶夫，宣扬义举，禁止奸淫掠夺，更多的百姓前来归附。

1860年 咸丰十年

216

太平天国运动在清末引发的内战进行到第十个年头，十一个行省都燃起了战火。清廷为了镇压战斗在各地的造反武装，想把湘军调派到几乎是全国的每一个战场上。咸丰皇帝已经看到，湘军，只有湘军，才是他手中最有力的一支武装力量。

但是，湘军的湖北统帅胡林翼在这年初移驻湖北东部边境城市英山以后，不免忧思重重。这是因为，当时他的部队面对着强大的敌人。

安徽的太平军得知湖北的湘军正打算大举沿长江东下，引起了高度的警惕，安庆的驻军统帅亲自出城搬救兵。太平军可以增援的兵力有英王陈玉成所部，还有他们的盟友捻军龚得树所部，总兵力号称十多万人。而胡林翼手下的大将们忽然有了各自的心思，由于在统辖的关系上发生矛盾，都不愿留在军中。

焦虑使胡林翼废寝忘食。都兴阿此刻正在荆州养病。他想来想去，这么多将领当中，唯独多隆阿性格沉毅，把兵权交给他是最合适的，而且号令必须出自他一人。

副都统多隆阿是个职业军人，资历尚浅，书生将领们听到风声，都不愿听从他的调遣。李续宜以母亲生病为由留在湘乡不愿归队。川将鲍超也要求离开。多隆阿知道大家都不服他，索性称病请假。留下的唐训方等人对军事的看法存在很大分歧。

曾国荃刚刚率部攻克景德镇，抵达黄州，胡林翼认为他是最佳人选，才具足以服众，便想留下他统领部队。

曾国荃辞谢道："多将军忠勇绝伦，常常怀疑我们这些读书人看不起武官，我请求隶属于他，诸位将领自然就会和睦相处了。"

胡林翼大喜，说："你能这样做，是国家的幸事。"

于是，胡林翼打算下达书面命令，要求围攻安庆的部队都听从多隆阿指挥。曾国藩担心湘军因此而分裂，竭力阻止胡林翼做出这样的安排。曾国藩还说，天堂镇的部队守着一座孤城，应该转移到别处扎营。胡林翼和曾国藩几乎每天书信往来讨论这两件事情，迟迟无法定夺。胡林翼写信给多隆阿，多隆阿却不回信。

胡林翼对曾国藩说，军事指挥，命令要出自一人，部队的行动才会顺畅，多头指挥只会造成混乱。如今是委屈自己而树立别人的时候了。天堂镇威胁潜江和太湖背后，是一个天险，不可放弃。如今湘军已经得了地利，必然能够打败敌人。

胡林翼直接上奏，请求将自己统领的部队全部交给多隆阿指挥。李续宜人还在湖南，名义上也归多隆阿指挥。他把自己的决定向鲍超透了风，各部将领大为震惊。曾国藩得到通知，忧心不已。

多隆阿当上了统帅，下令撤销对太湖的包围，命令鲍超率部驻扎太湖县的小池驿，作为前敌部队抵抗敌军援兵。又把蒋凝学部调来作为鲍超的后援。他自己率部驻扎在新仓，更靠南边，与太平军对峙。

曾国藩和胡林翼觉得这个部署很危险，但兵力已经调动，无法更改，就只有增兵一条路了。曾国藩把自己的亲军全部派去围攻太湖。

太平军出动几万兵力，从潜山以西到太湖以东，沿着长达三十里的傍山路接连扎下一百座军营。

面对强敌，多隆阿一点也不慌张。

1月13日，太平军对鲍超军营发起攻击。

1月14日，多隆阿率蒋凝学部攻打当面之敌，以援救鲍超。两军大战，湘军攻破十三座敌垒，伤亡七百多人。

太平军对鲍超所部加强攻势，于 1 月 16 日发起轮番攻击，六天六夜，无止无休。鲍超的裨将苏文彪和段福壁守营，炮弹击中床几。军士只能靠着墙壁吃饭，以躲避炮弹。

曾国藩把宿松驻军九千人全部派去围攻太湖，而把先前围困太湖的唐训方部三千人撤下来救援小池驿。胡林翼又调来湖北麻城的城防军，派一千人增援新仓，派两千五百人合围太湖。曾国藩和胡林翼又联合派出两千兵力防守罗溪，为湘军后方提供屏障。

多隆阿派部分亲军进入鲍超的军营协助防守。

1 月 21 日，多隆阿亲自指挥部队保卫鲍超军营的运输通道。

1 月 22 日，多隆阿增派部分亲军进入鲍超左军军营协守，令苏廷彪部撤出休整。各部裹创扶伤，在生死关头互相救援，如同手足护卫身体，军心大振。

年届五十的常宁人唐训方于 1 月 28 日率部转移到小池驿，在鲍超和蒋凝学两部之间扎营。多隆阿把自己的右军驻扎在鲍超左军的军营旁，又令苏廷彪返回军营列队抵敌，并下令说："快快筑垒！"右军立刻筑起了营垒。

唐训方部的营垒刚刚筑到四尺，敌军主力已经杀到。唐训方指挥部队苦战，多隆阿紧闭营门不来相救。鏖战半天，唐训方军败，退驻新仓。

217

胡林翼先前曾派出罗泽南培养出来的江苏将领金国琛率五千五百人，加上余际昌部，总共九营八千人，从潜山西北方七十里的天堂镇出兵，企图夹击太平军。这支部队叫作"山内之军"。

山内军从 1 月 22 日除夕进入山路险道，冒着雨雪走了十天，于 2 月 1 日到达高横领，举目瞭望，湘军和太平军的军营历历在目。太平军见湘军突出奇兵，立即过来攻击，被余际昌的部队击退。

金国琛率部驻扎在仰天屯凹，太平军乘雾登山，湘军突然出击，斩杀敌将。

多隆阿于 2 月 3 日增派一千兵力驻扎小池驿，又于 2 月 5 日增派五百人。

曾国藩增派三千五百人驻扎新仓。

天气恶劣，寒雨连下三天。山内军吹响号角，发炮轰敌，山外军也吹响号角发炮响应。太平军担心湘军夹击，乘着雨雾悄悄转移到太湖附近扎营。

2月17日，多隆阿率五千人，鲍超率三千人，唐训方率三千五百人，蒋凝学率四千人，朱品隆率三千五百人，合计一万四千人，排开阵势，发起大规模攻击，接连获得小胜。

2月18日黎明，湘军兵分三路进攻。东路攻打小池驿，西路攻打罗山，中路攻打东堰。

东堰是太平军扎营地，而陈玉成的精兵驻扎在罗山。交战时，多隆阿合并西路军和中路军，由他亲率攻入山间。太平军派出大军抵挡。在湘军骑兵冲击下，太平军稍稍退却。

蒋凝学率部连破几道敌卡，攻入山内。朱品隆率部翻山前进，骑兵随后，山上的敌军大多数坠落山涧峡谷而死。

小池驿的太平军为救罗山，分四路包抄湘军，鲍超和唐训方两部拦截，先将其击退，然后会师，焚烧对方军营。东南风又大又急，大火燃到山腰，太平军撤离军营，退走二十里，丢弃的军械堆积如山，几百座军营、馆舍、围栅和壁垒都被烧毁。

当天夜间，太平军撤出太湖。

郭鹏程率部向潜山攻击。2月20日，太平军又撤出潜山。

这是湘军进入安徽的第一次大战，湘军俘敌三百名，斩杀两万人。

大战过后，湘军论功行赏，休整部队。

胡林翼认为潜山知县叶兆兰组建民兵，建立五营，为湘军转运物资，使天堂驻军得以立于不败之地，功劳第一。不但没有追究他失守的罪名，还奏请清廷给他连升两级。又上奏请求奖励安徽宿松等四县民团。

湘军在安徽西南部取得进展，安徽巡抚翁同书在北线响应，率部攻克白炉桥，然后向东推进，攻击定远。

石达开部的一部分在上一年10月从广东连山进入湖南，仍在湖南活动。骆秉章于1月份派黄淳熙和刘岳昭驻扎在永州和桂阳州防卫，派张运兰部驻扎道州。

蓝朝鼎与李永和的队伍在上年底已经壮大到了几万人，蓝李二人在春天集中兵力奔向犍为西北一百里处的嘉定，即现在的自贡。他们并不急于攻城，驻扎在城外五通桥，接收大批盐工，兵力号称十多万，称为"顺天军"。

顺天军影响所及到达嘉定东北方的井研、青神、眉州和资阳，以及东南方的荣州，可谓席卷川南，军锋直指川西。

萧启江率八营四千兵力已经到达成都。他本人在路上就已病倒，无法指挥军队，总督曾望颜提议任命他为按察使，萧启江谦辞不就。

萧启江没来得及和蓝李开战，不久便病逝在他年轻时经商的天府之国。咸丰皇帝赠给他巡抚的职衔，从优赐恤，并赐给"壮果"称号，在湖南和江西建立专祠。

四川有个惯例，总督外出，便由成都将军暂摄职权。司道官员素来对将军恭谨有加，衙门参见的礼仪等同于总督。

新任总督曾望颜到达四川后，有凤回到成都将军任上。成都知府以有凤为靠山，合力诋毁曾望颜。皇帝听信了他们的弹劾，将曾望颜罢免。

曾望颜听说自己被参劾了，便屏退仪仗随从，乘坐轻轿出入，中军副将和布政使都欺侮这个不得意的贬官。

咸丰皇帝命令广西巡抚曹澍钟领兵援助四川。曹澍钟曾任四川监司，熟悉四川省情，却不以擅长军事而闻名。但他刚刚在桂林击退了石达开军的攻击，清廷对他的军事才能寄予厚望。

曹澍钟接旨大喜，连忙起程赴任。人已进入四川，不料母亲去世，他在哀痛之余仍然自告奋勇为朝廷办差，不为母亲守丧。胡林翼弹劾这个不肖之子，清廷将他罢免。胡林翼推荐福建将军东纯入川指挥军事。

218

骆秉章在上年弹劾永州镇总兵樊燮，惊动了湖广总督官文。这位满人高官决心庇护自己的亲戚，认为弹劾樊燮的奏疏出自左宗棠之手，而左宗棠一向看不起他这个总督，于是唆使樊燮上诉翻案，在诉状中大肆攻击左宗棠。

官文为左宗棠罗织的第一个罪名，说左宗棠是"劣幕"，具体的表现是骄横跋扈、越权干政，罪大恶极。

第二个罪名叫作"一印两官"：湖南只有一颗巡抚的官印，但是却有两名巡抚在使用，一个是真正的巡抚骆秉章，另一个则是假冒的巡抚左宗棠。

这第二个纠劾并非不实之词。左宗棠按照自己的意思写奏折拟公文，以巡抚的名义发出，盖的印是巡抚的，这都是事实。左宗棠和其他师爷不一样，往往不是藏在幕后，而是在第一线处理公务。他才高心细，大自军事指挥，小到官员考察，骆秉章都听凭他去处置。他不但运筹帷幄，还要应对公堂，成了不挂名的巡抚，人称"左都御史"。一省巡抚在京城挂衔，也不过都察院右副都御史而已，可见左宗棠在湖南的权力炙手可热。

根据大清的律令，左宗棠这种越俎代庖的行为实属违法乱纪。

清代官员对师爷十分尊敬，礼遇有加。但师爷没有官场的身份，只能在幕主的身后出谋划策。左宗棠却超逾了常规。他的个性不容许他唯唯诺诺，中规中矩。

骆秉章也失去了分寸。他出于对左宗棠的信任，把军政事务一律托付给他，自己乐得当甩手掌柜。左宗棠当仁不让，颐指气使，进入了巡抚的角色。有时候，左宗棠代巡抚拟写的奏折，骆秉章都不过目，就直接呈送朝廷。手下大员向骆秉章请示汇报，骆秉章干脆让他们直接询问左师爷。

左宗棠虽然没有名分，但骆秉章对待他的好，比张亮基有过之而无不及。他把左宗棠当作心腹和肱股，"话无所不允，计无所不纳"。湖南的各位将领多数都看左宗棠的脸色行事。在左宗棠辅佐下，湖南对内整顿社会秩序，对外省给予经济和军事援助，显示出一个强省的风范。

但是，一印两官，确实是落在官文手里的一个把柄。

官文之所以拿左宗棠开刀，是因为骆巡抚是个高官，不大好对付，而左宗棠地位卑微，又有一印两官这么一个事实存在，是个很好的突破口。

布政使文格也嫉恨左宗棠，暗中帮助樊燮。官文也上疏清廷为樊燮撑腰。

咸丰皇帝阅罢弹劾左宗棠的奏章，龙颜大怒：一省的军政大计竟然不是由朝廷委任的官员定夺，岂不乱了纲纪！诏令官文密查，如弹劾情状属实，便要严办左宗棠。皇帝御批：若参案属实，可将左宗棠就地正法。

官文知道，左宗棠素来看不起他这个满人总督，认为他心术不正，是个小人。现在找到了机会，自然想把他往死里整。圣谕给了他"就地正法"的方便，何愁罗织不了罪名？

但是，官文要整死左宗棠，也不是毫无顾忌的。至少骆秉章不会听任不管，因为若是左宗棠的罪名落实了，他自己也洗脱不清。所以骆秉章再次上疏争辩。

官文知道，想整左宗棠，就得速战速决，趁着皇帝还没清醒过来，先把左宗棠干掉。于是他令考官钱宝青讯问此案，把左宗棠定为诬陷朝廷命官樊燮的主犯，涉案人员还有永州的知州黄文琛等人。这可是性命攸关的事情，左宗棠决定脱离骆秉章的幕府，逃命要紧。

其实，黄文琛等人是樊燮为非作歹一案的主要证人，左宗棠跟他们并无私交。黄文琛为人直率，敢于直言，尽管以前遭到过左宗棠的压抑，现在却挺身而出为他辩白。湖北巡抚胡林翼也极力为左宗棠辩解。

大家都劝左宗棠挺下去，但左宗棠可不能拿自己的脑袋当儿戏。三十六计，走为上计。他准备离开长沙这个是非之地。

可是天网恢恢，左宗棠有什么地方可逃呢？

左宗棠的想法是：以进为退，逃到京城！

左宗棠认为，他此次进京有两种可能。第一，他可以名正言顺地说，进京是为了参加会试，弄个进士出身。如果皇帝下诏要求将他送部引见，他就到最高统治者那里去对质，把事情的原委照实奏告。

皇帝会不会召见自己，左宗棠心里也没底。但他做了两手准备。第一是不等引见就告病还乡。第二是若皇帝召见，皇上问一句，他就据实答一句，决不多言。这样，皇上就会当他是个山野之人，懒得跟他计较。他还打定主意，如果只能见到那帮公卿大夫，他就一言不发，省得人家误会了他的意思，到皇上那里乱说一通，令他"断送头皮，气破肚皮"。

2月1日，正月初十，左宗棠开始了北上的逃亡生涯。他走得如此急迫，连元宵节都没有跟家人一起过。因为据他预料，官文正在派人捉他。

左宗棠的预料是对的。当官文得知左宗棠逃离了湖南巡抚衙门以后，派出许多密探和捕快沿途拦截，想把他带到武汉审讯正法。从这时起，左宗棠的身份就变了，从一个威风八面的师爷变成了在逃的通缉犯。

左宗棠决定逃进北京。好汉做事一人当。他给胡林翼写信说："朋党之嫌不能不避。"他还说，如果官司败了，"不以党锢连诸正人，致有一网打尽之惨"。也就是说，如果他被判有罪，决不牵连好友故人，宁愿一死，也不让官文把他们这些湖南干才一锅端掉。

左宗棠于 3 月 18 日抵达湖北荆州，3 月 24 日抵达襄阳。那时大雪纷飞，旅途艰难，左宗棠只得暂时歇脚。胡林翼派人给左宗棠报信，说官文根本没有收手的意思，正派人搜捕，"网罗四布"。

但是，北进的道路已被风雪封锁，路上"行人几断"。他将何去何从呢？

左宗棠已是四十八岁的人了，命运对这个才子真是不公啊，他不但事业无成，反而得仓皇逃命。

那么，哪里才是左宗棠合适的栖身之所呢？

左宗棠首先想到了从前的主公骆秉章。

左宗棠虽然打算再度投靠骆秉章，但他已经断了做师爷的念头。他去投靠骆秉章，是因为他对自己有了新的规划。他想让骆秉章给他几百名士卒，让他来当营官。这样，他就能或者战死疆场，或者立下战功。

自从太平天国举事以来，湖南一省陆续有许多书生带兵作战，成就了大批将帅，为什么左宗棠具有卓越的军事才干，以前却不曾想到过投身战场，却甘愿去当一个智囊呢？

左宗棠在写给胡林翼的一封信中，谈到了他对自己定位的认识过程。

左宗棠说，他以前之所以不敢大胆地统领一支军队，是因为带兵这件事没有丰富的经验是很难做好的。如果贸然担此重任，必定会遭受许多挫折，"不但误国，兼以自误"，他认为是不可取的做法。

那么，他为什么甘心当师爷呢？因为他冷眼旁观国家大局，官场"为倾轧争夺之所，拘牵挂碍，不足有为"。而他秉性粗豪，"性刚才拙"，"不能随俗俯仰"，在官场里是混不下去的。所以他宁愿藏身于幕府之中，我行我素，"进退自由"。

当然，这是左宗棠自己的说法。其实左宗棠愿做幕客还有一个原因。他心中的偶像就是三国时代的诸葛孔明。他平生最大的愿望就是效法这个上通天文、下晓地理的智多星，手边虽无一兵一卒，胸中自有雄兵百万，轻轻一摇鹅毛扇，就能运筹帷幄，决胜千里。所以，他对自己的定位不是在火线上冲锋打仗，而是在大本营当参谋长。

那么，为什么他现在又愿意去前线当指挥官了呢？那是因为，他发现自己打错了算盘。即便他藏身幕府，以他的性格，仍然难免成为众矢之的，以至于惹来杀身大祸。他虽然权势如日中天，他心理上却是如履薄冰。敢作敢为，就难免得罪人；他又"无权无位"，处境就非常微妙。他说自己"平生未受国家寸禄"，却"必为世所不容"。为了保命，现在只剩下冲上火线一条路了。当炮灰，怎么也比当小人手里的玩物强。

左宗棠打定了这个主意，就开始掉头南下，来到汉口。接下来，他没有按照原计划去找骆秉章，因为他感到身后有官文的尾巴。这时胡林翼派人来接他，说官文正派人抓他，证实了他的感觉是正确的。

于是左宗棠没有西进，而是向东潜行，打算去英山寻求胡林翼的接应，然后前往安徽宿松，到曾国藩的大营里躲上一阵。他想，曾大帅深得朝廷器重，得到他的庇护，应该没人敢找麻烦。于是他决定潇洒走一回，到湘军的各大营中游历一番，既能增长见识，又能散散心中的怨气。

左宗棠于4月8日从汉口登船，第二天晚上抵达兰溪。这里距胡林翼的英山大营还有一百八十里，必须翻山越岭。好在有湘军将领暗中接应，路上倒也方便。唯一担心的是，官文一心想置他于死地，会不会派兵埋伏，等他入套呢？

世事难料。在左宗棠提心吊胆的日子里，他的案子已经有了戏剧性的变化。这个变化是在京城里面发生的。

自从咸丰皇帝发下可将左宗棠"就地正法"的上谕以后，朝廷里就有一些人开展了一场营救左宗棠的活动。

执掌军机的满洲镶蓝旗人肃顺一贯主张重用汉人，他曾耳闻左宗棠才学过人，秉性刚直。所以一听说皇上下了要命的谕旨，便想去说服皇上收回成命，但他又不便亲自出面。他是满人大臣，不能让别人觉得他胳膊肘往外拐。如果他去为左宗棠说情，肯定会引起皇上的疑心。

但是肃中堂老谋深算，这点芝麻小事自然不费脑筋。他回到府内，首先把这个消息不经意地透露给门客高心夔。他知道，高心夔嘴巴没上锁，必定会造成连环反应。

果然，这个消息按照肃顺的如意算盘去了该去的地方。

江西人高心夔把这个秘密告诉了同为肃顺门客的湖南人王闿运。人命关天，王闿运不敢延搁，连忙密告在南书房当值的郭嵩焘。左宗棠本来就是郭嵩焘推荐给湖南巡抚的，现在左宗棠要掉脑袋了，他怎能见死不救？于是他请王闿运在肃顺那里想办法。

不过肃顺又把球踢了回去。他暗示王闿运：你们去找别的大臣保荐左宗棠，他就方便在一旁敲边鼓了。

郭嵩焘和左宗棠有姻亲关系，自己不好出面，只得避亲就疏，找了同在南书房当值的潘祖荫。他知道，这个江苏人见义勇为，必定会有所动作。

果然，潘祖荫上疏力保左宗棠。他在奏疏中写下了那句后来流传甚广的名言："国家不可一日无湖南，湖南不可一日无左宗棠。"

潘祖荫不是凭空乱吹。他对皇上说，个人去留无足轻重，值得重视的是湘军不但保住了本省，还支援了湖北、江西、广西和贵州，所向无不获胜，这固然是因为骆秉章调度有方，其实也是左宗棠运筹决策的结果。没有左宗棠的操持湖南就会崩溃，东南大局也就危险了。

"东南大局"四个字说到了皇帝的心坎上。左宗棠早年因林则徐的推荐，在清廷是有档案记载的。咸丰皇帝把道光爷那一朝的档案翻出来，发现当时就有一代名臣林则徐极力保荐左宗棠。而且近年来也有臣子向朝廷力荐左宗棠，咸丰还曾向郭嵩焘等人垂询过左宗棠的情况，得知左宗棠是个难得的才子，只是脾气不好，难以与人共事。所以皇帝连忙下旨，垂询胡林翼和曾国藩的意见。

左宗棠为湘军筹饷不遗余力，撇开私人的情谊不说，单就公事和正义而言，胡林翼和曾国藩也会为他说话。于是他们上疏一力保荐。这时候，肃中堂顺水推舟对皇帝说："人才难得，自当爱惜啊。"

这个话不用肃顺说，咸丰皇帝也是明白的。当时的局势是个烂摊子，清廷如果不依靠能人，再也无法收拾残局。皇帝不依靠曾国藩、胡林翼和他们保举的人，还能依靠谁呢？这些人哪怕有一点出格，也只能容忍下来。于是他决定赦免左宗棠。

一匹快马，将开恩的上谕送到官文手里。官总督虽然不甘心，但他也无可奈何了。

左宗棠这时还不知道霉运到头了，他从英山来到宿松，正在和曾国藩进行友好亲切的交谈，打算过两天继续北上看望湘军大将李续宜。

这一天，曾国藩正与左宗棠对饮赏雪，忽报有上谕到来。左宗棠惊魂不定，以为是道"催命符"，万万没有想到，竟然喜从天将：天子亲自为他昭雪冤案了！皇帝指责官文"惑于浮言"，听信了不实之词。

左宗棠终于平反了！但更大的惊喜还在后头。皇上对他"频年怫郁之隐"表现出了关切。同时，对于左宗棠的身世履历，皇上也向曾国藩"垂询再三"。

这意味着：只要皇帝认为左宗棠确有真才实学，便会重用这个无缘进士出身的小官。

左宗棠的命运从此有了根本的转折。一桩迫害案令坏事变成了好事。他虽然虚惊了一场，当了一回通缉犯，但他已经引起当今圣上的注意，从此搭上了仕途的直升机。从这个意义上说，左宗棠既是一个命运多舛的才子，又是一个罕见的幸运儿。《湘军记》的作者王定安评论说：官场波涛险恶，几千年历史中，像左宗棠这样心直口快的能人干才，不知多少人含冤掉了脑袋；左宗棠却能逃脱厄运，真是一个奇迹。

皇上一道上谕打消了左宗棠归隐山林的念头。他知道，曾国藩虽为大帅，手下却只有一万一千人。他认为这点兵力根本不是太平军的对手。他决定帮衬这个当时"意兴索然"的湘军大帅。

左宗棠跟曾国藩、胡林翼在一起"对饮十日"，忽然听说他最疼爱的小儿子得了重病，于是乘船回家。他肩负着曾大帅的重托，要回湖南招募勇丁，为湘军训练一支新军。他初步设想，打算募选两千五六百人，训练成军，"聊助涤公一臂"。

曾国藩奉诏署理两江总督以后，皇帝向他询问左宗棠能否带兵打仗，曾国藩极力推荐。

左宗棠离开湖南巡抚的幕府以后，湖南的军务由四品京卿郭崑焘主持。郭崑焘与左宗棠襄赞军务历时已久，知人善任，与左宗棠不相上下，但官运不通，名声还未大显。

左宗棠后来一直没有忘记潘祖荫的保荐之恩，除了心存感激，还以物质酬谢，每年冬天"炭敬"一千两银子，还给这个金石家送些文物古董。

219

江苏和浙江战场上，1860年风云变幻，清军江南大营发生了戏剧性的起落。

这一切，都是由江南清军从年初气势汹汹地大举攻击天京周边地区开始的。和春与张国梁凭借上一年取得的战绩，以为可以一举攻克太平天国的国都，却没想到覆亡的命运正在等待着自己。

张国梁从1月份挥师大举进攻浦口，将长江之滨的太平军壁垒全部捣毁。清军开始攻打九洑洲，跳越重重壕沟火烧敌营。太平军自相践踏，几千人阵亡。

张国梁部于2月1日攻克九洑洲，立刻逼近金陵。和春以为乾坤在握，定下方案，要对敌招降，瓦解敌军。

太平军的寿德洲守将秦礼国和七里洲守将谢茂廷相继表明投降之意，约好在清军进攻时做内应。

天京城里的高官们感到了危机。忠王李秀成和侍王李世贤谋划进兵浙江，迫使江苏清军过去增援，以解天京长围。太平军接连攻占安徽东南部的泾县、旌德、太平和宁国四县，周天受孤军一支，无法救援。

张国梁在招降纳叛之后，继续加紧对金陵的攻势。他应熊天喜的要求于2月24日从七里洲出兵攻克下关。秦礼国率部从寿德洲内部发起攻击，刘季三从外面响应，又攻克了上关，解放五千难民。

长江沿岸的各路太平军纷纷放弃壁垒，防守江东门。江浦太平军扑向张玉良军营，张国梁过去增援，将其击退。

江南清军大显武功，江北清军仍然不堪一击。捻军于2月份攻占清江，淮扬道吴葆晋和副将舒祥战死。漕运总督联英与运河总督庚长等人正在饮酒听曲，听到喊杀声，仓皇逃往淮安防守。

常言说，江苏一省唯有里下河是膏腴之地，而王家营则是咽喉要害。捻军打到了这里，江苏人心大为惊骇。惊魂未定，捻军却已撤走。

咸丰皇帝下诏，罢去联英与庚长的官职。

太平军继续执行围魏救赵的战略，于2月底打进了浙江。2月24日，安徽东南部的太平军攻占毗邻浙江的广德州，挺进东南，进入浙江，于2月29日从东亭湖攻占安吉，直奔湖州，距杭州不过一百五十里。杭州清军紧急备战。

浙江归安人赵景贤从苏州赶到湖州，与清知府瑞春、归安县令廖宗元、乌程县令李澍等人筹划防守。这时，湖州清政府方面的情况是，军官手下无兵，官府手中无钱，大家束手无策。道员职衔的赵景贤说："军情紧急，现在市面虽空，但百货尚未全部运走。我们姑且取来充实军备，事成以后再感谢父老。我们不拿，贼匪也会拿走。"于是，他颁布命令：凡不让取走百货者军法从事。不到半天，部队大致装备起来。

赵景贤又说："还有一事。现在城外民房密集，贼匪一到，便会用作掩蔽所，城就守不住了！"于是，他派人纵火烧毁城外民房。

在河南和安徽北部的战场上，新年到来后，清廷调整了部署。

咸丰皇帝于2月下诏，改任胜保为都统，指挥河南清军，关保为副手。命令傅振邦指挥徐州和宿州的军事，田在田为副手。任命德楞额指挥山东军事，侍卫哈勒洪阿为副手。任命袁甲三为钦差大臣，专管安徽战事，翁同书及副都统穆腾阿为副手。

河南捻军见安徽加强了防守，便奔向西部的巩义和洛阳，陕西与山西两省的清政府开始部署边界防备。胜保派府丞毛昶熙总统河南团练，南汝光道员郑元善为他当副手，军事由巡抚总管，隶属于关保。顿时，各省团练的地位都有所提高。

李世忠得知袁甲三进军定远，便进兵滁州以西，与定远的清军遥相呼应。袁甲三率部围攻凤阳，捻将邓正明献出府城投降。已投降的捻将张元龙仍然占据县城，袁甲三将他引诱出来斩杀。清军进占凤阳府城和县城。

刘长佑部从上年底开始围攻柳州，经过苦战，于2月份攻占柳州，当地民团攻克柳城。皇帝诏令刘长佑任广西布政使。

石达开军在湖南的支队从蓝山和桂阳退回广东北部边界，袭击乐昌、仁化和南雄，很快就被广东清军击败。石军长驱南下，攻占清远，又北上进入英德，然后西行进入阳山，有西进广西的趋势。

刘长佑将蒋益澧部增加到五千人，令该部驻扎在阳朔以东，以图攻取平乐。清军的广东援兵开到梧州，迫使石军支队全部西进。

平乐以东的贺县有群山屏障，两年来都为陈金刚所部占据，湘军无暇过问广西东部边界的这个太平军据点。广西巡抚奏调三十六岁的湘乡人刘岳昭率部从湖南江华南下攻击。

220

3月5日惊蛰，进入浙江的太平军从泗安攻占长兴，逼近浙江北部重镇湖州。

浙江巡抚罗遵殿刚从湖北到来，向曾国藩求援。湘军劲旅正打算围攻安庆，进击桐城，无法分兵东进。曾国藩令水师将领萧翰庆改领陆师，率三千名湘军，另统韦志俊所部三千名降军，取道宁国援助杭州。但因路途遥远，不能马上赶到。咸丰皇帝诏令和春兼任浙江清军总指挥，任命江苏提督张玉良为统领，率领江南清军增援浙江。

萧翰庆刚要率部东进浙江，副都御史张芾上奏，请求阻止韦志俊部开拔，以免他的地盘兵力空虚。

杭州只有李定太的两千多名清军前往泗安和安吉赴援，都没有及时赶到，在梅溪遭敌，吃了败仗，退保湖州。

太平军随后赶到，于3月7日攻打湖州，清军曾秉忠的水师从江苏开到，太平军正在围攻西北城。

赵景贤部署已定，把刀插在靴子里，登上城墙，与部队共同誓死守城，并派人出城约官军水师夹击。在防守战中杀敌几千名。3月10日，太平军撤围而去。清廷下诏将赵景贤以道员使用，赏"额尔德木巴图鲁"勇号。

在这前一天，即3月9日，太平军走山路行军攻占了武康，进至杭州西北一百里，又于3月10日夜间焚烧杭州东北五十里的良渚。3月11日黎明，太平军从埭溪逼近杭州武林门，十几名骑兵混入城内，守军没有发觉。

杭州城内的候选道员陈炳元率勇丁在城内巡逻，识破敌军的伪装，下令关闭城门。城外太平军分兵包围武林门、钱塘门、涌金门和清波门。城内守军只有三千多名兵勇，按察使段光清从独松关回援，巡抚命令宁绍台道仲孙懋进入省城协防。

盐运使缪梓过去防守衢州有功，仍然主张坚守，而段光清则主张出城迎战。

3月14日，太平军登上玉皇山，段光清和缪梓率兵勇出击。团勇见敌即溃，清军也不战而还。

3月17日，太平军在湖上立营，段光清率部攻击，又被打得大败而回。

3月19日，清波门地雷爆炸，城墙坍塌，缪梓死在城墙上，罗遵殿、王友端、叶堃和仲孙懋这些高官，以及杭州知府马昂霄、仁和知县李福谦全部战死。陈炳元在巷战中阵亡。在籍侍郎戴熙也被杀死。这时满城还在清军手中，将军瑞昌率部严守。

湘军和江南清军派出的援军还没到达，太平军已进占杭州。

张玉良的援军抵达湖州时，赵景贤派手下将领为他领路。张玉良率六百轻兵于3月22日乘小船到达大关，得知杭州已被太平军占领。3月23日，他的部队全部逼近杭州，发现城外并无敌垒。他估计对手兵力不多，当夜五鼓时分下令从艮山门攀墙而上，杀死十多名守敌，军士高声呼喊。

3月24日拂晓，城内太平军见了"张"字旗，以为是张国梁带兵杀到，顿时溃散，逃到城外。张玉良率部进占杭州，将敌军追到万松岭。

清廷任命福建人王有龄继任浙江巡抚。王有龄素知赵景贤有才，对他深相倚重，将湖州防务全部委托给他。赵景贤大力修缮城隍，制备器械，修造战船，筑牛马墙，分劝各乡各镇兴办团练。

太平军西奔临安，北上孝丰和长兴，然后回头西进安徽广德，与刚到江北和皖南的友军会合，军锋剽锐，势不可当。

太平军在皖东也发起了攻势。他们从全椒北上，袭击来安，在城外修筑壁垒，做好了长久对峙的准备。李世忠派朱元兴部从来安西北三界的石坝增援，副都统全福的骑兵先到，乘夜出击，太平军全部撤走。

李世忠部南下进攻全椒，太平军将领唐得华献城投降。清廷将李世忠提拔为总兵。

221

从浙江返回安徽的太平军于4月11日攻克建平，接着进占江苏的东坝和溧阳。然后北进几十里，包围金坛，向东北部的常州运动。

清廷两江总督何桂清与新任浙江巡抚王有龄令各部分道增援。马德昭和曾秉忠进军阳溧埠，刘成元去解金坛之围。熊天喜侦察到安徽广德空虚，进军攻占。

清军进占杭州以后，王有龄上奏，请朝廷阻止罗遵殿生前向曾国藩请调来的湘军进入浙江。这个福建人长于计算，善于理财，在丞判的官位上得到何桂清的举荐，不到十年就登上了高位，和江南大营的诸将非常熟悉。他初到杭州，见敌军已撤，便上奏请求萧翰庆等部停止开拔，省得由浙江提供军饷。

曾国藩见王有龄如此吝啬，暂不与他计较，因为集结在安徽的湘军精锐此时已部署停当。曾国藩和胡林翼商议，以曾国荃所部一万人围攻安庆，由多隆阿率领一万人围攻桐城，由李续宜率一万人驻扎在安庆和桐城之间的青草塥为应援。

李续宜已率部抵达宿松，派朱品隆等人部进驻集贤关。

萧翰庆所部未去浙江，张芾的兵力没有减弱，于是派兵攻克了绩溪。

赵景贤派兵攻克长兴、德清、安吉、孝丰和武康五县。援浙的江苏清军陆续调回苏州，湖州仅留新军三千人。赵景贤细心校练部队，并增募兵勇。

张国梁继续加紧对金陵的攻击，米兴朝部于 4 月 22 日攻克建平。张玉良的援浙部队无法迅速返回江苏，洪秀全见清军江南大营兵力单薄，催促浙江太平军和长江以北的安徽太平军分十路同时开进江苏，在天京集结。

和春已身处险境，仍不自知。其部自从包围金陵以后，将士都很骄狂，以为洪秀全已成瓮中之鳖，很快就能大功告成。而偏偏在这时候，和春顾虑军饷匮乏，日子难过，提议将月饷减去三分之一，等到功成之后再行补发。士卒抱怨不平，发传单煽动情绪，纷纷传说存在大营内的饷银还有几十万两。

面对这种局面，张国梁忧心忡忡，却束手无策。太平军听说清军军心动摇，立刻进占天京东部的句容，截断清军退路，集结兵力日夜攻打敌营。张国梁率部抵抗八昼夜，太平军兵力有增无减，清军的军心更加涣散。

刘岳昭于 4 月份率部南下广西，周达武和陈品南所部于 4 月 14 日攻克富川。刘岳昭从富川向西推进，在春头源击退从昭平北上的太平军援兵。富川和昭平之敌全部进入贺县，加强防守。

刘岳昭部抵达贺县，招降陈金刚的部属，进占贺县以东二十里的莲塘。贺县县城东边隔着江水，有个大市镇，名叫河东街，居民家宅比县城还要多。太平军占据这里，将民房作为栅栏。湘军攻破河东街守军军营。

广西本地会军的势力仍然很大。陈士养部占据着太坪，陈开和黄鼎凤部占据浔州，范亚音部占据容县，张高友和陈金刚部占据平乐。庆远、思恩和泗城所辖的郡县都有会军驻扎，多则几千人，少则几百人，一会儿是兵，一会儿是盗，无法定性。

刘长佑是儒生出身，便从整肃官场着手，整饬州县，派遣湖南和广东的水勇制造战舰扒船上下游击，广西水师从此有了规模。

石达开部进入贵州之后，从瓮安攻打遵义。当地造反军攻占平越，势力蔓延到龙里和贵定，省城贵阳告急。田兴恕改道出兵铜仁和石阡。湘军在石阡和龙潭击败苗民军，田兴恕部将田兴奇加授总兵官衔，领兵驻扎石阡。

与此同时，湘军从湖南进军镇远，苗民军攻打邛水和天柱，湘军撤退，返回黔阳。

咸丰皇帝下诏，擢升田兴恕以副将武职代理贵州提督，增兵至两万人，由湖南提供军饷和武器装备。

湘军在国内四处征战，却还没有参与国防。英法联军于4月份侵占了浙江东北部的海港城市舟山，湘军的军锋尚未指向浙江。

法国人在1859年建成了"光荣"号铁甲舰，标志着欧洲列强的海上实力进一步增强。这艘最先进的军舰排水量五千六百一十七吨，装备三十六门舰炮，拥有厚达十一厘米的装甲，装甲后面还有大肋木支撑。

英国人不甘落后，于本年制成铁甲舰"勇士"号下水。该舰满载排水量九千二百一十吨，舰速十四节，帆机并用时航速可达十七节。舰上装有四十门火炮，有十门是炮尾装填炮弹的线膛炮，可以发射五十千克的炮弹。还有二十六门炮口装填的滑膛炮，发射三十一千克的炮弹。后甲板上的四门炮也是线膛炮，发射十八千克炮弹。动力为四台九百二十千瓦的蒸汽机。"勇士"号的下水标志着木壳战列舰漫长时代的结束。

222

天京周边的天气在5月4日变得非常怪异，雷雨大作，气温很低。到了夜间，清军各营起火，部队溃散。和春突然听说军中有变，连忙东逃丹阳。

张国梁想，不妨像咸丰六年那样保存实力，以图复兴。于是他也退到丹阳。太平军同时攻占溧阳和太湖西岸的宜兴。

太平军追踪赶到丹阳，仍然有些顾忌张国梁，在稍远处修筑壁垒，步步进逼。然后派一些头脑灵活的军士混入清军大营，在张国梁出战时从后方狙击，重创张国梁所部。张国梁拼死血战，杀敌几名，跃马跳入丹阳河而死。

张国梁是广东高要人，年轻时聚众打劫，成为一方豪强。后来幡然悔悟，向南宁镇投诚。向荣在广西时欣赏他的才干，将他收为偏将。每次作战，张国梁都身先士卒，冲锋陷阵，太平军听到他的名头就会撤走，就连洪秀全和杨秀清这些最高层的首领对他也有几分忌惮。

他率领清军围困金陵八年，大仗小仗打了几百上千场，所向无敌。他每次增援长江沿岸的郡县无不攻克。向荣与和春都把他当作左右手，朝野上下都知道他是一员悍将。

内战爆发以后，以造反者的身份投降清军的将领中，战绩显赫的以张国梁为首，程学启次之，都被清廷视为壮士。

张国梁死后，太平军攻占了丹阳，和春突围，向东南方撤退，进入常州防守。总督何桂清本来在这里驻防，闻警南逃苏州。巡抚徐有壬不肯打开城门，何桂清只好北逃常熟。

5月15日，李秀成率大军攻占常州。和春收拢残部迎战，阵中负伤，继续向东南撤退，到达苏州附近的浒墅关，在这里毒发呕血而死。

胡林翼和曾国藩接到清军江南大营溃败的消息，认为澄清东南时局的担子完全落到了他们身上。他们趁着湘军攻占太湖和潜山的胜利，一起谋划新的进军。

左宗棠听到江南大营溃败的消息，不忧反喜，叹道："这是胜败的转机！江南各军将蹇兵疲已久，现在清扫一空，后来者便方便着手了。"

有人问胡林翼："谁可当此重任？"

胡林翼答道："只要朝廷将江南军事托付给曾公，何愁天下不平！"

曾国荃已率部进兵安庆城外，统领围攻安庆的湘军。多隆阿所部围攻桐城，李续宜所部仍驻青草塥，为曾国荃和多隆阿两部声援。

清廷收复安徽的战争由此拉开了序幕。

曾贞干也率部跟随四哥一路攻战，抵达安庆。曾国荃把旧部陈湜召到安庆大营，令他带领黄润昌等人总理营务。

黄润昌有一肚子计谋，劝曾贞干策反敌军。安庆守军中有一名叫程学启的江苏人，是陈玉成的先锋将领。黄润昌派人混进城内，用了反间计，使他决定反水。

程学启与曾贞干约好内应，意图立功报效。但他担心被太平军察觉，没等到约定的日期，就在一天夜里率领一千多名军士奔到曾贞干营垒外敲门求见。

他在门外大喊："现在事情败露了，我与贼匪战斗，突围来到这里，追兵很快就要到了！我率领的都是精兵，可以入营协防。曾将军要是相信我，就请开门让我进去，要是信不过我，就马上发炮向我轰击，也就可以放心了。"

湘军军士听了这番喊话非常吃惊，狐疑不决，便向曾贞干报告。曾贞干穿着拖鞋出来察看，下令开门接纳。追赶的太平军很快赶来，见程学启已入湘军大营，只得收兵回城。程学启见曾贞干如此信任他，发誓要拼死效力。

胡林翼也在选拔能人充实自己的军幕。他把三十四岁的益阳同乡周开锡调到英山辅助军务。周开锡出身于官宦人家，少年时代随父客居京师。人们都知道他能诗善文，可他仍然屡试不第。1849年他到长沙跟随左宗棠读书，充实了务实的学问，先后向曾国藩和胡林翼上书，提出军政方面的建议。胡林翼保荐他暂代沔阳知州，他干得颇为出色，减免浮粮，蠲免堤工土费，减轻百姓负担，为湖北各地做出了表率。于是胡林翼索性把他调到身边，把他拉进了湘军的阵营。

江苏的太平军乘胜向苏州进军，大军号称几十万，苏州城内一片慌乱。

苏州守兵只有三千多人，脆弱得不堪一击。徐有壬见张玉良新近援救杭州有功，令他率部回援。张玉良领兵防守高桥，太平军从小路行军，抵达九龙山，从高桥背面攻击，大败张玉良所部。张玉良率残部南逃杭州。

太平军于6月2日占领苏州，杀死徐有壬。代理按察使粮道朱钧战死。布政使薛焕身在上海，代理布政使蔡映斗和守令都已逃走。

6月8日，清廷将何桂清等人逮捕治罪，任命曾国藩署理两江总督。6月19日，又任命薛焕为江苏巡抚，暂时兼代总督。

从此以后，太平天国的国都清静了许久，两年之内再也没有清军在周边围困了。

赵景贤听说苏州陷落，分兵驻扎南浔镇，扼守湖州要冲。

曾国藩署理两江总督以后，有些谋士见太平军在江浙一带势不可当，便请曾国藩撤销对安庆的包围，去救江浙之急。

曾国藩说:"围攻安庆的这支部队是攻克金陵的根本力量,不可挪动。"

他决定将安徽的军事托付给曾国荃,自率一批湘军渡到江南,图谋进取。

曾国藩向胡林翼借来鲍超全军,自率朱品隆和张运兰两部,共得一万一千人,从宿松开拔。

仿佛是为了迎接曾国藩,杨载福和彭玉麟的水师在安庆下游打了一系列胜仗。他们拔除了太平军在殷家汇的据点,攻打池州,偷袭安庆东北方约七十里处的枞阳城。李成谋作战勇猛,清廷给他加授提督官衔。许臣鼎出任水师右营营官。

曾国藩从宿松到达安庆视察水师。曾国藩和胡林翼在安徽和江苏的战场上再次看到了水师的重要性,商议建立新的水师。曾国藩提议建立淮扬水师、宁国水师和太湖水师。胡林翼则提议成立衢州水师和杭州水师,而不要宁国水师。

太平天国忠王李秀成坐镇苏州,挥师相继攻占上海周边的松江和太仓各城。清军在江苏的地盘只剩下浦东的三县二厅,将军巴栋阿和提督冯子材防守镇江,巡抚以下官员都驻扎上海。

上海是通商的五个口岸之一,西洋人在这里建楼设市,瑰货山积。江苏和浙江的绅民仗着这里有西洋的武器,多数到这里避难。苏松太道吴煦是个能干的官吏,代理布政使,清军的粮饷军械都靠他来操办,每月可以获得江海关税银三十万两。

吴煦作为清廷关道官员长期与英法官员打交道,互相熟悉,于是出重金招募印度兵,由美国人华尔统领。

后来印度兵走了,又招募华人练习洋枪,部队叫作"洋枪队"。这支部队起初只有一千人,后来增加到四千五百人。教官全部是西方人。勇丁的粮食比清军多了一倍。洋枪队转战于江苏和浙江,每战必胜。中国聘用西洋人操练军队就是从吴煦开始的。

薛焕继任江苏巡抚后,手下还有几万兵力,然而纪律散漫,冗员充塞,不可指望。侍郎庞钟璐提议由民团防守常熟,其他地方如江阴和太仓的乡民也偶尔出兵攻城。

6月24日,常熟知县周沐润招募沙勇攻克江阴。

湘军外江水师营官陈金鳌联合江南水师攻打大枭矶太平军军营,大获全胜。

松江和嘉定也被清军和民团攻克，但因清军没有后援，太平军又重新进占了这些地方。

李秀成部从敌军那里缴获到不少洋枪洋炮。这一年，该部解了青浦之围，杀死洋兵六百多人，得到两千多支洋枪和十多尊洋炮，战斗力大增。

223

江南清军的命运，特别是在 1860 年前五个月的剧变，充分说明战场上风云变幻，胜败无常。同时也充分说明，单是靠着骁勇善战，而没有韬略在胸，是无法取得战争的最后胜利的。

自从 1851 年内战爆发，清军将领大多软懦胆小，听到喊杀之声便受惊逃跑。敌军走后，他们又虚报战功，大帅不将他们问罪，还给予奖赏提拔。但是清军中并非完全没有能征善战的将领，向荣和张国梁就是两员虎将。他们从太平军兴起之初就以勇战闻名，后来在江苏围困金陵，更是立下了威名。

然而，他们仗恃自己善战，分兵远征，屯兵于坚城之下，却没有进行战略的思考。他们差一点就攻克金陵了，却终于被太平军打败，就是因为贪图战功，而不会心存畏惧，寻求谋略。因此，他们只是前方作战的将领，而非运筹帷幄的统帅。

向荣和张国梁既是猛将，又统率八万清军，取江浙的财富供给部队，摧坚陷险攻无不胜，似乎是一支无敌的军队了，但最后还是因为胸无成算而导致全军覆没。

和他们相比，湘军统帅曾国藩的个人素质具有明显的优势。他敬畏战争，谨慎用兵，勤于思考，三思而后行。从他的奏疏中可以看出，他每当决策之前必定彷徨四顾，高瞻远瞩，而不会急功近利。但他一旦确立了战略抉择，就会坚定不移地去执行，有时甚至要力排众议，一意孤行。他的成功在于眼光和学识。

曾国荃率领一支孤军，单独对付百万太平军，兵力比向荣和张国梁少了很多，而且军饷时常拖欠，军中瘟疫盛行，经历的危险也比向荣和张国梁大了几倍。但是，面对强大的敌人，部队并不惊慌，军饷匮乏军士也不哗变，就是因为湘军是一支有文化的部队。

清军江南大营在本年的溃败，许多人归咎于和春，怪他不该扣发军饷。然而，月饷减少三分之一在湘军中是经常发生的事情，失败的原因恐怕不全在这里。张国梁失败的一个重要原因恐怕和江忠源一样，是因为不间歇地作战，在准备不足的情况下轻易远征。

曾国藩部虽然暂时无法开进江苏，但在安徽东南部的许多战略要地，驻防的清军等待着他来增援。

李世贤乘着太平军在江苏的新胜之威，于6月23日率部包围了宁国，分兵攻打金坛和南陵。清军提督周天受所部驻守宁国，总兵萧知音和参将周天孚等部防守金坛，陈大富所部仍然驻守南陵。太平军号称几十万，清军兵力不敌，各自血战死守，等待湘军增援。

贵州在5月到6月间四处燃起了战火。石达开的部属从广西西北角上的西隆渡南盘江北上，袭击贵州西南角上的兴义，向东北方推进，袭击贞丰，北上归化。

石达开的另部则袭击贵州东部边界，沈宏富在石阡的六井山阻击，攻破二十一座壁垒。沈宏富屯兵石阡以北的思南瓮溪。

石军调集全部精锐攻击，沈宏富设伏将其击退。石军分兵攻占西南方五百里处的广顺，以及广顺西南两百里处的永宁。

英军在这时侵入大连湾，法军侵占山东烟台，封锁渤海湾。可是湘军统帅们还在热衷于内战，无暇考虑建立海洋水师，抵御外侮。

224

太平军在年初攻打浙江是为了牵制江苏的清军。李秀成在攻占苏州以后决定挥师南下，攻占浙江。这时他已摧毁清军江南大营，没有后顾之忧，只是为了拥有两块连成一片的占领地。

李秀成所部于6月15日从苏州南下，攻占浙江嘉兴，清政府再次陷入恐慌。王有龄令张玉良收集残兵一万两千名，想把嘉兴夺回。

6月26日，杨辅清率十万兵力从宜兴、溧阳和太湖进兵，攻占长兴，围攻浙江北部重镇湖州。赵景贤只见城外火光冲天，刁斗声不绝。他并不惊慌，下令闭城坚守。

萧翰庆的湘军已到皖南，既然浙江巡抚拒绝湘军增援，张芾便留下了这支部队。于是萧翰庆听从张芾调遣，攻克旌德、石埭、太平和广德。

萧翰庆攻克安徽南部的几座城市之后，分派韦志俊的部队原地驻扎。但是，他听说湖口被围，在籍道员赵景贤正在竭力防守，于心不忍，便带兵过去增援。部队从石埭出发，在太平军占领区转战五百里，赶到距湖口二十里的虹星桥。杨辅清的主力赶到，将湘军重重包围。萧翰庆率部力战，因战马摔倒，死在乱军之中。部将李楚才突围进入湖州，与赵景贤一起收集三千多名散兵，湖州兵力稍为增强。

这时太平军已包围湖州五座城门，赵景贤率队开北门出战，血战几昼夜，杀敌众多。杨辅清下令撤围。清廷下旨，将赵景贤以道员记名简用。

一个月后，赵景贤听说张玉良率部攻打嘉兴，便出兵南浔，进攻吴江的平望镇，攻破十几座敌垒，驻扎防守。他还想立即攻克苏州，立下不世之功。但陈玉成所部忽然从太湖向湖州推进，赵景贤连忙回兵救援，被陈玉成部击溃。太平军夺回平望，进攻南浔镇。赵景贤召集民兵将陈玉成部击退。

曾国藩这时急需人才，想起了林则徐的女婿沈葆桢，于6月29日上奏请调这位干才由他差遣。

曾国藩在奏本里还说，自古以来，要镇压长江以南的造反军队，必须占据长江上游，取得高屋建瓴的形势。自从咸丰三年粤贼攻占金陵，向荣与和春都是从东面进攻，本意是打算屏蔽江苏和浙江，可是屡次进攻，屡次受挫，至今仍未能攻克金陵，反而失去了苏州和常州。原因并不在于兵力单薄，而是没有占据有利的形势。

现在，朝廷要收复苏州和常州，江南官军要从浙江北进，江北官军必须从金陵南下。而要收复金陵，则必须先克长江北岸的安庆与和州，以及长江南岸的池州和芜湖，才能得到以上制下的形势。

曾国藩说，他所部一万多人已逼近安庆城下，如果撤走，那么各路防军都会后退，军气就会衰颓，而粤贼的气势就旺盛起来。那时不但湖北边界难以保住，就连安徽北部袁甲三和翁同书的各军也会觉得孤立无援。因此，围攻安庆的这支部队目前关系到淮南全局，将来就是攻克金陵的根本。所以他认为万万不能撤走。

他说，他奉命暂时统辖两江，必须驻扎在长江南岸，以巩固江苏的人心，声援徽州和宁国。他打算在长江南岸分兵三路：一路从池州进攻芜湖，与杨载福和彭玉麟的水师相联结；一路从祁门向旌德和太湖推进，进图溧阳，与张芾和周天受等人的部队相联结；一路分别防守广信、玉山以至衢州，与张玉良和王有龄等人的部队相联结。

曾国藩说，他函商官文和胡林翼，先带一万人起程，一面派军官回湖南招募勇丁，要到8月份才能到齐，9月份才能出兵。从前在金陵周边的清军大营以苏州和常州为根本，粮饷军械源源接济。现在从皖南进兵，应以江西为根本。他在6月和7月两个月里会竭尽全力办理江西、湖北和湖南的防务，等到兵勇陆续到齐，部署逐步完善以后，就会尽力与粤贼作战。巩固三省的防务靠着这一点，收复安徽三吴也是靠着这一点。

曾国藩说，现在粤逆气势刚刚兴旺，人心大振，所以只求立足坚定，而不论贼匪的气氛如何扩张。

咸丰皇帝览奏，欣然接受他的看法。

225

左宗棠得到清廷豁免之后，回到长沙与夫人周贻端商议，离开是非不断的官场，回到湘阴柳庄终老。但是，形势的发展比他预料的还要快。他回家不到十天，就听到两个重要消息。

第一，咸丰皇帝任命他为四品京卿，到曾国藩湘军大营襄办军务。这意味着左宗棠人生中发生了巨大的飞跃。他不再是某位高官私人聘请的师爷，而是一个四品京官，由朝廷委派，堂堂正正地到湘军统帅部任职，解决了编制和待遇问题。

第二个消息就是清廷对曾国藩的任命。这意味着曾国藩这个湘军大帅的人生也发生了一个飞跃，第一次成为朝廷的封疆大吏，一下子就总揽了安徽、江苏和江西的军政大事。左宗棠知道，只要他跟着曾国藩作战，只要曾国藩愿意提携他，他从此也可以扶摇直上了。

人一顺了，利好消息就排着队来。曾国藩给左宗棠发来公文，同时知会湖南巡抚，要求左宗棠迅速募练一支五千到六千人的军队，尽快赶到安徽南部参与对敌作战。

左宗棠放弃了终老田园的念头，广泛联络湖南的湘军宿将，如张运兰、王开化和陈士杰等人，请他们或者出山，或者出力，或者为他推荐良将健卒。他知道，这些人身经百战，都是可靠的干才，若能让他们为自己带兵，胜算就大多了。他恳请亲家王开化为他统领一支部队，用半年时间来带他这个徒弟，等到他"略谙打仗路数"，"即以安车送先生归里"，决不会找借口"作无益之纠缠"。

但是，尽管如此，左宗棠仍然是左宗棠，他做事不可能因循守旧。在面对一个新局面的时候，他一出手，就表现出强烈的开拓精神和独立特行的个性。

首先，左宗棠为了有别于其他湘军部队，给部队起了个番号，叫作"新楚军"。

楚勇是湘军最早的一支部队，江忠源战死庐州之后，左宗棠现在要恢复楚勇的番号，一是为了追根溯源，二是为了标新立异，最重要的一点，就是借用楚勇的军威。

其次，左宗棠对曾国藩坦言，他不得不违背湘军"书生带兵打仗"的原则了。他所选择的营官和哨官当中文武掺杂，而且以武官为多，"不尽朴实之选"。

左宗棠明知用书生带兵打仗是江忠源、曾国藩和胡林翼这些湘军元老定下的规矩，但他现在不得不违背这个原则，是因为他现在挑选将领"只取其能拼命打硬仗"。这表明了左宗棠的心态：首次出征，只能打胜，不能落败。为了打胜仗，顾不得那许多条条框框了，只有打胜仗才是硬道理。从这里可以看出，左宗棠做事讲求实事求是，不搞教条主义和本本主义。

最后，左宗棠没有沿用湘军的营制，而是"大约均照楚军营制"。他的部队作战单位除了营以外，还有四个总哨，每个总哨的兵力为三百二十人。这四个总哨的设置是为了迁就湘军营制的创始人王鑫。王鑫由于与曾国藩意见不合，在湘军中另外搞了一个体系，名叫"老湘营"。现在王鑫已经战死了，他的弟弟王开化和王开琳即将为左宗棠带兵打仗。为了照顾他们的感情，他把王鑫旧部一千四百人仍然按照"老湘营"的编制来管理，于是就成了"一军两制"的局面。

左宗棠在为增援曾国藩而募军练兵，胡林翼则在为曾国藩出谋划策。他早就想依靠曾国藩平定江南，见清廷重用这位湘军大帅，非常高兴。他给曾国藩写信说，军事布局应该着眼于长远，而切忌急功近利。曾公说要在南岸分兵进击，一路从池州攻取芜湖，一路从祁门进击徽州和宁国，一路专守广信，防守江西。这都是内线用兵。至于从江西取饷，只从商业捐税下手，而将农业税都归巡抚，路子又未免狭窄了。以湖南和湖北为兵源，以江西为饷源，等到三省实行了联合防守，然后才去谋取江苏，那就非要等待一年不可。

　　如此等待下去，且不说江苏官民对我们如何评价，如何抱怨，但我们也有悲天悯人的情怀，知道江苏官民正在苦盼，令我们难以为情。两江总督这个官只有包揽把持，恢廓宏远，才会做得好。只要管盐漕的官员用得好，没有什么事情是办不到的，还怕没有钱吗？

　　苏州和常州失守以后，督抚和监司有的死了，有的没死，有的空位填补了，有的空缺还没有填补，正好趁此机会任用贤达之士，撤换不肖之徒。现在最好从两处出兵，一路前往杭州，一路前往淮扬。这是平定江苏的第一步。先调驻守景德镇的五千名平江军驰入杭州，救杭州所急，从浙江获得军饷，而令李元度招募五千人跟进，不必死守广信。如果杭州丢失了，就驻扎衢州；如果杭州守住了，就进驻湖州，这是平定江苏的第一步。

　　胡林翼说，应当让刘蓉和左宗棠各募六千人用于皖南与扬州，或者用于江西，随时征调。李鸿章可在淮上指挥一军，水师和陆师共计一万五六千人，而以多隆阿和都兴阿率领骑兵，奏请任命沈葆桢为江西藩司，二李或任安徽藩司，或任江苏藩司，用兵的和供饷的就成为一家人了。

　　大局的安危，就看曾公是否放胆去做了。近来叶名琛任两广总督，却不知道广西究竟是谁的天地。何桂清任两江总督，也是割了皖南又割皖北，还割掉了江北。福兴任安徽巡抚，割舍南岸扔给浙江，又割弃淮北交给袁甲三，辖地一天缩小一百里，也不放在心上。

　　现在徽州和宁国还是完整的，希望曾公部署粗定以后，大张旗鼓地进军，与怀远和桐城的部队在当涂会师，然后令杭州的部队进军苏州与常州，让扬州之马饮水于江浦。我胡林翼虽然孱弱，却不觉得这是说大话，如果急脉缓受，大题小做，倒是有可能办不好事情。

　　曾国藩看了胡林翼的这封信备受鼓舞。但他从1858年7月再次出山以来，用兵老成持重，一定要没有后顾之忧才会采取行动。他的为官也非常谨慎，本着与大家一团和气的心态，以弥补以前的过失。有功劳就让给别人，有权宠则极力推辞。胡林翼劝他包揽把持全局，他虽认为有道理，却不能照办。只有盐税和田税两件事情他采纳了胡林翼的忠告，上奏朝廷请求照准。

226

咸丰皇帝在 6 月 29 日任命东纯代理四川总督，但总担心他难以胜任，便打算派四品京堂左宗棠到四川任事，叫官文、胡林翼和曾国藩发表看法。官文等人上奏说，左宗棠所练的新军不宜进入四川。他们推荐江忠源旧部刘长佑，说他熟悉行军阵法，其旧部李明惠、刘坤一、江忠义和席宝田等人都能带兵打仗。

曾国藩说，左宗棠眼界高远，应该放在最需要他的地方。江苏的事情难办，四川的事情较为容易，请求仍然让他率领新楚军到安徽增援。

7 月 3 日，曾国藩率朱品隆和张运兰部共计一万一千人渡江。这支部队本来是要进军宁国的，但由于曾国藩用兵踏实持重，认为进军宁国过于冒险，便于 7 月 28 日转移到祁门。

曾国藩令李元度招募三千军士，命令左宗棠率五千人前来。鲍超请假返回四川夔州，张运兰在湖南郴州，都约好在 8 月份于祁门会师。

曾国藩按照胡林翼的意思，在奏疏中说，淮扬里下河大米产量高，足以供应京城的仓储。如果苏州和常州长久被粤贼占据，便在里下河办米解往京城。盐场是大利所在，改为就场征收盐税，不但每年可以增收一百万两银子，也许还能从盐税中筹集银子解往京城。

曾国藩说，胡林翼劝他奏请建立水师，以保卫盐场。淮安和扬州两郡古称泽国，北有淮河，南有长江，中有洪泽湖、邵伯湖、宝应湖和高邮湖等湖泊，还有运盐河、串场河、人字河与芒稻河，大湖小河互相灌注。如果建造两三百艘战船，不但可以保住里下河的米、场灶的盐，还可以附带辅助扬州的陆军，使洪秀全不得向北攻击。也可以辅助临淮的陆军，使水路不至于梗塞。这是兴办淮扬水师的一个好处。

洪秀全防守金陵，以安庆和庐州为掎角，以太平和芜湖为护卫。芜湖以南有固城湖、南漪湖、丹阳湖和石臼湖，上可通宁国的水阳江和清弋江，下则止于东坝。掘开东坝而放行，就可以进入太湖，经过苏州而到达娄江。这就是古代所谓的中江。

芜湖四面环水，粤贼容易防守，官军进攻甚难。若想攻克金陵，必先攻取芜湖，若想攻取芜湖，必须先在宁国另建一支水师，遍布固城和南漪等湖泊之中。宁国水师从内部攻击，大江水师从外部攻击，芜湖就能攻克了。这是在宁国建立水师的好处。

曾国藩说，粤匪是坚忍之师，善于防守，官军围攻这么多年，往往因为水路无兵，无法截断其供应。现在他们又占了苏州，四面八方都是水泽，如果粤贼以水为屏障，湘军陆师几乎找不到进攻之路，也无法在城外找到扎营的陆地。因此，若要攻击苏州，就必须在太湖另建一支水师。如果浙江没有战事，就可在杭州造船。如果战火燃到浙江，则可在安吉和孝丰造船。必须使太湖为朝廷所有。这是在太湖兴办水师的好处。

曾国藩说，他对水师有了很久的阅历，而以上所说的三处地方都是他管辖的范围，盐税和粮漕都是他的分内之事，义不容辞。

咸丰皇帝下诏，同意他的办法。

227

石达开的一个支队从广西西北角进入贵州，于6月到7月之间攻占了归化，代理安顺知府周夔和参将全兴战死。石军南下包围镇宁，分兵袭击安顺和安平。苗民军、教民军和起源于四川的号军，听说石军杀到，趁机兴兵，攻占贵阳以北七十里处的修文，贵阳周边几十里内到处都有造反军活动。

石军从安平即现在的平坝向东北挺进贵阳，前锋到达羊昌河，省城紧急备战。刘源灏飞书催促田兴恕从石阡增援省城。

田兴恕上奏说，贵州省的上游道路错杂，既通贵州又通四川，如果一股造反军袭击贵州，另一股进入四川，都要他率部追击，道路相隔很远，而他兵力单薄，是很难兼顾的。现在，他令韩超防守石阡以南的镇远，沈宏富奔赴石阡与遵义之间的湄潭，刘义方进军石阡东北方与四川和湖南交界处的松桃，他自己率部驻扎在石阡居中调度。如果石达开军向北开进，他就率部会合四川官军堵截。如果石军东进湖南,他就率部火速赶回靖州。

但是,咸丰皇帝考虑到贵阳危急,催促田兴恕率部从小路增援省城。田兴恕派田兴奇所部攻打双溪。发起攻击以后,田兴奇被苗民军击毙。

蒋益澧继续在广西平乐作战,击败陈金刚所部,率部东进围攻贺县,与刘岳昭部会师。

7月13日,周达武、王月亮和李金旸分别率部攻打贺县东街,突破两个哨卡,烧毁壁垒。造反军纷纷逃向江水以西,企图保住县城。

蒋益澧所部率先搭梯登上城墙,于7月14日攻克贺县。刘岳昭因功以道员记名,加按察使衔。周达武升任副将,加总兵衔。他们率援军返回湖南。

咸丰皇帝任命刘长佑为广西巡抚,提拔蒋益澧为广西布政使。

石达开部虽然往来融州和灌阳之间,但都是迅速通过,没有发动攻战,广西的造反民众也大为减少,局面渐趋安定。刘长佑松了一口气,认为靠文治就能稳固本省,不用向邻省求援了。

可是,刘长佑想要息兵却欲罢不能。陈保率领造反军攻打柳州与鹿寨之间的雒容,刘长佑又派李明惠将陈保击杀。石达开率部占据柳州以西一百五十里处的庆远,朱衣点和彭大顺这两个宁乡人都跟随着他。

石达开另一员部将赖裕新率中旗攻打庆远以西的思恩、武缘与河池,都被当地民团击败。赖裕新便分兵几路向贵州和湖南运动。石达开的左旗和右旗仍有四五万兵力。

湖南官府已经得知曾国藩和胡林翼的东征谋略,开始谋划如何支援东征。基本办法是增加税收,招募军士,以支援安徽和湖北。

左宗棠于7月19日率新楚军出驻校场,"日事训练,昼夜少暇"。8月10日又从校场移驻金盆岭,"晨夕练习"。

金盆岭是一片荒郊野岭。新楚军的进驻给这里带来了前所未有的生机。左宗棠从湖南各地招募和征调而来的壮勇健卒共有五千七八百人,荟萃一地,勤操苦练,喊声震天。

左宗棠为了练出一支精兵,定下了严厉的军规:开小差的杀头,偷懒的打四十军棍。他还精选出二百名勇士组建八队亲兵,"以奋勇著名者为其队长",相当于搞了个特种部队。左宗棠还建立了一支洋枪队,开始朝军队现代化的方向发展。

左宗棠站在金盆岭上，看着眼前的这支威武之师，不免踌躇满志。他家里的老仆姜志美听说老爷当了大官，跑到长沙来看他，一见面就喊"左三爷"。左宗棠连忙制止他，说："如今我是朝廷命官，而且是一员大将，'左三爷'这个称呼当着外人是不能叫的。"

前任吉安知府黄冕提议供支曾国藩湘军的军饷，与裕麟合请曾国藩提高商品税。

骆秉章命令三十一岁的东安人席宝田招募千名勇丁，号为"精毅营"，奔赴郴州和桂阳等地，阻击广东的天地会部队。

江苏清军将领赵景贤率领团勇，联合萧启江旧部攻克平望，南下进军嘉兴。

和州与含山的太平军则在加紧围攻滁州，李世忠会同全福的骑兵将敌军击退。皇帝任命李世忠为江南提督，帮办军务，从滁州往西北的五河都是他的军事辖区。

在李世忠的辖区内，地方官员无法治民，都是由李世忠设武夫征收关税，收取民田的租税，自己充当出纳，钱货堆积如山。他还抢掠民女为妻妾，共有几十房，稍不如意就推出斩首。

李世忠不长头发，人们叫他"李秃子"。淮河南北饱受他的蹂躏，提起李秃子，人人都愤怒，恨不得拿他食肉寝皮。

苗沛霖也被补授为川北兵备道，在淮河、颍河、涡河与浍河流域成为豪强。每占领一座圩寨就在那里任命圩长，听从他的号令，而不隶属于朝廷官府。他把一半田亩收归己有，沿途设立关卡，垄断公私财产。

李世忠和苗沛霖两人同在一块土地上榨油水，互相争雄，不相上下，时常发生劫夺，彼此吞并圩寨。

李世忠是河南人，在安徽势力较弱，苗沛霖并不把他放在眼里。在安庆以北广袤的安徽土地上，北至宿州和亳州，南到和州与滁州，太平军和捻军交替攻击，苗沛霖和李世忠在中间摇摆不定，居民漂流失业，田庐荒废，荒草茂盛。

袁甲三率部驻扎在凤阳以西的怀远，孤立无援，为翁同书的怯懦而头痛，希望把湘军引来协助他。

228

贵州的石军支队于 7 月到 8 月之间分成几路南下。其中一支从贵阳东南六十里处的龙里东进麻哈，南下都匀，折向西南，抵达罗斛。另一支从长寨向西南挺进，到达归化，与本地造反军会合。

石达开的后旗驻扎在广西永宁，军士离叛，杀死宰制余忠扶，东奔三百多里，指向贵州独山。教民军为他们做向导，引领他们从小路袭击州城。

英法联军于 8 月 1 日在天津北塘登陆，没有遇到任何抵抗。清廷没有调集湘军北上抗击外国侵略军，一心指望妥协求和。

8 月 10 日，咸丰皇帝下诏，补授曾国藩为两江总督，任命他为钦差大臣。

其实华东一带清军云集，清廷只要调兵北上，完全有可能阻击英法侵略。但是清廷仍然只愿对内动武。

华东的清廷武装各成体系，各军都直接向皇帝上奏本，互相没有隶属关系，不用彼此通报情况。

曾国荃身在安庆城外，与多隆阿和李续宜所部成为一体。袁甲三驻扎在淮上，自成一军。巴栋阿部是镇江军。李若珠所部是扬州水师。王梦龄代理漕运总督，统领清淮军。薛焕代理总督，统领上海军。张玉良收拾溃部退到杭州，仍然称为江南大营。周天受驻扎宁国，张芾驻扎徽州，各率一军。江长贵统领杭州军，米兴朝防守广德，都由王有龄统领，是浙江军。

曾国藩到达祁门之后，有人认为湘军应该迅速攻占宁国，作为前敌部队。他们说，应该派遣左宗棠等部挺进南陵，与武陵人陈大富的绿营会合，又与杨载福的水师相连，然后攻打广德，等待湘军攻克安庆以后会师。

曾国藩叹息道："说起来容易做起来难啊。现在前进没有处所，获胜没有益处，为什么要轻举妄动呢？"

这时江苏和浙江的官绅每天送来几十封告急信，清廷也连下诏书要求湘军增援江苏、增援上海、增援安徽、增援镇江。

曾国藩仍然坚持自己的看法，认为必须全力攻打安庆，取得高屋建瓴的形势。

有人认为湘军很快就能攻克安庆，应该从长江上游派兵攻打金陵以南的东坝，江苏东南部的太平军必定会回援金陵，这时清军以增援苏州的兵力发起夹击，就可以攻克苏州。庞钟潞也上奏，请清廷催促曾国藩东进。

清廷顾虑薛焕兵单力薄，令曾国藩催促左宗棠等人率部从皖南东进苏州和常州。曾国藩上奏说，他的部属李元度和张运兰已回湖南招募勇丁，鲍超因负伤而回到四川，左宗棠的新楚军还没有开到战场，眼下皖南十分危急，浙江那边防不胜防。他的部队到齐之后，必须有一支攻打广德，另一支攻打宁国，无法绕越安徽境内而直奔苏州和常州。

曾国藩说，他先前收到薛焕的咨文，说松江和上海等处水师和陆师兵力不足，打算从张玉良那里调拨三千人过去。他同意了这个要求。但是，近来因江西战事频繁，文报阻滞，张玉良在嘉兴的部队很难与他通信联系。他刚刚奉命指挥江南军事，本来负有统辖张玉良部的责任，可现在皖南形势危急，他不能舍近求远。荆州将军都兴阿奉命督办扬州军务，官文与胡林翼都在千方百计地盘算如何资助他，而他曾国藩的三千劲旅下个月的口粮都难以拨付。

他的看法是，淮河与徐州一带民风刚劲，不愁招募不到勇丁，只是没有人去训练罢了。他已写信给官文和都兴阿等人，酌商派人率领一千名湘军前往江北，采用湘军的营制，团练徐淮一带的勇丁，用严格的纪律加以约束。如果能有一两位名将去做这件事，则两淮的劲旅也不会比湘军逊色。

后来李鸿章创立淮军，正是按照曾国藩的这个意图执行的。

229

清廷面对着外国的侵略，内战的战火又迅速蔓延。咸丰皇帝焦头烂额，决定把东南大局全部托付给曾国藩。

8月13日，清廷下诏，令左宗棠仍然襄助曾国藩的军务。刘长佑在广西作战，难以远离，湖南巡抚骆秉章素来熟悉湘军将士，可以督办四川军务，增率湘军前往四川，文格代理湖南巡抚。咸丰皇帝还说，东纯不懂军事，骆秉章应尽快入川。

裕麟出任广东运使已有一年，奏请留下筹措军饷，现在出任湖北按察使，留下湖南按察使翟诰代理布政使。

英法联军于8月14日攻陷塘沽。然后水陆协同进攻大沽北岸炮台。咸丰皇帝命令僧格林沁离营撤退。清军逃离大沽，经天津退到通州。

尽管皖南军情紧急，清廷更看重的还是京城。咸丰皇帝从各地调兵回京，令张芾返回京城协防。曾国藩肩上压了更重的担子，兼办皖南军务，周天受归他调遣。浙江温处道李元度调任安徽宁池太广道，防守徽州。

李世贤所部趁着清军换帅，攻占金坛，在城内大开杀戒。周天受知道宁国也保不住了，令城内几万兵民各自逃生，自己要和宁国共存亡。宁国百姓扶老携幼奔向南陵，守将陈大富打开城门全部接纳。

这时，清廷军机处收到的军报总是忧多喜少。

张玉良在浙江作战非常艰苦，好不容易才发起一次小规模反攻，总兵刘季三率部攻克余杭和临安。在此期间，赵景贤分兵攻克广德州。从杭州战败撤围的太平军仍然向湖州进军。

贵州的石达开部众于8月18日攻占独山，杀死知州侯云沂。

英法联军于8月21日攻占大沽。侵略军长驱直入，于8月24日占领天津。

贵州清军总兵巴扬阿于8月29日率部攻克归化。太平军残部奔向长寨，攻占东北部五十里的定番，即现在的惠水，杀死通判恩常。

萧启江死后，其部留在四川，失去了统帅，分解为三个体系，互相观望，军纪松弛。将士见四川政局混乱，南部和西部造反军四起，散布各处，抓不胜抓，杀不胜杀，他们也趁机抢掠。地方官员不敢过问，四川百姓更是苦不堪言。

但萧启江旧部战力还算不错，南下增援井研时一战告捷，造反军解围撤走，从此湘军不把蓝李造反军放在眼里。

东纯在赴任途中病逝，皇帝于8月31日任命驻藏大臣崇实署理四川总督。

230

石达开军自从进入广西就分成了几块，不再一起行动。到现在已分散在广西、贵州、广东和湖南。

石军左旗于8月份抵达灵川，南下攻打桂林。刘长佑调鄢世堂率部回守省城。

探子报告，石军中的湖南将领朱衣点和彭大顺与汪海洋联合，恳求石达开回师天京，遭到石达开拒绝。朱衣点和彭大顺于9月份各率所部离开石达开，命部队身着白衣，头戴白巾，作为万里回朝的标志。这几万人从柳州东泉出发，冲破各地团勇的阻截，从融县和沙宜进入湖南青林地界，停下休整。

刘长佑得知石军发生分裂，连忙派人张贴告示招抚。石达开的左旗首领张志功等人请降。刘长佑在降军中留下三千人交给张志功，要他率部为清廷效力，其余部属全部发给银子遣返。

石达开的左旗瓦解后，后旗又被李明惠部击败，奔向桂林附近的义宁。刘长佑派鄢世堂率部跟追，道州造反军丧亡殆尽。

石达开和赖裕新部仍然拥有几万兵力，占据武缘，派兵向东南挺进，袭击迁江，然后折向西南，袭击南宁。清廷左江道吴徵等人率部击败这支石军，斩杀数以万计。石军残部长驱北上，抵达忻城，然后转向东南，长驱直进，到达边界，取道兴业，攻占北流。

刘长佑正在注视着石达开的动向，又获悉吴凌云的造反军从藤县西北约七十里的太平出发，攻占府城，杀死知府刘作肃。陈戊养则占据太平，堵住湘军南路，致使柳州湘军无法前进。刘长佑派刘坤一统军在太平攻击陈戊养部，分兵渡河，攻击忻城。

彭大顺、朱衣点和汪海洋等人收到陈玉成的来信，说他打算从安徽进攻湖北，要求彭大顺等部攻击湖南。彭大顺等部果然于9月21日攻打永明。清廷得报，任命翟诰为湖南巡抚组织镇压。

李秀成部开始大举进攻上海，遭到薛焕、吴煦所部和英法军队阻击，又因内应兵勇被清军识破，未能攻取。

多隆阿于9月1日挥师攻打桐城西北，没有进展。陈玉成下令固守桐城，以牵制安庆的湘军。他知道清军精锐在这里集结，防守格外严密。桐城西北有个求雨岭，山势俯瞰城内。太平军建成石垒，外围挖了二丈宽的石壕，与砖垒和水堡相辅。

9月2日，多隆阿率三千人来到求雨岭后，在城前则摆出骑兵阵势佯攻，迷惑守军。半夜，岭后部队悄悄登上峰顶。

太平军凭借壁垒防守，以为清军无法靠近，占领了峰顶也是徒然，所以未在山岭设防。多隆阿令两千名军士修筑三座炮台，到拂晓时分炮台筑成，俯瞰敌垒，历历在目。太平军非常吃惊，以为这是神力所为，顿时丧失斗志。

9月4日，多隆阿率部列队，搬运大炮，安置在三座炮台上。古垒和城内的太平军这才明白大事不妙,全部隐蔽起来。他们明白得太晚,因为他们已被困死。

自从清军江南大营崩溃以后,太平军在江浙势力大增。江西太平军挥师东进,江西省内没有大规模的战争。

张玉良硬撑着江南大营的旗号,还想做最后的挣扎,于9月2日率部向嘉兴发起猛攻,虽然攻破了南门,却被水道阻拦,无法进城。潮州勇暗通太平军,谋划叛变。9月8日,大营溃败,张玉良逃向西南九十里的石门。

9月9日,太平军攻占石门,相继攻占嘉兴周边的嘉善、平湖和桐乡。

北京的情况一天比一天吃紧。9月18日,英法联军攻陷通州,距北京只有五十里。

9月21日,清军与英法联军在八里桥展开激战,统帅僧格林沁等率先逃走,致使全军动摇,而遭败绩。

9月22日,咸丰皇帝带领后妃和一批官员仓皇逃往热河,令其弟恭亲王奕訢留守北京,负责和议。

其间,咸丰皇帝下诏,令胜保统领勤王军队。胜保请求征召外援,提到苗沛霖的团练。皇帝令翁同书具体办理。于是苗沛霖大喜,搭起高台,集合全军,向北跪拜,号啕痛哭,陈述英法联军入侵一事,暗中要下属拥戴自己,但是众人面面相觑,不敢发言。

太平军将领杨辅清、赖裕新和古隆贤于9月26日对宁国守军发动最后一击,周天受兵败而死。清廷令李元度暂代皖南道。

李世贤率四万兵力从广德南下攻打徽州,并向南陵增派兵力,加大攻击力度。

南陵城中粮食将尽,陈大富激励军民死守,等候湘军增援。他在夜间派出壮士攀绳而出,企图向杨载福水师求援。前后派了几批人都被太平军巡逻队抓获,无法把信送到水师。

曾国藩更加重视徽州的防御,打算自己带兵防守,派朱品隆侦察地形。

朱品隆回来报告说:"若无两万精兵,恐怕难以防守。"

张芾留下的一万兵力分防各个隘口。但这些部队确实缺乏作战能力。由于军饷长期不足,曾国藩赶紧将这些无用之兵遣散。军士杂居在城内不肯离去,索要军饷。

曾国藩记得李元度曾在防守江西贵溪时立下战功，便令他防守徽州。李元度自认为能够胜任。曾国藩认为他招募的三千新军不能野战，所以在浙江请援时没派他去，现在也不敢派他攻敌，只是让他凭城固守。

231

9月30日，刚刚过完中秋节，李元度率部到达徽州。

李元度进城的第三天，当地造反游击队与宁国太平军挂上了钩，而旌德的太平军则绕过绩溪趁夜进入丛山关，直逼徽州。李元度急忙向祁门大营求援。

李元度给曾国藩出了个大难题。鲍超仍在四川休假，张运兰正在率部攻打旌德，前后都被太平军所牵制。曾国藩手下没有将领统领部队。他只能派出四营零散部队前往徽州。

四营援兵刚刚到达徽州城外，李世贤的大部队已经杀到，湘军败溃，逃到休宁。城内的湘军跟着奔逃，李元度则南逃浙江开化。

10月6日，太平军进占徽州，前任皖南道福咸战死。曾国藩认为李元度作战不力，上奏参劾，清廷下令将李元度革职拿问。

李鸿章竭力为李元度争辩，以至于和曾国藩翻脸，导致师生之间的一次分手。

李鸿章其实早就不赞同曾国藩的一些做法。在曾国藩决定移军祁门时他就表示反对。他认为祁门地处万山丛中，是兵家所忌的绝地，湘军大营不宜驻扎在这个偏僻的小地方。但是曾国藩没有听取他的意见。

李鸿章对李元度的认识比较中肯，说他是个典型的读书人，豪言壮语颇多，执行能力较差，不是将才。曾国藩也深知李元度的短处，却派他领着一支数量不多的部队防守兵家重地徽州，兵败后又要严词纠参，李鸿章不愿拟写奏稿，率所有幕客与曾国藩争辩。曾国藩还是没有采纳他的意见，于是他愤而离开大营。

曾国藩急召张运兰返回，并催促鲍超回营，从太平以南还驻休宁以西的渔亭。

太平军与湘军抢时间，急速西进，攻占休宁，即将攻打祁门。湘军大营被恐惧所笼罩，随从官员都请曾国藩立即离开祁门，连以前主张在祁门驻军的谋士都改变了主意。

对于谋士们的劝告，曾国藩答道："无故退军，兵家大忌。"

曾国藩身在军中，意气自如，时常与宾佐酌酒论文。他自从到京城做官以来，每天记下自己的言行，在此危难关头仍写日记，从未间断。

曾国藩并不担忧祁门，料想敌军必定会向东南方钻空子进入浙江，便令左宗棠迅速率新楚军赶来江西，驻扎乐平。果然，徽州太平军分兵攻占浙江淳安，继续东进，挺进严州。清军副将封九贵战死。

贵州的石达开部众于9月到10月之间从定番北上，袭击贵阳以南五十里的青岩，逼到了贵州省会的门口。

232

这年秋天，一名二十岁的英国退伍军人来到太平天国的占领区。他的英文名字是 F.A.Lindley，中文名字叫呤。他带着四万两银子，偕同夫人玛丽，驾驶轮船来到江苏。一进入太平天国辖境，呤就看见防守边境的军士彬彬有礼，严整肃穆，与清军官兵大不相同。造反军给他留下了良好的印象。

呤十三岁在船上当学徒，十七岁通过考试成为二副。1859年夏天，他乘坐"埃缪"号轮船到达香港，在英军司令当一名海军下级军官。

呤到香港后，对中国人的生活产生了兴趣。1860年春天，太平军在天京外围打垮清军江南大营，乘胜攻克常州、苏州和浙江的嘉兴，接着向上海进军。这一系列重大胜利引起了呤的关注。他决定辞去在英国海军中的职务，找一个不受拘束的自由职业，观察太平天国的情况。

他在一艘中国商人的小轮船上当上了大副，船长也是他的一个辞去军职未久的同僚。这艘轮船要航行到上海附近的太平天国统治区收购蚕丝。呤在停船采购生丝期间花了大量时间考察天国的情况。不久，他大胆地去苏州拜见当时名震一时的忠王李秀成。

那时候，李秀成刚从上海受挫回到苏州，其部下有数百人死于英军之手，他的面部也被英国的大炮击伤。听说有个英国人要见他，李秀成立即答应了，并让他住在王府里，享受最友好的款待。

李秀成与吟会谈，介绍了天国的情况，抨击了英国政府的干涉政策。吟认为欧洲社会所宣传的太平军肆意破坏和杀戮的形象是被歪曲的。在离开苏州之前，他已经非常钦慕太平天国革命，并向李秀成表示愿意加入太平军。李秀成颁发给他一份通行证，让他在天国辖区内自由往来。

吟投效太平天国，违抗了英国政府的禁令。他冒着极大的风险到上海和其他清廷统治区去为天国采购欧洲军火和粮食。当时欧洲的军火是可以在通商口岸买到的，但英国政府严禁为太平天国供给武器弹药。一旦截获，将处以死刑。

太平天国与洋人往来，并非从吟与李秀成的交往开始的。

太平天国运动在意识形态方面有一个显著的特征，就是崇尚西方的宗教信仰。由于这层关系，太平天国在清廷官吏尚在鄙视夷人时就已开始与西方传教士乃至西方官员进行外交往来了。因此，太平天国的洋务活动较之于清廷其实早了很多时间。

西方列强一度企图以太平天国为突破口扩大在中国的侵略权益。太平天国运动发生初期，入侵中国的外国列强表示要支持这场造反运动，他们扬言，用实力去支援一个既衰弱又腐败的政府，只会降低他们国家的信誉。

李秀成后来在自述中承认，洋人派使者到过天京，与天王洪秀全交谈，只要洪秀全愿意与他们平分土地，他们就愿意帮助太平天国。天王不肯，说他的意图是完整地占领中国，事成之后与别人平分会叫天下人耻笑。如果大业没有完成，反而引狼入室，更非他的本意。

洪秀全令列强非常失望，但天国领导人在通商贸易、外事往来和接纳西方先进器具等问题上的开明态度使西方列强兴趣犹存，于是才有了天国官员与西方人士的频繁交往，有了天国区域内洋务活动的率先起步，有了列强对天国"保持中立"的许诺，有了天国对"西方兄弟"的居住地和利益所在地暂不攻取的保证。

不过，这种"兄弟关系"没有持续到使天国把握全国政权、操演洋务运动的地步，因为两者的利益存在根本的冲突：太平天国农民运动的目的是要取代清朝"异族"统治，他们因而必须攻取"异族"统治着的一切地方。西方列强的目的则是兑现《南京条约》中的侵略权益，扩大这个权益并逐步变中国为殖民地，因而将太平天国攻取已被定为通商口岸的城市看作是在损害他们的利益。

为了维护既得利益，侵略者首先撕破"兄弟"的脸面，暗助清军防守，抵制太平军的进攻。他们在"中立"面孔尚未摘下之前就已开始与清军联手镇压太平军了，恰如李鸿章等人在清廷还撑着不屑与"夷人"握手言谈的尊严时就已"忍辱""虚心"请教、借用西洋长技一样。

在这三方的关系中，各方都是出自务实的需要，出自维护集团利益的本能的需求。正是利害关系构成了侵略者与清政府之间的"合作"之桥。此时太平天国仍认为在自己的国土上作战不应受到外来者的干涉。他们不肯放弃攻取"异族"统治的每一个城市的目的，不愿原谅列强暗助清军与太平军为敌的行径，甚至宁愿与"洋兄弟"对抗也不屈服于他们的"好言相劝"。这样，原有的一种比较有利于太平天国的三角关系倾斜了失衡了，太平天国站到了与两敌联合势力相抗的地位。

233

左宗棠奉调离开湖南以后，六十七岁的骆秉章也在募兵，将要起行。这位老人以前不曾亲自打理军政事务，现在到四川去管军事，仍然需要一位左宗棠那样的高人来做幕客。但左宗棠现已领兵前往江西前线，他只能另请高明。

胡林翼早已给骆秉章写过一封密函，推荐时年四十四岁的湘乡人刘蓉，说他才干非凡，可以派上大用场。左宗棠在自己被官文弹劾时也曾向骆秉章推荐过他。骆秉章其实早就从其他渠道听到过刘蓉的名声，便请他入幕来做高参。

刘蓉是桐城派古文家，和郭嵩焘一样，也是曾国藩布衣之交的兄弟，曾在家乡操办团练，与郭嵩焘、罗泽南等人同为曾国藩湘军的元勋，曾跟随曾国藩转战江西。他的弟弟刘蕃在蒲圻一役中身亡，刘蓉为送弟弟的尸骨回乡安葬，于是辞去军职。

祸不单行，弟弟阵亡不久，刘蓉的父亲也去世了。家中亲人接二连三撒手而去，使刘蓉心中的伤痕久未平复。胡林翼请他到大营协助军事，他坚持不肯复出。曾国藩将他视为挚友，说他渊博沉静，严谨谦恭，清心寡欲，超然物外。骆秉章能说动他出山，颇感荣幸。

湘军名将大多数跟随胡林翼、曾国藩和左宗棠去了，只有刘岳昭久在湖南，一直跟随骆秉章。骆秉章自然要带上刘岳昭同行。此外，骆秉章在咸丰三年起用的江西鄱阳人黄淳熙和刘蓉关系亲近，于是他也作为大将跟随骆秉章前往四川。

骆秉章还把三十八岁的醴陵人黄彭年请入了军幕。此人在十六岁就写过一篇七千字的《选将论》，对军事素有研究。后来他中了进士，选进了翰林院，仍然热心军务，于咸丰初年随父亲在贵州举办团练。

二十岁的耒阳人刘厚基也加入了骆秉章的队伍。他在十八岁那年以武童身份投入湘军萧启江营中，随军转战江西、广西和湖南，有了一些历练，可望成为湘军的一员大将。

清廷把湘军派向全国各地，就是不肯调湘军救援京城，宁愿让苗沛霖的团练去拱卫京师。于是形成一种奇怪的局面：尽管京城危在旦夕，湘军仍在各地有条不紊地对付清廷的敌人，似乎京城里发生的事情与这些手握重兵的将帅毫不相干。

曾国藩曾请求清廷允许他提兵北上，直到和议谈成也未接到旨意，于是作罢。

英法联军于 10 月 13 日从永定门攻进京城。而各地的内战仍在照旧进行。

从安徽进入浙江的太平军于 10 月 20 日攻占严州，分兵长驱北上，袭击富阳，再次接近杭州。清军将领刘季三和刘芳贵战死。

钦差大臣奕訢于 10 月 24 日与英国全权代表额尔金签订《中英北京条约》。和议的达成对苗沛霖产生了刺激，因为清廷下诏阻止他的团练北上。

恰在这时，安徽太平军进兵淮北，苗沛霖和李世忠部屡次被其击败。有人说他们与太平军有所沟通，互相照顾。

苗沛霖见中原多变故，便纵兵四出，变本加厉地掠夺民圩，占据关卡。袁甲三和翁同书严加诘责，无法制止。他常率轻骑兵往来寿州，名义上是参见翁同书，言行之间却没把巡抚放在眼里。翁同书只得以温言抚慰。有人进谏说："苗沛霖居心叵测，找个机会干掉他，不过费一点武力而已！"

翁同书认为苗沛霖势力太大，杀了他恐怕激起兵变。苗沛霖更加横行霸道，派兵掠夺寿州和六安的民圩，堵塞南边的道路。

京城的动荡致使京畿以南造反军蜂起。捻军攻打山东济宁，清廷派僧格林沁领兵前去攻打。捻军纵横菏泽与济南之间，山东大乱，德楞额部在峄州战败。清廷专派道员联捷防守黄河，准许他专折上奏。

僧格林沁到达济宁后，上奏说，捻军部队很杂，兵力很多，其出兵袭扰，都是趁着官军兵力空虚，避开官军，焚烧抢掠，胁迫俘虏百姓，兵力日益增多，骑兵和步兵达到几万人，列队一百里。官军兵力少，捻军兵力多，众寡悬殊，如果想攻击捻军的根据地，则相距一二百里以外就只有枯井和荒地。官军携带粮食和饮水，不能持久，撤退时又被捻军追踪，往往失利。十年以来，官军每次进军都无法与捻军交战。

僧格林沁所部只有一万两千人，请求朝廷批准他与傅振邦和德楞额两部会合，一起直攻捻军根据地，一举消灭捻军。咸丰皇帝亲笔写了诏书，告诫他作战不要虎头蛇尾。

234

石达开所部于 10 月下旬再次攻打南宁和武缘，袭击南宁以北的宣化、宾州和上林。李青靛的造反军攻击南宁以东约两百里处的永淳，吴德徵等人率部将李青靛部击退。忻城和迁江的石军四处出击，东袭来宾和马平，北袭宜山、天河与融江，进入永宁。刘坤一和李明惠率部跟追。

代理湖南巡抚翟诰于 11 月 1 日授印，为骆秉章饯行。骆秉章所部还未出发，彭大顺等部太平军已于 11 月 13 日攻占湘西南的绥宁，杀死知县吴熊。又于 11 月 14 日攻占城步，杀死知县安和。

彭大顺挥师北进，于 11 月 17 日进围武冈，遭到江忠义、江忠朝和邓子垣所部湘军阻击，被迫撤围。第二天放弃城步东进，路经新宁，于 11 月 28 日攻下东安，击败从武冈追来的江忠义所部，然后进入道州和永明。

白衣太平军于 12 月上旬抵达江华，围攻尾追而来的江忠义和魏喻义湘军。

刘长佑坐镇全州指挥，派兵进入湖南，在江华逼攻彭大顺部，屡屡获胜。彭大顺被迫撤销对江华的包围，东进蓝山、临武、桂阳、宜章和桂东，沿途作战迅猛，队伍发展到二十万人。

彭大顺和朱衣点深感在湖南难以立足，率部进入江西，占领崇义，然后东奔南安与瑞金。

刘长佑返回桂林，增派李士恩等人率部助攻太平，又派张志功所部南下梧州，会合广东清军攻打苍梧下郢，将浔州造反军击退。蒋益澧部再次在竹洞和英洞打败造反军，迫使他们返回浔州。

曾国藩仍然被困于祁门，指挥部队与太平军绞杀。

11月12日，张运兰与鲍超的部队联合打败休宁之敌。

杨载福感到湘军水师战线太长，上奏请派江南水师将领李德麟和吴全美还守镇江，分兵驻扎大通。

由于徽州和宁国相继被太平军攻占，湘军陆师自顾不暇。安庆虽已合围，但陈玉成派兵向湖北的蕲州和黄州运动，企图绕到湘军后方，湘军不得不防。

太平军进占宁国之后，许多百姓逃进南陵。皖南镇总兵陈大富不断派人潜出城外，终于把求援的血书送到了曾国藩手上。

曾国藩知道南陵城中的军民已经吃尽了苦头。部队已有一个多月没有进食主粮，饿得只剩皮包骨头。百姓更不用说，天天都有许多人饿死。如果再不派兵救援，南陵城内就会只剩下一堆白骨。

但是湘军陆师实在抽不出兵力去救，曾国藩便令水师急速赴援，打算救出城中的军民，弃城不守。

救人不救城，体现了曾国藩的人道主义思维。

杨载福担心孤军深入必然危险，于是他想了个声东击西的法子。

11月14日，秋雨绵绵，江水暴涨。杨载福率四营水师出发，扬言要打芜湖。

芜湖距南陵一百多里，太平军长期未设守备。李世贤的眼光死盯着南陵，刚刚下令在南陵的河道旁修建壁垒，截断南陵北港，企图困死城内军民。

围攻南陵的太平军侦察到湘军水师出动，料想南陵不能通船，湘军水师无法到来，一定是去打芜湖。于是他们全部连夜奔赴芜湖，中了杨载福的调虎离山之计。

杨载福率部夜宿芜湖以南约二十里的鲁港，半夜下令："跟着我的船前进，超过者斩！"

黎明时分，杨载福令两营水师驻扎港口，自己登上舢板，对舵师下令："去救南陵。"各营将士迷惑不解，但见统帅率先前进，便跟在后面出发。

太平军刚刚在南陵港口左右建起三四处小营，见湘军突然杀到，哪里还敢抵抗，连忙逃走，保卫城下的大垒。垒中之兵多半已开往芜湖，留守部队见湘军掷火，便出营逃命。

陈大富听到城外闹成一片，连忙登城遥望，然后高兴地搓着两手，说道："援军到了！"

他令疲弱不堪的部队出城夹击。被困已久的守军看到了生存的希望，拼尽最后的力气杀出城门。太平军一退十多里，守军追奔而去，与湘军会合，杀敌一万多名，将大批敌军逼到水里。

南陵解围了，杨载福派船运粮接济百姓，城内欢声雷动。

陈大富还想修缮城墙继续固守，杨载福赶来敲打城门，呼喊陈大富："我奉命救出城内居民，马上让他们上船！"

杨载福见到陈大富以后，向这位湖南老乡解释：湘军兵力不足，何况南陵地形不适宜防守，部队必须驻扎在上游。陈大富同意撤退。

南陵的十多万百姓愿意跟随湘军迁徙。杨载福令战船上的军士都上岸步行，沿着江堤退出，然后让百姓上船，老弱在前，青壮年在后。装载军士的战船跟随其后。杨载福殿后，半天内全部出发。

太平军逃兵赶到芜湖报告，主力连忙赶回南陵，抵达时已到黄昏。太平军呐喊着追来，杨载福独自持矛站在堤上，追兵不敢逼近。

出港后，芜湖太平军率船队到来，与留防南陵的古丈人杨占鳌等人的水师部队相持。太平军见湘军大队船只已浮港而下，也就撤退了。军民一万多人分乘各船返回黄石大营。湘军搭起棚帐供他们留住了二十五天。

陈大富驻守南陵前后长达十八个月，以单薄的兵力抵抗太平军主力的攻击，忍死待援，从此以善于防守而著称一时。

曾国藩还未接到杨载福的捷报，就听说太平军逼近了祁门。他将鲍超所部调到西馆驻扎，张运兰部则驻扎在迪祥湖，距休宁城十几里。

太平军于 11 月 16 日从榔市攻击迪祥湖，张运兰率部反击，将敌军击退。

陈玉成见桐城已被多隆阿困死，率大队前往援救，援兵号称十万人，于 11 月 26 日抵达城外。多隆阿领兵迎战，首先驻扎挂车，待敌到来。陈玉成增加壁垒，不肯出战。

多隆阿说："贼匪刚到就闭营不出，是想把我们拖垮。不过，他们来这里打着援救守军的旗号，而又不投入战斗，军士们不知他的想法，形势上就落了下风。我们不妨集合兵力一起进攻，攻破他们的一个军营，其余贼匪自然就会逃走。"

张运兰所部在迪祥湖败敌之后，士气大振。张运兰的胆子也壮了起来，于11月29日主动出击，在万安街打败敌军。

李秀成志在攻克湘军祁门大营，亲率几万人从羊栈岭出击，攻占休宁与祁门之间的黟县。

上海清军在屡次败退之后也来了一次主动出击，在金山和宝山境内击败太平军。

235

贵州的石达开部众于11月到12月之间从独山北袭平浪，定番的太平军则回头攻克长寨，杀死同知刘宗元。独山的太平军东奔广西融县，进入湖南。

刘坤一率部对柳城发起总攻，四十八峎造反军全部投降。陈戊养也向刘坤一请降，于是柳城全部平定。

苗沛霖的气焰日益高涨。他给寿州城的团练绅士下了一道命令，要求他们到寿州以北的下蔡领取旌旗，谁不按时到达就要问斩。部郎孙家泰主持防局，没有应召。苗沛霖大怒，率千人攻打寿州北门，要求城内交出孙家泰他才罢兵。

清军副将徐立壮侦察到苗沛霖有内应埋伏在城内，便展开搜捕，斩杀七人。苗沛霖大怒，带兵攻打徐立壮所住的宋家圩，将徐家人全部搜出，斩尽杀绝，还掘开徐家祖坟。

徐立壮愤恨不已，找翁同书告状，誓死抵抗苗沛霖。蒙城和宿州的百姓也向官府告状，请求镇压苗沛霖团练。翁同书令徐立壮会同蒙时中扼守两河口。

袁甲三兵力不足，无法兴师问罪，担心导致大乱，不可收拾，便责备翁同书，斥责徐立壮和孙家泰，勉强维持着烂摊子。

僧格林沁所部于12月份趁着天降大雪对驻扎在山东巨野的捻军发起攻击，大败而回。清廷斥责关保昏庸，将他罢官，河南的军事由毛昶熙一人决断。

江苏徐州的百姓和士人三次上奏，请清廷起用伊兴额，皇帝批准了他们的所请。僧格林沁令各州县修筑长围，以阻隔捻军骑兵和步兵。傅振邦因病免职，田在田取代他的官职。

浙江的清军在做垂死挣扎。张玉良收集嘉兴溃卒攻克严州，然后南下三十里攻占寿昌。太平军从富阳和余杭分路攻打杭州，瑞昌和王有龄在城内防守了几天，派文瑞等人率部将敌军击退，并进占余杭镇。

赵景贤率兵援救省城，杭州刚刚解围，他便进城谒见王有龄。忽然听说太平军大举围攻湖州，赵景贤疾驰而归，得知太平军已抵达南门的岘山。副将刘仁福在平湖兵败，向敌军投降，率两千名广勇从昌化向湖州开来，假称增援，打算入城为敌军内应。

赵景贤得到密报，便将计就计，设宴款待刘仁福，但不放他的部队进城，暗地里派精兵出城，腰挂竹筷作为标识，将广勇围歼。接着在街市将刘仁福处以磔刑，把头挂在竹竿上示众。

赵景贤率民团坚守了四十多天。曾国藩派杨载福与彭玉麟率水师前往应战。彭玉麟率部入城，登上城楼，在雨中站立几个日夜。太平军见内应失败，湘军来援，便无心攻城，不战而退，分兵袭击西南各乡镇。赵景贤与湘军水师分兵攻占五座县城，将南陵的军民迁移到东流。

王有龄见湘军水师如此威风，也提出建立水师，上奏朝廷，请调湘军营官刘培元。刘培元先回湖南率领水师，在衡州和永州防御太平军，没有前往浙江。从此东南七省都各自拥有水师战船，多半是起用湘军将领，船舶制造都模仿湘军。

左宗棠的新楚军从9月下旬开拔奔赴前线，9月28日进入江西，11月进入军事重镇景德镇。随同他一起到来的有三十五岁的湘乡人杨昌浚和四十一岁的宁乡人刘典。

杨昌浚是左宗棠首选的人才，但他无意于仕途，并不想跟随左宗棠出征。只是因为左宗棠的盛情难却，他才勉强答应随军襄助左宗棠，但约定只干三个月。

左宗棠本来是想带领五百人学习打仗，没想到一出师就带了五千多人的大部队。他忐忑不安，在给广西巡抚刘长佑的信中调侃自己"书生骑劣马，丑态百出"；在给胡林翼的信中说自己好比一个土老财，弃农经商，"起手即开大店生意"，表面看起来很顺，其实经验缺乏，很可能亏本。

左宗棠素来自信，为什么现在如此焦虑呢？其中固然有患得患失的成分，但更大的原因在于，他感觉到内忧外患已经到了危亡的时刻。

左宗棠分析了内战的战局，认为太平军从东向西全线出击，是为了把围攻安庆的曾国荃湘军调走。而他的新楚军进驻景德镇，就是为曾国藩祁门大营把守后门，抵挡各路太平军，使曾国荃部得以攻破安庆这个堡垒，为湘军东征扫平道路。

左宗棠听说南边两百里处的贵溪有太平军活动，便率部南下攻击。曾国藩给他的任务是防守广信和饶州，与皖南的湘军互相应援，准备进军浙江。

左宗棠虽跻身于京卿之列，在军事上却完全服从曾国藩指挥，如同帐下的将领。

广东的一支会军北上江西，攻击信丰，然后长驱北上，攻击东部的南丰和建昌。接连攻克东北部的河口、兴安、德兴和婺源。左宗棠连忙发兵抵抗。12月12日，杨昌浚所部攻克德兴，又于12月14日攻克婺源。造反军一并北上，进入安徽徽州。杨昌浚因功升任知县，加授同知衔。

池州太平军于12月15日出兵攻占江西建德，打败普承尧的守军。曾国藩派唐义训统祁门各军前往救援，在利涉口阻敌，攻破壁垒，追杀到三里街，太平军弃城而走，大举进攻湖口。

湘军水师将领丁义方收集建德的溃兵，挑选五百名精壮官兵在湖口分布防御。他自己率水师驻守湖口西北门拼死抵抗。这时成发翔率水师赶来增援，将太平军击退。

四十岁的益阳人丁义方升为参将，加授副将官衔。

曾国藩考虑到左宗棠的新楚军是新建的部队，担心战斗力不强。凡是遇到危险的战斗，便派鲍超率部增援。

左宗棠在湖南的军政幕府当了十年高参，深谙韬略，只是行军布阵也许还不熟悉。而鲍超的霆军素享威名，剽悍勇猛，太平军视为劲敌。左宗棠刚刚领兵作战，也愿借用鲍超的威名作为辅助。

曾国荃部对安庆加紧围攻，太平军各部都想牵制湘军兵力，便派兵进入江西，希望湘军会分出在安徽的兵力前来救援。

太平天国堵王黄文金勇悍坚忍，在军中享有"黄老虎"的称号。他亲自从建德率大军攻击饶州，于12月21日攻占彭泽，12月23日攻占浮梁，12月24日攻占都昌和鄱阳，江西的清政府大为惊慌。

左宗棠正在婺源，打算攻击徽州，收到警报，连忙西回景德镇。黄文金所部迎头开来，在马鞍山扎营。左宗棠部在星市渡发起攻击，将太平军击退。太平军翻山撤走，湘军进占浮梁。

左宗棠在江西得到一个消息，更加激发了他奋发向上、执掌重权的欲望。他得知沙皇俄国利用英法联军攻占北京的军事压力，又于11月14日强迫清廷签订了一份不平等条约。

这份条约是钦差大臣奕訢与俄国驻华公使伊格那提也夫在北京签订的，共有十五款。主要内容包括，将乌苏里江以东约四十万平方千米的中国领土强行划归俄国；规定中俄西段疆界自沙宾达巴哈起，经斋桑卓尔、特穆尔图卓尔至浩罕边界，"顺山岭、大河之流及现在中国常驻卡伦等处"为界；开放喀什噶尔为商埠；俄国在库伦和喀什噶尔设立领事馆。

这件事令左宗棠想起了林则徐的嘱托，想起了林则徐临死前向皇帝对他的奏荐。他暗下决心，他一定要登上能够在朝廷里说得上话的高位，为加强国防、抵御外侮贡献才智。

236

张运兰继续在祁门一带作战，于12月2日分兵抵抗太平军的进攻，被其击败。鲍超派宋国永和唐仁廉率部前往增援，太平军放弃黟县县城，驻扎卢村。

湘军增加兵力，于12月4日再次大战太平军，迫使太平军撤走。

多隆阿在桐城城外集结部队，于12月5日对陈玉成的援兵发起了攻击。多隆阿令部队打出旗号，击鼓助威。他率十八营兵力分三队逼近进攻。太平军迎战失利，退回军营。

多隆阿大喜道："贼匪逃走了！"他飞书通知李续宜，约他夹击敌军。

陈玉成部虽遭挫败，但势头仍然强盛，这一仗只损失八十人。李续宜率部驻扎新安渡，太平军闭营不出。

祁门周边没有一块安宁的土地。驻防湘军都闭门自守。有人劝说曾国荃撤掉对安庆的包围去营救祁门大营。

曾国荃说："贼匪正想牵制我军兵力，我们怎么能中计呢？"

于是他反而加大了对安庆的攻击力度。

陈玉成见无法调走围攻安庆的湘军，便率十万兵力增援安庆。曾国荃屡次派兵拦截，屡次将陈玉成的援军击退。

陈玉成率部返回桐城，增修壁垒，不再出战。

多隆阿屯兵挂车，约李续宜率部夹击桐城，未能攻克。

12月8日，陈玉成所部突然袭击李续宜部。多隆阿亲自领兵前往救援，太平军自行撤退。

12月9日，多隆阿对李续宜说："贼匪容易对付，昨天的战斗中就可看出来了，请你配合我一起把他们歼灭！"

多隆阿于第二天率部从挂车袭击敌垒，攻击的方向是由南往北。李续宜从新安渡袭击敌垒，攻击的方向是由北朝南。太平军守不住军营，被迫出战。两支湘军奋力攻击，俘敌一千三百名，释放难民一万四千人，捣毁一百四十座壁垒和馆舍，追逐二十多里。陈玉成部向东北方撤退一百里，抵达庐江。李续宜回援庐江，半路作罢。

湘军击溃陈玉成的援军以后，清廷任命李续宜为安徽按察使，加二品顶戴。

胡林翼见安庆久攻不下，心中焦急，便将大营从英山移往太湖，更加接近前线，便于部署兵力。他料想敌军增援安庆失利，一定会谋划深入内地，以牵动湘军各部。于是他下令在潜山、桐城、舒城和霍山的险要处建立碉卡，派民兵防守。又令副将余际昌率部驻扎霍山，防守中路。派总兵成大吉驻扎罗田防守北路。

胡林翼告诫各部将领，部队开到防地以后，切勿轻易出战，要坚守待援。

为了弥合对安庆的包围圈，杨载福的水师必须从枞阳镇进入枞阳河口，但是遭到太平军的猛烈阻击。曾国荃派李臣典率三营兵力增援枞阳，为水师打开了通道。

李秀成率部占据羊栈岭，向祁门运动，更加迫近。曾国藩派杨镇魁等人领兵驻扎在卢村阻击。12月28日，太平军攻击卢村，张运兰率部增援，将敌军击退。12月30日，太平军从岭外增加兵力，曾国藩派宋国永部绕过黟县从卢村前进。又派张天习绕过岭外，截断敌军退路。

两军交锋，湘军前后冲击，将太平军击退。追击的湘军部队抄到前面拦截，太平军大多坠岩撞树而死。

苏州的太平军在年底出兵攻打宝山，清将姜德等人率部将之击退。

237

骆秉章为了增援四川而募练的新军在 12 月份成了抢手货。翟浩见石达开部又回到了湖南，请求留下骆秉章的新军防守本省。

崇实已在成都接受总督官印，取代了曾望颜。他下令增募军士，兵力达到三万人。但是他很快发现兵多未必是好事。川兵作战畏怯，骚扰百姓却是好手。官兵游手好闲，将领骄横跋扈，坐吃山空，四处抢掠。

另一方面，造反军的势力却在继续蔓延，兵力号称一百万，包围了成都西南方的邛州、雅州和峨眉，以及成都东北方的潼川，攻占了四川南部的青神、丹棱、名山、天全、荥经、洪雅、隆昌、荣昌、长宁和兴文，以及北部的江油。一个首领带领一部，分兵四出，各有联络结交，俘虏不下于一百万。

云南边界有一支造反军来到四川筠连，分为三四十人一拨，所过之处毫无阻拦，渗透到川东。湘军将领萧庆高、何胜必、胡中和与蜀军将领唐友耕往来奔命，无法重创造反军。而石达开部从广西返回湖南后，沿贵州、四川、湖北边界崎岖闯行，清廷的五省驻军闻名丧胆，四川尤其震惊。官文和胡林翼又上奏清廷，请求留下骆秉章所部防守湖北施南。

骆秉章没有接到令他留下的旨意，但他从巡抚任内的经验得知，地方官府不肯给外省军队提供军饷，所以他总是观望等待，不敢挥军直进四川。

骆秉章所带的黄淳熙所部叫作"果毅营"，兵力已增至三千人。这支部队前后经过三十多次战斗，次次告捷。黄淳熙屡经提拔，官至知府，以道员记名。

黄淳熙带兵打仗喜欢勇猛冲锋，以持重犹疑为耻，他认为他们的任务就是援助四川，逗留不前是非法的。他看不起刘岳昭，不想与他并列为将，便说服骆秉章将部队分开，留下刘岳昭部协助防守湖南与湖北。

骆秉章一行到达湖北荆州时，刘岳昭率部留防，黄淳熙率所部先头出发。

骆秉章率黄淳熙部分水陆两路向宜昌进发，约定在夔州和涪陵与四川官军会师。崇实见四川的军事日益棘手，料想自己的才干不足以应付，便虚心等待骆秉章到来，频频上奏，想借朝命催促骆秉章。他还说自己很快就会力不从心，恐怕耽误国家大事。

　　各地封疆大臣到这时虽然看清了危败的局势，知道自己置身于死境，却无人愿意承认自己无能。曾国藩所到之处遇见的都是忌恨倾轧，现在骆秉章亲身体验到了。每到一个地方，想要领取军饷，地主总是千方百计地搪塞阻挠。唯独崇实诚恳地推举贤能，是常人不及的。于是骆秉章一路上多次上奏诉说军饷匮乏，希望崇实能为他解决最实际的问题。

1861年

咸丰十一年

238

清廷在 1 月 8 日下了一道谕旨，令各省总督和巡抚及各路统兵大臣以后不要再到湖南招募勇丁，只要按照湖南募勇的章程各自在本省招募就行了。

清廷之所以下这道谕旨，是因为各省督抚纷纷派人招募湖南勇丁，以致各处战场上的清军士卒十有七八是湖南人。这说明湖南人在全国的清军中都极受欢迎，而且也说明湖南有很多青壮年男人都愿意到战场上去实现人生价值，以至于形成无湘不成军的局面。

新年到来，太平军在全国各地都保持着优势。上一年在天京周边取得的大胜鼓舞了太平军的斗志，太平军各部由此而能四处出击。

曾国藩率湘军大营驻扎祁门之后，湘军一直无法向东进取，相反却有自顾不暇的窘迫。太平军江苏大捷的余波继续冲击着安徽的东南部和江西的东北部。

新年一到，太平军就试图拔掉景德镇这颗钉子。曾国藩把左宗棠部安排在这里，是为了能够从江西将粮饷转运到祁门大营，同时挡住太平军进入浙江的道路。太平军很快就感到了这颗钉子的厉害，不惜动用大军来攻。

黄文金于 1 月 5 日亲率两万精兵从湖口和鄱阳攻打景德镇。左宗棠联合霆军奋力抵抗，然后发起反击。黄文金部向西北撤退一百多里，驻守石门街的洋塘。湘军跟踪至洋塘，但时值天下雨雪，不利于攻战，双方相持不动。

太平军暂无兵力进攻浙江，浙江的清军得以苟延残喘。浙江北部的重镇湖州经过湘军水师赴援后，民团备受鼓舞，防守得十分坚强。嘉兴乌镇的太平军分途袭击双林镇等处，赵景贤率民团于1月6日杀到城外，王有龄派副将文瑞来协助，两军转战十几天，大破太平军，攻破所有壁垒，湖州城解严。

清廷下诏，赵景贤三次解围有功，赏按察使衔。

清军将领林文察率部攻克了浙东的江山，张玉良和李定太率部攻克常山，封住了太平军从江西进入浙江的门户。

为了巩固赣北的防御，湘军的水师投入了战斗。杨载福的水师于1月中下旬攻克彭泽、都昌和鄱阳。太平军转而围攻湖口，彭玉麟的水师和吴坤修的陆师固守无恙。

左宗棠初次统兵作战，锐气正盛。他和鲍超试图吃掉黄文金这支敌军精锐。左宗棠率部进驻梅源桥，霆军控制了洋塘周边。

黄文金不甘示弱，下令修筑壁垒，绵延二十里，趁着天下雨雪，悄悄渡过西河来到谢家滩，在夜间修扎三座浮桥，企图袭击霆军。左宗棠认为鲍超不懂兵法，布阵时令自己陷入绝境，便派罗近秋率部保护鲍超的军营。

太平军上一年在江苏取得的胜利鼓舞了分布在东部沿海省份的各支部队。彭大顺和朱衣点等部于1月上旬从江西东进福建，在1月13日攻入汀州。

为了在安徽和江西取得绝对优势，李秀成于1月份率部离开苏州，开入安徽。苏州大局由太平天国护王陈坤书和纳王部云官主持。

李秀成发誓要拔掉设在安徽东南部的湘军大营。他派古隆贤所部于2月15日从石埭南下攻打祁门。江长贵率部在大洪岭将古军击退。黄惠清率部在大赤岭阻击，被古隆贤击败。唐义训部赶到大赤岭增援，于2月17日在石门桥打败古隆贤部，迫使该敌翻越大赤岭撤走。

鲍超与黄文金对峙了半个多月，在2月18日下令出击，陈由立等部攻打中路，黄庆等部攻打左路，陈得胜等部攻打右路，马伍承部弥补隙缝。

黄文金下令从鸡公坡渡河，扑向鲍超军营，被罗近秋部击退。鲍超麾军扼守谢家滩，发起反击，直逼浮桥。黄文金部抵挡不住，阵势溃散，军士纷纷夺桥而逃，在西河中淹死许多。霆军斩杀四千人，将黄文金的壁垒全部捣毁。黄文金负伤，连夜逃走。

第二天，鲍超率部追敌至彭泽的下坞坂，左宗棠部则将敌军追至黄麦铺。

黄文金的落败令太平军十分吃惊，安徽青阳和铜陵的太平军南下增援黄文金。两军会师后占据建德，声言要南下回攻景德镇。

浙江的民团在2月份又有动作，蒋贵斌率部攻克杭州西南六十里处的富阳。赵景贤派兵再次攻克长兴。太平军一部从宜兴来攻，被赵景贤部击败。

这时，太平军攻克了太湖的洞庭东山和西山，占据了整个太湖。赵景贤无力据守太湖，北路的七十二溇港又时遭太平军袭击，赵景贤便增派水师驻扎大钱口，联络民兵，维持饷道畅通。与敌作战几十次，次次告捷。

石达开部仍然活跃在南方各省。2月份，他的一个支队到达广西东北部的灌阳，湘军刘坤一部追踪北上，联合湖南的湘军进行夹击，将该敌击败。石达开的另一个支队从贵州定番长驱南下三百多里，攻打广西西北部的南丹和庆远。

239

苗沛霖于上一年决定杀进寿州，现在继续执行这个计划。2月10日，他率水师和陆师开到两河口，准备攻打寿州城。翁同书派总兵黄鸣铎率水师迎击。苗沛霖率部驻扎在纪家台，与清军相持半个月，又增兵围攻北门。

张学醇出面为苗沛霖讲情，对翁同书说："苗沛霖是找孙家泰寻仇，并非叛变。大人早晨撤掉防兵，他到傍晚就会退兵的。"

翁同书同意撤防，苗沛霖趁机率部从菱角嘴渡河，焚烧抢掠一百多里，同时派出使者向庐州的太平军示好。陈玉成给他一颗王印，封他为秦王。

清军都司王舟等人率练勇赴援，屡次挫败苗沛霖部。

苗沛霖率部退到孙家祠，将孙家的坟墓全部掘开，烧毁尸体。翁同书不得不撕破脸皮，派黄鸣铎率部驻扎五里庙，又派总兵庆瑞和尹善廷率部攻击孙家祠。

僧格林沁派兵增援山东菏泽，再一次吃了败仗，沮丧地返回。清廷责备他轻敌冒进。穆腾阿因病免职，总兵成明取代他的官职。

捻军两次大败僧格林沁，军心大振，从曹州奔向郓城，渡过汶水，袭击泰安，都统伊兴额和总兵滕家胜战死。

僧格林沁移驻汶上，捻军便包围青州。河南捻军的势力更为强盛，占领地接连二十多个县，西起南阳，东到淮南界河，南到汝宁。清军无法预测他们的行踪。

河南巡抚严树森认为手下将领无能之辈太多，部队战斗力太弱，很想按照湘军的办法整顿军旅，因此与毛昶熙意见不合。

山东的民团集结兵力抵抗清军。捻军向西挺进，到达淅川。张芾率陕西团练防御。清廷又令胜保出兵驻扎景州，统率一万兵力。

莘州和范州的造反军向北攻打大名。滕州和峄州的捻军向西袭扰，僧格林沁收拢兵力保卫邹县。山东巡抚谭廷襄出兵驻扎茌平。捻军攻占曲周，袭扰威东，攻占清河，杀死知县陈大烈。

240

鲍超见黄文金部得到增援，仍想攻打景德镇，决定再次给予打击。3月5日惊蛰，他派陈大富率部向建德推进，把太平军拖住，自率主力攻打黄麦铺。太平军趁湘军还未排好阵势，分布在山上各处，呼声震撼林壑。

鲍超按兵不动，等到敌阵中出现破绽时，挥师进击，势如雷霆，太平军大败而逃。

鲍超挥师追至建德，适逢陈大富配合唐仁廉的水师攻克了建德城，太平军朝北直奔两百里，退向安庆。江西的饶州和九江地区战事告平。鲍超奉命率部渡江，援助围攻安庆的湘军。

建德战役以后，唐仁廉升任游击。

左宗棠想拔掉太平军在江西东北部的最后一个据点婺源。他于3月7日率部独攻婺源，中了李世贤设下的埋伏，兵败退回鄱阳。

李秀成没有攻下祁门，率部开进江西，从玉山向西南推进，攻打广信，没有攻克，又向西南方长驱直下，包围建昌，挖地道攻城。建昌城内守军不足千人。刘于浔率江西水师增援，被太平军击败，北逃抚州。李秀成挥师尾追到抚州，包围该城，没有攻克，便向西南推进两三百里，抵达永丰和吉水。

太平军驻扎在祁门以北的部队翻山越岭，南下两百里奔赴祁门。曾国藩派朱品隆和江长贵率部将之击退。

江西东北部的一系列战斗使江西的军粮无法运到曾国藩的祁门大营。到现在为止，应该从江西运到的军粮已经断了三十天。

曾国藩督率的驻军共计三万人，无粮便无法支撑。大家议论纷纷，认为东进攻取徽州便可自立，又说可以向浙江取饷。这些说法不无道理。因为此前休宁的太平军无缘无故连夜撤走了，张运兰长期驻扎在休宁城，太平军也不再进攻，所以大家认为徽州太平军兵力单薄，容易攻取。曾国藩在认真考虑攻取徽州的提议。但他仍然觉得这个计划风险太大，所以没有断然出兵。

浙江的清军仍在局部与太平军作战。张威邦与3月间联合上海清军曾秉忠部攻克杭州湾北侧的海盐，米兴朝率部攻克海盐以北五十里处的平湖。

彭大顺和朱衣点于3月5日率部攻占福建连城，但很快就被福建清军包围。为了坚守连城，他们开始了长达两个月的防守战。

江苏的战斗集中在上海周边。青浦太平军袭击广福林，清军参将李恒嵩会同曾秉忠的水师将之击退。自从常熟和昭文有团练部队自发抵抗太平军以来，浦东各县的绅民都修备自卫，在一定程度上压制了太平军的势力。

青浦主持团练的绅士何长治与沈维城等人率部与太平军作战，屡战屡捷，向北追杀到嘉定，沈维城战死。民团捣毁了太平军在黄渡、安亭及香花桥设立的防局，斩杀了天国的官员。

241

胡林翼在上一年11月份的预测到此年3月中旬变成了现实。

陈玉成认为在安庆周边与湘军硬拼是不明智的做法。为了牵制湘军的兵力，减轻安庆的压力，决定抄小路到上游袭击湘军。

湖北境内已有一年未起战火，现在又将陷入战争。陈玉成联合捻军从六安和霍山分路向湖北进击，响应李秀成等部在江西发起的攻势。

湖北的湘军这时全力以赴在安徽作战，曾国荃屯兵于安庆城下，日夜与太平军搏杀。巡抚胡林翼也不在省内，在太湖坐镇策应。

陈玉成于3月14日下令向湖北东部的罗田发起攻击。清军总兵成大吉率部在省界松子关击败造反联军，斩杀外号叫"龚瞎子"的捻军首领龚得树。

防守霍山的副将余际昌不听指挥，部队被太平军击溃。太平军打着他的旗帜于 3 月 17 日攻占蕲水，挥师西进，于第二天攻占黄州，前军抵达滠口。接着分兵北上袭击麻城和黄安，一部袭击西北方的黄陂，再西攻孝感。

太平军逼近了武昌，但湖北的湘军集结在安徽境内，武昌空虚，只有两千名标兵防守。湖北清政府大为惊慌，武昌周边的城市里，官民纷纷离城逃避。官府的财物和商人的钱财多数被散兵游勇抢掠而去。

胡林翼身在太湖，疾病缠身，鞭长莫及。湖北布政使唐训方主持武昌防务。总督官文和他昼夜登城巡视。

针对太平军的战略，胡林翼发表自己的看法。他说："用兵之道，保存实力是上策，争夺地盘是次要的。今天的战功，打败贼匪为上，收复城镇为下。自古以来，围城的军队必须四面无敌。兵法上说，要有十倍于对手的兵力才能围攻。如果我方兵力被困在一个角落，贼匪必然会派较弱的部队守城，而在四周袭扰我军的围攻部队，寻找机会打击我军，这是很危险的啊。然而，如果我军不围城，就无法使贼匪来寻求和我们作战。"

胡林翼决定将他统辖的湘军分为三路，一路仍然加紧围攻安庆，其余两路去寻找陈玉成的援兵作战。

当时，袁甲三为了得到湘军援助，上疏推荐李续宜升任安徽巡抚，又推荐熟悉苗沛霖的贾臻和张学醇出任藩司和臬司。他认为，只要借了湘军的威势，由贾臻等人去游说，就可以驾驭苗沛霖。对他的请求，咸丰皇帝全部批准照办。

李续宜作为多隆阿的后援无法北上淮河流域。他上疏说，若要保卫湖北，固然应先稳定安徽，不过也要根据逆贼的行踪来决定轻重缓急。现在逆贼从英山进军湖北，攻占了黄州、麻城和德安等城，他应挥师返回湖北，不能马上履行安徽巡抚的职责。于是安徽藩司由贾臻代理，翁同书仍然驻扎寿州。

胡林翼赞成李续宜返回湖北打游击，对他寄予厚望。

李续宜率部从安徽青草堈回援武昌，连获大捷。舒保的骑兵随后赶到。彭玉麟的水师火速驶来，省城的防御稳固下来。

郭鹏程随李续宜赴武昌解围，清廷赏给他二品封典。

陈玉成部没有向武昌挺进，而是从孝感向西北方挺进四十里攻打云梦，然后继续北上，攻占德安和随州。

前往四川的骆秉章拖拖拉拉，3 月 12 日才率部到达宜昌。他心里还惦记着湖南官场上的事情，上奏指责翟诰浮华奢侈。清廷将翟诰罢官，仍然让文格署理巡抚。

骆秉章一到湖北就被官文盯上了。湖北总督现在正需要兵力对付陈玉成部，连忙上奏，请朝廷将骆秉章所率湘军一分为三，一支驻扎重庆，一支增援江西，另一支留在湖北，同时令黄淳熙率部东进。

骆秉章盘算了一下，自己所部兵力不足一万人，实在难以应付三路，便按原来的方案决定兵分两路，留下刘岳昭率四千六百人协助湖北抗敌，自己仍旧率领黄淳熙部，分为水陆两支溯三峡而上，约定在夔州和涪陵会师。

崇实得到探报，石达开部已经打到了四川的南部边界。在贵州西部，安顺的太平军联合当地造反军渡过六冲河，包围边城毕节，袭击梓潼关。

代理贵州巡抚何冠英与提督田兴恕派周学桂所部从毕节东南方约一百里的大定出兵，企图阻止石达开所部进入四川。崇实派兵防守叙永，但周学桂所部已将这支太平军击退。

周学桂所部在沙子哨击败石达开所部，追到梓潼关，中了埋伏，陷入石达开重兵包围之中，被石军击毙。清廷赠予周学桂提督官衔。

四川对增援的湘军望眼欲穿，崇实再次请旨催促骆秉章入川。骆秉章总是担心崇实不给他提供军饷。直到快入四川境内时，总督派官员前来迎接，骆秉章远远看见冠盖如云。相见之后，四川官员将夔州的税银全部拿来补充军饷，骆秉章大喜过望。

石达开在湖南境内的部众于 3 月间从蓝山向东北方挺进一百五十里，抵达桂阳县。

242

曾国藩来到保持着原始自然生态的祁门以后，置身于清秀的山水之间，尽管周边都有太平军活动，却靠着关隘险阻的保护，总是能够化险为夷。

曾国藩一团和气的心境和祁门山林中的静谧是颇为协调的。他在这里写出了要求湘军不杀战俘的《解散歌》，表明他心中的杀气比他刚刚出任湖南团练大臣的时候已经消减了许多。

曾国藩说，太平军的兵力之所以庞大，是因为掳掠了很多良民当兵。其实这些人都想当逃兵，湘军若是杀了这些胁从者，他们就是有冤无处可申了。

曾国藩首先描述了一番太平军中这些被迫从军的军士所受的苦处，说他们一进部队就要做苦力，挨板子，连衣服和鞋子都穿不上。打仗害怕，进退两难。离乡背井，思念爹娘。家中贫困，儿子饿死，妻子嫁人。若想逃跑，太平军设卡，清军盘查，团勇讹诈。总之，一肚子苦水无处可倒。

曾国藩说明了太平军军士的苦情，然后规定了八不杀。

第一，不杀老和少。湘军俘虏了老年和少年的太平军军士，不但不杀，还要立即释放，发给护照，让他们顺利返回家园。

第二，不杀老长发。老长发就是太平军的老兵。湘军俘虏了这些人，不管他们的头发长达一尺或两尺，都不加害，要遣散回家。

第三，不杀面刺字。太平军在胁迫从军的军士脸上刺字，以断绝他们当逃兵的念想。太平军的军官们相信，清军抓到这些脸上刺字的军士一定不会轻饶。曾国藩针锋相对，要求不杀脸上刺了字的俘虏，劝他们用药水将所刺的文字洗去，然后将他们释放。

第四，不杀打过仗。与清军打过仗的太平军军士成为俘虏以后，湘军也不能杀。只要他们放下武器，就将他们释放。

第五，不杀做伪官。太平天国委任的官员成为俘虏以后，也不能杀。他们当中被胁迫接受官职的可以从宽处理。

第六，不杀旧官兵。被太平军围困俘虏的官军，加入了太平军的，成为湘军的俘虏以后，也不能杀。

第七，不杀贼探子。曾国藩认为，太平军的哨探也有些人是受了蒙蔽，可以不杀。

第八，不杀捆送人。被乡团捆绑押送给湘军的人，其中有些只是逃难的百姓，也不能杀。

这八个不杀，基本上囊括了俘虏中除军官以外的所有人。所以曾国藩用了"人人不杀"这个说法。他要让太平军的军士们都不害怕湘军，都相信自己被俘后能找到一条生路。

他说，逆贼要把这些人聚集起来，而湘军要把他们解散。逆贼要将这些人掳去，而湘军要将他们释放。湘军给每个被俘的太平军军士都发一张免死牌，可以保证他们性命无虞。

曾国藩说，不仅要保证他们活命，还保证不算旧账。他们回到家乡后，不许县官追究往事，也不许他们的仇人再告旧状。

曾国藩说，他的《解散歌》，是给州官和县官打招呼，也是通知兵勇和团练。只要遇到被胁从的难民回家，不许抢夺他们的银钱，不许剥掉他们的衣服。

曾国藩的《解散歌》发表后，有了立竿见影的效果。湖州的赵景贤虽为书生，身材不高，但生就一副武夫的面容，颇有威风，一张大口容得下拳头。他生性好杀，声称"能够杀人下酒，平生一大快事"！与太平军大小百余战，他都亲冒矢石进攻。但他读了《解散歌》以后，幡然悔悟，不再嗜杀，抓到俘虏后将胁从者全部释放。

243

李世贤于3月份打败左宗棠的进攻以后，于4月初率部从婺源向西南推进，攻打乐平。左宗棠率部在甲路迎战，前锋陷入李军埋伏，又吃了败仗。

李世贤部占据了乐平东北五十里处的涌山沿沟，左宗棠在这里扳回一局，将李军击败，得以保全部队，连夜撤回景德镇。

曾国藩见太平军两路大军深入江西，影响绵延几百里，便派陈大富率部驻扎景德镇，腾出左宗棠的新楚军四处攻战。左宗棠率部向西南湖区挺进，奔向鄱阳。

4月9日，李世贤率几万兵力攻打景德镇，陈大富率四千人防守。李世贤自南陵一战后对陈大富恨之入骨，发誓要除掉这个死对头。

李世贤想出一条计策，令精锐部队全部埋伏在牛角岭、柳家湾和回龙岭等处，自率诱敌之兵从镇南的双凤桥奔向李村。

陈大富果然上钩，领兵从城内出击。李世贤佯装败退。陈大富率部追击，跃马争先，参将田应科等随后跟进。

突然，李世贤率部从镇东包抄出击，伏兵一起杀出。陈大富挺矛死拼，被炮弹击中左胸，鲜血淋漓，裹伤后继续鏖战。

李世贤另外派兵从小路来到陈大富军营焚毁营垒。陈大富见营中火起，下马向北方叩首，说道："为臣尽力了！"然后跳进李村河而死。参将田应科也跟着战死。

这一仗，李世贤部还击毙清军游击萧传科和胡占鳌，都司胡凤雏、熊定邦和吴定魁，以及千总罗廷材等人。

清廷赠给陈大富提督官衔和"威肃"谥号，在南陵修建专祠纪念，他的部属战死者一并附祀。

陈大富以前孤军驻扎南陵，名气很大，自从调出防地之后，频繁转移军营，曾国藩没有派他去攻敌。他调防景德镇只有十天，就死在李世贤的攻击下。在安徽和浙江的将领中，像陈大富这样的人已经算得上能征善战的将才，但他们的攻防能力仍然比不上张运兰这些湘军将领。太平军总是避开湘军，从这里可以看出一些端倪。

曾国藩所在的祁门仍然处在太平军的包围之中。但太平军到达距湘军大营二十里的地方就会自行退走，这是因为湘军勇猛已经有了名声，而名声则是强大的战斗力造就的。

鄱阳的太平军向东进军，与左宗棠部在金鱼桥遭遇。太平军将左军三面包围，截断了左军退向景德镇的道路。

曾国藩现在无法指望江西的粮台景德镇转运军饷了。他原指望水师炮船可以从这里护送军饷到祁门，以为这是万全之策，到这时才知道，这个计划是不切实际的，关键是无法保住景德镇。

左宗棠见景德镇失守，决定占据有利的位置与太平军争夺，于4月10日率部转移到乐平。李世贤侦察到左宗棠部的去向后，留兵防守景德镇，亲自领兵南下攻打乐平。

曾国藩为部队的粮食发愁，决定接受谋士们的劝告，准备攻打徽州。他于4月11日亲率祁门的部队进入休宁，征调黟县的城防军前来会师。

4月14日，曾国藩湘军进攻徽州，时逢大雨，军械大多散失，部队无法攻城。

同一天，李世贤部到达桃岭。

4月15日，曾国藩率部退回休宁。

同一天，左宗棠部在马家桥与李世贤部遭遇，左宗棠挥师直击，将李军击退。4月17日在桃岭再战，又将李军击退。

湘军水师在湖北对太平军发起了反攻,彭玉麟和金国琛率部于 4 月 18 日攻克孝感,太平军放弃云梦和应城撤到黄陂,湘军进占黄安,麻城解围。

陈玉成认为,他的部队在湖北进行的攻击已经迫使湘军从安徽将部分兵力调到湖北,围攻安庆的湘军应该已经动摇。如果他回师一击,必然能给安庆解围。于是他留兵防守德安,自率主力撤回安徽宿松。

4 月 19 日,曾国藩湘军再次向徽州进军。

同一天,左宗棠将李世贤部追赶到龙珠,罗近秋在战斗中阵亡。左宗棠料定李军一定会逼近平乐城,而城墙久已坍废,起不了防御的作用,便下令傍靠城的东南部挖掘十多里外壕引水塞堰,阻挡李军的骑兵,又令乡团进城防守,作为疑兵,让李军误以为湘军主力就在城内。

4 月 21 日,徽州太平军出兵夜袭,曾国藩部受到惊扰,八营湘军溃败。

4 月 22 日,曾国藩令各路部队返回各自原来的驻地,他自己留驻休宁,誓死防守。将领们劝他不要这样,他固执己见,还写好遗嘱寄往湘乡家中。

曾国荃从安庆送来几千石大米,并流着泪给大哥写信,劝他不要死守一隅,应该到长江之滨规划全局。曾国藩长叹一声,决定接受这个忠告。

王定安在《湘军记》中说,他曾听到曾国藩自己谈起去留祁门的得失。曾国藩说,他在率湘军征战之初,遭到太平军攻击,遇到危险时,便有求死之心。自从离开祁门之后,才知道徒死无益,苟且活下来才能有后来的大功。王定安因此而感叹说,曾国藩身处祁门则诸事不顺,一到安庆就事事顺遂。一个人所处的位置竟能决定他的成败。存亡之机,间不容发,足以令人深省。

4 月 22 日这一天,李世贤的大军逼近平乐城边,摆开阵势,部队纵横十多里,旌旗招展,遮蔽山谷。左宗棠率部待在城外,从容不迫,军士们直立在外壕边,寂静无声。等到李军逼近,突然开火,每发必中。两军相持到夜晚,李军被拖得疲惫不堪。

陈玉成在返回安徽途中,发现他对湖北的攻击并没有起到预期的效果,湘军仍在加大对安庆的攻击力度。陈玉成只好分兵回攻蕲州、蕲水、黄梅和广济,以声援安庆。

4 月 22 日,从湖北撤回安徽的陈玉成主力到达太湖,多隆阿派兵阻挡,作战不利。众将领说:"快调大队阻截吧。"

多隆阿说:"贼匪新胜,士气旺盛,他们不来攻打我军,我们却去逼他们作战，那么贼匪一定会十分愤怒，将我军打败。"他下令返回大营，防备敌军进攻。陈军也急行军奔入安庆。

陈玉成部经过太湖时，胡林翼在城内稳坐泰山。

有人劝告说："湖北巡抚何苦到邻省的一个小县城来受罪呢？"

胡林翼答道："帅府所在的地方就是巡抚衙门。潜山和太湖这两座城市是我军经过多次作战才得到的。我在这里居守了一两年，也不害怕贼匪，贼匪竟然也不来。"

4月23日，李世贤出动全部兵力攻打平乐城西部。左宗棠调动全部兵力迎战。刘典所部迎击中路，王开化所部出南门迎击左路，王开琳所部迎击右路。将士们跃过壕沟，大声喊杀，李军抵挡不住，回身逃跑。湘军追赶到高桥的小溪边，李军人马互相践踏，尸体枕藉。李世贤易装逃跑，率残部从婺源奔向广信和玉山。

这一仗打下来，左宗棠和他的新楚军声名大振。咸丰皇帝下诏，提拔左宗棠为三品京堂，改襄办军务为帮办军务。

4月24日，李世贤部攻占浙江西部边界城市常山，联合太平天国的三位王爷进入江山境内，分兵南下，攻打处州。李世贤自己率主力向东北挺进，从严州擦边而过，转而南下，于4月26日攻占龙游，继续东进，经过汤溪，攻打金华。

陈玉成部于4月27日进入集贤关。

244

地球的另一面于4月份爆发了一场旷日持久的战场，美利坚合众国的南方与北方开始了内战。北方领导战争的是资产阶级。在南方坚持战争的只是种植场奴隶主，他们进行战争的目的是把奴隶制度扩大到全国，而北方资产阶级的目的在于打败南方，以便恢复全国的统一。

美国的南北战争将要决定这个西方大国的命运，而湘军同时在安庆进行的作战也将决定中国这个东方大国的前途。

湘军对太平天国运动的镇压共有三大里程碑式的攻坚战，那就是拔除九江、安庆和金陵这三个太平军的坚强堡垒。现在九江早已攻克，湘军对安庆已围攻三年。能否攻克安庆，将决定湘军能不能最后对太平天国的心脏予以致命的一击。

曾国荃率一万人在城前城后挖掘壕沟，引入江水，承载战船，互相倚靠。

安庆太平军守将叶芸来先前已往淮北邀约二十多万捻军渡过淮河，正碰上陈玉成部来到安庆城外，攻击曾国荃的围城部队，造反联军便在菱湖北岸修筑十三座壁垒，在南岸修筑五座壁垒，参差相连。

太平军在安庆周边精锐毕集，和城内守军约定对湘军发起夹击。

胡林翼令成大吉率部东援。

太平军焚烧关内的庐舍，火光冲天。城内守军轮番出击，菱湖南北两岸的太平军分起援应，乘着小船在湖中互通往来。

太平军炮火密集，曾国荃中炮落马，被太平军包围。李臣典率部拼死杀入包围圈，将主帅救出。

曾贞干率部在安庆上游的湖口修筑壁垒，以遏止敌军水师。太平军前来争夺，湘军边作战边筑垒。太平军也修筑壁垒阻遏湘军水师。战船从两军壁垒之间驶出，许多军士受伤。

多隆阿也来援助安庆，于4月27日将部队转移到集贤关。

李世贤部继续在浙江深入，于4月28日攻进金华城内。浙江东部的清政府顿时惶恐不已。

张玉良率部驻扎在金华西北方五十里处的兰溪，由于部队扰民，与当地民团互相仇杀，张玉良只得领兵撤走，于是李世贤部又攻占兰溪。

王有龄令处州镇总兵王文瑞领兵攻打金华，驻扎在金华东北方七十里处的孝顺街。

太平军趁着清军撤退，再次攻占浙江东北部的海盐，分兵攻打海盐东北四十里处的乍浦，清军守将锡龄阿战败阵亡，太平军进占平湖。

贵州黎平的苗民军于4月间出兵攻打湖南靖州，袭击通道和绥宁。石达开一部跟随苗民军行动，南下广西义宁与灵川。湖南的湘军各部都开往湘西南防御。

广西的艇军从柳江到达象州发起攻击。刘坤一率部回师援救，在马皮圩与艇军交战，三战皆捷。

曾国荃为了抵制菱湖的太平军，于5月1日请杨载福的水师把几十艘炮船抬到菱湖之中，派弟弟曾贞干和萧孚泗率部出壕护卫。太平军迅疾赶来，围住萧孚泗部，曾贞干率部将吉字营救出。

蔡国祥已率水师进入菱湖抢夺太平军船只，杨载福增派唐学发的舢板船队助战，击伤许多太平军。

陈玉成下令日益增加炮垒，逼近湘军军营。

曾国荃与部将商议道："贼匪壁垒纵横交错，我军应占据东路湖边，停泊水师，修筑壁垒保护，才能置贼匪于死命。"

多隆阿于5月3日接到谍报，说林绍璋、洪仁玕和黄文金率精锐部队前来援救安庆，已经到达挂车。多隆阿率部返回高河驻扎。

5月5日，曾国荃派曾贞干等人领兵开向东路，横壕依水，修筑壁垒。陈玉成派兵过来拼死争夺，湘军边筑垒边抵抗，用了一个昼夜，将壁垒建成，遏止了太平军的势头。

同一天，林绍璋等人的援军在挂车列队向多隆阿示威，然后后撤。多隆阿说："这是贼匪表示要借道而过，不打算与我军作战。为了引其上钩，不妨故意示弱，他们才会攻击。"

多隆阿在两座山隘设伏，告诫部将说："贼匪失败时一定会向东逃跑，东边的伏兵要站起来大喊，西边的伏兵则站起来响应。如果贼匪向西逃跑，东边的伏兵也要响应。不要挡道，也不要将贼匪截留。"

多隆阿又令几百名骑兵跟踪敌军，说："听到喊声就前进，追赶不得超过十里。"

5月6日，多隆阿亲率一支疲弱之兵行使诱兵之计。太平军发起攻击时，多隆阿退走。太平军分为两队，大队人马攻打大营，少半人马追赶佯装溃败的湘军。追到安庆以北七十里的新安渡，湘军伏兵突起，截断敌军退路。败退的湘军回身反击。太平军向东溃逃，东山伏兵击鼓高喊，西山伏兵连忙响应，东西两边呼声震天撼地。多隆阿骑兵飞驰而来，太平军大败，争抢逃路。进攻大营的太平军也收兵撤退，全部逃往桐城东北方七十里的庐江。

曾国藩听从曾国荃的劝告，于5月上旬率五百人从休宁向西北方转移，于5月10日来到长江南岸的东流扎营，位于安庆以南七十里。他留下了朱品隆防守祁门，张运兰防守休宁，江长贵防守柏溪，长沙人娄云庆和曾国藩的表弟唐义训率部防守渔亭，沈宝成防守历口，杨占魁防守羊栈岭。

曾国藩采取这些措施只是为了自保,而无心于进取。当时太平军纵横驰突,军行千里,在湖北、江西和浙江四处发起攻击,曾国藩一时摸不清他们意图何在。有的谋士认为太平军是为了给安庆解围,又有人认为太平军并没有一定的谋略,只是看到哪里有空子可钻就到哪里袭击,捉弄湘军。所以,湘军应该迅速攻破安庆,占领金陵。这个想法和曾国藩原来的计划一致。

既然如此,曾国藩来到了长江之滨,就更加用心规划对安庆的围攻。

245

陈玉成部多次被多隆阿挫败,便返回集贤关驻扎。鲍超已奉曾国藩之命率部渡江赴援江北,江西只剩下左宗棠的七千名新楚军。安徽池州的太平军趁机南下攻占建德,占据附近的枧田街。左宗棠身在广信,闻讯后率部冒雨向西北方疾进。

曾国荃得知陈玉成到了集贤关,率轻骑到关外侦察地势,与陈军相遇。陈玉成派出大部队分路追击。曾国荃所部不足两百人,据险列阵以待。

太平军怀疑湘军有伏,愕然不前。曾国荃纵骑反击,大败陈军。陈玉成在夜间从马踏水浮水逃走,留下一支精兵防守赤冈岭的四座壁垒,与关内的十三座壁垒相连。

曾国荃下令增挖长壕,包围菱湖,把敌垒都围在其中,困住这支精兵。

王明山等人率部进入石门湖联合陆师攻打赤冈岭。下游李朝斌等人的驻军频繁攻打鲁港,以牵制敌军,不让其增援。陈代友等人率部进入练潭,与桐城陆师互相呼应。

增援四川的湘军刘岳昭部改援湖北北部,在5月上旬从宜昌向东北方长驱直进,攻打随州,于5月12日在城外击败太平军。李续宜率部驻扎在汉口以北约四十里的滠口攻打德安。

胡林翼认为李续宜部兵力薄弱,奏请增调刘岳昭部从驻地安陆来与李续宜部会合,随同李续宜作战。

5月16日,舒保和金国琛率部围攻德安,5月20日再次攻击,两次都获得胜利。

李秀成部在江西的西南部作战,攻占了吉安,江西清军又将吉安夺回。

李秀成率部北上两百里攻占瑞州，距南昌只有一百多里。

不久，李秀成分兵四出，分别袭击江西西北部的奉新、靖安、义宁和武宁，进入湖北边界以及湖南的平江。

胡林翼得知李秀成所部袭击湖北边界城市，派唐协和等部防守兴国，派道州人何绍采率仁字营与其他各部驻守崇阳、通城、通山和大冶。李自成部七八万人攻打兴国，唐协和等部招架不住，退向大冶。

桐城太平军增援安庆，又接连被多隆阿所部击败。

安庆是金陵的屏障，久为太平军占领，陈玉成的家眷都在城内，所以他不遗余力地救援。但陈玉成见湘军在怀宁、桐城、潜山和太湖的部队都屹然不动，湖北虽然遭袭，但太平军兵力分散，势力减弱，精锐丧失，而安庆城内粮草将尽，救援行动实难奏效。于是陈玉成率部北撤，多隆阿派队尾追。

陈玉成被多隆阿紧追不舍，决定打击一下多军。他发现桐城西南六十里处的青草塥多军兵力空虚，认为桐城湘军无法出城到这里作战，便于5月20日联合林绍璋、洪仁玕和黄文金所部，加上捻军首领孙葵心的三万名骑兵和步兵，从挂车河、岹岹尖斜伸到棋盘岭，延绵二十里，分三路横截多军。

5月21日黎明，多隆阿分兵设伏，自率劲旅迎战。杀到河边，与太平军诸大将相遇。激战方酣，多军伏兵突起，太平军后方阵脚动摇，陈玉成麾掩败军回战。但陈军在项家河的军营被多军伏兵焚烧，部队惊溃，傍山奔向桐城。于是多军攻克了陈军新建的八座壁垒。

上海清军曾秉忠的水师越界攻击，在嘉兴的西塘打败太平军。

上海青浦的太平军袭击北簳山清军军营，李恒嵩率部设伏，将其击退。

福建清军将领曾玉明率部攻克了汀州，又于5月9日攻克连城，彭大顺在守城时战死。其部改由朱衣点和童海容等人率领。

朱衣点为了完成万里回朝的任务，决定改由江西北上。

翁同书在5月份卸任，新任安徽巡抚李续宜尚在湖北，咸丰皇帝令贾臻暂代巡抚。庆瑞和尹善廷两名总兵都私通苗沛霖，拦截城内的大米五千石送往苗沛霖军营，并派徐立壮出战，想让他死在苗沛霖手中。

徐立壮本是苗沛霖的裨将，部属多为太平军和捻军旧部，常骚扰百姓，士民怨恨。于是翁同书将徐立壮斩首，以满足苗沛霖的心愿。可是苗沛霖并不领情，仍然围攻寿州不止。

翁同书部将陈友胜率部驻扎正阳关，张学醇等人率苗沛霖部属潘树屏等部入关，驱逐陈友胜，夺取了正阳关，拦截清军粮道。张学醇随同总兵博崇武率五百人返回寿州，斩杀徐立壮的七名子侄。尹善廷和庆瑞按照苗沛霖定下的计策将孙家泰抓起来关进监狱。张学醇正要将孙家泰送到苗沛霖军营，孙家泰自杀，蒙时中也被杀死。

对于安徽北部的局势，清廷已经完全失控。

246

曾国荃已经做好各种准备，下令对安庆的集贤关发起总攻。

鲍超所部于 6 月 8 日率部到达安庆协助曾国荃攻打赤冈岭，连续作战七个昼夜。

曾国藩出任两江总督以后，将周开锡调到自己幕下。这时周开锡等部铲平赤冈岭的四座敌垒，湘军各部歼敌精锐几千人，俘虏敌将刘玱林，将他在安庆城下处以磔刑，以向城内之敌示威。

清廷将周开锡提拔为知府，赏戴蓝翎。黄润昌因策反程学启有功升任知县。

刘玱林是太平军攻打苏州和常州的前锋大将，自恃其勇，要以孤垒阻遏湘军，结果惨遭杀害。他被杀后，曾国荃的湘军军势倍增，声威更盛。安庆守军有不少人攀绳出城向曾国荃投降。

鲍超率部转移，攻打宿松。

同一天，徽州太平军袭击黟县，攻占黟县县城，阻隔在渔亭和休宁的湘军之间。

增援四川的湘军先锋在这一天抵达顺庆府城。黄淳熙率部入川之后，听说蓝李顺天军包围了顺庆，便从万县赶去。他发现顺天军早已撤走，南奔定远，即武胜南端。

朱品隆等部于 6 月 12 日合攻黟县，将太平军击退。

同一天，在兴国打败湘军的李秀成所部尾随唐协和所部到达大冶，向西推进，袭击武昌县，曾绍霖率水师将其击退。

官文见李秀成已逼近武汉，令李续宜率部驻扎在武昌城外，又让巴扬阿率部驻扎东湖，何绍采率部驻扎在武昌以南五十里的纸坊。

左宗棠率部于6月14日赶到景德镇，出兵攻击建德。从池州南下的这支太平军连夜撤走，左宗棠所部在桃岭追上，将其击败。

黄淳熙于6月15日率部从顺庆赶赴定远。顺天军驻扎在定远的西南部，连营十多里，但都是乌合之众，缺乏坚定的斗志。

骆秉章走后，湖南的官府班子一直没有稳定下来。太平军在湖南周边十分活跃，清廷决定加强湖南的高层。皇帝诏令文格还任湖南布政使，任命毛鸿宾为巡抚。

李秀成部在湖北取得了进展，攻打崇阳和通城西南边界，击溃当地驻扎的清军。胡林翼病重吐血，勉强支撑着返回武昌，防卫自己的辖地。

湖南得报：长江以南的咸宁、蒲圻、崇阳、通城、大冶和武昌县都被太平军占领。毛鸿宾忙派湘军北上增援。李秀成留兵驻守湖北的占领地，自己率主力返回江西。

曾国荃对集贤关的攻击还在继续，蔡国祥率部攻破菱湖太平军军营。李成谋的水师向东出击，攻打无为和青阳，在太平军湘军凌厉的攻势下都缩在城内不出战。

左宗棠追击从桃岭撤退的太平军，于6月17日到达岭外。

围攻贵州毕节的石达开部众于6月中旬攻占大定团练的军营，湘军将领李有恒等人率部在归化桥击败石军。李有恒等部于6月18日在毕节西南门外再次获胜，捣毁二十六座壁垒。毕节解围。

蒋益澧率部攻打太平军的发源地浔州，另有一支湘军在灌阳击败从贵州定番进入广西的石达开部众。这支石军的首领余明善率一万人投降，于是石达开部的兵力进一步减弱，石达开本人疲于奔命，振兴无望。

黄淳熙部于6月19日在川东的姚店遭遇蓝李所部。湘军锋芒正锐，见顺天军胆怯，更加不放在眼里，朝着壁垒直冲过去。顺天军立刻撤退，只有少数人凭借壁垒发射小枪。湘军军士大笑不止，扔火焚烧壁垒。顺天军大乱，自相践踏，几千人阵亡。

这一仗，几万名顺天军一战即溃，四川人惊叹湘军是神兵。

老湘营第四旗营官刘松山于6月20日率部进攻徽州，太平军弃城逃走，湘军得到太平军储备的大米，可供两个月的军粮。

二十八岁的湘乡人刘松山得到曾国藩赏识，奏荐他升任副将，以总兵记名。

刘松山在二十岁就到王鑫的老湘营当兵，八年来一路升迁，现在崭露头角，将会得到更大的重用。

<h1 style="text-align:center">247</h1>

被黄淳熙击败的蓝李顺天军从定远向西北方撤退三百里，于6月20日抵达潼川。部队企图渡过涪江，不料江水上涨，无法过渡，只得与援兵一起驻扎二郎场。

黄淳熙所部于6月21日追到潼川附近，派出三批哨探侦察顺天军去向。当地人说话比较夸张，都说："走得很远了，追不上了。"后来哨探发现顺天军还在二郎场，回报时已是半夜。

黄淳熙担心失去顺天军行踪，令军士们带上粮食，五鼓开拔。部队持矛扣枪戒备，等待命令，准备发起攻击。但军官调度发生了问题，接受命令在后的部队先到目的地，最先收到命令的反而后到。部队次序颠倒了，前锋浑然不觉，悄悄行军，向前突进，黄淳熙带领三哨亲兵随后。

顺天军听说湘军将要杀来，也在夜间开拔，行军七八里，两军在燕子窝相遇。

内战爆发以来，清军将帅每到一城便会令部队扎营休息，审查形势以后再行开拔。湘军行军虽然迅速，也不愿连日行战。尤其是大帅曾国藩主张稳扎稳打，规定每天行军不得超过三四十里。但黄淳熙却是个例外。1859年夏天他跟随大将李续宜援救宝庆，见李续宜行动迟缓，早就愤恨不齿。所以他自己率部行军总是昼夜兼程，追赶逃敌。

同时期的清军将领当中只有僧格林沁和多隆阿经常驰骋几百里追逐逃敌。不过，僧格林沁的无间歇作战多半是尾追，而多隆阿则是随机应变，非其他将领所能预测。黄淳熙与他们两人不同，总爱雷厉风行地连续攻击。三人的结局都是受伤曝尸，那些老成持重的将领都很乐意用他们的实例教训部属。

二郎场这一仗，黄淳熙由于性子太急，吃了大亏。两军刚刚交手，顺天军便向后撤。黄淳熙没有疑心，不待后队赶上便挥军前进。到达二郎场时，只见顺天军分别从两旁登山，严阵以待，便知中了埋伏。

但这时撤退已来不及了，黄淳熙只得分兵三路，左路和右路搜寻伏敌，中路直接挺进。四山顺天军一齐杀出，号角声响彻山野。三路湘军大惊，扭头就跑。黄淳熙见兵势已失，也很吃惊。

黄淳熙催马上前，堵截逃兵，马蹄陷在泥淖中无法前进。他弃马步进，却无法制止溃兵。于是拔出佩刀坐在地上，怒目直视，顺天军冲上来一通砍刺，黄淳熙顿时失去了脑袋和手臂。

湘军后队听说主将战死，连忙扎营自守，惴惴不安地度过一晚。所俘的战马在夜晚嘶鸣，担心顺天军听到，便将战马全部杀死。

云南籍将领唐友耕率部赶到潼川，解了潼川之围。顺天军无心恋战，乘胜急渡涪江，登上北岸，撤往潼川西北六十里外的绵州。唐友耕因功被提拔为副将。

黄淳熙来得快，死得快，胜非胜，败非败。这个江西人性情豪迈，胆略过人，以持重为耻，以猛进为荣，孤军深入四川，自然难免闪失，铸成终身之恨。

不过，周绍涌的川东顺天军从此破散，而湘军后来越战越强，有了百营兵力，仍然是因为作战双方的战斗力差异悬殊。

248

黄淳熙死后，骆秉章率部从万县赶到顺庆，提拔曾传理，让他以附生的身份统领黄淳熙部。萧启江旧部仍然由萧庆高、何胜必与胡中和率领，号称"湘军三统"，骆秉章令他们率部开往成都以北一百多里的绵州，在那里会师。

顺天军按照分工，蓝朝鼎率部攻打绵州，其部属分别驻扎在成都周边的绵竹、什邡、罗江和安彭一线。李永和率部攻打成都以南约两百里的眉州，其部属分别驻扎在彭山、丹棱和青城一线。两支顺天军对四川省城形成了南北夹围，成都南北的百里之内顺天军声势浩大。

官文和胡林翼为骆秉章担忧，连忙上奏，陈述蓝李所部势力强盛，他们打算派刘岳昭部立即入川。又说骆秉章客军孤悬，征兵筹饷呼应不灵，恐怕难以持久，难收速效。他们希望朝廷给骆秉章授予实权。

骆秉章可以调动的军队除了黄淳熙和萧启江的旧部以外，还有川军将领唐友耕和骆秉章护军营将刘德谦所部，以及绵州知州唐炯所招募的黔勇颜佐才部。几方面的部队合起来，总共一万九千人，骆秉章希望这几支部队都在绵州城下会师。

胡林翼抱病到达武汉以后，湘军在武昌周边发起反击，彭玉麟和蒋凝学率部于 6 月 23 日攻克武昌县。

贵州的苗民军在 6 月间围攻铜仁。清廷认为石达开足智多谋，担心其部属率苗民和教民大举出动，影响湖北和四川，所以非常关注贵州，同时格外倚重湘军。皇帝任命田兴恕为钦差大臣，赏给湘军将领江忠义二品顶戴，让他代理贵州巡抚。田兴恕和江忠义都是年少英锐，以为可以马到成功。

贵州的兵饷以前大部分由湖南提供。湖南巡抚对于贵州事务享有发言权。毛鸿宾上奏，说本省西南部防务紧急，请求留下江忠义防守西南边界，仍然把他当作自己的部将。

左宗棠的新楚军于 6 月 29 日攻克建德。左宗棠挥师东进，追击太平军余部。王有龄等人奏请朝廷派新楚军援浙。咸丰皇帝向曾国藩垂问，曾国藩复奏说，安徽东南部战事紧急，先保徽州，巩固广信和饶州，才是根本的任务。左宗棠兵力不多，难以兼顾。皇帝同意他的看法。

左宗棠率部转移到婺源驻扎。刚到城外，太平军从德兴出兵，新楚军迎战，击退来敌。

李世贤所部在浙江节节获胜，击败驻守兰溪的奋武军，斩杀清军参将王浮龙。奋武军虽隶属于张玉良，却不扰民。绅民听说王浮龙战死，颇为惋惜。

王有龄增派米兴朝和吴再升率两千人赶赴金华协助守将王文瑞，还没到达，王文瑞已经战败。

太平军大部队进军菱湖镇驻扎，赵景贤亲自指挥水师炮船分路夹击，大败敌军，夺得几百艘战船，俘虏几百人。

嘉兴的太平军向江苏金山运动，在广陈斩杀清军副将黄金友。太平军袭击明珠庵，被曾秉忠的水师击退。苏州太平军增援青浦，李恒嵩将斛山和凤凰山的军营转移，驻扎塘桥。嘉定太平军向东南方进军五十里，攻占大场华漕的所有清军军营，进逼上海，清军参将梁胜章用巨炮轰击，将其击退。

249

炎热的 7 月，战火首先在江西燃起。左宗棠于 7 月 3 日率部在江西边界小镇白沙关打败从池州南下的太平军。

李世贤部从金华向东北方挺进，于 7 月 8 日攻占义乌，然后弃城前行。米兴朝等人率部进城驻守。李世贤军将王文瑞部包围在义乌西北方六十里处的浦江，饶廷选从兰溪失败撤兵，增援浦江。

在李世贤攻占义乌的同一天，曾国荃率部攻打菱湖北岸的十三座壁垒和南岸的五座壁垒，全部攻破。

李秀成在江西屡战屡捷。他于 7 月中下旬分派部队北上，袭击江西的德安和瑞昌，并向南昌进军，前锋到达南昌附近的生米街和万寿宫，南昌清军实行戒严。

朱衣点所部和广西的花旗军先后进入江西广信，势力向西蔓延到双港、河口、湖坊和铅山之间。

曾国藩见江西军情危急，又把鲍超的霆军派到江南增援江西。

平江人李元度在上一年被革职后，浙江商人胡雪岩和他结交，请求王有龄上疏请调他率部援助浙江。皇帝准奏。李元度回到家乡招募了八千名勇丁，号称"安越军"。他率部从平江起程去援浙。他选择的路线是从湖北东部东进江西，然后再东进浙江。在这条路线上，他必须在湖北打败李秀成留守的驻军，才能进入江西。

苗沛霖在 7 月间得寸进尺。黄鸣铎在寿春镇罢官，回到寿州。与苗沛霖关系密切的博崇武取代他的官位。博崇武威胁寿州城守军，要求搜出苗沛霖指名的三十户仇家，并要给苗家军提供钱财。城内军民十分恐惧，纷纷要求死守。

翁同书这时已住在城外，黄鸣铎和朱景山等人将他迎进城内主持防守。博崇武见势头不对，攀绳逃到城外。

陈玉成驻扎在湖北蕲州的部队于 8 月 5 日开往安徽太湖。

鲍超率部回援江西，于 8 月 8 日抵达九江。太平军素来畏惧霆字军的声威，德安和瑞昌的李秀成所部都不战而走。鲍超反而以无法与敌作战而感到遗憾。

李秀成在瑞州城内听说鲍超霆军杀到了，令驻扎在奉新、靖安和安义的部队全部从临江城南渡赣江，分别驻扎在樟树镇、沙湖和丰城。

陈玉成部于8月9日东攻潜山，军营相连五十里，逼迫桐城。多隆阿说："安庆的贼匪处在危急之中，但贼匪不去救安庆，却想置我军于死地，这是声东击西的计谋。我军若能打败他们，安庆就不攻自破了，何必去向贼匪应战呢？"于是他自称有病，三天不露面。陈玉成下令进攻，出击的部队很快就失败而归。

8月9日这一天，王有龄所盼望的李元度率部进占了湖北通城，又于8月12日进占湖北崇阳。他的同乡朱德树率所部五百人与他共进，晋升参将，加授副将官衔。

李元度的安越军跟随李秀成部从湖北一直挺进江西瑞州。咸丰皇帝以为李元度战功赫赫，下令恢复他的官职，加授布政使衔。但李元度此后会为无功受禄付出代价。

李秀成进军湖北只是为了搜罗部众，扩张军势。他的这个意图由于李元度谎报军情未能被清廷一方识破。直到后来，湘军大帅左宗棠等人才知道，李秀成扩军之后急于返回金陵，所以退出湖北，借道江西返回。

李秀成走后，湖北的省城减轻了压力。可是李续宜在湖北的用兵却令胡林翼失望。他用人不当，听信了错误的意见。部属对太平军的动向侦察不明，反而用假话来蒙骗李续宜，致使部队疲于奔命，却未见到太平军的影子。

胡林翼不顾呕血仍然挣扎着指挥战斗，努力扩大战果。他派成大吉等人分几路率部攻敌。湘军各部攻克兴国、大冶、咸宁和蒲圻，迫使李秀成部全部撤回江西。

多隆阿一直麻痹陈玉成，到了8月15日突然从挂车出兵，重创陈玉成的援兵。

多隆阿与鲍超都是湘军大将，太平军与其部作战必然出动强悍之师。多隆阿依仗着自己的威名，不喜欢受人指挥，不求人帮助自己，也不轻易帮助别人，导致大批太平军进攻江西和湖北，一个月攻占二十多座城池。鲍超疲于奔命，李续宜也率部四处游击，都是捕风捉影。

李续宜的名望远在多隆阿与鲍超之上，可是他的部队行军时忽南忽北，都没遇上太平军。其实陈玉成已将自己的各路大军集结在挂车，企图一举消灭多隆阿部。没想到多隆阿佯装失败，却一击得手。

陈玉成率部撤退到石牌扎营，断绝了多隆阿的运道。多军的谋士们提出再次征调霆军，多隆阿笑道："要断绝我的运输，谈何容易！我军的粮草还未用尽，贼匪早就逃走了！"

8月16日，陈玉成出动大批兵力攻击多隆阿大营，多隆阿亲自带兵反击。陈军多次与多隆阿作战，认识他的将旗，交锋之后不得不承认这是一支劲旅。陈玉成后悔不该轻举冒进，下令稍稍后撤，驻扎高河，与多隆阿相持。

同一天，舒保和金国琛等人率部攻克了德安。到此为止，陈玉成和李秀成的围魏救赵之计已经完全落空。

胡林翼见湖北省城已不再受到威胁，便东进到安徽太湖督战。

250

陈玉成见胡林翼已回安徽坐镇，便邀约杨辅清，率十多万人从无为长驱西进，再从湖北英山南下，绕过宿松，北上袭击太湖。分兵再向北进，到达高楼岭，进击围攻桐城的湘军。余部全部奔赴安庆。

曾国荃侦察到太平军的动向，先率精兵埋伏在要道上，太平军经过时突起攻击，将其紧紧围住，杀伤几千人。

胡林翼在太湖击退攻城之敌，多隆阿再次在挂车击败桐城之敌。陈玉成率部退到石牌驻扎，仍然分兵增援安庆。

安庆城外太平军的壁垒几乎都被湘军破坏，曾国荃下令攻打东门，将月城捣毁。只有北门还剩下三座壁垒，都是太平军最勇猛的部队驻守，坚不可拔。

曾国荃把降将程学启招米，亲自为他斟酒，说道："一定要拿下这三座石垒！"

程学启挑选几百名勇士沿着炮穴进入石垒，拼死砍杀，斩杀一千多人，俘虏三百七十人，攻克了三座石垒。

陈玉成屡战屡败，便将余部收拢，再次邀约捻军在集贤关内集结，分别驻扎在四十多座壁垒之内，以图再举。

8月25日，陈玉成下令攻击曾国荃部，从后尾袭击。曾国荃不为所动。等到陈军跳越壕沟，逼近营垒，曾国荃才开壁出兵，大战一通，斩杀几名敌将。陈军转身跳越壕沟撤退，曾国荃挥师进逼，陈军大批将士仆倒在壕沟内。

同一天，咸丰皇帝在热河驾崩。

安庆城内的太平军已到强弩之末，于8月27日派敢死队越过壕沟来与湘军拼命。曾国荃也挑选敢死队手持短兵器迎头猛砍。激战许久，血肉遍地，太平军稍稍退却。

曾国荃亲自指挥部队增修壁垒，环壕埋伏精兵。

叶芸来率城内的太平军全部杀出，从盐河杀到十里铺，向东攻击湘军新修的壁垒。陈玉成率部在城外援应，亲自击鼓督阵，斩杀畏葸不前的军士。

曾国荃挥军抵抗，继续修筑壁垒，从夜晚直到天明，新垒修成，杀敌精锐三千，尸骸堆积田垄。

霆军于8月28日来到丰城对岸隔江扎营。李秀成部在樟树镇结扎浮桥，渡到赣江以北阻击霆军。

8月29日，李秀成的主力排列在山冈，摇旗迎战。鲍超将部队分为四路发起冲锋。太平军见了鲍超的旗帜就有几分畏怯，刚一交锋马上退却。鲍超麾军追到白马寨和小塘圩，再次击败李秀成。

同一天，在湖北战场上，唐协和等人率部攻克蕲水。

彭玉麟会同陆师攻克孝感、天门、应城、黄州和德安。杨载福请假归乡。王明山代他统领水师。

李秀成又想围魏救赵，于8月31日派兵从丰城向东推进，攻打抚州。

安庆城内外的太平军屡次受挫，粮食又供给不上，便重新在菱湖北岸修筑壁垒，把小艇抬到河汊里运粮入城。

曾国荃派曾贞干部也在菱湖修筑壁垒。彭玉麟创立飞划营，交给蔡国祥统领，将划船抬到湖内，与敌军小艇针锋相对，断绝太平军的粮道。

曾国荃令军士暗中凿挖地道，埋设地雷。

赵景贤派兵驻守的南浔镇遭到平望太平军的攻击，石门太平军派兵协助，都被赵景贤所部击退。

251

骆秉章在8月份出任四川总督，移驻潼川。崇实返回成都将军任上，负责四川和陕西边界的防守，仍然代掌总督印，住在省城。

骆秉章初到夔州时，正逢曾望颜前来告状，哭诉布政使和督标中军副将欺侮他，对将军也颇有微词。杨重雅由于代理成都知府，连累了曾望颜，自己也遭到妒忌诽谤，调任顺庆知府。罢官之后，他尽心尽力为骆秉章办事。骆秉章起初不知崇实公忠推贤，以为他在吏治和军事上心思琐碎。

骆秉章当上了总督，便弹劾布政使及督标中军副将，清廷将他们罢官。何胜必等人都是刘蓉的同乡，又听说新军敢于作战，也颇为振奋。四川的文臣武将听说骆秉章为人肃静，跟着潜移默化，逐步改变精神面貌。

广西的湘军在7月份攻占了宾州，蒋益澧所部又于8月间攻克了金田村以东七十里的平南。石达开冲破重重险阻向西推进，决定攻入贵州和四川。石达开一走，在平南县以南，贵县、横州和宣化的本地造反军首领纷纷归降清廷。

苗沛霖终于对寿州发起了总攻，博崇武、庆瑞和尹善廷等部为苗家军助战。翁同书指挥士民鏖战，眼看不支，便派吉学盛、朱怀森和朱淮明突围赶到寿南，命令王舟等人率部夹击，多次获胜。

这时候，关于苗沛霖的问题，钦差和巡抚前后上了上百道奏疏，钦差一个说法，巡抚又是另一个说法，清廷也拿不定主意，不敢公开宣布讨伐，只是日夜催促湘军赴援。湘军实在不想管这件事，也无法分兵前往，于是上奏，说胜保可以控制苗沛霖。

胜保人在山东，假借着对苗沛霖的影响力来维护自己的声望，其实他也不敢来碰苗沛霖。他命令才宇和在颍州与霍山的各个圩寨招募一万多人，交给方谟勋统领，前往驰援。

可是，这个方谟勋名义上是到寿州解围，却在暗中帮助苗沛霖挖掘了十多里的长壕，断绝清军的粮道。寿州城内粮食奇缺，到了人吃人的地步，一斗米卖到十万钱。清廷下旨，催促袁甲三会同李世忠前往援救。

淮南和淮北已经乱了十年，这时太平军强盛，外国人又在紧逼，咸丰皇帝宵旰忧勤，在忧虑中死去。翁同书等人却日益放纵苗沛霖，意见不能统一，苗沛霖更加恣意妄为。寿州城内的居民人人害怕苗沛霖，又商议死守。

同在一个安徽省，湘军在进行残酷的战争，清军却显得十分软弱。曾国荃所部对安庆发起了总攻。李臣典率部扑向安庆北门扎营，偷挖地道，埋设火药。

9月5日，湘军引发火药，将安庆北城墙炸塌几十丈。曾国荃挥军登城。正在这时，曾国荃被一支流箭射中，身子摇摇晃晃，将要倒下。奉曾国藩之命前来增援的湘阴人曹仁美连忙上前，扶住曾国荃，将他背到高地上。曾国荃感激地望了一眼这个昔日的旧部将领，继续指挥各部死战。

李臣典部率先登上了安庆城，经过鏖战，湘军陆师终于和水师一起杀进城内。太平军残部从南门逃出，曾国荃的后军追击，太平军战士多数被挤落江水，其余军士越湖逃走。

湘军终于攻克了安徽的省城。陈玉成、杨辅清与洪仁玕见败势无可挽回，都领军撤走。

曾国荃率部进占安庆时，城内已空无敌军。湘军入城开始屠杀，全城人民，不分男女老幼，一概杀死，尸骸尽弃长江中，乱挤成团。当时有两艘英国军舰停泊在江心，尸体围绕在军舰四周，军舰无法开航。

湘军屠杀的人数有多少？曾国藩在奏折中说，杀死淹死的太平军实数为一万六千有余。此外还俘虏了几千人。

在湘军攻克安庆之前，清廷的形势非常危急。外国侵略军驻扎在天津还未撤走，清廷内外都很恐慌。苗沛霖在淮河之滨与金陵太平军拉上了关系，而太平军占领了江苏和浙江的各郡，皖南的太平军活动频繁，曾国藩日夜忧惶。胡林翼坐镇太湖，谋士们都劝他退兵。

湘军大帅得到安庆传来的捷报后，江南和江北各部互相祝贺。胡林翼病入膏肓，强打精神起草奏章。咸丰皇帝已逝，再也看不到他的奏报了。

六岁的新皇帝下诏，将曾国藩和胡林翼加授太子太保衔。曾国荃由道员加赏布政使衔，以按察使记名。率先登城的李臣典升为参将。

胡林翼病情加重，上奏清廷，请求让李续宜取代自己的职务。

在湘军攻克安庆的那一天，王明山和黄翼升率水师攻克铜陵。王明山以总兵记名。

252

在湘军对安庆发起总攻的那一天，曾传理等人在绵州西北门攻打蓝朝鼎的围城之军，小获胜利。唐友耕部随后赶到绵州从石桥铺进攻。唐友耕不遵调度，观望不前。骆秉章上奏弹劾，清廷将他褫职留营。

蓝朝鼎令各部返回军营，靠拢驻扎，互相援卫。湘军在涪江上修建五座浮桥，供部队通行。

湘军进占安庆之后，安徽西南部的力量对比顿时向清廷倾斜。多隆阿乘着湘军新胜之威，于9月7日率部攻克桐城。

鲍超率部在江西追击李秀成部，于9月8日到达抚州。李军撤围，东奔贵溪。

曾国藩先前接到霆字军在丰城的捷报，认为江西的军情有所缓和，湘军正在安庆鏖战，便令鲍超率部回援安庆。鲍超接到命令时，湘军已进占安庆，但鲍超还不知情，便率部向北进发。

湘军在皖南捷报频传。9月9日，湘军水师王明山和赵三元部攻克池州。上游湖北的蕲州和黄州依次平定下来。

李秀成摆脱了鲍超的围攻，率部开向贵溪、双港、湖坊与河口，与花旗军会师，号称二十万人。然后从河口进入浙江，袭击常山，与龙游李世贤部会师，夹攻衢州。浙江的战争升级。

胡雪岩请调的李元度安越军还没有到达浙江，这里的清军已经一败涂地。在太平军攻击衢州之前，新任的浙江布政使林福祥从江西弋阳招募了三千名勇丁，同知陈大力从湖南招募了一千名湘乡勇丁，知县张振新从湖南宝庆招募了两千名勇丁，都集结在衢州。

有人对林福祥进言："新军缺乏军饷，大人最好能出资犒劳新军，把两支部队收下，防卫左右两翼。如果打算与杭州之军会合，一同进入袋口，就会两败俱伤。"

林福祥不听劝告，听任两支新军自行其便。于是新军奔赴兰溪，与张玉良和饶廷选部一起攻城，打了一个多月也没有攻下。

9月12日，李秀成撤销衢州之围，清军将领李定太率部攻克常山。

鲍超的霆字军于9月14日走到南昌武阳渡，得知安庆已为湘军占据，便折向西南，向瑞州挺进。

清廷于9月16日批准了胡林翼的请求，任命李续宜为湖北巡抚。清廷认为彭玉麟的水师在安庆战役中最关键的时候起了很大的作用，任命他接替李续宜出任安徽巡抚。

彭玉麟虽然善战，对仕途却并无兴趣，上疏力辞。他说，他从军伍出身，长期乘坐战船作战，身着短衣，头戴斗笠，如果身任一方大员，管辖着一大批官员，问刑名他一无所知，问钱谷他也是个外行。而且他不求学问，更恐怕不胜重任。

彭玉麟把自己描写成一个粗莽的武夫，其实他是个儒雅的读书人，前面说过，早年曾就读于衡州石鼓书院。只是因为家贫才投身衡州协标当个文书，用月饷养家。衡州知府高人鉴偶然见到他的文字，极为赞赏，将他招到署衙读书，不久补为附学生员。

他说自己不懂钱粮也是托词。他在加入湘军之前，衡州富商杨子春请他经理典号，自然是看中了他的经营才能。

彭玉麟还是个艺术人才，能诗擅画，尤喜画梅。

清廷没有同意彭玉麟的要求，希望他走马上任。

霆军于9月18日到达瑞州，发现李秀成部早已撤走。

同一天，四川湘军和其他清军对围攻绵州的顺天军发起了猛攻。萧庆高率部沿左山抄袭顺天军背后，约定曾传理和刘德谦部分别从中路和右路进攻，夹击顺天军。

颜佐才率清军先进，还未到达，顺天军突然开枪发炮，清军受到惊吓，顺天军趁机进攻，颜佐才后退。刘德谦和曾传理随后进军，与顺天军相持。萧庆高等率部从山后攻破顺天军两座军营，曾传理又分兵包抄到顺天军旁侧，顺天军不支，撤围向南退走。

顺天军绕到成都西南方，袭击郫州和邛州，然后南下丹棱。

湘军宣称四川北部已经肃清，于是部队休整，论功行赏。

湘军进驻绵州之后，与守城的贵州清军发生了一场争斗。

三十一岁的绵州知州唐炯在守城时兵力不足，借钱招募军士，在防守中立下了战功。四川州县的官员，若论对军事的见解，唐炯可以说是首屈一指。而且他为人慷慨，颇重义气。

唐炯是湖南常宁人，被提拔为夔州知府以后自视颇高。而其父唐训方是湖南名将，跟骆秉章素有交情，所以他容不得湘军将领颐指气使。

事情起源于湘军的入乡随俗。湘军制度，规定每营都设长夫运送粮食器械，部队经过郡县不向官府索要一草一粟。湘军初起时，所过之处，有些地方官吏设置障碍，甚至不让部队进城，湘军只好忍声吞气，哪里还能指望地方官府供应部队的开支呢？

但是，湘军进入四川后，天上掉下了馅饼。他们发现，这个省份的州县官员不但准备粮食供给部队，还会按人头配给轿马挑夫。如果部队不用人夫，就可以将劳力折合为银钱。这样就为军队提供了一个渔利的渠道。

湘军刚入四川时发现有这项收入，大喜过望，很快就习惯了，对于不给钱的官员会很生气，有时甚至不免苛求，胁迫人家给钱。

湘军为绵州解围之后，仗着立了大功，索要过度。唐炯认为，绵州被围半年，资力困乏，供应的物资自然无法令湘军满意。他希望手下的营官摆平这件事。营官夸下海口，说他能够说服湘军。但他只是说说而已，却摆下酒宴请客，将这件事委托给家丁。

湘军哨官前来索要人夫，出语不逊，唐炯的家丁仗着黔军势力也不讲理，争得脖子粗了，眼睛红了。

湘军将领早就指责黔军纪律松弛，唐炯矢口否认，反过来辱骂湘军。两军本来就闹得很僵，现在就供给一事发生冲突，大有兵戎相见的趋势。

曾传理年少轻慢，初次统军，约束不了部属。哨官对唐炯的家丁恶语相向，黔军将领听见了记恨在心。待他走后，便在州府内埋伏一百人准备格斗。

湘军哨官去而复返，带领一些军士闯进州堂，气焰非常嚣张。

黔军亲兵将领向唐炯告状，说："湘军持刀来闯公堂，请求擒拿治罪。"唐炯首肯。

亲兵将领突然冲出，砍杀先进来的一名湘军。其他军士见自己人被杀，高声怒吼，于是黔军伏兵四起，企图抓捕捆绑进入州府的所有湘军军士。湘军格斗奔逃，双方各有伤亡，将领们下令戒严。

湘军将领们听说了情状，无不大怒，跑去向骆秉章告状，而且按兵不动，一定要争出个高低。骆秉章上奏弹劾唐炯，清廷罢免了唐炯的官职。

唐炯也告骆秉章的状，甚至加以谩骂。湘军从此多与清军分开行动，四川的清军更加缺乏战斗力了。

253

随着湘军从水陆两路相继攻克桐城、舒城、宿松和湖北的多座城市，曾国藩觉得向东进军的时机已经成熟。他于9月12日率湘军大营从安庆对岸的东流匆匆移驻安庆。

署理安徽巡抚彭玉麟派人到东流迎接曾国藩东下。曾国藩的坐船还没抵达安庆码头，彭玉麟的亲信差弁乘小船给曾国藩送来一封信。曾国藩接到手里，见信封封口严密，知是密件，便拿到后舱拆阅。展开信笺一看，上面只有寥寥十二字，并无上下称谓，但从笔迹来看确为彭玉麟亲笔。

那十二个字只看得曾国藩一阵头晕，犹如五雷轰顶，脸色大变。彭玉麟写的是：

> 东南半壁无主，老师岂有意乎？

过了一会儿，曾国藩回过神来，连声说："不成话，不成话。雪琴还如此试我，可恶，可恶！"一边把信笺撕成碎片，揉成一团，塞进嘴里，咀嚼几下，吞咽下去。

这段插曲过后，曾国藩登上了安庆的码头。从这一刻起，标志着清廷肃清东南的战争已经拉开帷幕。

安庆的硝烟尚未散去，曾国藩将总督行辕设在倒扒狮街陈玉成原来的英王府第内，着手谋划最后打败太平军的战略。

安庆是桐城古文派的发源地。曾国藩向来以桐城派弟子自居，一到安庆，便大量网罗各种有才之士作为自己的幕僚。他还派人四处访募技术人员，着手创建专门从事机器和武器制造的安庆内军械所。江苏巡抚薛焕听说总督大人在网罗人才，便将当时国内一流的科学家徐寿和华衡芳等人推荐给曾国藩。

徐寿和华衡芳都是江苏金匮县人。徐寿早年曾涉足科举，但认为科举的学问无益于实用，便转攻自然科学，尤以化学和物理见长。他心灵手巧，在乐器的制作和使用上表现得非常突出。有一天，徐寿正在为别人修理乐器，被华衡芳的父亲华翼纶看见。华翼纶惊叹他手艺精巧，萌发了爱才之心，便介绍他与华衡芳相识。华衡芳数学特别出众，虽然比徐寿小了十五岁，但两人一见如故，相处甚笃。

不久，徐寿和华衡芳结伴前往上海学习近代西方科技。当时鸦片战争结束不久，他们有感于外国列强船坚炮利，希望中国人能够仿造，特别搜集了轮船制造方面的大量资料。

曾国藩一见到徐寿和华衡芳便询问他们的学习经历和技术特长，并表明了仿制外国小火轮的心愿。

徐寿将蒸汽机原理及轮船构造的轮廓简单地做了介绍。曾国藩听后大喜，立即延聘两人为幕客，命他们与吴嘉廉、龚云棠及徐寿的儿子徐建寅等人试制轮船，并勉励他们不要心存畏怯，要耐心试造。所需的造船材料及设备尽可以向他索取使用。为了保证试制工程能顺利进行，曾国藩特派湘军水军将领蔡国祥任督造，以便及时提供各种服务。此外，曾国藩还委派丁仲义等人铸造洋炸炮。

曾国藩是清末洋务运动的先驱者。他所创办的安庆内军械所是中国人依靠自己的力量建立的第一个军工企业，也是洋务运动第一次成功的实践。

安庆内军械所处在初级阶段，造炮和造船全用土法，产品低劣，但已迈出了可喜的步子，摸索如何制造机器，实践中国人对外开放的思想。

254

清廷在浙江的军情随着李秀成和李世贤两支大军联合作战而变得十分严峻。李世贤于9月21日率部攻克严州，向东北大踏步挺进，从诸暨和萧山之间的临浦北攻萧山，南攻诸暨。攻克两城之后，李军如一把尖刀插在杭州和绍兴之间。省城和绍兴的清军连忙备战。

霆军继续留在江西作战，决定跟踪追击李秀成留守江西的部队。

但是李秀成已经得到了援兵，朱衣点所部已于9月16日在铅山的河口镇与李秀成所部会师。

鲍超率部于9月19日从瑞州冒雨开拔，一路急行军，于9月24日到达贵溪，李军向东撤走。

霆军于9月26日进军双港，追赶六十里，赶上了李秀成的部众。李军潮涌而至，鲍超分兵抵抗。鏖战三个时辰，李军终于不支，翻山撤走，大约有一万人坠下山涧。霆军捣毁双港、九思岩、同田、河田与湖坊的七十多座敌垒，继续前进。

第二天，霆军进攻铅山，长沙人谭胜达冒死先登，再次大败李秀成，进占铅山城。随后追到广信，忠王军撤围离去。

清廷赏给谭胜达总兵官衔。

唐仁廉跟随鲍超围安庆、战丰城、陷铅山，一路战来，屡建战功，升任副将。

小皇帝的两位母亲听说鲍超率部在酷暑天气里接连鏖战，代替皇儿做了个决定，将一些珍宝赏赐给这位大将。

多隆阿决定对陈玉成穷追猛打。他于9月27日调出桐城的大部驻军，只留下少量兵力守城，亲率主力到宿松拦截从桐城撤出的英王军。多隆阿比英王军早一天到达宿松，陈玉成军刚从潜山向西赶来，遇到湘军，大为惊慌，向黄梅逃去。多隆阿的骑兵和步兵追奔四百多里，接连攻克广济、蕲州和黄梅。

9月28日，蒋凝学等部攻打黄州，派刘维祯部将敌军引诱出城加以歼灭。湘军入城。

9月29日，清廷再次下诏，说安庆被粤逆占领已有九年。湖北官军合围安庆，胡林翼出谋划策，指挥作战，攻克坚城，厥功甚伟，加赏太子太保衔，给予骑都尉世职。

在清廷加赏胡林翼的第二天，即9月30日，这位清廷的大功臣去世了。清廷下诏赠给胡林翼总督职衔，在湖南和湖北修建祠堂。任命李续宜为湖北巡抚。

曾国藩上疏，比较系统地阐述了胡林翼的才干和功劳。

胡林翼出身翰林，在贵州道员的职务上不到半年就升为代理湖北巡抚。当时湖北州县大半被粤贼占领，胡林翼坐困于金口和洪山一带，无兵无饷，一钱一粟都要亲自写信求贷，甚至发散自己家里的谷子来接济军粮。

攻克武汉以后，有人认为他可以稍稍松口气了。可是他率领全军越过省界围攻九江，分兵援救瑞州。一省总督和巡抚以全力援助邻省作战就是从湖北开始的。

湖北官军围攻九江一年有余，其间石达开部从江西向湖北运动，陈玉成部三次从安徽北部攻进湖北，胡林翼始终不肯撤销对九江的包围，抽调部队回救湖北本省。

他或者是亲自统领一军肃清蕲州和黄州；或者是分派诸将将逆贼逼退安徽与河南。湘军攻克九江之后，他又动用湖北全省的力量攻击安徽北部的敌军。

李续宾在三河全军覆没时，胡林翼正因母丧在家，听到消息，连忙痛哭着回到前线，率部进驻黄州。

这时又有人说，刚刚损失了良将，只要保住本省就行了，不宜再兼顾邻省。胡林翼不听。惊魂甫定，他便派出重兵南下湖南解救宝庆之围。增援湖南的部队还未返回，他又提议大举进攻安徽。

咸丰十年春季，湖北官军大战于安徽的潜山和太湖，相继攻克这两座城市。胡林翼亲自坐镇太湖督战。

曾国藩说，今年6月胡林翼率部回援湖北，病中屡次写信给他，叮嘱他不要对安庆撤围。所以湘军攻克安庆，他认为首功在于胡林翼。

曾国藩指出，近世将才，湖北聚集最多，如塔齐布、罗泽南、李续宾、都兴阿、多隆阿、李续宜、杨载福、彭玉麟、鲍超等，胡林翼都以国士相待，人人都有布衣昆弟之欢。书信问候，礼物馈赠，不绝于道。

胡林翼兢兢业业，以推让良友、扶植忠良为己任。外省盛赞湘军协和，也许不是每个人都知道这是胡林翼苦心协调维护的结果。

湖北三次失守，咸丰五年和六年之际穷窘到了极点。于是抽取盐税和商品税才聊以生存。胡林翼调控大局的能力真是冠绝一时。

咸丰七年春季，胡林翼创议减少农业税，每年民间省钱一百四十多万串，国家增收四十二万两银子，节省提成银三十一万两。州县征收正课不能浮取毫厘，也不准借催科政拙之名为不法官吏中饱私囊。所以湖北虽是贫瘠的地区，养兵六万名，月费高达四十多万两，而商民不疲，吏治日益勤勉，这是精心默运的结果，不是急功近利的办法可以做到的。

曾国藩说，咸丰四年他曾上奏说胡林翼的才干胜过他自己十倍。近年来更加佩服胡林翼的德行猛进，不敢用溢美之词来赞颂，也不敢埋没此人的忠勤。

清廷下诏，将胡林翼的事迹宣付史馆。

255

曾国藩大力褒扬胡林翼，正因为他是自己看重和荐拔的人才。当初胡林翼带领六百名贵州勇丁徘徊于金口时，进退两难，是曾国藩上疏力荐，才有了胡林翼后来的发展。曾国藩带着湘军转战湖北和江西，胡林翼还在驻守岳州，没有非常突出的表现。直到曾国藩把他调到九江，然后派他增援武昌，清廷将他提拔为封疆大吏，胡林翼才能奋发有为，开创一片天地。

其实，聚集在湖北的大将中，除了多隆阿和鲍超是胡林翼提拔的以外，其他如罗泽南、李续宾兄弟、杨载福和彭玉麟等人，都是曾国藩旧部，是曾国藩一手栽培起来的，他都不惜交给胡林翼使用。而曾国藩向清廷推荐的干才还有不少像胡林翼一样杰出的人物。

胡林翼也有爱惜人才的美誉，下属每做一件好事，他都会在记录在推荐人才的文牍上，并且亲自书写表扬信以资鼓励。听到以志节和才干而闻名的隐士，哪怕远在千里之外，他也要招来，一定要人尽其才。他曾向清廷密荐十六个足以担当大任的人才，多数得到提拔重用。

兴国有个名叫万斛泉的平头百姓，和一帮布衣在困境中奋斗，却不求做官，胡林翼奏请朝廷予以奖励。皇帝下诏，赏给万斛泉等人七品以下各等冠服，传为美谈。

胡林翼有句名言，说国家需要人才犹如鱼儿需要水，鸟儿需要树林，人类需要空气，草木需要土壤，得之则生，不得则死。人才无求于天下，天下应当主动求取人才。所以胡林翼所推荐的人才并非全是他认识的人。他在病危时还做了几个人事调动，以贤代不肖，舆论都认为办得十分公允。

有趣的是，胡林翼曾说，他对于当世的贤才可以说提供了全心全意的服务，但人们最终还是乐于跟随曾国藩。他还叹息说，世上先有伯乐，才会有千里马。他的才智不足以有所作为，所以还是没有多少贤者来响应。

这或许是胡林翼的自谦，但不得不承认，在任用人才方面，他跟曾国藩比较起来还是略逊一筹。

胡林翼出身于地主家庭，家里拥有几百亩田地。他在去贵州当官时曾对着先人的墓冢发誓不以官俸自益。他在死前已经身居巡抚高位，领兵已有十年，家中却毫无积蓄。

他的父亲胡达源曾著有《弟子箴言》，胡林翼秉承父亲遗志，修建了箴言书院，将家里的藏书全部收在书院内，使人懂得务实的学问。他创建了胡氏家学，教育家族的子弟。

胡林翼以他的治兵原则对湘军的建设和作战做出了很大的贡献。他说，身为统军大将，首先应当明白进退缓急的机宜。其次要懂战法，临敌决胜。其次才是勇敢。

他还说，喧嚣的士卒无不退缩，贪婪的将领无不胆怯。从将领的优劣就可看出士卒的优劣，从士卒的优劣也可以看出将领的高低。

后人蔡锷辑录的《曾胡治兵语录》记载了胡林翼的许多军事思想，被蒋介石用作黄埔军校的军事教材。

256

曾国藩移节安庆以后，考虑着几件大事。首要的事情当然是湘军的东征。其次是脚踏实地开展洋务运动。这两件事情他都着手办理了。但还有一件事情，他是只能想一想，却既不能说也不能去做的。

湘军攻克安庆之后，曾国藩的部将和幕僚，除了彭玉麟以外，还有人劝他与清廷抗礼，自登皇位。胡林翼去世前表达过这个意思。左宗棠也在劝进的人之列。劝说最力的人是郭嵩焘和李元度。李元度借着贺功的机会给曾国藩送了一副对联："王侯无种，帝王有真"。

胡林翼在上一年曾国藩寿诞时送过一副对联："用霹雳手段，显菩萨心肠"。

左宗棠有一副题神鼎山的对联说："神所凭依，将在德矣。鼎之轻重，似可问焉"！

毕生钻研帝王学的湖南才子王闿运来到安庆，力劝曾国藩接受他的"纵横术"。

湘潭人王闿运劝说曾国藩做皇帝，这是第二次了。第一次是在衡州，那时曾国藩的湘军将要出征。1854年2月24日下午，二十一岁的王闿运来到曾国藩的大营，劝他凭借自己的声望和兵力干一番扭转乾坤的大业。一席话说得曾国藩胆战心惊。曾国藩既没有被他说得心动，也没有为难这位青年才俊，而是请他随同设在水师船上的流动粮台一起出征。

这一次，王闿运来到安庆曾国藩的幕府，曾国藩的实力和七年前相比已大不相同。如果说曾国藩是湘军集大成者，那么在这个时候，无论是曾国藩所任的官职还是他坐拥的兵力才真正显出集大成的气象。由于清军江南大营遭到毁灭性打击，咸丰皇帝在忧虑中宾天，只留下一个六岁的小皇帝，清廷把收复东南半壁河山的指望全部寄托于这位湘军大帅。曾国藩在中国大地上真可谓一言九鼎的人物了。

王闿运看准这个时机，为曾国藩指出两条可供选择的道路：一是拥兵入觐北京，申明垂帘听政违背祖制，请行顾命。二是干脆在东南举义，为万民做主。王闿运又搬出了功高震主、兔死狗烹的前车之鉴，以图促使曾国藩下决心。

曾国藩已经成为众望所归的实力人物。很多人希望他成为一代新主。许多人出于各自的利益诉求，企图利用曾国藩的号召力，在他的旗帜下取代清朝的统治。

王闿运在这方面做过不懈的努力。他曾游说曾国藩和胡林翼与太平军连横反清。胡林翼不免为之动心，但曾国藩却很少采纳他的谋议。

屈原的精神有一个层面叫作忠君爱国，深深地影响着入朝为官的湖南人，包括清末的曾国藩。这个层面强调对君主的忠心，至多只能容得下受委屈时的牢骚，而容不下反叛的精神。因此，屈原至死也不痛恨楚怀王。而曾国藩在势力最强盛的时候，尽管王闿运用自己毕生琢磨出来的帝王学竭力劝说他与清廷分庭抗礼，甚至与太平天国联手替汉人出头，灭了爱新觉罗家族，但曾国藩出于种种考虑，只是以"狂妄"二字来回复王闿运的劝告。

也许，曾国藩并非对王闿运的劝说毫不动心。从他的若干奏折可以看出，他对清廷不信任自己感到非常恼火，对清廷的官场深恶痛绝。他没有像屈原那样对君主空怀幽怨，也不会像手无兵权的三闾大夫那样对清廷的态度像妇人一样软弱。他已经羽翼丰满，拥有对抗清廷的实力。他在日记中说，他在与王闿运长谈之后夜不能寐，说明他的内心确实在做一种抉择。

曾国藩在忠君和造反之间选择了前者，很明显的一个原因是：他的军队是在镇压造反者中起家的，他本人以"正统"自居，因此他很难在短时期内完成从镇压造反者到造反者的角色转换。当然还有其他许多复杂的原因。有人说他信奉儒家思想，怎样和信奉西方上帝的太平军合作，是一个很大的难题。有人则说他是被圣人礼教的浮名所累。还有人说他的选择是基于一种民本思想，他希望国家早日恢复安定，因为有那么多洋人对中国虎视眈眈。他认为中国必须在和平环境中兴起洋务运动，增强国力，改善民生。

257

多隆阿听说胡林翼去世，率军返回桐城，驻扎挂车，拱卫湖北。湖北局势平定，安徽西南部也安静下来。

曾国藩湘军的大举东征，便从现在发动。

10月4日，曾国荃率师东征。

10月19日，曾国荃部攻克泥汊口。

10月20日，太平军攻占浙江处州。清军总兵特保逃向处州西北部的石帆。

10月22日，曾国荃部攻占神堂河。李朝斌率水师攻下荻苓洲和白茅嘴。

10月23日，曾国荃耀兵无为州城下。水师将领王吉率部攻破桐城闸水卡，将小划船连接起来，作为浮桥供陆师渡兵。

无为太平军守将马玉堂之妻先前在安庆被湘军逮捕。曾国荃没有杀她，暗中送信给马玉堂要他投降。

太平军大帅发觉了此事，派兵攻击马玉堂部，太平军各部大哗，互相攻击，喊杀声传到城外。曾国荃趁乱攻击，守军打开北门逃走。湘军攻克无为，向东北方五十里的运漕镇进军。

运漕镇东临长江，西通巢湖，是太平军运粮的通道。曾国荃派王明山的水师部队控制黄雒河，阻截巢湖行船，自率陆师攻打运漕镇，于10月26日攻克。

湘军在贵州也取得重大战果。石达开一部从仁怀向东北方挺进一百多里，到达桐梓。湘军将领杨岩宝等人率部追击，斩杀石军首领朱洪新，另一支由李添亡率领的石军全部被歼。石军余部进入四川东南部，到达涪州白马镇。

湘军声威如日中天。随着曾国荃率部沿长江北岸向东进击，湘军军势更加炽旺，太平军颇为紧张。

在这时候，多个省份的清廷大员都请求朝廷派湘军增援，或者是把将要开拔离开的湘军部队留在本省。

代理安徽巡抚贾臻上奏，请朝廷调拨湘军劲旅北上增援寿州，或令湘军部队驻扎六安与三河尖，威慑苗沛霖所部。

进入10月份，清军防守寿州已有一百天，粮食完全断绝。袁甲三上奏，催促李续宜来安徽主持军事。清廷格外看重湘军，见李续宜因代理湖北巡抚未能成行，便令多隆阿和曾国荃分兵前往增援。

清廷在为安徽北部的战局调兵遣将，寿州的清军却再也守不下去了。10月30日这天，风雨交加，天色阴沉。到了夜晚，苗沛霖的部属在城内做内应，带领几百人登上南城杀死守将朱景山。北门守将黄鸣铎赶到，被苗沛霖部擒拿，令他写下状纸，说寿州官绅勾结捻军，被苗沛霖攻克。

黄鸣铎不肯听命，被割去耳朵，烧掉胡须，送到下蔡。其老母和妻儿都遭杀害。苗沛霖部杀死守城的绅民和孙家泰、徐立壮、蒙时中的家族，王舟含愤自杀。

苗沛霖平日从来不穿官服，这次却打破了常规。他穿着官服进城，顶戴上缀着珊瑚顶孔雀翎，去拜见翁同书，说："满城都是贼匪，我救大人来了。"

他胁迫知州任春和与知县张廷献对翁同书说，他已经不叛变了。翁同书口头上应承上告朝廷，私下里却上疏陈述苗沛霖叛逆的情形。

由于苗沛霖的团练攻占寿州和宿州，安徽北部捻军势力强盛，徐州和宿州之间交通阻绝。僧格林沁派詹启纶募军防守清淮。

捻军分兵北进，奔向山东与河南，省城的防军都登城守望。清廷将德楞额免职。袁甲三上奏，大论平定捻军的办法，指责僧格林沁刚愎自用，懈怠军事。捻军袭扰登州和莱州各县，这是山东最富庶的地带。

僧格林沁正好南下沂州和邳州，论功晋爵为亲王。他上奏请求罢免所有团练及防河大臣。清廷将权力交给总督和巡抚，派副都统遮克敦布取代联捷巡河，大顺广道王榕吉为他做副手。胜保率部驻防京师。

258

清廷在江苏省的大员也开始向朝廷请求派湘军增援。

湖北盐道顾文彬从武昌返回上海，首次提出借用湘军。江苏巡抚薛焕和团练大臣庞钟璐采纳了他的建议。

吴煦奉命筹集军饷，备下了二十万两银子，雇用外国轮船驶入长江接应。巡抚派主事钱鼎铭、知县历学潮和训导张瑛抵达安庆，参见曾国藩，涕泣求援。大学士翁心存上奏，说苏州和常州一带的绅民结团自保，盼望曾国藩，如同盼望慈祥的父母，请求朝廷命令他挑选懂军事的大员领兵赶赴通泰，取道江阴和常熟，以攻取苏州。

清廷下旨，令曾国藩速派大将赴江苏，以满足民众的愿望。

石达开的部属在10月份再次攻打湖南的绥宁，以前在贵州的太平军许桂和部又从湖北来凤进入湖南龙山。龙山知县早已逃走，典史朱克敬率民兵防守。

三十五岁的汉寿人易佩绅奉骆秉章之命在长沙募兵前往增援。易佩绅早年投身清军，在八旗官学中当过教习，1858年中举，在四川任知县，算得上一个文武兼备的官员了。

易佩绅到达长沙后，发现长沙驻防军已改由赵焕联统领。他迅速地募集了部队，取道永顺，火速前往龙山增援，攻击太平军后背，迫使其解围而去。

留在湖北攻打随州的湘军刘岳昭部派刘维祯用一封假信将太平军骗出城来。官文令他率部援救来凤，但他决定在攻占随州以后再去赴援。

石达开本人率部于10月间从小路奔向怀远，刘坤一部在湖南边界拦截，江忠义从武冈出兵阻击。

湖南西部边界的战事关系到湖北、四川和贵州，清廷下诏，任命江忠义为贵州巡抚。毛鸿宾见本省西南防务紧急，奏留江忠义率领湖南本省的军队。

胡林翼去世前曾在病中密奏弹劾裕麟。毛鸿宾得到消息，公然奏请派遣裕麟去湖北，清廷解除了裕麟的职务。

裕麟长期在湖南专权，兼摄两司，官场上用谁不用谁都由他说了算、一旦罢官而去，毛鸿宾更加得意。庆远知府陆增祥跟随毛鸿宾而来，改任道员，代替裕麟。文格因丧事回家，清廷任命岳常澧道恽世临代理布政使，提拔李逢春解去长沙县印出任长沙知府，又专派赵焕联统领省城驻防军，总管营务和兵饷。吏治都出于私心，与骆秉章当巡抚时不同了。

骆秉章于10月份抵达成都接收总督官印。

浙江巡抚王有龄对湘军的态度发生了戏剧性的变化。他不断地恳求湘军火速救援他所在的省城。

太平军攻占浙江北部边界重镇嘉兴以后，清廷就任命前任副都御史王履谦为浙江团练大臣在绍兴指挥军事。这里的官绅关系素来恶劣，民团杀死水军，殴打知府廖宗元，几乎致死。王履谦无法禁止。

李世贤和朱衣点部于11月1日攻打绍兴，民团溃败，李世贤军开进城内，杀死廖宗元。王履谦东逃上虞，李世贤部追踪而来，攻占上虞，王履谦从海上南逃福建。

李秀成和李世贤的部队接连攻克城池，占据了大半个浙江省，已经逼近杭州。浙江全省只有杭州、衢州、湖州和海宁还在清军手中。太平军攻占省城已是势所必然。清廷的臣子们纷纷上疏，请求派曾国藩兼管浙江军事。

太平军加大了对湖州的攻击力度，赵景贤指挥水陆两路出战，鏖战五天五夜才将之击退。而太湖的太平军又来攻击夹浦，赵景贤部接连作战，将敌军击退。

王有龄现在尝到了精明算细的苦果。他为了节省军饷，在上一年刚上任时就上奏阻止湘军进入浙江。战情危急时，又上奏请调李元度和刘培元的湘军，但这两支部队都无法及时赶到。他情急之下派使者前往安徽祁门的湘军大营向曾国藩求援，但只字不提军饷由谁供给。曾国藩说部队尚未集结，无法增援。

湘军攻克安庆以后，声震海内。左宗棠的新楚军转战江西和安徽两省，屡获战功。王有龄又上疏请调左宗棠部援浙，通过重重险阻把一封帛书送到安庆，再次向曾国藩求援。

曾国藩打开封口，展开帛书一看，上面只有用血写就的"鹄候大援"四个字。曾国藩怦然心动，悲悯之情油然而生。

那一夜，曾国藩无法就寝，在室内踱步，通宵达旦。

259

曾国荃部继续向东推进。黄翼升和李朝斌的水师于11月1日配合陈湜的陆师攻克东关。于是安庆方圆百里之内没有了敌垒。

黄翼升和李朝斌率部一路协助陆师作战，清廷加授二人提督官衔，李朝斌升任副将。

清廷于11月2日在北京发生了辛酉政变。两宫太后垂帘听政。这次政变对湘军的人事和作战没有影响。各路湘军听命于新的执政者，继续在全国各地镇压对抗清廷的军队。

曾国荃的得胜之师只有八千人，分兵防守安庆、无为和运漕，再向东进，感到兵力不足。曾国荃于11月3日返回安庆请曾国藩给他增兵。曾国藩令他回湖南增募六千名军士再谋进取，作为攻打天京的资本。

刘岳昭部于同一天攻克随州，湖北战事平定。刘岳昭率部增援来凤。

多隆阿率两万人攻打庐州，李续宜部将蒋学凝等人率一万人驻扎在六安和霍山。左宗棠部驻扎在婺源，张运兰等部驻扎在徽州，鲍超和朱品隆等部合攻宁国，李元度的安越军前往广信扼守浙江通道。湘军五路并进，军势空前旺盛。各路将领争图进取，左宗棠提出大举增援浙江。

在湘军的逼迫下，江西和安徽东南部的太平军全部奔赴浙江，而安徽境内长江以北的太平军则集结兵力保卫庐州。

清廷的内部稳定以后，群臣踊跃上书言事，多数人都说湘军立下了大功，认为湘军的偏将和裨将都可出任总督与巡抚，各省的封疆大吏纷纷上疏请调湘军增援。小皇帝的两位年轻的母后更加倚重曾国藩，对江西、浙江和江苏的巡抚颇多非议。

苗沛霖依然我行我素胁迫巡抚要权，占据了霍邱和怀远，窥视凤州与颍州。安徽的清廷官员更加寄望于湘军。

清廷下诏，加赏曾国藩太子少保衔，令他兼管浙江巡抚和提督以下官员，统领江浙四省的军队，只有都兴阿和袁甲三不归他管辖。

曾国藩十分惶恐，三次上疏请辞任命，清廷不准，传下旨意，说举凡朝政大事须咨询曾国藩才能施行。这时曾国藩才开始考虑援浙。

不久，清廷又颁下一道旨意，令曾国藩兼管浙江，该省提督和总兵以下军官都听从太常寺卿左宗棠调遣。

当时，洪秀全身在金陵，李秀成等人率兵攻打江苏和上海，李世贤等部攻占浙杭，杨辅清等部驻屯宁国，汪海洋部向江西推进，陈玉成部驻扎庐州，捻军首领苗霈林出入颍州和寿州，与陈玉成合兵，企图进军山东与河南，兵力号称几十万。

针对这种形势，曾国藩与曾国荃策划进军路线。曾国荃说："我军直捣金陵，则贼匪必然全力防卫巢穴，而后我军便可图取苏杭。"

曾国藩上奏，推荐左宗棠专管浙江。他说，近年以来福建和广东的造反军从江西抚州和建昌向北进击，进入浙江和安徽。浙江和安徽的太平军则从江西的信州和饶州向南推进，袭击江西腹地。造反军的北上和南下都以江西的广信为必经之路。

因此，如果要湘军增援浙江，应该从广信进兵。浙江省的太平军声势浩大，不是几千名湘军可以对付得了的。他现已令鲍超和朱品隆率部联合攻击安徽宁国，意在牵制太平军在浙江的兵力。但他担心杨辅清调集所有兵力坚守宁国，湘军无法迅速攻克该城，也就无法对浙江的局势有所帮助。

但是，左宗棠率部驻扎广信已久，比较接近浙江之敌。此人平时用兵都是从大局着眼，审时度势，细致入微，近日多次写信给他表明心迹，毅然以援浙为己任。因此，他请朝廷令左宗棠督率所部东援浙江，并让左宗棠就近调度驻防徽州的臬司张运兰所部，驻防广信的道员屈蟠所部，驻防玉山的道员王德榜和参将顾云彩所部，驻防广信的道员段起所部各军，以及副将孙昌国的内河水师。这样一来，左宗棠兵力比较雄厚，运转就会更灵活了。

清廷下诏，令左宗棠指挥浙江军事，专责奏报，并催促他早日开拔。

260

湘军在四川为绵州解围之后，向成都以南进军，打算为眉州解围。11月3日，胡中和等部从成都以西的崇庆向眉州攻击，曾传理等部从成都以南的彭山攻打围攻眉州的顺天军。李永和在眉州以西的松江口集结兵力，湘军诸将合兵深入攻击，将顺天军击退，迫使其南下青神。

这一次唐友耕部最先到达，作战有功，解了眉州之围。骆秉章奏请朝廷将他官复原职。

胡中和率部从眉州西进六十里攻打丹棱。蓝朝鼎部从绵阳撤出后一直在这里休整。

骆秉章令唐友耕率部驻扎在眉州以南，对付李永和的顺天军。

浙江太平军已经包围杭州。清廷在这个省的驻军和援军仍有四万人以上，但抵挡不住太平军的攻势。王有龄再次上奏，请调李元度的八千安越军和刘培元等部前来增援。李元度率部抵达龙游，遭到太平军阻遏，无法接近杭州。只有张玉良所部驻扎在杭州以南的富阳，却不敢作战。

赵景贤回到湖州，听说杭州被围，太平军连营六十里，断绝了省城的饷道，便亲率水陆两军前往增援。虽然接连攻破二十几座壁垒，但仍然无法抵达城下。

洞庭东山的太平军侦察到赵景贤率部南下，便乘虚攻打大钱口。赵景贤被迫回师，且战且退。回到湖州后，大败敌军，夺得战船二百多艘，迫使敌军撤围而去。随同太平军进攻的鸟枪船军掠夺双林镇，赵景贤又派兵将之聚歼。

忠王军对杭州发起攻势，扑向武林门，占据了清军营卡。布政使林福祥和总兵饶廷选领兵返回省城。各路清军都不出兵作战，反而剽窃百姓，坐在军营里索要军饷。

11月4日，忠王军从庆春门到达清泰门，清军将领杨金榜率部出营阻击，将忠王军击退。西湖太平军趁机攻破杨金榜军营，杨金榜杀回营垒，战败阵亡。

11月7日立冬，张玉良率部从富阳赶来，况文榜率部接踵赶到，攻破罗木营敌垒。由于部队过度疲劳，暂时休憩进食。太平军趁夜收复壁垒，合围杭州十门。从海潮寺到凤凰山竖立木城，以阻隔清军的增援部队。

接着再看四川的战况。

李永和的顺天军于11月13日到达青神，分兵东进，袭击铜梁、璧山、永川、大足、定远、南充、岳池和广安。骆秉章增募川军，由张由庚率领，联合黔勇分别挺进四川东北部。又招募湘军，交由知府易佩绅统领，取道湖南边城永顺，相约西进四川东南角的酉阳。

骆秉章提拔刘蓉代理四川布政使。刘蓉以一介附生叙五品官衔，跟随骆秉章进入四川，骆秉章奏荐他担任了成都知府，所以才会有此任命。自从内战爆发，湘军将领的升迁之快无人可以相比。

石达开的部属已从黔西抵达江津，长驱东进，攻打黔江，东进湖北来凤。石达开自己率四五万人取道湖南靖州，于11月21日攻占会同。王永章、周达武和席宝田等部分兵合击，石达开败走黔阳，然后向西北方推进，取道沅州奔赴镇筸。刘长佑令刘坤一率部急行军北进，与湖南的湘军和黔军跟踪追击。

刘岳昭率部奔赴施南，南下增援来凤。骆秉章担心石军北上进入酉阳和秀山，而刘岳昭兵力单薄无法增援，便函商代理贵州巡抚田兴恕，请他拨兵赶赴秀山与镇筸之间的松桃，以及镇筸以西的铜仁，会同作战。

清廷顾念四川军情紧急，催促刘岳昭迅速率部控制夔州和万县一带。

清军在杭州的防守已到最后关头。11月21日，张玉良被忠王军炮火的流弹击中，当即死亡。杭州城内的守军更加恐慌。粮道已被断绝，一石米价值百两银子。居民捐出十多万缗钱，却已无米可买。路上了堆满了尸体。草根、浮萍和蕉叶都被吃光了，人们把皮笼煮来充饥。

浙江商绅胡雪岩从宁波运来大米两万石，运米船停泊在杭州城外的三廊庙。赵炳麟从上海用轮船运米，被飓风所阻，都无法运到城内。

太平军的粮食也断了供应，李秀成打算回苏州过年，听王陈炳文认为不可行。他知道守军已经几天没有进食，杭州城已经守不住了，不赞成功亏一篑。

针对安徽北部的求援，湘军终于采取了措施。曾国藩和官文派遣成大吉率骑步奔向霍山与六安，准备攻打寿州。苗沛霖派兵进入河南，分头袭击光州、固州和陈州，但他听说湘军已有动作，便给袁甲三写信请求招抚。贾臻也多次表示，只要胜保来了抚局就可达成。

清廷下诏说，苗沛霖请求招抚是缓兵之计，贾臻一筹莫展，只是等待胜保南下，没有履行自己的职责。曾国藩和彭玉麟都负有地方责任，彭玉麟可以统领湘军开赴颍州和阜州控制北路，如果苗沛霖团练实在无法招抚，就可以与霍山和六安的湘军发起攻击，邀约袁甲三和李世忠部夹攻，将其歼灭。

261

忠王所部于11月30日架起梯子登上杭州城墙，守军溃逃，城上无人阻拦。王有龄在署衙内自尽。学政张锡庚、提督饶廷选、总兵文瑞、代理布政使麟趾、按察使宁曾纶、盐运使庄焕文、粮道翟福、道员胡元博、彭斯举、朱琦、代理仁和知县吴保丰等人全部被杀。

四天后，忠王军又攻占了杭州满城。将军瑞昌纵火自焚，副都统杰纯巷战而死。

李秀成收殓了王有龄、张锡庚和文瑞的尸体。

太平军攻占杭州以后，留下主将邓光明等部驻守。邓光明不久被封为归王。这个大约三十二岁的湖南人优待俘虏，释放林福祥、米兴朝和刘齐昂，让他们将王有龄等三具尸体送往上海。他还给这些俘虏赠送银两作为盘缠。这件事情仿佛为他两年后向湘军投降埋下了伏笔。

王有龄等人的尸体运到上海后，清政府官员开棺检视，容貌如生。

赵景贤听说杭州失守，叹息道："湖州已成孤城一座，我等只有死守，以报国恩。"于是在城文武官员誓师死守，大家都说："唯公之命是从！"

李秀成意图不战而占湖州，又钦佩赵景贤的勇毅，便派出两名间谍招降。他们见到赵景贤，立刻被推出斩首。赵景贤派人送信到上海，请江苏巡抚将此事转奏清廷。清廷任命他为福建粮道。

李秀成见劝降不成，加紧四面围攻，只留下大钱口一线缝隙。

李元度见浙江境内太平军势力强盛，打算撤退扎营。前安吉县令陈钟英给他上书说，现在谋士们都说应该回师常山，或者前往衢州。可是衢州自有城防军，而江西不供应军饷，又何必保卫常山？福建是浙江军饷的来源，江山一城是进入福建的咽喉，所以不如在江山驻军，既照顾了运饷的通道，又与衢州城相呼应。逆贼必然不敢忽略江山而攻打衢州，也不敢忽略衢州而攻打江山，这样常山不用防守也很安全，这才是上策。李元度接受了他的提议。

左宗棠还没有进入浙江境内，未能指挥调度浙江的军事。浙江全省各地只有湖州和衢州城还在清军手中，而湖州被太平军环绕，旦夕不能自保。赵景贤以功节见重，清廷不忍看他死去，任命他为福建粮道，催促他上任，希望他能免于兵祸。这件事传开来，人们都知道湖州情势是多么危急，认为湖州是保不住了，只有加固衢州的城防。

曾国藩与左宗棠商议，应该以保住徽州、巩固饶州和广信为根本。他们上奏，请求以三府所辖各县的丁粮银米供给军队，在婺源、景德镇与河口设立三个税局，以税收补充军饷。三府防军全部归左宗棠指挥，通吴越为一家，以保江西。

左宗棠辅佐湖南军事十年，勇将健卒对他心悦诚服。其中名将有黄少春、崔大光和张声恒，他又十分看重王鑫，王鑫的亲戚中有很多人跟随他。

左宗棠出师江西是初次领军作战，对曾国藩颇为恭谨。当朝廷补授他为太常卿时，他写了谢恩的折子，还不敢独自上奏。凡有军事上的谋划，他都要咨询曾国藩的意见，然后才会实行，把自己当成曾国藩帐下的将领。直到当上了巡抚，才开始飞黄腾达。

太平军进占杭州以后，又攻占了江苏东南沿海的奉贤、南汇和川沙。清廷上海知县刘郇膏领兵前往救援，失败而归，上海的清军与官府十分恐慌。有人提出，西洋军队武器精良，应当邀其设立会防局，官绅意见一致。刑部郎中潘曾玮从海路进京，谒见议政王奕訢禀报此事，议政王上奏，清廷同意办理。

262

骆秉章为湖南官场开了巡抚专权的先例以后，湖南历任巡抚都是大权在握，专制一省。巡抚看谁不顺眼，就会把他拉下马。

毛鸿宾于12月间上奏，弹劾周凤山募兵过多过滥，指出不可尽用湘乡勇丁，打算任用外省将领，指挥权归属湖南。

奏折呈上去以后，毛鸿宾收到报告，说石达开部在湘西从南到北通行无阻，便又上一折，弹劾江忠义回家办理丧葬，丢下部队不管，要求罢免他贵州巡抚之职。清廷令江忠义改任提督，将道员韩超加赏二品顶戴，委任为贵州巡抚。江忠义率部从广西奔赴安徽。

石达开到达镇筸以后，打算继续北上朝四川运动。其部属先前已攻占湖北来凤。

道员刘岳昭率部围攻来凤。清廷下诏，令刘岳昭部从东向西攻击，令田兴恕部从西向东攻击，夹击石达开部。

太平军从杭州派兵攻打安徽徽州。张运兰先前请病假归乡，其弟张运桂率部守城，攻打宁国的朱品隆和唐义训所部返回增援。

朱品隆和唐义训经常联合扎营，可是两人关系紧张，一同出兵时嫌隙更大。朱品隆来到徽州城下，太平军出兵迎战，朱军眼看就要落败，唐义训却按兵不动，见死不救。

曾国藩听说此事后大为震怒，派人训斥唐义训："湘军之所以无敌，是因为彼此照顾。湘军将领尽管有仇，临阵也不会不相援救，因此早晨吵了架晚上又赶去援救对方。私怨只是个人的感情，公事则关乎大义，难道你不懂这个道理吗？朱将军危急，三次催促你发兵相救，你还是按兵不动，破坏了湘军制度，湘军会因此而败坏。如果你不马上改正，谁还容得下你？我在军中已有十年，把将士看作自己的子弟，至于执行军法以惩罚败类，必然是那人死有余辜。"

曾国藩又写信向朱品隆询问状况。唐义训和朱品隆都惭愧惶恐，互相道歉，一起上书曾国藩致谢，并说从今以后将会和睦相处。于是他们一个月打了七个胜仗，解了徽州之围。

曾国藩见军势已经振作，而朝廷对他倚重有加，决定负起更重的责任。他见浙江全省各地都有太平军，江苏士大夫朝夕请求援兵，便奏荐李鸿章和李桓分别担任江苏的巡抚与布政使，还推荐蒋益澧出任浙江布政使。

根据曾国藩的提议，清廷同意委派左宗棠专管浙江军事，也同意由江西饶州、广信和安徽徽州三府所属各县为左宗棠提供军饷，开设税局一事也准予照办，所收税金补充左宗棠军饷的不足。江西三府的驻防军都隶属于左宗棠，于是江西又成为浙江军饷的根本来源。

曾国藩又请求清廷命令大臣们督催湘军所需的军饷。清廷令副都御史晏端书在广州专设税局。清廷还同意了曾国藩的另一个请求，任命沈葆桢为江西巡抚。

沈葆桢以前多次被清廷召用都不肯出山，现在被提拔为一方疆吏，便出来管事了。而湖南巡抚毛鸿宾也是曾国藩的旧交故吏，湖北的严树森和贵州的韩超则都是胡林翼推荐的人才。骆秉章任四川总督，刘蓉已升任布政使，李续宜和刘长佑也是湘军出身，于是西到四川，东到海边，清廷都用湘军将帅，而这些人都倚重曾国藩，于是曾大帅的权势显赫一时，有点像胡林翼以前在信中对他说的"包揽把持"了。东南各省人士也对功名趋之若鹜，会集到曾国藩麾下。

263

骆秉章见李永和分兵大举东进，便增兵围攻丹棱。蓝朝鼎率部出城攻击湘军，与湘军大战丹棱城外。骆秉章改变战法，下令挖掘长壕，修筑木城，压缩包围圈，断绝顺天军的粮源。

12月12日夜，顺天军开始突围。湘军跟踪追赶，四川提督蒋玉龙率川军包抄。蓝朝鼎率部沿途与清军作战，撤退到麻柳沟时，他中枪坠马，当即阵亡。蓝朝鼎余部突破重围转战川东。

湘军攻克丹棱以后向眉山进击，与李永和部恶战十一个昼夜。湘军不断增兵，李永和决定撤出青神，退守铁山。

李永和下令焚城，北上蒲江。然后继续北进，经过崇庆和双流境内进入成都西北面的彭县。

曾国荃回湖南增募兵勇去了，其部因兵力不足而无法继续向东攻击，只有水师还在进行有限的进攻。12月24日，湘军水师攻打运漕镇，12月25日攻打东关，两战两捷。湘军陆师留下驻守，不再前进。

清廷下诏敦促彭玉麟上任安徽巡抚。彭玉麟再次上奏，说自己出身于诸生，登上战舰已有十年，与水勇和舵工驰逐风浪，恐怕不能胜任封疆大吏管辖百僚。他再次谢恩推辞。

这是彭玉麟第三次辞谢此项任命。清廷似乎对这位屡立军功的干员并无多少了解，竟然相信了他的托词，下诏称赞他"真实不欺"，将他改任为水师提督。第二天又下诏，说彭玉麟有节制军队的任务，武职不足以充当统帅，于是让他候补兵部侍郎。

李续宜上疏说，安徽中部的军事比湖北重要百倍，恳求清廷让他返回安徽巡抚任上。清廷准奏，令他回任安徽。

杨载福为了避用御名，改名杨岳斌，因母亲患病再次请假，清廷下诏催促他到防。

李永和部于12月27日在彭县分为两支，一支向东北方挺进绵州，北上江油和平武，然后回头南下石泉与彰明。另一路向东，经过什邡、汉州和中江，折向东南方，进军遂宁，又折向西南方，进军安岳、内江、隆昌和富顺。

顺天军所过之处遭到民团和清军绿营兵的阻击，每每有所损失。蓝朝鼎死后，部属势力衰微。李永和占据犍为的铁山，分兵驻扎青神。

萧庆高、刘厚基等部围攻青神，胡中和等部围攻犍为的铁山。川东顺天军从广安出发，分头袭击周边的营山、渠县、东乡和新宁，势头仍然兴旺。

蒋益澧所部在广西的贵县和蓝田打败本地会军，会军部分投降，部分逃走。

这年冬天，由于湘军向淮河流域运动，清廷在淮上的局势有所缓和。河北及邹县的教民军被逐渐招抚，清廷令胜保率部转移增援颍州。僧格林沁率部驻扎单州。湘军扬言要进攻颍州和亳州，于是捻军各部大多数都与太平军联合，游弋在襄阳和洛阳，不再一味地抢掠，僧格林沁率部接连攻破亳州以北的多个庄圩。

湘军

（下）

王纪卿◎著

中国文史出版社

目　录

1869 年

1870 年

1871 年

1872 年

1873 年

1874 年

1875 年

同治八年

同治九年

同治十年

同治十一年

同治十二年

同治十三年

光绪元年

264　　　　287　　　　302　　　　312　　　　326　　　　333　　　　337

1876 年 光绪二年

1877 年 光绪三年

1878 年 光绪四年

1879 年 光绪五年

1880 年 光绪六年

1881 年 光绪七年

1882 年 光绪八年

342   351   364   270   373   375   377

264

1862 年刚刚到来，左宗棠的命运就有了第二个重大的转机。在经过多年苦熬之后，这个湘阴人终于跻身于清廷封疆大吏的行列。

1 月中旬，太平天国辅王杨辅清率部攻打徽州，左宗棠亲自领兵从婺源前往援救。鲍超也从江西出兵安徽攻打宁国，以声援浙江。

1 月 23 日，左宗棠还未进入安徽，清廷任命他为浙江巡抚，并责备他出兵迟缓，催促他赶赴浙江衢州与李元度部一起攻打严州和金华。

左宗棠以他在湖南的军事经验对军机要务了如指掌，奉命襄办军务以后又亲自领兵打仗，胜多败少，更加丰富了军事阅历。同时他还有王鑫家族的兄弟这样一批能征善战的部属。清廷将一方疆土托付给他，的确没有看错人。

左宗棠在怀才不遇的那些岁月里自比为诸葛亮，写给别人的信札喜欢署上"亮白"二字，世人多讥笑他狂妄。湖北监利人王柏心深信他的大才，往往在诗歌中表达对他的仰慕。

张亮基是左宗棠的第一位贵人，在他的幕下左宗棠得以施展抱负，谋划军事。后来骆秉章更加重用这个柳庄的奇才，兵事和饷事都依靠他来解决。

司道衙门来参见禀事，骆秉章老是说："去见季高先生，请他定夺。"

左宗棠执掌一省的大权，不拘一格，任意挥洒，引来嫉恨，可谓万众指目，谤议横兴，于是讼狱大起。清廷派总督查核，严加责问。骆秉章为了避嫌不敢为他辩护，左宗棠命悬一发。

左宗棠的祸殃因出名而起，但其幸运也由出名而生。他的名声传播之广，连清廷的最高统治者都从不同渠道听说过他的名字。于是皇帝每次召见外臣都要垂询左宗棠的才具。

当然，左宗棠光是出名还不行，还要遇上清廷急需军事人才的时机。他的案子正在审核时，适逢东南军情紧急，曾国藩和胡林翼各自上疏论荐左宗棠，很多朝臣也说左宗棠可以寄予重任。咸丰皇帝急于用人，将他提拔为京卿。从那时到现在过了不到两年，他就跻身于疆帅了。

左宗棠的德量才智不论是否及得上武侯，他都无疑是清末的一个大军事家。在妒贤嫉能之辈的虎视眈眈之下，他终于能够脱颖而出，不能不说是非常幸运的。

自古以来，在独裁统治下，多少贤人君子遭到世人诽谤，以致颠沛流离，沉郁湮灭，只能把一肚子学问带进坟墓。何况左宗棠秉性耿直，疾恶如仇，根本不入官场潜规则之流，在得罪了一大帮高官之后，不但保住了他那颗聪明的脑袋，还能得到清廷的擢拔，简直就是　个奇迹。像左宗棠这样幸运的人，在中国几千年的封建社会里可谓九牛一毛。

其实，曾国藩本人及其湘军集团中那些得以出人头地的湖南书生无不沾了乱世的光。他们能够干出一番大事业，千古留名，不仅因为自身养成了良好的素质，还必须有一个太平天国运动搅乱沉闷的社会，他们才能在晚清的军政舞台上大显身手。

曾国藩也不是一个对清廷唯唯诺诺的汉人大臣。在军事上，他常常对清廷抗命不遵，大谈客观的困难，要按自己的战略意图行事。如果不是清廷对他的湘军多有依赖，恐怕他早就被革职问罪了。但清廷偏偏并不拘泥于成见而同意了他的方案。

时势造英雄，在晚清，仍然是一个历史事实。

265

太平军在上年底攻占杭州，曾国藩认为是自己的失误，上疏弹劾自己。这时王开化已因病去世，左宗棠手下将领都是偏裨，战守能力较差，只能自保。曾国藩推荐蒋益澧出任布政使，令他率领所部增募新军，就是在这样的背景之下。蒋益澧这个屡遭排挤和弹劾的将领，由于时事的需要又登上了高位。

左宗棠刚刚接到任命，便上疏陈述自己的用兵方略。他说，浙江的军务之所以会败坏，是因为历任督抚都不懂军事。在开始的时候，他们竭尽本省的军饷接济金陵和皖南，希望借着外省军队的力量作为浙江的屏障，而对于练兵选将之道漫不经心。

自从金陵和皖南的官军失败之后，浙江的官府又广收溃卒，用丰厚的军饷来留住他们，希图他们再次振作。结果导致兵力增加而军饷匮乏，但部队仍然缺乏战斗力，用于防守遇攻则逃，用于攻击一战即溃。最后溃散分裂，无法支撑。

左宗棠说，现在他奉命指挥军事，必须严格地淘汰无用的士卒，以营制来加以约束。必须赏罚分明，发给实饷。必须另行征调和募集军士，对部队预先调换和增补。不过，如果军饷供给中断，就会遇到障碍。即便是能干的将领，没有军饷，又怎能管好部队呢？即便臣子韬略在胸，如果手下无兵，又怎能打败逆贼呢？

左宗棠请求清廷命令各部大臣查明各省协助浙江军事的款项，将清单开列给他，如果藩司调拨接送迟延，或者委员扣押不发，他都要指名参奏。左宗棠刚刚上任巡抚，就使清廷领略到了他一丝不苟的认真。

清廷下诏，同意了左宗棠的请求。

正如左宗棠所说，自从太平军定都金陵以后，清军的江南大营一直对浙江举足轻重，浙江倾尽全省的财富给大营供给军饷，每年要花费几百万两银子。湘军资金匮乏，非常羡慕，也想从浙江得到供给。然而浙江那时对湘军没有所求，湘军统帅和浙江巡抚总是互不买账，以至于王有龄无法得到湘军的武力援助。

1 月 26 日，湖州大雪，连下三昼夜，冰厚数尺，炮舰被陷，无法动弹。

1月31日，太平军乘夜攻下大钱口。从此，湖州城与外界隔绝，饷道不通。

太平军屡次进攻湖州受挫，损失大批将士，死伤累累。他们采用攻坚的老法子，在湖州城外挖掘地道，可是掘到三尺深处便见水，只得放弃。而且，湖州四面大河环绕，云梯和冲车都派不上用场。太平军只能筑垒竖栅，渐渐进逼，企图困死湖州守军。

太平军将领对赵景贤恨之入骨，下令掘开赵父坟墓，并告诫部属不要近攻。

左宗棠必须进兵浙江，新楚军未能进入安徽，皖南的湘军只能孤军作战。鲍超所部在青阳击败敌军，朱品隆率部在徽州击退围城的杨辅清所部。

青阳之战以后，清廷将唐仁廉以总兵记名。

李世忠从滁州向江苏出兵，于2月份攻克江浦和浦口，进攻桥林和乌江的敌垒，全部攻克。

与此同时，太平天国守王方海宗所部攻打镇江，清将冯子材作战不利，总兵富升中炮阵亡。都兴阿从扬州增援又打了败仗。副将张文德率部拼死固守，清廷任命他为贵州镇远镇总兵，仍然留守镇江。

清廷下旨，催促湘军增援镇江。

李秀成率部向东挺进，大有攻击松江和上海的趋势。江苏巡抚薛焕向清廷告急。大臣们提出让曾国荃率领在湖南新募的六千名勇丁驻防安庆，把上一年攻克安庆得胜的八千名湘军勇丁换下来派去增援上海，谋取苏州和常州。清廷多次给身在安庆的曾国藩寄来上谕，向他垂询，并屡次下诏催促出兵。

曾国藩有不同的看法，上疏说，现在江浙的逆贼兵力太多，占地太广，必须等到都兴阿部肃清了江北，湘军没有后顾之忧，才能会合上下游的兵力，分兵几路攻取长江南岸，才不至于凌乱无序。

他认为，曾国荃招募的新军应该用于攻打巢县与和州，与镇江和扬州的各路部队联通一气，还要巩固上游无为和巢县这方面的防御，因此不便远赴上海，否则就会顾此失彼。

当然，上海是军饷的来源，关系也很重大，唯有联络洋人协力防守。洪逆在江浙声势浩大，占尽了富庶之区，广收官军降卒，财力增至五倍，兵力增至十倍。湘军只能谨慎地图谋进取，否则不但苏州和浙江难以攻克，就连皖南和江西的地盘也会被逆贼挤占，结果是欲速而不达。

清廷同意曾国藩的看法。

266

李秀成的几十万大军迅速东进，从奉贤攻击吴淞口，向上海推进。法国军舰开炮轰击。太平军退守天马山的陈坊桥，李恒嵩率部攻破敌垒，太平军撤到青浦。浦东的太平军主力占据高桥，控制了清军要害。华尔邀约英国兵和法国兵在海滨排列阵势，自率美国人白齐文部攻击高桥，将太平军壁垒全部捣平，消除了太平军对上海的威胁。

华尔和白齐文愿意改穿中国服装，隶属清廷，清廷下诏奖励，赏四品顶戴花翎。

清廷授予曾国藩协办大学士衔，曾国荃则出任浙江按察使。

曾国藩写信与曾国荃商量，问他是否愿意率部去增援上海。曾国荃回答说，松江和上海的财富和税收甲天下，很容易筹集军饷。但太平军的老巢在金陵，如果湘军猛攻金陵，他们一定会竭尽全力援救，而后湘军就可以去打苏州和杭州了。他还说，他愿意承担最艰难的任务。

曾国藩认为曾国荃的谋略可嘉，便把攻打金陵的任务交给他，而向清廷推荐福建延建邵遗缺道李鸿章，说这个安徽人熟悉军事，可以将一省的治理托付给他，令他与总兵黄翼升统领水师和陆师东征。清廷准奏。

李鸿章在1852年跟随侍郎吕贤基在安徽团练勇丁，由于劫富济贫而遭到指责。吕贤基死后，他在巡抚福济营中效力，郁郁不得志。后来参赞曾国藩军幕，做些秘书工作，没有领兵。现在清廷同意将李鸿章委以重任，曾国藩便让他从湘军中挑选良将程学启和郭松林等人率六营兵力，又让知府李元华所率安徽清军增募淮勇，组建五营兵力。

两淮地区民风强悍，尤其是皖中腹地，清军、太平军、捻军和绿林军交叉驻扎，民间纷纷结寨自保图存。庐州地区的团练武装以合肥西乡周公山、紫蓬山和大潜山地区的张树声与张树珊、周盛波与周盛传和刘铭传三股势力最大，百里之内互为声援。

上年夏天，西乡团练头目得知曾国藩就任两江总督，李鸿章在幕中主持机要，就公推张树声向李鸿章和曾国藩上了一道禀帖，洞陈安徽形势，并表示了愿意投效的决心。曾国藩阅后大为赏识，亲笔批示"独立江北，真祖生也"。由于庐州团练的这些基础和李鸿章在当地的各种关系，淮军的组建和招募十分顺利。

李鸿章首先通过张树声招募了合肥西乡三山诸部团练。接着，又通过前来安庆拜访的庐江进士刘秉璋与驻扎三河的庐江团练头目潘鼎新和吴长庆建立联系。潘刘二人自幼同学，又同为李鸿章父亲李文安的门生，吴长庆的亡父吴廷香也与李文安有旧交，自然一呼而应。

于是，曾国藩将募集的五营淮军分别交由刘铭传、潘鼎新、张树声、韩正国和滕嗣武率领。

淮军就此兴起，准备乘轮船东下。

曾国藩同时上疏讨论浙江军务。他说，逆贼已占杭州，左宗棠打算从徽州进攻严州，一旦攻取了此城，北可扼杭州之咽喉，南可做衢州屏障。但左宗棠部必须攻克开化、遂安等城，才能打通前往严州之路。必须派兵留守婺源和华埠，才会免除被逆贼包抄后路的危险。

曾国藩说，他曾强调，必须等到蒋益澧部到达衢州才能分路进攻。这并非过于持重，故意拖延，实在是因浙江贼军太多，占地太广，如果对湘军进行大包围，除非左宗棠部直捣严州，恐怕衢州最终会被困于长围之中。他认为，只有等到左宗棠部围攻严州，鲍超的霆军进抵宁国，浙江的军事才有下手之处。

清廷不断催促左宗棠进军浙江，左宗棠这个新任浙江巡抚不能不遵旨行动。2月18日，他率九千名湘军从婺源进入浙江攻打开化，在马金街击退敌军，自己领兵原地驻扎，派王开来率部驻扎开化城。

左宗棠为了加强军幕，奏调周开锡到浙江。周开锡在胡林翼死后先后在曾国藩大营和李续宾军营辅佐军务。左宗棠看好这个学生，让他到浙江为湘军筹措军饷，整顿地方吏治，处理战争善后。

左宗棠还把王鑫旧部将领丁长胜也带到了浙江战场，令他率部驻扎在开化和遂安之间。

杨昌浚本来只打算跟随左宗棠干三个月，但左宗棠一再挽留他，他拂不开情面，就一直跟随左宗棠从江西打到浙江，屡立战功，不断升迁。

清廷派往浙江增援的各路军队，闽浙总督庆端派兵防守浙江西南部的龙泉，以及松阳与福建北部边界的政和，另有秦如虎率部驻扎东南端的温州，江苏清军渡海攻占了东部的定海、宁波和仙居，民团攻占了东南部的台州各县。

在这种形势下，宁波太平军西奔绍兴，台州太平军西奔处州，温州太平军向西北长进，进入金华，与严州太平军会合，向衢州运动。

浙江的湘军将领当时只有刘典和王文瑞以通晓战略而著称，左宗棠令他们统率诸位将领，各当一路。

左宗棠担心朝廷下旨催促他进军衢州，他的部队会陷入敌军包围，便上奏说，衢州城防坚固，容易防守，守将李定太有八千多名兵勇，李元度的安越军有七千多人，加上福建省的援军，暂时没有危险。对付敌军的办法必须避免陷入长围，还要防备后路，保障自身安全，然后才能打败敌军，而不为敌军所败。

左宗棠说，如果他的部队先进衢州，就陷入了敌军设计的长围之中，一旦徽州和婺源出现疏漏，便成了粮尽援绝的形势。现在从婺源进入浙江，先打败开化之敌，扫清了徽州后路，然后分兵从白沙关进扼华埠，攻占遂安，既能保住广信，又能稳固徽州。

所幸的是，他的部队已取得三次大捷，肃清了开化，婺源和饶州、广信两郡相互屏障。而杨辅清部又屡次受到徽州湘军重创，他的部队就无须远赴徽州了。只是浙西和皖南一带都是贫瘠的山乡，大米产量很少。他的部队所需的军粮如果从饶州和广信采购，运输费力，耗资也多。他的兵力不满九千人，防守徽州和广信的部队虽然归他调遣，然而这两处正遭到敌军威胁，当地驻防军无法调入浙江。

另外，衢州李定太部八千多人，江山李元度部八千多人，人数都与他的部队相等。这次李世贤部攻打两地，李定太只守衢州，李元度分兵控扼江山和常山，都急切请援，担心不能自保。作为巡抚，他也不能让这两位将领轻举妄动，率部远离城池，浪战求胜，以致有损军威。兵事和饷事都存在困难，所以不能急功近利。

清廷收到这份奏疏，发现左宗棠的意见与曾国藩的看法如出一辙，便赞同他的方略。

这时，浙江东南传来战报，太平军攻占青田，进军温州，秦如虎率部将之击退。

267

川东顺天军于2月8日攻击新宁，杀死知县国澍和典史耿凤翔，以及把总何玉春。

石达开率部在2月初从湖南的龙山进入湖北的咸丰和宣恩，打算在来凤与部属会合。席宝田率部攻打来凤，王永章率部分兵进击，石达开所部向施南运动。湘军进占来凤城。

刘岳昭和周达武率部在龙桥阻击石达开部，追杀三里，于2月17日进入来凤。

刘岳昭抢先上奏湖北湘军的战功，陈述来凤的攻取是两军合击的成果。此战以后，周达武获得二品封典。

石达开的前锋进入利川，向夔州和万县运动。川东顺天军的另一部占据了涪州以南的鹤游坪。

骆秉章见川东军情紧急，连忙征调刘岳昭和周达武率部入川，与易佩绅部在夔州会师。

清廷任命田兴恕为钦差大臣，专门统率贵州军队。田兴恕在湖南督饷，毛鸿宾大怒，上奏请求停止提供协饷。

田兴恕和江忠义都是行伍出身，以骁勇而著称，所到之处，造反军都很畏惧。然而，他们在湖南湖北只是当偏将的材料，威望远不及罗泽南、李续宾、彭玉麟和杨载福。但他们从一介布衣起步，不到十年时间就跻身于监司之列，直到成为疆帅，指挥一省军事，刚刚进入壮年就看到了人生的辉煌。

这两个人如此得意，令山东人毛鸿宾暗中妒忌，认为他们不孚众望。他在上一年底弹劾了江忠义，现在又来弹劾田兴恕，想让朝廷将他罢官。这一弹劾，恰好碰上了田兴恕倒霉的时候。

田兴恕被任命为钦差大臣后，兼代贵州巡抚的职权。适逢法国天主教主教胡缚理鼓动教徒与百姓发生争执，引起公愤，田兴恕主张将他随时驱逐。法国传教士文乃尔进入贵州传教，与田兴恕关系不和，开州知府将文乃尔捕杀。法国公使向清廷告状，大臣们一商议，决定将田兴恕罢免。

江忠义和田兴恕两人都知道朝廷对自己是破格重用，发誓要在贵州有一番作为。但毛鸿宾偏要把他们从贵州的任上拉下来，使湘军在贵州原本有望振兴的势头突然衰减下来。

当时四川军情紧急，田兴恕自请去四川带兵打仗，听从骆秉章节制。清廷同意了他的请求。

毛鸿宾在湖南巡抚的位置上倒是非常轻松。湖南境内没有太平军，他只要每月向清廷报告针对广西和贵州的边防就会显得卓有战功了。适逢贵州有苗民军和教民军起事，他派出湘军开赴铜仁增援。

清廷与西洋通商，法国请求发还衡州和湘潭的天主教堂故地，清廷令湖南官府丈量清楚以后归还，听任他们自己修建。士民援引圣谕，要求罢黜异端，焚毁教堂，攻击教徒。

法国公使向清廷告状，清廷下诏令官府修复教堂。衡永道黄文琛上言说，原来确定由法国的教主自行修建，现在由官府来修建是不得体的。但湘潭已经动工，毛鸿宾担心生事，招募自愿出钱修复的人，罢免黄文琛的官职，由知府张士宽掌管兵备，主持修建。

布政使恽世临开始稽查军需收支，计足陌钱一百万，应当盈余一万四千千，扣除水钱一百万，应当盈余一万六千千，那么这些钱用到哪里去了？于是他将制造工匠全部拘押，打算控告局员侵吞钱财。首先上奏清廷将王加敏罢官，核查讯问，没有结果。

由于税收金额不符，毛鸿宾上奏弹劾辰沅道陆传应。陆传应到了长沙，他又向陆传应道歉。通判椿龄怨恨毛鸿宾弹劾自己，使他丢了官职，将这件事告到总督那里，还告他在大丧期间娶妾。

文格返回湖南就任本官，取道武昌，为毛鸿宾在官文面前辩解。湖南军需局给了椿龄三千两银子，把这件事掩盖过去。

毛鸿宾主持的湖南官场已经脱离了清廉的轨迹。

268

清廷在 2 月间将江西巡抚宸毓科召回京城，起用沈葆桢为江西巡抚。

林则徐的女婿沈葆桢以前因防守广信而出了名，被任命为吉南赣道，由于不能取悦于长官，告假休养，回到福建。曾国藩屡次上疏称赞他的才干。

同治皇帝即位不久，两宫太后特别倚重曾国藩，不论他推荐哪个人才，那个人立刻就会得到重用。于是清廷提拔了沈葆桢。由道员直接升任巡抚的人除了李鸿章和曾璧光，就只有一个沈葆桢了。

沈葆桢做出的业绩远远比不上李鸿章，但他为官清正，为世人所推许，也是当时的良才。

江西的巡抚从陈启迈以后，历任的文俊、耆龄、恽光宸和毓科，都守着和平时期的惯例，将权力交给司道，而抵御太平军的大部队则依靠外省军队。而沈葆桢上任之后，开始重视本省的军队建设。

江西一地，自从清军江南大营溃散以后，就成了太平军常来常往的省份。太平军在江苏和浙江用兵，许多部队在赣东集结。现在曾国藩和左宗棠用兵于东南，皖南有多隆阿、曾国荃和鲍超所部作战，江西的太平军趁机向西推进。而岭南的各路会军受到鼓舞，聚集一千几百人，出兵袭扰旁边的县份，十天内就增加到几万人，全部从江西到达安徽和浙江，江西成了各路太平军的交通要道。

江西的民众深受战火之害。一个人要明白生死存亡的道理，只要到了江西就能受到启发。内战爆发以来，各省督抚只有通晓军事的统帅才能生存，不懂军事的人只有死路一条。

江西先前没有本省的军队，与苏州、杭州无异，然而这个省份的清廷官府一直能够顽强抵抗太平军的攻击，而且战功卓著，堪与湖北相比，原因在于它毗邻湖南，不仅留住了曾国藩湘军的部分主力，而且能够及时从湖南得到武装增援。

战火频仍之地，商贾视为畏途，良将劲卒却往来聚集，有的过来增援，奋力救助，有的只是借道，不请自来。江西的官府只要不像王有龄那样打小算盘，就可以借用他们的力量，留下客军为本土作战。将领不必是自己选拔的，军队不必是平时训练的，外省军队来打游击，也足以获得军事上的胜利。

江西由于独特的地理位置，为内战付出了沉重的代价，也为湘军培养出一批大将。沈葆桢当上巡抚以后，决定改弦更张。他和湖南人一贯熟悉，按照湖南人的办法，开始自己供养军队。不过，他所重用的将领多数是湖南人。

湘军中著名的将领是请不到的，他所倚重的道员王德榜和段起都是湘军非主力部队的将领，指挥小部队作战。后来经验累积，终于成为大将。再后来，江忠义与席宝田留守江西，成为劲旅，其中席宝田名声最大。

沈葆桢刚来江西上任时，率领一千人奔赴广信检阅边防。曾国藩派飞马送信阻止，并嘱咐他处理好官员的任免和军饷的供应。沈葆桢已经出发，接到曾国藩的书信后立刻返回南昌，颇为难堪。

于是，曾国藩依靠江西为军饷的来源，每月调拨五万两银子的农业税给徽州和宁国的驻防军，调拨关税三万两银子偿还拖欠的军饷，而每年一百多万两银子的商业税收全部供给湘军东征。

左宗棠的东征在3月初又有进展。他下令从马金街进攻遂安，派王开来、刘典和刘璈分路攻打城西的杨村，令李耀南所部在北岗列队迷惑敌军，又令张声恒率所部浮水到达敌后。当天夜晚，太平军弃城而走。

浙江西南部的民团攻克了遂昌。松阳的太平军南下云和与景宁。浙江东南部，太平军从黄岩南下袭击乐清，青田的太平军越过温州攻占瑞州。清军在温州的防御岌岌可危。闽浙总督庆端移驻福建浦城。

浙江的湘军兵力深感不足，指望蒋益澧率八千人快一点到来。广西的另一名湘军将领刘坤一也接到新的任命，出任广东按察使，清廷催促他去广东上任。

3月1日，赵景贤选拔三千名死士，誓为湖州解围。他们从南门和北门分头出击，两队各扫除十座壁垒，夺得敌军军粮运进城内。从此太平军不敢把军粮靠近城边屯放。

赵景贤部仍然饿着肚子，因为城内城外仍有八千多名兵勇，百姓有男女十一万多人，眼看就要断粮。

过了两天，上峰下达密令，要赵景贤赴福建新任，并通知他：朝廷已赏加给他布政使官衔。消息传出，部队士气大振。

清廷要调走赵景贤，是因为顾惜他这个人才，寄上谕垂询曾国藩，密令他轻装上任，让他以保卫桑梓的这股劲头去守卫福建的疆土。

赵景贤自然对朝廷感恩不尽，发誓要死守湖州。他派人送帛书到上海，告诉叔叔赵炳麟，说湖州"众志成城，守死善道"。还说："我家出一个良臣，不如出一个忠臣。"

广西的湘军宿将都被清廷调走了，只剩下刘长佑一个孤家寡人。他只好放下文治，亲自率部作战。他的部队已于2月份攻克了罗白和土县，现在派副将郑金华驻扎浔州，派右江道蒋泽春率水师跟随在后，派道员易元泰率部驻扎莲塘。

269

从上一年起，湘军陆续在川东集结兵力，对川东顺天军造成了威慑。3月5日，顺天军一部从新宁南逃，联合垫江的造反军挺进东南，奔向丰都。

石达开部恰好也在向丰都运动。他们从湖北西南角上的利川走偏僻的小路进入四川，向西南方斜插攻占石柱。然后继续西进，在丰都的羊肚溪渡江。

对于来到川东南的两支造反军，湘军更重视石达开部，连忙出兵拦截。石达开便率部沿长江南岸西下，到达涪州的小河。

顺天军的另一支部队驻扎在涪州以南的鹤游坪，新宁与垫江的顺天军到达丰都之后，涪州一带便有了三支造反军。他们之间或者相隔几十里，或者相隔一百里。奇怪的是，他们都互不联络，有利于兵力不足的湘军各个击破。

刘岳昭率部来到了夔州，田兴恕也自请来四川作战，骆秉章又增添了生力军。清廷担心贵州的官军和四川的湘军对造反军发起夹攻，会将之逼进陕西，便令陕西巡抚瑛棨防守兴安与定远，陕甘总督沈兆霖也派兵防守阶文。

左宗棠率部于3月9日进占浙江遂安，留下王文瑞和王开来部驻守。太平军从淳安开来围攻遂安，王文瑞多次发起反击，将敌军击退。太平军分为两支，一支奔向严州，另一支奔向休宁。

李世贤率金华和龙游的大部队围攻衢州，攻势猛烈。负责城防的李定太部深感吃力。左宗棠亲自带兵去救，到达常山的水南，侦察到敌军已占招贤，阻塞湘军粮食运道，便令刘典和黄少春等部分左右进击，张声恒和刘璈率部接应。

刘岳昭的前军两千五百人于3月12日从万县溯长江而上，约定与唐炯等部在涪州会师。

石达开所部游骑兵向西驰骋，到达涪州和巴州南岸，无法渡江。鹤游坪的顺天军隐藏不出，丰都顺天军又朝东北方向进兵，袭击忠州和万州，奔向云阳。湘军在重庆集结兵力，专防石达开部。

美国人华尔率洋枪队在上海攻克萧塘。与此同时，曾国荃率在湖南新募的部队开到安庆，与曾国藩商讨进取谋略。清廷下诏，任命曾国荃为江苏布政使。

曾国荃率新军从安庆东下，前锋到达巢湖与和州。湘军水师攻克裕溪口。

曾贞干的营务官黄润昌决定亲自领兵打仗。他发现皖南的三山一带有一些地方武装，多数投靠了太平军。他发挥策反的特长，诱降了四千人，编成自己的部队，叫作"坤字营"。然后随同曾国荃部一路攻战。

左宗棠派出的援兵于3月25日黎明到达招贤，太平军来不及排列阵势就弃械而逃，衢州的粮道就此打通。

李世贤部从大洲向江山推进，代理布政使李元度向左宗棠请援，后者分派两支部队前往。援军于3月30日开抵大陈，太平军已在前一天夜间撤走。

李永和部招架不住湘军的攻势，于3月31日从铁山向东南突围，奔赴富顺和宜宾，另派一支部队北援青神。

270

李元度于4月1日率领十营兵力从浙江西部边界城市江山出战，碗窑的太平军从小清湖渡河前来迎击，李元度发起反攻，将之击退。

李元度马上又面临新的威胁。一支太平军于4月3日攻破峡口福建清军的军营。左宗棠料定此军会扑向江山，便决定增兵西援。他接到探子报告，说李世贤占据了花园港，便派刘典率部与李元度的安越军一起攻打花园港，未能攻克敌军防线。左宗棠亲自率军前进，于4月6日到达石笏。

李世贤率轻骑到达小清湖，左宗棠得到消息，急令玉山守军将领顾云彩联合刘典、黄少春和佘翠隆等部拦截，想一举抓获太平天国的侍王，可是李世贤在激战中逃脱。

花园港和石门的太平军不等李元度发起攻击，抢了先手，扑向安越军营垒。左宗棠令朱明亮率部前往河干堵截，刘典率各营大声呼喊，冲入阵中，太平军抵挡不住，四散奔逃。

4月16日，刘典、刘璈和杨昌浚等部分三路攻打石门，冲破几重敌卡，进攻花园港。军士们拔掉花篱攀垒登城，太平军凿穿墙壁从墙孔发炮，湘军死伤三百多人，无法突破。

4月20日，杨昌浚和刘典等部又分三路逼近花园港，发射火箭，焚烧敌军木棚，不料天降倾盆大雨将火焰淋熄。太平军出垒拼死抵抗，宁乡人黄少春三处受伤，便下令撤退。

杨昌浚的左路军攻破敌军主将翟天凤所部的七座壁垒，解除了衢州清军所受的威胁。杨昌浚就任衢州知府。

4月22日，太平天国对王洪春元听说花园危急，领兵从衢州杀到双桥，号称有几万兵力。左宗棠兵分两路，一路攻打花园，另一路抵抗洪春元的援军。

太平军不愿与湘军交战，于4月24日从上台毛村绕过衢州南侧奔向龙游。左宗棠返回常山。李世贤率部撤回金华。

温州民团出兵攻击太平军，迫使各路敌军返回处州，在松阳和遂昌集结。林文察率部攻打遂安，太平军从江山赶来增援，林文察率部在石练将之击退。

石达开于4月初率部从小河取道朱家觜，在浅水区跋涉偷渡，包围涪州城，挖地道发起猛攻。恰好刘岳昭的前军和唐炯所部都已到达涪州，唐友耕分兵守城，内外夹击，将仰天窝和堡子城的敌垒全部攻破，斩俘近万人。涪州解围，石达开率部奔向二十里外的蔺市。

刘岳昭率领的后队有两千兵力，道员张由庚扼守李渡溪，防止石军渡向江北，并且监视鹤游坪的顺天军。刘岳昭和唐友耕率部渡到江北，奔赴重庆，赶在石军之前。唐炯部驻防涪州，防止石达开杀个回马枪。

李永和派出的援兵已从宜宾来到青神。萧庆高率部于4月5日将增援青神的顺天军击退。4月6日，青神城内的顺天军沿长江南岸东奔宜宾，分为两部，一部驻扎天洋，另一部驻扎八角寨。萧庆高率部攻克青神和丰都。顺天军向东北方向进军，袭击忠县和万县，奔向云阳。田兴恕已派出总兵熊焕章率一千五百人增援四川。

湘军在贵州的兵力减弱以后，清廷在这个省的防务漏洞百出。在贵州的西南角上，回民军于4月份攻占了兴义。在贵州东部，石阡和铜仁的苗民军攻打镇道营垒，全部攻破。造反军南下攻打邛水，将驻防军击溃。湘军接到警报，从湖南进驻铜仁。造反军北上松桃，南攻天柱。

湖南增兵防守天柱以北一百里处的晃州。镇箪总兵分部防守。江忠义已经病归故里，新宁人江忠朝和邓子垣接管了其部，奉命奔赴贵州增援。

清廷下诏，责备韩超一味依靠湖南的援军，辜负了朝廷托付疆土的重任。

271

上海派出的七艘英国商船在4月初驶抵安庆，迎接李鸿章的淮军。

淮军先头部队在春节过后就陆续开到安庆集训，共有四营，即张树声的树字营、刘铭传的铭字营、潘鼎新的鼎字营和吴长庆的庆字营。

四营淮军抵达安庆后，曾国藩召见各营将领，亲自考察，并为淮军订立营制营规。

曾国藩担心新建的淮军兵力过于单薄，还从湘军各部调兵遣将，其中整营拨归淮军的有张遇春的春字营和李济元的济字营，太平军降将程学启的开字两营；麻阳人滕嗣林和滕嗣武的湖南新勇林字两营，以及后到的陈飞熊的熊字营和马先槐的垣字营。

曾国荃部将郭松林也转入淮军，立刻升为副将。

此外，曾国藩还送给李鸿章两营亲兵，分别由韩正国和周良才率领，作为"赠嫁之资"。

三十一岁的长沙人黄中元奉调从霆字营来到李鸿章的亲兵营担任营官，成为早期淮军的中坚人物之一。

在这些湘军部队中，以桐城人程学启的开字两营作战最为凶悍，士卒多系安徽人，其中包括丁汝昌。这样，李鸿章初建的淮军就有了十四营的建制，每营正勇五百零五人，长夫一百八十人，共计六百八十五人。

曾国藩于3月份由李鸿章陪同检阅已在安庆集结的淮军各营，淮军宣告成立。随后，上海士绅雇用七艘英国商船将淮军分批由水陆运往上海。

李鸿章留下李济元的济字营驻防池州，因此分批乘船前往上海的淮军共计十三营约九千人。

李鸿章率第一批湘淮军开赴上海，总兵力为五千五百人。轮船于4月6日开航，于4月8日到达上海，在城南扎营。

淮军的后续部队是李鸿章的三弟李鹤章在合肥故乡招募的旧部团练，其中的将领包括内亲李胜和张绍棠，昔年好友德模和王学懋，以及父亲李文安的旧部吴毓兰和吴毓芬等。这些东乡团练与西乡周盛波和周盛传兄弟的盛字营都属于第二批成军的淮勇，后来从陆路陆续开赴上海。

李鸿章到达上海时，曾国荃正领兵从无为北上，进军巢县与和州。他令刘连捷率部驻扎望城冈，自率六千人驻扎在巢县东北。黄翼升和李成谋等人的水师部队攻打铜城闸，陈湜等人率陆师会攻。两军攻占闸东和闸西的敌垒之后乘胜攻克了雍家镇。

4月18日，湘军包围巢县。太平军听说铜城闸已被攻破，紧张万分，打算撤退。曾国荃挥师跃登城墙，杀死几名守敌。城内守军惊扰，夺门而出。湘军斩杀几千人，攻占巢县。

曾国荃挥师向北追杀，抵达含山，分两翼包抄，大破从巢县撤出之敌。含山城内的太平军望见城外兄弟部队失利，不战而逃。湘军在同一天攻克含山。

多隆阿部正在进攻庐州。陈玉成向天京求援，洪秀全派陈坤书和黄文金率大军增援庐州，从九洑洲渡到江北，三天二夜络绎不绝。太平军顺便攻克了李世忠沿江修筑的三垒。

在天京上游的上士湾，太平军渡江后集结到和州，适逢曾国荃部已抵巢县与含山，准备向和州攻击。清廷大臣们认为可以趁机攻克金陵，催促李世忠领兵攻取九洑洲，约期与湘军会师。

李世忠趁机向清廷诉苦，说自己的部队非常困乏，而江浦和浦口距离洑洲只有几里路，必须有八千人分防此二城，还要有两千人防守桥林，另有两千人扼守小店与乌江。请求由江北粮台每月供给一万两千人的军饷，并增调一百几十艘战船赶赴浦口。

李世忠所部就在金陵对岸，确实面对着强大的对手。就在他诉苦时，江宁县的太平军渡到江北攻击他的部队，占领了沿江的三座军营，然后攻占江浦，分兵攻打六合，李世忠的部将守在城内感到十分吃力。

清廷体谅李世忠的难处，令吴棠拨饷。又考虑到湘军距李世忠军营不过四十里，便把这支降军划归曾国藩节制。

苗沛霖的团练联合太平军和捻军攻击颍州，企图为庐州解围，贾臻多次上疏告急。成大吉和萧庆衍从河南固始出兵增援颍州。苗沛霖慑于湘军兵威，派使者向胜保求降，并释放黄鸣铎以示诚意。

苗沛霖与捻军首领张乐行素有嫌隙，胜保因势利导，令苗沛霖去打捻军，表示对朝廷的忠心，并且请朝廷阻止湘军前往颍州。但博崇武又说苗沛霖愿意协助湘军增援颍州，于是湘军继续挺进。

4月20日，曾国荃挥师东进，在水师配合下攻占和州城。然后追踪从和州撤退之敌直到针鱼嘴。巢县、含山与和州三城撤出的太平军都集结在这里，于是曾国荃召集陆师与水师合围，将之全歼。

4月21日，蔡东祥率水师攻克裕溪口。天门和博望两山，也就是所谓的东西梁山，横峙大江之中，太平军将此天险当作门户。曾国荃到达和州后便令李成谋、成发翔和蔡东祥等三支水师沿江西上，攻打西梁山。

曾贞干率领陆师，其中包括黄润昌的坤字营，攻克南岸的繁昌和南陵，鲍超则率部攻克青阳，接着攻克石埭和太平，太平军一万人投降。唐仁廉的仁字营已改属鲍超统辖，参加了这一系列战斗。唐仁廉因战功升任守备。

接着，湘军攻克泾县。彭玉麟的水师从中江而下，到达金柱关。

4月30日，张运兰率部攻克旌德。

曾国荃的陆师联合水军一起进攻太平军在沿江的各个军营。

272

到4月底为止，华东湘军整体的兵力分布大致如下：总指挥曾国藩坐镇安庆。进取金陵的部队分为三支，曾国荃率部沿长江北岸进军，曾贞干和鲍超沿长江南岸进军，杨载福与彭玉麟率水师左右接应。谋取苏州的部队是李鸿章率领的湘淮陆师，已经抵达上海，计划由黄翼升的水师配合作战。进攻浙江全省的部队由左宗棠率领，正在向浙江严州和衢州推进。大江以北有两支部队，一支由多隆阿率领攻打庐州，另一支由李续宜率领增援颍州；大江以南有鲍超所部进攻宁国，张运兰所部攻防徽州。

至于袁甲三和李世忠在淮河流域的部队，以及都兴阿在扬州的部队，以及冯子材和魁玉在镇江的部队，曾国藩都奉旨兼顾。

清廷在东南各省方圆几千里的军事活动，十路大军，都在曾国藩掌控之下。由于统一了指挥，各部呼吸相通。清廷挑选将帅往往下旨垂询曾大帅，语气温和。曾大帅所论荐的人才都是当时的才俊，有时单荐一人，清廷便会当作奇才，破格提拔。全国各地优秀的人才趋之若鹜，都想博取功名。

曾国藩论荐的人才得到重用，沈葆桢和李鸿章是两个典型的例子。清廷同意了曾国藩的请求，于4月下旬任命李鸿章为署理江苏巡抚。

不过，李鸿章升迁的历史意义比沈葆桢的升迁更为丰富。他使许多安徽人有了建功立业的机会。有了他，淮军将领继湘军将领之后崛起于清末的官场，后来刘铭传、潘鼎新和张树声都升任将帅，程学启和滕嗣武官至提镇，只有韩正国命薄早亡。至于从淮军中出身的提镇司道官员人数之多，不下于湖南籍的将帅。

李鸿章受任之初，上海的形势极为严峻。

上海是全国最大的通商口岸，华洋杂处，是江南财富集中之地。淮军抵达时，正值李秀成所部第二次大举进攻，能否守住上海并徐图发展，是李鸿章面临的严峻考验。

李鸿章牢记恩师教诲，首先练兵学战，保住性命，吏治和洋务放到以后再说。

淮军刚刚兴起时部属一半是湘勇，秉承湘军传统，修垒必高，掘壕必深，早晚操练，令江苏人大开眼界。

但是，江苏人并没有因此而认识到湘淮军非同一般的战斗力，反而因他们的外表而有所轻视。上海一带的兵勇风气奢靡，而湘淮军衣着朴素，旗帜简陋，外国人见了不免讥笑，令湘淮军将士感到羞惭。

李鸿章对大家说："军队贵在能征善战，等到我们打败了贼寇，他们就会刮目相看了。"

这时扬州告急，清廷下旨催促李鸿章部署好上海的防御，立即率部前往镇江与都兴阿部会师。李鸿章回奏，说他兵力单薄，不能分兵增援各路，请求清廷假以时日，让他训练部队。

华尔和李恒嵩率部，联合英法两国的军队，攻克嘉定和青浦，留下外国兵与洋枪队防守。英国提督何伯请李鸿章部联合攻打浦东厅县，李鸿章派程学启、刘铭传、潘鼎新和郭松林率湘淮军攻打南汇，称为北路军。而英法军队从松江进军金山卫，称为南路军。

273

李续宜派出增援颍州的部队，由成大吉和蒋凝学率领，于4月下旬到达颍州。太平军见湘军开到，撤了颍州之围而南下。苗沛霖其实并没有派兵协助湘军，只是做了一点表面功夫，命令部属剃发，并向袁甲三发誓要与太平军作对。

与此同时，湖南派出席宝田和江忠义两部前往江西，援助安徽。

5月13日，多隆阿派雷正绾部攻打庐州城的东南门，派石清吉部攻打西门，另约安徽清军张德胜部在北门设伏诱敌。

自从湘军攻占安庆之后，陈玉成率部西撤，打算到湖北的德安召集部队，但部属都不愿去，他只好趁夜从六安北上庐州。部众渐渐离心。洪天王严厉责备他，陈玉成心生畏惧，领兵驻扎在庐州城东不敢离去。

湘军向陈玉成的旁侧壁垒发起攻击时，陈玉成决心拼死一搏，便带领三千军士包抄到湘军后方。雷正绾率部迎击，将其击退。陈玉成率部据守城北的浮桥。城内的太平军打开北门大举出兵，打算与陈玉成合击雷正绾部。

可是，城内太平军刚出城就见陈玉成率部撤退，大为吃惊，以为英王已经大败，便跟着向北逃跑。陈玉成立刻毁掉浮桥，阻止城内出来的友军，使他们不得不背水一战。

刚出城的太平军更加惊慌，互相踩踏，绕城逃散。石清吉和朱希广等部在西南城墙搭梯登城，城内外太平军争相逃命，湘军包围合击，杀敌几千名，俘虏八百四十七名，释放男女民众七千多人，进占庐州。

朱希广自从三河战役在桐城逃跑后，被清廷褫夺了所有官职。后来转战安徽，一步步重新爬上来。至此，清廷将他提拔为总兵。

陈玉成逃到寿州，想到苗沛霖已暗中接受太平天国封王，便向他求援。苗沛霖听说陈玉成失败，担心他来抢走自己的兵马，又慑于湘军的军威，担心多隆阿趁机攻打自己，便想到一计，决定把陈玉成抓起来向清廷邀功。

陈玉成手下还有两千军士，驻扎在淝水以南。苗沛霖定计以后，谎称有病，派苗景开到中津渡迎接英王大驾。陈玉成率部进入寿州。苗沛霖杀牛备羊，准备了三千人的饮食，摆出劳军的架势。

陈玉成被领到下榻的馆舍，苗沛霖的人把门关上，不许其随从进入。而其部众已陆续出城。陈玉成起初没有起疑心，到了堂上，见案几上摆着枷锁，便怒骂道："姓苗的，你是个反复小人！我死了就轮到你，你最好快一点自杀吧！"

苗沛霖将陈玉成及其二十名随从捆绑起来装在囚笼里，打算献到颍州胜保的军营。捻军首领张乐行探知这一动向，在江口集结兵力，企图将陈玉成劫救出来。苗沛霖出兵将捻军击退。

陈玉成所部太平军有的投降，有的散去。

苗沛霖将陈玉成送到颍州后，胜保用囚车将英王押往北京。到达延津时，接到清廷旨意，将这个二十六岁的天国王爷凌迟处死，并将首级传阅安徽和河南两省。

陈玉成的勇猛稍逊于杨秀清，但在谋略上略胜一筹，在军中有个外号，叫作"四眼狗"。韦昌辉和杨秀清内讧之后，石达开离去，洪秀全所能依靠的人就是苏州的李秀成和安庆的陈玉成。陈玉成被清廷处死以后，湖北和安徽交界处稍稍平静。

胜保既妒忌湘军的功劳，又想养着苗沛霖来巩固自己的兵权，便在暗中袒护苗沛霖，又率部攻克颍上城，作为自己的功劳。李续宜早就讨厌贾臻，胜保却上奏贾臻的功劳，说了袁甲三的坏话。

李续宜提出大家要和衷共济，把颍州置之度外，袁甲三也请了病假。清廷下诏，密询"剿抚机宜"，李续宜复疏，主张剿灭苗沛霖。清廷同意他的看法。

捻军于 6 月份攻占河南西北部的宜阳，杀死知县谢仁溥，西攻永宁。另派兵去与陈得才与马融和的太平军部队会师。

274

川东的顺天军从 4 月下旬起开始频繁活动。天洋的顺天军向西进兵，在八角寨会合。鹤游坪的顺天军分兵北上，袭击梁山、垫江、大竹和邻水。云阳的顺天军直向西北进兵，于 4 月 24 日攻占太平，即现在的万源。然后向北挺进奔向陕西的定远。易佩绅率部尾随，一起进入陕西。

1862 年的陕西成为各路造反军群英荟萃的地方。

广西藤县人陈得才是陈玉成的表叔，本人是太平天国扶王。他于 1862 年初奉命带领遵王赖文光、启王梁成富和祐王蓝成春等将领西征河南与陕西。这支大军联合河南的捻军于 3 月份从河南西南部的内乡开进陕西东南边界的武关，从孝义出山进入商州，于 4 月份攻占镇安和孝义。陕西提督孔广顺率部抵抗。蓝田的太平军和捻军联合向省城西安运动，攻克西安东北边的渭南，杀死知县曹士鹤，西安戒严。

陕西巡抚瑛棨和将军托明阿飞马送信求援，清廷令官文和曾国藩在多隆阿和舒保两人中挑选一人带兵援陕。瑛棨知道远水救不了近火，每天跟团练大臣张芾一起劝导绅民募勇自守。在籍知府梅锦堂率十八廒的团勇防守子午谷，训导赵权中率沙苑的团勇防守箭谷。

4 月 29 日，渭南回民首领马世贤和马四元率五百名回勇参见赵权中，说他们奉了团练大臣的命令招募勇丁来协助防守。赵权中收下了这支部队。

陕西的回民造反正在酝酿之中，四川的各路造反军则转战各地。石达开一部袭击南川，然后杀出四川境外，南下贵州桐梓。石达开本人率几万兵力包围綦江，挖掘地道，炸裂南城墙，知县杨铭下令开凿内壕堵截。

唐炯接到警报，率部驰援，烧毁石军营垒。杨铭率团勇出城夹击，石达开令部队撤走。

唐炯有个绰号叫"唐拼命"，作战时有进无退，但他并不懂军事，只是硬拼而已。

刘岳昭率部驻扎在江津先市场，曾传理率部驻扎在合江，屏蔽泸州。唐友耕率部从重庆赶来与唐炯部会师。石达开率部南下贵州仁怀，然后在山路上穿绕，向西北方推进，再度进入四川，到达叙永废城。然后再向西北推进奔向兴文。

顺天军这时已包围兴文以北约一百里处的江安，曾传理领兵向江安追击。顺天军与石达开部会合，攻占长宁。长宁知县周于堑战死。

刘岳昭部和唐炯部赶到长宁，联合攻击，将两支造反军击退。造反军南下珙县。

蓝朝鼎的顺天军余部屡次败在湘军手下，无法在本省立足，艰难地北撤到陕西，便与太平军和捻军会师。顺天军一部驻扎在陕西西南部的洋县，派兵攻占了洋县东北方的佛坪。蓝二顺所部驻扎在陕西东南部的商州和山阳。这样一来，战火在陕西的汉水以南燃起，越烧越旺。

275

湘军攻克了庐州，苗沛霖向胜保献出了颍州和寿州，安徽的战事初步平定。这时候，多隆阿的名头非常响亮，太平军都不愿和他作战。曾国藩见江南太平军闻风惊动，派快马送信给多隆阿约他会师。多隆阿素来认为文官不可亲近，而且他自己不认识汉文，又讨厌儒吏，便回复曾国藩说，军事权最好由一人掌握，表示了不愿与曾国荃同处的意思。曾国藩迁就地回答：和先前约定的一样，军事行动都由多隆阿指挥。

官文揣摩多隆阿最终不愿东进，而四川德安的各路造反军余部都进入了陕西，陕西那边先前已经上奏，请求派雷正绾赴援，现在他也上奏，请清廷派多隆阿率部前往陕西。陕西巡抚和京城的朝官也天天谈论，关中是帝王之都，是天下最重要的地方，应该派有能力的武将过去。清廷便令多隆阿率部前往。

这道命令一下，官文见自己的意见能够得到清廷的赏识，更加高兴，最终决定把多隆阿派出去。对于曾国藩集中兵力攻打金陵的意见，他再也听不进去了。

曾国藩认为派多隆阿去陕西是不明智的决定。他独自叹息道："多隆阿威名太盛，贼寇知道打不过他，必然会逃入南山老林，这就是所谓用骐骥来捕捉老鼠啊。"

他写信给官文说，江南的财富与陕西相比何止多过十倍，造反者的数量又何止多过百倍！从前湘军有大的谋划只是以书信往来交流意见，不会靠着先上奏朝廷取得圣旨来压人。所以我曾国藩不会上疏与你争辩，而只是与左右商议，多隆阿应该停止西行，以图江南。

官文既然已经建议多隆阿西行，哪里还肯阻拦多隆阿！多隆阿留下五千人驻扎庐州，自己打算率一万五千人向陕西开进，清廷任命他为钦差大臣。

进入陕西的陈得才军和捻军为渭水所阻，无法渡河。陈得才听说陈玉成在安徽吃了败仗，一心想去救援，便接连攻占渭南与华州，东奔华阴，出了潼关，东返河南，攻占阌乡，包围南阳。蓝二顺部也从陕西东南部的山阳进入湖北，攻占郧西。

陈得才在路途上听说陈玉成已被杀害，便回头西进，联合太平军与捻军，共有四五万人，从河南西部城市淅川袭击三省交界处的重镇荆紫关，然后驻扎在此。

清廷下诏，令荆州将军多隆阿与胜保入关。多隆阿率庐州的部队，胜保率颍州的部队，都向关内开进。多隆阿所部都是湘军，从安徽西进湖北，再西进陕西，攻克三省交界处的荆紫关，然后打败商南的捻军。捻军回师河南，北上卢氏，从宛郡南下湖北枣阳，挺进东南方，攻占随州，随后南下攻占应城和京山。

陈得才也率部返回湖北。湖北的清廷官府大为震惊，又上疏请求多隆阿回师东返。多隆阿追踪造反军赶到樊城。

276

在多隆阿部对庐州发起攻击的那些日子里，在安徽东南一带和浙江全省都在发生激烈的战争。

浙江东部，清廷宁绍台道张景渠于 5 月初从定海招募海盗商船，率兵西渡，攻克镇海，进军宁波，与英法联军一起攻城，参战民团超过十万人，攻克宁波各县，进军余姚。

浙江西部，杨辅清从威坪进攻遂安，正好宁国太平军被鲍超击败，也经昌化向遂安赶来。左宗棠打算攻打龙游，便从常山率部北返开化，令刘典部攻打常山西北方的华埠和开化北面的马金街，扼守马金以北的汾口，崔大光也率部赶到。

杨辅清显然回避与湘军交手，于 5 月 13 日夜间率部北撤。当王文瑞和刘典率部追赶到淳安时，这支太平军已取道昌化进入安徽宁国。

浙江东南部的太平军仍然很想攻占温州，一支部队从处州向东推进，另一支部队从乐清南下，一起进击温州。秦如虎率部在温州以西的瞿溪阻击。

太平军从瞿溪攻击郡城，闻处道支方廉负责守城，秦如虎部从城外将太平军击退。

太平军稍事整顿之后，再次围攻温州。福建清将张启煊率部在桐岭与之交战，被其打败，退守瑞安。庆端增调曾元福和曾玉明等人率部增援。

太平军主力都调到了温州周边，民团趁机进占缙云、青田与乐清。

在安徽东部的长江之滨，湘军水师于5月15日到达西梁山，烧断拦江的铁链。太平军不战而走。曾国荃分兵夺取各处阵地。他时而乘小船沿洄江而上，时而单骑驰往高处瞭望地形。他认为金柱关是芜湖的屏障，群湖都由这里出口，便邀约彭玉麟率水师攻打。彭玉麟率领外江水师、内湖水师和淮扬水师十八营，大军直驶金柱关。

5月18日，曾国荃率十五营骑兵和步兵从西梁山渡到长江南岸。彭玉麟的水师已先到金柱关。曾国荃自率七千人赶到，趁太平军没有防备，突袭太平府，即现在的当涂。

太平军没有料到湘军会突然杀到，来不及闭关，湘军已攻入北门，进占太平城。然后联合水师连夜攻打金柱关，烧毁关内外的庐舍。衡阳人王吉率部蛇行前进，袭破敌营。杨明海在作战中负伤，裹伤再战。

太平军冒火奔逃，湘军短兵拦截，太平军尸累堤岸。

曾国荃又分派王明山的水师攻打乌江。令黄翼升的部队攻打东梁山。

5月19日，湘军攻占金柱关和东梁山，王吉和杨明海都因功以总兵记名。

湘军继续进军，捣毁三汊河与上驷渡的几十座敌垒，缴获三百七十尊大炮以及数以万计的旌旗刀矛。太平军黄崇发部败走。

曾国荃下令进军芜湖。彭玉麟调动上游的所有水师在裕溪口集结。

湘军来到芜湖城下，曾贞干、黄翼升、陈湜和黄润昌督促部队登城。黄润昌事先已派人劝说守军投降，太平军自相惊扰，湘军趁乱急攻，于5月20日攻占芜湖。王明山的水师又攻克烈山石垒。于是沿江的各个关隘都成为湘军的壁垒。

此战以后，清廷将黄翼升以提督记名。黄润昌升为知府。

5月下旬，曾国荃挥师东进江苏，进攻天京以南五十里的秣陵关。驻防的太平军献关投降。曾国荃派曾贞干所部绕到三汊河后方，逼近金陵城西的大胜关，扎造木桥，在桥畔埋伏精兵，命令后队偃旗息鼓，急速前进。

太平军担心湘军形成大包围，将他们困死，便趁夜放火，放弃壁垒撤退。

5月29日，曾国荃部攻克大胜关和三汊河的敌垒。

彭玉麟的水师驻扎在金柱关，听说曾国荃部孤军深入，担心陆师为敌所败，便令彭楚汉、王吉、喻俊明、成发翔、王明山和谢浚畬等部从烈山驶入江宁城西的头关，攻击敌军阵地。

5月30日拂晓，曾国荃也到达前线，陆师趁势发起攻击，进占头关。

在此之前，陆师前锋已进驻雨花台，正如彭玉麟所料，被太平军包抄了后路，截断了运输线。湘军通信梗塞，军报不通，部队人心惶惶。到这时，在水师帮助下破了头关，又有水师护送粮食，从长江水路运来，陆师军心才安定下来。

277

湘军水师进入江宁城西的头关以后，彭玉麟自己乘舢板来到这里。各路水师刚刚收队，见一艘插着红旗的小船直驶过来，非常惊讶。

这时，天刚蒙蒙亮，王明山还未起床，哨官廖德茂叩见彭玉麟，说王明山连夜作战，刚刚返回指挥船，彭玉麟听了点点头。不久，曾国荃派来的陆师将领向水师将领询问攻克关隘的情况，见彭玉麟在场，非常惶恐，张口结舌。

廖德茂去向王明山报告，王明山听说打了胜仗，高兴地骂道："你们这些蠢奴才，急于消灭长毛，回来岂不饿死了？"

廖德茂说："大帅昨夜已到头关。"

王明山大吃一惊，连忙起床，出去参见彭玉麟，但已不见人影。插着红旗的小船早已离去。

湘军水师每次作战，杨载福和彭玉麟都会出现在战场，或前或后，水师和陆师的将士都会感到压力，个个尽力拼杀。

彭玉麟令水师八营攻打江心洲。洲上有石垒对峙，巍然屹立，固若坚城。水师向石垒开炮，太平军也在墙上凿洞开炮还击。炮子纷纷落在船上。战到下午3点以后，水师军士携带火具登洲，蛇行到芦苇中，逼近石垒放火。

大火燃起，从芦苇的枯根一直烧到新长的茎秆，烧遍全洲。军士跃进石垒火烧敌军。太平军被迫跳水，淹死许多人。湘军夺得几百尊大炮。水师乘胜飞驶夺得蒲包洲，停泊在天京护城河的河口。

曾国荃陆师一路掩护水师直逼天京，在雨花台扎营，曹仁美所部驻扎在雨花台西侧。

彭玉麟乘轻舟到达下关，曾贞干率部驻扎在三汊河的江东桥，傍水扎营，保护西路粮道。

湘军从此开始了对金陵的围攻。王明山此时因伤病请假回家，此后再也没有出现在官场。他的最后一个官职是福建陆路提督。

从1853年起，向荣与和春带领八九万清军在金陵城外驻守八年，于1860年溃败。此后过去了两年，清廷的军队才有能力再次对金陵形成合围。

但是，这次合围的兵力只有曾国荃所部的八千人，与向荣、和春的兵力相比，只有其十分之一。在曾国藩看来这是一次莫大的冒险。他并不想让四弟冒这么大的风险，起初打算让李续宜和多隆阿两部渡到江南，鲍超所部出兵西路，与曾国荃的陆师和彭玉麟的水师一起围攻金陵。

多隆阿率部西征，曾国藩对他的指望落空了。李续宜所部一万多人奉命进取淮北和淮南，但他本人却不想住在临淮，又考虑到自己曾经夸下海口一定要讨伐苗沛霖的团练，现在担心自己一旦发兵，如果没有获胜，会被别人耻笑，便留在湖北不去赴任。

不愿去安徽任官的不只是一个李续宜。清廷内外的高官个个赌咒发誓，都不愿到安徽当巡抚。

至于鲍超，率部在安徽宁国作战，不能立即东进。曾国荃部加上水师兵力也不足两万。如此孤军深入，将帅们都捏着一把汗。曾国藩忧心忡忡，手书命令，要曾国荃等待其他各部集结后才开始东进。

曾国荃报告说，湘军军士应募而来，人人都怀抱着攻克金陵的志向。如今不趁势逼近城下，而回师等待敌军攻击，战争就会旷日持久，对湘军不利。如果舍弃金陵再去攻打宁国和广德，或者攻取颍州与寿州，将士会说那是把他们放在无法用武的地方，作战随意，军心怠慢，就连鲍超和张运兰也会更加厌倦攻战，将离开你而回家去。逼近金陵城扎营也足以威胁贼寇，军势虽然危险，但我们也不能求万全了。

曾国荃说，金陵是逆贼根基，拔掉这个根基，枝叶不用去拔，就会自行枯萎。金陵有江南和江北的各个城镇作为屏障，这些城镇也靠着金陵作为应援。湘军攻克其中的一座城镇，刚刚转移，随后就有逆贼占据。湘军徒然地疲于奔命，而逆贼则是等到湘军刚走就进占，如此攻夺，不知何时才是止境。现在以一支部队直捣金陵，苏州和常州之敌听说江宁围攻火急，必定前来增援。那时湘军另派部队袭击苏州和常州，围攻金陵的湘军趁势攻击，就能一举把逆贼消灭在金陵巢穴。

曾国藩见四弟执意要铤而走险，而且言之有理，便批准了他的要求。左宗棠也发表意见，赞成湘军兵临金陵城下。于是围攻之势便成定局。

曾国荃在清军江南大营崩溃之后推进到金陵城下，再次对太平天国的国都形成包围圈，得力于有一支强大的水师。这是清廷的其他部队办不到的。

278

曾国荃和彭玉麟在金陵的西南方奋力争夺地盘时，在江苏的东南角上，李秀成的太平军正在与外国军队奋战。

华尔的洋枪队于 5 月 17 日会同英法联军攻克奉贤。法国提督卜罗德中枪身亡。清廷下诏，赏给卜罗德的家属貂皮和彩绒以示抚恤。

洋枪队和英法部队于 5 月 18 日攻克柘林。李秀成身在苏州，听说嘉定和青浦已经丢失，亲自率部增援太仓。

清廷知府李庆琛正在率部攻打太仓，兵败身死。忠王派出所有精锐攻打青浦和嘉定。英法将领见李秀成兵力强大，十分害怕，令部队突围，掩护主力撤出嘉定，并强携清廷官吏一同撤走。太平军重新进占嘉定。英法部队返回上海，不再出兵。

太平军乘胜南下青浦和松江攻打泗滨，将守军全部驱散。接着，李秀成分兵奔赴虹桥与漕河泾，距上海只有二十里。

李鸿章知道现在湘淮军必须唱主角了。5 月 30 日，他急令程学启等部从浦东返回上海，扼守虹桥。在安庆向曾贞干投降的程学启现在是他手下的一员大将。

程学启部行动迅速，于 6 月 2 日在漕河泾打败忠王军，第二天又打败从泗滨增援之敌。然后，程学启率一千五百人推进到新桥泾扎营。刘铭传和潘鼎新部攻克南汇和川沙，浦东逐渐安定。

李秀成一时无法深入上海周边，便回头对松江发起猛烈的围攻。华尔和李恒嵩分兵在各个城门拦截，忠王军伤亡颇重。华尔得知青浦被围，提议放弃青浦。6月9日午夜，他从洋枪队中挑选出精锐军士突然击破太平军的天马山防线，从炮路突入青浦，将米粮军船全部焚毁，然后死战出城，集中兵力防守松江。

李秀成继续集结兵力，准备再次攻击上海。6月17日，太平天国听王陈炳文和纳王郜云官率几万人攻打新桥，将程学启军营包围几十层，填塞壕沟，拔掉鹿角。程学启发现已经来不及用枪炮御敌，便令军士向敌军扔掷砖石，太平军战士纷纷倒下，尸体填平了壕沟，仍然前仆后继，踏着尸体攀登。程学启下令用劈山炮轰击，然后挥军出营，一阵反冲锋，将敌军击退。

但是，李秀成的另一支部队已经越过新桥十多里，眼看就要攻入上海。李鸿章亲带七营兵力堵截，在徐家汇与之遭遇。张遇春奋力将敌军击退，追到新桥。程学启见了友军旗帜，大声呼喊，挥军出击，前后夹攻，打得忠王军大败而逃。

外国军队目睹这次战斗，自叹不如湘淮军。从此湘淮军在上海声名大振，无论是中国人还是外国人都不敢再揶揄李鸿章的部属了。

曾国荃部已在雨花台驻扎。清廷仍然打着如意算盘，想一举攻下金陵，再次令李鸿章率部赶赴镇江助攻金陵。

李鸿章回奏说，他接到曾国藩的文书，知道曾国藩很担心进攻金陵的兵力过于单薄。而曾国荃也说湘军只能包围金陵的西面和南面，挖掘深沟，修筑高垒，以水师为根本，以江面为粮路，首先稳住自己的阵脚，再设法对付敌军。若要合围，必须增加两万兵力。

李鸿章说，他知道金陵是一座大城，城防坚固，和春与张国梁统率八九万人的大军长久围攻，仍然功败垂成。现在江苏和浙江到处都是逆贼占领区，逆贼可从各处增援金陵，比往年具有更大的优势。幸亏湘军用兵稳重，才比其他官军有更大的把握。曾国荃的兵力还不到两万人，不足以合围金陵，也就不能置逆贼于死地。这次李秀成攻击松江和上海，负伤撤走，听说还将联合杭州与湖州的部队一起救援金陵。湘淮军很想前往镇江就近增援曾国荃，无奈他所部陆师只有几千人，分为两处，都不得力，专用在一处则还能自立。

军事重大，他不敢轻易地对待。

上海的官民一向倚仗洋人保守平安。可是当逆贼援兵到来之前，洋人分兵四处，等到逆贼增援大军到达之后，洋人却按兵不动了。揣摩洋人的意图，似乎不是暗中与逆贼沟通，坐观成败，而是害怕逆贼兵力太多，不敢迎战。由此可见，不能一味地依靠洋人，必须靠自己的部队加强上海的防御。作为江苏巡抚，他既不能放弃上海这个饷源，又不敢拖延对镇江的增援。曾国藩那里似乎也派不出统军大将来上海了。请朝廷容许他将上海这边的事情办妥之后再移师出江。

清廷下诏，批准湘淮军暂缓增援镇江。

279

陕西大荔的回民经过一段时间的酝酿，终于爆发了造反运动。5月23日，王阁村的回民集结队伍猝然对八女井的井民发起攻击。

清廷接到报告，命令瑛棨调解。6月初，张芾率四名委员出了省城，前往安抚。汉民绅士蒋若讷和回民绅士马百龄与他们同行。瑛棨又令代理臬司刘鸿恩前往渭河以北张贴告示，要求争斗双方解散队伍。

恰在这时，汉水以南的四川顺天军攻占了陕西西南部的青石关，一支太平军攻占了西安东南方两百多里处的山阳，清廷从河南与湖北派出的援军久未到达，瑛棨束手无策，便请求调回在外省的各路陕西清军。清廷认为远水救不了近火，令官文催促雷正绾与何绍采等人率部赴援。又令提督成名率两千名京兵扼守山西西南角上的蒲州。

张芾一行从新丰渡过渭水，于6月3日歇宿在临潼的油坊街。这条街素来繁华富庶，但因战火燃起，商民都已迁移。知县缪树本将张芾一行安排在空空的馆舍下榻。

临潼乡团首领听说团练大臣来了，率一万名团勇来到油坊保卫。张芾令他们全部撤走。

6月4日，仓渡的回民首领偕同十几人来参见张芾，申明自己没有反抗朝廷。张芾安慰道："你们都是良民，带头起事的是任五。朝廷只杀为首者，对胁从者不予追究。我就住在这里，只等你们写下保证书。"

张苻没有想到，他声称要诛杀的任五也在这些回民代表当中。任五听了他的话十分恼火，于是悄悄回到仓渡集合几千名战士打算将张苻杀死。对这一切，张苻还蒙在鼓里。

其他回民代表却知道这些内情，不愿眼见张苻被杀，引起战端，便将实情告诉了马百龄，请他劝张苻赶紧返回西安。

6月7日拂晓，四名委员参见张苻，请他起程。张苻端坐不语。马百龄厉声说道："大家还不快走，难道都想一起死在这里！"

四名委员听了立即出发，策马急行。缪树本又来请张苻起行。张苻说："吃了饭再上车吧。"

6月13日，张苻、缪树本、蒋若讷及张苻的侄孙张涛都被处死。清廷接报，下诏对张苻按照侍郎规格予以优恤，在省城建祠，以缪树本、蒋若讷与张涛附祀。清廷也对马百龄赐恤，但他不久又活着逃回西安了。

大荔的回民军包围同州。同州城内的汉民先杀了回民。臬司刘鸿恩率守令登上城墙防守九天，回民军撤围而去。

省城周边的村堡多数遭到焚烧和杀戮，数以万计的难民和伤员进入西安。6月29日，回民军攻打省城西关，清军游击孟柏林率部将回民军击退。

6月30日，回民军攻打东关，清军总兵阎丕敏率部出击。回民军绕过西关，火烧金胜寺，孟柏林又率部将回民军击退。另一支回民军从西北方杀来，清军提督马德昭率部奋力抵挡，将回民军击败。

回民军起初战斗力不强，清军能够以少胜多。但是西安与同州十几个州县集结的回民军越来越多，马炮器械与日俱增。而西安城内缺乏盐炭，只能靠马德昭派兵从河滩运来。回民军时常出兵拦截，都没能截获。

280

黄翼升的淮扬水师在协助曾国荃的陆师进逼金陵以后，于6月8日越过太平军的军营奔赴上海。曾国藩上奏，请朝廷任命黄翼升代理江南提督。五千多里长江，全由湘军的外江水师和内湖水师分别守卫。孙昌国等人的水师长期驻扎在江西，仍然隶属于彭玉麟。

天京城内，天王洪秀全见湘军已兵临城下，连连派出信使，催促李秀成率部从苏州和常州前来增援。他自己挑选两万名精锐出城攻打雨花台。湘军是战胜之师，锋芒锐利，交战时无不一以当十。太平军遭到重创，大为惊骇，连忙收兵入城。

江北的清军大将都兴阿听说湘军杀到了金陵，连忙派出水师船只从瓜洲溯江西上攻打观音门，袭击金陵以北的燕子矶，两战获胜。

降将李世忠听说湘军到了金陵城下，也率部从六合南下，渡江攻占石埠桥、东阳和龙潭，修筑壁垒，加以防守，并击退了前来争夺阵地的太平军。

清军的这些部队都是为孤军深入的湘军声援，取得了一定的效果。

曾国荃部从 6 月 18 日起开始攻打六郎桥。天京城内的太平军每天派兵出城窥探战况，都被湘军所创。洪秀全觉得形势紧迫，催促浙江的李世贤部和苏州的李秀成部回援天京。

李秀成部由于李鸿章的湘淮军刚刚攻克松江厅县，正在赶去增援，无法火速增援天京，便先派其国宗率领几万兵力从苏州西援。

李世贤部正在遂安和龙游一线与左宗棠湘军对抗。左宗棠率部东进衢州，在城北攻击李世贤部，获得大胜。衢州东南的太平军都弃垒撤走。

李世贤便率部从龙游北攻遂安，左宗棠分兵将其击退。总兵刘培元增募新军三千二百人，知府魏喻义增募两千人，全部在衢州集结，只有蒋益澧部还没开到。

浙江东南部的太平军也受到清军压制。6 月 19 日，张启煊把攻击温州的太平军逼到瑞安以南的平阳，将其歼灭，然后北上，联合白瑛和秦如虎部进攻处州。

在浙江南部，太平军又返回景宁与云和，福建清军担心太平军进入福建，驻扎在龙泉阻击。汤溪太平军南下增援松阳，瑞安太平军攻击平阳，泰顺与云和两地的民团攻克了县城。

左宗棠上奏说，他原打算用衢州和江山两地的兵力堵击敌军，自率一军从寿昌和淳安直捣严州，以夺取省会。近来侦察到驻防杭州的敌军兵力不多，李世贤以重兵防守金华，所以应该集结兵力首先逐步攻击龙游、寿昌、兰溪和汤溪等地，撤除金华的藩篱，捣毁敌军巢穴，然后分兵前往严州和处州，将敌军压缩在一隅，取得破竹之势。从形势来看，似乎应该先攻金华，后攻严州。现在就马上进取龙游和寿昌，节节搜攻，对于大局应该有尺寸之补。

在浙江北部，湖州守军自4月份以来只能靠捕雀掘鼠来充饥，草根树皮都吃干净了。赵景贤照样谈笑自若。当他发现县丞与太平军暗通款曲，便将他逮捕斩首。部队搜掠百姓，仍按军法处置。

太平军自进攻浙江以来，攻占了大部分郡县，却始终啃不下湖州这块硬骨头。赵景贤率民团死守孤城，浴血奋战已有两年，至此再也无力回天。

5月30日，太平军攻占湖州，杀死知府瑞春。赵景贤喊道："我死而无憾，唯恐十几万军民丢掉性命！"

太平天国慕王谭绍光领兵冲进官衙，赵景贤戴上官帽上堂，喝道："快杀我！不要杀害军民！"

谭绍光说："我们也不杀你。"

赵景贤拔刀自刎，刀被太平军夺去。仆从陆二自刎而死。

太平军将赵景贤押到苏州，李秀成对他敬为上宾，百计劝降，赵景贤不为所动，大骂李秀成，只求一死，但求死不得。李秀成有意将他放走，谭绍光不肯。李秀成赴江北时叮嘱谭绍光不要杀赵景贤，谭绍光改善了这名死硬囚徒的待遇。但赵景贤并不领情，仍然怒骂不止。

一天，谭绍光拿着一份常熟地图找赵景贤请教，赵景贤将地图扔到火中。

同治二年4月，太平军从太仓败归苏州，扬言赵景贤要内应袭击苏州。谭绍光十分担心，于5月5日下午召赵景贤饮酒，中途诘问道："你私通清军的部队？"

赵景贤答道："我本是官军将领，何谓私通？"

谭绍光又问："你打算内应献出苏州？"

赵景贤回答："苏州本是朝廷土地，何谓献出？"

谭绍光怒道："你的死期到了！"

赵景贤仰天大笑，说："求之一年而不得，今天能得一死，真是幸运！"说罢连饮几大杯，大骂不止。

谭绍光用洋枪对准他的胸口将他击毙。赵景贤死年四十二岁。太平军用棺材将他埋葬。

清廷下诏，对赵景贤照巡抚例赐予抚恤。

赵景贤早已将家人疏散到湖南。他儿子赵深秀听说父亲去世，深为悲恸，服毒而死。湖南巡抚为他奏请旌恤。

281

广西的天气在 5 月份已经非常炎热，刘长佑率部到达平乐，距易元泰的军营一百里。当时天下雨雾，刘长佑率百名轻骑随从在伸手不见五指的山路上行军，走了六七十里路，才到达易元泰军营。易元泰等人大喜，部队士气大增，出兵马岭，大破敌军，毁掉了敌军的木城。

刘长佑部在 6 月间进军太平天国的发源地浔州。当地造反军集结几万兵力在城外修建壁垒，挖掘长壕，阻击湘军。刘长佑分兵扼守凤凰山和洋江桥，派水师巡逻，守卫南北江。

7 月间，会军首领黄鼎凤从贵县率部前来增援，刘长佑派刘坤一率一支小部队袭击凤凰山后方，他自己督率各路部队将造反军击退。

艇军进入东津，湘军水师从官江拉起铁索阻拦。

毛鸿宾在 6 月份升任两广总督，恽世临出任湖南巡抚。恽世临担心贵州造反军东进湖南，再次征调水师控扼沅水。

由于贵州省的清军基本上没有防御力量，贵州造反军的生存空间不断扩大。湘军不得不在贵州东部作战。南起石阡，北至思南，相距一百多里的两座城市之间，苗民军势力最为强盛。湘军在这一地区分散开来，各部以几百人为一营，兵力多达几十营，互相没有统辖关系。虽然每天都能听到捷报，但具体情况不明。杀了多少人，烧了多少村寨，地形怎样，兵势如何，就连当地人也弄不明白。

在这段时间的作战中，邓子垣屡次率部挫败苗民军，因功胜任知府。

四川的湘军在川南集结兵力以后，刘岳昭部在宜宾周边作战，于 6 月份在沙河驿打败造反联军，进驻花滩。曾传理和熊焕章率部在高县的巡检寺击败造反联军，造反军逃回长宁。

刘岳昭等人率部于 7 月份攻克长宁，石达开部返回叙永，包围永宁，总兵吴安康率部将石军击退。

在川东，鹤游坪的顺天军分兵北上，攻击梁山、垫江、大竹和邻水。

李秀成派出增援天京的援军于 6 月 28 日与曾国荃部大战雨花台，两军各有伤亡。

7 月 6 日，李秀成军再次扑向曾国荃大营，攻击失利，退入天京，打算兵分几路把湘军拖住。

鲍超的霆军于7月上旬攻破了安徽东南部寒亭管家桥的太平军壁垒，然后进攻抱龙关，对宁国合围。宁国城内的太平军与城外援兵分为三个部分扎营，各守一道城门。

鲍超先攻城西的敌营，这里驻扎的是城内守军。他们仗着有援兵在外，轻率出兵，鲍超设伏，包抄到敌军后方。城内出来的太平军以为援兵到了，回头攻击，结果为湘军创造了夹击的机会。鲍超趁势挥军大败敌军，追赶到城下。

7月10日，宁国城外的太平军援兵从南营和北营出兵攻击霆军，城内守军也杀出城外，排列阵势，与援军互相呼应。鲍超分兵四路发起攻击。宋国永攻打南军营，深入敌军阵内，烧毁两座壁垒，将敌军逼退。北营的太平军则丢弃壁垒狂奔而逃。城外敌军大部逃走，城内守军将援兵残部接入城内。

7月11日，城内太平军又从东门杀出攻击湘军。还未交锋就向东撤退。鲍超亲自率部追赶，太平军不进城，往东边逃走。鲍超挥军追逐几十里，太平军见甩不掉湘军，索性回头拼死一搏。鲍超令部队排成圆阵，将敌军团团包围。太平军将领单骑突围逃走，其余军士下马步行跟随他逃去。湘军缴获战马千匹，俘虏军官三百名，斩杀数以千计。

鲍超掉转军锋回头攻城，城内之敌都长跪在地不敢抵抗。湘军进占宁国。宁国县的敌军守将洪容海献城投降，鲍超令他率部打前锋攻克广德。

湘军克三座城池以后，有人奉劝鲍超说："宁国还没攻破时，将军亲自追赶贼寇，一口气追了六十里，如果城内之敌趁机攻打将军大营，那么将军进有强寇，退失所据，这样做太危险了！"

鲍超笑道："我只懂兵势，不懂兵书。"鲍超作战是一味地剽悍锋锐，其持重坚忍不如多隆阿。奇怪的是，他这支在湘军中以不守纪律而著称的部队却也能团结战斗，始终没有战败覆没，只能说这个川东人是一员福将了。

282

陕西的回民军于7月12日攻打西安北关，进击马德昭的军营。阎丕敏从东关出击，孔广顺从南路出击，两下合击，将回民军击退。第二天，回民军出动全部精锐攻击西关和北关，马德昭和孔广顺的部队分头将其击退。

清廷见回民军攻城宰官，不愿再行安抚，令吴振械率部从云南赶赴陕西协助瑛棨，委任多隆阿指挥陕西军事，又令胜保率部入关。成名已率两千京兵到达蒲州，驻扎严家庄，不敢前进。有人向他求援，他便推说军粮匮乏，供给困难。同州官民大为失望。

回民军以一万兵力攻打长安的六村堡。马德昭率百名骑兵赴援，被回民军包围，瑛棨派兵将他们救出。马德昭不服气，第二天又领兵血战，协领图克庚阿讷勒与和春阵亡。

回民军攻占长安的六村堡。

左宗棠在7月份率部到达龙游，炫耀兵力，侦察地势。太平军隐伏不动。李世贤为了牵制湘军兵力，率部从严州和淳安攻击遂安。左宗棠令浙江按察使刘典从岭路驰援，魏喻义控扼汾口。又令江西湘军将领屈蟠和王德榜从常山进军华埠拦截。

7月14日，李世贤挥师猛攻遂安，王文瑞登城发射巨炮，适逢江西的援军绕小路赶到，李世贤不知湘军有多少兵力，决定小心从事，率部撤离。王文瑞打开城门，将援军接入城内安排饮食，饭后再战。刘典率部从南路合击，大破敌军。李世贤再次率部返回金华。

到这时为止，天京感到了更大的压力。曾国荃部正在加紧围攻，李鸿章部攻破了浦东的厅县，鲍超的霆军攻克了宁国和广德，都为曾国荃声援。洪秀全十分紧张，再度飞马送书，召李秀成和李世贤会同苏州和浙江的其他部队一同回援天京。

李世贤担心左宗棠逼近杭州，派使者报告天王，要等到击退衢州的湘军才能率部回援。于是，他在金华城内集结精锐，修缮城垒，挖浚壕沟，增强防守，作为出兵援救的根据地。

洪秀全见救兵迟迟不到，决定对天京城外的湘军发动一次突袭。7月12日，天京城内的太平军排列成二十多队，每队奔向湘军的一座壁垒，另派精兵突破雨花台的长壕。

太平军奔到壕前，发现长壕过宽过深，无法越过，便向湘军抛掷火器。

曾国荃下令凭壕抵抗，李臣典和倪桂节这两名副将护卫着曾国荃。等到敌军逼近，曾国荃令刘连捷率部开卡冲击，杀敌两千名。太平天国对王阵亡，各路太平军部队迅速撤退。当时天气酷热，天降大雨，曾国荃令军士们冒雨修墙。

此战以后，清廷加授李臣典提督官衔。

左宗棠决定配合浙江清军向南攻击。衢州驻军将领廖士彦率部进入遂昌，协助林文察攻打松阳。7月16日，林文察所部攻克松阳，民团攻克宣平。

在上海周边，潘鼎新和刘铭传攻克金山卫，太平军逃往浙江，松江和上海解严。

黄翼升代理水师江南提督以后，不仅统领淮扬水师，松江和上海的各路水师都听他指挥。前任提督曾秉忠被清廷罢官，因为他所部的艇船广勇分别防守浦东和浦西，抢掠欺侮百姓。黄翼升的兵船穿越太平军壁垒，许多战船被炮火击伤，暂时无法投入战斗。李鸿章令曾秉忠严厉约束部属，扼守要隘，等到黄翼升的战船修补以后再行换防。

李鸿章还上奏说，红单船不可用，请求裁撤。淮扬水师都是使用长龙和舢板，要分派四十艘船防守三江口，其余驶入松江、泖湖和淀湖。然而，水师军士无法掌握海面的风向，李鸿章开始考虑制造轮船。

黄翼升将所部十营淮扬水师分拨两营驻扎浦口，四营驻扎扬州，自率四营驶抵松江，在上海增造战船，移守青浦。

283

洪秀全靠天京的兵力攻击湘军受挫后，不得不再次将希望寄托于援军。他从安徽宁国调来两万兵力开到雄黄镇，夜袭曾国荃大营。7月21日，曾国荃派兵拦截，击退宁国开来的太平军。到了这种时候，洪秀全只有闭门死守，一心一意等待援军从苏州和浙江开来。曾国荃则下令增修壁垒，挖浚壕沟，严阵以待。

曾国荃认为城内之敌缺乏粮食，湘军无须攻击，就能将之困死，于是令各部不得主动出击。这道休战令湘军执行了四十六天。可是曹仁美不听号令，擅自率部出击。曾国荃把他叫来，责怪他有勇无谋。曾国荃看在他在安庆救了自己的份上，没有对他处罚。但他自觉惭愧，便称病回家了。后来投到李鸿章军中。

曾国藩在安庆一直关注着天京周边的战事，为曾国荃部捏着一把汗。直到7月30日，安庆发生了一件具有历史意义的大事，他才略感欣慰。

在这一天，经过徐寿等人三个月的日夜奋战，完全由中国人自己制造的第一台蒸汽机终于研制成功。这台机器是用锌类合金制造的，汽缸直径一寸七分，引擎转速每分钟二百四十转。

曾国藩非常满意，感叹道："洋人的智巧我中国人也能办到，令人高兴啊！"

曾国藩观看了蒸汽机的运转之后，写下一篇笔记：

同治元年七月初四日，华衡芳、徐寿所作火轮船之机来此试演。其法以火蒸汽贯入筒。筒中三窍。闭前二窍则汽入后窍，其机自退而轮行上弦；闭后二窍则汽入前窍，其机自进而轮行下弦。火愈大则气愈盛，机之进退如飞，轮行亦如飞。约试演一时。

曾国藩把当时一流的科学家召集到安庆，目的是为了制造轮船。但制造轮船先要制造蒸汽机。当时国内还没有成功的经验可以借鉴。在缺少资料和实物的情况下，徐寿、华衡芳等人仅仅依靠自己掌握的西方蒸汽机原理与图形，运用自己在数学、物理学等方面的知识，潜心摸索。每遇难题，废寝忘食，直到找出满意的答案为止。制造设备则全部仰仗高超的手工技艺，没有使用一件从国外进口的工具。

蒸汽机试制成功之后，曾国藩下令立即着手试制轮船。精通机械学的徐寿主要负责制造，数学造诣较深的华衡芳则主要负责推求与测算，吴嘉廉、龚云裳和吴建寅等人都参加研制，各有分工。

中国造蒸汽机的问世是清末洋务运动的第一个成果。这个以军事追求为动力取得的成果是以科学技术的形态问世的。任何对洋务运动的积极意义持有怀疑的人都无法否认这是一个进步的标志。它的意义在此后的一百多年间都没有得到足够的重视和鼓吹。直到中国社会愿意承认科学技术是第一生产力之后，对这件事才有了重新评价的可能。

284

陕西的清廷官府所盼望的援军8月份才出现在西安。雷正绾率部从东部省界上的商南赶到了省城。后续部队还在路上，穆图阿部刚刚抵达商州。

这时候，回民军包围了西安以北百里之内的泾阳，用地雷轰城，炸塌二丈城墙，知县莫元赓令人堵合。

清廷的援军刚刚到达，造反的规模已经迅速扩大。陕西西部的凤翔也爆发了回民起义。回民军与汉民争斗，和西安与同州的回民军互相呼应，影响到西边的甘肃。

在汉水以南，四川顺天军也在活动。东路则有太平军和捻军从河南淅川进入荆紫关。多隆阿已率部到达商南，刚进陕西，又东出河南。

江苏的8月是酷热的，江南的难民涌到里下河求食，更增加了这里的热度。城镇动不动就涌来几千饥民，把街市挤得水泄不通。清廷接到都兴阿的报告，没有对饥民的问题表示多少关心，而是担心逃逸的太平军趁机偷渡，令曾国藩拨兵防守里下河地区。

曾国藩想到了黄翼升的淮扬水师。他的部队此时正在上海一带休整。曾国藩建议创建太湖水师，负责从澂湖到苏州一带的攻守，将黄翼升的水师调防淮扬里下河。

在这些闷热的日子里，李世忠率部攻打九洑洲，显得有些不自量力。他的部队当然无法攻克太平军这个坚固的堡垒，只能修筑一些壁垒与洲上的太平军相持。

袁甲三向清廷陈述了李世忠近乎无效的军事活动，然后请病假归乡。清廷下诏，任命李续宜为钦差大臣。李续宜因母亲在临淮去世要为母亲丁忧，清廷仍令他代理巡抚。李续宜又上疏陈述自己的哀恸，情辞恳切，清廷赏给他假期一百天，让他回籍治丧。李续宜推荐唐训方取代他的职位。清廷令唐训方暂摄安徽巡抚，驻扎临淮。袁甲三仍留下指挥军事。

云南郭刀刀的造反军在8月份分兵袭击达州，攻占开县，从城口进入陕西境内，攻占平利。汉水以南造反军四处崛起。

李永和的顺天军主力于8月7日放弃八角寨奔向犍为，驻扎在龙孔场。胡中和等人率部转移，一边围攻龙孔场，一边防守犍为。

湖南在 8 月份派出戈鉴所部增援贵州，挺进天柱。韩超率部攻击天柱以西一百多里的邛水。造反军从这里逃散。戈鉴率部进占天柱，因功升任知府，加授道员官衔。

刘长佑所部仍然在浔州周边地区进行战斗，胜负到 8 月间已大致可见分晓。戴盛宽等人率部在平田岭打败造反军，捣毁十多座壁垒。造反军分别奔向覃塘和龙山。湘军进逼贵县的大坼，一边作战一边招抚，造反军大多溃散投降。

湘淮军与太平军在上海周边又开始了新一轮的绞杀。李鸿章能不能守住上海，到了最关键的时刻。程学启部于 8 月 9 日攻克青浦，留下部分兵力与淮扬水师一同驻守。华尔的洋枪队从海路攻克余姚。

8 月 15 日，谭绍光率部攻打青浦西门，被黄翼升的水师击退。

谭绍光又于 8 月 20 日率部攻打北簳山，滕嗣武和韩正国伺机出击。他们发现太平军正在填桥，趁机发起冲锋，湘军水师协助攻击。太平军长驱直进，攻打北新泾，守将况文榜率部与太平军相持七天七夜。太平军分兵袭击法华镇，距上海城西只有十多里。

8 月 25 日，淮扬水师将领王东华部趁着涨潮捣毁敌军浮桥。太平军驻扎南岸，视野长达二十里，时刻可能攻击上海，百姓人心惶惶。

李鸿章的部将中只有张遇春率三千人驻扎上海，要分防一百里地界，兵力明显不足。于是李鸿章派飞马传令，叫刘铭传率部从金山卫回援，令华尔率部火速从松江增援。又约好程学启在青浦的各部留一半兵力原地驻防，余部急奔泗泾和七宝，从敌军后方攻击，所有部队都听程学启指挥。

李鸿章本人亲率上海清军按约与程学启部会师，攻击北新泾。

8 月 26 日，更漏将尽，程学启率部带足干粮抄小路到达七宝。谭绍光率三万兵力包围程学启军营，挥师冲锋，锋芒锐利。程学启紧闭营门，等到敌军士气懈怠，然后开炮轰击，太平军伤亡惨重。

湘淮军出营反击。韩正国受伤后裹创再战，滕嗣武、郭松林、周盛波、张树珊和张桂芳等人都奋力苦战，程学启往来指挥。在湘淮军强劲的攻势下，太平军全线崩溃，谭绍光率残部逃到野鸡墩。

8 月 27 日，李鸿章与程学启挥师直取北新泾，滕嗣武和郭松林已率部进入况文榜的军营。将士们看见援军的旗帜，无不欢呼雀跃，出营攻敌，连破太平军的十几座壁垒。太平军撤向吴淞江北，以大河为屏障，列阵抵抗。

黄翼升的水师从青浦趁着涨潮驶入，与敌军残部相持。夜晚风雨大作，水师开炮，震天动地，毙敌几百名，击毁北岸的七座营垒，太平军才开始撤退。

8月28日，刘铭传率部在野鸡墩和徐家汇打败谭绍光部。8月29日，又率部将敌军追逐到南翔，太平军撤往嘉定，上海的防御巩固下来。

<h1 style="text-align:center">285</h1>

左宗棠在8月上旬已做好攻打龙游的准备，刘培元所部驻扎在圭塘山，王德榜部扼守着全旺，崔大光所部驻扎茶圩，左宗棠自己率部驻扎在潭石望。

太平军已经定下死守金华的策略，而龙游是金华的西部屏障，必须守住。兰溪的太平军赶来增援，几十座军营相连，与湘军对峙。

左宗棠下令肃清龙游外围。8月12日，刘典率部在东门桥败敌，进攻龙游与兰溪之间的游埠，再次将敌军击败。

8月13日，清军在浙江东南部和东北部都有捷报，秦如虎和林文察部攻克处州，宁国的湘军攻克余姚。李鸿章派兵从海路南下协助湘军攻打余姚。李鸿章把湘淮军和洋枪队派到浙江，是为了进一步巩固上海的防务。

龙游周边，杨昌浚部于8月16日在莲塘阻敌，又将太平军击退。

刘典所部于8月19日在裘家堰攻破五座敌垒，李耀南和杨昌浚在孟塘败敌，与刘典部会合。兰溪的太平军见湘军大胜，只得撤退。

湘军在四川对于李永和顺天军的作战到9月份已进入尾声。

上面说过，李永和于9月初率部进入犍为县的龙孔场。湘乡人刘蓉于9月9日出任四川督军。骆秉章令他到犍为督战。湘军把龙孔场团团包围。经过十几天鏖战，李永和率五千多人于9月19日突围。

李永和头发短，容易辨认，四川人和云南人都称之为“李短搭搭”。湘军认出了他，将他俘虏。湘军同时抓获顺天军的另一名首领卯得兴。

蓝朝鼎与李永和造反四年，转战四川各地，至此已被湘军平定，而顺天军残部已将战火燃到了陕西。

川东鹤游坪的顺天军也放弃军营逃向北部边界上的太平，湘军分派周达武和曾传理等部追赶过去。

李世贤为了对付左宗棠对龙游的攻击，在 9 月份再次派出援军，首先攻击圭塘山。刘培元和崔大光率部屡次将之击退，追逐到龙游西南门，仰攻城楼，未能攻克，但是毙敌三百多名。

龙游告急，李世贤派出五六万人的骁勇之师从永昌和湖镇分三路来攻，龙游城内守军也出城援应。左宗棠增派刘荣与马德顺率亲军骑兵赴援。中路之敌正在攻击刘培元军营，刘荣的援军从左路包抄过来，刘培元率全军出壁作战，杨昌浚率部从山上冲下，将士们踊跃高呼，无不一以当十。

太平军中路首先溃退，王德榜和屈蟠所部从右路夹击。增援的三路太平军全部后退，从永昌北返寿昌。

清廷令庆端改任将军，耆龄出任闽浙总督，史致谔代张景渠出任宁绍台道。

太平军加大对浙江东北部的攻势，攻占余姚以北的慈溪和以南的奉化。江苏吴淞的太平军向湘军的淮扬水师发起攻击，黄翼升率部退敌，扫平七座壁垒。9 月 19 日，淮扬水师华元龙部在澱山湖北岸攻破敌军石垒，将敌军赶走，夺得二十艘战船。

徽州和宁州的太平军乘船越过东坝，企图争夺金柱关，战船聚集在固城以南的漪湖。彭玉麟亲自率部入湖抵抗。太平军采用火攻抵达花津，杨岳斌率部前往阻截。

9 月 20 日，洋枪队攻克慈溪，美国纽约人华尔中炮身亡。李鸿章令白齐文统领洋枪队。华尔是 1860 年由吴煦招募的外国将领，因屡立战功而被清廷提拔为副将，曾率五百人在松江的迎喜滨和天马山击败十多万太平军。他死后，人们根据他的遗愿，按照中国的礼俗将他葬在松江。

蒋益澧的新军于 9 月下旬到达衢州。他的部队是从广东开来的。他故意取道广东是为了向总督劳崇光请求供饷。劳崇光念他过去劳苦功高，给了他几十万两银子。于是他的部队度岭而来，军容十分齐整。

蒋益澧过去在罗泽南手下任裨将时，起初并不为曾国藩和胡林翼所知。他率一支部队进入广西，连续立下战功，便有了名气。广西官绅尤其感激蒋益澧立下的首功，他所到之处官绅都修了祠堂祭祀他，山谷间往往可以见到。湘军在广西的功劳多亏有蒋益澧自告奋勇打前锋。他被罢官之后，隐忍不拔，终于熬到出头。

蒋益澧一到浙江就成为左宗棠最倚重的大将。他总结了以前的教训，力戒鲁莽，折节下士，获得了好评。

左宗棠正需要兵力向北追敌，便于 9 月 29 日令蒋益澧部攻打寿昌。蒋益澧的部将高连升和熊建益分别被任命为左军将领和右军将领，各统三千人。高连升出兵上方岭，熊建益出兵梅岭，蒋益澧自率一军攻打中路。

太平军开城迎战，蒋益澧挥军驱赶，喊杀声震撼山谷，太平军大为吃惊，赶紧撤退。湘军追到城边，城内守军夺门而逃，湘军进占寿昌。

高连升率部南下，会同熊建益部攻打汤溪。

上海的湘淮军已经出兵浙江，蒋益澧又率劲旅赶到，江苏和浙江的湘军气势大振。

286

唐训方代理安徽巡抚以后率部驻扎在临淮。如何处理与李世忠的关系是他必须考虑的问题。

清廷认为李世忠虽然骄悍，但袁甲三安抚了几年，他还能尽力为朝廷办事，令曾国藩仍旧按照袁甲三的办法对待他。

曾国藩上奏说，李世忠刚投降时胜保让他保留了一万八千人，实数将近三万，近来又招收到五六万之多，占据了城池，自成一种风气。

李世忠在长淮五河及长江新河口设了许多税卡，征收的税款颇为丰厚。又运盐自售，对上而言侵吞了公家的利益，对下而言为害商人百姓，非常令人忧虑。但这种情况沿袭已久，如果要将他绳之以法，恐怕很难办到。

而且，李世忠部近来攻克了天长、六合、浦口和江浦，击退了陈坤书部，对大局来说不无功劳，不能埋没他的劳苦而马上惩治他的罪过。不如让他维持原状，对他收税卖盐的行为不加禁止，对他的请求也不加拒绝。但不要给他大力的支持，也不要轻易调用他的兵力。如果打算收回国家的权利，则必须另筹月饷，足以供养他的部队，才能实行这套办法。

于是曾国藩催促广东提供税金，清廷同意他的办法。

比起对于李世忠的政策来说，曾国藩还有更头疼的问题。9 月份江南传染病大流行，徽州和宁国疫情最为严重，鲍超等人患病，无法指挥部队。张运兰告病回乡，所部老湘营由二十九岁的湘乡人刘松山和易开俊分统。刘松山从此成为独当一面的将领，据守宁国。其部将易德麟坚守宁国至泾县一带。

围攻金陵雨花台的湘军部队也有很多人染上了疾病。曾国藩忧惶不安，非常沮丧。

自然灾害也影响到贵州湘军的作战。这时秋瘴已起，湘军为了避免疾疫侵害，必须尽快结束战斗。

9月9日，湘军在黔东集中主力攻打汉寨场。这里是二十九岁的侗族好汉姜应芳经营了十多年的地方，清军一直无法进入。现在湘军乘胜招抚了旁边的村寨，所以深入无阻。湘军逼近汉寨以后，掷火烧寨。造反军由于叛徒将抬炮灌水，失去了火器，只能用刀和石块抵抗。大火燃起后，造反军都翻越寨墙逃走，退入清江防守。

湘军援兵害怕瘴毒，都返回晃州，派出小部队增援铜仁。

胜保所部到达陕西以后，于9月份转战西安以东，在邻近西安的临潼和黄河之畔的朝邑连续击败回民军，然后挺进西安。西安周边灞桥一带回民村堡的回民军闻风撤走，西安的清政府松了一口气。清廷令胜保专门指挥陕西军事，雷正绾部进驻西安。

胜保率部攻破省城附近的回民村堡，向西北方推进几十里，攻击咸阳的马家堡和苏家沟，指望牵制泾阳和凤翔回民军的兵力。成名的京兵在同州被回民军击败，转移到朝邑扎营。回民军又集中兵力攻打朝邑，成名向清廷苦苦求援。清廷令胜保和雷正绾领兵夹击。这时太平军袭击商南，捻军攻击洛南，陕西东南部军情紧张。

10月初，多隆阿部在武关外打败太平军，洛南的捻军也东撤河南卢氏。10月7日，胜保亲自赶到咸阳，于10月11日在咸阳城北攻击回民军，攻克四座壁垒，获得大胜。10月12日，回民军集结兵力反击，雷正绾率骑兵将回民军击退，追逐三十里。

10月下旬，郭刀刀的造反军袭击陕南宁陕的火地岭，胜保为了防止这支造反军继续北上，派王佐臣领兵到西安以西的周至和眉县境内阻击，连连击败造反军。郭刀刀率部奔到宝鸡的山中。

咸阳的回民军侦察到胜保分兵南下作战，趁机集结三四万兵力四面出击，雷正绾连连抵挡，无法抑制回民军的势头。

石达开于10月份率部从四川綦江南下贵州，部队分为三支，每支三万多人。一支奔向黔西，一支南下遵义，另一支到达遵义以北的桐梓就停下了。湘军派沈宏富、李有恒和全祖凯等部反击，挫败了石军。石达开分兵袭击遵义西北方的仁怀和东北方的绥阳，以及黔西的毕节和郎岱。贵州清军分兵追踪，石军便从西南部的普安进入云南。不久又从云南进入四川，攻占筠连，北上宜宾。胡中和与刘厚基等部驻扎横江，准备拦截。

川东顺天军在10月份遭到湘军重创，湘军在大竹以东俘虏了其首领周绍涌。先前驻扎在鹤游坪的顺天军现已无人留在四川境内，只剩下先后进入陕西的二部了。

287

华东江南的疫情到10月份还在蔓延，军士相互传染，死者尸体堆积如山。曾国藩后来在《金陵湘军陆师昭忠祠记》一文中，描写了当时的情状。

他说，湘军进入雨花台以后不久就碰上了传染病的大流行。哥哥生病，弟弟传染，早晨还在笑，夜晚身子就僵硬了。十座营帐有五座不常开火做饭。一人暴毙数人送葬，返回时又有一半人死于路途。附近县城的药都用完了，便派大型战船一艘接一艘地驶入安徽和湖北各省征集药材。

湘军军士病倒如此之多，唯独曾国荃没有病倒，算得上一个奇迹。

曾国藩忧心忡忡，上奏说，战事刚刚顺手，却又流行天灾。如果逆贼趁此危急之时来攻，湘军不但不能战守，而且不能预先逃走，以图再振。几年来经过百战所占领的地方由尺寸而扩大到几百里，有可能前功尽弃。

他说自己德行单薄，不能挽救厄运，请清廷派亲信大臣奔赴江南，分清责任的轻重，在艰难的时局里挽回气数。

清廷下诏说，近日已入深秋，疫病仍未止息，宁国、金陵、徽州、衢州、上海和芜湖的各路军队都因疾病而不断有人死亡。鲍超、张运兰和杨岳斌等人都各自抱病在军中，军营甚至很少看到炊烟。这种时候，无论是进攻还是防守都没有把握。朝廷信用湘军，由于曾国藩的忠勇是发自于至诚，因此推心置腹，希望他能挽救东南全局。自从各路军队逼近金陵，逆贼老巢已成陷阱。只因遇到艰难的时局，很难攻占，所以朝廷屡次下旨告诫，不要徒然地只求旦夕功效，而应该立足于不败之地，以等待可乘之机。如今将士们正在患病之余，朝廷怎么会忍心重加督责？应该让他们都知道朝廷的旨意，加以慰问。这是无可奈何的事情，不是曾国藩一人的过错。朝政有很多不周之处，足以上干天和，君臣应当痛加自责，努力寻求禳救的方略，为民请命，指望天心转移。至于天灾流行，逆贼军中也会有人传染。眼下京城本无大臣可以委派，就算有，环顾朝野，才力器量如曾国藩者，一时也难以选拔。曾国藩素尝学问，更应当坚忍不拔，倍加小心，不要有一刻松懈。

清廷认为敌军也会受到瘟疫的打击，但是太平军偏偏还有强大的作战能力。正当群医来到湘军营中广施医疗，患者正在休养生息的时候，李秀成率三十万大军从苏州和常州赶来天京增援，号称六十万兵力。东起方山，西至板桥镇，连营几百座。

曾国荃的兵力不足三万人，被太平军重重包围。彭玉麟和杨岳斌的水师都被太平军阻隔，无法与陆师联络。湘军将领吸取了向荣与和春的教训，提出撤围去投奔水师，退保芜湖。曾国藩身在安庆，终日忧虑，废寝忘食，派人飞马送来命令，叫曾国荃撤围。

曾国荃对部将下令说："贼寇倾尽全力突围，是他们的惯技，向公与和公正是因为撤退而遭致挫败。现在，如果我们重蹈覆辙，贼寇就会长驱西上，颠覆大局，我们怎能保住芜湖？贼寇虽然人多，却都是乌合之众，不守纪律。又因就住江苏的都会，骄奢淫逸，没有经历过大的挫败。我正苦于他们分散在各处，难以分兵打击，现在他们都来了，聚在一起，我军予以重创，必然打得他们大败而逃。于是我便得以专力攻击其巢穴，必定攻破。愿诸位共同努力！"

湘军将领听了这番话，都欣然从命。

288

曾国荃定下了不撤围的决策，统一了将领的思想，便于10月12日将围攻金陵之师分为三部，其中二部抵抗城内之敌的攻击，曾国荃自率一部去阻击增援之敌。一夜之间，湘军修筑起无数小垒，保障粮道通往长江。

太平军轮番攻击，潮涌一般地掩杀过来。他们把装满泥土的箱子堆垒起来作为巨型盾牌。又运来西洋开花炮，从上击下，炮弹所至，无坚不摧。曾国荃让身体瘦弱的士卒留守军棚，挑选健壮的军士日夜抵抗，交替睡眠进食，常用火球大炮大量杀伤敌军。太平军宁死不退，湘军伤亡惨重。

李秀成部现已实力大增。4月份上海一家洋行供给他步枪三千零四十六支，野炮七百九十五尊，火药四百八十四桶，共一万多磅，子弹一万八千发。李秀成拥有了大量先进的武器。现在，其部用洋枪洋炮轰击湘军时，子弹密集如雨，还有开花炮弹打入营中，令湘军惊心动魄。事后曾国荃向郭嵩焘描述李秀成的洋武器，说是比湘军的武器精利百倍。他们不仅拥有开花大炮，洋枪队还拥有洋枪两万支。

10月22日，曾国荃部将倪桂节中炮身亡，曾国荃左边脸颊被枪击伤，血染衣襟。裹创之后，他仍然巡视各营。到这天为止，两军已激战了十个昼夜，太平军才稍稍退却。

黄文金配合李秀成率部攻打宁国，鲍超亲自入城防守。由于瘟疫肆虐，鲍超无法领军战斗，宋国永派兵到新河庄阻敌，被黄文金部挫败。

黄文金又领兵来到江苏东坝攻打东宝圩，为李秀成声援。宋国永部抵挡不住敌军锋锐，吃了败仗。湘军的长江水师也被困在金柱关动弹不得。

太平军士气更加高昂，挖掘地道，炸塌湘军壁垒。曾国荃多次派兵堵合，有时将污秽物灌入地道。

可是，天京周边太平军的兵力还在增加。10月25日，李世贤也从浙江集结兵力杀到，与李秀成部会合，号称八十万大军。

曾国藩得到军报，急忙征调援兵，可是各处的部队都被太平军牵制，无法赶到金陵增援。曾国荃的三万人处在包围圈内，城内守军与太平军援兵将他们团团围住，军士伤的伤，死的死，剩下的十分疲惫。

曾国荃以为刚从浙江赶到的敌军士气旺盛，便告诫将领们要用重兵对抗，以静制动。

太平军背负木板，肩挑草土，填塞壕沟，却迟迟未见进攻。两军很少短兵相接，都靠着炮声来威慑对方。在太平天国运动的晚期，太平军将领骄奢淫逸，非常怕死，手下又是一些乌合之众，选拔的将领都不是人才，和造反初期相比，气势已经衰微。

湘军据壕开炮，坚壁不出，与太平军相持两个昼夜。

10月27日，湘军出动一万人开壁出击，军士斗志高涨，喊声震地，所向披靡，一天内攻破十三座敌垒，斩杀八千人。太平军援兵军心沮丧，投入更大力量挖凿地道，埋设地雷。

289

苗沛霖向清廷投降，到10月份才有实际行动。他从寿州及正阳关撤军，向清廷献出这两处城镇，率部退驻下蔡。苗家军一走，蒋凝学便分兵进驻。萧庆衍领兵驻扎霍邱，成大吉和毛有铭率部驻扎三河尖和固始，王载骟领兵驻扎六安。这些人都是李续宜的部将。湘军在淮西的部队声势相连，苗沛霖更加害怕。

袁甲三手下有水师、陆师和骑兵两万多人，分别驻扎在五河、灵璧、凤阳、定远、怀远和蒙城，以张德胜、王才秀、朱淮森、徐鹔和宋庆等人为大将，又在部队中掺杂了不少团练勇丁，都是攻不能克，守不能固，仍然要靠李世忠部协助。

唐训方虽然高升，但军中旧部已经溃散。他在仓促间招募了一些新兵，派去防守庐州。

安徽战火频仍，农民和商人纷纷逃亡，官府收不到租税，无论是哪一支部队开到临淮，立刻就会一贫如洗，为苗沛霖和李世忠所轻视。

李世忠占据的地盘濒临长江，他的部队不得不经常与太平军争战。苗沛霖就不同了，自从有了胜保这个靠山，他又能获取颍南和北丁的粮食，暗中与捻军联络，没有一种势力对他构成威胁。他唯一畏惧的就是湘军，所以想靠胜保将湘军赶走。

胜保率部到达陕西后，仍然替苗沛霖讲情，上奏诋毁湘军，请求清廷允许苗沛霖隶属于僧格林沁。

僧格林沁当时追赶捻军到达夏邑，在山东驻军，打算攻打安徽亳州境内的捻军圩寨。这位蒙古王爷起初也讨厌苗沛霖。可是苗沛霖为人机敏，打听到外藩王子娇贵，有心攀附，便在他身边布下耳目。他获悉，僧格林沁自负忠勇，认为湘军控制临淮是为了向清廷邀功，便从中挑拨离间。僧格林沁果然上奏，请调苗沛霖协助作战，想依靠他来镇压捻军。

清廷同意了僧格林沁的请求。可是真要与捻军开战，苗沛霖又不干了。僧格林沁发现苗沛霖在利用自己，便向清廷密报苗沛霖狡狯，不可信任，应暂时把他稳住，使他不至于成为湘军攻击捻军的障碍。曾国藩也说，要想驾驭苗沛霖，只有赦免他的罪过，而不借用他的兵力。在征调时小心谨慎，在税卡上则对他放宽，与李世忠同等对待。

清廷担心南军与北军失和，两边抚慰，缓和矛盾。

蒋益澧部很快就成为浙江湘军的生力军，使左宗棠对龙游的攻击加快了步伐。10 月 22 日，蒋益澧率部进攻裘家堰，拔掉三座敌垒，其余各垒不战自溃。龙游北路已无太平军。

左宗棠令蒋益澧全军渡河，沿南路攻打各个敌垒，逐一攻破。太平天国王宗李世祥参见蒋益澧请降。左宗棠进驻新凉亭，距龙游五里，令部队挖掘长壕，逼近龙游城。他留下蒋益澧部攻打龙游以东五十里处的汤溪，派刘典所部驻扎游埠，阻击来自兰溪和金华的援敌。

10 月 24 日，蒋益澧率部攻打汤溪北门，高连升率部攻打东门，熊建益和刘典率部攻打西门，都未攻克。

庆端派知府康国器助攻汤溪，与湘军一起形成了合围。

太平军首领谭富仍然拥有几万兵力，左宗棠令魏喻义率部转移，驻扎淳安和寿昌，与遂安王文瑞的驻军互相依靠。

不久，徽州告急。王文瑞移师攻打绩溪，丁长胜所部奉令随同前往，驻扎淳安的魏喻义部只有两千人，陷入孤立，十分危险。

290

李鸿章刚到上海时就想请赋闲在家的郭嵩焘来做助手，但被曾国藩阻止。曾国藩说，郭嵩焘虽有文才，但文才不等于行政才干。你与郭嵩焘分别十六年了，现在听了别人的推荐，冒昧上奏，将来办事不顺，既耽误了郭嵩焘，又误了你的公事，何必如此呢？

李鸿章仍未打消这个念头，现在又打算把郭嵩焘请到上海，请朝廷任命郭嵩焘为江苏布政使。曾国藩在10月2日给李鸿章的信中又说郭嵩焘性情笃挚，不怕他不负责任，而是担心他过于负责，急于求成。最好让他专任苏松粮储道，不任其他官职。

按照曾国藩的意见，郭嵩焘于10月9日接任苏松粮储道。

李鸿章起用郭嵩焘和丁日昌等务实的洋务派官员，是不想使用吴煦与杨坊这样对外国人言听计从的买办官吏。他在着手建立不同于湘军幕府的淮军幕府，两者的区别在于他的幕客是一批干练而通晓洋务的读书人。

在瘟疫肆虐江南期间，上海的湘淮军也有很多军士病倒。李鸿章增募五千名淮勇，曾国藩令李朝斌组建太湖水师。这时李朝斌已升任总兵，曾国藩派他回湖南造船募勇，前往淞沪作战。

英国将军何伯不甘心上次在嘉定的失败，于10月中旬会见李鸿章，约湘淮军攻打嘉定。李鸿章派李恒嵩和白齐文率洋枪队一千五百人和炮勇一千人与何伯所部联合作战。何伯自率两千五百名英法官兵进攻。

10月24日，英法联军修筑炮台，燃炮轰炸，在接近中午时将嘉定南城轰塌，太平军打开西门夺路而走，中外联军进占嘉定。接着，又击退从太仓增援的太平军，留下况文榜部驻守。

谭绍光等人又从苏州和嘉兴集结兵力，以十多万大军从昆山和太仓向淞沪挺进，于10月29日攻打四江口，包围刘士奇和郑国魁的军营，然后攻击黄渡，在所有桥梁修筑关卡，以阻截湘淮军。

程学启当时驻军黄渡，令周盛波和郭松林等部分左右迎击，将敌军截为两段，追赶到安亭。李鸿章见四江口久被包围，亲自领兵到黄渡督战。

谭绍光驻军吴淞江北岸，陈炳文和邓光明所部占据南岸。

11月13日，李鸿章令刘铭传部从中路出击，程学启部从右路出击，郭松林部从左路出击，从上午7点战到下午1点，未能突破敌军防线。郭松林和刘铭传两部都已逼近敌垒，拔掉竹签，跨越壕沟，匍匐前进，斩杀几名黄衣将领。敌营稍有松动，于是湘淮军冒着烟火冲入，捣毁两座壁垒。

右路之敌赶来营救，程学启已被炮弹击伤，见敌军旗帜后退，便裹创率部疾进，与陈飞熊等部一起，用两千人发射洋枪。太平军从南岸撤到北岸，湘淮军三路掩杀，迫使太平军撤掉了对四江口的包围退向昆山。

与此同时，洋枪队在白鹤江打败太平军。黄翼升的水师出兵拦截，再次将之击溃，并追赶到三江口，沿途捣毁所有浮桥上的石卡。上海的防御第三次稳固下来，从此太平军不再向淞沪用兵。

12月3日，清廷正式任命李鸿章为江苏巡抚。

291

天京西南长江沿线的战斗由于太平军集结大量兵力包围曾国荃的陆师和彭玉麟、杨岳斌的水师，在10月下旬到11月间，进入了最残酷的搏杀。

10月28日，湘军水师与陈坤书部大战于金柱关下，水师将领郭明鳌中炮身亡。陆师守将罗逢元率部坚守，接连作战，以少击多，斩俘敌军一万多名，因功以提督记名。

11月3日，天京城外，太平军挖向湘军壁垒的两处地道同时引爆，土石横飞，大营墙塌，太平军趁机猛进。

曾国荃督率军士伫立于墙外，没有任何掩蔽，向四周扔掷火球，扔一阵，发射一阵枪炮。太平军前锋倒下，前仆后继。这场攻防战打了三小时，垒墙又被修复，阵前倒毙着太平军的几千名勇士。

太平军付出惨重代价以后，改为白昼休整，夜晚攻击，部队轮番进攻，使湘军无暇休整。太平军环绕湘军连营百里，离湘军最近的兵营就在二十丈外。他们暗中开挖隧道，乘雨夜引爆地雷。

曾国荃令各部挖掘内壕，保护外墙，破坏了敌军挖凿的七个地洞，太平军的攻势遇到了难题。

金陵外围的湘军部队为了解雨花台之围，奋力向围攻之敌出击。11月10日，湘军水师七个营联合陆师攻打花山，彭楚汉等部首先占据上驷渡，断绝浮桥。彭玉麟令曾泗美所部离船协助武明良等人的陆师一同前进。金柱关守将罗逢元从敌军后方袭击，大战一场，将敌打败。太平军逃到桥边，遇到彭楚汉的船队，大败而逃。

11月13日，湘军水师攻破花津敌营。

11月20日，成发翔等人率部在石臼湖作战，夺得太平军四十艘战船，然后攻克湾沚。

曾国荃料想太平军已经疲惫，可以从包围圈内一战攻破，便告诫部将厉兵秣马，等待时机。

11月24日，曾国荃领兵出壕，攻克十几座敌军关卡，从战斗中探知敌军战力已经疲弱，便令大部队出击。

11月25日，李臣典等人从东路出击，曾贞干率部从西路出击，曾国藩的表弟彭毓橘和萧孚泗等人率部从南路出击。

11月26日黎明，李臣典烧毁东路的四座敌垒。火光冲天，西南方的太平军各部见了，惊慌失措，弃垒而逃。

曾贞干侦察到三汊河的敌军已在夜间撤走，急忙领兵赶去，遇到撤退的敌军，便纵兵阻击，追逐到板桥周村。彭毓橘率慎字营追逐到牛首山。王可升率部在方山以西寻找太平军。东路的太平军各部绕过南门撤走。西南方的太平军各部则纷纷撤向秣陵关。

于是，李秀成和李世贤的几十万太平军全部撤走，围攻天京的湘军解除了威胁。

在这次战役中，太平军参战的部队先有李秀成率领的太平天国十三位王爷所部，接着有李世贤的援军参战，天京周边还有杨辅清和黄文金部在宁国包围鲍超所部，陈坤书的太平军在太平和金柱关一带围困湘军水师。太平军的精锐荟萃一隅，湘军几乎一蹶不振，好不容易才熬过难关。

292

在瘟疫流行的日子里，李世忠因病请求退隐，清廷不许。当天京周边发生激战时，李世忠派出一万兵力渡江协助湘军。曾国荃见敌军援兵已经撤退，便叫李世忠撤军。太平军渡到江北，攻打李世忠部在九洑洲的壁垒，被李世忠部击退。

曾国藩一直认为湘军攻打金陵是不稳妥的，到湘军被围时便飞马传令，调蒋益澧和程学启部前往援救。蒋益澧部在浙江，程学启部在苏州，都因故无法赶到金陵。曾国荃孤军陷在重围之中，战守四十六天，杀敌五万人，湘军阵亡五千人，将士们皮开肉绽。这是湘军创建以来，一场前所未有的苦战。

清廷顾念湘军劳苦功高，下诏褒奖曾国荃。又担心太平军再次增援，而曾国荃兵力不足，令曾国藩将霆军调到东坝增援。

李秀成率部从九洑洲渡向北岸，打败李世忠的城防军，攻占安徽的和州、含山和巢县。南撤的太平军也进入安徽境内，与广德的太平军会合，向西南方向运动，袭击绩溪，然后西进攻占祁门。湘军在徽州、宁国、安庆和庐州之间的交通都被对手阻绝，只有长江上下靠着水师才能互相联络。

彭玉麟所部驻扎裕溪口，太平军再次占据运漕镇。在其上游，杨岳斌所部防守芜湖，每天都要夺取从东坝驶来的一艘敌船。

曾国藩决定增加陆师兵力，征调贵州提督江忠义率部从广西开往江西，根据敌军动向来决定战守。又将鲍超部将郑阳和等人所部交李榕指挥，立为新军。留下李鸿章湘淮军的张树声所部三千人协助庐州和桐城的战守。曾国藩又将李续宜召回。李续宜上疏说，他带病勉强前往安徽，不敢耽搁，但恳求开缺安徽巡抚，专办军务。走到半途，他又再次陈述自己病危，清廷赏假四个月。但他过度劳瘁哀毁，病情再无起色，于12月8日病逝。

李续宜在路上因病耽搁，曾国藩又派成大吉和萧庆衍等部攻打巢湖与和州。又增募五千名军士充实曾国荃围攻金陵之师。

从此，曾国藩统率的湘军超过了十万，而左宗棠和李鸿章各带几万兵力，加上湖北和江西的湘军，拥有将近三十万兵力，其余分布在贵州、广西、陕西和山东的湘军增援部队还有几万人。就兵力而言，湘军进入了最强盛的时期。

但是，增加兵力就得增加军饷。在此之前，沈葆桢告诉曾国藩，江西本省驻防军需要军饷，必须截留每月四万两的农业税。当时正值江南瘟疫大流行，曾国荃部在天京周边大战李秀成等人的大股援兵，军情危急，而拖欠的军饷越来越多，曾国藩因此而对沈葆桢颇有怨气。现在他不得不另想办法弥补军饷的不足。

对于被围困在芜湖的湘军水师，曾国荃采取措施解围。他分兵把守东梁山，又派朱南桂、朱洪章和罗逢元等部扼守金柱关，与东梁山上下夹江呼应。水师在乱流中攻敌。水陆两路各有胜负，一夜数惊。

李秀成所部攻占的巢县与和州都是湘军不久前才进占的城市，曾国荃岂肯就此丢失。于是急忙分兵把守西梁山，令刘连捷和彭毓橘等人领兵北援。

曾国藩坐镇安庆，感觉到四周都是熊熊战火，无止无休。但曾国藩最担忧的事情还是金陵那一边。

但是，曾国藩似乎是杞人忧天。曾国荃经历了一场严酷的战役，攻守更加从容不迫。曾国藩却仍然认为四弟孤军深入危地是失策，决定亲自视察沿江各处营垒，并前往金陵视察，再决定进退。

在瘟疫流行的日子里，曾国藩和曾国荃失去了弟弟。曾贞干感染了传染病，死于军中，终年三十五岁。

刘长佑于 11 月份被提拔为两广总督，刘坤一出任广西布政使，接管刘长佑的湘军。

293

西安周边的回民军趁着胜保所部南下攻击造反军，省城周边兵力空虚，向西安发起攻击。胜保十分焦急，令王佐臣等部返回咸阳，增调马升和谭玉龙部会战。

11 月 2 日，胜保和雷正绾亲自率部作战，在毕郢原击败回民军，这里就是汉代的细柳营。11 月 6 日，胜保和雷正绾所部攻克马家堡，连破六座壁垒，打通了省城的西路。11 月 8 日，仓头的回民军占据白起营，清军又将回民军击退。

西安以北七十里处的泾阳，守城的清军粮食吃完了，向胜保求援。胜保令成禄等部奔赴三原，绕到回民军后方。乌勒兴阿等部直接增援泾阳，用马匹驮运大米和麦子接济城内的清军。胜保留下雷正绾驻扎咸阳，自己率部返回西安，与巡抚筹划饷事。

陕西多处燃起战火，多隆阿的援军与太平军和捻军在湖北、河南交战，无法西顾。胜保所部只有一万兵力，不足以四处征战，便征调苗沛霖团练入关。消息一出，舆论哗然。

在曾国荃部被围困在天京周边时，李鸿章曾上疏请调多隆阿部南援，而将陕西的军事交给胜保指挥。然而，多隆阿所部远在西边，来不及救金陵之急。程学启正在黄渡作战，抽不出身来，便打算让吴煦率白齐文的洋枪队到金陵作战。

到了 12 月初，曾国荃已经击退太平军援兵，便飞马送信，阻止洋枪队前往。但此事已上报清廷，不能中止，便提出让洋枪队去攻打九洑洲。

吴煦来到镇江，等待白齐文领兵前来，却没有等到，于是返回上海。白齐文关闭松江城门，索要军饷，在上海殴打道员杨坊，抢夺了四万两饷银。李鸿章知道，上海的军事各国都受英国指挥，便把英国将领士的佛立和领事麦华陀请来，告知原委，解除白齐文的兵权，并将其逮捕治罪。又上奏弹劾吴煦和杨坊，将他们罢官，并责成他们赔偿所费的十多万两银子，理由是洋枪队是这两人创建的。

李鸿章抓到白齐文以后，没有判他死刑，而是勒令他回国，由李恒嵩和奥伦接管部队。

李鸿章巩固了上海的防务，决定进军苏州和常州。

12月17日，黄翼升率水师攻打苏州，在芦圩、尤家庄、汾湖和三官塘作战，攻破了所有的关卡。

12月18日，淮扬水师返回洪家滩，到达嘉善的窑街。

12月19日，黄翼升抵达夏湖的西塘。太平军的增援大军赶到，两军交战，副将蔡东祥和都司曹相主阵亡。

淮扬水师推进到青浦，在白鹤江打败太平军船队。

太湖水师已经建立，拥有十营兵力，由李朝斌统领。曾国藩派湖南清泉人江福山任前营统领。

太平军的常熟守将骆国忠此前已经投降，太平军大举出动包围常熟。湘淮军前往，企图援助骆国忠，但在太仓受阻，无法前进。黄翼升所部在福山击败太平军，协助陆师进入常熟，与敌军相持。

294

苗沛霖为了改善自己的处境，加紧巴结僧格林沁。12月份，僧格林沁拿出一万两银子犒赏苗沛霖，征调其团练部队去打捻军。苗沛霖暗中唆使颍州和寿州的圩丁一起杀死十二名砍柴的湘军，还俘虏七名湘军，进行挑衅。他还上书僧格林沁，请他将湘军赶走，让寿州镇总兵李璋率部来防守寿州。

蒋凝学将这个情况密报曾国藩。

曾国藩上奏说，湘军驻扎在寿州和正阳关，逼近苗沛霖的团练。如果一味忍让，他们会故技重演，采用杀死孙家泰、蒙时中与徐立壮的办法来对付湘军。如果声明他们的罪状，用武力讨伐，又恐妨碍僧格林沁招抚的大局。

现在长江以北，从和州、含山、巢县和庐州一线，上到舒城、桐城、潜江与太湖，正苦于无兵调防。湘军决定将部队调离寿州，由僧格林沁派兵驻守。

曾国藩知道湘军的力量不足以自卫，同时不愿与僧格林沁结怨，便借口其他防区兵力空虚，企图撤走寿州和正阳的驻军。这道奏疏刚刚发出，适逢从金陵撤退的太平军大举进攻安徽，十几万兵力从九洑洲渡到江北。有人怀疑滁州的李世忠所部与太平军私通。而李世忠正在禀报战功，向曾国藩请求奖赏及抚恤。

曾国藩心下明白，李世忠部之所以吃败仗，不是故意退让，而是不堪一击，便上疏为他辩诬。同时拨给他两万五千两银子和两千石大米予以接济。

曾国藩令蒋凝学从寿州和正阳关撤军，分守颍州与霍邱，令萧庆衍和毛有铭率部移驻舒城。清廷大臣们得到消息，大为惊骇。

正在此时，苗沛霖扬言要率部奔赴陕西，追随胜保。部队行军，充塞道路。

僧格林沁见湘军撤走，惭愧沮丧，上奏为自己辩解。

袁甲三已被解除统帅职权，但他仍然上疏，力争湘军不能撤销寿州和正阳关的防务。他说，苗沛霖多方挑衅，既然他竭力诋毁曾国藩，又怎会对僧格林沁真心降服？现在湘军撤走了，他大为得志，怎能保证他今后不会抵抗僧格林沁部队的到来？

清廷下诏，令曾国藩和唐训方调兵驻守寿州与正阳关。

投降的山东黑旗军首领宋景诗随胜保进军陕西，听说胜保被清廷治罪，担心自己被官府处死，请求隶属于雷正绾。这个二十岁的山东汉子率部到达陕西东部边界郃阳，决定叛变，率一千名部属东渡黄河，奔向山西和直隶，在腹地进军将近两千里，声称要进京为胜保诉冤。清军不敢阻截，于是黑旗军与山东捻军降将张锡珠所部会师。

张锡珠先前也在山东西部边界的莘县和冠县叛变，渡过漳河，西攻直隶南部边界的大名，大顺广道秦聚奎战死。两支造反军会师后，直隶和山东两省的教民造反军和捻军风起云涌，京畿周边大为震动。

清廷罢免山东巡抚谭廷襄，由阎敬铭取代。命令两广总督刘长佑率部航海进入天津，攻击山东造反军。

僧格林沁所部攻打涡河的捻军，斩杀捻军首领杨兴太，其部属大多投降。

295

留在浙江抗击湘军的太平军将领谭富见龙游和汤溪两地湘军兵力强盛，不得不以全力对付，而没有把驻扎淳安的魏喻义部放在眼里，不屑于对这支湘军发起攻击。

过了一段时间，魏喻义发觉敌军无暇对付自己的部队，便留下一半兵力防守淳安，他自率另一半兵力缓慢行军，每次只走十里二十里。经过一个多月的缓慢移动，到达铜关，距离严州仅六十里。

严州城有河水阻隔，西山奇险，靠近富春江。山中到处是良田民居，太平军一到，百姓结屯相保。西山民团的首领叫作林三，频频抵抗太平军，与之结下深仇。他听说湘军到来，主动与魏喻义联络，通风报信。魏喻义部与民团联合，攻克了严州城北的三座壁垒。

江山船船总王女，掌管严州的水上徭役。按照惯例，江山船总是由妇女去服官役，哪怕出嫁以后，已经生儿育女，仍然自称为"女"。王女既然主持徭役，太平军到来后，也要她服役，她的船在水上往来，不受盘查。王女苦于被太平军征用，又知道太平军兵力空虚，便打算把湘军引来，于是到铜关求见魏喻义。

魏喻义和她见面，得知城内太平军兵力单薄。王女认为可用突袭之法攻占严州。魏喻义令她时时秘密监视。过了一段时日，对城内守军的动静了如指掌。

左宗棠接到魏喻义的报告，担心他兵力不足，令他将驻守淳安的一千人调到铜关，又派刘典所部攻打严州东南方的兰溪，牵制敌军兵力。他知道，驻守兰溪的敌将谭星是严州守将谭富的兄弟，如果兰溪遭到攻击，谭富应该是不会袖手旁观的。

湘军又和林三取得联络，准备攻打严州。这场战事要到新年才见分晓。

从浙江开往皖南的湘军到达指定地点后，于12月22日开始作战。唐义训和王文瑞部攻克绩溪，又于12月30日攻克祁门。

丁长胜和王明辉两名副将驻扎在黟县的渔亭和休宁县，抵抗敌军攻击，斩杀几百人。丁长胜升任总兵。

处州太平军全部向北朝东阳推进。福建清军开入浙江，阻止太平军进入本省。他们分开扎营，不再向北推进。

从荆紫关进入湖北的太平军和捻军在年底东进随州和德安，然后折向北面进军河南，再扭头西进，再次攻击湖北的郧西，进入陕西东南角上的平利。先前留在陕西的四川顺天军袭击洋凤和阶文，返回四川的广元。骆秉章派总兵周达武率部阻击。

进入云南的石达开军取道镇雄进入四川南部边界，攻占筠连，驻扎在叙州的双龙场，分兵西进，于11月22日攻占高县，知县丁良俊逃脱。

石军在高县连营三十里，与横江形成掎角。

邵阳人曾纪凤随同刘岳昭援救高县。他率部焚烧横江西岸的敌垒，然后隐蔽行军，突袭敌军后路，将石达开所部击败。

接着，太平军北上袭击宜宾。骆秉章派胡中和等部驻扎在叙州横江岸边。清廷下诏，任命张亮基指挥云南军事。

在西安以东，回民军对朝邑发起猛攻。清廷催促胜保亲自赶赴同州和朝邑。12月上旬，胜保从临潼移驻同州。他知道王阁村和羌白镇是回民军的老根据地，便加以围攻。回民军出动全部精锐攻击胜保军营。双方交战八次，清军次次获胜，士气稍振。

12月下旬，胜保令各路部队从同州西关开始扎营，一直延续到杨家河。

回民军决定智取清军。先派几名骑兵来向清军求和，暗中邀约苏家沟、塔下、沙河与高陵的勇士们前来增援。12月31日，回民军部队集结完毕，发起攻击。交战半天，回民军撤退，准备发起新的攻势。

同治二年

1863年

296

浙江的新年第一天，左宗棠的湘军得到了一个取得重大胜利的契机。

这一天，江山船的船总王女派人来铜关向魏喻义报告，说严州的太平军将领谭富痛恨民团首领林三夺了他的米船，打算明天夜袭西山。太平军出城后，严州城内驻军兵力空虚，可以一举攻破。王女说她可以派船来帮湘军运兵。林三也派人请求支援。湘军将士个个奋勇，自愿前往，于是魏喻义答复会如约而至。

1月2日下午，王女果然派了几十只船来迎接湘军。魏喻义选拔一千名军士，亲自率领前往。

午夜时分，湘军逼近严州城。城上断断续续传来打更声，但没有照明的燎火，守军显然没有防备。魏喻义派出一批猛士在西门搭梯登城，杀死更夫，取而代之，然后劈开城门的大锁，开门入城。

湘军入城后高声呐喊，太平军大为吃惊，出来搏战。城墙上的战士全部跑下来与湘军短兵相接。然而，太平军仓皇迎战，毫无斗志，很快就溃散逃走。

攻打西山的太平军由于西山民团已有防备，没有攻克，正要回城，看见城内火光有异，急忙奔赴城下，听说湘军已经进城，哄然转身飞逃。

1月3日，湘军攻克严州。捷报传出，将领们都很惊愕。浙江的湘军正在与太平军相持，求胜极难，却在无意中收复一座大城，由此而看出了太平军的虚实，知道其战斗力和湘军相比并无更大的优势。

蒋益澧趁势率部攻打汤溪，发现守军战斗力大大减弱，便加大了攻击力度。太平天国戴王黄呈忠、首王范汝增和梯王练业坤率部增援汤溪。部队形成一条长龙，从金华城西排列到古方，绵延到开化村和白龙桥，连营几十里。还有一些部队远道增援，从金华东北面的浦江、诸暨、嵊县和新昌开来，与兰溪太平军会合，西援龙游。

汤溪守军得知有大批援军开到，勇气倍增。主将李尚扬于1月11日领兵出城攻打湘军营垒，被熊建益部击退。兰溪太平军也渡河攻击，蒋益澧率部拦截，将其击退。第二天，蒋益澧和刘典所部在罗埠联合作战，打败太平军谭星所部。

1月13日，蒋益澧和刘典率部在古方击退太平军援兵。魏喻义从严州出兵，潜行东南，突袭兰溪，焚烧七十多座敌垒。

1月20日，左宗棠就"借师助剿"一事给清廷上了一份奏折，大意是说，自从朝廷与洋人海战以来，当地百姓至今没有看到国家打胜仗，于是妄自菲薄，纷纷投靠洋人。而外国将领训练中国兵以后，不怕死的人多数参军，借着洋人的势力横行乡里，官府不敢责问。近来听说宁波清军中稍微健壮的士卒多半退伍，投靠洋将充当勇丁，以图丰厚的军饷，所以洋枪队转眼之间就增至四千五百人。如果官府不稍加裁禁，予以限制，那么洋人统领的部队就会反客为主。我国军饷本来非常紧张，还要养着他们，而海疆更加脆弱，人心风俗更加糜烂，绝非好事。

左宗棠主张逐步裁撤由外国人统领的部队。他认为，如果操之过急，那些部队中的华人有可能流为盗匪，为害地方。于是左宗棠对于暂时没有裁撤的洋枪队采取了严格的管理措施，要求他们听从中国官府的指挥。

1月28日，刘璈在兰溪以西攻敌失利，都司李锦荣等人阵亡。2月1日，蒋益澧和刘典在开化村攻击援敌，游击彭永寿阵亡。

2月8日，太平军将领张成功参见蒋益澧请降。2月17日除夕夜，龙游太平军攻击东门的湘军营垒，刘培元率部将其击退。

2月26日，汤溪太平军将领彭禹兰请降，蒋益澧决定受降。2月28日，彭禹兰将主将李尚扬骗出城壕，刘树元和徐文秀等湘军将领出其不意擒获四名太平军。彭禹兰打开西门接纳湘军。

四十一岁的李尚扬是湖南安仁人，1852年夏天在家乡参加太平军，累积战功当到了忠裨天将。他被俘后遭到处决，死前录有口供，题为《李尚扬自述》。

蒋益澧派高连升和熊建益乘胜攻打古方、开化村和白龙桥，将敌垒全数捣毁，太平天国的三位王爷全部逃走。

3月1日，金华和兰溪的太平军也弃城撤走，蒋益澧率部进占金华，直隶州知州刘典等部进占兰溪。

此战以后，清廷将高连升以提督记名。

李世贤苦心经营的金华防线就这样轻易放弃了。天国的侍王原以为这里固若金汤，能和严州一起屏障杭州，没想到其部将居然将这个根据地拱手交给了湘军。

湘军扫清龙游以东的地盘后，王德榜部逼近龙游城南修筑三座壁垒，太平军出城攻击，二十七岁的湖南大庸人刘明灯等将领率部将其逼回城内。

当夜，龙游城内传出喧哗声，左宗棠估计太平军将要撤走，派人向各军将领密授方略，部署堵截。

月色皎白，太平军打开东门潜行东北方，奔向汤溪。他们还不知道，他们想去的地方已被湘军占领。

湘军兵不血刃，进占龙游。

刘培元和杨昌浚等人率部跟踪放弃龙游的敌军，一直追到汤溪。太平军来到汤溪城下，只听一声炮响，蒋益澧率部出城夹击。龙游逃军这时才知道汤溪已是湘军营垒，战士们不听将领约束，狂奔而逃，绕过金华向北而去。三位王爷逃得远一点，进入了诸暨，谭星则就近进入浦江。

李世贤在金华以西所设的防线全部崩溃，左宗棠的战略已取得初步胜利。他北望杭州，轻松地呼出一口气。

297

四川的新年第一天，胡中和、何胜必与刘厚基等部在横江打了胜仗，斩杀石军一万多人。刘岳昭部攻击双龙桥，约好投降的石军做内应，攻克二十多座壁垒，石军逃往宁远。

在四川东北部，周达武部于1月2日在仪陇遭遇造反军，将其打败。

1月22日，周达武部抓获云南造反军元帅郭刀刀。

纵观四川省内，各路造反军都遭到重创，首脑已被湘军处死，无法形成气候了。曾传理等湘军将领认为在四川已无用武之地，请求率部返回湖南。刘德谦等部先后起程。骆秉章只留下胡中和、刘岳昭与周达武所部在四川堵防石达开军。

石达开本人已率部离川进入云南东北部的东川。陈玉成部将陈得才率部从湖北进入陕南，袭击陕西的汉中和兴安。陕西布政使毛震寿部与陈得才部作战，久无战功，清廷令骆秉章推举大将，分兵前往陕南作战。

骆秉章向清廷推荐了李云麟和严澍森。李云麟隶属于汉军旗，以诸生的身份转战湖北与安徽，因功被提拔为郎中，当时领兵驻扎在湖北西北角上的郧阳，于是清廷令他率部西进陕西。清廷还派江西布政使严澍森负责陕南军事。

四川的战事平息之后，南边的邻省贵州仍未安定。2月下旬，思南和石阡的苗民军和教民军联合占据荆竹园，攻占思南东北面的印江，联合铜仁的造反军，分兵南下攻击玉屏和青溪。清廷令江苏人张亮基代理贵州巡抚，令长沙人劳崇光代理云贵总督。

清廷又任命湘军将领沈宏富为贵州提督。

骆秉章于3月下旬派张由庚率五千人增援汉中。这时石达开又率部从云南进入四川，先令中旗大将赖裕新率部进入宁远，又派李复猷率部东进贵州。

李复猷的一部从镇雄袭击毕节，得到猪拱箐苗民军的响应，攻占林口民团的兵营；另一部从云南的昭通向东南方挺进，进入贵州威宁，影响到贵州西部的水城、郎岱和平远一线。石达开自率主力三四万人从米粮坝渡过金沙江。

不幸的是，石达开的中旗部队进入四川后，赖裕新被湘军所杀，残部奔向四川西部腹地荣经和天全，然后北上平武，进入甘肃的文县。

李复猷的两支入黔军，从镇雄入黔的一支奔向大定，从昭通进入黔的一支奔向遵义。

贵州东南部清江的苗民军攻占古州，向黎平进攻，影响到湖南的芷江和黔阳。湖南边界的许多民众受到苗民军的潜移默化，响应造反。

4月下旬，石达开打算进军宁远，却误入了四川西南部大渡河以南、金沙江以北的邛部土司领地，与他分出的两支部队隔绝了音信。石达开侦察到越西大道上有汉族和少数民族的部队，打算避开，便走小道迂回，于5月29日抵达紫打地，也就是现在的安顺场，准备渡到大渡河以东。前锋结扎木筏，已经渡到对岸。

大渡河畔已是暮色苍茫，石达开担心清军前来袭击，令已渡河的部队返回西岸，打算第二天全部渡河。石达开没有料到当晚会有一场暴雨，使大渡河水涨高几丈，而唐友耕的驻防军已经赶到对岸列队防守。

石达开部粮食已经吃完，前面无路可走。石达开下令用弓箭射书给千户王应元，许以重利，约他让路。又派人向土司岭承恩说情，请求缓兵。王应元和岭承恩都拒绝了他的要求。

石达开非常愤怒，杀死两百名向导，下令渡河，部队乘筏冲向湍急的乱流之中。但转眼之间激流就吞噬了筏上的生命。石达开不得不下令停止强渡。

石达开部久处绝境，更加疲惫困乏，被困在山谷里得不到食物，每天杀马煮桑叶果腹。

6月上旬，王应元和岭承恩侦察到石达开部已衰弱不堪，便率汉族和少数民族的部队压缩包围圈。石达开部解散奔向老鸦漩，余部仍有七八千人。土司兵在前面拦截，石达开部丢失了全部辎重。石达开的五名妻妾抱着幼子沉入河水，他手下的官员多数自溺身亡。

石达开知大势已去，竖旗请降。6月12日岭承恩将他捆绑起来送交湘军。刘蓉亲自赶来接收俘虏，将石达开和石军其他五名首领一起用囚车送往成都枭首处死，解散石达开部众四千多人。

骆秉章出任四川总督后，历时三年，主要依靠湘军，肃清了各路造反军，抓获了太平军的大首领，于是以擅长军事而闻名于天下。

清廷锐意谋求天下大治，清廷的咨询公文有时一天发来三四封，向骆秉章和曾国藩这些封疆大吏问计。手握兵权并且掌握着地方武装的汉人大臣已经成为清廷唯一的依靠。

石达开在太平天国的诸位王爷之中以富有爱心而著称，所到之处都以仁义之心结交各方人士，因此有许多人愿意追随于他左右。自从韦昌辉和杨秀清互相仇杀以后，石达开离开天京，从安徽奔走江西，自成一部，力图割据一方，却找不到容身之所，八年间转战于广西、福建、湖南、贵州和四川，直至走上英雄末路。

石达开死后，太平军还有四名王爷的部队集结在陕西西南部的兴安和汉中，拥有十多万兵力。陕西布政使毛震寿不是他们的敌手。李桓率部到达湖北，因病而免职。清廷催促骆秉章推荐的李云麟率部奔赴陕西，并责成湖广总督官文和湖北巡抚严澍森不要把邻省当作沟壑。于是官文等人派李云麟率三千多名鄂军从郧阳渡过汉水，派道员梁作楫领兵驻扎郧竹，防御湖北的西北门户。

6月下旬，清廷下诏，任命李云麟为四品京堂，陕南一带四川和陕西的各路部队悉听其指挥。令骆秉章增拨劲旅增援汉中。官文等人又推荐刘蓉可以任一省长官，清廷令刘蓉率领湘军越过四川剑阁北上陕西与鄂军会合。

298

陕西的新年第一天，回民军攻打同州城北，又被清军击退。

多隆阿已击败当面的太平军和捻军，声威更大，陕西的清廷官府对湘军望眼欲穿。其中一个原因在于胜保的部队多是投降过来的，成分芜杂，军士不守纪律，军饷匮乏，全靠百姓纳捐。

苗沛霖率部西进，清廷以为苗沛霖要造反，便将胜保逮捕问罪。清廷任命多隆阿为钦差大臣，兼统胜保所部。

宋景诗再次造反，清廷大臣都认为此事应归咎于胜保，加重了胜保的罪名。

多隆阿率部抵达潼关，得知回民军的根据地以王阁村和羌白镇最为坚固，便率部赶到同州，在城外扎营。回民军趁多隆阿所部刚到，还未扎稳脚跟，出动全部精锐攻击。

多隆阿下令："回军自起兵以来没有受过重创，所以敢于主动向我出击。今天这一仗关系到整个陕西的安危。我会亲临前线观战，凡有不胜者斩首！"

此言一出，将士们无不惊悚，交战时个个一以当百。不久便攻克东西韩村的八座壁垒，全部捣毁。

1月20日，多隆阿令穆图善统领九营兵力在洛北修筑壁垒，派长沙人陶茂林和蒙古正红旗人温德勒克西等将领率骑兵和步兵保护，自己带着姜玉顺等将领观察地形。他见洛水以南密集地排列着回民军的营垒，便趁夜修造两座浮桥，令陶茂林率部诱其离开营垒。

回民军果然全部出动。道州人朱希广率部悄悄渡到河南，捣毁回民军的营垒，火光四起。朱希广部夺得三座汉民村庄。从此天天都有战斗，多隆阿部逼近王阁村，在村外四里处扎营。回民军首领无意再战，派俘虏的潼关副将哈连升向多隆阿请求招抚。多隆阿拒不纳降。

回民军于2月中旬攻占西安以北七十里处的泾阳，雷正绾很快就率部夺占。甘肃的回民军袭击陕西西部边界城市陇州，杀死知州邵辅。陕甘总督熙麟驻扎在陕西东部边界的潼关，奏调马德昭部奔赴甘肃。多隆阿令马德昭增援兴安，省城绅士哀词请留马将军驻防。瑛棨将西安绅民的意思上奏清廷，得到批准。

2月下旬，回民军向西安发起攻击，马德昭部屡将其击退。甘肃回民在东部的平凉发起战事，向西北部推进，攻占固原。清廷令熙麟移驻甘肃东部的庆阳指挥军事，调延绥兵和阿拉善王旗兵增援固原。

四川的顺天军袭击西安以西一百五十里处的周至，以及西安与周至之间的户县。清军向西安输送粮食的道路更加阻塞。瑛棨命令王梦麟增援凤翔，半路遭到回民军拦截，返回西安。

多隆阿按兵不动，迟迟没有发起猛攻。部队中流行病疫，他没有打胜仗的把握。他仔细观察回民军的根据地，发现王阁村与羌白镇之间相距五里，中间排列着八座营垒，周围有长壕保护。羌白镇的堡寨陡如峭壁，格外坚固。

多隆阿已经胸有成竹，计划在部队休整过后一举攻下羌白镇的外围保护层。等到周边的营垒全部攻克以后，才向羌白进攻。

3月19日，多隆阿所部已经攻克回民军的外层营垒，对羌白镇发起攻击的日子到了。

多隆阿与部将相约："一鼓齐头并进，再鼓全部攀登，三鼓而没有攻克者杖击，四鼓而没有攻克者斩首！"

开战时，回民军骑兵从西南方疾驰而来，苏伦保率骑兵迎击，所向披靡。

其他将领趁机挥军直上，搭梯登堡，攻入堡内。羌白镇被攻克。

王阁村的回民军见羌白已被攻破，一团惊慌，四处奔走，互相踩踏。陶茂林令伏兵从林中杀出，很快就冲入堡垒，斩杀回民数以万计，缴获大量辎重器械和牲畜。夺得几万镪钱。多隆阿把缴获的镪钱全部犒赏军士。日暮时分，部队高唱凯歌回营，远近兵民都来围观。

299

李鸿章所部湘淮军在江苏东南部的作战在进入新年后有了较大的进展。

1月上旬，驻守常熟的太平军将领钱桂仁和骆国忠，以及驻守太仓的太平军将领钱寿仁，与湘淮军暗通款曲，向游击周兴隆表明了投降之意。李鸿章得到报告后，要求他们在湘淮军攻击常熟和太仓时做内应。

恰在这时，李秀成从天京返回苏州，常熟的钱桂仁对李秀成心存畏惧，借口参见忠王，前往苏州打探消息。骆国忠担心钱桂仁出卖自己，待他离开后下令诱捕其部属，将其全部杀害，向湘淮军献出常熟城。

周兴隆率部进占常熟，骆国忠又派下属到常熟以北的福山招降。福山的太平军已提高警惕，加强了防守。

1月19日，骆国忠率部攻打常熟周边的福山、浒浦、白茅和徐六泾，同一天将这些海口城镇全部占领。

李鸿章和程学启率部攻打太仓，部队为风雪所阻无法前进。钱寿仁知道投降一事已经败露，率两千人杀出太仓，到上海向湘淮军投降，把姓名改为周寿昌。

湘淮军在苏州城内的内应也跟着暴露出来。李秀成对叛徒的行径大为震怒，召集无锡和江阴的六七万兵力，要把常熟夺回来。

李秀成此举使湘淮军无力应对，因为李鸿章部都在防守嘉定和青浦。李鸿章令福山镇总兵鞠耀乾率战船停泊在福山和徐六泾为常熟声援。至于常熟的防务，只能叮嘱周兴隆和骆国忠死守了。

鞠耀乾的水师战船驶入福山，开始还能与太平军相持，不久就遭到飓风打击，转移到长江北岸，太平军又进占福山。

李鸿章不得不重新设法为常熟解围，约黄翼升统领三营水师出海赴援，令陆师分兵攻打昆山和太仓，以牵制敌军兵力。

2月8日，程学启率部进军昆山的蟠龙镇，将太平军击败。

2月12日，奥伦和李恒嵩率洋枪队攻打太仓，李鹤章与郭松林率部合攻。

2月14日，湘淮军开炮击毁太平军壁垒，与洋枪队一起渡河扎营。

2月15日，湘淮军开炮轰击太仓城，将城墙炸开几丈长的缺口，洋枪队率先登城，太平军用洋枪阻击，弹如雨下，浮桥突然断塌，洋枪队大乱。太平军趁势出击，杀死几百名洋枪队队员。郭松林部好不容易将太平军挡住，洋枪队才得以撤出。洋枪队和湘淮军士气大为低落。

第二天，奥伦突然带领洋枪队返回松江，而淮扬水师驶向福山的三个营也遭飓风打击，损失了战船。黄翼升屡次被波涛冲入水中，侥幸留下了性命。为了避免更大损失，他令剩余的战船转移避风。常熟的守军更加孤单。

3月上旬，李鸿章眼见常熟守军顶不住李秀成的攻势，令刘铭传率三千人乘轮船赶赴福山，与黄翼升会师，又令洋枪队前往协助作战。

李鸿章与英国将军斯特维利商议，决定派英国少校戈登取代奥伦，仍然令李恒嵩一起统领部队，裁减多余的费用，留下三千人。为了鼓励洋枪队，李鸿章为它取了一个夸张的称号：常胜军。

李鸿章从亲兵营营官中选拔出二十九岁的湖南乾州人罗荣光，派他跟随戈登学习炮术。

围攻常熟的太平军知道福山有险，主力全部赶过去增援，只留下朱衣点率几千人守在常熟城外。

戈登在松山接任了常胜军的指挥。4月5日清明节，他下令开炮攻击福山，菲律宾士兵乘小船逼近太平军壁垒，架设浮桥，在城墙下埋伏敢死队。中午时分，攻破福山港口东西两边的壁垒，夺得福山石城。

周兴隆在常熟登上城墙，见太平军进入西山，而福山方向起火，便知援军已经打败太平军，下令打开四门出城作战。湘淮军的水师和陆师从福山赶到，太平军大奔而逃。李秀成的部队围攻常熟九十多天，李鸿章终于设法保住了此城。

骆国忠的守军见城外的太平军大部已经开走，趁机发起反击。宁乡人朱衣点率部血战，终于寡不敌众，于4月6日被俘，然后为太平天国献出了生命，终年四十六岁。

300

到 1863 年 2 月下旬为止，湘军在安徽和江苏西南部的兵力分布大致如下。

曾国荃部驻扎在江宁城的西南，江北则有杨岳斌率领水师驻扎乌江，两支部队都处于前敌位置。

在金陵以南的安徽境内，罗逢元部防守太平，驻扎在金柱关。周万倬和吴坤修防守芜湖，彭玉麟率水师驻扎在裕溪口和江北。

驻守江苏溧水和高淳的太平军时常向西运动，威胁太平、芜湖和运漕镇。东关的太平军反向运动，窥视裕溪口，上与和州、含山与巢湖的太平军相呼应。

刘连捷和毛有铭等部驻扎在无为以北的石涧埠，在西南面阻截太平军。韦志俊防守无为城，以便与水师联络。

再往西看，梁美材部驻扎在庐江。庐江以北的庐州由石清吉防守。位于庐州西南和庐江西北的舒城则由蒋凝学率部防守。舒城以南的桐城由周宽世部防守，保障与南边安庆的交通。舒城西北的六安由蒋凝学分兵把守，防备北边的苗沛霖团练，也能保障与南边霍山的交通，为湖北树立一块屏障。

安徽东部，在芜湖以南，有鲍超防守宁国，驻扎在高阻山，还有刘松山部驻扎在宁国城内。易开俊防守泾县，在霆军的西南方。吴廷华防守南陵，位于霆军以西偏北，又在泾县的西北面。朱品隆先是防守旌德，增援青阳以后便驻防青阳，位于南陵的西南。西边的池州位于长江之滨，又接近安庆，所以没有驻军。

驻守建平、广德和宁国县的太平军向西南出动，攻占旌德、太平和石埭，又攻破绩溪，阻断了徽州和宁国的湘军。徽州守将是唐义训，依靠左宗棠的大军为他声援。

2 月下旬，曾国藩从安庆出发，巡视安庆以东各路部队的军营。他从池州乘船到达芜湖，又乘船北上裕溪口，登上东西梁山，泛舟金柱关。接下来北上乌江，与杨岳斌一起到达金陵城外，登上大胜关，进入雨花台军营。

曾国藩看到曾国荃围攻金陵之师在经历了瘟疫的肆虐和一番苦战之后仍然十分坚稳，非常高兴，再也不提撤退的事情了。他在雨花台军营中盘桓十天，于 3 月份返回安庆。

回到安庆以后，曾国藩上奏，向清廷陈述了他此番巡视所见所闻的几件可喜之事和可怕之事。

曾国藩先说了可怕的事情。他说，徽州、池州和宁国的属地满目黄茅白骨，有的地方一个月都见不到一个人。江苏和浙江两省的农田多数没有耕种。各路逆贼都有进军江西的意图，并且很想进入安徽和浙江已被湘军占领的地区。平民无处获得食物，弱者迁移到山沟里面，狡黠的人则跟从逆贼苟且偷生。逆贼人数没有一定，头领没有定见，恐怕会变成流寇，更难收拾。

接着，曾国藩讲述可喜的事情。他说，逆贼在兴起的初期能够禁止奸淫，听任百姓耕种。所以江南几个郡的粮食从金柱关运出，江北几个郡的粮食从裕溪口运出，一并输送到金陵。和春等人领兵在城外合围，逆贼仍然能够利用长江的方便源源不断地得到供给。现在农民荒废了田业，烟火断绝，逆贼行走在无民之境，犹如鱼儿行走在无水之地，怎么能够长久呢？而安庆、芜湖、庐州、宁国、东西梁山、金柱关和裕溪口，以及浙江的金华和绍兴，都被湘军占领，这些山川经络必争之地，只要能够守住，没有丢失，就足以置逆贼于死地。

曾国藩说，过去逆贼所到之处都会修筑壁垒，如城堡一般坚固，挖掘壕沟，如河流一般宽阔，现在却越来越草率了。而湘军修垒浚壕，工事的坚固远远胜过往昔。逆贼中的首领受封为王的有九十多名，互相争雄，败不相救。而湘军和衷共济，三江两湖呼应灵通。金陵、苏州和杭州三处，湘军只要攻克其中的一两处，就应该大赦贼首，广为招抚，才会再现在一天内纳降百万赤眉军那样的盛况。

清廷阅奏以后，下诏嘉许。

曾国藩在这份奏疏中提到太平天国大封王爷，的确是洪秀全干部路线的一个大错。1856年天京发生内讧以后，洪秀全曾发誓"永不封王"，然而1859年3月他又将族弟洪仁玕封为干王。从此开禁，封陈玉成为英王，再封李秀成为忠王。

太平天国后期有两千七百多位王爷，洪秀全将爵位王位狂封滥授，以图受封者感恩戴德，效忠天国，断了他们投降清廷的退路，同时也是为了防止权力过于集中于外人。他将李秀成部将陈坤书封为护王，就是为了削弱李秀成兵权。在军事形势日益危急的特别时期，这种做法其实不利于最大限度地调动一切既有力量团结对外。这一点曾国藩看出来了，李鸿章也看出来了。他在给彭玉麟的信中说，洪秀全封了这么多王，其结果是离间了部众，导致内部猜忌，人心散漫。

301

在浙江作战的福建清军将领林文察于 3 月 2 日率部攻克了金华东南方的武义和永康。在金华东北面，东阳和义乌的太平军感到了威胁，都从城内撤走。

刘璈与黄少春于 3 月 7 日率部攻占义乌西北方的浦江。左宗棠令蒋益澧从义乌出兵，刘典从浦江出兵，联合北攻诸暨。各地民团纷纷响应。诸暨的太平军知道败不可免，无心再战，向湘军投降。黄少春部于 3 月 12 日进占诸暨。

湘军从南向北朝杭州推进，宁波清军则从东向西逼近杭州。他们攻破绍兴城外的敌营。城内百姓与清军约定内应。

3 月 16 日夜晚，绍兴城内的百姓举火为号，火光一起，清军便开始攻城，太平军开门撤走。

3 月 17 日，宁波清军进占绍兴。

法国兵参与了对绍兴的进攻。他们的炮队统带莫德里在战斗中被太平军击毙。法方司令官令德克碑接任统带。德克碑要在浙江增募一千兵力，左宗棠不予批准。德克碑又要绍兴士民拿出巨资劳军。左宗棠干脆知会法国公使，要他另派统带取代德克碑。

德克碑见左宗棠既不许他招兵，又不许他要钱，便跑到严州大营闹事。左宗棠碍于外交礼节，请他入帐相见。德克碑挺胸昂头，要与左宗棠行脱帽握手礼。左宗棠对他说："巡抚是朝廷的二品大员，你现在是中国军官，应该按中国的礼节觐见。"接着，左宗棠告诉他，他向百姓强要犒赏，有损法国的尊严。德克碑理屈，听凭左宗棠教训了一通。

德克碑承认做了错事，表示愿为巡抚大人效力。左宗棠怕他过后不认账，令他写下保证书，一式二份，存档备查。

第二天，德克碑再次入营求见，改穿了中国衣冠，将连鬓胡须也剃掉了。

左宗棠反而上前与他行了脱帽握手礼。左宗棠命他率部扼守萧山，战后将按章支放银饷，予以裁撤。

3月18日，湘军又有进展，魏喻义和杨政谟率部攻占诸暨以西的桐庐。在湘军和宁波清军的逼迫下，杭州近边的太平军大为震动，新城和萧山的太平军弃城撤走。

宁波清军稳步跟进，于3月20日进占萧山。

杭州周边的军事态势对湘军大为有利。刘典所部追赶太平军到达富阳城外，屏蔽了杭州的西南方。蒋益澧所部从临浦、和义桥和萧山向前推进，屏蔽了杭州以南。湘军距离杭州只有几十里的路程了。

左宗棠算定杭州城的敌军已孤立无援，难于防守，担心其奔向江西和皖南，袭击腹地。他派刘典率五千人去防守徽州，巩固皖南的防御。左宗棠担心刘典筹措军饷有困难，便交给他一些空白的文件，让他方便使用。

左宗棠又把在湖南新募的勇丁留在广信扼守赣东边界，派刘培元率部前往三省交界处的马金，与王德榜部会师，听候调遣。

左宗棠留下攻打杭州的主力是蒋益澧的部队。蒋益澧率一万兵力攻打富阳，企图力拔杭州西南的敌军据点。

富阳北靠山峦，南对富春江，西接七里泷，东靠钱塘江，是一个易守难攻的据点。湘军攻占桐庐以后，防守杭州的太平军非常紧张，调动全部兵力到富阳阻击湘军北进。

3月24日，湘军水师将领杨政谟率部从桐庐向富春江下游攻击，烧毁太平军的几百艘战船。魏喻义率陆师随后北进，与蒋益澧部会师富阳。水师驻扎在南岸，陆师驻扎新桥，占据田垄，与太平军隔江对峙。

太平军不想让湘军扎稳脚跟，于4月11日出动主力反攻，熊建益率部迎战，驰马陷阵。太平军中伏，下令撤退。高连升率部跟踪，被敌军抄了后路，大步退却。张志功和王宗元跃马驰援，王宗元中枪身亡，张志功多处受伤。高连升部苦战许久，方才脱身收兵。

湘军在富阳城下没有进展，在皖南却有收获。王文瑞部在祁门打败太平军，刘典所部会同江西的湘军攻克了黟县。

左宗棠分兵前往江西和安徽时，没料到杭州的太平军还会得到有力的增援。4月中下旬，陈炳文率苏州和常州的太平军，邓光明率杭州与嘉兴的太平军，出兵临安，攻打新城，企图抄袭富阳湘军的后路。魏喻义从新城领兵迎战，被太平军击败。太平军包围了新城。左宗棠连忙从严州派兵会同蒋益澧部前往增援。

5月中旬，蒋益澧率高连升部驻扎新城以南，熊建益率部返回新桥驻守。太平军趁着湘军调防的间隙攻击新桥，熊建益部及时赶到，将其击退，一直追逼到敌垒之下，被太平军开枪击毙。

湘军连折战将，攻击不顺。多亏杨政谟出兵奇袭，才扭转艰难的局面。

杨政谟见太平军向新城集结兵力，料定杭州城内兵力空虚，率水师烧毁敌军战船，直捣杭州望江门的敌垒，一举攻破。太平军大为惊慌，陈炳文连忙把增援富阳的各路部队撤回杭州。

302

清廷在上年底命令曾国藩和安徽巡抚唐训方调兵驻守寿州与正阳关，但两个月过后湘军仍未开到。不过，由于有了清廷的这道谕旨，苗沛霖慑于湘军声威，也不敢马上作乱。

僧格林沁在涡河的夏张桥斩杀捻军首领杨兴太以后，令苗沛霖派兵攻打谷家圩。苗沛霖三心二意，向他报告说，大批太平军向长江沿岸杀来，淮河防御吃紧，请示向何处进军。

僧格林沁自然能看穿他的心思，责成他专力攻打捻军，严格约束部队，从事农业生产。僧格林沁还敲打他，说长江与淮河的防御自有总督与巡抚负责，不用他来操心。这些话打击了苗沛霖的野心，使他无法打着官府的旗号来扩展地盘。

2月下旬，清廷罢免直隶总督文煜，任命刘长佑为直隶总督。遮克敦布被清廷免职，由副都统成保取代。

山东的文贤教军、幅军和棍军都联合起来，在兖东造反。

与此同时，僧格林沁所部攻克雉河集，抓获捻军首领张乐行和姜台凌等人，处以死刑。

张乐行是捻军最大的头领，他死后，侄儿张宗禹率部与陈大喜部会合，在捻军中有"小阎王"之称。

对于张乐行的死，苗沛霖和李世忠都感到震撼。两人分别做出了不同的反应。

李世忠动了退隐的念头。为他撑腰的胜保被抓到了京城，他便请曾国藩上奏朝廷，说他愿用自己的官位来赎救胜保。清廷见李世忠玩这种有失体统的把戏，下严旨斥责。

李世忠虽有意退隐，仍然舍不得放弃既得的利益。其部将杨玉珍控制了西坝的所有栈盐，在高良涧设卡苛收盐税，军民都很愤慨。唐训方派族叔李衔华去劝阻，李世忠不听，唐训方便上疏弹劾李世忠。李世忠照样垄断不误。

李世忠还继续与苗沛霖争夺利益。他们的部属争夺盐船，在洪泽湖开战。李世忠派遣将领到高良涧助战，又担心苗沛霖攻击他设的关卡，领兵驻扎北边的五河。

金陵的太平军于3月下旬渡到江北，攻克了李世忠在九洑洲、江浦、浦口和桥林的左右营垒。李世忠不想离开五河，也不领兵去救，主动请求罢官离营。曾国藩上了一道密疏为他求情，清廷撤掉他的帮办职务和勇号，不予罢官，令他仍然坚守滁州与六合。

苗沛霖却在玩着另一套把戏。他自从声称投靠清廷以后，表面上宣布解散团练，让勇丁们回家务农，暗中却将部队隐藏在涡河南北蚕食百姓的圩寨，增葺怀远城，添加兵力驻防。巡抚的粮船在涡河上往来便会被他扣留。

苗沛霖的机会也在3月下旬到来。由于太平军和莘县的捻军又渡过漳河，攻打大名，代理提督宝山和成保都因畏葸避战而被清廷罢免。僧格林沁移师山东，抵达济南以东的淄川攻打造反军。又分出骑兵派恒龄率领协守大名。

漕运总督吴棠派兵攻打捻军，沂州、兖州、亳州和汝州的捻军合并在一起南奔麻城、蕲州和黄州。

苗沛霖趁着僧格林沁所部离开安徽，煽动和胁迫各个圩寨，指责僧格林沁杀死投降的捻军首领姜太凌是不义之举。

苗沛霖以此为理由发兵攻打寿州，捣毁正阳关卡，抢夺民船，从怀远东袭蚌埠，并在蚌埠驻兵。又派兵向西北方推进，把按察使马新贻包围在蒙城。同时从寿州出兵攻占颍上，杀死知县濮炜。

苗沛霖的此举立刻导致连锁反应，捻军各部势力迅速扩张。

僧格林沁正在攻打淄川，还未得手，清廷屡次催促他攻击苗沛霖的团练，他无法马上起程，只派了一千人南下增援。他对自己的影响非常自信，以为苗沛霖看在他的面子上还会归顺朝廷。他还想争取朝廷让他腾出手来以后再去安抚苗沛霖，不过苗沛霖再也不给他机会了。

4月下旬，凤台知县蔡锷到下蔡劝说苗沛霖投降，被苗沛霖的团练杀害，弃尸于河水之中。苗沛霖增兵防守正阳关，令潘垲占据三河尖，出兵攻打六安。于是寿州、颍州与霍邱的形势顿时紧张起来。而舒城和六安一带又开来大批太平军，与苗沛霖的团练联合起来。苗沛霖号称拥有百万兵力，派人去劝说李世忠，要用正阳关和怀远跟他交换五河。

李世忠不愿跟苗沛霖做交易，向他的使者讲了一番做人的大道理。苗沛霖便联合太平军和捻军从六安向东北方长驱直进，攻打定远和凤阳，威胁到李世忠的地盘。

僧格林沁所部攻克了淄川，南下邹县，攻击白莲池的文贤教军。山东的造反军攻击直隶的深州，袭击广平，刘长佑亲自率部从衡水抗击，造反军返回山东。僧格林沁派苏克金部在平原击败造反军，造反军分为五旗，袭击京畿以南。刘长佑又率部在曲周将造反军击败，造反军首领杨鹏岭投降，部众一千人解散。

5月下旬，唐训方令秦荣与克蒙额增援凤阳，苗沛霖等各路部队一起返回定远。欧阳胜美率部从庐州赶来增援，苗沛霖等部南下。

蒋凝学率部增援寿州，轻敌冒进，作战受挫，撤退到九里沟驻扎，然后攻打牛尾冈，攻破三座壁垒。毛有铭率部赶到，两军一起扎营。颍州知府英翰只能遥为声援而已。

苗沛霖联合捻军从六安攻打定远，欧阳胜美从庐州赶来增援，捻军南撤。

曾国藩必须兼顾皖西和皖东。他派遣成大吉转移到三河尖扎营，又令周宽世部转移到六安扎营，为蒋凝学声援。颍州知府英翰领兵攻克了穆圩、张圩和蔡圩。

皖东的湘军攻克了巢县、和州与含山，太平军渡到长江以南，天长与六合平静下来。

清廷令刘长佑掌管直隶、山东与河南三省边界对造反军的作战。济南以西的东昌到处都是造反军的根据地，山东巡抚安坐省城不闻不问。刘长佑便派直隶臬司王榕吉领兵赶赴东昌作战。

李朝斌和江福山率太湖水师顺流东下，于6月下旬和其他湘军部队一起攻克浦口与江浦，曾国藩调萧庆衍部前去驻防，从此浦口与江浦不再由李世忠部戍守。

李世忠发誓要守住五河，抗拒苗沛霖的进攻。苗沛霖加紧对蒙城的围攻，各路捻军协助他作战，涡河南北沿岸都属于苗沛霖团练和捻军的势力范围，蒙城和亳州之间断绝了音信。

临淮一带军粮匮乏，唐训方身为巡抚，主食只能吃到半菽半米，与士卒同甘共苦。

捻军首领苏老梦和相盘等人率部袭击河南东北角上的永城，西攻安徽亳州，程四坎等人的造反军则攻击河南东部的固始。

清廷下诏，令李世忠到陈州募集大米，令吴棠从清淮运粮到临淮接济。唐训方得到报告，说淮河南岸的圩寨勒索粮食支助苗沛霖等军，而不顾湘军饥困，便派张得胜和刘明典领兵前去攻击。又派克额蒙率部击退定远的捻军。

张得胜逼近黑窑扎营，普承尧等部分扎于下洪和李家嘴，以隔断与苗沛霖相通的各个圩寨。

正在这时，僧格林沁部将讷木津率骑兵到达宿州，唐训方令该部与英翰所部巡逻龙山与雉河，为张得胜等部声援。

曾国藩解送二万两银子接济唐训方，袁甲三在亳州与太和募集千石大米接济湘军，临淮才得以保全下来。

303

有人把满族正白旗人多隆阿看成和满洲镶黄旗人塔齐布一样，也是湘军的一员大将。这是因为，他自从1855年6月率领打败了太平天国北伐军的得胜之师南援湖北时起，就一直和湘军并肩作战，对湘军骑兵的创建颇有建树。而且他一直听从湘军统帅胡林翼和曾国藩的指挥。此外，他的部队中有许多湖南勇丁，也是人们把他列入湘军体系的一个原因。

多隆阿不仅是一名有勇有谋的军事指挥员，而且是一名能够与士卒同甘共苦的将领。他先后统领一万到两万人，身上却没有珍贵的裘服和华贵的葛衣，家乡没盖房子，儿子也只能穿上旧衣破鞋。他的勤勉、朴素和勇敢令部属非常敬服。

当多隆阿率部摧毁回民军的根据地羌白镇和王阁村以后，他自己罹患疮痛，不能骑马。部将王万年和傅开德都受了枪伤。他想到省城防御迫在眉睫，令曹克忠率乌拉骑兵，兼统瑛棨的七营湘军，驻扎在长安和户县交界处，以保护运粮通道的畅通。他的主力仍然留在西安以东作战。

5月4日，多隆阿坐轿子视察前线部队。他见回民军的长壕从庞谷庄向东延伸到沙窝，向北延伸到雷化，向西延伸到乔午，绵亘三十里，还有小沟和木城作为辅助工事，知道回民军是决定固守了。

5月5日到7日，多隆阿令部队拔营进逼回民军营垒。5月8日，多隆阿军逼近壕边，回民军已在长壕外列好阵势。两军交手，鏖战不休。多隆阿军夺取沙梁，扎稳脚跟，立下四座营垒，开炮轰击庞谷。

5月9日，多隆阿亲自指挥各部攻击北壕，进取雷化，于5月10日占领雷化。

5月11日，多隆阿部攻拔了木城，突破东壕，以十二营兵力攻击乔午。多隆阿亲自上阵，率六营亲兵进攻。在攻克庞谷之后，其余部队便顺利地攻占了乔午和孝义镇。这时天已黄昏，多隆阿令赵希发和陶茂林部转移到长壕内侧扎营。部队修筑成壁垒时，已经到了三更时分。

5月12日，多隆阿部已有八营驻扎在长壕内侧，于是同州一带回民军的势力大为受挫。

在西安以西，雷正绾部也屡战屡胜。多隆阿军所到之处，回民军都遭到沉重的打击。

5月18日，多隆阿军进攻仓渡。部队修筑炮台，开炮轰击回民军的壁垒。回民军抢修月城抵御。

5月19日四更时分，多隆阿令部队带上干粮，与部将立下军令状："今天不攻下仓渡，人和马都不要返回！"

将领们督促部队奋力攻击，血战一整天，终于登上城墙，烧毁营垒，将回民军向北追出二十里。回民军残部被渭水阻拦，许多人在河水中淹死。

多隆阿留下七营部队戍守仓渡，令潼关道造浮桥供部队通过，指望与省城西安连通一气。

陕甘总督熙麟派兵增援甘肃平凉，中途被回民军击败，知府和英等人战死。清廷责成多隆阿兼顾甘肃的省防。

多隆阿部尽管以骑兵作战为特色，但他的作战风格是稳扎稳打，而不喜欢东奔西突，长驱往返。他的近期目标仍然是肃清西安周边的回民军。于是他再次调兵遣将。

6月22日夏至，陶茂林和蓝斯明等将领率部渡过渭河，在渭河两岸扎营。苏伦保和常兴阿的骑兵随后跟进。赵希发和朱希广部分别在仓渡和高陵扎营，金顺和温德勒克西的骑兵担任护卫。

6月23日，多隆阿又令金顺的骑兵渡到渭河以南，于6月27日在零口击败回民军，让陶茂林率部转移到零口驻扎。

6月30日，金顺和穆图善部将回民军追赶到零口，与陶茂林部形成夹击的阵势。零口桥非常狭窄，回民军大部队无法迅速通过，多隆阿军掩杀过来，回民军牺牲过半。

多隆阿早已料到回民军将会从小路驰走，预先嘱咐陶茂林扼守渭水等候。

7月1日，回民军果然渡过戏河，多隆阿军追踪而至。回民军毁掉了所有的桥梁，这时天降大雨，河流涨水，多隆阿军的人和马都不敢涉水，便派士卒扛来木头搭桥过河。

多隆阿部冒着暑热远征，疟疾和痢疾并发，十人中有两三人病死。多隆阿本人也患了痢疾。他要穆图善等将领率部渡到南岸，又令手下骁将朱希广和赵希发率部驻扎交口，固守壁垒，不许出战。

多隆阿知道朱希广脾气暴躁，遇事沉不住气，便再三叮嘱道："你们千万不能轻易出战，我自有办法破敌，你们等着南岸的捷报吧。"

304

李秀成部在4月初从常熟撤围后，从江浦的新河口再次向江北攻击，然后向西挺进，打到了安徽的六安，即将进入湖北。

李秀成离开江苏，使湘淮军少了一个劲敌。李鹤章和程学启率部攻击太仓。驻守在这里的天国会王蔡元向湘淮军请降。

4月26日，李鹤章和程学启所部严阵以待，准备受降。李鹤章率部渡河，正要入城，忽见一支太平军裹着白头巾从东南门奔出，向李鹤章部杀来。李鹤章急令部队后撤，但已来不及，部队有几百人阵亡，李鹤章脚上受伤，差一点丢了性命。

程学启部刚把守住西门，忽见太平军几十艘战船从昆山驶来，船上的敌军与城内守军交谈，语气神态十分亲密。程学启顿时起了疑心，留心提防。

果然，城内有千名敌军冲杀出来，程学启率部奋力抵抗，将其击退。

李鸿章接到警报，令刘秉璋率部援救李鹤章，又调常胜军去太仓增援。

4月29日，程学启率部会同欧阳利见的水师部队逼近西门，常胜军捣毁南门的关卡。

5月1日，戈登将大炮排列在程学启营前开炮轰击，击毁两座石垒。

5月2日，戈登下令开炮轰击城墙。黄昏前城墙裂塌，太平军企图从南门逃走，但无法出门，除阵亡者以外几乎全被俘虏。湘淮军进占太仓。

5月8日，郭嵩焘转授两淮盐运使。

程学启和戈登所部西进昆山，连攻两天没有战果。戈登率常胜军暂时返回松江。程学启率部驻扎昆山东门，令刘士奇部驻扎北门，周良才部扼守周市。

5月25日，周良才部在周市击败太平军。5月28日，程学启令周良才部袭击敌军后方，刘士奇部分左右两路进攻，程学启率亲兵随后跟进。

常胜军从松江到来，开炮支援。激战竟日，程学启部攻破二十四座敌垒，杀敌近万名。

戈登建议一鼓作气攻下昆山。程学启说："昆山三面有水环绕，陆路可通苏州，必须经过正仪。我们先攻占正仪，阻截援军，断绝昆山守军的退路，一定可以攻破昆山！"

5月30日，程学启约郭松林等将领出兵，从水陆两路攻打正仪，常胜军随后赶到，鏖战中杀敌三千名。占领正仪之后，程学启留下陈有升等部驻守。

谭绍光见昆山危急，调集四万兵力前来救援。程学启令郭松林等部会同水师扼守隘口，派周良才等部驻扎在北门桥，派何安泰部扼守东门，自己率部在正仪大道上阻截。

战到黄昏，谭绍光派出所有精锐从小西门出击，中了埋伏，返回城内。程学启调动各路兵力强攻，于5月31日攻克昆山，谭绍光从阳澄湖上逃遁。

此战以后，郭松林升任总兵。

305

李秀成为了牵制湘军兵力，正在皖西作战，得到苏州告急的报告，不愿丢掉自己的领地，下令急速东返。李鸿章邀约曾国荃在上游拦截。

曾国荃推想，李秀成如果不南援苏州，就会北攻扬州里下河。他采取的对策是加紧对金陵的围攻来牵制李秀成所部。

刘连捷和鲍超等部已经攻克巢县、含山与和州，湘军南北连成一气，士气大为振奋。

湘淮军在江苏东南部的战线到6月初已经向北推移，刘铭传所部驻扎鹿苑，正在攻取杨舍。杨舍隶属于江阴，位于苏州与常州交界处，历来就有城墙，太平军占据此地，屏卫江阴和无锡。

6月4日，黄翼升的水师从夏港出兵，攻破江阴。6月5日，刘铭传率部逼近杨舍扎营，刘盛藻则在杨舍东北角扎营。

6月8日，湘淮军开炮轰击杨舍，炸塌几丈城墙，刘盛藻挥军架设云梯，太平军用洋枪队在城墙缺口处阻击，湘淮军伤亡惨重。刘铭传令部队猛扑，刘盛藻背着木板登城，军士随后冲杀，攻克杨舍。城内守军无一逃生。

湘淮军攻克昆山和杨舍以后，程学启便开始图谋苏州。

与此同时，曾国荃已做好准备，决定对金陵合围。他将所部分为六路，于6月13日夜间发起攻击。李臣典和副将赵三元率部偷袭雨花台石城，赵清河等部攻打聚宝门南卡，宴澧周等部攻打西卡，何玉贵等部攻打东卡，陈湜率部从中路攻击，萧孚泗和易良虎等部左右接应。

夜半时分，湘军大部队蛇行逼近石城，捆草填壕，正要登墙，太平军惊觉，发炮轰击，击毙五人。敢死队不敢上前。李臣典斩杀两名军士，举旗直冲上去，部队随后跟进，将球箭如繁星一般射入城内。

三十一岁的宁乡人黄万鹏率几十名敢死队员潜入太平军炮台，杀死守卒，转移炮口，轰击敌军台垒。

黎明前，太平军见城楼燃起大火，急忙奔去救火。湘军乘着烟雾杀入，攻克雨花台城垒。将领们乘胜挥师猛攻，大破金陵城西南的九座壁垒。

曾国荃分出两千兵力驻守石城，修筑六座新垒环卫。

李臣典因率先登城升为记名提督，不久实授河南归德镇总兵。黄万鹏因功升为参将。

李秀成已率部来到江北，听说雨花台已失，更加担忧。他知道湘淮军不久前攻克了昆山，又担心李鸿章挥师西围苏州，便决定率部渡到江南。这样一来，太平军便撤销了对安徽来安与天长以及江苏六合的包围。

杨岳斌和彭玉麟的水师于6月下旬驶抵江浦，萧庆衍的陆师开到乌江，与鲍超和刘连捷部会师。湘军劲旅开到，太平军不敢交战，从浦口、江浦和桥林一线撤向九洑洲。可是，九洑洲守军紧闭营门，不肯接收撤来的友军，无处藏身的太平军战士多数投江，还有很多人饿死。

曾国荃趁夜来到新江，与彭玉麟和杨岳斌察看形势。他们发现，驻防九洑洲的敌军为了控制长江运道，修筑了一座坚固的城垒，排列几十尊巨炮，集中战船护卫。以前，每当向荣或和春的部队攻到洲上，驻防军便会全军奔向江北，或者南下袭击宁国，以牵制清军兵力。温绍原和张国梁虽曾攻克九洑洲，却都无法守住。

鉴于以往失败的教训，每当曾国荃打算对金陵合围时，都兴阿和冯子材都会再三对他提出警告，说九洑洲非常危险，清廷大臣们因此对合围是否可取也很犹疑。上年太平军再次攻占含山时，李世忠曾出动三万兵力阻扼九洑洲，也被太平军挫败。太平军因此而增修了壁垒，沿洲排列炮艇，认为这是固若金汤的水上堡垒。

曾国荃通过一番考察，不敢小看九洑洲的防御力量，料定陆师很难飞渡强攻，只有先扫清南岸的各个关隘，才能会师北攻。

湘乡籍将领陈湜为曾国荃提供了一份绝妙的情报。陈湜在湘军攻克安庆之后就独统一军，但不久因母亲去世而回家丁忧，1862年才返回军营。现在其部截获了一份洪秀全颁发给陈玉成的命令，上面谈到了太平军防守天京的部署情况。于是他向曾国荃建议一定要攻克九洑洲，截断金陵之敌从江北得到的接济。

6月27日，曾国荃派丁泗滨等部从秦淮向下关运动，南向用兵。又派喻俊明等部向北绕过永安洲向草鞋峡运动。彭楚汉等人率部做后应。

彭玉麟率水师占据九洑洲上游，牵制敌军兵力。杨岳斌亲自率水师作战，在枯荻上浇油，点火抛掷，烧毁敌军几百艘战船。然后，长江水师和太湖水师的军士攀墙登城，攻克下关和草鞋峡的八座壁垒。

接着，水师驶向中关。由于水流湍急，船行太快，罗俊友中炮身亡。

6月29日，曾国荃分兵攻破燕子矶。杨岳斌的哨探侦察到江滨有小路，可以驶达九洑洲的敌军壕沟。杨岳斌便和曾国荃约好在丛莽中埋伏陆师，从堤埂的缺口浮水而进。彭楚汉和张锦芳率水师战船夹住九洑洲两端，丁泗滨率部攻打南岸中关。

6月30日拂晓，两岸战旗并举，湘军军士人人殊死冲杀。中关太平军闭门不出，九洑洲驻军在洲上埋伏洋枪队从三面伺机出击，火力猛烈，歼灭湘军大批精锐。

到了夜间，彭玉麟下令："不破九洑洲誓不回师，送饭上前线，吃完再战！"

月色溟蒙，西南风大作，湘军水师悄悄驶近敌垒，将火箭射向敌军战船。风烈火猛，火势蔓延到洲上的卡棚。喻俊明、王吉和任星元率部交替冲锋，挥军直上，终于在夜色掩护下成功登洲。成发翔和彭楚汉部从左右登洲，杀声震天。丁泗滨部从南岸乘船飞渡，将士们冒着炮火、踩踏着尸体冲锋，竟然一鼓攻破了九洑洲。洲上一万多名太平军在此战中全部牺牲。湘军水师缴获三百多匹战马，全部送给陆师。

7月3日，曾国荃派兵攻击长干桥敌垒，又获大捷。湘军肃清了天京周边的长江江面。

湘军在九洑洲的捷报，曾国荃还没来得及上奏，都兴阿就抢了个先着，报告了清廷。清廷既很惊诧，又很欣赏他报捷的迅速，担心九洑洲的太平军逃向扬州，还令曾国藩派兵防守里下河。其实洲上的太平军已被聚歼，清廷是多此一虑了。

此战以后，清泉人江福山升任参将，随同李朝斌率太湖水师赴援上海。

曾国荃令萧庆衍率部从江浦渡到江南，驻扎在神策门。鲍超率部绕过钟山驻扎在孝陵卫。谋士们都说城大兵单，不宜马上合围，恐怕逆贼援兵会趁机撼动大局。

曾国荃说："现在浙江的湘军正在攻打富阳，上海的湘淮军正在攻打苏州，贼寇各部疲于奔命，正是天亡贼寇之时。我们应该趁他们措手不及时合围。他们四处防备，兵力分散，即使我们不能攻克金陵，对我军在苏州和杭州的攻战也一定会有帮助。"

曾国藩认为四弟说得有理，便令他增募一万人。这样一来，围攻金陵的湘军兵力已经接近四万人。

306

在曾国荃对金陵合围成功的同时，程学启部从苏州以东的唯亭和角直转移到外跨塘，更加逼近苏州。

李鸿章上奏说，现在常熟已经解围，湘淮军接连攻克太仓和昆山，苏州和嘉定之敌仍打算拼死抵抗，因为他们有险可守，又有利益不肯放弃。李秀成是逆贼各部的首领，占据苏州、杭州、嘉定和湖口四郡辖地，而且计谋百出。咸丰十年，他为了解除官军对金陵的长围，攻击浙江，在远处取势。咸丰十一年，为了营救安庆，他又领兵攻击江西和湖北，仍然是在远处取势。从去年到现在，他为了营救金陵，分兵进击皖南和皖北，又打算奔赴扬州里下河，再次从远处取势。现在湘淮军进逼苏州，李秀成部仍然徘徊在金陵上下，并不马上回援。可以推测，如果湘淮军攻势猛烈，他既可以领兵来援，又可以另谋进取。

李鸿章说，他统率的兵力水陆已经超过四万，曾国藩又令总兵李朝斌率太湖水师十营立即顺流驶下。现在打算兵分三路，以攻为堵。第一路从昆山进击苏州，由程学启的陆师担任；第二路从常熟进击江阴和无锡，由李鹤章与刘铭传的陆师担任，黄翼升指挥淮扬水师协力并进，戈登的常胜军移驻昆山作为预备队，为各路提供应援；第三路从泖澱湖前往吴江、平望和太湖，由李朝斌的水师担任。为了防备杭州、嘉兴和湖口之敌绕道进击浦东，向淞沪一带用兵，又令常镇道潘鼎新的八营扼守金山卫，编修刘秉璋的七营扼守洙泾，副将杨鼎勋的五营扼守张堰，各部互相贯通，以防贼寇北上。

清廷览奏后，赞同李鸿章的部署。

李秀成为了救援苏州，已率部抵达无锡，统率五位王爷的兵马，总兵力号称几十万，军营绵延六十里，声言要增援江阴，攻打常熟。

李鹤章部处于前敌位置。他令刘铭传部攻敌左路，令郭松林部攻敌右路，令滕嗣武等部攻敌中路，黄翼升的水师助战。

李鹤章率骑兵登上顾山，令军士吹响号角，指挥各部冲锋。鏖战两日，刘铭传部击破二十七座敌垒，刘松林等部击破二十五座敌垒，滕嗣武等部击破二十三座敌垒，顾山以西已无敌踪。

7月下旬，陈坤书率部大举进攻杨舍，屡次被刘铭传部击败。程学启率部进攻夹浦，苏州太平军从宝带桥出兵增援。程学启部将之击败，攻克宝带桥。又在九里湖败敌，攻占同里镇。常胜军趁机奔赴苏州以南的吴江，这里的太平军守将献城投降。程学启率部进占吴江，常胜军返回昆山。

白齐文在这时投奔了太平军，率两百名外国游民进入苏州。李鸿章令戈登严密戒备这支洋人部队。同时照会各国领事，要求禁止洋人支助太平军。

浙江嘉兴的太平军北上攻击吴江，程学启部将之击退。太平军南撤平望。程学启留兵分守吴江和夹浦，自己率部返回唯亭。太平军带领洋人部队攻击夹浦，发射小型炸炮袭击守军，被守军击退。

李鸿章正在指挥作战，其幕客郭嵩焘接到清廷于8月13日发下的诏书，赏给他三品顶戴，令他代理广东巡抚。郭嵩焘整理行装南下赴任。

307

湘军对天京合围以后，洪秀全十分恐慌。他不愿就此被湘军困死在天京城内，召集手下大将商议退敌之策，然后对湘军发起了一系列的反击。

按照曾国荃的部署，鲍超的霆军在7月下旬进军钟山，将要进驻孝陵卫。但因部队传染疾病，改驻神策门。洪秀全派兵从仪凤门出击攻打霆军，又从太平门出兵攻击刘连捷部。两次出击都被湘军击退。

8月14日，洪秀全派兵攻击下关，李成谋率部奋力抵抗，将之击退。

8月21日，曾国荃料定太平军已因出击不利而疲惫，派兵攻打印子山，一举攻克。然后进攻金陵东南角上的上方桥。此桥是金陵城内守军命脉，因为军粮要从这里运进城内。

9月2日，曾国荃令萧庆衍出兵印子山以东，逼近敌军扎营。太平军出城争夺阵地，萧孚泗、李臣典和张诗日领兵分头阻击，太平军坚壁不出。

9月11日，熊登武率部越过上方桥五里修筑六座小垒，断绝太平军粮道。太平军视为大患，派出大部队攻击。

萧孚泗与伍维寿的骑兵和步兵包抄太平军后方，追到秣陵关，攻破十多道关卡，夺得太平军停泊在河边的所有战船。萧孚泗料定敌军已无力抵抗，令军士们连夜背负秫秸填壕，一鼓作气攻克了上方桥。

但是，陈湜所部攻打江东桥却遇到了极大的障碍。太平军在这里修建了高大的石垒，周围有木城护卫，湘军攻打了几个月也无法攻克。

9月24日夜间，夜黑风高，陈湜挑选出几百名精兵袭击敌垒，烧毁木城，攻进石垒，然后分兵抄袭旱西门，捣破城门外所有的壁垒。

金陵城东还有几道关隘。靠近城墙的有中和桥、双桥门和七瓮桥，离城稍远的有方山和土山，以及上方门和高桥门。向南延伸则是秣陵关，通向博望镇，属于金陵的卫星镇。

太湖水师在8月下旬驶抵上海。李朝斌偕同李鸿章出巡，溯吴淞江西行，发现北通苏州、南通浙江的太湖之上，太平军战船穿梭往来。李鸿章令程学启率部与李朝斌在夹浦会师。李朝斌指挥百艘战船攻击沿湖的太平军关卡，屡攻屡破。

太平军在距离东洞庭山九里处修筑了两座壁垒，沟通苏州和嘉兴的往来。程学启分水陆两路攻打三天，将两座壁垒攻克。程学启便回师逼近封门和娄门，令太湖水师停泊在南舍镇，以便攻击苏州。

李鸿章急催刘铭传等部攻打江阴，又催刘秉璋等部进击嘉善，以牵制敌军兵力。

刘铭传部急攻江阴，陈坤书率部从常州赶来救援。刘铭传令周盛传部阻击，但太平军援兵越来越多。李鹤章率洋枪队从常熟赶来，与太平军对峙多日，伤亡颇重。又增召张树珊等部前往常熟和福山，令郭松林等部赶到祝塘和周庄，又令黄翼升的水师驻扎在江干。

刘铭传令部队多次用炸炮击毁敌垒。

9月13日，江阴城内有太平军做内应，湘淮军在夜间登城，烧毁门楼，残余太平军从城门突出，湘淮军进占江阴城。

刘秉璋和潘鼎新所部在江福山水师的配合下，攻克了嘉善的枫泾和西塘。江福山所部连破十多座敌垒，战功显著。

李鸿章亲自视察苏州娄门的程学启军营，派张树声等部增援无锡东侧的荡口。张树声等部在谢家桥击败太平军，追赶到苏州齐门，又在荡口西南方的黄埭镇击败敌军。

程学启率部进驻永安桥，太平军打开娄门、葑门和齐门分几路发起攻击，洋人部队抬来炸炮助战。

程学启分兵三路阻敌，外国炸炮射来的开花弹竟然多数都不爆炸。太平军非常惊异，认为程学启部有天神相助，便收兵进入苏州。

程学启得了便宜，索性下令逼近苏州城扎营，于是太平军在娄门外的通道已被断绝。

谭绍光和黄子隆率七名天国王爷的部队攻打程学启部，未能获胜，李秀成亲自领兵赶到。程学启部正在攻打宝带桥，戈登与法国将领庞发率部乘轮船前来会师，攻克太平军的石垒，追赶到盘门。

李秀成亲率精锐来战，程学启奋臂大呼，鼓励部队坚持。军士们忍受着饥饿发起反击，战到日暮时分，太平军方才撤退。在这次战斗中，范遇春等将领阵亡，龚生阳和郑国榜都负了伤。

李鸿章令戈登和庞发所部驻扎宝带桥，程学启所部与李朝斌的水师扼守要隘，于是太平军在葑门外面的道路也被断绝。

白齐文藏匿在上海时，曾夺得湘淮军租用的两艘轮船献给太平军，现在李秀成率部乘坐这两艘轮船抵达西门荡和漕庄口。谭绍光从葑门出兵袭击湘淮军，李朝斌的水师进行拦截，使李秀成的轮船也无法出湖。

谭绍光率部撤退，李秀成便改道从虎邱和望亭攻击大桥角，白齐义乘坐轮船助攻，发射西洋的三十二磅炮弹轰击湘淮军。炮弹所至，部队溃散，尸体枕藉。

周寿昌率敢死队挟带连珠喷筒匍匐前进，隐伏在河干后面，向白齐文的轮船发射，烧毁一艘轮船。火势蔓延到长龙炮艇上，船上的洋人和太平军全部被歼，太平军水师大乱。

李鹤章的援军恰在这时赶到，太平军奔向后宅，又被黄翼升的水师击败。李秀成大为悲愤，痛哭一场，撤退而去。

李鸿章的亲兵营将领黄中元率部驻扎大桥角，阻挡援敌开进无锡。

10月11日，李秀成率领十多万兵力和几百艘战船对大桥角发起猛攻。

大炮轰塌了营墙和帐房，击沉湘淮军战船二十一艘。黄中元率部拼死顽抗，派兵烧毁敌军火轮船和开花炮船。

黄中元坚守到第二天，李鸿章派出的援军赶到，将敌军击退。黄中元趁势挥军掩杀，搭桥过河，追出很远方才收兵。清廷加授黄中元提督官衔。

308

在浙江战场上，尽管增援富阳的太平军已经撤回杭州防守，富阳城内的太平军实力仍然相当雄厚。蒋益澧部无力在短时间内攻克富阳。

刘典所部转战皖南赣北，一时无法返回浙江。6月份，刘典所部与江西湘军在鄱阳和陶溪击败太平军。败军北进彭泽和湖口。

清廷见左宗棠在浙江取得了军事上的重大进展，决定让他出任闽浙总督，将耆龄调任福州将军。左宗棠卸任的浙江巡抚一职交给了正在攻打金陵的曾国荃。由于曾国荃无法到任，由左宗棠兼代巡抚。刘典则因在皖南和江西的军功升任浙江按察使。

益阳人周开锡在左宗棠幕下体恤百姓，为地方做了许多功在久远的大事，因此不免得罪权贵显要，遭到诽谤非议。但周开锡将官场毁誉置之度外，坚持推行仁政。左宗棠对他十分看重，奏告清廷，将他提拔为浙江粮储道。

清廷对曾国荃的任命引起了曾国藩和曾国荃的不安。两兄弟都上疏请辞。清廷下旨慰勉，曾国荃才把这个暂时无法赴任的官职接受下来。曾国荃对浙江的军事显然并无兴趣，他只有一个目标，就是攻下太平天国的国都。

左宗棠统辖的水师、步兵和骑兵只有两万多人。刘典和王文瑞率一万人常驻皖南，蒋益澧率一万人图取杭州，衢州、严州和金华各郡县还得留兵驻守，左宗棠颇感兵力不足。

军饷的匮乏始终牵制着兵力的补充。为了尽可能地用好有限的军饷，只能淘汰作战不力的部队。左宗棠现在有权节制浙江和福建两省的军队，认为福建客军和宁波清军兵员冗杂，耗费颇大，便提出淘汰这两支部队，节约军饷。

江苏的湘淮军于7月份从松江西攻浙江嘉善，嘉兴之敌北援，两军相持于张泾。

刘典所部于8月份从江西返回安徽歙县。左宗棠见蒋益澧所部对富阳围攻多时而无力攻克，而军中流行疾疫，左宗棠自己也患疟疾，身体困乏，他决定增调康国器的广东勇丁，蒋益澧也请求征调法国人总兵德克碑率洋枪队会攻富阳。

李元度再次因以前失守徽州一事遭到弹劾，曾国藩给他罗织了四条罪名。

清廷下诏，对曾国藩参劾李元度一案要求左宗棠查核是否属实。

前面说过，李元度辜负了曾国藩对他的厚望，没有守住徽州。但是，很多人，包括李鸿章，都认为责任不在李元度，而在曾国藩自己。

李元度是个不懂军事的书生，纸上谈兵还可以，却不是打仗的料子，明眼人都能看出来。曾国藩却偏要他领兵打仗，打败了又要参劾他。所以，上一次参劾许多人为李元度求情，李元度没被清廷治罪。

后来，李元度领兵援浙，曾国藩认为他是擅自行动，又没能成功地救援杭州，于是曾国藩再次参劾自己昔日的这个部下。

由于李元度现归左宗棠管辖，所以清廷要听听闽浙总督的意见。左宗棠于11月份实事求是地回复朝廷，说曾国藩参劾李元度的四条罪状只有一条成立，其余三条都是莫须有的罪名。

左宗棠说，关于徽州失守这一条，李元度固守徽州守了三天，但因敌兵太多，李元度兵力太少，所以没有守住。曾国藩说李元度在徽州失守前弃城逃避，是不符合事实的。

关于擅自募勇援浙这一条，左宗棠说，李元度不是擅自做主，也不是别人唆使的，而是奉了前任巡抚王有龄的奏调，而朝廷也下了谕旨批准的。对于曾国藩的这条参劾，李元度一直感到冤枉。

关于援救杭州不及时这一条，左宗棠说，李元度率安越军进入浙江时，金华和严州两城已被敌军占领，浙江东部到处都是逆贼，龙游本是逆贼防守严密的城市，李元度在城外驻兵两个月都攻不下来。本来他打算放弃对龙游的攻击，火速增援杭州，但在前面的行军道路上，坚城要隘都在敌军手里，进兵之路早已断绝，他是想进也进不了的。

左宗棠说，他的新楚军进入浙江之后，花了两年多的时间才能攻克杭州，李元度当时孤军一支，未能深入，是情有可原的。如果把丢失杭州的责任怪到李元度头上，说是由于他的逗留不前而造成的，不足以令他服气。曾国藩说李元度没有努力援救杭州，是"事外论人，每多不谅"，这条指控不足为凭。

至于第四条罪名，说李元度擅自募勇增援浙江时假报攻克义宁等城。左宗棠经过分析，认为可以成立。

左宗棠说，当时李秀成从皖南和江西进军湖北，意图收罗部众，扩张军力。他扩军之后又借道江西和皖南回归金陵。李元度从平江和通城尾随李秀成而推进，在逆贼撤退后进驻各城，却把收复各城当作自己的功劳，实在近于无耻。他曾就此事诘问李元度，得到的回答是：当时安越军只是看见了逆贼旗帜，可见两军确实没有交战。而李元度却写信报捷，致使湖北和江西的官员都根据他的报告上奏朝廷。因此，这条罪名是可以成立的。

另外，李元度率安越军来到浙江之后，固守江山一地，分出八营兵力随左宗棠作战，颇为出力。左宗棠对他倍加奖励，期望他与自己共度时艰。由于欠饷无从筹措，应该暂留几营缓期裁撤，等到军饷能够周转时再说。可是李元度自从听说曾国藩弹劾自己，致使自己罢官之后，就心烦意乱，大发牢骚，嚷着要走。

当时左宗棠所部除了留守遂安的部队以外，随同出战的只有五千人，面对的敌人是李世贤的全军，加上谭星等人的花旗军，人数多达二十几万，众寡悬殊。左宗棠允许李元度裁撤几营，选留几营随同作战。李元度坚决不同意，要全部裁撤，而且把左宗棠指名要留下的几营撤去，以表示他的决绝。

左宗棠认为，在这件事情上，李元度做得太过分。他明知当时浙江大部分被敌军控制，湘军得不到军饷，陷入困境，还天天向左宗棠逼发军饷，不肯罢休。左宗棠申斥道："国家有什么对不起你啊，你竟然如此无情。"李元度仍然不顾。

左宗棠说，李元度一介书生，蒙朝廷恩典，擢升皖南道，辖境失守，革职拿问，又蒙恩擢升浙江臬司。革职后奉旨交给左宗棠差委，当浙江军事危险时，他因自己心情郁闷，如此不顾大局。这是可以成立的第二个罪名。

不过，左宗棠在奏折的末尾再次指责曾国藩初次参劾李元度有负于曾国藩和王有龄，是出于"臣僚情义之私"，而不是出于"国家刑赏之公"，所以他不敢附和曾国藩的意见，请皇上将此案发到部里按律定罪处罚。

清廷将李元度发往军台效力。后来经过左宗棠、沈葆桢和李鸿章等人联名保奏，他才免了当一名小卒的命运，回到家乡休养。

9月18日，蒋益澧大举攻打富阳，湘军从水陆两路发起攻击。

9月19日，徐文秀率部渡到江北，夺取城北鸡笼山的新桥。太平军过来争夺，被徐文秀部击退。

徐文秀占据旧垒，背水列营，水师战船在后面护卫，用炸炮轰击城墙。德克碑率花勇从岭上冲下，杨政谟率水师合击，从夜间战到天明，炮声不绝。

9月20日，高连升率部攻破新桥的二十座敌垒，湘军攻占富阳。蒋益澧派刘清亮部驻守新桥，派王月亮部驻守富阳，自率各路部队逼到杭州城下，在清波门和凤山门前扎营。

左宗棠下令，让康国器部和魏喻义部攻打杭州西面六十里处的余杭镇。天国康王汪海洋从杭州出兵西援，康国器率部拦截，将汪海洋部击败。但太平军的兵力依然强盛，军营从仓前长桥算起，纵向排列到武林门和北新关，横向排列到古荡，绵延四十里，西达余杭镇。

蒋益澧率部驻扎在留下，令高连升部驻扎六和塔与万松岭，占据高阜，俯瞰杭州城。

10月18日，太平军从杭州城内出动一万多人从雷峰塔攻击新营，高连升等部将之击退，追击到馒头山。10月20日，高连升部进驻天马和南屏诸山。在杭州以西，魏喻义也率部占据了青山，康国器率部占据宝塔山，逼近余杭镇。

攻打余杭镇的战役首先打响。康国器率部攻破城南的长沙堰卡，然后围攻南门。魏喻义部在石门桥打败敌军。太平军决定死守余杭镇至杭州一线，从余杭东门直至杭州女儿桥一线集结精锐，企图绕过何母桥袭击余杭湘军背后。

11月份，蒋益澧令刘树元等部在何母桥排列，在天水桥、护国桥、方家桥和太平桥增筑四座壁垒，以阻挡敌军攻击。

嘉兴的太平军大举增援杭州，趁着漫天雾气悄悄翻越万松岭攻击湘军军营。刘志功率部凭借壕沟阻击，高连升领兵赶来援救，德克碑乘浅水轮船夹击，杨政谟率水师登岸作战，将嘉兴来援之敌击败。

12月份，左宗棠为了加紧对杭州的攻击，从严州移驻富阳，率轻骑到余杭督战。将富阳驻军朱明亮等人的五营以及分水驻军张声恒的四营调到余杭协助攻击。又派刘明珍率严州驻军的两营和淳安驻军的四营到分水驻防。增援安徽的黄少春部从分水开往新城，扼守余杭西南。

309

多隆阿部署兵力之后，疾病加剧。他担心朱希广和赵希发轻易出战，临走前一再叮咛，但他担心的事情还是发生了。

回民军于 7 月 27 日在夜色掩护下浮水渡过渭河，向多隆阿部发起突袭。赵希发自恃骁勇，忍耐不住，忘了多隆阿的告诫，令部队开壁出击，将回民军击退，然后跟随回民军渡河，攻破其十三座壁垒。朱希广也领军渡到渭河北岸。回民军以一万兵力包抄，击败多隆阿军，击毙朱希广和赵希发。

多隆阿听说部队大败，一恨赵希发和朱希广不听命令，轻易出战，二恨将士作战不够勇猛。他叫人用轿子抬着他到交口，于 7 月 31 日亲自指挥作战，对回民军发起三面围攻，还动用炮船助战。回民军撤进堡垒闭门不出。

8 月 20 日，多隆阿军攻克葡萄洼和拜家村。

8 月 24 日，多隆阿军攻克三府里，将白鸭嘴和乌什的回民堡垒几乎全部捣毁。

到此为止，多隆阿军已肃清省城以东的回民军。

9 月 4 日，多隆阿到达西安，与将军和巡抚商议军事。瑛棨被革职充军，英桂暂代陕西巡抚。

清廷见凤翔与平凉被回民军围攻已久，令多隆阿拨兵前往驰援。多隆阿派陶茂林率三千五百人增援凤翔，派曹克忠领兵攻打户县，派穆图善领兵攻打十三村。至于平凉，多隆阿军仍然是鞭长莫及。

10 月 4 日，多隆阿率部返回交口扎营。10 月 8 日，多隆阿率部进军普陀原。时逢大雨，部队扎桥渡河。然后，多隆阿令雷正绾部攻打泾阳和高陵之间的永乐店与塔底，派马升所部扼守咸阳。

10 月 10 日，穆图善率部攻克十三村，然后进占高陵，留兵戍守。雷正绾部攻克永乐和塔底。

10 月 16 日，回民军从渭河渡过泾河，多隆阿军转移到河北扎营，逼近回民军。后者趁势发起攻击，多隆阿派骑兵截杀，回民军撤走。多隆阿的骑兵追到长陀湾。

10 月 19 日，多隆阿挥军进攻回民军精锐集结地苏家沟，连战四天，于 10 月 22 日攻克苏家沟，斩杀五千名回民军，还抓获大批俘虏。接着进军渭城湾，回民军大部西奔甘肃。

总督熙麟待在甘肃东部边界的庆阳，护总督恩麟则待在西边的兰州，回民军所到之处没有清军阻拦，平凉和固原一带井舍都成废墟。

陶茂林在眉县击败四川的顺天军，进攻眉县以东的槐芽镇和白家凹，攻占了造反军的堡垒，然后挺进西北方，逼近凤翔，在七里河修筑壁垒，凤郡的形势平静下来。知府张兆栋因防守凤翔而出名。清廷将陶茂林提拔为甘肃提督，多隆阿改任西安将军，三十七岁的天津人曹克忠出任河州镇总兵。

曹克忠领兵渡过渭河攻击白起营和马家埠，占领这两处以后，关辅一带稍稍平静。

清廷再次下诏，催促多隆阿派兵增援甘肃。陶茂林奉命拔营越过陇县，挥师北上，与雷正绾部一起攻打平凉。

11月17日，四川顺天军攻占周至。11月28日，曹克忠部在白吉原打了个大胜仗，败军西奔固原。11月29日，雷正绾部从永寿北上邠州，即现在的彬县。

从此以后，陕西的回民军为了避免与多隆阿军交战，逐渐向西边转移。

这时，宁夏府发生了汉民与回民的争斗，兵备道侯登云训练民团守备。将军庆瑞认为应该安抚，上疏弹劾侯登云，勒令安民团练部队缴械。这里的宁夏府，就是现在的银川。

12月4日，回民军攻占宁夏府城，侯登云丧命，汉民全被斩杀。庆瑞就在几里之外的满城，置若罔闻。

12月5日，灵州回民起事，占领州城，攻进满人军营，缴获大量物资捆载而去。这个灵州，就是现在宁夏自治区的吴忠。

清廷得到报告后，颁下严旨斥责庆瑞，催促熙麟赶赴兰州接受总督官印。又令陕西巡抚英桂调拨一千名湘军驻扎陕西与宁夏交界处的定边，令直隶总督刘长佑挑选两千人组成的劲旅由提督讷钦统领增援宁夏。

自从1862年陕西发生回民运动以后，回民军派人四处联络，于是甘肃东北部造反军四起，在灵州与固原之间的同心城，以及同心城东南方约一百里处的预旺城，都有回民举帜起事。同州城西南约三十里处有个金积堡，伊斯兰教哲派第五代教主马化龙在这里举旗反清，设立碉卡，训练部队。

回民军攻占宁夏府城后，姓赫的首领派使者迎接马化龙进城，回民跪在道路左侧俯首听命。

在兰州西南约两百里处的和州，马彦龙和马占鳌举旗起事，向东进军，攻占狄道，即现在的临洮。在兰州以西，则有马桂源和马本源在西宁造反，赶走总兵和知府。马桂源自任西宁知府，马本源自封西宁镇总兵，办事大臣玉通无法制止。后来马文禄占据肃州，即现在的酒泉，自称"兵马大元帅"。兰州东南方的岷县、渭源、临洮和东方的安定、会宁、静宁，以及西南部的循化，都有回民举事。甘肃从西到东都燃起了造反的火焰。

面对甘肃全省的回民军，多隆阿感到兵力不足。他得知湘军在江苏已对金陵合围，东南战事渐顺，便请清廷让两江总督和巡抚抽调兵力赶赴陕西，并催促石清吉湘军向西开进。

310

多隆阿部一直在西安周边作战，由于多隆阿本人一直是抱病指挥，而清廷还要他兼顾甘肃军事，因此他对于陕西南部的造反军实在是无力兼顾。

骆秉章推荐的能人李云麟由于母亲去世而回归乡里。清廷将陕南的军务交给刘蓉指挥。8月12日，清廷令骆秉章派兵跟随刘蓉增援陕南。8月15日，清廷任命刘蓉为陕西巡抚。在刘蓉到任之前，由陕西按察使张集馨代理职务。

清廷令刘蓉率领先后增援陕西的所有部队先去解汉中之围。汉中是个繁荣富裕的大郡，自从四川顺天军会同陈玉成残部与当地造反军联合环城修建军营，城内已是壁垒森严。

毛震寿胆小怕事，借口军饷难以为继，辞去官职。援军中都是武将，拿不出对策，互相观望，让造反军有了喘息的时间。顺天军占据洋县以后，已经引得几十万名造反军从湖北开来，直接进军汉中。毛震寿率部驻扎汉中东北方五十里处的城固，顺天军屡次从东北方的洋县前来攻击，毛震寿为了自保，奋力将顺天军击退。

许多百姓为了躲避造反军，相继入城寻求庇护，城内粮食日益匮乏，疾疫流行，有时一天死去上千人。守城部队经常出战，援军却不进攻，只是等待统帅到来。

毛震寿见汉中被太平军围困已久，带领三千人去攻打东关，指望打通运粮进城的道路。易佩绅率部前来援助。东关的太平军拥有七八万兵力，将毛震寿和易佩绅部包围，致使两军损兵折将。易佩绅率部突围而出，逃到十八里铺，又被造反军打败。

汉中知府张光澍找川军求援，张由庚徘徊不肯进军。张光澍十分气愤，领着自己的部队与敌作战，落败而归。于是汉中断绝了外援，从汉中到褒城和勉县一带，太平军的势力绵延二百多里。

汉中知府和道员先后病死，城内只有都司、护总兵及南郑令，彼此关系紧张。他们奉命招募与收容散兵多达一万人，每天吃掉一百石大米。

骆秉章得知陕南军情紧急，派何胜必、萧庆高和朱桂秋三位湘军将领率一万三千人随同刘蓉北征，粮食和武器装备都由四川省供应。

耒阳人刘厚基奉命率领湘果营开往陕西。

石达开余部称为"中旗"的部队从四川平武进入甘肃后，又从甘肃东进陕西，与陕南的顺天军和太平军会师。中旗部队打的是翼王旗号，分别驻扎在汉中以西的定军山和圆墩子。造反军各部之间由于争夺粮食而发生战斗，将领们之间互相猜忌。于是陈得才与天将马融和不想留在这里窝里斗，打算率部东进增援天京。

天国启王梁成富由于有伤在身，发誓要夺取汉中。增王赖文光率部驻扎在汉中西北，端王蓝成春率部驻扎在汉中东南。

顺天军和从湖北开来的造反军互相猜忌，洋县造反军怀疑外来的造反军想把他们吞并，所以不肯合兵。顺天军听说湖北清军将要到，联合陈得才部长驱向东攻占镇安。

9月下旬，在清廷的催促下，李云麟率部到达襄阳，派李桓所部一千五百人驻扎兴安。9月24日，刘蓉领兵从成都出发。

骆秉章派往陕南增援的部队中，张由庚部进驻云峰寺，易佩绅部扼守两河口，萧庆高与何胜必两部进驻高家岭，以增援汉中。周达武部到达大安驿，以攻打汉中西北面的褒城和勉县。

9月26日，何胜必等将领商议道："汉中贼匪人数虽多，但各怀心志，人心不齐，可以一战把他们赶走。刘公料想我们即将大功告成，所以抢先赶来，把功劳归在他自己名下，我们应该赶在他到来之前破贼立功。"

于是，何胜必和萧庆高约好朱桂秋和张由庚等部一起进兵。何胜必部刚到油坊街，听说朱桂秋等部失约，已先撤退，他也收军返回军营。

9月27日和28日连日降雨，围城的造反军担心湘军乘机攻击，便备好马驮打算撤走。

汉中城内早已断了粮，守城部队见援军不战自退，更加人心惶惶，便打开北门出逃。

造反军疑心重重，不敢进城，等了很久不见有什么动静，便纵兵掠杀，进占汉中。

10月12日，萧庆高率领中军攻打油坊街，何胜必和张由庚率部从左路出击，易佩绅和朱桂秋率部从右路出击。刚进油坊街，造反军如潮水般涌来，褒城和勉县的造反军又从汉中以西的新集包抄过来，首先击溃了张由庚部，从四川来的各路援军闻风丧胆，纷纷溃逃。造反军趁势进逼，援军残部背水抵抗，溺死者和被斩杀者不计其数。

10月24日，造反军又攻占汉中以东的城固。连接西乡与石泉，沟通兴安。

刘蓉接到败报，下令在汉中以南两百里外的巴州停止前进，增调刘岳昭部四千五百人前来会合。

刘蓉仍然感到兵力不足，于11月上旬派将领回湖南募勇。

占据洋县的顺天军见太平军和捻军势力大振，颇为担心，分兵北进，进占佛坪与周至。顺天军委任官吏，禁止奸淫抢掠，以巩固地盘。

李云麟率部东进山阳，攻取镇安，然后向西南方的石泉攻击。

11月下旬，刘蓉率部挺进东北方，进驻广元，在此等待时机。

12月天降大雪，刘蓉率部抵达陕西勉县，得知汉水以南造反军势力强盛，便约多隆阿分兵夹击。多隆阿军刚刚包围周至，抽不出兵力。刘蓉所部在陕西的作战要从下一年才能开始。

311

湘军先驱者江忠源的族弟江忠义在1863年东奔西跑，体尝了一番族兄生前为清廷当救火队员的滋味。

陈金刚造反军在年初占据广东的高州，广东清军将领卓兴率部攻打，久攻不克。代理两广总督晏端书于4月下旬令江忠义率部南下赴援。江忠义率部出发，前锋已抵桂林，又接到曾国藩之令，要他率部增援安徽。江忠义立刻北上。

5月下旬，江忠义从衡州出发前往江西，此后转战江西各地。

与此同时，石达开部属李复猷部从贵州的遵义出发，开始了辗转走向湖南的行军。

李复猷部从遵义向桐梓推进，恰遇代理云贵总督劳崇光在上任途中。双方在绥阳相遇，劳崇光进入旺草寨召集乡团迎击，又派飞马送信，令沈宏富和樊希棣等将领率两千人渡河拦截。田兴恕率一千人随后赶到，两下合击，重创李复猷部，斩俘五千多人。

劳崇光向清廷报捷，在奏疏中说，李逆现在驻扎南坪，与正安和务川交界，势将进入四川。田兴恕此前奉旨去四川听候差遣，现应令他去成都听骆秉章调配。清廷的答复是：由于教案未结，田兴恕不能去四川。

清廷知道沈宏富与田兴恕关系密切，暗中派人监视他。沈宏富颇有看破红尘的想法，便以枪伤复发为由请辞，回到凤凰老家，五年后真的因枪伤复发而去世。

新任湖南巡抚恽世临令周洪印与戈鉴领兵援黔。恽世临仍不放过往事，上奏请将陆传应从贵州调到长沙核查厘税收入，要追究到底。

恽世临的为官之道世人褒贬不一。他惩处不法官员固然严厉，但他的眼睛只盯着那些跟他有过节的官员，对他稍有得罪决不放过，有挟私报复之嫌。例如他给十多名道府官员罗致饮酒赌博的罪名，这些人都曾与他不和。他还往往对涉案人员透露案情，说他已经掌握了对方的罪证，示意犯罪嫌疑人自行引退。

毛鸿宾还记恨文格，便向清廷弹劾，将他罢官。但他仍然要依靠湘军，带领湘军将领张运兰、杨安臣和刘德谦与他同行。

石赞清担任湖南的布政使，按照新任巡抚的意思行事，吏治是否清廉，引来许多非议。然而恽世临为人谨慎，对人的好恶都明说出来，又有些士大夫对他大为称道。

不过，湖南巡抚仍然倚重郭崑焘，让他和当年的左宗棠一样出谋划策、调兵遣将。

再说李复猷部在到达务川之后，果如劳崇光所料，又返回四川，于8月下旬从四川酉阳与秀山之间的小路进入贵州松桃，清廷同知刘侣鹤领兵追踪到湖南边界。

李复猷部于9月下旬进入湖南永绥，仍然拥有三四万兵力，向辰州和沅州运动，湖南调集各路军马防备。湖南已经没有名将，恽世临不熟悉军务，只能处理公文，发布告示。

李复猷进入会同，杀死知县邓尔昌，攻占绥宁，分兵奔向道州，遭到湘军陈士杰部的抵抗。李军溃散，奔向江华，进入广西。

李部另支打败靖州的驻防军，南下袭击通道和广西的龙胜，于10月下旬折向东北方，奔向湖南的城步。

李部还有一支从龙胜以西的斗江进入怀远，广西巡抚张凯嵩令萧荣芳率部阻击。

李复猷部攻打富川与贺县，前锋进入广东开建。广东清军集结在肇庆和高州两地，无法迅速赶来阻截，总督毛鸿宾又调湖南的湘军南下广东连山，以防其向东进军。

李复猷部另有一支占据广东怀集的石莹和坑尾，竖立木栅，屯放粮食，做好了打持久战的准备。该处靠近阳山，毛鸿宾调张运兰部驻扎连州，以防李复猷攻击阳山。

开建的李军折入广西境内，奔向苍梧，然后又回头开进广东，进入怀集。代理怀集知县况逢春率兵勇跟踪追击。李军又奔向连山，袭击阳山。

况逢春派使者前去劝降，李复猷派弟弟李复忠来到况逢春营中商谈条件，仍在犹豫之中，但部属已解散了很多。

况逢春率部发起猛攻，李复忠率部奔向开泰，绕到贵州黎平以南的永从。

11月下旬，张运兰率部抵达连州与阳山之间的寨岗和石莹，李军知道已无力抵抗，便向湘军请降。湘军将向日鼎等三十多名李军首领处死，接收三千多人投降，全部遣散。在铁坑俘虏李复猷，用囚车送到广州枭首处死。

湖南巡抚上奏报捷，令毛鸿宾大为不满。恽世临本来是靠着毛鸿宾升官的，现在为了报功也顾不得得罪老上司了。

与此同时，恽世临派出湘军增援贵州黎平。

到此为止，石达开部太平军已完全瓦解。

312

自从湘军横扫安徽境内长江沿线的各个城市最终逼近金陵以来，太平军想了种种办法牵制湘军的兵力。其中最有效的办法莫过于西进安徽，抄到湘军后方，重演 1855 年从安徽西进湖北，从东西两头挤压湘军的战略。

上年底，李秀成和李世贤援救天京没有成效，大批太平军进入安徽，一部分渡到江北西攻安徽腹地，另一部分则在安徽东南部攻城略地。

但是，太平军在攻击安徽的同时还必须照顾苏常、淞沪和浙江。天京的太平军，已经被湘军截断了长江上的通道，也就断绝了从西边获得补给的可能。李秀成经营苏常和淞沪，李世贤经营浙江，都是为了从天京以南获得补给。这两个地方如此重要，太平军不得不以重兵来与李鸿章和左宗棠争夺。因此，他们只能派遣有限的兵力到安徽作战。

不过，湘军在安徽的兵力也不雄厚，既要驻守淮河流域的城市，又要转战皖南。因此，在 1863 年，湘军与太平军在安徽和江西战场多处交战，并在安徽东南部反复绞杀。

1 月 8 日，杨岳斌的水师在三汊河攻敌，连战连捷。

刘连捷率部循江西上，联合毛有铭部进驻石涧埠。鲍超也在宁国打败太平军，湘军的声势再次振作。

1 月 16 日，杨岳斌水师联合罗逢元部在护驾墩击敌获胜，烧毁两百多只敌军小艇。鲍超在马头镇杨柳铺接连打败太平军。

1 月 23 日，太平军攻占青阳。

1 月 28 日，彭玉麟和萧庆衍攻克运漕镇。

2 月 9 日，萧庆衍在铜城闸打败敌军。

2 月 12 日，朱品隆攻克太平军在二十天前占领的青阳。

2 月下旬，赖文鸿等太平军将领率六七万人占据大坑黄村，于 2 月 21 日包围泾县，湘军守将易开俊和吴廷华登上城墙，挥师击退太平军的进攻。

2 月 22 日，鲍超率部从高祖山疾驰九十里进入泾县，于 2 月 23 日出城攻击，大败太平军，追逐二十里。

2 月 24 日，鲍超回师高祖山。太平军乘虚袭击鲍超军营，一见霆字军旗，自己人互相吓唬："鲍超来啦！"于是一哄而散。

3月19日，王可升率部攻打宁国之敌，烧毁小淮窑的壁垒。鲍超和刘松山分别攻打梅岭和庙埠的敌垒，全部攻破。

太平军从池州出兵攻击休宁，分兵袭击江西建德，西攻彭泽和鄱阳，向东绕过池州，包围青阳。丁义方率湘军水师前往救援，迫使敌军撤围。清廷将丁义方以总兵记名。

江北的太平军从和州与巢湖攻打石涧驻军毛有铭和刘连捷的军营。从3月21日到25日，围攻日益急迫。捻军在湖北攻击蕲水。

4月2日，太平军攻打太平驻军朱洪章部，朱洪章战败。南北岸同时告急，都写信欲调霆军赴援。鲍超不知应该增援何处，便先向石涧推进。还没到达，太平军已撤围而去，袭击无为、舒城、桐城、庐江和六安，然后返回。

4月12日，从浙江增援安徽的刘典所部联合徽防将领唐义训在徽州城东抵抗黄文金的进攻。刘典派黄少春率部夺取岩寺敌营，追赶敌军，在潜口获胜，进驻渔亭。于是黄文金率部西进江西，王德榜回师浮梁。

黄文金分兵袭击鄱阳、浮梁和都昌，都被左宗棠部和江西驻防军击退。黄文金率部西进湖口，占据鄱阳湖东岸的文桥、梧桐岭和太平关。太平军驻扎在建德和鄱阳之间，向东可攻景德镇，向西北可到湖口和东流。席宝田和边晓棠率精毅营推进到抚州，又向饶州推进。刘典率部从徽州赶来，总领各路军马。段起、王德榜、王沐、韩进春和席宝田等将领率部攻打陶渡的敌营，大获全胜。

4月下旬，曾国荃派彭毓橘所部增援石涧，彭玉麟率水师跟进，太平军失败逃遁。

5月6日，太平军攻击庐江，被吴长庆部击退。5月8日，太平军攻击舒城，被蒋凝学部击退。5月10日，太平军包围六安，曾国藩令鲍超从庐江增援，刘连捷、彭毓橘和毛有铭从无为增援。霆军快到舒城时，太平军又撤围而去。

5月24日，刘连捷会同水师曾泗美部攻克东关。5月27日，萧庆衍和彭玉麟部攻克铜城闸。

6月4日，易开俊部在泾县的章家渡打败太平军，朱品隆在青阳获胜。6月8日，刘连捷和萧庆衍部联合霆军攻克巢县，又于6月10日攻克含山，于6月11日攻克和州。

到此为止，皖北的太平军全部撤走，皖南的太平军也进入衰落期。

6月下旬，李榕奉曾国藩之命率部从彭泽西移到湖口的三里街扎营。江忠义率部从九江东渡鄱阳湖，驻扎坚山，逼近黄文金部。

李榕的新军抗敌不利，太平军攻打坚山，江忠义出兵攻击，击伤黄文金。

7月16日，韩进春轻率出兵，遭遇埋伏，战败撤退。太平军又开始活动，奔赴湖口发起攻击。

8月1日，浙江清军王文瑞部攻克黟县。8月9日，曾国藩把宁国驻防军何绍采部和水师炮船调去增援临淮，派蒋凝学等部防守颍州和霍邱。

8月上旬，在江西北部，黄文金部从文桥出兵，攻击江忠义在坚山的军营，被江忠义部击退。黄文金身中枪伤，闭垒不出。

8月13日，江忠义会同浙江援军刘典、席宝田、顾云采和屈蟠所部在青山击败太平军，斩杀两千人。屈蟠部又在段家洲出击获胜。

8月16日夜间，江忠义从坚山俯瞰文桥的七座敌垒，发现火光荧荧，绵延不断，知道敌军将要撤走，便约李榕在黎明时合力攻击。太平军没想到湘军会杀来，全部溃散。湘军只来得及毁掉三座壁垒，便趁势追赶。追到建德时，太平军有大队前来增援，鏖战一阵，湘军又将援敌击退。

313

随着湖口太平军的撤退，都昌、建德、彭泽和鄱阳的太平军都向东北方进入安徽。

这时围攻金陵的湘军处境艰危，曾国藩上奏，请调江忠义部从湖口北上安徽，转战青阳，江忠义却因病返回南昌就医，在半路死于江西吴城。清廷下诏，将他按总督例赐恤。

江忠义死后，沈葆桢将其部全部留在江西，江西从此有了一支勇悍精锐的部队，与王德榜和段起所部协同作战。

沈葆桢上奏请用九江的洋税专供江忠义与席宝田这两支部队。适逢曾国藩向九江征饷，关道蔡锦青从税银中分出一万五千两交给曾国藩，然后才向巡抚报告。沈葆桢大怒，将蔡锦青谩骂一通，还写信诘问曾国藩。曾国藩向他道歉，但两人之间已有积怨。

8月下旬，江西的太平军返回安徽境内，包围青阳，攻击铜陵、宁国和泾县。

9月下旬，一支太平军从福建进入江西，向湖口和彭泽运动，不久进入安徽，袭击池州，参与对青阳的围攻。

9月24日，李榕率部增援青阳，被太平军击溃。这时霆军已在协助曾国荃攻打金陵，打得颇为顺手。曾国藩令鲍超率部返回安徽，派喻俊明的水师部队和他的亲军喻吉三部，以及江忠义旧部和席宝田部，先后赶到青阳，要求他们按期限向敌军发起攻击。彭玉麟也到青阳视察水师部队。

太平军见湘军几支劲旅赶到，撤掉对青阳的包围，南下石埭。霆军已经赶到南陵，得知青阳已经解围，便东攻建平。

石埭和太平的太平军频频攻击宁国与泾县，失败而退。10月下旬。他们的将领古隆贤向朱品隆投降，湘军进占石埭、太平和旌德，遣散四万名降敌。

11月12日，湘军进占高淳。鲍超和杨岳斌部在东坝会师。

11月13日，易开俊率部从泾县出兵，刘松山从宁国出兵与他会合，共同攻克宁国县。

湘军占领皖南后，由鲍超全军驻守。王可升防守溧水，李榕防守建平，投降的太平军将领洪容海防守高淳。在青阳，在石埭，在太平，在旌德，在泾县和宁国府，湘军都分派了兵力驻守。

于是，皖南与金陵之间，湘军各部息息相通，太平天国的国都已经陷入湘军的重围。

湘军大战安徽期间，曾国藩坐镇安庆，继续关心轮船的制造。

自从蒸汽机试制成功之后，曾国藩就下令立即着手试制轮船。

比造蒸汽机更加困难的是，造船不仅要有"机巧"，还必须要有一定的设备。徐寿组织众人集思广益，总结了中国人造船的传统经验，设计出许多独具特色的造船设备。经工匠昼夜赶工，制造出一整套造船所需的基本机械设备。这些设备结构简单，却非常实用。

有了设备，工程进展得更快，不到一年就初步完成了轮船模型的研制。该模型为暗轮式汽船，长三尺，汽锅原料为"与锌相似的合金，模型的汽筒直径是一又十分之七寸，机器的运转达到二百四十次的速度"。

据上海英文报纸《字林西报》报道，1863年11月，安庆造成了一艘螺旋式汽船。不过，试航时只能行驶一华里，就因蒸汽耗尽而完全停顿。

曾国藩听到报告亦喜亦忧，他鼓励科学家们继续努力，造成可以投入使用的轮船。

314

苗沛霖的团练趁着湘军在皖南激战时，于7月18日攻占了寿州，杀死李续宜委任的知州毛维翼。寿州驻军只有五百人，毛维翼原来只是一个听差，没有文韬武略，苗沛霖不把他放在眼里。但毛维翼竟然坚守了七十六天，部队靠挖掘城内的野菜和杂蔬充饥。

蒋凝学花重金雇人在夜里划小船运送米麦进城，要求城内再坚持几天，等到成大吉的部队到来，就可以解围了。可是，下蔡外委邱维城在夜里打开城门迎接苗沛霖的队伍。毛维翼率部巷战，在搏斗中阵亡。清廷赠给他道员职衔，加以优厚的抚恤。

对于这次失败，曾国藩上奏弹劾自己和蒋凝学、成大吉等人，清廷对曾国藩以下的有关湘军将帅给予了降职处分和其他惩罚。曾国藩请辞总督职位，理由是军饷匮乏。清廷当然不会同意这位最重要的大臣撂挑子，免不得下诏慰勉一番。

曾国藩与李鸿章联合上奏，请求减少苏州、松江和太仓的浮粮，清廷令他们适中定额，革除明代遗留的积弊。

刘长佑在曲周作战时斩杀捻军首领张锡珠，责成杨鹏岭等人勒令投降的捻军战士缴出军械和马匹回乡务农。直隶省内已无捻军。

苗沛霖在寿州得手后，又令部队向西南方运动，打起霍邱的主意来。清军在河南与湖北的边防顿时感到吃紧。

曾国藩令蒋凝学分兵防守颍州、霍邱和三流集，令周宽世分兵防守桐城、六安与迎河集，又令成大吉率部驻扎三河屯，毛有铭率部驻扎老庙集，调何绍采率领两千兵力从宁国渡到江北，取道庐州，抵达临淮，征调彭玉麟和杨载福的水师从瓜洲进入洪泽湖协助作战。

唐训方孤军待援，令马新贻率部返回临淮，由英翰代他防守蒙城。

蒙城被苗沛霖团练围困已久，军民每天靠吃浮萍和树皮充饥，十人当中有二三人饿死。

8月下旬，苗沛霖亲率二万人杀到黑窑，抄袭临淮后方。唐训方处境更加危险。他知道自己的劣势在于没有水师，便派水师将领丁泗滨和王吉率八十艘舢板驶入淮河护送军粮的运输。吴棠派黄开榜率一百艘战船随后跟进，装载了许多米麦，李世忠也派一千人来到凤阳西南。

唐训方还不放心，又奏调淮扬水师。清廷令杨岳斌亲自率军前往。曾国藩认为长江军事重大，留下杨岳斌。李鸿章说："苏州松江之战水师功劳最大。"他也认为不能把淮扬水师派出去。

唐训方令马新贻返回临淮，令英翰率部转移到蒙城防守。

苗沛霖指挥团练在淮河两岸增修壁垒，堵住淮河运道，断绝湘军的交通。湘军水师被巨炮阻击，伤亡惨重，将士焚船烧垒，退保临淮，苗沛霖的势力更加扩张。他为自己终于能够挫败湘军而沾沾自喜，认为湘军的破亡翘足可待。

这时，由于刘长佑和僧格林沁的两支部队在直隶与山东获胜，僧格林沁得以抽调更多的部队南下安徽。

刘长佑在直隶的馆陶攻击宋景诗的黑旗军，得知山东巡抚没有在馆陶以东的堂邑设防，便奏调阎敬铭部向东南转移，合力夹攻黑旗军。他自己指挥部队割禾而进，将黑旗军诱进伏击圈包抄攻击。黑旗军撤向河南开州。

僧格林沁所部于9月5日在邹县白莲池大败文贤教军，斩杀其众三万多人，尸横遍野，血流成河，白骨成堆，令人惨不忍睹。僧格林沁抽调三千兵力，由陈国瑞率领增援临淮。

僧格林沁上奏，弹劾刘长佑贻误军机，致使未能抓获宋景诗。宋景诗和张锡珠部从上年冬天攻占武邑，率部返回，从南边的临漳北奔邯郸，东袭广平和曲周，然后北奔平乡、巨鹿、隆平和新河，东插武邑和东光，接着直接向南奔去，从张秋渡河。追赶的清军狼狈不堪，将领们快要发疯，士卒们更是抓狂。

刘长佑身为总督重臣亲自率军追赶都没能撵上，偶然相遇，黑旗军却又突围而去。

小皇帝刚刚即位，清廷商议军事，无非严责各路部队发起攻击。在各路清军的攻击之下，捻军已到穷途末路，在京畿一带疲惫不堪，骑兵从此衰弱困顿。僧格林沁率部转移到蒙城攻打苗沛霖。

9月下旬，清军大将都兴阿从扬州派来两千兵力，由王万清率领，又派富明阿率两千名骑兵和步兵随后跟进，一起增援临淮。李世忠率五千人前来会合，分别在淮河南北扎营，南至定远，北到固镇，连营相望，军势颇旺。

苗沛霖见临淮很难攻克，便集中兵力攻打蒙城。防守蒙城的团勇仅一千人，日夜盼望援军到来。僧格林沁部将陈国瑞已率三千人到达徐州，可以南下增援。唐训方奏请朝廷将蒙城一线的作战交给陈国瑞，将淮河北岸一线的作战交给富阿明，与蒙城一线的部队相连。颍州和寿州一线的作战交给蒋凝学等湘军将领。淮河南岸的作战则由唐训方自己负责。

湖北人陈国瑞是一员猛将，少年时投身太平军，后来投到黄开榜帐下，又被僧格林沁收为部将，以作战勇猛闻名于山东、河南与直隶，虽然官职只是总兵，但军民都称他为"陈大帅"。他性情勇悍，个子却矮于常人，人们曾称他为"红孩儿"。

陈国瑞部骚扰百姓，但凶猛悍锐为各军之首，捻军和苗沛霖团练都害怕他。

陈国瑞一到蒙城，就催动兵马频繁出战，攻破蒙城以北的五座圩寨，以及附着于圩寨的几十座军垒。陈国瑞部将这些军事设施全数捣毁。每次作战他都自报家门威慑敌军，对手便心生怯意，不敢出击。

苗沛霖先是下令挖掘外壕防守，听说陈国端到了，就藏在壁垒里不再露面，只是下令从壁垒中开炮轰击，击伤陈国瑞的许多军士。

蒙城守将派人参见陈国瑞，倾诉粮食久已匮乏，朝不保夕。陈国瑞与英翰约定同时大举进攻。

10月23日，陈国瑞挥师冒雨越壕，亲自督战，斩杀后退的军士。军士们喊杀之声动天撼地，他们穿过壁垒，杀入营中，斩杀大批苗沛霖团练。

苗沛霖部向四周开炮，抛掷乱石。陈国瑞所部冒死冲锋，不顾炮火与石弹，死伤累累，最终还是未能入城。清点人数，发现三百人阵亡，五百人负伤。陈国瑞收兵驻扎城外。

315

由于苗沛霖长期经营淮河流域，清军对苗沛霖团练的攻击成为一场恶战。

陈国瑞的力量还不足以对付这个本地军阀，清廷的四路部队都投入了战斗。

11月7日，富明阿率部来到蒙城。李世忠增派一万兵力沿淮河南岸攻击下蔡。唐训方分兵前往大小蚌埠谋攻怀远。富明阿见蒙城外面没有清军壁垒，以此为理由弹劾唐训方。

僧格林沁本部已经平定直隶和山东，挥师南下。民间圩寨听说清军大举开来，纷纷投向清廷。寿州乡民田端书等人集结两万人，声称要协助清廷杀贼，围攻下蔡，烧毁苗沛霖的粮台，向僧格林沁报捷。

11月下旬，李世忠部扫平了寿南的二十六座圩寨，攻克下蔡。

12月2日，陈国瑞在蒙城东南门作战，大获全胜。部队一边攻击一边修垒，断绝苗沛霖的粮道。富明阿部分守各个险要地势，与陈国瑞部形成掎角。僧格林沁属下的翼长舒通额也领兵赶到。各个圩寨的团练慑于军威纷纷剃发投降。

唐训方集结水师和陆师一起围攻蚌埠。守将张士端请求招抚，献出蚌埠和怀远。

12月7日夜晚，唐训方部逼到怀远城下，见东门已经打开，湘军便开进城内。

当晚，陈国瑞等部攻击蒙城外壕，苗沛霖亲自巡壕，见敌军杀来，转身逃跑，跌倒在地，其部属从后面将他击杀，将头颅割下，送到王万清的军营。

捻军首领相盘、葛小年、邹焕林和龚耀骈同时被杀。程二坎、李大个和魏群儿请降，皖北逐步平静。张宗禹等部向西推进，袭击河南的南阳和湖北的襄阳。

王万清将苗沛霖被部属杀死的事情秘而不宣，向上面报告，说是他自己在巡壕时砍死了苗沛霖。有人说："杀苗沛霖的人就是陈玉成旧党。王万清杀了他是为了灭口。"

苗沛霖一死，他的残部闻讯立刻瓦解。富明阿等部进入蒙城。清廷收到捷报，赏赐王万清勇号，奖银一千两。

12月11日，陈国瑞部将康锦文和宋庆携带苗景开抵达寿州，城内的苗家团练开门投降。

这时，清廷各个体系的部队为争功发生了小小的内斗。

李世忠派兵赶到寿州要求进入，杀死五名守门将领。宋庆等将领为了报复，斗杀李世忠部将朱元兴和杜宜魁，用器械拘捕蒋立功，乘胜进占下蔡，捣平苗家老巢，将苗氏家族及苗沛霖的妻儿押送僧格林沁军营全部处死。

12月12日，蒋凝学和成大吉部攻克颍上。

12月14日，毛有铭部攻占正阳关，康锦文和程文炳率部一同入城防守。

12月16日，蒋凝学部移驻正阳，还不知道苗沛霖余部已经献关，而守关驻军却把蒋凝学部误当成敌人，隔河发炮阻击。毛有铭后来发觉对方是自己人，连忙下令停火。

僧格林沁上奏，说将领们为了争功而发生械斗。清廷把此事交给曾国藩处置。曾国藩认为，陈国瑞和李世忠的部将械斗杀伤人数彼此相当，而李世忠已经领着他的部队回滁州了，因此这个案子只要杀掉苗景开就可以结案。至于正阳的那场战斗，由于两军没有通气，发生误斗，并非出自有心，请求免议。于是外省军队全部从淮河南北撤走，湘军部队分别回到皖南和湖北。安徽的捻军各部有的被消灭，有的投降，事情就此平定。

清廷颇为担心安徽北部民圩众多，令唐训方筹划善后。僧格林沁又请求在蒙城和亳州的中间地带增设文武官员，添加驻防部队。唐训方上奏，请求将凤台县交给下蔡管辖，把涡阳县的县治改为雉河集。清廷大臣们都打算趁势铲除李世忠的势力，僧格林沁请求派李世忠部助攻金陵，责成李世忠交出城池和盐卡。吴棠则请求从豫胜营中挑选几千名精壮军士，分别由曾国藩和唐训方管辖，把他们混杂在湘军部队里观摩熟悉营规。

曾国藩上奏说，李世忠成为众矢之的有两个原因。第一是因为心怀叵测，第二是因为专门从扰民中取利。他从同治元年阴历九月开始统领李世忠部，仍然担心他倒行逆施。后来搜获太平忠王的文书，发现李秀成极力主张攻打江浦和浦口，以打通北伐的道路，才知道李世忠确实没有私通逆贼。

曾国藩虽然肯定了李世忠没有对清廷怀有二心，但他反对借用李世忠的兵力征讨太平军。他说，李提督没有二心，他的部众却决不可用。李世忠发表檄文声讨苗沛霖，慷慨请行，似乎是因为他已知道世人容不下自己，借此来表明他的歉意。他的部队到了寿州和下蔡，接连与友军发生争端，他的部将蒋立功被捕，朱兴元和杜宜魁被杀，李世忠仍然出语谦逊，不像往年那般倔强，似乎知道自己将要大祸临头，只能委曲求全了。

但是，这次作战中，李世忠部在怀远与寿州一带焚烧抢掠，令人惨不忍睹，民怨沸腾，实为众所周知。试论其中的缘由，还在于胜保当初纳降时处置不尽妥当。收留一万八千人，听任他们盘踞几座城市，养成桀骜不驯的脾气。胜保认为天长、六安、滁州和来安本来是造反者出没的地区，便放手让李世忠纳税收厘，又上奏令李世忠用盐供给月饷，自捆自卖，形成风气，习惯而成为自然。

曾国藩说，自从袁甲三和他接管李世忠部以来，也不能筹发官饷来改变以前的做法。于是在李世忠势力范围之内的几个县田地荒芜，百姓离散，再也无可盘剥了。淮河航运不通，卖盐的利润也就减少。今年征讨苗沛霖，路途上竟然买不到大米，任何部队驻扎在这种地方都不可能不侵扰百姓，何况驻扎在这里的是李世忠的乌合之众呢？

因此，曾国藩认为李世忠刚刚协助朝廷铲除了苗沛霖的势力，可以追究他骚扰百姓的罪过，却不必怀疑他会背叛朝廷。

曾国藩还说，凡是降将骄兵，当他们力量有余时，必然会骄横跋扈，无法制约；当他们力量不足时，就会破坏法纪，连累朝廷。借助别人的力量是军事上的大忌。淮河上游的往事就是因为官军无能导致权势下移。现在李世忠部实力比不上湘军，朝廷何必依靠他们呢？何况僧格林沁曾经征调过苗沛霖的团练，他们从来就不听从调遣，反而刺激他们生变，毫无益处。

他提出的办法是：令李世忠遣散部队，交还城池，退出厘卡，停止供给饷盐，放他回归乡里安享晚年。

僧格林沁对李世忠还不放心，派人到五河侦察他的动向。发现李世忠已经在执行曾国藩的命令，大家才打消了疑虑。

刘长佑在这一年里提出建立直隶六军。各个行省编练军队的做法就是从这里开始的。

316

曾国荃于10月下旬令萧庆衍等部结筏渡水，扎营扼守天京东路。可是，萧庆衍发现敌军已窥破曾国荃的意图，抢先占据河东阻截。萧庆衍下令隔河开炮轰击，朱吉玉与李祥和率部占据西岸，修筑三座壁垒，与敌相持。

11月1日，李祥和率部从上游渡河，萧孚泗的吉字营从下游渡河，攻破五座敌垒。城内守军出兵增援，萧庆衍令部队边作战边筑垒，在东岸构成防线。

11月5日，太平军又分几路出击，萧孚泗、彭毓橘和陈湜等部扼守双桥门以东，萧庆衍率部进击中路。交战之后，太平军稍有退却，湘军将士们奋臂高呼，太平军掉头退走。萧庆衍指挥骑兵截断敌军退路，攻克上方门和高桥门。

在右路方山与土山作战的太平军被熊登武部挫败，也放弃壁垒逃走。

在这种情势下，驻守七瓮桥的太平军各部也想撤走，萧孚泗和彭毓橘率部挡住了东边，李臣典率部拦住了西边，不让他们逃走。城内守军着急了，出动大队营救，与湘军搏杀。双方伤亡惨重。

萧孚泗下令趁夜放火，太平军顶着烟雾突出营垒，湘军进占七瓮桥。

接下来，湘军从方山南进秣陵关，攻打博望镇。在这里，太平军环绕全镇修筑了七座壁垒，上可接应水阳，旁侧可扼金柱关。

金柱关守将朱南桂听说鲍超在水阳作战，邀约朱洪章等部出兵小丹阳，以袭击博望镇，使博望之敌无法增援水阳。朱南桂率领所部八营趁夜衔枚疾进，于拂晓抵达博望，攻克两道关卡。

太平军开壁大战，溆浦人武明良率部绕过第一垒袭击敌营。太平军回头一看，七座壁垒已换挂了湘军旗帜，大为惊慌，狂奔逃走。朱南桂率部追到长流觜，敌军多半淹死。

湘乡人朱南桂是罗泽南旧部，此战以后，因功以总兵记名。

曾国荃见博望已经攻克，只有中和桥孤零零地处在湘军包围之中，便于11月6日派赵三元率七营骑兵和步兵南袭秣陵，到达中和桥，一举攻占。秣陵关的太平军正在吃饭，见湘军骑兵和步兵突然杀到，拔腿便逃。湘军追到河干，被水阻挡，无法渡河，斩杀来不及渡河之敌两百多名。

从此以后，紫金山西南方没有了太平军的壁垒。

11月8日，曾国荃来到孝陵卫勘察地势，准备调兵扎营合围。太平军从朝阳门和太平门出兵袭击，萧庆衍和陈湜分别领兵拦截，萧孚泗和李臣典所部从侧边杀入敌阵。激战正酣，一名敌将出来督阵，曾国荃派枪手将他击毙，太平军阵势大乱。天国章王和顺王退入城内。太平军余部奔向淳化镇。

安徽宁国和太平的太平军进驻高淳与溧水，企图南攻芜湖。彭玉麟亲率水师攻打高淳以南四十里的水阳，杨岳斌率部前来会师，两军联合攻克窑湾、金宝圩、水阳、新河庄和塘沟的敌垒。

11月12日，湘军水师攻克沧溪和长乐，太平军将领杨友清投降，湘军进占高淳。

11 月 15 日，曾国荃派兵攻克淳化、解溪、隆都、湖熟和三坌镇，捣毁二十多座敌垒。于是金陵东南侧几乎全被湘军占领。

11 月 17 日，彭玉麟、杨岳斌和霆军攻克高淳东侧的东坝，接着攻克高淳以北的建平和溧水，解散数以万计的太平军。

李秀成于 10 月下旬又集结了八九万兵力扑向后宅，令各位王爷各率自己的部队从望亭与后宅扎营，交替前进。李鹤章领兵攻打后宅，无法撼动敌军。李秀成又将各路大将的主力集结在西路，企图保住无锡，增援苏州。

程学启与戈登正率部攻打苏州五龙桥。该桥位于宝带桥以西五里处，太平军靠着这座桥可以从澹台湖和鲇鱼口到达太湖，然后前往浙江。

程学启亲率水陆四千兵力从宝带桥攻击五龙桥左面，戈登的轮船从鲇鱼口攻打五龙桥右面。李朝斌率水师进入澹台湖，攻破六座敌垒。

谭绍光从盘门出兵增援，被张遇春部击败。谭绍光邀约嘉兴与湖口的友军到达同里，攻打太湖东南侧的平望，为苏州友军声援。

程学启叮嘱戈登率部防守五龙桥，自率水陆三路南下平望在八坼会师，大败从嘉兴与湖口开来之敌。天国会王和荣王只身逃脱。程学启令陈有升等部驻守五龙桥，于是苏州从盘门进入太湖的道路也被断绝。

李秀成所部占据了后宅、西仓和马塘桥，李世贤所部靠北占据了惠山和高桥，向南抵达坊前和梅村，队伍排列几十里，攻击猴山。

李鹤章令周盛波和刘铭传所部攻打坊前，令张树声和郭松林所部攻打梅村和麻塘，自率洋枪队援应。三路出击，都获大捷。只有李秀成设在麻塘的石营无法攻克，郭松林负伤，部队撤回。

317

李鹤章于 11 月下旬催促各部轮番进攻，逼近东亭，攻击李世贤部。刘铭传所部击毁敌营的几丈营墙，刘盛藻率亲兵越墙而入，遭到火枪的猛烈射击，仍然无法攻克。

围攻苏州的湘淮军已攻克浒墅关，太平军接到军报，无不惊慌。

浒墅关在苏州西北方三十里处，由天国来王陆顺得防守。程学启和戈登率部越过苏州进攻，黄翼升的水师合攻。戈登攻破王瓜泾的六座壁垒，程学启攻破观音庙的四座壁垒，然后会师，将浒墅关攻克。随即向苏州进击，捣毁十里亭的敌垒。虎邱和枫桥的太平军闻风撤走，湘淮军一路追杀到阊门，尸骸填满了道路。

自从太湖水师到防以后，黄翼升的水师本来应该驶向淮扬。苗沛霖在淮上起事时，曾国藩曾令黄翼升增援临淮。提督杨岳斌和侍郎彭玉麟都要求水师换防，又催促黄翼升西上。李鸿章上奏，说黄翼升所部在攻击苏州和无锡，正在紧要关头，李朝斌的太湖水师只能顾及苏州以南，要等苏州和无锡攻克以后才能让黄翼升离开。清廷同意了他的要求。

李鸿章见程学启部对苏州久攻不克，亲自赶赴娄门指挥作战。太平军从盘门向北延伸到娄门，几十座军营相连，都在墙边挖了地道，上面覆盖木板，再垒上泥土，以躲避炮弹。娄门外的石垒长城更是坚不可摧。

李鸿章认为敌军兵力虽多，但断绝了外援，军心已经动摇，抵抗力其实不强。于是他催促程学启和戈登挥师攻城。

11月26日夜间，湘淮军和常胜军暗设浮桥，衔枚疾进，很快逼近敌垒。太平军埋伏在断桥之下，发射洋枪阻击，常胜军伤亡惨重，无法前进。李秀成率部从小路入城，协助谭绍光防守。

11月29日，湘淮军和常胜军集中二十多门炸炮轰击敌垒。程学启部沿南岸攻击，戈登沿北岸攻击，李鸿章亲自指挥。战到下午，垒墙倒塌一大截，李秀成和谭绍光率一万人从娄门杀出，拼死抵抗。程学启挥师猛冲，常胜军肉搏先登，长城石垒全部攻破，李秀成和谭绍光收兵回城。

这时候，陈东友的水师部队从黄天荡登陆，对娄门和葑门发起攻击，攻克二十多垒。黄翼升和况文榜的水师攻击齐门，突破壁垒。李朝斌和张遇春所部也攻破盘门的六座壁垒。湘淮军从三面逼到城墙下，太平军军心大为动摇。

在驻防苏州的太平军将领中，谭绍光是一员顽强的大将，仍率所部精锐死守。郜云官等将领却有心投降，悄悄派人与湘淮军副将郑国魁联络。

按照双方约定，程学启和戈登单舟赴会，在城北的阳澄湖上会见了郜云官等将领。他们商量出一个计划，令郜云官等人斩杀李秀成和谭绍光，献出苏州，事成之后，请朝廷授予郜云官等人二品武职。程学启发誓，戈登为证人。

郜云官等人毫不怀疑程学启的诚意，但他们不忍杀害李秀成，只答应斩杀谭绍光。双方就此议定。

12月1日，李秀成对郜云官等人的阴谋略有察觉，心知苏州城已无法守住，便挥泪与谭绍光握手告别，趁夜从胥门出城，取道云岩和木渎而去。李鸿章下令加大对苏州的攻击力度。

12月4日，谭绍光召见郜云官议事，后者带着天将汪有为一同前往，当座刺杀谭绍光，并杀害其部属一千多人。然后大开齐门，迎接湘淮军入城受降。程学启令郑国魁率一千人入城。

12月5日，郜云官献来谭绍光的首级，请郑国魁核验。程学启入城安抚视察。投降的太平军将领列名的共有八位，手下的精壮战士仍有十多万人。

八位将领歃血盟誓，请程学启禀告李鸿章，他们要求担任总兵和副将官职，将部队分为二十营，仍然驻扎在阊门、胥门、盘门和齐门，而郜云官还没有剃发。

程学启悄悄对李鸿章说："郜云官恐怕难以制服，只有将他杀掉，才能稳定其众。"

李鸿章犹豫不决，不忍心下手。但程学启一再要求，李鸿章无法劝阻。

12月6日，天国纳王郜云官、比王伍贵文、康王汪安均和宁王周文佳，以及天将范起发、张大洲、汪环武和汪有为出城参见李鸿章。李鸿章已经备好二品官员的冠服等待。参见完毕，李鸿章突然反身入帐。程学启早已在帐后埋伏人手，现在一拥而出，将八位太平军将领全部斩杀。

随后，程学启进入城内，向投降的太平军部众发布告示，斩杀抗命者两千多人，其余部众全部听命。湘淮军这才算进占了苏州。

此战以后，黄翼升获赏云骑尉世职。汀福山升为副将。

318

李鸿章在12月7日整肃部队开入苏州城，副将郑国魁却不见人影。派人询问，才知郑国魁在与郜云官商议投降事宜时曾发誓不杀郜云官，而程学启也曾对郜云官发誓。郑国魁对程学启违背誓约大为不满，整天哭泣，不肯进食，卧床三天不起。

李鸿章本人对程学启杀降也有不满。他对程学启说："你也是降人啊，为什么做得这么过分！"

程学启听了大为羞愤，返回军营，扬言要率部离去。营中军官跑来报告李大帅。李鸿章连忙赶到程学启军营，不提正事，只是天南海北地乱扯，笑语甚欢，这件事才算过去了。

郑国魁却仍然放不下这件事，对程学启骗杀郜云官怨恨不已。

还有一个放不下这件事的人，就是洋将戈登。他素来与程学启交往甚密，自从程学启杀降之后，他就天天责骂，扬言要带领常胜军投靠太平军。

戈登找到郜云官的首级，捧在手里哭泣。他又派人找到了郜云官养子，将他送到昆山。

李鸿章为了调和矛盾，令郑国魁为郜云官办了七天佛事，亲自到灵堂祭吊。郑国魁在棺材上叩头大哭，喊道："杀你的不是我，我没有欺骗你！"

李鸿章也流了几行眼泪，众人方才心服。

再说李秀成从苏州逃出后，向西北方而去。他乘坐小轮船毁掉无锡的西门桥，出了无锡城，绕到万寿桥，令部众趁大雾迷蒙时包围湘淮军的军营，轮船上发炮轰击高桥水师。

刘铭传率百名军士埋伏在河埂上发射洋枪，击毙外国舵师。太平军藏匿起来，驾驶轮船逃走。包围军营的太平军也跟随撤走。

刘铭传部乘胜进逼无锡南门，周盛波部进逼北门，张树声部进逼东门。无锡守将黄子隆听说湘淮军在苏州杀降，断绝了投降的念头，率七万人死守。

湘淮军对无锡的攻坚战打响以后，攻守双方僵持不下。12月11日，郭松林率轻骑从小路突袭，攻破惠山亭子桥的石卡，为围攻部队杀开一条通道。

12月12日，张树声、郭松林和周盛波各部分别攻破东门、南门和北门的所有壁垒，看见城内之敌正在逐步后撤，便迅速过河搭梯，登上城墙。黄中元部将周寿昌捕获太平天国潮王黄子隆，郭松林捕获潮王之子黄德懋，并抓获几百名天国官员，全部斩首。湘淮军进占无锡。

李鸿章上奏说，李秀成从咸丰十年春天攻破围攻金陵的清军以后，接连攻占苏州、常州、杭州、嘉兴和湖州，西进江西与湖北，收集溃兵游勇数以百万计，占尽了东南富庶的地区，采取精华，供给庞大的队伍，日益强大。

但从去年以来，李秀成屡战屡败，占据的城市接连投降，精锐散失不下二十万人。今年春夏之间，李秀成率部奔赴皖北，遭到长江上游湘军的截杀解散，兵力又折损十几万，从九洑洲渡到江南以后兵力只剩四五万人。当时洪秀全惊慌失措，仍然依赖他回金陵主持防务。而李秀成认为苏州是他自己的地盘，见苏州告急，必然回援。其部众布满苏州一带和浙江，其中最精悍的主力是据守苏州的谭绍光部和郜云官部，据守杭州的陈炳文部和邓光明部，以及据守无锡的黄子隆部。

现在李秀成已丢失了根据地，部属孤单，踉跄西奔，随行的部众只有两万多人，将去金陵解围。曾国荃和鲍超兵势正盛，在加紧攻击，是李秀成无法解救的。估计他会带领洪秀全及其母妻眷属，从浙江与安徽交界处西奔江西，再到福建，寻找返回广西的道路。

李鸿章说，他现在驻扎在苏州，四处观察逆贼城防的格局，发现他们的规划部署极有条理，他对未能擒杀李秀成这个贼首深感遗憾。现在曾国藩派兵回江西布防，左宗棠派兵到皖南分头拦截，预先有所戒备。只要不让李秀成所部再占据城池，使之成为流寇，消灭他就比较容易。

李鸿章说，他现在打算派程学启、李朝斌、刘秉璋和潘鼎新部从平望和乍浦兜底攻击浙西贼寇，希望与左宗棠和蒋益澧部前后夹击。又打算派李鹤章与刘铭传部进击常州和宜兴，兜底攻击江苏境内之敌，希望与曾国荃和鲍超部形成前后夹击。这样可以牵制各路贼寇兵力，借以巩固苏州和上海的藩篱。不过，他的部队从春天战到冬天，将士们积劳成疾，必须略加休息，才能攻占进取。

清廷览奏，赞同李鸿章的见解和办法。

从苏州攻击战到无锡攻击战，郭松林战功卓著，先后获赏提督官衔和头品顶戴。从现在起，他开始统领松字二营，后来增加到八营。

319

金陵城下，曾国荃于11月25日派兵驻扎孝陵卫以后，下令挖掘地道。12月中旬地道挖成，曾国荃于12月15日下令引爆炸药，炸塌神策门，湘军肉搏登城，被月城的横洞挡住，无法攻克，伤亡三百多人。

李秀成果如李鸿章所料，率领从苏州带出的几万兵力北上增援，分布在丹阳和句容之间，自率几百名骑兵杀入天京太平门。天京被围一年半，面临粮荒，形势岌岌可危。李秀成痛哭流涕，力劝洪秀全放弃天京，随他同去江西。

他说："京城是守不住了，曾妖的部队围困十分严密，壕深垒固，内无粮草，外无救兵赶来，还是弃城别走吧。"

洪秀全大怒，严责李秀成。李秀成再次跪奏："如果不按我说的去做，合城性命定不能保了。曾妖所部攻占了雨花台，断绝了南门外的通道，门口无法通行。他们又占了江东桥，杜绝西门，我军无法出入。他们还占了七瓮桥，如今在东门外扎营，深挖长壕。他们还在下关屯驻了重兵，我们粮道断绝了。京中人心不稳，老幼很多，战兵缺乏，都是一些朝官，文人多，老人多，儿童多，妇女多，吃饭的人多，费粮费饷的人多，若不依臣所奏，必定是死路一条。"

李秀成一番苦心，换来洪秀全一通怒斥："朕奉上帝圣旨和天兄耶稣圣旨下凡，做天下万国独一真主，何惧之有！不用你来说什么，政事不用你来管，你想出去还是留在京城可以自便。朕的铁桶江山，你不来扶持，自有人扶持。你说没有兵，朕的天兵比水还多，怎么会害怕曾妖呢？你怕死，便是会死。政事与你没有关系，有我二哥勇王执掌，由幼西王发布命令。有不遵幼西王令者合朝诛之！"

洪秀全决定硬撑，湘军不得不打一场过硬的攻坚仗。

李秀成遭到天王拒绝，便向溧阳送信，约李世贤一起到江西开辟天地。

曾国荃又增募新军，兵力增加到五万人。太平军援兵进入金陵之后，都不敢出城作战。

左宗棠提议曾国荃分兵南下攻打广德，曾国藩坚决不同意他的意见。他说金陵之敌仍然拥有强大的兵力，而江忠义刚刚去世，敌军从天京逃出后会大举进攻江西。

曾国藩坚持不许曾国荃分兵，令安徽湘军的各路将领坚守泾县、旌德、太平、石埭、青阳和池州六城，咨会左宗棠严守浙江，又要沈葆桢预先堵住江西的入口严阵以待。

三十一岁的湘乡人易德麟奉刘松山之命统带五支旗队在广德至宁国一线击退太平军赖文鸿所部。

李鸿章手下的部队休整几天之后，按照他的计划投入战斗。湘淮军在浙江东北部沿海取得一系列胜利。

12月18日，刘秉璋和潘鼎新率部从嘉善南下攻击平湖，太平军守将陈殿选投降，湘淮军进占平湖。

陈殿选的投降带来了连锁反应。12月20日，平湖以南海滨城镇乍浦的太平军投降。12月22日，湘淮军攻克乍浦西南邻城海盐，海盐以南澉浦的太平军投降。

12月24日，刘铭传率部进攻常州。罗荣光已向戈登学会了炮术，统带开花炮营协助步兵作战。在强大的炮火支援下，刘明传所部迅速攻破常州东北面的几十座敌垒，接收一万六千名投降之敌。

12月25日，张树声和周盛波部攻破常州东门的两座石垒，与刘铭传部相呼应，联合攻打小北门。

鏖战之间，刘铭传额头中枪负伤。周盛波率部追敌越过西门，攻破南门的石垒。

12月26日，张树声率部沿常州城东北面城墙修筑四座壁垒，逼迫敌军。

12月27日，张树声率部攻克小北门土城。

李秀成携妻子儿女乘轮船到达溧阳，又从溧阳进入奔牛运河，日夜开炮，轰击湘淮军的军营。

湘淮军如何应对，请看1864年的战事记载。

李鸿章的各路部队迅速推进，步步深入。左宗棠又向朝廷上奏道："嘉兴和常州可以缓攻。"清廷将他们的提议都批复下来，三位大帅便各持己见，按照自己的方便行事。

湘军三位大帅此后各自形成格局，但仍尽可能地彼此声援，从这里已可以看出端倪。

同治三年 1864年

320

1864年，太平天国运动进入尾声。因对抗这次声势浩大的武装造反运动而兴起的湘军也进入了强盛的顶峰。

将要接替湘军在清末叱咤风云的淮军现在还跟着他们的大帅偏居淞沪一隅，在江苏的东南部与太平军搏杀。对于正在力攻浙江省会杭州和太平军天国国都天京的湘军来说，李鸿章手下的淮军只是一支辅助部队。其实，湘淮代兴的格局从这一年起就具有了雏形。李鸿章运用西法练兵，注重使用西洋兵器，采用西洋战法，淮军有了后来居上的潜力。

淮军的创建本来是湘军的仿制品。但在不到一年的时间里，曾国藩的高足李鸿章就仿效西洋军队把湘军的旧营制全部做了改革。他的这种改革是成功的，以至于后来的湘军部队都纷纷仿效淮军修改自己的营制。

太平天国在东南的全线溃败是从丢失杭州开始的。

左宗棠部从1月3日起开始攻打余杭镇西北。蒋益澧、杨昌浚和黄少春三部总兵力为一万三千人，在城下与太平军厮杀一天，双方死伤大致相等。当天夜晚，太平军挖掘长壕，增加壁垒，依靠城墙抗击湘军。杨昌浚率部驻扎余杭以西的青山，蒋益澧率部东返留下。

李鸿章的湘淮军仍然按照上一年的部署派兵向南作战，支援左宗棠。1月6日，湘淮军攻克浙江的嘉善。

蒋益澧部在1月9日对杭州发起攻击。他派高连升和德克碑所部攻击凤山门，自己指挥骑兵和步兵排列在钱塘门外的秦亭山和栖霞岭阻击增援之敌。高连升等部分几路并进，攻破十座敌垒，将撤退之敌追赶到城隍山。杨政谟率水师攻破了江边的石垒。

第二天，蒋益澧下令逼近杭州城的西北面，分别驻守钱塘门、涌金门、凤山门和清波门，占据馒头山、雷峰塔和秦亭山扎营，把敌军团团围住。

1月11日，蒋益澧部发起了第一轮总攻。

杨昌浚等部进攻北门，太平军出城迎战。黄少春、魏喻义和刘明灯的三路人马乘机向之攻杀，太平军抵挡不住，撤回城内。

刘璈等部攻打杭州城的西北角，太平军出城包抄，被朱明亮部打败。

湘军的这一轮攻击使守敌困在城内无法动弹。这时天降雨雪，持续不断，太平军隐伏在城内不再出击。

李鸿章部在1月11日向常州西北侧发起了攻击。刘铭传抽调两千兵力增援奔牛，遭到阻击，无法到达。他与郭松林约定两部交替拔营前进。李鹤章令董凤高等部随后推进。

李秀成在上一年从苏州脱身之后，一直在为太平天国谋划后路。他到达溧阳之后发现从溧阳到江西的饶州和景德镇之间几百里的地带上都很难弄到粮食，于是留在江苏南部防守。他在暗地里劝说李世贤派兵进军江西，让军士们带上够吃二十天的粮食，取道长兴、广德和宁国到江西去占据粮食丰足的地区，等待他率部过去会合。

李秀成、李世贤和陈坤书从金坛、溧阳、丹阳和常州召集几万兵力在奔牛集结。李鹤章见敌军增兵，也增调三千兵力与刘铭传会师。

1月23日，曹仁美率部向运河上发射火蛋，焚烧李秀成的轮船。刘铭传和郭松林部趁势发起猛攻，大败敌军。各路太平军撤向西北方，进入丹阳。

湘淮军大将程学启部正在加紧对浙江嘉兴的攻击。嘉兴指挥防守的天国荣王廖发向程学启请降。程学启登高观察城内部署，认为廖发固守是真，投降有诈，便不予理睬，还加大了攻击力度。他手下的勇将何安泰在攻击中阵亡。程学启等部猛烈攻城，屡次攻破城墙，但太平军屡次修复，湘淮军伤亡惨重。

夹在嘉兴与杭州之间的海宁处在两个战场之间，这里的太平军守将蔡元隆变成了热锅上的蚂蚁，害怕湘军从嘉兴和杭州两头杀来，又担心杭州友军将他的部队调去。思来想去，他决定向湘军投降。蒋益澧接到请降书以后上奏清廷，请派廖安之任海宁知府前往安抚。

2月1日，廖安之一行到达海宁。

三十五岁的湖南巴陵人蔡元隆以前是太仓守将，玩过一次诈降的计谋，将四百名湘淮军诱入陷阱。廖安之对这次受降早就存了个心眼儿。他来到海宁城下，见蔡元隆迟疑不出，随从们怀疑此人又在要什么计谋。其实蔡元隆是担心湘军跟他算老账，所以迟疑未决。

廖安之派人进城对蔡元隆说："廖大人有令，集合所有头领一起出城去见廖大人。"

过了一会儿，蔡元隆率头领们出了城。廖安之说："你等都是朝廷的赤子，现在身处大军包围之中，若不投降，死在旦夕。我知道你们不是假投降，才敢来此受降。如果你还想将太仓的故技重演，就把我的脑袋拿去吧。"

蔡元隆立刻叩头说道："在下刚才确因太仓那件事而犹豫不决，现在见大人一片至诚，在下誓死跟随大人！"

廖安之跟随他进城进了州衙。蔡元隆撤销防卫，准备迎接湘军。

杭州的雨雪下了二十天，在2月2日停了下来。湘军早已等得不耐烦。蒋益澧知道李鸿章部正在分四路攻打嘉兴，担心敌军避开湘淮军全部向西南突围增援杭州。雨雪刚停他就下令发起攻击。杨昌浚等部攻破余杭的五座关卡。

第二天，湘军攻击余杭以北十里处的林清堰，这里是汪海洋的根据地。余佩玉等人率部深入，后面的部队急速跟进，无法停止。杨昌浚发现敌垒是背水修筑，担心天黑后被敌军包抄后路，无处可退，便下令缓慢撤退。

太平军果然埋伏在横港拦截，朱明亮和刘璈等人率部血战，余佩玉中炮身亡，湘军将士伤亡三百多人。

2月4日，湘军进占海宁。左宗棠将蔡元隆改名为蔡元吉，淘汰他的部队，只留下四千名精兵让蔡元吉率领，随大军效力。又派刘树元和张景渠等人率部驻守海宁。

321

这一年的 1 月 28 日，是一个值得中国人永远纪念的日子。

这一天，中国自己制造的第一艘木质轮船在安庆成功下水试航。

曾国藩为了显示自己对这次试航充满信心，亲自乘船督看。

在上年 11 月试航失败之后，徐寿与华衡芳等人没有气馁，很快查明了原因，发现主要原因在于蒸汽输送不畅，导致动力不足。他们立即重新设计制造了蒸汽机汽锅，并对轮船船身进行了改进，使动力大大提高。有了这些改进，他们正式制造出一艘可以供人乘坐的样轮。

对这次试航的成功，曾国藩记载道：

> 看蔡国祥驾驶新造之小火轮，船长约二丈八九尺。因坐至江中，行八九里。约计一个时辰可行二十五六里。试造此船，将以此放大，续造多矣。

他还说，整个制造过程全用汉人，没有雇请洋人工匠。

安庆内军械所造船置机的成功坚定了曾国藩的信心。他决定继续学习西洋技术，在中国运用，以求国家的富强。他的举措为刚刚萌芽的洋务运动打下了牢固的根基。

为了发展先进的军事工业，曾国藩在安庆接见了中国第一位留美学者容闳。

广东香山人容闳从小在澳门马礼逊学堂接受西式教育，1847 年到美国留学，后来加入美国籍。

容闳曾对新兴的太平天国政权抱有很大的期望，认为洪秀全会比北京的皇帝更容易接受新生的事物。他于 1855 年学成回国，前往天京游说洪仁玕，希望能为太平天国施行新政出力。但是天国的统治者对他不感兴趣，他只好转而求见大清的臣子曾国藩，发现这位理学先生并非满脑子迂腐的想法，而是非常热衷于洋务。

曾国藩不计较容闳与太平天国有过交往，与他一见如故，非常重视他的意见，并决定派他到美国采购新式机器，以便建设更大规模的武器制造厂。

与此同时，徐寿与华蘅芳等人则按照曾国藩的要求在原有的基础上"放大"制造新式轮船。

但是，曾国藩开创的海上军工显然还有很长的路要走。西方列强在19世纪30年代就在战舰上装备了口径二百至三百毫米的轰击炮，这种炮发射爆炸弹，射程为两千五百至三千米。1856年的俄土锡普诺海战中俄国舰队全歼了土耳其舰队，当时使用的就是爆炸弹。这次海战后，用风帆驱动的战舰已告别了历史舞台，装甲舰成为海战的堡垒。

322

蔡元吉投降以后，蒋益澧马上就给他派了作战任务。

2月9日，蔡元吉奉令带兵攻打海宁西北约四十里处的桐乡。蔡元吉部发起突袭，搭梯登城，被守城的太平军发觉，在城墙上抵抗。蔡元吉部一百多人负伤，停止攻城，在桐乡城的西南方扎营。

蒋益澧见蔡元吉出师不利，增派李邦达所部联合张景渠部一起围攻。

蒋益澧派蔡元吉攻打桐乡是为了动摇桐乡守军的意志。这一招果然起了作用，桐乡太平军守将何培章于2月13日投降。

李世贤按照李秀成的主意决定派兵前往江西开拓地盘。这支太平军携带粮食急行军，西进到安徽宁国。

李世贤和黄文金于2月13日从宁国出兵攻占绩溪。浙江湘军将领王开琳率部前往救援。曾国藩又派毛有铭从安庆率六千人奔赴休宁。

毛有铭部还没赶到，李世贤部已越过休宁以东的徽州南下攻击江西。其中一部西进湖口，一部南进景德镇。另派一支部队从浙江进入玉山，又派另一支从福建进入建昌。这些部队相约在抚州会师。曾国藩决定让江西的湘军来对付这些太平军。

沈葆桢接到命令，派席宝田、边晓棠等将领率一万人驻扎婺源，令韩进春率五千人增援玉山阻击李世贤部。在派往玉山的部队中有郭式源统领的平江军老五营。

这些日子，李秀成每天劝说洪秀全离开天京另建根据地。洪秀全坚持说自己负有天命，不肯离去。李秀成迫不得已，只好留在天京负责城防。

曾国荃估计城内敌军的粮食即将供应不上，约杨岳斌派水师巡逻长江，发现有人运米入城，便将粮食缴获。又令朱洪章等人率部绕到钟山后方断绝陆路运道。

蒋益澧于2月15日率部进占桐乡，令刚投降的何培章率三千名部属驻扎乌镇，阻塞杭州与嘉兴之间的交通，断绝两城太平军的粮食供应。

蒋益澧留下蔡元吉部驻守桐乡，把刘树元部派到嘉兴协助程学启的湘淮军攻城。这是浙江湘军与江苏湘淮军的第一次会师。

刘树元到达后，高连升部和德克碑部攻克了嘉兴望江门的三座石垒。

驻守嘉兴的太平军将领见湘淮军得到了增援，感到了极大的威胁，连忙四处求援。湖州的太平军全部东援，在乌镇遭到何培章所部阻击。太平军痛恨何培章投降清廷，便筑营围攻。何培章向围攻杭州的湘军求援，蒋益澧无法前往，写信给何培章鼓励他坚守乌镇。

曾国荃于2月23日令朱洪章部攻击钟山的敌营，取得预想战果，控制了金陵城外的陆路运粮道路。

湘军已在东坝驻扎重兵，但在太平的防卫兵力仍嫌不足。曾国荃令投降的敌将韦志俊率部驻守金柱关，把长沙人朱南桂所部调来助围金陵。

朱南桂率部冒雪赶到金陵城北扎营。他派出的哨探回来报告，敌将李士贵带兵赶赴句容保护粮运。他设伏拦截，李士贵弃粮逃走。

曾国荃增募的部队已经到达金陵城下。曾国荃完全有条件收拢对金陵的包围圈了。他于2月28日巡视洪山、北固山、神策门和太平门，敌军的防御部署一览无余。他不得不承认，金陵的防御的确固若金汤。四周城墙大多数修筑了石垒。北面的防御格外坚实，钟山上修建了一座大城，名叫"天保"。山脊入城处也修了一座大城，名叫"地保"。敌军守着这两座大城，可以出兵挫败湘军在其他方面的攻势。因此，湘军从西南方进攻，敌军并不怎么害怕，直到湘军进驻明陵他们才出兵力争。向荣与和春的失败都是因为未能控制北面的工事。

1863年夏天，霆军在明陵前修建了壁垒。部队转移时，鲍超下令捣毁壁垒方才撤退。曾国荃部围攻金陵时间已近两年，攻破了上百座敌垒，还是没能到达城北。现在朱洪章部进驻钟山脚下增修壁垒，驻扎五六千兵力，总算是堵塞了城北的通道。其余的部分有玄武湖这个自然屏障，太平军无法与城外沟通。曾国荃下一步的目标就是要攻克天保和地保二城。

钟山壁垒的丢失对太平军是一个沉重的打击。李秀成亲自领兵出来争夺，南攻朱洪章的军营。朱洪章与武明良率部出壕，两下夹击，沈鸿宾等部攻击右路，武文山等部攻击左路，鏖战良久，杀敌几百名，将敌军逼到山上。

湘军向山上的天保城发起仰攻，罗遇春率部攀岩而上，被枪击中，几乎坠落。沈鸿宾率部赶到，军士们将火球火箭射向壁垒。太平军为了避火而突出，湘军进占钟山石垒，也就是太平军所谓的天保城。曾国荃派黄润昌等将领率部戍守。

接着，曾国荃派萧孚泗和萧庆衍出兵山北，在太平门外列队，修筑三座壁垒，由王远和等将领率部驻守。

到此为止，湘军对天京的合围完全收拢，太平军的粮食供应完全断绝。

湘军在金陵北面的兵力部署如下：梁美材率部驻扎洪山，朱南桂率部驻扎北固山，堵塞神策门，其余部分是玄武湖这个天然屏障。

在这段时间里，清廷频频下诏，向曾国藩垂询如何划分长江水师。这件事关系到杨岳斌和彭玉麟的分家，他们已经无法共同指挥湘军的长江水师，只能各自指挥一部。清廷希望这两支水师能够防卫湖北和江西，希望得到一个最好的答案：长江水师应该分为上游水师和下游水师，还是分为内湖水师和外江水师？

323

新任陕西巡抚刘蓉在 1 月份到达陕西西南部的宁强。四川总督骆秉章增拨九营兵力前往陕西援助。

骆秉章上奏说，汉水以南，贼寇势力蔓延甚广，湘军刚刚在那里遭到挫败，难以迅速振作。他增拨了九营兵力从保宁赶赴巴州，听从刘蓉调遣。现在刘蓉如果率各部直接前往青石关，争夺汉水以南的城池，贼寇会竭尽全力抵抗，湘军的胜算不大。必须等到新募的湖南勇丁到齐以后，分多路并进，才可望肃清汉中，使四川境内不致遭到贼寇践踏。

这一回，清廷没有听从骆秉章的分析见解，下了一道措辞颇为严厉的诏书，说刘蓉受命任陕西巡抚为时将近半年，10 月下旬曾奏请派员回湖南招募勇丁，计算时间现在也应到达四川。现着令刘蓉率部火速前进，驻扎青石关，力图攻克汉中与城固，会合李云麟所部约定日期发起攻击，以解汉水以南倒悬之危，不得任意迟缓。

清廷之所以对刘蓉表现得如此不耐烦，一个很明显的原因是这个湘乡人长居幕僚之位，不是驰骋疆场、战功显赫的大将，手下没有一支过硬的部队。他之所以成为封疆大吏是因为骆秉章一力举荐，未免华而不实。清廷将他提拔为大帅，半年时间未见他在军事上显出真功夫，难免失望。清廷非常讲求实际，要的是战场上的胜利，不会仅仅为了他是桐城派的古文家就给他高官厚禄。这一点刘蓉本人也是非常清楚的。

刘蓉这个古文家手下兵力不够，但他的运气还算不错。正在他感到为难的时候，远在华东的金陵发生的战事影响到陕西。在湘军攻击下感到惊慌的太平天国最高统治者洪秀全号召全国各地的太平军统统援救国都，汉水以南的各路造反军将领各自离散，陕西的战况稍为平息。

留坝、褒城和勉县的太平军于2月份都进入汉中府城。随后，陈得才等人率二十多万兵力放弃汉中与兴安，分水陆两路向东开拔。汉水之上，太平军舰船蔽江。陆路上骑兵和步兵扬起漫天尘沙。

为了应对陈得才部的这一突然转移，多隆阿派骑兵防守西安。刘蓉的顾虑完全打消了，连忙率部向汉中推进。

陈得才部乘船从汉水东下，然后弃舟登陆奔赴镇安、山阳和商南，步兵、骑兵、骆驼队和驿站接连不断，十来天才走完。

占据洋县的顺天军也全部北进，防守周至，增修栅墙和壕沟，在城内坚守，余部有时从佛坪向甘肃运动。

刘蓉于2月18日率部进入汉中府城，满目尸骨纵横，不由恸哭失声，命人全部收棺入殓，由官府派人掩埋。同时上奏请求免去丁粮，抚恤忠烈，给百姓贷发耕牛和种子，以收人心。

湘军又于2月23日进占城固。兴安和汉中所辖各县都有湘军进驻。

刘厚基因战功卓著，被清廷授予提督衔。

接下来，刘蓉开始部署兵力。他留下何胜必等部分别驻扎汉中和兴安，派刘岳昭所部四千五百人返回四川。刘蓉甚至提出派兵助攻周至。多隆阿听了很不高兴，认为他的兵力完全可以攻破周至，无须刘蓉插手，叫他撤回援兵。

多隆阿不要援兵自有他的道理。周至是一座小城，守城的造反军兵力不多，但是工事非常坚固，用大部队去攻打完全没有必要。谋士们说攻克这座城市不用烦劳大将出动，只要围个水泄不通，等到敌军粮食断绝，自然会突围而出，到那时将之歼灭可谓易如反掌。

多隆阿已派兵前往甘肃攻击回民军，但他担心顺天军从后面攻击，所以围住周至以保援军的安全。这是多隆阿一贯坚持的谨慎布局的谋略。但是清廷的大臣们并不明白前线的情况，也不尊重多隆阿的用兵风格，一味地催促他早日攻克周至。多隆阿为此十分郁闷。

多隆阿虽有内秀，却不喜欢文官的做派。也许这正是他的致命弱点。如果他能像胡林翼、曾国藩和左宗棠一样，把自己的用兵谋略向清廷条分缕析，理直气壮地坚持自己的主张，很可能就会得到清廷的嘉许，而不至于被西太后与那帮大臣催促得喘不过气来了。

在新年到来后，清廷把李世忠的命运交给曾国藩决定。僧格林沁奏请清廷派李世忠所部到江南攻击太平军，清廷批给曾国藩决断。

李世忠自己也表现得非常顺从，于2月8日向两江总督递交公文，请总督派兵接收其部防守的六座城池，即滁州、五河、来安、全椒、天长与六合。他说，他的部队包括亲信的豫胜营都可以撤销，也可以调防长江以南，唯总督之命是从。他还自请遣散水师，将船和炮都交给官府。

曾国藩的回答是：部众全部解散是最好的办法，即便留用，军官不得超过一百名，勇丁不得超过两千人。

苗沛霖和李世忠这两个称霸淮上的军阀退出了舞台，唐训方开始有所作为。他一一安抚各个圩寨，收缴民间的武器，奏请转移巡抚衙门，坐镇下蔡，在雉河集增修涡阳县城，想要大干一番，治理好安徽。

但是，这个湖南常宁人并没有更多展示才华的机会。不久他就因富明阿上次的弹劾而被降了官职调往别处，乔松年代为巡抚。淮甸无事，不用湘军作战了，很有些鸟尽弓藏的意味。

不过，唐训方在1854年还只是一个八品教谕，从军八年就当上了巡抚，虽然从此一蹶不振，毕竟也风光了一回。

李世贤部从安徽、福建和浙江进入江西，遭到席宝田等部的阻击。2月

16日，席宝田率部猛攻赣东的金溪，边晓棠担任中路攻击，于2月19日攻克金溪城。李世贤率部从泸溪奔向建昌，江西驻防军在万年桥将之击败。

席宝田和边晓棠率领精毅营北上，于2月27日在婺源的枧桥再次击败李世贤部。

韩进春部在婺源以南作战，在玉山的洋口击败李世贤部。

河南的捻军在上年底长驱南下，进入新年后攻击湖北的随州和应山。僧格林沁率部从归德以西跟踪而来。官文出城指挥军事，在京山与僧格林沁部会师。官文派护军统领舒保率部打前锋，在德安以西遭遇捻军，两军交战，舒保大获全胜。然后，舒保部对捻军穷追不舍，进入山谷，捻军设伏，发起反攻，将舒保斩杀在战场上。

舒保与多隆阿都是湖北名将，多隆阿坚定沉毅，舒保纯朴实在。湖北一有战事就把舒保叫出来打仗，湖北没战事了就把他的部队解散。舒保从未摆过自己的战功。舒保的名气仅在多隆阿之下，而他的气数比起多隆阿来也是相差无几。

舒保死后，湖北各路军队士气低落，战事全部依靠僧格林沁所部。

僧格林沁王爷派头十足，横行霸道，将领们求见都要先交一百到四百两银子，交银的多少根据将领们所率部队的人数而定。百姓控诉他的部队奸淫掳掠，他皱着眉头说："他们离家已久，也难怪他们，你们应迁移到别处躲避他们才是。"湖北的百姓大为失望。

324

郭松林的湘淮军和戈登的常胜军在3月2日取得重大突破，攻克了太湖西岸的宜兴。湘淮军在江苏、浙江和安徽三省的交界处占据了一个立足之地，并开始攻击宜兴以西的溧阳，在张渚击破李世贤部。李世贤撤到溧阳。这里的太平军守将吴人杰不肯接纳他，李世贤只得奔向浙江的湖州。

在太湖的西南方，程学启所部仍在加紧围攻嘉兴。太平军则在嘉兴以西的乌镇加紧攻击投降清廷的刘元吉所部。蒋益澧部将刘树元见乌镇吃紧，于3月4日率部返回乌镇，寻找有利地形渡水，增修两座壁垒。

3月6日，太平军集中兵力攻打刘树元的新垒，降军毕竟缺乏底气，首先溃散。刘树元率部在黄昏时突围而出，找不到先前渡水过来的船只，半夜潜行返回，进入已空的壁垒继续坚守，与太平军相持。何培章与刘元吉两员降将为他供应粮食，太平军一时无法推进。

吴人杰不肯让李世贤进入溧阳城，是因为他已有了向清廷投降的想法。他于3月9日向郭松林投降。湘淮军于3月9日进占溧阳。

3月10日，湘淮军进军金坛，于3月11日在溧阳东北方二十五里处的杨巷打败天国刘王和襄王所部，向北追逐六十里，直达金坛南门。

常州的太平军将领陈坤书正好从丹徒和句容集结了十多万兵力，环绕常州城北修筑了几十座堡垒，每天向刘铭传部攻击，屡次被湘淮军击退。

攻打乌镇的太平军由于久攻不克，于3月14日越过乌镇攻打桐乡。蔡元吉领兵出战，将之击败。

3月17日，广德州的太平军弃城东奔湖州。自从湘军和湘淮军在苏州、杭州和金陵发起攻势以来，左宗棠及其谋士都非常顾忌驻扎在广德之敌，因为这支敌军随时可以对杭州、金陵和徽州一带发起攻击。

曾国藩认为湘军兵力不足，暂时不宜发起攻击。但广德一地总是令湘军大帅们惴惴不安。现在太平军自动撤走，才知道他们其实并没有多大的能量。曾国藩的谋士提议让霆军进攻句容。而镇江驻军将领冯子材等人也出动大量兵力助攻句容和丹阳。

3月22日，蔡元吉所部将太平军追到炉头，蔡元吉冲锋陷阵，手掌中枪断裂。但他继续挥军前进，扫平十座敌垒。

3月23日，太平军前来进攻，蔡元吉又将敌军打退。太平军涌向江阴的南闸。

3月的江南阴雨连绵，降雨二十来天。程学启的心情和天气一样阴沉。他的部队围攻嘉兴打的是一场恶战，仍然久攻不克。程学启发了狠心，在炮台上坐了三天三晚，亲手发射田鸡炮，击毙大批敌军。黄文金从湖州率部增援廖发，程学启派张家瑜等部将黄文金部击退。

程学启为了早日解决战斗，于3月25日下令发炸炮轰城，击毁三面城墙。江福山的水师开进南湖助战。程学启催促将士从缺口登城，只见部队在敌军火力下大片地倒下。程学启羞愤不已，亲自上阵，越过浮桥向城上攀登，被子弹击中左额，军士将他抬回军营。

部将见程学启如此玩命，都不敢怠慢。潘鼎新、刘秉璋和李朝斌相继率部猛攻，向城内扔火。烈火熊熊，太平军大乱，互相拥挤，牺牲者多达几千名，其中包括两员大将。湘淮军进占嘉兴。

江福山的水师在混战中俘虏了太平军将领，清廷嘉奖江福山，将他以总兵简用。

3月26日，乌镇太平军听说嘉兴已被湘淮军攻破，担心遭到湘淮军与湘军的夹攻，连忙西撤湖州。

左宗棠早就想对杭州发起第二次总攻，由于有了和平进占杭州的可能，一直按兵未动。

驻守杭州城的天国听王陈炳文一度打算投降，曾派族兄陈大桂前往苏州请降。李鸿章给左宗棠写信，请他妥为处置。但是陈炳文忽然改变了主意，杀死了杭州城内的内应。左宗棠知道陈大桂提出投降是缓兵之计，便派陈大桂进城，责成陈炳文如约献出杭州城，并且解散部队。但是城内长久没有回音。

现在湘淮军已经攻克嘉兴，左宗棠不想再等下去，便令蒋益澧对杭州发起第二次总攻。

3月27日，左宗棠挥师猛攻余杭镇，开炮轰城，天国裕王中炮身亡。

仓前的太平军发起猛烈的反攻，从横渡桥包抄湘军，击毙湘军将领蔡盛恩和古捷芳。林珠康和熊飞率部内外冲突，才将仓前之敌击退。

这时候，余杭镇的太平军已悄悄将辎重和妇女转移到城外。左宗棠得到哨探的报告，知道敌军将要撤离，令各部严加防备。

同一天，陈坤书所部对常熟发起了攻击。3月28日又进兵攻击福山。所过之处放火焚烧，运走财物。于是江阴、无锡和常熟又卷入战火，太平军在苏州以北冲突往来。

李鸿章派飞马送信，令郭松林放弃对金坛的攻击，火速返回苏州增援。令李鹤章率部驻守无锡，又调三路兵力协防常熟。于是李昭庆和郑国魁率部从嘉兴北进，贾宏材率部从无锡东进，符信率部从苏州北进，都向常熟靠拢。

太平军果然分兵攻击无锡，被李鹤章部击退。攻击江阴的太平军也被骆国忠所部击败。这两路太平军也向常熟奔去。

黄翼升的水师正要返回长江以北，忽然接到警报，立刻从白茆口开进常熟，与部将王东华部会合。

恰好郭松林部在王庄击败太平军，黄翼升和王东华率部拦截败敌，致使太平军首尾受敌，自相践踏，折损大量兵力。太平军被迫从常熟撤围，向北推进，攻占福山，斩杀守将鞠耀乾。郭松林被任命为福山镇总兵。

黄中元跟随郭松林从金匮、宜兴、荆溪和溧阳一路战来，因功以提督记名，晋封一品振威将军。

325

蒋益澧所部向杭州发起的总攻于3月29日黎明掀起第二个高潮。高连升率部攻打观音堂，击破三座壁垒。陈炳文率一万兵力争夺这个要地，蒋益澧督率亲兵，联合马德顺的骑兵冲向阵中，奋力砍杀。陈炳文无力支撑，退入城内。

德克碑所部发射炸炮轰击凤山门，将城墙炸塌三丈。丁贤发率一批精壮军士和十几名洋兵捷足先登。太平军发射枪炮拼死抵抗，湘军伤亡一百人。高连升和王联芳负伤，裹创继续进攻，还是被太平军击退。

蒋益澧决定多路出击，加强攻势。3月30日，他给各部颁发奖励，在杭州五门陈列兵阵，令刘清亮等部攻击钱塘门，令高连升和德克碑所部攻击凤山门，令王月亮等部攻击清波门，令刘连升等水师部队登陆攻击望江门和清泰门。刘清亮等部阻击援敌。

蒋益澧自率亲兵抵达武林门督战，另派徐文秀部攻击城北长街。

徐文秀部衔枚疾走，逼近长街之后吹响号角，挥舞旗帜，军士们一拥而上，拔除木桩和竹签，跳越壕沟，突入工事。

太平军埋伏在壁垒后面开炮轰击，湘军战士刚刚登上城墙就被击倒。徐文秀手执小旗，冒着炮火跳入内壕，周廷瑞与贺国辉跟随在后。陈炳文又率一万兵力过来争夺，刘清亮、王东林和席得元率部分路阻击，将敌军稍稍击退。

眼看徐文秀部就要攻破长街的壁垒，城内忽然又冲出几千名太平军。蒋益澧急令洋枪队逼近城门射击，最先冲出城门的太平军全被击毙，后面的部队退入城内，只有陈炳文所部还在城外作战。

长街的攻坚战从中午打到傍晚，湘军伤亡四百人，太平军伤亡几千人。徐文秀被长矛刺伤。在清泰门、清波门和其他各门前的战斗中，湘军都无法攻克坚固的敌垒，蒋益澧令各部收兵。

杭州的太平军虽然进行了顽强的抵抗，但是陈炳文缺乏继续坚守的信心，于是在当晚打开北门逃走。

蒋益澧听见城内打更的梆子声渐渐稀疏，但不久又听见人声鼎沸，知道敌军已经逃走，便下令集合部队进城。各路部队分别从几道城门开进城内，于3月31日进占杭州。

驻守余杭镇的汪海洋所部也打算弃城东奔，与杭州太平军会合，一起奔赴杭州以北的德清。湘军进占余杭镇。

左宗棠上奏，报告他的部队已进占杭州和余杭。清廷下诏奖给左宗棠太子少保衔，封他为一等恪靖伯爵，奖给蒋益澧运骑尉世职，两人都赏穿黄马褂。对于提督高连升以下的将领都分别给予不同的奖励。

李秀成在天京得到杭州失陷的报告，更加恐慌。每天都驱赶老弱妇女出城以节约粮食。他屡屡向洪秀全报告城中已无粮食，洪秀全对王公大臣说："全城都吃甜露吧，这东西可以养生。"

所谓甜露就是野草。大家虽然知道天王所言荒诞，却也拿他无可奈何，于是在城内种麦割草，聊以充饥。

程学启在嘉兴负伤以后，已经无心体味攻克重镇的喜悦，一直在苏州疗伤。他自从在安庆投降时因曾贞干出于信任而冒险救了他的命，一直愿为曾贞干效死。后来追随曾国藩，又得到曾国荃的激赏。李鸿章带领湘淮军奔赴上海时，请求曾国藩把这员安徽大将调到他的属下，于是程学启和他的开字营就编进了湘淮军的系列。

程学启表现出的勇敢和谋略，湘淮军中无人可以相比。突围陷阵，无人可挡，见者以为神兵。而在军事上所做的判断也可谓料事如神，连胜败都能预见。当他预见到己方将败时，便告诫手下的将领："你们都不喜欢打败仗，那就让我去当诱饵吧。我把贼寇引来了，你们拿捏好火候，在适当的时候和适当的地方来援助我，就能把贼寇打退了。"结果往往和他预见的一样。

程学启手下的将领对他心服口服。每次约定出击，都会如约而至。洋将戈登素来钦佩他的才干，但对他杀降非常不满，很久不愿跟他见面。戈登的反目和李鸿章对他的指责令他心中不快。因此，在额头的创口已经愈合后，他仍然快活不起来，终日愁思。

有一天，他独自坐着想心事，心中波澜起伏，创口竟然开裂，流血不止，就此去世。

戈登听到程学启的死讯，流下两行眼泪。他将程学启的将旗带回祖国，将这个安徽军人作为一代名将来纪念。

李鸿章议论程学启的功劳，称他为吴中第一。他的意思是，湘淮军在江苏东南部的作战，从上海开始，在嘉兴结束，大功告成，程学启的死算是终结的标志。

清廷下诏，在苏州和嘉兴为程学启建立祠堂。

程学启因郁闷而死，湘军有一员大将也跟他一样郁闷。

清廷的大臣们不能体谅多隆阿根据前线战况做出的安排，依照常规对他督促责勉。多隆阿不得不一次又一次地对周至发起硬攻，徒然折损许多部将。

3月9日，多隆阿下令引爆地雷，城墙只炸开几尺缺口。将领们率部冲锋，士卒伤亡三千多人，仍然无法攻克。

陶茂林部已经抵达千阳，曹克忠打败了麟游的各支造反军，雷正绾在甘肃灵台再次取得大捷。增援甘肃的部队，已进甘肃和未进甘肃的，都有捷报传来，唯独多隆阿自己被顺天军拖在周至，久无战果。多隆阿愤懑不平，加紧督战。

3月30日，多隆阿下令攻击月城，对部将说："我们轮番攻击，敌军就无法休息。不出两天贼寇必定逃走。逃走时必然从西门出城。出西门不远便是山，我军预先埋伏，便可捕获其头领。"

开战后，多隆阿登上望楼击鼓督战，一颗子弹射来，击中他的左眼，他仍然擂鼓不息。

当天夜里，顺天军果然从西门通过地道出逃。

3月31日，多隆阿部攻占周至。顺天军首领身中数枪，率十多人逃到南山，为民团所杀。为首者自称蓝大顺，其余的人自称蓝三顺、蓝四顺，直到蓝九顺。民团将这些人的首级传到汉中。

蓝大顺就是蓝朝鼎，其实他在四川就死了，占据洋县的造反军首领姓曹，冒用了他的名义。经此一仗，进入陕西的顺天军已经所余无几。秦州的造反军又东进留坝和佛坪，商南的造反军残部向西推进，两军会师。

多隆阿伤重，进入西安养伤。

清廷收到捷报，颁赐珍贵药品给多隆阿治疗眼伤，派其子多双全到他身边照顾。不久，多隆阿因伤势恶化，请清廷任命穆图善代理钦差大臣。清廷批准。

多隆阿就此离开了清末的军政舞台，距离人生的终点也只有一步之遥了。

326

黔西的苗民军在2月份攻占了开州和修文，距离贵阳不到百里，令清政府大为震惊，连忙戒严备战。

贵州巡抚张亮基对湘军的实力有过切身的体会，便把黔东的战事全部委托给湖南，他自己全力对付黔西的造反军。

湖南派往贵州的援军于3月份攻占了贵州东南部的古州，接着向西推进八十里攻打都江。台拱和清江的苗民军扎营在深山老林，营垒十分坚固，湘军不敢铤而走险，便绕道深入，致使苗民军认为湘军无能。

湘军深入山林后，苗民军便来敲打湘军壁垒的营门，喊道："我们要去攻打你们湖南了！"他们真的进入湖南袭击，战罢归来，又来叩击营门，说道："多有打扰你们湖南了！"

湘军对贵州的增援于是显得有些可笑。这与江苏人恽世临的偏执和任性有着密切的关系。此人登上高位之后不用高人做幕僚，一心依靠赵焕联筹划军事，派往贵州的湘军将领都是其死党，却并非有胆识的书生。苗民军若有足够的实力，完全可以在湖南大有作为。湘军对贵州的增援一直没有派出得力的人选，因此无法取得在江西和广西那样的战绩，只是长期地劳力费财。

左宗棠在4月7日进入浙江省城，下令禁止抢掠，妇女财物各随其主，如果有人敢说是从贼寇中取来就要治罪。禁止军士进入民居，号召招商开市。

左宗棠擅长管理文书账目，所有州县官员都很尽心。

左宗棠上奏清廷，请求停止收取杭州的关税，设立清赋局，把杭州、嘉兴与湖州的税收减少到三分之一。布政使蒋益澧也不看重财富，而是重视人才。杭州善后事宜一时获得广泛的好评。

杭州在繁盛时期城内外居民人口八十一万，湘军进占杭州时人口只剩下七八万。左宗棠和蒋益澧同心一致，希望杭州能够尽快恢复昔日的繁荣。

左宗棠同时派亲兵出动，由杨昌浚统领，从杭州北上攻打德清以西的武康，又派高连升所部北上攻打德清，派蔡元吉率部攻打德清东北方的石门。

曾国藩采纳了谋士的提议，已把鲍超的霆军派到金陵以东作战。鲍超于4月7日率所部攻克句容。4月9日，霆军进攻金坛，冯子材飞马传书，请求先攻丹阳。

同一天，杨昌浚部逼近武康，守敌投降。

4月10日，高连升部攻克德清。邓光明献出石门投降。其余太平军部队西奔孝丰，军心涣散。

邓光明是湖南人，县籍无从考察。他投降时三十四岁，改名为邓光荣，此后率光字营随湘军作战，坚决与太平军为敌。

陈炳文从杭州逃出后提出防守湖州，佑王李远继则打算从安吉奔赴宁国，两人意见相持不下。

高连升派出的探子侦察到敌军内部意见分歧，回来报告，高连升趁乱出兵攻击，在湖州境内打败敌军。太平军乱了阵脚，折向西南方，绕过千秋关和太阳埠向昌化撤退。

左宗棠见敌军向西进兵，令刘清亮率部防守严州。又担心敌军南下，令唐学发等部从水陆两路巡守桐庐一带。其余各路部队都向湖州进军。

陈炳文和汪海洋见湘军逼近湖州，为了牵调湘军南下，兵分两路向徽州进军，于是昱岭之内又现太平军踪迹。

太平军的前锋已从龙游取道婺源进入江西，后续部队络绎不绝。这些部队离开浙江以后，浙江全境除了黄文金、李远继和杨辅清继续坚守湖州以外，其余各地已无太平军。

蒋益澧率各路湘军攻打湖州，高连升、王月亮和蔡元吉等部从德清进驻湖州西南，刘树元与何培章率部从石门进驻湖州东南，刘连升和罗启勇率水师战船攻打湖州东南方的菱湖。

4月20日，鲍超撤掉对金坛的包围，在茅山设伏，等待敌军出城追赶。太平军果然中计，追杀出来，中了埋伏，回身逃走。鲍超追逐五十里，太平军没有入城，城内的太平军反而逃了出来。

4月21日，霆军攻克金坛。唐仁廉以提督记名。

与此同时，李鸿章督率湘淮军围攻常州。这时城西的敌营仍然连接长达二十里，环列运河的左右两岸。李鸿章给各部分派任务，令刘铭传部攻破西北方的六座壁垒，令郭松林部和杨鼎勋部攻破陈渡桥的八座壁垒，令张树声部、周盛波部和郑国魁部攻破河干的二十多垒。

各部得令后奋力攻击，全部达到了预定作战目标。于是常州以西的通道已完全被湘淮军控制。

4月27日，罗荣光的开花炮营发射炸炮，摧毁几十丈城墙，陈坤书派洋枪队堵住缺口射击，湘淮军发起冲锋，双方伤亡惨重，城防却没有崩溃。

这时，冯子材与富阿明率部从镇江攻击丹阳，太平军的壁垒多数投降。常州失去了西北方和西南方的两个屏障，更加孤立。

327

李世忠在4月份实践了他的承诺，把所有的钱财以及剩余的盐和稻谷全部发给他部下的三万多人，每人都分到了盐包，或者八九缗钱，多的得到几十缗。将领则得到几十两白金作为遣散费。

曾国藩令他留下三千人，号称"忠朴营"，由陈自明统领。

官府还欠他的饷盐五十万包，他不求补给。修筑涡阳新城他捐钱十万缗；修建滁州学堂他捐钱五万缗；滁州屯田购买牛种的费用他也出了七万两银子；还给总督提供二十五万九千两银子做军饷。五河的厘卡由巡抚委任官员收税。然后他呈请回籍埋葬已逝的亲人。清廷下诏褒奖。江北全部平定。

曾国藩上奏说，李世忠在江淮大定之后洁身引退，深明大义。该提督对朝廷未生二心，这是他早已向朝廷说明过的。至于李世忠不保留巨额的财富，而竭力保住名声，从一个诡谲贪利的人忽然做出慷慨忘私的举动，倒是他始料未及的。这表明国家优待降将，张国梁和程学启都十分爱惜荣誉，而李世忠也始终保全了名节，足以体现皇帝的仁政，愿意招抚与朝廷背离的人。

清廷下诏，表示赞许。

李世忠解散部属以后，安徽并没有从战争中完全解脱。江苏和浙江的太平军相继失去占领地，部队开向徽州，号称二十万人。徽州城防将领毛有铭和唐义训在杨村迎战,刚一交手便败下阵来。于是昱岭以内四处都有太平军。

太平军从龙湾和婺源进入江西,道路上部队行军络绎不绝。前队已深入江西腹地宜黄和崇仁,南昌急忙备战。曾国藩令鲍超回师援赣。

清廷下旨,催促曾国藩赶赴金陵指挥作战。曾国藩见徽州战事紧急,长江上游危险,仍然留在安庆策应全局。

边晓棠率部在南丰县附近与天国沛王谭星所部激战,被炮击伤,全军溃败。

曾国藩把江西的军事交给沈葆桢处置,而沈葆桢确实供养了一支军队,现在正好有了用武之地。于是这位巡抚上奏,请求将茶税和牙厘留下专供本省的军队。清廷部议批准。

沈葆桢的这个措施直接影响了曾国藩所部湘军的军饷。他的部队每月需要军饷五十万两银子,由于亏欠,每年发下去的只有六成。现在围攻金陵的兵力大增,军饷的收入却减少了,每年只能发到四成,拖欠军饷长达十六七个月,军士们自然会有牢骚。

五十二岁的曾国藩尽管已有常人不及的涵养和息事宁人的心态,现在也不由得大动肝火了。他极力举荐的这位江西巡抚不讲情面地扣留军饷,给湘军在全国最关键的一场战役带来消极的影响,而且事前也不跟他这个总督商量,实在超出了他的忍耐限度。于是,他上了一份措辞激烈的奏章反对部议的决定,罕见地宣泄心中的怨愤。

曾国藩说,他刚刚出任两江总督并兼办皖南军务的时候,江南六府一片混乱,朝廷在皖南只剩下祁门一县。于是他上奏请求在江西收取厘金,补充东征湘军的军饷。每月从漕折中调拨五万两银子,再加三万两洋税,获得了朝廷的批准。

沈葆桢到任之后,多次停止调拨漕折和洋税,他都没有上疏抗辩。现在他的部队只能发四成军饷,江西的部队却能发八成以上军饷,他的部队欠了十六七个月的军饷,江西部队所欠的军饷还不到五个月。

要论百姓的困难,皖南和宁国的辖区内,人们卖人肉果腹,有些地方几十里田地无人耕种,村庄没有炊烟,江西的情况还不至于如此艰难。

曾国藩说,安徽、江苏和江西都是他管辖的地区,他不敢只照顾安徽与江苏的利益,而唯独对江西刻薄。无论什么人,处在他的位置上,都不得不采用他的办法。

现在江苏和浙江的省会都已攻克，对金陵的长围已经形成，谋士动不动就说大功即将告成，元凶当可击毙。但是在他看来，洪秀全与李秀成异常顽强勇悍，攻克金陵的日子是迟是早还难以预料。

从以往来看，咸丰十年春天，和春与张国梁功败垂成，那时围攻金陵的兵力比现在多了两万人，存在军营里的饷银还有几十万两。现在围攻金陵的湘军军饷奇缺，朝不保夕，怎能不争取江西的厘金以抚慰军士的心情？

曾国藩在这份奏疏中甚至谈到了官阶尊卑和权限制约。他说，他仔细研究了总督和巡抚会同理政的案例，一般对于官员的管理应该由巡抚主持，而军事则应由总督主持。就江西的军饷而论，丁粮和漕粮应该归沈葆桢主持，因为这与对官员的管理有着密切的关系。而厘金则应该由他这个总督来主持，因为这与军事密切相关。

厘金起始于咸丰三年，是雷以诚在扬州倡办的，起初并非国家预算内的款项。而他是两江总督，又握有兵符，对于江西这片土地上所有的财富，包括丁粮、漕粮和洋税，全部提取使用也不为过。何况厘金是他已经上奏得到朝廷批准给他使用的款项，尤其是他分内应该筹取的军饷，不应该看作江西的协饷，也不应该叫作为外省代谋军饷。如今江西把他当成了代谋的客人，那么请问哪个省才是他筹饷的地方？

如果说他应该在安徽筹饷，那么乔松年也可以拿本省外省这套说法来加以拒绝。如果说江南的苏州和松江地区是他筹饷的地方，那么李鸿章手下的兵力比他的部队少不了多少，除了每月解送四万两银子以外，没有更多的银子可供提用。如果说江北的淮安和扬州地区是他应该筹饷的地方，那么他和吴棠、富阿明、冯子材四人就得在里下河这个富庶的区域竞相剥取，又怎能得到必要的供给？

曾国藩在奏疏中还从人情的角度表达了愤慨。他说，同僚之间的交往，一看分，二看情。巡抚应该接受总督的领导，这是制度，在朝廷的各种文件中是有规定的，沈葆桢不得违反本分。军事危急之际，同僚之间共患难、相体恤、互通有无、彼此接济，这就是情。沈葆桢前年向朝廷请求漕折，去年向朝廷请求洋税，今年向朝廷请求厘金，这三件事当中，难道没有一件是可以先跟总督商量以后再上奏朝廷的？

曾国藩说，人总是苦于没有自知之明，有人会说他只会指责沈葆桢，而不懂得自责。如果他按照惯例节制江西，别人会说他把持权力。他曾多次向朝廷保举沈葆桢，别人也可以说他是笼络人心。只要稍微有所不慎，就会酿成仇隙。

　　不过，曾国藩说自己阅世已深，素来以把持权柄和笼络人心为羞耻，还能够虚心地反省自己，检点行为。就拿漕折一事来说，他曾写信给沈葆桢商量过一次，又发公文商量过一次。关于洋税一事，他接到沈葆桢严词质问的公文，曾经以密函委婉地答复。可是沈葆桢固执己见，不顾情理，实在令他难以忍受，他也不再能够隐忍不说了。

　　于是，曾国藩请求清廷下令，江西的厘金仍然归他这里经收，以便湘军能够完成对金陵的攻取。等到攻克金陵之后，便可以分成接济江西。在攻克金陵之前，他会照旧从江西的厘金中拨给彭玉麟、刘于浔和孙昌国三部所需的军饷五万多两，此外还会给江忠义和席宝田两部分拨军饷。这种格局不能骤然改变，才不至于动摇军心，导致功亏一篑。

　　曾国藩的奏疏导致沈葆桢上疏辞职，清廷下诏调解矛盾。最后达成协议：江西把一半厘金拨给曾国藩大营，其余供给江西本省的军饷。清廷另提轮船经费银五十万两供给围攻金陵的部队。

328

　　陕西巡抚刘蓉在4月份终于进入省城探视多隆阿的伤疾。多隆阿刚刚脸朝外卧下，听说巡抚来到，勉强支撑着翻转身子，以面向内，不看刘蓉，也不言语。

　　这时回民军从甘肃回到陕西，抵达陇州的神峪河，遭到陶茂林部打击。雷正绾部在平凉的四十里铺获得一次大胜，斩杀杨自明所部回民军几千人。

　　曾国荃在4月的最后一天下令攻击金陵的月围。所谓月围就是太平军在城墙之外修筑的一道矮墙，作用是对付湘军挖掘的地道。

　　金陵城周边的长度有一百里，曾国荃下令每天开凿隧道，一条通向南门，朝阳门至钟阜门有三十三条。军士们举着火把钻入隧道，如果崖崩堵塞，便会葬身于其中。

太平军修筑月围，挖掘地道，与湘军对抗。他们遥望湘军驻扎的先锋营垒，知道那下面一定有地道，便估测出地道的方位，从城内挖掘一条直道通到城外，然后分头横挖暗壕，往往能将湘军的地道挖穿，废除地道的作用。

湘军开挖地道的处所不可避免有灯火，烟气腾腾，草色萎黄，太平军从城上看见了，便从城内对着挖过去，往往也能破坏地道。太平军时常往地道中灌入毒烟和滚烫的开水，毒死烫死大批湘军军士。

不久，曾国荃下令引爆神策门的地道，月城被炸为平地，而没有损坏内城。湘军企图登城，太平军把几十桶火药一排排扔下去，使湘军伤亡三百多人，不能入城。

湘军总共开挖地道三十多处，都失败了。湘军焚烧太平军的火药，炸死大批敌军，湘军也伤亡三千人。

就在天京岌岌可危的时候，天王洪秀全病逝。他的死对太平天国犹如雪上加霜。李秀成等人拥戴幼主洪天贵福登基，以安人心。

曾国荃趁着太平天国发生剧变，一面加强攻击，一面利诱敌军将士叛变。天国列王傅振纲打算献城投降，向湘军透露了他的意思。据说李秀成也有动摇的迹象。后来又有两名敌将叛投到湘军黄少营中，密约通济门守将商议投降。

湘军与太平军叛将往来接洽，必须经过李金洲部，所以他也知道了此事。他发现每当黄少的营房挂出五色旗，就是通济门的守将过来商谈投降了。双方议定，立刻把一百名湘军拉到城墙上，打开通济门的土塞，接纳湘军入城。

黄少向曾国荃要求实施这个计划，夜里派一百人登城。曾国荃令李金洲派几十人修通上方桥断裂处让士兵通过。李金洲见城上的太平军不闻不问，知道事情可靠，便想争功，把一半部队调去控制桥头，不许黄少的部队通过，另一半部队前进到城下。城内接应的叛徒放下绳索，十几名湘军攀了上去，忽然一名士兵放枪，于是湘军受惊而溃逃。

李金洲自己贪功失败，却向曾国荃诬陷黄少，说他观望不进，又说廖某其实是间谍。曾国荃听了大怒，便杀掉了这两个人。

接着，又有太平军来约内应投降，还有天国松王陈得风与东门外的萧孚泗联络，慰王朱兆英也找到曾国荃洽降。陈得风事情败露，被信王洪仁发锁拿，李秀成花了一千八百多两银子才解脱了他的罪名。

李秀成的妻舅宋永祺向曾国荃约降，并劝李秀成一起行动。宋永祺和陈得风谈起这件事，陈得风写信询问李秀成，被刑部官员偷看到了，李秀成又花银子为他赎罪。从此天国朝中时时有人监视李秀成，提防他背叛天国。

329

湘淮军5月份加紧攻打常州。李鸿章下令傍靠运河修筑长墙，铺设浮桥，务求必克。

李鸿章见老天降雨不断，于5月9日向关帝爷祷告，但求天晴。第二天雨水时下时歇。李鸿章便令刘铭传攻打北门，戈登的炮队轰击南门，由郭松林和杨鼎勋部应援。又令刘士奇和王永胜部攻打东南角，由张树声部应援。

5月11日，天气完全放晴，南风大作。湘淮军水师和陆师一齐开炮，炮声如雷，烟火吞噬城头，原来已被轰破的城墙又垮下几十丈。太平军用人来堵塞缺口，炸炮轰来，砖石四溅，器械纷飞，旗帜飘到天上。但是太平军前仆后继，堵缺的部队刚刚倒下，另一批活生生的人又填补进来，阵线始终没有后移。

李鸿章督促部队登城，郭松林、王永胜和刘士奇登上城头白刃拼杀，持之以久，才把敌军杀退。

湘淮军冲入城内，捕获陈坤书和费天将。刘铭传和郭松林在城头下令，凡是缴械者都可免一死。几万敌军下跪投降。湘淮军伤亡一千多人，进占常州。

湘淮军和常胜军一起攻占常州以后，同治皇帝授予戈登以提督军衔，英国人认为这是中国军队最高的军阶。英国军方则将戈登晋升为中校，并将他封为勋爵。

罗荣光因炮击常州有功升任副将。后来他成为中国第一批近代化的炮兵和水雷专家，成为清廷海防的中坚力量。

黄翼升正式出任江南水师提督。杨岳斌正在江西指挥作战，黄翼升又接管了外江水师。

冯子材率部于5月13日攻克丹阳。部将张文德斩杀敌将陈时永，俘虏赖桂芳，清廷将他以提督记名。

松字营从宜兴战到丹阳，屡立战功，郭松林升任福山镇总兵。

太平军从常州和丹阳撤出，很大一批人从广德奔向徽州，道路上日夜都有部队行军。曾国藩将杨岳斌所部和霆军调往安徽，嘱咐李鸿章派兵接管他们的防区。李鸿章派刘铭传部驻扎句容，派郑国魁部驻扎东坝，派周盛波部驻扎溧阳的南渡和定埠。冯子材的镇江军凯旋撤走，由张树声部驻守镇江。

李鸿章裁撤常胜军三千人，戈登回国。保留炮队的六百人由罗荣光率领移驻浒墅关。保留枪队三百人随总兵李恒嵩驻扎昆山。

太平军开到徽州并没有停留，只是取道南下江西。当时汪海洋等部据守贵溪、金溪和泸溪，而广昌的太平军北攻南丰，与汪海洋等部南北呼应。李世贤部驻扎崇仁，占据崇仁东北方的东乡，还占据了崇仁东南方的宜黄。

清廷对江西的局势加深了忧虑，频频下诏垂询曾国藩，要他从彭玉麟和杨岳斌两人中挑选一人镇抚江西。

曾国藩的注意力集中在太平天国的国都，对江西并不十分在意。他复奏说，贼寇多次往来于江西，只要派兵攻击，他们立刻就会败逃。曾国藩比较担心太平军进入湖北，请清廷派彭玉麟的水师驻扎在九江上游，控制湖北。

左宗棠在江西的问题上持有不同看法。他认为这个省份的安危关系到东南大局。而且他特别看重杨岳斌，认为此人足以担任封疆大吏，而他的才干还没有得到充分的发挥。他专为这事上了一道密折，说湖州、常州和广德的贼寇奔往江西，应该委任杨岳斌去江西独当一面。他的提议与清廷的意思正相吻合，清廷采纳了他的意见。

5月28日，清廷颁下一道特诏，令杨岳斌指挥江西军事，兼任皖南的防守。诏书上还特地提到，曾国藩多次奏请大臣分任军事，如今朝廷找到了合适的人选。清廷已在巧妙地利用湘军大帅在军事和人事上的意见分歧试图削弱曾国藩的影响。

杨岳斌和彭玉麟一直存在矛盾，尽管胡林翼一度从中调和，但两人间的成见无法最终化解。原因主要在杨岳斌一方。他只是一介武夫，对于彭玉麟这个从军的书生怀有妒意。杨岳斌的官职先前高于彭玉麟。但在彭玉麟改任提督时，清廷赋予他统率文官的权力。杨岳斌恨自己不是文官，有事上奏还得由曾国藩转呈上去，言谈中常常流露出怅惘。

按照许多人的看法，杨岳斌所立的战功远远超过了彭玉麟，可惜文武相隔，是无法弥补的遗憾。不过文人也有不拘一格的时候，交口称赞杨岳斌，佩服他的才能和品德。现在杨岳斌终于满足了心愿，指挥军队专征，部属个个欢天喜地。

杨岳斌非常感激左宗棠的保举之恩。他听说席宝田上报浙江贼寇逃入江西的精兵多达八九万，而左宗棠先前奏报只有几千名贼寇从浙江逸出，认为席宝田的禀报侵害了左宗棠，便对他心生怨恨。

曾国藩和沈葆桢根据席宝田所禀将情况上奏清廷，并且派人飞报湖南和广东，提醒大家要防备贼寇精锐。

330

李世贤和汪海洋部进入江西，兵力确实不少，战斗力也确实很强。在杨岳斌赶到江西之前，湘军各部已针对太平军的部署分别进行了攻击和防守。

江忠朝和席宝田率部攻击崇仁的李世贤所部，边晓棠也收拢旧部参战。刘典和王文瑞率部从乐安向北推进，鲍超率部从丰城南下，约定在崇仁城下会师。

王沐率部从抚州攻打金溪，到达浒湾时，被太平军伏击打败。太平军包围抚州。王德榜和王开琳等部驻扎安仁，东扼贵溪，西图东乡。周宽世部驻扎进贤，守卫省城南昌。水师将领孙昌国率部驻扎弋阳，刘于浔率部驻扎盱水。这是湘军在江西用兵以来最为强盛的一次兵力部署。

杨岳斌率部到达江西时，又提议增兵八千人，由于军饷缺乏，没有实现。

西安将军多隆阿在5月18日因伤势发作而离开人世。清廷赐给他优等的抚恤和"忠武"称号，在陕西和甘肃为他建立祠堂。

多隆阿是齐齐哈尔人，转战湖北和安徽有功，为胡林翼所器重。他统领的部队多数是湘军，对太平军陈玉成部杀伤最大。他平生不识汉字，但通过耳濡目染竟然掌握了古代的用兵方法，料敌和决策如有神助。在旗人将帅中，所立战功可与僧格林沁和塔齐布比肩。

多隆阿统军十多年，所得的俸禄和赏赐都分赡将士，不曾拿回家里。每当有家书寄来，他拿到手里便撕个粉碎，说："别让它扰乱我的心神。"

多隆阿死后，清廷任命穆图善为荆州将军，统领多隆阿的湘军部队，率部回援湖北。

穆图善还负有一个使命，就是与刘蓉会同办理陕西的军事。固原提督雷正绾仍然率部与陶茂林和曹克忠部会师增援甘肃。清廷罢免了讷钦的职务，派将军都兴阿统领宁夏的部队。

陶茂林已率部完成在神峪河的作战，约雷正绾率部一齐攻打平凉城。城内的回民军向固原求援，集结八千精兵向湘军攻击。陶茂林部在米家沟拦截回民军获胜。回民军奔赴大和沟，遭到雷正绾所部阻击。雷正绾派骑兵出击，将回民军追到纸坊川，将之全歼。

随后，雷正绾等部逼近平凉扎营。曹克忠所部在长宁驿和马麻镇接连击败回民军。李云麟所部在仙河击败太平军，由于粮食已经吃完，返回兴安。

刘蓉还牵挂着四川的防务。当贵州的造反军攻击南川时，他增募湘军两千人，由曾志友和成耀星等人率领，增强秀山和綦江的防御兵力。清廷任命刘岳昭为云南按察使，唐友耕为云南提督，但两人都未上任，仍然留在四川驻防。

当时有多路太平军和捻军进入湖北境内。而由蓝二顺率领的顺天军从湖北郧西进入陕西，声言要为兄弟们复仇。

蓝二顺联合天国启王梁成富于 6 月份从小路行军，突然出现在距西安不远的大峪，把西安的清朝官员吓了一跳。清廷严厉责备刘蓉和李云麟，并留下穆图善的后队在陕西作战。

这支造反联军从长安附近的子午镇和沣河攻占户县，沿着山脚西行，金顺率骑兵拦截，将造反联军击败。

刘蓉见多隆阿旧部大半已东援湖北，便调李云麟所部从兴安增援省城。清廷又担心兴安与汉中兵力空虚，令李云麟部驻扎汉中，扼守华阳、佛坪和留坝一线，以防造反军入川。

李云麟防得了南，防不了北。聚集在陕南的各路造反军在陕西回民的引导下到达西安以南的杜曲，距西安不过六十里。

6 月 12 日，金顺与造反军在杜曲开战，在阵中斩杀七百人。造反军西撤退守秦渡。彭基品率部渡过沣河向造反军攻击，造反军奔向西北方向的户县，金顺和黄鼎率部追赶到周至的祖庵。

雷正绾和陶茂林部在甘肃包围了平凉，城内的回民军粮食已经吃光，药材已经用完，紧闭城门不敢出战。湘军搭起云梯登城，于6月22日攻克平凉。回民军向西北撤退，防守瓦亭，于6月24日攻克瓦亭。

在此之前，在瓦亭以西的靖远，回民军首领张保隆向恩麟请降，用计进占了盐茶和固原两城，臬司杨柄锃和总兵穆隆阿受降。固原位于瓦亭以北，标志着甘肃北路已无回民军。湘军便向南开赴张家川。

西安附近再次告急，太平军分别占据楼观、黑水和西驼峪，军营绵延四十里。刘蓉将萧庆高部调到户县作战，由穆图善部协助。

6月23日，刘蓉出城指挥军事，大举征调各路将领，包括钟玉胜、曹克忠、孟宗福、何胜必和黄鼎等部，新旧混杂。

6月29日，刘蓉亲率刘厚基的湘果营会同穆图善部攻击店子头的太平军，被对方击败，何万春中炮身亡。王谟、米方多尔和济苏彰阿受伤。金顺率骑兵左冲右突，湖南将领唐友胜从侧面夹击，才将太平军击退。

从这时起，清廷许多大臣议论刘蓉有名无实，不可重用。清廷下诏垂询骆秉章的看法。骆秉章回答：有什么才干，就给他什么职务，人人都可派上用场，不能放弃。

6月份，贵州的苗民军攻占天柱和玉屏。

331

太平军坚守着在浙江的最后一个堡垒湖州，在太湖湖畔发起一系列攻击。6月份他们多次攻击长生桥的湘军军营，被蔡元吉所部击退。他们又趁虚向东南方出兵，袭击菱湖的湘军水师。高连升派洋枪队协助水师防守。正好杨道洽部从余杭开到菱湖。太平军见湘军有援兵到来，便退回湖州。

蔡元吉率部攻打袁家汇，接受了七百多名太平军投降。刘培元率部攻打太湖塘和杨溇的敌垒，全部攻破。太平军向西撤往梅溪和泗安。

湘淮军的水师和陆师这时驻扎在夹浦。湖州太平军向东边的南浔运动，湘淮军水师东援。太平军掉头前进，西奔长兴，企图与广德的友军会师。郭松林分兵将两支敌军击败，主力继续向长兴推进。太平军回头阻击，在长兴城门口被郭松林所部击败。郭松林下令在西北门修造浮桥渡水。

6月26日，郭松林部完成了对长兴的合围，然后发起攻坚战。太平军从城内掷火焚烧湘淮军攻城的器械。郭松林督促军士冒火攀上城墙，付出了伤亡几百人的代价。

湘淮军登上城墙后，太平军从西门突围逃走，放弃长兴。

湖州太平军知道已无生路，分兵北上江苏，另派兵至南浔，然后集中兵力在荻港抵抗蔡元吉的进攻。广德的太平军援兵驻扎泗安。杨昌浚部从牌头开到桐岭扼守，令刘璈等部从武康西攻孝丰。

黄翼升从淮扬水师返回了长江水师。孙昌国率内湖水师攻克了江西的贵溪。杨岳斌到达南昌，陆师大将鲍超已经打败江西太平军，水师无事可干。杨岳斌闲下来了，为了报答左宗棠的知遇之恩，上疏弹劾给左宗棠惹了麻烦的席宝田，说他不听调度，朝廷将他连降三级。这个武职官员再一次表现出心胸狭窄，一旦坐上高位，便假公济私，发泄私愤。

左宗棠身为闽浙总督不得不关注福建的局势。陈炳文和汪海洋部在4月份进军江西时已经袭击了福建边界，使福建西北部的光泽、建宁和宁化一线大受影响。于是左宗棠在6月份令康国器部开往福建西北部的重镇邵武，又派张运兰部开往福建西南部的汀州。

太平军大举深入江西，也使湖南的官府感到了紧张。恽世临下令增募部队驻防，兵力超过两万，分别驻扎在各府。

自从有了厘货盐茶税这个财源，湖南的官员充实了公库，也喂饱了私囊。这个省供养的部队越来越多，将士坐在军营里无须作战，比清军绿营更为刁滑懒惰。一些将领通过谄媚取巧升官发财。咸丰年间，巡抚忌讳向朝廷上报有太平军进入本省。自从毛鸿宾任巡抚以后，风气彻底改变，每次上奏必言"东西同警，群寇迭至"，巴不得把形势说得恶劣无比，便有理由供养更多的部队，提拔更多的武官。

许多人认为战争不利于财富的增长和积累，其实财富并没有在战争中消失，只是通过战争进行了重新分配。这种分配当然带有暴力性，而决定性的调控能力只有独裁的军事首领才能获得。中国军阀深谙其中的奥妙，他们从中享受的乐趣是别人无法理解的。就咸同时期而言，在内战中作战双方为了解决军队吃饭问题而采取的厘金制度使军人只要在道路上设卡就能合法地把手伸进商人的腰包。这种取财之道延伸到和平时期就成为强权者聚敛于民的一种定式了。

湘军大帅们通过历年征战，完全想通了财富不灭的原理。在他们眼里，战争不但没有带来贫穷，反而挖掘出了巨大的宝藏。

332

湖南一省有山有水，百姓自古吃稻米、喝鱼汤，虽无富豪之家，也不至于饿死。这里的官府收不到多少赋税，一省的收入只比得上江浙的一个大郡。

但自从太平军兴起，湖南便成为清廷军饷的一个大源头。一开始靠的是捐输，平头百姓捐钱做官来支助军队。后来采用了起始于扬州的厘金法来供给军饷，较之于依靠捐输似乎是个更好的法子。

有人认为捐输其实是个笨法子，流敝很大，伤风败俗。胡林翼说："如今谋划军事的人都喜欢谈论团练，说到军饷则急于从捐输获得。因为这样能得到大笔的钱财，不用费什么力气就能取利。如果朝廷怀着无本取利的心思，则政事就会腐败，命令刚下，百姓便会暗中窥探。"

而且捐输的获得并不容易。索求捐输必然会避开富贵权势之家。曾国藩创建湘军之初，大义凛然，想要抑制豪强，摧毁官官相护的关系网，命令已故总督陶澍家带头捐献一万两银子给乡人做个榜样。陶澍的儿子找巡抚告状，把家里的田产文券送给藩司，官员和读书人纷纷抗议，曾国藩不得不作罢。

后来湖南布政使李榕提倡大户领先捐米，当时曾国荃号称拥有一百顷田地，按照法律属于上等人家，当在应捐献之列，可是李榕无法过问此事。而他作为首倡者，立刻成为权贵们的眼中钉，京城的流言终于毁掉了这个官员。

这样一来，捐输的实行会使好心人受到盘剥，却肥了不肖之徒。实行的时间长了，剥光了好心人的银子，就不会有什么效果了。总计全国每年得到的银子不过二十万两。清廷发现这个办法为害政治，于是宣布停止。

然而，自从1851年以来盛衰相参，民间捐输的银子总计也有了一千万两。因捐输得官的人其实并不多，比军功保荐的还少了十分之三，而他们的才智、为官之道或许还强过正途得官的牧令太守。所以说，捐输为害政治不假，却未必给吏治带来了什么混乱。

雷以諴在扬州用了钱江的计谋，上奏确定商税和关税的税率，本钱一千而取三十，也就是按本金的百分之三收取。向店铺收税则是按收入的百分之一收取。厘金的意思是每金取一厘。

扬州虽然是厘金的发源地，但是实行最得力的地方却是湖南和湖北。后来东南各省纷纷仿效，军饷缺乏不找农民要，而找商人要，对农民宽松，对商人严格，对内宽松，对外宰割。

曾国藩率部于1854年底攻克武昌，攻打九江，便令胡大任、何玉棻和孙谋在汉口办理厘金。百姓向总督杨霈告状，杨霈下令逮捕胡大任等人。胡大任是礼部主事，好歹有些来头，曾国藩也行文给杨霈为胡大任争辩。杨霈不得已，便把过错推到藩司头上。

不久，太平军又攻占了武昌和汉口，厘局便在湖南兴起。郭嵩焘特别喜欢谈论厘金，倡议起用士人，派他弟弟郭崑焘辅佐总局，而府县厘局任职的人都是诸生，容易与商人相处。院司虽然也担任委员，不过是挂个空衔而已。后来官员们略为资助一些薪饷，再后来陆增祥总管省局，才把权力交给官员，诸生也都因保荐而得到官职，一个个文质彬彬，衣冠整齐，簿册井井有条，下级服从上级，但税收却越来越少。

布政使吴元柄和涂宗瀛削减办公经费，灯油和茶叶令他们自行解决，每年也能省下一千多两银子。然而湖南的厘税起初每年能收一百三十万两银子，到了陆增祥和吴元炳时每年只有一万两银子。

江西物资丰饶，面积广阔，起初湘军靠着江西供饷，而后来该省多次受到战火摧残，不能长期供饷。湖南的军需得到充实是从湖北开始的，后来打开了上海这扇门，都是靠厘税供给，这就是吃军队所在地的租税。

湖北有四川这个近邻，得天独厚，多数厘税都是从川盐而得。在和平时期，淮引正课不超过三十万两银子，还天天抱怨盐税太重，拖欠的税收年年积累。太平军占领江南以后，盐运阻塞，四川的盐靠着船运沿长江而下，官府便在沙市设立厘局，尝试抽税，将多余的钱交给官府开支，每年增收的银子多达一百多万两。当时湖南也使用广西的私税，院司打算照湖北的办法收取，但无法仿效，然而每年也能收取三四十万两银子。

1857年，骆秉章采纳左宗棠的提议，首次减少湘潭浮折漕粮，确定军需公费，先前私取十五者全部改为公取一，藩司以下的官员兴高采烈。

当时湖南因交通阻隔，与外界联系很难，凡事由巡抚独断专行，骆秉章决定实行这个方案，便修改征收公粮的章程，每年增收了二十多万两银子，百姓便减少了几百万两银子的赋税。湘军再次攻克武昌之后，胡林翼也仿效实行。曾国藩在江西也仿效实行。湖北和江西的税赋翻了几倍，所以湖南也增加了许多银子，但这些银子都用于打仗，百姓并没有得到多大的好处。

后来骆秉章总督四川，设立夫马局，津贴捐输就更是拙劣的办法了，不仅仅是因为本身就很难办。舍本逐末，竞争利益，也要看什么样的人，使用什么样的法子，才能取得成效。

333

战争涂炭生灵，影响民生，却没有消灭财富。战争是财富重新分配的过程。军人的收入增加了，百姓踊跃参军。部队打了胜仗，收缴的金币和珍货不可胜数。

湘淮军攻克苏州时，一名主将卖掉的废锡器达二十万斤。所有人卖掉的加起来就有一亿斤了。凡是战胜之师，都无须等待别人供给军饷。

湘军初起时从南海调来水师大将，湘军设宴欢迎，商议开支两万钱，还为费用太高而叹息。当时江南粮台委员从苏州前往金陵，拥有八所公馆。帷帐姬妾不用跟随迁移，各处都有现成的，因此才会被太平军打败。

而湘军起于贫苦，将士一同忍受饥饿，转战五千里，军饷都靠厘金供给。尽管大帅们频频奏请向四川和广东征调军饷，但都被当地的督抚所把持，指望的数额实际得到的不到十分之一二。

刘蓉和蒋益澧是个例外，他们出身于四川和广西的监司，得到了总督的协济。刘蓉在陕西作战，四川不再为他供给军饷。蒋益澧率部进入浙江，屡战屡胜，饷源自然丰厚。

湘军起于寒酸，终于富有。攻打捻军时，清廷的京官来到湘军和淮军当中，将领们都给他们送礼，动不动就拿出一万两银子。看一个大帅是否有能力，只要看他筹饷的手段就能知道了。

五口通商，中国每年收入七百万两银子，加上货厘盐税又可得一千万两，而刨去军费和官府的开支，俭省节约，藩库扣留下来的也会有一千万两，所以说国家的富裕莫过于当时。

算账的人看不到大头，听信了小官吏所说的假话，说什么财政困难，费用浩繁，收支不能平衡，漏洞无法堵塞，没有战事而蓄养军队，舍本而逐末，制造船炮徒费银两，耗尽了国库收入，不懂得筹划计算。这种说法实在难以令人信服。

湘军筹划军饷确实十分艰难，但后来人人都很富足，将近一百人拥有十万两以上的资产，应该领取的薪饷还没领到的，就换一个县官来当，所花的银子动辄几十万两。

厘金兴办之初，官府在码头设卡严密盘收，却不敢过问高官和清廷使者的船舶。但是贵宦的家人、姻亲和仆从却难免遭到盘查，不能公然逃脱。御史们便以损害商人和百姓为由纷纷呈上奏章，请求停止征收。

曾国藩刚任两江总督时无处获得军饷，黄冕建议把湖南的厘税增加到十分之三，称之为东饷，专供曾国藩所部。刚刚提上议事日程，骆秉章支援四川去了，文格继任巡抚。他与曾国藩和胡林翼关系不好。曾国藩担心自己的力量不足以责令他，便提醒黄冕不要与新任巡抚结怨，以免无法提高厘金。

黄冕和裕麟等人既已提出建议，便不等报告就设立厘局，增加税收。恰值文格和翟诰相继被清廷罢免，毛鸿宾出任巡抚，恽世临又继任，都是新进的官员，要依靠曾国藩来巩固自己的地位，而黄冕等人所起用的收税官员也是强悍而无所顾忌。如果有人聚众捣毁厘局，殴打官员，便出动炮船和绿营兵前往弹压，重设厘局。地方官员纷纷协助捕人治罪。商贾纳税争先恐后，全部用于供给湘军。

厘金的出入连藩司都不得过问，只能在账目的末尾签个名。

厘金成为一个主要财源之后，各省都争取对它的使用权，以至于上一年曾国藩为争军饷与沈葆桢闹起了矛盾。两人都上疏互相攻击，并以弹劾自己、请求罢官相要挟。清廷不但没有责怪他们，反而居中调和，为他们解决实际困难。

本年7月，湘军攻克金陵，湖南巡抚所上的第一道奏疏就是请求免除本省的东饷。曾国藩裁撤湘军多少与此相关。各地厘局也频频接到清廷的诏命纷纷裁减，以断绝军队与民争利的渠道。然而舆论的指责仍然没有停止。

后来，左宗棠率湘军西征，有意仿照东饷加税，湖南巡抚置之不理，这件事也就作罢。然而各省仍然用厘税供应军饷，只是由于战事平息，税收才日渐减少，但仍然承袭下来，不肯罢休，已经背离了当初开征税收的意图。

334

盛暑的日子到来之后，清廷的决策者们也和天气一样焦躁。他们认为曾国荃湘军对金陵的攻击眼看就要大功告成，却不料节外生枝，河南的捻军攻进了湖北，安徽的太平军又深入江西。清廷担心金陵一日不克，对全局产生的影响总是十分恶劣的。大臣们议来议去，决定在金陵再加一把火，于是清廷下诏，令李鸿章率部会攻金陵，以强势的兵力对太平天国的国都发起致命的一击。

金陵城下的湘军将领眼见得攻下金陵已是指日可待，耻于借用李鸿章湘淮军的力量，当然也是不愿把莫大的功劳分出去一部分。就金陵城内传说中存在的巨大财富而论，他们也不愿让别人染指。

李鸿章这时已有足够的历练，也有足够深邃的眼光，不愿与曾国荃去争一时之功。他拿定主意要把这份曾国藩通过十年征战才赢来的大功完整地保留在曾家兄弟手里。于是他随便编了个借口，说天气太热，不利于使用火器攻城，拖延着不向金陵进军。清廷却不管是谁攻下金陵，只要早日攻克就行，连连催促李鸿章，甚至用上了激将法。

清廷的激将法没有激起李鸿章的功勋意识，却把曾国荃激得忧愤不已。同时他又把自己的忧愤传染给手下的将领，叫大家拼死一搏，一定要赶在湘淮军到来之前结束战役。

曾国荃每天派出大批将士挖掘通向城内的地道，指望一举破城。在他前面还有一个最大的障碍，就是龙膊子石垒，也就是太平军所说的"地堡城"。湘军没有占领这个堡垒，总是容易遭到敌军突袭。为了将敌军压制在石垒里面，曾国荃下令日夜发炮轰击地保城。

7月3日，李祥和等将领对石垒发起攻击，占据地堡城，在上面修造炮台，俯瞰城内。从这里开炮轰击城堞，很容易将城墙轰塌。

曾国荃担心军心懈怠，突生变故，又催促李臣典等部在炮火密集处悄悄挖掘地道，环城排列队伍，形成十几道阵线，把湿芦苇堆积起来，在上面覆盖沙土，堆得与城墙一样高，扬言要通过土堆登城攻击，以此迷惑敌军，使他们防不胜防。

长沙人吴宗国为了测定挖掘地道的方位，冒着弹雨冲到城下测量，为地道工程提供了准确的数据。

进入 7 月以后，久旱无雨。曾国荃在露天下祈祷，然后说他看到天空中出现了一条龙。他是否真的看见了龙自然是个疑问，但是大雨倾盆而下，为他的说法提供了可信度。

7 月 18 日，地道挖掘成功。当夜，曾国荃正在睡觉，似乎听到有人叫他，突然惊醒，好像被人催促着奔到地道口向部队报警。

果然，当晚李秀成率部出城袭击敌营，派军士携带火蛋焚烧芦蒿，伍维寿和彭毓橘分别出击，才避免一次火灾。但邵阳人郭鹏程在潮阳门外中炮身亡，终年三十四岁。李臣典腰部中弹，伤势严重。

7 月 19 日，曾国荃令围攻部队一百营全部进入战斗状态，令朱式云起草了一份命令，告诫各部，并悬赏募集敢死队在城墙倾塌时率先入城。这道征集令得到了热烈的响应。

曾国荃召集将领签署军令状，朱洪章署名第一，武明良署名第二，刘连捷署名第三，李臣典、伍维寿、谭国泰、沈鸿宾、张诗日和罗雨春依次署名，九位将领誓死先登。

中午，曾国荃下令引爆地道里的炸药，将城墙炸崩二十多丈，砖石如雨一般落下。李臣典身带重伤，与诸将率部争先登城。朱洪章率所部长字营、胜字营和焕字营共一千五百人从缺口首先冲入，太平军仓促从城头抛掷火药，倾盆而下，爆击湘军。朱洪章所部士卒死亡四百多人，总兵王绍羲等将领阵亡。湘军敢死队被迫稍稍后撤。

彭毓橘和萧孚泗杀掉几名退后的军士，敢死队又拼死冲锋，从城墙缺口杀了进去。朱洪章令部队团团结阵，旋转前进，冲垮一排排太平军。他的部队和沈鸿宾、罗雨春等部从中路攻击，在天王府以北。刘连捷、张诗日和谭国泰等部从右路攻击，沿台城杀向神策门。适逢朱南桂等部搭梯攀城攻入城内，便一起攻取仪凤门。左路分为两支，彭毓橘的慎字营从内城杀向通济门，萧孚泗等部夺取朝阳门与洪武门，将防卫城墙之敌全部斩杀。此外还有罗逢元等部从聚宝门杀入，李金洲所部从通济门杀入，陈湜和易良虎所部从旱西门和水西门杀入。

李秀成领兵奔向旱西门，被陈湜所部阻挡，便掉头奔向清凉山，藏匿在民房里。

黄翼升的水师攻夺东关，乘胜杀到旱西门，与陈湜等部会合。至此为止，金陵的九座城门全被湘军攻破。

天已黄昏，太平军四散逃走，有的出城，有的返回子城防守。

夜半时分，太平军纵火焚烧天王府，突围而出。黄润昌等部站立在龙广山的露天之下，袁大升等部沿着城南巡逻，遇到逃跑之敌便过去拦截，斩杀几百人。

伍维寿、张定魁和黄万鹏等部向东南追敌，抵达淳化和湖熟，擒杀李万材等几百人。伍维寿以提督记名。

留在天京城内的太平军大部分自焚，或者投入池水和井水。

洪秀全的儿子洪福瑱年方十五六岁，太平军残部带着他奔向金陵东南方安徽境内的广德。这个少年本名"天贵福"，所刻的印章上称为"洪福"，下面刻了"真王"二字，从左向右排列，别人误将两字合为一个"瑱"字，所以称他为"洪福瑱"。湘军将领也误读了这两个字，于是在奏折和诏书中对天王之子都是如此称呼。

太平军纵火焚烧城内的王府，为了"不留半块烂布给清妖享用"。曾国荃传令关闭城门，不许敌军出逃，同时扑救天王府的大火。火灭之后，找到两方玉玺和太平天国金印一方。萧孚泗的吉字营搜捕到天王兄洪仁达和忠王李秀成。

按照曾国藩的说法，金陵一役，杀死贼寇十多万名。所有在金陵的王爷、主将和天将，以及天国的大小官员三千人都死在乱兵之中。金陵城内的居民仍有几十万人。

335

进入金陵的湘军成了一支强盗式的军队，如同一群贪暴的豺狼大肆抢劫，把钱财一抢而空。然后放火焚烧，大火七天七夜不熄。萧孚泗抢走了天王府的金银，举火一焚，毁灭证据。一座保存着中国古文化的六代繁华的东方名城全部毁在他们手里。

江浙是天下财富最集中的省份，而金陵作为十朝古都，由太平天国经营十多年，金银财宝堆积如山。曾国荃部在这里得到的钱财是一个难以统计的数字。

关于金陵的浩劫，曾国藩和官文在联合上奏给清廷的折子中说：这次攻克江宁，十多万贼寇无一人投降，甚至聚众自焚。李秀成在其供词中则说，金陵被攻占之前，全城军民不过三万多人，太平军一万多人，而且大部分已是病饿交加，能守城的不过三四千人。李秀成是天京保卫战的总指挥，他提供的数据应该是比较可信的。

李秀成被俘后在木笼里写的《自述》中提到，金陵城内有圣库一座，里面都是天王的私藏，天王的长兄和次兄还各有宝库一座，传说里面装的都是稀世珍宝。

曾国荃下令攻城时没有宣布纪律，当曾国藩得知弟弟纵容部下烧杀抢掳时，便对他加以训斥，而他辩解道：立功的将士太多，朝廷拿来奖励的官职太少，而且其中很多只是虚职，五个实缺就有一万多人排队等着，那么这些大兵吃什么？拿什么养活老婆孩子？

听了弟弟这番话，曾国藩只好叹息说："凡是带兵的人都免不了中饱私囊，我无法禁止别人的这种行为。"他无法要求别人做圣人，只好独善其身了。

抢来的财物要运送回家，湘军水师的上行船大部分都为湘军运送赃物。曾国荃规定，士兵托运的行李水师无权检查，只有他的监察部门可以检查。他委任的监察官员当然是睁一只眼闭一只眼，收了几坨银子的贿赂便放行，大家皆大欢喜。

早在攻打吉安时，吉字营的士兵就用马队护送赃物回湖南；打下九江以后，大部分将士走水路运赃；后来不敢明目张胆地用水师的船只运了，就雇用民船运送。攻克安庆以后，有的将士甚至与洋船搭上了线，将金银珠宝一箱箱运到城陵矶，在那里有专门的保镖取货，再将赃物护送回他们的老家。

前面说过，湘军将士的薪饷本来就很丰足。他们在外面打仗，个个都有银子捎回家。营官周凤山带兵不到三年就发财了。水师统领彭玉麟在湘军攻克金陵时就拥有了六十万两银子。可见，在湘军中只要当了点官，带了个"长"字，就会很富裕。胡林翼在论及湘军对军官实行"高薪养廉"的政策时说："不宽博，不足以养廉耻。"

在曾国荃的部队里，官阶越高越是贪心，军营中流传着"顶红心黑"的歌谣。上梁不正下梁歪，当兵的就去搜刮老百姓。参将、游击和都司一类的军官所得的饷银，加上他们一路掳掠的银子，平均每人都有了十二万到二十万两的积蓄，把总、千总和守备平均收入则有七万到十万两，就连一个普通的小兵，饷银加上掳掠所得，每人也有两万到五万两银子。难怪湘中地区出去当兵的人家家盖起了大瓦房，购置了几十上百亩的田产，喂了好几头水牛。

乡下人子女多，送一两个去打仗，就算死在战场上，家里还有儿子延续香火，做父母的不在乎。在这种观念驱使下，尽管湘军将士在前线每天都有大量的伤亡，但补充的兵员仍然是源源不断。

湘乡大坪人章合才1856年从军，到打下金陵时因战功而当上了提督，大肆搜刮江浙的民财，然后用船运回湖南。他在衣锦还乡时，先将财物用船运到涟水码头，然后动用一百多辆独轮车从银田寺码头起运白银回到老家。银子多得不知如何花，就在乡间建起一座豪宅，共有四十九个天井，一百零八间正屋和两百间外屋，占地六千亩，其气势可与白杨坪的曾侯府邸媲美。陈湜耗银一百万两建庄园、购田地，被人称为"陈百万"。

曾国荃的部属带着大量银子还乡，互相攀比奢侈，有的一夜在赌桌上输掉几万两银子，把一个本来注重农耕和文化的湘潭搅得乌烟瘴气。

吉字营五万将士的烧杀抢掠疯狂到了无以复加的程度，连友军都看不惯了。曾国藩当然是明白这种情况的，"升官发财乐呵呵"，是他这支部队的动力。他在1857年给皇上的奏折里公开宣称：湘军的将士认为军营是图名图利的场所，把打仗当作日常的事务。

湘军大将李续宜也向曾国藩陈述过他的看法：作为一位名将，没有十万两银子的收入，他不会出来打仗；出来之后，每个月又要另外给他一万两银子供他花销。

湘军攻进金陵时，曾国荃无法约束部属的行为。湘军将士将抢来的金银珠宝和江南女子一船一船地运往湖南，连曾国荃自己都觉得局面难以控制了。湘乡至今还有这样一个传说：一千多名江南美女被掠送到湘乡之后便下落不明。经纪人拿着银两跑了，一千多名美女被转卖到了别的地方。光棍们花钱买美人做老婆的妄想全泡了汤。

湘军将士说，曾国荃率领吉字营官兵孤军深入，围攻了两三年，大家是拿性命换来财宝和美人。如果曾国荃要让他们人财两空，无异于要他们的命，军队很可能发生哗变。

湘军将领有了钱，有的就不再为清廷卖命，回家舒服度日。萧孚泗就是一个例子。他在湘军攻克金陵后丁父忧回家，从此不再复出。湘乡人谭国泰得了提督的官衔，在撤营以后也回家养伤，在家终老。

当然，湘军将士并非个个贪婪，清廉者也大有人在。杨岳斌就是一个例子。

杨岳斌是行伍出身，本来没什么文化，但他在提倡读书的湘军中努力学习，渐通文字，甚至能够写诗。湘军攻克金陵以后，他看着许多将领掠夺巨资还家，一点也不眼红。他后来作了一首《归潭州》，用以自白。诗中说："借问归来何所有，半船明月半帆风。"

336

湘军攻克金陵的捷报传到清廷以后，清廷自然大大地庆贺了一番。国际上报道了这个消息。英法两国在中国的官员也来庆贺。

在湘军攻克金陵之前，英法两国多次提出派兵协助，还提出调印度兵增援，都遭到曾国荃拒绝。对于协助太平军的外国人，曾国荃令部队不加分别一概攻击，将他们与太平军同时歼灭。

曾国藩和官文联合上奏说，洪秀全倡导叛乱长达十五年，窃据金陵的时间也长达十二年，影响非常广泛。而本朝的武功强盛超过了前古，屡次削平大难，在史册上大放光彩。嘉庆时期的川楚之战仅仅影响到四省，丢失的城市不过十几座。康熙时期的三藩之战也只影响到十二省，丢失的城市也只有三百余座。而太平军的变乱影响多达十六省，丢失的城池多达六百多座。太平军中有许多勇猛的战将，如李开芳防守冯官屯，林启荣防守九江，叶芸来防守安庆，都是坚忍不屈。这次攻破金陵城，十多万太平军没有一个人投降，甚至聚众自焚，毫无悔意，实在是古今罕见的巨寇。朝廷的军队能够将他们逐步荡平，铲除元首，都是因为文宗显皇帝盛德宏模，打下了戡乱的基础，而宫廷极为节俭，却不惜用巨额军饷招募战士；朝廷对官员的管理虽然极为慎重，却不惜破格提拔有功之臣；朝廷的谋划虽然极为精密，却不惜委屈自己而听从将帅的计谋。

这份奏章把湘军的战果全部归功于清廷，歌功颂德一番，是典型的官样文章。但是其中谈到对手非同寻常的顽强和造成的巨大影响，却是颇为真实的描述。

曾国藩把湘军各位将领的功劳上奏清廷，按照所俘太平军将领李秀成的说法，上奏洪福瑱已死。

浙江和江西的各路军队都想夸张太平军余部的势力，报告洪福瑱实际上并没有死去。于是清廷得到了不同的奏报。

清廷下诏说，官文和曾国藩红旗奏捷，攻克江宁省城，览奏之余，与天下臣民同样深为欣喜。洪秀全从道光三十年倡乱，从广西奔向两湖和三江，袭击直隶和山东，百姓惨遭荼毒，云云。文宗皇帝命两湖总督官文为钦差大臣，与湖北巡抚胡林翼肃清湖北上游，胡林翼驻扎宿松，筹办东征。又任命曾国藩为两江总督钦差大臣，统一号令，功绩与日俱增。咸丰十一年七月，文宗皇帝龙驭上宾，当时已经丢失一半的江浙郡县，朝廷任命曾国藩为协办大学士，节制四省军务，权力出自一人。该大臣自受任以来，即建议从上游分路进攻，命令彭玉麟、杨岳斌和曾国荃等人水陆并进，接连攻克沿江的一百多座城市和关隘，斩杀外援之敌十几万人，合围江宁，断绝了城内的接济。六月十六日，曾国荃攻克金陵。据俘虏供称，洪秀全其实已于本年五月服毒而死，洪福瑱继位，城破后穿上官军号衣从太平门缺口冲出。曾国荃加派骑兵追到淳化镇，擒获烈王李万材，据他的口供，李秀成之兄伪巨王、伪幼西王、伪幼南王、伪定王、伪崇王和伪璋王趁夜冲出，被官军骑兵追上，将各头目全部杀毙。其余两广和两湖多年的悍贼，经各将士于十七八日全部搜杀。

诏书说，曾国藩等人栉风沐雨，艰苦备尝，所以要给予特别的奖赏。

钦差大臣、协办大学士、两江总督曾国藩，从咸丰三年在湖南首倡团练，创立水师，与塔齐布、罗泽南等人一起屡建大功，保全湖南郡县，攻克武汉等城，肃清江西全境。东征以来，从宿松攻克潜山和太湖，进驻祁门，接连攻克徽州郡县，然后攻克安庆，作为根据地。命令水陆将士进占下游各州郡。有幸大功告成，诛杀反叛首领，实在是由于该大臣筹策无遗，谋勇兼备，知人善任，调度得宜。曾国藩着赏太子太保衔，锡封一等侯爵，世袭罔替，赏戴双眼花翎。

清朝开国以来，文臣封侯，曾国藩是首开先河。

浙江巡抚曾国荃，以诸生从戎，随同曾国藩在数省作战，功绩颇著。咸丰十年在湘乡招募勇丁，攻克安庆省城。同治元年和二年接连攻克巢县、含山与和州，率水陆各军紧逼金陵，驻扎雨花台，攻拔伪城。洪秀全大部队包围军营，苦战数月，奋力击退。本年正月攻克钟山石垒，收拢对金陵的包围圈，督率将士鏖战，开挖地道，亲冒矢石，攻打半月之久未曾后撤，实属坚忍耐劳，公忠体国。曾国荃着赏太子少保衔，锡封一等伯爵，赏戴双眼花翎。

记名提督李臣典，在枪炮丛中抢挖地道，誓死杀敌，从倒口首先冲入，众军随之，因而得手，实属谋勇过人，着加恩锡封一等子爵，赏黄马褂、双眼花翎。

萧孚泗督办炮台，首先夺门而入，并搜获李秀成、洪仁达，实属功劳卓著，加恩锡封一等男爵，赏双眼花翎。

记名总兵朱洪章赐黄马褂，授予骑都尉世职，有提镇职位出缺时首先题奏。

大帅们评论攻入金陵的功劳，李臣典以决策居第一，萧孚泗以先入为第二，朱洪章直攻天王府以北，率部短兵巷战一昼夜，搜杀敌将最多，功列第三。

许多将领为朱洪章打抱不平。朱洪章说："我只是一介武夫，由行伍升为总兵。如今幸好东南已经平定，我身经百战，还能活下来，已经要感谢老天格外保佑，还争什么功呢？"

诏书对其余一百二十多名文武官员都给予了不同程度的评功晋级。吴国宗冒死为地道测量数据，以提督记名，授予一品封典。黄润昌以按察使使用，加授布政使官衔。黄万鹏以总兵记名简放。二十六岁的陈湜升任道员，以按察使记名。

对于其他各路部队的统帅和封疆大吏，清廷也给予了奖赏，理由是他们共济时艰。

钦差大臣科尔沁亲王僧格林沁加赏一贝勒。钦差大臣、大学士、湖广总督官文，以及江苏巡抚李鸿章，都锡封一等伯爵，赏双眼花翎。陕甘总督杨岳斌和兵部侍郎彭玉麟都赏给一等轻车都尉和太子太保衔。四川总督骆秉章赏给一等轻车都尉和双眼花翎。浙江提督鲍超赏给一等轻车都尉。西安将军都兴阿、江宁将军富明阿、广西提督冯子材都赏给骑都尉。京口副都统魁玉赏给云骑尉。漕运总督吴棠赏给头品顶戴。

但是，闽浙总督左宗棠、杭州将军国瑞和江西巡抚沈葆桢在清廷的这次额外加恩中没有得到实际的好处，只是得到了表扬，理由是要等到他们肃清浙江和江西的贼寇以后再行加恩。清廷把恩赏悬而不发，要让他们用更多的军功来博取。

337

湘军攻克金陵以后，从金陵出外作战的各路太平军基本上都已瓦解。

曾国藩在奏捷声中走出了安庆，来到金陵。

曾国藩所办的第一件事情就是派人寻找洪秀全的尸体。他根据一名宫女的供词找到了葬尸之处。验明正身以后，湘军士兵将这位已无知觉的一代英豪抬到长江边上戮尸，然后浇油焚烧。这时突然狂风大作，江上怒涛汹涌，紧接着电闪雷鸣，大雨滂沱，湘军士兵无不恐惧。但不久后云开日出。

曾国藩很快就发现，洪秀全娶了八十八个妃子，比清廷皇帝的妃子还要多；乘坐八十二人抬的大轿，比清廷皇帝还多用一名轿夫。官轿出行，军民避之不及，都跪在道旁。他手下的大员可以不断娶妻，无职人员却只能娶一名妻子。

李鸿章攻下苏州时，曾惊叹李秀成的忠王府有如神仙洞窟。可是金陵的天王府更是建制宏大，极尽奢侈，吃饭使用金碗、金筷，盥洗使用金浴盆，出恭使用金马桶和金夜壶，宫廷官吏多达一千六百多人，宫女多达一千多人。洪秀全的天王谱摆得比清廷皇帝还要大，连曾国藩也不由感到惊诧。

曾国藩再一次看到了太平天国运动失败的原因，他发现这个造反的统治集团只知军事的利弊，不懂文化的伟力。他们不仅在辖区内焚烧文庙、劈开孔子牌位，还将江宁学宫改为宰夫衙，用来供人们宰牛屠狗，"以狗血尽淋孔孟之头"。洪秀全一点也不懂得笼络读书人，蔑视所有传统文化的价值。

曾国藩在 8 月份亲自审讯李秀成、洪仁达和洪仁发等人，议定罪名以后，将他们全部处死。

李万材在供词中说洪福瑱已经死亡，而江西和浙江的湘军纷纷争辩，说洪福瑱没死。左宗棠和沈葆桢分别上疏讽刺曾国藩。

曾国藩上奏说，他抵达金陵以后，接见诸位将领，见他们的脸色无不憔悴可怜。他给诸位将领宣讲皇上仁爱，多方抚慰，既夸奖他们可怜可敬的功劳，又以忘死忘劳的大义加以勉励。

曾国藩在奏折中谈了对洪秀全戮尸焚尸的经过之后，又说洪秀全宫中有一名姓黄的婢女是道州人，就是她亲手埋葬了洪秀全。他亲自询问这名婢女，据其招供，洪秀全经年不见臣僚，四月二十日因湘军猛攻金陵服毒身死，秘不发丧，十多天后才宣布。洪福瑱在屋子周围堆积薪材，打算在城破时自焚，与其他人的口供都相吻合。连日来在宫殿的灰烬之中反复搜寻，茫无实据。查看其金印和玉印，都是在巷战时夺取过来的，又好像已经逃出宫殿。

李秀成供认曾携带洪福瑱出城，后来分开了。不过，这次逃奔的太平军仅有十六日夜间从地道缺口逃出几百人，湘军有骑兵追到湖熟，已经全部围杀。从十七日以后，曾国荃便将缺口封砌，关闭所有城门，搜杀三天。

曾国藩认为，洪福瑱是十六岁少年，即便没有丧生于烈火，也必定已死在乱军之中。

曾国藩说，李秀成被擒后，各营投降的士卒，以及城外附近的居民，人人都认识他，围观的人堵塞了道路。经过多日审讯，他亲笔写下几万字的供词，陈述太平军的始末，对于他本人作战的情况讲述得甚为详细。又力劝官军不宜专杀两广人，否则太平军更加孤立，造反者更加顽固，战事没有止境。他的说法颇有可以采纳之处。这些天来，办案的文武官员都请将李秀成用囚车押送京城。连来道贺的洋人戈登和威妥玛也希望把他押送京城。

但曾国藩有不同的看法。他说，李秀成只是一个小丑，不必把这样的俘虏献给朝廷。从来解送京城的要犯必须以好言劝诱，许以不死。李秀成知道自己没有逃脱一死的可能，有可能在途中绝食而死，或者夺路而逃，反而会逃脱一个该杀的要犯，留下巨大的祸患。而且李秀成熟悉权术，很会笼络人，颇得民心。城破以后，乡民出于同情而将他藏匿起来。萧孚泗的部下抓到李秀成以后，乡民竟然将亲兵王三清扔到水里，好像代李秀成报仇而泄私愤。李秀成被关入囚笼的第二天，湘军又擒获伪松王陈德风。陈德风一见李秀成便长跪请安。曾国藩听说这两件事以后，知道李秀成还没有失去民心，他的部属也对他怀有忠心，所以决定将他就地正法，以绝后患。于是在初六日行刑。

洪仁达是洪秀全的胞兄，与长兄洪仁发暴戾恣横，多行不义，是李秀成深为遗憾的人物，被捕后还如痴如醉，口称天父不绝。因他已病重，已于初四日先行处决。

尽管曾国藩在这份奏折中陈述了没有将李秀成押解到京城的理由，但仍然有人怀疑曾国藩的做法另有动机。舆论沸腾，矛头纷纷指责曾国荃。他们的意思是，曾国藩草草地将李秀成处死，是为曾国荃隐瞒了什么。

面对千夫所指，曾国荃非常郁闷，因为他作战艰苦，好不容易打了胜仗，还要背负一个骂名。曾国藩手下的宿将如杨岳斌、彭玉麟和鲍超等人都打算告辞离去，人们马上怀疑他们与曾国荃不和，还说金陵的钱财都到了曾国荃军中。曾国荃在作战中负了伤，又得了疥疮，便请病假回归乡里，遣散所部两万五千人，留一万人驻守金陵，另留一万五千人作为游击安徽南北的预备队。

在攻克金陵的作战中立下功劳因而受封了爵位的几个人，李臣典因病亡故，萧孚泗因丧事归乡。武明良当了个记名提督，请假回家后就病死了。

大功告成了，这些将士郁郁寡欢，悲凉沮丧，也许是因为作战时杀气太重，当胜利到来的时候，便觉得虚弱不堪了吧。

338

曾国藩统率军队本来就诚惶诚恐，自己庆幸扫平了洪秀全的太平军，攻克了金陵，实现了刚刚起兵时的愿望，为了退避权势，以保清名，于是极力宣扬湘军已暮气沉沉，不能再用，主张清廷用淮军接着镇压捻军。

曾国藩说湘军暮气沉沉，当然是一个托词。在曾国藩裁军之后，左宗棠和刘锦棠率领湘军在关内关外镇压回民军，平定新疆，席宝田率部在贵州镇压苗民军，王德榜率部在越南与法国侵略军作战，都表现出了强大的战斗力。这些湘军部队哪里看得出有什么暮气？如果说有什么暮气，不过是在曾国藩统率的湘军部队里面，由于曾国荃顶着太大的光环，而他本人过于张扬，导致将领有些离心离德罢了。

不过，曾国藩的有一种担心倒并非托词。他认为湘勇熟悉山地作战，驰骋平原却非所长，因此对捻军作战会有所不利。而且湘军勇武已达十年，颇为疲惫，需要休整。与其这样空耗军饷，不如裁撤。

曾国藩裁撤湘军，在自己的体系之内并没有遇到不可克服的阻力，因为自从曾国藩首创用乡下农民代替编制军队以来，这些人招之即来，挥之即去。

湘军的制度充分反映了军队的利弊。胡林翼、左宗棠和李鸿章都从湘军中崛起，因此虽然他们用兵的地方各不相同，但还是没有背离江忠源、王鑫和曾国藩等人确立的这个宗旨。

曾国藩的军事思想非常重视时机。他认为胜败是时机决定的。时机不可为，就是圣哲也无法办到。时机可为，就会事半而功倍。为了等待时机，就必须执着。

在战争时期，局势瞬息万变，安危系于一发。清廷的谋臣远在几千里之外，靠着揣摩推测而进行遥控，朝上一策，暮更一令，弄得前方将帅手足无措。向荣和张国梁都是职业军人，而且是久经沙场的大将，不可谓不懂战略，但他们缺乏远见卓识，缺乏耐力和定性，别人叫他们向左他们便向左，别人指挥向右他们便朝右，非常害怕谋士指责他们的不是，无暇审时度势，于是早晨奔向安徽，傍晚又杀向浙江，疲于奔命，而忘了自己的任务是屯兵于坚城之下，所以几起几落，终于一蹶不振。

曾国藩和曾国荃兄弟以忧惧治军，详尽地审查全局，眼光高远，不急功近利，不为旁人的议论所动摇，坚持自己的信念，撼不动，催不发，比起江忠源、李续宾这些意气用事的将领多了一份最后取胜的保障。

曾国藩的裁军也是因时势而决定的。

湘军本是太平天国运动这一时势的产物，当它已经镇压了太平天国运动，时势就发生了根本的变化，使湘军的存在成为一个问题。湘军和太平天国运动是一个孪生体，太平天国没有了，湘军就失去了存在的基础和理由。湘军这时已经发展到空前的规模，只要这支强大的军队继续存在一天，不用曾国藩说一个字，本身就是对清廷的威胁和挑战。

关于这个威胁，清廷已经有人大造舆论。御史蔡寿祺参奏湘军胡作非为，声言这么多湖南人占据军政高位，实非国家之福，实为不测之祸，建议清廷只对他们授以低级的职位。

对于金陵大火的原因，清廷有所怀疑，在颁奖给曾国藩为首的湘淮军大员后，另有一份上谕，其大意是：关于太平军积薪自焚的奏报，应该只是谣言而已。金陵被洪秀金占领十多年，传闻那里金银如海，百货充盈，令曾国藩将金陵城内的金银下落迅速查清，报明户部，以备拨用。清廷以为攻下了金陵，会有大笔大笔的财富到手，这笔钱拨给湘军和绿营，可以维持两到三个月的军饷。

曾国荃所部的强抢豪夺引起清廷上下议论沸腾，曾国荃被人们送了一个绰号，叫作"老饕"。御史朱镇参奏他办金陵善后不力，生事扰民，毫无纲纪。御史蔡寿祺参奏湘军的种种不法行径，罗列湘军主将纵容部下胡作非为的事实，说这些年来湘军攻城略地，朝廷所得太少，损失太大，还说湘军本来是一群流氓，不宜寄予重望。

当然，对于慈禧太后而言，攻下金陵是天底下第一大喜事，至于大兵在那里抢一点、烧一点，那都算不了什么，朝廷也就睁只眼闭只眼了。

339

曾国荃对当官不感兴趣，无心上任浙江巡抚。在湘军攻下金陵之后，他请病假回到湖南处理从战场上抢来的金银珠宝。每一个大的战役结束之后，他都要请假几天，将掳掠的银子和上头给他的奖品送回湘乡老家。这一次也不例外，他把金陵善后的差事推给兄长曾国藩去管，自己押着大船把银子和财宝运回老家。

他回到白杨坪，只见自家堂屋里堆的银子和谷仓里的谷子一样多，他便犯愁了。银子多了，怎么保管呢？想来想去，金银珠宝不能吃不能穿，银票埋在地下还怕发霉，不如用来盖房子吧。他想，他们兄弟率领军队灭了太平天国，为朝廷立下了旷世奇功，兄弟俩的名字和画像都进了皇家的凌烟阁，白杨坪迟早也会成为后人纪念他们的故居。于是，他决心把故居建设得富丽堂皇。

曾纪泽企图阻止叔叔大兴土木，他拿出了父亲过去写给叔叔的家信。

曾国荃笑道："你父亲这封信说的是担心府第在乱世中难免被毁，如今贼寇已被大清荡平，天下即将太平，已不是江西那时的情况了。"

曾纪泽认为叔叔说得有理，于是叔侄俩开始设计白杨坪老家兴建的新居：

曾氏祖上的住所"富厚堂"要改建成相府；黄金堂是曾国藩出生的屋子，也要一并改造。

白杨坪背靠的九峰山又称五老峰，是衡山七十二峰的少祖，吸足了南岳的精气，山清水秀，流水潺潺，令人怡然自得，颇有世外桃源之感。曾氏故居"富厚堂"远看是一座庞大的山庄，青砖黑瓦，松白照墙，宋明回廊式的格局，宅后古树参天，鸟雀啁啾，的确非同凡响。

富厚堂坐西朝东，占地四万平方米，全部是木石结构的建筑，其构造是按北京王府的规制，堂名是曾纪泽根据《后汉书》中的"富厚如之"而取的。

进大门是一个四合院，院中有两个草坪。二进台阶进入富厚堂主体建筑，中门进正厅叫"八本堂"，下面挂着曾国藩的八本家训："读书以训诂为本，作诗文以声调为本，立身以不妄语为本，居家以不晏起为本，做官以不要钱为本，行军以不扰民为本。"下厅的后台是神台，五龙圣的神龛上直书"曾氏历代生亲神位"，顶上悬着"勋高柱石"匾额，是同治皇帝后来亲笔书写的。

北面是曾氏图书馆，引用了曾国藩北京寓所的名字"求阙斋"。这里是曾氏子孙读书课业的地方，斋内挂着三十二位圣哲的画像。

求阙斋为南北对称的三层书房，当时藏书约计三十万册。后面还有一栋两层楼的书房，用来收藏曾氏重要书籍及诸子经史。里面还有曾国藩的自勉之词："不忮不求，但反身争一壁净；毋揠毋助，看平地长得高万丈。"

屋后是一座小型公园，山上有"小棋亭""鸟鹤楼"，无处不透出书香意气、黄老庄子的弦音。

曾国荃和曾纪泽叔侄费尽心机，耗费巨资，用两年时间建起这栋庄园，与此同时修复的还有黄金堂。

叔侄二人一手操办这些事情，曾国藩并不知情。后来他回家一看，觉得过于奢华，非常生气，指着"毅勇侯第"的横匾对兄弟子女说："天下多难，此等荣华均未必可靠！"

他令人把横匾摘除，还表示他一辈子也不进去居住。

曾氏将相府设在崇山峻岭之中，可就害苦了湖南巡抚。每当京城有重大咨文通报，要几经周折才能送达白杨坪。后来随着时间的推移，曾国藩留任两江总督和直隶总督，曾国荃回到浙江和江苏任上，曾氏后人也都纷纷移居大中城市，甚至出使海外，白杨坪终于成为一个古迹。

　　曾国藩为清廷立下了第一大功，反而如坐针毡。早在曾国荃部攻克金陵以前两个月，曾国藩曾写信给毛鸿宾诉苦。他说，他两次接到户部对他报告的批复，都是怀疑他揽权争利，措辞非常激烈。自古以来，握有兵权而争权夺利的人都是害了国家也害了自己。他虽然愚笨，但怎么会不知道远离权势才能避免受人诽谤的道理！曾国藩感觉自己受到逼迫，同时也是基于历史上那么多的血腥教训，裁撤湘军、放弃兵权，自然是合乎时势的做法。

　　曾国藩统率的湘军是全国的湘军中功劳最大、实力最强的一支。他审时度势，知道他的这支部队已经成为众矢之的，只有彻底裁撤，才有利于保留其他的湘军部队，才有利于从湘军中派生出的淮军代替湘军在清末的军政舞台上来唱主角，实现所谓的"湘淮代兴"。

　　由于曾国藩从湘军兴起的早期就统领湘军作战，而且延续的时间比较长，统领的兵力较多，并且为湘军的文化建设做出了很大的贡献，人们有足够的理由把他当作湘军的集大成者。许久以来，很多人因此而把湘军当成了曾国藩的军队，造成了一些误解。其实，无论是广泛定义为清末湖南地方部队的湘军，还是特指湘乡团练部队的湘军，都不是由曾国藩创始的，也没有因为曾国藩的裁军而消失，甚至在曾国藩退出军界直至去世之后，湘军仍然有另外的统帅。

　　曾国藩从来也没有统一指挥过全国的湘军部队，甚至也未曾与战斗在全国各地的湘军统帅和将领做过有效的普遍沟通。湘军从来就是一个松散而互相协作的体系，尽管有着一损俱损、一荣俱荣的内在关联，却从来也没有服从过某一个人的统一调度和指挥。我们只能说，湘军是湖南人的军队，它为了镇压各地的造反军而遍布全国，它的高级指挥员大多数是湖南的书生。

　　但是，在湘军攻克金陵之后，曾国藩统率的湘军部队成为战胜之师，军威赫赫，在它失去了太平军这个对手之后，它的去留关系到全局，甚至关系到清廷的存亡，关系到全国范围的战争与和平。在这个时候，老成持重的曾国藩迈出了关键的一步，他在攻克金陵以后的第十七天就做出了裁军的决定，而他能明白说出来的理由只有一条：湘军暮气沉沉。

　　曾国藩做出的这个决定留下了太多的空间让人们去揣测他的意图，去评论这个决定的价值。只有一点是显而易见的，那就是这个曾被人称为"曾屠夫"的学者在此时选择了和平。他没有让清廷感到湖南人剑拔弩张，也没有给其他湘军统帅以更多愤愤不平的理由，更没有让许多在战火中苦熬了多年的百姓再度感到战争带来的生命恐慌和生活的压榨。

曾国藩的这个举动取得了明显的效果。当慈禧得知他自剪羽翼、自裁湘军时，顿时非常感动。她对左右大声说："你们瞧瞧，我早就说曾国藩是个忠臣！"清廷臣僚对湘军的非议顿时平息下来。而左宗棠和沈葆桢这些人也没有了再上奏折讥讽曾氏兄弟的必要。

曾国藩的部队裁撤之后，有的人沉寂了，有的人却转入了官场，仍然在清末的政治舞台上发挥作用。

湘军在建军之初有个不成文的规定：每一次战斗，一百人当中可以提拔三人，此后逐年增加。湘军打了十二年仗，被提拔的人数之多可想而知。最保守的估计，武职三品以上的人数大约有三万人，三品以下的人数则将近四万人。这些将士的提升主要通过论功行赏，有的特殊人才是通过曾国藩秘密奏荐，被清廷驳回的不到千分之五。

湖南人把读书和当兵作为实现个人奋斗目标的捷径，一些科学家和文人也想方设法和湘军拉扯关系，或者到湘军中去混一混，有了这么一段履历，升官和办事就方便多了。曾国藩幕府的李善兰和华衡芳是自然科学家，俞樾、吴汝纶、王闿运和王安定则是湘军幕府的文化人。

湘军人物走上政坛，是因为清廷的封疆大吏充斥着湘军出身的官员。关系错综复杂的家族成员，以及同乡故旧、知音同道，都容易进入官场。江忠源、江忠浚、江忠济、江忠淑、江忠义、江忠信是兄弟。李续宾和李续宜是兄弟。曾国藩、曾国荃、曾国华和曾国葆是兄弟。胡林翼和罗泽南是亲家，而罗泽南又是曾国藩的亲家。曾国藩又与刘蓉、郭嵩焘、李续宜和李元度是亲家。左宗棠与胡林翼也有姻亲关系。罗泽南与李续宾、李续宜、王鑫、蒋益澧和刘腾鸿是师生关系。这样，同乡加亲家，再加家族关系和师生关系，在清末湘军中构成了一道道严密的关系网。

湘军将士做总督的有十三人，做巡抚的也有十三人，督抚是清代行省最高的长官，他们提拔有关系的人非常容易。在同治年间，全国行省十八个，有一半以上行省的最高长官都是从湘军出身的。同治以后督抚擅权的局面便是因为湘军将领做了督抚。后来随着李鸿章的淮军也是"遍用乡人"，湘淮军便主宰了中国政坛，近代军阀割据从此开始。

曾国藩新创的淮军已经成为一支劲旅。新的起来了，旧的就可以被取代，也就是可以解散了。曾国藩创立淮军就是为了弥补湘军的不足。曾国藩用兵采用戚继光"澄定浑水、再吸新水"的办法。"浑水"指的是旧军，"新水"则是比喻新军。他认为，一营军队染上暮气，就必须把它遣散，另行招募新军，然后才能壁垒一新。

曾国藩强烈地感到朝廷对自己手握重兵的猜忌，不动声色地借别人的手来另创他的新武力。撤掉自己的部队而不撤其他湘军部队，也不撤掉淮军，即便有什么风吹草动，朝廷也不敢把他怎么样，他在湘军和淮军中仍然是有号召力的。

曾国藩认为，湘军和淮军是分不开的，曾、李两家必须串通一气。淮军兴旺了，他自己就可以安稳；淮军失败了，他自己便岌岌可危。这些话，曾国藩说得十分坦率，毫不掩饰。淮军既是李鸿章的武力，也是曾国藩的武装。当然，淮军将领唯李鸿章马首是瞻，但李鸿章却始终依仗着曾国藩。曾国藩暮年的富贵可以说是淮军给他保全的。

曾国藩有了淮军来替代湘军，裁撤湘军一点也不心痛。曾国藩心痛的是，左宗棠等一批湘军干将认为他为了一己之平安，一己之私利，而错误地将所部裁撤。左宗棠不赞成湘军暮气说，这也是日后他发誓要重振湘军的原因。

341

曾国荃对金陵发起总攻期间，左宗棠部也在浙江北部对太平军发起攻击。7月6日，湘军逼近孝丰城下。守城的太平军在当夜撤走。

7月7日，湘军进占孝丰，北攻山城安吉。这座城市东临莫干山，南接天目山，可谓处于万山丛中，地势非常险峻。这里的太平军通过梅溪与泗安跟广德的友军连成一气。左宗棠写信给李鸿章，请湘淮军进驻泗安。

湘军进占金陵之后，太平军全部从广德奔向湖州，在尹隆桥修筑壁垒，以保持道路畅通。李鸿章的湘淮军顿时活跃起来，从夹浦向西南推进，进入泗安。

郭松林和王永胜等部攻打尹隆桥，军士伤亡惨重。

7月20日，鲍超从南昌出兵南进，在丰城以东遭遇从南丰北上增援之敌，两军交战，太平军落败。

7月21日，杨昌浚率部攻打安吉，被太平军击退，参将朱贤尊中炮身亡。蒋益澧联合各路部队进驻菱湖。

7月22日，湘军和湘淮军联合攻打湖州以东的晟舍，作战失利。南浔驻军向西推进到织里，逼近湖州。

7月24日，在江西作战的湘军周宽世部联合王德榜部包围丰城以东的东乡，距城十里停下扎营。

太平军从南丰出兵援救崇仁，刘典、席宝田与边晓棠率部合击，将之击败。太平军有向西推进的趋势，杨岳斌便令王沐所部从抚州转移到丰城东界扎营，令王文瑞西撤，在永丰扎营。

从7月25日到29日，蒋益澧率部频繁攻击晟舍，太平军在思溪增修壁垒，与湘军相持。

7月30日，德克碑开炮轰击太平军军营，没有攻克。太平军在东埠包围蔡元吉所部，蒋益澧进军修筑壁垒，增调炮船和轮船，又编造浮桥，部队渡过思溪，增援东埠，未能到达。德克碑所部与太平军遭遇，刚一交手就败下阵来。

湘军攻克金陵扭转了安徽的局面，捻军各部都向北运动，不再在淮南活动。苗沛霖生前，颍州凡有人造反都打他的旗号。苗沛霖死后，附近的城市很快安定，可见苗沛霖影响之大。

陕西的太平军为了东援金陵，进入湖北之后，听说金陵已被湘军攻克，便停留在湖北加入捻军。

李世忠身为捻军的巨头，投降后亲手杀死待他不薄的何桂珍，可谓心狠手辣。但他后来审时度势，再三表明无意与清廷作对，因而得到曾国藩的保全，终于享受富贵，家门中有五个人做到了一品官，资产号称百万。其实曾国藩是何桂珍的挚友，完全有能力为朋友报仇，却不愿假公济私将他治罪，说明李世忠确实是想全身而退。

由于陕西的太平军已为增援金陵而东进，湘军7月份在陕西致力于攻击顺天军和太平军的余部。曹克忠率部于7月1日在西安以西两百多里处的眉县西河口击败造反军，迫使造反军于第二天放弃眉县，东进周至境内。

曹克忠率部东追，于7月11日在黑水峪击败造反军。在造反军首领叶毓广率领下，郡城内的造反军多数投降。

清廷在8月1日下诏，评论曾国藩的功绩，认为他创立水师的功劳最大。清廷高度评价曾国藩湘军的功绩，算是慈禧太后对于曾国藩裁撤湘军的投桃报李。

曾国藩的老部属刘蓉这时却如坐针毡，已经意识到朝廷对自己的不满，打算用积极的行动来扭转别人的印象。他于8月2日与穆图善领兵在西安附近的户县击败顺天军，开始进攻楼观。穆图善派出二十八营部队前往湖北攻击陈得才部。

但是，穆图阿派出的二十八营没有统帅。刘蓉上奏，请派穆图善前往湖北，陕西的军事由他一力担任。清廷没有把穆图善派往湖北，却要他率部前往甘肃。

位于六盘山区的瓦亭秋雨连绵，下了二十来天，雷正绾和陶茂林部驻扎在这里无法推进。从瓦亭东南五十里的隆德直到张家川之间都是山涧屋垒，回民军在石壁上修筑了两座坚固的壁垒俯瞰湘军部队。

曹克忠在8月上旬接受了两支太平军部队的投降，一支是天国启王所部王克昌率领的四千多人，另一支是石达开旧部郑永和率领的五千多人，也就是石达开所谓的中旗。到这时为止，石达开部才算是全军覆没。

刘蓉和穆图善率部于8月7日合攻眉县。顺天军余部于8月15日越过秦岭，奔向西南方的略阳，然后进入甘肃攻打阶州。

陕西军务完成了，该省清军撤销。四川的湘军将领周达武等人率九千人出兵驻防。萧庆高等部防守汉中。

由于四川和陕西彻底镇压了造反军，清廷论功行赏，加赏骆秉章世袭一等轻车都尉。

342

鲍超在7月底就提议攻打浒湾。谋士说："贼寇聚集在抚州和建德，积蓄力量，打算扩张，还没有决定何去何从。兵法说，不要紧逼穷途末路之敌，不要拦阻回家的军队。我们不能轻易出战啊。"

又有谋士说:"汪海洋和李世贤两股贼寇在败亡之际仍然不肯服输,放弃了原来的地盘,又不肯放下武器到深山逃命,还要聚集兵力长久驻扎在腹地,真是愚不可及。我军在远处与他们对峙,表明我们胆怯;如果我军有一路溃散了,各路部队都会瓦解。诸位怎么不懂得忧虑自己的败亡呢?将军用兵最好速战速决,一举击败贼寇!"

鲍超采纳了第二种意见。霆军于8月2日在金溪以西的七里岗扎营,企图攻取浒湾。

8月5日,鲍超下令吹响号角,挥军直进。二十四岁的慈利人孙开华率前锋发起攻击。太平军猝然遭到攻击,来不及抵抗,正在营内瞭望,霆军前锋已逼近垒门。

太平军四散迎战,霆军用草填壕,越过壕沟,挥刀猛砍,火烧军营,太平军飞奔而逃。霆军攻克双凤岭、琉璃岗、九子岭和村神岭的所有敌垒。

太平军援兵从赤桥和许坊赶来,鲍超又挥师攻击,将其打得大败。

8月12日,东乡太平军逃向金溪,金溪太平军逃向浒溪,崇仁太平军逃向宜黄,鲍超进兵追击。东乡太平军将领率六万人参见鲍军门投降,鲍超挑选出使用洋枪的七千名精兵收在麾下。霆军攻克泸溪,余敌逃向新城。

曾国藩听到捷报,写信给沈葆桢。信中说,鲍超以小部队打败几万名敌军,出人意料之外。然而鲍超不会写文章,无法做书面报告,当时的战况外界无人知晓。正是由于这个缘故,鲍超所部作战的详细经过在湘军史中很少提到。不识汉文的多隆阿也无法使所部的作战经历流传后世。

8月13日,江忠朝、席宝田和边晓棠率部攻克崇仁,又于8月14日攻克宜黄。太平军于8月15日逃到南丰。鲍超率部进驻建昌。

8月18日,霆军记名提督唐仁廉进兵攻克新城,又于8月20日攻克南丰。太平军南下广昌,又继续南下围攻宁都。清知州郭毓龙守城。太平军向西南方大步推进,到达于都,被王文瑞所部击败。太平军又大步南奔信丰,接近广东。然后他们向西运动,攻击南安,无法入城,便横跨江西,全部进入赣东的瑞金。

孙开华率前锋部队一路勇猛作战,战功卓著,由副将晋升总兵。

霆军接连攻战,十分疲劳,奉令到南昌休整。杨岳斌率部进驻宁都,征调全省水陆部队会攻瑞金。席宝田担心针对浙江的防务空虚，迟疑未进。他说："现在浙寇尚未扫平，我们把兵力集结一隅有什么好处？"

在浙江战场上，湘军仍然击中兵力攻击湖州。蒋益澧在8月初提议先攻荻港，于8月9日率部攻克荻港的三座壁垒，太平军水师将领谭世友等人率领炮船投降。

8月12日，蒋益澧乘坐水师战船出兵太湖，包抄敌军后背，派花勇驻扎湖蚨漾，派杨政谟所部停泊八角亭。

8月14日，杨政谟水师会同洋将日意格部攻打袁家汇，蒋益澧率水师战船夹击，太平军纷纷奔向袁家汇。

蔡元吉见东埠之敌兵力空虚，趁机率部从东埠突围逃出，部队损失四分之三，剩下不到一千人，个个饥饿疲惫，面无人色。该部被围困了二十多天，已有六七天都靠煮桑树皮充饥。军士们知道湘军大队正赶来救援，便奋力抵抗。虽然大队没有到达，但他们仍然非常感动，宁愿战死也没有叛逃。太平军撤退后，又有四百人归来，都是藏在草下或尸体下面躲过了一劫。

当天，湘淮军及张景渠的宁波军联合攻克晟舍。思溪和双福桥的太平军失去依靠，全部撤走。湘淮军进驻大钱口，刘树元率部进驻升山。

8月15日，江福山率水师攻击长兴县的仁水，击毁敌垒。太平军大队赶来，双方展开激烈的枪炮战，江福山死于弹雨之中。清廷下诏，按照提督阵亡例议恤。

太平天国幼主洪福瑱从金陵到达广德之后，被黄文金迎入湖州。湘军对湖州发起猛攻后，洪福瑱害怕，黄文金便派弟弟昭王黄文英陪同洪福瑱返回广德。这时湖州城内的太平军多数出城投降，黄文金部又多次受到湘淮军的重创，眼看无法支撑下去了。

8月17日，刘树元部会同湘淮军攻克湖州近郊升山，蒋益澧催促各部逼到湖州城下，潘鼎新的湘淮军也开来攻城。高连升部加紧攻打袁家汇，败敌从这里奔向湖州。但湖州城内起火，守军急忙打开西门，分别撤向广德和孝丰。

8月18日，湘军进占湖州。

8月19日，杨昌浚部攻克安吉，追敌至孝丰，遇到从湖州撤出之敌，便与刘璈部联合攻击，太平军七八千人投降，当即解散。余部奔向安徽宁国县的千秋关。

黄文金已经到达广德，带着洪福瑱奔向宁国县，然后向东南奔走，到达浙江昌化的白牛桥，负伤而死。天国偕王谭体元等人南下淳安和威坪。湘军分兵前往淳安，余部全部西进绩溪。

贵州的苗民军于8月份攻打湖南沅州，袭击沅州和靖州辖下的五个县。

343

洪福瑱9月份仍在浙江境内逃生。湘军刘光明所部追逐护卫洪福瑱的谭体元部抵达昱岭。黄少春部从严州开到威坪，在蜀口打败这支敌军。谭体元率部奔向遂安。王开琳和王德榜率部从江西婺源向东南推进，进入浙江，扼守开化的华埠，刘明珍率部从开化以北的马金北上，到汾口拦截。

谭体元率部袭击开化城，刘明珍将其诱出开化击败，谭体元阵亡。

天国裕王李继达接替谭体元指挥，护卫洪福瑱进入徽州和歙县边界，取道建口奔向绩溪，部众大部投降。于是又返回浙江，从遂安奔向开化，袭击江山。这支太平军四处遇到湘军，无法喘息，只得奔向江西，洪福瑱随之西去。

浙江境内从此没有太平军，对左宗棠而言，本是一件好事。但是外省大帅们再次指责浙江放跑了大批太平军，令左宗棠颇为尴尬。左宗棠上疏报告从浙江逃跑之敌只有几千名，江西巡抚则奏报进入本省的太平军精锐超过十万。

督抚奏报的依据都是江西湘军将领报来的数字。左宗棠以前根据报告得知洪福瑱没有死，便以此来讥嘲曾国荃的江南大军。如今洪福瑱从浙江逃出，各路湘军将领都说是浙江的湘军放走了他，左宗棠便知道了曾氏兄弟也不容易。

江西的湘军将领既不喜欢曾国荃，也不喜欢左宗棠。他们现在最为卖力，发誓要抓住洪福瑱，让曾国荃和左宗棠看看洪秀全的这个接班人到底是不是被他们放跑了。于是江西湘军各部迅速出击，猛打狠追，太平军在江西无法生根，分别奔向广东和福建。

李继达军进入江西后，攻打玉山，护卫洪福瑱西进。浙江湘军将领黄少春率先控制了广信，刘典出兵驻扎贵溪。李继达部奔向铅山，将沿着建昌和邵武之间的边界南下，与占据瑞金的丁太阳部会合。

湘军将领张岳霖联合王德榜部拦截李继达的队伍。李继达率部向泸溪急行军，斜插到山谷里，昼夜不停。江西的湘军各部听说洪福瑱在这支队伍里，侦察到他们的走向，纷纷火速追踪。鲍超亲自出兵南丰，席宝田出兵泸溪，王开琳及刘明珍、魏喻义等人都率部追赶李继达。李继达部从泸溪进入云际关，奔向福建光泽，魏喻义率部将之击败。李继达所部奔向石城。

汪海洋和李世贤部出入江西和广东边界，所部确实还有不少兵力，号称十多万兵马。张运兰等部将瑞金的丁太阳部击走。丁太阳便率部向东北方推进，奔向石城一路，打算迎接洪福瑱。其余太平军部队奔向广东东北部的平远和镇平，袭击大埔，然后折向西北，攻占武平。

四川人雷正绾和长沙人陶茂林的部队趁着秋雨暂停于9月1日进攻木城，在9月3日攻克张家川，斩杀回民军六千多人，回民军残部奔向龙山镇，雷正绾和陶茂林率部追赶。回民军放弃龙山，进入张家川以西的莲花城。

陕西的回民军孙义宝所部四千人攻打甘肃固原，由赫明堂做内应，攻进城内。

雷正绾和陶茂林所部在9月14日攻克邵堡和马堡，又于9月17日进攻莲花城，被回民军设伏击败。雷正绾被长矛刺伤，两部被歼一千多人。

在此之前，都兴阿部已经攻克宝丰，驻扎在灵州花马池，即今天宁夏的灵武一带。

河州的绅民投诉守将赵必达胆小畏怯，清廷令曹克忠到河州赴任。这里的河州就是现在的临夏。

雷正绾在莲花城吃了败仗，便催促曹克忠迅速从陕西赶来。清廷也催促穆图善和曹克忠领兵前往甘肃，而令驻扎在花马池的都兴阿所部与雷正绾和陶茂林部声势相连，同时任命杨岳斌为陕甘总督。

湘军水师向清廷呈献了长江地图。杨岳斌督率陆师奔赴陕西，黄翼升升任水师提督。清廷下诏令彭玉麟率部驻扎安庆。曾国藩上奏说，现在打算建立长江水师，应该对水师作战区域做出明确的区划。

清廷催促杨岳斌上任，江西的军事重任落在巡抚一人肩上。刚好浙江又有大批太平军开入江西，沈葆桢急召席宝田率部堵截，于是杨岳斌的计划泡汤，事实证明席宝田的顾虑是正确的。王开琳先回师驻扎开化，王德榜和刘典返回婺源，江忠朝在赣南追击敌军。

顺天军余部从陕西进入甘肃后，于10月8日攻克阶州。这时雷正绾所受的矛伤已经痊愈，估计固原的回民军将会向东南方推进，袭击平凉和泾川，便从戍守平凉的部队中分出兵力驻扎在泾川的合道街，令谭玉龙等人率部防守泾川。

不久，固原的回民军果然出兵攻击平凉，并分兵包围合道街，被刘正高和谭玉龙部击退，北撤镇原。

曹克忠很快就率部抵达莲花城外，湘军的兵势重新振作。

344

福建按察使张运兰于10月上旬从江西瑞金到福建赴任，进入汀州，率五百人驻扎下坝，未与太平军接战。太平军向东南方运动，攻占永定，然后从永定西北方走小路抄到张运兰部后方。

张运兰正在吃饭，听说太平军杀到，连忙起身叫人牵马来，刚出营帐门就被从营后杀入的敌军堵住。张运兰就擒，被押到永定城内，总兵贺国琛、王明高和副将雷照雄阵亡。

张运兰是王鑫的老部下，独自统军十多年，为曾国藩所倚重。忽然吃了败仗，被太平军俘虏，江西的湘军也感到沮丧。

张运兰被太平军肢解处死。清廷赠给他巡抚职衔，赏骑都尉世职，在福建武平及湖南和广东修建专祠。

太平军趁胜向东北和东南推进，攻占龙岩与南靖。

10月上旬，席宝田在新城拦截李继达部，迟了一步。

二十一岁的东安人荣维善本年刚刚跟随席宝田出征，在战场上表现得异常活跃。他奉席宝田之令率一百名亲兵打前锋。席宝田率轻兵随后跟进，携带粮草，行军三个日夜，在广昌赶上了李继达所部。荣维善带领的先锋部队一路作战，杀敌几百名。

李继达部约有三千人，凭借山岭殊死抵抗。席宝田的军士们踊跃冲锋，重创敌军。剩下的一千多名敌军护卫着洪福瑱向南奔去。

湘军军士疲惫不堪，很想停下休整。席宝田说："洪福瑱就在这里，今天把他放走了，他与从瑞金过来的贼寇会合，就抓不到他了！"

席宝田想，敌军也是一天没有进食，必定会停下来吃饭，便令军士一边前进一边传餐进食。10月11日黎明，湘军追到石城，见到炊烟。席宝田和边晓棠令军士绕过旁边的山，先行设伏，再发起攻击。

李继达军见到湘军，果然逃入埋伏圈内，湘军杀敌、俘敌过半，生擒洪仁玕、洪仁政、黄文英和洪福瑱的未婚妻，而洪福瑱却逃走了。残敌全部溃散，湘军无法追赶，席宝田便下令扎营。

10月14日，福建太平军从南靖东进，攻占东南部的漳州。福建巡抚徐宗干从泉州和厦门调兵防守兴泉。左宗棠急令黄少春和刘明灯率四千五百人从浙江衢州赶赴延平，即现在的南平，作为中路军。令刘典率从湖南募集的八千名新军从江西建昌南下福建汀州，王德榜率两千五百人随后跟进，作为西路军。

左宗棠还征调李鸿章的湘淮军作战，又令高连升率四千五百人从宁波乘船走海路驶抵福州，登陆后出兵兴泉，作为东路军。

左宗棠上奏，请朝廷任命王德榜代理福建按察使。

湘军虽然撒开了一张大网，但距太平军所在还很遥远。

10月15日，鲍超带兵赶到瑞金，丁太阳部南逃福建武平。

10月23日，席宝田部将周家良听说了一件事。被俘的牧马少年对伙伴说："小天王经过这里了。"周家良马上对他讯问。原来洪福瑱返回来，跟随几个少年向北走进了荒谷。湘军连忙追去，将几名少年抓获。俘虏都指着洪福瑱说："就是他。"经调查，这几名少年带着的一个婴儿是李秀成的儿子李其祥。

清廷接到报告后，下诏说洪福瑱只是小孩，不值得用囚车把他送到京城，于是在南昌裂肢处死。李其祥到法定年龄时照例处死。

清廷论功行赏，左宗棠锡封一等伯爵，沈葆桢赏一等轻车都尉，鲍超锡封一等子爵，蒋益澧赏骑都尉，席宝田赏云骑尉，高连升任浙江提督。边晓棠以提督记名。对他们的部属都给予不同程度的奖赏。

刚刚出道的荣维善擢升为从三品游击。

霆军的娄云庆与刘典、王德榜部全部开进福建后，留在江西的湘军也针对太平军在福建的活动区域相应地进行了调整。王文瑞先前已被任命为赣南道，现去上任，王开琳兼管其部驻扎赣州。周宽世率部从信丰向东南角推进，进驻长宁。张岳龄率部从遂川向西南方进军，驻扎会昌，巩固江西东南部。韩进春部驻扎瑞金，新化人刘胜祥部驻扎广昌，与席宝田的石城守军共同防守抚州与建昌。

345

陈得才率部援救金陵未及，只能在湖北游击，于9月份从麻城出兵东南方攻击罗田。赖文光则联合捻军张宗禹部攻击黄安。亳州的任柱、牛落红和李允等部又与张宗禹会合。

陈得才在罗田得手以后，东进英山。蒋凝学率部迎击，被陈得才所部围困七十多天。

陈得才与马融和部在10月份联合攻击蕲水，把副都统富森保部包围在关口。直隶人石清吉率部驰援，碰上大雾。陈得才部集结几万名骑兵和步兵迎战。石清吉所部进至药山，陈得才部渡河包抄后路，将石清吉的飞虎军重重包围，把四营兵力分隔为二。从上午7点鏖战到下午1点，石清吉身上九处负伤，死于阵中。副将江星南和谷明发、游击曾占彪和段会元都在这场战斗中丧命。

捻军又在蕲水以北包围成大吉的部队。

清廷在湖北的军情严重，官文出兵黄州，僧格林沁驻军麻城。清廷下诏，令两江总督曾国藩率部增援湖北。

曾国藩上奏说，朝廷派出三名钦差大帅率兵驻扎在四百里的范围内，恐怕会被造反军看轻。他说他可以派兵去湖北归官文指挥，而自己则移驻安庆。

当月，僧格林沁所部在蕲州打败捻军，张宗禹部撤向安徽的太湖和宿松之间。陈大喜所部逼近河南商城。

僧格林沁率部击败陈得才军，为蒋凝学解围。几万名太平军投降，只有赖文光跟随张宗禹撤向河南境内。

蒋凝学率部追击陈得才余部，转战湖北和安徽。他派人说降了太平军将领吴青太、范立川和倪隆淮等人，迫使陈得才饮毒自尽。他将降将的少数部众编入营伍，将余部遣散。

冬天，陕甘总督杨岳斌奏调蒋凝学部增援甘肃。部队行抵樊城，士兵索饷，不愿远征。蒋凝学率部返回湖南，遣散部队，以生病为由请求辞官，清廷不准。

346

雷正绾和曹克忠部在 11 月 4 日攻克了莲花城。周达武等部进军甘肃东南角上的阶州，即现在的武都。

天国启王梁成富率部进入甘肃，骆秉章派萧庆高、刘厚基和黄鼎等部追击，抵达阶州。何胜必因患病留在广元。胡中和以四川提督的身份从叙南的军营向广元开拔，率何胜必部攻打阶州，令黄鼎自募一支部队来协助。

雷正绾见河州的回民军非常活跃，奏请朝廷派陶茂林的骑兵和步兵共十七营兵力驻扎兰州。清廷允奏，同时考虑到莲花城毗连秦州和阶州，令曹克忠部驻守。雷正绾率部返回平凉。

周达武部于 12 月份抵达阶州，环城修筑壁垒。四川援军也陆续赶到。顺天军屡次出城攻击都被围兵击退。周达武等部扼守北山的各个隘口，以旧城的深沟为封锁线，将顺天军困在城内。萧庆高、黄鼎和周达武所部屡次攻城，交战双方伤亡大致相当，萧举臣和姜福元阵亡。

顺天军首领也在作战中负伤，拿出两万两银子向当地人买路，要求借道从南坪逃走。当地人将此事报告了周达武，可是周达武不信。当地人又向刘鹤龄报告。刘蓉还是信不过当地人，令各部都派一营前往，而在阶州留下了重兵。

刘蓉谋划的这一仗将在 1865 年打响。

浙江的战事平定以后，左宗棠于 11 月份上疏，请求任命蒋益澧为浙江巡抚，清廷允奏。左宗棠自己上任总督。

蒋益澧接手治理的浙江不再是遍地银子的富省。由于久经战乱，社会秩序混乱不堪，经济凋敝，财政拮据。蒋益澧采取的措施第一是不许民众携带武器，第二是核减漕粮，减轻百姓负担，第三是兴修水利，以利农耕。这些措施很快就使农业、工业和商业有所复苏。他还调拨经费支助教育，修复名胜古迹，兴办慈善事业。

蒋益澧有个心病，就是因为少年失学，总是觉得自己读书太少。于是他在杭州拜两名拔贡为师，虚心向他们讨教。

蒋益澧从此脱离了战场，在文官的仕途上走下去。

12月1日，福建提督林文察率部攻打漳州，失败阵亡。曾玉明的水师在此战中也是伤亡惨重。高连升部已从福州登陆开到泉州，刘典、黄少春和王德榜部先后进入福建。

太平军从江西进入福建以后，张运兰和林文察两员名将接连战败身亡，无法享受战胜者的荣耀。

12月25日，左宗棠亲自来到延平坐镇指挥。他的部队全军开进福建，要将太平军赶到广东，集浙江和福建两省的战功于一身。

周开锡随左宗棠来到福建，调任延建邵道员。尚未上任，又奉命代理福建布政使。

僧格林沁于12月份率部西进襄阳，还未交战，捻军先假装投降，然后发起攻击，大败僧格林沁所部，迫使这支清军北撤河南邓州。

僧格林沁这个号称无往不胜的亲王顿时威风扫地，名望丧尽。他以前率部转战追逐捻军，不曾与太平军作战，总以为捻军怕他，殊不知捻军的势力此时已不可同日而语。湘军将领刘连捷和淮军将领刘铭传都是名将，清廷征调他们的部队对付捻军。僧格林沁以为他们都没有战斗力，上奏请求制止，又说皖军最有战斗力，豫军差一些，湘军最差。他所谓的皖军就是临淮的各路部队。

毛昶熙听了僧格林沁的夸奖，心中大喜。

捻军从南阳北上鲁山，斩杀清将恒龄。僧格林沁率部追赶，将捻军击败。捻军向东北方推进，然后南下鄢陵。

347

在上一年随同曾国藩迁往金陵的安庆内军械所进入新年之后与苏州制炮局合并,组建为金陵机器制造局。

湖南巡抚在新年第一个月征调大批军队驻扎沅州和晃州。恽世临这时发现湖南的军队不中用了,有意于整顿军旅,并已请求朝廷起用赵焕联。

湘军再次攻克贵州玉屏,但将领们对恽世临这位巡抚已经不满。这个不重视军务的封疆大吏注定在湖南待不了多长的时间。

在陕西任巡抚的湖南人刘蓉上年底在甘肃阶州城外部署了一场战斗。1月8日,萧庆高部衔枚出发。城内的回民军扑向湘军的南山军营。周达武和江忠淑率部两面夹攻。萧庆高又令各部攻击城外的各个壁垒,鏖战良久,无法攻克,各部返回军营。

曹克忠部驻扎在莲花城,出兵攻克高家堡,又在杨家山击败回民军。回民军分为两支,都向东北方推进,一支奔向华亭,另一支奔向平凉。

雷正绾正率部从瓦亭北上,攻打开城,听说回民军又到平凉,便火速回师,一昼夜行军三百里,在平凉的花所镇追上回民军。曹克忠部也追到了华亭。回民军掉转头来攻打追赶的敌军,两支部队又合而为一向东挺进,假扮清军闯入与陕西毗邻的灵台，杀死知县祝宾旸。

雷正绾部追踪赶到灵台，回民军夺门而出，北上泾州。雷正绾部又发起攻击，回民军便越过荔家堡向西而去，在党原遭到余万明所部截击，回民军几乎全部牺牲或被俘。雷正绾率部返回开城。

张集馨卸任陕西巡抚以后，清廷令他赶赴兰州协助恩麟。张集馨率三营兵力抵达隆静，因军粮匮乏而无法前进。雷正绾奏请将这支部队留在行营。

清廷在甘肃的将领深感回民军的骑兵作战剽悍迅疾，而自己的部队缺乏战马，难以取胜。正好陈得才等部在湖北与河南投降，而东南一带的战事已经缓和，清廷便调副都统苏伦保、常兴阿、温德勒克西和富森保的四支骑兵部队从湖北驰赴甘肃。这些部队都是多隆阿的旧部。

已经抵达福建的湘军援兵在年初向太平军发起了攻击。康国器率部攻击龙岩。丁太阳部从永定北进，抵达漳平的永福里，扑向县城，击溃陈允彩部，包围漳平。刘典从连城向东南进军，增援漳平。

刘典对他的新军过于自信，轻率进攻，被丁太阳重创，副将卢华胜等人战死。部队放弃军营返回连城，防御城池。

王德榜和王开琳部连忙从汀州赴援。王德榜所部攻打连城以南的莒溪，刘典所部攻打朋口，攻下了这两座毗连的城镇。

新任浙江巡抚蒋益澧派刘清亮率三千人驻扎在福建北部的浦城，听左宗棠调遣。

太平军全部在福建集结，李世贤部驻扎漳州，天国来王和秦王所部占据龙岩、永定、南靖和云霄，汪海洋部占据长汀、连城和上杭交界处的南阳乡，丁太阳和林正扬所部则出没在漳平与龙岩，总兵力号称二十万人。

广东东部的潮州一带，福建南部的泉州、漳州、汀州、龙岩和永春一带，从来是会党林立，不断有人趁机起事。

左宗棠手下的兵力总计才有三万人，与众多的太平军相持，不由得左宗棠不为兵单饷匮而发愁。他上疏说，漳州城外几十里地，地势平坦，是一望无际的甘蔗田，难以进攻。自从林文察败亡以后，附近的村庄多数处在贼寇控制之下，必须先将村庄安抚平定，才能免除内患。现令高连升和黄少春不要轻易攻城，等候时机再行进攻。如果能将敌人引诱出来攻击自己的壁垒，反客为主，给敌人几次重创，才会有机可乘。

左宗棠说，攻击流寇贵在从远处取势，把分散在各处的贼寇驱赶到一起，然后集中力量围困，才能保全没有遭到攻击的地区，而兵力也才分布得过来。所以他不敢急功近利，贻误大局。

1月16日，太平军攻占漳州东北方不远处的长泰，黄少春和高连升两部联合作战，将长泰夺回。1月21日，他们又率部在浦南败敌。

1月22日，刘典和王德榜所部在龙岩西北方的古田击败太平军，攻克两道关卡。第二天，王开琳和张恒祥所部在上杭以北的涂坊击败敌军。

两广总督毛鸿宾派部队进入福建边界助战。何云章率部攻打云霄，杨清臣所部攻克平和，方耀所部攻打永定。1月26日，方耀会同知县张元楷所部攻克永定。

2月16日，李世贤部攻克漳浦。

2月19日，康国器部攻克龙岩。太平军奔向永定，分踞苦竹和奎洋，势力仍然强盛。

2月20日，王德榜部攻破古田的敌垒。

2月22日，刘典和王德榜进攻南阳乡，汪海洋率部在马洋洞迎战。湘军稍微退却，防守水边小镇新泉。汪海洋追踪而至，刘典分兵阻击。

汪海洋亲率两万名身着黄白号衣的无敌死士在田垄上排列阵势。湘军分两路包抄，刘典率亲兵鏖战，王德榜率部协助。汪海洋落败，部队浮水奔向西岸，大多数溺死。王德榜部追到下车，汪海洋因平日用重金供养的黄白衣精锐丧失过半，伤心过度，下马痛哭，差一点被湘军俘虏。部属护卫他翻山逃跑。

与此同时，刘明珍部在漳平败敌。

2月24日，高连升部在漳州的好景山击败李世贤。

2月25日，曾玉明部在丹洲被敌军击溃，高连升率部驰救，太平军撤走。

348

春寒料峭的时候，在上年底吃了败仗的僧格林沁仍率部在河南追赶捻军，抵达尉氏。

捻军骑兵剽悍，在河南腹地四处冲闯，于3月份袭击中牟，西距郑州不过百里，打到了黄河之畔。

然后，捻军掉头南奔临颍，再南下郾城、西平和遂平，斜插东南，奔赴汝宁，又南奔正阳，向西南斜插冲向信阳，到了河南的南端。在这里，他们又突然掉头长驱北上，直抵扶沟，向东北斜插奔赴睢州，渡过故黄河，再向东北突进，于4月进入山东。

捻军骑兵进军神速，犹如疾风扫落叶，几天之内就扫遍了山东西南的角落，驰骋曹州、单州、定陶、菏泽、郓城与巨野。

宋景诗率两千名骑兵奔赴堂邑，直隶边界向朝廷报警。

清廷下诏，责怪僧格林沁放纵捻军北上，令湖北巡抚吴昌寿率部北上河南接替僧格林沁的部队驻防河南，然后将吴昌寿任命为河南巡抚。

捻军从曹州斜插东北方，一路扫过城武、金乡和济宁，北进汶上和东平，折向东南，奔赴宁阳，南袭兖州，东奔曲阜，再折向南边，杀向微山湖东侧的邹县、滕州和峄州，然后东进郯城，抵达江苏的赣榆，前临大海，无路可走，便折向江苏腹地，南下海州和沭阳。

清廷的军机大臣们每天盯着地图，目光随着捻军的马蹄东奔西突，来不及做出有效的反应。他们眼见得捻军的进军箭头已经指向天下最富庶的里下河，担心他们到那里获取财富，于是令曾国藩和李鸿章备守淮阳。

捻军的行动总是出乎清廷意料，他们在沭阳又掉转了军锋，再向西北方推进，驰骋邳州和峄州，于5月份返回山东，又来到不久前离开的滕州和邹县，然后西进济宁，再转向西北奔赴郓城，向南北扩展势力。南起曹州，北到濮州和范县，西起东明和定陶，东至巨野与嘉祥，捻军势力蔓延几百里，黄河以北的清政府大为震惊。

河南、安徽与山东等省常有捻军活动，居民为了避免兵祸，修筑圩寨自卫。捻军所过之处无法得到供给，便在圩寨外面大声呼喊，要求圩民输送钱米，不送就要攻寨。百姓为了图个安身，也会为捻军输送一些钱米。

到这时为止，僧格林沁还是清廷对付捻军的主要依靠，而他的部队这时只能跟着捻军到处奔波。捻军每到一处，不出几天，僧格林沁就会到达，有时休整一天后再交战，使捻军损失一些兵力，但无法给予重创。清廷深感单靠僧格林沁没法对付捻军，有了很大的危机感。

僧格林沁能够感觉到朝廷给他的压力，求胜心切。他认为捻军粮食匮乏，可以趁机给予打击。他令军士带上干粮昼夜穷追，几十天不离鞍马，疲惫不堪，两手发软，提不起缰绳了，用布带系在肩上控御坐骑。

捻军知道僧格林沁所部已经疲惫，便加速狂奔，或者分兵突进，一东一西，迷惑僧格林沁。

清廷知道僧格林沁十分辛苦，颁下谕旨，要他选择平原地区休养人马，并告诫他不要轻敌交战。曾国藩用兵素来持重，预见到僧格林沁这样疲于奔命非常危险，说道："如此不合兵法，必折大将。"于是他也劝僧格林沁不可久劳，最好休整部队，蓄养锐气。

僧格林沁自负勇悍，哪里肯听劝告，巴不得几天内就把捻军扫平。他率部跟踪捻军来到曹州，与之交战。捻军佯装失败，从汶上渡河，向西南斜插郓城西北水套，联合当地会党，集结十几万骑兵和步兵，严阵以待。

僧格林沁于 5 月 18 日率部追到郓城，攻打捻军军营。军士疲惫，满怀怨气，但都知道僧格林沁脾气不好，更是又恨又怕，战斗力大减。

捻军伏兵四起，清军各部溃退，中军被捻军包围。僧格林沁督师奋力抵抗，杀敌几百名。但包围圈更加缩紧。僧军防守一座荒芜的村庄，直到夜晚，得不到粮食。

僧格林沁只得率几百人突围。捻军在一片林子外守候，不久短兵相接，僧格林沁的战马被长矛刺伤，受惊奔逃。僧格林沁摔下马来，被刺中八处，当即毙命。部属将遗骸抢出，埋在麦田之中。

清廷震悼，辍朝三天，派侍卫克兴阿等人偕同僧格林沁世子伯彦诺谟祜赴山东迎接灵枢。山东与河南的督抚将帅都因令僧格林沁身陷险境而遭到严厉谴责，只有陈国瑞由于参与苦战未受责备。清廷上下惊慌失措，都说捻军会乘胜攻打畿辅。

清廷这时很自然地立刻想到了曾国藩，下诏令他率部北征，并发出羽毛信，催促曾国荃销假入京觐见，招募旧部随同曾国藩攻击捻军。

曾国藩主动裁撤所部湘军本来是为了令清廷放心，现在清廷又让曾氏兄弟起用旧部，曾国藩是欲罢不能了。

349

雷正绾在 2 月份派沈懋贵部攻打彰义堡，又派谭玉龙等部攻打固原。

沈懋贵部在 2 月 13 日攻克了彰义堡，曹克忠率部攻打萧何城，攻克附近的五座堡垒。张保隆又向官府投降，率部众协助攻打固原。固原的回民军首领由于粮食告罄，率部出战，大败入城。城内有回民军的叛徒做内应，谭玉龙等部便于 2 月 26 日攻占固原。孙义宝不肯投降，自杀身亡。

陕西的回民军返回城内，与张保隆部作战。骑兵夺北门而走，张保隆率部追击，斩俘五千人。陕西回民军余部长驱北上，进入黑城镇。

刘蓉提议让胡中和总统各部将领，专司奏报，统一指挥。骆秉章说，周达武与萧庆高都与胡中和资历相等，虽然官位在主簿以下，但毕竟都是营官，也就和司道、提镇不相上下，无法互相统辖。胡中和也坚决辞谢，刘蓉的提议没有实行。

在湘军史上，胡林翼曾破格提拔多隆阿指挥李续宜和鲍超等部，在潜山获得大捷，但这是一个特例。从那以后，各位大帅都无法像胡林翼那样说服将领听从其他将领的调度。

湘军的体制决定了各位将领的部队会因忠诚和义气而互相援救，但将领们却不屑于论资排辈，比较官位大小，多数将领不肯隶属于别人。当石达开率部攻击宝庆时，李续宜统领增援宝庆的各路湘军，几乎崩溃。刘蓉后来以萧德扬统率陕西湘军，在灞桥全军覆没，就是因为对将领的安排有失于慎重。

萧庆高与何胜必等部久经阵战，伤亡更替，士气更加衰弱。而崇庆人黄鼎出身于造反军，以作战勇猛而闻名，虽然也率领湘军，但他在部队中掺杂滇军和川军，自成一支部队，也奉了刘蓉的命令前来会攻阶州。

福建方面，汪海洋于 3 月份下令放弃南阳乡，率部奔赴永定。刘典率部追赶到上杭。汪军奔向东北方的白砂，被刘典所部击败，便从坎市奔向龟阳。

刘明珍和赵均率部联合攻击漳平，连破坂桥、后坝、和溪与水潮的敌垒。一支敌军从石碣向广东边界运动，被方耀所部击败，石碣敌垒全部被毁。另一支敌军从广东大埔的白塝扑向枫朗营，广东清军将之击退。太平军该部奔向福建平和。

江苏的湘淮军将领郭松林和杨鼎勋率部从海路抵达福建。曾国荃旧部将领曹仁美也同时到达。

清廷在江苏战事平息后就令李鸿章分兵增援福建。李鸿章便令郭松林率领七营湘勇、杨鼎勋率领六营淮勇乘轮船前往厦门，仍然从江苏的军饷中调拨一部分接济这支援军。清廷考虑到江苏和上海距离福建路远，命令福建和广东的督抚代筹军饷。

郭松林等部到达后，便与原有部队一起攻打漳州。这时鲍超的前军将领娄云庆也率部从江西瑞金开到武平。左宗棠手下兵力大增。

4月1日，李世贤攻占福建最南端的海滨城市诏安。

同一天，刘典率部在龙岩的奎洋山击败汪海洋部。

4月12日，高连升和黄少春所部联合湘淮军在赤岭击败汪海洋。

4月26日，刘典部将丁长胜率部推进到永定的猎射坳，陷入汪海洋部的包围，全军覆没。丁长胜只身逃出，于4月29日被敌军捕杀。

自从李世贤部进入诏安后，广东的饶平和大埔受其影响。两广总督瑞龄和广东巡抚郭嵩焘派兵防守广东边界，将李世贤部追杀到诏安城，斩杀几千人。李福泰等人率部分别把守柏松关、枫朗和老虎关，广东的边防有所巩固。

李世贤部于5月上旬从漳北走小路向东北方运动奔赴安溪，王德榜率部拦截，将其击败。郭松林等部在安溪以南、厦门以北的同安歼灭了当地的会党。

高连升和黄少春部这段时间一直在攻打漳州，久无战功。将领们见乌头门与东关、楼内互为掎角，便决定先攻乌头门。5月15日，黄少春和刘清亮率部从中路出击，王德榜部攻击乌头门右路，高连升部在郭松林和杨鼎勋的洋枪队协助下攻击乌头门左路。

攻击开始后，鏖战两个时辰，湘军已将花桩和木城全部拔除，攻克十四座壁垒。这时风雨大作，湘淮军发射洋炮，民团大声呼喊助威，杀声响遍山谷。

东风劲吹，越刮越烈，各座壁垒都是火焰腾腾。高连升部趁势夺门而入。李世贤率部巷战，坚持了一个多时辰，终于不支，打开西门逃走。湘军进占漳州。

曹仁美部刚刚开到漳州城外，就与从漳州撤出的敌军主力遭遇。他令各部就地不动，自率三百人迎战。李世贤部怀疑湘军设了埋伏，不敢前进。

曹仁美趁着敌军犹豫不决，突然下令攻击，李世贤败走南靖。

第二天，刘典和曹仁美所部攻克南靖。

此战以后，曹仁美由总兵升任提督。

湘军攻克漳州，李世贤败逃，左宗棠大大松了一口气，觉得战局豁然开朗。他已不如两个月前那么悲观，觉得福建的战事或许不会像他以前上疏说的那么漫长。

于是，他又上一道奏疏分析眼下的局势。他说，自从贼寇从江西和广东进入福建，接连攻占龙岩和漳州各城，而漳州尤其属于腹地，又是菁华聚集的地区，一经被其占据，福建全局为之震动。高连升和黄少春等部驰抵漳州东北，刘典等部又返回汀州和连州，节节扫荡，局势渐臻稳固。

左宗棠说，李世贤在漳州城破的前十天曾致书汪海洋，还打算合力突围，奔赴龙岩和漳平，以寻觅生路。李世贤责怪汪海洋没有火速增援，不知汪海洋已被西路湘军击败，自身难保，早已向大埔一带奔逃。漳州城只有孤军一支，但仍然有南靖、乌头门、楼内寨与东关的壁垒勉强互相支撑。后来湘军将壁垒一一扫除，才将漳州城攻下。

左宗棠高度评价各路将士的作战，说他们劳苦壮烈，无可挑剔。他说，他在坐镇延平时还深为省内和省外来的各路部队忧虑，担心统兵之将这么多，指挥权无法统一。这次诸将和衷共济，每有战事谋定而战，有条不紊。西路的各支部队虽是遥为呼应，但在关键时刻都能如期而至。战事进行得如此顺利，避免了旷日持久的拖延，实在是他始料未及的。

现在，湘淮军从漳州南攻漳浦，可以从这里南下云霄与诏安，与粤东黄冈守军连成一气，还可以杜绝李世贤入海的企图。湘军分别从南靖和漳州追敌，向平和推进，可与广东东部饶州的守军连成一气。紧靠广东大埔一带的地区则有总兵王开琳、延建邵道康国器和都司关镇邦所部扼守永定的抚溪和云霄、上杭一带，拦截敌军。从汀州到潮州有一条水路可通，但溪流湍急，广东清军若能凭河阻截，那么李世贤和汪海洋部就很难再逃脱了。

350

曹克忠部于3月14日在马家嘴击败回民军，又于3月15日在将台堡再次将这支回民军击败，然后攻克德隆堡。

萧何城的回民军首领参见张集馨，向他投降。张集馨率所部从静宁向兰州进发，攻克青家驿，取道威戎镇，抵达洛门，一路作战前进，会宁、通渭、宁远和陇西都无回民军。

不几日，回民军攻占陇西的巩昌。雷正绾把陶茂林部调往安定与会宁之间。这里所说的安定就是现在的定西。张集馨部返回固原驻扎。

清廷调往甘肃的各路部队都打了胜仗，但是军饷供应不上，雷正绾请求朝廷派林寿图督运粮草。清廷准奏。

雷正绾和张集馨部于 4 月 7 日联合攻打黑城镇，降将张保隆与马永和部协助攻击。围攻三天以后，回民军请降。张集馨不听，加大攻击力度，于 4 月 10 日攻克黑城镇。

第二天，曹克忠所部攻克黑城镇西北方的盐茶厅城，即现在的海原。回民军余部全部进入李旺堡及其以北的同心城。

黑城镇和盐茶厅城都是回民军坚固的根据地，现在落到了清军手中。清廷接到捷报，大加褒奖。

然而甘肃多处又起战火。关外猎户袭掠焚烧肃州，一些回民乘机举事。西宁的回民军攻占大通，包围郡城。宁夏的回民军袭击盐场和花马池。

清廷担心都兴阿兵力单薄，令雷正绾抽调兵力前往陕西西北部的定边照顾后路。又催促杨岳斌日夜兼程奔赴甘肃，令道员蒋凝学率部先赴西宁，斥责办事大臣玉通隐匿军情不报。

自从甘肃爆发战争以后，该省人口减少，荒废了不少耕地，粮食供不应求。清军时常不得不忍饥挨饿，拼死血战，士卒都有朝不保夕的危机感。将帅征调不来军饷，以空话安慰部队，军士心怀怨恨，无处发泄。恰值陶茂林丁忧，请求回家办理丧事，所部七营全部哗变。叛军于 5 月 5 日袭击陇州的长宁驿站，声言要杀入陕西腹地。刘蓉急忙派兵在宝鸡拦截。杨岳斌刚好抵达西安，增派中军前往宝鸡招抚叛军。

叛军已进入周至和两当境内，刘蓉派出标兵拦截。陶茂林奉旨改为代理原职，攻击安定的回民军，被回民军击败，又有部卒溃散，十七营兵力只剩下五营。

恩麟见情势危急，调曹克忠所部南下安定。曹克忠正在攻打同心城，雷正绾所部则在攻打同心城西南方的预旺城，都抽不出身来。清廷令乌鲁木齐提督成禄增援安定。

周达武等部在 6 月 6 日攻克甘肃东南部的阶州，顺天军的余部全部被歼。刘厚基所部俘获太平天国启王梁成富，清廷对刘厚基以提督简放。萧庆高等部返回潼关抵抗捻军。

周达武进军四川松潘，镇压藏民造反。藏民军据险包抄袭击，周达武所部八千人惊慌失措，几乎溃散。

杨岳斌率全军进入甘肃。雷正绾所部接连攻克预旺城及其以北的下马关，长驱北上进攻灵州。雷正绾上奏诉苦，关键还是军饷匮乏。曹克忠由于部队吃不上饭干脆请求撤军。

清廷非常焦急，斥责都兴阿和穆图善，说围攻灵州和宁夏的部队久无战绩。又令骆秉章助兵协饷，用陶茂林溃部的军饷接济曹克忠。

甘肃臬司杨能格驻扎在庆阳督运粮食，曹克忠派人飞马传令催促。雷正绾部一直靠泾州供粮，曹克忠部则靠巩昌和秦安供粮，还需要回民提供粮食。现在转运不到，回民的粮食也用完了，只有攻下回民军的根据地才可以得到补给。

曹克忠所部已经攻下同心城，进驻宁安堡，声言要渡河增援中卫，却长驱北上直奔金积堡，驻扎在强家沙窝。雷正绾从灵州进兵，与曹克忠部连成一线。

351

湖南巡抚恽世临在 3 月份被清廷罢官。

恽世临为政颇为任性，令人无所适从。他做事认死理，自以为熟悉各朝惯例，懂得用人的资格权衡，在补官的问题上屡次为难吏部。

恽世临一直与毛鸿宾不和，到了参劾总督的程度。他上奏朝廷请求追究毛鸿宾专擅威福。清廷打算将这一督一抚一并罢免了。但为了照顾种种关系，便交给百官讨论。毛鸿宾和恽世临都以为能过关的是自己。百官上奏的结果竟然是降调恽世临，出其不意。

在百官的意见中，湘军将领的不满起了很大作用。恽世临疏于治军，使湖南的军备废弛，恐怕是他无法继续担任巡抚的主要原因。

继任湖南巡抚的李瀚章本是湖南州县的官员，长期跟随曾国藩湘军，对军政事务都很熟悉。他的性情镇定宁静，锐气内敛，采取了一些非常的举措，使湖南的政务有了起色。

清廷认为洪秀全军已被扫平，应该集中四川和湖南的财力进军云南和贵州。由于太平军余部仍在福建南部活动，清廷非常关注湖南东南部边界的卫戍。

清廷下诏，让曾国藩和李鸿章筹论全局。

曾国藩在4月份上奏说，云南是最偏远的省份，贵州则是最贫穷的省份。在全国局势如此糜烂的时期，朝廷实在是鞭长莫及。但皇帝继承大统，就连万里之外的新疆也是尺土必争，一民必救。何况云南和贵州还是属于内地，怎能不力图远略，恢复原来的局面呢？

他说，自古以来行军的道路没有一定，但进兵必须有根据地，筹饷必须有专人负责。所以谋取江南必须以上游为根据地，谋取西域就必须以关内为根据地。这是古今不变的道理。他认为，要平定云南的战乱，应当以四川为根据地，责成四川总督筹饷。要平定贵州的战乱，则应当以湖南为根据地，责成湖南巡抚筹饷。四川的南部大部与云南相邻，湖南的西部大部与贵州相邻，进攻也就是自防。这是势不得已、义不容辞的事情。不过，既然责成四川和湖南专顾一方，就不能让它们兼顾其他省份了。

曾国藩先分析了湖南的状况。他说，近年来湖南派兵西攻贵州，东防江西，本省的兵力为数不少，但还有东征局，要用巨款接济安徽与江苏。此外还有滇捐局、黔捐局、赣捐局和浙捐局。各处筹饷越来越多，则本省的进款越来越少，是绝不可能大有作为的。

上一年恽世临派周洪印和戈鉴等人进攻贵州，接连攻克古州、都江、上江和天柱四城，贵州百姓已有复苏的希望。如果当时乘胜进取，北攻镇远，南攻都匀，就可以与省城贵阳沟通，劳崇光也就不至于坐困贵阳了。但由于湖南饷银匮乏，恽世临不敢募勇增兵，因而无法大举深入，以至于辜负了贵州人的众望。

曾国藩说，新任湖南巡抚李瀚章在他的大营里待了六年之久，又是李鸿章胞兄，认识许多从金陵返回湖南的将领，以及湘淮军中得力的官员，而且彼此信任。如果朝廷令他选将练兵，专门谋划贵州的军事，必定可以逐步取得功效。但是东征局已经裁撤，只能酌情增加本省的厘税以接济在贵州作战的军饷，不能多为甘肃提供补给，更不能分出银子来接济云南。专门负责一处，则心思专一，如果四处分饷，则财力单薄。这是由湖南支援贵州的办法。

至于四川，近年已经肃清了本省，并在协济外省，也是财力空虚。成都距离云南三千里，万山丛杂，兵力派得多，则军粮的运输极为艰难；兵力派得少，又很难制服回民武装。即便是竭尽四川的力量去支援云南，恐怕还是不够的。何况川北的保宁和龙安必须驻扎重兵，防备甘肃的造反武装，川南的酉阳和泸州也必须驻扎重兵，防备贵州的造反者。所以不可能专门图取云南而放弃其他防地。

然而云南孤悬南陲，只有四川距离较近。昭通与东川二府康熙以前本来隶属四川，雍正年间才隶属云南。要进军云南，除了四川，别无下手之地。倘使四川总督能够兼任办理云南省军务的职衔，或者干脆前往叙州驻扎半年，调度一切，每月专为云南提供四五万两银子的军饷，那么云南巡抚林鸿年进驻昭东也就有恃无恐了。而跟随进入云南的文武官员可以免掉有去无归的担忧，才能树立杀敌立功的信心。

几个月以后，如果巡抚能在昭东立稳脚跟，梳理政务，云南百姓感到天子没有遗弃这个偏远的省份，相信巡抚能够保障本省的安定，就会相继返回家园，共图对付造反者的办法。然后开设铜厂，兴办铸造，制造战船，以利转运物资，或许可以挽回全局。这是治理云南的办法。

曾国藩又说，张亮基打算在江苏和安徽征兵，林鸿年打算从长沙分取军饷，虽然用心良苦，但是难取成效。如果朝廷采用他提出的办法，责成湖南巡抚办理贵州的事情，责成四川总督办理云南的事情，那么甘肃的军饷就应责成江苏、江西、浙江和湖北四省筹划。他和其他臣子决不会推诿。

在曾国藩上疏朝廷的时候，李瀚章得知洪秀全余部汪海洋等人驻扎在福建和广东边境，提出四省合击，湖南再次扩军。巡抚派陈士杰率部从桂阳前往仁化，派王永章率部从宜章前往乐昌，派张义贵率部驻扎郴州。

由于四川没有战事，骆秉章派兵增援贵州。清廷任命刘岳昭为云南布政使，但刘岳昭仍然无法到任。

352

不管清廷是否将支援贵州的责任交给湖南巡抚，只要贵州有了战事，湖南照例会派兵增援。5月27日，湘军出境攻打贵州的正安，以援助遵义。

凤凰人张文德时任镇远镇总兵，奉劳崇光之命回湖南招募勇丁到贵州作战，成为湘军将领。他率湘军攻克荔波和独山以后，回到凤凰为父亲守丧。

鲍超的霆军5月份奉命从江西开往甘肃增援。鲍超请假回到四川奉节，派总兵冯标等人率前军抵达湖北金口，等待湖北的军饷。湖北官府没有按时发放军饷，又不准湘军进入省城，让他们长久驻扎金口，军士怨气冲天，冯标等人无法安抚。

霆军收编了许多投降的太平军，他们早就不乐意西征，便鼓噪哗变。他们一路抢掠南行，打算与福建的太平军余部会合。

霆军剽悍有名，各路清军畏惧这支叛军胜过畏惧太平军。叛军返回江西，于5月20日袭击袁州。袁州守城官员被关在城门之外，赣西为之震动。

沈葆桢因母亲患病请假回乡以后又遭母丧。代理巡抚孙长绂上奏，极力请求朝廷重新起用沈葆桢。清廷批准，但沈葆桢辞谢。清廷派刘坤一代任江西巡抚。刘坤一曾率湘军久在江西作战，和这里的湘军将领都很熟悉。大家十分欢迎他的归来。

王开琳派驻永定防备太平军余部的部队被汪海洋所部包围，随后丢失了军营。而叛军从袁州南下吉安，然后西进湖南攸县，袭击安仁，向南而去。

与此同时，湖南派出的湘军攻克了贵州镇安，刘岳昭率部驻扎贵西。李瀚章正在筹划四省联防汪海洋，没料到霆军的叛军突然杀了进来，不得不集中兵力对付。

湖南驻军人数众多，叛军都能冲突而过，首先打败赵焕联所部，刘德谦率部阻击，晚了一步，叛军丢弃掠夺的财物向西而去。刘德谦军收捡了赵焕联部的大量军械。叛军到达桂阳县，遭到陈士杰部阻击，大败而逃，进入江西南部。

左宗棠看清了对福建的太平军余部作战可以速战速决的局势以后，湘军和湘淮军果然节节获胜。

汪海洋所部为了突破湘军的围堵，于5月19日攻打永定东北方不远处的湖雷，广东南海人康国器率部拦截，拆毁罗滩桥。汪军分七路扑来，汪海洋亲自在狮龙岭排列阵局，所部都是死士，旗帜漫山飘舞。

康国器说："贼寇的精锐都集结在这里，若能将之打败，余部必然逃走。"于是修筑壁垒，挖掘深沟，等待汪军懈怠，才趁机出击。

康国器部首先击破汪军伏兵，然后分道猛进，斩杀几千人，缴获了全部辎重器械。汪海洋再一次逃脱。

李世贤部从漳州向西奔走，在塔下遇到康国器部。康国器纵兵出击，李军两万人投降。

郭松林和曹仁美所部于5月21日攻克漳浦和云霄，高连升所部攻克平和。

此战以后，曹仁美解甲归乡，将所部交给兄长曹仁贤统领。

第二天，高连升所部将敌军追赶到大溪，接收了几千名降兵。王德榜将敌军追赶到广东大埔，天国天将郭扬维率四千人投降。

5月25日，郭松林所部攻克诏安。

5月26日，康熊飞和王开琳部在剑滩攻敌，接受一千名降兵。

5月27日，刘典所部在永定击败李世贤部，张福齐接受一万名降兵。王开琳收获更大，有两万四千人向他投降。

6月6日，丁太阳谒见刘典投降。

6月11日，郭松林所部攻克云霄和岳坑的敌垒。

6月13日，高连升在武平击败汪海洋部，迫使他们进入广东。

至此为止，福建已无太平军。

353

曾国藩是一名敢于向清廷说"不"的大臣。如果他在率领湘军对太平军作战时老是对清廷唯命是从，那么他本人恐怕早就步了江忠源的后尘，而他的部队也无法不断地壮大。不过，曾国藩对朝廷说"不"自有一套艺术，令皇上也对他无可奈何。

曾国藩不以口才见长，与人面对面地交谈也许不是他的长项。但他写奏章的功夫却堪称一流。他在奏疏中入情入理地遣词造句，使他能够说服天子，或者令天子尽管窝着一肚子火也不得不屈从他的意思。

曾国藩于6月份就镇压捻军之事上了一道奏疏，再次很委婉地对朝廷说了个"不"字。

他说，僧格林沁是督兵重臣，骤然捐躯，远近人心大震，而捻军气焰大长。朝廷责成他曾国藩迅速攻击捻军，但他有几个困难，很难迅速投入作战。

首先，金陵只有三千名湘军护卫，此外只有刘松山在宁国的一支部队可以调用。如果湘军军士不愿北征，他就只能酌情带上几名湘军将领，另募徐州勇丁，按照湘军的基本模式开创剿捻军队的局面。这样做，需要三四个月才能训练成军，所以无法迅速投入作战。

其次，捻军战马极多，驰骋平原，军锋十分锐利。他不能让步兵去与捻军的骑兵硬拼，打算派人前往古北口采买千匹战马加以训练。这也是需要时间的，所以无法迅速投入作战。

再者，要想阻止捻军北上，只有依靠黄河天险。兴办黄河水师也需要几个月时间才能就绪，所以无法迅速投入作战。

接下来，曾国藩总结僧格林沁失败的原因在于急于求成，为自己不能迅速用兵提供佐证。他说，僧格林沁忠勇绝伦，妇孺皆知，中外传诵。僧王领兵追逐捻军，每天行军七八十里，甚至一百多里。然而步兵跟不上骑兵，驽马跟不上良马，部队行程势必参差不齐。听说僧王在4月份驰抵汶上，步兵过了七天才抵达兖州，骑兵也有迟了三天才到达的。行军太快，势必无法自带军粮，也不能埋锅造饭。只能行文通知州县，令地方官供应面饭。各地遭到兵燹，都有困难，地方官很难提供几千人的餐饮。又因仓促间接到通知，家丁已经逃匿，无处可寻，或是处在两县交界之处，地方官彼此推诿。将士有的争先，有的落后，有的饿着肚子，有的却能吃饱，情况不一，有的甚至连续几天吃不到一顿饭。部队因此而难以整齐，行军因此而能够神速。

曾国藩说，他的部队行军每天都要支架帐篷，埋锅造饭，不向州县官员索粮。按照古代的兵法，每天只行军四十里，或者二三十里。李鸿章的淮勇也仿照湘军的办法，因此能够步步稳妥，而因此也就行军迟缓。

曾国藩又说，一年以来，僧王所部转战湖北、安徽、河南、江苏和山东五省，而要他来对付捻军，不可能像这样处处兼顾。如果他在徐州设立大营，那么在山东方面他只能负责兖州、沂州、曹州和济宁四郡，在河南方面他只能负责归德和陈州两郡，在江苏方面他只能负责徐州、淮安与海州三郡，在安徽方面他只能负责庐州、凤阳、颍州和泗州四郡。这十三个府州纵横千里，是捻军出没最熟悉的地区。将这些地区交给他督办军务，而其余地区则要责成各省的督抚，各有专门的防地，军务才会有所归宿。

曾国藩说，捻军已经成为流寇，朝廷应训练固定驻防的部队才能对付不定的敌人。现在刚刚失去了僧王这个大帅，强大的敌人正在扩张势力，他自己无法迅速增援山东，也无法兼顾畿辅，谋划如此迂缓，骇人听闻。但他经过几天的考虑，认为也只有采取这样的办法了。

曾国藩指出，官军必须扼守要冲，驻军临淮关、周家口、济宁和徐州四镇。一处有急，三处往援。如果随流动的敌军而奔波，必定疲于奔命。所以只能"以有定之兵，制无定之寇"，"重迎剿，不重尾追"。

当时，李鸿章为了解救畿辅的燃眉之急，派遣潘鼎新率五千名淮勇乘船从海上驶抵天津。潘鼎新部刚到，捻军已休整南下。

清廷下诏，任命曾国藩兼制直隶、山东与河南，旗兵、绿营和文武官员悉听其指挥。曾国藩再三辞谢，清廷下诏勉慰。

曾国藩履任之初，清廷发下一件与僧格林沁之死有关的公案，交他查办。

这件事的缘由是，山东巡抚阎敬铭听说黄家围的教民谋划造反，发兵镇压，屠杀男女两千多人，但事后核查，其实并无造反一事。他所指控的教民首领张某就是代理陕西巡抚张集馨的弟弟。山东士民为此对阎敬铭久含冤愤。僧格林沁阵亡后，阎敬铭十分恐慌，放弃东昌匆匆逃往济南，更惹来非议一片。朝中的官员纷纷上疏弹劾，都说僧王的失败是因为阎敬铭不供应口粮。而且就在僧王阵亡的第二天他还佯装不知，密奏清廷，请求增派帮办，以表示他有先见之明。他回到济南之后，悄悄让家眷扮成民妇逃往齐河躲避。此外还参劾他滥保亲戚得官。

曾国藩上奏说，阎敬铭请求增派帮办的奏疏，确实是在僧王阵亡的第二天发出的。既然结果被他言中了，又怎能追究他的心术呢？何况僧格林沁已死，他上奏伪装自己有先见之明，这是绝顶愚蠢的小人也不会去做的事情，阎敬铭怎么会做这种傻事呢？他自负为官清正，所以轻视他人，致使僚属怨恨他的刻薄。至于其亲戚李均贪鄙妄为，和舆论相符，应请革职。

曾国藩的奏疏把道理说透了，清廷照例准奏。

354

张宗禹在 6 月份率部奔赴安徽宿州和亳州,安徽清军在龙山迎击。张宗禹所部攻占高炉集,赖文光、牛落红和任柱等人率部随后到来,合兵西进,包围雉河集。这个地方就是现在的涡阳,是张宗禹的老根据地,当时由清朝布政使英翰领兵防守。捻军各部拼力死争,希望再度占据。

英翰率二十多名骑兵奔向东南方五十里处的西阳集,留下史念祖死守待援。

曾国藩令黄翼升和许鼎臣率水师驶抵临淮,又令周盛波率部增援蒙城和亳州。令刘铭传率部从济宁赶赴徐州,向安徽北部进发。

这时山东已无战事,清廷侍卫克兴阿等人率四百名骑兵护卫僧格林沁的灵柩北上。

曾国藩于 7 月份进驻临淮关,三十二岁的湘乡人刘松山率五千人随他同往,出任老湘营统领。其同乡易德麟仍在他手下听命,很快升为老湘营马步前军统领。

曾国藩委派人员进入圩寨调查,造出良民册和莠民册,挑选良民发给执照担任圩长。对于所谓奸猾不法之徒,全部审判处死。蒙城和亳州的百姓开始畏法,驯良懦弱的人也有了出头之日。

周盛波部于 8 月份在涡河以北击败捻军,刘铭传则在龙山和石弓山打了胜仗。河南清军张曜和宋庆所部攻破陈家团,进军余楼,安徽清军张得胜部攻克高炉集。清廷的部队向雉河集四周逼近,捻军因军粮告尽而撤向河南,雉河集解围。赖文光和李允奔向归德和陈州,张宗禹和任柱奔向睢州。

张曜等部从鹿邑和柘城追赶张宗禹所部,将其击败。张宗禹率部西奔汝州和洛阳,刘长佑派炮船西巡河壖,黄河水师从此兴起。

张宗禹等部于 9 月份从汝州以南的鲁山和南召奔赴河南西部边界的荆紫关,向湖北运动。赖文光等部西进河南中部的舞阳,打算与张宗禹部会师一起南下。

汪海洋部进入广东以后,又获得一线生机。鲍超所部的叛军也从江西逃入广东,与汪海洋部会合,袭击江西边界,被席宝田部击败。江西的各路湘军一起防守南安。

由于刘坤一还未到任,曾国藩派遣江南湘军刘连捷等部驻扎临江和瑞金,兼任湖南边界的防卫。

汪海洋部于 6 月 15 日在镇平击败广东清军。

太平军残部进入广东，令广东巡抚郭嵩焘慌了手脚。郭嵩焘为此对左宗棠颇有怨言。其实左宗棠何尝愿意把皮球踢给别人，他没能把太平军全部拦截在福建境内确实是情非得已，而且他这个闽浙总督也并没有因为太平军进了广东他就撒手不管的意思。

但是，太平军进了广东对郭嵩焘却是个天大的难题。他这个代理广东巡抚到任两年，在自己的辖区内混得并不好。

清末官场的人事极为复杂，而广东的官场又比别的省份更加黑暗。时任两广总督的毛鸿宾很难相处。毛鸿宾曾是曾国藩的老师，碍于情面，郭嵩焘对他多少有些顾忌。而毛鸿宾对郭嵩焘很不客气，事事牵制，弄得他很被动。

与上面处不好，下面也必有问题。毛鸿宾一个名叫徐灏的幕客对郭嵩焘意见很大，常在总督面前说巡抚的坏话，而将军瑞麟又是个庸才，只会溜须拍马，迎合上司，郭嵩焘在广东陷入了四面楚歌的境地。为了维持督抚间的和睦，郭嵩焘只好步步退让，充当好好先生，不与他们争执。

这样一来，郭嵩焘在广东大展宏图的梦想成了泡影。特别是在军事方面、筹饷方面，郭嵩焘成了一个摆设。他明知其余高官的做法不对，会造成严重的后果，也不据理力争，为了保持一团和气，也不向朝廷奏告。宁愿憋着一肚子窝囊气代人受过。

汪海洋部进入广东之后，广东清军连吃败仗，将领还虚报战功。左宗棠不得不把实情向朝廷上奏，而这样实际上等于告诉朝廷：广东的郭巡抚是无能之辈。

清廷可以原谅一方大员其他的过失，但对于和太平军作战吃了败仗的官员却是最为恼火的。于是，左宗棠在这件事情上客观上得罪了郭巡抚。

左宗棠知道广东清军不可指望，立刻奏调江西湘军鲍超所部的霆军进入广东会剿。鲍超是一员猛将，斗大的字不识一筐，性格刚猛，不拘小节，对部队约束不严，霆军素来军纪很坏。郭嵩焘担心他们进入广东会影响治安，于是与总督会奏，声称汪海洋有进攻江西和湖南的动向，让霆军严防本境，不必进入广东。朝廷采纳了他们的意见。

这样一来，左宗棠当然非常生气。明明是汪贼进了广东，你却睁眼说瞎话，说汪贼要进攻江西和湖南，不做调查，妄加揣测，简直就是谎报军情！

郭嵩焘过去在湘军大营里当过高参，见识过湘军打太平军的厉害，以为天下军队都一样，广东境内的清军人数不少，而太平军已是强弩之末，吞掉汪海洋所部绰绰有余了。他没有充分估计到，广东的官员"文官要钱，武官怕死"，与湘军的凶悍勇猛不可同日而语，根本不是汪海洋的对手。

在广东清军吃了败仗以后，郭嵩焘终于也醒悟了。但是新任总督瑞麟不断向朝廷谎报成功，郭嵩焘为了维持督抚间的和睦，也不揭穿他的谎言。

郭嵩焘在广东巡抚任上可以说是处处忍让，毫无原则，左宗棠怒其不争，怜其无能。

广东清军在镇平吃了败仗，这个镇平就是现在的蕉岭。瑞麟和郭嵩焘连忙派兵向镇平进攻，在五星桥击败汪海洋部。方耀所部则在平远击败敌军。

7月12日，汪海洋率部攻击嘉应州，即现在的梅州。因多次负伤跛脚而被称为"康拐子"的康国器率部在瓦窑将之击败，汪海洋部退入镇平。

鲍超所部的叛军奔向信丰东南，攻打兴宁，与太平军在龙川会合，不能相容，又分兵进入广东，增强了汪海洋的军势。

汪海洋侦察到湘军在江西与广东交界处边防严格，打算还是从福建边界进入江西，便从镇平越过分水坳到达广福乡，在这里收割早稻补充军粮，被高连升等部击退。

李世贤所部在永定遭到重创后，前途茫然，不知往何处去。汪海洋把失败归咎于李世贤的忠实部属王宗李元茂。汪海洋为了重树威信，将李元茂处死。效果适得其反，大大动摇了军心。天国陪王谭富和朝将莫恩谒于8月份都率部向湘军投降。

汪海洋为了制止投降行为，增设关卡稽查，派亲信守卡，而令霆军的叛军分别据守镇平西面和南面，挖掘深沟，修筑高垒，在势力孤单的情况下但求自保。

李世贤无处可走，不得不去投靠汪海洋。他浮水夜渡永定河，随从大部分淹死。李世贤割掉须发，藏在山中昼伏夜行，于9月上旬抵达镇平，派人向汪海洋通报。

汪海洋出城迎接。到了城内，李世贤旧部向他哭诉汪海洋猜忌狠辣的种种情状。李世贤为李元茂的死打抱不平。汪海洋听说李世贤怨恨自己，无法安心，派人在其熟睡时将他刺杀，同时杀害了其五名将领。

但是汪海洋的处境还是继续恶化。霆军的叛军与汪海洋部争夺粮食，动起手来，被汪海洋部杀退。叛军仍有七千人，向方耀部投降。

康国器率部驻扎在镇平东南的高思塘，分兵扼守程官埠。汪海洋屡次攻击，都被康国器部击退。汪海洋派兵佯攻高思塘，康国器知道这是虚招，其真正的目标是程官埠，便告诫程官埠的部队不要妄动，在两山之间设伏。

汪海洋果然率精锐扑向程官埠，康国器诱敌深入，伏兵突起，枪杀敌将汪大力和黄十四，汪海洋手腕负伤。其部大批士卒阵亡，或坠入岩洞而死。

9月29日，康国器所部攻克镇平。汪海洋率部西奔平远。江西湘军席宝田部在东石拦截，黄少春率部追踪到东桃乡。汪海洋折回大柘，西奔兴宁的黄陂圩和罗浮司，又向北奔入江西长宁境内。

席宝田和娄云庆从平远返回长宁，王开琳等部分别扼守长宁的簧乡和鹅公圩，左宗棠率部进驻广东大埔。汪海洋见前路为湘军堵截，后路有湘军追击，只好抄小路进入龙南。

广东督抚向朝廷报捷，说汪海洋已无还手之力。左宗棠根据他们奏报的军情派出高连升等部前往追击，追了六个昼夜，兵力疲惫，中了汪海洋的埋伏，死伤惨重。这说明广东督抚的捷报根本是一派胡言！

355

曹克忠部在7月8日和9日接连打了两个胜仗，斩杀两千人。战场距金积堡十五里，关卡和壁垒林立，水又咸又涩，饮下去立刻生病。曹克忠所部初来乍到，以糠稗为食，然后挖掘草根充饥，最后连草根也吃完了。

回民军侦察到曹克忠部已经疲惫，出动精兵围攻。曹克忠驱动饥饿的军士迎战，于7月24日攻破三道关卡，又于7月26日和27日攻克五卡，缴获的粮食仍然无法养活部队。于是又约雷正绾部进攻，于7月29日攻克五卡，才进逼金积堡下。

回民军预伏了一万多名骑兵，这时从十里外包抄过来。首先击破雷正绾的营垒，毙伤两千多人。曹克忠部刚刚攻下高章的三座堡垒，见雷正绾部失败，下令缓慢撤退。回民军加紧攻势，斩杀曹克忠手下的营官周有贵、秦久胜、朱有文和董逢春等人，以及几百名军士。曹克忠部后退二十里扎营。

对于这次败仗，雷正绾上疏自劾，曹克忠则请巡抚奏参。杨岳斌刚到甘肃，奏陈曹克忠的战功，朝廷下旨宽免。

兰州东北部的靖远在9月上旬发生了教民造反，杨岳斌率湘军将其镇压下去。9月26日，杨岳斌返回兰州。这时陶茂林所部的叛军被陕西湘军击败，投降者发给路费，送回原籍。余部从陇州南下凤县，被刘玉兴和萧德扬部接连击败，两千三百多人投降，分别留用和遣返。

陶茂林所部的叛乱平定之后，雷正绾所部又发生了哗变。雷正绾的部将雷恒与回民军首领赫明堂沟通，煽动全营造反。雷正绾哭着劝阻也无法制止，伤愤至极，拔剑自刎，被部将救下，便率李启高的四营步兵和两队骑兵退到固原。回民军前来袭击，雷正绾又率部退到平凉。提督谭玉龙和周显承先把粮食督运到泾州，溃散的军士到来，便对他们进行招抚。他们留下庆阳的饷款一万八千两接济，于是招抚了四营兵力，与旧部一起共有七营。

雷恒与赫明堂于10月20日率部袭击泾州的二十里铺，劫走饷银和麦面，谭玉龙部无法制止。

泾州的驻防军只有五营，谭玉龙新收的溃兵和刘效忠与胡大贵的勇丁缺乏武器和旗帜。杨岳斌把泾州粮台所存的军饷三万两全数发放，催促陕西巡抚接济军饷和器械。

甘肃和陕西两省局势日益动荡。金积堡的回民军向陕西的延州和鄜县运动，河州与狄州的回民军攻击巩昌，包围宁远。马营监和义冈川的回民军奔向张家川，分兵袭击陕西陇州的马鹿镇，另一支部队奔向庆阳的宁州。从兰州到西安，千里烽火相望，居民仓皇奔走，不知去向何方。

杨岳斌令谭玉龙率部转移到庆阳扎营，包围粮台。派李助发率部转移到隆德扎营。雷正绾部向西溃散的军士由联捷和林之望招抚，编成五营。

四川北部松潘的藏民军于占领地设置台站，与和平时期无异。

356

清廷任命周达武为贵州提督，四川湘军援黔提上了议事日程。陕西巡抚刘蓉罢官，由四川按察使赵长龄继任。

刘蓉早年怀才不遇，清高自负，不肯为名利折节。同乡曾国藩看重他的文才，赠给他的诗作中有"四海一刘蓉"之语。直到三十六岁他还是布衣一名。湘乡知县朱孙诒召他参加县试，他赢得第一名，才补为生员。

曾国藩在江西作战时，刘蓉辅佐营幕，曾国藩先后将他保荐为知县和同知。胡林翼认为他的才干大有作为，密疏向朝廷推荐。但刘蓉仍然沉沦在下级官僚之中，才华未被人识。

骆秉章带着刘蓉援川，一开始保举他为知府，很快又奏荐他代理藩司，清廷都照准了。但是别人却吹毛求疵，不放过刘蓉，其中很有些妒忌的味道。顺天府尹蒋琦龄议论时事，讥讽刘蓉，刘蓉便请求辞官。骆秉章又上疏请留刘蓉。

刘蓉升任陕西巡抚之后，编修蔡寿祺上书议论朝政，又说刘蓉巴结权贵，以求升官。

刘蓉极为愤慨，抗疏力辩，对自己给予高度的评价。他说，凡是靠拉拢关系巴结上司升官的人，平日所想的必然全部是邀宠获利，对上司表达无比歆羡恋慕，来赢得权贵的欢心，然后所作所为都丧失了本性，丢弃了廉耻。他虽然愚陋，但对贪慕荣禄、降志辱身的事情，往往不需要别人禁止就会自绝于心。他在小事上都能防微杜渐，何况这样的大事！

刘蓉说，蔡寿祺居心不良，肆意诽谤，口无遮拦，想把天下人都涂成黑色，好像天下不再有稍知廉耻的人事，这是多么的不合情理！

接下来，刘蓉又奏陈了蔡寿祺以前在四川的劣迹。

清廷将此案下发，让骆秉章查验。于是御史陈廷经又上疏攻击刘蓉，部议将刘蓉降职一级。

刘蓉身在陕西，眼看着战争带来的灾害，一心一意安抚战争的创伤，不再招募和率领军队。然而当造反军杀来时，他便带领驻防兵出战，将造反军击退。为官清廉自守，察吏爱民。但他个性傲岸清高，也往往遭到世俗的排挤。

刘蓉被贬官时，甘肃清军还有一支劲旅由甘凉道黎献统领。

11月中旬，黎献率部攻击肃州的回民军。

11月27日，清廷再度起用刘蓉为陕西巡抚。赵长龄调任山西巡抚。

11月28日，黎献派杨天兴率骑兵在大通拦截回民军，被回民军重挫。

12 月 3 日，米拉的回民军攻占临水，缴获粮台，黎献部因饥饿而溃散。于是甘肃原来的劲旅几乎全部叛逃。现在除了杨岳斌的湘军，只有曹克忠部还在与回民军相持。

12 月 18 日，刘蓉接受官印，打理军务。刘蓉长期诉说军饷不够，想要从四川获得。云南和贵州的巡抚也频频上奏，获得朝旨索要军饷，骆秉章一概上奏，罢免他们的官职，然后自请病假。崇实兼任总督，但军事上仍然依靠骆秉章办理。

四川和陕西本省的战事已大致平静下来。

年底，湘军李助发所部在会宁的乾沟击败回民军，刘胜祥部在李家庄击败回民军。

357

新任湖南巡抚李翰章于 10 月份又派湘潭人罗萱和彭炳武等人协助郴州防务，对援黔的湘军进行淘汰，缩编为二十营，由周洪印统率。

曾国藩于 10 月份移驻徐州。张宗禹所部东进河南邓州，然后北进镇平。张曜所部在黑龙集拦截，捻军大败，奔向唐河。任柱和赖文光等人率部东进沈丘，刘铭传率部拦截，捻军战败，后撤到项城，越过周家口，渡沙河向北，取道西华，进入太康。

刘铭传追赶到睢州，两军交战，捻军再次大败，奔向考城与山东定陶，向山东腹地青石关运动。这个青石关，是登州、莱州和青州三郡的交通枢纽。

在河南南部，张宗禹所部包围新野，未能攻克，又北攻南阳，被张曜等部击退。

清廷见张宗禹部总是在河南西部游弋，担心其进入陕西和山西，于 11 月份令李鸿章率部赶赴河洛地区，扼守两省的门户。

任柱、陈大喜、赖文光和牛落红等人的六七万兵力，包括骑兵和步兵，遍布菏泽、曹州和定州之间，分兵袭击铜山和济宁，大有渡过运河东进的趋势。

曾国藩令色尔固善和张树珊率部从济宁迎战，令潘鼎新率部从巨野前往会合。留下刘铭传部驻守周家口，周盛波部驻扎归德，照顾西路。令张树声部驻扎徐州，刘松山部驻扎临淮，照顾中路。

曾国藩上奏说，捻军有东进的趋势，河洛地区现在并无捻军。他所部湘军除留下刘松山部攻击捻军外，其余打算全部裁撤。现在对付捻军要依靠刘铭传、潘鼎新、张树珊和周声波的淮军部队，这些都是淮勇中顶尖的劲旅。他们驻扎在三省的要害之地。李鸿章怎么能把他已经部署好的兵力撤走，带着他们西行呢？

清廷下诏，撤销原来对李鸿章所下的命令。

捻军从曹州向东挺进，奔赴城武、单县和江苏丰县。潘鼎新和张树珊所部在山东鱼台和江苏丰县之间联合攻击捻军，接连获胜，捻军西返单县。

曾国藩令河南清军驻扎巩县和洛阳，湖北清军驻扎随州和枣阳，以静制动。张宗禹部从唐县和邓州袭击宝丰与鲁山。山东捻军再次进入江苏丰县，向西南推进，到达河南虞城，然后西进睢县，再向西南推进抵达扶沟，又从这里分兵攻击襄城和临颍。

淮军赶来，捻军便撤围而去。曾国藩认为，过去攻打捻军都是尾追，现在才得以开始迎击。

张宗禹所部于12月攻击新野和湖北枣阳，被湖北清军江长贵和姜玉顺等部击败。张宗禹率部回到河南，北上鲁山，向嵩县和洛阳运动。

任柱和赖文光部又掉头东进，攻打陈州与扶沟。其中的一路从北面的通许、睢县、考城、定陶和曹州到达东明。山东清军十六营夹在定陶南北相对驻扎。曾国藩增调杨鼎勋部，并令潘鼎新部转移到济宁，其中一路南返河南新蔡，向西占据唐县与邓州之间，攻打南阳。

左宗棠在自己的部队吃了败仗以后，勃然大怒，于10月26日上了一道奏折，指责广东督抚作战不力。这无异于向清廷报告：瑞麟和郭嵩焘不是治军之才。

11月6日，左宗棠第二次纠参广东上层官吏，称广东督抚谎报军情，致使汪海洋部迟迟不能剿灭。

到了这时候，郭嵩焘发现娄子捅大了，害怕朝廷究责，才向朝廷诉苦，说两广总督擅权，独断专行，排斥巡抚，治军不严，谎报军情。清廷委派左宗棠兼管广东军务，并查核此案。

左宗棠不愿蹚这趟浑水，他打仗已经够累了，不想插手广东的官场内讧。

于是他连忙上折拜辞。

左宗棠陈述了两点理由。第一，他身在福建，对广东是鞭长莫及。第二，他的哥哥左宗植与郭嵩焘是儿女亲家，他要避嫌。

不过，左宗棠还是帮郭嵩焘说了好话，称郭嵩焘反映的情况应该是可信的。但他又说，郭嵩焘并非没有责任，此人迂腐而琐碎，明明有理却不敢据理力争，才会有今天这个局面。

在这次事件中，左宗棠认为郭嵩焘"事前透过，时后弥缝"，没有男子汉大丈夫的气魄。总督和巡抚各有各的权力，你有不满摊开直说嘛，也可以早点向朝廷报告嘛。如今闹成这个局面，只能说是咎由自取。

但是，郭嵩焘也有一肚子委屈。他想，别人不体谅我倒也罢了，你左宗棠不依不饶，却是说不过去的。我和你老左是同乡、朋友加亲戚，朝廷要你来查案，你怎么不来啊？你来查案，不就正好可以罩着我吗？还有，朝廷派你带兵进入广东帮我打仗，你为什么拒绝呢？不来就不来吧，还在皇上那里损我。你这是存心不帮我，还要毁掉我啊。我究竟什么地方对不起你呢？我不是还救过你的命吗？难道你连这个都忘了？

郭嵩焘认为左宗棠实在冤枉他了。其实他并不是软骨头，他比前两任广东巡抚都更有气节。前两任广东巡抚一个就像总督的秘书，另一个更是像总督的听差。他比这两个人强多了，还敢跟总督争辩一下，这可是自有公论的。可是左宗棠还要指责他骨头不够硬，不敢告御状，真是站着说话不腰疼！

左宗棠确实不想兼管广东的军务，但他还是被清廷压着进军广东了。左宗棠真是一百个不情愿啊。他这个闽浙总督自从进入福建以来，在福州的总督官署里只待了十几天。那么多战争善后事宜需他去打理。他还急于搞洋务，造轮船，创建中国的海洋水师。现在他又得去广东帮郭嵩焘打仗，他想，朝廷养着你们这些高官究竟是干什么吃的啊？连粤逆最后的一支残余都对付不了，还是要我老左出马才能摆平。

左宗棠终于进军广东了，但是对于核查广东督抚闹矛盾和谎报军情的案子他坚决不肯染指。

左宗棠所部进入广东后，要求郭嵩焘负责部分军队的军饷。郭嵩焘却像个生意人，跟左宗棠讨价还价。这一回，左宗棠也火了。他觉得郭嵩焘简直是个窝囊废，连军队打仗必须吃饭这么简单的道理都不懂。左宗棠的辖地福建已经承担了很多军费，现在要广东为江西开来的援兵供饷是天经地义的事情，想不到郭巡抚竟然推三阻四。

其实郭嵩焘也有一本难念的经。他到广东后，立即开始抓财政。但他没想到这件事非常难办。

广东海关收入颇丰，但大小官吏从中渔利，富商又与洋人勾结躲避官府的摊派，所以朝廷早就有意加以整顿。郭嵩焘向朝廷奏陈了自己的施政计划，朝廷很快就同意他将军务、饷务、吏治分别轻重缓急次第整理。

郭嵩焘急于做出成绩，立即下了劝捐令。但命令发出后闹得民怨鼎沸。为什么？这道命令损害了当地大款的利益，他们在北京的后台自然不满。郭嵩焘企图为朝廷捞钱，却触犯了广东地方大大小小的地头蛇，反对声浪高涨。朝廷于是降下严旨查问事由，郭嵩焘顿感内心受到严重挫伤。

劝捐没有成功，军队军饷不足，直接影响到了左宗棠带兵打仗，左宗棠的用兵原则一向是军队未动，粮草先行。郭嵩焘拿不出钱来，又不愿承认自己无能，左宗棠能不发火吗？

发火归发火，仗还是要接着打下去。

汪海洋部在11月份攻击江西定南，更多的太平军部队从广东进入江西，被清廷同知王大枚率部击退。汪海洋返回龙南，又被知县王家杰率部击退。

席宝田部首先到达赣南，扼守铁石口，与汪海洋部连日作战。汪军发起反击。席宝田先派精兵绕到汪军后背发起攻击，然后摆开阵势大战一场。

汪海洋作战务求猛进，其所率军士都是各路太平军将领的养子，年龄不足二十岁，但在军队中生活了十多年，懵懂而不怕死。席宝田知道汪海洋的厉害，扎稳阵脚，不再出战。

汪海洋部见湘军久不出战，抓紧休整。不料湘军突然出击，砍开敌营，从垒门冲出。副将荣维善望见汪海洋大旗，急忙上前搏斗，一刀砍在汪海洋背上，汪海洋几乎成了俘虏。席宝田所部先后杀敌几万名。于是汪军大败而逃，七千多人自动脱离汪军来投湘军。

汪海洋部遭到重创，又从江西南下广东，攻占和平。然后放弃和平，西进连平，袭击长宁、大席和翁源。由于湘军扼守着所有的隘口，汪海洋又率部从连平翻山越岭奔向和平与兴宁。为了迷惑湘军，每当经过城镇立即绕道急行军，十天行走几百里。

12 月 8 日，汪海洋部突然攻击嘉应州城，守军措手不及，丢失了嘉应州城。高连升回师救援，已经来不及了。这时东江一带到处有会党出没，遇到湘军队伍落在后面的辎重便会劫杀。高连升和刘清亮部为疾疫所苦，各部都被会党和汪军阻隔。

左宗棠急召赖长等人扼守福建的永定，派王德榜率部从汀州进攻，又派黄少春部从江西信丰出兵，扼守福建武平，还催促鲍超率部进入福建，他自率亲兵驻扎琯溪，以扼守漳州的门户。

1866年
同治五年

358

新年到来后，进入广东的湘军各路部队按照左宗棠的部署到达指定位置，广东清军也做了相应的部署，对嘉应州城形成了包围。

这时候，左宗棠的兵力分布如下：王德榜所部两千五百人驻扎塔子坳，黄少春部驻扎曹塘，高连升部驻扎黄竹洋，康国器部驻扎乌泥坪，刘典部驻扎葵岭，环绕嘉应州城东南，鲍超部驻扎平成铺，在嘉应州城西面。

广东清军的分布如下：李福泰部驻扎蓝口，曾敏行和郑绍忠所部驻扎长沙圩，方耀所部驻扎益口洋，在嘉应州城西北。

嘉应州城三面环水，南城称为河南，汪军就在这里扎营。再往南是小密和芹菜洋。在这里没有攻城部队驻扎，独缺一面。

汪海洋出动所有兵力迎战各路攻城部队。湘军初战失利，知县汪遇元等十一人阵亡。

刘典所部驻扎丙村，在汪军进攻路线的偏北处。左宗棠亲军兵少势弱，情势非常危急。

左宗棠派飞马传令，急召王德榜部扼守三河坝。

三河由大靖溪、小靖溪和雁石溪汇聚而成。王德榜前往察看地形，只见三河坝处在崇山峻岭之间，濒临山道绝涧，料想敌军必定不会前往。而左宗棠的军营孤悬大埔，如果敌军直接攻击，左大帅的亲军必然难以抵挡，便自请当中路，步步陈兵防备，然后推进。

汪海洋见湘军步步围逼，便打算在嘉应州以东的佛子高、分水乡和曹塘设伏，等待湘军进入陷阱。

1月15日，左宗棠第三次弹劾郭嵩焘，直接指出他办理厘捐不善，致使军饷不足，要求以湘军宿将蒋益澧代替郭嵩焘出任广东巡抚。

郭嵩焘知道左宗棠从前并不喜欢蒋益澧，现在居然和他走到一条道上来了，分明是为了对付他郭某人！他看出来了，左宗棠奏调蒋益澧到广东就是为了排挤自己。他倒是乐意让位，但是左宗棠何不明说呢？这不是背后搞小动作吗？他探听蒋益澧的行踪，发现蒋益澧是到福州见过左宗棠之后才到广东接任的，更觉得自己揣摩对了。

郭嵩焘此时心情苦闷可想而知。至交左宗棠却一而再、再而三地弹劾他，还要将他这个巡抚换掉，令他欲哭无泪。

左宗棠无暇体谅郭嵩焘的苦衷，他在准备对太平军的最后一仗。

1月28日，汪海洋率全部精锐来到佛子高和黄竹洋，刀矛林立，旌旗漫山。另一支汪军从曹塘包抄到横径和深坑，攻击王德榜和黄少春军营，又在葵岭袭击刘典等部。

清军在交战后稍稍退却，汪军长驱追赶。清军将领都害怕了，有人说："贼寇不北上江西，也不西去广西，而在这里欺侮我们福建和广东的军队，是避利趋钝，一定是汪海洋的主意。我们应该挑选火枪手对准贼寇的帅旗射击。其余部队都在壁垒中防守，只要击毙了他们的大帅，就一定能够击破全军。"

于是大家按照这个想法布置。当敌军前队迅速推进时，清军集中火枪射击，使之无法前进，掉头撤退。清军将领高兴地说："贼寇不难对付，现在就败了。"

于是趁势掩杀，果然将汪军杀得大奔而逃。汪海洋中炮负伤，于2月1日在嘉应州城内伤重去世。

自从洪福瑱被清廷处死后，李世贤和汪海洋率所部在福建的崎岖山区内奔走。汪海洋在太平军中是骁勇绝顶，锋锐压人，李世贤也是足智多谋，十分勇悍，但比汪海洋还略逊一筹。所以他们比其他太平军将领具有更强的生存能力。只要这两个人还活着，太平军就不会很快地全军覆没。

汪海洋死后，他的部属共推偕王谭体元主事。谭军兵力仍有二十万，占据嘉应州城，与清军相持。

郭嵩焘屡次写信给左宗棠商议，只要令刘典所部从葵岭移驻小密，令广东清军郑绍忠部移驻芹莱洋，便可合围嘉应州城，将谭军聚歼在城内。

可是各路部队迟延不进。曾敏行非常气愤，说："我部兵少，不足以对付贼寇大队，请派我部推进到七圩，以等待友军到来。"

2月7日，曾敏行部刚抵七圩，还没扎营，谭军就分兵猛扑过来。两军搏战一整夜，谭军已全部抵达小密，奔赴黄沙嶂，围城的各路军队都没发觉。

七圩距离小密很近，谭军侦察到清军将要合围，便用一部拖住清军，而主力从河南突出，以图日后振兴。

娄云庆率部半夜入城，城内空虚无人，清军方知敌军已突围而去。

谭军进入黄沙嶂后，置身于万山丛中，茫然不知去向。鲍超等部追了上来，军士登上高处喊话："扔掉武器，可以免死！"谭军放下武器跪下请降。投降者共有十多万人，谭军将领七百三十四人被俘，都被斩首。

在这次作战中牺牲的谭军战士可以统计的就有一万六千人。自从太平军造反到失败，还没有见过如此轻易的杀戮。

王德榜所部俘虏汪海洋之妻张氏及其养子汪长林等三百多人，将他们全部处死。另有男女百姓一万多人由此得以脱身。

到此为止，在全国范围内，太平军已被全部镇压。轰轰烈烈的太平天国运动到这时余波已平。

清廷对黄沙嶂一役论功行赏，王德榜升任福建布政使。鲍超部将孙开华战功卓著，由总兵升任提督。唐仁廉获赏黄马褂。

在太平天国的余烬最后熄灭的日子里，英国人吟在他二十六岁生日那天，即1866年2月3日，写完了他的著作《太平天国革命亲历记》。

吟在这本书里展示了一些证据，试图让世人看到太平天国运动的许多真相。他预言太平军将会像不死鸟一样从他们以前的光荣的灰烬中复活起来。

359

甘肃的清军在上一年已经崩溃，只有杨岳斌湘军和曹克忠部能够与回民军相持。

回民军于 1 月 17 日袭击兰州东南方一百多里的甘草店，湘军营官余华中枪阵亡。金县守将杨明海率部将回民军击退。

杨明海是长沙人，早年进入湘军水师，1860 年曾转战安徽，参加枞阳、殷家汇、池州等战役，升为都司。1862 年与湘军各部攻打东梁山和金柱关，负伤不下火线，战后以总兵记名，获得"忱勇巴图鲁"称号。1863 年与太平军大战九洑洲，战后以提督记名。在金陵小沙口战斗中身先士卒，冲锋陷阵，右股被子弹击穿，仍率领哨船强行渡江，从陆路进取苏州，战后被授予山东兖州镇总兵，率部留在苏州驻防。杨岳斌出任陕甘总督时回乡募兵，赴任时调杨明海募勇随他一起上任。

杨明海这次击败回民军，得到"格洪额巴图鲁"勇号，在勇号上升了级。

曹克忠部于 1 月 28 日在新市挫败了回民军，傅先宗率部追赶到定西附近的漳县，又将回民军击败。

自从甘肃清军溃变以来，回民军的势力更加强盛，从隆德、静宁西往兰州，六七百里地面到处都是回民军。杨岳斌只靠着自己统领的湘军护卫驿道的畅通，上奏请调湘军健将协助自己。

他在奏疏上说，他抵达甘肃以后，兵力不足，军饷匮乏，本来打算用现有的兵力图谋进取。但陶茂林部先已溃散，兵员大减，雷正绾之勇接着叛变，兵力更加不足，所以他不得不请求增兵。而周达武部在四川作战，不能前来。萧庆高部防守陕西边界也没有前来。鲍超所部则已奉调去了江西，李鹤章又奏请将他留在江南。蒋凝学则请假回了家乡，金国琛因事留在安徽，一时不能赴任。

杨岳斌说，邻省派不出援兵，朝廷批准从东南调来甘肃的各支部队又无法及时赶到。现在河州与狄州的造反武装影响南部，平凉和固原的造反武装影响东部，宁夏与灵州的造反武装影响北部，凉州和肃州的造反武装影响西部，几乎是攻不胜攻，防不胜防。他如果株守省城，部队缺粮，最终会坐困城中。如果领兵出兰州攻击，则可能动摇根本。考察对方的势力，再计算自己的兵力，实在是分拨不过来。

杨岳斌说，据他所知，记名提督朱兰桂和记名按察使刘连捷勇略兼备，听说现正在江西作战。江西省兵力有余，请朝廷令这两位官员率所部奔赴甘肃增援。

清廷批准了他的要求。但后来刘连捷和朱兰桂所部并没有来到甘肃，只有总兵鹤龄率一千名川兵抵达兰州。

杨岳斌不愿困守兰州，于2月22日率部从省城出发，取道巩昌前往泾川，留下代理藩司林之望和中军罗宏裕等人防守省城。

这时，洮州的回民军攻占了洮州厅城，杨岳斌令曹克忠率部前往攻击，留下衡山人罗进贤防守巩昌。罗进贤一直是杨岳斌部属，在与太平军作战中屡立战功，升为提督。

杨岳斌于3月8日抵达泾川，彭楚汉部接连在水皁河与枣楚坡击败回民军。

曹克忠部于3月12日抵达李岐山，距离洮州十里。回民军首领马芳等人请降，曹克忠受降。洮州同知淡殿臣于3月下旬率汉民与回民部队收缴回民军的武器马匹，曹克忠将回民军首领丁重选等人处死，于4月7日返回巩昌。杨岳斌北上庆阳，与陕西藩司林寿图筹划防守。

360

左宗棠在广东境内彻底镇压太平军以后，春回日暖。左宗棠班师返回福州，湖南巡抚李翰章则开始筹划援助贵州。清廷令鲍超所部仍然入关，席宝田所部援黔。湘军将领本该做官上任，多数人却请求回乡，壮丁则回家种田。

恰在此时，九大白和包大度等人领导的贵州苗民军派兵深入湖南西部的镇箪、麻阳、沅州、辰州、靖州和晃州。黔东的石阡和荆竹园的造反军势力强盛，湖南沅州的防务万分告急。

湖南的湘军兵力已增至两万人，分三路出兵黔东。

李翰章令兆琛与周洪印出任大将领兵前往靖州防备苗民军。另外起用李元度招募新军前往沅州。宁乡人王永章率两千人随李元度前往。

兆琛和周洪印对湖南与贵州边界的情况最为熟悉。自从贵州发生造反，他们统军已近二十年。兆琛从知县一直升任湖南按察使，周洪印从千总升任总兵，过于关心私事，作战功效越来越差。

清廷决定平定贵州的战乱，挑选懂军事的官员出任监司，将兆琛提拔为贵州布政使，任命席宝田为贵州按察使，责成江西巡抚刘坤一每月为席宝田提供四万两银子的军饷。

席宝田已解甲归乡，部队未能集结。兆琛一直负责针对贵州的防卫，竟无功效，沅州和靖州照样遭到造反军的攻击。

戈鉴所部疲于奔命，四援沅州，三援铜仁。在晃州解围后，戈鉴升任道员，加授按察使官衔。

李元度吸取以前的教训，锐意攻取。他领兵抵达沅州，进入贵州，听说在石阡和荆竹园一带刘义顺与胡二黑的号军势力强盛，便亲率周洪印及其所部发起攻击。号军顽强固守，湘军无可奈何，空有一腔勇气，无法施为。

湘军在黔东的战法都是步步逼近造反军的根据地和关卡。造反军各自为战。湘军大部队到来，他们便全部撤走。湘军兵少则不敢推进，精兵无法发挥威力，一旦疲惫了就会遭到造反军袭击。

造反军经常乘着雨天夜袭。湘军军士有的刚刚躺下就丢了脑袋。在树林和竹丛中行军往往有人被偷袭者打伤或击毙。两军交战时湘军未尝没有打胜仗，但荆竹园久攻不下，造反军照旧往来。边界县份失而复得，得而复失，反复不可胜数。

那些以前失职的湘军将领便传播流言，说兆琛等人并无过错，李元度来了也不过如此。湖南每月提供十多万两银子的军饷简直是劳民伤财。

李元度又接到报告，回民军攻占贵州西南角上的兴宁，向东北方向推进，袭击永宁、镇宁和普安厅，并驻扎下来。

刘岳昭所部驻扎在黔西，于3月份攻克了黔北的绥阳。造反军首领吴元彪过去是团练军官，刘岳昭令他率一千二百人投降，攻克同心寨。然后攻破黔仁号军，解了遵义之围。

清廷任命刘岳昭为云南巡抚，率所部湘军转战前往云南。

四川和陕西境内的造反军已被镇压，但两省还是和以前一样养着军队。从四川出境的兵力有两万六千人，留下驻防的一万七千五百人，驻扎省城的两千五百人。胡中和仍然统领五千兵力，唐友耕统领三千五百人。陕西湘军有七千人。这些部队都靠四川供养，诚如曾国藩所说，四川的财源开始枯竭。

刘岳昭的任务是首先镇压贵州的造反军，与湖南的援军上下夹击。刘岳昭上奏说，贵州的造反者数量众多，飘忽不定。这次从西部的大定出兵，平定一处就必须拔营前进，不能留兵代守。如果州县官员不得力，湘军一走，造反军就到来，劳而无益。应由贵州巡抚挑选有能力的官员筹划善后。

清廷同意他的意见。

至此为止，黔西的郡县都被造反军占领，苗寨根据地连接成片，广延一千多里，湘军无法穿透。省城贵阳被造反军团团包围，孤立无援，清廷巡抚的号令只能在城内传递。刘岳昭提出先攻贵阳西北部的仁怀和黔西，保卫贵阳以西的清镇，以打通与贵阳的交通。他说，省城重地文报不通，就好像一个人要治病，咽喉却吞不下药，心腹不能运气。在这种状况下要治疗四肢麻痹，就是良医也束手无策。清廷认为他说中了要害。

361

任柱和赖文光的捻军部队在1月上旬进入河南虞城，西进睢州，将要取道旧黄河以北，绕过汴梁，与张宗禹部会合。周盛波率部在睢州迎击捻军。捻军战败，南下太康，然后西进，与张宗禹所部合围扶沟。刘铭传率部从周口北上增援扶沟守军，又将捻军重创。

曾国藩令张树珊率部驻扎周口，刘铭传率部游击。捻军西奔襄城、叶县和舞阳，后卫部队南下西平和遂平。在这里又分为两支，赖文光率部挺进西北方的鲁山，张宗禹率部挺进西南方的唐县。

湖北湘军刘维桢所部设伏袭击张宗禹部，将之击败，斩杀张宗禹之弟张宗志。

张宗禹在1月下旬率部更往西南，奔向新野。赖文光和牛落红部则折向东南，抵达光州，分兵袭击河南东南角上的商城和固始，然后西进攻击信阳。湖北清政府大为震惊。

成大吉部驻扎在湖北麻城西南五十多里处的宋埠，由于缺饷，部属哗变。成大吉逃走，部众烧毁军营向北而去，把捻军约到湖北，一起袭击武汉周边的黄冈、黄安、黄陂和孝感等地，军营延伸五百多里。武昌戒严，刘铭传奉命率部赴援。

清廷在2月份下令成立长江水师，彭玉麟上疏要求引退。

彭玉麟说，他治军已有十多年，没有添片瓦建屋，也未添置一亩田产。

作战中多次负伤，积劳成疾，也没有请过一天病假。现在军事已经终结，如果他继续在外做官，那就有贪恋官位之嫌。现在长江已设提督，如果他仍然留在军中，那就近于不肯放权。他为母亲守丧还未除服，如果不去补行，那就是忘了亲情。凡此种种，足以伤风败俗。

彭玉麟又说，人的聪明才力不断使用是会竭尽的。如果不善于收藏所短，必然导致失去所长。考察历代古人，早年颇有建树而晚节末路往往不保，有所谬误，才能变得平庸，精气也已衰竭。每当他从史书中读到这样的事迹，都暗自叹息这样的人不善于收藏其短。

清廷下诏同意了他的辞请。三等男爵黄翼升全面接掌长江水师。

彭玉麟会同曾国藩奏定水师营制。2月18日，曾国藩和彭玉麟上疏说，长江沿岸的五省战事大致平息。以前招募的水勇请朝廷批准改为常备水兵。本朝的绿营兵丁有五十多万，乾隆四十六年曾商议增补缺额，大学士阿桂上疏力争。曾国藩在咸丰元年丁忧回乡，也曾上疏请求裁兵五万。自从洪秀全举事，捻军和回民相继武装造反，朝廷都是依靠勇丁镇压造反者。国家养兵每年花费两千万两银子。现在除了各省统辖的勇丁，合计有三十万人，而常备兵力仍然未能减少，不是长久之计。大江水师拥有一千多艘船只，两三千尊大炮，利器不宜随便抛弃，劲旅不宜裁撤。俸薪、口粮和修补船炮的经费可从长江酌留厘税，量入为出。水师有提督一名，总兵五名，营官、副将、参将和游击二十四名，哨官、都守、千总、把总和外委七百七十四名，士兵一万两千名，兵饷和杂费每月五万多两。从荆州和岳州直至崇明，五千多里的水路上，设立六标分管辖区，共有七百七十四艘战船，二十四营兵力，副将营战船四十三艘，参将营战船三十三艘，游击营战船二十三艘。从提督到外委都派给指挥船。长龙设大炮六尊，舢板设大小炮各两尊，在安徽和湖北的省城开设火药局，在湖南省城设子弹局，在汉阳、吴城和草鞋夹开设船局。

两人上奏的事宜有三十条，为长江水师的建设提供了基本方略。

但是，由于水师不再作战，此后的水师统帅将战船全部改为大船，务求宏大厚实。湘军渐渐丢掉了务实的传统。将帅们过去愚昧，如今骄横，过去惶恐，如今奢侈，过去憨厚朴直，如今炫耀柔曲，虽然还是起用儒生率领农民，但所谓儒者不儒，而农者不农。曾国藩见了，叹息部队暮气重重！

左宗棠与李鸿章则逐渐将注意力转移到海防，致力于建立海洋水师。左宗棠积极在福州开办船政局，打算让中国人掌握制造和驾驶军舰与海运船舶的技术。

张宗禹所部在2月份攻击湖北北部的樊城，湖北湘军江长贵所部将捻军击退。张宗禹率部北返河南新野。

赖文光和牛落红部攻占黄陂，梁宏胜率部在黄冈的卫埠迎击，他本人力战而死。刘铭传率部攻克黄陂。

山东人与河南人见惯了僧格林沁亲自领兵驰骋战场，都想不通曾国藩这位督师大臣为什么要安居在徐州，于是颇有微词。其实曾国藩正在料理徐州湖团的一桩公案。

左宗棠于3月6日第四次奏劾郭嵩焘，称广东督抚"明于小计，暗于大谋"，并非合适人选。这四次纠参，虽然两广总督瑞麟也在被参之列，但瑞麟是满人，后台硬，左宗棠搬不动他。而郭嵩焘却终于被他纠参去职。

郭嵩焘对广东任上的两年用一句话做了自我总结：内见嫉于同事，外见侮于故人。

至此，左郭两人的矛盾已到了水火不容的境地。这从他们一次通信的内容中可以看出。

左宗棠说，你郭嵩焘眼里只有曾国藩这个侯爵，李鸿章这个伯爵，还有已经去世的胡林翼。你把我跟他们划为同类，说明你根本就不了解我。我这个人向来是直肠子，说话不顾忌朋友脸面，因此而多次得罪曾大帅。你作为同乡、朋友和亲戚，竟不知我老左是性情中人，真是有眼无珠！如今国家局势这么紧张，你还闹个人意气，你爱怎么就怎么吧。我是"因忠而愤，以直而亡"，理解我还是怪罪我，悉听尊便！

郭嵩焘也知道自己办事不力，辛苦左宗棠跑了一趟。因此他请左宗棠到潮州一见，当面交心，可是左宗棠说他必须回福建办理公务，推辞了。

左宗棠部于3月10日从广东回师福建。各路军马凯旋。4月3日经兴化抵达福州。

左宗棠回到福州以后，左夫人周诒端率家人来到福州与他团聚。夫妻父子相见唏嘘不已，呜咽流泪。左宗棠自从1859年离家以后，时隔六年多，第一次与家人团聚。

左宗棠与郭嵩焘的关系进一步恶化。郭嵩焘的两名手下到了福州，左宗棠问他们："二位觉得郭巡抚这个人怎么样？"他们回答："郭巡抚人很好，也挺能办事啊。"

左宗棠不高兴地说："说他肯办事还靠谱，怎么能说是能办事呢？"

这两人回到广州，把这番对话告诉了郭嵩焘。

郭嵩焘一听，对左宗棠怨恨加深。左郭不约而同地告诉对方：连对话的兴趣都没有了。

郭嵩焘郁闷不已，不久就凄然离职。左郭二人从此绝交。

左宗棠无心与郭嵩焘争辩，他的心思全放在洋务上。曾国藩起步早，走在前面了，左宗棠也不甘落后。1864 年他也在杭州制成一艘小轮船，"试之西湖，行驶不速"，但毕竟是可以开动了。小试牛刀之后，左宗棠准备大干一场。现在他彻底镇压了太平军，回到福州立刻筹备开设福建船政局。

福州船政局这个机构是为了引进西洋的先进技术自行制造枪炮、轮船和机器，用以装备本国的军队。左宗棠认为，现存的水师不足以抵御外侮，他要建立一支强大的海洋水师，而开设福州船政局的目的就是为中国的第一支海洋舰队提供现代化的装备。

左宗棠在奏折中说："自海上用兵以来，泰西各国火轮兵船直达天津，藩篱竟同虚设。"也就是说，自从甲午战争以来，中国无法抵挡外国军舰的进攻，等于没有海防。

左宗棠又说："臣愚以为，欲防海之害而收其利，非整理水师不可；欲整理水师，非设局监造轮船不可。"

清廷动心了，批准了左宗棠的奏请。左宗棠与法国人日意格和德克碑商订合同，议定自铁厂开工之日起五年内监造大小轮船十六艘，并训练中国学生和工人。厂址设在福州马尾罗星塔。

福州船政局成立了。它有几个叫法，又叫"福建船政局"或"马尾船政局"。当今的福州马尾造船厂就是由它发展而来的。通过左宗棠和沈葆桢等人的努力，它成为中国近代最重要的军舰生产和修理基地，李鸿章赞其为"开山之祖"。

船政局下设捶铁厂，相当于现在的锻造车间；还有拉铁厂，即轧材车间；水缸铸铜厂，即动力车间；轮机厂，即锅炉制造车间；合拢厂，即总装安装车间；铸铁厂，即翻砂车间；钟表厂，即仪表制造车间；打铁厂，即小型件锻造车间；锯厂，即锯木车间；造船厂，由三个船台组成，以及船政衙门、学校和耐火砖厂，等等。

左宗棠在船政局办学堂，是为了让中国人掌握外国的先进技术，也就是"师夷之长技"。因此，这个学堂相当于职业技术学院。船政学堂名叫"求是堂艺局"，分前后两堂，前堂学习法文，以培养造船人才为主；后堂学习英文，以培养驾驶人才为主。

这时候，清廷任命曾国荃为湖北巡抚。曾国荃自从率部攻克金陵以后，便解散队伍，让军士回家务农。他自己在湘乡养病，已被清廷起用为山西巡抚，没有成行。清廷见湖北军事棘手，便催促他招募旧部前往镇压捻军。

曾国荃令宁乡人黄万鹏招募勇丁率部到湖北作战。

曾国藩在3月下旬处理好了徐州湖团的事情，转移到山东济宁坐镇。

湖团处在铜山和沛县的交界处，是微山湖西侧的一片滩地。咸丰四五年间黄河涨水，淹了山东曹州，山东难民唐守忠率百姓东迁到这里居住，开垦了一百多里地，居民多达几万人。徐州的官吏已将这里纳入管理，定了赋税。湖团是一块丰饶的土地，一年可以收获几次，铜山和沛县的百姓看着眼红，便来争夺。湖团人便结为捻子自卫，与当地人仇杀不已。铜山与沛县的百姓向曾国藩告状，曾国藩下令驱逐湖团人。谋士说，现在捻军势力强大，如果激发矛盾，湖团人有可能加入捻军。曾国藩觉得有理，便派刘松山领兵驻扎在湖团，团民都携带农具回到山东。曾国藩拨出四万两银子令原籍牧令加以抚恤，徐州境内安定下来，便设同知官员治理。

这时张宗禹率部从新野向东北方推进，袭击舞阳、郾城和禹州，抵达中牟，距郑州不过百里，向黄河推进，将要渡河，被直隶水师击退。张宗禹部东进山东曹州，袭击定陶、菏泽、巨野和郓城，击败山东清军杨飞熊部和王心安部。

任柱与赖文光部从河南光州北上息县和正阳，再北上项城，东进沈丘，张树珊率所部出击。捻军一个昼夜向东南推进二百里，达到安徽的江口集，军锋指向北面的蒙城和亳州。

刘铭传率部追踪到颍州与捻军交战。鏖战许久，捻军包抄黄桂兰部，攻势猛烈。刘铭传下令发射炸炮轰击，安徽清军也来增援，捻军才迅速撤退。

任柱与赖文光所部于4月下旬照原路返回河南，奔向沈丘的槐店。张树珊领兵在周口至项城之间的苑寨拦截，捻军又分兵从左右两翼包抄，将要合围，张树珊与张树屏兄弟所部前后夹击，才突出包围。

捻军从周口渡河，向东北方长驱推进，奔向山东巨野。刘铭传部紧追不舍，两军旌旗相望，终于在巨野西南方的乌官屯和龙堌集搏杀。捻军两次大败，南下成武，前锋抵达江苏睢宁和安徽颍州，北袭亳州。清廷派侍讲学士刘秉璋率部协助徐州的驻军，刘铭传部在济宁休整。

曾国荃从湘乡北上武昌到任后，淘汰湖北的冗军，增加六千名湘军，委派记名布政使彭毓橘和提督郭松林为大将统领湘军部队。他还把旧部曹仁美从湘阴调来，让他与郭松林一起在湖北招兵。

捻军的几万名骑兵东奔西突，一跑就是三千里，湘军往往连捻军的影子也看不见。曾国藩已增调李昭庆、刘秉璋和杨鼎勋各部作为机动的游击部队，又因福建和广东已无战事，调鲍超的一万两千人北上，与湘军和淮军的各路部队会合，所部超过了八万人。

362

徐寿与华衡芳等人"放大"绶浩的新船于4月份完工，在金陵下关公开试航。

据《字林西报》报道，这是一艘明轮式的轮船，重二十五吨，长五十五尺。使用高压引擎，单汽筒直径一尺，长二尺。主轴长十四尺，直径二寸四分。汽锅长十一尺，直径二尺六寸。船舱设在回转轴的后部。

新轮船在长江试航，顺流时速约为二十八里，逆流时速约为十六里。

《字林西报》的记者一直在跟踪关注着中国的造船业，认为徐寿与华衡芳等人在如此短的时间内就成功地制造出这样高水平的轮船，表现出了中国人令人惊叹的机器智能，赞叹中国人具有制造机器的天才。

徐珂在《清稗类钞》中也记载了这个事件。他说：

> 同治丙寅三月，造成木质轮船一艘，长五十余尺，每小时能行二十余里。文正勘验得实，激赏之，赐名"黄鹄"。

曾国藩上奏朝廷，特地给徐寿颁发了"天下第一巧匠"的匾额，以示表彰。

以往有许多人认为在安庆下水试航的那艘轮船名叫"黄鹄"号，也有人以为在金陵下关试航的这艘"黄鹄"号才是中国制造的第一艘机动船，其实都是误会。

后来，徐寿等人受曾国藩指派，又随金陵机器制造局的一部分被李鸿章带往上海，接收了曾国藩委托容闳从美国采购回国的机器设备，连同向美国商人买来的旗记铁厂等企业一起，组建成规模更大的江南机器制造总局，负责修造枪炮和制造轮船，成为洋务派举办的最大的也是最为先进的军事工厂和造船企业。

湘军中的另一个洋务派领袖也在积极地筹办轮船的制造。左宗棠认为兵船借不如雇，雇不如买，买不如自造。于是设立的福建船政局主要由铁厂、船厂和学堂三部分组成。雇用约两千名工人专门修造轮船。制造轮船的机器和材料是从法国购来的。初期聘请法国人日意格和德克碑为正副监督，总揽船政事务，并雇用几十名法国技师和工头。创办费用银四十七万两，常年经费自本年起每月由福建海关拨银五万两，后来又由茶税中增拨两万两，建成了清廷规模最大的新式造船厂。

363

杨岳斌离开甘肃省城兰州时就担心省城出事。他的担心不久就变成了现实。兰州的清军标兵在4月7日叛变，直接原因是城内粮食奇缺。标兵王占鳌约集十八人歃血结盟，与回族士兵马文和马福等人相约，请狄河与北山的回民军开进西安，他们将献出省城。

标兵聚集在东门外，马文砸毁城门大锁放士兵入城，中军罗宏裕、参将王金楷和游击李玉安前往呵斥，都被标兵所伤。标兵还搜查协署的幕客和委员，全部斩杀。叛变的军官席光斗和马耀祖招呼标兵包围总督署，杀死几十名委员和幕客，以及几十名仆从和十几名亲兵，并拔刀威胁司道官员，逼迫林之望按他们的意思书写奏章。

北山的回民军于4月18日抵达庙滩，狄河的回民军抵达尖山，遥为标兵声援。标兵更加胆壮，杀死皋兰知县邓承伟，抢下官民的马匹，组成骑兵，远近剽掠。

杨岳斌身在庆阳，听说省城发生兵变，驰回泾州，令曹克忠部从巩昌移驻兰州。

罗进贤得知兰州出事，星夜赴援，在城外七里河遇到几千名回民军。罗进贤率三百人的卫队乘夜发起攻击，将回民军逼退。回民军援兵赶到，罗进贤回身再战，在混战中胁部中枪，坠马而死。

甘肃东部又传来战报，孙义章等人的回民军攻占了隆德，南下包围庄浪，分兵向东北方推进，袭击庆阳西峰的焦村，打算去陕西发展。

刘蓉接到警报，于6月2日抵达省城西北方的礼泉。回民军已在攻打陇州，击败刘玉兴的守军。刘蓉调萧德扬和邱时成等部从凤翔出击，部队抵达汧阳时，回民军已逼近县城。

萧德扬等部于6月4日在寺沟击败回民军，邱时成等部追到新兴铺。

刘蓉见汧阳和陇州军情紧急，向西北方推进五十里，移驻乾州。他增调萧德见扼守汧阳以南的县功镇，把在潼关驻防的刘厚基和黄鼎所部西调驻扎凤翔。将军德兴阿派满城骑兵两百人协助。林寿图率知府方鼎录从庆阳返回西安筹划甘肃东路的军粮运输。

萧德扬和邱时成所部于6月5日进兵攻打凤翔，在黄里铺和洛城河击败回民军，于第二天进驻凤翔。回民军退据董家河与孙家堡，萧德扬不等回民军扎稳脚跟，率部趁夜攻击。回民军北撤，萧德扬部追到甘肃灵台的新集。回民军于6月8日又进入陇州境内，刘玉兴率部攻击，回民军大多散离。于是，陕西的陇州和汧阳都无战事，只有北部的定边还有回民军的踪迹。杨岳斌从泾州西返，取道华亭，前往巩昌。

甘肃的湘军谭玉龙部又发生哗变，杨岳斌斩杀为首的五人，其余部众交给陈德隆统领。

刘蓉于6月下旬返回西安，杨岳斌则返回兰州。杨岳斌审理标兵叛变一案，将一百二十三名叛兵处死。其余全部不予追究，以安定人心。兰州平定下来，粮食运输稍微通畅，但每斗米仍然价值二十两银子，穷人都只能饿死。

马生义等人领导的回民军又向陇州进军，崔三等部也返回陇州以西的固关。回民军在陕西边界延伸几十里，还在向东挺进。

陕西的边防部队又向刘蓉报警。刘蓉派邱时成和黄鼎率部日夜兼程前往迎击，与萧德扬和刘玉兴等部会合，在陇州与回民军连日大战，双方各有伤亡。

6月22日，回民军分兵南下汧阳和宝鸡。第二天，萧德扬部和黄鼎部与其大战晁家园。回民军稍稍退却，兵分两路，一路奔赴凤翔，另一路奔赴汧阳。湘军追击，再次将之挫败。

安肃道蒋凝学率他新募的安字营抵达泾州，谭玉龙先前由于部属哗变而被罢免统领职务，蒋凝学劝他立功赎罪。谭玉龙便招抚花家庄的几营赶赴甘肃协助作战。

364

张宗禹所部捻军于5月下旬从山东西南部向东南方推进，奔向单县和江苏的丰县，任柱等部捻军奔赴河南宁陵与睢县，然后推进东南方，攻击安徽亳州。

曾国藩上奏说，徐州位于四镇之中，东北方的畿辅为天下根本，东南方的江苏是湘军的根本所在。东路如此重要，不得不凭借运河的衣带之水阻截流动的捻军。但是在枯水期河水干浅的地带有一千多里，无法靠河水挡住捻军。所以他打算与直隶和山东一起增高堤岸，设置栅栏，划地分防。

于是，曾国藩约阎敬铭一起巡视黄河，刘长佑从阳谷东南方五十里处的张秋赶来会合。三人商定，从范县豆腐店以下流域，包括张秋与东阿，由山东负责防守。豆腐店以上流域直到山东的东明与河南的长垣由直隶负责防守。特别强调张秋的原因，在于张秋是黄河要津，但山东素来都不设防，所以现在交给山东负责。他们还决定在运河岸边筑墙挖壕阻挡捻军。山东梁山以北的安山与戴庙，沈家口是起点，南边直达江苏的窑湾、宿迁与成子河，都要分段防守，这就是所谓"守河防运"的开端。

这时刘松山部在徐州的湖团击败了张宗禹和牛落红的捻军，追赶到山东曹县，联合李昭庆部将之击退。捻军从江苏的丰县和沛县攻击徐州，被董凤高和李祥和部击退。

6月下旬，刘松山所部追赶捻军抵达徐州以西，屡次获胜。张宗禹率部西奔河南虞城和睢州，包围陈州，南下攻击周口的北寨。牛落红所部也从周口东南方的苑寨渡到沙河以北，与张宗禹所部会师。刘松山、张诗日和潘鼎新不得不尾随捻军追奔几百里。张树珊派出多支部队分头攻击。捻军渡到沙河以南。

任柱和赖文光所部已抵安徽怀远，从这里渡到涡河以南，向西南方挺进一百多里占据下蔡。王永胜和刘秉璋所部追赶过去。捻军西进，从颍州的留陵口偷渡颍河，与周盛波所部遭遇，折向西北。

曾国藩见运河防线已经巩固，便提议扼守沙河与颍河。从周口到槐店的河南一段为沙河，从槐店到正阳的安徽一段为颍河，都在河岸设防。沙河与颍河的防御由曾国藩和乔松年负责。从周口北上朱仙镇，建立贾鲁河防线，由曾国藩负责。从朱仙镇向北四十里，直到汴梁，再向北三十里直达黄河，没有水路屏障，由李鹤年挖壕防守。正阳以东是淮河之滨，由水师与安徽清军防守。

于是，刘铭传、潘鼎新和张树珊督促部队在河岸修筑长墙，安徽和江苏的官民协办工程。河墙防线蜿蜒七百里，与运河防线相连，屹然如一道弯如U 字形的长城，底部宽，两翼稍短。

这样一来，捻军被这道沿河防线所阻挡，无法北上。刘松山和朱式云等部在这道防线的外围作战，在河南的西平和上蔡攻击捻军，连续获胜。

清廷军机大臣于 7 月中旬联名上奏，请求依照曾国藩和彭玉麟的奏本执行水师营制，编辑《章程》六卷，纳入《方略》，垂示后世，颁布天下。长江水师宣告成立。

捻军于 8 月中旬西进围攻南阳的尹寨，刘松山部会同宋庆所部夹击。张宗禹和牛落红率部向东北方长驱推进，攻打郏县和禹州。任柱与赖文光部则占据叶县和舞阳，向南运动，军锋指向湖北。

曾国荃接到探报，连忙从省城出发，向西北方推移，驻扎德安。他令鲍超所部从枣阳向西北方推进，奔赴河南的淅川和内乡，防守西路。又令郭松林所部从桐柏和唐县横向拦截，防守东路。令刘维桢出兵新野，为霆军声援。

捻军侦察到南路戒备森严，便掉头北上。

曾国藩已从济宁取道运河与微山湖到达江苏的洪泽，然后乘船从淮河西进安徽的临淮，在这里病倒了。他得知从雉河集到亳州一带都是捻军的根据地，便改走涡河水道。他令章合才率五百名亲兵打前锋，自己乘坐轻舟向涡河上游行驶，到亳州登陆。

曾国藩视察淮河南北的民圩，告诉百姓什么是顺民，什么是造反。他说，对于关闭寨门拒绝捻军的人，他都会上奏朝廷给予不同的奖赏。他还建议，从河南汴梁到安徽颍州，依傍汴渠和澮水挖壕设防。河南巡抚没把他的提议放在心上，拖延未办。

365

谭玉龙率领招抚的几营兵力于7月14日抵达甘肃的赤延镇。这个地方屏障着华亭的上下两关。谭玉龙部于7月15日发起攻击，在白杨林大败回民军，攻克两关。然后继续推进，于7月30日在暖庄川击败回民军。

雷正绾部和蒋凝学部于8月3日攻击张家原的回民军，被回民军击败。第二天，萧德扬部与洪殿元部却在暖庄川取得大胜，几乎将回民军的根据地全部摧毁。黄鼎率部进攻杜家岭，迫使回民军撤退。黄鼎所部追赶到磨坪川，接连挫败回民军。

甘肃的另一支回民军于8月下旬向陕西陇州和汧阳开进，兵力延伸到崇信与华亭一带。刘蓉调派三支部队夹攻，一路为杨得胜所部，一路为鄢太愚所部，另一路是西蒙克西克的骑兵。这些部队在神峪河攻破回民军的四座军营。

杨岳斌见甘肃东南部军情急迫，亲率彭楚汉与李助发部奔赴清水和张家川。他们于8月29日抵达通渭，得知傅先宗和王得胜等部已在阳坪击败回民军，并已移驻邵家湾。杨岳斌率部驻扎李家堡，距张家川三十里。

回民军于9月11日在夜色掩护下携家眷撤退，奔向焦韩店，又于第二天奔赴张麻镇。9月15日，回民军又兵分两支，一支并归华亭，另一支走向西北方，奔赴静宁和隆德一带。

杨岳斌令傅先宗率部赶赴通渭拦截，令其余各部环绕华亭修筑壁垒。陕西湘军驻扎东面，甘肃湘军雷正绾、张在山和蒋凝学部驻扎北面，彭楚汉与李助发所部驻扎南面，王得胜部驻扎西面，陈德隆所部驻扎西南面。

杨岳斌的各路部队于9月28日攻克华亭，于9月29日将回民军追到马峡口。回民军发起反击，将追兵击败，斩杀总兵杜连升与张德胜。雷正绾率部赶到，回民军撤退。接着，萧德扬与黄鼎部攻下了尖首山，刘厚基与谭玉龙所部在下关击败回民军，雷正绾所部攻克隆德。在陕西的汧阳和陇州以及甘肃的华亭，战事平定下来。

东边战火刚熄，西边战火又起。狄道州与河州的回民军攻占了巩昌，杨岳斌令傅先宗从通渭出兵，陈德隆从宁远出兵，前往巩昌增援。

傅先宗部衔枚疾进，于 10 月 4 日夜间抵达巩昌，适逢风雨交加，城内的回民军听不见城外的一片马蹄声。傅先宗派军士悄悄登城潜入城内。

天色将明，喻正祥劈开南门，迎接大队进城。傅先宗挥军冲入城内，攻克巩昌。这一仗斩俘回民军三千多人，缴获骡马两千八百匹。

这时，华亭的回民军分别进军庆阳和固原。

杨岳斌于 10 月 27 日从通渭返回兰州。清廷下诏，派总兵鹤龄前往肃州，派提督成禄出关奔赴奇台，会同李云麟办理新疆军务。

回民军又在各处发起一轮新的攻势。沈大兴在洪河川发起反击，被回民军击败。谭玉龙部抵达政平，粮食断绝，遭到回民军攻击，几乎全军覆没。甘肃贫瘠穷困，不得不靠陕西提供给养。刘蓉因事罢官，乔松年任陕西巡抚。清廷留下刘蓉协办军务。捻军逼近潼关和华阴，陕东军情紧急。

洪河的回民军于 11 月 27 日攻占平凉。雷正绾率部驰援，又将平凉攻占。

366

曾国藩于 9 月中旬抵达陈州与周口，住在军营，上疏向清廷请假。

捻军的四支部队集结起来，北上中牟，侦察到沙河与贾鲁河的河墙已经建成，只有靠近汴梁的河段还未竣工，便趁着夜色东进，击溃河南巡抚的三营标兵。

捻军从缺口冲破防线，疾进山东。刘铭传派骑兵追赶到杞县，拦截捻军后部。曾国藩急令刘铭传和潘鼎新率部奔赴虞城和山东单县，派刘秉璋和杨鼎勋率部从徐州韩庄东援，令张树珊率部护卫孔林。

沿河长墙一千几百里，功亏一篑，舆论指责李鹤年。于是清廷的运河防线与黄河防线同时告警。曾国藩制定的战略一时收效不大，他多次被言官弹劾。

曾国藩焦虑愤懑，疾病加重，便向朝廷陈述身体衰弱，请求派李鸿章驻扎徐州，与山东巡抚会办东路军事；派曾国荃驻扎襄阳，与河南巡抚会办西路军事；他自己驻扎周口，扼守其中，策应安徽与河南，并请令直隶和山东的炮船巡防黄河，屏蔽畿辅。

曾国藩认为自己不可久居高位，否则会不堪谗讯，于是又请假几个月，接着请求开缺，以散员身份在军中效力，还自请削去爵位。

对于这些要求，清廷都不予批准。

捻军集结兵力攻击巨野，山东清军王成谦和王正起所部将捻军击退。捻军开始猛攻运河墙，打了三天三夜，未能突破，便撤退而去。

刘铭传和潘鼎新所部于10月中旬在山东梁山拦击捻军，获得大胜。接着追赶到菏泽、曹县和东明，连战连捷。潘鼎新部到达杞县，刘铭传部到达睢州。捻军全部在河南集结，又分为两支，从此成为东捻军和西捻军。

任柱和赖文光的东捻军徘徊在黑冈一带，把荥泽坝掘开二十多丈，打算引黄河水灌淹汴梁。河南的清军炮船会同宋庆的陆师将捻军击退。于是，东捻军从中牟出发，一昼夜行军三百里，抵达山东曹县，在夜色掩护下扑到袁口东南，企图突破开河的圩墙，都被山东清军阻截，无法通过。东捻军便从安山和戴庙袭击长沟。

张宗禹的西捻军奔向许州，牛落红去世，由其子牛喜统领部众。部队向西南方推进，到达襄城。鲍超从裕州出兵迎击，捻军已向西北方推进，奔赴郏县和汝州。鲍超领兵抵达鲁山，捻军从宜阳和永宁出发趁夜向西狂奔。霆军从汝州追到洛阳，又从洛阳跟踪追击。

西捻军取道阌乡和太峪口，绕过潼关，进入陕西，南下商州。于是，曾国藩令刘铭传、潘鼎新和张树珊部专门对付东捻军，令鲍超、刘松山、刘秉璋和杨鼎勋部专门对付西捻军。从此以后，两支捻军再也未能会合。

西捻军于11月份从华阴渡过渭河，北上朝邑，并企图东渡黄河，被陈湜的水师击退。适逢泾州勇丁哗溃，甘肃回民军攻打宁州，很可能进入陕西。刘蓉派飞马送信向曾国藩求援。曾国藩派鲍超和刘松山西援。鲍超率部奔驰千里，也没见到捻军的影子，到达鲁山又折返南阳。

刘秉璋和杨鼎勋部已经到达河南西北角上的陕州，又回师东返新郑。清廷见陕西军情危急，催促鲍超率部入关。

东捻军奔向江苏丰县，刘铭传率部横截。东捻军分为两支，任柱率一支向北进军，赖文光率一支向东南进军。刘铭传又在渠家寨打败赖文光部。然后，东捻军全部进入沛县与湖团，然后西奔山东曹县，向西南挺进，到达河南太康。

刘铭传、张树珊和周盛波部追赶拦截，多次挫败东捻。

当月，曾国藩请求开缺留营。朝廷命他病愈后进京觐见，派李鸿章暂时代他指挥军事。李鸿章自然要谦让一番。朝廷于12月改命曾国藩回到两江总督本任上。曾国藩表示惭愧忧惶，四次上疏请辞。朝廷下旨慰勉。

东捻军从太康南下光州和固始，西进信阳，向湖北边界运动。曾国荃向湖北边界挪动，坐镇武胜关，派兵迎击东捻军。东捻军掉头东进罗山，奔向光州和固始。英翰率部拦截。东捻军南下，奔赴湖北麻城的宋埠，袭击黄冈的新州和仓子埠。曾国荃派谭仁芳率部攻击，在孝感打败东捻军。东捻军攻占云梦和应城，突袭德安。

曾国荃派郭松林和黄万鹏所部将东捻军击退，攻克应城和云梦，又在皂河与杨泽将东军击败。刘铭传率部抵达麻城，周盛波与张树珊率部抵达随州，鲍超率部抵达枣阳，刘秉璋率部驻扎在随州和枣阳之间，宋庆也率部赶赴湖北，各路援军纷纷到来。

西捻军南下华阴，击败陕西清军，接着西进，在毗邻西安的灞桥集结。西安守军紧急备战。12月25日，天下大雪，西捻军包围西安。刘蓉率部出击，与西捻军在灞桥交战。西捻军骑兵驰来，分两队包抄。总兵萧德扬战败身亡，陕军三十多营全部溃散。

湘军没有统军将领，又听说大帅与新任巡抚钩心斗角，本就无心作战。军士都冻僵了，不肯起来抵抗，于是全部溃散。萧庆高与何胜必的旧部都跑光了，只有黄鼎率部突围而出。

清廷严旨斥责刘蓉，将他革职，令回原籍。杨岳斌请求留下刘蓉，将他调到泾州，清廷不许。

鲍超和淮军的各位将领都不愿西征，曾国藩令刘松山率部增援陕西，刘松山毅然受命，从此开始了在西北的军旅生涯。

刘松山增援西北就是湘军老湘营西征的开端。老湘营是王鑫旧部的名称。

王鑫对于湘军的贡献在他死后由老湘营延续下来。

杨岳斌知道自己在陕甘总督的位置上狼狈不堪，力不从心，在年底乞休，并向朝廷陈述了病状。清廷给他一个月假期，将闽浙总督左宗棠调任陕甘总督。刘蓉告老归乡。

367

贵州石阡和荆竹园一带的号军凭险据守，依靠乌江以西的各个村寨接济粮饷，湘军对这里多年久攻难破。宁乡人边晓棠却要试一试，于7月12日领兵攻占了乌江以西的重要据点铙钹顶，但在7月16日就染上了瘴疠，随即病死。

刘岳昭部在9月下旬攻克贵州西北部的仁怀。这座城市周围都是号军根据地，其中比较著名的有驻扎马滚坡的杨闪西部，驻扎羊窝的周大汝部，还有谭姓和郑姓两名首领的部队分别驻扎在大坉和小坒，汪草登部驻扎大坝，杨四妹部驻扎簸箕坝，各部都有几千人。他们都依靠黔西何正举造反军的大部队作为声援。这个何正举是乌江何得胜的部属。

刘岳昭派兵拦截黔西的造反军援兵，然后领军深入，部队有时从悬崖上攀绳下达幽谷，有时开凿险道，转战五十多天，攻克仁怀周边所有造反军的根据地，留兵代为防守。

11月份下旬，湘军南下攻击黔西。首先攻克来苏场，随后攻击何正举部。造反军大败，阵亡一千多人。湘军接着攻克平坝和垚山，何正举率部撤回菉竹山。

菉竹山高达五六里，孤峰削立，三面陡峭无路，四面为大竹环绕，何正举令部队绕山修筑了石墙。刘岳昭先派兵断绝了汲水通道，挑选几百名敢死队员在夜间攀藤缘磴而上。逼近军营以后，举起火把，敲响战鼓。造反军大为惊愕，开炮轰击。湘军仰攻，伤亡惨重。刘岳昭埋伏在山后的部队举起火把，照耀岩谷，开始攻击。造反军不支，撤退时多半坠下了山崖。

湘军攻克了菉竹山，声威大振，各路造反军纷纷投降。

12月中下旬，仁怀和黔西的苗民军与号军有二十多洞投降，解散一万多人。

四川总督骆秉章于 12 月 23 日去世。省城的读书人和百姓如同失去了亲人，排队哭悼，店铺休市。他的灵柩回乡时，成千上万的人们号泣着前往瞻仰。自从胡林翼去世以来，没有过这样的盛况。

广东花县人骆秉章客死成都，享年七十五岁。他一生镇静沉毅，与曾国藩略同，只是缺乏执拗的闯劲，自甘平庸无为。他最大的优点在于知人善任，一旦看准决不更改，委屈自己，听从贤能。

骆秉章提拔并依赖英才，待之以师生之礼，亲密如知心朋友，甚至甘愿授予实权。他在湖南一意依靠左宗棠，不但把本省治理得井井有条，还得以向各省派出援军。到了四川他又把军政大事交给刘蓉去办，不到三年就将一名诸生提拔为藩司和巡抚。他死后，人们因他任用贤达而称颂他的功德，甚至有人说四川一地，自诸葛之后唯有骆秉章一人，也就不足为怪了。

1867年
同治六年

368

进入 1867 年，东捻军转战于湖北，西捻军正在谋取陕西的省会西安，贵州民众的造反仍然如火如荼，甘肃和陕西的回民起事有增无已。在这些省份，湘军仍是清廷镇压造反者的主力武装。

郭松林和曹仁美部追赶东捻军，于 1 月份到达湖北腹地钟祥的臼口。这个地方是钟祥的四大古镇之一，现在的地图标为"旧口"。

郭松林和曹仁美所部是湘军老部队，也可以说是常胜军。由于常胜，部队的将领容易麻痹大意，忘记最起码的军事禁忌。这一次，郭松林和曹仁美就犯了这样的错误。他们率部孤军深入罗家集，中了东捻埋伏，曹仁美阵亡，郭松林十几处受伤，无法起身，捻军将他活捉。见他脚已受伤，无法行走，便将他扔在路边。

被俘的部属见到郭松林，趁夜背着他逃走。其弟郭芳鉁战败身亡。只有沈鸿宾的五营苦苦死守，才得以保全。

与曹仁美同时阵亡的湘军将领还有乾州人谢连升，以及长沙人吴宗国。

彭毓橘和谭仁芳等部追赶东捻抵达沙港，将其击败。东捻向东北方推进，攻击安陆，曾国荃派刘维桢等部将其击退。

张树栅增援德安，在新家闸作战，战败而死。东捻又退回旧口，装成难民队伍，将要渡过汉水，向北推进。曾国荃派水师攻击，使之无法渡河，再次攻击安陆。刘铭传率部追击，将东捻击败。

清廷在1月份命令陕甘总督、钦差大臣左宗棠主管对西捻军的作战。这时，在湖广总督官位上坐了十几年的官文坐事罢官，其钦差大臣关防存放武昌，左宗棠从福建取道汉口接受关防。

九年前，左宗棠只是一个部郎，因樊燮告他，被奉旨查案的官文苦苦相逼。如今官文出事，其官印由左宗棠来接掌，一来可见世事无常，二来可见左宗棠的升迁是如何迅速！

左宗棠在赴任途中定下了陕甘军事的方略。他决定先打捻军，后打回民军，先平陕西，再平甘肃。他把五十五岁的巴陵人吴士迈召到自己的军幕。在西进途中，两人讨论在陕西和甘肃如何筹措军粮。他们谈到要兴办屯田以充实边塞，丰富军粮。左宗棠兴之所至，令吴士迈返回湖南召集宗岳军旧部士卒到陕西开辟军屯。

吴士迈回到家乡，召集旧部五百人，又增募七百人，率领他们开进陕西，勤加训练，参与作战。

清廷又任命李鸿章为湖广总督，由江苏巡抚李翰章代理。

李鸿章上奏说，漕运总督总管清淮驻防军，号令不一，请求朝廷下令让所有部队都听从钦差大臣的调度。

左宗棠于1月31日抵达武昌。他和家人没有同路离开福州。在夏口，左宗棠与家人一行再度晤别，感慨后会之期难料。他与周诒端凄然相对，勉强说些吉利话互相告慰。他们没有想到，这次分手竟成永别。

陕西按察使刘典改任三品卿，帮办军务。张岳龄出任甘肃按察使。清廷改任高连升为甘肃提督，令他率部从广东东部赶赴陕西，又派郭宝昌从安徽赶赴陕西，令穆图善领兵增援庆阳。令库克吉泰和德兴阿所部先在陕西攻击西捻，再赴甘肃作战。

曹克忠请病假开缺，刘松山部抵达西安，驻扎雨花庄。甘肃的回民军在华亭附近的泰昌镇包围了雷正绾部。

这时，东捻军驻扎在旧口东南方五十里处的永隆河。刘铭传与鲍超约好率部联合攻击。

鲍超部按时来到战场，先到的刘铭传部作战失利，阵亡六百多人，总兵唐殿魁和田履安被击毙。鲍超抵达后得知刘铭传战败，便隔河列阵。东捻的骑兵如潮水般冲锋，鲍超下令发射劈山炮，东捻马匹多数倒伏。相持到黄昏，东捻军渐渐不支。鲍超挥师出击，东捻撤退，骑兵践踏步兵，上万人阵亡。

鲍超部乘胜渡河，追出十多里。刘铭传收拢部队回头猛杀，夺回了所失的骡马。捻军从旧口向北撤走。鲍超所部追杀五天五夜，斩俘甚众。东捻且战且退，向北奔入河南。

鲍超所部获得大捷，刘铭传却抱怨鲍超出卖自己。鲍超早已是名将，而刘铭传刚刚被提拔上来，就与鲍超平起平坐，鲍超自然不高兴。他认为刘铭传是为了抢功先行攻击，反被捻军包围。他还指责李鸿章偏袒刘铭传。李鸿章则参劾鲍超失机冒功，鲍超遭到清廷严旨斥责。鲍超自认为有功，反被清廷严饬，一怒之下，称病引退。

清廷不想失去一员大将，多次下诏慰留，曾国藩和李鸿章也派人问候，不断给他写信。但鲍超自称病重，不肯留下。

鲍超所部三十营分别由唐仁廉等人统领，跟随李鸿章继续追击捻军。霆军从此撤销。但鲍超旧部娄云庆又重新招募了一批人建立"霆峻营"，在湖北驻防。

鲍超返回奉节之后，仿苏杭园林建筑风格大修公馆，面积占了夔州府旧城的四分之一。

鲍超一生经历大小战斗五百多次，身负轻重伤一百零八处，成为清军中屈指可数的名将，与湘军勇将多隆阿并称"多龙超虎"。如今多龙死了，超虎也暂时退出了战场。

369

甘肃的回民军于2月份从陕西中部的宜君南下，袭击耀州、蒲城、富平和三原，距离西安不过百里。回民军接着东进渭南。乔松年令刘厚基和刘效忠率部抵抗。何珍璧与邱时成率部从临潼增援渭南，库克吉泰和德兴阿部抵达朝邑。回民军转向北进。

雷正绾部于2月23日击败了围攻泰昌的回民军，迫使其撤围北上庆阳。

回民军分兵东进，攻击陕西富县。库克吉泰和都兴阿率部西进，增援泾阳。

刘松山部在西安的雨花庄攻击西捻，编修张锡嵘率一百多名骑兵攻击，遭到伏击，战死疆场。

3月6日，刘松山、李祥和与黄鼎率部在西安以西的沣河攻击西捻军，获得大胜，西安解围。西捻军奔向渭河以北。

刘厚基所部在耀州击败回民军，刘效忠在耀州西南一百多里处的乾州击败回民军。

易德麟所部老湘营连破金渠和银渠，夺取眉县和云县。

在湘军的打击下，回民军纷纷返回甘肃。

西宁的回民军攻占了西宁西南方不到百里处的贵德厅，杀死同知承顺。清廷办事大臣玉通仍然为回民军说话。甘肃灵州的回民军长驱南下，攻打陕西的凤翔，游骑兵到达凤翔东南方的岐山与扶风。从陕西中部的北山到陕西北部的甘泉、肤施和安塞，都受到回民军的影响。

回民军和西捻军只隔着一条凤翔河。陕西的各路清军请求增援，乔松年茫然不知所措，只能上奏朝廷催促左宗棠率部入关。

可是，左宗棠正在招募勇丁，部队尚未集结，他本人还在汉口。国子监祭酒车顺轨和布政使林寿图都请求左宗棠前往陕西，左宗棠便从汉口出发西进。杨岳斌听说左宗棠将到，再次请求回乡。清廷批准。

李鸿章于3月份从江苏徐州移驻河南周口。东捻正在攻打湖北麻城，袭击蕲水、广济和黄梅，游骑兵抵达安徽宿松。刘秉璋与周盛波率部从英山到达太湖，东捻西返湖北境内。

彭毓橘率部抵达黄州，听说东捻杀到，连忙进军迎击。这位湘军宿将攻打金陵时立了大功，以勇略自负，率轻骑察看地势。彭毓橘一行驶到蕲水的六神港，遇到东捻大队。彭毓橘身边的部将有提督罗朝云、邓泰福、王仕益和陈致祥，以及总兵彭光友和罗兴祥。有人劝彭毓橘不要轻率出击，彭毓橘不听，率罗朝云等部直冲上前，与东捻交战。

彭毓橘的主力不知主将已陷入包围，而一半营官又跟随他去了，所以起初无人安排增援。彭毓橘鏖战许久不见援军到来。东军包抄攻击，彭毓橘因坐骑陷入泥淖而陷入重围。湘乡籍提督王仕益和陈致祥以及道员葛承霖战死。彭毓橘被捕，然后被东捻处死。

清廷下诏，对彭毓橘按布政使阵亡例议恤，修建专祠，赠内阁学士，赐予"忠壮"谥号，加授骑都尉世职，并封三等男爵。

曾国荃所用的大将只有两员，一员是郭松林，先前打了败仗，伤口发作，请假归乡。另一员就是彭毓橘，自恃勇猛，死于轻敌。

彭毓橘死后，新军全部解散。曾国荃曾上奏说，应该把捻军引入腹地一举歼灭。他因自己的话兑现不了，郁郁不欢，再次病倒。

彭毓橘的死，再次说明湘军将领在久胜之后麻痹轻敌，轻易犯险，容易葬送性命。

370

刘岳昭部在镇压贵州仁怀和黔西一带的苗民军以后，又于1月份攻破黔西西南方约五十里处的沙窝。黔西解除了警报。刘岳昭派兵护送粮饷前往省城，打通了贵阳的运输通道。于是，崇实、张亮基和严澍森都抢着上疏，请朝廷把刘岳昭留在贵州，暂缓奔赴云南。

云南的形势却越来越不利于清廷。毕节猪拱箐陶新春和陶三春兄弟的苗民军西进云南，攻打镇雄。云南布政使岑毓英领兵从昭通东进增援，在新营和柳林连续击败李开甲和漆老新的造反军。

岑毓英部节节东进，来到毕节。岑毓英密召曾经投靠造反军的土目来见，掌握了造反军的情报。2月9日，他率部乘夜突袭吴家屯，造反军措手不及，死伤惨重，吴家屯失守。岑毓英又调集重兵包围红严尖山，造反军奋力反击，但在重兵围困又无援军的情况下阵地失守，军师基哉阵亡。

严澍森以广西按察使身份奉命考察贵州军事，提出进军方略。这个方略将湘军在贵州的军事行动分为中、东、西三路。中路以遵义为中心，由席宝田负责；东路为贵州东部各郡，由李翰章和兆琛负责；西路以大定也就是现在地图上所标的大方为中心，由刘岳昭负责。

严澍森说，东路的镇远、思州、都匀和黎平四府都被苗民军围困，铜仁、石阡和思南三府则被号军围困。中路的贵阳、平越和遵义三个府州内，苗民军和教军交杂分布。有的地方村寨坚固，地势险峻，一夫当关，万夫莫开。有的地方民众聚居，一人发难，万人响应。湘军在荆棘丛中血战，随时可能遭到攻击，即便占领了尺寸之地也是朝取暮失，无可退守。攻击苗民军时，号军在前面阻击，攻击号军时，则有教军前仆后继。

刘岳昭和兆琛的两支部队相距一千几百里，有时甚至远隔两千里。陆地上有崇山峻岭阻隔，水道有重安江、清水江和乌江拦截，单从地势而言，两部就很难迅速会合。刘岳昭所部兵力仅七千人，用这支部队打通仁怀，进攻黔西，肃清大定，进击猪拱箐，前有林立的强敌，后无可靠的劲旅，孤军奔驰几百里，即便战事顺利，也需要经年累月才能成功。如果再令这支部队折回遵义，那么大定的军事又交给谁呢？时机一失，刘岳昭永远都别想奔赴云南了，湘军也始终不可能进行夹击。所以必须由席宝田负责中路的军事行动。

清廷下诏，将此事交给李翰章考虑，并催促席宝田招募旧部六千人取道常德奔赴遵义。

云南的清军在3月份攻打猪拱箐的陶新春军，捣毁苗民民和教民军的一百多个山寨。岑毓英部逼到山下驻扎。刘岳昭派宋华美率部在蔡板攻击陶新春所部，为云南清军声援。

当月，云贵总督劳崇光去世，张凯嵩继任，暂未到任，臬司宋延春暂代职务。清廷催促刘岳昭先平定四川和贵州的边界，然后率部开进云南。

劳崇光去世前，清廷见云南局势一直混乱，多数郡县已被造反军占领，曾令劳崇光绘图呈送朝廷。自从云南燃起战火以来，文献已荡然无存。劳崇光按照通志日夜揣摩，但还来不及呈上地图就离开了人世。

四十三岁的湘乡人刘岳昭现在专门上疏呈献地图。他对自己受命治理的云南这个省份的情况显然已是了然于胸。他知道，云南的官府和军队是个不折不扣的烂摊子。

从1855年到现在，云南民众的造反风起云涌，一浪高过一浪。刘岳昭知道，眼下已被造反军占领的府城有四座，其中大理为杜文秀造反军占领，丽江由姚得胜造反军占领，永昌由杨德明和马国春等人的造反军占领，顺宁由马德征造反军占领。造反军占据的州城有九座，即镇雄、姚州、赵州、宾川、邓州、云龙、鹤庆、剑川和云州。造反军占领的厅城有七座，即腾越、蒙化、永北、缅宁、龙陵、弥度和普溯。造反军占据的县城有三座，即云南、浪穹和永平。太和、顺宁、丽江与宝山这些与府城相符的县城没有计算在内。造反军占据的其他村堡市镇不可胜数。其首领更迭兴衰，没有长久的名号。

刘岳昭现在无法带领他的湘军开进湖南，只能应付贵州这边的作战。他的部队这时攻克了修文的大箐和朵朵坝，为平远解了围。

猪拱箐的造反军首领陶新春见云南清军与贵州的湘军日益逼近，便邀约号军首领魏洪发与黄洪顺集结几万苗民和教民从安顺与安平横出平远。平远牛场的苗民军与之会合，一起进入黔西腹地。

造反军的骑兵行军迅速，一昼夜推进三百里，抵达沙窝，将要袭击黔西城。刘岳昭派总兵沈茂胜等部扼守仁怀要隘，派邹复胜率部堵截牛场的苗民军，自率总兵吴安康等部迎战，在杨店、羊场和狗场连续作战，将造反军击败。

各路造反军对湘军颇为畏惧，在龙安堡集结，修筑石垒抵抗。湘军围攻三天，攻破石垒，造反军奔向三重堰。清廷道员林肇元等部埋伏在这里，突然杀出，俘虏魏洪发与黄洪顺，缴获战马三百多匹。

魏洪发和黄洪顺从 1855 年开始领导造反已有十三年，称王封侯，攻略的城堡不可胜数。到此时已被湘军镇压下去。

371

吴安康等部在 4 月份乘胜攻击蔡板的苗家山寨，攻克之后，俘虏汪草登等造反军首领，将他们处死。湘军肃清了黔西。

同一个月，刘松山部攻打眉州的西捻获得大胜。张宗禹已经与回民军联合，势力更加强盛。刘松山也不示弱，已经攻破银渠和金渠，又打了这次胜仗，军势也振作起来。于是交战双方势均力敌。

左宗棠见湖北军情紧急，停留在德安，请求暂缓增援陕西。清廷下诏叫他等到增援湖北的部队到来就立即入关。

穆图善这时代理陕甘总督，丰绅暂代宁夏将军。刘松山部又跟郭宝昌部一起在礼泉与乾州攻击回民军和西捻军，再次取得大胜。

5 月 4 日，刘松山部在西安东北方的晋成堡击败西捻，第二天又在姜彦原再次将西捻击败。西捻军奔向同州，即现在的地图所标的大荔。刘松山、李祥和与黄鼎等部跟踪追击，将西捻击败。西捻又连夜奔向西安，刘松山和郭宝昌回师增援省城，与之大战于西安城南，击毙几千人。

张宗禹率部渡过渭河，向北挺进。刘松山所部紧咬不放，张宗禹又下令渡到渭河以南，西奔周至与户县。

穆图善于5月18日抵达兰州，上奏请派蒋凝学总统甘肃的各路兵马。清廷批准。

虽然杨岳斌已经辞职，但其旧部仍在作战。总兵王仁和与黄祖淦所部在肃州击败回民军，提督邓全忠所部在米拉沟击败回民军。

刘松山部在6月份追赶西捻军抵达户县。张宗禹部不战自溃，稍稍北撤，攻打兴平。

任柱和赖文光见湘军和淮军陆续在湖北集结，于5月份带领东捻军袭击河南南部边界城市桐柏与信阳。周盛波率部从北面迎击。提督刘启福见一名骑将的马背上是黄色鞍子，料定是捻军首领，便策马越过溪涧紧追不舍。捻将的步兵随从挺矛刺来，正中刘启福额头。刘启福负了伤却不下马，追赶得更急，翻过七重山，再次中枪，当即毙命。被俘的捻军军士说，黄鞍骑将就是赖文光。

东捻军得胜后南下湖北的应山和孝感，进入黄安。刘秉璋和杨鼎勋率部堵截，连续失利。刘铭传率部在紫屏将东捻击败。

东捻军回师安陆，在武汉西部游弋，徘徊于云梦、应城、旧口与天门一线。这时正逢大旱，湖泊与河流全部干涸。湘军与淮军疲弱不堪，东捻战士也因饥饿而离散了很多。

宋国永所部在随州以西遭遇东捻，发动袭击，攻破东捻军营，斩杀几百人。东捻军北上河南的新野与南阳，游骑兵抵达镇平与邓州。东捻苦于缺粮，攻破民寨捆运新麦。刘铭传部从襄阳追踪赶到，河南清军从南阳进击，东捻被迫奔向唐县。

6月2日，东捻攻打唐县，接着袭击舞阳、叶县和临颍，再向北进抵达许州。张曜率部横向拦击，东捻继续北上杀向淯川、尉氏和中牟，这是昔日捻军十分熟悉的路线。

山东梁山的绿林军派使者前来迎接任柱与赖文光。东捻军昼夜奔驰，急行几百里，只用了五天时间，于6月11日到达山东巨野，与山东绿林军会合，攻破戴庙堤墙，挖烂运河河堤，烧毁驻军军营，缴获各种军用物资，渡过运河向东挺进，攻击泰安，登州、莱州和青州三郡都为之震动。

李鸿章的各路部队都在南边，驻防山东的清军仓促溃逃。自从曾国藩指挥对捻军作战以来，运河防卫未曾溃散，而李鸿章接手后有此大溃，舆论大为喧哗，矛头指向李鸿章。

自从东捻南下湖北以后，驻防运河的清军部队长久松懈，加上天旱，河水干涸，驻防军竟然抵挡不住捻军一天的攻击。清廷下旨严加斥责。李鸿章连忙从周口移驻归德，清廷仍然嫌他离前线太远，他只好又移驻山东济宁。

东捻军分兵袭扰宁阳和莱芜。刘铭传提议反向防守运河，将运河东岸的长墙移到西岸。又提议防守纵贯山东半岛的胶莱河。李鸿章同意采纳他的办法。

刘长佑与英翰也提出一个方略，建议将东捻军逼到海边一角，可以收到聚歼的效果。这与刘铭传的方略不谋而合。清廷下旨让曾国藩等人筹办。

东捻军这时奔向青石关，从青州奔赴莱州和登州，为清廷实施这个方略提供了便利。只要清军能将东捻压迫到胶莱河以东的莱州湾沿岸，这个计划就能成功。

胶莱河是元朝至正年间为方便海运所开凿的海渠，南通黄海，北通渤海，长达三百里，可以连通海运而避开海运的危险。李鸿章征调各路部队集结在青州、莱阳与莒州，企图将东捻驱赶到登州和莱阳。

372

贵州平坝的绿林军于 5 月份向东北方出击，攻打贵阳以西五十里处的清镇。刘岳昭派谢景春部将绿林军击退。

陶新春造反军与清军进行了四个多月的激战，击败了清军的多次猛攻。岑毓英部将猪拱箐包围已久，在造反军中收买叛徒，得到王长毛提供的情报，经过一番谋划，于 6 月 19 日趁造反军在早晨 8 点换班吃饭时偷袭猪拱箐营地，捣毁了一百多个栅垒，才逼近山巅扎营，修筑壁垒。

陶三春等人冲出重围，转移到海马姑，投奔当地造反军。

刘岳昭料定岑毓英所部很快就能攻克猪拱箐，便对平远的苗民军发起攻击，以防这里的苗民军增援猪拱箐。平远在今天的地图上标为"织金"，位于贵阳以西约两百里处，猪拱箐则在平远西北方约两百里处。

岑毓英所部得到刘岳昭湘军的援助，于7月份又集中兵力向猪拱箐发起轮番攻击。

陶新春和张黄盖督率一万人出战，攻破清军的多座军营。岑毓英只得亲自上阵，率长沙人杨玉科部冲锋，将造反军截为几段，抛掷火箭，烧毁营棚。这时天降大雨，岑毓英下令撤退。

岑毓英下令捆扎草把填入壕内，他自己挥戈领先冲锋，将士一拥而上。造反军受惊溃散，一万多人阵亡或坠下岩洞牺牲。岑毓英令当地官员呼喊："投降者免死！"造反军余部弃械投降。

岑毓英部攻克猪拱箐，俘虏了四十二岁的造反军元帅陶新春及另外四位首领，押解到黔西城。被俘的其余三百多名军官和精壮士卒一千二百多人，岑毓英下令全部处死。清军遣散五千多名难民，全部发给资金安插。

猪拱箐一战而平，三省边界的形势稍有舒缓。

李瀚章升任湖广总督以后，刘崐出任湖南巡抚。他奏请撤销周洪印和兆琛所部，由席宝田招募新军攻打苗民军，开始大动干戈。

清廷经过商议，令四川和湖南一起出兵，并提供军饷，要求务必平定贵州。

湖南的盐茶货厘税，自从海口通航、江浙安定，只相当于以前的百分之六十，供给东征湘军的饷税也已停征。为了给新的军事行动供给军费，又开始采用老法子，商议如何募捐。布政使李榕提倡应当先令富豪助资，以带动民众。但实际操作却困难重重，引起士民怨恨。大家另找由头，托言官弹劾李榕所委用的人。由于张自牧长期掌管贵州捐局，大家把矛头一齐指向他。刘崐上奏辩解，为这些官员在朝廷挽回了影响。

已经进入山东腹地的东捻军于7月份避开山东清军直向东行，奔向平度和莱阳，然后改向西北方推进，奔赴渤海之滨的招远与黄县。

东捻全部在海滨集结，清廷全歼这支造反军的机会到来了。李鸿章和丁宝桢连忙集结部队扼守胶莱河全线，以封死东捻的退路。

李鸿章精心布置这场大会战，动用五万人防守、四万人作战。他得到报告：胶莱河北口水浅，沙子容易崩塌，不能筑墙；而北口以西三十里处有潍河入海的通道。他提出从胶莱河以西修筑墙垒，连接潍河以东直到海岸，令淮军和山东清军分段驻防，将运河驻防军调到胶莱河，由其他部队接管运河驻防。

李鸿章打算调动山东清军的所有兵力一万六千人分别驻屯。巡抚丁宝桢不同意，大大违背李鸿章的意思，只派出七千兵力。

李鸿章征调五千名直隶军、五千名浙江军和一万两千名湖北军替换运河防御。

这时，东捻军已深入海湾，袭击福山和宁海。

清廷大员们都认为成功指日可待。只有曾国藩并不乐观，写信给李鸿章，主张按照刘长佑和刘铭传的办法倒守运河。

陕西和甘肃两省的清廷官员急切盼望的左宗棠湘军于7月15日过了河南灵宝的函谷关。一位谋士对左宗棠说，函谷神是李左车，必须祭祀才能过关。

左宗棠笑道："李左车怎么挡得住我呢？"

黄昏，部队刚出山谷，忽然雷电交作，山溪暴涨，车子骡马翻下山崖，军士漂入大河，损失辎重几万件，一百多人死亡。

左宗棠于7月19日抵达潼关，帮办军务刘典和新任甘肃提督高连升一起到达西安东南侧的蓝田。

左宗棠把三十五岁的平江人朱德树调到陕西统率骑兵，奏荐他升为副将。

这时，杨岳斌部将梅开泰所部会同邓全忠部攻克了米拉沟。

米拉沟属西宁管辖，是西路河运的要道。和平时期回民常在此地聚集，也有一些逃犯来到这里。回民军兴起后，这里的绿林军频繁袭击西宁和凉州，阻遏兰州的粮运。

湘军攻克米拉沟以后，回民军和绿林军都来请降。于是，河州、洮州、狄道与西宁的回民堡垒大多数不再反对清廷，而南八营李得昌各部十六万人要求择地安插。

清廷对回民抱着不信任的态度，命令穆图善严加防备。穆图善张榜安民，命令投降的回民军交出军械。他派范铭率部赶赴洮州，派张瑞珍率部赶赴萧何城，派王得胜率部赶赴静宁，办理安抚事宜。从此，穆图善对于招抚颇为上心。

左宗棠见甘肃形势缓和，而西捻军和回民军都在陕西境内，便没有前往甘肃。

左宗棠在陕西依靠外省提供军饷。他看到浙江提供的军饷"源源而来"，高兴不已。他多次代表全军感谢浙江巡抚杨昌浚的"嘉惠"，说杨昌浚和浙江的百姓是陕甘两省的依靠。他还说，"何敢以寻常感激之语施之至交"。他对杨昌浚做出的贡献评价极高。

杨昌浚"性素平和"，是个好好先生，但甘于平淡，不爱做官。他身居高位之后并未流连忘返。就他本人而言，他一直都想辞官不做。然而他有一个精明的头脑，办事勤奋，忠于友情，左宗棠不但把他视为知己，还认为他是一名干才。

由于左宗棠在到达陕西之后连连向杨昌俊诉苦，言辞恳切，说有无军饷关系到全军的存亡，杨昌浚把个人意志置之度外，继续留在浙江专为左宗棠筹饷。左宗棠还嘱咐他注重洋务，兴修水利，杨昌浚无不遵行。他和左宗棠志同道合，主张"用外人之器，师外人之长"筹办海防，做出了一些成绩。

373

东捻军在 8 月份已经明白了李鸿章的意图，为了突破封锁回师平度，扑向清军和淮军的胶莱河防线，屡次攻击，都被淮军与河南清军击退。东捻军改道北进，奔向潍河出海口。

山东清军王心安所部刚刚修筑好壁垒，但堤墙尚未修成。东捻军长驱渡河，驻防的清军溃散。东捻袭击昌邑，向西南挺进，奔赴安丘。

李鸿章主张防守胶莱河，丁宝桢与他意见相左。李鸿章力排众议，才得到清廷的首肯。

山东清军驻防的潍河本来是潘鼎新负责的防地。潘鼎新移师南下，要求山东清军替防。北路失败以后，潘鼎新指责王心安防守不力，清廷下令将王心安斩首。丁宝桢上疏为王心安争辩，清廷原谅了王心安，而严厉地训斥了李鸿章。

李鸿章上奏攻击丁宝桢。清廷下诏劝他们和解。

不久，东捻从安丘和临朐两处并行南下，李鸿章又提出防守运河。英翰派张得胜等人率安徽清军一万人扼守江苏宿迁东南方约六十里处的仰化集，防线向东延伸，直达海滨。

曾国荃派遣谭仁芳和刘维桢等人率领湖北清军一万两千人扼守山东梁山的靳口至亨济闸一段。刘长佑派唐训方和张树声率直隶清军五千人扼守齐河与张秋，李鸿章又征调五千名浙江兵扼守六塘河。运河中段由淮军和山东清军分守。

东捻军从莒州攻打日照和江苏的赣榆、沭阳，然后折向西北，奔赴山东最南端的郯城和兰城。刘铭传、牛师韩和姚广武出兵拦截，屡次击败东捻。东捻军回头东进江苏海州。

丁宝桢将军情上奏，说东捻将从沂州与莒州向江淮一带运动。清廷大怒，将李鸿章交付部议，将丁宝桢革职留任。

此时西捻奔赴西安以北，攻打三原，刘效忠率部迎击，被其击败。湘军援兵赶到，西捻军向东北方长驱直进奔向蒲城。

甘肃的回民军出兵华亭，进入陕西凤翔，向西北方和东北方出击，袭击陇州、麟游和汧阳，被乡团击退。甘肃宁州的回民军向东南推进，进入三水，谭玉龙率部攻击。回民军奔向淳化，然后向东北推进，返回宜君。

杨和贵率部追赶回民军，在黄河西岸的合阳赶上。回民军向西北方撤退，进入黄龙山。

耒阳人刘厚基奉调回军陕西，驻扎富县，率部在宜君以北、延安以南的甘泉大破张富满的农民军，然后攻克桥扶峪。

甘肃的回民军于8月下旬袭击陕西富县和宜君。8月30日，刘厚基部在羌村将之击败。

9月6日，回民军袭击陕西东北部的米脂，接着向西北方推进，于9月12日攻击榆林，然后折向西南，奔向横山。9月22日，这支回民军攻占宜君，杀死知县张杰。

甘肃省会又燃起战火，河州的回民军攻击兰州。穆图善亲自领兵出城阻击，被回民军击败。回民军对兰州围攻五天，湘军将领彭楚汉率部死战，将其击退。

西捻军渡过泾河，攻打咸阳，游骑兵到达礼泉和乾州。

左宗棠率部驻扎在西安附近的临潼，大雨下了十天，无法进兵。

在湘军大帅左宗棠被恶劣的天气困在临潼的日子里，淮军大帅李鸿章移驻山东与江苏交界处的台儿庄，在兰城以南三十里。

东捻军扑向宿迁运河，牛师韩等人率部抵抗。东捻又扑向老刘涧，姚广武率部截击，将其打败。东捻军北进邳县和山东郯城，遭到潘鼎新所部拦截，便东返海州。

漕运总督张之万上奏，称赞安徽清军将领牛师韩和姚广武在郯城与宿迁作战有功，请求增募骑兵和步兵共五千人。英翰也说宿迁之战未见淮军，弹劾李鸿章袖手观望。丁宝桢又多次上疏攻击李鸿章。清廷下诏，斥责李鸿章出于私心，放走捻军。

李鸿章上疏辩解说，英翰远在颍州，挂念着运河防御，派程文炳等人出省协助作战。他与英翰有多年的交往，怎么会对他有妒忌之心，袖手旁观，放走捻军呢？丁宝桢还是拿潍河那件事做文章，说他徇私诿过，颠倒是非，承蒙朝廷详切训诫，他怎敢不遵朝廷之命？

李鸿章说，他与丁宝桢本来没有嫌怨，只是从夏天东捻进入山东以后，丁宝桢想把东捻立即赶出本省，也属于地方长官的常情。但他的任务是专门对付东捻，想的是怎样才能制服东捻，认为扼守胶莱河是上策，其次则是将东捻压迫在运河以东。无论能否办到，不办却是不行的。他打算出动三支主力合力围剿东捻，但东捻人马众多，不能不稍待时日。

于是，李鸿章忧心忡忡，心力交瘁，以至于病倒。曾国藩写信给他加以慰勉。

李鸿章得知郭松林的战伤已经痊愈，便调集一万兵力交他统领，号称"武毅军"。刘铭传在邳县休整部队，准备对东捻发起新的攻击。

374

刘岳昭在8月份率部攻击平远的苗民军，进军包围牛场，攻破月城。岑毓英的云南清军攻击海马姑，获得大胜。刘岳昭把功劳推让给已故的劳崇光。

代理贵州提督张文德所领的湘军努力在省城周边扫清障碍，也取得了一些进展。他的部队首先攻占了贵阳以北的开州，然后南下攻破鼎照山，攻占贵阳以东的龙里和贵定，斩杀苗民首领潘名杰。

张文德乘胜进军平越，俘虏金大五，接连攻克麻哈与都匀。清廷赐给他黄马褂。不久他就请假回湖南办理亲人的丧葬。

新任云贵总督张凯嵩仍未到任，而云南迤西一带军情紧急，回民军攻占了定远、大姚、禄丰、广通和元谋，昆明紧急备战。岑毓英派刘重庆率两千人增援省城，派吕镇南等人率两千人增援楚雄，派杨国发等人率两千人攻打广通，以牵制回民军的兵力。又派周之珪等人率三千人取道昆明攻打禄丰，以保卫富民和罗次。还派柳明泰率一千人防守武定和禄劝。

于是，云南省城的防务稍微巩固。

刘岳昭上奏，请朝廷令岑毓英回师曲靖。

刘岳昭对岑毓英所部的安排还有另一层意思。他知道昆明守将马如龙和岑毓英关系紧张，不想让他们同处一城。

劳崇光在世时，曾令马如龙率部攻打姚州和镇南。马如龙部打了胜仗，造反军首领杜文秀派最忠实的部队前往救援。马如龙部将合国安与杨盛宗率部退守大姚。军中流行疾疫，马如龙返回昆明休养，如果这时让岑毓英返回昆明，恐怕会生出什么变故。

清廷批准了刘岳昭的部署，再次催促刘岳昭赶赴云南。

刘岳昭上疏陈述云南军事的四大困难，内容大略如下。

第一件事是军队编制的混乱。

刘岳昭说，云南省的军队编制久已荒废，只能用杂乱的练勇对付造反军，兵员的数量和来往都无定数。强者当头目，有的被官府保举为协镇将领，有的干脆自己封官，自戴花翎，文官不敢过问。这些将领稍有不称心的地方就杀害官吏，抢劫衙门，与造反者并无不同。例如，在官府没有提出西征时，杜文秀按兵不动，省会昆明还算安定。但西征开始不久，造反军的攻击欲望反而强盛起来，练勇节节退避，不战而溃。现在打算攻击西部的造反部队，如果仍然坚持"以回攻回"的办法，恐怕会授人以柄，任人操纵，这是军队方面存在的困难。

第二件事是军饷的匮乏。

刘岳昭说，云南省全靠外省支助军饷，与造反武装作战十多年来，累计拖欠军饷几百万两银子。户部调拨款子，外省以一纸空文了事。省城昆明的军需局和厘金局等部门应该由司道来经理，但是其中有一些回民镇将挪用款项，冒领或滥用开支。就连州县的钱粮和井地的课税也有回民军官前往收取，按户派捐，弊端之多难以枚举。他曾令岑毓英按照惯例汇总核查东部的厘税和州县钱粮，本来只是打算逐步转移到正规的渠道，但还是不能满足营员的愿望。这是军饷方面存在的困难。

第三件事是官府和清军内部的隐患。

刘岳昭说，云南省的汉民与回民发生矛盾，有些人趁机挑拨离间，有时说自己是汉民，有时又说自己是回民，忽彼忽此，挑起衅端，从中获利。有的官员也心怀叵测，形迹可疑，这是患伏萧墙之内。官军千辛万苦，却因军中奸人的一句话而失败。这是防止内患的困难。

第四件事是进攻的艰难。

刘岳昭说，云南省的造反武装主力都在大理和顺宁，那里地势险要，而且是他们经营多年的根据地。官军每次进攻都苦于得不到粮食。加上文武官员不和，号令不能统一，虽然主观上想打胜仗，却只有打败仗的客观条件。主观上想要对外，却总是发生内变。这是图谋进取所存在的困难。

刘岳昭最后提出自己的对策。他说，刚刚被造反军队攻占的地区，官军自然是应该相机攻取。等到省城周边的军事有了把握，然后再挥师西进，攻击杜文秀所部，才能收到得寸进尺的效果，而不至于半途而废，受人讥嘲。

375

刘岳昭接到催促他赶赴云南上任的圣旨，急于结束在贵州西部的作战，更加急迫地催促各部攻打牛场。湘军奋力作战，于10月份攻克牛场，然后在河洴攻击定南关的苗民军，将其全歼。白泥的苗民军投降。

这时贵州西部渐渐平静。刘岳昭率领湘军奔赴云南，曾璧光出任贵州巡抚。

湘军忙于在外省作战，但湖南本身并不安宁。尽管湖南在黔东拥有大量兵力，却无大将统领，无法抵挡贵州造反军对湖南西部的攻击。

湖南巡抚刘崐于10月份上奏说，兆琛等人率领三万名兵勇，每年耗费军饷二百万两，名义上是为了大举援助贵州，但本省境内的战祸比以前还要严重，沅州、晃州、镇箪、黔州、麻阳、靖州和会同，方圆几百里无人安居。追究其中的原因，在于没有制定军法。援助外省的军队照例只受奖赏而不议罪过，丢失了城寨归咎于贵州，还要为自己上奏功劳，而贵州所遭的灾祸都成为援军的勋绩。

兆琛身任贵州藩镇，镇远失守是因他不审机宜。周洪印驻军沅州，造反军一到他就转移到托口扎营。造反军后退到托口，他又回到沅州，投机取巧，避免作战，毫不知耻。

刘崐请求清廷罢免兆琛的官职，议定周洪印的罪过，遣散他们的部队，酌情留下三营驻防。他还弹劾李元度久攻荆竹园旷日无功，奏请先将他降官一级，推荐席宝田招募一万人增援黔东。清廷下诏予以批准。又因刘岳昭已率部开赴云南，令四川清军出兵遵义，援应贵阳。

席宝田于11月份率部开到沅州，准备与李元度所部合攻荆竹园。

贵州天柱的苗民军在12月份出兵攻打湖南会同，席宝田部将席启庚所部正在攻打天柱，接到省内急报，便说："这是苗军故技重演，他们认定我们出兵到了贵州，就不会返回湖南救援了。我偏要杀个回马枪！"

于是，席启庚率手下所有的兵力共三千人奋力追赶，兵分六路前后拦截。苗民军没有退路，聚集在山谷里防御。席启庚独率五百人追入山谷，在羊肠小道上中伏，席启庚力战而死。龚继昌率部从会同出兵，苗民军乘胜撤兵。

苗民军首领张秀眉对部众说："苗疆危险了！往日官军打败了就走，如今深入山林寻找我们作战，这是痴军啊，你们都要谨慎防备啊。"

李元度听说席宝田率部赶到，便急攻荆竹园，席宝田部将荣维善率三千人肉搏围攻，率先攻进荆竹园。湘军各部攻破二十五座旁寨，水师将领许宝坤率部攻破七座旁寨，筑垒防守，逐步逼近造反军。

云南迤西的回民军于12月17日攻占罗次，又于第二天攻占楚雄。刘岳昭从贵州调动驻防遵义的部队前往增援。

清廷下诏说，张凯嵩曾经奏请率部暂驻东昭，先攻迤西。现在情况万分紧急，他应该领兵先入省城。现令他立即募齐勇丁审机前进。岑毓英已拨兵援应，是否应该驰回省城？由刘岳昭和宋延春妥善办理。

376

东捻军在9月份攻入苏北以后，清廷大为恐慌，李鸿章一心想要淮军打几个胜仗，来抵制官场上的非议。其部将这时也憋足了一口气。潘鼎新部于10月份在海州击败东捻，刘铭传部经过休整也出兵作战，在海州以西的王堰和牛山再次挫败东捻。

东捻军北进赣榆，西进山东兰山，进入峄县山中。此处的峄县就是现在地图上所标的枣庄。

温德勒克西的骑兵对东捻进行兜底围攻，东捻向西北方的滕县挺进，然后再向西北方挺进济宁，扑向清廷的运河防线。

这时黄河水大涨，沈口与戴庙成为一片汪洋泽国，黄河水灌入运河，东捻无法飞渡。

李鸿章跟着东捻挪动位置，回驻济宁，令各路部队严堵运河下游。东捻无法西进，也无法南下，便向东攻击邹县。丁宝桢派山东清军从沂州绕过曲阜发起攻击。东捻改向东北挺进新泰，遭到潘鼎新所部阻击，便转向东南，挺进蒙阴，又从蒙阴继续南下。

曾国荃在11月份再次请病假回乡，郭柏荫出任湖北巡抚。

东捻军在鲁南遇到阻击，掉头北上，奔向济南以东的淄川，然后挺进东北方五十里处的长山，再向西南方挺进抵达章丘，距济南只有一百多里。

东捻企图在济南附近渡过黄河，但被清军水师拦截，无法实现意图，只得掉头东进奔向青州，东袭潍坊。刘铭传部在松树山阻击。东捻大败，绕道潍坊以南的安丘东进，抵达高密，然后南下诸城。刘铭传率部一直追到日照，双方交战，任柱耳部受枪伤，率部急奔江苏赣榆。

刘铭传屡次打败东捻军，趁着其军心动摇，在东捻内部得到一个名叫潘贵升的内应。潘贵升主动提出暗杀任柱。刘铭传许诺他两万两银子的奖赏。

东捻军到达赣榆后，刘铭传以自己的部队对付牛喜子与赖文光所部，令善庆部对付任柱所部。

东捻百战之余，仍然殊死搏斗。善庆令骑兵下马列阵，前排用洋枪射击，东捻战士伤亡枕藉，仍然冒死冲锋。忽然间，天降大雾。刘铭传令丁寿昌等部在大雾掩护下绕到东捻后方发起突袭。东捻阵脚大乱，牛喜子与赖文光趁乱逃走。

淮军和清军集中兵力对付任柱所部，潘贵升趁机从背后阻击，将任柱杀害，大喊道："任柱被枪击毙了！"

东捻战士听到喊声，军心大乱，扭头狂奔。

任柱原名任化邦，安徽亳州人，太平天国曾封他为鲁王。他的勇猛还在张宗禹和李允之上。他十多年来率部转战多省，至此被叛徒暗害。

任柱余部推举赖文光为首领，但是东捻军的大势从此衰微，未能振作。

潘鼎新乘胜率部追击赖文光所部，直到海州上庄，再次重创东捻，斩杀首领任金保。东捻五百人投降。

东捻军于12月份回头北上，奔赴诸城和高密。潘鼎新率部追赶。东捻军向西北方推进，抵达昌邑和北蒙，又折向西南奔向潍坊。刘铭传部先一步赶到潍坊拦截，东捻大惊奔散。刘铭传率部向西北方追赶，抵达寿光。俘虏和投降的东捻军有四千多人。

郭松林部从莒州北上，在杞城遭遇东捻。东捻没料到会遇上这么一支淮军，力战不支，大败而逃。刘铭传与郭松林两军会合，丢弃全部辎重，裹带干粮，紧紧咬住东捻不放，与之比拼速度。东捻军奔命于莱州湾的海滨，打算沿海南下，却被弥河所阻，无处逃遁，便占据寿光的王胡城，打算决一死战。

刘铭传和郭松林所部分左右进攻，东捻的几十团骑兵如潮水般杀来，善庆和温德西勒克率骑兵抵抗。淮军一路追杀，追到凤凰台，东捻的步兵仍然排列十多里。

牛喜子率白旗队直冲刘铭传所部，赖文光率蓝旗队直冲郭松林所部。鏖战良久，淮军以少胜多，东捻溃败。

寿光一带的民圩内百姓都站在墙壁上观战，见淮军取胜，便打开圩门出来助战。东捻军战士多数在弥河中溺死，河水上漂着两万多具尸体。淮军俘敌一万多人，夺取两万匹骡马。天国列王徐昌先、首王范汝增和任柱的哥哥任定都在这次战役中被杀。赖文光率一千多名骑兵浮水南奔，直达江苏沭阳。

377

由于西捻军和回民军在陕西的渭河以北十分活跃，左宗棠在10月8日亲自来到泾阳以西部署各路兵力。刘典和高连升两部抵达泾阳以东六十里处的高陵，刘松山、李祥和与郭宝昌三部抵达泾阳东北方四十里处的三原。

甘肃的回民军于11月11日攻占甘肃东部边界的正宁，雷正绾率部夺得此城。回民军于11月16日攻占宝鸡，杨和贵所部于11月21日夺得此城。

西捻军包围甘泉，刘厚基作战不利。另一支西捻南下攻打耀州，刘典从宜君进军同官，失败而退。

刘松山和郭宝昌率部追赶西捻，到达延安以南的洛川。李祥和部突然遭遇西捻骑兵，李祥和战死，左宗棠令黄金友统领他的部队。

西捻军于11月17日攻占延安东北方的延川，然后北上，于11月22日攻占绥德。

汧阳的回民军于11月23日攻占凤翔，斩杀清廷总兵孙立士。

造反军在陕西和甘肃两省势力逐步强盛起来。

在甘肃，董福祥的绿林军占据花马池，溃卒游勇结成团伙。逃往甘肃庆阳、宁州、正宁、镇原和清水的陕西回民军络绎不绝地奔向花马池。河州东乡的回民军仍在坚守根据地。

在陕西，凤州、彬县、汧阳和陇州之间都有造反军活动。

穆图善调梅开泰所部从碾伯赶赴河州，他自己指挥各部在洮河攻击回民军，获得大胜。梅开泰部依傍洮河修筑壁垒。

黄鼎所部于11月27日在汧阳击败回民军。杨和泰所部于12月1日在凤翔击败回民军。黄鼎所部刚好在这时赶到，回民军全部向东北方的川口入山。黄鼎率部追到甘肃灵台，没有追上，便回师陕西。

刘典所部于12月5日在宜君攻击回民军，部将郭荣经战死。谭玉龙率部在彬县北头的永乐镇击败回民军，高连升部在西安以北富平的孝义村击败回民军。

左宗棠手下的兵力这时已将近一百营。其中与西捻军作战的部队将近两万人，刘松山统领一万多人，郭宝昌统领三千人，刘厚基统领三千人。与回民军作战的部队有八千人，其中高连升统领三千人，刘典统领五千人。另外是一些驻防军，其中杨和贵与周金品统领三千多人驻扎凤翔，周绍濂统领两千多人驻扎宜君，吴士迈统领宗岳营一千多人防守渭河。

另外，左宗棠有亲兵三千多人，水师一千人，黑龙江骑兵一千多人，集中在西安以东地区，分布在华州、华阴、潼关、渭南和临潼之间，既对西捻军作战，又对付回民军。

在陕西北部，湘军对西捻军展开攻势，刘厚基所部攻克了延川，易德麟所部攻占清涧，刘松山和郭宝昌所部攻克了绥德。

在陕西中部，湘军则对回民军展开攻势，刘典和高连升部接连在宜君击败回民军。各部的进攻都取得了胜利。

在这种形势下，张宗禹的西捻军决定渡过黄河，进军山西，向畿辅运动。

西捻军南返宜川，于12月18日从龙王辿乘冰桥东渡，接连攻占山西的吉州和乡宁。刘松山与郭宝昌率部跟踪追击，山西发生战乱。

山西巡抚赵长龄将黄河防御交给按察使陈湜。陈湜听说西捻军在绥德，便留心防守葭州，自以为有备无患，东返太原议事，离防御地带有几百里地。现在得到西捻已经渡河的报告，十分惊愕，目瞪口呆。

陈湜飞马赶赴赵城，掉下马来，无法进城。乔松年弹劾陈湜，说他在专管黄河防御的三年里耗费了巨额军饷，胆敢要挟上司，所部奸淫掳掠。山西读书人和百姓也控诉赵长龄。

西捻军没有渡过黄河的部队在陕西东部的澄城、合阳、韩城和宜川一线游弋，有时与回民军会合。

左宗棠派喜昌、安住和全福率骑兵从河南孟津渡到黄河以北，北上安泽、潞城一带，增援山西。又令周绍濂率部赶赴宜川，防守黄河，拦截尚未东渡的西捻军余部。

西捻军已南下袭击河津，逼近山西西南部的运城和解州。清廷大怒，将陈湜与赵长龄治罪。命令张曜、宋庆和程文炳分路防守黄河以北，又令左宗棠亲率刘松山和郭宝昌等部开入山西。

左宗棠自率五千人东征，上奏清廷，请求让刘典代他指挥陕西和甘肃的军事，与将军库克吉泰和巡抚乔松年联衔奏事。清廷准奏。

湘军进入山西后，攻克吉州与乡宁，解了稷山之围。接着，刘松山与易德麟所部在洪洞击败西捻军。张宗禹率部南下平阳，即现在所说的临汾，然后继续南下奔赴曲沃、绛州和垣曲，杀死垣曲知县王国宝。

穆图善率部攻击河州的回民军，没有战果，返回兰州。

1868年 同治七年

378

贵州白号军的根据地荆竹园位于思南县城西南一百里处，海拔九百五十米，突起于群山之中。

白号军于 1860 年 6 月 1 日攻下荆竹园，到 1868 年为止，已在此地与清军和湘军血战八年。白号军在这里驻军一万两千多人，修建了两千多间营房和二十多座堡垒。

李元度的湘军部队在上年底逼近荆竹园以后，1 月份得到了席宝田所部的增援。

三十九岁的东安人席宝田于 1 月 6 日率部从沅州西进石阡，与李元度和王永章见面。这三位湘军大将一起视察荆竹园的地形，只见四周山势陡峭，悬崖绝壁，中部低洼，呈椭圆状，山形如一艘在大海中前进的巨轮。显然，这是一个易守难攻的军事要地。

席宝田说：“如果我们占领了北冈，就可攻破荆竹园了。”

李元度同意他的看法，于是下令在北冈修筑两座壁垒，席宝田令部队排列阵势，准备作战。

白号军也发现了北冈的重要性，立刻派兵来争夺李屯，攻击李元度所部新筑的壁垒。席宝田部突然撤退，李元度的新垒崩溃。

第二天，席宝田独自率部驻扎在李屯附近新筑的壁垒，白号军又来攻击，被席宝田部奋力击退。

湘军占据北冈之后，山寨里的白号军便开始动摇了。

湖南又增派湘潭人黄润昌率军从晃州西进贵州，增援席宝田。

黄润昌率部来到贵州边界的青溪，遇见邓子垣部，见军士饿得皮包骨头，决定帮助这支友军。他增设拥有二十多艘船的水师部队运送军粮。

接着，黄润昌和邓子垣率部西进，攻克镇远。他们得知南下贵州的川军被苗民军阻拦在镇远西南方的施秉和黄平一线，无法推进，便谋划打通驿路，以便与川军会合。

席宝田得知他们的计划之后，派荣维善领兵北上增援。

李元度和席宝田两部于2月份完成了对荆竹园的包围，分头攻击东卡门和西卡门。

湘军将士冲到卡门前争夺栅垒。李元度部将黄元果捷足先登，部队一拥而进，攻克荆竹园。根据地内的黄号军、白号军和石达开军余部几乎全部战死或被俘。

李元度的湘军对荆竹园用兵已有一年多，现在有此大捷，将士非常振奋。关心贵州军事的官员和士绅都很惊喜，认为这是一大奇功。其他地方的苗民军和教民军听到消息纷纷瓦解。

李元度率部驻扎在思南以西凤冈县的偏刀水，席宝田率部进驻思南以南的轿顶山，东南方十六里处就是施秉县城。

席宝田所部攻破三十六座山寨，安抚的山寨达到十分之一，接收两万八千人。

此战以后，清廷将王永章以提督记名，遇缺简放。

湖南巡抚刘崐上奏说，对于黔东已经平定的府县应该从军营中委派贤能人员履行守令的职务，并且上奏推荐叶兆兰代理贵东道。清廷将他的奏本下发贵州巡抚曾璧光征询意见。曾璧光回复说：请按刘崐的提议办理。

东捻军首领赖文光于1月份率领残部突破六塘渡口。牛师韩与程文炳部俘虏一百多名东捻。东捻军沿着淮安、宝应和高邮向南奔逃。清军和淮军各部如疾风骤雨一般赶到。刘铭传和郭松林率部从山东疾驰六百里追到清江。

黄翼升和李昭庆率部追到淮城。

东捻从高邮南下扬州。清军的扬州守将吴毓兰出兵瓦窑堡迎击。赖文光自知难逃一死，下了一道檄文给吴毓兰，历数清军将领的罪行，而说吴毓兰是较好的一位，要让他得到自己，拿他去向清廷请功，所以他趁夜投向吴毓兰的军营。

军中传诵，赖文光的檄文言辞极为沉痛，各位大帅严禁传播，严密地掩盖真相，还令吴毓兰歪曲事实向上级报捷，说是在大雨中作战时俘虏了赖文光。

东捻残部西奔六合，北上天长和盱眙，剃发走散。天国魏王李允、东捻首领牛喜子和任三厌参见李世忠投降。

赖文光本是太平军大将，被封为遵王。洪秀全死后他才转变为捻军，与任柱联合。任柱善战，赖文光善谋，所以他们的部队比其他造反军更为出色。

赖文光投降后亲自写下一千多字的供词，详细地陈述了太平军中的情况。清廷下诏将他凌迟处死，牛喜子、李允和任三厌一起被杀。东捻军至此不复存在。

李鸿章以为大功告成，上疏请求计各部回原地休整，筹划善后。他告诉将士：不用再打仗了。刘铭传请假还乡，将领们争请解甲归田。

379

西捻军于1月3日从山西南部的垣曲进入河南，到达济源，沿黄河东进原武，然后北上卫辉。左宗棠令喜昌、全福和安住率骑兵偕同刘松山和郭宝昌部一起奔赴河南北部边界的彰德，即现在地图上所标的安阳。

傅先忠部在甘肃南部的礼县击败了回民军，彭定国率部在兰州西南方的安定击败回民军。穆图善令彭定国所部向西南推进，攻打渭源。

1月6日，王得胜与傅先宗部攻克渭源，留兵戍守，主力向东北方挺进，攻打西吉的官堡。

1月12日，左宗棠从陕西东部起行，要求刘典率本部与恪靖前路五营共计五千人从金锁关移驻省城西安，各路将领都听从刘典指挥。

西宁守将邓全忠部因粮食吃完而溃散，办事大臣玉通仍然坚持安抚，听命于回民军。

成禄率部驻扎在肃州，清廷屡次颁下严旨令他领兵出关。但他逗留肃州不敢西进。

黄祖淦率部与回民军作战时兵败阵亡，穆图善奏请朝廷任命三十六岁的甘肃提督杨占鳌统领肃州清军。

雷正绾所部在甘肃东部庆阳一带作战，接连攻克当地回民军的村堡，接收两万多人投降，庆阳解围。

西捻军于2月份从河南内黄渡过漳河进入直隶。主力北上鸡泽和平乡，另一支部队北上邯郸、顺德抵达定州。保定清军紧急备战，京畿大为惊骇。

京城神机营侦察到西捻已经接近易州，直隶总督官文则上奏说西捻在泾阳驿。清廷下诏严斥，催促李鸿章率部驰赴畿辅，令左宗棠率部扼守保定以北。

西捻军开始攻击保定东北方的雄县。张曜等部尚在河南境内，开到安阳以南的汤阴，刘松山和易德麟等部先到保定以南的清苑，李鸿章所部还在徐州。清廷严厉训斥李鸿章、李鹤年、左宗棠及官文，将他们全部罢免。

丁宝桢率山东清军先到河间，清廷下诏嘉奖。

五城团防神机营发兵驻扎涿州和易州，清廷令恭亲王巡防。西捻军到达保定，知道清军已有防备，便北上袭击满城和易州。禁卫军误将清军当成了西捻骑兵，提出要派探子侦察西捻行踪。

安徽巡抚英翰请求率部进京增援，清廷批准。

西捻军已向南攻占祁州，杀死知州胡源，又向东攻占饶阳。

山东清军将领王心安率部到达饶阳，西捻军奔赴安平，王心安向清廷报捷。

但是王心安很可能是打了败仗。李鸿章部将潘鼎新说，在献县看见了溃败的山东清军。

西捻军的确攻占了献县。清廷令恭亲王奕䜣会同神机营王大臣总管京师巡防。侍郎李鸿藻请派恭亲王为大将军，左宗棠和李鸿章为参赞。清廷令恭亲王节制左宗棠与李鸿章及诸位督抚，由左宗棠总领前敌各军。又派陈国瑞另募一部，由他担任特将，隶属神机营。

左宗棠部在 3 月份抵达保定，李鸿章所部到达德州。

刘松山和易德麟等部绕到捻军前面，在献县的商林击败西捻。张宗禹率部退向西南方的深州，然后北上博野。刘松山和郭宝昌率部追击，捻军作战失利，南下安平，与郭松林所部遭遇，几百人投降。

张宗禹率部向西南方撤退，到达深泽。刘松山和郭宝昌的湘军会同张曜与宋庆的淮军将西捻击溃。张宗禹率部东进饶阳，然后折向西南，再次到达深州，郭宝昌部在追击中斩杀西捻首领张和尚与张五孩。

张宗禹率部北上肃宁，西进博野，程文炳所部追赶上来，解散几千名难民。

西捻军从晋州渡到滹沱河以南，刘松山、张曜和郭宝昌等人率部追到河干，将来不及渡河的西捻部队全部歼灭。在这次战斗中，易德麟率部打前锋，动作迅速，猛扑滹沱河，战功卓著，清廷将他简放提督。

增援的清军纷纷在直隶集结，昼夜围绕西捻军追赶堵截，但都无法挫败西捻。西捻每人携带几匹战马，人不下鞍，避开清军疾驰。但是西捻所到之处都被清军所阻挡。张宗禹率部从赵州南奔巨鹿。清军云集，骚扰商人、集市和民宅。

直隶百姓怨恨清军，约集在一起格杀清兵，每天都有猛烈的搏斗。身着军服骑马的人十多人结伴都不敢经过，被杀的无辜者不计其数。

于是李鸿章又提出把捻军压迫到太行山与黄河之间，而李鹤年自告奋勇请求担任攻击任务，但仍然无效。

380

西捻军离开陕西以后，陕甘两省只剩下回民军单独与清军和湘军作战。

穆图善于 2 月 3 日派遣范铭率部攻克官堡，王得胜率部在渭源获得大捷，开始进兵攻取狄道。

甘肃金积堡的回民军长驱东进，于 2 月 5 日抵达陕西靖边以西九十里的宁条梁，然后向东北方推进袭击怀远。清军总兵文星明率部与回民军交战，被其击败。

刘典率部从耀州出山，南下三原驻扎。

2月下旬，乔松年因病免职，刘典暂代陕西巡抚，积极地组织湘军对回民军发起攻击。

张岳龄于2月29日率部抵达凤翔，第二天在亢家河攻击回民军获胜。

黄鼎所部于3月6日在凤翔东北方约六十里处的麟游攻击回民军，小受挫折。

回民军于3月8日攻占陕西北部的富县，分兵南下袭击洛川。刘端冕率部前往增援，与回民军大战二十里铺，重创对手。刘厚基从富县以东的英旺镇率部前来会师，两军联合于3月11日攻克富县。

高连升率部从宜君进攻何家庄，斩杀两千多名回民军，俘虏回民军首领马阿浑和禹方魁等人。这些人都是甘肃东部董志原的回民军领袖人物。

3月12日，回民军攻打甘肃秦州，被清廷兵备道豫师所部击退。

穆图善派知府舒之翰与提督黄金山等部攻打狄道州。州城就是现在地图上所标的临洮。这座城市南北山峰夹峙，中为平川，其中寨卡林立。

3月18日，黄金山所部先击破平川内的回民军，傅先宗所部攻占南山，梅开泰与彭国忠所部攻占北山，三处得手，攻克了已被回民军占领五年之久的狄道城。

回民军首领牟弗谛无心再战，请求清廷安抚。穆图善令舒之翰等人率部视情处置。

第二天，范铭率部攻克店子川，获得粮食接济部队。

成禄所部对肃州久攻不克，部属与王仁和的营勇私斗，焚烧抢掠河西村堡，激起居民生变。清廷将此事交给穆图善处置，并催促古丈人杨占鳌率所部湘军赶赴肃州，令成禄按时领兵出关。

3月20日，董志原的回民军奔向陕西宜君西南一百里外的马栏镇，分兵南下袭击三水、淳化和三原。高连升率部于3月29日攻克马栏镇，追赶回民军抵达刘店。回民军出兵达腊坪，包抄湘军后方，高连升率部鏖战半天，才将其击退。

刘典派李大有等部出兵耀州，增援三原。回民军已奔向淳化的方里。刘典增派夏奉朝、吴国富与吴士迈部攻击方里，回民军从方里撤走。

三水守军喻兆圭和陈集贤部也在枣池击败回民军，黄鼎和吴士迈所部则在泾河川击败回民军。

这一仗，湘军在十天之内击败回民军的五六万精锐，声威大振。清廷对吴士迈赏加员外郎，并赏戴花翎。

穆图善于 4 月 15 日抵达狄道城，牟弗谛率三千名男女投降。清军西渡洮河，进攻河州。河州东乡和南乡的回民军也请求安抚，穆图善应允。

这时，回民军在甘肃东部攻占了镇原和庆阳，很快又被清军夺取。回民军包围泾州。

黄鼎率部冒雨西进甘肃增援，解了泾州之围。

5 月下旬，刘端冕所部在陕西东部的韩城击败回民军，周绍濂所部在洛河东西攻击回民军。天降大雨，河水猛涨，湘军趁雨攻击，斩杀两千多人，回民军丢弃的牛马驴骡数以万计。

刘典于 5 月 31 日移驻咸阳，兼顾省城的防御。这时甘肃庆阳所辖全境都被回民军占领。他们相继攻占宁州与合水，宁州驻防军无法制止。另一支回民军从陕西宝鸡渡到渭河以南，李辉武率部追到斜坡。回民军遇见湘军就撤，湘军常常追赶不上。

李辉武令设伏在麦地里，令三十多名军士假扮乡民割麦。回民军大队果然来到，湘军伏击部队群起攻之，回民军大败，折向东边，一路袭击岐山、扶风、眉县和渭南。道员魏光焘率部先到眉县，黄鼎和吴士迈所部到达扶风和岐山。回民军不战而走，掉头西进，返回甘肃。

刘厚基的湘果营在延安与另一支回民军作战，部将刘文华与甘彰辉战败身亡，士卒伤亡过半，刘厚基本人也负了伤。

381

张宗禹的西捻军虽然跑得快，无奈直隶省内到处被清军封锁，简直无处插足，只得于 4 月份南渡漳河，再度进入河南。

清廷的各路大军，包括湘军和淮军，虽然未能在直隶重创西捻，但毕竟把这支造反军逼出了清廷的腹地。

西捻军渡过漳河以后疾驰到河南西北部的清化，在这里添制武器。他们砍伐木材，制造长矛。张曜部追赶上来，不容西捻停留。张宗禹只得率部东进封丘。

湘军郭宝昌所部在封丘迎战，被西捻击败。郭宝昌身负两伤。提督周盈瑞战败身亡。西捻乘胜再次北上，抵达滑县，击败淮军唐仁廉部，西捻战士用长矛刺死提督陈振邦。

左宗棠见湘军和淮军连连落败，亲自出马，指挥喜昌和马德顺等部在滑县攻击西捻获胜，扳回一局。张宗禹率部向东北方斜插，抵达清丰，然后经南乐进入山东莘县，再向东北奔赴东昌一带，在茌平遭到郭松林所部拦截，几十人被俘。西捻军北上平原，然后抵达陵县的吴桥。

在5月的几个雨天里，西捻军趁着天气带来的便利取道德州再次踏入直隶的土地，北上东光，目的显然是为了渡到运河以西。但由于追兵紧咬不放，张宗禹不得不放弃渡河的计划而折向南皮，北上天津静海。清廷令英翰率部火速赶赴东昌。西捻仍然无法渡过运河，便南下盐山，再次进入山东，袭击阳信和海丰。这里的海丰就是现在地图上所标的无棣。

恭亲王上奏，请朝廷责成各路大帅把西捻军逼到海边一隅，限在一个月内消灭西捻。显然，这位爱新觉罗家的王爷想起了不久前对付东捻的老办法。而李鸿章也把运河防线的旧议重提，要求防守北运河。

丁宝桢和英翰所部在东昌会师，要求分工部署，各守一段运河防线。从山东西部与直隶交界的临清，到东南方六十多里处的魏湾，由英翰所部安徽清军驻防。从东昌向南直达张秋的九十多里运河防线由淮军驻防。各部分段修墙。

这时漳河与卫河猛涨，驻防部队将河水引入减河。这样一来，从运河到黄河战舰通行无阻，西捻军无法渡到运河以北，陷在运河与黄河形成的夹套里。

鸿胪少卿朱学勤上奏，请求征召刘铭传入营。刘铭传在平定东捻军以后请假归乡，逗留不出，因而获罪，被夺去官职。于是请病假不出，李鸿章召唤他他也不来。李鸿章现在借着圣旨强行起用。

西捻军无法北上，便挥师南下，袭击平原和高唐，南奔清平和博平，向运河运动。他们眼见得黄河之水灌入运河无法强渡，便折向东南。这时淮军和山东清军已经筑成了堤墙，西捻被挡在河岸上。

左宗棠率部到达直隶盐山，见驻防军守备十分坚固，便还驻吴桥。

从5月下旬到6月中旬，刘松山所部湘军和张曜所部淮军一直追逐西捻军，北达庆云和直隶的沧州，高老步等西捻首领率几百人投降。张宗禹被迫率部又从沧州南下扑向泊头一带的运河。刘松山所部与丁长春的水师前后夹击，将之击退。

张宗禹所部南下连镇和吴桥，听说左宗棠在这里坐镇防守，便南下平原、高唐和茌平。一路上接连被陈国瑞所部挫败。

清廷见消灭捻军的限期已满，增派都兴阿统管神机营，将他任命为钦差大臣，排名在左宗棠和李鸿章之上，由侍郎崇厚做副手，率领春寿的骑兵，张曜、宋庆和陈国瑞等部全部归他调遣。

张宗禹部在河流围成的狭长套子里为了摆脱追兵而南冲北突。现在他又率部从茌平北上武定，即现在地图上所标的惠民。然后袭击海丰，被陈国瑞所部追上击败。

陈国瑞先前奉清廷之命率部防守陕西。没等诏书下达他便率部东进，请求攻打西捻军。他拥有一万两千兵力，现在全部隶属都兴阿。

清廷对汉人统帅以及湘军与淮军的不信任已经充分表露出来。

382

英翰为了表现自己的能耐，奏请安徽清军不必会合湘军作战。既然如此，左宗棠便于6月下旬令刘松山在沧州的运东休整部队。

但是刚过几天，西捻的骑兵就逼近海丰。刘松山和喜昌从盐山出兵横截。西捻还来不及列阵便向沧州狂奔。张曜所部从南面夹击，大败西捻。

张宗禹南奔山东陵县，然后折向东南，奔向临邑。其部马多兵少，一个人带领几匹战马，避开清军飞速行军。

在此之前，李鸿章已派郭松林、潘鼎新、周盛波和王心安等部从临邑筑墙直达马颊河，空出西南方的河滨引诱西捻进入。现在张曜和宋庆所部追到了临邑，西捻军却不肯深入西南方，而是奔向东南方的济阳。

李鸿章见自己的计谋没有得逞，便派各路部队围攻。张曜和宋庆所部奔赴武定，郭松林、潘鼎新和王心安所部防守堤墙，周盛波所部驻扎吴桥和宁津。

西捻军的处境现在是东有黄河，西面和北面都被淮军与清军堵死。张宗禹没有更好的办法，只能绕道再次北进海丰，与张曜等部在滨州相遇，遭到重创，便奔向西北方的阳信。

郭松林和王心安率部北上乐陵堵截，西捻从阳信北上海丰。郭松林、唐仁廉和春寿率部追击，将西捻击败。张宗禹率队西奔宁津和吴桥之间，左宗棠从连镇督率部队追赶，与郭松林的骑兵和步兵轮番追击，使西捻无法喘息。这一仗，清廷的各路兵马连续追击十六个昼夜，斩杀甚众，张宗禹兵力更加衰弱。

7月下旬，西捻奔到商河，遭到郭松林和潘鼎新所部攻击，损失惨重。西捻四千人被杀被俘，张宗禹本人中枪落马，被部属救起，几十名随从掩护他逃走。

当时大雨滂沱，河水漫过堤坝，刘松山等部为积水所阻，张曜等部在临邑扎营。

西捻奔向宁津西南，刘松山下令避开水淖行军，追到吴桥。易德麟所部在这里设伏，俘斩两千人，许多西捻战士投降。

黄翼升、欧阳见利和姚广武奉曾国藩之令，已各率所部炮船从张秋渡过黄河。传说船上见到了龙神，河水忽然大涨，炮船才得以乘着水流驶入运河河口。炮船开到德州，运河防御更加巩固。

刘铭传随炮船到达德州，参见李鸿章，听说各军都获大捷，不愿坐享战功，一再表示不愿领兵作战。李鸿章仍令他率旧部奔赴前敌。

西捻军被刘松山的湘军击败以后，奔向德平。郭松林、潘鼎新、陈国瑞和张得胜率部集结商河。张宗禹避开追兵，率部涉水奔向西南，抵达高唐。

潘鼎新所部追到高唐，西捻便南下清平与博平，企图再次扑向运河防线。这时临清、东昌和张秋关闭河闸，水位高深，马颊河则有黄河之水漫入。清军沿河驻防部队防守严密，西捻无法靠近，便从博平奔向东昌，南攻河墙，被守军击退。

刘铭传出兵后提议防守徒骇河，把西捻逼得无处可逃。他的部队负责桃桥至南镇的防守，郭松林所部负责防守桃桥至博平一段，袁保恒、张曜和宋庆所部负责从博平守到东昌。这样一来就把西捻军包围在黄河、运河与徒骇河之间。

作战区域遍地水溜泥泞，西捻无法获得食物，各部解散，几万人不知该往何处去。郭松林和刘铭传率五六千名骑兵纵横截击，斩杀西捻几千人。

张宗禹率几十名随从骑马北逃，被淮军骑兵追上。张宗禹弃马逃进禾丛中，被困很久，无法逃脱，便投水自尽。淮军抓到其子张葵儿。其侄张正江奔向南镇，被刘铭传所部抓获，同时被俘的还有西捻四千名老兵。其余西捻部队都被善庆和温德克勒西所部歼灭。

西捻军覆没后，清廷在8月下旬接到捷报，奖赏各部将帅。李鸿章被授予协办大学士，与左宗棠一起晋升太子太保。刘铭传刚刚到达，只有一战之劳，真的坐享其成，被封为一等男爵。清廷给他的封赏是因为那个神奇的传说，即水师船中有龙神显身，因而增水助顺。

东捻军和西捻军在军事上的失败，究其原因，在于无法突破曾国藩提议的筑墙防堵。捻军是一支善骑的部队，骑兵往来冲突，驰骋千里，势不可当。曾国藩当初奉命北征，苦于买不到足够的好马，无法用骑兵与之抗衡，在军事装备上落后于敌人。于是他想到秦朝抵御胡骑筑了万里长城，是十分有效的对策。

曾国藩提出借助河流提供的自然防线筑墙堵防捻军，一开始有人讥笑他愚笨，他还是固执己见，认真实行。李鸿章是个聪明人，也不觉得这个法子有什么可笑，延续了老师的做法，才能把捻军限制在一定的区域内最终加以消灭。所以，看似笨拙的办法也许是最有效的法子。这一点给后世的军事家提供了不少启迪。

王定安在《湘军记》中记载了他与曾国藩的一段对话。王定安说，西方人纵然有枪炮利器也是可以战胜的。曾国藩表示赞同，说胜负取决于人，而不是取决于兵器。后世人以劣势武器战胜装备精良的敌人，也从这种思想中汲取了教训。

清廷没有忘记曾国藩的功劳，在同治六年将他就补大学士，留任治所。东捻军覆灭后给他加授云骑尉世职。这一年又给他加授武英殿大学士，调任直隶总督。

在直隶总督任上，曾国藩以练兵、整顿官场与治河三端为要务，逐步推行改革，设立清讼局和礼贤馆，于是直隶一省政教大行。

383

张秀眉的苗民军于 3 月份攻打湖南晃州，又于 4 月份攻打湖南沅州和麻阳。席宝田回师铜仁，李元度率部留在石阡，对付其余的造反军。

席宝田部将荣维善这时已率十三营兵力抵达镇远，听到湖南有警半路北返，东进沅州，拦截造反军，斩杀号军一万多人。席宝田所部在麻阳拦截。两支湘军都是首先截断造反军的退路，然后奋力攻击，大获全胜。

苗民军以前的战术是深入湖南，然后迅速返回贵州，以此来拖垮湘军。各路援黔的湘军部队担心造反军逗留本省，不敢遏止他们奔回贵州，所以造反军屡屡得手。但这次苗民军大伤元气，终于不再东进湖南。

黎平和永从的造反军企图袭击通道，戈鉴与龚继昌率部将之击退。

席宝田部在麻阳击败造反军后，于 5 月 7 日溯沅水西行，返回贵州，于 5 月 16 日攻克颇洞，5 月 17 日攻克德明，5 月 18 日攻克台笠，5 月 19 日攻克寨头。席宝田下令驻扎寨头，修建大型壁垒，为攻打台拱做准备。

以前，兆琛率军援黔长期驻扎八弓。八弓离寨头不到二十里，然而湘军的游骑兵不敢前往寨头。现在席宝田修建了军营，苗民军感到了巨大的威胁，顿时紧张起来。十二位首领争着修筑壁垒自卫。

这时黎平再次告急，席宝田派龚继昌率部前往防守。

川军抵达偏刀，与李元度所部会师，招降了七十八座山寨，于 5 月 25 日攻克偏刀。李元度辞职归乡，将所部淘汰为三千人，悉交席宝田指挥。但席宝田因继母去世回到家乡，荣维善暂代他指挥军事。不久，席宝田又回到军营指挥作战。

黄平、麻哈和清平的苗民军增援台拱，合攻寨头的湘军大营，另派兵袭击德明，湘军分头将之击退。荣维善率几百人趁夜攻打石陇，苗民军惊慌溃散。

造反军发起进攻时人数虽然众多，但作战的地方往往非常险峻，就是吃了败仗也不会有大的伤亡。湘军总是集中兵力攻击，造反军分散之后反而更难对付。

湘军一天接到几十起警报，一个地方几十处出现军情，若非精锐部队是无法分散作战的，而荣维善特别善用小部队出奇制胜，造反军因此而陷入困境。

江口的苗民军于 6 月下旬南攻青溪，被守军击退。然后向西北方挺进，于 7 月下旬攻打荆竹园，又被守军击退。这支苗民军又于 8 月下旬改攻上河，也被驻军击退。

苗民军每次主动发起攻击时总是依靠险峻的地势保护实力。如果湘军打胜了，苗民军总能很快地隐藏到密林和陡崖绝壁之后迅速脱身，湘军连其影子也摸不着。无论苗民军闭垒自守，还是散佚四出，湘军的攻战都很难取得实质性进展。

席宝田说："现在台拱的苗民最强，攻破了台拱就可将苗军各部压下去。台拱右有镇远，左有清江，这是两翼。若不攻取这两座城池就无法攻取台拱。不打通寨头左右，不断绝苗军的增援就无法攻克两城。不全部扫平寨头，前面的道路就不会畅通。攻克了台拱，则苗军就都解体了。然而若专注于寨头，苗军便会从其他通道进入腹地。这样一来，文官们便会议论长短，大惊小怪，导致军饷不继，军事就会失败。我们应该增加兵力，处处设防，然后才可以言战。"

于是他给刘崑上书，请求增兵一万。谋士都认为这样耗费的军饷过于庞大，而对镇压苗民军并无益处。此外，按照湘军惯例，一名统率五百人的将领，即便清廉公正，每年仍可收入三千两银子。每当提出增兵时，都有利于将领增收，于是大家怀疑席宝田想获大利。但刘崑力排众议，同意了席宝田的要求。

刘崑把省城长沙的驻防军派给席宝田，加上沅北的卫戍军，总共一万人，却不隶属于席宝田，由黄润昌任大将，邓子垣为副将，进军晃州北路，而令席宝田专攻南路。

席宝田对荣维善说："凡是谋划与苗军作战者必然会提出雕剿，而这是勇士名将才能做到的事情。所谓雕剿，就是孤军深入，饿了去夺敌人的粮食，夜晚在敌人的壁垒里宿营，行军不带帐篷，驻扎不依城寨，部队突然出击，出击后又突然返回，才可以入虎穴而得虎子。但这种战法非常危险，一旦失败就得不到救援，所以尽管很多人懂得这种战法，却很少有人能够实行。这是岳钟琪和张广泗所擅长的，现在只有你才能继承。"

荣维善十分振奋，请求实行，率所部转战在山谷之间，从大营以南取道清江厅内的一百多里，孤军深入，长达五天。苗民军的侦察兵都无法判断他们的目标。他们有时越过大寨而攻打小寨，有时已经过去又回头一击，骤然出现在清江北岸的城外，苗民军看见了还以为是自己的部众叛变争斗，后来得知是湘军，便大惊失色，严加防备。苗民军正要渡过沅江，湘军却已离去。

时值年底，天降大雪，湘军大营也不知荣维善部位于何方。不久，荣维善率部返回大营，报告战功，屠杀了七座山寨的苗民，招抚了四个山寨，寨头南路平定。

席宝田开始新的作战。其部北进，打通与镇远的交通，攻打抱金，攻破七座村寨。然后西进打通松柏洞。苗民军合围荣维善的军营，刚刚交战，荣维善已先率唐本有等部埋伏在军营之外，收卷旗帜越过山头，包围了正在围攻军营的苗民军，给其以重创。

这一年，靖州人戈鉴所部也在清江、台拱与凯里一带作战，戈鉴因功获得布政使官衔。

384

岑毓英在上一年返回云南以后，一直坐镇东部的曲靖，距省会昆明两百多里。他于 2 月份接到军报，得知迤西的回民军分兵攻打昆明周边的富民、安宁、昆阳、新兴、呈贡和易门，攻无不克，形成了对昆明的大半包围。

岑毓英心下着急，于 3 月份亲自领兵增援省城，取道宜良和七甸进兵，攻破造反山寨三十多座。

为了填补岑毓英留下的空白，刘岳昭派李家福所部驻扎曲靖。

刘岳昭本人在 4 月份终于进驻曲靖。他在 1866 年 3 月被任命为云南巡抚，到现在两年有余，还是第一次踏上云南的土地。

刘岳昭上奏说，云南西部的回民军所占据的郡县已有几十处之多。官军开始没有进攻，回民军也按兵不动。劳崇光进入云南以后，与马如龙计议西征，因粮饷奇缺未能得手。现在省城附近的州县多为回民军占领，昆明被围，岑毓英部军需不足，如果仍然无力支持，大局不堪设想。上一年张凯嵩奏请朝廷放宽云南军饷的筹划，奉旨于浙江等省关每月领取二十万两银子，倘能如数解送到云南，也可以稍缓燃眉之急。可惜款子是拨了，却没有解送过来，只是一纸空文。如今军情万分紧急，只有吁催各省关协饷，并令户部大臣再指定有着落的款项二十万两，才能稍安军心，而不至于马上全军覆没。

清廷下诏，同意他的请求。

张凯嵩此时因病免职，刘岳昭升任云贵总督，岑毓英升任云南巡抚，宋延春升任按察使。

云南的回民军声势浩大，号称三十万大军。昆明的西面、南面和北面，回民军的壁垒延伸十多里。昆明以东的江右、馆石和虎岗，回民军也设立了卡碉。在昆明东北方一百多里处的寻甸，还驻扎着马添顺的回民军，部队十分剽悍，随时可能北进东川，东攻曲靖。

刘岳昭派谢景春等部进驻曲靖以北的沾益，派王维金等部扼守曲靖西南方约五十里处的马龙，调临元和腾越两镇兵马攻打昆明以南的晋宁，以牵制回民军的兵力。他还向四川借贷军火，接济昆明城内的守军。

护总督宋延春在昆明城内率兵民昼夜登城巡防。回族军官合国安打算为回民军做内应，被马如龙斩首。岑毓英率部驻扎响水坝，亲自领兵攻打昆明东北方的杨林。李家福所部湘军正在从马龙攻击寻甸，听说杨林有战事，便赶去增援，烧毁回民军的木垒，攻破六座山寨和三座碉楼。湘军和滇军攻克甸尾、古城和厂口，打通了粮路。

此战中李家福和岑毓英都负了伤，战后疗养。参将杨玉科已经绕过四川的会理南下云南县，攻打武定、元谋、大姚、禄劝、定远、白井和易门，每战必克，一路接近昆明。处在围城中的居民这时才稍稍定下心来。

寻甸的回民军于5月份向北出兵，攻击功山驻军的军营，昭通镇杨盛宗所部抵挡不住，落败而逃。刘岳昭令全祖凯率部奔赴东川助防，奏请擢拔李家福为昭通总兵。

李维述和岑毓英所部又攻克三座造反山寨。5月下旬扩大战果，攻克石虎岗、古佛寺和买米市。何秀林等部则在呈贡击败了回民军。

杜文秀听说湘军和滇军屡战告捷，派出几万名精锐，从大理东北方的宾川出兵东援。马如龙分出两千兵力到昆明西北面的武定阻击。

昆明附近的回民军已有很久闭垒不战，现在突然出兵夺取大虹山，在这里修筑两座壁垒。马如龙亲自领兵攻击，攻破其中一座壁垒。

385

刘典见甘肃的回民军已从西安周边撤走，于6月20日返回三原坐镇，指挥湘军在渭河以北的军事行动，企图将各路回民军向西压迫到甘肃境内。

刘典刚到三原，张岳龄所部便在汧阳击败回民军。

李辉武部于6月23日开到汧阳，会同张岳龄所部增援冯坊，再次击败回民军。

谭玉龙率部在彬县西北方五十里处的亭口作战，与回民军短兵相接，被回民军用枪击毙。他的部队由黄鼎兼统，仍然驻扎彬县。

麻阳人谭玉龙没有在史料中留下他的出生日期，却留下了死亡的大致时间。他在1854年就投身于湘军，转战安徽和陕西，历任都司、游击、参将和提督。

泾河的回民军于6月27日攻击亭口西北方的长武，被阎定邦部击退。

甘肃隆德的回民军向东挺进，袭击华亭和崇信，进入灵台，逼近陕西。吴士迈率部接连阻击，将其击败，获粮食一万石，牲畜一万多头。

泾河的回民军于6月29日再次围攻长武，黄鼎于7月3日率部增援长武，在水帘洞将之击败，追到染店，见到两三千名回民军正在割麦。黄鼎下令发起攻击，回民军逃散。

雷正绾率部从庆阳的政平赶来，长武的军情舒缓。

高连升所部攻打长武东北方的正宁，回民军先一步西撤，进入董志原。

魏光焘与刘厚基所部进军陕西东北部的宜川，攻克宜川以北的云岩镇，俘斩五千多人，获得几千石粮食，一千多头牲畜，斩杀回民军首领张大有等八人。北山的回民军根据地已被湘军铲平。

清廷在山东消灭了西捻军之后，召左宗棠入京觐见。刘松山、郭宝昌和喜昌所部返回陕西。左宗棠令金顺率部进军北山。

这时陇州的回民军奔向火烧寨，被罗洪德所部击退。吴士迈所部在麟游击败回民军，高连升和周绍濂所部在宜君击败回民军。

周绍濂所部于8月3日在中部攻击回民军，被对手击败。

泾河的回民军于8月4日分兵攻击彬县和三水，黄鼎所部在世店与之交战，回民军首领马正和负伤逃走。

回民军于 8 月 5 日攻打三水西关，被刘典之弟刘倬云和喻兆圭等部击退。

中部的回民军于 8 月 6 日返回白水，魏光焘率部从宜川凯旋南下拦截获胜。第二天，回民军抢渡渭河，湘军水师横出拦截，回民军沿洛河西岸北上，于 8 月 10 日浮水渡过洛河。时值涨水，回民军在河水中溺死过半，只有四五千人渡到对岸。没有来得及渡河的回民军被魏光焘和高连升部追杀，全部阵亡。

已经渡河的回民军于 8 月 14 日攻击合阳，听说魏光焘部赶到，无心恋战，解围奔向东南方的坊镇，然后奔向西北方的冯原。

魏光焘对这支回民军死咬不放，于 8 月 18 日追到冯原。回民军从黄龙山北上洛川，魏光焘部被阻在洛河以东，一时无法过河。

8 月 23 日，魏光焘部全部渡过洛河，回民军已越过蒲城西进。湘军于 8 月 25 日在曹村追上回民军，将之截为三支，一支奔赴同官，一支奔赴泾阳，另一支奔赴耀州。

刘典令高连升从同官追击。魏光焘部在耀州遭遇回民军，料定其必定会北上杨家店，因为那里与甘肃的正宁交界。他派人给高连升送去情报，高连升下令在杨家店设伏等候。

回民军果然于 8 月 28 日抵达杨家店，高连升的伏兵杀出，回民军措手不及，赶紧奔逃，阵亡两三千人。

李大有和成定康两部于 9 月 6 日在淳化击败回民军。金顺所部在北部作战，于 9 月 11 日在榆林击败回民军。

这时，绿林军首领扈彰参见刘厚基请降，刘典令延安知府赵维庆等人受降。

扈彰是甘肃环县的汉民，其部有几万人，占据的地区西达保安，即现在的志丹，东至安定，即现在的子长。扈彰投降后，湘军要对付的绿林军就只有二十九岁的环县人董福祥统领的部队了。

金顺与刘馨集所部于 9 月下旬在陕西东北部的绥德击败回民军，获得大胜。

黄鼎所部在长武击败白彦虎部，白彦虎等首领从甘肃正宁奔向陕西三水，进军旬邑东北方三十里处的职田镇。余明发和李大有率部阻击，大败阵亡。

白彦虎于 10 月 6 日率一万人攻打职田，刘倬云率部阻击。白彦虎部借着夜色的掩护袭击湘军军营，未能攻克，连夜撤走。

左宗棠从连镇抵京觐见，朝廷询问陕甘的作战还要持续多久，左宗棠奏答：五年可以办完西北的军事。

左宗棠离京后，率部返回陕西，从河南西北部的孟县渡到黄河以南，先派卓胜部入关。

雷正绾部于10月下旬攻打灵台，回民军从瓦云驿赶来袭击，雷正绾率部奋战，将之击退。

陕西的绥德于10月23日遭到回民军的攻击，成定康率部将之击退。

雷正绾和黄鼎所部于10月25日在上良击败回民军。

杨占鳌在11月9日进入肃州城，同回民军言归于好。其部于9月底包围肃州之后，他就着手开始招抚，直到回民军恳求投降，杨占鳌同意在乌鲁木齐会商，此时进入肃州城。

杨占鳌向朝廷报告肃州已经收复。清廷对杨占鳌"保全凉州，接济省垣，收复肃州"十分满意，赏穿黄马褂，赐官正一品。其曾祖父、祖父、父亲和其夫人谢氏与黄氏也以一品官和一品夫人赐封。

成禄仍然逗留肃州不肯出关。肃州以西各城的官绅希望左宗棠部早日开到。清廷也把所有的希望寄托于左宗棠的湘军。

左宗棠于11月26日抵达西安，令高连升率部驻扎甘肃平凉的庙庄和杨店；令周绍濂分兵驻扎双柳树；令魏光焘率部进驻王家角以达庆阳；令刘端冕率部进驻富县和甘泉，扼守东西的关键地区；令吴士迈和朱德树率部赶赴凤翔；令黄鼎率部驻扎彬县；令张岳龄和喻步莲率部驻扎汧阳和陇州；令奉骆秉章生前之命从四川前来增援的李辉武率武字营两千五百人驻扎宝鸡，与凤翔声势相连；令郭宝昌部从同州赶赴宜川。此时刘松山所部还在河南洛阳，左宗棠令该部从茅津渡到黄河以北，进入山西，乘冰桥赶赴陕西。左宗棠自率四千名骑兵和步兵驻扎西安城西。于是西北湘军壁垒一新，旌旗焕然改色。

左宗棠又令已升提督的朱德树增募骑兵，由他独自率领。吴士迈对朱德树颇为妒忌。朱德树便与同在一路作战的衡山人李辉武倾心结交，成为好友。

左宗棠正在调兵遣将，得到报告：董福祥的绿林军攻击陕西绥德，向榆林运动。左宗棠令金顺从榆林出兵，在盘龙山迎击，大败董福祥军。

董福祥率部北进，金顺于12月1日率部追赶，于12月2日抵达秃尾河。

骑兵忍着寒冷裸体渡河，在金鸡滩拦截，击败董军。

当地的回民军向神木和府谷运动。左宗棠又令成定康率部助攻葭州，即现在所说的佳县，令金顺率部返回榆林。

386

刘岳昭自从 4 月份进入云南之后，面对云南境内强大的造反武装，深感自己手下兵力不足。他想到一个最方便增兵的办法，就是从四川借调兵力。

于是，他于 6 月下旬上了一道奏疏陈述己见。他说，云南的战乱一日不平，四川的防御就一日难撤。请求朝廷令四川提督胡中和率川军援滇，将防御转变为进攻。

清廷批准，令代理四川总督崇实照办。

崇实不愿把川军派到四川，采取了一个折中的办法，派刘岳曙率两千八百人入滇，川军按兵不动。

刘岳昭还是觉得兵力不足，便于 7 月下旬增募了五营黔勇，交给副将贺连璧统领，大举进攻寻甸。

从这时开始，湘军大帅招募湘军大多数都是随地补充兵员，很多湘军部队只有将领是湖南人，或者保留了湘军的名义，但勇丁当中真正的湖南人越来越少。

刘岳昭在寻甸周边集结了重兵。李家福从马龙出兵，谢景春从沾益出兵，全祖凯与贺连璧从东川出兵，约定在寻甸城外会师。

部队集结后，李家福所部开始攻打七里桥，烧毁三座木城，然后渡河夺取大尖山和小尖山。杨林的回民军过来增援，被李家福部击退。

全祖凯部攻破柳河，安抚了十多座民寨，然后进驻清水沟。

战斗继续到 8 月下旬，李家福所部攻克了青龙和马石两垒，岑毓英派兵前来会师。

湘军和滇军分别驻扎在凤凰文笔山和望城坡，多数民寨都向清军请求安抚。

李家福见回民军的碉楼林立，硬攻胜算不大，便打算智取。他探查到文笔上游有两条河可通草海，便下令傍山筑堤，长达一百五十丈。河堤把河水堵住了，湘军将水灌到寻甸城内。

在此之前，从寻甸向东直到王家庄的七十里地面，民寨都受回民军控制，竖起了白旗。现在见湘军到来，便表示脱离回民军。刘岳昭认为民心并未稳定，于9月下旬亲自赶到寻甸抚慰百姓，又下令将山下的河堤增高，让水溢出两丈，将草海附近的回民军壁垒全部淹没，而州城和其他壁垒都没有受到影响。

刘岳昭于10月下旬返回曲靖。李家福所部攻打法鼓山近旁的村寨，全部攻克。回民军在寻甸以东所设的防线全部崩溃。

李家福部又于11月9日进攻果马，攻克六座碉卡。

11月10日，寻甸城内的回民军出兵增援外围，被李家福所部击败。湘军攻破二十几座壁垒。11月22日，又攻克张徐湾的十多座壁垒。

湘军已经攻克昆明东南部的澄江，省城防御松缓下来。马如龙派兵协助湘军。马青云等部在尖山击败了回民军。

刘岳昭于12月下旬亲自领兵攻打寻甸，但是寻甸回民军兵力已增。原因是驻防省城的清军各部已经攻占富民和武定，回民军纷纷向寻甸集结，连营二十多里。民寨又倒向回民军一边，遍山竖起白旗，迎接回民军到来。围攻寻甸的湘军被回民军击溃。

刘岳昭率部退守曲靖，上疏自劾。其部将降职的降职，革职的革职，都受了处分。

1869年

同治八年

387

捻军在上一年全军覆没以后，中国还在进行内战的省份全部集中在西部。此后几年湘军的作战主要发生在西北的陕西和甘肃，以及西南的贵州和云南。

席宝田和黄润昌率领的贵州湘军于1月份攻打稿绕。此地处在两山之间，地势险要，无路可通。

邓子垣说："此乃绝地啊。"

贵州提督荣维善说："苗民也是身处绝地，难道唯独绝了我们吗？这就是所谓两鼠窝里斗啊。"

席宝田很看重荣维善的勇气，决定发起攻击。他派苏克金带兵先占石山，派唐本有所部从下仰攻而上，荣维善所部在阵中左冲右突。苗民军大溃，许多战士在山路上跌倒身亡。

经此一战，南自寨头北至镇远，八十里苗寨全部成为空寨。

黄润昌听到捷报，飞马驰到思州，带兵攻打镇远城。

镇远城分为府城和卫城，然而倒塌已久，守城的苗民军并不打算固守。他们擅长守寨而不善于守城，因此城防军士气不高。

黄润昌所部是跟随曾国荃攻克金陵的劲旅，返回湖南后士气仍然旺盛。

部队直逼城下，搭梯攀缘，登上城墙。江忠珀捷足先登，被苗民军斩杀。但其部前仆后继，无法阻挡，一鼓作气，攻占了镇远。

刘崐得到捷报，知道贵州的苗民军已遭重创，上奏请调戈鉴所部攻打台拱以东的清江，即现在地图上所标的剑河。戈鉴奉命后率部移驻清江。

清江有两座大苗寨，一座叫作勾鹅，另一座叫作董敖，自古以来以坚固著称。雍正年间云贵总督鄂尔泰率两万兵力围攻勾鹅与董敖，打了几个月，占领了勾鹅，却无法攻克董敖。部队在这里待得太久，鄂尔泰非常尴尬，无法回复清廷，只得安抚一番班师返回省城。

清江的苗民以拥有无法攻克的寨子而自豪。他们经常不解地说："我们不知道什么叫造反，有兵来了我们就抵抗，如果心怀好意而来那就是安抚。我们不去找官府的麻烦，官府却来跟我们捣乱。只有强者才能得胜。"

荣维善的湘军到来后，翻越山头，先攻董敖，一鼓作气，便破了村寨。然后连续作战，攻克勾鹅。七十八座苗寨望风俱下。湘军接着攻克清江厅城，入城安抚居民。

湘军迅速攻克了清江的坚寨，影响到西北方百多里外的施秉。这里的苗民军大为震动。

荣维善乘胜进军，袭击施秉周边的村寨，然后攻克施秉，再向西北推进攻克余庆。

四川的援军已经到达余庆以南的黄平，与荣维善部相距六十里，中间有苗民军阻隔。

清廷令湘军急速扩大战果，疏通驿路。于是黄润昌和邓子垣催促荣维善会师。荣维善返回大营，集合所部六千人，会合李元度旧部两千五百人，与黄润昌、邓子垣所领的一万人从施秉出兵，联合向东推进。

湘军从施秉前行三十里，攻克白洗。罗萱率部再进三十里来到瓮谷，遭到苗民军伏击，罗萱中炮身亡，终年四十三岁。

罗萱死后，湘军后续部队攻克了瓮谷。

白洗和瓮谷是两座大寨，湘军虽已攻克，但部队已经疲惫。

荣维善很清楚部队必须休整，不能再战下去，悄悄对黄润昌说："我军不立营幕，有利于小部队作战。现在联军大举进攻，我那六千名精兵久已疲惫，应该停下来休整，搞到军粮，才可继续前进。"

黄润昌对荣提督非常尊重，便下令停止前进，修筑壁垒。其部属认为胜利在望，成功指日可待，疑心荣维善想贪战功为一人所有，便用言语刺激黄润昌。

黄润昌先前出兵时，记得巡抚刘崐和布政使李榕要他专门主持边界防守。在路上收到席宝田的信札，对他大加赞扬，鼓励他深入攻击。黄润昌大喜而进兵作战，而又连连获胜。这时他又接到席宝田的书信，告诫他不要轻敌，心中便有些不快。他想：我打了胜仗你却叫我谨慎用兵，这是什么意思？难道你怕我抢了你老乡的功劳？于是听信部属的挑唆，改变主意，下令拔营。

荣维善自然也不高兴，但他还是笑着说："你以为我就不能进军？"反而率先出发。

黄润昌的小心眼儿，荣维善的意气用事，导致湘军轻出浪战，结果是黄润昌部覆没，两员大将身亡，荣维善也付出了生命的代价。

388

且说荣维善跟黄润昌赌气，没有让部队休整，于5月3日领兵出发，翻越黄飘山。山路狭窄陡峭，军士攀爬时后面的人脑袋上就是前面那个人的脚。苗民军已经设伏据守各个山头，扔石块打击湘军。

荣维善快步爬山，催促部队急行军，尽快脱离险境。苗民军放过了这支湘军，准备集中力量攻击黄润昌和邓子垣的后续部队。

黄润昌部爬上了山路，刚遭石块的打击便仰望两旁的山头，只见全是苗民军，知道中了埋伏，大为恐慌，纷纷后退，在小路上互相拥挤。苗民军趁机攻击，黄润昌部抱头溃逃。

苗民军慢慢绕到山下鼓噪拦截，将湘军分隔包围。湘军急于逃命，后人踩前人，夺路而下。黄润昌两次失马，与邓子垣都死在战场。湘潭人黄润昌终年不详，新宁人邓子垣终年三十八岁。

荣维善不计前嫌，派苏元春率部赶去救援，也被回民军击退。荣维善听说黄润昌等人已经战死，怒火升腾，脱下上衣，赤膊持刀，率两百名亲兵杀入阵内，寻找两人的尸体。其亲兵遇到溃退的友军，被冲得七零八落。荣维善身边只剩下少数随从，鏖战良久，苗民军越来越多，聚集了几千人，截断前后通道，将他重重围住。荣维善退保山头，见苗民军久围不散，忽然跃身而起，率随从突出重围，反攻山间的一座苗寨。

荣维善和随从占据苗寨以后得以饮水吃饭，又出寨搏杀，三次突围，三次被堵了回去，最终无法脱身。苗民军排列火炬，彻夜守卫，过了三个昼夜。二十六岁的东安人荣维善及其亲兵全部战死。先前逃脱的部属得以保全下来。

湘军大败于镇远，湖南官府大为震动。令刘崐感到欣慰的是苗民军需要休整，没有乘胜攻入湖南。

席宝田追究败军之罪，坐在堂上，喝令拿下苏元春，捆绑起来，就要推出斩首。众将领求情，讲述苏元春作战情状并无不妥，席宝田才下令将他释放，令他与徐启瑞等人一起跟随作战，将功折罪。

席宝田为了挽回局面，亲自领兵出击，于5月24日趁夜攻打稿米。部队悄悄行军五十里，到达攻击位置。攻击开始后，徐启瑞作战不力，席宝田立刻将他斩首。全军惊惧，奋力向前，随即攻破稿米寨。席宝田派兵分守镇远和施秉，自率主力返回寨头。

湘军在镇远的惨败引起了不利于席宝田的舆论。评论者说，援黔的湘军换将已过了两年，湘军进兵的道路都是兆琛等将领到过的地方，作战的范围扩大了不到一百里，入夏也要躲避瘴气，休兵等待白露，军士仍然死去不少。

因此，席宝田部照例也有缺额，全军一万人，实际上不足七千人，缺额的军饷自然都进了将领的腰包。清廷上下议论纷纷，提出要罢免席宝田，裁减援兵。就连藩司也埋怨巡抚。唯独刘崐仍然坚持己见。

刘崐上奏说，苗民村寨地处深山，地势险恶，从兵势上说，攻击部队必须分为三路：一路从清江直指台拱；一路从寨头进攻施秉城，攻取施洞；一路从施秉南下，渡过清水江。他建议精简羸弱的军士，处罚溃逃的士卒，再增兵一万人，设立援黔营务处，由张自牧率领专门转供军饷。

刘崐在这次争论中占了上风，清廷批准了他的请求，席宝田获得了另一次机会。

在贵州东南边界，苗民军于6月份攻打黎平，龚继昌和黄元果的驻防军联合抵抗。

7月16日，湘军进兵攻破廖洞，又于7月19日攻破冰洞。

8月份，湘军割掉苗民的禾稻。

10 月份，湘军攻克施秉城，抵达施洞。

苗民军于 11 月份攻打镇远。邓善夒率部从清溪赴援，将之击退。龚继昌等部攻克抱岩的九寨。苗民军攻打思州州城，即现在所说的岑巩。

苏元春说："苗民并非要占思州城，他们必定是看到我军西进，所以打算袭击天柱，牵制我军兵力。"

苏元春悄悄地率部北返，果然在高浪与苗民军遭遇，将之击退。

389

刘岳昭部上一年底在攻打寻甸时吃了败仗，退驻曲靖。寻甸回民军于 2 月份发起攻势，攻打东南方的马龙，袭击曲靖以北的沾益，被刘岳昭所部击退。

长沙人杨玉科的滇军攻克了寻甸周边的柯渡与可郎，乘胜攻打果马，争夺寻甸。

在昆明东南方六十里处的澄江，回民于 4 月份举事，攻占了府城。刘岳昭派柳明德部赶赴澄江东北方的宜良，派全祖凯随后跟进，听从巡抚调遣。

岑毓英率部频繁作战，袭破昆明周边的小偏桥、萧家山和神羊寺，再次打通了粮道。

在这种情况下，刘岳昭觉得进兵有了保障，便下令再次对寻甸发起攻势。

6 月 12 日，刘岳曙和刘岳晙等部分三路进兵，先在七星桥攻破十多座碉楼，夺回湘军先前在文笔山驻防的各个关隘，列营排阵。谢景春部从三营出击突袭回民军，夺得章格关卡。吴奇忠部驻扎中河，攻夺塘子。回民军首领马顺不敢再战，请求安抚。

刘岳昭命人在村堡张榜，告示回民军：投降者免死。民寨跟着风走，都到军营参见请降。寻甸的回民军大为恐慌。

湘军于 6 月 13 日加大对寻甸城的攻击力度。到了夜间，只见城内灯火明亮，人声喧哗。马添顺派人送信给马广，声称愿意献城赎罪。

湘军于 6 月 14 日攻克寻甸，刘岳曙于 6 月 15 日整部入城，城内汉民和回民焚香迎接。

寻甸一战，战果延伸二百多里，果马、罗冲、古城和羊街一带全数安定，一百三十多座村寨表示服从官府。湘军还进占了昆明与寻甸之间的嵩明和白盐井。

岑毓英下令将回民军降将李芳园与晏洪处死，分兵攻打禄丰、易门、安宁与昆阳。

刘岳昭于7月份派李家福等部进驻昆明南门。

在此之前，贵州的苗民军攻占了黔西南的普安，距曲靖仅两百多里，刘岳昭拨出一千兵力东援普安。湘军攻克寻甸后，刘岳昭又增派张松林等部解了普安之围，现在回师曲靖。

刘岳昭将马添顺军降兵五百人交给马如龙统领，又增调胡志祺等四营兵力协助昆明的防守，留下刘岳曙部驻防寻甸。

9月上旬，岑毓英和马如龙从昆明军中分兵攻打安宁的各个隘口，扼守回民军西归之路。回民军的处境更加窘迫，段成功和蔡廷栋等将领率先献地投降。

马如龙于9月18日抱病出了昆明，与岑毓英和李家福率部严阵以待。段成功与蔡廷栋率五千人伏地投降，清军接收南关外的六十多座碉楼炮台，派兵攻克西坝。

清军记名提督杨玉科部又攻克了昆明以西的广通和大姚，岑毓英所部攻克了江右馆，对回民军昼夜围攻，俘虏其许多猛将。马如龙亲自入其军营勒令其将领互相斩杀，献出首级投降。从安宁逃出的回民军全被何秀林部消灭。昆明解围，回民军余部全部进入土堆。

岑毓英和马如龙分兵攻打昆明周边的郡县，由滇军和湘军合攻土堆。马忠等部南攻澄江，李维述督率张士进等部西攻楚雄，李维镛等部攻打南安，王钟祥率部协助黄文学部西攻定远，杨谦等部助攻禄丰和杨林，李长春等部助攻昆阳。

攻击部队很快就有了战果。李维镛所部于10月10日攻克南安，张士进所部于10月2日攻克楚雄，黄文学所部于10月7日攻克定远。这时刘岳昭已入驻昆明，增兵包围土堆，张保和与岑毓琦率部猛攻昆阳，回民军首领到昆明请求安抚。

10月22日，马光明率部投降，其将领杨振鹏担心投降后被杀，仍然负隅抵抗。马如龙亲自前往昆阳派人进城招抚，没有结果。

马如龙所部于 10 月 26 日攻克昆阳，俘虏杨振鹏和马联魁等回民军首领，将其处死。

昆阳在昆明西南方一百二十里处，中间隔着滇池，行船一夜可到。杨振鹏等部曾对昆明的清军构成极大威胁。杨振鹏于 1862 年接受了清廷安抚，后来升任副将，代理总兵，但仍然占据昆阳抗拒官军。这个既当着清军的官又打着造反旗号的人还是被清军处死了。

李维述的滇军已经攻克禄丰，西进镇南，攻克沙桥、普朋和鹦鹉关。10 月 27 日，王钟祥所部攻克弥渡厅。11 月上旬，刘兴所部攻克红岩。王钟祥部向西南推进五十里包围蒙化，即今巍山，攻破马街土城，距杜文秀的根据地大理只有百里。杜文秀处境日益艰难。

四川将军崇实和四川总督吴棠派来援滇的四川提督唐友耕所部在云南东北部的鲁甸攻克了回民军的村寨，回民军献出首领投降。刘岳昭令唐友耕率部返回四川。

唐友耕的这支部队在云南险些酿成大祸。唐友耕本是云南大关人，其部奉命援滇，于 5 月份抵达昭通。有人知道唐友耕是本地人，故意散布流言，说其部会把回民杀光，为他复仇。鲁甸和威宁两地的回民大为惊恐，都据险自保。刘岳昭派人飞马送信，令唐友耕率部前来昆明，以解除昭通一带回民的疑虑，且派知府吴春然前往鲁甸调查情况，令代理昭通镇全祖凯保护汉民的村寨。

刘岳昭的信使未到时，唐友耕本想率部离开鲁甸，却有汉民要求他留下作战。刘岳昭的信使晚到了一步，唐友耕部已在鲁甸与回民军交战了，汉民和回民各有伤亡。刘岳昭火速派人给四川的大帅送信，让他们制止唐友耕。

崇实和吴棠认为，四川与云南相距太远，难以遥控军队的行止，听凭刘岳昭拿主意。于是刘岳昭赶紧叫唐友耕率部离滇，以免酿成更大的争端。这样一来，东川和昭通一带才安定下来。

处理完此事以后，刘岳昭松了口气。接着他又收到捷报：陈定邦所部于 12 月 9 日攻克了大理东北方的宾川；张润所部于 12 月 22 日攻克大理以北的丽江，南下进攻剑川。

390

三十六岁的湘乡人刘松山于1月上旬率手下的全部兵力从河南三门峡的茅津渡口渡到黄河以北的山西平陆，然后率部北上平阳，即现在所说的临汾。

左宗棠令其部驻扎在汾河以西，以巩固山西的防守。这时陕西的绿林军和回民军都聚集在北山，和湘军捉迷藏，湘军各部无法捕捉对手。

刘松山部刚到山西永宁，即现在所说的吕梁、离石，便马上购粮西渡黄河作战。

刘松山所部于1月18日抵达陕西绥德，留三千人扼守军用渡口，防守黄河东岸。

刘松山根据情报，得知董福祥的根据地纵横二十里，散布在大理河与小理河之间，便令易德麟与章合才率部攻打大理川，自率萧章开部攻打小理川，攻破董福祥的几十个根据地。董福祥的骑兵凡是无法翻山的都被刘松山所部歼灭。

湘军攻克小理川之后，董福祥余部西进周家崄，刘松山率部跟追。成定康从三皇峁出兵，攻破绿林军的十多座寨堡，易德麟等部已将大理川的二十多座寨堡全部攻下。至此为止，刘松山的老湘营共计攻下了绿林军的上百座寨堡，俘斩八千多人，缴获两千多头骡马，取得了老湘营西征的第一次大胜利。

刘松山和成定康部于1月22日夜间分两路行军。黎明时分，董福祥部看见刘军旗帜，惊骇奔逃。刘松山部在南岔追上了敌军。这里道路狭窄，沟壑很深，许多绿林军跌落身亡。

刘松山到晚上才让部队短暂休息，半夜又出发追赶。只见小里沟火光点点，络绎不绝，延伸几十里。刘松山叮嘱军士沿沟鱼贯前行，萧章开部为先导。

第二天早晨，湘军逼近目标。董福祥派精锐殿后，殊死抵抗。萧章开部奋力冲击，鏖战许久，才击退董军精锐。董军前头部队有七八千人翻山向西逃走了。

刘松山部于1月25日急行军五十里，追上了董军。成定康部拦截去路，董军惊乱，半数以上被湘军俘斩。

刘松山知道，从榆林到靖边一带到处是绿林寨堡，如果湘军大张旗鼓向西南推进，董军必定会将全部兵力调回援救，就无力东渡黄河了。但是湘军粮食供应不上，便在安定驻扎，杀骡马充饥。

湘军于1月26日抵达胡家山，与董军首领李双梁所部隔着一座山。刘松山令易德麟率部先行，刘松山率其余各营随后跟进。不久，易德麟已与董军交战，李双梁所部听说刘松山部杀来，惊恐奔逃。

湘军追到小李庄，俘斩上千人。

1月27日，湘军北攻隆腰镇。李双梁部向西北奔走，抵达黑牛川和邱家坪。刘松山率部追击，将李双梁所部挫败。董军吃了败仗，全部奔到靖边以南二十里处的镇靖堡。这里是董福祥的老根据地，董家眷属占领了靖边。

刘松山部于1月30日全部抵达镇靖。董福祥之父董世有跪地请降。刘松山令他造出名册，交出武器和马匹。扈彰手下尚未投降的余部也到镇靖来参见刘松山，造出名册投降。刘松山下令暂驻镇靖。

与此同时，陕西的回民军在甘肃的庆阳集结，沟通北面的金积堡，向东则返回陕西境内，往来无阻。穆图善和玉通两人都坚持要用安抚之法。回民军时而安服，时而造反，局面微妙，无法稳定。

陕西布政使林寿图在2月上旬请假休养，清廷令翰林院侍读学士袁保恒专办粮台。

安徽凤阳人郭宝昌部在2月17日抵达晋东的韩城，在韩城以西靠北的白马滩击败回民军，接着向西推进到石堡，于2月18日再次击败回民军。

回民军长驱北上，抵达延安以东的延长。延长本地的回民军刚从外面携带大批物资回来，刘端冕率部拦截，获得两千石粮食和五百匹骡马。

2月23日，隆回人魏光焘所部正要开往延安以南的甘泉，在将台遭遇回民军。湘军发起截击战，将回民军击败。第二天，回民军首领胡麻子率部追踪赶到，魏光焘设伏，发起突袭，将之击败，路上到处都是回民军丢弃的粮食和武器。

胡麻子其实叫作虎麻子，回民军称之为"虎元帅"，是回民军中十八猛将之一。

左宗棠于3月上旬渡到渭河以北，移驻西安西北方一百多里外的乾州，督促湘军各部向西推进，逼近甘肃。

这时，甘肃董志原的回民军更加饥饿疲惫。马化龙从金积堡派出一千多头橐驼运粮支援董志原，仍然不够。于是董志原的回民军集结十八营兵力全部出动，向东进军，于3月18日占据正宁堡，向陕西运动。

黄鼎派部前往伏牛堡发起攻击，斩杀回民军首领虎麻子。

3月20日早晨，大风劲吹，回民军出动一万人搦战，骑兵飙疾，锐不可当。黄鼎关闭垒门，坚守不出。

中午时分，黄鼎料定回民军已经疲乏，便打开垒门，令骑兵精锐冲压过去。刚一交战，回民军佯装失败，丢弃骡马，引诱湘军深入。

黄鼎看穿了对手的意图，下令说："不许妄取物件，违令者斩！"

黄鼎率部追赶到白吉原，回民军援兵已经赶到，将湘军重重包围。黄鼎自知是孤军深入，只有拼死一搏了，令部队结成方阵四面迎击。鏖战良久，骑兵稍退，黄鼎率步兵短兵血战，将回民军逼到高里坊。

回民军遇到深沟，无法退却，只能猛烈地向湘军反扑，以求生路。湘军副将刘治将其首领余彦禄刺到马下。余彦禄也是回民军十八营中的勇将，他的落马令军心动摇，回民军部队溃散。

回民军首领陈林与冯均幅听说兵溃，率部返回董志原。雷正绾和甘肃按察使张岳龄率部在半路拦截，再次将之挫败。

391

回民军返回董志原之后，左宗棠令各路人马限期大举进攻，一定要攻破董志原，逐步深入甘肃。

湘军要大举进攻的消息传来，回民军无心应战，商议放弃董志原迁往金积堡，与马化龙部一起抗拒湘军。于是回民军将十八营合编为四营，用一半兵力护送家眷和辎重先行，崔伟与马正和率一万名精锐殿后，派出游骑前往泰昌与正和袭击泾川，牵制湘军兵力。

左宗棠令黄鼎所部从陕西彬县西进，与雷正绾、李耀南和马德顺所部在灵台会师，准备好够吃十天的干粮，一定要击败对手。

回民军的老弱辎重于4月3日离开董志原北上。雷正绾和黄鼎所部从陕西长武渡到泾河以北，马德顺与李耀南所部从灵台出发，随后赶到，在泰昌会师。

回民军的精锐部队埋伏在董志原，派一千名骑兵凭沟阻击。

黄鼎侦察到董志原西路空虚，分派雷正绾部将陈义与马德顺部将杨世俊率部攻取董志原以南的萧金镇，然后向西北方的镇原推进。

黄鼎、雷正绾、马德顺和李耀南部四路并进，于4月4日抵达邱家寨。回民军的几百名游骑见湘军杀到，连忙撤退。湘军已逼近关卡，被壕沟阻挡，无法前进。

黄鼎令步兵越过壕沟，登上平原，绕到关卡后面。回民军见湘军突然出现在身后，大为惊恐，四处逃散。回民军的伏兵杀出，被溃逃的友军冲乱，一起狂奔。湘军掩杀过来，攻克董志原，一并攻破了焦村、石社和萧金镇的所有造反村堡。

黄鼎等四路兵马全部移驻董志原。

陈义和杨世俊部已经攻克了镇原。回民老弱和辎重行进极为缓慢，湘军与他们只差了一天路程。回民军殿后的精锐部队分为两支，一支奔向环县，另一支奔向三汊河，约定在黑城子会合，一起奔赴金积堡。

于是，雷正绾与李耀南两部从董志原西进普河川，在镇原与陈义等部会合，向西北方推进，攻击三汊河。黄鼎和马德顺两部则从董志原北进驿马关，然后进军环县。

黄鼎等部在路上遭遇崔伟与马正和部，将之击败，于4月6日攻占庆阳，继续追赶，于4月7日在蔡家庙赶上回民军。

回民军越过环县向北而去。第二天，黄鼎回师董志原。

雷正绾等部追赶回民军抵达三汊河，拦截辎重和老弱。回民军将负累抛弃过半。然后，雷正绾回师萧金镇。

回民军从固原分兵奔向萧何、预旺和半角等城。湘军肃清了泾州与庆阳所辖各地。

这一仗，湘军歼灭回民军两万多人，获得数以万计的骡马，解散一万多名难民。甘肃的回民军无不心寒。

左宗棠见回民军已被湘军压迫到甘肃北部，便打算从乾州北上，移驻邠州，到更接近甘肃的地方坐镇指挥。他令各部兴办屯田，徐图进取。

三十五岁的宁乡人高连升在这段时间遇到了大麻烦。他率建果营驻扎在陕西宜君的杨家店，哥老会在营内活动频繁。哥老会头目丁玉龙秘密串联各营的会众，并与回民军取得联系，准备在 4 月 9 日哗变。

高连升听到风声，未做严密布置，便亲自前往弹压。丁玉龙见事情败露，便提前举事，于 4 月 2 日凌晨率叛卒冲入高连升营帐将其杀死。被杀的还有高连升部将黄毓馥、贺茂林等十人。叛军得手后，包围同官，击伤守将桂锡桢。金锁关守将杨铭浚率部前往增援，也被叛军击伤。

周绍濂听说高连升部叛变，率部在古泉拦截。刘倬云率部驰入叛军之中，斩杀叛军首领，重创叛军，斩杀三百多人，收降五百多人。刘倬云晋升知府。

刘典派丁贤发扼守耀州，接受四百多名叛军投降。其余一百多名叛军奔赴长武，全部被雷正绾所部擒获，押解到大营处死。

左宗棠将高连升所部分到魏光焘、李辉武和丁贤发各部，交给他们统领。湘军用了五天时间将这次兵变平息。

刘松山仍率四营驻扎在陕西北部的镇靖，安插十多万名投降的董福祥部众。刘松山部有十营驻扎在绥德，军营里也发生了哥老会领导的叛变。叛军占据了州城。刘松山闻信飞马返奔绥德以南百里处的清涧，派曹义胜率部赶赴绥德侦察。

在绥德发生兵变之初，各营将士不知大将何在，现在听说刘松山到了清涧，无不大喜。于是，军士趁着会众熟睡之机刺杀一百多人，被胁迫的官兵便一起投降，将叛军首领谢永青等五人押解到清涧，刘松山下令将他们处死。刘松山同时审判处死了四名哨官和一百二十七名叛卒。他平息这次兵变只用了十天时间。

刘松山所部渡过黄河西进以来，在军用渡口设立了采买局，分兵驻扎绥德、周家崄和瓦窑堡，才能将粮饷转运到镇靖。在长达千里的路线上，他的部队分散驻守，只有章合才一人往返监护，所以哥老会能趁机鼓动兵变。如果不是刘松山在部队中享有极高的威信，恐怕他就只能步雷正绾和陶茂林的后尘了。

392

清廷在 4 月下旬催促左宗棠赶赴甘肃泾州接收总督官印，兼顾陕西和甘肃两省。左宗棠责成刘典负责陕西军事，责成金顺负责塞外的军事，令张曜从古城移军西进，为金顺提供后援。

左宗棠正要离开陕西，听说李辉武的武字营被回民军包围，十分危急。吴士迈的宗岳营正在凤翔的陈村和罗局与回民军作战，无法赴援。朱德树担心川军武字营寡不敌众，李辉武性命堪忧，便没有请示吴士迈，擅自率骑兵前往救援。鏖战许久，为武字营解了围。

吴士迈对此事大为震怒，于5月3日把朱德树召到军营，责骂他违抗军令，下令立即推出斩首。然后上报左宗棠，说朱德树违令侵吞军饷，已经正法。

左宗棠得报大为惊骇，但人已死去，无法挽回。湘军各部都为朱德树遭到冤杀而愤恨不平，李辉武也上诉为朱德树鸣冤。主持关中书院的京兆王家璧也给左宗棠写信，洋洋几千字要求将吴士迈按专权滥杀罪论处。

吴士迈虽然因战功得到了四品官衔，但人们对他的指责令他惴惴不安，不久在军中忧惧而死。终年五十八岁。

左宗棠当时忙于军务，此事不了了之。

5月17日，边塞外的回民军攻击花马池，即现在地图上所标的宁夏盐池。金顺的部将富勒珲将回民军击退。回民军从乌拉抢渡，奔向札萨旗。

金顺于6月2日亲自率部追出边塞，回民军已经撤走。金顺便率各部取道札萨郡的王答拉旗，从包头向西渡河而进。

董福祥和李双梁等部众都被安插在荒地上垦荒耕种，从事农业。延安与绥德所辖各地的散兵游勇都被郭宝昌所部消灭。改名匿迹的叛军也被刘松山等部搜杀干净。北山逐步安静下来。

魏光焘所部攻克了延安西北方保安县的老岩窑，十五窑的回民军寨堡全被攻破。郭宝昌在延长和富县境内接连击败绿林游击军，周瑞松率部在野猪洼击败绿林军，张维美和彭芝兰在纸坊与盘龙寨击败绿林军，斩杀杜占元等八名首领。

至此为止，陕西已无战事。左宗棠决定向甘肃进军。

左宗棠令刘松山率部北进定边，然后挺进西北方的花马池。令魏光焘、周绍濂和刘端冕所部进军合水、宁州和正宁，向环县和庆阳运动。令雷正绾和黄鼎率部从董志原与泾州进军镇原、崇信、华亭和固原。令李耀南和吴士迈所部从陇州和宝鸡向秦州推进。臬司张岳龄请假养病，左宗棠令李耀南兼管其部。

左宗棠本人率领亲兵取道永寿、彬县和长武赶赴泾州。令马德顺等部暂驻灵台的上良和百里镇策应南北。

左宗棠部进入甘肃以后，陕西和甘肃两省开仓赈恤难民，收容流浪人口，劝民耕种秋粮。庆阳大饥，活人吃死人肉充饥。刘倬云兴办屯政，设立赈局，流民稳定下来。

战火之后遗存的黎民百姓开始有了生气。

随着福建和广东为西征军提供的军饷越来越少，杨昌浚在浙江一省给予的支援成了湘军的命根子。左宗棠经常感叹，东南一带的故交只有杨昌浚一人还念旧情，没有忘记他这个身处西北的大帅。

这一年，清廷打算将杨昌浚调离浙江，而杨昌浚则准备辞官不做返回湖南。左宗棠身在几千里外心急如焚。还好，左宗棠只是虚惊一场。不久后，清廷任命杨昌浚署理浙江巡抚。左宗棠听到这个消息比杨昌浚本人还要高兴。他知道，这位湖南老乡在浙江有了更大的实权，他在陕甘的作战和建设就有了经济保障。

果然，杨昌浚没有辜负左宗棠的厚望。升官之后，不但继续为湘军提供军饷，还向陕甘运送军火，左宗棠大喜，写信给杨昌浚说："感佩公忠厚谊，无可言喻。"

甘肃河州的回民军向东南长驱直进，奔向甘肃东南部的成县，攻占两当。李辉武率部将之击退。回民军向西南方撤退几十里，奔向徽县，另一支回民军向西北挺进，奔向清水的唐藏。李辉武所部于7月1日再次挫败回民军。

7月5日，华亭的回民军向西南推进，打算返回秦州的陇城，李耀南和汤聘珍率部中途拦截，回民军改道向西，奔向定西的香泉。7月7日，吴士迈所部在陇城击败回民军，梅开泰所部在秦州以西伏羌的马家岘击败回民军。这样一来，兰州的运输道路已经打通。

董志原的回民军北上宁夏以后，宁夏的回民军为他们做向导，引领他们北进蒙古旗地，从鄂尔多斯进入乌拉特，黄河以东的七个旗全部受到影响。回民军接着取道磴口转向西南，奔向阿拉善牙帐。阿拉善亲王派台吉长史佐领等人率蒙兵发起攻击。回民军烧毁磴口的庐帐，袭击沙金托海，捣毁台站，杀死官兵，进围巴彦浩特的定远营，毁坏亲王园地墓冢。

张曜所部开抵兰扇，在察汗绰尔拦截回民军，将之重创。埋伏在红柳树的回民军发起突袭，张曜所部与乌尔图那逊所部奋力作战，将伏兵击败，追到贺兰山西麓的广宗寺，才解了定远之围。

左宗棠驻扎在泾州的瓦云驿。金顺率部从昭君坟渡河，由于天气酷热，暂驻榆林西北方的什巴尔台，让马匹能够吃到水草。

沈葆桢从福州寄来的一封信给左宗棠带来了喜讯。沈葆桢报告说：福州船政局制成的第一艘轮船"万年青"号于6月份下水。左宗棠不胜欣喜。但他因身体病弱，还要日夜操劳，竟然无暇回信。

张曜所部抵达缠金，侦察到陕西的回民军集结在宁夏的黄河西岸地区，北起石嘴山，南到中卫，都有回民军活动。张曜派兵前往拦截。回民军见清军到来便撤退而去。金顺令富勒珲率花马池和定边的驻防军随他一起出征。

黄鼎所部于8月份在甘肃威戎堡攻击张贵的绿林军，接连将之击败。威戎堡是静宁的辖地，张贵是盐茶厅人，在绿林道上被称为"刚八"，趁着回民造反，拉起部队占据威戎堡，控制了七十多座民堡。他的部属侯应曾占据通渭的黄家窑，与威戎堡互为掎角。

湘军攻克威戎堡以后，平凉和秦川一带逐渐平静。

吴士迈、李耀南和汤聘珍等部抵达通渭，甘肃南路已无与清廷对抗的堡垒。左宗棠令黄鼎和简敬临率部从固原向北推进。

393

刘松山部在9月份抵达宁夏府的灵州。甘肃回民心存疑惧，到湘军营中谒见刘松山表明诚意。

刘松山回答："我军此来是为了对付不听命令的陕西回民。已经安抚的甘肃回民都是良民，无须害怕。"

于是他派人飞马给金积堡的回民首领马朝清送信，要他告知各寨百姓不要恐慌，安居乐业。他的部队请了十几名甘肃回民做前导，表示湘军并无恶意。

刘松山接到报告，说余彦禄、马正和与马长顺等部占据了郭家桥，便于9月8日率部前往攻击。陕西回民军吹号拼死抵抗。刘松山亲率各部将领冲锋陷阵，余彦禄等部才撤出阵地。湘军攻克郭家桥的二十一垒，全部捣毁。

刘松山率部追击余彦禄等部到达下桥，大批回民军溺水而亡。回民军余部奔向灵州西南方的吴忠堡。

在湘军大战郭家桥时，甘肃的回民十分惊恐，都在寨堡旁列队开枪，大声呼喊。刘松山告诫军士不要理睬。但甘肃回民越来越多，湘军挥舞旗帜，排列阵势，回民便都撤离。

9月11日，甘肃回民直接攻击湘军军营，刘松山才下令打开垒门出兵迎战。见回民军败退，便不再追赶。

金积堡的回民首领马朝清对清廷时反时顺，态度难以捉摸，屡次代陕西的回民军请求安抚，暗中又让金积堡的精锐与战败的陕西回民军联合占据吴忠堡，掘开秦渠堤岸，将渠水放出，阻止湘军。

刘松山于9月12日率部到达下桥，吴忠堡那边号角声大作，回民军大队出动。刘松山不忙于迎击，令刘锦棠等部分三路推进。回民军的骑兵包抄攻击，刘松山不为所动，挺矛下马。湘军与回民军短兵相接，愈战愈猛。回民军右路首先动摇，收兵入堡。

刘松山于9月13日分兵修复秦渠堤岸。回民军出动骑兵，排成十几里长阵。刘松山将修复秦渠的部队调回，令各部一起出击，将回民军击退，追过吴忠堡。

湘军于9月15日逼近吴忠堡修筑壁垒。

第二天，吴忠堡的回民军依堡列阵，金积堡的回民军也来助战。刘松山发现对方阵前骑兵不多，起了疑心，登高瞭望，发现回民军的骑兵已到下桥以西，隐蔽在树林和废墟之中，企图袭击湘军营垒。

刘松山心中已有成算，令各部专攻寨堡南部，自己率部进入树林废墟寻找埋伏的回民军骑兵，将伏兵赶走。

鼓声擂响，湘军各部大声呼喊，发起冲锋。回民军屡次受挫，无心恋战，分部收兵回堡，隐伏不出。刘松山抓紧时间修筑军寨，安顿辎重。

刘松山做好准备之后，于9月20日率部夜袭马正和的陕西回民军，攻破十多个寨堡，追赶到吴忠堡以南。易德麟中弹阵亡，终年三十六岁。

回民军的骑兵被壕沟阻挡无法通过。甘肃的回民军为了支援友军，都吹号出寨袭扰湘军，但遭到反击，全部败退，仍然隐伏待援。

吴忠回民军等待的援军远在南边三四百里以外。白彦虎和马生彦等人果然率领援军从黑城北上，进入金积堡。刘松山下令分路阻击，俘斩一千多人。

这时秋禾已熟，回民军时常出堡割稻。刘松山屡次派队拦截。马化龙又将崔三和李经举部召到金积堡。灵州回民军也应调而来，黄河东西两岸的回民军精锐也来助战。

刘松山见回民军各路援军赶来，于10月3日下令发起了一次猛攻，重创回民军援兵。于是远近纷纷传说湘军已经攻克吴忠，固原的回民向北迁徙。白彦虎率部南奔固原，遭到雷正绾与黄鼎所部的夹攻，不得不放弃固原。

这时，清廷接到报告，说刘松山滥杀无辜，激起民变。清廷认为刘松山其人不可靠，令左宗棠催促郭宝昌部转移到榆林负责防守陕北。

穆图善也上疏说，对马化龙应该安抚，不应攻击，否则会激起他铤而走险，不可收拾。

穆图善这道奏疏送达清廷时，左宗棠的捷报也送到了。清廷对刘松山才打消了一些疑虑。

金顺和张曜两部在沙金托海会师，从中滩西进。已投降的宁夏回民军再次举事，包围郡城，金顺和张曜所部日夜兼程赶来增援。他们于10月4日抵达宁夏，回民军已撤退三十里扎营。

金顺和张曜两部于10月5日在宁夏城外攻击再次举事的回民军，获得大胜。清廷接到山西边防的警报，令郭宝昌率部赶赴山西协助黄河的防御。

山西巡抚李宗羲素来平庸谨慎，不懂军事，依赖臬司李庆翱打理军务。左宗棠上奏，说李庆翱不可靠，清廷便催促郭宝昌率部赶赴山西。

394

雷正绾等部攻克固原之后，挥师北上，于10月7日攻克黑城镇，然后回师固原。白彦虎部沿清水河北上，奔到黑城东南方六十里处的三营据守。

周兰亭和简敬临于10月14日率部攻克三营，斩杀回民军元帅杨文治。这支湘军继续北进，又于10月16日攻克黑城以北的李旺堡，然后继续进军攻克穆家潭，俘虏回民军首领杨辉云。

杨文治的死讯震撼了各路回民军。马化龙多次被刘松山部挫败，便委托甘肃回民代他向湘军哀辞请求安抚。

白彦虎所部已经抵达预旺城。他和禹得彦、李经举等陕西回民军首领都失去了安全感，于是下令放弃预旺，率部奔向西南方的盐茶厅城，即现在地图上所标的海原。崔三、马生彦与马正和等人全部从宁安四百户西奔，打算从打拉池南下会宁和安定，与河州的回民军会师，稍作喘息。

左宗棠令黄鼎和马德顺所部从黑城跟踪追击。两部于 10 月 18 日冒雪行军，于 10 月 20 日抵达盐茶厅，见堡寨上空仍有炊烟，知道回民军离去不久。马德顺率骑兵急追四十里，在西安堡追上了回民军。停马四望，只见前面是一片平川，布满了帐篷。

回民军没料到湘军这么快追来，惊吓之下，妇女和小孩号哭奔逃。马德顺所部斩杀五六百人，黄鼎所部和呼敦的骑兵追到，又杀一千人。回民军已经溃不成军。马德顺率轻骑观察地势，被埋伏的回民军刺死，哨官张显扬同时毙命。

黄鼎所部于 10 月 21 日攻克打拉池，清廷下诏褒奖。雷正绾和黄鼎得赐上方珍玩，马德顺得到优厚的抚恤。

黄河以北的陕西回民军奔入贺兰山，张曜率部在巴彦浩特以南约五十里处的福因寺将之击败。阿拉善王将此事奏报朝廷，清廷令金顺和张曜所部乘胜追击，又令左宗棠派兵兼顾蒙民居住地。

不久，金顺与张曜所部到达黄河以北，然后率部南下。纳万元的甘肃回民军联合陕西回民军在汉渠集迎战。金顺和张曜所部从东绕击，大败甘陕回民军。

回民军奔向纳中闸，金顺和张曜所部追赶到龙王庙以南，拔除了回民军在东南面的所有堡垒。金顺和张曜所部分别驻扎汉渠集东面和南面，捣毁四座寨堡，全歼寨堡驻军。

10 月 25 日，黄鼎率部攻克同心以南的新堡子，陈林与马正和返奔长流水。天下大雪，雷正绾所部从同心城出击，周兰亭率部从四百户出击。陈林等人先将眷属送回金积堡，然后向曾传理请降。马化龙又代他们向刘松山请降。于是，雷正绾和周兰亭所部进驻宁夏北端的黄渠桥，简敬临和张福齐所部进驻韦家堡，与刘松山部会师。

在此之前，刘松山所部已经攻下顾家寨，回民军各部更加紧张。现在马化龙见禹得彦等陕西回民军都向刘松山递交了保证书，便托人向左宗棠请求暂缓进军。刘松山令马化龙先交出马匹和武器再议安抚之事。马化龙交出一批朽枪和瘦马，打算应付过去。其实他已下令昼夜修筑壁垒，挖掘壕沟。

刘松山知道这是缓兵之计，便派出营夫割草，观察马化龙所部的动静。马化龙果然派出大队抄袭湘军，依傍敬家庄的两座寨堡列阵。刘松山令骑兵和步兵夹击，烧毁两座寨堡。于是，吴忠的回民军趁夜掘开秦渠，逼水东流，打算灌淹湘军军营。

刘松山令各部分别攻克坝西的寨堡，开挖沟渠，迫使大水西流，回民军多数溺水而亡。刘锦棠又率部攻克沟东的寨堡。

几天后，刘松山令军士携带锄头铁锹和草束到达水漫沟掀土填壕。回民军收兵入寨，刘松山令步兵越过壕沟追击，攻破三座寨堡，继续进兵，攻克王庄和梁庄。

秦渠水溢影响到刘松山部的粮运，来自黄河以西的运粮队都要绕道而行。王家楼和张家滩挡住了运粮队的道路。刘松山令刘锦棠率部将这两处攻占，毁掉七座寨堡和两座壁垒。

这样一来，马化龙更加震惊。他请金积堡的汉民到湘军军营请求安抚。刘松山盘问来人，知道汉民是应马化龙的要求而来，便问道："马化龙是否真有诚意？"汉民回答说："我们不知。"

刘松山无法明察马化龙的真实意图，便做好进攻准备。他把驻防花马池和定边的四营兵力调来协助，双寿的吉林骑兵也已开到。

马化龙见湘军增兵，于10月26日派汉民到湘军营中献出十万斤米粮。刘松山说："必须先交出马匹和武器才能办理安抚。说几句好话、给一点小利是没用的。"

于是，刘松山下令进攻金积堡旁边的七座寨堡，全部攻克。

10月31日，马化龙请求延期，暗中将灵州的眷属转移到金积堡，带领陕西的回民军入城协守。

刘松山获悉马化龙的计划，决定先攻灵州城。

395

刘松山在 11 月 2 日命部队夜间起床，携带干粮，分五路向灵州进军。来到灵州城南，只见到处都是水洼，最浅的地方水都淹到马腹。

刘锦棠和萧章开率部分左右两队浮水前进，刘松山率部直捣中坚，攻克外卡。回民军骑兵从城东出兵包抄湘军。平江人余虎恩率骑兵左队，双寿率骑兵右队，一同发起反击，董福祥的步兵助战。鏖战良久，回民军奔向东南。

刘锦棠和萧章开部已逼到城下，斩开关卡一拥而进。回民军打开东门出城。湘军攻占灵州，并攻克城南的石垒，俘斩两千多人，搜捕到回民军首领马元龙、马致和与郭有利等人，将他们全部处死。此外，湘军还解散七百多名汉民，缴获一千多头骡马。

当晚，刘松山留兵防守灵州城，自己率部奔向买家庄，令刘锦棠和萧章开率部奔赴海子墩，将这些地点攻克。周边寨堡里的回民军见到火光冲天，把天色照得如同白昼，便开门逃走。

第二天，湘军各部返回灵州，刘松山派黄万友和李树棠两营驻守。

11 月 4 日，刘松山自率骑兵和步兵返回下桥，督率刘锦棠等部分别攻打里仁渠等回民军堡垒，攻下八座寨堡和两座庄子。

这时，在兰州附近的狄道境内，杨世俊部接连击败陕西的回民军，迫使其返回河州。黄鼎率部奔赴静宁，收抚投降的张贵所部。

左宗棠派杨世俊和徐占彪部分别驻防安定、会宁与静宁，省城兰州的驿路通行无阻。

雷正绾和周兰亭率部攻打中宁的张恩堡，回民军先锋袁希孟率部投降。简敬临和张福齐也率部从同心的韦州镇赶来，分兵驻扎秦渠内外，距金积堡远者十几里，近者七八里。

左宗棠见部队繁杂，担心号令不能统一，令各部都听刘松山的将令。刘松山自从遭到非议以来，治军未曾松懈。现在金顺把刘松山所打的胜仗奏报上去，清廷下诏嘉奖他谋勇兼优，以前登记在案的举报全部销毁。刘松山终于松了一口气。

金积堡内，马化龙仍在犹豫不决，安抚一事久未定夺。

11 月 10 日，刘松山出兵秦渠以南，进军板桥和蔡家桥，企图剪除金积堡的羽翼。不久堡寨里号角声四起，回民军凭渠发炮。

刘锦棠等部越过桥卡浮水包抄，将回民军击退。余虎恩和双寿的骑兵追击，骤若风雨。余虎恩被回民军戳伤左膀坠落马下，但他立刻上马再战。回民军无法返回堡寨，守寨者望风心惊，纷纷开门向西撤走。湘军攻下三十多座村寨。

湘军这次攻击对马化龙有了立竿见影的效果。他于当晚再次请抚。第二天，他代替陕西回民军交出七十七匹战马和一百五十件枪矛。刘松山认为太少，限他在三天内全部交出。

马化龙又交出几百件烂朽的武器和几百匹瘦马，刘松山知道他还是没有诚意。这时马正和与余彦禄所部陕西回民军刚刚投降，而陈林和马长顺的回民军仍在抵抗。马化龙担心湘军发起攻击，又交出八百八十二头骡马，一千零七十件枪械。

刘松山想，人多必然心事杂，时间拖久了必然会另生变故。他见吴忠的回民都迁走了，堡寨空着，便让愿意接受安抚的人安插到其中。不料陈林集结部队拦截，马正和也率部协助，那些已经投降的首领无法制止，局面更加不利于安抚了。

左宗棠于11月28日在泾阳接受总督官印，周开锡从福建护解军饷来到陕西。

周开锡自左宗棠离开福建后便署理福建巡抚，仕途方始开阔。但他仍然遭到妒忌诽谤，无法再攀高峰。左宗棠听说他在福建做官颇为艰难，便奏请朝廷派他的这位学生总统甘肃南路的部队，穆图善仍驻扎兰州防守。清廷准奏。

周开锡的军事任务是扼守从陕西南部通向甘肃兰州的重要通道秦州，也就是现在所说的天水。周开锡到来之前，穆图善派了几十营甘肃清军驻扎在这里，副将范铭所部本地团勇一万多人也挤在这里，兵员冗杂，不守纪律，互不买账。甘肃清军在狄道遭到挫败，士气低落，朝不保夕，将士当中无人堪当重任。左宗棠把周开锡留下指挥部队，兼理民事，完全可以放心了。

周开锡上任以后，在秦州兼管地方厘税和钱粮。他裁汰多余的兵员，革除陋规，开设屯田，制定课税。他把范铭和穆图善的十营部队调到巩昌驻扎，将之孤立起来，使那些军爷无法捣乱。

这时崔三邀请狄道与河州的回民军出兵作战，穆图善派傅先宗所部将其击败。杨士恭的回民军联合陕西回民军援应纳王各寨，金顺与张曜所部在宁夏发起攻击，接连获胜。

左宗棠于12月3日移驻平凉。

刘松山认为金积堡回民军的情况难以判定，于12月5日约定雷正绾、张福齐、简敬临和周兰亭一起率部攻击。适逢金运昌率部从灵州赶来，湘军各部在金积堡周边集结。

各路回民军见湘军将要发起猛攻，纷纷从金积周边的寨堡出兵阻击。于是刘松山下令拉宽战线，回民军的步兵一见这种阵势都往后退缩。刘松山令骑兵和步兵进行夹击，回民军大溃，湘军攻下二十多座寨堡。

12月10日，刘松山下令修筑新垒逼近回民军，一边攻击一边修筑。金积堡回民军大为惊慌，连夜迁徙到东西两面的各个寨堡躲避，傍靠波浪湖修筑长约三里的长墙以图固守。

12月11日，刘松山约好各部攻击长墙，将长墙捣毁。简敬临打算与刘松山会师，绕过波浪湖，从回民军壁垒间穿插而过，被回民军重创，简敬临战死。

12月14日，回民军再次修筑长墙，从金积堡外壕向东延伸，长约三里，又向南延伸到波浪湖，长约一里。

12月15日，刘松山挥师突击长墙，回民军殊死抵抗，击毙提督李就山和湘军官兵三十八人，湘军二百四十六人负伤。

12月16日，回民军继续傍湖修筑长墙。

12月17日，刘松山部会同金运昌所部攻打长墙西北部，刘锦棠等部攻打东北部，捣毁了长墙。

12月19日，刘锦棠和萧章开所部攻打各庄炮台，全部攻破。

与此同时，其他湘军部队也在金积堡以南的同心一带与回民军发生战斗。

当雷正绾、周兰亭、张福齐和徐文秀部移攻金积堡之后，左宗棠认为平凉、固原、庆阳和泾州一带千里空虚，令周绍濂分兵驻扎黑城、李旺和同心各堡，令桂锡桢骑兵驻扎四百户，令丁贤发部从镇原开到固原，令魏光焘和刘端冕所部从庆阳与合水前进，形成掎角。

马光明率回民军从固原东北沿清水河向西北方推进两百多里，奔向同心城，被桂锡桢骑兵击退。马光明又率部长驱东进两百多里夜袭洪德城，魏光焘部从环县北上增援。马光明下令解除对洪德的包围赶紧撤向东南，劝说华池县元城的海生春等人出兵白家塬，袭击姜家坬。

魏光焘和丁贤发两部联合攻克元城，丁贤发又率部在白家塬再次挫败回民军。海生春害怕了，向湘军请降，魏光焘受降，将海生春所部八百多人安置在白家塬。

杨世俊率部在甘肃南部的礼县、固城、清水与安定红土窑攻击回民军，屡次获胜。马正和为了补充军粮，劝说崔三和白彦虎等人和他一起率部从狄道向东北方长驱直进袭击同心，夺得粮食以后向北挺进，从背后袭击雷正绾各部，以解金积堡之围。

徐占彪与杨世俊所部侦察到马正和所部的动向，在安定的巉口镇拦截，将其击败。马正和部分别从鲁家溪与好麦田奔向西南，黄鼎率部抵达静宁，前往会宁拦截。

396

张润的部队在上年 12 月下旬开始攻打大理以北的剑川，于 1 月 10 攻克。

1 月 16 日，张家铭和林光耀部攻克云南西南部的缅宁，即现在所说的临沧。

刘光瑛和李凤祥所部包围了云南西部的永昌和腾越，许继衡等部包围了缅宁东南方的威远，杨玉科所部包围了大理以东的姚州，在作战中都消耗了回民军的兵力。只有昆明附近的澄江和新兴两城久攻不下，刘岳昭便派岑毓英和马如龙亲自领兵攻击。

许继衡部于 3 月 7 日攻克威远，回民军首领马标和田四蓝战死。澄江的回民军出兵攻打九村、中关和大哑口的清军兵营。在三处都获得大胜。竹园馆驿的回民军增援新兴，袭破围城清军的营垒，再次奏捷。

3 月 9 日，岑毓英亲自率部攻打澄江。3 月 16 日，马如龙亲自率部攻打新兴。刘岳昭也亲临澄江观察地势，清军又夺回了马忠等人刚刚丢失的所有中关壁垒。刘岳昭见攻势顺利，便返回昆明。

杨玉科部于 4 月下旬攻打姚州，首先攻破土城。杨玉科负伤，仍未放弃攻势，令部下开凿三十多孔地道，决心攻克姚州。

地道爆破后，东北城墙坍塌，回民军又修筑内墙继续抵抗。

杨玉科于 5 月 1 日下令再次引爆地雷，炸塌北面的城墙，部队一拥而入，攻克姚州城，捕获马金保和蓝平贵，用囚车送往昆明处死。这一仗，杨玉科部斩杀六千多人。

马如龙于 5 月 31 日再次亲自领兵攻打新兴，攻入城内，斩杀回民军首领田庆余。马如龙患病返回昆明，派王正坤部攻击东沟，派马永顺部驻扎新兴谋取馆驿。

岑毓英于 8 月下旬督师攻打澄江，攻克周边的一百五十座壁垒。根据百姓的请求，将西山村西街子的房舍全部捣毁。

黄世昌等部于 9 月 3 日攻克丽江以东的永北。杨玉科所部于 9 月 15 日攻克丽江以南的鹤庆，又于 10 月 5 日攻克剑川以南的浪穹，再向东南推进，于 10 月 6 日攻克邓川，然后攻克田园风光如诗如画的凤羽镇白米关。

李维述所部于 10 月 20 日攻克镇南。杨玉科所部于 10 月 31 日攻克长邑村，又于 11 月 1 日攻克炼铁，俘虏回民军首领杨占鹏。此人是杜文秀的本宗母兄。

至此，清军已扫清了大理北面。

刘岳昭和岑毓英命令李维述、杨玉科与黄世昌等部在刚刚攻占的地方驻守，休整部队，分出一半兵力轮番攻打周边的城镇。

清廷念李维述和杨玉科苦战疲劳，颁发珍品，以示奖励。

李维述性情憨直，过去以贩卖骡马为生，不懂得贪图荣华富贵。当他得到清廷赏赐的白玉扳指儿时，往手指上一套，完全吻合，便惊叹天子神圣。他所开的骡马店全部用巴图鲁做店号，表示自己对清廷的赏赐倍感荣幸。

杨玉科在从军之前从湖南寓居丽江，在同治初年举办团练，后来投入云南清军。他本是一个颇为骄矜自负的人，岑毓英对他总是能够容忍，好言安抚，因此他的部队无坚不摧。有一次他杀了仇人，提着仇人的脑袋来参见岑毓英，如果岑毓英责怪他，他就要率部离去。岑毓英笑了几声，此事就算过去了。

岑毓英镇压云南的造反军，杨玉科和李维述出力最多，效果最大。马如龙则依靠刘岳昭来巩固自己的地位，将刘岳昭尊为老师。刘岳昭也借他的力量镇压杜文秀的白旗军。世人评论，多以为刘岳昭和岑毓英善于驾驭骁勇的将领。

张保和与杨国发等部于 12 月 13 日攻克竹园。这是洪弥勒的辖地，位于弥勒以南，毗连开化、广南和临安，是迤南的膏腴之地，处在广西和越南进入云南的通道上。清军对竹园的围攻已有一年之久，白旗军在最后关头举火自焚，无一投降，死得十分壮烈。

马如龙拿出私人的三万两银子供给部队，刘岳昭向清廷奏报，清廷下诏嘉奖，按照惯例赏赐翎管和扳指儿。马如龙作战更为奋勇。

397

清廷对黔东的局势颇为忧虑，于年初下诏，令李鸿章把不久前彻底镇压了捻军的部队调到黔东与苗民军作战。李鸿章不愿西行，上奏叫苦，说转饷运炮距离太远，道路阻隔，十分困难。

清廷仍然要求李鸿章前往，提出由席宝田作为前敌指挥，李鸿章在湖南沅州设立幕府。可是李鸿章尚未成行，清廷又改变了主意，说甘肃的回民军打进了陕西，左宗棠远在平凉不及兼顾，改令李鸿章率淮军增援陕西。

李鸿章不能来贵州，贵州的军事就还是由席宝田一力承担。

席宝田于 4 月份下令，湘军集结在贵州的所有兵力攻打施洞。湘军兵分四路，无不奋力作战。

苗民军堵在洞口开炮，炮燃自炸，炸伤了自己人。苗民军便逃向九股河，在平敏住宿。湘军追赶上来，苗民军撤向白土。

苗民军见根据地日渐狭窄，便拼死攻打镇远，以求湘军招抚。黄仁遗力战城下。湘军攻克施洞以后，南北部队哨旗相望，便进军施秉。苗民军占据凉爽城，沿水修建七座军营，坚决阻击两路湘军。

湘军于 5 月 2 日攻破苗民军的七座村寨。白洗的苗民军赶来增援，湘军于 5 月 4 日将苗民军援兵击退。

5 月 8 日，白洗的苗民军又过来增援，席宝田亲率主力将其击退。

苗民军奔向班鸠，依靠谷陇的友军。席宝田派遣三军并进，苗民军互相无法救援，都被湘军击败。

增援贵州的四川清军在这时推进到黄飘，苗民军完全撤离白洗和谷陇。

湘军与川军将领唐炯约好在施秉以西的黄平岩门司会师。唐炯是名家子弟，由于在四川率部守城有功，现已升任道员。他为人率直，敢于直言。但他所部打仗不讲策略，只会硬拼，精锐丧尽。

四川的战事平息后，提督和藩司裁减了少许部队，提出援黔军可以返回，由四川每月协助五万两银子的军饷给贵州官府自行募兵。唐炯听说之后，立刻下令撤兵。席宝田惋惜他还没有立下军功，只差一步之遥，便飞马传书请他留下，并且上书刘崐，请湖南巡抚上奏朝廷，令川军不得轻易撤退。

可是，刘崐的奏折还没上达清廷，唐炯已经率部返川。于是白洗的苗军重新集结，攻占施秉以南的重安江和清平卫。清平卫就是现在所说的凯里。

四川省的清政府做出这个决定自有他们的道理。自从贵州燃起战火以来，巡抚和藩司一众官员往往困坐孤城，出城几十里外政令就无法贯彻。给朝廷所上的奏疏无非求援请饷。外省一支支援军开进来，而协助的军饷难见踪影，因此占领了地盘并不令人高兴，丢失了城池也不是罪过，所以援军将领并不发愁。

四川官府了解这种情况，便宁愿拿出军饷，撤回援军，让贵州自己募兵去镇压造反军队。贵州的文武官员贪图军权，欣然答应下来。于是四川撤回援军，对付苗民军的作战不得不由湖南承担。

龚继昌于9月份平定了施洞清水江北岸的各座苗寨。席宝田决定先攻台拱，全力南进。

台拱的苗寨数以百计，其中以革夷寨最大。

11月6日，席宝田率部先攻革夷旁边的三座村寨，趁夜逼近，发起攻击后，苗民军全部撤走。苗民军首领当时正在革夷寨，听说自己的部队作战失利，连忙赶回。

席宝田于11月7日率部攻克革夷，分兵攻打左右各座村寨。交农是其中最坚固的一座，席宝田亲自领兵攻克。

11月17日，湘军到达台拱厅城，苗民军弃城而走，湘军进占台拱。

11月19日，湘军进军九股河。这里的苗民军自从明朝杨应龙任首领以来频频抵抗官军大部队，官军将领都认为此地深邃险阻，不敢深入。他们与苗民军约定，只要苗民军投降，他们就停战撤退，不敢进入苗民军的根据地。

席宝田一开始打算硬攻，消灭这支苗民军。谋士多数主张招抚，于是决定分别对象加以招抚和攻击。

这年秋季在湖南的湘潭发生了民众与官府的斗争。湘潭县丞在朱亭抓捕人质，要挟对方拿钱赎回，群情激愤，在一天夜里聚集一百多人将人质劫走。县丞跳楼逃走，受伤身亡。

省城长沙得知湘潭发生民变，误传为哥老会起事。哥老会本来在四川兴起，游民互相结拜为兄弟，彼此约定遇到危难一定要出手相助。湘军创建之后，鲍超营中很多四川人，仿效游民结拜兄弟，其他湘军部队中也有哥老会组织。哥老会没有给湘军作战带来什么影响。但在太平军覆亡之后，湘军解散，军士回家，那些无业的复员军人谎称要报复别人的劫掠，便召集会党。

湖南很多地方都有哥老会活动，互相没有统辖关系，鱼龙混杂，其实并没有起到一方有难四方支援的作用。有时土匪行劫行盗，官吏向上隐瞒，也不敢派兵缉捕。儒生都爱谈论防患于未然，往往把各种案件推到哥老会头上，以夸大哥老会的影响。清廷频频接到奏报，大臣们商议对策，认为哥老会早就存在，很难禁绝，虽然下诏要求各地防察，但并没有要求全部根除。清廷既然默认哥老会的历史渊源，各地的督抚也不再上疏奏报，以防获罪。只要听说有哥老会闹事，便马上发兵镇压。

这一次，湖南巡抚认为湘潭就在省城附近，恐怕影响长沙，便从长沙派出大批驻防军配合周边的部队进行合击。调动的兵力多达六千人，由柳万春和于高胜率领，往来湘潭和醴陵之间，却始终捕捉不到闹事者的行踪。那些闹事者只是从民间稍取衣物，所到之处也遭到百姓的恫吓。湘军用兵几个月一无所得，谎称消灭了土匪，返回省城。

398

崔三等人的回民军在上年底计划前往同心，遭到各路清军拦截，又于1月2日在甘肃宁远境内被傅先宗部击败。

黄鼎新所部赶到郭城驿，崔三等部已越过打拉池向东，将要逼近同心。周绍濂所部分兵护送运粮队还未归来，其余兵力迎击崔三等部都被击败。魏光焘和丁贤发接到警报，从固原北上驰援。

崔三等部奔向盐茶，袭击莎罗堡和鸦儿湾获取粮草，被黄鼎所部多次击败。崔三便分兵从中滩西攻打拉池，西进靖远，再往南去。徐占彪和杨世俊率部追到榆中以东的甘草店，回民军南返狄道。

金顺和张曜所部这时正在攻打黄河以北的王家疃，陕西的回民军过来增援，遭到两部联合阻击，阵亡几千人，其中包括首领赵五阿訇。

接着，金顺和张曜所部攻克马泰与纳洪两座寨堡。清廷认为宁夏与金积堡靠近，令刘松山所部与金顺和张曜两部联络。

刘松山等部对金积堡的围攻不曾停顿一天，已经攻破周边的大半寨堡。刘松山于1月13日率刘锦棠等部扑向金积堡的东西两门，沿着城墙摆阵，发射火箭，焚烧回民军营帐，还派出壮士攀墙而上，逼近内壕。

壕沟内侧的回民军自己砍断卡桥阻遏湘军。刘松山所部无法攻城。

刘松山下令准备云梯，捆束草把，作为攻城器具。他见马家寨和赵家寨刀矛林立，派兵攻下两寨。回民军刚从南面甜水河畔的韦州运粮归来，踏冰渡河，刘松山纵兵截杀，回民军的运粮队逃走，丢下牲畜、粮草和武器。

马化龙得不到粮食接济，大为困窘，埋怨崔三等人迟迟不来救援。他有所不知的是，崔三、禹得彦、马生彦和白彦虎等部首领确实领兵北上了，可是屡遭清军挫败，不得不返回狄道根据地。

马化龙盼不来救兵，便派部属谢四去催促崔三率部火速赶来金积堡，又劝说另一支回民军袭击陕西北山，企图截断刘松山所部与金运昌所部的粮道。

马化龙的这个计划确实有效。1月23日，他派出的部队攻占了陕西西北部的定边。左宗棠觉得情势严重，请朝廷批准将郭宝昌的三营从绥德西调定边，照顾刘松山等部的粮道。清廷认为山西的黄河防御紧急，仍令郭宝昌所部留在山西，令左宗棠自己派兵增援定边。

左宗棠的援兵还未派出，河州回民军已向东北挺进到盐茶以西的西安州，左宗棠忙令黄鼎率部前往拦截。

2月3日，黄鼎所部从瓦亭北上固原，河州回民军的骑兵已分为两路，一路向东北奔赴同心，一路向东南奔赴黑城。回民军绕山路而出，丁贤发所部在石峡口击败回民军的东北一路。

马化龙让部属马正刚等部南下惠安堡，再向东南推进，分别从宁州和正宁东进陕西的三水。另一支队伍则东进陕北的甘泉，与延安和绥德的绿林军会合。已经占领定边的回民军长驱东进，攻占安定，然后转向西北推进，袭击靖边的宁条梁镇。

这样一来，陕西的米脂、同官、蒲城、韩城、合阳、中部、宜君、长武和大荔都向左宗棠报警。同官和中部现在分别叫作铜川和黄陵。

清廷下旨，严催左宗棠调拨劲旅返回陕西作战。马化龙看到自己的计谋成功了，十分高兴，加紧求援，企图迫使湘军解去重围。

2月9日，陕西回民军从胡家堡挺进秦渠，向南占据石家庄，在废弃的堡寨上修筑三座壁垒。刘松山知道石家庄靠近吴忠，便令谭拔萃等部前往攻击，须臾就将三座壁垒攻下，派易致中与朱德开所部驻守。

2月13日，刘松山率部进攻马五寨。这座寨堡面积大，工事坚固，回民军派精锐据守寨堡东卡，拼死抵抗。刘松山令谭拔萃所部攻克外卡，自己督率军士用引火材料焚烧寨门。眼看守军已抵挡不住，忽然一块炮弹片击中刘松山左胸，他顿时落马坠地。

军士将刘松山背到破屋里，将领们听说统领负伤，都奔来围住他涕泣。刘松山喝令他们出去战斗。将领们怒火冲天杀入阵中，湘军俘虏回民军首领马五，攻克马五寨。

将领们返回向刘松山告捷，刘松山说："我伤得很重，必死无疑了。但我身受国恩未报就死了，你们不要把我的尸体马上送回去，我还要化作厉鬼作战。只要大家奋力，我死而无憾！"说完便溘然逝去，终年三十七岁。

这时，围攻堡东两座寨子的部队尚未撤回。

左宗棠接报，急忙下令，任命刘松山之侄刘锦棠统领部队。刘锦棠当时的官职是布政使衔的道员。

399

湘乡人刘松山是王鑫旧部，出身乡勇，行军作战笃守王鑫制定的原则，其部番号也表明他要继承王鑫的传统，叫作"老湘营"。

曾国藩奉命攻打捻军时，湘军都不愿随他北征，只有刘松山、张诗日、李祥和与朱式云随他北上。后来捻军进入陕西，清廷催促鲍超入关，鲍超托病辞职，刘松山毅然率部西进。那时其部卒只有五千人，但他在入关以后无往不胜。后来兵力增加到一万多人，他才有了一支强大的部队。

在与捻军作战时，刘松山创造了一套行之有效的打法。捻军擅长以精锐的骑兵挺矛杀敌，清军遇到捻军便乱了阵脚。刘松山却有办法对付。他令部队结成方阵，横排的宽度有几里，捻军骑兵插入阵中时，他的阵营仍然不为所动，所以捻军对这支湘军最为畏惧。

左宗棠到陕甘指挥军事，所部有一百几十营，刘松山所部的战功最大。他的部队自从进入宁夏府的灵州，攻破了五十座堡寨，扫平了回民军的九十多个根据地。每次作战他都是策马前行，冒着弹林箭雨。与他交过手的回民军首领都不敢与他交战。

刘松山出身行伍，不是书生，但因战功累累，被清廷任命为广东陆路提督。他在十几岁订亲，二十多年都没把媳妇娶进门。又过了两年，直到捻军平定，他率部西进，妻家才把女儿送到南阳。左宗棠劝他完婚，他才成了亲，但才过了半个月他就率部入陕，直到战死。因此他没有子女，以侄儿刘鼐为后嗣。

清廷接到关于刘松山战死的报告后，下诏予以优厚的抚恤，在陕西和甘肃等省建祠。给刘锦棠加三品卿衔，由提督黄万友做他的副手。

刘松山最得力的部将是湘潭人谭拔萃。史家评说，刘松山部将以谭拔萃为首。他从咸丰初年便随刘松山征战，因战功升到了总兵加提督衔。现在刘锦棠对他依然倚重。经左宗棠保奏，他升任代理宁夏镇总兵，赏穿黄马褂。

刘松山死后，马化龙非常振奋，气势陡涨，派兵四出作战，阻截湘军的粮运，企图将围攻金积堡的湘军调走。

回民军向西南出击，攻打青铜峡的峡口。又向东北出击，攻击下桥和永宁洞，企图占据秦渠与汉渠，巩固金积堡的防御。

刘松山战死之前，曾约雷正绾部在峡口修筑壁垒扼守渠水上游。雷正绾部刚修好三座壁垒，回民军已经杀到，将三座壁垒攻占，梗塞了雷正绾部的粮运通道。

周兰亭和张福齐部由于粮食已尽，于2月19日向南退驻鸣沙洲。雷正绾部没有撤走，忍着饥饿坚守。回民军每天用大炮轰击他们的军营，炮火下死伤不断。

2月23日，黄鼎率周兰亭和韦占彪等部前往驰援，与回民军交战于峡口，韦占彪中炮身亡。金积堡回民军蜂拥而上，扼守牛首山，堵住黄鼎所部的退路。雷正绾抓住这个间隙率部突围而出，回民军趁机进占峡口。

刘锦棠想，回民军既已占据峡口，一定会开决渠水灌淹湘军壁垒，便与黄万友率部疾进，首先击败回民军的骑兵，然后将其步兵向东南方压迫。刘锦棠提出在黄河两岸修筑壁垒保护粮运。

湘军用了两天时间便修好了壁垒。回民军过来争夺，被刘锦棠和金运昌所部击退。

陕西的回民军从宁条梁南下北山，然后南下甘泉，向东南出击，攻打韩城与合阳，然后向西南方挺进高陵与泾阳，取道礼泉、乾州、扶风与永寿向西北挺进，进入甘肃灵台，北上董志原。

刘典派张佑庭等部分头攻击，左宗棠又令李辉武等部协助。回民军深入甘肃境内。

马化龙又联络河州与狄道的回民军，让他们东进渭源，向东北方的巩昌运动，被汤聘珍所部击退。在渭源东南方的礼县，傅先宗所部也对回民军攻击获胜。回民军越过礼县东北方的盐关东进，袭击成县、徽县和两当。周开锡派兵从伏羌出兵拦截，回民军奔向秦川。

金积堡的部队于3月3日攻打板桥的董福祥兵营。萧章开率部与董福祥部夹击，将其击退。

这时冰冻已经消解，刘金棠下令开沟筑堤，以防水淹。

金运昌的兵营靠近枣园，回民军凭靠秦渠设卡。3月7日，金运昌部会同刘锦棠部越渠攻击渠卡，回民军收兵入堡。

3月9日，金积堡大举出兵。骑兵驰向板桥，步兵开决渠水，向南灌淹。金运昌部被水阻隔，刘金棠将部队分为三路，浮水过渠，与金运昌部会合。黄万友下令发射开花劈山炮，轮番轰击，战到傍晚，才将回民军击退。

3月10日，湘军出兵渠水以北，回民军发起攻击，湘军伏兵出动，将回民军击败。东南面胡堡的回民军开决山沟灌淹吴忠，阻断湘军通向黄河以西的运道。刘锦棠下令修筑堤坝，环绕壁垒，将水引到小渠内，汇合流入黄河。

第二天，胡堡回民军隔水挑战，刘锦棠下令用开花炮测准射击，回民军抵挡不住炮火，立即撤走。于是渠沟畅通无阻。

回民军又想出一计，将砖石运到北面修筑渠卡，并修长堤团团护卫，企图引来马连河水困住湘军。

刘锦棠和金运昌针锋相对，于3月12日令部队携带锄头和铁锹捣平关卡而返。

这时，在同心的东南方，马正和部包围了预旺城，周绍濂率部从同心驰来将之击退。马正和部向西南方推进，包围李旺堡，被李光宾的守军击退。马正和部又南下黑城镇，李良程率部跟追，斩杀马正和。

马正和余部长驱北上下马关，又遭到徐占彪所部拦截，便北上韦州。

陕西省内已无回民军，五十七岁的江西人蒋志章出任陕西巡抚。

400

左宗棠移驻平凉以后，春天巡城时看到一尊洋炮，上面镌刻着明朝天启的年号，虽然其他字迹已经磨灭，但"总制胡"等字样还能辨识。他认为，这说明这种开花炮弹在两百多年以前外国就有，而中国也有，并不是近来才有的。西洋火器早已流传到中国来了。但是，自从明代科学家徐光启以后，就无人探讨这方面的学问了。所以那些海岛强国得以以其所长傲视我国。

后来，他给沈葆桢写信说，西方列强船坚炮利，横行海上，在宋朝和元朝就已驶抵我国海南。明朝末年已有很多大炮和开花炮弹流入中国。去年他登上陕西凤翔的城楼，见到·些陈旧的开花炮弹，大小几十颗，与现在制造的炮弹并无不同。他昨天陪同法国人德克碑登城省视，德克碑也辨认出那尊洋炮是两百年前的东西，经他鉴定是大吕宋的产品。大吕宋就是我们现在所说的西班牙。

左宗棠接着感叹道：现在福州船政局的艺堂做出了显著的成绩，"以中国聪明才力"，兼收洋人所长，"不越十年，海上气象一新，鸦片之患可除，国耻足以振矣"。这段话表明，二十年过去了，他对林则徐在湘江夜话时的嘱托仍然铭记于心。而且，他对中国的振兴充满了希望和信心。

再说马化龙，他见所有的计谋都无法阻挡湘军对金积堡的围攻，决定联络崔三率部北上增援。刘锦棠等将领为了巩固工事，下令在壁垒旁边筑堤，北抵黄河与秦渠汉渠，南接距金积堡一里之处，堤高一丈有余，宽达三丈，还挖掘了深沟，用于蓄水和排水。

湘军采取的这些措施令回民军大为困迫。

为了摆脱困境，马化龙下令傍靠水沟修筑三垒，刘锦棠立刻派兵攻破。

马化龙又分兵攻打灵州，刘锦棠所部在王银栅袭击，大败马军。

这样一来，马化龙面临着粮食危机。春耕迫在眉睫，不能耽误时令。于是他率儿子马耀邦到湘军营中请抚。刘锦棠允许回民军耕垦，但仍然要求其交出马匹武器才肯退兵。

马化龙正在考虑是否缴械，兰州以东又发生了战斗。杨世俊所部于3月22日在安定攻打回民军，被其击败。

崔三和禹得彦部没有北上增援金积堡，却于4月份向东推进攻打清水，然后进入陕西的陇州和汧阳，还分兵南下袭击宝鸡和凤县，被李辉武和吴士迈部接连击败。张福齐所部则在扶风与礼泉之间击败这支回民军。

禹得彦率部东进渭南，遭到清军水师阻击。禹得彦又率部北上蒲城，再北进白水，然后向东北推进到宜君和中部境内，在鱼鳞川遭到刘端冕所部阻击，便扭头西进，打算返回甘肃，北上灵州，但是在彬县的拜家河遭到魏光焘部阻截，只得绕道奔向镇原和固原，又接连为黄鼎和徐占彪所部挫败。

禹得彦率部向西北推进，抵达盐茶。崔三也率部回到了甘肃，从秦安向北推进到庄浪和隆德之间。这两支回民军都未能牵制湘军的兵力，更加令马化龙失望。

刘锦棠和金运昌却加大了对金积堡的攻击力度，使马化龙部屡遭重创，只能在白天潜伏，到晚间才出堡修葺壕沟。湘军也挖掘了更多的沟道，防止马军的反攻。

马化龙于5月1日下令开决秦渠和马连渠，渠水冲出之后，借着一阵紧似一阵的西北风，滚滚前涌，平地水涨几尺。

刘锦棠令各营密排木桩，用茅草包土塞进布袋抵挡洪水。过了两天，风停水退，马化龙的计谋又落空了。

马化龙十分焦急，派出几百名精锐渡过黄河，抢夺广武和中卫之间的粮运。广武就是现在所说的青铜峡市。

湘军得到情报，黄万友率部设伏等待，将马化龙的几百名精锐斩杀殆尽。

马化龙又派陈林领兵东攻花马池，夺得大量物资，西返金积堡。刘锦棠派兵埋伏在灵州，从陈林所部夺得粮食和牲畜，斩杀回民军首领杨兴隆。

马化龙所部的处境更加困难，而其他回民部队无法对他增援。

6月份，傅先宗所部攻克渭源，甘大有所部在甘肃东部的合水击败回民军，魏光焘所部则在合水以南的灵台打了胜仗。回民军西进崇信，遭到彭清和所部拦截，半途多半散离。这些地方的战斗使甘肃南部的回民军无法北援。

马化龙雪上加霜，陈林受了枪伤，余彦禄部逐日减员。马化龙再次向湘军哀辞请求安抚，交出七百匹骡马和五千多件枪械。刘锦棠仍未同意。

这些日子里，周开锡派兵从秦州西进，攻占狄道和渭源两城，然后进军洮州、岷州与河州，企图扫清兰州以东的地盘。经过半年努力，周开锡已经把巩昌和秦州治理得井井有条，但他在这里又遭到官员诋毁，处境比在福建官场更为艰难，因此身心憔悴。

刘锦棠于6月30日下令进攻马家两寨，湘军一举攻克。这时正值新麦成熟，刘锦棠令部队收割麦子，和熟透的玉米一并割去。回民军出兵争夺，被湘军击退。

然后，刘锦棠下令在蔡家桥修筑壁垒，决水反灌，攻破回民军的三座壁垒，毁掉李家桥的十一道关卡。从此，金积堡的胡家堡、王洪堡等各堡之间声息不通，而河西的粮路也已断绝。湘军又在东面增筑壁垒，马化龙的处境进一步恶化。

马化龙于7月份再次请求湘军让回民军耕作，灵州的回民军也请求放渠水浇田。刘锦棠嘴上答应，却在下桥和永宁洞设下伏兵，俘虏工洪等二百几十人，将他们全部处死。

401

到了7月底，刘锦棠所部湘军已为最终攻克金积堡做好了大量的准备工作。

刘锦棠于8月2日率部攻打金积堡西南方六十里处的彰恩堡，斩杀回民军首领袁希义。金运昌部则攻占了秦渠北卡。

8月19日，雷正绾和黄鼎所部夺回峡口，攻破古灵州城。于是，秦渠、汉渠和马连渠的源头都为湘军占据。

8月27日，雷正绾和黄鼎所部与回民军争夺古灵州城，重创回民军。8月29日，这两支部队又攻下丁家堡，环绕汉渠修筑壁垒，阻断金积堡的援路。8月30日，又攻破回民军的二十多座堡寨。

8月31日，金运昌率部攻克何家寨。刘锦棠和春寿率部在胡家堡割麦子，顺便到雷正绾和黄鼎的军营议事。

9月2日，湘乡人黄万友在军中去世。他死前的官职为提督。

刘锦棠约雷正绾和黄鼎各部攻打秦坝关，于9月8日攻克堡东的新壁垒。刘锦棠部又于9月13日与金运昌部攻破东关周边的堡寨，抢入东关，攻克二十三座寨卡，烧毁三四千间房舍。从此，环绕金积堡东、南、北三面的回民军寨堡全被湘军攻占。

刘锦棠修筑壁垒压迫东关，俯瞰回民军的营寨，回民军更为紧张。洪乐堡中有马化龙的祖坟，民间传说这里风水特异。黄鼎和雷正绾所部从老马堡出兵，攻克了石屹塔和阚家桥。徐占彪的蜀军于9月28日攻克洪乐堡外的两座寨子，遭到回民军的顽强抵抗，部将何玉超等人战死，官兵伤亡不断。

马化龙派人到黄鼎的军营中参见请抚，黄鼎不做答复，只是调兵逼到洪乐堡下筑垒。

刘锦棠自从攻克东关以后，便提议挖壕筑墙围困回民军，与金运昌所部分段施工，三天竣工，分兵把守。

10月1日，雷正绾所部攻克丁家三堡。10月3日，黄鼎所部攻克谭家堡，接着又攻克马家堡。

徐文秀和徐占彪于10月5日下令拔营，部队开往金积堡西门驻扎，于10月7日攻克秦坝关及下寨。

回民军奔向汉伯堡，遭到刘锦棠部阻截，回民军猛将余彦禄中枪身亡。他的余部南下同心、李旺与黑城各城堡，被周绍濂和魏光焘所部全歼。

黄鼎所部攻克汉伯堡及其旁边的两座寨堡，清军已对金积堡形成合围。刘锦棠从外面观察，这座堡城周长九里多，城墙高四丈，厚三丈。东起吴忠，北至灵州，共有四百五十多座堡寨，现在仅存王洪与杨明两堡。西起洪乐，南至峡口，共有一百二十多座堡寨，现在仅存马家滩四堡。马家滩四面环水，无法接济金积堡，清军此前把它搁置一边，没有攻打。

10月10日，刘锦棠等部攻下杨明堡，又于第二天攻打王洪堡，未能攻克，返回军营。

马化龙见金积堡日益孤立，再次请求河州的友军赶来增援。

河州回民军于10月15日渡过洮河东进，在赤沙岘遭到杨世俊所部拦截，吃了败仗。崔三和禹得彦率部从河州北攻平番，即今永登，击毙清军提督张万英和彭清胜。穆图善亲自领兵攻击，回民军北上镇番，即今民勤。

左宗棠担心崔三等部向东北方挺进蒙古部的阿拉善，绕到宁夏府增援金积堡，于是命令各部严密戒备。

刘锦棠部已经包围了马家滩，未能攻克，军士们仰攻城墙伤亡惨重。左宗棠考虑到部队久战疲劳，令陕西回民首领刘秉信赶赴金积堡招抚老弱回民，于是有几百人投降。在回民中享有"普洱阿訇"之称的马清寿也率部投降。

这时崔三等部再次出兵，渡过洮河东进，一路从通渭的大寨渡过渭河南下，另一路从洮州的站滩挺进好麦川北上。

北上的一路河州回民军于11月6日在安定西北方的巉口遭到杨世俊和李耀南所部截击，于11月12日败走静宁，击败清军总兵萧贵谦部。台湾总兵刘明灯率部追赶到清渭，回民军已越过秦州南下。李耀南率部在邵家堡拦截，杨世俊率部在李家川拦截，使回民军损失了不少兵力。

回民军进入南山，左宗棠令刘明灯等部冒雪入山搜捕，周开锡派兵会同作战。

回民军于11月下旬袭击徽县和两当，遭到四十岁的衡山人李辉武所部伏击，又折损了兵力，便掉头北进，于12月10日抵达苏家河，又于12月11日抵达唐家河。

湘军紧追不舍，前任陕西按察使陈湜在静宁的合水河拦截。回民军东奔平凉的安国镇，已经四分五裂，不再成军。陈湜得到左宗棠保奏，因功官复原职。

崔三和禹得彦部从镇番西奔柳林河。于是金积堡外援断绝，危在旦夕。刘锦棠攻打马家滩已有进展，只剩两座堡寨没有攻下。

金积堡的部队在夜色掩护下突围，刘锦棠已预设埋伏等待，回民军遭到伏击后退回城堡。刘锦棠下令在东门增修两座壁垒，还修筑炮台俯瞰城内。黄鼎率部逼近西门扎营。金积堡内粮食已完，人们的食物是草秸和黍子根掺杂牛皮，甚至还吃死人。

陕西回民军首领陈林知道大势已去，通过刘秉信请降，堡中的老弱妇女每天跪在壕外呼号，请求让他们活命。刘锦棠派人飞马报告左宗棠，请示如何处置。

这一年的最后一天，陈林率部属马化凤与黑清泉等男女八千多人参见黄鼎与雷正绾求抚。刘锦棠令他们交出马匹和武器，暂时发给赈济粮，让他们等候安插。

杨昌濬在这一年正式出任浙江巡抚，左宗棠闻讯以后自称"狂喜无似"。他说，国家得到一名百姓拥戴的大吏，值得庆贺，而他自己能够得到朋友的帮助，"何幸如之"！

在左宗棠眼中，杨昌濬无疑是一名好官，是一位干吏，也是一个忠实的朋友。

402

湖南益阳人刘道美邀集何春台等人在龙阳和益阳交界处的军山铺聚众拜会。

春天到来时，龙阳举人陈景沧侦察到会党的活动，向巡抚刘崐告密。刘崐派出龙阳和益阳两县的兵勇前往军山铺围捕，抓到几名会众，处以极刑。还把刘道美的父亲刘家实抓去审讯，令他交出自己的儿子。

刘道美率会军造反，于4月份率部在舒塘一带活动。

5月19日五鼓时分，刘道美率一百多人，头裹红巾，袭击益阳县城，烧毁县衙，冲进监狱救出父亲。然后奔向东关外，焚烧厘局，没收当铺财产。

正在这时，湘军游击罗德煌率水师炮船巡河，发现此事，便会同益阳勇丁挫败会军。

刘道美下令放弃县城，部队转移到军山铺，稍加整顿，军势复振，又于6月1日攻进龙阳县城，烧毁巡司署及另外几处公厅。

刘凤仪和刘际汉率领的会军在刘涞河一带响应，杀死陈景沧父子，抄没几十家巨商豪富，与刘道美所部相呼应。

消息传到湖北荆州，官府以为是太平军大造反，连忙报告湖广总督郭柏荫。

清廷得到了总督的奏报，却没有得到来自湖南巡抚的奏报，下诏诘问。刘崐调兵围攻，很快就将会军镇压。

援黔的湘军于4月29日稳定了丹江的局势。席宝田从年初开始，用兵三个月，平定了二百一十座苗寨，鸡讲和丹江的苗民军都请求投降。丹江的苗民本来秉性温和，希望用和平的方式解决争端。

席宝田于5月下旬命令所部进军凯里。

凯里的苗民军比台拱的苗民军更为强大，台拱的苗民军在未遭湘军的最后打击以前一直依靠他们的援助。

湘军攻破台拱之后，台拱的苗民军余部投奔凯里，都被收留，驻扎在全洞。

湘军于5月20日在方索坡扎营，与全洞对望。凯里阻险坚固，高峻陡峭，但是湘军已在崇山峻岭中身经百战，攻破上千座村寨，都认为这两个地方也不难攻取。

席宝田在贵州用兵已久，知道湖南已疲于给他这支部队供应军饷，打算尽快攻破凯里撤军回家。于是他召集各部将领多加勉励，约定第二天击败苗民军全军会餐。

5月21日早晨，两军一起出动。苗民军仗着地势险阻，严阵以待。席宝田亲自击鼓，副将们身先士卒。苗民军向山下抛掷石块，击伤大批湘军将士。但湘军无人后退，直逼寨下。苗民军用长矛挑刺，湘军则用火枪仰射，双方伤亡不断。

湘军久攻不下，席宝田便令各部轮流吃饭，轮流进攻。

席宝田所部将领唐本有正在吃饭，听说部将战死，按捺不住，放下食具，脱衣而起，奔向寨墙，猛攀而上。

唐本有是席宝田的同乡，是后世湘军名将唐生智的祖父。但他本人在湘军中名声不大，名望在苏元春和龚继昌之下，在席宝田所部将领中处于中下层地位。但他的这一举动成为这次战役中的一个突破点。

唐本有冲锋时，湘军攻击部队刚刚稍微后撤，苗民军放松了警惕。唐本有的出现出乎他们意料之外。唐本有登上寨墙之后，军士们呼喊着蜂拥而上。苗民军惊慌失措，四下溃散，越过寨墙逃走，大批苗民军摔倒，被践踏而死。

湘军攻克了凯里，全洞的苗军跟着溃散，湘军一并攻克全洞，缴获上百方官印。湘军乘着新胜之威，用武力胁迫，收服了旁边的所有二百多座村寨，然后回师施洞。

至此为止，湘军攻克了沅水南北两岸在乾隆时期所设的六座厅城。席宝田下令进军麻哈，平定黄平。曾纪凤与总兵邓千胜率部攻占麻哈，俘虏杨阿宝，晋升道员。

至此为止，湘军对苗民军的作战大致完成。但席宝田染上了瘴病，中风瘫痪，湖南巡抚借着他的名声统领诸位将领，没有将他撤换。

苗民军首领张秀眉于6月6日逃往雷公山部署防御。

湘军于6月12日逼近雷公山，于6月14日攻克雷公山前寨，于6月15日攻克下寨。

湘军攻下十二座苗寨，分兵攻打周边的村寨，全数攻克，再向西进。

苗民军与9月份收集残部，企图袭击雷公山，被湘军拦截击退。苗民军调集全部兵力保卫黄茅。

龚继昌部于11月份开到黄茅，攻破十三座要隘村寨，然后直攻黄茅。苗民军守卫一昼夜，终于不支，弃寨而逃。湘军缴获苗民军的囤粮供给部队。张秀眉的势力进一步受挫。

清廷老是听到有人奏报哥老会在湖南闹事，令总督李瀚章渡湖处置。李瀚章将湖南巡抚刘崐罢免，让王文韶继任，上奏请设保甲局，然后返回驻地。清廷命总督审理刘崐一案。

随着刘崐获罪下台，对席宝田的非议越来越多，因为席宝田一直受到他的庇护。新任巡抚王文韶催促援黔的湘军尽快消灭苗民军。龚继昌和戈鉴进军雷山以北，攻破三座村寨，并将周边村寨全部攻克。然后挥师进攻报德，攻克七座村寨，再进军朗德。

连日雨雪，岩石上都结了一层冰，湘军仰攻十分艰苦。龚继昌招募敢死队攀缘峭壁而下，苏元章率部绕到后岭发起突袭，苗民军惊慌溃散，大批战士坠岩身亡。湘军乘胜东进，攻下台江革东的乌溜等二十多座村寨，苗民军的精锐或者被杀，或者被俘。

403

新年刚到时，马化龙见陈林等人已经投降，便通过陈林求告刘锦棠，请他撤除对马家滩的包围。刘锦棠同意，责成马家滩的回民军交出马匹武器。

湘军开进堡内，只见回民都挖了地洞作为居所，用死马、毡絮和器物堵塞缺口抵御枪炮。精壮战士不过几百名，然而都是体无完肤了。

1月5日，王洪堡也向湘军投降，刘锦棠令其中的居民返回故居。

刘锦棠的这些举措打消了马化龙的一些疑虑，认为接受安抚不会丢掉性命。于是他于1月6日造访刘锦棠的大营，伏地请罪，愿以自己的性命换得部属活命。刘锦棠下令打开营门放他进来，派使者飞马驰告黄鼎、雷正绾和金运昌等人，商议如何处置。

湘军将士都认为马化龙反复无常，打算把他捆起来处以磔刑。刘锦棠不许。他让军士把马化龙安置在旁边的营帐里，派军官守卫，令他交出马匹武器，毁掉堡墙，并招抚王家疃等回民堡寨，让他们以实际行动自赎。

自从陈林所部接受安抚以来，陕西回民闻风而动，纷至沓来，湘军接收投降的男女一万一千多人。左宗棠下令将他们解送到平凉等候安插。又派陈湜赶赴金积堡与刘锦棠等人筹划安抚事宜。

左宗棠上奏说，西部边陲动乱至今已有九年，关陇一带的回民都按照金积堡的意思行事，马化龙的智谋和勇猛实在非同寻常。这个人若非到了穷途末路，必不会轻易冒险求生。现在他既只身前来投案，并非诱惑而来，听凭官府处置，因而将他处死算不上勇武。

左宗棠说，他此前曾在平凉县大岔沟和邢家沟北原安插了几千名陕西回民，发给赈济粮。其他地方虽有很多荒绝的地亩，但不成片段。平凉是进入甘肃的大道，位于关陇中部，北达宁夏，南通秦州与凤州，东连泾州、原州、邠州和宁州，西通金城与湟中，形势最为重要，不宜多安置回民。但平凉与华亭交界处的化平川宽六七里，长三十多里，有三百多孔窑洞，还有破屋，土地肥沃，泉水甘甜，人迹断绝，可安插一万多人口。近来从已经安抚的回民中挑选出一百多名精壮者携粮前往，稍加修葺，等各路回民送到后，就可以量地安居，发给赈济粮、种子、牛驴和农具，督促他们耕种。所有建置、经界、规制和禁令，以后随时奏告。

清廷下旨批准。

马化龙于2月上旬又派使者召唤部属何生洲等人返回金积堡，其子马耀邦交出四尊车辆大铜炮，四尊九节藜炮，二十八尊威远炮，二十尊劈山炮，二百八十杆洋枪，一千零三十杆鸟枪，二百九十三杆抬枪，两千四百一十三支长矛，以及价值十九万多两银子的金银铜钱。

左宗棠料想马化龙父子的话不能全信，令刘锦棠等人将金积堡的居民迁徙到别处，搜查他们藏匿的枪炮。当时天寒地冻，回民挖掘的进度太慢，刘锦棠便派勇丁协助，果然从堡内挖出一千三百多支洋枪。

刘锦棠见回民渐渐打消了疑虑，便将王洪堡的回民迁移到灵州周边安插，将马家滩的回民迁移到张家园安插。

湘军于2月25日将马化龙父子及其家属迁移到废堡中。刘锦棠于2月28日提审马化龙，要他交代北口贸易和勾结洋人等事。马化龙将这些事情全部推诿给儿子马耀邦，自称一概不知。马耀邦忍受刑讯，不肯交代。结果父子都被凌迟处死。马化龙享年六十一岁。

湘军将马化龙处死后，回民军的势力迅速瓦解。

清廷下诏，给左宗棠加一骑都尉世职，给刘锦棠云骑都尉世职，并和黄鼎、雷正绾一起赏穿黄马褂。给刘松山赐祭一坛。其他将领都得到不同程度的奖赏。

范铭部属的黑头勇年初在巩昌哗变，南下占据岷州。周开锡急令杨世俊等人率部前往征讨。这场战斗持续到2月份，周开锡下令擒斩叛军首领尤政芝等人，将他的五千多名部众收编或遣散，事情才平息下来。但周开锡的精力已经耗尽，生命之火即将熄灭。

舆论更是雪上加霜。有些官员将尤政芝的叛变归咎于周开锡，说是他逼出来的。清廷下诏诘责。左宗棠连忙上疏解释，周开锡才躲过一劫，从此一病不起。但他照常工作，筹兵、筹粮、筹饷、筹运、造车船、通道路，"营度庶务一如平昔"。

周开锡的疾病在操劳中加重。6月27日，他因事赶赴秦州，行路四十里，途中气绝。后来略有起色，随从将他抬回巩昌，五天后，于7月2日在巩昌病逝，终年四十六岁。

404

湘军解决了金积堡的战斗，金顺和张曜又率部攻克了王家疃。宁夏府城周边通贵与同昌的各路回民军都向黄鼎投降。

崔三和禹得彦等人听说金积堡已经投降，便从凉州和西宁南返河州。河州回民军首领马占鳌等人也约李德昌赶赴河州商议安抚。

左宗棠刚刚把陈林等人的部属安置在化平川，增设化平通判都司治理。于是平凉以北和宁夏以南，回民军和绿林军的余部都被搜捕干净。

河州的回民军于3月份东进通渭，分兵东击秦安和清水。张仲春率部在廖家庄拦截，将其击败。杨世俊在任当川击败回民军。另一支回民军南下阶州，即今武都，代理知州洪惟善派兵跟踪追击，这支回民军大半逸散。

左宗棠于4月份命令刘明灯率部进入通渭以西的马营，向西照顾安定。又令徐文秀率部进驻安定东北面一百多里处的会宁，修治兰州道，以利于转运物资，并在会宁以东的静宁储备军火，徐图进取。

盐茶和固原的山内仍然藏龙卧虎。左宗棠令魏光焘和周绍濂派兵前往搜捕，斩杀和捕获不少造反者。

李辉武所部再次在东南部的两当击败回民军。杨世俊和张仲春所部在两当以西的礼县击败回民军。李华所部在通渭和会宁之间击败回民军。回民军余部已溃不成军。

清廷下旨，催促左宗棠进军河州。左宗棠认为，洮河如同黄河一般水流湍急，如果从狄道、陇西和安定进兵，都必须造船架桥，很难立即办到。而且距离庄稼收获期尚远，前面没有可以供应的粮食，现在进军不是稳妥的办法。

这时金顺和张曜所部攻克了纳家寨，歼灭了黄河以西的回民军精锐。投降的回民都被安置在灵州，宁夏已无战事。

清廷下诏，任命金顺为乌里雅苏台将军，令张曜所部分别扼守平罗以北的磴口，以及宁夏府城以东三十多里处的横城，阻击并攻击已经进入阿拉善的绿林军。

洪惟善于5月份在阶州打败了绺军，周开锡于6月份病逝。左宗棠令陈湜率部先赶到静宁督运粮食。这时浮桥渡船已经造成，新粮粗备，左宗棠便令各部进兵河州。

刘锦棠护卫着叔叔刘松山的棺枢南归，由萧章开暂时统领他的部队。

405

云南的清军在上年节节取胜，新年到来后继续向清廷告捷。

王祖佑和李凤呈所部于1月底攻克大理西北方两百里处的云龙，李家福湘军于2月下旬在云南东北部的昭通大破四川绿林军。岑毓英率部于3月21日攻克昆明附近的澄江。

澄江三面环山，南面是抚仙湖，也叫罗伽湖。白旗军先将城边的树木砍伐干净，使清军得不到木材。清军修建木栅都要从百里之外砍伐运来。清军围攻一年，城破之日，将士变得疯狂。

杨玉科部于4月25日攻克大理东北方的宾居。这时清军已从回民军手中夺得三十二座城镇，白旗军仍然占领的城市只有大理、永昌和顺宁三座郡城，蒙化和腾越两座厅城，以及云州、赵州、永平州和云南州四座州城了。这里的云南州就是现在祥云县的云南驿。

杨玉科部又于9月7日攻克大理西南方的永昌，即今保山。岑毓英所部于10月上旬开到曲江驻扎，北距昆明约两百里。两个月后，岑毓英下令攻打曲江馆驿城外的碉垒，全部攻克，占领五山村寨。

这时中国西部的新疆发生了一件大事，进一步续写了湘军的战史。

沙皇俄国于7月份武装强占伊犁。按照康熙中期中国与俄国划定的国界，中国常住卡伦以外，还有哈萨克、布鲁特与乌梁海诸部游牧，都受中国管辖。在此之外还有中间地带，远则千里，近则几百里，既不属于俄国，也不属于中国，也就是所谓的闲田。

咸丰十年，大清与俄国重订条约，才以常住卡伦为界。中国正在进行内战，由于新疆遥远荒僻，清廷无暇顾及。而延伸五千里的中间地带以及哈萨克与布鲁特各部都被俄国侵占，伊犁与塔尔巴哈台便与俄国人毗邻。自从当地回民和缠头回民攻占伊犁，各部时常互相争杀，索焕章曾派几千人前往攻打，失败而还。此时俄国人派出六百兵力占据伊犁，而且声言要进攻乌鲁木齐。

在此之前，新疆各地还建立了形形色色的政权。1864年6月，新疆库车爆发农民起义，建立热西丁政权。当年7月，和阗建立妥明为主、索焕章为元帅的帕夏政权。当年 10 月，伊犁建立苏丹政权。1865 年 1 月，位于今乌兹别克斯坦浩罕市一带的浩罕国，有个名叫阿古柏的军官率部入侵新疆。当年 3 月，在乌鲁木齐建立清真王政权。对于这些与清廷分庭抗礼的政权，清廷一直无暇讨伐。

清廷接到俄军进占伊犁的报告后，诏令代理伊犁将军荣全率部赶赴伊犁收复城池，令直隶提督刘铭传率部取道肃州出关平定和收复新疆各地；令景廉和成禄率部收复乌鲁木齐；令左宗棠和穆图善拨兵到关外作战。

406

左宗棠接到朝廷要他派兵出关作战的命令后，上了一道奏疏，谈了他对俄国人强占伊犁一事的看法。

左宗棠说，俄罗斯与我国素来没有衅端，他们派兵进占伊犁，名为收复，用词比较温和，但心思则很狡猾。关外的回部素来比较软弱，但比内地的回民富裕，俄国人所谓收复伊犁，符合弱肉强食的规律，也是趁火打劫的勾当，不足为怪。可是他们还声言要收复乌鲁木齐，那就是得寸进尺，向内部侵蚀，在道理上说不过去，在形势上也决不能允许。

左宗棠说，他的部队正平定河湟一带，还不能兴师远征，然而面对着强大邻国的觊觎，他也不敢坐视。他已传书与刘铭传商议进军路线，并派人飞马传令，让徐占彪驰赴肃州，以便成禄所部拔营出关。

这时刘铭传请病假返回安徽，左宗棠令曹克忠接手统领其部。不久曹克忠又请病假，左宗棠又命臬司刘盛藻统领部队，仍然驻扎乾州。成禄所部也未成行。

恰在这时，肃州回民军出兵袭击安西、玉门和敦煌，向新疆运动。哈密大臣文麟和乌鲁木齐都统景廉上报清廷，有诏令徐占彪率部火速赶赴肃州接手防务，腾出成禄所部出关。

左宗棠于 8 月 27 日移驻安定，此地现在叫作定西。

在此之前，河州回民军首领马占鳌和马尕大约李德昌到河州商议安抚。李德昌走到洮河以东，马占鳌听说清军在黄河以西动武，颇为疑惧。李德昌也怀疑马占鳌是否真有诚意，安抚一事便就此作罢。

左宗棠认定洮河以西的三甲集与洮河以东的康家崖是兵家要地，便派徐文秀所部进军康家崖，派刘明灯所部从柳林沟前往与之会合。两部攻破康家崖旁侧的两座堡寨和一道关卡，进围康家崖大堡，奋力攻克。

三甲集则是河州的门户，西接太子寺大东乡，山高地险。当时秋霖河涨水，清军和湘军各部都停顿在洮河以东不能渡河。左宗棠便令傅先宗和杨世俊所部在狄道修造浮桥接济部队。两部分别驻扎在洮河以西。

左宗棠于10月份命令各部攻击高家集。湘军获胜以后，又攻破周边的八座壁垒。然后分兵捣毁新集、党平、川吉和董家山的各个庄寨，进而攻克红山马家集。左宗棠增派王德榜所部从小路渡过狄道浮桥，催促傅先宗所部进攻黑山头。

11月19日，傅先宗所部从石鼓攻击黑山。回民军在山冈周围修造了二十多座壁垒，山径峻峭，大路都被挖断。夜间四鼓时分，军士从小路衔枚行军，抵达回民军壁垒前。何建威所部举旗先登，彭忠国所部随后继进，攻破三道关卡。

黎明，回民军出动所有精锐增援。敖天印所部已攀着藤萝，踩着石磴，从山后向下攻击，傅先宗亲自杀入阵中，将回民军逼退。

黑山延袤几十里，回民军的大小壁垒都被攻克。傅先宗留下四营部队驻防，自己于11月20日率部在南山之巅扎营，扼守三甲集后方。

11月21日，傅先宗所部与王德榜部联合攻克三甲集，并攻克康家洼的十多座堡卡。

清军在三甲集获胜后，河州的回民军在大东乡集结。

王德榜等部于11月24日攻克甘坪，傅先宗所部攻破大贝坪，刘明灯所部攻破鲍家庄。

11月26日，各部合攻大东乡。王德榜、傅先宗和刘明灯等部重创了回民军。回民军请求安抚，献出二十二匹良马。各部将领认为其中有诈，是回民军的缓兵之计，没有答应他们的要求。

马占鳌所部于12月撤到牟尼沟。傅先宗所部于12月26日攻克红庄果园。徐文秀所部烧毁八掌户，王德榜所部接连攻破朱家坪和赵家沟，杨世俊与张仲春等部攻打陈坪、马坪和谢坪，大获全胜。

这一天，湘军各部攻破的堡垒多达五十多座，军威大振。下一个目标就是董家山了。

董家山绵亘几十里，西接太子寺，北挡大东乡，山高堡密，回民军占据高处俯瞰湘军。左宗棠派陈湜前往勘察，各部将领认为董家山东部峻峭，西部较平，应当从西路进攻。

左宗棠认为部将说得有理。对董家山的攻击将在下一年度开始。

俄国人在这年冬季联合新疆回民和缠头回民将要袭击乌鲁木齐。他们假称要到绥来做贸易，驱赶几千头骆驼和马羊，载着洋货与银钞行进，抵达石河，距绥来八十里，遭到二十八岁的迪化人徐学功所部民团骑兵部队的拦截，俄军几十人被歼。因武艺精深、力大无比而号称"徐无敌"的徐学功下令将沙俄余部全部放还，但缴获所有的骆驼、马匹、羊只与洋货以及价值两万两银子的俄钞。

从此，俄国人害怕徐学功部，不敢向东推进。

这一年，中国的外海兵船制成，福建水师提督李成谋被任命为外海兵船统领。

407

甘肃的清军在上年底对河州回民军的董家山根据地发起攻击，决定从西路进攻。

从1月5日到1月9日，傅先宗、杨世俊和徐文秀三部血战推进，攻下董家山，直向太子寺主要根据地突进。

1月11日，傅先宗所部攻破新路坡的五道关卡。马占鳌率部从牟尼沟赶赴太子寺抵抗清军，并从循化调来部队助守，挖掘壕沟，巩固防御。

1月16日，杨世俊所部夺占壕沟，在北山脚下驻扎，修筑壁垒。

1月17日，陈湜等部分兵大红庄，未能攻克。傅先宗认为北山很难迅速攻下，便下令改由南山进攻。

1月21日，傅先宗所部与回民军大战南山顶，重创回民军，斩杀一千多人，俘虏猛将马哈思，将他处死。

从此清军连续作战不止，傅先宗所部将党川的回民军壁垒全部扫平。回民军的大东乡根据地失去了最重要的屏障。

2月12日，回民军傍靠新路坡修筑三座壁垒，以烂泥沟的四座庄子和一座壁垒为掎角。

傅先宗所部于2月13日攻打新路坡的三座壁垒，未能攻克。第二天约杨世俊所部一起攻击。鏖战良久，傅先宗手执大旗先进，被回民军炮火的流弹击中右额，当即阵亡。

2月15日，陈湜派徐文秀率部赴援，攻克回民军的四庄一垒。

傅先宗所部刚刚失去统将，各营士气低迷，粮路不尽通畅，杨世俊部解围撤兵。

徐文秀所部转战到党川，见太子寺东西两面已无官军包围，担心回民军乘虚袭击董家山，便率亲兵助守。

回民军攻击傅先宗中营，击溃前哨部队。徐文秀忍无可忍，奋力出战，力竭而死。同时有一百四十多人阵亡。

左宗棠接到败报后，急令三十四岁的江华人王德榜接统傅先宗留下的部队，令湘乡人沈玉遂接手统领徐文秀军。

王德榜等人向部队申明纪律，士气重新振奋。

马占鳌料想湘军还会增修壁垒，再次发起攻击，便派使者造访三甲集湘军行营，痛哭流涕，请求安抚。他愿意按照前例交出马匹与武器。陈湜派回族军官马寿清前往观察。马寿清回报，回民都顶经立誓，永无反复。

马占鳌部先后交出四千多匹战马，一万四千多支枪矛。

西宁的回民军首领马永福等人也表示愿意投降，马桂源将此事上报。

马桂源是在回民造反时自封的代理知府。他来到兰州，偕同道员冯邦棣前往安定参见左宗棠，陈述马永福求抚一事。

马占鳌等人于3月份各派子弟赶赴安定大营，献出良马五十匹。左宗棠令他们返回根据地，完全打消了各路回民军的疑惧。

左宗棠上奏说，办理安抚的办法，最要紧的是将外地回民迁出，安顿本地的回民。河州全境五百多里，回民多而汉民少，还有其他少数民族。同治元年发生变乱以来，陕西的回民多到此地避居。自从陕西境内和甘肃金积堡的局面安定下来以后，固原东西山也相继平定，各地参战的回民多数也到这里寄居。这些外地来的回民都应该从这里迁走。

河州本地的汉民有的遵照回民的意思办事，有的因为结下了怨仇逃到洮州、岷州和狄道州充当勇丁，而亲属仍然留在河州境内，应该将他们分别调出，以杜绝衅端。外地来的汉民有的是被陕西回民裹胁而来，有的是被河州回民裹胁而来，认为义子，其实是充当奴仆，应当勒令回民交出，护送返回原籍。这是应该从这里迁出的汉民。

于是左宗棠命令安定、会宁、平凉、隆德和静宁各地的官员选择方便获得水草的荒地安置投降的回民军。河州就此安定下来。

甘肃的其他回民军奔向东南部的两当和徽县，向陕西边界运动。清廷护巡抚谭钟麟派李耀武率部驻扎凤县。

徐占彪所部已经抵达肃州，马长顺的陕西回民军打算前往西宁接受安抚。成禄率部袭杀几十名投降的回民军，马长顺所部非常气愤，便与马文禄的肃州回民军会合。

钦差大臣、乌鲁木齐提督成禄以会攻肃州为借口，拖延出关的时间。左宗棠忍无可忍，上疏弹劾这个贪生怕死、滥杀无辜的满洲人。

清廷下诏宽宥成禄，只是催促他出关而已。有人说，慈禧不肯惩治成禄是担心左宗棠称霸西北，留下成禄与他抗衡。

408

江苏平定将近八年，因曾国藩的一念之仁而保下了性命的李世忠来到扬州游玩。在这里他遇到了昔日的仇人陈国瑞，回想起在寿州争夺城门的那段往事，仍然记恨在心。他设谋将陈国瑞诱捕，关在船上。

陈国瑞的侄儿呼救，两湖的上万只商船出于同乡之情都来响应。李世忠被这种阵势吓坏了，弃船逃走，陈国瑞才免于灾难。

曾国藩审理此案，认为陈国瑞强横，李世忠阴毒狠辣，上奏朝廷，夺去李世忠的官职，将陈国瑞由总兵降为都司。江淮之间又流言李世忠谋叛，清命令曾国藩访察。曾国藩派人去了河南固始，探察李世忠的居所，见堂上设了义塾，家宅围的是竹篱笆，砌的是泥土墙，与乡农杂居，大家才打消了疑虑。

这一年，长江上多次发生匪盗打劫，有些军士不会撑篙划桨。大臣们纷纷议论：为什么曾国藩本来是上奏裁兵，反而变成了增兵？有人说，军队一年不打仗就会消极怠惰，旧时的水师营兵就是这样衰没的。因此军队不可常设，长江水师也应撤销。

3月12日的金陵城天气阴沉，细雨霏霏。这一天是阴历二月初四，是曾国藩的父亲去世十五年的忌日。

早已不再指挥湘军作战的曾国藩拜过父亲的牌位，让儿子曾纪泽扶他去两江总督府的西花园散步。他对曾纪泽说："我这辈子打了不少仗，打仗是件最害人的事，造孽，我曾家后世再也不要出带兵打仗的人了。"

父子俩拉着家常，不知不觉走近一片竹林。忽然一阵大风吹过，曾国藩连呼"脚麻"，感到舌头僵硬，便倒在儿子身上。曾纪泽把父亲扶进屋时，曾国藩已经不能说话了。他用手指指桌子，那里有他早已写好的遗嘱。

曾国藩端坐桌前，三刻钟后气绝身亡，享年六十一岁。

曾纪泽双手把遗嘱展开，发现父亲的遗嘱上对后辈提出了四条要求，即慎独、主敬、求仁和习劳。

清廷接到噩耗，举朝震惊。同治皇帝追赠曾国藩为太傅，按大学士例赐恤，赏银三千两治丧。赐予"文正"谥号，入祀昭忠祠与贤良祠，并于湖南湘乡和江宁金陵建立专祠。生平政绩事实宣付国史馆。他的一等侯爵爵位由儿子曾纪泽承袭。

曾国藩寿命不长，是因他一生勤勉，积劳成疾。此外，他一直患有疾病也是一个原因。他小时候患有牛皮癣，很难治愈。他在三十五岁时癣疾一度发作，奇痒难当，彻夜不得成寐。他曾嗜烟如命恐怕也有害于他的健康。他在五十九岁时又染上肝病，致使右目失明。

曾国藩在上一年11月25日回任两江总督，已届花甲之年。他是因处理天津教案不利回任江督，心情十分不快。在给弟弟的家信中他表明了心中的积郁。他说他两次在京城，由于不善应酬，遭到京官的白眼。加以天津一案的处理引起物议沸腾，户部官员谢宝瑹竟然不顾同乡之谊领衔弹劾他，引动举国清议。以后大事小事部中都对他有意吹毛求疵，微言讽刺。陈由立遣发黑龙江，过通州时其妻向朝廷控诉，也说他审案不公，拖欠薪水四千两不发。所以他不免心绪悒悒。

元旦到来时，金陵的两江总督府整修一新，迎接回任不久的曾国藩。曾国藩抑郁的心情仍然不得宽解，无心过年，身心状况急转直下。

几天后，他与友人闲谈，忽感右脚麻木，颓然坐地。

三天后，他和老友重逢，一时激动，口不能语。

曾国藩对自己的死亡有所预感。在去世前五天的日记中他记载了衰弱的感觉，说他近年来写作觉得精神恍惚，不能自主，所以眩晕、眼病和肝风等病症都是心肝血虚导致的。他觉得自己是苟活于人世，心中不免惶恐。

曾国藩去世的消息传出，死者的弟子和朋友纷纷表示哀悼，挽联和祭文一时堆积如山。由于人数众多，祭奠活动足足持续了一百天，可见曾门弟子之盛。左宗棠、李鸿章和郭嵩焘题写的挽联尤为中肯，大可概括曾国藩的一生。

左宗棠写道：

谋国之忠，知人之明，自愧不如元辅；
同心若金，攻错若石，相期无负平生。

李鸿章写道：

师事三十年，薪尽火传，筑室忝为门生长；
威震九万里，安内攘外，旷代难逢天下才。

郭嵩焘写道：

论交谊在师友之间，兼亲与长，论事功在宋唐之上，兼德与言，朝野同悲为我最；
考初出以夺情为疑，实赞其行，考战绩以水师为最，实主其议，艰难未预负公多。

曾国藩是以大清王朝的一位勋臣的身份谢世的。他一度统率着全国最有战斗力的武装力量，打败了大清王朝最恐惧的敌人。他始终没有听从王闿运和其他湘军人物的劝告依靠湘军来推翻已经腐朽的清朝统治。

王闿运在曾国藩自剪羽翼、裁撤湘军一年以后还曾以讨论学问为由劝曾国藩做曹操。曾国藩平静如故，佯装没听懂他的话外之音。王闿运终于知道他的帝王之术无法在这位湘军领袖身上实现，只得悻悻而归。

不少后人责怪曾国藩助纣为虐，阻挡历史前进。但是，如果像马克思所说的那样，太平天国除了纯粹的改朝换代没有给自己提出任何其他的任务，那么，曾国藩在认为自己无法使中国走上一条新路的时候，不愿纯粹为了改朝换代而将内战延续下去，未必不是一件值得称道的事情。

此外，也有人说，以曾国藩的老成持重，他不会掂量不出，即便为了纯粹的改朝换代、黄袍加身而大动干戈，湘军未必定有胜算。西洋军队的虎视眈眈，清廷对汉人军队的猜忌和防范，湘军军饷的来源有限，湘军集团内部的种种矛盾，湘军将领们的意气用事，都是他必须考虑的因素。

曾国藩晚年的确以诸多的言行致力于社会的变革。但他没有打算采取武力变革的途径。晚年的曾国藩常常坐在地球仪前出神。有一幅图画的是曾纪泽兄妹陪伴父亲看地球仪。不管他在想什么，他的眼光在搜索中国以外的世界，在欣赏蓝色的海洋，却是无可置疑的。曾国藩看着外面的世界在想着什么，从他满腔热情地致力于洋务运动并且奏请派遣第一批幼童出国留学就可以猜出端倪。

1862年成为曾国藩幕僚的容闳最早向清政府要员提出往国外派遣留学生。1854年他成为第一位毕业于美国一流大学的中国人时，就产生了选派留美学生的教育计划和愿望。

1870年容闳在协助曾国藩、李鸿章和丁日昌处理天津教案时，向曾国藩呈报了派遣幼童赴美留学的教育计划。

1871年9月，曾国藩、李鸿章在容闳的建议和计划的基础上，上奏《选派幼童赴美肄业办理章程折》，并附有《挑选幼童赴美肄业章程》十二款。这道奏疏获得批准，从本年开始，清廷先后派出四批十二岁至十五岁的少年，共计一百二十名，由容闳带领赴美留学。

所以，曾国藩临死时的身份，不仅是大清的一位肱股忠臣，而且是一个热心改变中国落后现状的洋务运动先行者。

曾国藩死了，但他的门生故旧遍及海内，这是他一生以荐举贤能为己任的结果。据罗尔纲《湘军兵志》统计，从湘军出身的官员有二十六人任督抚大员，有一百四十三人担任省级文武官员。单凭这一点，就足以使他本人和湘军在清末历史上占据显赫的地位。

曾国藩去世后，他所创建的湘军水师渐渐衰落。清廷下诏征用五十六岁的彭玉麟。同治皇帝召见这位水师大帅，将他补授兵部左侍郎，垂询长江事宜。彭玉麟三次上疏推辞就任侍郎，清廷便命令他每年巡视长江一次。

彭玉麟于1866年辞官以后，在第二年春天回到衡州老家，看到渣江老屋已荒废倒塌，便在府城修造了三重院落，取名"退省庵"，表明他的心志。彭玉麟生活极为俭朴，外出不坐轿子，不带随从，身着布衣，脚踏青鞋，如同一名田夫野老。这次他拗不过清廷，只好到长江上去走一趟。这时五十四岁的黄翼升请病假回乡，四十二岁的李成谋继任长江水师提督，驻扎在安徽太平府，管辖湖南、湖北、江西、安徽和江苏五省水军，后来又统管江南水师，主管训练调遣、水道畅通和船舶的安全行驶。

彭玉麟巡视长江，弹劾了一百多名不称职的将领和军官。所到之处江湖肃然改观。

清廷下诏斥责黄翼升，说他对部队管理不严，滥收二百多名候补将领和军官，准许他开缺回籍。黄翼升从此在家赋闲近二十年。

彭玉麟巡视完毕，作《长江水师剔弊百条》上呈朝廷，清廷作为命令下发。

杨岳斌先前卸下陕甘总督任后，也奉命巡视长江，但他长年告病不出，事情堆在彭玉麟一人身上，每年都要弹劾处罚官员。然而，他的旧部宿将都已衰老，补充的新人很少有懂得作战的，于是越来越多的人议论轮船的好处。

左宗棠的南洋水师和李鸿章的北洋水师就是在这种形势下逐渐浮出水面的。

但是，洋务运动在中国遇到重重阻力。曾国藩的灵柩于6月25日用火轮从金陵运到长沙时，官绅大哗，反对轮船入境。

即便在曾国藩的家乡，人们对于先进的水上交通工具也表现出如此非理性的反感，不能不说是这位洋务运动先驱者的悲哀。

409

进入新年以后，湖南省内关于哥老会的消息时有所闻。湘军闻风前往，哥老会立即解散。王文韶也认为本省的各路湘军无所事事，饱食终日，却又无可奈何。湖南百姓更加厌烦货税捐输，认为出了钱没有收效。湖南经过二十年内战的消耗已经贫弱不堪，再也经受不起折腾了。

王文韶提议淘汰席宝田部，但手下官员告诉他，湖南还欠着席宝田所部几十万两银子的军饷，无法补偿。王文韶犹豫不决，没有马上裁军。

席宝田所部湘军于2月份分三路向凯里西南方的开怀推进，于3月份攻克开怀。苗民军余部退向息灭与阿弥舍，集结力量攻击湘军营垒，遭到反击而失败。四十九岁的张秀眉率部撤向凯里与雷山之间的乌鸦坡。

邓善燮与吴自发等部已经攻破清水江以北的苗寨，唐本有、谢兰阶与苏元春所部沿着清水江南下，于4月份攻克凯里西北方的香炉山与两岔河，捣毁茶坪五大村寨。于是凯里以北全部平定，唯有凯里以南的乌鸦坡尚未攻破。

乌鸦坡山峦绵亘二十里，雍正年间鄂尔泰率部从八寨攻击丹江，惊叹乌鸦坡的险要，因而停止不前。

张秀眉知道苗民军势力已经衰弱，召来杨大六、潘老冒、九大白、姜老拉、岩大五、包大度和金大五等部在乌鸦坡集结，几十座村寨相连，整个贵州的苗民军会聚一堂。

王文韶估计，这么多苗民军铤而走险，聚集在一个没有退路的地方，一定无法逃脱湘军的攻击。于是他派人飞马传令，要求湘军各部和衷会战，以图聚歼苗民军。

于是，唐本有和谢兰阶所部从凯里南下攻打乌鸦坡西北面。与黔军相约，让他们驻扎丹溪，扼守乌鸦坡西南方。龚继昌和苏元春所部从东南方攻击张秀眉的村寨。戈鉴率部从革东的乌溜向西南方推进，与龚继昌所部互为掎角。

苗民军各部首领见湘军和黔军已经对乌鸦坡合围，都率最忠实的部队抗击。湘军伤亡很重，但将士们知道这是最后一战，士气没有衰减。

一天夜里，唐本有率部悄悄袭破苗民军关卡，烧毁数以千计的棚屋。苗民军索性自烧剩余的棚屋，撤退到牙塘据守。唐本有等部跟踪追击，夺占了牙塘、乌遂与猴子坳的所有村寨，六万多名苗民军放下武器请降。

龚继昌和苏元春所部已经攻破张秀眉的村寨，戈鉴所部已经攻破杨大六的村寨。苗民军残部集结起来保卫乌堡和冷水沟，打算北进，但因春水盛涨无法渡江。黔军又在河干拦截，龚继昌和苏元春所部挥军追赶，将苗民军截为两段，斩杀几千人，迫使一万人投降。

这时天下大雨，张秀眉和九大白趁雨出走。龚继昌和戈鉴追到挂灯，斩杀九大白，将他的首级挂在竿子上。苗民军见了，两万多人盘跪求降。

这一仗从 4 月 19 日打到 5 月 5 日，湘军与苗民军鏖战十七天，将乌鸦坡二十里苗寨全部平定，留下苏元春所部驻扎当地，安抚投降的苗民。

5 月 7 日，龚继昌部从台江排羊的南刀进占雷公坪，搜捕苗民军余部，在战斗中斩杀岩大五。又于 5 月 12 日俘虏姜老拉。

龚继昌侦察到张秀眉和杨大六仍然躲藏在乌东山，便亲自带兵搜捕。四五百名苗民军持短刀殊死抵抗。交战良久，张秀眉和杨大六仆倒在地，被湘军捕获。湘军又在白水洞抓到金人五。

湘军将俘虏的苗民军首领全部用囚车押送长沙处死。其他苗民军和教民军首领或者被俘或者被杀，没有人幸免于难。

当月，刘岳昭从云南派出吴忠奇部，会同黔军，于 5 月 31 日在贵州西南角上的兴义击败回民军，贵州的战事就此平息。

6 月 28 日，王文韶实授湖南巡抚，吴文炳实授湖南布政使。

凯里战役结束后，四十三岁的东安人席宝田急流勇退，告病还乡。他在十几年的作战中积累了家财，骤然富甲一方，开始经营商业，不再回归仕途。

410

贵州的局势平定下来以后，王文韶将贵州的苗疆绘图呈献给清廷。

他上奏说，苗疆山川险阻深幽，其中的地形和道路里程就连当地土人也难以全部掌握。苗民身手矫捷，剽悍勇猛，凭恃险阻，很难寻觅他们的行踪。清朝雍正年间才开辟苗疆，创建古州、台拱、清江、都江、丹江和八寨六座城市，称之为"新疆"，分设镇、协、营、汛及同知、通判等官员，由他们控制。乾隆二年增建凯里、鸡讲、朗洞、柳罗各城，布置更加缜密。新疆的地界跨越镇远、黎平和都匀三府之间，幽深盘曲。苗民在其中生息，人口约有五六十万，垦寨星罗棋布，几乎没有空隙。自从咸丰五年张秀眉领头起事，六城所属的苗民先后响应，占据了新疆全境，长年延续。黎平、镇远和都匀及所属各个城汛全部受到影响。而湖南西部边界所受影响更大。同治五六年，湖南的前任各位巡抚奏调席宝田统领湘军大举援黔。首先击败荆竹园和轿顶山的教民，断绝了他们的增援。然后攻克江口垒和寨头，在苗民根据地驻军，像雕一般四出攻击，开凿险道，攀缘幽谷，攻城克寨。通过七年的不懈努力才有幸获得成功。现在湘军已经攻克新疆的所有六城，一千多里的苗疆及其延伸的处所全部安定下来。现在所有接受安抚的苗民人口不过几万。从古至今，苗疆的战事这次可谓登峰造极了。历年来，湘军所到之处深入穷搜，有很多是汉人未曾涉足之地。前曾饬令统军的各位将领，将多年来攻占扼守阻击的要害之处绘图呈进朝廷审核，以便随时调度。此事规划已久，苗疆的地形已经明了。现根据各军所呈的地图，以鄂尔泰新辟的苗疆为界线，综合出一份总图。凡是湘军攻克的地方都粘贴标签注明。其中都匀、马哈、清平和黄平各边境，都是川军和黔军攻克的处所，无法全部了解用兵的日期，一概没有加贴标签。

王文韶说，他知道经理一个地区图籍是很重要的依据，形势是险是平必须考察前辙。谨绘图咨呈军机处，以备考核。

战火改变了苗疆的生活，苗寨只剩下了五分之一，居住其中的苗族百姓都是清廷的顺民。这些居民中缺少能征善战的精壮男子，黔东无奈地平静下来。

王文韶向清廷献图之后，随即下令收兵。他采用陈宝箴的计谋，唆使各位营官主动提出只要一半军饷，这样需要领取的银子是三十六万两，全部由清廷供给。

湘军在贵州的军事行动宣告结束，仍然留下戍防军驻扎在沅州以西，由四名将领统领五千名军士。不甘屈服的苗民不时闹些小的动静，但不再能够造成大的影响了。

贵州的苗民运动在湘军打击下失败以后不久，湘军将领戈鉴在军营中病逝，享年四十岁。他在老师储玟躬死后又度过了十八年的军旅生涯，却没能活到解甲归田的那一天。

戈鉴是诸生出身，但他从小不屑于研读辞章，却潜心于孙子兵法。作为一名带兵打仗的书生，他算是实现了自己的心愿，也可以说是死得其所了。

邵阳人曾纪凤受命办理战争的善后事宜。他在从黄平往西南延伸到贵定的二百多里地面上修建了七十座碉堡，分设四屯，每屯都设屯官，派六百名军士分守，一面垦荒供饷，一面巡逻。

411

岑毓英部在上年底攻克了馆驿城外围的白旗军碉垒，于 1 月 25 日攻破馆驿西门，进入馆驿，与白旗军同城对垒。

张保和部在馆驿以南作战，于 2 月 21 日攻克开远的田心，白旗军首领马世德不愿做俘虏，自焚而死。

杨玉科部则在云南西部杜文秀的根据地周边作战，于 3 月 4 日攻克大理以西一百里外的永平，接着攻克曲洞和漾濞。

李维述部也逼近了大理，于 5 月 22 日攻克大理东南方的云南县。

杨玉科、李维述和杨国发等部联合作战，于 6 月 8 日攻克毗邻大理的赵州，即今天所说的凤仪镇；又于 6 月 20 日攻克大理以南的茶马古道重镇蒙化，即现在所说的巍山。

赵州一仗，杜文秀亲率一万兵力出援也无力回天，大败而返。到此为止，清军拆除了大理的所有藩篱，杜文秀白旗军的声势更加无望振作。

张保和所部于 10 月 17 日攻克抚仙湖以东的婆兮，即现在所说的盘溪。马忠所部于 10 月 24 日捕获馆驿白旗军首领马敏忠与马国政，将他们处死。清军将回民迁移到村寨居住，馆驿平定。

贵州提督周达武率部会同云南清军作战，于 11 月份攻克新城。

杨玉科部于年底开始对白旗军的根据地大理发起攻击。

大理北临洱海，西靠苍山。杜文秀占据大理之后在城内修筑了土墙，把他的大元帅禁城团团包围。杨玉科下令挖掘地道，炸塌东南城墙，部队从缺口冲入城内。白旗军凭靠土城奋力抵抗。杨玉科又下令埋地雷炸墙。从 12 月 10 日战到 17 日，杨玉科所部在作战中斩杀白旗军两千多人。

杨玉科把部队驻扎在内校场的莲花池，增调五六千兵力围攻禁城。

12 月 25 日，杜文秀率最忠实的部队杀出禁城，杨玉科亲自率部迎击，斩杀白旗军五六千人。杜文秀率败军退入禁城。

12 月 26 日黎明，杜文秀率全家沐浴完毕服毒自尽，终年四十五岁。蔡廷栋等人抬着杜文秀出城献给杨玉科。这时杜文秀气息犹存，杨玉科下令割下他的首级送往昆明。交献杜文秀的蔡廷栋以前曾在被围时投降清军，后来又逃往大理。

岑毓英已率部抵达红崖，距大理一百二十里。清军进占大理将要等到下一年。

由于云南的清军已基本上消灭了杜文秀的白旗军，刘岳昭官复原职。

满洲正黄旗人景廉是清末有名的廉官，在这年春天率部抵达新疆古城，派使者把徐学功召到绥来的沙山。绥来就是现在所说的玛纳斯。

景廉让徐学功召集旧部三千多人开设屯田，一边作战一边耕种。这时文麟也将团练首领孔才从哈密召到古城修堡建屯，孔才又收容徐学功的散勇两千多人亦耕亦战。于是吉田和吉木萨尔两地大兴屯田，军粮稍微充裕。后来徐学功与孔才都升任提镇，但事事都秉承将帅的意思，英气渐渐减退，和初期血战时不同了。

412

西宁府循化厅撒拉城的回民军于4月份向清军投降。循化厅在西宁府城东南方一百多里处，这里居住着回民和其他少数民族，历史上称为吐谷浑地。

徐占彪的蜀军于5月份进驻肃州的中和桥。自称兵马大元帅的马文禄率部占据肃州已有五年。在金积堡覆灭之后，肃州成为西北回民军队的总指挥部。

桂锡桢于6月份领兵攻打肃州东关，攻克回民军的一道大关卡。关外的回民军入城协守。徐占彪所部与回民军援兵在肃州城西南交战，设伏击败回民军。然后进攻塔尔湾，攻破四座堡垒和十九座墩卡。

西宁的回民首领马永福率米拉回民参见冯邦棟求抚。白彦虎和禹得昌部仍在坚固的营垒中抵抗清军。左宗棠派何作霖率八营兵驻扎在西宁以东两百里处的碾伯，令龙锡庆率两营随后跟进。这时刘锦棠从湖南返回甘肃，左宗棠令他率部取道平凉和兰州奔赴西宁。

7月7日，徐占彪所部攻占塔尔堡，另攻克二十多座小堡。于是肃州西南马文禄部队的堡墩都被清军扫平。徐占彪所部进驻沙子坝，距肃州城只有三里。

肃州城内的马文禄部于7月11日大开南门出兵，将士一律身着白衣、头裹白巾、身贴黄纸。排列好阵势以后，在阵前斩杀一名妇女和一条狗作为驱魔镇邪的方术，然后开始攻击徐占彪的营垒。

徐占彪关闭垒门，不为所动。等到马文禄所部的中营进入炮火射程，徐占彪才下令用开花炮射击。开花弹落在马文禄所部头上，只听见到处山崩地裂，一片哭喊。接着，桂锡桢率马队冲入阵内，往来劈砍。马文禄哪里见过这种阵势，连忙下令收兵回城。从此徐占彪所部围住肃州城天天进攻。马文禄哀辞请抚，徐占彪认为他诡计多端，不予答应。

徐占彪所部于 7 月 22 日攻克姑树的三座堡垒和六道墩卡。又于 7 月 26 日攻克四坝的十一座堡垒，都派兵勇驻扎。再于 7 月 30 日攻克朱家堡，追杀大批回民军。到此为止，肃州城东、西、南三面的壁垒，被清军控制。

刘锦棠所部已经开到碾伯，西宁本地回民和外来回民仍然持观望态度。刘锦棠张榜告示，要求甘肃回民放心，说他的部队只打陕西的回民军。然后他率董福祥、李双梁和黄万鹏等部奔向峡口，与禹得彦和崔三所部大战一场，将之击败，接着在高家堡进击白彦虎所部，烧毁壁垒，然后回师。

左宗棠于 8 月 8 日进驻省城兰州。不久他就在这里开设了兰州制造局，也叫甘肃制造局。这个机构开始制造先进的枪炮子弹。

徐占彪所部仍在肃州周边作战，攻克朱家堡北面的三座墩卡，然后进攻刘家堡。王万有的陕西回民军见甘肃回民军粮食短缺，率二百多名骑兵投降，徐占彪受降。

徐占彪认为肃州是座大城，他的兵力太少，无法合围，于 9 月份将手下的每营兵力分为两营，环绕肃州城三面修筑壁垒驻扎。每天动用开花炮对城内轰击，城墙垛口大部分都被炸塌，但是仍然未能攻克。

左宗棠上奏，请调宋庆所部从陕北的神木赶赴甘肃协助作战，让张曜所部驻扎金积堡，移调谭拔萃所部开赴西宁，令陶生林、金庆元和戴宏胜的五营骑兵及步兵开赴肃州。

自封的代理西宁知府马桂源出城与陕西回民军共谋起事，两天没有返回西宁。西宁府城内的汉民素来知道他的智巧，趁机关闭城门将他拒于城外，请清廷任命的西宁道郭襄之主持防守。

马桂源果然联络了禹得彦、崔三和白彦虎等人，带领其部包围西宁，扑向李双梁的军营。刘锦棠率董福祥等部接连击败马桂源请来的部队。他令各部靠山设伏，修筑炮台，装置开花车轮大炮等待。禹得彦等部隐伏不出。

龙锡庆所部于10月份追赶回民军抵达沙沟，被回民军包围。刘锦棠派兵前往救援，攻破回民军的七座壁垒，全部焚烧。

刘锦棠见回民军势力强盛，抽出兵力开赴西宁以东的平戎驿，就是现在所说的平安县，造桥北渡湟水，打通北达威远堡的粮路，每天与回民军鏖战湟水南北，战果累累。

11月上旬，郭襄之从西宁府城内派出使者缘绳攀下城墙向刘锦棠告急，说城内粮食已尽。马桂源也请湘军退兵，愿意接受安抚。

刘锦棠更加着力催促部队猛攻，把大炮抬到北山之巅，令邓增测准回民军的壁垒发射六十多枚炮弹，把墙垒全部炸垮。回民军不得不逃到壕沟内躲避。刘锦棠挥军追击搜捕，将北山的卡垒全部扫平。

马本源和马桂源于11月18日趁夜奔向东川，纵火焚烧庄寨，从撒拉逃向东南方的巴燕。西宁解除战时状态。郭襄之率城内的三万多名男女居民对着向西宁开来的湘军队伍望尘迎拜，欢声如雷。

这一仗，刘锦棠以十八营的骑兵和步兵，分别驻扎在八十多里的地段，经历大小五十多次战斗，在冰雪中站稳了脚跟，立下了很大的战功。

到了12月份，西宁大通的所有回民堡垒都请求安抚，交出两千几百匹战马和六千多支枪矛。陕西回民军首领崔三和甘肃回民军首领冶兴福、马福寿等人到湘军军营中献出良马。刘锦棠派马永福去召回随马本源出城的西宁回民，有三千多人逃回复业。随后回归的人在道路上络绎不绝。

1873年
同治十二年

413

在西宁以北的大通，回民首领马寿在马桂源的劝诱下，于1月份杀死几十个难民，率部抵抗湘军，刘锦棠将马寿部彻底击溃。

刘锦棠所部在2月份攻克了大通，俘虏马寿。黄万鹏所部俘虏了马长忠等人。湘军在大庭广众将马寿处以磔刑，并将他的部属马长忠等一百八十多人处死。

在大通对岸，北川河以东西庄堡的回民到刘锦棠营中谈判，愿意交出所有马匹和武器，并交出造反者。刘锦棠将大通城内的回民迁移到北川河东西，将汉民村堡的难民迁徙到城内。城外的回民村堡也适量迁入汉民，两相更易。

崔伟、禹得彦和毕大才见风声很紧，也向湘军投降。刘锦棠从回民军中挑选精壮的战士建立旌善五旗。黄万鹏统领其中的骑兵。

只有白彦虎率余部从永安关西奔肃州。

马桂源仍在西宁东南方的巴燕听说湘军攻克了大通，便向西北方推进到扎巴城。陈湜、沈玉遂、张仲春和马占鳌等部黉夜火速行军赶到扎巴，马永福率部众迎接，向湘军投降。

2月23日，清廷为同治皇帝举办亲政大典。清廷的朝政一如既往，对甘肃前线的战事并无影响。

2月26日，湘军攻克巴燕。

2月27日，刘明灯和敖天印率部从来拉赶来会师，陈湜将马本源的眷属关在监狱里。当时大雪不止，音信隔绝，马本源还不知道。刘明灯和沈玉遂便派投降的回民军到扎巴城送信给马本源，使马本源大为惶恐，于是通过马占鳌请降。

3月2日，沈玉遂在东山设伏，抓捕了马本源和马桂源，将他们捆绑下狱。陈湜提出其部属马主麻和海乙什等三十多人一并处死。

到此为止，西宁战役结束。

陶生林等部已经抵达肃州，金顺的骑兵也已开到。徐占彪所部屡次与回民军在北稍门、南稍门和东稍门交战，连获大捷，占领了礼拜寺。但最终还是因兵力不够而无法全部合围。

金顺上奏，请调张曜率部来甘凉助战。成禄仍然诉苦，说军粮匮乏，难以西进新疆哈密。清廷下诏，将成禄褫职逮问，由金顺接管其部。

白彦虎在3月8日奔到了甘州，杨占鳌率部将其部击退。杨世俊部则追踪白彦虎部西至抚彝，即现在所说的临泽。

3月13日，白彦虎部西进至高台，大肆焚烧抢掠。马文禄的肃州回民军派兵东来迎接，两部会师，占据镇夷的西山寺。

徐占彪接到军报，担心后路粮运被白彦虎所部阻塞，便派老湘营将领陶生林等部迎击。白彦虎率部掉头西奔。

肃州的回民军听说清军分兵出战，围城的兵力减少了，便乘虚扑向徐占彪的营垒，被徐占彪安排的伏兵击败。

3月17日，白彦虎率部北进，攻打金塔县东北方一百二十四里处的毛目城，即现在所说的鼎新镇。金顺和陶生林率部前往救援。白彦虎下令撤围，南攻金塔，被杨世俊所部拦截击败。

白彦虎部于4月2日奔向嘉峪关附近明长城沿线的塔儿湾堡，距肃州城三十里。肃州回民军出城接应。徐占彪部与金顺和杨世俊所部联合攻击，将城内的回民军堵了回去。

4月5日夜里，白彦虎率部扑向清军防守的长壕。徐占彪则率部直袭塔儿湾攻破村堡。

白彦虎正率部与清军在肃州城外作战，突然得知堡垒丢失，急忙返回与清军交战，斩杀肃州镇王子龙。徐占彪部与金顺的骑兵联合拦截，才将白彦虎部击败。

张曜已率部抵达镇番。宋庆也派蒋东才赶赴东山，以期迅速地结束甘肃境内的战争。徐占彪所部则天天围攻肃州，没有间断。

414

云南巡抚岑毓英于1月2日到达大理部署安抚事宜。

但是，蔡廷栋虽然向杨玉科献出了奄奄一息的杜文秀，却只是假意投降。他跟杨荣一起暗中在自己的行馆埋下地雷，约杨玉科率二百人前往。

杨玉科答应了蔡廷栋和杨荣的要求，带人进入禁城。但他已经看穿蔡廷栋的心机，没有进入行馆，而是潜入杜文秀的元帅府，占据了炮楼。然后他大喊一声，兵勇听到号令便发起攻击。蔡廷栋所部惊慌失措，出动四五千人将杨玉科所在的炮楼团团包围。

岑毓英已在城外安排了伏兵，计算时辰，估计杨玉科已经到达。他一声令下，伏兵在夜色掩护下架梯登城，与杨玉科会合。清军与白旗军巷战整天，伤亡数以千计，斩杀白旗军上万人。

1月9日，蔡廷栋下令烧毁元帅府，夺得城门出走。于是大理三城全部落入清军手中。清军俘获杜文秀的三个幼子和一个女儿，以及杨荣、蔡廷栋等一百三十人。

1月15日，清廷下令释放前贵州提督田兴恕，让他返回湖南凤凰原籍。

刘岳昭和岑毓英上奏说，杜文秀领头造反已有十八年，攻占五十三座城池，北达四川会理，东及贵州兴义。修造禁城，建立王制，一心要效仿洪秀全，与之并驾齐驱。清军四次西征都无战功。咸丰六年提督文祥调川军助战，攻克红崖，包围宾居，而东西各路造反军包围昆明，文祥不得不撤兵回援省城，又丢失了弥渡与云县。咸丰九年提督褚克昌攻克鹦鹉关和云南驿，而馆驿和澄江的造反军攻占广通、楚雄和镇南，袭击官军后方，褚克昌全军覆没。同治二年岑毓英在代理藩司任内接连攻克景东、镇元、永北、楚雄、广通和定远，进攻镇南，而马连升和马荣率沾益与寻甸的部众占据曲靖、马龙和平

328

彝，岑毓英撤兵回顾，无法继续进行大理战役。同治六年提督马如龙刚刚率部到达定远，前锋失利，而合国安和杨振鹏等人内外配合，官军连失定远和楚雄以下的二十座城池，省城之围几乎无法解除。推究其中的缘由，都是因为东南部造反军的支援没能禁除，迤西造反军的势力就更加强盛。所以这次先从各路攻击。攻克曲靖就巩固了东部。解除对省城的包围就清除了内患。攻克澄江就安定了内地。平定临安就稳定了南部。如此一来内顾无忧，远图易举。这就是先攻东南然后专攻迤西的道理。

清廷收到捷报，对将帅给予不同程度的奖赏和提拔。

当月，李维述和杨国发所部又攻克了巍山的大围埂，而小围埂的白旗军还在凭险自守。杨玉科率部会同李维述等部将小围埂攻克。

此后，零星的战斗仍在进行。

杨玉科所部于3月10日攻克锡腊。蔡标所部于3月21日攻克西南部的勐朗，杨玉科所部于3月23日攻克大理以南的顺宁，即现在所说的凤庆。

4月28日，杨玉科与蔡标所部攻克凤庆东南方的云州。5月16日，和耀曾所部攻克凤庆西南方怒江以东的小勐统。5月28日，李维述所部攻克怒江以西的腾越。

到此为止，云南已无战事。刘岳昭请求入京觐见，清廷批准，并令岑毓英暂代总督。

415

马文禄在肃州城内，于5月份发现清军已经合围，便每天放出汉民和妇女，减少城内的粮食消耗。马文禄还打算夺取礼拜寺，取道塔儿湾，跑出嘉峪关。

徐占彪为了防止马文禄部突围逃跑，下令加挖重重壕沟，将他们困在城内。

马文禄见突围艰难，打算将眷属杀死，轻装突围。

宋庆所部于6月份全部抵达肃州，在城东修筑壁垒驻扎。白彦虎见清军声势浩大，率部西逃关外，进入玉门、安西和敦煌境内。

徐占彪约好各路清军在肃州城西礼拜寺修筑炮台安置后膛巨炮。6月25

日，徐占彪下令发射一百五十炮，城墙砖石顿时坍塌，但墙身并未开裂。

第二天，徐占彪又下令发射一百二十炮炸垮多处城墙，但马文禄部很快就砌补起来。

宋庆和徐占彪商议一番，下令在东关附近修筑炮台。金顺也下令修筑炮台，与徐占彪所部的炮台互为掎角。

7月10日，各部接连发射一百几十炮，将城墙炸开六七丈的缺口，但是部队被壕沟阻挡，无法通过。壕沟深达三四丈，冬夏两季都不干涸，这就是古代所谓的酒泉。

7月29日，徐占彪挑选出精壮军士越壕攻城，徐占彪领头冲上城墙，金顺和宋庆两部蜂拥而上，一举攻克东关。

马文禄下令纵火焚烧房屋和粮草，逃入大城。每天派出精锐与清军巷战。徐占彪左腿被枪弹击中，约请金顺和宋庆所部驻扎东关，自己撤到壕外养伤。

左宗棠见围攻肃州之师劳战已久，而统军大将又负了伤，便提出亲自前往肃州指挥。他于9月8日从兰州出发，于10月3日抵达肃州城外，坐镇城南。

10月6日中秋节，徐占彪和杨世俊所部填壕登城，马文禄部奋力抵抗，清军无法登上城墙。10月7日，金顺下令引发地雷，炸塌东北角城墙，游击张林先登，中炮身亡。10月8日，徐占彪和杨世俊所部又在肃州城西和城南占据地道，于10月10日同时引发地雷。杨世俊率奇捷营先登，刚上城墙，被炮火流弹击穿头部，当场毙命。

徐占彪仍然督促将士猛攻，副将和下级军官有五十多名阵亡，五百多名士卒负伤。

左宗棠见仰攻损耗部队精锐，便下令停止攻击，增挖壕沟，加修壁垒，进一步困敌。

刘锦棠所部从西宁开到甘州听候调遣。左宗棠令他率部到肃州协助攻击。

10月30日，刘锦棠和黄万鹏率五营湘军抵达肃州，令投降的回民军将领马福寿等人每天骑马驰到城下呼喊马文禄及其所部将领，对他们说："你们的死期要到了，请为自己妥善谋划！"

这种攻心战很快就发生了效力。马文禄恳求率部出城接受安抚。

11月4日，马文禄亲自来到大营参见左宗棠，磕头请求饶命。金顺、宋庆、徐占彪和刘锦棠都在座。左宗棠令马文禄先交出马匹和武器，然后造出本地和外来回民的名册清单，听候安插。

左宗棠下令，甘肃籍贯的回民出城到东门外集合，由宋庆负责按名册点验，关外沙州籍贯的回民由金顺负责按名册点验；西宁、河州、循化和陕西籍贯的回民到南门外集合，由刘锦棠和徐占彪负责按名册点验。各部预先在废弃的村堡中将回民按男女分开安置。

11月11日，经过核对名册和籍贯，从城内分辨出一千一百多名男女汉民。

11月12日，左宗棠下令提出马文禄及其部将八人处以磔刑。三声炮响后，金顺、宋庆、徐占彪和刘锦棠所部分别屠杀外来回民。夜间各部入城放火，屠杀当地回民五千多人，拔出老弱妇女九百多人。

到此为止，清军平定了肃州。左宗棠令三十三岁的衡阳人谭上连带领总兵戴洪胜和提督金庆元驻防肃州，监督修复肃州城墙。

谭上连在1858年加入湘军，本为李续宜和萧庆衍旧部。后来跟随刘松山与捻军作战，随后一起转战甘肃，也参加了对金积堡的围攻。左宗棠对他十分看重。

左宗棠向朝廷告捷，清廷下诏，任命左宗棠以总督身份协办大学士，改骑都尉为一等轻车都尉世职。赏给徐占彪云骑尉世职。赏给宋庆与张曜双眼花翎。其余将领都给予不同程度的奖赏。

左宗棠认为，甘肃全境的肃清，实在是有赖于刘松山直捣金积堡，刘松山战死以后则由刘锦棠继续攻战，才得以将马化龙处死，从此甘肃的战事迎刃而解。于是他请求将所得的一等轻骑都尉世职追赏给刘松山。清廷下诏褒奖。刘松山已得三等轻车都尉，再加赏一等轻车都尉，并封为男爵，令其过继的儿子刘鼐承袭。

从此以后，陕西甘肃两省的回民也有一些动静，但再也没有造成影响了。

白彦虎部出关以后，金顺派兵追击，副都统明春和办事大臣文麟也派骑兵追赶。白彦虎率部逃进山里。

白彦虎所部于7月份袭击阿毕米特，代理乌里苏台将军常顺上奏，请朝廷催促金顺率部出关。

秋天，白彦虎率几千名精锐分别袭击乌鲁木齐和绥来，徐学功率部横出拦截，斩杀几百人，夺得五百匹骆驼和大量物资。

白彦虎觉得自己势力单薄，便与原浩罕国的安集延人联合，他们的首领帕夏凡有需求，白彦虎都予以满足。于是安集延人越来越富，当地回民越来越穷。

湘军于 11 月份进占肃州以后，清廷就新疆问题下诏说，现在关内已经肃清，应该立刻乘此声威扫除关外的造反者。命令金顺迅速赶赴古城会同景廉收复乌鲁木齐。穆图善久驻泾州，兵力闲着无用，应立即赶赴玉门、安西与敦煌一带，以壮声援。哈密尚未解围，张曜和宋庆所部久经阵仗，办事奋勇，应立即驰往哈密会同文麟与明春作战。各军粮饷由左宗棠源源接济，不能让部队缺乏粮饷。

清廷没让左宗棠西进新疆，只要他负责为西进部队提供粮饷，是体谅他积劳在身，不忍叫他驰骋沙漠。

1874年
同治十三年

416

左宗棠没有进入新疆，坐镇甘肃，淘汰陕甘驻防军，将营改为旗，以节约粮饷。他下令成立甘肃织呢总局和甘肃制造局，以及兰州火药局等机构，为后世发展西部工业打下了基础。

这时日本人侵犯澎湖列岛，李鸿章上奏，请调驻扎陕西的刘铭传所部赶赴山东，计划渡海增援台湾。左宗棠担心陕西邠州和乾州兵力空虚，要求穆图善从泾州的驻军中拨出五营接手乾州的防务。

对于海上的侵略者而言，到这时为止，清军多少有了一些威慑力量。福州船政局到这年2月为止，经过近八年运作，造出了十五艘轮船。从这时起，日意格等人及几十名法国籍工匠按照合同的规定全部从船厂撤走，厂务和技术都由船政学堂培养出来的学生接管。"新造诸船，俱用华人驾驶。"

福州船政局非常节省。建厂费用只有四十多万两银子，到本年为止总共只用了五百三十五万多两银子。

尽管中国有了轮船，日本人仍然遏止不了自己的野心。日本政府于2月6日通过《台湾番地处分要略》。4月份，日军组成所谓的"台湾生番探险队"，由陆军中将西乡从道率领三千人的舰队侵略台湾，在琅峤登陆。

日军于 5 月份侵犯台湾基隆，5 月 18 日，日军开始与台湾当地居民交战。牡丹社酋长阿实禄父子等战死。江海戒严。清廷下诏，重新起用湘军名将蒋益澧，要将边防军事交给他办理。蒋益澧刚到京城，旧病复发，不久在北京去世，终年五十岁。清廷将他官复原职。

清廷向日本政府提出质问，并派福建船政大臣沈葆桢率军直赴台湾。沈葆桢等到达台湾后，一面与日军交涉，一面积极备战。

7 月，日军以龟山为中心建立都督府。

7 月 21 日，清廷召曾国荃、杨岳斌和鲍超等人入京，筹划增援台湾抗击日军事宜。

日军由于不服台湾水土，士兵病死较多。日本政府考虑到不能立即对台湾进行军事占领，于是转而用外交手段解决问题。

三十四岁的湖南慈利人孙开华是鲍超旧部，为了加强东南海防，闽浙总督李鹤年上奏，请调他的擢胜营开赴厦门。清廷准奏，任命孙开华为代理福建陆路提督。

四十七岁的浏阳人李兴锐奉命办理机要，并赶赴江阴、狼山、吴淞和崇明等地视察，择险设守，指挥部队修筑炮台。

8 月 23 日，清廷下诏，任命左宗棠为大学士，仍留陕甘总督任上。

四十二岁的宁乡人黄万鹏奉命率部镇压甘肃河州的闵殿臣造反军。他是湘军宿将，所部是刘锦棠建立的旌善五旗中的骑兵。

到了秋天，张曜率部西进，驻扎新疆哈密，大兴水利，开垦两万亩荒地，每年获得几千石粮食供应部队。

哈密的土质容易渗水，开垦和耕种需要使用土工、石工和毛毡包裹工，是别处所没有的。张曜亲率所部经营缔构，十分勤勉。

关外的各路清军全部隶属于乌鲁木齐都统景廉。金顺率部出关，驻扎在巴里坤，与景廉关系不和。清廷向左宗棠垂询此事。左宗棠上奏说，景廉为人方正，很有学问，足以为僚属做出榜样，但是过于拘执古板。金顺宽和服善，很得人心，平时显得庸庸碌碌，但一上战场就奋勇杀敌，这是他亲眼所见的。既然金顺处在前敌位置，就应该让他负责军事。

古丈人杨占鳌因伤病交发，以奉养亲老为由辞官卸任回乡。慈禧太后赐给他一万两银子，要他回乡架桥修路。他回乡后广置田产，成为古丈首富。

为了向清廷交差，他在三道河草草修了一座铁索桥，取名"三道河桥"。

刘岳昭抵达京城，得到清廷的慰劳，获赐寿礼。

经过一番外交斗争后，清廷与日本政府于10月31日签订《北京专条》，清廷付给"日本国从前被害难民之家"抚恤银十万两和日军在台"修道建房等"银子四十万两。

12月20日，日军全部撤出台湾。

日本第一次对外侵略扩张，首选的目标即为中国台湾，给清廷敲响了警钟，同时也暴露了日本霸占台湾的野心。

湖南提督宋庆于11月2日改任四川提督，云南提督马如龙改任湖南提督。

为了修筑一条从缅甸仰光到云南思茅的铁路，英国上校柏郎率领一支近二百人的武装探路队从缅甸出发，探测通向中国云南的路线。英国驻华使馆的职员马嘉理奉公使威妥玛之命从北京经云南到缅甸接应，准备年底与柏郎在八莫会合。

杨昌浚经手核查的杨乃武与小白菜一案已经在全国闹得沸沸扬扬。民众对杨昌浚大为不满。但是，左宗棠对其清正为官始终深信不疑。他没有想到杨昌浚会搞官官相护，妨碍司法公正。所以他一直为杨昌浚叫屈，并且认为这是浙江和京城里有些人妒忌杨昌浚，故意跟他过不去，因为在此案发生之前就有不少高官对杨昌浚进行过攻击。左宗棠曾安慰他："阁下伟量宏才，朝论翕然，断非蚍蜉所能撼。"这一次，左宗棠依然力挺他渡过难关。

左宗棠知道，杨昌浚的去留关系到陕甘军饷的有无，因此他当然希望杨昌浚一方能够胜利，才不至于丢失浙江巡抚这个十分关键的位置。他不但不怀疑杨昌浚，还不断地给他打气。

左宗棠远在陕甘，并不了解此案的细节，凭什么对杨昌浚深信不疑呢？原因有五条。

第一，杨昌浚早就无意于仕途高进，不是官迷，不会干用鲜血去染红顶子的事。

第二，杨昌浚在浙江为官颇有建树，而且为湘军筹饷不遗余力。因此而得罪浙江的一些官绅在所难免。

第三，在此案审理期间，杨昌浚曾打算离开浙江到甘肃协助左宗棠，似乎饱受了委屈。

第四，杨乃武一案是报纸炒作出影响的。左宗棠非常讨厌当时由外国人出钱让中国人办的报纸，即所谓的"新闻纸"。这些报纸替外国人说话，混淆中国人的视听，令左宗棠大为反感。所以他主观认定报纸抹杀了公论，为奸人喊冤，而对朝廷听信报纸传闻他大感不解，甚至气愤地说：杨昌浚有什么事情对不起浙江？偏偏浙江人就不服他的教诲，这都是因为他"性气宽和，人无所忌"。他感叹世风日下，竟然会有人"为奸夫奸妇劣属雪冤"。

第五，也是最重要的一点，杨昌浚在此案审理期间又做了一件大公无私的事情，令左宗棠感动不已。

杨昌浚知道左宗棠在陕甘艰苦卓绝，正要进军新疆，收复国土，便把自己积攒的养廉薪俸共计两万两银子捐献给左宗棠部。左宗棠从兰州出发时收到这笔款子，抵达肃州时才向杨昌浚表示感谢。他知道杨昌浚已经承受不住杨乃武一案的舆论压力，打算辞官回家，便在信中非常体贴地对他说：我虽然不敢辞谢你的馈赠，但担心你为官在外长期没有顾及家里，恐怕将来连吃饭都成问题，所以到你回家时，我一定会把这笔款子寄还给你。

这件事让左宗棠再一次看到杨昌浚做官不为私利。这样一个官员怎么会贪赃枉法呢？

1875年 光绪元年

417

同治皇帝于1月12日驾崩，年仅十九岁。三岁多的光绪皇帝于1月13日登基。

1月20日大寒，曾国藩下葬湖南善化县坪塘伏龙山。

英国人马嘉理和柏郎率领的武装探路队事先没有通知中国地方官于2月中旬擅自闯入云南，并扬言要进攻腾越城。

曼允山寨的景颇族居民力阻英国侵略者通过。马嘉理于2月21日向居民开枪，激起民愤，将马嘉理及几名随行的中国人打死，并把探路队赶回缅甸。

威妥玛就马嘉理事件向清政府施加外交压力，声言将派兵进入云南。英国公使也把矛头指向了岑毓英。清廷催促刘岳昭返回任上处理此事。刘岳昭有意逃避，被御史李廷箫弹劾，说他拿奉旨觐见做挡箭牌，故意延搁。清廷将刘岳昭革职。

清廷任命五十七岁的湖南新宁人刘长佑为云贵总督，任命四十七岁的安徽庐江人潘鼎新为云南巡抚。

新疆正值多事之秋，清廷打算依靠左宗棠收复新疆，担心英国会与俄国联合起来阴谋占据新疆，便令李鸿章与丁日昌一同妥善办理马嘉理一案。

清廷于 4 月份下诏，任命景廉替补正白旗汉军都统，与侍郎袁保恒回京供职。任命左宗棠为钦差大臣督办新疆军务。金顺被任命为乌鲁木齐都统，为左宗棠做副手。五十三岁的茶陵人谭钟麟实授陕西巡抚，负责筹集西征的粮饷。

谭钟麟自从 1871 年因左宗棠推荐先后出任陕西布政使和护理巡抚以来，能够体察民情，废除苛捐杂税，调和汉民与回民的关系，为湘军西征甘肃及时提供军饷，深为左宗棠赞许。

清廷还任命陕西布政使裕宽和陕安道沈应奎兼管糈台。

左宗棠于 5 月份上奏，请求清廷起用前任代理陕西巡抚刘典赶赴兰州。刘典于 1870 年以母亲年迈为由请假回到湖南。清廷任命五十六岁的刘典为候补三品京堂，帮办陕甘军务。

金顺 6 月份抵达新疆古城，接管景廉所部，将三十多营淘汰为十九营，加上金顺原部共有四十多营。

到这时为止，左宗棠所部淘汰掉了四十多营，还留下骑兵和步兵一百四十一营，每年需要六百一十四万多两的饷银。金顺所部则每年需要二百六十四万多两的饷银。穆图善所部每年需要一百零八万两饷银。雷正绾所部需要三十万两饷银。

这些银款都由西征粮台收发，其中还没有包括驼干、仓储费和运费。各省关累计拖欠两千六百多万两银子，向各地行文催付，都无回音。

谭钟麟只好求助于朝廷，请求上面干涉。他上奏说，自从 5 月陕西藩司接管西征粮台以来，到 8 月为止，催收各省关协饷银八十多万两。总督左宗棠每月需要四十多万两饷银。最近在新疆南北两路创设几条采运道路，里程都有四五千里，每月需要二十多万两银子的运费，而且举办屯田要费用，购买车驼要费用，制备军火武器要费用，整顿部队裁撤勇丁也要费用。支出一天天增加，收入一天天减少。这几个月全靠着向外国人借来三百万两银子才得以勉强维持。但这些款子也是随到随放，现已用完。袁保恒前次上奏说，每到年关部队都要发满饷。本年各营月饷没有发满，转眼就到年关了，部队需饷如命。如果还不能发放一个月的足饷，怎能满足将士的期望，提高其效忠朝廷的士气？现在出关各部整装待发，除了月饷还要加上粮运，财政窘迫胜过往年。请求朝廷令户部指名提取各省关欠饷六十万两，为部队发足年终一个月的饷银，并将出关粮运所需的军饷一百四十多万两限于 10 月左右运到陕西，转运前敌部队，以供开销，保证西部军事的顺利进行。

清廷下诏，批准他的请求。

这时刘典因病辞去帮办职务，清廷允许他不去陕甘。谭钟麟又上奏说，左宗棠出关，后路驻防军有一百几十营，远者相距三千里，如果仓促之间有事要办，无人领命办理。刘典与各军都很熟悉，如果令他驻扎兰州照顾后路，总督才可以专心向前推进，迅速投入作战，早一天获得成功，也就节省了一天的军饷。

清廷下诏，催促刘典从湘西出发。

清廷于 5 月 30 日将沈葆桢和李鸿章分别任命为南洋大臣和北洋大臣，令他们从速建设南洋水师和北洋水师，并决定每年从海关和厘金收入内提取四百万两白银作为海军军费，由二洋分解使用。

沈葆桢从前鼎力办理左宗棠开创的福州船政局，但他现在开始为李鸿章说话。他认为应在北洋创办外海水师。若以有限的实力兴办北洋和南洋两支水师，会因力量不足而导致见效缓慢。左宗棠则认为，由于国力有限，应在沿海设防，增设炮台，布置水雷。如果把摊子铺得太大，到外海与列强争逐，轻敌浪战，会浪费有限的国防资源。

清廷采纳了沈葆桢的建议，先创设北洋一军。充实了北洋水师的实力以后，再以一化三，变为三洋水师。北洋水师的成军之路由此开始。

沈葆桢受命督办南洋海防，他手下的南洋海军共有舰船二十六艘，大部分是李鸿章开办的江南制造总局和左宗棠开办的福州船政局制造的。到上年为止，福州船政局共造大小炮船十五艘，用以装备福建海军。日意格等外籍技师去职后，全部由中国技师工匠自办。

南洋水师驻泊在江苏和浙江海面及长江口，兵舰新旧大小不齐，兵额不一，实力远不如北洋海军。另有广东海军和福建海军受南洋大臣管辖，但不归其指挥。

浏阳人李兴锐奉命总办上海机器制造局，增设船厂和炮厂。此后一直经营十年。

左宗棠在甘肃设置的制造机构制出了很好的武器。左宗棠在给胡雪岩的信中说：普鲁士国从后膛装填炮弹的螺丝大炮"精妙无比"，不过只要手里有现成的大炮，刻意仿造，"亦可有成"。"此间设立制造局"，聘请广东的技工学造，已造成"大小二十余尊"，与普鲁士的大炮"大致无殊"。制造局还模仿普鲁士大炮的优点造出两百多斤的重炮，"用车轮架放"，也非常合用。至于洋枪，"惟后膛七响一种最为利器"，制造局已生产出几十支，也能达标。

这一年，左宗棠在兰州接待了一名俄国武官。这个俄国人叫索斯诺福斯齐。他去兰州的目的很难揣摩。据总理各国事务衙门的情报，此人是俄国将领，假装到中国游历，其实是来打探虚实的。他一路上走走停停，描绘地图。陕甘两省的官员对接待这位俄国客人颇感为难，担心他窃取中国的军事情报。左宗棠告诉陕西官员，索斯诺福斯齐要绘图，就让他绘好了。反正外国人也不将他们国家的地图保密。何况我们的学生也要向外国人学习绘图技术。但各地官府要劝他最好走大道，如果走小路遭遇强盗，中国政府可就不负责了。

清廷建议左宗棠最好让索斯诺福斯齐看一看雄壮的军容，其余就不必让他看到了。左宗棠说，反正甘肃当时一派凋敝，要装排场也装不过来。于是他在兰州开诚布公地接待了索斯诺福斯齐一行五人，和他们相处了二十七天。

左宗棠在简陋的总督府内接待了俄国上校一行，然后领他们参观了制造局，又让他们观览了湘军的阵容。索斯诺福斯齐在制造局看到了中国自行生产的军械，赞不绝口。看到湘军的阵势也为之动容。

索斯诺福斯齐向左宗棠提出，希望俄国能与中国在新疆通商，以利于从中国进口茶叶。关于这件事左宗棠没有急于答复，只说了还要研究。索斯诺福斯齐甚至主动提出为湘军西进代购代运军火。左宗棠跟他谈成了比较合理的价格。不过此事后来只是部分兑现了。

索斯诺福斯齐与左宗棠谈得十分投机，同时对左宗棠颇为钦服。他自以为地理知识丰富，但是跟左宗棠交谈之后才发现遇上了高人，于是口服心服。

刚见面时，索斯诺福斯齐大谈英、法和普鲁士的枪炮如何厉害，但参观了制造局以后，发现中国的产品比普鲁士的毫不逊色，其中的大洋枪、小车轮炮和三脚劈山炮甚至是普鲁士没有的。于是对于枪炮一事他也不再夸夸其谈了。

索斯诺福斯齐一行于7月22日从兰州启程，"临别依依，不忍遽返"。

左宗棠的洋务办得很有个性。关于委派留学生出国一事，他也有与众不同的主张。他认为，中国的人才本来胜过外国，只是因为专心道德文章，不重视技术培训，所以有时会相形见绌。只要虚心学习外国的先进科技，过不了几年，他们的长处都会成为我们的长处。只要朝廷坚持定见，不为浮言所惑，事情一定会成功。到那时候列强就没有轻视我们的资格了。这就是我们的自强之道。

在大臣们商议派人赴西洋留学时，他极力主张派人游历各国，借机学习，互相考证。国人"神智日开，以防外侮，以利民用，绰有余裕矣"。

有些人提出，派留学生出国应该派到英、法、美三国。左宗棠认为，既然要派学生去西方游学，就不必指定这三个国家，可以随时斟酌派遣。例如普鲁士的枪炮造得最精，又听说该国新制的水雷足以炸毁轮船，就不妨派二十多个人一起前往学习制造，三年内就能学会制造水雷与后膛螺丝开花大炮的技术。

由此可以看出，左宗棠是晚清洋务运动的先驱者和积极推动者。他的洋务活动不是崇洋媚外，不是卑躬屈膝，而是为了振兴中国，富国强民。在这个意义上，他所从事的洋务是具有积极意义的对外开放。

光绪二年

1876年

418

左宗棠于 2 月份命令刘锦棠等部从凉州赶赴肃州。

刘典于 3 月 3 日抵达兰州,左宗棠令他留守甘肃,筹兵转饷,赞理军机,稳定后方。左宗棠自己于 3 月 16 日祭旗,率部开拔。

清廷的大臣议论纷纷,多数人认为远征劳费,不如放弃新疆南八城,封帕夏为外藩。英国公使威妥玛也为帕夏提出请求。

左宗棠针对这些言论上奏说,乌鲁木齐的反叛者以当地回民居多。白彦虎又带领陕甘的回民军精锐分兵驻扎红庙、古牧和玛纳斯,彼此相连,而他们都向南与安集延首领帕夏沟通。自从帕夏占据喀什噶尔各城,吐鲁番和辟展以西的当地回民都向他归附。帕夏能以欺诈能力控制部众,又从印度购得大量西洋枪炮,势力更加强大,当地回民和缠头回民都将他作为依靠。然而,他们不敢公然与俄国人较量,俄国人也说帕夏的狡诈和凶悍不同于其他反叛者。现在官军出塞,应当先攻北路乌鲁木齐等处,而后向南路进军。当北路进兵时,安集延部也许会集结所有兵力与白彦虎部联合拼死抵抗,少不了有几场大恶仗。如果老天赐福,事机顺利,能够歼除白彦虎部,重创安集延部精锐,由此而挥军南下,攻战之势就会比较容易。这就是致力于北,收功于南了。如果敌人首先为了自固，只布置防守，以拖垮我军，那么战争会旷日持久，也在意料之中。外间议论，有人以为新疆军务可以缓办，有人则认为可以迅速取得功效，有的主张撤兵节饷，有的认为难得易失，他们的意思似乎都是为了方便开展洋务起见，难道这是他们真实的意图吗？

左宗棠说，他以一介书生，能够身居高官，获得显赫的爵位，是平生做梦都没有梦到的。难道他还打算立功边疆，奢望朝廷给予更多的恩赏？何况他已到了六十五岁的高龄，已是日薄西山，虽然愚蠢到极点，也还不至于不自量力，要把边荒的艰巨任务揽到自己身上，只是事情无法推托罢了。

左宗棠说，如果官军不攻克乌鲁木齐各城，就无法得到关键的根据地驻扎兵力。现在伊犁已被俄国人侵占，喀什噶尔又被安集延部占据，如果此时置之不顾，必然后患无穷，可能每天丢失百里之地。所以他不敢不对国家尽这点微薄的忠诚。

后来湘军进兵新疆北路，南路随之平定，完全符合左宗棠的预见。

左宗棠率领大军于4月7日驻扎肃州。肃州到哈密之间隔着一片戈壁，其中的泉水还不能供应一千人的需求。左宗棠与刘锦棠商议进兵机宜，决定让刘锦棠率主力二十四营入疆。这些部队包括十七营步兵和七营骑兵。各部首先进抵安西，再分批向新疆开进。

左宗棠令汉中镇总兵谭上连所部为前锋，宁夏镇总兵谭拔萃所部随后跟进，陕安镇总兵余虎恩所部跟随其后。这些部队全部听从三品卿衔西宁道刘锦棠指挥。

刘锦棠于4月底出了嘉峪关，三十六岁的衡阳人谭上连已率本部老湘军右营和刚毅营等部越过星星峡抵达新疆东北部的巴里坤县。湘潭人谭拔萃已接到母亲去世的消息，但他以国事为重，仍然领军开到了新疆哈密。平江人余虎恩已率部越过安西进入戈壁向西推进。

刘锦棠亲率余部启程，后来提督陶生林又率一营骑兵从肃州向新疆古城进发，于是出关老湘军总数达到二十五营。

419

左宗棠要平定新疆，后勤补给是非常重要的。从兰州到乌鲁木齐要穿越两千多里的戈壁，军需补给难度很大。千军万马出关，筹粮运粮，打井栽树，购置战马，筹办军垦民屯，银子就用去了八百万两，却没有占领一寸土地，左宗棠心急如焚。他希望在巴里坤一带忙着开垦荒地的战士能够拔苗助长，立刻看到黄澄澄的果实。他盼望张曜所部在屯垦方面做出榜样，哪怕是解决一半甚至三分之一的军粮，那就是胜利。

"兵屯"是孙子兵法中所没有的，是左宗棠的独创。耕战结合，成为湘军独特的用兵之道。兵屯的一个好处是可以淘汰掉老弱病残的军士，重组精锐部队。在新疆打仗不能靠数量，要靠兵员的质量，因为一个兵就要吃一份粮饷。而淘汰掉的兵员就可以成建制地用于兵屯。兵屯的士兵每月仍然可以得到饷银，枪支弹药衣服照发，仍然是一支部队，遇到土匪袭击可以自保安全。

左宗棠将士兵和农民划分开来。以前的军屯强调一兵两用，既备军仓又备守战，变得士兵不像士兵，农民不像农民。兵农分开，让士兵专门打仗，平时加强战斗训练，有战事便要冲锋陷阵；让农民种田，就是裁减战斗人员，让一部分士兵一心一意从事生产，确保军粮肉食基本自给。左宗棠还根据经验编写出《屯边》的专用教材，让各营按教材操作。

张曜的嵩武军本是李鸿章淮军的一部，后来一直跟随左宗棠在西北效力。张曜出关之前，左宗棠一再叮嘱他要在军垦方面做出表率。

魏光焘部负责修筑大道。安西以西的大道，从星星峡、哈密到巴里坤之间跨越天山，都是士兵们用肩背、用背拉出来的。在土方爆破的过程中，五名士兵葬身山岩之下。今天山岩上还残留着当年修路的碑记，但都已在风雨的剥蚀中模糊不清了。

从嘉峪关到乌鲁木齐，沿途每隔十里就有一口水井，这是左宗棠大军梯次进军时由士兵开挖出来的。左宗棠部走到哪里，路就修到了哪里，井就打到了哪里，树就栽到了哪里。沙漠荒原中长长的一线绿荫，就是王德榜部栽出来的。

在寸草不生的盐碱地，栽树的坑挖下去就是十几米深，看到水渍后，要填上几个立方的土才可以成活一棵树。在这样深的坑中，栽下去死掉的树又要重新栽，连片包干，责任到人。为了树的成活，士兵没少挨打；为了树的栽培，王德榜的士兵衣服磨损比其他部队都要厉害。终于，一条象征着绿色生命的林荫带顽强地从兰州沿河西走廊向西延伸。

乌鲁木齐的回民军分兵向西北方长进，袭击塔尔巴哈台，抢劫俄国人的粮食，挺进东北方的布伦托海，又称乌伦古湖，从这里转向东南方，奔向东部，抵达哈密的红柳峡。

金顺率部追踪这支回民军，发现他们绕过古城南下吐鲁番，然后西返乌鲁木齐。

清廷认为新疆北路兵力空虚，令左宗棠派兵兼顾。左宗棠令领队大臣锡纶赶赴沙山保护与俄国的交通运输，桂锡桢与冯以和各部由他指挥。金顺又调参将徐学功的四营骑兵和步兵协助锡纶。

谭上连部这时已进入古城，分兵驻扎古城以东、哈密以西的芨芨台、色毕口、大石头和三个泉子，保护运输通道。金顺从吉木萨尔派人飞马送信请求供粮。左宗棠从巴里坤和哈密的存粮中拨出三百六十万斤接济。

为了运输粮食，左宗棠雇用一万只商用骆驼载着粮食从哈密出发，抵达古城。而肃州又派官民用车载粮，取道戈壁运到哈密。此外，从归化、包头和宁夏驮运粮食前往巴里坤的驼商在道路上络绎不绝。也有俄国人把粮食卖给湘军，陆路运输，远则行路五千里，路途近的也要走三千里。这样一来，粮食储备是充实了一些，但费用却是非常高昂。

刘锦棠于 6 月份下令取出哈密的存粮，越过天山，分批运到巴里坤，再从巴里坤运往古城。平江人余虎恩知道粮运极为艰难，主动请求担任运粮任务。

刘锦棠于 7 月份抵达巴里坤，然后进驻古城，分兵驻扎古城以东的木垒河。他派出的侦察兵发现马人得部占据着乌鲁木齐，白彦虎部占据着乌鲁木齐附近的红庙子，马明的当地回民军占据着米泉古牧地。刘锦棠认为应该首先攻取古牧地，拆除乌鲁木齐与红苗子的藩篱。而阜康一地距古牧只有一百里，首当其冲，所以应该首先占领阜康。

420

五十八岁的新宁人刘长佑于 5 月份抵达贵州接收云贵总督的官印。他上了一道奏疏，挑明自己对于洋务的看法。

他说，他对于洋务并不熟悉，但是责无旁贷，不得不预先有所防备。云南出产五金，洋人觊觎已久，特别借着马嘉理一事反复挑拨，放肆提出要求。现在中国如果自己制造机器采矿，则利益归于本国，权利不会落入外人之手。但是边防不稳，难以抵御外侮侵略，兵甲不修，难以为小邦提供庇护。现在缅甸接壤于印度，越南割地给法国人，他们不能自立，又怎能为我国提供屏障？所以他打算简练精兵扼守咽喉要地以备战守，声援邻近的外藩，捍卫中国。这样一来，洋人的觊觎之心或许会收敛一些。

清廷下诏，对他的想法表示嘉勉。

刘长佑于6月份抵达云南省城昆明，听说苏开先发动叛乱，占据了腾越。

在此之前，腾越以东的永昌，即现在所说的保山，已有李朝造反，但已接受清廷安抚。后来有个姓王的道士来到腾越以西与缅甸交界的盏达，也就是现在所说的盈江。王道士自称他有幻术，能抵御枪炮，迷惑了一些人。

苏开先是清军参将，以索饷为由发动练军叛乱，攻战腾越，与王道士联手，气势大涨，向东影响到顺宁和云州，土豪悍卒乘机起事，占据城池，斩杀官员。永昌的李朝所部响应，迤西陷入混乱。

刘长佑令署提督杨玉科率部前往镇压，由道员陈廷珍为他做副手。

副将李应举于7月份攻克云州，叛军全部进入顺宁。顺宁的造反军听说清军杀到，也弃城逃走。清军追踪到昆明以北的禄劝雪山箐，抓获造反首领高显。

李朝所部向永昌运动，被清军提督和耀所部击败，李朝被杀，余部解散。

杨玉科等部于8月份攻克腾越，将苏开先和王道士处死。

刘长佑令各部搜杀逃跑的造反者段成虎等一百几十人，将他们全部处死。迤西再次安静下来。

刘长佑认为本省各地团练立场不稳，难以控制，上奏请令提督胡中和招募一千名湘军从四川进入云南，令副将文明迪所部湘军五百人从广西进入云南。文明迪是刘长佑旧部，深得刘长佑信任。

按照惯例，云南编制内清军都是从练军中挑选，十个里面挑七个，都发给全饷，听从征调。淘汰下来的留在营中，月饷只发七成，缓发七成，文武官员都说他们不能胜任防守。

刘长佑决定裁兵就饷，将编制内的官军减半，发给五成兵员的军饷，另外留下十二营练军以候调遣。这样每年只增加了十多万两银子的开销，但全省的军制焕然一新，部队不用担心饿肚子了。

李鸿章于 9 月 13 日与威妥玛在山东烟台签订中英《烟台条约》。清廷将杀死马嘉理的人处死，向英国赔款道歉，允许英国人开辟印藏交通，开放宜昌、芜湖、温州和北海为通商口岸。英国人又提出要在云南设埠通商。清廷下诏让刘长佑发表意见。刘长佑上奏，不赞成马上在云南开通商埠，担心再发生类似马嘉理这样的案子，影响全局。他提出在三五年后，局面安定了，再派员与英国人商办。

冬天，四川巴族人袭击云南东北部的昭通。总兵全祖凯派兵渡过省界金沙江作战，将巴族人的船只全部烧毁，巴族人退回驻地。

昭通的大关和镇雄的伐乌关同时出现绿林军，刘长佑派全祖凯部将之全部扫平，迤东也再次恢复平静。唯有东南部的广南县那鸡寨有几百名行劫多年的绿林军占据山冈，大肆抢杀。宝宁知县李宾领兵将之击退，斩杀首领王喜。

12 月 1 日，五十八岁的湘阴人郭嵩焘率同行的三十多人乘坐英国邮船"特拉凡科"号于午夜 12 点从上海虹口码头起航。他被清廷委任为出使英国的钦差大臣，专门就马嘉理一案向英国政府道歉，以示友好往来。

中国第一任驻外公使苦乐交杂的使西历程就此开始。

421

刘锦棠在 8 月份率轻骑赶赴吉木萨尔与金顺商量军事。他和金顺约定，由金顺率部驻扎阜康城，他自己率部驻扎城东的九营街，以图进取。

左宗棠增派徐占彪部接防巴里坤。他又令驻扎在哈密的张曜将分派在甘肃安西驻守的兵力全部调到哈密，以加强哈密与吐鲁番一带的防御。

张曜到达哈密时，发现当地的回民都被白彦虎胁迫走了，留下一片荒芜。张曜牢记着左宗棠的叮嘱，在这里试验军垦。

他首先发动士兵和当地百姓寻找水源。有经验的老兵发现一片长势较好的草地，想到有草就会有水，便借来锄头一刨，果然找到一股清泉。老兵带着人马沿着这线草地往前走，找到了源头，水源距离张曜所部分片屯垦的土地有十来里。张曜便从部队的军饷中节约开支来挖修水渠。

张曜所部只有一营担任警戒，其余全部投入屯垦，一支部队挖渠，一支部队烧荒挖土。为了防止水在流经途中渗透浪费，渠道挖好以后全部用三合土砌一道护壁。平原上到处都是挖土烧荒的士兵，插满了"左恪靖军"的旗帜，到处响起了湖南的花鼓戏与安徽的黄梅小调，一派祥和景象，哪里像有战事的样子？

几个回民出于好奇过来瞧瞧，试着问了一句："能不能给我们几块地种种？"张曜说："行，你们有经验。你们还可以宣传朝廷不杀回民。"张曜不仅拿地给他们种，还免费提供种子和农具。这样，又有九百多户回民返回家园种地，一块荒芜了的土地马上恢复了往日的热闹，炊烟四起，鸡犬之声相闻。

张曜所部一共开出水田三千五百亩，旱地一万五千八百亩，植树十万株，开挖石渠十一里半。

兵屯带动了民屯，哈密地区来归的农户超过两千户，种粮几个月就见到成效。远距离运粮的做法基本停止，在古城与济木萨一带甚至还有部分军粮出售。

白彦虎听说湘军大举出动，还在搞兵屯，大为恐慌。他率部从红庙移驻古牧地，联合当地回民马明所部抵抗湘军。他们剃发改服，暗中依附安集延人。安集延人也派缠头回民助战。

刘锦棠经过侦察，发现阜康城西水洼纵横，绵延二十里，可以疏通荒废的渠道供给饮用水。从这里向戈壁走出五十里直达黑沟驿才有泉水。

8月8日，刘锦棠下令开沟引水，靠着废渠扎营。第二天部队开往戈壁，假装挖井，以使敌人放松警惕。

刘锦棠与金顺约定当晚出兵偷袭黄田，攻破敌军关卡。

夜幕降临，古牧地方向远远地传来号角声，刘锦棠和金顺所部先占据山冈，余虎恩和黄万鹏等人的骑兵从山上冲下，与白彦虎的骑兵厮杀。鏖战良久，白彦虎派步兵增援，谭拔萃、谭上连和董福祥等人的步兵从中路杀出，骑兵分左右包抄，大败白彦虎部，驻防关卡的敌军全部逃走。湘军直抵古牧地。

刘锦棠认为古牧城防御坚固，很难迅速攻破，便率部返回黄田驻扎。古牧地的回民首领马明被帕夏抓住押往南路，玉治和金中万率当地回民坚守古牧地。

刘锦棠于8月12日挥师包围古牧地，帕夏派军官阿托爱率骑兵赶来增援。刘锦棠令余虎恩率骑兵在山前伫立，严阵以待。又派步兵分头攻打山垒南关，全部攻克。阿托爱弃马逃走。

8月16日，刘锦棠下令将开花炮抬来攻城，将城墙垛堞轰塌大半。8月17日，湘军一鼓作气攻克古牧地，全歼六千名守军。

刘锦棠估计乌鲁木齐的守军将会逃走，于8月18日亲自率部向乌鲁木齐开进。抵达城东时，发现安集延部、当地回民和缠头回民全部在头天夜里撤走，于是湘军进占乌鲁木齐迪化州及妥明下令建筑的伪王城。

刘锦棠调兵遣将，令各部分头追出三十里，到达盐池，为戈壁所阻，各部返回。

湘军的一系列进攻令白彦虎和帕夏的部队闻风丧胆。昌吉、呼图壁和玛纳斯的守军都弃城逃走。帕夏派来增援的五千骑兵已到达坂城，距乌鲁木齐二百里，听说友军失败，不敢推进。新疆北路略为安定，只有玛纳斯南城尚未攻克。

清廷收到捷报，赏刘锦棠骑都尉世职，赏谭上连、谭拔萃和余虎恩等人云骑尉世职，黄万鹏赏穿黄马褂，其他将领都得到不同程度的奖赏。

左宗棠见新疆北路已经扫清，于9月份要求金顺和锡纶率部分别扼守各城堡要隘搜查敌军残部，令张曜、徐占彪与刘锦棠率部向南路进军。

刘锦棠下令搜山，陶生林与谭和义等部奔向东山，黄万鹏、谭上连、谭拔萃和余虎恩等部奔向大池和小池，向东南发展，抵达柴窝堡，小有斩获。

这时候，帕夏率部占据吐鲁番西南侧的托克逊，修筑三座城堡自卫。托克逊是噶孙的军营，北守达坂就能阻击刘锦棠的乌鲁木齐军，东守吐鲁番就能阻击张曜的哈密军。

从乌鲁木齐撤出的败军在达坂集结，白彦虎和于小虎所部占据南山小东沟，派兵四处割禾，准备干粮，企图绕到湘军后方攻击。

刘锦棠于8月28日率部奔向小东沟，白彦虎所部已于前一天奔向金口峡。第二天，刘锦棠部急行军九十里，在金口峡追到白彦虎部。只见几万名老弱妇女踉跄奔走，惊魂不定。白彦虎和于小虎已率部并入托克逊。刘锦棠回师乌鲁木齐。

帕夏见白彦虎和于小虎势力日渐衰弱，开始对他们颐指气使，勒令其部众剃发改装，傍靠他修建的三座城堡居住。

左宗棠令张曜的嵩武军西进，取道七克台向吐鲁番以东的辟展进军；令徐占彪的蜀军搜索巴里坤和古城一带的各山，从木垒河出兵，与张曜所部夹攻吐鲁番。

木垒河地势宽阔，可以容纳一万骑兵，而且水草丰饶。雍正年间岳钟琪上奏，说在这里驻扎重兵必定有效。

金顺所部正在攻打玛纳斯南城，久攻不克，要求湘军助攻。刘锦棠于10月份派出道员罗长祜与谭拔萃、黄万鹏、董福祥等部的十一营前往。左宗棠见刘锦棠兵力单薄，增派总兵章洪胜、方友升和桂锡桢等部归他调遣。11月上旬，又奏调金运昌军五千人从包头长驱西进协助刘锦棠。

金顺和锡纶所部于11月17日会同湘军攻克了玛纳斯南城，俘虏伪元帅海玉、马受和马有才等人，妥明手下的悍将都被歼灭。金顺于12月份率部移驻昌吉，令提督孔才所部驻扎玛纳斯，令方春发所部驻扎呼图壁，令副将徐学功等部分别驻守北路要害，湘军罗长祜等部返回乌鲁木齐。

此后大雪封山，左宗棠各部无法越岭南下。帕夏和白彦虎趁着这个休战的间隙率部转移到达坂和新城两山之间，派大通哈守卫。大通哈就是大总管的意思。

吐鲁番过去有满汉两城。帕夏的次子海古拉又每天驱策万夫修造伪王府，雄阔异常。整个冬天，帕夏令白彦虎和马人得所部驻守吐鲁番，海古拉所部驻守托克逊，大通哈率部驻守达坂，他自己住在西南方向的喀喇沙尔，即现在的焉耆，为三路策应。

这一年，慈利人孙开华奉命督师东渡，抵达台湾，屯驻基隆，震慑台北。当时台湾反清的土著暴动者主要在后山，有阿绵社和纳纳社。孙开华率部抵达成广澳，进驻水母丁。

孙开华所部先取纳纳社，然后进攻阿绵社，擒杀暴动首领马腰兵等人。暴动平息后，清廷对孙开华赏穿黄马褂。

光绪三年

1877年

422

杨乃武与小白菜一案的复审历时四年，终于案情大白：杨乃武与小白菜是冤枉的。三堂会审之后，杨昌浚又用重金贿赂刑部尚书皂保，企图阻挠平反。

左宗棠这个旧部将领于3月份被清廷革职。这起冤狱的平反直接导致了官场大地震，江浙地区一百多位官员的顶戴花翎全被摘掉，永不叙用，因军功而入官的湘系军阀受到沉重打击。

至于被告杨乃武，人未亡家已破，连回家的路费都是胡雪岩资助的。他伤筋折骨，几乎成了残废，回到家乡后心灰意冷，轻易不与外界交往，专心研究孵育蚕种。三年之后培育出了一个蚕种品牌："风采牡丹，杨乃武记"，家道中兴。

另一名被告小白菜出家为尼，从此在青灯古佛旁了却余生。

杨昌浚在整个审案过程中一力阻挠平反，竭力维持原判，主要是受了下属的蒙骗，而且也有政治上的考虑。为了筹饷的顺利进行，他必须维护浙江官场中湘军集团的利益。到了最后关头，他为了保住关系网，使出了行贿的下策。他的这段劣迹被人们编成了戏曲，题名为《杨乃武与小白菜》，广为传播，令杨昌浚不齿于舆论，抬不起头来。

在此之前，左宗棠非常体谅杨昌浚的处境，不愿把他继续留在官场承受压力，所以劝他放弃官职，不要再为湘军西征筹饷而苦苦煎熬了。但是杨昌浚两次辞官清廷都不批准，直到将他革职。

这桩冤案平反以后，左宗棠对杨昌浚没有过多指责，只是直率地要求他"引咎自责"。不过，左宗棠"恭读圣谕"之后，发现清廷除了平反冤案，对杨昌浚并"无诘责之词"，很是欣慰。而且，左宗棠对于这件案子的审结仍然有所保留。他说，他翻遍了《洗冤录》，并未发现中毒而死的人可以从骨头的颜色来分辨查验。那么这次验尸官的尸检报告以及刑讯官员定案的依据存在可疑之处。

当然，左宗棠没有打算在这件事上纠缠。他劝杨昌浚趁机辞官返乡，不要到条件艰苦的陕甘来受罪，可见他对杨昌浚仍然是非常包容和爱护的。

杨昌浚终于卸任归家了。左宗棠从朋友的来信中得知他仍然非常平和，不喜不怒，左宗棠赞赏地说，从这件事足以看出杨昌浚的"学者襟抱"。

左宗棠还听到一种传言，说杨乃武一案重审时，死者的尸体被人掉包了。他说，如果这个传言属实，那么舞弊比"舞文"更为恶劣，由此而感叹当局者为何如此昏聩。

新疆的冰冻在4月份消解。刘锦棠率部从乌鲁木齐翻过山岭攻击达坂。张曜率部从哈密西进，先派提督孙金彪所部与徐占彪所部在盐池会师，然后奔赴吐鲁番。

刘锦棠所部在4月16日抵达柴窝，留兵驻守。

柴窝距达坂只有二十里。当夜初鼓时分，刘锦棠下令衔枚疾走，要求在五鼓时分集结于达坂城下。

帕夏的大通哈刚刚引来湖水屏卫达坂城，道路泥深，战马腿陷泥中，直到马腹。余虎恩、陶生林和夏辛酉等部骑兵掠过深淖，在城左山冈列队。谭上达、谭和义和戴宏胜等人率步兵在城后山阿摆开阵势。降将崔伟等部骑兵弥补缝隙。

帕夏的部队还在睡觉，没有发觉湘军到来。天明雾散，城内守军看见了湘军，方始大惊，向城下发射西洋枪炮，从7点到11点连续射击。湘军小有伤亡，但屹立不动。

刘锦棠策马绕城观察城壕，坐骑中枪，换马再巡，令各营修筑壁垒，挖掘壕沟，围困守军。

4月18日，湘军傍靠城东修筑炮台。帕夏次子海古拉派骑兵轮番进攻增援。陶生林等部在隘口拦截，分左右包抄，海古拉的骑兵全部撤走。

城内守军盼不来援军，商议突围逃跑。刘锦棠叮嘱各部严阵戒备。

4月19日，侯名贵所部抬来三尊开花炮，安置炮台，连环轰击，炸塌大部分墙身。不久，炮火击中守军的火药库，屋瓦砖石齐飞。大风骤起，火势蔓延，引烧开花子弹，城中发生大爆炸，炸得人马碎裂。守军乱成一团，夺门逃走，被湘军堵住，无法出城。刘锦棠令人呼喊："捆绑穿异装者有赏！"部队奋力擒拿守军将领，将大小头目全部绑到刘锦棠麾下，无一逃脱。

湘军攻克了达坂城，俘虏了守军首领爱伊德尔呼里，也就是安集延人所说的大通哈。还抓获六名胖色提和六名玉子巴什。胖色提翻译成汉语是营官的意思，玉子巴什则是哨官。还有其他许多军官，其称呼相当于汉语的管理、执事和什长之类。

大通哈和几个胖色提被捕后，都代帕夏求降，愿意绑缚白彦虎献给湘军，并献出南八城赎罪。刘锦棠让他们写信召帕夏来达坂，释放几千名安集延人以及南八城回民、缠头回民和土尔扈特人，不予处死。全部发给粮食和衣服，放他们返回原部。这些俘虏无不欢欣。

4月25日，刘锦棠率部进驻达坂东南方几十里的白杨河，听说嵩武军孙金彪部和徐占彪部已攻下七克台，进攻辟展，以及鲁克沁、连木沁台和胜金台等地，将城垒全部攻破。两军在哈拉和卓会师，距离湘军所在只有两日路程。

徐占彪和孙金彪于4月26日领军抵达吐鲁番，得知白彦虎在前一天已率部逃到城东。他们见守军殊死抵抗，便指挥骑兵从两旁抄袭，打乱守军阵势，追赶到城边。城内守军全部出战，与攻城部队杀成一团。

激战正酣时，罗长祜率湘军杀到，合力攻击，将守军杀得向西奔逃。马人得率部参见嵩武军投降，一万多名缠头回民和回民跪地求饶。孙金彪下令将他们全部释放，不得诛杀。于是三支部队攻克吐鲁番满汉两城，分兵驻守。

同一天，刘锦棠率部向南疾驰一百多里，抵达托克逊，得知海古拉也已闻风逃走。守军在城外与湘军交战，溃败时点火焚烧粮药，弃城逃走。

刘锦棠派兵进城灭火，二万多名缠头回民和回民跪在马前投降。刘锦棠令他们交出马匹和武器听候安插。于是湘军攻克托克逊三城。

黄万鹏所部开抵小草湖，中了白彦虎所部埋伏，被重重包围。两军正在激战，刘锦棠率大队来到，于是湘军内外夹击，大败白彦虎部。黄万鹏得赏云骑尉世职。

自从清军攻克吐鲁番以后，新疆南八城门户洞开，帕夏日夜忧惶哭泣，茫然不知所措。白彦虎趁机令部属抢掠人畜，焚烧村堡，胁迫缠头回民和回民一同奔走，引起怨愤。

一方面，白彦虎引起民怨，而帕夏素来虐待缠头回民和回民，深为大家痛恨；另一方面，湘军和嵩武军对于达坂、托克逊和吐鲁番投降的帕夏部众全部释放，不予追究，安集延人和回民不再疑惧，互相转告。于是，南八城百姓都引颈盼望湘军将他们救出水火，惩处帕夏和白彦虎。

423

在湘军的打击下，帕夏已经绝望，于5月份在喀喇沙尔服毒自杀。他的次子海古拉将其尸体在水里浸泡三天，然后取出，裹上香牛皮抬着西行。

海古拉一行走了五六百里，快到库车时，他哥哥伯克胡里派使者在途中拦截，杀死海古拉这个安集延人的小帕夏。

帕夏名叫阿古柏，自称毕调勒特汗，有六个儿子。长子哎哥就是伯克胡里。阿古柏不喜欢他。次子海古拉，三子引上胡里，四子迈底胡里。其他二子无名。

伯克胡里杀死海古拉以后，保守新疆南境，自封为王。安集延人和回民推举白彦虎率部防守喀喇沙尔西南部的库尔勒，白彦虎不听他们的安排，自己率部驻扎在开都河西岸，打算进入俄罗斯。

兵部右侍郎、钦差大臣郭嵩焘已于2月份抵达英国，觐见了维多利亚女王，并递交了国书。他受命在道歉之后不用回国，就此出任驻英国公使。英国驻中国公使威妥玛趁机向清廷为安集延人说情，清廷将此事交给左宗棠办理。

左宗棠上奏说，立国就要有疆界，这是古今通义。必须根据时间与地点来统筹，才能权衡其中的轻重，建置也才会妥当。自古以来，中国边境遭到的侵扰总是西北甚于东南。因为东南是以大海为界，有自然屏障，容易防守，西北则是一片无垠的广漠，能否防守全看兵力强弱。兵少了容易受到侵犯；兵多了又耗费国家的财富。论防守，没有天险阻挡战马的铁蹄；论进攻，没有舟楫用来节省转运的费用。不像东南有天险可以凭借，办理军事比较容易。清朝定都北京，有蒙部环卫北方，一百几十年没有烽火报警。不但前代所说的九边都成了腹地，就连科布多、乌里雅苏台以至张家口也分别驻扎了部队戍守，瞭望堡遥遥相通，国都一带十分平安。这是因为祖宗朝削平了准部，连带平定了回部，开辟新疆、设立军府的结果。因此，注重新疆是为了保卫蒙古，保卫蒙古是为了保卫京师。如果新疆不能稳固，蒙古就会不安，不但陕西、甘肃和山西各省边界会时常遭到侵犯，防不胜防，就连直隶北部的关山也将没有安宁之日。何况现在与过去形势已大不相同。俄国人不断拓展国境，从西向东达一万多里，与我国北方边境相连，唯中段有蒙部遮隔。徙薪宜远，曲突宜先，不可不预为绸缪。如今新疆北路已收复乌鲁木齐全境，只有伊犁尚未收回。南路已收复吐鲁番全境，只有白彦虎率余党隐伏在开都河，喀什噶尔还有叛变的军官和逃跑的部队，还是需要兵力去对付。其余各城犹如刚脱虎口投入慈母怀抱，自然不会抗拒官军。秋天一到，采运足以补充供给，田地里还有余粮，部队大举西进，宣布朝廷威德，一边作战一边安抚，不难收回旧有的疆土，恢复朝廷的管辖。此外，如安集延和布鲁特等部则可将他们堵在邱索之外，听任他们翱翔游泳。英国人为安集延人说话，是担心俄国人蚕食他们的地盘，对英国有所不利。俄国正在争夺土耳其，与英国人相持。我国收复旧疆，出兵符合大义，他们凭什么责难？即便发生意外的争辩，节外生枝，我国仗义执言，也决不会有所屈服。新疆南路以吐鲁番最为丰饶。其中的八城，以喀喇沙尔的辖地较多坚硬贫瘠的土地，其余地方虽然不如北路广袤，但有的地方还更加饶沃。全境收复之后，只要有得力的人才来筹划经营，军粮可以就地采运，军饷可以就近获得，不至于像以前那样拮据忧烦、张皇失措了。

左宗棠说，他之所以坚持一片赤心，实在是因为新疆一地不可放弃，军事不可停止，而现在军饷匮乏断绝，必须迅速收复丰饶地区，否则无从着手。这是局势所迫，而非他贪恋将相官位。若要省费节劳，为了新疆长治久安着想，就必须设立行省，改立郡县。

左宗棠又说，自从浩罕国被俄国人吞并，安集延人讨好依附英国，英国人也就暗中予以庇护。现在又以护持安集延为借口，以保护立国为理由，其实他们是担心安集延为俄国人所有。然而，安集延人并非没有立足之地，何待英国人为他们另立一国？即使打算另立一国，那就把英国的地方割让给他们，也可以把印度割让给他们，为什么要向我国索要丰腴的国土来向安集延人卖人情呢？何况喀什噶尔为古疏勒国，汉代已经隶属中国，本来就是我国的旧土，而英国人却说是帕夏固有的地盘，他们居心何在？从前，英国人仗着军舰大炮横行海上，还说是只要码头，不取土地，现在却伸手来要疆土了。他们是阴谋为印度增加一道屏障，公然强求我国在回疆拆掉一道屏障，这怎么能够允许？我国越是示弱，英国就越会逞强，到何处才是止境？

左宗棠说，他奉旨治理边防，唯有竭尽努力，不顾眼下的成败利钝而为之。郭嵩焘在奏疏中提出趁阿古柏毙命之时席卷扫荡，并无不妥。现在南路的部队，刘锦棠的三十二营拟于八月中旬分批西进；张曜部拟于九月上旬随后跟进。前闻英国人已派使者赶赴安集延，他已派人驰告刘锦棠和张曜，叮嘱他们善为看待。如果谈到回部之事，就说官军是奉令征讨侵占疆宇的侵略者，以恢复中国的旧土，其他一概不知。如果谈到其他事情，请他们与肃州大营商谈。如果英国人果真来到大营，他自有办法对付。

清廷赞赏左宗棠的看法，批准了他的计划。

424

刘锦棠于8月份派汤仁和等人从托克逊进兵。

9月7日，董福祥和张俊等部从阿哈布拉沿途设置哨垒，张春发所部随后跟进，都抵达曲惠扎营。部队带着粮食，挖掘泉水，一路相接，等待主力。

刘锦棠率主力行军五天，于9月27日到达曲惠，余虎恩和黄万鹏所部经过乌沙塔拉，沿博斯腾淖尔西行，进抵库尔勒后背，刘锦棠亲自领兵奔向开都河。

开都河源出天山之麓，汇流南下，从喀喇沙尔与库尔勒贯穿而过，向下流注博斯腾淖尔，古代称之为渤泽。白彦虎下令壅塞开都河，河水溢泛一百多里，阻挡了湘军的道路。刘锦棠令骑兵和步兵绕过博斯腾淖尔，在碱地行军，迂回到开都河以东。白彦虎部已经奔向库车。

刘锦棠部于10月7日收复喀喇沙尔。城内积水深达几尺，庐舍荡然无存。刘锦棠召来台吉，将几百户蒙民迁入城内。

余虎恩所部于10月9日收复库尔勒，城内空无一人，粮食告罄，从地窖里挖出几千石粮食供给部队。

刘锦棠所部探子来报，白彦虎胁迫缠头回民和回民奔向布告尔。黄万鹏率部急行军四百里，抵达洋萨尔，只见各堡火光冲天，知道白彦虎部纵火以后离去不远，便令后队救火，前锋追赶，在布告尔追到白彦虎部。两军接战，黄万鹏和谭拔萃率部冲杀过去，白彦虎部受挫，连忙逃走。第二天，湘军追出四十里，用西洋望远镜瞭望白彦虎部，发现对方部众仍有几万人，但只有一千人持有枪矛。

刘锦棠下令："只杀持有武器者，其余不管。"

部队得令，立即出击。白彦虎部丢下难民顾自狂奔。刘锦棠遣返所有难民，要他们重操旧业。他自己领精骑继续追赶白彦虎。刘锦棠部于10月18日追到托利赖，一万多名缠头回民和回民伏地号哭。刘锦棠又加以抚慰，然后遣返。

10月19日，刘锦棠下令五鼓时分带粮出发，行军几十里，抵达库车。白彦虎刚刚驱赶着缠头回民和回民朝西而去。缠头回民和回民不肯屈从，都散步在城郊的原野上。白彦虎见到湘军，仓促列队。刘锦棠令骑兵和步兵一齐冲锋，白彦虎所部大奔，湘军进占库车。

这一仗，湘军从库尔勒在六天内驰骋九百里，拔出约十万名回族难民，左宗棠派人设立善后局来安抚。善后局筹备种子，招耕招牧，治理滩涂，制造船只，以通商贾。前来归附的缠头回民越来越多。

从托克逊到喀喇沙尔之间的苏巴什山口山径曲折，一百七十里的盘山路在陡壁之间盘旋，车驮过处经常发生意外，湘军在这里劈石开路，使它成为一条坦途。

白彦虎率部西据拜城，与安集延的胖色提等人日夜抢掠城外缠头回民来协助，村堡都成为废墟，拜城回民闭关抵抗。

刘锦棠部于10月21日开到，派通事告知城内守军。拜城回民首领买卖提托呼达等人开城迎接湘军，向湘军投降。刘锦棠留下长沙人方友升所部镇抚,自己率部踏冰夜行军,于 10 月 22 日到达铜厂,与白彦虎所部遭遇。

白彦虎集结两万兵力在河岸列队抵抗,刘锦棠击鼓催动部队冲锋。白彦虎的骑兵全部溃散,死尸堵塞了河道,水不流动。刘锦棠将难民全部遣返拜城,又催促所部渡过乱流,在上铜厂攻击白彦虎所部,接连获胜。于是,湘军越过察尔齐克台向西进军。

湘军越过一百四十里戈壁,于 10 月 23 日抵达哈拉裕勒。10 月 24 日,湘军抵达札木台,解下马鞍小憩,然后进逼阿克苏,遥望城墙上枪矛林立,西南方飞尘蔽天。

刘锦棠派侦察骑兵前往打探,得知前一天夜里回民首领打算献城求款,却被胖色提绑走了。胖色提关闭城门加紧防守,要求城内十万多回民严阵以待。

刘锦棠将回民首领召到城外晓以利害,并陈述安抚之意,回民都膜拜求抚。于是湘军进占阿克苏,在汉城驻军。派兵追到胡马纳克河,将白彦虎部击败。

湘军抓到哈密回王迈合默特的母亲,送她返回其部,发放资费,将难民遣返库车。

白彦虎见湘军步步进逼,非常害怕,便唆使安集延人奔向叶尔羌,自己率部西奔乌什,企图分散湘军兵力,以延缓死期。刘锦棠没有中计,不去追赶安集延人,用所有兵力追赶白彦虎。他令黄万鹏和张俊奔赴乌什,令谭盛典和夏辛酉等部从西边过来会师。

10 月 25 日,湘军渡过故马纳克河,在戈壁中行军八十里,俘虏白彦虎部马有才等将领。10 月 26 日,湘军在乌什城东击败白彦虎部,攻克乌什。

第二天,湘军追到阿他伯什,被戈壁阻挡,返回乌什。

到此为止,湘军攻克了南疆的东四城。清廷得知湘军冒着寒冷远征,一个月内驰驱三千多里,将刘锦棠开西宁道缺,晋升为三品京卿,对其他将领给予不同程度的奖赏。

425

张曜所部于 11 月 6 日从哈喇沙尔西进库车。

库车以南是沙雅,这里的部族首领麻木尔叛投了安集延部。他听说湘军已经攻下东四城，便逃到哈番藏匿。哈番在阿克苏西南方四百里处，刘锦棠亲率席大成等部前往，于 11 月 14 日抵达哈番，发起攻击。麻木尔受伤逃走，部众解散。刘锦棠回师阿克苏。

帕夏的长子伯克胡里所部占据着喀什噶尔，还守卫着西三城。和阗的伯克呢牙斯打算归顺清廷，把握时机率部向西北方推进，包围了叶尔羌，遥为湘军声援。

伯克胡里见自己手里只剩下一座城池，气急败坏，率五千骑兵与呢牙斯所部大战叶尔羌。呢牙斯所部败走，向湘军投降。伯克胡里率部东进，夺取和阗，驻扎部队。

喀什噶尔并未被伯克胡里完全占领，这里的汉城还有清廷守备何步云和章京英韶率几百名满汉官兵防守。他们本已投靠安集延人，听说湘军开近，便派使者出城迎接湘军。

安集延部将领阿里达什率部守卫回城，攻击汉城，还约白彦虎率部过来助战。伯克胡里便放弃和阗，奔向喀什噶尔以南的英吉沙，所部一并进入回城。

刘锦棠部于 12 月上旬分三路进兵。黄万鹏等部从乌什出发，取道布鲁特边界进军，作为奇兵，将要发起突袭。桂锡桢等部从阿克苏出发，取道巴尔楚克进军，这是正兵。两支兵力都听令于余虎恩，目标是攻取喀什噶尔。刘锦棠自己率部驻扎在阿克苏与喀什噶尔之间的巴楚和玛纳尔巴什，扼守叶尔羌与和阗的冲要。

12 月 17 日，余虎恩部抵达喀什噶尔城北，黄万鹏部抵达喀什噶尔城东，两军相隔六十里。安集延部的侦察骑兵突然遭遇湘军，连忙飞驰回城，在城下大喊："大军杀来了！"

缠头回民听说湘军杀到，惊慌溃散，安集延首领砍杀禁止，仍然无效。伯克胡里和白彦虎只好分路逃跑，留兵守城，以牵制湘军。

当晚三鼓时分，湘军两部开抵城下。城内守军纵火烧房，派出骑兵抵抗。余虎恩率部从中路进攻，萧元亨等部从左路攻击，戴宏胜等部从右路攻击。

交战之后，安集延部大败，湘军俘虏安集延元帅王元林。降将何步云与英韶等人在汉城内大声呼喊助威，回城的守军惊慌失措，打开西门逃走。湘军于黎明前进占喀什噶尔。

12月18日，余虎恩留下张俊所部驻守喀什噶尔，黄万鹏率部向西北方推进，追赶白彦虎部。余虎恩率部向正西方推进，追赶伯克胡里所部。余虎恩追上敌军以后，在交战中斩杀敌军副帅白彦龙，俘虏于小虎和马元。白彦虎、伯克胡里和阿里达什逃入俄罗斯。

刘锦棠已率部抵达阿郎格尔，遇到安集延部的一百多名骑兵。刘锦棠挥军交战，很快将之全歼。然后，湘军疾驱向前，于12月21日抵达叶尔羌，城内的安集延军已经撤走。

湘军开进叶尔羌，刘锦棠入驻新城。然后率部向西北方挺进，于12月24日收复英吉沙。

426

上面提到，郭嵩焘在2月份作为清廷使者抵达英国觐见维多利亚女王并递交国书。这是中国皇帝有史以来首次以平等的身份与异国君王相互称呼。中国公使一干人的到来，在伦敦上流社会掀起一阵中国热，连普通市民也好奇不已，频频围观，品头论足。

有一天，中国使馆的几名仆从上街购物，他们的装束引起了伦敦市民的好奇，一名醉汉竟用手杖敲击他们的脑袋，随即被路见不平者扭送到警局。英国法庭打算以伤害罪对醉汉判处劳役。郭嵩焘特意致信英国首相，请求豁免这名醉汉。此事见诸报端，伦敦市民对中国人肃然起敬。日后郭嵩焘这些人上街常获礼遇，路人甚至对他们欢呼致意。

春天，郭嵩焘将他从上海到伦敦途中五十天的日记抄寄清廷总理衙门，并以《使西纪程》为书名刊行。书中记载了他途经十几国所看到的风土民情和宗教信仰，谈到土耳其开始设立议会、制定宪法，苏伊士运河上有巨大的挖河机器，以及重视商业如何使西方国家得以富强。在这本记事中，郭嵩焘提到外国已不同于从前，英国人也有两千年的文明。郭嵩焘还称赞了西洋的政教修明，说中国应该采用他们的治国之道。郭嵩焘颇为关注英国君民共同主持国政的情形。4月13日，他去英国下议院旁听会议，得出的结论是英国君王把国政向臣民公布，不把国政当作私事，并且以为这比中国传统上仰仗君德的做法更有保障。

在研究了英国从君权过渡到民权的历史后，郭嵩焘认为议会能够维持国是，市长治民顺从民愿，肯定了英国的议会和市政厅自选的进步性，认为中国自秦汉以来适得其反，从而否定了绵亘中国两千多年的专制政体。这种说法在当时的中国可谓惊世骇俗。

郭嵩焘还注意到教育在建设现代文明中的关键作用。他参观了英国的各类学校，认为英国的学校教育都是从实用出发，不做表面文章。而中国招收虚浮而不扎实的学生，学习没有实际意义的诗文，败坏毁灭了天下的人才。他在写给沈葆桢的信中力陈教育的重要性，说人才国势，关系本原，没有比教育更急迫更重要的事情。他认为中国应该先在通商口岸开设学馆，进行征实致用的教育。

郭嵩焘于4月19日在南堪兴坦博物馆迁馆五十周年的纪念活动上看到了贝尔的电话和爱迪生的留声机。他在日记中记录了爱迪生为大家演示留声机的情景。郭嵩焘看了爱迪生的演试之后，向这位发明家提问。爱迪生做了一番解释，然后说："传言纳之筒中，推使其针紧逼轮孔，而后发机转动，则所传之言皆自罩中一一传出。"

郭嵩焘发现，用国际法和洋人打交道居然能屡屡得胜。他开始悉心研究，建议总理衙门编纂《通商则例》发给各省并各国驻华公使，以便在处理外交事务时有所参本。

郭嵩焘在伦敦还一度被推为国际法改进协会副主席。

427

刘步蟾、方伯谦和严复等人于5月份作为海军留学生，在监督李凤苞的带领下抵达英国。在他们到达英国的第二天，郭嵩焘便在公使馆设宴为他们洗尘。郭嵩焘安排一些留学生进入英国舰队，安排另一些人考入皇家海军学院。他们此后成为公使馆的常客。郭嵩焘在日记中详细记录了他们之间的多次谈话。

郭嵩焘经常阅读留学生的日记，发现他们说到微积分学、新学和力学等，都是以前没有读过的，现在学了这些不啻事半功倍。郭嵩焘感慨地说：就凭这一点，也能证明出洋留学的好处实在不少！

10 月 16 日，郭嵩焘应英国工厂主毕谛的邀请访问了在伦敦附近的电力厂。毕谛还请郭嵩焘使用了苏格兰人贝尔几个月前在美国发明的电话。郭嵩焘是第一次接触电话机。事实上，这个湖南湘阴人是第一个接触电话机的中国人。毕谛工厂的这套电话装置安装在相隔几十丈的楼上楼下，郭嵩焘让随从张德彝到楼下去接听，自己在楼上与张德彝通话。

郭嵩焘问："听见了吗？"

张德彝回答："听见了。"

郭嵩焘又问："听懂了吗？"

张德彝回应道："听懂了。"

郭嵩焘又说："请数数字。"

张德彝从一数到七。

郭嵩焘在日记中写道："其语言多者亦多不能明，惟此数者分明。"由此可见，这次通话的效果并不尽如人意。郭嵩焘把电话这个新鲜玩意儿称为"声报机器"。

郭嵩焘在英国访问期间了解到很多身居英国的中国人在利益受到侵犯时力量孤单，申诉无门。他于 8 月份上奏清廷，建议在华侨集中的各个城市设立领事馆以保护侨民。这个建议得到清廷赞赏。郭嵩焘与英国政府商定在新加坡设立中国领事馆，为中国在外国设立领事馆首开先河。

郭嵩焘在 11 月 13 日的日记中提到电话、麦克风和留声机，说这三样东西都是近几年发明的，他叮嘱张听帆为他各找一件。由此看来，郭嵩焘是最早拥有电话、麦克风和留声机的中国人。

郭嵩焘到工厂参观农机制造，看见锯木机能把木头锯成厚度只有一寸左右的木板，用的锯齿为十八颗，得到十九块木板。一架机器能干四十个人的活，速度还快了一倍。

郭嵩焘来到里丁，注意到英国种子公司将他们的蔬菜种子和花草种子运输贩卖到各国。他参观了格致院，才知道西洋的植物园可以改变花的颜色，都是由于格物致知，也就是所谓的化学。他不由赞叹西洋人所做的事情神奇而博大。

郭嵩焘不仅注意了解欧洲的技术文明，更关心社会经济生活。他不仅参观学校、工厂和医院，还积极出入沙龙、舞会和歌剧院。他还试图从国家制度、经济理论等方面探索英国繁荣兴盛的根本原因。他发现了西方富强的原本所在，认为西洋的政教和制造都是发源于学问。这使他开始质疑"中体西用"的主张。

郭嵩焘在英国对什么都好奇。这位翰林多次到英国议会学习西方民主制度，参加科普讲座，学习物理、化学与生物。他在日记中提到氢气和氧气合成水，旁边还加注氧气比氢气重八倍。

郭嵩焘走出清代封闭麻木的社会环境，前往被封建统治者视为"犬羊之地"的西方寻求救国真理，由一名封建士大夫转变成新时代的探险者，表现出强烈的爱国精神和追求真理的巨大勇气。他的事迹在中西文化交流史上，特别是在西学东渐史上，留下了令人难忘的一页。

郭嵩焘出使期间取用的公款只有薪水和房租两项。他有一句流行一时的名言：君子把廉洁当作自己的责任，而不宜以此要求别人；君子尽自己所能帮助别人，而不宜指望别人的帮助。

郭嵩焘把他那位姓梁的妾带到英国同住，要她学习英语应酬。梁氏是个聪明的女子，不仅积极参加各国公使夫人聚会，还以女主人的身份在使馆举办大型茶会。这个三十岁不到的少妇迅速成为伦敦贵妇名媛争相结交的对象。

刘长佑初到云南，清军各部骄将仍然拥有重兵，称霸一方，为所欲为，官民含诟隐忍，不敢告状。直到杨玉科调任广西右江镇总兵，湘乡人胡中和上任云南提督，刘长佑才采用兵部的意见，将那些应该回避本省的武职官员全部酌情调往也归他管辖的贵州省。这些武官由于平日积怨颇多，也想避开仇家迁往他乡。于是云南的豪强全部解除了兵权，地方官员得以执行法令，监司和郡守也才敢于考核吏治。

云南这一年相对安静。直到 5 月下旬，从腾越逃出的许双贵绿林军才向西南部推进，攻击陇川的崩龙，被总兵谢景春所部击败。

光绪四年

1878年

428

董福祥部在 1 月 2 日收复了和阗。于是清廷依靠湘军完全收复了南疆西四城。

湘军俘虏了已故帕夏阿古柏的妻女，还抓获了他的儿子引上胡里和迈底胡里，加上两个小儿子和三个孙子，都按律做了处置。湘军将于小虎、马元和麻木里及金相印父子公开处以磔刑，另将他们的得力部属一千一百六十人处死。

到此为止，新疆平定。

清廷下诏说，自从同治三年布鲁特叛乱，金相印所部攻占喀什噶尔，蚕食南八城，而吐鲁番和乌鲁木齐等城相继沦陷，至今已有十多年。朝廷特命左宗棠为钦差大臣督办新疆军务。该大臣剿抚兼筹，议定先规北路，首先收复乌鲁木齐，以扼其总要。随后攻克玛纳斯，几路并进，规复吐鲁番等城，力争南路要隘。然后整旅西行，势如破竹。现在南八城一律收复。该领兵大臣栉风沐雨，筹兵筹饷，备尝艰苦，才能谋出万全，肤功迅奏，著由一等伯晋升为二等侯。三品京堂刘锦棠智勇深沉，出奇制胜，才能功宣绝域，著由骑都尉世职晋为二等男。

清廷对于其他将领都给予了不同程度的奖赏。

这时湘军声威远震，侨居南八城的外国人都翕然听命。湘军查获的外国人如下：一名英国商业官员，以及随从他的九名商人；两名乳目洋操教练和三名乳目商人；三名阿拉伯人；三十多名巴达克山人；一千多名巴尔替人；一百五十多名科拉普人；二百五十多名哈普隆人。刘锦棠认为这些外国人自称经商，杀之不武，决定全部宽宥。其中的英国人和乳目人，签发证明遣返回国。布鲁特十四部落愿意隶属中国者可以收留。

这年夏天，帮办新疆甘肃善后事务的刘典在兰州病故。左宗棠正在开展军屯，建设大西北，百废待兴之时失去一名得力助手，必须有人顶替。左宗棠想起了上年已经罢官的杨昌浚，决定给他一次改过自新的机会，于是向清廷举荐，让他出任甘肃布政使。

张曜所部在哈密的兵屯不到两年时间取得了显著的效果。哈密一带垦复的土地超过三万五千亩，成了新疆的一个大粮仓。张曜所部还创造性地总结出一些经验，如在地底下铺上油毛毡，在平原上修引水渠，扩大开垦面积，水渠用三合土粉刷防止渗漏，普遍修建坎儿井防止地下水蒸发。

张曜所部不仅为左宗棠的军垦创造了奇迹，而且为后世的新疆军屯树立了榜样。

杨昌浚于 10 月份离家动身前往新疆。左宗棠说，北方天寒地冻，要他第二年春天动身，结果杨昌浚还是在大冷天里赶到了兰州，两位老友在酒泉大营"昼夕晤对，谈兴甚豪"。

杨昌浚豪情满怀，行走在秦陇道上，见到左宗棠率领湘军开进新疆时令部队在路旁植下的柳树，即人们所谓的"左公柳"，为萧瑟的大西北带来了盎然生机。他所到之处，目睹杨柳成荫，百业兴旺，不由诗兴大发，写了一首脍炙人口、流传后世的佳作，题为《恭诵左公西行甘棠》：

> 大将筹边尚未还，湖湘子弟满天山。新栽杨柳三千里，引得春风度玉关。

这篇纪实之作，与唐朝诗人王之涣的《凉州词》一样，成为后人吟诵不绝的佳作。王之涣的那首诗是这样写的：

黄河远上白云间，一片孤城万仞山。羌笛何须怨杨柳，春风不度玉门关。

显然，杨昌浚借用了古代诗人的佳篇名作，但是立意相反，不但心思巧妙，而且气势恢宏，贴切地反映了左宗棠湘军在新疆的建树，引起了广泛的注意。他也因此改变了个人形象，由一个著名的昏官成为名垂后世的诗人。

左宗棠带领杨昌浚一起走上建功立业的道路，并不因为舆论而失去对他的信任，这个事例足以说明左宗棠和曾国藩一样也有"知人之明"。从两人的交往中也足以窥出左宗棠的为人之道和人格魅力。

杨昌浚此来出任甘肃布政使，为左宗棠分担了许多忧虑。

四川巴族人于春天从雷波东渡金沙江袭击云南边界。昭通镇总兵李明惠率部将巴族部队击败，活捉一百九十人，巴族首领悔罪投降。刘长佑下令将巴族首领马曲哈留下作为人质，其余全部放还。

迤西道熊昭镜和腾越、楚雄、昭通各路文武官员缉捕许双贵等在逃人员几十人，将他们与部属一道全部处死。

腾越境外的土民首领耿荣高等部为了争地而发生械斗，联合其他民族的武装共三千人向东南方推进，攻战耿马。刘长佑派参将周庆安率部前往攻击，耿荣高投降。

在昆明以南的纳楼茶甸，彝族土司普保极于8月份因争夺地盘而开战，阿迷、蒙自和开化的绿林军响应。首领杨阿幅率部占据田心，谋划袭击阿迷城。于是广南、弥勒和邱北都受到影响。刘长佑派道员许继衡率部前往镇压。

许继衡所部于10月份逼近田心，攻破杨阿幅的几十座壁垒，斩杀杨阿幅，其部众奔向开化，又在马塘被许继衡部击败。几千名难民得以脱身，其中包括各族百姓。

与蒙自人杨阿幅一同起事的首领还有阿迷人普云和沈开科。他们在广南的部队也被清军兵练击败，弥勒和邱北的绿林军全部逃走，普云和沈开科都被杀死。沈开科本来已接受官府安抚，但时而顺从时而反叛，这次送了性命。

绿林军的三个首领全部被杀，部队也就全部瓦解了。

429

安集延人首领阿里达什于 11 月份从俄罗斯境内侵入中国新疆，联合缠头回民出兵奈曼，企图袭击喀什噶尔。刘锦棠亲自率部在玉都巴什重创阿里达什部。奈曼回民首领库弥什设伏诛杀阿里达什，将首级献给湘军，并将其余部全部歼灭。

左宗棠见俄国人庇护藏匿逃寇，担心湘军将领按捺不下怒气造成衅端，便上奏清廷，请令总理衙门与俄国人谈判。当时侍郎崇厚出使俄罗斯谈判交还伊犁一事，清廷有旨垂询左宗棠。

左宗棠复奏说，俄国人自从占据伊犁以后，对西面旧有的拱宸、瞻德、广仁和塔勒奇四城都弃而不守，所以这些城池倾圮殆尽。绥宁一城近来用于安置陕西回民，距伊犁只有三十里。伊犁城大，人烟很少，俄国兵和商户都聚居在东南方的惠宁、熙春和宁远三城，而金顶寺烟户更多。

伊犁管事的俄国官员名叫马依尔，级别不过相当于中国的同知和通判一类，主持伊犁之事的是七河巡抚。他的驻地是阿图玛尔，在俄国境内，位于伊犁以西八百多里处。兼辖的官员为图尔齐斯坦总督，自称代国大臣，驻扎在浩罕国的故都塔什干城，从喀什噶尔城骑马行走六天就可到达。从前伊犁本来不与俄罗斯接壤，近年俄国人先后胁诱哈萨克人和布鲁特人，又攻夺浩罕三部，占据浩罕都城，而浩罕所辖的安集延也随风而靡。因此，中国新疆北路伊犁和南路喀什噶尔的边境都与俄罗斯的属地相连了，距离俄罗斯也近了。

左宗棠说，他以前上疏之所以说地不可弃，意思是不能把丰饶的地方送给别人去资助贼寇的粮食，不能把要地借给别人去助长敌人的势力。如果不趁此兵威迅速图取，俄罗斯以为得志，越来越骄横，将愈近愈逼。而我军粮运艰阻，势力消减，无地可以设立军府，要担心的就不仅是西北了。

左宗棠说，伊犁收回之后，应该在边境择选要地修筑壁垒，挖掘壕沟，安设大小炮位，挑选精兵，以增险阻。伊犁西北方的塔勒奇、广仁、瞻德和拱宸各城人口很少，水草却很方便，应令各营暂时分别驻扎其间。伊犁以东的惠宁、熙春和宁远各城，让愿意入住的民户和商户迁过去，愿意去归业的人归业。边围奠定以后，人们安居乐业，不用招徕，自然会有人来耕田旅行。

现在北路的户口日增，开垦日广，南八城地方富庶，刘锦棠和张曜开沟筑堡，铸钱征税。开设行省，可以趁此机会。失去现在的机会未免可惜。

清廷认可了左宗棠的奏报。

430

郭嵩焘于6月份在英国医学院第一次听到"细菌"（bacteria）这个词，明白意思后，他苦思冥想翻译成了"太空中尘埃野马"。

清廷根据郭嵩焘的建议在新加坡、旧金山、横滨等地设立领事馆，以尽护侨的责任。

郭嵩焘在《使西纪程》中发表的种种言论大大刺激了满朝士大夫的神经，都说郭嵩焘写出这等文章真不知生着一副什么样的肺肝，又何必还要刊刻印行。翰林院有个名叫何金寿的编修弹劾郭嵩焘想让中国向英国称臣，给郭嵩焘扣上一顶"汉奸"帽子。结果清廷下诏申斥郭嵩焘，并下令毁掉《使西纪程》的印版。

在当时的条件下，就郭嵩焘所属的那个社会阶层而言，他已经走得太远。这使他难安其位，不断受到攻击。最为恶毒的攻击便来自他的副手刘锡鸿。

郭嵩焘出使英国时推选了自己的广东老相识刘锡鸿充当使英副使。据说刘锡鸿曾受命于李鸿藻，随时准备检举揭发郭嵩焘。刘锡鸿出京时什么都没带，只带齐了准备参奏郭嵩焘的空白折子。

刘锡鸿在那些空白折子上记下了郭嵩焘的十款"罪状"。他指责郭嵩焘的"罪状"其实都合乎国际礼仪，这反而印证了英国人称郭嵩焘为"所见东方最有教养者"的赞誉。

《使西纪程》被毁版后，刘锡鸿立即上书攻讦郭嵩焘，历数其罪状，其中包括游炮台时披了洋人的衣服，崇效洋人用伞不用扇子，仿效洋人靠右行走，违背程朱理学，让妇女学讲洋话和听戏，向巴西国王起立致敬，听音乐会频频翻看节目单。

有趣的是，这些指责在当时得到了京师舆论的热烈响应，慈禧太后及其大臣都认为郭嵩焘的行为离经叛道。由于清朝守旧势力过于强大，从清廷到京城士大夫对郭嵩焘一片唾骂指责之声，他只得在任期未满时奏请因病销差。

8 月份，清廷下旨将他召回，并派曾纪泽接任。

郭嵩焘出使外国，仅有一年零七个月。

曾国藩的长子曾纪泽奉命出使英国和法国，去接替解职回国的郭嵩焘。出发前，慈禧召见了这位外交官员。

慈禧说："也是国家运气不好，曾国藩就去世了。现在各处大臣总是瞻徇的多。"

曾纪泽说："李鸿章、沈葆桢、丁宝桢和左宗棠都是忠贞之臣。"

慈禧说："他们都是好的，但都是老班子，新的都赶不上。"

曾纪泽说："郭嵩焘总是正直之人，这次也是拼却声名替国家办事，将来仍求太后、皇上恩典，始终保全。"

慈禧说："上头也深知郭嵩焘是个好人。他出使之后所办之事不少，但他挨这些人的骂也挨够了。"

曾纪泽说："郭嵩焘恨不得中国即刻自强起来，常常与人争论，所以挨骂，总之是一个忠臣。好在太后、皇上知道他，他就拼了声名，也还值得。"

慈禧说："我们都知道他，王大臣等也知道他。"

12 月 20 日，一个美国人到访使馆，要见郭嵩焘。此人是美国第十八任总统格兰特，在美国南北战争中出任联邦军总司令。格兰特于 1877 年卸职后携家眷做了为时两年的环球航行，游历了世界上许多国家。现在他来访问中国。格兰特在伦敦时向郭嵩焘提出了访华要求。郭嵩焘劝他不要访华，说风涛险恶，海行艰难。但格兰特对中国向往已久，坚持要来中国访问。

郭嵩焘在这天的日记里写下了这件事。

这一年，孙开华在台湾出兵镇压加礼宛和巾老耶二社的抗清暴动，平定台北。

光绪五年

1879 年

431

　　安集延人和布鲁特人于 2 月份侵犯新疆边境，刘锦棠率部在乌帕尔迎击，重创侵略军，斩杀两千多人。侵略军逃返俄罗斯。

　　崇厚与俄国人签订《里瓦几亚条约》，议定俄国将伊犁归还中国，中国赔偿兵费五百万卢布，合二百八十万两银子，还把伊犁以西几百里地界划给俄国，又割让南界几百里，跨越天山，隔断了南八城；允许沙俄在蒙古及新疆免税贸易，增辟两条到天津和汉口的陆路商道；允许沙俄在嘉峪关等七地设立领事馆。崇厚已赴黑海签字。

　　京城收到崇厚的电报，舆论哗然。有人认为，崇厚既是全权大臣，如果中国不履行条约，就会开启衅端。也有人认为，新约妨民误国，应该将崇厚处死，以拒绝俄国。

　　清廷对崇厚草率签约非常愤怒，将其革职逮问，而令疆臣拿出万全的对策。

　　左宗棠上奏说，中国现在兵力渐强，制造炮船已有显著成效。俄罗斯想要开战也会有所顾忌。如果因违约而出兵，让各国先失商贾之利，必会知难而退。现唯有先推说要讨论，委婉而机智地斡旋，然后摆出开战的架势，坚忍而求胜。他虽然衰老平庸，也要勉力为之。

清廷赞许左宗棠的办法。左宗棠便自请出驻哈密，收复伊犁。

上一年从阿迷逃走的普云绿林军于年初在云南的西南边界马关县安平起事，同知潘英章等率部在麻栗坡县的凉水井将绿林军击败。潘英章等部于2月份进克三光和马毛各寨，抓获普云的部属黄春和郑小安。

刘长佑见临安郡已经无事，令许继衡等人筹划安抚。许继衡从临安南下纳楼，督促各位头目交粮纳款，并且解散回民队伍，禁止烧杀。土司普保极等人率老弱投诚，回民各部闻风求降，许继衡都发给费用遣返。临安、开化和广南全部平静。

苏开先于1876年在腾越起事失败以后，其部属刘宝山率一些人跑到野山。野山位于云南与缅甸交界处，是个中间地带。这里的土著自为君长，不服从政府管制。刘宝玉联合野山人和盏达人隐伏在罗坤山，经常出山劫掠。刘长佑不愿坐视他们加害于旅客行人，打算派兵搜捕。适逢缅甸官员访问腾越，带着地图与腾越镇厅官员协商，要求从野山通道设兵驻防。腾越镇厅不与商议。

刘长佑说："一定是英国人唆使他们来的。英国人早已提出通商，我们虽不为他们利用，却也应当巩固我们的领地。"于是令熊昭镜亲自赶赴腾越，召集土司申明禁约，收复已经丢失的屯练田租，补齐未补的墩卡弩手。然后让他们将刘宝玉诱捕，在干崖处死，于是其部众全部解散。

云南东北部的镇雄9月份又有绿林军起事，被把总岑自开所部打散。高春的教军于12月在昆明东北方的寻甸起事，攻击州城，刘长佑调练军联合兵团将之镇压，高春阵亡。

这年初，郭嵩焘卸任，临行前再次开清代官场先河，向维多利亚女王辞行时带上了小妾梁氏，这是这个儒生能向清廷做出的最大挑衅。消息传回北京，再次让士大夫全体哗然。

郭嵩焘与继任公使曾纪泽办理完交接事务后，称病回到家乡。清廷也不要求他回京述职，诏允还乡。

郭嵩焘于5月5日乘船抵达长沙。由于湘阴发生守旧排外风潮，人们斥责郭嵩焘"勾通洋人"，不明事理的百姓和乡绅贴大字报对他进行人身攻击。有人认为轮船不宜开到省河，写信阻止。

郭嵩焘赋闲期间曾在湖南开设禁烟会，宣传禁烟。他也曾筹备成立船厂，未能实现。

　　这时候的郭嵩焘所背的骂名更甚于出使之前。回到家乡时，不但当地官员对他态度十分轻慢，就连士绅百姓也对他表达了各种形式的鄙视。

　　郭嵩焘的许多思想行为大大超出了封建主义本身所能调适的范畴，因而几乎受到举国士人的讥嘲和辱骂。他势单力薄，寡不敌众。这是郭嵩焘的悲哀，也是中国近代化的悲哀。

　　郭嵩焘并没有被人们的鄙视挫败，仍然在长沙修建了养知书屋，并在城南学院主讲。他还开了一家思贤讲舍，启迪后进，并且著书不辍。

　　历史经过许多曲折和反复，似乎依然走上了当年郭嵩焘指出的那条道路，只是付出了更高的代价。

　　这一年，日本以武力吞并了琉球，设立冲绳县。台湾的安全再次受到威胁。

光绪六年

1880 年

432

清廷于 2 月份下诏，令勇毅侯曾纪泽从英国前往俄国谈判条约。令通政使刘锦棠帮办新疆军务。

左宗棠于 3 月份分兵进取伊犁。他上奏说，以精河一带为东路，由伊犁将军金顺主持，统领一万名骑步兵，令卓胜军两千兵力协助；从阿克苏沿特克斯河为中路，由广东提督张曜主持，统领五千名骑步兵，增募皖勇一千人，加上几百名土尔扈特骑兵，又令两千五百名湘军协助；从乌什经布鲁特游牧地为西路，由帮办军务刘锦棠主持，统领一万多名骑步兵，分派谭上连的两千多名步兵驻扎喀什噶尔，谭拔萃等部两千多人驻扎阿克苏，陶鼎金和王福田等部两千多人驻扎哈密，为后路声援。

左宗棠考虑到塔尔巴哈台与俄国人逼近相处，而参赞大臣锡纶兵力不足，便招募徐学功和孔才的旧部两千人交他统领。

5 月 26 日，左宗棠从肃州出发。"左恪靖军"大旗在队伍前面迎风招展，各家将字旗号和营旗随后飘扬。湘军展示了最新式的武器，如同一场盛大的阅兵式。

四百名精壮亲兵在前面开道，四百名护卫簇拥在后。左宗棠在八百铁骑护卫之中，骑乘一匹白马，神情凛然。他的身后，八个彪形大汉抬着一口南方特有的黑色棺材，是为他自己准备的，威风而悲壮。

6月15日，左宗棠一行抵达哈密。俄国人听说清军大举用兵，便增兵驻守伊犁纳林河，并派军舰在海上游弋，企图震撼中国的京师，于是天津、奉天和山东各地都向清廷报警。

曾纪泽于7月份抵达俄国京城圣彼得堡，开始了长达十个月的会谈辩论，其中有记录可查的会谈就多达五十一次，反复争辩的文章多达几十万字。

清廷于8月份将左宗棠调到北京以备顾问。刘锦棠代理钦差大臣，张曜帮办军务，杨昌浚护理陕甘总督，提督鲍超驻扎乐亭，直隶总督李鸿章整饬天津海防。

陕西巡抚曾国荃奉旨督办京东军务，驻扎山海关，防备沙皇俄国的侵略。他的旧部刘连捷跟随他前往。这一年，曾国荃五十六岁，刘连捷五十岁。

刘锦棠所部于9月份抵达哈密。张曜率所部于11月移驻喀什噶尔，总管南疆西四城边防，分派嵩武军驻扎英吉沙尔，调董福祥等部驻扎和阗与叶尔羌，罗长祐等部驻扎阿克苏和玛纳尔巴什，谭上达所部驻扎叶和西城，余虎恩所部驻扎乌什，谭和义所部驻扎吐鲁番，谭拔萃所部驻扎库车与哈喇沙尔。

左宗棠离开哈密，取道甘肃、陕西和山西进京，令知府王诗正率旌善骑兵和亲军部队从草地行军赶赴张家口以备调遣。

年底，杨昌浚与刘锦棠一起共同筹划建立新疆行省。这是民族英雄林则徐的遗愿，也是左宗棠一生的追求。

这一年，在左宗棠领导下，兰州机器织呢局问世。这个机构利用西北盛产的羊毛与外国输入的毛织物竞争，有力地促进了民族工业的发展。

云南永昌的龙保绿林军于2月份攻击保山。刘长佑令腾越练军屡次击破龙保所部，龙保西逃，死于怒江。

刘长佑于9月份从省城出发检阅全省部队，走遍了三迤，到年底才检阅完毕。

从道光末年起，云南已有三十年没有举行此项典礼。

433

四十二岁的湘乡人曾纪泽于 2 月 24 日代表中国政府与俄国达成《中俄改订条约》,又称《中俄伊犁条约》。与崇厚所签的条约相比,曾纪泽谈成的这个条约为中国争回了许多利益。虽然伊犁西境霍尔果斯河以西地区仍为沙俄强行割去,但乌宗岛山及伊犁南境特克斯河一带都被中国收回。此外,还取消了俄国人可到天津、汉口与西安等地进行经济活动等条款,废除了俄国人在松花江行船和贸易,侵犯中国内河主权等规定。

和议谈成后,清廷撤除了各路海防部队。

左宗棠于 3 月抵达京城,清廷任命他为军机大臣。曾国荃升任陕甘总督,他告病返回湖南。清廷任命湖南茶陵人谭钟麟接任。此后谭钟麟创立官车局,方便转运物资,又减免苛捐,稍微缓解了百姓的贫困。

清廷下诏,令金顺率部接收伊犁,按图划界,由参赞大臣升泰和锡纶协助。

清廷于 9 月份正式任命刘锦棠为钦差大臣。刘锦棠多次上疏恳辞,清廷下诏慰勉。

四川黑族人于年初南下云南,袭击昆明以北的东川。刘长佑派兵追踪到江边，黑族部队多数淹死。

总兵邓荣升于5月份在滇东南攻击广南王泽宽的绿林军，将其击败后，王泽宽逃遁。

卯招详领导的教军于9月份攻击昭通，在城内埋伏内应，大肆焚烧抢掠，杀死清军游击张宗久等人。副将涂开科奋力反击，将教军击败，斩杀卯招详。刘长佑令许继衡调查此事，搜捕教军残余，全部处死。

法国军队向越南北部运动，这个地区称为东京。法军借口捕盗增招兵船，打算取道红河来云南通商。清廷有诏，令云南和广西戒备边防。

刘长佑认为，若要支援越南，最好先收复琉球，若要制服法国人，最好先声讨日本。他上奏说，自从西洋人通商以来，日本跟随各国之后在上海开设公司，又侵犯台湾，占领琉球，英法等国袖手旁观。如果我国放纵倭寇而不诛杀，则西洋人便知中国喜爱和平而厌恶战争。如果我国不向日本兴问灭琉球之罪，则必然不会兴问灭越南之罪。所以法国人野心勃勃，要剪除我国的藩篱。现在我国若赶在他们还未攻破东京之前先征讨日本，以收复琉球，则我军如同及时雨，足以令俘囚落泪，足以震慑侵略者之心。如此便能不战而保住越南。

清廷下旨，将刘长佑这道奏疏留中不发。

清廷于12月又向刘长佑垂询消弭衅端、安定边疆的对策。刘长佑上奏说，自从法国人占据嘉定六省以来，越南全境都开设了商埠和教堂。法国人是否攻取越南没有很大的差别。他们之所以处心积虑，是想来云南通商。我们与其等到法国人侵吞越南之后再来防守边境，不如趁他们刚开始动手就来谋划消弭衅端。

刘长佑说，云南、广西和广东三省与越南交界，东西将近两千里，若有人叩关造衅，变幻莫测。如果处处都当作要害，劳费太多。如果从三江口到海阳设防，从西到东只有几百里，以中国的兵力为之在东京御敌，兵力集中，节省力量，与防守云南和两广边境相比较，劳逸悬殊。请以广西兵两万名出中路，广东和云南各派一万人与中路形成掎角。广东的官军从钦、廉进入，云南官军出兵洮江以东，另派轮船驻守广南和顺化港口，断其首尾，法军必定无法自全。

清廷下诏，将这道奏疏下发给总署王大臣讨论。

434

　　法国军队于 4 月份攻占越南东京，越南许多地方有土匪起事。广西的援军开到越南太原，刘长佑派道员沈寿榕领兵出关与广西援军相连。法军见中国大军开到，便将东京交还给越南官员，然后毁城撤走。

　　谭钟麟和刘锦棠上奏，请求在新疆设立郡县。他们还是主张按照谭钟麟原来所奏的方案，从哈密起始，南到吐鲁番，北到精河，任命官员管理，无须另外多设官员。在回疆东四城设兵备道一员，驻在阿克苏。阿克苏为古温宿国，设温宿直隶州知州一员治理阿克苏，在拜县设知县一员隶属温宿知州。在喀喇沙尔设抚民同知一员，在库车设抚民同知一员，在乌什设抚彝同知一员，都归东四城巡道统辖。西四城也设兵备道一员，驻在喀什噶尔。喀什噶尔为古疏勒国，设疏勒直隶州知州一员治理汉城，设疏勒知县一员治理回城，隶属于疏勒知州。在英吉沙尔设抚彝同知一员。叶尔羌为古莎车国，设莎车直隶州知州一员治理汉城，设叶城知县一员治理回城，隶属于莎车知州。在玛纳巴什设水利抚民通判一员。和阗为古于阗国，设和阗直隶州知州一员治理和阗，设于阗知县一员治理喀拉噶什，隶属于和阗知州。以上官员都归西四城巡道统辖。

左宗棠曾经提出设立一名新疆总督驻在乌鲁木齐；设立一名新疆巡抚驻在阿克苏。谭钟麟的看法不同，认为设立行省应从州县做起，然后依次设督抚管辖。现在刘锦棠把自己的想法奏报清廷。

刘锦棠说，他自从出关办理新疆军务以来，到现在已历七年。经过对关外形势的深思熟虑，他认为除了设立郡县，改变旧制，没有更好的办法。但对于将新疆另设一省，他却不以为然。现在新设南路同通州县，加上哈密及镇迪道原有各厅州县，不过二十多处，即便将来地方富庶了，也不会增加多少。

刘锦棠说，考察一下各省的州县，最少的莫过于贵州和广西，但新疆的州县还不到这两个省的一半，显然很难自成一省。而且新疆与甘肃形同唇齿，从前左宗棠以陕甘总督的身份办理新疆军务，所有兵饷的制办都是以关内为根本。他继任总督两年，之所以没把事情办砸，全仗着谭钟麟和杨昌浚力顾全局，所以才能勉强支持。如果甘肃省的大员搞点本位主义，那么边疆的事情就会一团糟了。因此，如果将关内和关外划为两个省份，让二十多个州县孤悬绝域，势必难以自存。然而，如果让新疆由甘肃节制，又会鞭长莫及。他建议大致模仿江苏建制，添设一名甘肃巡抚，授予兵部尚书的头衔，以乌鲁木齐为省会，统辖哈密以西南北两路的道厅州县。设一名新疆布政使随巡抚驻扎。镇迪道加授按察使衔，管刑名驿传。将迪化直隶州改为知府，添设迪化知县，与昌吉、绥来、阜康和奇台四县一起都隶属迪化知府。

关于军队，刘锦棠建议，伊犁的满营采用各省驻防将军营制，迪镇道无须都统兼辖，伊犁将军也不需总统全疆军队。将乌鲁木齐提督调驻喀什噶尔，在乌鲁木齐自设巡抚标兵。南北两路另设编制军队，添设总兵、副将、参将、游击、都司、守备、千总和把总等军官。吐鲁番及南路原有的参赞、办事和领队各大臣一律裁撤。从哈密以北直达伊犁的都统、办事和领队大臣酌量裁撤。

刘锦棠的奏疏送达清廷后，清廷下发吏部商议执行。

沈寿榕部于8月份进驻云南宣光的都龙，制造战船，扼守红河。清廷见边疆军情紧急，将四川道员唐炯提拔为云南布政使，令他率一千名川军驻扎关外，滇军都听他指挥。

不久，法国与越南达成和议，法国人更加紧谋划进入云南。刘长佑请求入京觐见。清廷下诏，任命福建巡抚岑毓英为云贵总督，驻军蒙自。

光绪九年
1883年

435

刘锦棠和谭钟麟于5月份开始派人试行代理南疆道厅州县官职，设立吏房、户房、礼房、兵房、刑房和工房，以原有的伯克经收粮赋的官员充任，令他们与熟悉汉字的书吏杂处，互相传授汉文和回文。另外开设义塾训练回民儿童。督率兵勇修补城墙，建造坛庙、仓敖和监狱，通驿传，设塘站。南疆每年征粮多达二十多万石，兵食充然有余。百废俱兴，民气渐苏。回疆的积弊几乎全部根除。

这一年，杨昌浚升任漕运总督。

中法战争于12月份爆发。法军于14日开始攻打越南的山西。驻防山西的部队主要是刘永福的黑旗军，另有广西清军七营和云南清军。中国驻军被迫实行军事抵抗。法军依靠优势的装备于16日占领山西。

中法战争爆发后，中国驻英法俄三国大臣曾纪泽不断抗议法国政府的挑衅。他主张坚持不让，一战不胜则谋再战，再战不胜则谋屡战。

曾纪泽照会法国政府，明确声明：茹尔·费理在法国议会上宣称要占领的地区驻有中国军队，这些守军的任务是保护中国本身及越南的利益，如果法国挑起中法两国军队之间的冲突，将引起严重后果。

曾纪泽与法国人争辩，始终不挠。他虽在病中，但仍然坚守岗位，进行外交斗争。

由于法军在越南采取军事行动，孙开华复出办理台湾防务。刘铭传令孙开华所部驻守沪尾，即现在所说的淡水港。慈利人胡峻德也随同前往。此人少时就以勇力闻名乡里，在山上打猎时曾杀死一只老虎。由于他在家中排行第五，慈利县人称他为"杀虎胡五"，大有武松的风范。

光绪十年

1884年

436

越南的法军在 2 月份更换统帅，米乐接替了孤拔，手下兵力增加到一万六千人，企图侵犯北宁，给中国军队更大的打击，从而迫使清廷完全屈服。

当时清军在北宁一带驻军约四十营，但由于将帅昏庸怯懦，互不协调，军纪废弛，兵无斗志。

中法战争期间，王德榜在家乡江华为母亲守丧，忽然接到左宗棠的命令，招募八营湘兵，称为"恪靖定边军"，开赴广西，于 2 月 16 日开出镇南关。

法军于 3 月 12 日攻克北宁。

3 月 18 日，清廷令湖南巡抚潘鼎新驰赴广西督办军务。

3 月 19 日，法军攻克太原。

3 月 27 日，清廷追究北宁失守的罪责，拿问徐延旭，令潘鼎新代理广西巡抚。

4 月初，清廷任命王德榜代理广西提督，率部进驻谅山前沿。

法军于 4 月 12 日进驻兴化。法国利用军事上取得的胜利对越南和中国展开进一步的政治胁迫。

同一天，潘鼎新实授广西巡抚，庞际云代理湖南巡抚。

北宁战役清军失利，消息传到北京，清廷震惊，责言四起。但奕䜣主持的军机处拿不出任何切实可行的应敌办法，只得起用原广西提督、年近七十岁的老将冯子材火速赶到关外统军。并于 4 月 19 日命令苏元春和方友升率四千多名湘军赶赴广西。

苏元春抵达广西后出任广西提督。王德榜与他不和，互不支援，致使两败俱伤。

老湘营将领方友升率部驻防凭祥，向文渊阁的法军进攻，陷入重围，身负重伤，率领二十七骑突围而出。

清廷以撤换大批疆吏廷臣掩饰败绩。全面改组军机处，恭亲王奕䜣等被黜退，以礼亲王世铎代之。贝勒奕劻主持总理各国事务衙门，而实际大权操在光绪皇帝的生父醇亲王奕譞手中。

同一个月，清廷采纳李鸿章的意见，让态度强硬的曾纪泽不再担任驻法大臣。不久，曾纪泽晋升兵部右侍郎，仍为驻英俄大臣，与英国议定洋药税厘并征条约，几经周折，终于为清廷争回每年增加烟税二百多万两白银。

清廷不让曾纪泽负责对法国的外交，引起了湘军集团首领左宗棠和曾国荃等人的强烈不满。左宗棠正在疗养眼病，曾国荃代他出任两江总督。越南北部的战事小有失利，传到左宗棠耳朵里，他便焦急万分，假期没完就出来管事了。他请求朝廷不要和法军谈判，并再次请求挂帅带兵，还立下军令状：如果不能阻挡法军的进攻，请求对他从重治罪，以谢天下。但是，清廷叫他停止招募军队。

左宗棠又致电总理衙门，称刘永福的黑旗军是义士，建议清廷对黑旗军提供补给，加以收编。两宫太后听了他的话，认为无须追究刘永福的过去，既然在前线抵抗外侮，就是民族的英雄，应该给予嘉奖。李鸿章授予刘永福记名提督的职衔，又加授南澳镇总兵的军职，但实际上并不给予接济。

左宗棠令王德榜了解黑旗军的情况，以南洋通商大臣的名义暗中支援。

总理衙门授权李鸿章与法国代表举行和谈。

5 月 11 日，李鸿章与法国代表福禄诺在天津签订了《中法会议简明条约》，中国承认法国对越南的保护权，承诺将驻防北圻之师马上调回边界，同意中越边界开放通商，并承诺议定有关的商约税则时对法国商务极为有利。双方约定三个月内派代表谈判详细条款。

在条约签订前后，法军开始攻击基隆。

5月17日，福禄诺交给李鸿章一份节略，通告法国已派巴德诺为全权公使来华谈判详细条款，并单方面规定了在越南北部全境向中国军队原驻地分期"接防"的日期。李鸿章没有肯定地同意这个规定，又没有明确反对，也未上报清廷。

广西巡抚潘鼎新于6月份弹劾王德榜增援谅山不力，清廷将王德榜革职，所部由苏元春统率。不久，王德榜又奉命率部赶赴那阳，进逼船头。他的左路部队连战皆捷，歼灭法军一千多人。

同一个月，法国政府与越南订立最后的保护条约。

6月23日，法军突然到谅山附近的北黎地区"接防"，要求清军立即退回中国境内。

米乐派遣杜森尼中校率九百人从河内出发，向谅山进军，到达观音桥附近，遇到王德榜的湘军。湘军劝阻法军停止前进，并致信法军说：两国既已议和，大可不必再起衅端。

杜森尼不听，要求湘军立即退回中国境内。湘军表示没有接到上级命令不能移动。杜森尼下令进攻，法军夺占四周山冈。湘军立即还击，战至深夜，双方对峙。

王德榜组织优势兵力反击，除以两营作为预备队留守观音桥老营外，其余六营全部投入战斗。其中三营扼守大路正面抗击，一营从右侧迂回进攻，两营从左侧包抄，截断法军后路。法军三面被攻，被迫收缩。

湘军越战越勇，正面抗击的清军其他部队听说两翼发动了攻击，便开始出击，极力猛攻，法军抵挡不住，开始溃退，清军追击几里才返回驻地。

这一次战斗，法军自称死伤一百多人。英国随军记者描述了当时的情形："清军有很多耳目，并占据了有利地势。他们从前方和两翼发射强烈的炮火，法军立即回头逃跑，雇佣兵开始退却，不久就成了正式的溃退，差不多所有行李和军火装备都落在中国人手中。"

这是清军在中法战争开始以来获得的第一次胜利，称为"北黎冲突"，也称"观音桥事变"。

法国以此为扩大战争的借口，照会清廷，要求清廷通令驻越清军火速撤退，并赔偿军费两亿五千万法郎，约合白银三千八百万两。法国还威胁说，他们将占领中国一两个海口，当作赔款的抵押。

这一次，清廷坚决反驳了法国的无理要求，指出谅山是中国驻兵的地方，"法兵前往谅山，扑我营盘，先行放炮，中兵不能不抵御"。奕譞认为，清政府的这种强烈态度"是二十余年中国第一次振作之照会"。

清廷令潘鼎新提醒军队不可因胜而骄，要更加严密防守，遇到来犯之敌一定要奋勇迎击，并且令东南沿海要严加防范。

7月11日，清廷令庞际云按月为苏元春率领奔赴广西的一千八百多名湘军将士筹饷。

清廷又于7月下旬派两江总督曾国荃在上海与巴德诺谈判，以求解决争端。谈判未有结果，法国重新诉诸武力，将战火扩大到中国东南沿海。

437

法国将它在中国和越南的舰队合成远东舰队，任命孤拔为统帅，趁机分别开进福州和基隆，一方面胁迫中国接受法国的条件，一方面准备随时发动攻击，占领这些口岸。

在法军攻击台湾之前，孙开华率领的擢胜三营已经开到台湾办理防务。随后，提督章高元所领的淮军和提督杨金龙所领的湘军也先后开到台湾。

8月5日，法舰轰击基隆，强行登陆。督办台湾事务大臣刘铭传统率清军顽强抵抗，使法军不得不退回海上待机再举。

随后，法国议会授权政府"使用各种必要方法"使中国屈服。法国政府拟定新条件向中国勒索，要求赔款八千万法郎，十年付清。清政府没有接受。中法外交关系正式破裂。

8月23日，中法马江海战爆发。当天上午8点，法军向闽浙总督发出通牒，但清廷官员竟然对福建水师官兵封锁消息，不准请战官兵"轻举妄动"，而寄望于乞求法军延期进攻。

下午1点45分，停泊在马江水面的法军八艘军舰和两艘鱼雷艇向中国福建水师发起攻击。

福建水师由于未做任何军事准备，加上装备落后、火力处于劣势，多数军舰未及起锚就被法舰击沉。

海战不到三十分钟，福建水师的十一艘军舰中有九艘被法军击毁，它们是"扬武"号、"济安"号、"飞云"号、"福星"号、"福胜"号、"建胜"号、"振威"号、"永保"号与"琛航"号。另外两艘是"伏波"号与"艺新"号，在港内自沉。还有多艘运输船沉没，七百六十名水师官兵殉国。福建水师几乎全军覆没。

这一仗，福建水师只击毙了五名法军，击伤十五人。马江海战中，法军还摧毁了马尾造船厂和两岸炮台。

8月26日，清廷被迫向法国宣战。

清廷颁发上谕，谴责法国蛮横索取无名兵费，恣意要求，先启兵端，令陆路云南清军和广西清军迅速进兵，沿海各地严防法军侵入。又令新任两广总督张之洞激励各军奋勇抗敌，并将继续坚持和议的张荫桓等六名总理衙门大臣革职。

左宗棠在病中上书醇亲王要求统兵出征。这时他已是七十二岁高龄。

清廷下旨，说福建军情紧急，任命左宗棠为钦差大臣主持军务，令杨昌浚与穆图善辅佐，令张佩纶会办。

左宗棠甄选能将，整治军队，添船购炮，重修或加强江防各处炮台，亲自检阅驻江苏的湘淮水陆各军，召集防江防海各路部队的将领研讨守卫领土的方案。他在检阅水陆各军时疾呼："不怕捐躯以殉。"

左宗棠应闽浙总督何璟的请求，从两江防区抽调湘淮军各两营派往台湾加强防御，又让漕运总督杨昌浚和王德榜回广东挑募几营军士，同时命令王德榜到中越边界察看刘永福黑旗军的军情。

与此同时，一大批湘军将领奉令率部参加中法战争。

长江水师提督李成谋令水师加强吴淞口的防务。

龙阳人易佩绅正在四川布政使任上，奉令率部增援台湾，抗击法军。

五十四岁的湘乡人刘连捷率部驻防江阴。

五十九岁的清泉人孙昌凯正在浙江海门镇总兵任上，奉命兼办台湾海防营务。

祁阳人欧阳利见是湘军水师宿将，此时任浙江提督。他率部驻扎在浙江镇海金鸡山设防备战。他巡视沿海大小岛屿、码头和工事，发现甬江入海口的北岸招宝山顶上的威远城修得太高，炮台过于暴露，一旦被围孤立无援，难以旋转。欧阳利见立刻将部属召来，令他们在招宝山后山与前山连接处增设月城炮台，充当威远城的前冲，另外增修隐蔽的小道直通内地，以便被围时可以从小道得到增援。

六十八岁的彭玉麟出任兵部尚书，奉旨赶赴广东，会同当地官员筹划防务。彭玉麟调集四千名湘军，包括王永章的四个振字营，从海路开向广东，自率随从走陆路抵达广州。六十三岁的平江人李元度应彭玉麟之邀与他同行。

湘军在广东集结后，王永章的振字营驻守大紫。这里是虎门右边的屏障，王永章率勇丁开山劈石，营建炮台。

彭玉麟察看地形，巡视炮台和营垒，整理虎门要塞。李元度率部堵塞虎门海口。

彭玉麟下令在沙角设防，开凿山石，修建炮洞，以便掩护士卒。他还下令编组沙户渔船，分守横门、磨刀门和崖门等入海口。他约见两广总督张树声和广东巡抚裕宽等人协商就地举办团练，按照陆军规制慎重挑选营官，勤加操练，在短期内训练出一支守土御侮的兵力。

闽浙总督何璟认为自己不懂军事，请求解职，清廷便任命杨昌浚为闽浙总督。

杨昌浚还没到达军营，李鸿章的女婿张佩纶便已逃遁。清廷将此事下发左宗棠和杨昌浚议处。杨昌浚依旧息事宁人，清廷责怪他袒护张佩纶，将他调任陕甘总督，加太子太保。

杨昌浚在闽浙总督任上帮办福建军务，为台湾军民抗法筹款筹兵，不辞辛劳。

清廷还任命在湖南养病的杨岳斌到福建帮助左宗棠办理军务。

9月20日，湖南提督鲍超受命奔赴云南会办军务。左宗棠与曾国荃商量军事和粮饷，将驻防两江的原左宗棠旧部恪靖营，加上另拨的两营，由左宗棠带往福建。

五十五岁的道州人何绍采统领恪靖亲军营、浙江楚军寅字营，还兼统楚军后营，办理福建海防事务。

法国海军封锁台湾各海口以后，内地与台湾文电不通，援台的交通也中断了。左宗棠密电刘铭传在台湾招募兵勇一万人以资防备。

左宗棠在金陵调集旧部商筹饷项，然后起程，取道江西湖口前往福建。

他又在江西抽调三营军队进入福建，并派员在九江、湖口和崇安等处设立转运站负责粮饷军械的转运。

他从南平乘船抵达福州，在距福州十多里的水口登岸，福州官方为他举行了隆重的入城仪式。他所经过的街坊和店铺都排设香案迎接，全城的士民扶老携幼出迎"左相侯"，并在他的行馆大厅上张贴了一副楹联：

数千里荡节复临，水复山重，半壁东南资保障；
亿万姓轺车争拥，风清霜肃，十闽上下仰声威。

老百姓之所以如此隆重地欢迎左宗棠，是因为他曾任闽浙总督三年多，在福建进行了一系列革新，施行了许多善政，老百姓对他有感情。他们对软弱昏庸的官吏极其反感。法国军舰进泊闽江突袭中国舰船时，总督何璟每天躲在总督府内拜佛念经；钦差大臣张佩纶英豪自负，非三品以上的官吏都不放在眼里，但一听到炮响就会晕倒在地；船政大臣何如璋每天设宴喝酒，严令"战期未至，各舰不准配发子弹，不准无令自行起锚启动"。因此，法国的军舰可以逞威，炮击毫无准备的清军舰艇和福州市区，致使中方损失惨重。

左宗棠抵达福建以后，扭转了危险的情势。他这次到达福州之后便再也没有离开了。

438

10月初，法舰分头进犯台湾基隆和淡水，刘铭传苦于兵力不足，被迫放弃基隆，率湘军和淮军坚守沪尾。

法军在基隆登陆后，于10月8日出动八艘军舰攻击沪尾。

孤拔轻率地命令军舰驶到淡水港外，第二天炮轰淡水炮台，被守军击退。孤拔再次炮轰湘淮军的炮台，各舰炮火齐发，炮弹纷飞。随后八百名法军强行登陆，扑向炮台。法军登陆后发动凶猛的攻击。

孙开华竖起大将旗帜，命人擂鼓，亲自冲上前线。他对擢胜营的部将说："我军若以全部兵力抵挡敌人的火炮，即便打胜了，也必然会折损大批精锐。不如分散开来，人各为战，十人一队，五人一组，此起彼伏，伺机杀敌，不一定要死守一地。这就叫麻雀战。"

于是，孙开华将三营兵力化整为零，雀跃前进。短兵相接时，孙开华冲入法军的指挥所斩杀执旗士兵，夺得法军军旗而归。

军士见主将如此奋勇，更加拼死杀敌，斩杀两千多名法军，迫使法军逃走。

胡峻德在追击法军途中忽被炮弹击中，脑袋迸裂，手臂炸断，壮烈牺牲。

清廷接到捷报，对孙开华授予世职，令他帮办军务。

孙开华于1856年投身鲍超的军营，成为鲍超的亲兵校官。有一次跟随鲍超出营侦察，遭到太平军伏击，鲍超中矛落马，他一把拽起鲍超放到自己的坐骑上，拼死突围而出。他跟随鲍超转战湖北、江西与广东，擅长攻坚，两次受伤都顽强地活了下来。

台湾沪尾一战，是孙开华军事生涯的巅峰，也使他在官场上走到了一生的顶点。

法军占领基隆一隅无法深入，从10月23日起对台湾实行海上封锁。

刘铭传多次电请李鸿章派北洋舰队前来解围，李鸿章按兵不动。正在福州前线部署战事的左宗棠听说北洋水师不愿南下，十分愤怒，但他没有办法。在没有轮船运输、没有海军护送的条件下，他只得派王诗正率五营湘军乘坐渔船东渡增援台湾。

许多淮军将领对李鸿章这种行为非常不满，尤其是曾经跟随左宗棠征西的淮军将领，纷纷向左宗棠请战，要为国杀敌。记名提督聂士成主动率领八百五十多名淮军从山海关登船启程直奔台湾。

清廷于11月份下诏，任命刘锦棠为甘肃新疆巡抚，任命四十七岁的隆回人魏光焘为新疆布政使。这个厨工出身的湘军军士自从1856年加入湘军跟随曾国荃攻打江西吉安以来步步升迁，现在成了清廷的高官。他勤于政事，精于理财，不愧为一名干员。

四十四岁的衡阳人谭上连出任乌鲁木齐提督。

这一年，湘潭人谭拔萃积劳成疾，在新疆古城子军中逝世。清廷赏加一等轻骑都尉，附祀刘松山祠。

杨岳斌按照左宗棠的指示，在乾州和辰沅招募十二营湘军，湖南先后拨饷八万三千两银子。这支湘军于12月7日从长沙开拔。

光绪十一年

1885 年

439

1885 年初，法军接连从基隆向台北进攻；法舰骚扰浙江镇海，截击由上海往援福建的五艘中国军舰，在浙江石浦击沉其中两艘。

湘军名将王鑫之子王诗正率领的五营湘军从厦门渡海，在台湾中部登陆。

邵阳人杨金龙率部驻防嘉义县和彰化等地，升任福山镇总兵。

左宗棠又和曾国荃联合上奏，建议由南洋水师和北洋水师各抽兵轮五艘在上海集结，通知杨岳斌率所部湘军十二营从武昌乘江轮而下，然后乘兵轮先抵厦门，准备与法国海军大战。这项建议获得清廷批准，但李鸿章未派兵轮南下，理由是朝鲜发生了事端。

左宗棠改派湘军将领吴安康率几艘南洋兵轮南下，开到浙江石浦洋面，遭到九艘法国军舰的截击，被击沉两艘，其余三艘驶入港内，法国军舰则被围困在港外。这一次南洋兵轮南下虽然没有达到增援台湾的目的，但吸引了法国军舰北上，减轻了台湾驻军的压力。

杨岳斌统率的十二营湘军从汉口乘船到达上海。由于没有兵轮运兵，只得改用商船运送前往福建，分批顺利渡过海峡。

在左宗棠的精心部署下，各路援军纷纷到达福建，相继渡过海峡，台湾地区大军云集，士气大振。法军多次进攻台北乌嘴峰和月眉山都被打败。王诗正部在月眉山血战中给法军以重创。湖南人陈鸣志到台湾招募的楚军和当地人组成一营，参加了月眉山血战。

法国远东舰队在孤拔统率下于2月份对镇海发起了进攻。欧阳利见挥军奋击，率领敢死队袭击法国军舰，将孤拔击伤。

法军进攻福建和台湾的目的在于牵制中越边境的清军，想不到目的没有达到，反倒损失了兵将和战船，进攻的重点重新回到中越边界。

法国政府调集八千名士兵来到越南。法军统帅波里也率第一旅和第二旅一万多人在船头集结，从船头和陆岸开进坚老，全力进攻清军在竹山的阵地，同时用部分兵力佯攻东路王德榜的湘军。

清军相继撤退，谅山危急。清军统帅惊慌失措，调度失方，号令一日数变，使王德榜等部无所适从，兵力过度疲劳。

法军于2月中旬占领委坡，进攻战略要地谅山，潘鼎新不战而退，逃入关内。前线各军见主帅逃走了，纷纷撤退。

波里也在取得东线作战的胜利后接着攻占了文渊。清军溃不成军。法军侦察兵深入镇南关内十多里没有遇到任何抵抗，中国南大门洞开，广西全省大震。

2月20日，卞宝第奉旨知会代理湖南巡抚庞际云，调拨六营湘军，选拔得力将帅统率，即日赶赴广西关外助战。

由于法军急攻镇南关，清廷于2月27日再次令卞宝第急催庞际云以六营兵力火速开赴龙州镇南关交给潘鼎新调遣。

不久，法军侵占镇南关，因兵力不足、补给困难，焚关而去，退至文渊和谅山，打算伺机再犯。

冯子材受命帮办广西关外军务，率部向镇南关进发。他的部队进攻凭祥，召集逃散的军士，他被将领们公推为前敌总指挥，湘军、淮军、桂军和粤军都由他调度。镇南关前线的清军稳住了阵脚。

接着，清军在山围社附近炸死并杀伤了大量法军，取得临洮大捷，乘胜收复缅旺、广威和不拔等府县。

清军以丁槐部为主力，在越南义军配合下分兵渡河，联合攻占宁平、南定和兴安，使山西与河内不攻自破，西线形势十分喜人。

随后，冯子材在镇南关前十公里的前隘布防，决心与法军打一场硬仗。他下令在隘口抢筑了一条横跨东西两岭高七尺、长三里、底宽一丈的长墙，墙外深掘堑壕，筑成了较完整的防御阵地。

清军集中九十多营兵力共四万多人在镇南关至龙州地区防御，引诱法军沿镇南关和凭祥向龙州进攻。王德榜的十营湘军驻守侧翼的油隘。冯子材集中兵力防守法军进攻的主要目标，形成多梯队大纵深的防御体系。

彭玉麟从广东派出兵力协助防守广西的钦州和灵山阵地。

3月23日，盘踞谅山的法军倾巢出动，再次扑向镇南关。

3月24日，法军越墙进犯，冯子材率部冲出墙外，激励将士猛烈搏斗，终将法军击退，遏阻了法军对中国边境的窥伺。

同一天，清廷将潘鼎新和王德榜革职。

440

企图向广西龙州进攻的法军第二旅只有两千多人和大炮十多门，在武器装备上比清军稍强一些，但在兵力上处于劣势，而且是以谅山为后方基地，战线过长，补充供应十分困难。但是，法军仗着武器优势，悍然向龙州发动进攻。

冯子材先发制人，在夜里率部攻击文渊之敌。他亲自担任主攻，从关前隘出发，从北面攻击。

王德榜的湘军从油隘出发，从东面攻击。清军重挫法军精锐，迫使法军指挥官尼格里不等援军到齐就向清军坚固筑垒的地域发起攻击。法军第二旅进攻清军关前隘阵地，战斗打得相当激烈。

方友升所部湘军也跟随冯子材作战。

法军利用大雾做隐蔽，迂回偷袭大青山顶峰，企图突然夺取大堡，控制东岭制高点，前后夹攻击溃清军。当法军接近长墙时，冯子材手持倭刀大呼一声，跃出墙外，他的两个儿子紧随在后。将士随主帅一齐涌出长墙，冲入敌阵，隐蔽在墙外壕沟草丛中的敢死队从敌群中杀出，杨瑞山和麦凤标率援军冲出龙门关，突然攻击法军后侧。当地百姓和部分零散兵勇主动前来助战，在长墙前面的盆地中展开了一场激烈的肉搏战。清军以己之长制敌之短，把法军打得晕头转向。中路法军三百多人大部被歼。

下午，清军发起反攻，夺回了东岭的三座堡垒。王德榜所部首先击溃法军的援兵，消灭了法军运输队，接着从法军右侧后方夹击东岭之敌，配合友军夺回了被法军占领的堡垒。

冯子材率部从正面出击。法军三面被围，伤亡惨重，后援来不及赶到，粮弹将尽，尼格里不得不下令撤退，狼狈逃回文渊。冯子材指挥各路军队追出镇南关，深夜收军。

这一仗歼灭了法军精锐近千人，不仅使东线的清军反败为胜，而且使整个中法战争的战局发生了根本性的变化。

随后，冯子材亲率部队开出镇南，进攻文渊。王德榜部由小路抄袭法军右翼。文渊的法军倾巢出动，竭力抵抗，但清军将士愈战愈勇，法军头目纷纷落马，部队溃散。冯子材指挥大队冲入街里，攻克文渊，又挥军分路追击。

尼格里企图依靠他的四千五百兵力坚守谅山，等待援兵，再进攻镇南关。他以主力扼守驱驴北面的高地，把部分兵力配置在淇江南岸，分守通向谷松和屯梅的交通要道。冯子材派兵绕道前进，乘夜渡河，从小路抄到谅山，散伏在城外。冯子材兵分三路一齐逼攻驱驴。法军依托有利地形和工事负隅顽抗，清军正面攻击受阻，尼格里调动兵力向东面威胁最大的湘军反击，王德榜率部抵抗。

冯子材乘法军调整部署向东反扑的机会，猛攻正面，夺取了驱驴北面的高地和石洞堡。尼格里身负重伤，爱尔明加中校接替指挥，下令向淇江南岸撤退。清军乘势冲进驱驴。

谅山的法军在慌乱中砍断浮桥，来不及过河的法军泅水逃命，很多人淹死。法军丢弃大批装备物资，于深夜撤出谅山。埋伏在城外的清军乘乱攻入谅山城，法军残部狼狈逃窜。清军主力渡过淇江，胜利入城，谅山宣告收复。

镇南关一役之后，中国军队开始转入反攻。

法军总司令波里也对爱尔明加丢失谅山极为不满，令他停止撤退，坚守屯梅和谷松，爱尔明加仓促转入防御。

清军占领谅山后，冯子材继续挥师南下。东路部队合力猛攻谷松。同日，西路部队在越南抗法武装的配合下夜袭屯梅，爱尔明加慌忙率部逃到谷松，与寿非的部队会合后又撤往船头，法军在屯梅和谷松的防线被粉碎了。清军将法军赶到郎甲以南，收复了开战以来丢失的地盘。

东路的各路清军尾追法军到船头，西路大军也攻下了观音桥抵近郎甲。这时，西线的滇军和黑旗军已取得临洮大捷，正向兴化推进，桂军准备从牧马进攻太原。粤军出兵钦州，沿东海岸进攻广安。鲍超率三十多营湘军和滇军正向龙州挺进。河内、太原、海阳和西贡等地民众纷纷酝酿举事，冯子材决定亲率大军乘胜攻击北宁与河内。王德榜因功恢复原职。

441

法军在3月底占领了澎湖岛及渔翁岛。清军正要在各处对法军发起大规模反攻，清廷下达了停战撤兵的命令。

法国发动侵华战争后，各方面围绕和战问题的外交活动和秘密谈判几乎没有停止过。镇南关大捷本来使中国在军事和外交上都处于有利地位，但清廷在整个中法战争期间，即使在被迫宣战以后，也担心"兵连祸结"会激起"民变""兵变"，因此始终或明或暗、直接间接地向法国进行求和活动。李鸿章等人主张"乘胜即收"，把镇南关大捷当作寻求妥协的绝好机会，建议清廷立即与法国缔结和约。

4月4日，清廷派出的英籍代表金登干和法国外交部政务司司长毕乐在巴黎匆促签订停战协定。之后，清廷明令批准李、福天津《简明条约》，并下令北越驻军分期撤退回国，要求法国解除对台湾和北海的封锁。中法战争至此停止，慈禧太后颁发了停战诏令。

5月13日，清廷任命李鸿章为谈判代表与法国政府代表、驻华公使巴德诺在天津开始谈判中法正式条约。

6月9日，双方在天津签订《中法会订越南条约》，共十款，主要内容是清廷承认法国对越南的保护权，承认法国与越南订立的条约；中越陆路交界开放贸易，中国边界内开辟两个通商口岸，"所运货物，进出云南、广西边界应纳各税照现在通商税则较减"；日后中国修筑铁路"应向法国业者之人商办"；此约签字后六个月内，中法两国派员到中越边界"会同勘定界限"；法军退出台湾和澎湖。

6月11日，孤拔伤势恶化，死于澎湖岛。

中国在这次反侵略战争中本来有可能取得最后胜利，只是由于清廷的懦弱和妥协，胜利的成果才被葬送。

欧阳利见听说中国不败而败，法国不胜而胜，悲愤不已，积忧成疾。

彭玉麟听说清廷求和，不胜愤慨，坚决主张把抗法战争进行到底，反对和议。他多次上疏力争，但没有效果。和议签订后，清军已经停战撤兵，他还上疏请求加紧备战，以防后患。

和他一起创建湘军水师的杨岳斌则告假从台湾回家。

这一年，杨昌浚兼代福建和台湾巡抚，与刘铭传一道从事台湾行政制度改革，加强福建和台湾的防务。

中法战争一结束，杨昌浚便一手筹办台湾建省。

他一生生活俭朴，官至总督回乡探亲，仍制止亲人购买鱼肉，只求饱食红薯和蔬菜。

有一次，两江总督沈葆桢闻知他归里，远道前来探望，他让家人烹煮红薯、萝卜和豆腐招待，席间喝的是杂粮酒。儿时的玩伴称他为"薯蔬总督"。

中法战争结束后，四十四岁的孙开华回任代理福建陆路提督，不久实授福建提督。战功卓著的王德榜则解甲回乡。

李元度出任贵州按察使，上疏陈述筹防筹饷之策，主张仿照洋人的办法修造炮台，建议福建巡抚专驻台湾，以防法国和日本等国侵略。他还建议在国外华侨寄居的地方设立公使馆或领事馆。

刘锦棠于4月份率部进驻新疆省城乌鲁木齐，上奏请调乌鲁木齐和巴里坤旗兵一起进驻古城，设城守尉治理。增设一名布政使司经历，一名布库大使，一名镇迪道库大使兼按察使，一名迪化府经历兼司狱。将迪化州吏目改为县典史，将迪化州学正改为府教授。裁撤库尔哈喇乌苏粮员，设一名抚民同知，一名照磨兼司狱。裁撤精河粮员，设一名分防驿粮巡检隶属同知。喀喇巴尔噶逊的粮员由迪化知县兼任。又奏请裁撤伊犁参赞大臣，增设两名副都统辅佐将军，同驻惠远大城。

442

清廷命令抗法前线各路军队停战撤兵时，前线将士闻讯群情激愤。张之洞接连电奏缓期撤兵，竟遭李鸿章传旨斥责，说冯子材和王德榜如果不乘胜收兵，不但会破坏全局，而且可能孤军深入，战事前景莫测。冯子材和王德榜被迫将队伍撤回。

左宗棠本已在福州抱病，准备告老返回湖南，接到各地督抚转过来的急件，和各地群情激愤的信报，无法控制愤怒的情绪。他说："李鸿章，你这样做，怎能称得上国家栋梁！"

一股鲜血从他嘴里喷涌而出，他昏过去了，从此卧床不起。

左帅要归天了，他的安危牵动着许多人的心。光绪皇帝发来慰问电说："皇天福佑，左卿康好。"慈禧念左宗棠为国忠心，在佛祖面前为他祈祷。这个老眼昏花的妇人发来一封慰问电："天恩庇护，左卿安好。"

醇亲王在电报中说："上苍添寿，大帅延年。"李鸿章心中百味杂陈，也为这位强硬派对手的弥留而惋惜，发来急电："为国摄重。"

左宗棠临终前给清廷留下一份口授奏章，请求皇太后迅速批准大力修筑铁路、兴办矿务、制造船炮，以图国家富强。

中法战争，法国不胜而胜，中国不败而败，中国的百姓进一步看清了朝廷的腐败无能，看到了中国面临的各种威胁。

中国在水深火热中煎熬。

9月5日清晨，七十四岁的湘阴人左宗棠停止了呼吸。他是在福州北门黄华馆钦差行辕任上去世的。他一死，意味着大清王朝最后的顶梁柱倒下了，这大厦还能维持多久？

左宗棠死了，左公行辕标着"肃静""回避"字样的灯笼已被罩以白纱的长明灯代替，沉重的死亡气息压得人透不过气来。这盏盏白灯，宣告着时代强音的终结。这是一个奋起抗争、抵御外侮的时代，左宗棠是中流砥柱。而这个风光了半生的男人终于退出了历史舞台。

法国人松了一口气。他们吃过左宗棠的大亏，知道他是雄狮。一头狮子领着一群羊，个个是狮子。左宗棠一死，便群龙无首了。

英国人松了一口气。英国领事在上海租界竖有"华人与狗，不许入内"的牌子，左宗棠发现了，下令侍卫将其立即捣毁，并没收公园，逮捕人犯。左宗棠面容饱满，威严无比。只要他进入租界，租界当局立马换上中国龙旗，外国兵警执鞭清道。左宗棠死了，他们就不需要对中国人那么恭谨有加了。

俄国人松了一口气。左宗棠把他们从新疆赶走，把他们侵占的伊犁收回，

"壮士长歌，不复以出塞为苦"，准备与俄军决一死战。左宗棠一死，中国少了一根硬骨头。

李鸿章松了一口气。一个月前，他在天津与法国签订《中法会订越南条约》，是一个地地道道的丧权辱国条约，是世界外交史上空前绝后的奇闻。左宗棠领衔反对，他说："对中国而言，十个法国将军也比不上一个李鸿章坏事。"他还说："李鸿章误尽苍生，将落个千古骂名。"

死，对于死者来说是结束，但对活着的人是一种绝望的痛苦。大清的中兴重臣一个一个地死了。大清气数尽了。

左宗棠的灵柩停放在福州市鼓楼广场停殡一个月，供人瞻仰。国葬在福州举行。

慈禧太后此时的心情十分复杂。"中国不可一日无湖南，湖南不可一日无左宗棠"，言犹在耳，可左宗棠走了。走了也好，这个汉人太强硬，太无拘束，甚至在万寿圣节也不参加行礼。但态是要表的，要不然还会有谁去为清廷卖命呢？

9月27日，清廷的诏谕派发各省：追赠左宗棠为太傅，赐予"文襄"谥号，赏治丧银三千两，入祀京师昭忠祠和贤良祠。

就在慈禧太后下达诏谕后的一个夜晚，福州暴雨倾盆，忽听一声霹雷，东南角城墙顿时被撕裂一个几丈宽的大口子，而城下居民安然无恙。

老百姓说，左宗棠死了，此乃天意，要毁我长城。

清廷于10月份下诏在台湾建省，台湾成为中国的第二十个行省。

11月28日，《中法会订越南条约》在北京交换批准。

同一个月，虎门湘军守将王大章旧伤迸发，在军营去世。

1886年 光绪十二年

1887年

光绪十三年

443

刘锦棠于 1886 年春天上奏请修新疆省城，将迪化满汉两城拓合为一，开始建立巡抚和藩司衙署。

1886 年 5 月，刘锦棠又奏请增设一名伊塔兵备道，驻在宁远城，将伊犁抚民同知升为伊犁知府，府治在绥定城。增设一名绥定知县，管辖广仁、瞻德、拱宸和塔勒奇四城。增设一名宁远知县，县治在宁远城，管辖惠宁和熙春两城。以上官员都隶属伊犁知府。

又设一名伊犁分防通判，兼理事衔。设一名精河抚民同知。将塔尔巴哈台理事通判改为抚民同知，仍兼理事衔。以上官员都隶属伊塔道。

其他首领杂职都按照内地惯例设置。

于是，新疆南北郡县之制已经全部完善。

这一年，衡阳人谭上连调任喀什噶尔提督，湘乡人周宽世在家中去世。

到 1887 年为止，新疆共计有汉民、回民和缠头回民及入籍的安集延人二十六万六千九百五十九户，男女大小一百二十三万八千五百八十三丁口，丈量荒地和熟地一千一百四十八万零一百九十四亩有余，额征本色粮二十七万六千零五十一石有余，本色草一千四百九十万两千七百斤有余，折色粮草及地课银五万九千一百四十八两有余。其中已经开垦的熟地现征本色粮二十万三千石有余，本色草一千三百九十五万八千二百斤有余，折色粮草及地课银五万七千九百五十二两有余。

左宗棠开办的福州船政局到 1887 年已制成第一艘铁甲船，轮机也由旧式单机改为复合机，马力由一百五十匹增至两千四百匹，在中国近代造船史上占有相当重要的地位。

光绪二十年 1894年

444

春天，朝鲜发生了大规模的东学党农民造反，朝鲜国王李熙请求清廷出兵镇压。清廷派淮军将领叶志超率一千五百多人的部队赶赴朝鲜，协助朝鲜政府镇压农民造反。与此同时，日本以保护本国使馆和侨民为借口，也向朝鲜派遣军队达两万多人，占据了从仁川到汉城一带的战略要地，实际上包围了叶志超的清军。

日军决意开战了。光绪对李鸿章下达严厉的命令，要他迅速筹划战备，决不能害怕日本人。如果贻误战机，唯他是问。在日本步步进逼和国内舆论的压力下，清廷不得不派兵增援叶志超。

日本的联合舰队在朝鲜牙山口外丰岛附近对中国不宣而战，袭击了中国的运兵船和护航舰，中国士兵七百多人殉难。中日战争的序幕就此揭开。

8月1日，中日两国同时宣战，中日甲午战争全面爆发。

湘军宿将唐仁廉奉召进京条陈方略。他自请募兵二十营以当前敌。光绪皇帝嘉允，于是他返回湖南。

8月15日，湖南巡抚吴大澂发电报上奏，请求率湘军赴朝鲜参战，光绪皇帝甚感欣慰。

8月28日，战事紧急，清廷急催吴大澂率部赶赴威海，与李鸿章筹商。湖南巡抚暂由王廉护理。

吴大澂起用湘军旧将魏光焘、陈湜、李光久、余虎恩和方友升等人，添募兵勇，率领三万湘军开出湖南，北上抗日。

9月13日，清廷令候补道左孝同和甘肃宁夏知府黄自元驰赴吴大澂部听从调遣。左孝同是左宗棠的第二个儿子，黄自元是安化人，一代著名书法家。

9月15日，日军一万六千多人进攻朝鲜的平壤。驻守平壤的清军共三十五营一万七千人。双方兵力旗鼓相当。凌晨3点，日军第九混成旅团在大岛义昌少将指挥下向大同江南岸的清军发起进攻。太原镇总兵马玉昆督队英勇抗击，日军官兵死伤惨重，无力再战，大岛义昌负伤，只得下令退却。

下午2点，日军全部撤离战场。

日军在玄武门外的战场上集中了优势兵力，这里是日军的主攻方向，由立见尚文少将的第十旅团和佐藤正大佐的第十八联队担任主攻。清军高州镇总兵左宝贵登上玄武门指挥，亲燃大炮轰敌，官兵感奋，英勇杀敌。激战中，左宝贵不幸中炮牺牲，部下三位营官也先后阵亡。下午2点，日军攻占玄武门，企图向城内推进，遭到清军阻击，只得退守玄武门。

在平壤城的西南面，日军于早晨7点发起攻击。野津道贯中将亲率日军第五师团在炮火掩护下发起步兵冲锋。清军骑兵进行反击。战到中午，野津道贯见难以得手，下令暂停攻击，退回驻地。

此时对清军来说，战事尚有可为，但叶志超贪生怕死，于下午4点竖起白旗，停止抵抗，并下令全军撤退。六天里，清军狂奔五百里，于21日渡过鸭绿江回到国内。日军占领朝鲜全境。清军撤退时溃不成军，两千多人遭伏击牺牲，六百多人被俘。

9月17日中午，在鸭绿江口大东沟附近海面，清军北洋舰队的十艘军舰与日本海军的十二艘军舰开战。北洋舰队重创日本"比叡""赤城""西京丸"诸舰。但北洋舰队的"致远"舰也受重伤。管带邓世昌为保护旗舰下令向日军先锋舰"吉野"号猛冲，以求同归于尽，不幸被日军鱼雷击中，二百多人牺牲。

下午，北洋舰队的十艘军舰中有四艘沉没，两艘逃走，两艘负伤，只剩下"定远"号和"镇远"号两艘铁甲舰依然奋勇搏战，重创日本旗舰"松岛"号。

战到下午 5 点半，日本舰队撤离战场。

445

平壤战役和黄海战役之后，日本广造舆论，大肆渲染胜利，更加刺激了本身扩大侵略战争的野心。清廷方面，身负军事指挥重任的李鸿章夸大失败，进一步推行消极避战方针，慈禧太后的主和态度也渐趋明朗。

北洋舰队还有战斗力。李鸿章担心经营多年的北洋舰队全军覆灭，严令舰队避藏在威海卫港内，不准出海迎战。日本取得了整个黄海的制海权。

日本陆军的前方就是鸭绿江了，日本人得陇望蜀，趁着军威进攻辽宁省。辽宁省会奉天是清廷的后院，是爱新觉罗家族的发源地。光绪皇帝决定集结全国兵力抵御日军。他电令东北军队火速集结到辽阳和奉天之间。

光绪皇帝召集群臣急商应敌之策。翁同龢对皇帝说："新疆巡抚刘锦棠在西北历练了十三年，深得左宗棠的经略真传，可堪大用。两江总督刘坤一是目前唯一健在的湘系重量级人物，也堪当此任。"

光绪说："自从左宗棠去世以后，恪靖营裁撤几尽，现在只有新疆、陕西和甘肃几营的驻防军，加上台湾的两营和张家口一部，李光久已带领两营湘军到了鸭绿江边，湘军人数不足十营啊。"

翁同龢说："这个好办。兵为将有，是湘军募兵的原则，让他们回湖南去扩招就行了。"

光绪帝批准了老师的建议。于是，京师的密电飞往江宁、乌鲁木齐和长沙。

10 月 24 日上午 11 点，日军先于九连城上游的安平河口泅水过江成功。当夜，日军又在虎山附近的鸭绿江中流架起浮桥，清军竟未觉察。

部署在鸭绿江北岸的清军共有八十二营，兵力约为两万八千人。清廷任命宋庆为诸军总统节制各军。日军进攻部队是山县有朋大将统率的第一军，包括桂太郎中将的第三师团和野津道贯中将的第五师团，共三万人。双方兵力不相上下。但是，宋庆虽有总统各军的名义，各部却不服调度，而且士气不振，将领多无抗敌决心。

10 月 25 日早晨 6 点，日军越过浮桥向虎山清军阵地发起进攻。淮军守将马金叙和聂士成率部奋勇还击，因势单力孤，伤亡重大，被迫撤出阵地。日军占领虎山。

其他清军部队听说虎山失陷，不战而逃。

10 月 26 日，日军不费一枪一弹占领了九连城和安东县。在不到三天内，清军重兵近三万人驻守的鸭绿江防线竟然全线崩溃。

10 月 24 日，大山岩大将指挥的日本第二军两万五千人在日舰掩护下开始在旅顺后路的花园口登陆。日军的登陆活动历时十二天，清军竟坐视不问。

11 月 3 日，日军开始向金州进犯。湘军宿将徐邦道认为金州是旅大后路咽喉，金州失守，旅大难保，主张分兵往援金州，以稳固旅顺口后路。

旅顺地区清军有七名统领，道员龚照玙为前敌营务处总办，有"隐帅"之称，共辖三十三营约一万三千人。但是，没有人响应这个四川人的建议。

徐邦道见无人响应，便自率所部拱卫军步队三营赴金州御敌。徐邦道所部抵达金州后，深感兵力单薄，一再要求驻防大连湾的赵怀业派兵支援。赵怀业只派营官周鼎臣率两哨步兵前往应付。

徐邦道部到达金州后，会合金州的驻防练兵在金州东路设防。督率部下昼夜赶修工事，分建堡垒于貔子窝至金州大道两旁山顶，以防御日军来路。

11 月 5 日上午，日军第二军第一师团第一旅团长乃木希典少将指挥两个大队的兵力向徐邦道拱卫军阵地发起攻击。徐邦道指挥部队凭垒据守，进行反击，击伤日军第二大队副官大野尚义及士兵二人。激战三小时，日军退去。

下午 4 点，日军再次发起进攻，又被击退。

11 月 6 日凌晨，日军占领了与拱卫军阵地相距两里的高地，用大炮向拱卫军两侧山顶堡垒猛轰，然后派步兵冲锋。激战两小时，徐邦道部虽伤亡很重，但阵地仍屹立无恙。

由金州北路迂回进攻的日军第一师团本队从后面抄袭徐邦道部后路。徐邦道见敌众我寡，腹背受敌，只得放弃东路阵地，率部退入城内固守。

日军在东路阵地上列炮向金州城轰击。第一师团本队也在城东北的三里庄集中三十六门大炮用排炮向金州城猛轰。枪子弹药坠落如雨。接着，日军派工兵用炸药将北门爆破，潮水般涌入城内。不久，东门也被攻破。

徐邦道指挥守军与日军展开激烈巷战，终因众寡不敌，从西门和南门撤出，退往旅顺。

日军进占金州。

11 月 7 日，日军分三路向大连湾进攻，发现清军早已溃散，不战而得大连湾。

日军休整十天后，于 11 月 17 日开始向旅顺进逼。

徐邦道不顾金州新败，军士饥疲，决定在日军进攻必经的道路上组织伏击。

11 月 18 日拂晓，徐邦道率部开往旅顺以北二十里的土城子一带埋伏。中午，徐邦道所部在土城子以南与日军的搜索骑兵队遭遇，奋勇出击，打退日军。

徐邦道所部在金州新败，行帐辎重遗失，粮草缺乏，只好放弃阵地，退回旅顺就食。

这一天，龚照玙竟置诸军于不顾，乘鱼雷艇逃往烟台。

11 月 19 日，黄仕林、赵怀业和卫汝成三名统领也先后潜逃。

11 月 21 日，日军向旅顺口发起总攻。徐邦道率部守卫鸡冠山堡垒，顽强抗战。激战一小时，击毙日军第十四联队第一大队长花冈正贞及多名日军。但是日军已攻破了鸡冠山西侧的椅子山、松树山和二龙山诸堡垒。徐邦道孤军难守，被迫率军退入市区。

下午，日军占领了旅顺后路各堡垒，突入市区。攻守双方激烈巷战，清军死伤惨重。当晚，徐邦道、张光前和程允和等人率残部乘夜沿南关岭退往金州。

第二天早晨，旅顺口陷落。日军进入城内，血洗全城。

旅顺陷落后，日本第一军西攻海城，清军弃城逃走。海城失陷。奉天府受到威胁，辽西震动。

随着清军节节败退，清廷内部主和派已占上风，大肆进行投降活动。日本海军已在渤海湾获得重要根据地，从此北洋门户洞开。北洋舰队深藏威海卫港内，战局更加急转直下。

12 月 22 日，代理湖南巡抚邵友濂奉命赶赴日本议和。户部左侍郎张荫桓代理湖南巡抚。

446

淮军节节败退，清廷更是把希望寄托于湘军。然而此时的湘军已非昔日曾左时代的劲旅。

新疆平定之后，刘锦棠迫于粮饷等问题的巨大压力陆续裁撤部队，老湘营已所剩无几，大约保留了五营兵力。

接着，在中法战争中，左宗棠让杨岳斌和王德榜回湖南招募军士，分别带往福建和广西前线。但是，中法战争不到一年就结束了，他们招募的军士除了留足保卫台湾岛的兵员之外，其余全部裁撤。

随着左宗棠年老体衰，清廷的权力中心慢慢转移到淮军领袖李鸿章手中，湘军集团渐渐失去了恩宠，因而残留的这部分湘军，包括老湘营和王诗正在台湾的三营，武器装备远远不及淮军，甚至赶不上天津的吴长庆和袁世凯新军、练军的装备。

左宗棠归天，湘军失去了具有绝对感召力的领袖人物。刘锦棠虽在西北屡立战功，功名卓著，但他与曾国藩和左宗棠相比还是不可望其项背。到甲午战争爆发时为止，他还只是个新疆巡抚，虽然这个职位的重要性一点也不亚于陕甘总督和云贵总督，但毕竟职阶较低，在官场上还是吃不开。那些总督级人物，有几个德高望重的，但他们不是老了就是死了，彭玉麟、杨岳斌、杨昌浚、刘坤一，清廷议来议去，决定让两江总督刘坤一这个老头子来指挥东北战事。

六十五岁的两江总督、南洋大臣刘坤一于12月份被清廷任命为钦差大臣，湖南巡抚吴大澂受命帮办军务。两人督办东征军务，节制关内外各军。隆回人魏光焘奉旨随吴大澂率部奔赴辽东。随吴大澂一起出征的还有湘军名将李续宾的儿子李光久，以及陈湜和余虎恩等湘军宿将。

刘坤一好长时间没有骑马打仗了，对战争的印象已经非常淡漠。他接到如此重要的使命，感到如泰山压顶。

他马不停蹄地赶到北京。他是一个精明的湘系军阀，在湘军的督抚将军中他说话还是有人听的。现在清廷要他去山海关统率关内关外的各路军队，其中有三分之二是淮军，是李鸿章的人马，这是一件很棘手的事情。所以他第一件事就是直奔李鸿章的相府面听机宜。

对刘坤一的到来，李鸿章像是抓住了一根稻草，这令刘坤一大惑不解。原来甲午战争以来，北洋水师全军覆没，陆路淮军兵败一泻千里，早把这个老大臣的面子丢尽了。他希望刘坤一此次出关重振雄风，天下谁不知湘淮军本是一家呢？战太平，打捻军，攻回军，平新疆，哪里有湘军的人马，哪里就有淮军的影子。

李鸿章拉着刘坤一的手，几乎是老泪纵横，动了真情："恩师曾国藩与左宗棠之间的不和只是政见不同，我与左宗棠之间只有攻占与和守之争。大家都是为了国家，谁不想中国早日强大？湘淮还是一家嘛！东北的局势得靠湘军，靠刘大人了！我写一封信，让你遍传辽宁的淮军将领，让他们知道：湘淮军是一家人，一切唯刘大人之命是听。如果再有人徇私误国，裹足不前，一定严惩不贷！刘大人决不要手软。"

听了他的这番话，刘坤一顿感太阳从西边出来了。

447

1月10日，日军分两路进攻辽宁盖平，湖南人李仁党和杨寿山率部抵抗，屡次击败日军的进攻，后来不幸中炮身亡。宋庆令徐邦道率军往援，援军还没开到，盖平已失。徐邦道与章高元率部合力反攻，未能攻克。

1月17日，清军先发动收复海城之战，连遭挫败。

1月20日，日军的大山岩大将指挥第二军，包括佐久间左马太中将的第二师团和黑木为桢中将的第六师团，共两万五千人，在军舰掩护下，开始在荣成龙须岛登陆，于1月23日全部上岸。

1月30日，日军集中兵力进攻威海卫南帮炮台。炮台守军仅六营三千人。营官周家恩守卫摩天岭阵地，英勇抵御，壮烈牺牲。日军也死伤累累，左翼司令官大寺安纯少将中弹毙命。由于敌我兵力众寡悬殊，南帮炮台终被日军攻占。

2月3日，日军占领威海卫城。威海陆地都被日军占据，丁汝昌坐镇指挥的刘公岛成为孤岛。日军水陆两路配合，连日向刘公岛和威海港内北洋舰队发动八次进攻，都被击退。在此期间，日本联合舰队司令官伊东佑亨曾致书丁汝昌劝降，遭到丁汝昌拒绝。

2月5日凌晨，北洋旗舰"定远"号中雷搁浅，仍做水炮台使用，继续搏战。

2月10日，"定远"号弹药告罄，刘步蟾下令将舰炸沉，以免资敌，并毅然自杀，与舰共亡。

2月11日，丁汝昌在洋人和威海营务处提调牛昶昞等主降将领的胁迫下拒降自杀。洋人和牛昶昞又推举"镇远"号代理管带杨用霖出面主持投降事宜。杨用霖拒不从命，自杀殉国。

2月12日，美国人浩威起草投降书，伪托丁汝昌的名义，派"广丙"号管带程壁光送到日本旗舰。

2月14日，牛昶昞与伊东佑亨签订《刘公岛降约》，规定将威海卫港内舰只、刘公岛炮台及岛上所有军械物资全部交给日军。

这时湘军已经出关，魏光焘率八营二哨武威军，李光久率五营湘军，抵达田台庄布防。原代理永州镇总兵刘树元率六营亲兵，吴元凯率四营湘军炮队，谭表忠率一营护军，郭长云率一营卫队，抵达牛庄等地扼守布防。

2月16日，湖南按察使陈湜率湘军旧部来到辽东。这个六十二岁的湘乡人在大高岭接手淮军聂士成所部的防务，驻防山海关和鞍山等地。方友升率三千人驻守山海关。

2月17日，日军在刘公岛登陆，威海卫海军基地陷落，北洋舰队全军覆没。

刘坤一驻扎在长城最东头的山海关，统率关内关外的所有兵马。各省的新军源源不断地开出山海关朝奉天进发。

军旗猎猎，迎风招展，骑兵和步兵所到之处尘土飞扬。黑黝黝膛口朝天的野炮，嘶鸣的战马，一派兵强马壮的景象。站在山海关城楼，刘坤一怎么也不敢相信，堂堂的大清国怎么连一个小小的日本都打不过！他还记得年长于自己的族侄刘长佑曾经提议攻打日本，使列强不敢小瞧中国。他想，就算十比一，牺牲我十个中国人来换你一个日本人，你一个小小的日本也死不起这么多人哪！真是奇怪，叶志超会从平壤狂奔两千里逃回奉天！宋庆的"恪靖营"是老麻雀了，什么昏天黑地的事情没见过？只要湘淮军团结一致，还怕打不垮日本人吗？

清军出动六万大军，以九倍于日军的兵力要从日军手中夺回海城。刘坤一用六比一的简单算术得出了胜算的把握。

但他过低地估计了对手。

日军纪律严明，作战勇猛，武器先进，是清军不能与之相比的。而且，日军对关东地理情况的熟悉远胜过中国本土的军队，各个军种之间的配合远远超出了曾国藩"败则相救"的军事理论。

宋庆丢失了太平山，与徐邦道和马玉昆商议何去何从。徐邦道主张全力收复海城，因为事关奉天南门。

宋庆说："海城的日军有一万五千人，武器装备精良，咱们这些残兵败将，人数虽多，但有八千人是新募的，只怕是一触即溃啊。"

经过平原上几次战斗的较量，宋庆对日军多了几分警惕，不再掉以轻心了。

话犹未了，旌旗招展，战马嘶鸣，一支兵马赶到，旗上大书一个"李"字。

四川人徐邦道毕竟是湘军宿将，对湘军满怀信心，高兴地说："好了！湘军李光久到了，咱们心里有底了！"

李光久和魏光焘是奉刘坤一之命来接任宋庆职务的。他是湘军名将李续宾的后代，威望非同一般。徐邦道介绍了前方情况，李光久不假思索地说："海城是奉天的咽喉要道，徐将军有意力图收复，我当然愿意率老湘营将士策应。"

徐邦道望着李光久的身后，怔了一下，说："这就是威震华夏的老湘营？"

李光久自豪地说："正是左大人一手拉扯大的老湘营精华。"

徐邦道口里头称赞，心里头却掠过一丝阴影。他和日军交过手，知道日军装备精良。他眼前的这支部队武器装备远不及淮军，要打败一万五千名日军，能成吗？

宋庆说："你们马上去救海城，我组织人马随后就到。"

2月21日，清军第四次反攻海城。

海城的日军开始以为李光久部也跟淮军和盛军差不多，不把它放在眼里。一阵大炮猛轰之后，日军派一个联队找湘军决战。李光久下令用野炮对准出城的日军一阵猛轰，然后一个骑兵营迎着硝烟冲上去挥刀猛劈。

连日来，日军见到的都是溃退的淮军，今天杀出这么一支勇猛的部队，令指挥官大吃一惊。湘军骑兵一度接近了城门，日军设在城头的二十门大炮齐轰，才阻止住湘军的攻势。出城的日军急忙退回城内，第一次交锋打了个平手。

日军大佐问汉奸："这是什么部队？"

汉奸告诉他：这是左宗棠的湘军。

日军大佐神情严肃，对手下说："向我们挑战的是中国最精锐的部队——曾国藩、左宗棠的湘军。他们曾经与俄国人和法国人抗衡。我们要坚守城墙，用炮弹来对付他们的强攻。没有我的命令，不许再出城作战！"

海城曾是清军的一个粮草军械转运站，占领了海城的日军不愁没有弹药军械。他们每天坚守城门不出，只用大炮对湘军营寨疯狂炮击，湘军死亡惨重。

七十一岁的湘军宿将欧阳利见在家养病，也奉调出征抗日，带病北行，在军中病逝。

448

2月28日，魏光焘等部发起第五次反攻，徐邦道部也参与进攻大平山，仍然未能攻克海城。李光久所部在唐王山、亮甲山和海城等地与日军激战。陈湜所部在大高岭屡次击败日军。李光久求胜心切，企图突袭，要徐邦道部从海城东面佯攻牵制日军，湘军精锐则在西城架云梯进攻。于是在海城西门，一场惊心动魄的战斗打响了。湘军与日军肉搏，战斗异常惨烈，双方都没占到便宜。

湘军架云梯进攻受挫，李光久令军士挖掘壕沟，巩固阵地，与日军对垒射击。这一招是李光久失算了，湘军的炮火远不是日军的对手，湘军的长处在于步兵和骑兵。

李光久又令湘军把地道挖到城墙下。由于施工失误，携带的地雷摩擦起火，在接近城墙两米开外的地下爆炸，连人带炸药飞上了天。日军早已熟知清军打太平天国的那一段战史，便在城内挖短壕对付地道。

日军在海城城内有六千人，在城外西南和东北各有四千五百人。清军这一边，依克唐阿将军和长顺将军就有三万人马，提督唐仁廉又带着奉军一万六千人前来助战，宋庆也统领着四万大军前来接应，十倍于日军的清军大有不破海城誓不罢休之势，但是第五次对海城的攻击还是没能奏效。

驻扎在田庄台的吴大澂是个急性子。他说："海城城内总共才六千日军，我方人马将近十万，还打不下一个小小县城，耻辱呀！传我的命令：田庄台的湘军打点行装，即日全部开赴海城帮助李光久，跟小日本拼个你死我活！"

日军坚守海城，拖住了中国大军。同一天，日军第五师团从九连城一带间道出兵岫岩以北的黄花甸，摆出攻打辽阳的态势，驻守海城的日军第三师团也突围北上。

田庄台离牛庄近九十里。吴大澂还没有出发，探马来报：日军逼近辽阳，依克唐阿请援，他自己已连夜逃走，长顺将军也走了。

清军中了日军的计谋，长顺所部放弃要道鞍山站回师援救辽阳。日军乘虚攻占鞍山站，又派骑兵主力直取牛庄。

魏光焘于3月3日接到军报，立即从海城撤军，回援牛庄。

3月4日早晨，魏光焘部以三千兵力抵抗日军两万精锐的进攻，展开血战。他发挥湘军的作战传统，下令坚忍等待，诱敌深入，等到日军接近时进行猛烈反击，重创了日军。

日军依恃兵力优势突入牛庄市内。魏光焘和李光久的十一营湘军困守市区，占据民房，与日军巷战。军士冲锋肉搏，短兵相接，受伤后裹创再战。双方展开拉锯战，湘军往复拼杀，血肉横飞。魏光焘部将余福章和陈胜友战死。部队伤亡两千人。魏光焘往来督战，换了三匹坐骑。鏖战到深夜，他才和李光久从城西突围，部队所剩无几。

3月5日，日军发动辽河下游战役，徐邦道率军在田庄台继续抵抗。

3月7日，日军不战而取营口。

449

魏光焘未能守住牛庄，李光久久攻海城不下，湘军却有两千军士牺牲，八千名军士被日军俘虏，失掉军械火炮无数。

日军三个师团合攻田庄台，吴大澂一听，非常惊恐，半响没有出声，末了才说:"李光久呀李光久,你那两营可是左大人老湘营留下的仅有的一点儿血脉啊。"

忽然,连天炮响,发自南岸,宛若千雷万霆,震得天地都嗡嗡欲动。炮弹随风爆炸,着地地陷,着人人死。探马报道:"又有两万日军精锐杀来,正与我军宋庆部和魏光焘部遭遇。宋军门亲自督战,战斗异常惨烈。"

吴大澂没工夫探听虚实,起身就跑。

士兵询问:"哪里去?"

吴大澂把眼睛一翻:"哪里去?还不走,等死不成!"

士兵说:"宋军门在前面挡敌,应该不要紧吧。全军的军资器械都在我们这儿,大帅走了,怕不妥吧?"

吴大澂把眉头一皱,说:"你们和我无冤无仇,为什么要置我于死地?我还有很重要的事要办。我要去救海城李光久的老湘营,这兔崽子轻敌,落在敌人手里了,左大人的老湘营只怕要报销在海城了!"

吴大澂当下带上几个心腹,头也不回,跨上战马走了。他一直退到锦州附近的石山。

宋庆与魏光焘的两万名湘淮军顽强抵抗了一天,救兵不到,宋庆渐感难以抵挡,与魏光焘彼此痛苦地对视了一会儿,长叹道:"有心杀贼,无力回天,这场战争连湘军都扭转不了局面,看来我们输定了!"

魏光焘眼泪都快急出来了:"李光久在海城轻敌,全军覆没,左大人的老湘营全被这狗日的报销了!田庄台又不争气,真是丢老湘营的脸呀!"

宋庆也是从左宗棠恪靖营出来的,听到这个消息,也只有叹息的份了。

"撤吧!在辽阔的平原上,我们不是敌人的对手,把敌人引进山区就好了。"

宋庆和魏光焘部在辽南全线崩溃,这是自平壤和九连城失败后清军又一次的大溃败。宋庆把营口丢给了日军,退到田庄台时又遭到日军围攻,损失惨重,余部退到锦州石山,与吴大澂会合。

湘军也挽救不了大清的命运,老湘营的最后一点血肉烟消云散了。后人说:"老湘军起于壮武,盛于战陇阪,收复天山南北二万里,而终于牛庄。"

甲午战争给骄傲的湖南人泼了一瓢冷水。后人谭嗣同说:"光绪二十年,湘军与日本战,大溃于牛庄,湖南人始转侧豁悟,其虚骄不可向尔之气亦顿馁矣。"

日军于 3 月 9 日攻陷田庄台。

仅十天时间,清廷一百多营六万多大军便从辽河东岸全线溃退。

3 月 17 日,清廷下达严旨,撤销在牛庄战役中逃跑的吴大澂的帮办军务一职,将吴大澂交部议处。吴大澂所部由魏光焘统领。

3 月 25 日,部议吴大澂降三级调用。清廷念他主动请求参战,能赴国难,加恩为革职留任。第二天,清廷令吴大澂回到湖南巡抚任上。

牛庄失守后,辽东半岛相继沦陷。魏光焘调任江西布政使,不久升为云南巡抚,又改任陕西巡抚。

海战与陆战全面失利,湘淮军在辽宁海城附近全军覆灭,清廷内部一片恐慌,连忙请英、美、俄三国调停和日本的关系。日本首相说,日本只跟奕䜣或李鸿章谈判。

已成惊弓之鸟的慈禧太后决定取消对李鸿章的一切处分,任命他为头等全权大臣前往日本议和。

450

李鸿章作为清廷的全权大臣于 2 月 11 日赴日本议和。

李鸿章与列强进行过许多次谈判,但从来都没有像这一次这样痛心过。他并不是担心自己的性命,而是想不通他代表的这个庞然大国怎么会落到如此地步。

谈判的空隙间,他几次来到波涛汹涌的大海边悲愤地痛哭。李经方拉住虚弱的父亲说:"为了四万万同胞,为了中国不至于亡国灭种,还可以徐图自强,无论如何,父亲你要挺住!你的恩师曾国藩不是几次被太平天国打得跳水自尽吗?他还不得爬起来战斗?今天的情形就跟咸丰四年差不多呀。"

李鸿章打起精神,瞪着干枯的眼睛说:"地是肯定要割的,款是肯定要赔的。可是地割多了,国人悲痛,舆论大哗,你我将成为历史罪人啊。"

李经方说:"此时你我不下地狱,谁下地狱!父亲,事到今日,儿子不得不说,洋务运动是彻底失败了!我们只是想学夷人船坚炮利,而不学人家的政治经济体制。儿子以为,今天的失败正是大清体制的问题,是人的问题!

淮军将士一个个贪生怕死，而湘军却被长期冷置。如果再打下去，只怕东北三省不保，只怕京畿难保！国内反对朝廷的余党会趁势而起，英美俄德列强会趁机掀起瓜分中国的狂潮。今天的局势，中国真正到了亡国灭种的危急关头，如果我们不去担当历史的罪名，后果不堪设想啊！在这个紧要关头，父亲你可不能再昏头了！历史留给后人去评说吧！"

李经方这番话给精神崩溃的李鸿章重新灌注了力量，他咬紧牙关说："就是这几根老骨头丢进太平洋喂鲨鱼，也要为国家据理力争，能争多少是多少！"

谈判进行得相当艰难。日军又开始进攻台湾岛，并把辽东半岛的日军集结到山海关下。

有一天，李鸿章离开谈判桌返回寓所，被日本浪人开枪击中头部。李鸿章没有生命危险，反倒不像以往那么软弱了。他要让国际社会看一看日本人的嘴脸。他说："大不了又接着打吧！中国还有四万万同胞，东北没有了还有华北，华北没有了还有江南，还有云贵高原、西北沙漠。只要中国还有一个人，就要和你们拼到底！"

果然，日本的粗暴行径引起了美英俄列强的不满，他们也不愿看到一头大象被一条水蛇独家吞食，决定进行干涉。伊藤博文担心眼看就要到嘴的肥肉被陆军部这一闹就会吃不到嘴里，连忙跑到李鸿章的病榻前慰问，同意先停战再议和。于是议和在李鸿章的病榻前进行。

不久，日本提出最后修正案，伊藤博文对李鸿章说："停战多日，期限甚促，和款应从速定夺。我已备有改定条款节略，但有允、不允两句而已。"

这哪里是谈判？李鸿章悲愤地对李经方说："弱国无外交，记住今天的耻辱，中国总会有重新傲立于世界的那一天！"

4月17日，李鸿章与日本内阁总理大臣伊藤傅文及外务大臣陆奥宗光在马关的春帆楼签订《马关条约》，包括《讲和条约》十一款，《另约》三款，《议订专条》三款，以及《停战展期专条》两款。

条约的主要内容是中国承认朝鲜"完全无缺之独立自主"，实则承认日本对朝鲜的控制；中国将辽东半岛、台湾全岛及所有附属各岛屿及澎湖列岛割让给日本；中国赔偿日本军费库平银两万万两；开放沙市、重庆、苏州和杭州四地为通商口岸，日本政府可以派遣领事官在以上各口岸驻扎，日本轮船可以驶入以上各口岸搭客装货；日本臣民可以在中国通商口岸城市任便从事各项工艺制造，将各项机器任便装运进口，其产品免征一切杂税，享有在内地设栈存货的便利；日本军队暂行占领威海卫，由中国政府每年支付占领费库平银五十万两，在未经交清末次赔款之前日本不撤退占领军；两国将战俘尽数交还，中国政府不得处分战俘中的降敌分子，立即释放在押的为日军效劳的间谍分子，并一概赦免在战争中为日军服务的汉奸。

该条约的签订使中国社会的半殖民地化进一步加深，同时它也成为中国近代民族觉醒的一个重要转折点。

李鸿章万般无奈，代表清廷签署了继中英《南京条约》以来最为严重的丧权辱国的《马关条约》。消息传出，全国哗然。拒和废约、迁都再战的呼声震撼了整个北京城。东北前线的清军集结在海城一带联名上奏，要求与日军决一死战。正在北京应试的举人康有为等人联合各地应试的举子公车上书。

台湾人民听说台湾被割让给日本，"若午夜暴闻雷轰，惊骇无人色，奔走相告，聚哭于市中，夜以继日，哭声达于四野"。政府无能，他们准备自己起来捍卫台湾。

《马关条约》签订后，刘坤一对和议颇为不满。他对唐景崧和刘永福坚持台湾抗战表示支持，派道员易顺鼎赶赴台湾联络，并邀请张之洞共同增援台湾。

陈湜升任江西布政使，不久又改驻山海关，专办湘军操防事宜。

451

湘军老湘营在辽宁海城一战全军覆灭后，驻扎在台湾的湘军及退役留在台湾的湘籍军人还有一万多人。台湾人民不愿做亡国奴，湘军也不愿做亡国奴。

5月20日，清廷命令唐景崧率领在台官员"陆续内渡"，撤出台湾。李经方出任割台大臣，由美方代表陪同前往台湾办理交割手续。台湾就这样被出卖了。

刘铭传电告唐景崧："官可以不做，民心不可违，决不能拱手让出台湾，否则你们没脸去见江东父老！"

刘坤一电令驻防台湾的湘军撤销番号改为义军，打击日本军队。他说，日本占领台湾，对我国东南沿海威胁太大。

5月25日，台湾本地绅民丘逢甲等创议成立"台湾民主国"，抗击日寇侵占台湾。唐景崧知道，灰溜溜地弃官渡过海峡到内地，必定会遭国人唾骂。他出任"总统"，丘逢甲为"副总统"，刘永福被推为"大将军"，丘逢甲为"义勇统领"，立年号"永清"，寓意台湾永远是大清的。

唐景崧电奏清廷："今之自主，为拒倭计，免其向中国饶舌；如有转机，自仍归中国。"

此时，驻扎台湾的湘军还有杨载云、王德标和罗树勋的部队。他们撤去清军番号，自己成立新楚军，在岛上的中央山脉坚持战斗。加上刘永福的黑旗军和徐骧等人的义军，总计有兵力七千多人，对抗在台湾的一万日军。

5月29日，日军在基隆以东的沃底登陆。

6月3日，基隆失守。

6月6日，唐景崧乘船逃回厦门。

6月8日，汉奸李春生、辜显荣等将日军迎进台北城。各地义军并起，刘永福发布抗日告示，全岛人民展开了英勇的武装反割台斗争。

日本委派的"台湾总督"桦山资纪在台北宣布就职时，扬言要把台湾全省的抗日力量剿杀干净。

日军的近卫师团很快就开始进攻新竹，杨载云的湘军和徐骧、吴汤兴、姜绍祖的抗日义军据险阻敌，坚持了大约半个月时间。接着，湘军和抗日义军在十八尖山、虎头山与日军近卫师团展开大战，损失惨重，姜绍祖阵亡，徐骧和吴汤兴率部突围。

6月下旬，宜兰、新竹相继失陷。

7月下旬，丘逢甲内渡大陆。

湘军和抗日义军誓死保卫台中。日军的两个支队进攻尖笔山之间的抗日义军，杨载云率湘军在头份庄设防，大挫日军。日军正面进攻失败，便抄袭湘军后路，截断湘军与抗日义军的联系。杨载云孤军作战，最后这支部队大部分战死，杨载云也中弹牺牲。

李惟义的湘军、黑旗军和民团在甲溪设防。日军收买台独分子伪装义军从背后袭击湘军。经过激战，湘军开始溃退，前方作战的义军被迫放弃阵地，义军伤亡惨重。日军攻占了台中。

8月份，日军在台中会合，开始进攻彰化，湘军与抗日义军在彰化城东八封山抵抗，这是台湾保卫战中最激烈的一场战斗。

王德标和刘德胜的五营湘军驻守中寮庄，义军防守八封山，李惟义所部防守彰化城。双方反复争夺八封山阵地，义军四位首领殉难，徐骧撤退到台南。

日军占领了八封山，居高临下炮轰彰化城。日军进城滥杀无辜。李惟义所部与日军进行巷战，李仕高、沈仲安和杨春发三位将领战死。彰化城陷落，城内的湘军全部殉难。

刘永福赶到嘉义指挥前线防守。他令王德标率七星队坚守嘉义，令杨泗洪率五营湘军奔赴前线。当晚，杨泗洪率部进攻大莆林，杀死几百名日军，但他本人和管带朱乃昌阵亡。

王德标率七星营与义军联合进攻云林县城，日军弃城溃逃。王德标会合义军追击，将日军冲散为两股，一股窜入山林，被抗日义军切断退路，予以全歼；另一股则逃回彰化。

王德标和义军乘胜收复苗栗，日军撤到彰化。

452

湘军的胜利极大鼓舞了台湾民众，参军者日益增多，抗日义军准备乘胜收复彰化。

彰化地势险要，日军拼死抵抗，炮火猛烈，义军几次进攻都没有成功。湘军在彰化城外屯驻下来，日夜进攻。日军接连遭到打击，没有反击之力，只好龟缩在城内待援。台中附近的居民纷纷联庄协同抗日，一时之间，台中抗日形势看好。

10月份，日军从辽东半岛抽调第二师团，从国内抽调后备部队，包括宪兵和炮兵，总计两万多人到达台北。接着，在台北东瀛书院成立南进军司令部，筹划进攻台南，南进军总兵力达到四万人。

日军分陆海两路大举南犯。清廷下令严禁增援台湾。湘军和义军打算采取速战速决的战略进攻彰化。城内日军拼死抵抗，重创湘军和义军。三千多中国壮士为国捐躯。林义城率部再次发动攻击。由于弹药补给困难，义军只好放弃彰化。

王德标和萧三发所部分别在安平和打狗两个港口设防，日军海陆联合作战，义军在重创日军后撤退。接着，这支义军在西螺溪、中浮州等处迎击日军，接战不久，就撤退到斗久镇。随后，义军在西螺镇与日军进行巷战。

在日军的猛烈攻势下，义军被迫退出斗久镇，撤退到大莆镇，在防御战中击毙日军近卫师团的师团长山根少将。

王德标和徐骧、林义城商议，鉴于日军来势凶猛，不能硬拼，决定巧布地雷阵。由于布设的连环地雷杀伤力很大，嘉义地雷战炸死日军七百多人，抗日义军大获全胜。

日军集中炮火猛轰嘉义城，城中军民伤亡惨重。王德标和徐骧分别率部在城头守备，战斗前所未有地惨烈，双方都损失惨重。中午，日军攻破西门，涌进城内，王德标和徐骧率部退守曾文溪。

日军部署两个师团水陆合攻台南。形势对义军越来越不利，曾经严词拒绝日军诱降的刘永福感到大势已去，想通过英国驻台领事向日军求和。日军胜券在握，拒绝了他的要求。

不久，抗日义军与日军在盐水港激战，义军又在二层溪袭击日军骑兵。随后，义军在王爷头与日军第四混成旅血战。

刘永福集合手下将领商量对策，没有结果。同时，日军进入安平炮台，守军顽强抗击。到夜里，日军发动更猛烈的进攻。

10月20日，刘永福违背誓言，抛下正在与日军殊死搏斗的抗日军民，带着十名随从乘英国商轮逃回厦门。刘永福一走，台湾抗日武装群龙无首，顿时大乱。

仅剩下七百多人的义军和高山族同胞在溪屋庄与进犯台南的两千名日军遭遇。这里离台南府只有四十里，双方展开最后的决战。

日军仗着优良装备，马步炮兵并进，疯狂射杀，许多中国勇士战死在阵地前沿，毫不退让。抗日部队受到日军猛烈炮击，终因力量悬殊而失败，徐骧中弹身亡。刘永福部将王德标与义军头领简精华下落不明。有人说，王德标化装逃回了福建。也有人说，王德标看透了世态炎凉，削发为僧了。

打狗、凤山和台南相继失陷。

日军攻入台南以后，陆续占领了台湾各重要城市。

11月，日本宣布台湾"全岛平定"，发布台湾住民刑罚令、台湾住民治罪令和台湾监狱令，筹建台北监狱。

在四个多月的台湾保卫战中，日军付出了巨大代价，一名师团长、一名亲王和四千八百名官兵死亡，二万七千人负伤，比日军在甲午战争中死伤的人数多了将近一倍。驻台湘军和台湾抗日义军在没有任何补给的情况下取得了骄人的战果。

从1874年起，到这年为止，左宗棠开办的福州船政局经费短缺，生产萎缩，二十多年只造船二十来艘，平均每年不到一艘。但在这个困难时期，中国的造船技术稳步提高。

主要参考文献

《清史稿》，中华书局，1977 年第 1 版

《曾国藩全集》，北京出版社，2004 年 11 月版

《左宗棠全集》，岳麓书社，1996 年 7 月第 1 版

《国朝先正事略》，【清】李元度著，岳麓书社，1991 年 5 月第 1 版

《湘军记》，【清】王定安著，岳麓书社，1991 年 5 月第 1 版

《湖南人物志》，湖南出版社，1992 年第 1 版

《湘军志·湘军志评议·续湘军志》，【清】王闿运 / 郭振塘 / 朱德裳著，岳麓书社，1983 年版

《郭嵩焘日记》，湖南人民出版社，1981 年 5 月第 1 版

《二十五史精华》，岳麓书社，1989 年 6 月第 1 版

《湖南省志·湖南近百年大事纪述》，湖南人民出版社，1980 年 10 月第 3 版

《湖南省志·大事记》，湖南人民出版社，1999 年 1 月第 1 版

《李鸿章家书》，中国华侨出版社，1994 年 11 月第 1 版

《曾国藩往来家书全编》，钟叔和汇编点校，海南出版社，1997 年 8 月第 1 版

《太平天国军事史概述》，郦纯著，中华书局，1982 年 3 月第 1 版

《湖南文史资料》，湖南人民出版社，版别不明

《曾胡治兵语录》，蔡锷著，中国民族摄影艺术出版社，2002 年 11 月第 1 版

《太平天国》，【清】黄世仲著，中国文史出版社，2003 年 1 月第 1 版

《湖南通史·近代卷》，刘泱泱主编，湖南出版社，1994 年 12 月第 1 版

《湘潭文史资料》，湘潭市政协文史委编

《湘潭县文史》，湘潭县政协文史委编

《湘乡文史》，湘乡县政协文史委编

《湘军集团与晚清湖南》，王继平著，中国社会科学出版社，2006 年 10 月第 2 版